Ebling/Schulze

Kunstrecht

Kunstrecht

Herausgegeben von

Dr. Klaus Ebling

Vizepräsident des Bundesfinanzhofs a. D.,
München

Dr. Marcel Schulze

Wissenschaftlicher Autor, München

Bearbeitet von

Vizepräsident des Bundesfinanzhofs a. D., München; *Dr. Klaus Ebling,* München;
Regierungsdirektor *Robert Kirchmaier,* München; *Prof. Dr. Wilhelm Nordemann,* Potsdam;
Richter am Bundesfinanzhof *Reinhart Rüsken,* München;
Dr. Gernot Schulze, Rechtsanwalt, München;
Dr. Marcel Schulze, München; *Prof. Dr. Kurt Siehr,* Zürich

Verlag C. H. Beck München 2007

Verlag C. H. Beck im Internet:
beck.de

ISBN 978 3 406 54253 4

Wilhelmstraße 9, 80801 München
Satz: Druckerei C. H. Beck
(Adresse wie Verlag)
Druck und Bindung: freiburger graphische betriebe
Bebelstr. 11, 79108 Freiburg

Gedruckt auf säurefreiem, alterungsbeständigem Papier
(hergestellt aus chlorfrei gebleichtem Zellstoff)

Vorwort

Im Rahmen des Kunstbetriebs nehmen Rechtsfragen einen immer größeren Raum ein. Erheblichen Anteil daran haben Probleme, die sich aus der zunehmenden Internationalisierung des Kunstmarkts ergeben. Dies spiegelt sich insbesondere in der zwischenzeitlich doch sehr erheblichen Bedeutung des Internationalen Kunstrechts, vornehmlich des Gemeinschaftsrechts, wider. Der Kulturgüterschutz ist aus dem aktuellen Kunstrecht nicht mehr wegzudenken. Die Besteuerung ausländischer Künstler und Künstlerinnen beschäftigt immer öfter Berater, Finanzbehörden und Gerichte.

Das rein nationale Kunstrecht ist nach wie vor geprägt vom Urheberrecht, das in der Praxis einen sehr hohen Stellenwert besitzt; der Künstler und sein Werk stehen im Vordergrund. Ein Blick beispielsweise in die Kunstzeitschriften und in die Kunstbeilagen überörtlicher Tageszeitungen zeigt, wie wichtig es ist, bei der Kunstvermarktung auf eindeutige rechtliche Regelungen zurückgreifen zu können.

Die Unübersichtlichkeit des deutschen Steuerrechts zeigt sich auch bei der Besteuerung der Künstler- und Künstlerinnen. Die umfassende steuerrechtliche Darstellung, die sich erstmals auch auf ausländische Künstler und Künstlerinnen bezieht, zeigt den Weg zu einer zutreffenden Besteuerung. Steuerfragen des Kunstsponsoring und der Kunstsammlungen ergänzen die Thematik.

Die Ausführungen zum Zollrecht zeigen, wie sehr dieses Rechtsgebiet sich zuweilen hemmend auf die Kunstvermarktung auswirkt.

Das Handbuch enthält im Einzelnen zunächst eine allgemeine Einführung in das Kunstrecht. Ihr folgen Ausführungen zu internationalen Grundlagen (1. Teil), zum Künstler und seinem Werk (2. Teil), zum Kulturgüterschutz (3. Teil), zur Kunstvermarktung (4. Teil), zum Steuerrecht (5. Teil) und schließlich zum Zollrecht (6. Teil).

Sämtliche Teile sind mit Randziffern versehen und einzeln durchnummeriert. Teil I des Stichwortverzeichnisses schließt die Teile 1 bis 4, 6 des Werkes ein. Der steuerrechtliche Teil (Teil 5) weist ein selbständiges Stichwortverzeichnis auf.

Gesetzgebung, Rechtsprechung und Schrifttum wurden bis Mitte Dezember 2006 berücksichtigt. So sind insbesondere das Jahressteuergesetz 2007 und das Gesetz über steuerliche Begleitmaßnahmen zur Einführung der Europäischen Gesellschaft und zur Änderung weiterer steuerrechtlicher Vorschriften (SEStEG) eingearbeitet. Ebenso sind bereits die ab 1. Januar 2007 geltenden Regelungen über das Elterngeld erläutert.

Entsprechend seinem umfassenden Themenbereich wendet sich das Handbuch an alle Personen und Institutionen, die sich mit Fragen des Kunstrechts und der Besteuerung von Kunst und Künstlern befassen: Rechtsanwälte, Steuerberater, Wirtschaftsprüfer, Museen, Galerien, Kunstversicherer, Stiftungen, Sponsoren, Kunstverwerter, Gerichte, Finanzbehörden. Nicht zuletzt ist es den Künstlern und Künstlerinnen selbst fundierte Hilfestellung in zivil-, steuer- und zollrechtlichen Fragen.

Verlag und Herausgeber wünschen den Leserinnen und Lesern viel Freude und Erfolg beim Gebrauch des Handbuchs. Sie sind für Kritik, Anregungen und Ergänzungen sehr dankbar.

München, im Dezember 2006

Klaus Ebling
Marcel Schulze

Inhaltsübersicht

Inhaltsverzeichnis

2. Teil. Der Künstler und sein Werk

4. Teil. Kunstvermarktung

5. Teil. Steuerrecht *(Ebling)*

6. Teil. Zollrecht *(Rüsken)*

Literaturverzeichnis

Aichberger, Sozialgesetzbuch, Textsammlung, unter Mitarbeit von *Rittweger* Stefan, München

Bröcker Tim /*Czychowski* Christian /*Schäfer* Detmar, Praxishandbuch Geistiges Eigentum im Internet, München 2003

Carl Michael H./*Güttler* Herbert/*Siehr* Kurt, Kunstdiebstahl vor Gericht. City of Gotha v. Sotheby's, Berlin/New York 2001

Classen Claus Dieter, Europa-Recht, Textausgabe mit einer ausfürhrlichen Einführung, München 2004

Delp Ludwig, Kleines Praktikum für Urheber- und Verlagsrecht, 5. Aufl., München 2005 – Das gesamte Recht der Publizistik, Loselbattausgabe

Dorsch, Zollrecht, Kommentar, Loseblattausgabe, herausgegeben von *Rüsken* Reinhart, Bonn/Berlin

Dreier Thomas/*Schulze* Gernot, Kommentar zum Urheberrecht, 2. Aufl., München 2006

Dreyer Gunda/*Kotthoff* Jost/*Meckel* Astrid, Kommentar zum Urheberrecht, Heidelberg 2004

Enders Theodor, Beratung im Urheber- und Medienrecht, Bonn 1999

Fiedler Wilfried/*Turner* Stefan, Bibliographie zum Recht des Internationalen Kulturgüterschutzes/ Bibliographie on the Law of the International Protection of Cultural Property, Berlin (New York 2003

Finke Hugo/*Brachmann* Wolfgang/*Nordhausen* Willy, Kommentar zum Künstlersozialversicherungsgesetz, München 2004

Fromm Friedrich Karl/*Nordemann* Wilhelm, Urheberrecht Kommentar, 9. Aufl., Stuttgart/Berlin/ Köln 1998

Glaus Bruno/*Studer* Peter, Kunstrecht, Zürich 2003

Haberstumpf Helmut, Handbuch des Urheberrechts, 2. Aufl., Neuwied/Kriftel/Berlin 2000

Harke Dietrich, Urheberrecht: Fragen und Antworten, 2. Aufl., Köln/Berlin/Bonn/München 2001

Haupt Stefan/*Ullmann* Loy (Hrsg), Urheberrecht von A-Z, München 2006

Hertin Paul W., Urheberrecht, München 2004

Hüfner Klaus/*Reuther* (Hrsg.), UNESCO-Handbuch, Bonn 2005

Loewenheim Ulrich (Hrsg,), Handbuch des Urheberrechts, München 2003

Möhring Philipp/*Nicolini* Käte, Urheberrechtsgesetz, Kommentar, herausgegeben von *Nicolini* Käte, *Ahlberg* Hartwig, München 2000

Möhring Philipp/*Schulze* Erich/*Ulmer* Eugen/*Zweigert* Konrad (Begr.), Quellen des Urheberrechts, Gesetzestexte aller Länder mit deutschen Übersetzungen, systematischen Einführungen und tabellarischen Übersichten, Europäisches Gemeinschaftsrecht, Texte der multilateralen Abkommen, Loseblattausgabe, herausgegeben von *Hilty* Retondo, *Katzenberger* Paul, *Schulze* Erich, *Schulze* Marcel, Neuwied/Kriftel/Berlin

Palandt, Bürgerliches Gesetzbuch, München 2007

Reddeker Lioba (Hrsg.), Fälschung – Plagiat – Kopie, Urheberrecht in der bildenden Kunst, Inforamtionen und Tips, Wien 1999

Schack Haimo, Kunst und Recht, 2004

Schricker Gerhard (Hrsg.), Kommentar zum Urheberrecht, 3. Auflage, München 2006

Schulze Erich, Geschätzte und geschützte Noten: Zur Geschichte der Verwertungsgesellschaften, Weinheim 1995

Schulze Gernot, Meine Rechte als Urheber, 4. Aufl., München 2001

Schulze Marcel (Hrsg.), Leitfaden zum Urheberrechts des Künstlers, Neuwied/Kriftel/Berlin 1997

– Materialien zum Urheberrechtsgesetz -Texte - Begriffe – Begründungen, Bände 1 und 2, 2. Aufl. 1997, 3. Band 2003

Walter Michel (Hrsg.), Europäisches Urheberrecht, Kommentar, Wien 2001

Wandtke Artur Axel/*Bullinger* Windfried (Hrsg.), Praxiskommentar zum Urheberrecht, 2. Aufl., München 2006

Abkürzungsverzeichnis

ABl.	Amtsblatt
Abs.	Absatz
Art.	Artikel
BGB	Bürgerliches Gesetzbuch
BFH	Bundesfinanzhof
BGBl.	Bundesgesetzblatt
BGH	Bundesgerichtshof
BStBl	Bundessteuerblatt
BÜ	Berner Übereinkunft
BVerfG	Bundesverfassungsgericht
DPMA	Deutsches Patent- und Markenamt
DRM	digital rights management
EGV	Vertrag zur Gründung der Europäischen Gemeinschaft
EStG	Einkommensteuergesetz
EU	Europäische Union
EuGH	Europäischer Gerichtshof
EUV	Vertrag über die Europäische Union
EWG	Europäische Wirtschaftsgemeinschaft
EWR	Europäischer Wirtschaftsraum
GATS	Generals Agreement Services
GATT	General Agreement on Tariffs and Trade
GG	Grundgesetz
GEMA	Gesellschaft für musikalische Aufführungs- und mechanische Vervielfältigungsrechte
GRUR	Gewerblicher Rechtsschutz und Urheberrecht Internationaler Teil (Zeitschrift, Jahrgang, Seite)
GRUR Int.	Gewerblicher Rechtsschutz und Urheberrecht (Zeitschrift, Jahrgang, Seite)
ICOM	International Council of Museums
IPR	Internationales Privatrecht
KUG	Gesetz betreffend das Urheberrecht an Werken der bildenden Künste und der Photographie
KUR	Kunstrecht und Urheberrecht bis 2005, seither Kunst und Recht
OECD	Organization for Economic Cooperation and Development
OLG	Oberlandesgericht
OMPI	Organisation Mondiale pour la Propriété Intellectuelle
PMZ	Blatt für Patent-, Muster- und Zeichenwesen
RBÜ	Revidierte Berner Übereinkunft
RGBl.	Reichsgesetzblatt
TRIPS	Trade-Related Intellectual Property Rights
UNESCO	United Nations Educational, Scientific and Cultural
UrhG	Gesetz über Urheberecht und verwandte Schutzrechte (Urheberrechtsgesetz)
UrhWG	Urheberrechtswahrnehmungsgesetz
UStG	Umsatzsteuergesetz
VerlG	Verlagsgesetz
VG	Verwertungsgesellschaft
WCT	WIPO Copyright Treaty
WIPO	World Intellectual Property Organization
WPPT	WIPO Performance and Phonograms Treaty
WTO	World Trade Organization
ZUM	Zeitschrift für Urheber und Medienrecht

Einführung

Übersicht

Rechtsvorschriften, die die Kunst betreffen, sind auf nationaler und internationaler Ebene anzutreffen: So genießen Urheber von Werken der Literatur, Wissenschaft und Kunst für ihre Werke Schutz nach dem Urheberrechtsgesetz vom 9. September 1965 (vgl. § 1 UrhG). Die Berner Übereinkunft zum Schutz von Werken der Literatur und Kunst[1] beruht auf den Grundsätzen der Inländerbehandlung und garantiert Mindestschutzrechte. Das UNESCO-Übereinkommen über Maßnahmen zum Verbot und zur Verhütung der unzulässigen Einfuhr, Ausfuhr und Übereignung von Kulturgut vom 14. November 1970 stellt das von einem Staat aus religiösen oder weltlichen Gründen für Archäologie, Vorgeschichte, Geschichte, Literatur, Kunst oder Wissenschaft besonders bedeutungsvoll bezeichnete Gut unter seinen besonderen Schutz. Kunst ist aber primär auch ein Lebenssachverhalt, dem sich zahlreiche Einrichtungen widmen. So dient z. B. die durch Gesetz vom 1. Mai 2005[2] errichtete Akademie der Künste mit Sitz in Berlin der Repräsentation des Gesamtstaates auf dem Gebiet der Kunst und Kultur. Die Bewahrung und Pflege von Sammlungen, deren Ausbau sowie die wissenschaftliche Forschung haben die Stiftung Preußischer Kulturbesitz[3] zu einer der größten Kulturenrichtungen weltweit gemacht. Der Deutsche Kulturrat e. V. ist ein anerkanntes kulturpolitisches Forum für Verbände, Einrichtungen und Experten der Kunst- und Medienberufe, der Kulturwirtschaft, der Kunstwissenschaft, der kulturellen Bildung und der Kulturvermittlung. 1

I. Verfassungsrechtliche Grundlagen

Im Kunstbereich sind die Artikel 1, 2, 5 und 14 GG von zentraler Bedeutung. Die **Kunstfreiheit** ist verfassungsrechtlich garantiert in Art. 5 Abs. 3 GG und gilt vorbehaltlos. Wegen eines fehlenden Gesetzesvorbehalts darf die Kunst nicht durch Gesetz oder auf Grund eines Gesetzes eingeschränkt werden. Das Verhältnis Kunst und Recht ist – man denke nur an die Parodie oder Satire – oftmals nicht frei von Spannungen. Man kommt dann nicht umhin, eine Güter- und Interessenabwägung vorzunehmen, welchem Recht – der Kunstfreiheit oder z. B. dem durch eine Satire in seinem allgemeinen Persönlichkeits- 2

[1] Vom 9. 9. 1886, vervollständigt in Paris (1896), revidiert in Berlin (1908), vervollständigt in Bern (1914), revidiert in Rom (1928), in Brüssel (1948), in Stockholm (1967) und in Paris (1971), und geändert 1979. Die Länder, auf die die Berner Übereinkunft Anwendet findet, bilden die Berner Union. Der Berner Union gehören 162 Staaten an (Stand: 13. 10. 2006).

[2] BGBl. I S. 1218.

[3] Siehe Gesetz vom 25. Juli 1957 zur Errichtung einer Stiftung „Preußischer Kulturbesitz" und zur Übertragung von Vermögenswerten des ehemaligen Landes Preußen auf die Stiftung (BGBl. I S. 841).

recht betroffenen Dritten – der Vorrang zu gewähren ist. Die Kunstfreiheit verbietet, auf Methoden, Inhalte und Tendenzen der künstlerischen Tätigkeit einzuwirken, insbesondere den künstlerischen Gestaltungsraum einzuengen, oder allgemein verbindliche Regeln für diesen Schaffensprozess vorzuschreiben.[4]

3 Die Grundrechte sind zwar in erster Linie Abwehrrechte des Bürgers gegen den Staat. Die Grundrechtsbestimmungen bringen aber auch eine objektive Wertordnung zum Ausdruck, die sich als verfassungsrechtliche Grundentscheidung auf alle Bereiche des Rechts erstreckt. Im bürgerlichen Recht nehmen die grundrechtlichen Wertmaßstäbe Einfluss auf die privatrechtlichen Vorschriften, die zwingendes Recht enthalten, und auf die Generalklauseln (Drittwirkung der Grundrechte). Jedes Grundrecht – ob mit oder ohne Gesetzesvorbehalt – hat folglich so genannte immanente Schranken, die sich aus den Verfassungsgrundsätzen und den Grundrechten Dritter ergeben. Die Grenzen der Kunstfreiheit sind somit nur aus der Verfassung selbst herzuleiten.[5] So kann beispielsweise das allgemeine **Persönlichkeitsrecht**, das sich aus Art. 2 Abs. 1 in Verbindung Art. 1 Abs. 1 GG ergibt, durch die Meinungsfreiheit (Art. 5 Abs. 1 GG) und die Kunstfreiheit (Art. 5 Abs. 3 GG) eingeschränkt sein, und umgekehrt.[6]

4 In seiner Entscheidung „Mephisto" aus dem Jahre 1971 hat das BVerfG wegen des auftretenden Spannungsverhältnisses zwischen Art. 1 Abs. 1 GG und Art. 5 Abs. 3 Satz 1 GG eine Abwägung vorgenommen.[7] Es ging hier um die Verfassungsbeschwerde gegen das von dem Adoptivsohn und Alleinerben des 1963 verstorbenen Schauspielers und Intendanten Gustaf Gründgens erwirkte Verbot, das Buch „M e p h i s t o Roman einer Karriere" von Klaus Mann zu vervielfältigen, zu vertreiben und zu veröffentlichen.[8] Das BVerfG bejahte zunächst über Art. 1 Abs. 1 GG den Persönlichkeitsschutz eines Verstorbenen (postmortaler Persönlichkeitsschutz). Die Herabwürdigung und Erniedrigung eines Menschen auch nach seinem Tode würde mit dem verfassungsverbürgten Verbot der Unverletzlichkeit der Menschenwürde, das allen Grundrechten zugrunde liegt, unvereinbar sein. Die aller staatlichen Gewalt auferlegte Verpflichtung, dem Einzelnen Schutz gegen Angriff auf seine Menschenwürde zu gewähren (Art. 1 Abs. 1 GG), endet somit nicht mit dem Tode.[9] Ein Konflikt zwischen der Kunstfreiheitsgarantie und dem verfassungsrechtlich geschützten Persönlichkeitsbereich sei sodann nach Maßgabe der grundgesetzlichen Wertordnung zu lösen.[10] Die Verfassungsbeschwerde gegen das erwirkte Verbot wurde zurückgewiesen.

5 Der Persönlichkeitsschutz eines Verstorbenen verblasst mit zunehmendem Zeitablauf. Das postmortale Persönlichkeitsrecht umfasst auch vermögenswerte Interessen, die bei einer Rechtsverletzung auch Schadensersatzansprüche der Erben auslösen können.[11] Der Eingriff kann jedoch durch schutzwürdige Interessen – z.B. freie Meinungsäußerung

[4] BVerfG, NJW 1971, 1645, 1646 = Schulze, RzU, BVfG Nr. 7, S. 18 – Mephisto.

[5] BVerfG, NJW 1971, 1645, 1646 = Schulze, RzU, BVfG Nr. 7, S. 21 – Mephisto.

[6] Vgl. z.B. BVerfG, GRUR 2005, 500, 501 = Schulze, RzU, BVfG Nr. 42, S. 4ff. – Fotomontage – zur Verbreitung eines technisch manipulierten Bildes, das vorgibt, ein authentisches Bild einer Peson zu sein, womit das allgemeine Persönlichkeitsrecht verletzt sein kann.

[7] Bei der Abwägung darf nicht nur auf die Wirkungen eines Kunstwerks im außerkünstlerischen Sozialbereich abgestellt werden, vielmehr müssen auch kunstspezifische Gesichtspunkte Berücksichtung finden. Das Menschenbild (Art. 1 Abs. 1 GG) wird von der Kunstfreiheit (Art. 5 Abs. 3 Satz 1 GG) ebenso beeinflusst wie diese umgekehrt von der Wertvorstellung des Art. 1 Abs. 1 GG, BVerfG, NJW 1971, 1645, 1647 = RzU, Schulze BVfG Nr. 7, S. 23 – Mephisto.

[8] BVerfG, NJW 1971, 1645 = Schulze, RzU, BVfG Nr. 7 – Mephisto.

[9] BVerfG, NJW 1971, 1645, 1647 = Schulze, RzU, BVfG Nr. 7, S. 22 – Mephisto.

[10] BVerfG, NJW 1971, 1645 = Schulze, RzU, BVfG Nr. 7 (Leitsatz) – Mephisto.

[11] BGH, GRUR 2000, 709 = Schulze BGHZ Nr. 477 – Marlene Dietrich.

(Art. 5 Abs. 1 GG) oder Kunstfreiheit (Art. 5 Abs. 3 GG) – gerechtfertigt sein, was durch Abwägung zu ermitteln ist. Der BGH hat in seiner Entscheidung vom 5. Oktober 2006 die für den postmortalen Schutz des Rechts am eigenen Bild in § 22 KUG geregelte Schutzdauer von 10 Jahren auf den Schutz vermögenswerter Bestandteile des postmortalen Persönlichkeitsrechts übertragen.[12]

Der urheberpersönlichkeitsrechtliche Schutz[13] erlischt mit Ablauf der Schutzfrist. Das 6
Urheberpersönlichkeitsrecht (droit moral) als besondere Erscheinungsform des allgemeinen Persönlichkeitsrechts stellt auf die persönliche Beziehung zwischen Urheber und Werk ab.[14] Der Urheber hat beispielsweise nach § 14 UrhG das Recht, eine Entstellung oder eine andere Beeinträchtigung seines Werkes zu verbieten, die geeignet ist, seine berechtigten oder geistigen oder persönlichen Interessen am Werk zu gefährden.

Im Urheberrecht gilt der auf der **Lehre vom geistigen Eigentum** beruhende Grund- 7
satz, dass der Urheber tunlichst angemessen an dem wirtschaftlichen Nutzen seines Werkes zu beteiligen ist.[15] Das Urheberrecht als Nutzungsrecht ist „Eigentum" im Sinne von Art. 14 Abs. 1 Satz 1 GG.[16] Die grundsätzliche Zuordnung des wirtschaftlichen Wertes eines geschützten Werkes an den Urheber macht den grundgesetzlich geschützten Kern des Urheberechts aus. Das bedeutet aber nicht, dass damit jede nur denkbare Verwertungsmöglichkeit verfassungsrechtlich gesichert ist. Dem Gesetzgeber obliegt es, den Inhalt und die Schranken des Eigentums zu bestimmen (Art. 14 Abs. 1 Satz 2 GG). Der Gesetzgeber hat im Rahmen der inhaltlichen Ausprägung des Urheberrechts nach Art. 14 Abs. 1 Satz 2 GG sachgerechte Maßstäbe anzulegen, aufgrund derer eine der Natur und der sozialen Bedeutung des Rechts entsprechende Nutzung und angemessene Verwertung sichergestellt werden.[17]

Kunst und Eigentum können im Widerstreit stehen. Ein Graffiti-Künstler bemalt z. B. 8
unerlaubt eine Hauswand oder besprüht einen Pkw mit Farbe. Zunächst ist festzuhalten, dass Urheber auch derjenige ist, der mit seiner Werkschöpfung rechtswidrig in die Rechte Dritter oder ganz allgemein gegen die Rechtsordnung verstößt.[18] Das Urheberrecht und das Recht des Eigentümers stehen völlig selbständig nebeneinander. Das Recht des Eigentümers nach Belieben mit der Sache zu verfahren (§ 903 BGB), endet in der Regel dort, wo das Urheberrecht verletzt wird. Somit sind dem Eigentümer des Werkoriginals grundsätzlich Eingriffe in das Urheberpersönlichkeitsrecht als auch urheberechtliche Verwertungshandlungen (§§ 15 ff. UrhG) untersagt. In Fällen wie dem obigen (einer rechtswidrig aufgedrängten [Graffiti-] Kunst) findet die Kunstfreiheit (Art. 5 Abs. 3 GG) jedoch in der Regel ihre Grenze an der Eigentumsgarantie (Art. 14 Abs. 1 GG). Dem Eigentümer ist es grundsätzlich nicht zuzumuten, eine solche Eigentumsverletzung hinzunehmen. Es stehen ihm die gesetzlichen Abwehrrechte zu. Die eingetretene Eigentumsstörung rechtfertigt deren Beseitigung, beispielsweise durch Übermalen. Dem Eigentümer ist auch das Recht zur Werkvernichtung zuzubilligen, wenn sich aus der gebotenen Interessenabwägung im Einzelfall nicht etwas anderes ergibt.

---

[12] Az.: I ZR 277/03 – AG Charlottenburg – 204 C 197/02 – Entscheidung vom 9. 1. 2003/LG Berlin – 52 S 31/03 – Entscheidung vom 30. 10. 2003.

[13] Vgl. Art. 12–14 UrhG.

[14] Regierungsentwurf, BT-Drucksache IV/270, S. 43 f. = M. Schulze, Materialien zum Urheberrechtsgesetz, 2. Aufl. 1997, S. 431 f.

[15] BGH, GRUR 1995, 673, 675 = Schulze, RzU, BGHZ Nr. 444, S. 8 – Mauer-Bilder – m. w. Hinweisen auf die BGH-Rechtsprechung; siehe auch § 11 Satz 2 UrhG.

[16] BVerfG, NJW 1971, 481 = Schulze, RzU, BVfG Nr. 8 – Schulbuchprivileg.

[17] BVerfG, NJW 1971, 481, 483 = Schulze, RzU, BVfG Nr. 8, S. 12 f. – Schulbuchprivileg

[18] BGH, GRUR 1995, 673, 675 = Schulze, RzU, BGHZ Nr. 444, S. 5 f. – Mauer-Bilder.

9 Das Recht auf Beseitigung der Störung schließt nicht das Recht zur selbständigen wirtschaftlichen Nutzung ein. Von der bemalten Hauswand oder dem bemalten Pkw werden beispielsweise Fotos angefertigt und vertrieben. Der Eigentümer kann das Haus oder den Pkw mit dem ungewollten Kunstwerk ohne Zustimmung des Künstlers veräußern, da es sich um selbständige, verwertbare Wirtschaftsgüter handelt. Der Graffiti-Künstler kann sich nicht auf das Verbreitungsrecht (§ 17 UrhG) berufen. Der Eigentümer würde ansonsten in unerträglicher Weise in seiner im Kern durch Art. 1 und 2 GG geschützten Privatautonomie beschränkt, mit der Sache nach Belieben verfahren zu dürfen (§ 903 BGB).[19] Etwas anderes gilt dann, wenn gerade wegen des „aufgedrängten" Kunstwerkes ein gewinnbringender Verkauf des Gegenstandes erfolgt. Dann wird nicht der Gegenstand als solcher, sondern das Kunstwerk verwertet. Aus diesem Grund waren die Künstler an dem Erlös aus der Veräußerung von Teilen der Berliner Mauer, die von ihnen bemalt worden sind, angemessen zu beteiligen.[20] Die Veräußerung der Mauersegmente stellte einen Eingriff in das bei den Künstlern verbliebene urheberrechtliche Verbreitungsrecht (§ 17 UrhG) dar. Die Berliner Mauer war zu keinem Zeitpunkt ein verkehrsfähiges Wirtschaftsgut, vielmehr entstanden wirtschaftlich selbständig verwertbare Kunstobjekte erst durch ihre Trennung in einzelne Segmente. Hier soll sich der Urheber auf den von der Rechtsprechung als tragenden Leitgedanken des Urheberrechts anerkannten Beteiligungsgrundsatz berufen können dürfen. Danach ist der Urheber tunlichst angemessen an dem wirtschaftlichen Nutzen des Werkes zu beteiligen.[21]

10 Kunst und Eigentum wurden beispielsweise im Strafrechtsänderungsgesetz vom 1. September 2005[22] in einen angemessenen Ausgleich gebracht. Mit diesem Gesetz wurde der Tatbestand der Sachbeschädigung (§ 303 StGB) und der gemeinschädlichen Sachbeschädigung (§ 404 StGB) jeweils um eine weitere Tathandlung ergänzt, die auf die unbefugte, nicht nur unerhebliche und nicht nur vorübergehende Veränderung des Erscheinungsbildes einer Sache abstellt. Die neuen Tatbestandsmerkmale beinhalten als Unrechtskern den rechtswidrigen Eingriff in die Ausübung des Gestaltungswillens, weshalb es nicht darauf ankommt, ob eine Substanzverletzung der Sache gegeben ist und wie Dritte die Veränderung der Sache beurteilen. Der Tatbestand der Sachbeschädigung liegt somit auch dann vor, wenn die Veränderung dem ästhetischen Empfinden eines Beobachters möglicherweise mehr entgegenkommt als die ursprüngliche Gestaltung. Der Berechtigte wird davor geschützt, dass ihm eine bestimmte Gestaltung der Sache aufgezwungen wird. Das Recht, fremde Sachen durch Um- oder Neugestaltung zu Werken eigener Kunst umzuwidmen, ist nicht mit der Kunstfreiheitsgarantie, Art. 5 Abs. 3 Satz 1 GG, gerechtfertigt. Der erweiterte Tatbestand der Sachbeschädigung mit dem Verzicht auf das Erfordernis der Verletzung der Substanz der Sache, sei sie hervorgerufen durch die Tat selbst oder durch die vorzunehmende Reinigung, erspart aufwendige und kostenintensive Gutachten.[23]

11 Am 1. September 2006 trat die **Föderalismusreform,** die auch Auswirkungen auf den Kulturbereich hat, in Kraft.[24] Es ist die größte Verfassungsreform seit dem Bestehen des Grundgesetzes für die Bundesrepublik Deutschland.[25] Die Reform dient dem Abbau

---

19 BGH, GRUR 1995, 673, 675 = Schulze, RzU, BGHZ Nr. 444, S. 7 – Mauer-Bilder.

20 BGH, GRUR 1995, 673, 676 = Schulze, RzU, BGHZ Nr. 444, S. 10 – Mauer-Bilder.

21 BGH, GRUR 1995, 673, 675 = Schulze, RzU, BGHZ Nr. 444, S. 7f. – Mauer-Bilder.

22 BGBl. I S. 2674.

23 Gesetzentwurf der Abgeordneten Wolfgang Bosbach et al., BT-Drucksache 15/5317, S. 4.

24 Gesetz vom 28. 8. 2006 (BGBl. I S. 2034).

25 Am 16./17. Oktober 2003 haben Bundestag und Bundesrat eine gemeinsame Kommission zur Modernisierung der bundesstaatlichen Ordnung der Bundesrepublik Deutschland eingesetzt. Die Vorarbeiten der Kommission bildeten die Grundlage dafür, dass sich die große Koalition im Koali-

demokratie- und effizienzhinderlicher Verflechtungen zwischen Bund und Ländern und der Schaffung klarerer Verantwortlichkeiten.[26] Die Handlungs- und Entscheidungsfähigkeit sowohl des Bundes als auch der Länder – einschließlich der Kommunen – sollen nachhaltig gestärkt werden.[27] In die ausschließliche Gesetzgebung des Bundes wird der Schutz deutschen Kulturgutes gegen Abwanderung in das Ausland (bisher geregelt in Artikel 75 Abs. 1 Satz 1 Nr. 6 GG) verlagert (siehe nunmehr Artikel 73 Abs. 1 Nr. 5a). Künftig können die Ländervertreter nur noch in den Bereichen Bildung, Rundfunk und Kultur für die Bundesrepublik Deutschland handeln, wenn ausschließlich Länderinteressen berührt sind.[28]

II. Internationale Organisationen, Gemeinschaftsrecht

Die Internationalen Organisationen UNESCO, WIPO und die WTO nehmen im **12** Kunstbereich ein herausragende Stellung ein. Die **UNESCO** ist eine rechtlich eigenständige Sonderorganisation der Vereinten Nationen mit Sitz in Paris.[29] Die UNESCO hat es sich nach Art. 1 ihrer Verfassung zum Ziel gesetzt, durch Förderung der Zusammenarbeit zwischen den Völkern in Bildung, Wissenschaft und Kultur zur Wahrung des Friedens und der Sicherheit beizutragen, um in der ganzen Welt die Achtung vor Recht und Gerechtigkeit, vor den Menschenrechten und Grundfreiheiten zu stärken, die den Völkern der Welt ohne Unterschied der Rasse, des Geschlechts, der Sprache oder Religion durch die Charta der Vereinten Nationen bestätigt worden sind.

Die UNESCO verwaltet das Welturheberrechtsabkommen vom 6. September 1952. Es **13** verpflichtet die Vertragsstaaten, alle notwendigen Bestimmungen zu treffen, um einen ausreichenden und wirksamen Schutz der Rechte der Urheber an den Werken der Literatur, Wissenschaft und Kunst zu gewähren. Wegen der zunehmenden weltweiten Geltung der Revidierten Berner Übereinkunft (RBÜ) kommt dem Welturheberrechtsabkommen heute jedoch wenig praktische Bedeutung zu.

Am 20. Oktober 2005 hat die UNESCO-Generalkonferenz das Übereinkommen zum **14** Schutz kultureller Vielfalt[30] verabschiedet. Das Übereinkommen, mit dem eine völkerrechtlich verbindliche Grundlage für das Recht aller Staaten auf eigenständige Kulturpolitik

---

tionsvertrag vom 18. November 2005 auf eine im Konsens mit den Ländern entwickelte Föderalismusreform geeinigt hat. Die Fraktionen der CDU/CSU und SPD haben einen mit den Ländern abgestimmten Gesetzentwurf zur Änderung des Grundgesetzes sowie den Entwurf eines Föderalismusreform-Begleitgesetzes eingebracht.

[26] Durch die Auflösung der Rahmengesetzgebung und die Neuordnung der konkurrierenden Gesetzgebung wird der Großteil des Hochschulrechts mit Ausnahme der Hochschulzulassung und Hochschulabschlüsse (bisher geregelt in Artikel 75 Abs. 1 Satz 1 Nr. 1a) auf die Länder verlagert (siehe nunmehr Artikel 72 Abs. 3 Nr. 6, Artikel 74 Abs. 1 Nr. 33 GG).

[27] Begründung Regierungsentwurf, BT-Drucksache 16/813, S. 7.

[28] Nach Artikel 23 Abs. 6 Satz 1 besteht die Verpflichtung, die Wahrnehmung der Rechte, die der Bundesrepublik Deutschland als Mitgliedstaat der Europäischen Union zustehen, vom Bund auf einen vom Bundesrat benannten Vertreter der Länder zu übertragen, wenn im Schwerpunkt ausschließliche Gesetzgebungsbefugnisse der Länder auf den Gebieten der schulischen Bildung, der Kultur und des Rundfunks betroffen sind. Abs. 6 Satz 1 tritt an die Stelle der bisherigen Soll-Vorschrift. Auf allen anderen Gebieten werden die der Bundesrepublik Deutschland als Mitgliedstaat der Europäischen Union zustehenden Rechte wahrgenommen.

[29] United Nations Educational, Scientific and Cultural Organization/Organisation der Vereinten Nationen für Erziehung, Wissenschaft und Kultur.

[30] Vollständiger Titel: Übereinkommen zum Schutz und zur Förderung der Vielfalt kultureller Ausdrucksformen.

ins Leben gerufen wurde, tritt drei Monate nach Eingang der 30. Ratifikationsurkunde bei der UNESCO in Kraft. Das Übereinkommen sichert die nationale Kulturpolitik gegen die von der WTO geforderten Liberalisierungen ab. Es ermöglicht, kulturpolitische Ziele nationaler Politik mit internationalen Handelsabkommen (zum Beispiel dem Allgemeinen Übereinkommen über den Handel mit Dienstleistungen/GATS[31]) in Einklang zu bringen, und erkennt die Besonderheit kultureller Güter und Dienstleistungen an.[32]

15 Angestrebt wird, die völkerrechtlichen Verpflichtungen aus dem UNESCO-Übereinkommen vom 14. November 1970 über Maßnahmen zum Verbot und zur Verhütung der rechtswidrigen Einfuhr, Ausfuhr und Übereignung von Kulturgut (UNESCO-Kulturgutübereinkommen) alsbald in deutsches Recht umzusetzen. Die Bundesrepublik Deutschland hat das Übereinkommen bislang noch nicht ratifiziert. Die Ratifizierung des Übereinkommens für die Bundesrepublik Deutschland erfordert ein Ausführungsgesetz. Die völkerrechtlichen Verpflichtungen aus diesem Übereinkommen gelten nicht unmittelbar, sondern bedürfen vielmehr der Umsetzung in nationales Recht.

16 Die Bundesregierung hat am 15. Februar 2006 einen entsprechenden Gesetzentwurf zur Ausführung des UNESCO-Übereinkommens (Ausführungsgesetz zum Kulturgutübereinkommen – KGÜAG) beschlossen. Das Ausführungsgesetz soll zusammen mit der Ratifizierung des UNESCO-Kulturgutübereinkommens in Kraft treten.[33] Am 7. April 2006 hat der Bundesrat die Notwendigkeit der Ratifizierung des UNESCO-Kulturgutübereinkommens sowie eine entsprechende Anpassung deutschen Rechts bejaht. Das zukünftige Gesetz soll der Verbesserung des internationalen Kulturgüterschutzes dienen. Der auf die Vertragsstaaten des UNESCO-Kulturübereinkommens erweiterte öffentlich-rechtliche und unabhängig vom Eigentumsrecht existierende Rückgabeanspruch soll die Rückführung von illegal exportierten Kulturgütern in die Herkunftsstaaten erheblich vereinfachen. Wirksame Maßnahmen des Kulturgutschutzes in den Herkunftsstaaten werden dadurch aber nicht entbehrlich. Es geht hier nicht nur um den Schutz archäologischer Ausgrabungsstätten und um wirksame Exportkontrollen, sondern auch um die systematische Erfassung und Bewertung des Kulturgutes, das für das kulturelle Erbe und die kulturelle Identität des jeweiligen Staates von Bedeutung ist. Die Vertragsstaaten sind insbesondere zur Aufstellung von Listen der Kulturgüter, deren Ausfuhr zu einem merklichen Verlust an ihrem kulturellen Erbe führen würde, verpflichtet (Art. 5 Buchstabe b des Übereinkommens.).[34] Der Regierungsentwurf dient neben der Ausführung des UNESCO-Kulturübereinkommens auch der Umsetzung der Richtlinie 93/7/EWG des Rates vom 15. März 1993 über die Rückgabe von unrechtmäßig aus dem Hoheitsgebiet eines Mitgliedstaats verbrachten Kulturgütern.[35] Die die Ausführung des UNESCO-Kulturübereinkommens betreffenden Bestimmungen (Rückgabe an Vertragsstaaten, Genehmigungsvorbehalt bei der Verbringung besonders bedeutsamer Kulturgüter in das Bundesgebiet, Aufzeichnungspflichten, Bußgeld- und Strafbarkeitsvorschriften) sollen überwiegend in das Kulturgüterrückgabegesetz eingefügt werden. Der für die Umsetzung der Richtlinie 93/7/EWG konzipierte Gesetzentwurf stellt einen geeigneten Rahmen für die Ausführung des UNESCO-Kulturgüterabkommens dar.[36] Da das Gesetzesvorhaben eine

---

[31] General Agreement on Trade in Services.

[32] Pressemitteilung der Deutschen UNESCO-Kommission e.V. vom 21. 10. 2005 (unesco aktuell, Nr. 44/2005).

[33] Art. 5 Regierungsentwurf.

[34] Regierungsentwurf, BT-Drucksache 16/1371 S. 13.

[35] ABl. EG Nr. L 74 S. 74, Richtlinie zuletzt geändert durch die Richtlinie 2001/38/EG des Europäischen Parlaments und des Rates vom 5. 6. 2001 (ABl. EG Nr. L 187 S. 43).

[36] Regierungsentwurf, BT-Drucksache 16/1371 S. 16.

erhebliche Erweiterung des Umfangs des Regelungsgehaltes des Kulturrückgabegesetzes zur Folge haben wird, ist beabsichtigt, dieses Gesetz neu zu strukturieren und als Ablösungsgesetz zu fassen.[37] Nach Artikel 5 Regierungsentwurf soll das Ausführungsgesetz zum Kulturgutübereinkommen – KGÜAG – an dem Tag in Kraft treten, an dem das UNESCO-Kulturgutübereinkommen vom 14. November 1970 für die Bundesrepublik in Kraft tritt. Gleichzeitig soll das Kulturgüterrückgabegesetz vom 15. Oktober 1998, geändert durch Verordnung vom 29. Oktober 2001,[38] außer Kraft treten.

Die Ratifizierung des UNIDROIT-Übereinkommens[39] vom 24. Juni 1995 (das sich **17**
als Ergänzung des UNESCO-Kulturgüterübereinkommens versteht) ist von der Bundesregierung nicht beabsichtigt. Die Regelungen über die öffentlich-rechtlichen Rückgabeansprüche in diesem Übereinkommen sind bereits Bestandteil des deutschen Rechts.[40]

Die **Weltorganisation für geistiges Eigentum, WIPO,**[41] bezweckt den Schutz des **18**
geistigen Eigentums weltweit zu fördern. Sie genießt zur Erfüllung ihrer Aufgaben im Hoheitsgebiet jedes Mitgliedstaates die erforderliche Rechtsfähigkeit.[42] Die WIPO unterstützt Maßnahmen zur weltweiten Verbesserung des Schutzes des geistigen Eigentums und zur Angleichung der innerstaatlichen Rechtsvorschriften auf diesem Gebiet. Sie erfüllt die Verwaltungsaufgaben des Berner Verbandes, den die Staaten – auf die die Berner Übereinkunft Anwendung findet – zum Schutz der Rechte der Urheber an ihren Werken der Literatur und Kunst errichtet haben.[43] Die WIPO nimmt die Verwaltungsaufgaben im Rahmen des WIPO-Urheberrechtsvertrages – (WCT)[44] und des WIPO-Vertrages über Darbietungen und Tonträger (WPPT)[45] wahr.[46]

Die **Welthandelsorganisation, WTO,**[47] ging aus dem Allgemeinen Zoll- und Han- **19**
delsabkommen vom 30. Oktober 1947, GATT,[48] hervor. Die WTO bildet einen gemeinsamen institutionellen Rahmen für die Wahrnehmung der Handelsbeziehungen zwischen ihren Mitgliedern. Das Übereinkommen zur Errichtung der Welthandelsorganisation[49] und die Schlussakte über die Ergebnisse der multilateralen Handelsverhandlungen[50] – beide unterzeichnet am 15. April 1994 in Marakesch – umfassen

- das Protokoll von Marakesch vom 15. April 1994 zum Allgemeinen Zoll- und Handelsabkommen, GATT,[51]
- das Allgemeine Übereinkommen über den Handel mit Dienstleistungen, GATS, und das
- Übereinkommen über handelsbezogene Aspekte der Rechte des geistigen Eigentums, TRIPS-Übereinkommen.

---

[37] Regierungsentwurf, BT-Drucksache 16/1371 S. 17.

[38] BGBl. I S. 2785.

[39] Institut Interantional pour l'Unification du Droit Privé/International Institute for the Unification of Private Law/Internationales Institut zur Vereinheitlichung des Privatrechts.

[40] Regierungsentwurf, BT-Drucksache 16/1371 S. 14.

[41] World Intellectual Property Organization/Organisation Mondiale de la Propriété Intellectuelle.

[42] Art. 12 Abs. 1 WIPO-Übereinkommen.

[43] Art. 4 ii) WIPO-Übereinkommen, Art. 1 Berner Übereinkunft.

[44] WIPO Copyright Treaty.

[45] WIPO Performances and Phonograms Treaty.

[46] Art. 16 WCT, Art. 25 WPPT.

[47] World Trade Organization.

[48] General Agreement on Tariffs and Trade/Allgemeines Zoll- und Handelsabkommen.

[49] BGBl. II S. 1625 = *Mestmäcker/Schulze,* Urheberrechtskommentar, Anhang B 43 a.

[50] BGBl. II S. 1624 = *Mestmäcker/Schulze,* Urheberrechtskommentar, Anhang B 43 b.

[51] BGBl. II S. 1631 = *Mestmäcker/Schulze,* Urheberrechtskommentar, Anhang B 43 c.

20 Das **TRIPS-Übereinkommen**[52] ist als Anlage 1 C zum Übereinkommen zur Errichtung der Welthandelsorganisation am 1. Januar 1995 für die Bundesrepublik Deutschland in Kraft getreten. Ihm gehören alle Mitgliedstaaten der EG und die EG selbst an. Das Übereinkommen stimmt mit den bisher auf internationaler Ebene bestehenden multilateralen Vereinbarungen über den Schutz des geistigen Eigentums, die vorrangig von der Weltorganisation für geistiges Eigentum (WIPO) verwaltet werden, überein. Es bezieht die vorhandenen Schutzsysteme ein und ergänzt sie, wo aus den verschiedensten Gründen bisher ein internationaler Konsens über eine angemessnen Ausgestaltung des Schutzes nicht erzielt werden konnte. Mit der Einbeziehung der Verpflichtungen aus den großen internationalen Vereinbarungen über den Schutz des geistigen Eigentums (Berner Übereinkunft, Pariser Verbandsübereinkunft, sog. Rom-Abkommen) in das Übereinkommen werden die Mitglieder der WTO zugleich dazu angehalten, diese Verpflichtungen einzuhalten.[53] Das Übereinkommen enthält den Grundsatz der Inländerbehandlung. Danach gewähren die Mitgliedsstaaten den Angehörigen anderer Mitgliedsstaaten eine Behandlung, die nicht weniger günstig ist als die, die sie ihren eigenen Angehörigen in Bezug auf den Schutz des geistigen Eigentums gewähren.[54] Es gilt ferner der Grundsatz der Meistbegünstigung. Dieser besagt, dass in Bezug auf den Schutz des geistigen Eigentums Vorteile, Vergünstigungen, Sonderrechte und Befreiungen, die von einem Mitgliedsstaat den Angehörigen eines anderen Staates gewährt werden, sofort und bedingungslos allen anderen Mitliedern zu gewähren sind.[55]

21 Rechtsquellen des **Gemeinschaftsrechts** sind zum einen die Gründungsverträge der Europäischen Gemeinschaften[56] mit ihren Anhängen, Protokollen sowie Verträgen über Änderungen,[57] Ergänzungen und Beitritte neuer Mitglieder (Primärrecht), zum anderen die durch die zuständigen Organe – das Europäische Parlament, der Rat, die Kommission –[58] hieraus abgeleiteten Verordnungen, Richtlinien, Entscheidungen, Empfehlungen und Stellungnahmen (Sekundärrecht). Die **Verordnung,** wie z. B. die Grenzbeschlagnahme-Verordnung,[59] hat allgemeine Geltung, sie ist in allen ihren Teilen verbindlich und gilt unmittelbar in jedem Mitgliedstaat.[60] Die **Richtlinien** sind hingegen erst in das nationale Recht umzusetzen, d. h., die Mitgliedstaaten erlassen die erforderlichen Rechts- und Verwaltungsvorschriften, um der jeweiligen Richtlinie nachzukommen. Die Richtlinie wendet sich unmittelbar an den Mitliedstaat und ist hinsichtlich des zu erreichenden Zieles zwar verbindlich, überlässt jedoch den innerstaatlichen Stellen die Wahl der Form und der Mittel.[61] Die entsprechenden nationalen Gesetze sind wegen des Grundsatzes der gemein-

---

[52] Trade-Related Intellectual Property Rights.

[53] Regierungsentwurf zu dem Übereinkommen vom 15. April 1994 zur Errichtung der Welthandelsorganisation – Bezug: Denkschrift (WTO-Übereinkommen/TRIPS-Übereinkommen) –, BT-Drucksache 12/7655 (neu) S. 336, 339 ff.

[54] Art. 3 TRIPS-Übereinkommen.

[55] Art. 4 TRIPS-Übereinkommen.

[56] Europäische Wirtschaftsgemeinschaft, EWG (heute: Europäische Gemeinschaft, EG), Europäische Gemeinschaft für Kohle und Stahl, EGKS (der Vertrag ist am 23. 7. 2002 ausgelaufen), Europäische Atomgemeinschaft, EAG oder Euratom.

[57] Siehe so genannten Fusionsvertrag (Brüssel, 1965), Einheitliche Europäische Akte (1986) mit den ersten umfassenden Änderungen der Gründungsverträge und dem Ziel der Vollendung des Binnenmarktes bis Ende 1992, Vertrag über die Europäische Union (Maastricht, 1992), Vertrag von Amsterdam (1997), Vertrag von Nizza (2001), Verträge über Beitritte (1972, 1979, 1985, 1994).

[58] Vgl. Artikel 189 ff., 202 ff., 211 ff. EGV; Art. 107 ff., 115 ff., 124 ff. Euratom.

[59] Verordnung (EG) Nr. 1383/2003 des Rates vom 22. 7. 2003 (ABl. EU Nr. L 196 S. 7).

[60] Art. 249 Abs. 2 EGV, Art. 161 Abs. 2 Euratom.

[61] Art. 249 Abs. 3 EGV, Art. 161 Abs. 3 Euratom.

schaftsfreundlichen Auslegung richtlinienkonform auszulegen.[62] Gegenüber den einzelnen Bürger kommt der Richtlinie grundsätzlich keine unmittelbare Wirkung zu.[63]

Auf dem Gebiet des Urheberrechts gibt es derzeit sieben Richtlinien, und zwar zum Schutz von Computerprogrammen,[64] zum Vermiet- und Verleihrecht,[65] zum Satellitenrundfunk und zur Kabelweiterverbreitung,[66] zur Schutzdauer,[67] zum Schutz von Datenbanken,[68] zu den Schutzrechten in der Informationsgesellschaft[69] und zum Folgerecht.[70] Mit dem Gesetz zur Regelung des Urheberrechts in der **Informationsgesellschaft** wurde die Richtlinie 2001/29/EG vom 22. Mai 2001 umgesetzt. Das Gesetz regelt im Wesentlichen die zwingenden, fristgebundenen Vorgaben der Richtlinie sowie die verbindlichen Vorgaben des WCT und des WPPT. **22**

In einem zweiten Gesetz, dem so genannten „Zweiten Korb", sollen noch offen gebliebene Fragen geregelt werden, bei denen die Richtlinie keine Vorgaben macht. Der entsprechende Regierungsentwurf spricht sich wie bisher für die Zulässigkeit der Privatkopie, und zwar auch im digitalen Bereich, aus. Das geltende Recht soll klarer formuliert werden. Der Entwurf sieht von einer Durchsetzung der Privatkopie gegen technische Schutzmaßnahmen des Verwerters ab. Die Pauschalvergütung soll sich an der tatsächlichen nennenswerten Nutzung der Gerätetypen oder der Typen von Speichermedien orientieren, wobei die Beteiligten die Vergütung in weitgehender Selbstregulierung selbst bestimmen. Bei Streitigkeiten über die Vergütung ist für die Beteiligten (als alternatives Verfahren zur Streitbeilegung) ein freiwilliges Schlichtungsverfahren vorgesehen. Der Gesetzentwurf sieht weiter vor, dass der Urheber auch über unbekannte Nutzungsarten verfügen können soll, und zwar verbunden mit einem obligatorischen gesonderten Vergütungsanspruch und einem Widerrufsrecht. Schließlich sieht der Gesetzentwurf Schrankenregelungen vor für die Wiedergabe von Werken an elektronischen Leseplätzen in öffentlichen Bibliotheken, Museen und Archiven sowie für den Kopienversand auf Bestellung.[71] **23**

Der Bundesrat begrüßt in seiner Stellungnahme zu dem Gesetzentwurf grundsätzlich die Anpassung des deutschen Urheberechtsgesetzes an die Vorgaben der Richtlinie 2001/29/EG. Der Bundesrat sieht in dem Entwurf jedoch eine mangelnde Berücksichtigung der Interessen von Wissenschaft und Forschung.[72] Aus der Sicht der Bundesregierung werden sich, wie der Gegenäußerung der Bundesregierung zu entnehmen ist, im weiteren Gesetzgebungsverfahren nur noch zu einzelnen Aspekten Änderungen ergeben. Die Bundesregierung ist der Auffassung, mit dem Entwurf angemessene Rahmenbedingungen für ein bildungs- und wissenschaftsfreundliches Urheberrecht geschaffen zu haben, und weist hierbei z.B. auf § 52b (zulässige Wiedergabe von Werken an elektronischen Leseplätzen in öffentlichen Bibliotheken, Museen und Archiven) und § 53a UrhG-E (Kopienversand der Bibliotheken) hin. **24**

---

[62] EuGH, NJW 2004, 3547 – Pfeiffer.

[63] Siehe aber EuGH, Sammlung 1986, 723 – Marshall – bei nicht fristgemäßer oder unzulänglicher Umsetzung einer inhaltlich genau bestimmten Richtlinie.

[64] Richtlinie 91/250/EWG vom 14. 5. 1991.

[65] Richtlinie 92/100/EWG vom 19. 11. 1992.

[66] Richtlinie 93/83/EWG vom 27. 9. 1993.

[67] Richtlinie 93/98/EWG vom 29. 10. 1993.

[68] Richtlinie 96/9/EG vom 11. 3. 1996.

[69] Richtlinie 2001/29/EG vom 22. 5. 2001.

[70] Richtlinie 2004/84/EG vom 27. 9. 2001.

[71] BT-Drucksache 16/1828 = Mestmäcker/Schulze, Urheberechtkommentar, Anhang A 18 C S. 1.

[72] BT-Drucksache 16/1828 S. 85 = Mestmäcker/Schulze, Urheberechtkommentar, Anhang A 18 C S. 67.

25 Die Richtlinie vom 29. April 2004 zur **Durchsetzung der Rechte des geistigen Eigentums**[73] umfasst nicht nur das Urheberrecht, sondern sämtliche Schutzrechte im Bereich des geistigen Eigentums. Auf den überarbeiteten Referentenentwurf des Bundesministeriums der Justiz (Stand: 17. November 2006) zur Umsetzung der Richtlinie[74] wird hingewiesen.[75] Die Richtlinie und der Entwurf sehen beispielsweise einen Auskunftsanspruch gegen Dritte vor, die selbst nicht Rechtsverletzer sind. Hierbei sind insbesondere die Urheberrechtsverletzungen im Internet (illegale Tauschbörsen) anzuführen. Der Entwurf sieht beispielsweise Auskunftsansprüche (zur Geltendmachung eines etwaigen Unterlassungs- oder Schadenersatzanspruchs) gegen einen Internetprovider bei Offensichtlichkeit der Rechtsverletzung vor. Der Provider soll dann beispielsweise dem Rechtsinhaber Auskunft erteilen müssen über den Namen des Anbieters des Downloads. Des Weiteren ist hier auf den (geänderten) Vorschlag für eine Richtlinie des Europäischen Parlaments und des Rates über strafrechtliche Maßnahmen zur Durchsetzung der Rechte des geistigen Eigentums[76] hinzuweisen.[77]

25 a Im Gegensatz zu den Verordnungen und Richtlinien sind gemeinschaftsrechtliche **Empfehlungen und Stellungnahmen** unverbindlich,[78] wie beispielsweise die Empfehlung 2005/737/EG der Kommission vom 18. 10. 2005 für die länderübergreifende kollektive Wahrnehmung von Urheberrechten und verwandten Schutzrechten, die für legale Online-Musikdienste benötigt werden.

26 Mit dem Vertrag von Maastricht kam es zur förmlichen Gründung der **Europäischen Union**.[79] Dies ist die Bezeichnung für die institutionalisierte politische Zusammenarbeit auf der Grundlage der Europäischen Gemeinschaften,[80] da die Europäische Union noch kein fertiges oder in sich geschlossenes politisches Gebilde ist.[81] Am 29. Oktober 2004 unterzeichneten die 25 europäischen Staats- und Regierungschefs in Rom den Vertrag über eine **Verfassung für Europa.** Die Verfassung gilt als einheitlicher Text an Stelle sämtlicher bestehender Verträge. Der Vertrag bedarf der Ratifikation durch die Vertragsparteien im Einklang mit ihren verfassungsrechtlichen Vorschriften. Der Vertrag sollte am 1. November 2006 in Kraft treten, sofern alle Ratifikationsurkunden hinterlegt worden sind.[82] Die Verfassung begründet die Europäische Union, der die Mitgliedstaaten Zuständigkeiten zur Verwirklichung ihrer gemeinsamen Ziele übertragen (Art. I-1). Die Union leistet einen Beitrag zur Entfaltung der Kulturen der Mitgliedstaaten unter Wahrung ihrer

---

[73] Richtlinie 2004/48/EG.

[74] Der Entwurf dient auch der Anpassung des innerstaatlichen deutschen Rechts an die Verordnung (EG) Nr. 1383/2003 des Rates vom 22. Juli 2003 über das Vorgehen der Zollbehörden gegen Waren, die im Verdacht stehen, bestimmte Rechte geistigen Eigentums zu verletzen, und die Maßnahmen gegenüber Waren, die erkanntermaßen derartige Rechte verletzen (Grenzbeschlagnahmeverordnung, ABl. EU Nr. L 196 S. 7).

[75] Die urheberrechtlichen Bestimmungen sind in Art. 6 des Referentenwurfs aufgenommen.

[76] KOM(2006) 168 endgültig.

[77] Der Vorschlag wurde entsprechend der Mitteilung der Kommission vom 23. 11. 2005 – KOM(2005) 583 endg. – über die Folgen des Urteils des Gerichtshofs vom 13. 9. 2005 – Rechtssache C-176/03 (Kommission/Rat) – geändert.

[78] Art. 249 Abs 5 EGV, Art 161 Abs 5 Euratom.

[79] Siehe Vertrag über die Europäische Union vom 7. 2. 1992.

[80] Vgl. Art. 1 Abs. 3 EUV.

[81] In der Union werden drei nebeneinander bestehende Aufgabenbereiche (auch als „drei Säulen" bezeichnet) zusammengefasst: Arbeitsbereiche der drei Europäischen Gemeinschaften EG, EGKS (Vertrag am 23. 7. 2002 ausgelaufen) und Euratom („1. Säule"), Gemeinsame Außen- und Sicherheitspolitik („2. Säule"), Zusammenarbeit in der Innen- und Justizpolitik („3. Säule").

[82] Oder andernfalls am ersten Tag des zweiten auf die Hinterlegung der letzten Ratifikationsurkunde folgenden Monats; Art. IV-447.

nationalen und regionalen Vielfalt sowie gleichzeitiger Hervorhebung des gemeinsamen kulturellen Erbes (Art. III-280). Im Mai und Juni 2005 stimmten die Franzosen und Niederländer in Referenden gegen die Europäische Verfassung. Das Projekt einer Europäischen Verfassung wird jedoch intensiv weiter verfolgt. Anfang 2006 hat das Europäische Parlament entsprechende Position bezogen.

III. Kunstvermarktung

Das **Folgerecht** entsteht bei der Weiterveräußerung eines Originals der bildenden 27
Künste unter Beteiligung eines Kunsthändlers oder Versteigerers (als Erwerber, Veräußerer oder Vermittler). Der Veräußerer hat dem Urheber einen Anteil des Veräußerungserlöses zu entrichten, vgl. § 26 UrhG. Nach § 121 Abs. 5 UrhG steht das Folgerecht ausländischen Staatsangehörigen nur zu, wenn der Staat, dem sie angehören, nach einer Bekanntgabe des Bundesministers der Justiz im Bundesgesetzblatt deutschen Staatsangehörigen ein entsprechendes Recht gewährt. Der Anwendungsbereich des Prinzips der Gegenseitigkeit ist jedoch Einschränkungen unterworfen.[83] Am 29. Juni 2006 hat der Deutsche Bundestag aufgrund der Beschlussempfehlung und des Berichts des Rechtsausschusses[84] den von der Bundesregierung eingebrachten Entwurf eines Fünften Gesetzes zur Änderung des Urheberrechtsgesetzes,[85] der auch das Folgerecht regelt, weit gehend angenommen: Der Schwellenwert für die Folgerechtspflichtigkeit einer Weiterveräußerung wird von 50 Euro (§ 26 Abs. 1 Satz 1 a. F.) auf 400 Euro erhöht (statt wie im Regierungsentwurf vorgesehen auf 1000 Euro). Die Höhe des Anteils des Veräußerungserlöses ist gestaffelt und beginnt mit 4% für den Teil des Veräußerungserlöses bis zu 50 000 Euro und endet mit 0,25% für den Teil des Veräußerungserlöses über 500 000 Euro. Der Gesamtbetrag der Folgerechtsvergütung aus einer Weiterveräußerung beträgt jedoch höchstens 12 500 Euro.[86] Der Bundesrat hat am 22. September 2006 (Fristablauf) keinen Antrag auf Einberufung des Vermittlungsausschusses gestellt. Das Fünfte Gesetz zur Änderung des Urheberrechtsgesetzes vom 10. 11. 2006 ist am 16. 11. 2006 in Kraft getreten.[87]

Auch zivilrechtliche Bestimmungen können im Kunstbereich eine große Rolle spielen. 28
Die **Mängelhaftung** kann in der Praxis bedeutsam sein, wenn sich beispielsweise nach dem Kauf eines Bildes dessen fehlende Echtheit herausstellt. Nach § 434 Abs. 1 Satz 1 BGB ist eine Sache (hier das Bild) frei von Mängeln, wenn sie bei Gefahrübergang (in der Regel bei Übergabe) die vereinbarte Beschaffenheit[88] hat. Voraussetzung ist, dass die Echtheit des Bildes ausdrücklich oder wenigstens durch allgemeine Auslegungsregeln Gegenstand der vertraglichen Vereinbarung gewesen ist (z. B. Übergabe einer Echtheits-

---

[83] Zur Zulässigkeit einer solchen Beschränkung siehe Art. 14ter RBÜ, Art. 4 Nr. 2b TRIPS-Übereinkommen sowie Art. 7 Abs. 1 Folgerecht-Richtlinie; Art. 12 Abs. 1 EGV, § 120 Abs. 2 Nr. 2 UrhG.

[84] BT-Drucksache 16/2019 vom 26. 6. 2006 = *Mestmäcker/Schulze,* Urheberrechtskommentar, Anhang A 19d.

[85] BT-Drucksache 16/1107 vom 31. 3. 2006 = *Mestmäcker/Schulze,* Urheberrechtskommentar, Anhang A 19b.

[86] Das neue Folgerecht dient der Umsetzung der Richtlinie 2001/84/EG vom 27. September 2001 über das Folgerecht des Urhebers des Originals eines Kunstwerkes. Großbritannien als bedeutender europäischer Kunstmarkt hat die Folgerecht-Richtlinie zum 1. Januar 2006 umgesetzt. Der Mindestsatz für die Geltung des Folgerechts beträgt in Großbritannien 1000 Euro bei einem Vergütungssatz von 4% für Veräußerungen. Österreich hat z. B. die Richtlinie zu Gunsten des Kunsthandels ausgeschöpft und Werte von 3000 Euro und 4% verabschiedet (§ 16b eingefügt mit UrhG-Nov 2005).

[87] BGBl. I S. 2587 = *Mestmäcker/Schulze,* Urheberrechtskommentar, Anhang A 19.

[88] Siehe BGH, NJW 1980, 1619 – Bodensee-Kunstauktion; BGH, NJW 1975, 90 – Jawlensky.

bestätigung oder einer Expertise).[89] Soweit die Beschaffenheit nicht vereinbart ist, ist eine Sache ohne Mängel, wenn sie sich für die nach dem Vertrag vorausgesetzte Verwendung eignet (§ 434 Abs. 1 Satz 1 Nr. 1 BGB), wie z.B. Kauf eines Originalgemäldes für eine Kunstsammlung. Der Käufer kann beim Vorliegen eines Sachmangels (das Bild erweist sich als unecht) wegen eines anfänglichen unbehebbaren Mangels Schadensersatz verlangen.[90] Gelingt dem Verkäufer jedoch der Nachweis, dass er den Mangel bei Vertragsabschluss nicht kannte und auch nicht zu vertreten hat, kann der Käufer nur noch vom Vertrag zurücktreten oder den Kaufpreis mindern (§ 437 Nr. 2 BGB). Hat der Verkäufer eine Garantie für die Beschaffenheit einer Sache (hier die Echtheit eines Bildes) übernommnen, haftet er auch ohne Verschulden (§ 437 Nr. 3).[91] Eine Beschaffenheitsgarantie kann mit weit reichenden Folgen verbunden sein, wie die Entscheidung des BGH „Burra I" aus dem Jahr 1993[92] zeigt. Dort wurde dem Käufer eines Ölgemäldes, das er zum Preis von 10000 DM erworben hat, eine Schadenssumme von 290000 DM zuerkannt. Wäre das Bild (wie zugesichert) nämlich echt gewesen, hätte es einen Marktwert von 300000 DM gehabt.

29 Der Verkäufer hat oftmals ein berechtigtes Interesse daran, die Sachmängelhaftung vertraglich auszuschließen. Vereinbarungen, die zum Nachteil des Verbrauchers von den zwingenden kaufvertraglichen Vorschriften (§§ 433ff. BGB) abweichen, sind nach § 475 Abs. 1 Satz 1 BGB unwirksam. Vereinbarungen, durch welche die Rechte des Käufers wegen eines Mangels ausgeschlossen oder beschränkt werden, sind somit unwirksam. Ein derartiger **Verbraucherschutz** setzt einen Verbrauchsgüterkauf voraus. Dieser liegt vor, wenn ein Verbraucher von einem Unternehmer eine bewegliche Sache kauft (§ 474 Abs. 1 Satz 1 BGB). Verbraucher ist nach § 13 BGB jede natürliche Person, die ein Rechtsgeschäft zu einem Zwecke abschließt, der weder ihrer gewerblichen noch ihrer selbständigen beruflichen Tätigkeit zugerechnet werden kann. Unternehmer ist nach § 14 Abs. 1 BGB eine natürliche oder juristische Person oder eine rechtsfähige Personengesellschaft, die bei Abschluss eines Rechtsgeschäfts in Ausübung ihrer gewerblichen oder selbständigen beruflichen Tätigkeit handelt. Liegt kein Verbrauchsgüterkauf vor (z.B. Auktionator auf der einen und Kunsthändler auf der anderen Seite), ist der Ausschluss einer Haftung des Verkäufers (Freizeichnung) unter Beachtung des Gebotes von Treu und Glauben und der dem Auktionator oder Kunsthändler dem Ersteigerer gegenüber obliegenden Sorgfaltspflichten grundsätzlich zulässig.[93] Auf einen Haftungsausschluss kann sich der Verkäufer jedoch dann nicht berufen, soweit er den Mangel arglistig verschwiegen hat oder eine Garantie für die Beschaffenheit der Sache übernommen hat (§ 444 BGB).

30 Im Kunstbereich hat das deutsche **Verjährungsrecht** für großes Aufsehen gesorgt. Am 9. September 1998 hat nämlich der Londoner High Court entschieden, dass das 1945 aus Gotha verschwundene Bild „Die heilige Familie mit dem heiligen John, der heiligen Elisabeth und den Engeln" (1603) des niederländischen Malers Joachim A. Wtewael an die Bundesrepublik zurückzugeben ist.[94] Die Entscheidung hat Grundsatzcharakter für viele

---

[89] BGH, NJW 1980, 1619 – Bodensee-Kunstauktion; BGH, NJW 1975, 90 – Jawlensky.

[90] § 437 Nr. 3 i.V.m. § 311a Abs. 2 BGB.

[91] §§ 443, 276 Abs. 1, 2. Halbsatz BGB.

[92] BGH, NJW 1993, 2103 – Burra.

[93] Zur formularmäßigen Freizeichnung siehe z.B. die vor der Schuldrechtsreform ergangene Entscheidung des BGH, NJW 1980, 1619 – Bodensee-Kunstauktion –, in der die Zulässigkeit bejaht wurde, wenn der Auktionator lediglich als Kommissionär tätig wurde.

[94] Fall Nr. 1993 C 3428 und Nr. 1997 G. Verhandelt vor Justice Moses zwischen der Stadt Gotha (Klägerin) und (1) Sotheby's/(2) Cobert Finance S.A. (Beklagte) und zwischen der Bundesrepublik Deutschland (Klägerin) und (1) Sotheby's/(2) Cobert Finance S.A. (Beklagte).

Kunstwerke, die nach dem Zweiten Weltkrieg ein ähnliches Schicksal fanden.[95] Der Anspruch der Bundesrepublik Deutschland auf Herausgabe des Eigentums sei nach dem anwendbaren deutschen Recht[96] noch nicht verjährt gewesen. Nach § 221 BGB a. F. (nunmehr § 198 BGB) habe nämlich die Verjährungsfrist 1987 neu zu laufen begonnen, da es in diesem Jahr zu einer Unterschlagung des Bildes gekommen ist.[97]

Bei der **Durchführung einer Ausstellung** können zivilrechtliche, urheberrechtliche sowie versicherungsrechtliche Fragen auftreten. In der Praxis kann die Beantwortung der Frage Schwierigkeiten bereiten, ob der Künstler und der Veranstalter für eine geplante Ausstellung eine Vereinbarung eigener Art gewollt haben oder ob die Beteiligten ein bloßes Gefälligkeitsverhältnis ohne Rechtsbindungswillen eingehen wollten. Ein Künstler schließt z. B. mit einem Veranstalter einen Vertrag ab, wonach der Künstler eigene Werke für eine Ausstellung dem Veranstalter überlässt, der die Werke während der Ausstellungszeit zeigen und gegebenenfalls Kataloge herausbringen soll, ohne dass die Vertragsparteien ein Entgelt hierfür zu zahlen hätten. Es kann sich um eine Vereinbarung eigener Art und nicht nur um das Vorliegen eines bloßen Gefälligkeitsverhältnisses ohne Rechtsbindungswillen handeln. **31**

In seinem Urteil vom 22. April 1997 sprach sich das OLG Düsseldorf für eine Vereinbarung eigener Art aus.[98] Es ging hier um die *Verletzung eines Ausstellungsvertrages* zwischen Künstlern und einer Gemeinde. Das Gericht betonte, dass es für einen Künstler generell sehr bedeutsam sei, wann und wo er seine Werke dem Publikum vorstellen könne. Die Abfolge der Werkausstellungen beeinflusse seine Bekanntheit und sein Ansehen. Die Chancen der Künstler, ihre Werke zu verkaufen, würden mit der Präsentation zudem gefördert. Die Künstler treffen Vorbereitungen für die abgesprochene Ausstellung und die hierzu benötigten Kataloge, werben und sprechen Einladungen aus. Diese Interessenlage spricht dafür, dass sich beide Seiten darauf verlasen können, dass die gegeben Zusagen verbindlich sind. Die Gemeinde wollte hier an der früheren Entscheidung, eine Galerie für die vereinbarten Ausstellungen einzurichten, nicht weiter festhalten, ohne dass ihr ein wichtiger Grund zur Rechtfertigung einer außerordentlichen Kündigung vorliegen würde. Das Gericht hat sodann entschieden, dass die Gemeinde auf Ersatz des Schadens haftet, der den Künstlern aus der Nichterfüllung des Ausstellungsvertrages entstanden ist. Ein Schaden sei beispielsweise entstanden, weil es den Künstlern verwehrt gewesen sei, einen größeren Bekanntheitsgrad oder höheres Ansehen zu erlangen, was für weiter Ausstellungen beeinflussend sei und in der Zukunft zu einem höheren Marktwert ihrer Werke führen könnte. **32**

Bei einer Ausstellung kommt neben dem Zivilrecht dem Urheberrecht eine entscheidende Bedeutung zu. Das **Ausstellungsrecht als Verwertungsrecht** ist das Recht, das Original oder Vervielfältigungsstücke eines unveröffentlichten Werkes der bildenden Künste oder eines unveröffentlichten Lichtbildes öffentlich zur Schau zu stellen (§ 18 UrhG). Das Veröffentlichungsrecht ist bereits in § 12 UrhG geregelt. Danach hat der Urheber das Recht zu bestimmen, ob und wie sein Werk zu veröffentlichen ist. Kommt es zu einer Erstveröffentlichung, sind beide Rechte verbraucht. Das Ausstellungsrecht wird weiter eingeschränkt durch § 44 Abs. 2 UrhG. Danach ist der Eigentümer des Originals eines Werkes der bildenden Künste oder eines Lichtbildwerkes berechtigt, das Werk öffentlich auszustellen. Der Eigentümer des Werkes ist hierzu allerdings dann nicht be- **33**

---

[95] BT-Drucksache 14/1266, S. 13.

[96] Nach dem Grundsatz *lex rei sitae* gilt das Recht des Landes, in dem sich die bewegliche Sache zum Zeitpunkt der Übertragung befindet.

[97] Das Gericht bemerkte beiläufig, dass das deutsche Recht gegen den *ordre public* verstoßen würde, falls es (das Gericht) zu einer anderen Überzeugung gelangt wäre.

[98] Az.: 20 U 18/94 = Sammlung Delp, RdPubl, E 695 § 249 2.

rechtigt, wenn der Urheber dies bei der Veräußerung des Originals ausdrücklich ausgeschlossen hat.

34 Eine **Ausstellungsvergütung** könnte über das Vermiet- und Verleihrecht erreicht werden: Ist nämlich das Werk mit Zustimmung des zur Verbreitung Berechtigten im Gebiet der Europäischen Union oder eines anderen Vertragsstaates des Abkommens über den Europäischen Wirtschaftsrum im Wege der Veräußerung in Verkehr gebracht worden, so ist seine Weiterverbreitung mit Ausnahme der Vermietung zulässig (§ 17 Abs. 2 UrhG). Für das Verleihen eines Werkes ist dem Urheber eine angemessene Vergütung zu zahlen, wenn es durch eine der Öffentlichkeit zugängliche Einrichtung verliehen wird (§ 27 Abs. 2 UrhG). Der Begriff der Öffentlichkeit ist hier weit zu verstehen, so dass es unerheblich ist, ob die Bibliothek öffentlich-rechtlich oder auf eine andere Weise organisiert ist. In Betracht kommen somit beispielsweise Staatsbibliotheken, Gemeindebüchereien oder Gerichtsbibliotheken sowie wissenschaftliche Fach- und Spezialbibliotheken, Schulbibliotheken, kirchliche Bibliotheken, Mediatheken oder Artotheken. Soweit das Vermieten und Verleihen jedoch zu Ausstellungszwecken erfolgt, ist auf den 13. Erwägungsgrund der Richtlinie 92/100/EWG vom 19. November 1992 hinzuweisen, wonach der Klarheit halber es wünschenswert ist, von „Vermietung" und „Verleihen" im Sinne dieser Richtlinie bestimmte Formen der Überlassung, z.B. die Überlassung zu Ausstellungszwecken oder zur Einsichtnahme an Ort und Stelle auszuschließen. Unter „Verleihen" im Sinne dieser Richtlinie fällt nach dem 13. Erwägungsgrund weiter nicht die Überlassung zwischen der Öffentlichkeit zugänglichen Einrichtungen.

35 Es besteht ein Bedarf sowohl vonseiten des Veranstalters als auch des Publikums an der Herausgabe illustrierter **Ausstellungs- und Versteigerungskataloge**. Da die Kataloge das Bekanntwerden und den Absatz von Werken fördern, sind sie auch für den Urheber von Nutzen.[99] Die in § 58 UrhG geregelte Katalogbilder-Freiheit erleichtert die Herausgabe solcher Verzeichnisse. In einem bestimmten Umfang dürfen ohne Zustimmung und ohne Zahlung einer Vergütung an den Urheber öffentlich ausgestellte oder zur öffentlichen Ausstellung oder zum öffentlichen Verkauf bestimmte Werke der bildenden Künste und Lichtbildwerke verwertet werden (§ 58 Abs. 1 UrhG). Dies gilt auch für die öffent liche Zugänglichmachung der Werke sowie für die Verwertung im Rahmen digitaler Offline-Medien (CD-ROM).[100] Zulässig ist darüber hinaus die Vervielfältigung und Verbreitung (nicht jedoch die öffentliche Zugänglichmachung) von Werken der bildenden Künsten und Lichtbildwerken in Verzeichnissen (worunter auch digitale Offline Medien wie CD-ROM zu zählen sind),[101] die von öffentlich zugänglichen Bibliotheken, Bildungseinrichtungen oder Museen in inhaltlichem und zeitlichem Zusammenhang mit einer Ausstellung oder zur Dokumentation von Beständen herausgegeben werden und mit denen kein eigenständiger Erwerbszweck verfolgt wird. Die Kataloge müssen stets „Begleiter" der Ausstellung sein und dürfen die normale Auswertung eines Werkes nicht beeinträchtigen, was z.B. dann der Fall sein kann, wenn unter dem Deckmantel der Katalogbilder-Freiheit ein hochwertiger Kunstband herausgegeben wird.[102]

---

[99] Regierungsentwurf 1962, BT-Drucksache IV/270 S. 76 = M. Schulze, Materialien zum Urheberrechtsgesetz, 2. Aufl. 1997, S. 502f.

[100] Regierungsentwurf 2002, BT-Drucksache 15/38, Zu Nummer 17 (§ 58) = Mestmäcker/Schulze, Urheberrechtskommentar, Anhang A 16b S. 36.

[101] Regierungsentwurf 2002, BT-Drucksache 15/38, Zu Nummer 17 (§ 58) = Mestmäcker/Schulze, Urheberrechtskommentar, Anhang A 16b S. 36.

[102] Im Vertrag der VG Bild-Kunst mit Museen betreffend Reproduktionsrechte sind u.a. Abgrenzungskriterien zur zulässigen Katalogbilder-Freiheit enthalten; siehe Sammlung Delp, Band 2, Ordnungs-Nr. 827c.

Bei einer Ausstellung stellt die **Staatsgarantie** ein wichtiges Instrument zur Allgefahren-abdeckung („von Nagel zu Nagel") dar. So geschehen beispielsweise bei der MoMa-Ausstellung. Vom 20. Februar bis 19. September 2004 zeigte das Museum of Modern Art, New York (MoMA) in der Neuen Nationalgalerie in Berlin 212 seiner bedeutendsten Kunstwerke und damit erstmals seine Sammlung mit zahlreichen Hauptwerken der Kunst des 20. Jahrhunderts in dieser Form außerhalb der USA. Was den Wert der Ausstellung betrifft – soweit dies bei unersetzbaren Werken überhaupt möglich ist – stand seinerzeit die Zahl 2,4 Milliarden Euro im Raum. Die Bundesregierung hat die Versicherungsrisiken mit einer Bundesgarantie abgedeckt. Die Ausgaben für die Versicherung wären zu hoch, um bedeutende Ausstellungen durchführen lassen zu können. Die Bundesgarantie schafft hier Abhilfe.[103] 36

IV. Arbeitsrecht, Absicherung des Künstlers, Verwertungsgesellschaften

Das **Arbeitsverhältnis von Künstlern** wird nicht besonders gesetzlich geregelt; es gelten die allgemeinen arbeitsrechtlichen Bestimmungen. Verschiedene bedeutsame Tarifverträge, die auf das einzelne Arbeitsverhältnis eines Künstlers einwirken, sind jedoch anzutreffen. Zwischen dem Deutschen Bühnenverein/Bundesverband deutscher Theater und der Genossenschaft Deutscher Bühnen-Angehöriger wurde der Normalvertrag (NV) Bühne sowie zwischen dem Deutschen Bühnenverein und der Deutschen Orchestervereinigung und Bühnentänzer der Tarifvertrag für Musiker in Kulturorchestern (TVK) abgeschlossen. Der NV Bühne gilt u.a. für Schauspieler, Sänger, Tanz- und Ballettmeister, Dirigenten, Kapellmeister, Bühnenbildner sowie für Bühnentechniker mit überwiegend künstlerischer Tätigkeit. Der NV Bühne für die Theater in öffentlicher Trägerschaft ist 2003 in Kraft getreten und vereinigt den früheren NV Solo, den NV Chor/Tanz, den Bühnentechnikertarifvertrag BTT sowie den Bühnentechnikertarifvertrag Landesbühne BTTL. 37

Künstlerinnen und Künstler bedürfen einer besonderen **sozialen Absicherung.** Dies gilt jedenfalls dann, wenn sie selbständig tätig sind. Selbständige Künstler und Publizisten, die eine künstlerische oder publizistische Tätigkeit erwerbsmäßig und nicht nur vorübergehend ausüben, werden nach dem **Künstlersozialversicherungsgesetz** vom 27. Juli 1981 (KSVG) versichert. Die Mittel für die Versicherung werden durch die Beitragsanteile der Versicherten zur einen Hälfte, durch die zur Künstlersozialabgabe verpflichteten Unternehmen – wie Buchverlage, Rundfunk, Galerien – und durch einen Zuschuss des Bundes zur anderen Hälfte aufgebracht (§ 14). Bemessungsgrundlage der Künstlersozialabgabe sind die Entgelte, die das zur Abgabe verpflichtete Unternehmen an selbständige Künstler oder Publizisten für ihre Werke oder Leistungen (z.B. Autorenhonorar) zahlt (§ 25 KSVG). Der Vomhundertsatz der Künstlersozialabgabe im Jahr 2007 beträgt 5,1 vom Hundert.[104] 38

Die **Versorgungsanstalt** der deutschen Bühnen hat den Zweck, den an deutschen Theatern abhängig beschäftigten Bühnenangehörigen eine Alters-, Berufsunfähigkeits- und Hinterbliebenenversorgung im Wege der Versicherung zu gewähren.[105] Das Theaterunternehmen hat dann einen Beitrag an die Versorgungsanstalt und nicht an die Künstlersozialkasse abzuführen. Ähnliches gilt für die Versorgungsanstalt der deutschen Kulturor- 39

---

[103] Staatsgarantien sind auch auf Landesebene anzutreffen. Das Eigentum staatlicher Museen ist nicht versichert; hierfür kommt der Staat selbst auf.

[104] Künstlersozialabgabe-Verordnung 2007 vom 22. 9. 2006 (BGBl. I S. 2158).

[105] Siehe Satzung der Versorgungsanstalt der deutschen Bühnen vom 12. 12. 1991, zuletzt geändert durch Satzung vom 21. 12. 2005.

chester, die den Zweck verfolgt, den bei deutschen Kulturorchestern beschäftigten Musikern eine Versorgung zu gewähren.[106]

40 Von Verwertungsgesellschaften wurden **Vorsorge- und Unterstützungseinrichtungen** eingerichtet.[107] So sieht z.B. der Verteilungsplan für die Folgerechte der VG Bild-Kunst vor, dass (nach Abzug der Verwaltungskosten) von dem verbleibenden Überschuss Gelder an die Stiftung Sozialwerk der VG Bild-Kunst und an das Kulturwerk der VG Bild-Kunst zufließen. Die Satzung der VG WORT sieht beispielsweise vor, dass von dem Aufkommen aus § 54 UrhG (nach Abzug des allgemeinen Kostenanteils der VG Wort) jährlich bis zu 15% dem Autorenversorgungswerk der VG WORT zugeführt werden.[108] Weiter wird in diesem Zusammenhang auf die GEMA-Sozialkasse und die GEMA-Stiftung hingewiesen.

41 **Verwertungsgesellschaften** ermöglichen oftmals erst eine optimale Durchsetzung der Rechte des Künstlers. Der Gesetzgeber ordnet sogar teilweise an, dass bestimmte Ansprüche nur durch eine Verwertungsgesellschaft geltend gemacht werden können.[109] Die Verwertungsgesellschaft nimmt die Nutzungsrechte, Einwilligungsrechte oder Vergütungsansprüche, die sich aus dem Urheberrechtsgesetz ergeben, für die Urheber und Inhaber der verwandten Schutzrechte treuhänderisch wahr. Das Recht der Verwertungsgesellschaften ist im Gesetz über die Wahrnehmung von Urheberrechten und verwandten Schutzrechten (Urheberrechtswahrnehmungsgesetz) geregelt. Die Verwertungsgesellschaft unterliegt dem Abschlusszwang. Danach ist sie verpflichtet, auf Grund der von ihr wahrgenommenen Rechte jedermann auf Verlangen zu angemessenen Bedingungen Nutzungsrecht einzuräumen.[110] Die Verwertungsgesellschaft hat mit Vereinigungen, deren Mitglieder nach dem Urheberrechtsgesetz geschützte Werke oder Leistungen nutzen oder zur Zahlung von Vergütungen nach dem Urheberrechtsgesetz verpflichtet sind, zu angemessenen Bedingungen Gesamtverträge abzuschließen.[111] Die Verwertungsgesellschaft stellt Tarife über die Vergütung auf, die sie auf Grund der von ihr wahrgenommenen Rechte und Ansprüche fordert.

42 Von den derzeit zwölf Verwertungsgesellschaften,[112] die in Deutschland die Erlaubnis zum Geschäftsbetrieb[113] haben, ist im Bereich des Kunstrechts insbesondere die VG Bild-Kunst anzuführen. Die **VG Bild-Kunst** nimmt treuhänderisch die Nutzungsrechte und Einwilligungsrechte sowie die Vergütungsansprüche im Umfang der ihr durch Wahrnehmungsvertrag übertragenen Rechte und Ansprüche von Urhebern und Leistungsberechtigten wahr, die sich aus § 2 Abs. 1 Nrn. 3–7, § 4 und 72 UrhG ergeben. In der Berufs-

---

[106] Siehe Satzung der Versorgungsanstalt der deutschen Kulturorchester vom 12. 12. 1991, zuletzt geändert durch Satzung vom 21. 12. 2005.

[107] Siehe hierzu § 8 UrhWG.

[108] § 9 Abs. 1 Nr. 3 der Satzung.

[109] Siehe hierzu z.B. § 26 Abs. 5 UrhG.

[110] § 11 Abs. 1 UrhWG.

[111] Siehe § 12 UrhWG.

[112] Gesellschaft für musikalische Aufführungs- und mechanische Vervielfältigungsrechte (GEMA), Gesellschaft zur Verwertung von Leistungsschutzrechten mbH (GVL), Verwertungsgesellschaft zur Wahrnehmung von Nutzungsrechten an Editionen von Musikwerken (VG Musikedition), VG Werbung + Musik mbH, Verwertungsgesellschaft Bild-Kunst (VG Bild-Kunst), Verwertungsgesellschaft WORT (VG WORT), Verwertungsgesellschaft der Film- und Fernsehproduzenten mbH (VFF), Verwertungsgesellschaft für Nutzungsrechte an Filmwerken mbH (VGF), Gesellschaft zur Wahrnehmung von Film- und Fernsehrechten mbH (GWFF), AGICOA Urheberrechtsschutz-Gesellschaft mbH (AGICOA GmbH), Gesellschaft zur Übernahme und Wahrnehmung von Filmaufführungsechten mbH (GÜFA), VG Media Gesellschaft zur Verwertung der Urheber- und Leistungsschutzrechte von Medienunternehmen mbH (VG Media).

[113] Siehe § 1 UrhWG.

gruppe I organisieren sich die bildenden Künstler – wie Maler und Bildhauer – und ihre Verleger, in der Berufsgruppe II die Bildautoren – wie Fotografen, Bildjournalisten, Grafik-Designer, Foto-Designer, Karikaturisten, Pressezeichner – und ihre Verleger, und in der Berufsgruppe III die Filmurheber und Filmproduzenten.[114] Die VG Bild-Kunst ist beispielsweise zuständig für Ansprüche, die sich aus dem **Folgerecht** ergeben.

Bei der VG Bild-Kunst wird die **Ausgleichsvereinigung Kunst** geführt. Sie dient **43**
einem vereinfachten Verwaltungsverfahren für die Zahlung der Künstlersozialabgabe und der Folgerechtsabgabe.[115] Die zur Künstlersozialabgabe Verpflichteten können nämlich mit Zustimmung der Künstlersozialkasse eine Ausgleichsvereinigung bilden, die ihre der Künstlersozialkasse gegenüber obliegenden Pflichten erfüllt, insbesondere mit befreiender Wirkung die Künstlersozialabgabe (§ 23 KSVG) und die Vorauszahlungen entrichten kann (§ 32 KSVG). Die Aufzeichnungspflicht nach § 28 KSVG und Prüfungen aufgrund des § 35 KSVG entfallen für die Zeit, für die Pflichten des zur Abgabe Verpflichteten durch die Ausgleichsvereinigung erfüllt werden, siehe § 32 Abs. 2 Satz 2 KSVG. Die der Ausgleichsvereinigung Kunst beigetretenen Galerien, Kunsthändler und Versteigerer werden von der Zahlung der Künstlersozialabgabe nach den Sätzen des KSVG befreit. Dies setzt eine Mitteilung der Mitgliedschaft in der Ausgleichsvereinigung an die Künstlersozialkasse voraus. Die Künstlersozialkasse schickt zu diesem Zweck der Galerie, dem Kunsthändler oder dem Versteigerer einen Erfassungsbogen zu, der sodann ausgefüllt zurückzuschicken ist. Erst nachdem die Künstlersozialkasse anhand des ausgefüllten Erfassungsbogens festgestellt hat, dass es sich um ein zur Künstlersozialkasse verpflichtetes Unternehmen (§ 24 KSVG) handelt, kommt es nur noch zu einer verwaltungsmäßigen Zusammenarbeit zwischen der Ausgleichsvereinigung Kunst und der Künstlersozialkasse.

Der Beitritt zur Ausgleichsvereinigung Kunst hat darüber hinaus eine befreiende Wir- **44**
kung von der Zahlung einer Abgabe auf einzelne Verkaufsvorfälle nach dem Folgerecht (§ 26 UrhG). Um die Folgerechtsansprüche (der der VG Bild-Kunst angeschlossenen) Künstlerinnen und Künstler berechnen zu können, benötigt die Ausgleichsvereinigung Kunst einmal im Jahr Angaben über entsprechende Zweitverkäufe. Der Galerist, Kunsthändler oder Versteigere meldet der Ausgleichsvereinigung Kunst den Gesamtumsatz mit Werken der bildenden Künste des 20. und 21. Jahrhunderts – ohne Mehrwertsteuer –, wobei hier keine Unterscheidung zwischen urheberrechtlich geschützten und nicht geschützten Werken vorgenommen wird. Die Mitgliedsunternehmen zahlen an die Ausgleichsvereinigung Kunst eine Pauschale, die (unter Zugrundelegung der Einnahmen- und Ausgabensituation der Ausgleichsvereinigung Kunst) jährlich von Vertretern der einzelnen Kunsthandelsorganisationen, die im Arbeitskreis deutscher Kunsthandelsverbände zusammengeschlossen sind, mit der VG Bild-Kunst bestimmt werden. Die Pauschale der Ausgleichsvereinigung Kunst beträgt im Jahr 2006 für Galerien 1,8%, Gemäldegroßhändler 3,1% und für Versteigerer 2,6%.[116]

---

[114] § 9 der Satzung; siehe auch die in der Sammlung Delp, RdPubl, unter den Ordnungsnummern 825 a–825 c abgedruckten Wahrnehmungsverträge der VG Bild-Kunst.

[115] Zwischen dem Arbeitskreis deutscher Kunsthandelsverbände (ADK) und der VG Bild-Kunst wurde ein Rahmenvertrag geschlossen, wonach die dem Arbeitskreis angehörenden Verbände mit dem Abschluss dieses Vertrages für ihre Mitglieder die Ausgleichsvereinigung Kunst bilden. Mitgliedsverbände des ADK: Bundesverband des Deutschen Kunst- und Antiquitätenhandels e.V. (BDKA); Bundesverband deutscher Galerien e.V. (BVDG); Verband deutscher Antiquare e.V.; Bundesverband deutscher Kunstverleger e.V. (BDKV). Der Rahmenvertrag i.d.F. vom 13. 12. 2000 ist abgedruckt, in: Sammlung Delp, RdPubl, Band 1, Ordnungs-Nr. 192.

[116] Quelle: Informationsblatt der Ausgleichsvereinigung Kunst.

V. Steuerrechtliche Bestimmungen, Zollrecht

45 Der Künstler wird mit zahlreichen steuerrechtlichen Bestimmungen konfrontiert, wobei für ihn insbesondere das Einkommensteuerrecht und das Umsatzsteuerrecht wichtig sind. Nach dem **Einkommensteuergesetz** sind unbeschränkt einkommensteuerpflichtig natürliche Personen, die im Inland einen Wohnsitz oder ihren gewöhnlichen Aufenthalt haben.[117] Einkünfte bei einem selbständigen Künstler sind der Gewinn.[118] Als Gewinn kann u. A. der Überschuss der Betriebseinnahmen über die Betriebsausgaben angesetzt werden.[119] Einkünfte bei nichtselbständigen Künstlern sind der Überschuss der Einnahmen über die Werbungskosten.[120] Einnahmen sind innerhalb des Jahres bezogen, in dem sie dem Steuerpflichtigen zugeflossen sind.[121] Der Künstler kann bei Wirtschaftsgütern, deren Verwendung oder Nutzung durch den Steuerpflichtigen zur Erzielung von Einkünften sich erfahrungsgemäß auf einen Zeitraum von mehr als einem Jahr erstreckt, eine Absetzung für Abnutzung in gleichen Jahresbeträgen vornehmen (lineare Abschreibung). Die Absetzung richtet sich nach der betriebsgewöhnlichen Nutzungsdauer des Wirtschaftsguts.[122] So genannte geringwertige Wirtschaftsgüter (die vorliegen, wenn der Wert des einzelnen Wirtschaftsguts 410 Euro nicht übersteigt) können in voller Höhe als Betriebsausgabe abgesetzt werden.[123] Unterhält der Künstler z. B. eine Werkstatt, kann er den hierfür angemieteten Raum sowie die Kosten der Ausstattung als Betriebsausgaben geltend machen. Aufwendungen für ein häusliches Arbeitszimmer sowie Kosten der Ausstattung können ab dem Veranlagungszeitraum 2007 nicht mehr steuermindernd abgezogen werden.[124]

46 Steuerfrei sind Einnahmen aus nebenberuflichen künstlerischen Tätigkeiten im Dienst oder im Auftrag einer inländischen juristischen Person des öffentlichen Rechts sowie einer bestimmten Einrichtung zur Förderung gemeinnütziger, mildtätiger und kirchlicher Zwecke bis zur Höhe von derzeit insgesamt 1848 Euro im Jahr.[125] Steuerfrei sind weiter Beträge, die die Künstlersozialkasse zugunsten des nach dem KSVG Versicherten aus dem Aufkommen von Künstlersozialabgabe und Bundeszuschuss an einen Träger der Sozialversicherung oder an den Versicherten zahlt.[126]

47 Bei der **Umsatzsteuer** beträgt der allgemeine Steuersatz 16% und der ermäßigte Steuersatz 7%. Dem ermäßigten Steuersatz unterliegen beispielsweise Bücher und Zeitungen,[127] (bestimmte) Kunstgegenstände,[128] die Eintrittsberechtigung für Theater, Konzerte

---

[117] § 1 Abs. 1 EStG; zur beschränkten Einkommensteuerpflicht siehe § 1 Abs. 3 EStG.

[118] § 2 Abs. 1 Nr. 3, Abs. 2 Nr. 1, §§ 4–7k EStG.

[119] § 4 Abs. 3 EStG.

[120] § 2 Abs. 1 Nr. 4, Abs. 2 Nr. 2, §§ 8–9a EStG.

[121] § 11 Abs. 1 Satz 1 EStG. Regelmäßig wiederkehrende Einnahmen sind dem Kalenderjahr zuzuordnen, dem sie wirtschaftlich gehören, siehe § 11 Abs. 1 Satz 2 EStG. Zu den Einnahmen aus nichtselbständiger Tätigkeit, siehe § 11 Abs. 1 Satz 4 EStG.

[122] § 7 Abs. 1 EStG (Selbständige); § 9 Abs. 1 Nr. 7 Satz 1 EStG (Nichtselbständige).

[123] § 6 Abs. 2 Satz 1 EStG (Selbständige); § 9 Abs. 1 Nr. 7 Satz 2, § 6 Abs. 2 Satz 1 EStG (Nichtselbständige).

[124] § 4 Abs. 5 Satz 1 Nr. 6b Satz 2 EStG i. d. F. des StÄndG 2007 v. 19. 7. 2006, BGBl. I 2006, 1652 (Selbständige); § 9 Abs. 5 EStG (Nichtselbständige).

[125] § 3 Nr. 26 EStG.

[126] § 3 Nr. 57 EStG.

[127] Anlage 2 Nr. 49 zu § 12 Abs. 2 Nr. 1 und 2 UStG.

[128] Anlage 2 Nr. 53 zu § 12 Abs. 2 Nr. 1 und 2 UStG.

und Museen,[129] Darbietungen ausübender Künstler,[130] die Überlassung von Filmen zur Auswertung und Vorführung sowie die Filmvorführungen,[131] ferner die Einräumung, Übertragung und Wahrnehmung von Rechten, die sich aus dem Urheberrechtsgesetz ergeben.[132] Steuerbegünstigt sind die Umsätze der Verwertungsgesellschaften, die nach dem Urheberrechtswahrnehmungsgesetz Nutzungsrechte, Einwilligungsrechte oder Vergütungsansprüche wahrnehmen.[133] Das Folgerecht (§ 26 UrhG) zählt nicht zu den urheberrechtlichen Nutzungs- und Verwertungsrechten.[134] Steuerfrei sind unter anderen die Umsätze kultureller Einrichtungen des Bundes, der Länder, der Gemeinden oder der Gemeindeverbände, wie Theater, Orchester, Kammermusikensembles, Chöre, Museen, Büchereien.[135]

Der Umsatzsteuer unterliegen z. B. Lieferungen und Leistungen, die ein Unternehmen im Inland gegen Entgelt im Rahmen seines Unternehmens durchführt.[136] Steuerschuldner ist der Unternehmer.[137] **Unternehmer** ist, wer eine gewerbliche oder berufliche Tätigkeit selbständig und nachhaltig zur Erzielung von Einnahmen ausübt.[138] Der Künstler kann somit Unternehmer sein. Er ist berechtigt, die in Rechnungen[139] ausgewiesenen Vorsteuern eines anderen Unternehmens abzuziehen, soweit Lieferungen und Leistungen der unternehmerischen Tätigkeit zuzurechnen sind (z. B. Malutensilien).[140] Für bestimmte Berufsgruppen besteht die Möglichkeit der Berechnung der abziehbaren Vorsteuerbeträge nach allgemeinen Durchschnittssätzen (z. B. Bildhauer 7% des Umsatzes, Grafiker [nicht Gebrauchsgrafiker] und Kunstmaler 5,2% des Umsatzes, Schriftsteller 2,6% des Umsatzes), wobei ein weiterer Vorsteuerabzug ausgeschlossen ist.[141] Bei **Kleinunternehmen** wird die Umsatzsteuer für steuerpflichtige Lieferungen und Leistungen nicht erhoben, wenn der Umsatz[142] zuzüglich der darauf entfallenden Steuer im vorangegangenen Jahr 17 500 Euro nicht überstiegen hat und im laufenden Kalenderjahr voraussichtlich 50 000 Euro voraussichtlich nicht übersteigen wird.[143] Der Unternehmer kann dem Finanzamt gegenüber erklären, dass er auf die Anwendung der Kleinunternehmerreglung verzichtet. Dies hat zur Folge, dass er zwar einerseits die Umsatzsteuer in Rechnung zu stellen hat, er aber andererseits die Vorsteuer abziehen darf.[144] **48**

---

[129] § 12 Abs. 2 Nr. 7 Buchst. a UStG.

[130] § 12 Abs. 2 Nr. 7 Buchst. a UStG; zu den ausübenden Künstlern zählen insbesondere Schauspieler, Sänger, Musiker, Tänzer, Dirigenten, Kapellmeister, Regisseure und Spielleiter sowie Bühnen- und Kostümbildner, Umsatzsteuer-Richtlinien 2005, Nr. 168 Abs. 19.

[131] § 12 Abs. 2 Nr. 7 b UStG.

[132] § 12 Abs. 2 Nr. 7 c UStG; urheberrechtliche Nutzungsrechte werden beispielsweise mit der vertraglichen Vereinbarung über die Vervielfältigung und Verbreitung von Werken der bildenden Künste (etwa in Büchern, Zeitschriften, auf Kalendern, Postkarten, Kunstblättern) eingeräumt, Umsatzsteuer-Richtlinien 2005, Nr. 168 Abs. 16.

[133] UStR 2005 R. 168 Abs. 2.

[134] UStR 2005 R. 168 Abs. 16.

[135] Siehe § 4 Nr. 20 Buchst. a, § 1 Abs. 1 Nr. 1 UStG.

[136] § 1 Abs. 1 Nr. 1 UStG.

[137] § 13 a Abs. 1 Nr. 1, § 1 Abs. 1 Nr. 1 UStG.

[138] Im Einzelnen, vgl. § 2 Abs. 1 UStG.

[139] Siehe hierzu §§ 14, 14 a UStG, § 31 ff. UStDV; zu der erleichterten Regelungen für Rechnungen über Kleinbeträge, deren Gesamtbetrag 150 Euro nicht übersteigt, § 33 UStDV i. d. F. des Ersten Gesetzes zum Abbau bürokratischer Hemmnisse v. 22. 8. 2006, BGBl. I 2006, 1970; Vgl. ferner UStR 2005 R 185 a.

[140] Siehe z. B. § 15 Abs. 1 Satz 1 Nr. 1 UStG.

[141] § 23 Abs. 3 UStG, §§ 69 f. UStDV, Anlage zu § 70 Abs. 1 UStDV, Abschn. A, IV Nr. 1, 5.

[142] Gesamtumsatz, gekürzt um die darin enthaltenen Umsätze von Wirtschaftsgütern des Anlagevermögens, § 19 Abs. 1 Satz 2 UStG.

[143] Im Einzelnen siehe § 19 UStG.

[144] Vgl. §§ 14, 15 UStG.

49 Schließlich ist die Besteuerung inländischer Einkünfte von **ausländischen Künstlern** zu erwähnen, die im Inland weder einen Wohnsitz noch ihren gewöhnlichen Aufenthalt haben (beschränkt Steuerpflichtige).[145] Einnahmen über 1000 Euro werden mit 20% besteuert.[146] Für Kleinkünstler ist eine Staffelbesteuerung vorgesehen.[147] Betriebsausgaben, Werbungskosten, Sonderausgaben und Steuern dürfen nur eingeschränkt abgezogen werden.[148] Steuerschuldner ist der Gläubiger der Vergütung, also der ausländische Künstler. Der Schuldner der Vergütung, beispielsweise der deutsche Veranstalter, hat den Steuerabzug für den beschränkt steuerpflichtigen Gläubiger vorzunehmen und haftet für die Einhaltung und Abführung der Steuer.[149] Auf Antrag wird die Steuer ganz oder teilweise erstattet.[150]

50 Die Abgabenordnung ermöglicht die **Zahlung einer Erbschaftssteuerschuld durch Übereignung von Kunstgegenständen.** Schuldet ein Steuerpflichtiger Erbschaftsteuer, kann durch öffentlich-rechtlichen Vertrag zugelassen werden, dass an Zahlungs Statt das Eigentum an Kunstgegenständen, Kunstsammlungen, wissenschaftlichen Sammlungen, Bibliotheken, Handschriften und Archiven dem Bundesland, dem das Steueraufkommen zusteht, übertragen wird. Voraussetzung ist, dass an dem Erwerb der Gegenstände wegen ihrer Bedeutung für Kunst, Geschichte oder Wissenschaft ein öffentliches Interesse besteht. Die Steuerschuld erlischt sodann in der im Vertrag vereinbarten Höhe am Tag der Übertragung des Eigentums an das Land, dem das Steuerau fkommen zusteht.

51 Bei **zollrechtlichen Fragen** bildet die Zollunion die Grundlage der Gemeinschaft. Sie erstreckt sich auf den gesamten Warenaustausch. Die **Zollunion** umfasst das Verbot, zwischen den Mitgliedstaaten Ein- und Ausfuhrzölle und Abgaben gleicher Wirkung zu erheben, sowie die Einführung eines gemeinsamen Zolltarifs gegenüber Drittländern.[151] Im grenzüberschreitenden Warenverkehr stellt die IT-gestützte Risikoanalyse, mit der die Risiken des Vorliegens von Zollvergehen ermittelt und quantifiziert werden könne, ein wichtiges Instrument für die Zollverwaltung dar. Die Zentralstelle Risikoanalyse (Zoll) mit Sitz in Münster (Westfalen) wurde am 1. Januar 2002 errichtet.[152] Der **Zollkodex**[153] und die auf gemeinschaftlicher und einzelstaatlicher Ebene dazu erlassenen Durchführungsvorschriften stellen das Zollrecht dar.[154] Einfuhr- und Ausfuhrabgaben (Art. 4 Nr. 10 und 11 Zollkodex) sind Steuern im Sinne der AO (§ 3 Abs. 3 AO). Die Einfuhrumsatzsteuer[155] wird bei der Einfuhr von Waren aus Drittländern in die Bundesrepublik Deutschland erhoben. Der Regelsteuersatz entspricht dem der Umsatzsteuer und beträgt 16% des so genannten Einfuhrumsatzsteuerwertes; zum Steuersatz vgl. § 12 Abs. 1 UStG. Für bestimmte Gegenstände gilt der ermäßigte Steuersatz von 7%. Die Liste der dem ermäßigten Steuer-

---

[145] § 50a Abs. 4 EStG.

[146] § 50a Abs. 4 Satz 5 Nr. 4 EStG.

[147] Einnahmen bis 250 Euro sind steuerfrei, Einnahmen über 250 Euro bis 500 Euro werden mit 10% und Einnahmen über 500 Euro bis 1000 Euro werden mit 15% besteuert.

[148] § 50a Abs. 4 Satz 3 EStG.

[149] Vgl. § 50a Abs. 5 EStG.

[150] § 50 Abs. 5 Satz 2 Nr. 3, § 50a Abs. 4 Nr. 1 oder 2 EStG; zur Vereinbarkeit des Steuerabzugsverfahrens mit dem Gemeinschaftsrecht (freier Dienstleistungsverkehr), siehe EuGH, Urteile vom 12. 6. 2003 (Rs. C-234/01, IStR 2003, 458) – Fall *Gerritse* – sowie vom 3. 10. 2006 (Rs. C-290/04) – Fall *FKP Scorpio Konzertproduktionen,* DStR 2006, 743.

[151] Vgl. Art. 23 EGV.

[152] Monatsbericht des BMF v. September 2006, S. 63f.

[153] Verordnung (EWG) Nr. 2913/92 des Rates vom 12. 10. 1992 zur Festlegung des Zollkodex der Gemeinschaften, ABl. EG Nr. L 302 vom 19. 10. 1992.

[154] Art. 1 Zollkodex.

[155] Verbrauchsteuer im Sinn der Abgabenordnung, vgl. § 21 Abs. 1 UStG.

satz unterliegenden Gegenstände (Anlage 2 zu § 12 Abs. 2 Nr. 1 und 2 UStG) ist geordnet nach Nummern, Warenbezeichnung und Zolltarif (Kapitel, Position, Unterposition).[156] Die bei Entstehen einer Zollschuld gesetzlich geschuldeten Abgaben stützen sich auf den Zolltarif der EG (Art. 20 Abs. 1 Zollkodex).[157]

---

[156] Unter der Nummer 53 ist beispielsweise folgende Warenbezeichnung mit dem dazugehörigen Zolltarif aufgeführt: Kunstgegenstände, und zwar

a) Gemälde und Zeichnungen, vollständig mit der Hand geschaffen, sowie Collagen und ähnliche dekorative Bildwerke – Position 9701 –,

b) Originalstiche, -schnitte und -steindrucke – Position 9702 –,

c) Originalerzeugnisse der Bildhauerkunst, aus Stoffen aller Art – Position 9703 –.

[157] Siehe z.B. BFH, VII R 11/02 v. 8. 1. 2003, DStRE 2003, 751; KUR 2003, 101 „Bronzeskulpturen" = zur einfuhrumsatzsteuerlichen Bewertung einer größeren Anzahl hergestellter Bronzeskulpturen als „andere Ziergegenstände" oder „Originalerzeugnisse der Bildhauerkunst".

1. Teil. Internationale Grundlagen

Übersicht

Marcel Schulze

Schrifttum: *Hillig* Hans-Peter, Europäisches und Internationales Urheberrecht, Textausgabe mit einer ausführlichen Einführung und einem Sachverzeichnis, München 2006; *Walter* Michel M. (Hrsg.), Europäisches Urheberrecht. Kommentar, Wien 2001; *Nordemann* Wilhelm/*Vinck* Kai/*Hertin* Paul W., Internationales Urheberrecht und Leistungsschutzrecht der deutschsprachigen Länder unter Berücksichtigung auch der Staaten der Europäischen Gemeinschaft. Kommentar, Düsseldorf 1977; *Möhring* Philipp/*Schulze* Erich/*Ulmer* Eugen/*Zweigert* Konrad (Begr.), Quellen des Urheberrecht, hrsg. von *Hilty* Reto M./*Katzenberger* Paul/*Schulze* Erich/*Schulze* Marcel.

Einführung

1 Der heutige Stand der Technik erlaubt einen **größtmöglichen Informationsaustausch.** Das digitale Umfeld der Informationsgesellschaft kennt beim Handel mit Waren und Dienstleistungen, für die das Urheberrecht zur Anwendung kommt, keine nationalen Grenzen. In der **Informationsgesellschaft** ist das **geistige Eigentum** in erhöhtem Maße Verletzungen ausgesetzt und bedarf daher eines besonderen Schutzes.[1] Die Anerkennung des geistigen Eigentums in allen Teilen der Welt und allen Schichten der Bevölkerung ist die unabdingbare Voraussetzung für weiteres Handeln sowohl auf nationaler als auch auf internationaler Ebene. In den letzten Jahren kam es international und im Bereich des Gemeinschaftsrechts zu zahlreichen Neuerungen, die unter Berücksichtigung der Grundlagen aufgezeigt werden sollen.[2]

A. Erste internationale urheberrechtliche Übereinkommen

2 Die **Berner Übereinkunft** zum Schutz von Werken der Literatur und Kunst vom 9. September 1886 ist die erste internationale urheberrechtliche Übereinkunft. In ihr kommt der Wunsch der Verbandsländer zum Ausdruck, die Rechte der Urheber an ihren Werken der Literatur und Kunst in möglichst wirksamer und gleichmäßiger Weise zu schützen.

3 Die Berner Übereinkunft (BÜ) wurde mehrmals vervollständigt und revidiert, zuletzt am 24. Juli 1971 in Paris.[3]

4 Die **Schutzdauer,** die zum wesentlichen Bestandteil der Rechte des geistigen Eigentums gehört,[4] umfasst nach Art. 7 Abs. 1 BÜ (Pariser Paris) das Leben des Urhebers und 50 Jahre nach seinem Tod. Die Schutzdauer richtet sich nach dem Gesetz des Landes, in dem der Schutz beansprucht wird. Die Berner Übereinkunft regelt weiter einen Vergleich der Schutzdauer des Staates, in dem der Schutz beansprucht wird, mit der im Ursprungsland des Werkes geltenden Dauer. Dies hat zur Folge: Die im Ursprungsland des Werkes festgesetzte Dauer wird nicht überschritten, Art. 7 Abs. 8 BÜ (Fassung Paris). Für die Verbandsländer besteht jedoch die Möglichkeit, von diesem Schutzfristenvergleich abzusehen.[5]

---

[1] Begründung zum Vorschlag der Info-Richtlinie (s. Rz. 29) = *Mestmäcker/Schulze,* Urheberrechtskommentar – im Folgendem: UrhKomm –, Anhang C 7a S. 1.

[2] Siehe hierzu die Textausgaben von *Hillig:* Urheber- und Verlagsrecht, 10. Aufl. 2003; Europäisches und Internationales Urheberrecht, 2006.

[3] Vervollständigt am 4. 5. 1896 (Paris), revidiert am 13. 11. 1908 (Berlin), vervollständigt am 20. 3. 1914 (Bern), revidiert am 2. 6. 1928 (Rom), revidiert am 26. 6. 1948 (Brüssel), am 14. 7. 1967 (Stockholm) und am 24. 7. 1971 (Paris), geändert am 2. 10. 1979. Die jeweiligen Fassungen sind abgedruckt in *Mestmäcker/Schulze,* a. a. O., Anhang 1–2a.

[4] Vgl. Begründung zum Vorschlag der Schutzdauer-Richtlinie (s. Fn. 98) = *Mestmäcker/Schulze,* UrhKomm, Anhang C 4a S. 1.

[5] Siehe auch Begründung zum Vorschlag der Schutzdauer-Richtlinie (s. Fn. 98) = *Mestmäcker/Schulze,* UrhKomm, Anhang C 4a (hier:) S. 4.

Die Berner Übereinkunft geht vom **Grundsatz der Inländerbehandlung** aus. Dieser besagt, dass ausländische Urheber denselben Schutz genießen wie die inländischen Urheber, Art. 5 BÜ (Pariser Fassung). 5

Der Berner Übereinkunft folgte im Jahr 1952 ein weiteres grundlegendes internationales Abkommen: das Welturheberrechtsabkommen. 6

Die Vertragsstaaten des **Welturheberrechtsabkommens** vom 6. September 1952, revidiert in Paris am 24. 7. 1971, wurden von dem Wunsch geleitet, den Schutz des Urheberrechts an Werken der Literatur, Wissenschaft und Kunst in allen Ländern zu gewährleisten. Nach seinem Art. I verpflichtet sich jeder Vertragsstaat, alle notwendigen Bestimmungen zu treffen, um einen ausreichenden und wirksamen Schutz der Rechte der Urheber und anderer Inhaber von Urheberrechten an den Werken der Literatur, Wissenschaft und Kunst zu gewähren. 7

Art. III Abs. 1 WUA bestimmt, dass die Formerfordernisse eines Vertragsstaats, dessen innerstaatliche Rechtsvorschriften als Voraussetzung für den **Urheberrechtsschutz** das Vorliegen von Formvorschriften in seinem Hoheitsgebiet verlangen, für die Angehörigen von Vertragsstaaten des WUA, die solche Formvorschriften nicht kennen, beim Vorliegen bestimmter Voraussetzungen als erfüllt anzusehen sind. Die Voraussetzungen hierfür sind: Auf dem mit Erlaubnis des Urhebers veröffentlichten Werkstück muss von der ersten Veröffentlichung des Werkes an das **Kennzeichen** © in Verbindung mit dem Namen des Urheberrechtsinhabers und das Jahr der ersten Veröffentlichung versehen sein. Das Kennzeichen © ist dabei an geeigneter Stelle anzubringen. 8

B. Internationaler Handel und Wettbewerb

Im Übereinkommen über handelsbezogene Aspekte der Rechte des geistigen Eigentums[6] wurde dem Schutz des geistigen Eigentums in Bezug auf den internationalen Handel und den Wettbewerb große Bedeutung beigemessen. Das Übereinkommen, das wegen seiner englischen Abkürzung von Trade-Related Intellectual Property Rights allgemein als **TRIPS-Übereinkommen** bezeichnet wird, ist ratifizierungspflichtiger Teil der multilateralen GATT-Uruguay-Handelsverhandlungsergebnisse. Es ist am 1. Januar 1995 als Anlage 1C zum Übereinkommen zur Errichtung der Welthandelsorganisation – WTO – vom 15. April 1994[7] in Kraft getreten.[8] 9

Das bisherige, aus dem Jahre 1947 stammende GATT ist mit seinen zahlreichen Unterabkommen und Einzelentscheidungen ein nur provisorisch angewandtes Vertragswerk und hatte keine eigene Rechtsfähigkeit. Zum Abschluss der GATT-Uruguay-Runde wurde die Errichtung einer völkerrechtlich selbständigen Welthandelsorganisation beschlossen. Das WTO-Übereinkommen schafft einen umfassenden vertraglichen und institutionellen Rahmen für die Gestaltung der Handelsbeziehungen seiner Mitglieder. Es umfasst das alte GATT 1947 mit seinen Unterabkommen und Entscheidungen sowie alle Ergebnisse der Uruguay-Runde. (...) Das TRIPS-Übereinkommen ist Ausdruck der großen Bedeutung, die dem Schutz des geistigen Eigentums ... für den internationalen Handel und Wettbewerb zukommt. Ohne einen angemessenen und auch in der Praxis wirksam durchsetzbaren Schutz der Rechte des geistigen Eigentums werden Investitionen fehlgeleitet, Handelsströme verfälscht und individuelle und unternehmerische Leistungen missbraucht. (...) Das TRIPS-Übereinkommen ist mit den bisher auf internationaler Ebene bestehenden multilateralen Vereinbarungen ... voll kompatibel. (...) Hierauf aufbauend enthält das TRIPS-Übereinkommen mehr oder weniger weitreichende Ergänzungen im materiellen Recht und insbesondere im Bereich der Durchsetzung der Rechte des 10

[6] BGBl. 1994 II S. 1438, 1730.
[7] BGBl. II S. 1625.
[8] S. Artikel XIV Abs. 1 S. 3 WTO-Übereinkommen.

geistigen Eigentums gegen Verletzungen. Auch hinsichtlich der Ausgestaltung der Verpflichtungen folgt das TRIPS-Übereinkommen weitgehend den herkömmlichen Vorstellungen auf dem Gebiet des Schutzes des geistigen Eigentums. Ausgehend von allgemeinen Verpflichtungen ... sieht das Übereinkommen Mindeststandards vor, die teils als unmittelbar geltende Rechtssätze formuliert sind, teils als Verpflichtungen oder Ermächtigungen der Mitglieder, bestimmte Regelungen zu treffen.[9]

11 Als Neuheit für den Bereich des Schutzes des geistigen Eigentums sieht Art. 4 des TRIPS-Übereinkommens die Verpflichtung zur **Meistbegünstigung** vor.[10] Diese besagt, dass in Bezug auf den Schutz des geistigen Eigentums Vorteile, Vergünstigungen, Sonderrechte und Befreiungen, die von einem Mitgliedstaat den Angehörigen eines anderen Landes gewährt werde, grundsätzlich sofort und bedingungslos den Angehörigen aller anderen Staaten zu gewähren sind (Art. 4 Satz 1 des Übereinkommens).

C. Weltorganisation für geistiges Eigentum

12 Die **Weltorganisation für geistiges Eigentum (WIPO)**[11] bezweckt, den Schutz des geistigen Eigentums durch Zusammenarbeit der Staaten weltweit zu fördern – gegebenenfalls im Zusammenwirken mit jeder anderen internationalen Organisation – sowie die verwaltungsmäßige Zusammenarbeit zwischen den Verbänden zu gewährleisten (Art. 3 WIPO-Übereinkommen).

13 Die WIPO verwaltet zahlreiche internationale urheberrechtliche Abkommen, auf die im Folgenden einzugehen sein wird.

I. Leistungsschutzberechtigte

14 In Bezug auf die Leistungsschutzberechtigten sei hier zunächst das Internationale Abkommen über den Schutz der ausübenden Künstler, der Hersteller von Tonträgern und der Sendeunternehmen (**„Rom-Abkommen"** vom 26. Oktober 1961) zu erwähnen.

15 Im Gegensatz zur Berner Übereinkunft kennt das „Rom-Abkommen" keinen Schutzfristenvergleich.[12]

16 In diesem Abkommen mit seinen Mindestrechtegarantien ist beispielsweise der Grundsatz der **Inländerbehandlung** und der ℗-Vermerk geregelt:

17 Nach seinem Art. 4 gilt der Grundsatz der Inländerbehandlung. Ausländische ausübende Künstler und Hersteller von Tonträgern genießen danach denselben Schutz wie die inländischen ausübenden Künstler und Hersteller von Tonträgern.

18 In Art. 11 ist der so genannte ℗-Vermerk geregelt, und zwar für den Fall, dass ein vertragschließender Staat in seiner nationalen Gesetzgebung als Voraussetzung für den Schutz der Rechte der Hersteller von Tonträgern (der **ausübenden Künstler**) mit Bezug auf die Tonträger das Vorliegen von Förmlichkeiten abhängig macht. Diese Förmlichkeiten sind als gegeben anzusehen, wenn alle im Handel befindlichen **Vervielfältigungsstücke** des veröffentlichten Tonträgers oder ihre Umhüllungen mit einem bestimmten Vermerk versehen

---

[9] Regierungsentwurf zu dem Übereinkommen vom 15. 4. 1994 zur Errichtung der Welthandelsorganisation – Bezug: Denkschrift (WTO-Übereinkommen, TRIPS-Übereinkommen) –.

[10] Auszugsweise Wiedergabe aus dem Regierungsentwurf zu dem Übereinkommen vom 15. 4. 1994 zur Errichtung der Welthandelsorganisation – Bezug: Denkschrift (WTO-Übereinkommen, TRIPS-Übereinkommen) –.

[11] World Intellectual Property Organization.

[12] Begründung zum Vorschlag der Schutzdauer-Richtlinie (s. Rz. 87) = *Mestmäcker/Schulze,* Urh-Komm, Anhang C 4a (hier:) S. 5.

sind. Der Vermerk muss aus dem Kennzeichen ℗ in Verbindung mit der Angabe des Jahres der ersten Veröffentlichung bestehen, wobei das Kennzeichen in einer Weise anzubringen ist, die deutlich erkennen lässt, dass der Schutz vorbehalten wird.

II. Schutz der Hersteller von Tonträgern

Ein weiteres Übereinkommen, das es hier zu erwähnen gilt, ist das Übereinkommen zum Schutz der Hersteller von Tonträgern gegen die unerlaubte Vervielfältigung ihrer Tonträger. Das so genannte **Genfer Tonträger-Abkommen** ist vom 29. Oktober 1971. 19

Der Vertragsstaat schützt die Hersteller von Tonträgern, die anderen Vertragsstaaten angehören, gegen die ohne Zustimmung erfolgte Herstellung, Einfuhr und Verbreitung von Vervielfältigungsstücken (vgl. Art. 2). 20

Art. 5 regelt, dass mit Anbringung des Kennzeichens (P) auf den Vervielfältigungsstücken eines Tonträgers oder auf ihren Umhüllungen die von einem Vertragsstaat verlangten Förmlichkeiten – mit deren Vorliegen erst der Schutz des Herstellers von Tonträgern gewährt wird – als erfüllt anzusehen sind. 21

III. Verbreitung programmtragender Signale

Das Übereinkommen über die Verbreitung der durch Satelliten übertragenen programmtragenden Signale, so genanntes **Satelliten-Abkommen** vom 21. Mai 1971, verpflichtet die Vertragstaaten, angemessene Maßnahmen zu treffen, um die Verbreitung programmtragender Signale in ihrem Hoheitsgebiet oder von ihrem Hoheitsgebiet aus durch einen Verbreiter zu verhindern, für den die an den Satelliten ausgestrahlten oder darüber geleiteten Signale nicht bestimmt sind (Art. 2 Abs. 1). 22

D. Informationsgesellschaft

Der **WIPO-Urheberrechtsvertrag (WIPO Copyright Treaty – WCT)**[13] und der WIPO-Vertrag über Darbietungen und Tonträger **(WIPO Performances and Phonograms Treaty – WPPT)**[14] setzen ein Zeichen in der Informationsgesellschaft. 23

Vorbemerkung

Das Zeitalter der **Informationsgesellschaft** verlangt ein Umdenken hinsichtlich des materiellen Rechts, aber auch hinsichtlich bestehender Systeme zur Wahrnehmung von Urheberrechten und verwandten Schutzrechten. Beispielsweise ist in Deutschland die Zahl der privaten Haushalte mit **Personalcomputern (PC)** von 1993 bis 2003 von 21,2 auf 61,4% gestiegen. Im Jahr 1998 hatten in Deutschland nur 8% der Haushalte einen Internet-Zugang, im Jahr 2003 waren es bereits 46%.[15] Für das Jahr 2004 wurde ermittelt, dass zu Hause rund 60% einen Internetzugang haben.[16] 24

---

[13] BT-Drucksache 15/15 S. 7.

[14] BT-Drucksache 15/15 S. 22.

[15] Regierungsentwurf vom 15. 6. 2006 für ein Zweites Gesetz zur Regelung des Urheberrechts in der Informationsgesellschaft, BT-Drucksache 16/1828 S. 29 = *Mestmäcker/Schulze,* UrhKomm, Anhang A 18 c; Referentenentwurf für ein Zweites Gesetz zur Regelung des Urheberrechts in der Informationsgesellschaft (Stand: 27. 9. 2004) = *Mestmäcker/Schulze,* UrhKomm, Anhang A 18 a (hier:) S. 12.

[16] Vgl. die Brennerstudie der Filmförderungsanstalt (FFA) 2004, abrufbar unter www.ffa.de.

25 Die Informationsgesellschaft zeichnet sich durch den Austausch von Informationen und Wissen sowohl auf nationaler als auch auf internationaler Ebene aus.[17] Der Begriff der Informationsgesellschaft ist weit zu verstehen, so dass hierunter nicht nur der Austausch von Informationen im Sinne von bloßen Nachrichten zu verstehen ist, sondern auch der Austausch von Waren und Dienstleistungen. Für die vorliegende Untersuchung sind diejenigen Waren und Dienstleistungen bedeutsam, die mit **Urheberrechten oder Leistungsschutzrechten** versehen sind, wie Tonträger, Kabel- und Satellitensendungen etc.

26 Die beiden WIPO-Verträge, WCT und WPPT, sind das Ergebnis der vom 2. bis 20. Dezember 1996 in Genf abgehaltenen Diplomatischen Konferenz über bestimmte Fragen des Urheberrechts und verwandter Schutzrechte. Jeder Mitgliedstaat der WIPO kann Vertragspartei werden, darüber hinaus die Europäische Gemeinschaft und – beim Vorliegen bestimmter Voraussetzungen – jede zwischenstaatliche Organisation (Art. 17 WCT und Art. 26 WPPT).

27 Die beiden Verträge treten jeweils drei Monate nach Eingang der 30. Ratifizierung oder Beitrittserklärung bei der WIPO in Kraft. Am 20. Februar 2002 trat Honduras als dreißigster Staat dem WPPT bei und schuf so die Voraussetzungen für sein In-Kraft-Treten am 20. Mai 2002.[18] Der Generaldirektor der WIPO begrüßte den Beitritt von Honduras zum WPPT, einem Vertrag, der Musikschaffende und die Tonträgerindustrie gegen die vom Internet und anderen digitalen Technologien drohende Piraterie schützen und ihren Schutz international verbessern soll.[19] Parallel zum WPPT trat der WIPO-Urheberrechtsvertrag am 6. März 2002 in Kraft. [20] Am 6. Dezember 2001 war nämlich Gabun als dreißigster Staat dem WCT beigetreten.

28 Am 16. März 2000 hat der Rat die Zustimmung der Europäischen Gemeinschaft zu den beiden WIPO-Verträgen beschlossen.[21] Es soll eine gleichzeitige Hinterlegung der Ratifikationsurkunden der Europäischen Gemeinschaft und aller ihrer Mitgliedstaaten erfolgen.

29 Auf **Gemeinschaftsebene** wurde mit Richtlinie 2001/29/EG des Europäischen Parlaments und des Rates vom 22. Mai 2001 zur Harmonisierung bestimmter Aspekte des Urheberrechts und der verwandten Schutzrechte in der Informationsgesellschaft[22] (im Folgenden: **Info-Richtlinie**) ein Großteil der sich aus den beiden WIPO-Verträgen ergebenden neuen internationalen Verpflichtungen umgesetzt.

30 Deutschland hat die WIPO-Verträge unmittelbar nach Ende der Diplomatischen Konferenz am 21. Dezember 1996 unterzeichnet ebenso wie die Europäische Gemeinschaft sowie elf weitere Staaten.[23] Mit Gesetz vom 10. August 2003[24] hat der Bundestag den von der Bundesrepublik Deutschland in Genf am 21. Dezember 1996 unterzeichneten WIPO-Verträgen zugestimmt. Die Zustimmung erfolgte aufgrund eines Vertragsgesetzes nach Artikel 59 Abs. 2 Grundgesetz. Deutschland hat die beiden WIPO-Verträge bislang nicht ratifiziert – weil es das nicht durfte. Die **Ratifizierung** soll nämlich erst nach Umsetzung

---

[17] Zum Begriff der Informationsgesellschaft, vgl. Der Brockhaus in einem Band, 10. Aufl., Leipzig 2003.

[18] Denkschrift zum WPPT, BT-Drucksache 15/15 S. 50 rechte Spalte.

[19] WIPO-Pressemitteilung in Kunstrecht und Urheberrecht – KUR – 2002, 36.

[20] Denkschrift zum WCT, BT-Drucksache 15/15 S. 41 rechte Spalte.

[21] 2000/278/EG, ABl. EG Nr. L 89 vom 11. 4. 2000 S. 6; vgl. Denkschrift zum WPPT, BT-Drucksache 15/15 S. 50 rechte Spalte.

[22] ABl. EG Nr. L 167 vom 22. 6. 2001, S. 10; Artikel 12 Abs. 1 Satz 1 (Schlussbestimmungen – hier: Datum) berichtigt, ABl. Nr. L 6 vom 10. 1. 2002 S. 71.

[23] BT-Drucksache 15/15 S. 50 rechte Spalte.

[24] BGBl. II S. 754.

der Info-Richtlinie in allen Mitgliedsstaaten durch die EU und alle Mitgliedstaaten gemeinsam erfolgen. Die Info-Richtlinie gewährleistet eine einheitliche Umsetzung der WIPO-Verträge in allen Mitgliedsstaaten. Hieran soll auch – so die übereinstimmende Auffassung in der Ratsarbeitsgruppe Urheberrecht – festgehalten werden, nachdem die neuen Mitglieder die Verträge bereits teilweise ratifiziert haben.[25]

In Deutschland wurden die zwingenden Vorgaben der Info-Richtlinie mit Gesetz zur 31 Regelung des Urheberrechts in der Informationsgesellschaft vom 10. September 2003 – **„Erster Korb"** – umgesetzt.[26] Dem **„Zweiten Korb"** soll vorbehalten sein, was die Info-Richtlinie nicht zwingend vorschreibt, vielmehr den Mitgliedstaaten zur Regelung überlassen bleibt.[27]

I. Sonderabkommen auf dem Gebiet des Urheberrechts

Der **WIPO-Urheberrechtsvertrag – WCT –** ist ein **Sonderabkommen** im Sinne 32 des Art. 20 Berner Übereinkunft (vgl. Art. 1 Abs. 3 WCT), wobei sich der WCT auf die Pariser Fassung der Berner Übereinkunft vom 24. Juli 1971 bezieht (Art. 1 Abs. 3). Zulässig sind nur Regelungen, die den Urhebern mehr Rechte als die Berner Übereinkunft gewähren oder Regelungen, die im Einklang mit den Bestimmungen der Berner Übereinkunft stehen. Aus Artikel 1 Abs. 1 Satz 1 2. Halbsatz WCT ist zu entnehmen, dass der WCT auch von Staaten ratifiziert werden kann oder Staaten ihm beitreten können, die nicht Mitgliedstaaten des Berner Verbands sind.[28] Der WCT und das TRIPS-Übereinkommen stehen unabhängig voneinander (Artikel 1 Abs. 1 Satz 2 WCT).

Im Gegensatz zum WCT stellt der WPPT kein Sonderabkommen, sondern ein unab- 33 hängiges *Neues Instrument* dar. Wichtigen Staaten wie den USA, Russland, China und Indien, die nicht Mitgliedstaaten des Rom-Abkommens sind, wird es somit erleichtert, Vertragspartei des WPPT zu werden.[29]

Mit dem WCT wurden im internationalen Urheberrecht grundlegende Neuerungen 34 geschaffen. Zu erwähnen sind das Verbreitungsrecht (Art. 6), das Recht der **öffentlichen Wiedergabe** einschließlich des **Rechts der Zugänglichmachung** (Art. 8), die **Schutzdauer** für Werke der Fotografie (Art. 9) sowie klärende Regelungen, was den **Schutz von Computerprogrammen** (Art. 4) und Datenbanken (Art. 5) betrifft. Schließlich sind die Pflichten in Bezug auf technische Vorrichtungen (Art. 11) und die Pflichten in Bezug auf Informationen für die Wahrnehmung der Rechte (Art. 12) zu nennen.[30]

1. Recht der öffentlichen Wiedergabe

Der WCT normiert das Recht der öffentlichen Wiedergabe der Urheber von Werken 35 der Literatur und Kunst. Die Urheber haben das ausschließliche Recht, die öffentliche

---

[25] Auskunft des Bundesministeriums der Justiz, Referat Urheber- und Verlagsrecht, vom 29. 5. 2006.

[26] BGBl. I S. 1774.

[27] Vgl. Regierungsentwuf eines Zweiten Gesetzes zur Regelung des Urheberrechts in der Informationsgesellschaft vom 15. 6. 2006, S. 1 = *Mestmäcker/Schulze,* UrhKomm, Anhang A 18c; (erster) Referentenentwurf (Stand: 27. 9. 2004) = *Mestmäcker/Schulze,* UrhKomm, Anhang A 18a S. 10; (überarbeiteter) Referentenentwurf (Stand: 26. 1. 2006) = *Mestmäcker/Schulze,* UrhKomm, Anhang A 18b S. 1.

[28] Denkschrift zum WCT, BT-Drucksache 15/15 S. 42 rechte Spalte.

[29] Denkschrift zum WPPT, BT-Drucksache 15/15 S. 51 linke Spalte.

[30] Denkschrift WCT BT-Drucksache 15/15 S. 41 linke Spalte.

oder drahtgebundene Wiedergabe ihrer Werke zu erlauben, einschließlich der **Zugänglichmachung** ihrer Werke in der Weise, dass sie Mitgliedern der Öffentlichkeit an Orten und zu Zeiten ihrer Wahl zugänglich sind (Art. 8). Die beiden WIPO-Verträgen regeln ein **Online-Recht.**[31]

36 Inhaltgleiche Regelungen enthalten Artikel 10 (Recht der ausübenden Künstler auf Zugänglichmachung festgelegter Darbietungen), Artikel 14 WPPT (Recht der Hersteller von Tonträgern auf Zugänglichmachung von Tonträgern).

37 Entsprechend dem WCT gewährt Artikel 3 Abs. 1 der Info-Richtlinie den Urhebern das **ausschließliche Recht der öffentlichen Zugänglichmachung.** Zu den Rechten der ausübenden Künstler, Tonträgerhersteller, Hersteller der erstmaligen Aufzeichnungen von Filmen, Sendeunternehmen auf Zugänglichmachung bestimmter Schutzgegenstände, vgl. Art. 3 Abs. 2 Info-Richtlinie.

2. *Vervielfältigungsrecht*

38 Urheber, ausübende Künstler, Tonträgerhersteller und Sendeunternehmen haben in den internationalen Abkommen (Berner Übereinkunft, „Rom-Abkommen", WTO/TRIPS-Übereinkommen) ein **ausschließliches Vervielfältigungsrecht.** Art. 9 Abs. 1 BÜ (Pariser Fassung) kommt hier eine herausragende Bedeutung zu: Danach haben die Urheber von Werken der Literatur und Kunst das ausschließliche Recht, die Vervielfältigung dieser Werke zu erlauben, egal, auf welche Art und in welcher Form sie vorgenommen wird. Die weit gefasste Formulierung in Artikel 9 Abs. 1 Berner Übereinkunft erstreckt sich auf alle Vervielfältigungsverfahren und somit auch auf elektronische Verfahren.[32]

39 Im WCT ist keine von Art. 9 Abs. 1 BÜ (Pariser Fassung) abweichende Definition der Vervielfältigungshandlung enthalten. Vielmehr heißt es in Artikel 1 Abs. 4 WTO, dass die Vertragsparteien den Artikeln 1 bis 21 und dem Anhang der Berner Übereinkunft nachkommen. (Für die ausübenden Künstler und Tonträgerhersteller gelten die entsprechenden Regelungen in Artikel 7, 11 WPPT.)

40 Die internationalen Abkommen sehen Schranken und Ausnahmen des **Vervielfältigungsrechts** vor. Nach Artikel 9 Abs. 2 der Berner Übereinkunft kann der nationale Gesetzgeber die Vervielfältigung in (1.) gewissen **Sonderfällen** unter der Voraussetzung gestatten, dass eine solche Vervielfältigung (2.) weder die normale Auswertung des Werkes beeinträchtigt noch (3.) die berechtigten Interessen des Urhebers unzumutbar verletzt. Erst wenn alle drei Voraussetzungen kumulativ vorliegen, weshalb hier auch vom so genannten Drei-Stufen-Test gesprochen wird, kann das Vervielfältigungsrecht eingeschränkt werden.

41 Eine vergleichbare Regelung enthält Artikel 13 WTO/TRIPS-Übereinkommen. Nach Artikel 10 WCT darf der nationale Gesetzgeber im Einklang mit den Bestimmungen der Berner Übereinkunft in den Urheberrechtsgesetzen enthaltende Ausnahmen und Beschränkungen auf digitale Technologien anwenden und in angemessener Form ausdehnen. – Zu den Inhabern **verwandter Schutzrechte,** vgl. Artikel 16 WPPT. So sind beispielsweise in den nationalen Urheberrechtsgesetzen vieler Staaten Vervielfältigungen zum privaten und sonstigen eigenen Gebrauch auch ohne Zustimmung des Urhebers zulässig, wobei jedoch dem Urheber als Ausgleich eine **angemessene Vergütung** (Geräte- und Leerträgervergütung) zu zahlen ist. Es handelt sich um den Fall der gesetzlichen Lizenz.

---

[31] *M. Schulze,* Materialien zum Urheberrechtsgesetz, 3. Band 2003, S. 1537.

[32] Begründung zum Vorschlag der Info-Richtlinie (s. Rz. 29) = *Mestmäcker/Schulze,* UrhKomm, Anhang C 7a (hier:) S. 12; vgl. Vereinbarte Erklärungen zu Artikel 1 Abs. 4 WCT.

3. Verbreitungsrecht

Der WIPO-Urheberrechtsvertrag regelt das Verbreitungsrecht. Die Urheber von Werken der Literatur und Kunst haben ein **ausschließliches Verbreitungsrecht** (Art. 6 Abs. 1). Ohne Zustimmung der Urheber dürfen das Original oder Vervielfältigungsstücke ihrer Werke durch Verkauf oder sonstige Eigentumsübertragung nicht der Öffentlichkeit zugänglich gemacht werden. Das ausschließliche Verbreitungsrecht bezieht sich dabei auf das In-Verkehr-Bringen von materialisierten, fixierten Werkexemplaren.[33] Ein **allgemeines Verbreitungsrecht** sehen bislang weder das TRIPS-Übereinkommen noch die Berner Übereinkunft vor.[34] Die Vertragsparteien des WCT sind bei der Umsetzung der Regelungen zur Erschöpfung des Verbreitungsrechts einschließli ch seiner Voraussetzungen weitgehend frei (Art. 6 Abs. 2). 42

Im WIPO-Vertrag über Darbietungen und Tonträger ist zugunsten der ausübenden Künstler und Tonträgerhersteller ebenfalls ein ausschließliches Verbreitungsrecht aufgenommen. Die hier einschlägigen Artikel 8 und 12 WPPT entsprechen weitgehend dem Artikel 6 WCT.[35] 43

4. Rechtsschutz von Computerprogrammen

Das soziale und wirtschaftliche Leben wird durch die Computertechnologie geprägt, sei es in Freizeit, Bildung, Industrie oder Handel. Die wirtschaftliche Bedeutung der Computertechnologie kann nicht genügend betont werden.[36] Computerprogramme sind nach Artikel 4 WCT als **Werke der Literatur** im Sinne von Artikel 2 der Berner Übereinkunft geschützt, und zwar unabhängig von der Art und Form ihres Ausdrucks. Artikel 4 WCT entspricht sachlich Artikel 10 Abs. 1 TRIPS-Übereinkommen.[37] 44

5. Rechtsschutz von Datenbanken

Artikel 5 Satz 1 WCT regelt den Schutz von Datenbanken. Geschützt sind Sammlungen von Daten oder anderem Material in jeder Form, die aufgrund der Auswahl oder Anordnung ihres Inhalts **geistige Schöpfungen** darstellen. Nach Satz 2 erstreckt sich dieser Schutz nicht auf die Daten oder das Material selbst und gilt unbeschadet eines an den Daten oder dem Material der Sammlung bestehenden Urheberrechts. Artikel 5 WCT ist dem Artikel 10 Abs. 2 TRIPS-Übereinkommen nachgebildet.[38] In den Vereinbarten Erklärungen zu Artikel 5 WCT heißt es, dass der Schutz für Datensammlungen **(Datenbanken)** im Einklang mit Artikel 2 der Berner Übereinkunft steht und den einschlägigen Bestimmungen des TRIPS-Übereinkommens entspricht. 45

II. Leistungsschutzrechte

Die wesentlichen Neuerungen[39] im internationalen Recht der Leistungsschutzrechte durch den WIPO-Vertrag über Darbietungen und Tonträger – WPPT – betreffen das 46

---

[33] Denkschrift zum WCT, BT-Drucksache 15/15 S. 44 linke Spalte; vgl. Vereinbarte Erklärungen zu Artikel 6 und 7 WCT.

[34] Denkschrift zum WPPT, BT-Drucksache 15/15 S. 44 linke Spalte.

[35] Denkschrift zum WCT, BT-Drucksache 15/15 S. 44 linke Spalte.

[36] Begründung zum Vorschlag der Computer-Richtlinie (s. Fn. 48) = *Mestmäcker/Schulze,* UrhKomm, Anhang C 1 a S. 1.

[37] Vereinbarte Erklärungen zu Artikel 4 WCT; Denkschrift zum WCT, BT-Drucksache 15/15 S. 43.

[38] Denkschrift zum WCT, BT-Drucksache 15/15 S. 43.

[39] Denkschrift zum WPPT, BT-Drucksache 15/15 S. 50 linke Spalte.

Künstlerpersönlichkeitsrecht (Art. 5), das ausschließliche Recht ausübender Künstler auf Zugänglichmachung festgelegter Darbietungen (Art. 10) sowie das ausschließliche Recht der Tonträgerhersteller auf Zugänglichmachung von Tonträgern (Art. 14), das (über das **„Rom-Abkommen"** und **TRIPS-Übereinkommen** hinausgehende) ausschließliche Vervielfältigungsrecht ausübender Künstler und Tonträgerhersteller (Art. 7, 11), das **ausschließliche Verbreitungsrecht** der ausübenden Künstler und Tonträgerhersteller (Art. 8, 12), das (im „Rom-Abkommen" nicht geregelte und über das TRIPS-Übereinkommen hinausgehende) **ausschließliche Vermietrecht** für ausübende Künstler und Tonträgerhersteller (Art. 9, 13), den **Schutz technischer Vorkehrungen** (Art. 18) sowie den **Schutz von Informationen** für die Wahrnehmung von Rechten (Art. 19), schließlich das uneingeschränkte **Verbot von Formvorschriften** (Art. 20).

47 In Artikel 4 WPPT ist die **Inländerbehandlung** geregelt. Im Gegensatz zu Artikel 5 RBÜ sieht Artikel 4 WPPT jedoch keine umfassende Verpflichtung zur Inländerbehandlung vor, wonach alle in den einschlägigen nationalen Regelungen für Inländer vorgesehenen Rechte auch Angehörigen anderer Vertragspartner zu gewähren sind. Die Verpflichtung zur Inländerbehandlung besteht vielmehr nur in beschränktem Umfang.[40]

E. Gemeinschaftsrecht

48 Auf Gemeinschaftsebene gibt es zahlreiche Bestrebungen, die in der Informationsgesellschaft auftretenden urheberrechtlichen Probleme sachgerecht und wirksam zu lösen.

I. Rechtsschutz von Computerprogrammen

49 In der Richtlinie vom 14. Mai 1991[41] wird der Rechtsschutz von Computerprogrammen geregelt. Computerprogramme werden in dieser Richtlinie urheberrechtlich **als Werke der Literatur durch Ausschließlichkeitsrechte geschützt** (Art. 1). Der urheberrechtliche Schutz erstreckt sich auf Programme in jeder Form, und zwar auch auf solche, die in die Hardware integriert sind. Entwurfsmaterial zur Entwicklung eines Computerprogramms gehört hier ebenso dazu, soweit die Art der vorbereitenden Arbeit die spätere Entstehung eines Computerprogramms zulässt.[42]

50 Die Richtlinie bestimmt ferner die Rechtsinhaber, die zustimmungsbedürftigen Handlungen und die Schutzdauer.[43] Schutzberechtigte sind alle natürlichen und juristischen Personen entsprechend dem für Werke der Literatur geltenden **innerstaatlichen Urheberrecht** (Art. 3). Den Rechtsinhabern steht es grundsätzlich ausschließlich zu, die dauerhafte oder vorübergehende Vervielfältigung – ganz oder teilweise – eines Computerprogramms mit jedem Mittel und in jeder Form vorzunehmen oder zu gestatten. Zustim-

---

[40] Vgl. auch Denkschrift zum WPPT, BT-Drucksache 15/15 S. 53f.

[41] Richtlinie 91/250/EWG, ABl. EG Nr. L 122 vom 17. 5. 1991, S. 42; Artikel 8 der Computer-Richtlinie (Schutzdauer) aufgehoben durch Artikel 11 Abs. 1 der Schutzdauer-Richtlinie vom 29. 10. 1993 – siehe Rz. 87) und Artikel 4 Absatz c) der Computer-Richtlinie geändert (statt *Gemeinschaft* nunmehr *Vertragsstaat/Gebiet der Vertragsparteien*) durch Anhang XVIII – Geistiges Eigentum (BGBl. 1993 II S. 632) des Abkommens über den Europäischen Wirtschaftsraum (EWG-Abkommen) vom 2. 5. 1992 (BGBl. 1993 II S. 267) i.d.F. des Anpassungsprotokolls zum Abkommen über den Europäischen Wirtschaftsraum vom 17. 3. 1993 (BGBl. II S. 1295).

[42] Vgl. auch Erwägungsgrund 7 der Computer-Richtlinie.

[43] Vgl. Begründung zum Vorschlag der Computer-Richtlinie = *Mestmäcker/Schulze,* UrhKomm, Anhang C 1a (hier:) S. 4.

mungsbedürftige Handlungen sind ferner die Übersetzungen, die Bearbeitung, das Arrangement und andere Umarbeitungen eines Computerprogramms.

51 Unter bestimmten Voraussetzungen ist jedoch die Zustimmung des Rechtsinhabers nicht erforderlich: Zulässig ist beispielsweise die Erstellung einer **Sicherungskopie** durch eine Person, die zur Benutzung des Programms berechtigt ist, wenn die Sicherungskopie für die Benutzung erforderlich ist (Art. 5 Abs. 2). Die Richtlinie ermöglicht ferner die **Dekompilierung,** wenn die Vervielfältigung des Codes oder die Übersetzung der Codeform unerlässlich ist, um die erforderlichen Informationen zur Herstellung der Interoperabilität eines unabhängig geschaffenen Computerprogramms mit anderen Programmen zu erhalten (Art. 6).[44]

52 Originale Computerprogramme einschließlich ihrer Kopien dürfen nur mit Zustimmung des Rechtsinhabers öffentlich verbreitet werden. Mit dem Erstverkauf einer Programmkopie in einem Vertragsstaat durch den Rechtsinhaber oder mit seiner Zustimmung erschöpft sich im Gebiet der Vertragsstaaten das Recht auf die Verbreitung dieser Kopie. Dies gilt jedoch nicht für den Fall der Vermietung.

53 **Umsetzung in Deutschland.** Die Computer-Richtlinie wurde in Deutschland durch das Zweite Gesetz zur Änderung des Urheberrechtsgesetzes vom 9. Juni 1993 umgesetzt.[45]

II. Recht der öffentlichen Wiedergabe

54 Auf Gemeinschaftsebene ist in den Mitgliedstaaten das Recht der öffentlichen Wiedergabe in mehrere Rechte mit stark unterschiedlicher Ausprägung aufgeteilt, wie Aufführungs- und Vorführungsrecht, Recht der öffentlichen Wiedergabe durch Ton- oder Bildträger, Recht der öffentlichen Wiedergabe durch Drahtfunk, Rundfunk, Recht auf Einspeisung in ein Kabelprogramm usw.[46]

55 **Rechtslage in Deutschland.** Die Rechtslage in Deutschland stellt sich wie folgt dar: Das **Recht der Zugänglichmachung** (§ 19a UrhG) ist das ausschließliche Recht des Urhebers, sein Werk in unkörperlicher Form wiederzugeben (§ 15 Abs. 2 Ziff. 2 UrhG). Das Recht der Zugänglichmachung ist technologieneutral gefasst und zielt somit nicht ausschließlich auf den Bereich des Internets ab.[47] Aus dem Wortlaut des § 15 Abs. 3 UrhG ergibt sich, dass es bei der Verwertungshandlung des Vorhaltens von Werken zum Abruf in digitalen Netzen nicht auf eine gleichzeitige Öffentlichkeit ankommt.[48] Schon vor Erlass des § 19a UrhG bestand Einigkeit darin, dass das Bereithalten urheberrechtlich geschützter Werke zum Abruf im Ergebnis einem ausschließlichen Verwertungsrecht des Urhebers zuzuordnen sei. Streit herrschte lediglich über die urheberrechtliche Einordnung der Werkverwertung im Rahmen von **On-demand-Diensten.** Die eine Meinung schlug hier eine Einordnung bei den Rechten der unkörperlichen Werkverwertung vor, wobei das **Senderecht** unmittelbar oder analog anzuwenden sei. Eine andere Ansicht zog eine Einordnung als nicht erwähntes Recht der öffentlichen Wiedergabe vor.[49]

---

44 Vgl. *M. Schulze,* Materialien zum Urheberrechtsgesetz, 2. Aufl. 1997, S. 845ff.

45 BGBl. I S. 910 = *M. Schulze,* Materialien zum Urheberrechtsgesetz, 2. Aufl. 1997, S. 856ff.

46 Begründung zum Vorschlag der Info-Richtlinie (s. Rz. 29) = *Mestmäcker/Schulze,* UrhKomm, Anhang C 7a (hier:) S. 14.

47 *M. Schulze,* Materialien zum Urheberrechtsgesetz, 3. Band 2003, S. 1589.

48 *M. Schulze,* Materialien zum Urheberrechtsgesetz, 3. Band 2003, S. 1590.

49 *M. Schulze,* Materialien zum Urheberrechtsgesetz, 3. Band 2003, S. 1589.

III. Vervielfältigungsrecht

56 Die überwiegende Zahl der Gesetze in der Gemeinschaft enthält eine weit gefasste **Definition der geschützten Vervielfältigungshandlungen** und erfasst vorübergehende wie dauerhafte Vervielfältigungsstücke, Handlungen wie die Digitalisierung eines Werks, das Herauf- oder Herunterladen eines Werks von oder in den Arbeitsspeicher eines Computers.[50] Das Vervielfältigungsrecht ist auf **Gemeinschaftsebene** in Artikel 2 der Info-Richtlinie geregelt. Ausnahmen und Beschränkungen sind in Artikel 5 Abs. 2 und 5 enthalten.

57 Die Definition des Vervielfältigungsrechts in Artikel 2 der Info-Richtlinie umfasst die unmittelbare und mittelbare, die vorübergehende und dauerhafte Vervielfältigung auf jede Art und Weise und in jeder Form. Erfasst werden somit **alle Vervielfältigungshandlungen,** sei es, dass sie im Online-Bereich oder Offline-Bereich, in materieller oder immaterieller Form vorgenommen werden.

58 Auf Gemeinschaftsebene kam es zunächst zu einer Harmonisierung des Vervielfältigungsrechts in der Computer-Richtlinie vom 14. Mai 1991 und in der Datenbank-Richtlinie vom 11. März 1996.[51] Beide Richtlinien enthalten weit gefasste Definitionen des Vervielfältigungsrechts und verbieten vorbehaltlich erschöpfend aufgeführter Ausnahmeregelungen Vervielfältigungen von Computerprogrammen und elektronischen Datenbanken zum privaten Gebrauch.

59 Artikel 5 Abs. 5 der Info-Richtlinie – die (auch) dazu dient, den neuen internationalen Verpflichtungen nachzukommen – sieht Ausnahmen und Beschränkungen nur in bestimmten Sonderfällen vor, in denen die normale Verwertung des Werkes oder des sonstigen Schutzgegenstands nicht beeinträchtigt wird und die berechtigten Interessen des Rechtsinhabers nicht ungebührlich verletzt werden.

60 **Digital Rights Management-Systeme.** Es gibt auf internationaler Ebene Überlegungen, das bisherige Pauschalvergütungssystem zugunsten von ***Digital Rights Management-Systemen (DRMS)*** aufzugeben. DRMS ermöglichen in Form technologischer Schutzmechanismen einen kontrollierten Zugang und eine kontrollierte Nutzung digitaler Inhalte. DRMS als elektronische Vertriebssysteme für digitale Inhalte sorgen für eine sichere Verbreitung und Verwertung digitaler Inhalte sowohl im Online-Bereich (wie über das **Internet**) als auch im **Offline-Bereich** (über CDs, DVDs etc.). Sie erlauben weiter eine wirksame Rechteverwaltung (wie kostenpflichtiger Download, Abonnement von Inhalten, Pay-Per-View). Als Schutzmechanismen bedienen sich die DRMS beispielsweise der Verschlüsselung, dem Kopierschutzverfahren oder digitaler Wasserzeichen. DRMS können den Zugang zu digitalen Inhalten verhindern oder erschweren und erlauben im äußersten Fall eine individuelle Abrechnung der Nutzung.[52]

61 Der im Juli 2004 von der Europäischen Kommission vorgelegte Abschlussbericht zu DRMS spricht sich für eine flächendeckende Einführung von DRMS in den Mitgliedstaaten der Europäischen Union aus und zieht das System der individuellen Vergütung dem pauschalen Abgabesystem vor. Der Abschlussbericht ist das Arbeitsergebnis der ***High Level Group on Digital Rights Management.***

62 **Rechtslage in Deutschland.** Der Schutz der DRM-Systeme ist in Deutschland in den §§ 95a–95c, 108b, 111a UrhG geregelt.

---

[50] Begründung zum Vorschlag der Info-Richtlinie (s. Rz. 29) = *Mestmäcker/Schulze,* UrhKomm, Anhang C 7a (hier:) S. 10, 22.

[51] Richtlinie 96/9/EG, ABl. EG Nr. L 77 vom 27. 3. 1996, S. 20.

[52] Institut für Wirtschaftsinformatik, Abteilung Information Engineering, Universität Bern – http://www.ie.iwi.unibe.ch/forschung/drm –.

63 Das **private Vervielfältigungsrecht** umfasst auch die **digitale Kopie** (§ 53 UrhG). Somit ist das Herunterladen eines Werkes (downloading) auf den Arbeitsspeicher oder die Festplatte eines Computers zu privaten Zwecken grundsätzlich zulässig. Werden beispielsweise geschützte Gegenstände mit Zustimmung des Rechtsinhabers in den Internet-Tauschbörsen angeboten, so können diese ohne weiteres zum privaten Gebrauch heruntergeladen werden. Downloading ist hier jedoch nur zulässig, soweit nicht eine offensichtlich rechtswidrig hergestellte Vorlage verwendet wird. Da der Nutzer oftmals nicht in der Lage ist, die Rechtmäßigkeit der Kopiervorlage zu beurteilen, soll ihre bloße Rechtswidrigkeit nicht als unzulässig gewertet werden.

64 Das **Brennen** einer Musik-CD zum Verschenken im privaten Umfeld ist zulässig.

65 Als Ausgleich für die Zulässigkeit der privaten Vervielfältigung werden die Rechtsinhaber mit einem Vergütungsanspruch über ein Pauschalabgabesystem entschädigt. Für Geräte, die zum Kopieren bestimmt sind, wird eine Vergütung erhoben. Zu erwähnen sind Fotokopierer, Scanner und CD-Brenner. Von der Schiedsstelle beim **Deutschen Patent- und Markenamt** wird darüber hinaus eine Vergütung vorgeschlagen für CD-Kopierstationen,[53] Multifunktionsgeräte,[54] Drucker und Plotter[55].

66 Der Regierungsentwurf vom 15. Juni 2006 schlägt nunmehr ein **Vergütungssystem** für Geräte vor, die *tatsächlich und in nennenswertem Umfang* zur Herstellung von Kopien geschützter Werke genutzt werden. Nach § 54a Abs. 1 des Regierungsentwurfs soll maßgebend für die Vergütungshöhe sein, in welchem Maß die Geräte und Speichermedien als Typen tatsächlich für Vervielfältigungen nach § 53 Abs. 1 bis 3 genutzt werden unter Berücksichtigung, inwieweit technische Schutzmaßnahmen nach § 95a auf die betreffenden Werke angewendet werden.[56] Die in Betracht kommenden Geräte seien durch Marktforschung zu ermitteln.[57]

67 Was die Vervielfältigung für das Angebot in **File-Sharing-Systemen** betrifft, so war diese bereits vor der neuen Rechtslage unzulässig. Eine zunächst rechtmäßig hergestellte Privatkopie kann mit dem **Angebot zum Download** nachträglich eine rechtswidrige Vorlage werden. Der Regierungsentwurf vom 15. Juni 2006 schlägt vor, dass die Privatkopie unzulässig sein soll, wenn die Urheberrechtsverletzung nicht nur in der Herstellung der Vorlage selbst, sondern auch in der **unzulässigen öffentlichen Zugänglichmachung** liegt.[58] Eine Kopie, die von vornherein zum Download und somit nicht zu bloßen privaten Zwecken hergestellt wurde, bewegt sich zu keinem Zeitpunkt in den Grenzen von § 53 UrhG.

68 Nach Auffassung der Bundesregierung gewährleiste derzeit nur das bisherige Pauschalvergütungssystem flächendeckend einen angemessenen Ausgleich für digitale Vervielfältigungen im privaten Bereich. Eine **individuelle Lizenzierung** schaffe zwar die Möglichkeit, die Vergütung für die Herstellung von Vervielfältigungsstücken nach der tatsächlichen Nutzung zu bestimmen und sich mit der Vergütung unmittelbar an den Nutzer zu wenden. Die Hersteller von Geräten und Leerträgern, die nur die Mittel zur Vervielfältigung anbieten, würden dann nicht mehr belastet. Der Urheber und ausübende Künstler werde auch durch die individuelle Lizenzierung angemessen an der

---

[53] Einigungsvorschlag vom 20. 12. 2002 – Sch-Urh 3/2000 = *Schulze,* RzU, SchSt Nr. 10.

[54] Einigungsvorschlag vom 26. 11. 2003 – Sch-Urh 16/01 = *Schulze,* RzU, SchSt Nr. 11.

[55] Einigungsvorschlag vom 25. 3. 2004 – Sch-Urh 14/02 = *Schulze,* RzU, SchSt Nr. 12.

[56] § 54a Regierungsentwurf vom 15. 6. 2006 (s. Fn. 15).

[57] Regierungsentwurf vom 15. 6. 2006 (s. Fn. 15) S. 66; (erster) Referentenentwurf (Stand: 27. 9. 2004) = *Mestmäcker/Schulze,* UrhKomm, Anhang A 18a (hier:) S. 13, 40; (überarbeitete) Referentenentwurf (Stand: 26. 1. 2006) = *Mestmäcker/Schulze,* UrhKomm, Anhang A 18b S. 52.

[58] Regierungsentwurf vom 15. 6. 2006 (s. Fn. 15) S. 37, 58.

wirtschaftlichen Nutzung seiner Leistung beteiligt. Das System der pauschalen Vergütung könne jedoch nicht von heute auf morgen durch ein neues System der individuellen Abrechnung digitaler Kopien abgelöst werden. Derzeit fehle es noch an einem einsatzfähigen, von allen Beteiligten akzeptierten Gesamtsystem. Die Bundesregierung spricht sich aber für neue einsatzfähige Systeme in einem absehbaren Zeitraum aus. Insbesondere im Offline-Bereich zeige sich durch den – wenn auch bisher mit bescheidenem Erfolg – Einsatz von Kopierschutzsystemen ein Fortschritt der technischen Entwicklung. Allen Beteiligten sei aber bewusst, dass es eine 100%ige Sicherheit der individuellen Abrechnung nicht geben könne. Auch nach Schaffung individueller Abrechnungssysteme bleibe ein Rest an Pauschalvergütungen: Beispielsweise die Vergütung der Inhalte, die nicht mehr durch **Kopierschutzsysteme** geschützt werden können, oder die Vergütung der Inhalte, die Verwerter durch technische Maßnahmen nicht schützen können oder wollen.[59]

IV. Verbreitungsrecht

69 Das Verbreitungsrecht erschöpft sich mit dem Erstverkauf in der Gemeinschaft, unter der Voraussetzung, dass der Verkauf durch den Inhaber selbst oder mit dessen Zustimmung erfolgt. Diese so genannte Erschöpfung in der Gemeinschaft ist auf die Rechtsprechung des **Europäischen Gerichtshofs** zurückzuführen, die den Grundsatz des freien Warenverkehrs in der Gemeinschaft mit dem **Schutz der Rechte des geistigen Eigentums** in Einklang zu bringen versucht.[60]

70 Nach dem Prinzip der internationalen Erschöpfung bewirkt der Erstverkauf durch den Rechtsinhaber oder mit dessen Zustimmung an irgendeinem Ort der Welt die Erschöpfung des Verbreitungsrechts. Der Erschöpfungsgrundsatz beschränkt sich somit nicht auf ein bestimmtes Gebiet.[61]

71 Soweit die Mitgliedstaaten unterschiedliche Bestimmungen in Bezug auf die Erschöpfung der Rechte des geistigen Eigentums angewandt haben, war ein reibungsloses Funktionieren des **Binnenmarkts** nicht garantiert.[62] Dies zeigt das folgende Beispiel: In dem Mitgliedstaat A ist geregelt, dass die Einfuhr einer Ware mit einem geschützten Werk rechtmäßig ist, wenn diese Ware zuvor in einem Drittland von dem Rechtsinhaber selbst oder mit seiner Zustimmung in Verkehr gebracht worden ist. In dem **Einfuhrmitgliedstaat** erhält der Rechtsinhaber dann keine Vergütung wegen des mit dieser Ware verbundenen Rechts. Anders verhält es sich, wenn im Mitgliedstaat B der Grundsatz der internationalen Erschöpfung nicht zur Anwendung kommen soll. Der Rechtsinhaber hat dann ein Ausschließlichkeitsrecht im Mitgliedstaat B und kann den Parallelimport der betreffenden Ware verhindern.[63]

---

[59] Regierungsentwurf vom 15. 6. 2006 (s. Fn. 15) S. 30; so bereits (erster) Referentenentwurf (s. Fn. 27) = *Mestmäcker/Schulze,* UrhKomm, Anhang A 18 a (hier:) S. 12 sowie (überarbeitetet) Referentenentwurf (s. Fn. 27) = *Mestmäcker/Schulze,* UrhKomm, Anhang A 18 b (hier:) S. 24.); BT-Drucksache 15/38 = *Mestmäcker/Schulze,* UrhKomm, Anhang A 16 d (hier:) S. 5 f.

[60] Begründung zum Vorschlag der Info-Richtlinie (s. Rz. 29) = *Mestmäcker/Schulze,* UrhKomm, Anhang C 7 a (hier:) S. 19 mit Hinweisen auf die EuGH-Rechtsprechung.

[61] Begründung zum Vorschlag der Info-Richtlinie (s. Rz. 29) = *Mestmäcker/Schulze,* UrhKomm, Anhang C 7 a (hier:) S. 19.

[62] Begründung zum Vorschlag der Info-Richtlinie (s. Fn. 26) = *Mestmäcker/Schulze,* UrhKomm, Anhang C 7 a (hier:) S. 19.

[63] Begründung zum Vorschlag der Info-Richtlinie (s. Fn. 26) = *Mestmäcker/Schulze,* UrhKomm, Anhang C 7 a (hier:) S. 19.

Es entspricht der ständigen Rechtsprechung des Europäischen Gerichtshofs, dass das In-Verkehr-Bringen von Werkstücken innerhalb der Gemeinschaft mit Zustimmung durch den Rechtsinhaber die gemeinschaftsrechtliche Erschöpfung des Verbreitungsrechts zur Folge hat. Dasselbe gilt für das In-Verkehr-Bringen von Gegenständen, für die die verwandten Schutzrechte zur Anwendung kommen.[64] In der Richtlinie vom 19. November 1992[65] kommt der gemeinschaftsrechtliche Erschöpfungsgrundsatz zum Ausdruck.[66] 72

Regelung in Deutschland. Die Neufassung des § 17 Abs. 2 UrhG entspricht dem Grundsatz der gemeinschaftsweiten Erschöpfung.[67] 73

V. Vermiet- und Verleihrecht

Die Richtlinie vom 19. November 1992[68] gibt dem Urheber und Leistungsschutzberechtigten nicht nur einen gesetzlichen Anspruch auf Vergütung für das Vermieten und Verleihen, sondern darüber hinaus ein ausschließliches Recht, Dritten das Vermieten und Verleihen zu verbieten oder gegen Zahlung einer Vergütung zu erlauben.[69] – Die Richtlinie wurde in Deutschland umgesetzt durch das Dritte Gesetz zur Änderung des **Urheberrechtsgesetzes** vom 23. Juni 1995.[70] 74

Unterschiedliche Regelungen des Vermietrechts auf **Gemeinschaftsebene** behindern das einwandfreie Funktionieren des Binnenmarkts und können somit den freien Warenverkehr beeinträchtigen. Wenn beispielsweise in dem Mitgliedstaat A Urheber **(Leistungsschutzberechtigte)** das ausschließliche Recht haben, die Vermietung z.B. von Videokassetten zu verbieten, und dieses Recht in dem Mitgliedstaat B nicht besteht, so ist nicht auszuschließen, dass Händler an der Ausfuhr in den Mitgliedstaat A nicht interessiert sind, da sie damit rechnen müssen, dass das Vermieten der betreffenden Waren verboten wird. Dies trifft insbesondere für Waren zu, die in großem Umfang über die Vermietung in Verkehr gebracht werden.[71] 75

Unter Vermietung wird die **zeitlich begrenzte Gebrauchsüberlassung** zu unmittelbarem oder mittelbarem wirtschaftlichen oder kommerziellen Nutzen verstanden. Der Begriff des Verleihens bedeutet die zeitlich begrenzte Gebrauchsüberlassung, die nicht 76

---

[64] Begründung zum Vorschlag der Vermiet- und Verleihrecht-Richtlinie (s. Fn. 72) = *Mestmäcker/Schulze,* UrhKomm, Anhang C 2a (hier:) S. 30.

[65] Richtlinie 92/100/EWG des Rates der Europäischen Gemeinschaften vom 19. November 1992 zum Vermietrecht und Verleihrecht sowie zu bestimmten dem Urheberrecht verwandten Schutzrechten im Bereich des geistigen Eigentums, ABl. Nr. L 346 vom 27. 11. 1992, S. 61; Artikel 11 und 12 (Dauer der Urheberrechte/verwandten Schutzrechte) der Vermiet- und Verleih-Richtlinie aufgehoben durch Artikel 11 Abs. 2 der Schutzdauer-Richtlinie vom 29. 10. 1993 (siehe Fn. 89), Artikel 7 (Vervielfältigungsrecht) der Vermiet- und Verleihrecht-Richtlinie gestrichen und Artikel 10 Abs. 3 (Beschränkung der Rechte) geändert durch Artikel 11 Abs. 1 der Info-Richtlinie, a.a.O. (s. Rz. 29).

[66] Vgl. Artikel 9 Abs. 2 der Vermiet- und Verleihrecht-Richtlinie (s. Rz. 74).

[67] *M. Schulze,* Materialien zum Urheberrechtsgesetz, 2. Aufl. 1997, S. 905.

[68] Siehe Fn. 65.

[69] Artikel 2; Begründung zum Vorschlag der Vermiet- und Verleihrecht-Richtlinie = *Mestmäcker/Schulze,* UrhKomm, Anhang C 2a (hier:) S. 17.

[70] BGBl. I S. 842 = *M. Schulze,* Materialien zum Urheberrechtsgesetz, 2. Auflage 1997, S. 951 ff.

[71] Begründung zum Vorschlag der Vermiet- und Verleihrecht-Richtlinie = *Mestmäcker/Schulze,* UrhKomm, Anhang C 2a (hier:) S. 14.

einem unmittelbaren oder mittelbaren wirtschaftlichen oder kommerziellen Nutzen dient und in der Öffentlichkeit zugänglichen Einrichtungen vorgenommen wird.

77 Die Richtlinie sieht **Ausnahmen vom ausschließlichen Verleihrecht** vor.[72] Die in der Gemeinschaft bestehenden, erfolgreich praktizierten Bibliothekstantieme-Regelungen in Bezug auf das Verleihen an die Öffentlichkeit und hierbei insbesondere das Verleihen durch öffentliche Bibliotheken dürfen im Wesentlichen weiterbestehen.[73] Der Urheber hat beispielsweise im deutschen Urheberrecht ein Verleihrecht in Form eines Vergütungsanspruchs.[74] Die Bibliothekstantieme wird dabei zu einem großen Teil für Sozial- oder Kulturfonds verwendet. An der individuellen Ausschüttung werden ausländische Urheber grundsätzlich beteiligt.[75]

VI. Kabel- und Satellitensendung

78 Im Folgenden wird die Rechtslage in Bezug auf den Empfang und die Verbreitung von Programmsignalen über Satellit sowie hinsichtlich der Verbreitung von Rundfunksendungen über Kabel aufgezeigt.

1. Satellitensendung

79 Artikel 11bis BÜ (Pariser Fassung) erfasst grundsätzlich die terrestrische Ausstrahlung und die Ausstrahlung über einen Satelliten. **Voraussetzung des Senderechts** ist, dass die Programmsignale von der Öffentlichkeit empfangen werden können. So kann es einen Unterschied machen, ob eine Verbreitung der Werke über einen Direktsatelliten oder einen Fernmeldesatelliten erfolgt. **Direktsatelliten** haben eine starke Sendeleistung und ihre Programmsignale können direkt von der Öffentlichkeit entsprechend dem internationalen Fernmelderecht empfangen werden. **Fernmeldesatelliten** verbreiten hingegen Programmsignale mit weit schwächerer Sendeleistung. Der Empfang dieser Programmsignale durch die Öffentlichkeit war nach internationalem Fernmelderecht nicht zulässig. Diese Signale wurden zunächst nur den Kopfstationen der Kabelnetze zugleitet. Folglich stellt nur die Ausstrahlung von Programmsignalen über einen Direktsatelliten eine urheberrechtlich relevante Mitteilung des Werkes an die Öffentlichkeit dar. Die Einspeisung der über Direktsatelliten abgestrahlten Signale in Kabelnetze ist sodann eine drahtgebundene Weitersendung. Bei den Fernmeldesatelliten ist nur die Weiterverbreitung der Programmsignale in Kabelnetzen urheberrechtlich relevant. Die Urheber sind gegen diese Weiterverbreitung, die einer primären Drahtfunksendung vergleichbar ist, durch Artikel 11 Abs. 1 Nr. 1 der Brüsseler sowie Artikel 11ter Abs. 1 Nr. 2, Artikel 14 Abs. 1 Nr. 2 und Artikel 14bis Abs. 2 Buchstabe b) der Pariser Fassung der Berner Übereinkunft geschützt.[76]

---

[72] Artikel 5 der Vermiet- und Verleihrecht-Richtlinie.

[73] Begründung zum Vorschlag der Vermiet- und Verleihrecht-Richtlinie = *Mestmäcker/Schulze,* UrhKomm, Anhang C 2a (hier:) S. 27.

[74] Begründung zum Vorschlag der Vermiet- und Verleihrecht-Richtlinie = *Mestmäcker/Schulze,* UrhKomm, Anhang C 2a (hier:) S. 6.

[75] Begründung zum Vorschlag der Vermiet- und Verleihrecht-Richtlinie = *Mestmäcker/Schulze,* UrhKomm, Anhang C 2a (hier:) S. 8.

[76] Begründung zum Vorschlag der Richtlinie Kabel und Satellit (s. Fn. 77) = *Mestmäcker/Schulze,* UrhKomm, Anhang C 3a (hier:) Seite 4.

Die Richtlinie Kabel und Satellit vom 27. September 1993[77] bestimmt, dass allein die Senderechte des Ausstrahlungslandes zu erwerben sind.[78] 80

In Bezug auf die Anwendung von Urheberrechten und verwandten Schutzrechten wird die Ausstrahlung von Programmsignalen über einen Fernmeldesatelliten mit derjenigen über einen Direktsatelliten gleichgestellt. Dies gilt jedoch nur, soweit die **Ausstrahlung von Programmsignalen** über einen Fernemeldesatelliten mit einem Empfang wie bei einem Direktsatelliten vergleichbar ist, die ausgestrahlten programmtragenden Signale also zu einer Wiedergabe an die Öffentlichkeit führen und somit direkt empfangbar sind.[79] 81

Im Hinblick auf die technische Entwicklung von Satelliten und Empfangsanlagen ist es nicht mehr gerechtfertigt, einen Sendevorgang dem Urheberrecht nur deshalb nicht zuordnen zu wollen, weil dieser ursprünglich fernmelderechtlich für die nichtöffentliche Individualkommunikation bestimmt war.[80] Die verbesserte Antennentechnik ermöglicht schließlich einen **Individualempfang** der Programmsignale durch einen Fernmeldesatelliten. Der urheberrechtlich bedeutsame Sendeakt liegt in der Eingabe der programmtragenden Signale unter der Kontrolle des Sendeunternehmens. Dabei ist das Sendeunternehmen verantwortlich für eine ununterbrochene Kommunikationskette, die zum Satelliten und zurück zur Erde führt.[81] Eine Sendung liegt ebenfalls vor, wenn die programmtragenden Signale verschlüsselt sind, die Decoder aber von dem Sendeunternehmen der Öffentlichkeit angeboten werden.[82] 82

2. *Kabelsendung*

Die Richtlinie Kabel und Satellit vom 27. September 1993[83] regelt die Kabelweiterverbreitung von Programmen aus einem anderen Mitgliedstaat. Die Richtlinie enthält hingegen keine Regelungen in Bezug auf die **Kabelweiterverbreitung** von Rundfunksendungen innerhalb eines Mitgliedstaats. Begründet wird dies damit, dass es sich hier um einen rein innerstaatlichen Sachverhalt ohne grundsätzlichen Einfluss auf die Errichtung des einheitlichen europäischen Raumes handelt.[84] 83

Nach Art. 9 der Richtlinie Kabel und Satellit sorgen die Mitgliedstaaten dafür, dass das Recht der Urheberrechtsinhaber und der Inhaber verwandter Schutzrechte, einem Kabelunternehmen die Erlaubnis zur Kabelweiterverbreitung zu erteilen oder zu verweigern, nur durch Verwertungsgesellschaften geltend gemacht werden kann. 84

Umsetzung in Deutschland. Die Richtlinie Kabel und Satellit wurde in Deutschland umgesetzt durch das Vierte Gesetz zur Änderung des Urheberrechtsgesetzes vom 8. Mai 1998.[85] 85

---

[77] Richtlinie 93/83/EWG des Rates vom 27. 9. 1993 zur Koordinierung bestimmter urheber- und leistungsschutzrechtlicher Vorschriften betreffend Satellitenrundfunk und Kabelweiterverbreitung, ABl. EG Nr. L 248 vom 6. 10. 1993, S. 15.

[78] Erwägungsgründe 13ff., Artikel 1 der Richtlinie Kabel und Satellit (Fn. 77); Begründung zum Vorschlag der Richtlinie Kabel und Satellit = *Mestmäcker/Schulze,* UrhKomm, Anhang C 3a (hier:) S. 10.

[79] Artikel 1 Abs. 1, Erwägungsgrund 13 der Richtlinie Kabel und Satellit.

[80] Begründung zum Vorschlag der Richtlinie Kabel und Satellit = *Mestmäcker/Schulze,* UrhKomm, Anhang C 3a (hier:) S. 15; s.a. Erwägungsgrund 6 der Richtlinie Kabel und Satellit.

[81] Artikel 1 Abs. 2 Buchstabe a) der Richtlinie Kabel und Satellit.

[82] Artikel 1 Abs. 2c der Richtlinie Kabel und Satellit.

[83] Siehe Fn. 77.

[84] Begründung zum Vorschlag der Info-Richtlinie (s. Rz. 22) = *Mestmäcker/Schulze,* UrhKomm, Anhang C 3a (hier:) S. 10f.

[85] BGBl. I S. 902 = *M. Schulze,* Materialien zum Urheberrechtsgesetz, 3. Band 2003, S. 1296ff.

86 Das deutsche UrhG regelt – anders als die Richtlinie Kabel und Satellit – nicht nur grenzüberschreitende Sendevorgänge innerhalb der EU und des EWR, sondern auch Kabelweitersendungen, die innerhalb Deutschlands der Ermöglichung oder Verbesserung des Empfangs von Rundfunksendungen dienen,[86] sowie Kabelweitersendungen von Erstsendungen aus Drittländern. Der einheitliche audiovisuelle Raum innerhalb der EU und des EWR lässt eine Unterscheidung zwischen nationalen und grenzüberschreitenden Erstsendungen nicht zu. Die **Kabelweitersenderechte** können aus denselben Gründen wie in der Richtlinie[87] nur durch eine Verwertungsgesellschaft geltend gemacht werden.[88]

VII. Schutzdauer

87 Auf **Gemeinschaftsebene** ist die Schutzdauer-Richtlinie vom 29. 10. 1993[89] zu erwähnen.

88 Die beträchtlichen Unterschiede der **Schutzfristen** in den Mitgliedstaaten erfordern eine einheitliche Festlegung der Schutzdauer in der Gemeinschaft. Dies soll anhand eines Beispiels verdeutlicht werden: Ein Tonträger, der in dem Mitgliedstaat A nach Ablauf der dort geltenden Schutzdauer rechtmäßig hergestellt wurde, darf ohne Erlaubnis des Rechtsinhabers nicht in den Mitgliedstaat B eingeführt werden, wenn die dort geltende Schutzfrist noch nicht abgelaufen ist.[90]

89 Der EuGH entschied über die Einfuhr von Tonträgern aus Dänemark, wo der Schutz bereits erloschen war, nach Deutschland, wo ein Verbotsrecht noch bestand: Das Gericht stellte fest, dass eventuelle Handelsbeschränkungen aufgrund unterschiedlicher Schutzfristen nach Art. 36 EWG-Vertrag gerechtfertigt seien. Das aufgeworfene Problem ergebe sich aus der Verschiedenheit der nationalen Rechtsvorschriften hinsichtlich der Frist des durch das Urheberrecht und die verwandten Rechte gewährleisteten Schutzes, eine Verschiedenheit, die sowohl die Dauer des Schutzes selbst als auch deren Modalitäten, wie den Zeitpunkt, zu dem die Schutzfrist beginnt, betrifft. Beim gegenwärtigen Stand des Gemeinschaftsrechts, der durch eine **fehlende Harmonisierung** oder Angleichung der Rechtsvorschriften über den Schutz des geistigen Eigentums an literarischen und künstlerischen Werken gekennzeichnet ist, sei es Sache der nationalen Gesetzgeber, die Voraussetzungen und die Modalitäten dieses Schutzes festzulegen. Soweit die Verschiedenheit der nationalen Rechtsvorschriften zu Beschränkungen des innergemeinschaftlichen Handels mit Tonträgern führen könne, seien diese Beschränkungen nach Artikel 36 EWG-Vertrag gerechtfertigt, wenn sie auf dem Unterschied zwischen den Regelungen über die Schutzfrist beruhen und diese untrennbar mit dem Bestehen der ausschließlichen Rechte verknüpft sind.[91]

90 Die **Schutzdauer** des Urheberrechts an Werken der Literatur und Kunst umfasst das Leben des Urhebers und siebzig Jahre nach seinem Tod.[92] Steht das Urheberrecht den

---

[86] BGH, Urteil vom 4. 6. 1987 – I ZR 117/85 (Kabelfernsehen II) = *Schulze*, RzU, BGHZ Nr. 362.

[87] Vgl. Erwägungsgrund 28 der Richtlinie Kabel und Satellit (s. Fn. 77).

[88] *M. Schulze*, Materialien zum Urheberrechtgesetz, 2. Aufl. 1997, S. 980.

[89] Richtlinie 93/98/EWG des Rates vom 29. 10. 1993 zur Harmonisierung der Schutzdauer des Urheberrechts und bestimmter verwandter Schutzrechte, ABl. EG Nr. L 290 vom 24. 11. 1993, S. 9; Artikel 3 Abs. 2 (Dauer der verwandten Schutzrechte) der Richtlinie neu gefasst durch Artikel 11 Abs. 2 der Info-Richtlinie (s. Rz. 29).

[90] Begründung zum Vorschlag der Vermiet- und Verleihrecht-Richtlinie (s. Fn. 65) = *Mestmäcker/Schulze,* UrhKomm, Anhang C 2a (hier:) Seite 16; Begründung zum Vorschlag der Schutzdauer-Richtlinie = *Mestmäcker/Schulze,* UrhKomm, Anhang C 4a (hier:) S. 5.

[91] EuGH, Urteil vom 24. 1. 1989 – Rechtssache 341/87 (Unterschiedliche Schutzfristen) = Schulze EuGH Nr. 14.

[92] Artikel 1 der Schutzdauer-Richtlinie.

Miturhebern eines Werkes gemeinsam zu, so beginnt die Frist nach Absatz 1 mit dem Tod des längstlebenden Miturhebers[93] – Die Rechte der ausübenden Künstler erlöschen fünfzig Jahre nach der Darbietung.[94]

Was die Schutzdauer für Werke und Gegenstände aus **Drittländern** betrifft, sind zwei Lösungen denkbar: Entweder soll der Grundsatz der Inländerbehandlung gelten, mit der Folge, dass die Gemeinschaft Werke und Rechtsinhaber aus Drittländern ebenso lange wie EG-Angehörige schützt. Oder es soll das System des Schutzfristenvergleichs gelten, wonach in der Gemeinschaft nur die im Ursprungsland des Werkes oder im Herkunftsland des Rechtinhabers geltende Schutzdauer zur Anwendung kommen würde. Die Schutzdauer-Richtlinie spricht sich für den **Schutzfristenvergleich** aus.[95] Es leuchtet ein, Werke von Angehörigen aus Drittstaaten nicht länger zu schützen als Werke von Angehörigen des eigenen Landes, in dem die Schutzdauer für zweckmäßig erachtet wird.[96] 91

Der Schutzfristenvergleich bezieht sich nach Artikel 7 Abs. 2 der Richtlinie auch auf die Leistungsschutzrechte der ausübenden Künstler, der Tonträger- und Filmhersteller sowie der Sendeunternehmen. 92

Umsetzung in Deutschland. Die Richtlinie wurde in Deutschland durch das Dritte Gesetz zur Änderung des Urheberrechtsgesetzes vom 23. Juni 1995 umgesetzt.[97] 93

Im deutschen Urheberrecht galt bislang bereits das **System des Schutzfristenvergleichs,** soweit völkerrechtliche Vereinbarungen nicht etwas anderes bestimmt haben.[98] Die Schutzdauer-Richtlinie lässt auch völkerrechtliche Verpflichtungen gegenüber Drittstaaten, wonach bei Leistungsschutzberechtigten ein längerer Schutz gewährt wird, unberührt.[99] Für Deutschland heißt dies: Zwischen dem Deutschen Reich und den USA wurde das Übereinkommen vom 15. Januar 1892 über den gegenseitigen Schutz der Urheberrechte geschlossen.[100] Die Schutzdauer für Werke von Staatsangehörigen der USA beträgt in Deutschland aufgrund der Inländerbehandlung 70 Jahre. Das Übereinkommen von 1892 erstreckt sich jedoch nicht auf die Rechte der ausübenden Künstler und Tonträgerhersteller. Das dem **ausübenden Künstler** für seine Interpretation nach dem damaligen § 2 Abs. 2 LUG zustehende fiktive Bearbeiterurheberrecht ändert hieran nichts. Das **fiktive Bearbeiterurheberrecht** wurde seiner Rechtsnatur nach stets als Leistungsschutzrecht angesehen; es fällt somit nicht unter das genannte Übereinkommen.[101] 94

VIII. Schutz von Datenbanken

Auf **Gemeinschaftsebene** ist der Schutz von Datenbanken in der Richtlinie vom 11. März 1996 geregelt.[102] 95

Die mit erheblichen menschlichen, technischen und finanziellen Mitteln errichteten Datenbanken können mit verhältnismäßig geringem Aufwand und ohne große Kosten kopiert oder abgefragt werden. Datenbanken stellen einen bedeutenden Faktor für die 96

[93] Artikel 2 der Schutzdauer-Richtlinie.

[94] Artikel 3 der Schutzdauer-Richtlinie.

[95] Artikel 7 Abs. 1 der Schutzdauer-Richtlinie.

[96] Begründung zum Vorschlag der Schutzdauer-Richtlinie (s. Fn. 98) = *Mestmäcker/Schulze,* UrhKomm, Anhang C 4a (hier:) S. 12.

[97] BGBl. I S. 842 = *M. Schulze,* Materialien zum Urheberrechtsgesetz, 2. Auflage 1997, S. 951 ff.

[98] *M. Schulze,* Materialien zum Urheberrechtsgesetz, 2. Aufl. 1997, S. 937.

[99] Artikel 7 Abs. 2 der Schutzdauer-Richtlinie.

[100] RGBl. S. 473; zur weiteren Wirksamkeit vgl. *Hillig,* Textausgabe „Urheber- und Verlagsrecht", 10. Aufl. 2003, Nummern 39, 40 mit Fußnotenhinweisen.

[101] *M. Schulze,* Materialien zum Urheberrechtsgesetz, 2. Aufl. 1997, S. 937.

[102] Siehe Fn. 51.

Entwicklung des Informationsmarktes in der Gemeinschaft dar.[103] Die **Datenbank-Richtlinie** versteht unter einer Datenbank eine Sammlung von Werken, Daten oder anderen unabhängigen Elementen, die systematisch oder methodisch angeordnet und einzeln mit elektronischen Mitteln oder auf andere Weise zugänglich sind.[104]

97 Der **urheberrechtliche Schutz einer Datenbank** bezieht sich jedoch nicht auf deren Inhalt und lässt die Rechte hieran unberührt.[105] Die Datenbank-Richtlinie bestimmt weiter, dass sich mit dem Erstverkauf eines Vervielfältigungsstücks einer Datenbank in der Gemeinschaft durch den Rechtsinhaber oder mit dessen Zustimmung das Recht erschöpft, den Weiterverkauf dieses Vervielfältigungsstücks zu kontrollieren.[106]

98 Der Schutz von Datenbanken steht neben anderen Rechten.[107] Geschützt wird der unerlaubte Zugriff auf den Inhalt von Datenbanken, der nicht dem Urheberrechtsschutz unterliegt. Datenbanken sind nur dann urheberrechtlich geschützt, wenn es sich bei der Auswahl oder Anordnung der Sammlung von Informationen (Anschriften, Telefonnummern etc.) um eine individuelle geistige Leistung handelt. Hieran wird es insbesondere bei Datenbanken fehlen, die eine möglichst vollständige Erfassung von Fakten zu erreichen suchen und sich dabei nur allgemein bekannter Vorgehensweisen (Alphabet, Wohnort) bedienen. Die Datenbank-Richtlinie will den Datenbankhersteller, der einen bestimmten Umfang von Investitionen vorgenommen hat, besonders schützen.[108] Dieser Schutz geht über den wettbewerbsrechtlichen Leistungsschutz, der unberührt bleibt, hinaus.[109]

99 Der **Urheber einer Datenbank** hat das ausschließliche Recht, die Datenbank vorübergehend oder dauerhaft zu vervielfältigen, ganz oder teilweise, mit jedem Mittel und in jeder Form.[110] Informationen entsprechen zunehmend handelbaren Waren. Um wirksame Informationsdienste bereitstellen zu können, müssen neue Technologien eingebracht werden. Elektronische Informationsdienste enthalten eine Vielzahl von Angeboten: bibliographische Datenbanken, elektronische Telefonbücher, Volltext-Datenbanken etc.[111]

100 Die Datenbank-Richtlinie konzentriert sich zwar auf Sammlungen, deren Inhalt mit elektronischen Mitteln angeordnet, gespeichert und zugänglich gemacht wird. Daraus soll aber nicht der Umkehrschluss gezogen werden, dass die Richtlinie nur auf bestimmte Technologien anzuwenden ist oder Sammlungen nicht geschützt werden sollen, zu deren Herstellung keine elektronischen Mittel benutzt werden.[112]

101 Elektronische Datenbanken müssen besonders vor der Piraterie geschützt werden. Die modernen Kommunikationsnetze ermöglichen nicht nur einen leichten und schnellen Zugriff auf den Inhalt einer Datenbank, sondern ermöglichen darüber hinaus, dass der Inhalt einer Datenbank zu geringen Kosten vervielfältigt werden kann. Es bedurfte daher der Einführung besonderer Maßnahmen, die dem Urheber elektronischer Datenbanken klare und durchsetzbare Rechte in die Hand geben, und zwar zusätzlich zu den bereits bestehenden Rechten nach Artikel 2 Absatz 5 der Berner Übereinkunft für Sammlungen

---

[103] Erwägungsgründe 7 und 9 der Datenbank-Richtlinie.

[104] Artikel 1 der Datenbank-Richtlinie.

[105] Artikel 3 Abs. 2 der Datenbank-Richtlinie.

[106] Artikel 5 Buchstabe c) der Datenbank-Richtlinie.

[107] Artikel 7 Abs. 4, Artikel 13 der Datenbank-Richtlinie.

[108] *M. Schulze,* Materialien zum Urheberrechtsgesetz, 2. Aufl. 1997, S. 1009.

[109] *M. Schulze,* Materialien zum Urheberrechtsgesetz, 2. Aufl. 1997, S. 1009.

[110] Artikel 5 der Datenbank-Richtlinie.

[111] Begründung zum Vorschlag der Datenbank-Richtlinie = *Mestmäcker/Schulze,* UrhKomm, Anhang C 5a (hier:) S. 2.

[112] Begründung zum Vorschlag der Datenbank-Richtlinie = *Mestmäcker/Schulze,* UrhKomm, Anhang C 5a (hier:) S. 9; Erwägungsgrund 14, Artikel 1 der Datenbank-Richtlinie.

in Papierform.[113] Die Richtlinie erstreckt sich auf elektronische und nichtelektronische Datenbanken gleichermaßen, ferner auf Datenbanken, die als CD-ROM vertrieben werden, ebenso wie auf Online-Datenbanken.[114]

Umsetzung in Deutschland. Die Datenbank-Richtlinie wurde in Deutschland um- 102
gesetzt durch Artikel 7 des Gesetzes zur Regelung der Rahmenbedingungen für Informations- und Kommunikationsdienste (Informations- und Kommunikationsdienste-Gesetz – IuKDG) vom 22. Juli 1997.[115]

Nach § 87b dUrhG hat der Datenbankhersteller das **ausschließliche Recht,** die Da- 103
tenbank insgesamt oder einen nach Art und Umfang wesentlichen Teil der Datenbank zu vervielfältigen, zu verbreiten und öffentlich wiederzugeben.

IX. Folgerecht

Das Folgerecht ist auf **Gemeinschaftsebene** in der Richtlinie vom 27. September 2001 104
geregelt.[116] Das Folgerecht ist das **unabtretbare und unveräußerliche Recht des Urhebers** des Originals eines Werkes der bildenden Künste auf wirtschaftliche Beteiligung am Erlös aus jeder Weiterveräußerung des betreffenden Werkes.[117] Das Folgerecht, das den Urhebern von Werken der bildenden Künste eine wirtschaftliche Beteiligung am Erfolg ihrer Werke gewährt, stellt einen Ausgleich in Bezug auf die wirtschaftliche Situation anderer Kunstschaffender her, die aus jeder weiteren Nutzung ihrer Werke **Einnahmen** erzielen.[118] Es liegt keine Weiterveräußerung, vielmehr nur eine Erstveräußerung vor, wenn der Urheber oder sein Erbe das Original eines Werkes der bildenden Künste einem Kunsthändler auf Kommissionsbasis übergibt.

Die großen Unterschiede zwischen dem Folgerecht der einzelnen Länder sind in ers- 105
ter Linie auf die flexiblen Bestimmungen der Berner Übereinkunft zurückzuführen. Den Verbandsländern steht es nach der Berner Übereinkunft frei, ob sie das Folgerecht in ihre Rechtsordnungen aufnehmen oder nicht.[119] Aus den flexiblen Bestimmungen der Berner Übereinkunft resultieren auch die großen Unterschiede zwischen dem Folgerecht der einzelnen Staaten.[120] Die Berner Übereinkunft gibt nur dann einen Anspruch aus dem Folgerecht, wenn auch der Heimatstaat des Urhebers dieses Recht anerkennt. Nach der Rechtsprechung des Gerichtshofes der Europäischen Gemeinschaften zur Anwendung des **Diskriminierungsverbots** gemäß Artikel 12 des Vertrages dürfen einzelstaatliche Bestimmungen, die Gegenseitigkeitsklauseln enthalten, nicht geltend gemacht werden, um den Angehörigen anderer Mitgliedstaaten die **Inländerbehandlung** vorzuenthalten. Solche Gegenseitigkeitsklauseln stehen im Widerspruch zu dem Gleich-

---

113 Begründung zum Vorschlag der Datenbank-Richtlinie = *Mestmäcker/Schulze,* UrhKomm, Anhang C 5a (hier:) S. 10.

114 Artikel 1 Abs. 2 der Datenbank-Richtlinie; *M. Schulze,* Materialien zum Urheberrechtsgesetz, 2. Aufl. 1997, S. 1013; vgl. auch die Erwägungsgründe 14, 17, 19, 21, 22 und 23 der Datenbank-Richtlinie.

115 BGBl. I S. 1870, 1877 = *M. Schulze,* Materialien zum Urheberrechtsgesetz, 2. Aufl. 1997, S. 1291 ff.

116 Richtlinie 2001/84/EG des Europäischen Parlaments und des Rates vom 27. September 2001 über das Folgerecht des Urhebers des Originals eines Kunstwerks, ABl. Nr. L 272 vom 13. 10. 2001, S. 32 = *M. Schulze,* Materialien zum Urheberrechtsgesetz, 3. Band 2003, S. 1775 ff.

117 Erwägungsgrund 2 der Folgerecht-Richtlinie.

118 Erwägungsgrund 3 der Folgerecht-Richtlinie.

119 Vgl. Artikel 14 RBÜ.

120 Begründung zum Vorschlag der Folgerecht-Richtlinie = *Mestmäcker/Schulze,* UrhKomm, Anhang C 6a (hier:) S. 5.

behandlungsgebot, das jede Diskriminierung aus Gründen der Staatsangehörigkeit verbietet.[121]

106 Der EuGH entschied, dass das **Gegenseitigkeitserfordernis auf Gemeinschaftsebene** nicht aufrechterhalten werden dürfe. Folglich können Urheber aus Mitgliedstaaten, die das Folgerecht nicht anerkennen, bei der Weiterveräußerung ihrer Kunstwerke in einem Mitgliedstaat, der dieses Recht anerkennt, nach Artikel 6 EG-Vertrag Inländerbehandlung geltend machen.[122] Das Urheberrecht und die verwandten Schutzrechte fielen, so das Gericht, in den Anwendungsbereich des EWG-Vertrags im Sinne von Artikel 7 Abs. 1 (jetzt Artikel 6 Abs. 1 EG-Vertrag), der ein allgemeines Verbot der Diskriminierung aufgrund der Staatsangehörigkeit vorsieht. Staatsangehörige der Vertragsstaaten des EWR-Abkommens genießen nach seinem Artikel 4 denselben Schutz gegen Diskriminierung.[123]

107 Angehörige anderer EU- und der EWR-Staaten sind somit uneingeschränkt Inländern gleichzustellen, wobei das nationale wie internationale Fremdenrecht nur noch auf Staatsangehörige von **Drittstaaten** zur Anwendung kommt.[124] Kunsthändler und Versteigerer müssen von daher das Folgerecht auch Künstlern oder Urhebern aus Mitgliedstaaten gewähren, die das Folgerecht nicht kennen. Diese Ungleichbehandlung hätte von den Mitgliedstaaten auf nationaler Ebene nur beseitigt werden können, wenn sie bereit wären, ihr eigenes Folgerecht aufzugeben. Die meisten Mitgliedstaaten wollen von dieser Möglichkeit jedoch keinen Gebrauch machen.[125]

108 Künstler aus Mitgliedstaaten, in denen das Folgerecht existiert, erhalten hingegen keine Vergütung bei einer Veräußerung ihrer Werke in einem Mitgliedstaat ohne Folgerecht. Der Umsatz großer Auktionshäuser verteilt sich daher auf die Staaten, in denen das Folgerecht nicht geregelt ist. Der Verkauf von Kunstwerken aus Staaten mit Folgerecht, wie Deutschland, Frankreich, Spanien und Belgien, erfolgte beispielsweise in Großbritannien, das jedoch[126] seit 1. Januar 2006 das Folgerecht eingeführt hat.

109 **Rechtslage in Deutschland.** Mit Gesetz vom 10. 11. 2006[127] wird § 26 UrhG an die Vorgaben der Richtlinie 2001/84/EG angepasst.

110 Während bisher der Veräußerer dem Urheber einen Anteil in Höhe von fünf vom Hundert des Veräußerungserlöses zu zahlen hat, sieht das Gesetz nunmehr abhängig von dem Kaufpreis eine Staffelung vor (§ 26 Abs. 2 UrhG).

111 Die Folgerechtsvergütung soll betragen:
- 4 Prozent für den Anteil des Veräußerungserlöses bis zu 50 000 Euro,
- 3 Prozent für den Anteil des Veräußerungserlöses von 50 000,01 bis 200 000 Euro,
- 1 Prozent für den Anteil des Veräußerungserlöses von 200 000,01 bis 350 000 Euro,
- 0,5 Prozent für den Anteil des Veräußerungserlöses von 350 000,01 bis 500 000 Euro und
- 0,25 Prozent für den Anteil des Veräußerungserlöses über 500 000 Euro.

112 Das Gesetz sieht von der Verpflichtung zur Zahlung einer Vergütung ab, wenn der Veräußerungserlös unter 400 Euro liegt (§ 26 Abs. 1 Satz 3).

---

[121] Erwägungsgrund 6 der Folgerecht-Richtlinie, mit Hinweis auf das *Phil Collins-Urteil* vom 22. 10. 1993 – Verbundenen Rechtssachen C-92/92 und C-326/92 = *Schulze,* RzU, Nr. 17.

[122] Begründung zum Vorschlag der Folgerecht-Richtlinie = *Mestmäcker/Schulze,* UrhKomm, Anhang C 6 a (hier:) S. 10 mit Hinweis auf das Urteil des EuGH vom 20. 10. 1993 – *Phil Collins.*

[123] *M. Schulze,* Materialien zum Urheberrechtsgesetz, 2. Aufl. 1997, S. 927, 935, 946 f.

[124] *M. Schulze,* Materialien zum Urheberrechtsgesetz, 2. Aufl. 1997, S. 935 f.

[125] Begründung zum Vorschlag der Folgerecht-Richtlinie = *Mestmäcker/Schulze,* UrhKomm, Anhang C 6 a (hier:) S. 16.

[126] Begründung zum Vorschlag der Folgerecht-Richtlinie = *Mestmäcker/Schulze,* UrhKomm, Anhang C 6 a (hier:) S. 12.

[127] Fünftes Gesetz zur Änderung des Urheberrechtsgesetzes (BGBl. I S. 2587) = *Mestmäcker/Schulze,* UrhKomm, Anhang A 19.

Das Gesetz regelt, dass die Folgerechtsvergütung einen Betrag in Höhe von 12500 Euro nicht überschreiten soll. 113

F. Wettbewerb im Europäischen Binnenmarkt

Unterschiedliche nationale Regelungen im Immaterialgüterrecht können sich auf den Wettbewerb im Europäischen Binnenmarkt nachhaltig auswirken. 114

I. Gleichwertiger Schutz auf Gemeinschaftsebene

Die Richtlinie zum Schutz der Rechte an geistigem Eigentum vom 29. April 2004[128] bietet den Rechtsinhabern auf **Gemeinschaftsebene** einen gleichwertigen Schutz.[129] Im Europäischen Binnenmarkt wird der Schutz der **Immaterialgüterrechte** von Staat zu Staat unterschiedlich geregelt. Es ist anzunehmen, dass die Herstellung und der Vertrieb der betroffenen Schutzgegenstände eher in den Staaten vorgenommen werden, die die Nachahmung und die **Produktpiraterie** weniger intensiv verfolgen. Die unterschiedlichen nationalen Regelungen wirken sich auf den Handel zwischen den Mitgliedstaaten und somit auf die Wettbewerbsbedingungen im Binnenmarkt aus.[130] Unterschiedliche Sanktionsregelungen beeinträchtigen aber nicht nur das reibungslose Funktionieren des Binnenmarktes, sondern erschweren darüber hinaus eine wirksame Bekämpfung von Nachahmung und Produktpiraterie. 115

Die Rechtsschutz-Richtlinie vom 29. April 2004 lässt die sich aus internationalen Übereinkünften ergebenden Verpflichtungen, insbesondere solche aus dem TRIPS-Übereinkommen unberührt.[131] 116

II. Gemeinschaftsrahmen für Verwertungsgesellschaften

Die Digitaltechnik erfordert im Hinblick auf die Beachtung der Wettbewerbsregeln vermehrt ein rationalisiertes und transparentes Handeln auf Seiten der Verwertungsgesellschaften.[132] Entsprechende Vorschläge sind auf **Gemeinschaftsebene** in der Mitteilung „Die Wahrnehmung von Urheberrechten und verwandten Schutzrechten im Binnenmarkt“[133] der Kommission an den Rat, das Europäische Parlament und den Europäischen Wirtschafts- und Sozialausschuss sowie in dem Bericht des Ausschusses für Recht und Binnenmarkt über einen Gemeinschaftsrahmen für Verwertungsgesellschaften im Bereich des **Urheberrechts**[134] zu finden. Der Bericht des Ausschusses für Recht und Binnenmarkt wurde vom 117

---

[128] Richtlinie 2004/48/EG des Europäischen Parlaments und des Rates vom 29. 4. 2004 zur Durchsetzung der Rechte des geistigen Eigentums (Text von Bedeutung für den EWR), Amtsblatt der Europäischen Union Nr. L 195 vom 2. 6. 2004 S. 16 (Berichtigung der Richtlinie 2004/48/EG des Europäischen Parlaments und des Rates vom 29. 4. 2004 zur Durchsetzung der Rechte des geistigen Eigentums, Amtsblatt der Europäischen Union Nr. L 157 vom 30. 4. 2004 S. 45).

[129] Begründung zum Vorschlag einer Richtlinie zur Durchsetzung der Rechte des geistigen Eigentums = *Mestmäcker/Schulze,* UrhKomm, Anhang C 10a (hier:) Seite 4.

[130] Begründung zum Vorschlag einer Richtlinie zur Durchsetzung der Rechte des geistigen Eigentums = *Mestmäcker/Schulze,* UrhKomm, Anhang C 10a S. 1.

[131] Vgl. Artikel 2 Abs. 3 Nr. 3 Buchstabe b) der Richtlinie 2004/48/EG.

[132] Erwägungsgrund 17 der Info-Richtlinie (s. Rz. 29).

[133] KOM(2004) 261 endgültig.

[134] Europäisches Parlament, Plenarsitzungsdokument vom 11. 12. 2003 – endgültig A5–0478/2003; KUR 2004, 49ff., 91ff.

Europäischen Parlament in seiner Sitzung vom 15. 1. 2004 angenommen, wobei inhaltliche Änderungen nicht vorgenommen wurden. Etwa 5–7% des EU-Bruttoinlandsprodukts werden diesem Bericht zufolge durch Produkte und Dienstleistungen erwirtschaftet, die durch das Urheberrecht oder verwandte Schutzrechte geschützt sind.[135]

118 Die zunehmende wirtschaftliche Bedeutung des geistigen Eigentums verlangt eine entsprechende Aufsicht und Kontrolle über Verwertungsgesellschaften und deren Tätigkeiten. Aus wettbewerbsrechtlicher Sicht ist eine **Transparenz** zu begrüßen, wie die Veröffentlichung von Tarifen, Verteilungsschlüsseln und Jahresabschlüssen, ferner Informationen über Gegenseitigkeitsverträge, Auskünfte über Verwaltungskosten (die sich im Durchschnitt zwischen 10–15% bewegen sollen).[136] Darüber hinaus ist eine Beschleunigung des Demokratisierungsprozesses innerhalb der Verwertungsgesellschaften wünschenswert. Beispielsweise sollten in vielen Satzungen der Verwertungsgesellschaften die hohen Anforderungen für den Erwerb der ordentlichen Mitgliedschaft überdacht werden.[137]

119 **Digital Rights Management-Systeme.** DRMS, bei denen es sich vornehmlich um Liefer- und Zahlsysteme handelt, ermöglichen eine erleichterte Rechteverwaltung. Insbesondere bei unternehmenseigenen DRMS besteht die Gefahr, dass Transparenz, Kontrolle, Chancengleichheit und freier Zugang zu einem umfassenden Repertoire nicht immer gewährleistet sind. DRMS leisten zwar einen wesentlichen Beitrag zum **europäischen Rechtemanagement,** sie ersetzen jedoch keinesfalls bestehende Verwaltungsmechanismen und somit auch nicht die Geräte- und Leerkassettenvergütung für private Vervielfältigungen.[138]

120 Der Schutz technischer Maßnahmen und Informationen über die Wahrnehmung der Rechte wird in den Artikeln 6, 7 und in mehreren Erwägungsgründen der Info-Richtlinie hervorgehoben.[139] Für die Entwicklung von DRMS ist entscheidend die Einstellung aller Interessenträger entscheidend, und zwar unter Einschluss des Verbrauchers und nicht zuletzt des Gesetzgebers.[140]

121 Die digitale Technik ermöglicht im Online-Umfeld in zunehmenden Maße eine Ablösung der Kontrolle privater Vervielfältigungen und Abgabenregelungen durch individuelle Lizenzerteilungen.[141]

Schlussfolgerung

122 Das geistige Eigentum hat im Zeitalter der Informationsgesellschaft und der damit einhergendenden Globalisierung im Bewusstsein der Menschen einen hohen Stellenwert eingenommen, den es nicht nur zu wahren, sondern noch weiter auszubauen gilt. Die WIPO-Verträge sowie die Richtlinie 2001/29/EG bilden zweifellos Meilensteine auf dem Weg in eine für alle Beteiligten interessengerechte urheberrechtliche Zukunft.

123 Auf Gemeinschaftsebene erfordert die Globalisierung eine auf Transparenz ausgerichtete, enge Zusammenarbeit der Verwertungsgesellschaften.

---

[135] Bericht des Ausschusses für Recht und Binnenmarkt (s. Fn. 134), Seite 6.

[136] Vgl. Bericht des Ausschusses für Recht und Binnenmarkt (s. Fn. 134), Seite 18.

[137] Vgl. Bericht des Ausschusses für Recht und Binnenmarkt (s. Fn. 134), Seite 17.

[138] Bericht des Ausschusses für Recht und Binnenmarkt (s. Fn. 134), Seite 16.

[139] Mitteilung der Kommission (s. Fn. 133), S. 12; vgl. Begründung zum Vorschlag der Info-Richtlinie = *Mestmäcker/Schulze,* UrhKomm, Anhang C 7 a (hier:) S. 17.

[140] Vgl. Mitteilung der Kommission, a. a. O. (s. Fn. 133), S. 4.

[141] Begründung zum Vorschlag der Info-Richtlinie (s. Rz. 29) = *Mestmäcker/Schulze,* UrhKomm, Anhang C 7 a (hier:) S. 27.

Marcel Schulze

2. Teil. Der Künstler und sein Werk

Übersicht

A. Eigentum und Besitz

I. Begriffe

Im täglichen Leben unterscheidet man nicht genau zwischen Eigentum und Besitz. Das ist anders im juristischen Bereich. Hier unterscheidet man weltweit sehr deutlich zwischen Eigentum und Besitz. Eigentum ist das Recht einer Person, mit der ihr gehörenden Sache, „soweit nicht das Gesetz [z. B. Sozialpflichtigkeit des Eigentums nach Art. 14 Grundgesetz] und Rechte Dritter [z. B. Pfandrecht eines Gläubigers, Besitzrecht eines Mieters] entgegenstehen, ... nach Belieben zu verfahren und andere von jeder Einwirkung auszuschließen" (vgl. § 903 Satz 1 BGB). Der Besitz dagegen ist nur die tatsächliche Gewalt über die Sache (§ 854 Abs. 1 BGB), die entweder ein Eigentümer an seiner eigenen Sache selbst ausübt oder ein Nichteigentümer an einer fremden Sache, z. B. ein Mieter an der Mietsache oder ein Entleiher an der entliehenen Sache. 1

II. Eigentumserwerb

Eigentum wird auf sehr unterschiedliche Art und Weise erworben. Beim Künstler und seinem Werk spielen dagegen nur ganz wenige Erwerbsarten eine Rolle. 2

1. Erwerb durch Werkschöpfung

Wer ein Kunstwerk durch Malen, Zeichnen, Gravieren auf der Oberfläche eines Bildträgers oder durch Bearbeiten eines Steines schafft, erwirbt automatisch Eigentum an dem Kunstwerk einschließlich des Bildträgers und des Steins, wenn diese Stoffe dem Künstler nicht schon vorher gehört haben (§ 950 Abs. 1 Satz 2, Abs. 2 BGB). **Es gilt der Grundsatz: Wer durch Bearbeiten eines Stoffes eine neue bewegliche Sache schafft, wird Eigentümer** der neuen Sache (§ 950 Abs. 1 Satz 1 BGB). 3

Dieser Grundsatz gilt nur für die Schaffung *beweglicher* Kunstwerke. Wer ein Fresko auf die Wand eines Gebäudes malt, wird nicht etwa Eigentümer des gesamten Gebäudes. Vielmehr erstreckt sich das Eigentum des Gebäudeeigentümers auch auf Fresko (§ 946 BGB), so dass bei Abnahme des Freskos der Gebäudeeigentümer Eigentum dieser nunmehr beweglich gewordenen Sache ist.[1] 4

[1] Vgl. hierzu den Fall der Fresken von Casenoves (Roussillon), entschieden von der französischen Cour de Cassation 15. 4. 1988 *(Fondation Abegg c. Ville de Genève; Ville de Genève c. veuve Ribes),* Rec.

5 Was für das Fresko gilt, trifft auch auf andere Kunstwerke zu, die mit einem Grundstück oder einem Grundstücksteil verbunden werden. So hatte z.B. *Joseph Beuys* (1921–1986) im Atelierraum der Kunstakademie Düsseldorf ein „Fettecke" aus 5 Pfund Fett in 5 Meter Höhe an die Wand gezaubert, und zwar als Symbol des „kalten intellektuellen Gegenpols" zum „gefühlsbesetzten flüssigen und formlosen Fett".[2] Diese „Fettecke" hatte Beuys im Jahre 1982 seinem Schüler *Johannes Stüttgen* mit den Worten geschenkt. „Johannes, jetzt mache ich Dir endlich Deine Fettecke." Als der Atelierraum nach dem Tod von Joseph Beuys gereinigt wurde, hielt das Reinigungspersonal die „Fettecke" für eine Verunreinigung und beseitigte sie unwiederbringlich. Daraufhin klagte Johannes Stüttgen gegen das Land Nordrhein-Westfalen auf Schadensersatz wegen Zerstörung seines Eigentums an der „Fettecke". Die Klage hatte keinen Erfolg, da der Kläger Stüttgen mangels Übergabe der Sache kein Eigentum an der „Fettecke" erworben hatte.[3] Nicht entschieden zu werden brauchte, ob überhaupt Beuys Eigentümer der „Fettecke" war oder der Gebäudeeigentümer. Das hängt im Wesentlichen davon ab, ob die „Fettecke" fest mit dem Gebäude verbunden war oder leicht abgenommen werden konnte. War sie fest verbunden und nur schwer abnehmbar, erstreckte sich das Eigentum am Gebäude auch auf die „Fettecke".

2. Erwerb durch Übereignung

6 Künstler werden manchmal auch im **Arbeitsverhältnis** tätig. Junge Künstler arbeiten im Atelier ihres Meisters oder sind von anderen Personen angestellt, um Plakate, Schaufensterdekorationen oder Bühnenbilder zu schaffen. In einem solchen Fall wird angenommen, dass nicht der Künstler **Eigentum** an seinen Kreationen erwirbt, sondern der **Arbeitgeber, der für die Herstellung dieser Kunstwerke zahlt.**[4] In einem solchen Fall erwirbt also der **Künstler unmittelbar mit der Werkschöpfung kein Eigentum,** sondern er wird erst dann Eigentümer, wenn ihm der Meister das Eigentum durch Einigung und Übergabe überträgt (§ 929 BGB).

7 Für den nichtkünstlerischen Bereich wird die Auffassung vertreten, dass ebenfalls bei **Werkverträgen der Besteller Eigentümer des hergestellten Werkes wird** und nicht der Werkunternehmer.[5] Wer also einen Schneider bittet, aus einem mitgebrachten Stoff, einen Anzug zu schneidern, wird Eigentümer des Anzugs, und der Schneider hat nur ein Unternehmerpfandrecht an der Sache und braucht sie erst dann dem Besteller auszuhändigen, wenn dieser den Werklohn entrichtet.[6] Das ist anders bei Werk- oder Werklieferungsverträgen eines Künstlers, der es übernimmt, ein Portrait zu malen, eine Plastik zu modellieren oder Graphiken für Buchillustrationen herzustellen. Hier wird der Künstler – wie oben bei II 1 ausgeführt – Eigentümer des vollendeten Werkes nach § 950 BGB.

crit. 78 (1989) 100 mit Anm. *Georges Droz*. Dort wurde entschieden, dass die Fresken mit Abnahme bewegliche Sachen geworden waren und deshalb nicht mehr der französischen Zuständigkeit für Immobilien in Frankreich unterlagen.

[2] *Gamboni,* Zerstörte Kunst. Bildersturm und Vandalismus im 20. Jahrhundert, Köln 1998, 314.

[3] LG Düsseldorf 16. 12. 1987, NJW 1988, 345.

[4] *Staudinger(-Wiegand),* 13. Bearb. (1995), § 950 BGB, Rdnr. 37.

[5] *Staudinger (-Wiegand),* 13. Bearb. (1995), § 950 BGB, Rdnr. 38.

[6] Das ist anders bei einem Werklieferungsvertrag, bei dem der Werkunternehmer selbst den zu bearbeitenden Stoff liefert. Wer sich Maßschuhe anfertigen lässt, Visitenkarten bestellt oder vom Party-Service ein Menu kommen lässt, schließt einen Werklieferungsvertrag ab, bei dem der Werkunternehmer Eigentümer der bestellten Sache wird und sie gehen Bezahlung dem Besteller übereignet.

III. Inhalt des Eigentums

Der Eigentümer einer Sache kann, soweit nicht das Gesetz oder Rechte Dritter entgegenstehen, mit der Sache nach Belieben verfahren und andere von jeder Einwirkung ausschließen (§ 903 Satz 1 BGB). Das gilt für den Künstler, aber auch für den Erwerber eines Kunstwerkes. Wenn das **Eigentum vorenthalten oder gestört wird,** kann der Eigentümer auf **Herausgabe** klagen (§ 985 BGB) oder auf **Unterlassung** der Störungen (§ 1004 BGB). 8

Beim Eigentum an Kunstwerken sind Einschränkungen zugunsten des Künstlers zu beachten. Der Erwerber eines Kunstwerkes darf das Kunstwerk nicht **Entstellen** (z. B. durch Übermalen) oder in sonstiger Weise beeinträchtigen (z. B. durch Entfernen einer Plastik vom bisherigen Standort in ein Depot). Das würde das **Urheberpersönlichkeitsrecht** verletzen (§ 14 UrhG). Außerdem behält der Künstler bestimmte **Verwertungsrechte** (z. B. der Vervielfältigung), wenn sie dem Erwerber nicht überträgt oder das Gesetz entgegensteht (§§ 16, 53ff., 60 UrhG). 9

IV. Eigentumsverlust

Eigentum kann durch Veräußerung oder Zeitablauf verloren gehen. Die allgemeinen Vorschriften über diese Verlustgründe gelten auch für den Verlust des Eigentums an Kunstwerken. 10

1. Verlust durch Veräußerung

a) Veräußerung durch Berechtigten. Wer seine Sache an eine andere Person veräußert und durch Einigung sowie Übergabe der Sache **überträgt,** verliert das Eigentum an der Sache. Der **Erwerber wird Eigentümer** (§ 929 BGB). So ist es auch beim Künstler, der seine Werke an Besteller, Sammler oder Museen veräußert. Wenn dagegen der Künstler seine Werke nur zu einer Ausstellung weggibt, als Leihgabe einem Museum zur Verfügung stellt oder seinem Kunsthändler zum Verkauf an Interessenten aushändigt, überträgt er kein Eigentum, sondern räumt den anderen Personen lediglich den Besitz an den Kunstwerken ein, kann also die Werke als sein Eigentum von den Besitzern wieder zurückfordern. 11

b) Veräußerung durch Nichtberechtigten. Wenn ein Nichteigentümer eine Sache veräußert, kann eine gutgläubige Person Eigentum an der Sache erwerben. Ein solcher **gutgläubiger Erwerb** wird in den meisten kontinentaleuropäischen Staaten beschützt,[7] und zwar mit der Folge, dass der ursprüngliche Eigentümer sein Eigentum verliert und **nur schuldrechtliche Ansprüche** gegen denjenigen hat, der die Sache an einen Gutgläubigen veräußert hat (vgl. z. B. § 816 Abs. 1 Satz 1 BGB). Ist allerdings die Sache gestohlen, wird der Eigentumserwerb durch Veräußerung meistens ganz ausgeschlossen (§ 935 Abs. 1 BGB) oder erschwert (Art. 934 schweiz. ZGB, Art. 2280 franz. Code civil). In Italien dagegen können auch gestohlene Sachen gutgläubig erworben werden (Art. 1153 Abs. 1 Codice civile), und in den Ländern des angloamerikanischen Rechtskreises ist ein gutgläubiger Erwerb durch Veräußerung des Nichtberechtigten ganz ausgeschlossen.[8] Hier kann das Eigentum aber durch Zeitablauf verloren gehen. 12

---

[7] Vgl. etwa § 932 BGB; Art. 934 schweiz. ZGB; § 367 österr. ABGB; Art. 2279 franz. Code civil; Art. 1153 ital. Codice civile; Art 3: 86 niederl. B. W.

[8] Vgl. *Wolfgang Dreyer,* Der gutgläubige rechtsgeschäftliche Erwerb beweglicher Sachen im englischen Recht, Diss. Regensburg 1995; *Lambert Köhling,* Der Eigentumserwerb abhanden gekommener

2. Verlust durch Zeitablauf

13 **a) Verlust durch Ersitzung.** Wer eine Sache lange genug in dem Glauben besitzt, ihr Eigentümer zu sein, erwirbt das Eigentum **nach Ablauf einer bestimmten Zeit durch Ersitzung.** In Deutschland beträgt die Ersitzungsfrist 10 Jahre (§ 937 Abs. 1 BGB), in Österreich 3 Jahre (§ 1466 ABGB) und in der Schweiz 5 bzw. 30 Jahre (Art. 728 Abs. 1 und 1ter ZGB).[9] Stets ist jedoch Voraussetzung, dass der Besitzer gutgläubig ist. Wer Kunstwerke stiehlt, kann selbst das Diebesgut nicht ersitzen. Dies kann nur sein Abnehmer, wenn er von dem Diebstahl nichts wusste und auch sonst nichts darauf hindeutete, dass die Sache dubioser Herkunft ist.

14 **b) Verwirkung.** In manchen Ländern geht das Eigentum dadurch unter und wird auf den Besitzer übertragen, dass der **Eigentümer durch Nichtstun seinen Herausgabeanspruch verwirkt** und deshalb seine Sache nicht mehr zurückfordern kann. Dieser Verlustgrund ist vor allem in den USA bekannt und ersetzt teilweise die dort unbekannten Verlustgründe des gutgläubigen Erwerbs, und zwar entweder rechtsgeschäftlich vom Nichtberechtigten oder originär durch Ersitzung.[10]

15 **c) Verjährung.** Seit der Reform des deutschen Schuldrechts von 2001 steht fest, dass auch sachenrechtliche Herausgabeansprüche aus Eigentum verjähren, und zwar nach 30 Jahren (§ 197 Abs. 1 Nr. 1 BGB). Dadurch geht zwar nicht das Eigentum auf den Schuldner über, dieser aber hat die **Einrede der Verjährung** und kann damit die **Herausgabe der Sache verweigern.** Welch ein Fortschritt! Nun kann endlich auch der Dieb nach 30 Jahren sein eigenes Museum gestohlener Sachen bei uns eröffnen! Während andere Staaten die Verjährung von Herausgabeansprüchen generell ablehnen[11] oder zumindest dem Dieb verbieten, sich auf die Verjährung zu berufen,[12] bemüht sich der deutsche Gesetzgeber des Privatrechts, zur Resozialisierung von Dieben beizutragen! Es ist zu hoffen, dass deutsche Gerichte dem entgegentreten und dem Dieb die Erhebung der Verjährungseinrede als Verstoß gegen Treu und Glauben (Verbot widersprüchlichen Verhaltens) untersagen.

3. Verlust durch Aufgabe des Eigentums

16 Wer den Besitz einer beweglichen Sache in der Absicht aufgibt, auf das Eigentum zu verzichten, verliert das Eigentum (§ 959 BGB). Die Sache wird herrenlos, und andere können durch Aneignung der Sache Eigentum an ihr erwerben (§ 958 Abs. 1 BGB). Wenn also ein Künstler Entwürfe, misslungene Werke oder nicht mehr geschätzte Werke nicht vernichtet sondern fortwirft, gibt das Eigentum an diesen Sachen auf und ermöglicht

---

Kunstgegenstände im amerikanischen Recht, Münster/Hamburg/London 1999, 28 ff. Rechtsvergleichend hierzu *Kurt Siehr,* Verlust von Ansprüchen auf Herausgabe von Mobilien. Rechtsvergleichendes zum Gutglaubenserwerb, in: Festschrift für Rudolf Welser, Wien 2004, 997–1014.

[9] Die jüngste Reform des ZGB durch das Kulturgütertransfergesetz (KGTG) von 2003 verlängert die Ersitzungsfrist auf 30 Jahre nur für Kulturgüter i. S. des Art. 2 Abs. 1 KGTG (Art. 728 Abs. 1ter ZGB); d. h. für Gegenstände, die „aus religiösen oder weltlichen Gründen für Archäologie, Vorgeschichte, Geschichte, Literatur, Kunst oder Wissenschaft bedeutungsvolle Güter darstellen, die einer der Kategorien nach Art. 1 des UNESCO-Übereinkommens von 1970 [wozu auch Gemälde lebender Künstler gehören können] angehören." Auch die Werke lebender Künstler können unter Art. 1 UNESCO-Übereinkommen fallen.

[10] Vgl. *Siehr,* oben N. 8, 1009 f.

[11] So für Österreich §§ 1459 Abs. 1, 1481 ABGB und für die Schweiz Art. 127 OR sowie das Bundesgericht in seiner Entscheidung vom 15. 2. 1922, BGE 48 II 38 (Quadri c. Hôtel Brissago).

[12] Vgl. Schedule 3 (g) des Prescription and Limitation (Scotland) Act 1973 (c. 52) und sect. 4 des englischen Limitation Act 1980 (c. 58).

dadurch eine Aneignung durch andere Personen. Das **Urheberrecht** des Künstlers steht dem nicht entgegen. Wenn ein Künstler verhindern will, dass unerwünschte Werke von ihm in die Öffentlichkeit geraten, muss sie Werke vernichten. Die **Aufgabe des Eigentums genügt nicht.**

V. Besitz

1. Besitzerwerb und dessen Bedeutung

Wer die tatsächliche Gewalt über eine Sache erwirbt, erlangt den Besitz an ihr (§ 854 Abs. 1 BGB, § 309 ABGB, Art. 919 ZGB). Dieser **Besitz kann Eigenbesitz sein,** wenn er vom Eigentümer ausgeübt wird (§ 872 BGB), oder Fremdbesitz, wenn jemand eine fremde Sache z. B. als Mieter, Verwahrer oder Kommissionär in seiner Gewalt hat. Beim **Fremdbesitz** unterscheidet man den unmittelbaren Fremdbesitzer (z. B. Mieter) vom mittelbaren Besitzer (z. B. dem Vermieter), der durch Vermittlung des unmittelbaren Besitzers auch an der Sache teilhat (§ 868 BGB). **17**

Der Besitz wird gegen Wegnahme und Störung gesetzlich geschützt. Dessen kann sich der Besitzer erwehren (§§ 858–862, 1004, 1007 BGB). **18**

2. Besitzverlust und dessen Bedeutung

Wer die tatsächliche Gewalt über eine Sache verliert, sei es durch Übergabe an einen anderen oder durch Diebstahl, verliert auch den Besitz an der Sache. Ausnahmen gelten nur dort, wo der Besitz auf einen anderen übertragen wird, der als **Fremdbesitzer** (z. B. Kommissionär) die Sache für den Eigentümer besitzt, und wo deshalb der Eigentümer noch mittelbarer Besitzer bleibt. **19**

Wer den Besitz unrechtmäßig verloren hat, kann ihn vom unrechtmäßigen Besitzer **zurückverlangen** (§§ 861, 1007 BGB). War die Besitzaufgabe rechtmäßig, hat der frühere Besitzer einen **vertraglichen Anspruch auf Rückgabe der Sache** (vgl. § 604 BGB für die Leihe). **20**

VI. Internationale Dimension

1. Probleme

Sobald ein Sachverhalt nicht eindeutig innerstaatlich lokalisiert ist, sondern Beziehungen zu einem ausländischen Staat aufweist, darf man nicht mehr ohne weiteres von der Geltung inländischen Rechts ausgehen. Gefragt muss vielmehr werden, das Recht welchen Staates die auftauchenden Rechtsfragen zu beantworten hat. Das **Internationale Privatrecht (IPR)** jeden Staates nimmt sich dieser Problematik an und sagt, wo geklagt werden kann, welches Recht anwendbar ist, ob ausländische Urteile im Inland vollstreckbar sind und ob internationale Rechtshilfe geleistet wird. Soweit verschiedene Staaten internationale Übereinkommen über diese Fragen geschlossen haben oder soweit Verordnungen der Europäischen Union ergangen sind, müssen auch diese Instrumente angewandt werden. Sie gehen in aller Regel dem autonomen Recht der Nationalstaaten vor. **21**

2. Lösungen

Die Einzelheiten des Internationalen Privatrechts werden unten in Teil III ausführlich und im Zusammenhang mit allen internationalen Fragen dargestellt. Hier sei nur kurz angedeutet, wie Eigentum und Besitz im IPR behandelt werden. Ist z. B. einem Künstler aus **22** seinem Atelier im Inland ein Gemälde gestohlen und in den Mitgliedstaat A der Europäischen Union gebracht worden, so ergeben sich auf die Frage „Wie bekomme ich mein Bild zurück?" folgende Antworten:

23 a) Gegen den Dieb kann im Inland am Ort des Diebstahl gegen den Dieb geklagt werden (Art. 5 Nr. 3 EuGVO) oder gegen den jetzigen Besitzer (Dieb oder Dritte) an dessen Wohnsitz im Ausland (Art. 2 Abs. 1 EuGVO).

24 b) Anwendbar auf sachenrechtliche Fragen (wer ist Eigentümer?) ist das Recht des Staates, in dem die Sache im Zeitpunkt eines möglichen Erwerbs oder Verlusts des Eigentums liegt. Es gilt die sog. **lex rei sitae** (vgl. Art. 43 Abs. 1 EGBGB). Wenn also die gestohlene Sache in Italien an eine gutgläubige Person verkauft worden ist, hat das italienische Recht darüber zu entscheiden, ob an der Sache gutgläubig Eigentum erworben werden konnte. Das bejaht der Art. 1153 Codice civile.

25 c) Wenn dieser Verlust durch ein italienisches Urteil festgestellt worden ist, muss dieses Urteil im Inland anerkannt werden (Artt. 32 ff. EuGVO).

26 d) Bevor die gestohlene Sache verkauft worden ist, hätten italienische Behörden auf Grund von Rechtshilfeübereinkommen das Gemälde in Italien beschlagnahmen und als Diebesgut ins Inland zurückschicken können.

B. Urheberrecht

I. Rechtsgeschichte

27 **Werke der bildenden Kunst** hat es schon immer gegeben, seit der Mensch gelernt hat, Flächen und Gegenstände zu gestalten. Ihr **urheberrechtlicher Schutz** hat jedoch erst vor wenig mehr als einem Jahrhundert sich durchzusetzen begonnen; noch immer enthält die Weltkarte weiße Felder, die die Staaten kennzeichnen, wo es bisher nicht einmal eine gesetzliche Regelung gibt, und noch mehr Grauzonen, in denen es an der praktischen Verwirklichung solcher Regelungen fehlt.

28 Vor der Entstehung und Perfektionierung der neuzeitlichen Vervielfältigungstechniken bestand allerdings auch kein besonderes Schutzbedürfnis auf der Seite der bildenden Künstler. Wer von dem Werk eines antiken Malers oder Bildhauers eine Kopie herstellen wollte, musste nicht nur ein ebenso guter Handwerker sein, sondern auch die gleiche Mühe und Arbeit aufwenden wie jener. Dabei ergaben sich im Regelfall kleinere oder größere, oftmals durchaus in voller Absicht vorgenommene Veränderungen. Meist blieben zudem beide, der Schöpfer des Originals ebenso wie der der Nachbildung, anonym; die Anbringung von Signaturen auf griechischen Vasen des 7. Jahrhunderts v. Chr., von der Haimo Schack berichtet,[13] fand in den folgenden fast zwei Jahrtausenden kaum Nachahmer. Der wohl älteste Katalog berühmter Maler, Bildhauer und Architekten stammt aus dem Jahre 1550.[14] Erst seither wurde es, jedenfalls in Europa, weithin üblich, dass die Schöpfer von Werken der bildenden Kunst solche mit ihrem Namen kennzeichneten, dies freilich wiederum nur, soweit dafür eine praktische Möglichkeit gegeben war – also nicht bei größeren Statuen oder Figurengruppen – und der Zweck, etwa bei einem Altarbild, oder der Wille des Auftraggebers dem nicht entgegenstand.

29 Die Erfindung des Buchdrucks und seine Weiterentwicklung in den folgenden Jahrhunderten des ausgehenden Mittelalters und der beginnenden Neuzeit berührte den Be-

---

[13] *Schack,* Kunst und Recht, Köln 2004, Rz. 60.

[14] *Giorgio Vasari,* Vite de' più eccellenti pittori, scultori e architetti (dt. Ausgabe 1980, Diogenes – Taschenbuch Nr. 21 320), zitiert nach *Schack* a. a. O. (Fn. 1), Rz. 62 Fn. 4.

reich der bildenden Kunst zunächst nur in geringem Umfange. Die gedruckte Wiedergabe von Bildern setzte die Herstellung von Holzschnitten voraus. Selbst wenn einem solchen eine Skulptur oder ein Gemälde zugrundelag, so förderte das, falls der eigentliche Urheber wenigstens genannt war, meist eher dessen Popularität.[15] Bis etwa zurzeit der französischen Revolution, also gegen Ende des 18. Jahrhunderts, war die Technik des Buchdrucks allerdings so weit fortgeschritten, dass die – wenig später sogar farbig mögliche – Wiedergabe von Werken der bildenden Kunst mittels Nachdrucks erstmals im *Preußischen Gesetz zum Schutze des Eigenthums an Werken der Wissenschaft und Kunst gegen Nachdruck und Nachbildung* vom 11. Juni 1837 geregelt wurde: Die Erlaubnis zur Erstveröffentlichung stand dem Urheber selbst, die des Nachdrucks seinem Verleger zu.[16]

Das erste reichseinheitliche *Gesetz betr. das Urheberrecht an Werken der bildenden Künste* 30 datiert vom 9. Januar 1876. Es regelte allerdings nur den in seinem Titel genanten Bereich; Werke der Baukunst (§ 3) und solche Werke, die mit Zustimmung ihres Urhebers gewerblich nachgebildet wurden (§ 14), blieben schutzlos.[17] Letzteres entwertete zu Unrecht den Bereich der angewandten Kunst. Für ersteres gab es sogar ein bekanntes Beispiel, das möglicherweise wegen seiner Prominenz die Entscheidung des Kaisers und des – mehrheitlich preußisch besetzten – Reichstages beeinflusst hat: Die Entwürfe zum Neubau des Michaelertrakts der Wiener Hofburg, von Joseph Emanuel Fischer von Erlach vorgelegt und auch dem damaligen preußischen König Friedrich II (dem Großen) bekannt, hatten letzteren veranlasst, die Königliche Hofbibliothek nach eben diesen Plänen bauen zu lassen, wenn auch in etwas vereinfachter, billigerer Ausführung G. Chr. Ungers (1774–1780); das im Volksmund „Kommode" genannte, heutzutage von der Juristischen Fakultät der Humboldt-Universität genutzte Bauwerk wirkt noch immer wie ein Plagiat der Hofburg.

Erst das *Gesetz betr. das Urheberrecht an Werken der bildenden Künste und der Photographie* 31 vom 9. Januar 1907 – nachfolgend KUG genannt – erstreckte den Schutz des Urheberrechts auch auf Bauwerke und angewandte Kunst; lediglich die „Kleine Münze" der Letzteren blieb dem Geschmacksmusterschutz vorbehalten.[18]

Daran hat das – seit dem 1. Januar 1966 insoweit unverändert geltende – bundesdeut- 32 sche Urheberrechtsgesetz inhaltlich nichts geändert.

II. Die geschützten Werke der Bildenden Kunst

1. Der Werkbegriff des Urheberrechts

§ 2 Abs. 2 UrhG formuliert knapp: 33

Werke im Sinne dieses Gesetzes sind nur persönliche geistige Schöpfungen.

Diese Formulierung schafft in mehrfacher Hinsicht Raum für unterschiedliche Interpretationen in Lehre und Rechtsprechung:

---

[15] Albrecht Dürer, dem kaiserliche Privilegien gegen Nachdrucke gewährt worden waren, hat allerdings schon seinerzeit gegen „Nachahmer und Diebe fremder Arbeit" gewettert, vgl. *Locher,* Das Recht der bildenden Kunst, München 1970, S. 54.

[16] Näheres bei *Martin Vogel* in Schricker, Urheberrecht, 2. Auflage München 1999, Einl. 67f. m.w.N.

[17] Einzelheiten bei *Wadle,* Die Abrundung des deutschen Urheberrechts im Jahr 1876, JuS 1976, 771ff.

[18] Gesetz, betreffend das Urheberrecht an Mustern und Modellen vom 11. 1. 1876 (RGBl. 11), seit der Neufassung vom 26. 7. 1957 (BGBl. I 861) Geschmacksmustergesetz genannt.

34 a) Klar ist zunächst, dass **persönlich** nur eine Schöpfung sein kann, die **von einem Menschen** stammt. Was die Natur hervorbringt, was eine Maschine produziert oder was ein Programm bewirkt, mag interessant, vielleicht gar einmalig sein – vom Urheberrecht wird es nicht erfasst.[19] Erst wenn der Mensch vorgefundene Gegenstände zu einer *Gestaltung* verwendet, also etwa aus einer Anzahl unterschiedlich gewachsener Föhrenwurzeln ein Ensemble zusammenstellt, die Pinselei eines Schimpansen zur Grundlage für ein eigene abstrakte Farbkomposition macht oder die ausgedruckten Versionen eines Zufallsgenerators nach eigener Auswahl kombiniert, wird man ihm die Ergebnisse solchen Tuns zurechnen können.

35 b) Die Forderung des Gesetzes, dass es sich um eine **Schöpfung** handeln müsse, besagt zugleich – auch das ist unstreitig –, dass von der fraglichen Gestaltung etwas ausgehen muss, welches den menschlichen Geist anspricht, auf ihn anregend wirkt;[20] anders ausgedrückt: Durch die Gestaltung muss ein wie auch immer gearteter Gedanken– oder Gefühlsinhalt mitgeteilt werden, wobei es auf eine ästhetische Wirkung weder im positiven noch im negativen Sinne ankommt.[21] Ob der geistige Gehalt der jeweiligen Gestaltung sich jedermann sogleich erschließt oder nur für Fachleute – etwa wegen der Verwendung nur diesen verständlicher Zeichen – erkennbar wird, ist dabei ohne Bedeutung.[22]

36 c) Den menschlichen Geist ansprechen kann nur eine Gestaltung, die **der Wahrnehmung** durch die Sinne des Menschen **zugänglich** geworden ist:[23] Der Reim, den der Dichter schon im Kopf hat, die dem Komponisten eingefallene neue Schlagermelodie oder die revolutionäre Gestaltungsidee für eine Gedenkstätte sind schutzlos, wenn es der Zufall will, dass ein anderer sie früher geäußert hat. Eine körperliche Festlegung ist allerdings *nicht* Voraussetzung für die Entstehung des urheberrechtlichen Schutzes; den Spottvers, der Victor von Bülow alias Loriot auf einem seiner Vortragsabende spontan zu einem aktuellen politischen Ereignis eingefallen ist, darf nicht etwa ein zufällig anwesender Kabarettist in seinen eigenen Präsentationen ohne dessen Erlaubnis verwenden. Im Bereich der bildenden Kunst war die Entstehung eines Werkes ohne jegliche gestalterische Festlegung sogar schon Gegenstand eines bis zum Bundesgerichtshof geführten Rechtsstreits: Der Maler und Aktionskünstler Wolf Vostell hatte zum Abschluss eines Sommersemesters an der Gesamtuniversität Essen mit seinen Studenten einen Umzug durch das Uni-Gelände unternommen, der nach Motiven des Gemäldes *Der Heuwagen* von Hieronymus Bosch gestaltet war; die Universitätsleitung hatte dieses Ereignis ohne Wissen des Künstlers mitschneiden lassen und den daraus entstandenen Film sodann – mit beachtlichem Erfolg – ausgewertet; auch dazu hatte man den Künstler nicht befragt. Weder für das Kammergericht noch für den Bundesgerichtshof gab es irgendeinen Zweifel an der Werkqualität der gestalterischen Leistung des Künstlers mit

---

[19] Bisher nahezu allgemeine Meinung, (z.B. *Loewenheim* in Schricker (Fn. 4) Rz. 11ff., *Bullinger* in Wandtke/Bullinger, UrhR, Praxiskommentar zum Urheberrecht, München 2002, Rz. 15; *Vinck* in Fromm/Nordemann, Urheberrecht, 9. Aufl., Stuttgart 1998, Rz. 11, alle zu § 2 UrhG, gegen allein *Max Kummer,* Das urheberrechtlich schützbare Werk, Bern 1968. Neuerdings einschränkend *Gernot Schulze* in Dreier/Schulze, Urheberrecht, München 2004, Rz. 9, der vorgefundenen Gegenständen, die als Kunst präsentiert werden, den Schutz des § 2 UrhG zubilligen will, wenn damit eine persönliche Aussage verbunden sei.

[20] *Gernot Schulze* in Dreier/Schulze a. a. O. (Fn. 7), Rz. 12 zu § 2 UrhG.

[21] *Loewenheim* in Schricker a. a. O. (Fn. 4), Rz. 18 zu § 2 UrhG im Anschluss an *Erdmann,* Schutz der Kunst im Urheberrecht, Festschrift für v. Gamm, Köln 1990, S. 389/399.

[22] BGHZ 94, 279, 388, GRUR 1985, 1041, 1046 Inkassoprogramm zu diesem Abschnitt.

[23] BGH a. a. O. (Fn. 10); weitere Nachweise bei *Loewenheim* in Schricker a. a. O. (Fn. 4), Rz. 20 zu § 2 UrhG.

der Folge, dass die filmische Weiterverwertung seiner Schöpfung ohne seine Zustimmung als Verletzung seines Urheberrechts zu werten war.[24]

d) So wenig wie ihre Festlegung ist die Vollendung einer Schöpfung für ihre Werkqualität erforderlich. **Skizzen, Entwürfe** und **Fragmente** sind als solche geschützt, soweit sie – was im Regelfall zutreffen wird – schon eine persönliche geistige Schöpfung darstellen.[25] Für die Entwürfe von Werken der bildenden Kunst sagt dies sogar der Gesetzestext (§ 2 Abs. 1 Nr. 4 UrhG). 37

e) Die eigentliche Problematik des § 2 Abs. 2 UrhG liegt nach alledem im Verständnis des Begriffes **Schöpfung.** Der allgemeine Sprachgebrauch meint damit etwas, das es so noch nicht gegeben hat und das *nicht gänzlich banal* ist, so dass es jederzeit überall ebenso vorkommen könnte. 38

Das schließt zunächst die Möglichkeit nicht aus, dass zufällig zur etwa gleichen Zeit und ganz unabhängig voneinander zwei Menschen denselben schöpferischen Gedanken äußern, denselben Reim oder dieselbe Melodie darbieten oder eine identische Rohskizze für ein Bauwerk, eine Skulptur oder ein Altarbild entwerfen könnten, oder dass ein heute tätiger Künstler eine Gestaltung schafft, die es vor vielen Jahrzehnten oder gar Jahrhunderten schon einmal gegeben hat, die aber gänzlich in Vergessenheit geraten ist, so dass er sie nicht kennen konnte. Eine solche **Doppelschöpfung** ist zwar sehr selten und wird sich, wenn sie denn wirklich einmal gegeben ist, auf bestimmte Grundelemente des zu schaffenden Werkes beschränken; liegt sie aber vor, so sind beide Schöpfungen unabhängig voneinander, also selbstständig nebeneinander, als solche aus § 2 Abs. 2 UrhG geschützt.[26] Im Bereich der bildenden Kunst ist ein solcher Fall vor wenigen Jahren erstmals vom Berliner Kammergericht als gegeben angesehen worden.[27] 39

Den Begriff Schöpfung würde niemand auf etwas anwenden wollen, das derart nahe liegt, ja sich von selbst versteht, dass es jedermann jederzeit unter gleichen Voraussetzungen so praktizieren würde: Wer die Familienfotos an der Wohnzimmerwand der neuen Wohnung von links oben nach rechts unten und im Schlafzimmer quer über dem Ehebett anbringt, ist schon nach allgemeinem Sprachgebrauch kein Schöpfer. Erst wer eine Gestaltung hervorbringt, die irgendwie *besonders* ist, die es sonst so nicht gibt und die deshalb diesem Menschen als seine Spezialität zuzurechnen ist, kann den von § 2 Abs. 2 UrhG gewährten Schutz für sich in Anspruch nehmen. In der Rechtssprache ist von *schöpferischer Eigentümlichkeit, Originalität und Individualität* die Rede;[28] für Computerprogramme hat sogar der Gesetzgeber selbst zur Schutzvoraussetzung gemacht, dass sie *individuelle Werke* sind (§ 69a Abs. 3 Satz 1 UrhG). Bei den Werkarten, die nicht der Bildenden Kunst im Sinne des § 2 Abs. 1 Nr. 4 UrhG zuzurechnen sind, legt die Rechtsprechung in der Beurteilung dieser Kriterien recht unterschiedliche Maßstäbe an, was die Bestimmung der Schutz*unter*grenze angeht: Wissenschaftliche Werke und anderes Schriftgut, das Gebrauchszwecken zu dienen bestimmt ist, genießen nur dann und nur insoweit das Privileg des urheberechtlichen Schutzes, als ihnen *ein deut-* 40

---

[24] KG GRUR 1984, 507ff. und BGH GRUR 1985, 529 *Happening.*

[25] Allgemeine Meinung, z.B. *Loewenheim* in Schricker (Fn. 19), Rz. 22, *Gernot Schulze* in Dreier/Schulze (Fn. 19), Rz. 15, *Bullinger* in Wandtke/Bullinger (Fn. 19) *Inkassoprogramm;* OLG München GRUR 1990, 674, 675 *Forsthaus Falkenau* für das Exposé einer Fernseh-Serie.

[26] Allgemeine Meinung, z.B. *Loewenheim* in Schricker (Fn. 19), Rz. 42; *Gernot Schulze* in Dreier/Schulze (Fn. 19), Rz. 17 (alle zu § 2 UrhG); *Vinck* in Fromm/Nordemann (Fn. 19), Rz. 11 zu § 24 Anh. UrhG.

[27] KG ZUM 2001, 503, 505 *Flaggen-Collage.*

[28] *Gernot Schulze* in Dreier/Schulze (Fn. 19), Rz. 18 zu § 2 UrhG.

liches Überragen der Gestaltungstätigkeit gegenüber dem allgemeinen Durchschnittskönnen attestiert werden kann.[29] Bei den unter § 2 Abs. 1 Nr. 7 UrhG geschützten Darstellungen wissenschaftlicher oder technischer Art, also vor allem technischen Zeichnungen aber auch Prüfungsformularen und Preislisten, reicht es dagegen aus, dass *eine individuelle Geistestätigkeit zum Ausdruck kommt, mag auch das Maß an Eigentümlichkeit und individueller Prägung gering sein.*[30] Dem steht allerdings ein entsprechend enger Schutzbereich gegenüber, der nur wenig über die unveränderte Übernahme hinaus reicht.[31]

2. Werke der Bildenden Kunst

41 **a) Grundrechtliche Freiheit der künstlerischen Betätigung.** Die Freiheit der Kunst gehört zu den Grundwerten jeder demokratischen Staatsordnung. Art. 5 Abs. 3 Satz 1 des Grundgesetzes gewährleistet sie mit den folgenden Worten:

> Kunst und Wissenschaft, Forschung und Lehre sind frei.

42 Das Grundrecht der Kunstfreiheit darf als solches von niemanden, weder vom Staat und dem ihm nachgeordneten Institutionen noch von privaten Dritten, eingeschränkt werden (dazu näheres oben I. Teil, Abschnitt A). Es findet – wie jedes andere Grundrecht – seine Grenze zunächst an dem Anspruch des Staates auf Wahrung seiner verfassungsmäßigen Ordnung: Die Verunstaltung fremden Eigentums durch Graffiti kann eine Straftat sein, die Tötung und „kunstgerechte" Verstümmelung eines Menschen ist es in jedem Falle. Gleiches würde etwa für die Sprengung eines Parlamentssitzungssaales nach Anbringung der Sprengsätze in Form eines Kunstsymbols gelten. Das Grundrecht der freien künstlerischen Betätigung findet seine Grenze ferner dort, wo es mit den – von Art. 2 Abs. 1 des Grundgesetzes geschützten – *Rechten anderer* kollidiert: Wer sich in einer Weise künstlerisch betätigt hat, dass daraus eine persönliche geistige Schöpfung, also ein *Werk* im Sinne des § 2 Abs. 2 UrhG, entstanden ist, hat an diesem ein ihm allein zustehendes Recht, das die Wiederholung und/oder jede andersartige Benutzung seiner Leistung durch Dritte ohne sein Einverständnis ausschließt. Dieser Schutzbereich wird von § 2 Abs. 1 UrhG wie folgt umschrieben:

> Zu den geschützten Werken der Literatur, Wissenschaft und Kunst gehören insbesondere: [...]
> 4. Werke der Bildenden Künste einschließlich der Werke der Baukunst und der angewandten Kunst und Entwürfe solcher Werke; [...]

43 Ein in der heutigen Zeit immer größer werdender Bereich künstlerischer Betätigungen entspricht dem Werkbegriff des Urhebers allerdings *nicht.* Wenn Marcel Duchamp einen alten Flaschentrockner, Andy Warhol eine Suppendose oder Max Kummer eine im Wald gefundene Föhrenwurzel für Kunst erklären und als solche ausstellen (lassen), entsteht keine Schöpfung. Entsprechendes gilt für Kunstformen der sog. *minimal art:* Wer – wie Yves Klein – eine Leinwand auf einen Rahmen spannt und sie einheitlich blau mit leichtem Silberton streicht oder gar ein leeres Notenblatt mit nichts als Signatur und Wiederholungszeichen zum „Blacksongpaper" erklärt (Charles Yves), oder wer einen leeren Raum präsentiert, in dessen Mitte er einen großen Silberlöffel platziert hat, mag damit irgendeine

---

[29] BGHZ 94, 276, 286 *Inkassoprogramm;* BGHZ 112, 264, 274 *Betriebssystem;* BGH GRUR 1993, 34, 35 *Bedienungsanweisung;* vgl. auch OLG Hamburg GRUR 2004, 285 *Markentechnik.*

[30] BGH GRUR 1991, 529, 530 *Explosionszeichnungen;* BGH GRUR 1988, 33, 35 *Topografische Landeskarten;* BGH GRUR 1993, 34, 36 *Bedienungsanweisung;* BGH GRUR 1998, 916, 918 *Stadtplanwerk;* BGH GRUR 1987, 360, 361 *Werbepläne;* OLG Hamm GRUR 1980, 287, 288 *Prüfungsformulare* und GRUR 1981, 130, 131 *Preislisten-Druckvorlagen.*

[31] BGH *Bedienungsanweisung* und *Stadtplanwerk* (Fn. 30).

Wirkung erzielen; eine persönliche geistige Schöpfung ist dergleichen ebenso wenig wie der im Berliner „Hamburger Bahnhof" zu besichtigende, in gleichmäßige Falten gelegte Vorhang, der sich in nichts von den Stoffbahnen unterscheidet, die man in größeren Räumen überall findet, oder der Auftritt zweier Menschen in einer noch so ungewöhnlichen Aufmachung (s. unten Abschnitt c) bei Fn. 49). Der mangelnde Schutz aller dieser Ausdrucksformen durch das Urheberrecht ändert jedoch nichts an jedermanns Freiheit zu dieser oder jeder anderen, künftig noch entstehenden künstlerischen Betätigung, von wem sie auch immer erfunden, und wie sie auch immer gestaltet sein möge.

b) Gemeinsame Schutzkriterien für alle Werkformen der bildenden Kunst. 44
Zwar lässt sich, wie das Bundesverfassungsgericht schon vor längerer Zeit einmal – unter Zustimmung der Fachwelt – festgestellt hat, der Begriff der Kunst nicht mit ausreichender Genauigkeit definieren.[32] Für den Schutz als Werk im Sinne des § 2 Abs. 1 Nr. 4 UrhG kommen aber jedenfalls solche Gestaltungen in Betracht, die *mit den Darstellungsmitteln der Kunst durch formgebende Tätigkeit hervorgebracht und vorzugsweise für die ästhetische Anregung des Gefühls durch Anschauung bestimmt* sind; diese vor mehr als 70 Jahren erstmals vom damaligen Reichsgericht verwendete Formulierung prägt seither sowohl die Rechtsprechung als auch die Fachliteratur.[33] Allerdings reicht die bloße Bestimmung der jeweils fraglichen Gestaltung zur ästhetischen Anregung des Gefühls allein noch nicht aus. Ihr ästhetischer Gehalt muss vielmehr tatsächlich einen solchen Grad erreichen, *dass nach Auffassung der für Kunst empfänglichen und mit Kunstanschauungen einigermaßen vertrauten Verkehrskreise von einer künstlerischen Leistung gesprochen werden* kann,[34] wofür der Gesamteindruck eines *Durchschnitts*betrachters, nicht der Fachwelt, maßgeblich ist.[35] Auf den höheren oder geringeren Kunstwert der Gestaltung kommt es dagegen nicht an.[36] Auch dass sich der Künstler bemüht hat, das Objekt seiner Darstellung so naturgetreu wie möglich wiederzugeben, stellt die urheberrechtliche Qualität seiner Arbeit nicht in Frage.[37]

Im Rechtsstreit ist die Werkqualität einer unter § 2 Abs. 1 Nr. 4 UrhG fallenden Ge- 45
staltung damit letztlich Tatfrage, die von den beteiligten Richtern nach ihrer persönlichen Empfindung zu beurteilen ist. Schon von ihrer akademischen Vorbildung her gehören sie jedenfalls zu den schon vom Reichsgericht als maßgeblich angesehenen Verkehrskreisen und werden im Regelfall zugleich als Durchschnittsbetrachter anzusehen sein, falls nicht gerade einer von ihnen – positiv – Spezialkenntnisse hat oder – negativ – gegenüber den heutigen Kunstformen einer extremen Sondermeinung anhängt. Im etwaigen Revisionsverfahren vor dem Bundesgerichtshof ist deshalb nur nachprüfbar, ob die Feststellungen des Oberlandesgerichts seine – positive oder negative – Beurteilung des Rechtsbegriffes des Kunstwerks tragen.[38]

---

[32] BVerfG NJW 1985, 261, 262; vgl. dazu *Erdmann* (Fn. 9), S. 389ff.; *Schack* (Fn. 13), Rz. 2; *Loewenheim* in Schricker (Fn. 19), Rz. 132 zu § 2 UrhG m. w. N.

[33] RGZ 124, 68, 71f.; BGH ständig seit GRUR 1957, 391, 393 *Ledigenheim* und 1969, 289, 290 *Rosenthal-Vase;* aus jüngerer Zeit BGH GRUR 1992, 697, 698 *ALF;* vgl. *Gernot Schulze* in Dreier/ Schulze (Fn. 19), Rz. 150 und *Loewenheim* in Schricker (Fn. 19), Rz. 133f., beide zu § 2 UrhG.

[34] So schon das Reichsgericht und ihm folgend der Bundesgerichtshof in ständiger Rechtsprechung (a. a. O., Fn. 21).

[35] BGH GRUR 1989, 416f. *Bauaußenkante* und 1988, 690, 692 *Kristallfiguren* (Gesamteindruck); OLG Schleswig GRUR 1985, 289, 291 *Tonfiguren* und OLG München GRUR 1987, 290, 291 *Wohnanlagen* (Durchschnittsbetrachter). Vgl. auch BGH GRUR 1987, 903, 904 *Le Corbusier-Möbel* („die im Leben herrschenden Anschauungen").

[36] So schon das Reichsgericht a. a. O. (Fn. 21); BGH GRUR 1972, 38, 39 *Vasenleuchter* und 1988, 690, 692 *Kristallfiguren* (m. w. N.).

[37] BGH a. a. O. *Le Corbusier-Möbel* (Fn. 23) und GRUR 1995, 581, 582 *Silberdistel.*

[38] BGH a. a. O. *Silberdistel* (Fn. 25) m. w. N.

46 **c) Bildende Kunst im engeren Sinne.** Dieser Bereich umfasst alle von § 2 Abs. 1 Nr. 4 UrhG geschützten Werke, die keine Bauwerke sind und nicht als Bedarfs- oder Gebrauchsgegenstände in Betracht kommen, also unter den Begriff der angewandten Kunst zu subsumieren wären. Die vom Gesetz gewählte Dreiteilung der geschützten Kunstbereiche schließt allerdings **Mischformen** nicht aus: Ein Denkmal ist oft zugleich Bildhauerarbeit und Bauwerk. Ein Gefäß aus Porzellan kann so eigenwillig gestaltet sein, dass niemand es seinem vorgegebenen Zweck entsprechend verwenden wird. Umgekehrt pflegen etwa Graphiken heutzutage schon deshalb in hohen Auflagen vom Künstler selbst produziert zu werden, weil damit auf relativ preiswertem Weg die Ausschmückung von Wohnungen und Büros ermöglicht, also ein *Bedarf* gedeckt wird; unter die angewandte Kunst werden in der traditionellen Gerichts- und Fachsprache aber „Bedarfs- und Gebrauchsgegenstände mit künstlerischer Formgebung" subsumiert.[39]

47 Zu den Werken der bildenden Kunst im engeren Sinne rechnen zunächst die drei klassischen Kunstformen der Bildhauerei, Malerei und Graphik, aber auch andere Gestaltungen wie künstlerisch strukturierte Wandplatten[40] oder Graffiti,[41] Collagen,[42] Computer- und Konzeptkunst,[43] der verhüllte Reichstag von Christo[44] oder eine zum Kunstwerk verfremdete Fotografie.[45]

48 Nach § 2 Abs. 1 Nr. 4 UrhG geschützt sind ferner künstlerische Gestaltungen in Verbindung mit Bewegungsabläufen, wie Bühnenbilder und Happenings.[46] Dass letztere, falls sie nicht aufgezeichnet werden, mit dem Ende des Bewegungsablaufs vergehen, ändert an ihrer urheberrechtlichen Qualität nichts. Auch andere Kunstwerke können aus vergänglichen Material sein; die „Fettecken" von Joseph Beuys haben Weltruhm erlangt.

49 Auch dass typisierte Figuren aus Bildgeschichten oft millionenfach verwertet und in immer wieder wechselnden Positionen gestaltet werden, ändert nichts an ihrer Zugehörigkeit zu den Werken der bildenden Kunst im engeren Sinne, mit der Folge, dass Einzeldarstellungen dieser Figuren, die nicht vom Künstler selbst stammen, sein Urheberrecht verletzen.[47]

50 Die eigenartige Gestaltung der Inneneinrichtung eines Raumes kann ein Kunstwerk sein.[48]

51 Gestaltungen zu Werbezwecken – etwa Plakate – sind angewandte Kunst (s. unter e).

52 Der Auftritt lebender Menschen in gleich welcher Gestalt und Aufmachung ist gewiss von der Freiheit der Kunst gedeckt, lässt aber kein Werk der bildenden Kunst im Sinne des § 2 Abs. 1 Nr. 4 UrhG entstehen.[49]

---

[39] Vgl. *Loewenheim* in Schricker (Fn. 19), Rz. 156 zu § 2 UrhG.

[40] OLG München GRUR 1974, 484, 485f. *Betonstrukturplatten.*

[41] BGH GRUR 1995, 673, 675 *Mauerbilder.*

[42] KG ZUM 2001, 503, 504 *Flaggen-Collage* (Deutsche Fahne mit Davidstern).

[43] OLG Hamburg GRUR-RR 2003, 33, 34 *Maschinenmensch.*

[44] BGH GRUR 2002, 605 *Verhüllter Reichstag.*

[45] OLG Koblenz GRUR 1987, 435f.

[46] BGH GRUR 1986, 458, *Oberammergauer Passionspiele* I; BGH GRUR 1985, 529 *Happening* (Zuordnung offen gelassen, von der Vorinstanz bejaht, KG GRUR 1984, 507).

[47] OLG Frankfurt GRUR 1984, 520f. *Schlümpfe* und OLG Hamburg ZUM 1989, 305, 306 *Schlümpfe-Parodie;* OLG Bremen GRUR 1985, 536 *Asterix-Plagiate;* BGH GRUR 1994, 191, 192 *Asterix-Persiflagen* und 206, 207 *Alcolix.*

[48] *Rehbinder,* Urheberrecht, 12. Aufl. § 14 I, München 2002; *Loewenheim* in Schricker (Fn. 19), Rz. 144 zu § 2 UrhG.

[49] LG Hamburg ZUM 1999, 658f. *Eva & Adele;* dagegen *Raue* GRUR 2000, 951; wie hier *Gernot Schulze* in Dreier/Schulze (Fn. 19), Rz. 15 zu § 2 UrhG.

Anders als im Bereich der angewandten Kunst erkennt die Rechtsprechung Werke der bildenden Kunst im engeren Sinne ohne weiteres auch dann als von § 2 Abs. 1 Nr. 4 UrhG geschützt an, wenn sie am unteren Rand der Werkqualität anzusiedeln und damit zur sog. *Kleinen Münze* zu rechnen sind.[50] **53**

Selbst dann bleibt ein Werk der bildenden Kunst urheberrechtlich geschützt, wenn seine Veröffentlichung und Verwertung strafbar ist.[51] **54**

d) Werke der Baukunst. Zu diesen rechnet alles, was *gebaut,* also nach entsprechendem Entwurf aus Einzelteilen zusammengefügt wird, soweit dabei eine persönliche geistige Schöpfung im Sinne des § 2 Abs. 2 UrhG entsteht: Vom Brunnen auf dem Marktplatz über das Holocaust-Denkmal zu Häusern aller Art und Größe, Schlössern, Kirchen, Brücken, ganzen Siedlungsgebieten und Fabrik- oder Stadtanlagen. Auch die Gestaltung von Plätzen oder Innenräumen – nicht *die bewegliche Einrichtung* letzterer, wie gelegentlich etwas ungenau geschrieben wird – kann ein Werk der Baukunst entstehen lassen. Auf das verwendete Material kommt es ebenso wenig an wie auf die Art der Konstruktion oder gar den Zweck des Bauwerks. **55**

Von einer urheberrechtlich relevanten *Schöpfung* kann allerdings erst dann die Rede sein, wenn etwas *Neues,* vom allgemein Üblichen Abweichendes entsteht, wenn also das fragliche Bauwerk aus der Masse alltäglichen Bauschaffens herausragt.[52] Das trifft schon dann zu, wenn ein Neubau in besonderer Weise in die Landschaft oder in die bauliche Umgebung *eingefügt*[53] oder von dieser *abgehoben* wird.[54] Weitere Beispiele aus der Rechtsprechung betreffen sowohl *Einfamilienhäuser,* deren origineller Gestaltung Werkqualität zuerkannt wurde,[55] als auch außergewöhnliche *Zweckbauten.*[56] Auch *Teile* von Bauwerken können Werkqualität aufweisen und damit gegen Nachahmung geschützt sein.[57] Ein *Gebäudekomplex* – im konkreten Fall ein aus Kirche, Pfarrhaus, Kirchplatz und Höfen bestehendes Ensemble – ist erst vor wenigen Jahren erstmals als Werk der Baukunst anerkannt worden.[58] **56**

Auch Werke der *Innenarchitektur* waren schon Gegenstand gerichtlicher Auseinandersetzungen: Sowohl die bauliche Ausgestaltung eines Kirchenraumes als auch diejenige eines Treppenhauses und schließlich gar der WC-Anlage einer Autobahnraststätte sind als Werke der Baukunst anerkannt worden.[59] **57**

Ein Beispiel dafür, dass auch ein Bau, der nur *zu vorübergehenden Zwecken* errichtet wurde, ein Werk der Baukunst sein kann, bietet der Rechtsstreit um die Filmkulisse, die **58**

---

[50] BGH GRUR 1995, 581, 582 *Silberdistel.*

[51] Beispiel BVerfG NJW 1987, 2661 f. *Karikatur,* die den früheren bayrischen Ministerpräsidenten Franz Josef Strauß als kopulierendes Schwein darstellte.

[52] BGH GRUR 1982, 107, 109 *Kirchen-Innenraumgestaltung;* siehe auch OLG Schleswig GRUR 1980, 1072, 1073 *Louisenlund.*

[53] BGHZ 24, 55, 68 *Ledigenheim;* OLG München ZUM 1987, 300, 302 *Wohnanlage.*

[54] OLG München ZUM 1989, 89, 91 *Reihen- und Doppelhäuser.*

[55] BGH GRUR 1980, 853, 854 *Architektenwechsel* (Auswahl und Anordnung besonderer Baumaterialien und eigenartige Dachgestaltung); BGH GRUR 1982, 369, 370 *Allwetterbad* (Zeltdach und individuelle Raumaufteilung); BGH GRUR 1988, 533, 534 *Vorentwurf II* (origineller Grundriss für das Erdgeschoss); OLG Hamburg Schulze OLGZ Nr. 174 S. 4 (Eingangshalle).

[56] OLG Hamburg Schulze OLGZ Nr. 172 S. 9 ff. (Bürogebäude und Fabrikhalle); OLG Frankfurt GRUR-RR 1992, 699 f. (Friedhofsmauer).

[57] BGHZ 61, 88, 94 *Wählamt* und OLG München GRUR 1974, 484, 485 *Betonstrukturplatten* (Fassade); OLG Düsseldorf GRUR 1979, 318 f. *Treppenwangen* (Treppengeländer).

[58] OLG München ZUM 2001, 339, 344 *Kirchenschiff.*

[59] BGH GRUR 1982, 107, 109 *Kirchen-Innenraumgestaltung;* BGH ZUM 1999, 146, 148 *Treppenhausgestaltung;* LG Leipzig ZUM-RD 2002, 11, 13 *WC-Anlage.*

anlässlich der Verfilmung des Romans „Der Zauberberg" von Thomas Mann hergestellt worden war.[60]

59 Endlich kann die Gestaltung von *Gartenanlagen* Werkqualität haben.[61]

60 **e) Werke der angewandten Kunst.** Unter diesem Begriff verstehen Rechtsprechung und Lehre in Deutschland Gebrauchsgegenstände mit künstlerischer Formgebung,[62] im modernen Sprachgebrauch *Design* genannt; berühmt gewordenen Beispielen dieser Kunst hat die Deutsche Post sogar 1998 einen Block aus vier Sondermarken gewidmet.[63] Allein ihr *Gebrauchszweck* unterscheidet diese Werkart von der – zweckfreien – bildenden Kunst im engeren Sinne. Ihr Schutz aus dem Urheberrecht wird traditionell – mit Rücksicht auf die schon seit 1876 bestehende Möglichkeit eines Sonderschutzes aus dem Gesetz betreffend das Urheberrecht an Mustern und Modellen (seit 1957 Geschmacksmustergesetz genannt) – an deutlich strengere Voraussetzungen geknüpft als derjenige der beiden anderen nach § 2 Abs. 1 Nr. 4 UrhG geschützten Werkarten, obwohl der Wortlaut des Gesetzes dafür keinen Anhalt bietet:

61 Werke der angewandten Kunst genießen *erst dann* urheberrechtlichen Schutz, wenn sie sich aus der Masse anderer einschlägiger Produkte *deutlich herausheben,* anders ausgedrückt: wenn die Individualität ihrer Gestaltung über diejenige des marktüblichen Durchschnittsschaffens *deutlich hinausgeht,*[64] sie gar *überragt.*[65]

62 Die Rechtsprechung der Nachkriegszeit liefert zahlreiche Beispiele für die Gewährung oder Versagung des Schutzes aus § 2 Abs. 1 Nr. 4 UrhG, von denen hier nur eine Auswahl wiedergegeben werden kann:

63 – *Alltägliche Gebrauchsgegenstände* werden kaum jemals das erforderliche Maß an Individualität aufweisen.[66]

64 – *Banknoten* sind vom OGH Wien und dem Schweizer Bundesgericht als Werke der bildenden Kunst im engeren Sinne anerkannt worden; für *Briefmarken* hat das LG München I ebenso entschieden.[67]

65 – Die besondere Gestaltung eines *Fahrzeugs* kann Werkcharakter haben.[68]

66 – *Figuren* lohnen eine Nachahmung nur, wenn ihre besondere Individualität sie erfolg-

---

[60] OLG München ZUM 2002,922, 926 *Der Zauberberg.*

[61] Grundlegend *Martin Schäfer,* Die urheberrechtliche Schutzfähigkeit von Werken der Gartengestaltung, Baden-Baden 1992; *Loewenheim* in Schricker (Fn. 19), Rz. 145 zu § 2 UrhG; *Gernot Schulze* in Dreier/Schulze (Fn. 19), Rz. 186, zu § 2 UrhG; *Vinck* in Fromm/Nordemann (Fn. 19), Rz. 72 zu § 2 UrhG; *Schack,* Urheber- und Urhebervertragsrecht, 3. Aufl. Tübingen 2005, Rz. 200; *Rehbinder* (Fn. 48), S. 93; OLG Düsseldorf GRUR 1990, 189, 191 *Grünskulptur;* KG ZUM 2001, 590, 591 *Gartenanlage.*

[62] *Loewenheim* in Schricker (Fn. 19), Rz. 156 zu § 2 UrhG sagt „Bedarfs- und Gebrauchsgegenstände", was dasselbe meint.

[63] Abgebildet bei *Schack* (Fn. 13), S. 330.

[64] So die Rechtsprechung zum Geschmacksmusterschutz: BGH GRUR 1998, 379, 382 *Lunette;* BGH GRUR 1995, 581, 582 *Silberdistel* m. w. N. Wie hier *Rehbinder,* Urheberrecht, 12. Aufl., München 2002, S. 67; *Vinck* in Fromm/Nordemann (Fn. 19), Rz. 21 zu § 2 UrhG und Schack (Fn. 61), Rz. 203: „Von der individuellen Persönlichkeit des Schöpfers geprägt"; kritisch neuerdings *Loewenheim* GRUR Int. 2004, 765 und *Koschtial* GRUR 2004, 555.

[65] So *Erdmann* (Fn. 21), S. 401 (unter Bezugnahme auf BGH GRUR 1972, 38, 39 *Vasenleuchter* und BGHZ 94, 276, 286 *Inkassoprogramm*) und *Gernot Schulze* in Dreier/Schulze (Fn. 19), Rz. 160 zu § 2 UrhG.

[66] Vgl. OLG München GRUR 1957, 145 *Gießkanne;* OLG Düsseldorf GRUR 1966, 156, 157 *Spardose* und 1999, 72 *Fahrradkoffer;* OLG Hamburg WRP 1980, 159, 161 *Toilettensitz.*

[67] OHG Wien ÖBl. 1975, 150, 151; Schweiz.BG GRUR Int. 1974, 295; LG München I GRUR 1987, 436.

[68] OLG Celle GRUR 2001, 125 *Stadtbahnwagen.*

reich macht; ihr urheberrechtlicher Schutz konnte deshalb von den Gerichten durchweg bejaht werden.[69]

- *Lampen* erreichen nicht immer die Schutzvoraussetzungen des Urheberrechts.[70] **67**
- *Modeerzeugnissen* ist bisher noch in keinem Falle Werkqualität zuerkannt worden.[71] **68**
- Dagegen wurden *Möbel* überwiegend als aus § 2 Abs. 1 Nr. 4 UrhG geschützt angesehen.[72] **69**
- *Schmuck* wiederum wird ähnlich zurückhaltend wie Mode beurteilt.[73] **70**
- Gleiches gilt für *Textil- und Papiermuster*[74] und andere graphische Produkte, etwa *Werbegrafiken.*[75] **71**

f) Entwürfe. Zu den schon immer gesicherten Erkenntnissen in Rechtsprechung und Lehre auf dem Gebiet des Urheberrechts gehört die Entstehung des Schutzes mit dem Augenblick der Schöpfung: Die ersten vier Zeilen eines Gedichts, die fünf Töne der Grundmelodie eines neuen Schlagers, das Exposé für einen Film, die Skizze eines Gemäldes, Denkmals oder Gebäudes lassen schon als solche die Beurteilung ihrer Werkqualität zu. Ist diese gegeben, so kommt es auf die Vollendung des Werkes, als dessen Ausgangspunkt oder Grundlage sie zu dienen bestimmt sind, nicht mehr an (vgl. schon oben Abschnitt II 1 d). Deshalb war die besondere Nennung von Entwürfen in § 2 Abs. 1 Nr. 4 UrhG eigentlich überflüssig. Sie wird in der Fachliteratur gelegentlich allein auf die Werke der Baukunst bezogen,[76] dies wohl deshalb, weil der Schutz dieser Werkstufe nur dort von praktischer Bedeutung ist: Man übernimmt Entwurfsideen eines anderen in die eigene Produktplanung, oder man verändert den schöpferischen Entwurf des Architekten anlässlich der Bauausführung.[77] **72**

III. Der Urheber

1. *Das Schöpfungsprinzip*

Dem deutschen Urheberrecht liegt, ebenso wie demjenigen fast aller zivilisierten Länder der Erde mit der einzigen Ausnahme der USA, das Schöpfungsprinzip zugrunde: **73**

> Urheber ist der Schöpfer des Werkes,

sagt § 7 UrhG knapp und klar.

---

[69] Beispiele: BGH GRUR 1958, 500, 501 und 1960, 251, 252 *Mecki-Igel I und II;* BGH GRUR 1960, 144, 145 Bambi; BGH GRUR 1980, 235, 236 *Play-Family;* BGH GRUR 1994, 191, 192 *Asterix-Persiflagen;* BGH GRUR 1995, 47, 48 *Rosaroter Elefant;* zuletzt BGH GRUR 2004, 855, 856 *Hundefigur.*

[70] BGH GRUR 1972, 38, 39 *Vasenleuchter* (bejaht) und 1979, 332, 336 *Brombeerleuchte* (verneint).

[71] Vgl. die umfangreichen Nachweise bei *Vinck* in Fromm/Nordemann (Fn. 7), Rz. 64 zu § 2 UrhG und bei *Gernot Schulze* in Dreier/Schulze (Fn. 7), Rz. 170 zu § 2 UrhG.

[72] Musterbeispiele dafür sind die Kreationen von Le Corbusier und Mart Stam (BGH GRUR 1987, 903, 904f. *Le Corbusier-Möbel;* BGH GRUR 1961, 635, 638 und 1981, 820, 822 *Stahlrohrstuhl I und II),* aber etwa auch der „Tütensessel“ (OLG Düsseldorf GRUR 1971, 416f. *Studio 2000*); für bloße Geschmacksmusterfähigkeit dagegen BGH GRUR 1996, 767, 769 *Holzstühle.*

[73] BGH GRUR 1979, 119, 120 *Modeschmuck* und GRUR 1995, 581, 582 *Silberdistel.*

[74] BGH GRUR 1973, 478, 479 *Modeneuheit* und 1983, 377, 378 *Brombeer-Muster.*

[75] LG Oldenburg GRUR 1987, 235 (verneint) und 1989, 49, 53 (bejaht).

[76] Vgl. *Loewenheim* in Schricker (Fn. 19), Rz. 155 zu § 2 UrhG; *Vinck* in Fromm/Nordemann (Fn. 19), Rz. 73 zu § 2 UrhG; *Schack* (Fn. 13), Rz. 749. Genauer dagegen *Gernot Schulze* in Dreier/Schulze (Fn. 19), Rz. 187 zu § 2 UrhG.

[77] BGH GRUR 2003, 231, 233 *Staatsbibliothek;* BGH GRUR 1980, 853, 854 *Architektenwechsel.*

74 a) Da der Schöpfungsvorgang als solcher *nur von einer natürlichen Person bewirkt* werden kann, kommt allein diese als Urheber in Betracht:

75 Der Dienstherr (bei Beamten), der Arbeitgeber (bei Angestellten, Arbeitern sowie in Kurzzeit-Jobs Tätigen) und der Auftraggeber (bei Werkverträgen) mögen mit der Übergabe des Werkes durch den Urheber *Nutzungsrechte* daran erwerben, die – je nach Lage des Einzelfalles und/oder nach den getroffenen Absprachen – einen größeren oder geringeren Umfang haben, ausschließlicher oder einfacher Natur sowie befristet oder unbefristet sein können. An der Rechtsstellung des Werkschöpfers als Urheber ändert sich dadurch jedoch nichts. Die Urheberpersönlichkeitsrechte, darunter das vom Gesetzgeber in § 13 UrhG besonders normierte *Recht auf Anerkennung* seiner *Urheberschaft,* bleiben ihm stets ohne Einschränkung erhalten. Eine Übertragung auch dieser Rechte auf Dritte ist nur zur Erfüllung des letzten Willens des Urhebers oder an Miterben im Wege der Erbauseinandersetzung nach seinem Tode möglich (§ 29 UrhG).

76 In den Vereinigten Staaten gilt dagegen der Auftraggeber, welcher die Schöpfung veranlasst (und bezahlt) hat, von der Ablieferung des Auftragswerkes an als Urheber (§ 201 Teil b des U.S. Copyright Law 1976).[78]

77 b) Der Schöpfungsvorgang setzt keinen rechtsgeschäftlichen Willen, sondern eine Eingebung voraus. Er ist somit ein *Realakt,* dessen Rechtswirkungen mit seiner bloßen Verwirklichung entstehen: Was ein Kleinkind malt, ein Minderjähriger komponiert oder ein Geisteskranker dichtet,[79] ist ohne weiteres für ihn als Werk geschützt.

78 c) § 7 UrhG ist *zwingendes Recht,* das vertraglich nicht eingeschränkt oder gar abbedungen werden kann. Abweichendes ausländisches Recht hat deshalb in Deutschland keine Geltung (sog. Territorialitätsprinzip): Dem Regisseur eines Films, der in Hollywood von einem US-amerikanischen Produzenten hergestellt wurde, stehen hier jedenfalls die nicht übertragbaren Rechte des Urhebers, also insbesondere die Urheberpersönlichkeitsrechte, zu.[80] Im Bereich der bildenden Kunst kann das etwa beim Nachbau eines Bauwerks, der Fälschung eines Bildes oder der Verbreitung eines Fotos ohne Namensnennung seines Urhebers bedeutsam sein.

79 d) Allerdings kann sich auf § 7 UrhG nur berufen, wer seine Urheberschaft an einem bestimmten Werk *beweisen* kann.

80 Das ist unproblematisch, wenn der Urheber auf dem Original seines Bildes, seiner Skulptur oder sonst seines Kunstwerks *in der üblichen Weise* als solcher bezeichnet ist; Pseudonym oder Künstlerzeichen genügen (§ 10 Abs. 1 UrhG).

81 Ist er das nicht, so reicht es jedenfalls aus, wenn er in gleicher Weise anlässlich der Wiedergabe seines Werkes in einer erschienenen Druckausgabe als Urheber bezeichnet ist (wiederum § 10 Abs. 1 UrhG).

82 In beiden Fällen wird seine Urheberstellung *bis zum Beweis des Gegenteils* als gegeben angesehen. Wer also behauptet, dass nicht der genannte Künstler, sondern ein anderer der wahre Schöpfer dieses Kunstwerkes sei, muss dies mit einem der vom Zivilprozessrecht zur Verfügung gestellten Beweismittel belegen können.

83 Die sich daraus ergebende Problematik wirkt sich allerdings in umgekehrter Richtung, also zu Lasten des wahren Urhebers, in den – keineswegs seltenen – Fällen aus, wo ein *Ghostwriter* anstelle der sodann genannten Persönlichkeit als eigentlicher Schöpfer tätig war, wie dies vor allem bei öffentlichen Ansprachen von Politikern oder Firmenchefs praktiziert

---

[78] Text bei *Nordemann/Roeber,* Das neue US-Copyright-Law, UFITA-Schriftenreihe Heft 61, Berlin 1978 (= UFITA Bd. 82).

[79] Beispiele bei *Fromm/Nordemann* (Fn. 19) Rz. 3 zu § 7 UrhG: Mozart, Weber, Mendelssohn als Komponisten, Hugo Wolf, Hölderlin, Nietzsche als Dichter.

[80] BGH GRUR 1999, 152, 153 *Spielbankaffaire* (allgemein für abweichendes ausländisches Recht).

zu werden pflegt. Im Bereich der bildenden Kunst im engeren Sinne werden Fälle dieser Art seltener auftreten als etwa bei der Baukunst, wo der auf dem Bauschild genannte Architekt vielfach Entwürfe verwertet, die von einem oder mehreren seiner Mitarbeiter stammen. Die Urheber von Werken der angewandten Kunst werden oft überhaupt nicht, jedenfalls nicht in dem von § 10 Abs. 1 UrhG vorausgesetzten Sinne, genannt.

In allen diesen Fällen empfiehlt es sich für den schöpferisch Tätigen, rechtzeitig *Beweismittel* zu *sichern,* die in einem späteren Konfliktfall hilfreich sein können. Kaum jemals wird es ein Chef auch nur merken, geschweige denn beanstanden, wenn ihm der Entwurf mit dem handschriftlichen Signum seines Verfassers vorgelegt oder – bei dreidimensionalen Gegenständen – Papierkopien entsprechend gekennzeichnet werden. In vielen Unternehmen werden zudem Tätigkeitsprotokolle nicht nur toleriert, sondern sogar gefordert; darin lässt sich die eigene schöpferische Leistung nicht nur dokumentieren, sondern meist zugleich auch ein Zeugenbeweis – durch Abzeichnung eines Vorgesetzten – sichern, dies freilich unter der Voraussetzung, dass der Künstler eine eigene Kopiensammlung anlegt. Auch kann es später von entscheidender Bedeutung sein, wenn man die Privatanschriften der Nachbarkollegen notiert hat, die tagtäglich das Entstehen der eigenen schöpferischen Arbeiten miterlebt haben. 84

2. *Mehrheit von Urhebern*

Für den recht häufigen Fall, dass an der Entstehung eines Werkes mehrere Urheber schöpferisch mitgewirkt haben, hat der Gesetzgeber in § 8 UrhG eine detaillierte Regelung geschaffen, die so umfassend und so klar zugleich ist, dass es in den 40 Jahren ihrer Existenz nur sehr wenige Streitigkeiten gegeben hat, die gerichtlich entschieden werden mussten. 85

a) § 8 Abs. 1 UrhG klärt die rechtlichen und tatsächlichen Voraussetzungen dafür, dass von einer **Miturheberschaft** auszugehen ist: 86

(1) Haben mehrere ein Werk gemeinsam geschaffen, ohne dass sich ihre Anteile gesondert verwerten lassen, so sind sie Miturheber des Werkes.

Es kommt damit auf das konkrete *Ergebnis* des Schöpfungsprozesses an. Zwar müssen nicht alle Beteiligten gleichzeitig und auf die gleiche Weise an der Entstehung des gemeinsamen Werkes mitgewirkt haben. So wie es etwa bei einem juristischen Kommentar oder einem Lehrbuch der Geographie unerheblich ist, dass – wie allgemein üblich – die Erläuterungen zu den einzelnen Rechtsnormen, Erdteilen oder Klimazonen zunächst getrennt geschrieben werden, wenn nur die Einzelteile sodann aufeinander abgestimmt und so zusammengefügt werden, dass ein *einheitliches Ganzes* entsteht, so genüge es auch für die Einordnung eines Kunstwerks gleich welcher Art und Gattung unter § 8 UrhG, dass der schöpferischen Mitwirkung *mehrerer* Künstler *ein* Werk entsprießt. Es ist nicht einmal Bedingung – obwohl es die Regel ist –, dass sie *zusammengewirkt* haben. Stirbt einer der Beteiligten vor der Fertigstellung oder scheidet er aus anderen Gründen aus, oder gab es von vornherein kein gemeinsames Schaffen, so genügt die schöpferische *Beteiligung* aller in Betracht kommenden Künstler *am* schließlich *vollendeten Werk:* Ein Künstler koloriert nachträglich, vielleicht gar viele Jahre später, die Zeichnung eines verstorbenen Kollegen. Das von einem Architekten gleichen Schicksals entworfene Bauwerk wird von seinem Schüler – nach schöpferischen Veränderungen – erstellt (Beispiel: Die Vollendung der Berliner Philharmonie Hans Scharouns mit dem Kammermusiksaal von Edgar Wisniewski). 87

b) An einem in Miturheberschaft entstandenen Werk besteht kraft Gesetzes eine **Gesamthandsgemeinschaft** mit der Folge, dass alle Beteiligten nicht nur bei der erstmaligen Veröffentlichung, sondern auch bei jeder späteren Verwertungshandlung *zusammenwirken* 88 müssen; die Blockade durch einen von ihnen oder – häufiger – einen seiner Erben lässt sich nur überwinden, wenn sie als *wider Treu und Glauben* geschehen zu beurteilen ist (§ 8 Abs. 2 Sätze 1 und 2 UrhG).

89 Nur die Verfolgung von Verletzungen des gemeinsamen Urheberrechts steht jedem Miturheber (und seinen Erben) auch *allein* offen, dies allerdings mit der – selbstverständlichen – Beschränkung, dass Leistungen daraus nur an alle gemeinsam verlangt werden können (§ 8 Abs. 2 Satz 3 UrhG).

90 Die *Teilung* von Erträgnissen der Gesamthandsgemeinschaft kann – und sollte unbedingt – frei *vereinbart* werden (§ 8 Abs. 3 UrhG). Ist das versäumt worden oder konnte es nicht geschehen, etwa weil das Werk erst nach dem Tode des ersten Künstlers von einem zweiten vollendet wurde, so kommt es im Streitfall auf dem *Umfang* der *Mitwirkung* der beteiligten Urheber *an der Schöpfung des Werkes* an – den die Gerichte freilich kaum jemals ohne die Mitwirkung von Sachverständigen werden ermitteln können.

91 Ein Miturheber kann auf seinen *Anteil* an den *Verwertungsrechten* zugunsten der verbleibenden Miturheber *verzichten,* der daraufhin diesen zuwächst (§ 8 Abs. 4 Satz 1 und 3 UrhG). Der Gesetzgeber wollte damit bei umfangreichen Werken die Zusammenfasung der Verwertungsrechte zur Erleichterung der Auswertung ermöglichen[81] und hat die Verzichtserklärung deshalb sogar formfrei zugelassen, wohl in der Erwartung, die daran interessierten Miturheber würden schon aus Beweisgründen eine solche Erklärung stets in Schriftform haben wollen. Praktische Bedeutung hat die Bestimmung nicht erlangt; gerichtliche Entscheidungen dazu sind nicht bekannt geworden. Das liegt wohl auch daran, dass ein Verzicht auf die Persönlichkeitsrechte nicht möglich ist, der verzichtende Miturheber also jedenfalls weiterhin *genannt* – und bei wesentlichen Veränderungen des gemeinsamen Werkes gefragt – werden muss.

92 c) **Die Urhebervermutung** des § 10 UrhG gilt auch im Bereich des § 8 UrhG.[82] Wer seine Miturheberschaft an einem Werk der bildenden Kunst, der Baukunst oder der angewandten Kunst geltend machen will, kann sich gewissermaßen entspannt zurücklehnen, wenn das Gemälde auch sein Signum trägt oder er auf den Bauzeichnungen oder Entwurfsskizzen des Designs mit genannt ist. Trifft das nur für einen Teilbereich des fraglichen Werkes zu – etwa für die Zeichnungen zum Eingangsbereich oder gar nur für die Garage, oder für ein früheres Entwicklungsstadium eines Designs oder einer Figur –, so gilt die Vermutung nur für diesen.[83]

93 d) Anders als beim Gemeinschaftswerk bleibt bei der **Verbindung zweier Werke zur gemeinsamen Verwertung** selbst dann die rechtliche Selbstständigkeit beider bestehen (§ 9 UrhG), wenn schon beim Schöpfungsvorgang der eine Urheber auf das Schaffen des anderen Rücksicht genommen hat, also etwa der Textdichter auf die schon vorliegende Musik und umgekehrt, oder der Filmarchitekt auf die im verfilmten Werk vorgegebene Szene: Die Komposition wird, wenn ihre Auswertung in einem anderen Sprachgebiet ansteht, dort möglicherweise mit einem sprachlich jedenfalls neuen, manchmal sogar inhaltlich geänderten Text versehen werden. Das Originalwerk wird möglicherweise später erneut verfilmt. Im Bereich der bildenden Kunst sind Werkverbindungen vor allem in begrenzten Teilbereichen anzutreffen, etwa in der Verbindung von Bild und Text in einem Bildband oder bei der Verbindung des Bühnenbildes mit einem Schauspiel anlässlich

---

[81] Amtliche Begründung zum Regierungsentwurf eines Urheberrechtsgesetzes, Drucksache IV/270 des Deutschen Bundestages (1962), abgedruckt bei *Marcel Schulze,* Materialien zum Urheberrechtsgesetz, Weinheim (VCH) 1997.

[82] BGH GRUR 1994, 39, 40 *Buchhaltungsprogramm;* OLG München ZUM 1990, 186, 188 *Mausfigur.*

[83] BGH GRUR 1991, 456, 458 *Goggolore;* OLG München ZUM 1990, 186, 188 *Mausfigur.*

einer konkreten Inszenierung, oder bei der Gestaltung der Innenarchitektur eines Gebäudes (die bei einem Wechsel des Eigentümers oder aus anderen Gründen durch eine andere ersetzt werden könnte). Den Urhebern der verbundenen Werke verbleibt sowohl das Recht, über die erneute Verwertung der Werkverbindung zu entscheiden, als auch die Freiheit der anderweitigen Verwertung ihres eigenen Werkes.

3. Rechtsnachfolge

Das *geistige Eigentum* des Urhebers an dem von ihm geschaffenen Werk umschreibt eine 94
sehr viel engere, ja letztlich unauflösbare Rechtsbeziehung zwischen deren Subjekt und Objekt, als sie zwischen dem Eigentümer einer Sache und dieser denkbar ist: Das Werk ist gleichsam ein geistiges Kind seines Schöpfers und deshalb mit ihm so verbunden wie der leibliche Vater mit seinem Sprössling. Deshalb ist es unter Lebenden nicht übertragbar; der Urheber kann einem anderen nur Nutzungsrechte am Werk einräumen (näheres unter Abschnitt IV). Lediglich durch *letztwillige Verfügung* kann der Urheber die Rechtsstellung, die er selbst bis zu seinem Tode innehat, einem oder mehreren Dritten für die Zeit danach zuweisen:

- Im Wege der Erbeinsetzung einem oder mehreren Erben (§ 28 Abs. 1 UrhG); 95
- Durch ein Vermächtnis (oder durch eine den Erben erteilte Auflage) einem oder meh- 96
  reren Dritten; beide Verfügungen wären gegebenenfalls anlässlich der Erbauseinandersetzung zu erfüllen (§ 29 Satz 1 UrhG).[84]

Hat der Urheber *keine* letztwillige Verfügung hinterlassen, so treten seine gesetzlichen 97
Erben an seine Stelle (§ 28 Abs. 1 UrhG i.V.m. § 1922 BGB).

Für die erneute „Weitergabe" des Urheberrechts im Falle des Todes einer oder al- 98
ler Urheber-Nachfolger gelten die Regelungen der §§ 28 und 29 UrhG entsprechend. § 28 UrhG enthält keine wie auch immer geartete Beschränkung der Testierfreiheit des Urhebers in der Auswahl des Erben (oder des letzteren in der Auswahl des Erbeserben). Als solcher kommen deshalb nicht nur natürliche, sondern auch juristische Personen in Betracht, in erster Linie also etwa eine Stiftung, aber auch der den Urheber betreuende Verlag, die Verwertungsgesellschaft, deren Mitglied er ist, oder seine Heimatstadt.

Der *Verzicht* eines Miterben, Mit-Vermächtnisnehmers oder Mitbegünstigten einer 99
Auflage des Erblassers lässt seinen Anteil den übrigen Berechtigten zuwachsen. Seine Form hat den einschlägigen Bestimmungen des Erbrechts – nicht etwa nur der Sondervorschrift des § 8 Abs. 4 Satz 2 UrhG für Miturheber[85] – zu entsprechen (§ 2348 BGB: notarielle Beurkundung).

IV. Inhalt und Umfang des Urheberrechts

Es sind zwei unterschiedliche Rechtsbereiche, die das Recht des Urhebers an seinem 100
Werk ausmachen: Zum einen ist er mit diesem – als seinem geistigen Kinde – persönlich verbunden mit der Folge, dass die ihm daraus erwachsene Rechtsstellung grundsätzlich unantastbar ist. Zum anderen steht ihm das Verwertungsrecht an seinem Werk zu; meist war das über dieses zu erreichende wirtschaftliche Ziel der eigentliche Auslöser der Schöpfertätigkeit des Urhebers.

---

[84] Die Möglichkeit der Zuweisung des Urheberrechts an einen Nicht-Erben im Wege des Vermächtnisses oder einer Auflage wird in der Begründung ausdrücklich genannt (Fn. 81; dort S. 125).

[85] Vgl. vorstehend Ziffer 2 Buchstabe b) am Ende.

101 Urheber ist jeder an der Schaffung eines Werks Beteiligte, der dazu einen schöpferischen Beitrag geleistet hat, also neben einem etwaigen *Miturheber* auch der *Bearbeiter* derjenigen Gestaltung des Werks, die Gegenstand des jeweiligen rechtlichen Vorgangs ist (vgl. oben Abschnitt II 2). Nachfolgend sind deshalb auch Miturheber und Bearbeiter einbezogen, wenn vom Urheber die Rede ist.

1. *Das Urheberpersönlichkeitsrecht*

102 Die aus diesem Recht abgeleiteten Befugnisse des Urhebers hat der deutsche Gesetzgeber vorrangig in den §§ 12–14 UrhG in Worte gefasst (Veröffentlichungsrecht, Recht auf Anerkennung der Urheberschaft, Verbot jeder Entstellung des Werkes durch Dritte). Aber auch das Recht, über die Veröffentlichung und/oder Verwertung einer von einem Dritten stammenden Bearbeitung des Werkes zu entscheiden (§ 23 UrhG), und das dem Urheber zustehende Recht auf Zugang zu dem von ihm geschaffenen Werk (§ 25 UrhG) sind persönlichkeitsrechtlicher Natur. Sie alle – mit Ausnahme des Bearbeitungsrechts (§ 23 UrhG) – sind dadurch gekennzeichnet, dass über sie *keine rechtsgeschäftliche Verfügung möglich* ist: Der Urheber kann die Veröffentlichung seines Werkes durch seinen Verleger, Galeristen, Tonträger- oder Filmproduzenten freigeben; damit übt er dieses Recht bereits selbst aus.[86] Er kann, was mit wem er auch immer vereinbart hat oder aus anderen Rechtsgründen zu akzeptieren verpflichtet ist, gleichwohl *immer* die Anerkennung seiner Urheberschaft beanspruchen; auch der Redenschreiber des Bundespräsidenten kann das, oder wer sonst als *Ghostwriter* tätig wird.[87] Der Urheber hat stets das Recht zu verbieten, dass eine *von ihm erlaubte* Bearbeitung seines Werkes, die in eine Entstellung, also eine Veränderung der Wesenszüge seines Werkes,[88] ausgeartet ist, veröffentlicht und/oder verwertet wird. Das Hausrecht des Werkeigentümers an dem vom Urheber stammenden Bild oder dem von ihm gestalteten Gebäude hindert den Urheber nicht an der Geltendmachung seines Zugangsrechts, das er ausüben will, um Kopien oder Bearbeitungen machen zu können, oder um – was allerdings nicht aus dem UrhG, sondern aus § 809 BGB folgt – sich Gewissheit zu verschaffen, ob der Eigentümer es etwa eigenmächtig verändert hat.[89]

103 Die folgenden Einzelheiten dieses Schutzbereiches sind für den Bereich der bildenden Kunst von besonderem Interesse:

104 a) **§ 12 Abs. 1 UrhG** regelt nur das Recht der *Erst*veröffentlichung. Was der Öffentlichkeit schon bekannt gemacht ist, kann schon rein sprachlich nicht erneut „veröffentlicht" werden. Mit der Einräumung eines Nutzungsrechts an einen Dritten, dessen Ausübung die Veröffentlichung des Kunstwerks voraussetzt, verfügt der Künstler *selbst* über das ihm insoweit zustehende Persönlichkeitsrecht und „verbraucht" es damit im Rechtssinne. Hat allerdings ein dazu nicht berechtigter Dritter das fragliche Werk eigenmächtig publiziert, so besteht das Recht des Urhebers als solches – neben seinen Ansprüchen aus

---

[86] Allgemeine Ansicht, vgl. etwa *Dietz* in Schricker (Fn. 19) Rz. 18, *Bullinger* in Wandtke/Bullinger (Fn. 19) Rz. 2, *Hertin* in Fromm/Nordemann (Fn. 19) Rz. 2, *Gernot Schulze* in Dreier/Schulze (Fn. 19), Rz. 9; alle zu § 12 UrhG; *Schack* (Fn. 61) Rz. 328.

[87] Eine Nicht-Nennung als Urheber, die sich aus den Umständen, einer besonderen Vereinbarung oder einem entsprechenden Interesse des Urhebers im Einzelfall ergibt (z. B. Nonstopp Schlagersendung im Radio, Ghostwriter-Vertrag, Spottgedicht), berührt das Recht auf Anerkennung der Urheberschaft nicht (allg. Meinung; statt aller: *Gernot Schulze* in Dreier/Schulze – Fn. 7 – Rz. 24 ff. zu § 13 UrhG).

[88] BGH ständig seit GRUR 1954, 80, 81 *Politische Horoskope;* Überblick zur umfangreichen Rechtsprechung auch der Instanzgerichte bei *Hertin* in Fromm/Nordemann (Fn. 19) Rz. 8 und *Dietz* in Schricker (Fn. 19) Rz. 19 ff., beide zu § 14 UrhG.

[89] Einzelheiten nachfolgend Abschnitt d) am Ende.

§ 97 UrhG – fort.[90] Ein Werk der bildenden Kunst ist mit seiner ersten öffentlichen Zurschaustellung, sei es auch nur im Schaufenster oder an einem öffentlich zugänglichen Ort (Galerie, Arztpraxis, Eingangsraum oder Flur einer Behörde), veröffentlicht, ein Bauwerk mit seiner Errichtung, soweit es von öffentlichen Straßen, Wegen oder Plätzen einzusehen ist. Insoweit hat der Gesetzgeber von 1965 dem bildenden Künstler ein besonderes *Ausstellungsrecht* zugestanden, das sich allerdings mit dessen Befugnis erschöpft, einem Dritten, meist also einer Galerie oder einem Museum, gelegentlich aber auch einer Arzt- oder Anwaltspraxis, das Recht zur öffentlichen Präsentation seines bisher unveröffentlichten Werkes einzuräumen (§ 18 UrhG).

b) **§ 13 UrhG** sichert dem Urheber nicht nur die Anerkennung dieser seiner Eigenschaft (Satz 1), sondern gesteht ihm auch das Recht zu, sein Werk als von ihm stammend zu kennzeichnen oder eine solche Kennzeichnung zu untersagen (Satz 2). Letzteres wird im Bereich der bildenden Kunst kaum jemals rechtliche Probleme aufwerfen. Denkbar ist allenfalls, dass ein Auftraggeber das Nennungsverbot des Bildhauers oder Malers dahin mißversteht, dass er nunmehr das Werk mit irgendeinem anderen – im Zweifel bekannteren – Künstlernamen schmücken dürfe. Nicht nur ein solches Missverständnis führt zu einem Verbotsanspruch des Urhebers: Auch wenn der Urhebervermerk in einer Publikation lediglich als Fußnote oder Sammelnachweis erscheint, so dass eine Zuordnung nicht zweifelsfrei möglich ist, liegt eine Verletzung des § 13 UrhG vor. In beiden Fällen macht sich der für die fehlerhafte Veröffentlichung Verantwortliche zumindest schadensersatzpflichtig;[91] handelt es sich um eine Kunst- oder Architekturzeitschrift, so kann zugleich Naturalrestitution durch die Publikation eines Korrekturhinweises in der nächsten Ausgabe beansprucht werden.[92] Am häufigsten haben in Deutschland Architekten Probleme bei der Durchsetzung ihres Nennungsrechts an den von ihnen geschaffenen Bauwerken[93] – anders als etwa in Frankreich, wo eine meist auf den ersten Blick sichtbare Architektenangabe schon seit der Gründerzeit weithin üblich ist. **105**

In einigen Branchen haben sich Verkehrsgewohnheiten gebildet, die das Nennungsrecht der dort tätigen Urheber einschränken. Solche können nur dort und nur insoweit als vorrangig anerkannt werden, wo die Art der Präsentation der Schöpfung nur eine bestimmte Art der Nennung zulässt oder diese ganz ausschließt. Gernot Schulze nennt zutreffend die Wiedergabe eines Testbildes oder das Erklingen eines Pausenzeichens als Beispiele,[94] weist aber zugleich darauf hin, dass *eine den gesetzlichen Bestimmungen klar zuwiderlaufende Verkehrssitte nichts anderes als eine rechtlich unbeachtliche Unsitte* sein würde.[95] Der heutzutage für die Industrie, also im Bereich der angewandten Kunst, tätige Künstler sichert sein Nennungsrecht aus § 13 Satz 2 UrhG – und damit letztlich sein Recht aus § 13 Satz 1 UrhG auf Anerkennung seiner Urheberschaft – am besten dadurch, dass er jeden von ihm geschaffenen Gegenstand mit seinem *Künstlerzeichen* versieht – dies möglichst an einer Stelle, wo das Zeichen nicht sogleich ins Auge fällt, was eine Beanstandung durch den Auftraggeber oder Firmenchef zur Folge haben könnte. **106**

c) Das **Entstellungsverbot** des **§ 14 UrhG** setzt gedanklich voraus, dass der Urheber einem Dritten ein Änderungs- oder gar ein Bearbeitungsrecht eingeräumt hat. Geschah das **107**

---

[90] *Bullinger* in Wandtke/Bullinger (Fn. 19) Rz. 14 zu § 12 UrhG im Anschluss an OLG Zweibrücken GRUR 1997, 363, 364 *Jüdische Friedhöfe.*

[91] LG Düsseldorf GRUR 1983, 664, 665; LG München I ZUM 1995, 57.

[92] LG München I UFITA 87 (1980), 338, 341.

[93] BGH GRUR 1981, 676, 678 Architektenwerbung; BGH GRUR 1995, 671, 673 (= BGHZ 126, 245ff.) *Namensnennungsrecht des Architekten.*

[94] In Dreier/Schulze (Fn. 19), Rz. 26 zu § 13 UrhG.

[95] So wörtlich LG München I ZUM 1995, 57, 58.

nicht, so ist ohnehin jede Veränderung des Werks rechtswidrig; auf das Ausmaß dieser Veränderung kommt es nicht mehr an. Im Bereich der bildenden Kunst im engeren Sinne ist dies der Normalfall: Der Maler, Bildhauer oder Graphiker kommt nicht einmal auf den Gedanken, dass sein Auftraggeber oder Käufer es unternehmen könnte, an dem erworbenen Werk irgendetwas herumzuverbessern. Vorformulierte Verträge, in denen ein Änderungsrecht irgendwo im Kleingedruckten versteckt sein könnte, haben in dieser Branche Seltenheitswert. Selbst im Ausnahmefall der Vereinbarung eines Änderungsrechts zugunsten des Erwerbers eines Bildes, einer Plastik oder einer Collage, wie er beispielsweise gegeben sein kann, wenn nicht sicher ist, ob das Werk nicht vielleicht zu groß oder zu klein für die Wand oder den Raum ist, die oder der es aufnehmen soll, dürfte das Entstellungsverbot des § 14 UrhG kaum jemals relevant werden. Die Kommentare und Lehrbücher nennen nur einige wenige Einzelfälle, in denen sich seit dem Inkrafttreten des UrhG diese Frage zumindest gestellt hat:

108 – In BGH GRUR 1971, 269, 271 *Das zweite Mal* lag eine derart offenkundige Entstellung vor, dass diese auch durch ein – im entschiedenen Fall sehr weit gefasstes – Änderungsrecht im Vertrag nicht mehr als gedeckt angesehen werden konnte.

109 – Der Fall BGH GRUR 1982, 107, 109 *Kirchen-Innenraumgestaltung* betraf den Neubau der Thomaskirche in Berlin-Wittenau; in das vom Architekten schöpferisch gestaltete Kircheninnere war nachträglich eine elektronische Orgel mit zwei großen Lautsprechern eingebaut worden, die nach Ansicht des Architekten den besonderen Eindruck des Innenraums entstellte. Der Bundesgerichtshof sah eine Entstellung aber aus rein tatsächlichen Gründen noch nicht als gegeben an.

110 – Die Stadt Peine hatte eine in ihrem Stadtgebiet an prominenter Stelle installierte Skulptur, deren Mittelpunkt ein Hohlkörper bildete, dadurch entstellt, dass sie letzteren mit Kies und Beton auffüllen ließ; der Leiter des Tiefbauamts hatte zuvor eine angebliche Störung der öffentlichen Sicherheit und Ordnung behauptet. Das OLG Celle (ZUM 1994, 437, 438) verurteilte sie zur Wiederherstellung des Werkoriginals.

111 – Im Falle OLG München ZUM 1996, 165, 166 *Dachgauben* war durch deren Umgestaltung der Gesamteindruck der Hausfront verfälscht worden.

112 Stets kommt es für die Anwendbarkeit des § 14 UrhG darauf an, ob die **Wesenszüge des Originals durch den Eingriff verändert** wurden (BGH GRUR 1954, 80 *Politische Horoskope;* BGH GRUR 1982, 107, 109 *Kirchen-Innenraumgestaltung).* Ob das Werk aus der Sicht eines objektiven Betrachters damit verbessert oder verschlechtert wird, spielt für das Verbot der Veränderung seiner Wesenszüge keine Rolle (LG Mannheim GRUR 1997, 364, 365 *Holbein-Pferd*).

113 Der **zweite Anwendungsfall des § 14 UrhG,** die der Entstellung gleichstehende **andere Beeinträchtigung,** hat noch seltener zu gerichtlichen Entscheidungen geführt. In allen drei die bildende Kunst betreffenden Entscheidungen lag die Beeinträchtigung des Werkes in der *Form und Art* seiner *Wiedergabe:*

114 – In dem vom OLG Karlsruhe am 14. 5. 1985 entschiedenen Fall *Junge Alb*[96] war dem Künstler für die Aufstellung der bestellten Brunnenfigur bei der Auftragserteilung ein repräsentativer Standort zugesagt worden; statt dessen wurde sie später jedoch im Kreuzungsbereich verkehrsreicher Straßen aufgestellt mit der Folge, dass sie für interessierte Betrachter, also Fußgänger, kaum zugänglich war.

115 – Auch die Wiedergabe eines Bildes von René Magritte auf einer Kondom-Packung beeinträchtigt dieses in einer Weise, die die berechtigten Interessen des Künstlers gefährdet (OLG Frankfurt ZUM 1996, 97, 99).

---

[96] Unveröffentlicht, Aktenzeichen 6 U 236/85; zitiert nach *Hertin* in Fromm/Nordemann (Fn. 19), Rz. 9 zu § 14 UrhG.

Wilhelm Nordemann

– Gegenstand der Entscheidung BGH GRUR 2002, 532, 534 *Unikatrahmen* schließlich war der vom Künstler an sich lizensierte Vertrieb von Farbkopien zweier seiner Bilder, für die der Händler besonders gestaltete Rahmen hatte herstellen lassen, die sodann von anderen Künstlern in einer Weise bemalt worden waren, dass sie wie ein Teil des Originals wirkten; der Käufer eines solchen Bildes musste annehmen, Bild und Rahmen seien ein Gesamtkunstwerk. Darin lag eine Verletzung des § 14 UrhG. 116

Der Extremfall der Beeinträchtigung ist die **Vernichtung** des Werkes. Im Text des UrhG ist von diesem sich täglich ereignenden Fall ebenso wenig die Rede wie in den früheren gesetzlichen Regelungen des Urheberrechts in Deutschland. Der Gesetzgeber von 1965 ist insoweit wohl davon ausgegangen, dass das grundsätzliche Recht des Eigentümers einer beweglichen Sache, mit dieser nach Belieben zu verfahren, sie also auch zu vernichten (vgl. § 903 Satz 1 BGB), auch für urheberrechtlich geschützte Werke gelte, zumal das Reichsgericht schon im Jahre 1917 in diesem Sinne entschieden hatte (RGZ 79, 397, 401 *Felseneiland mit Sirenen*). In der Tat werden tagtäglich kleine Gedichte oder Kunstwerke von Kinderhand von Eltern oder Lehrern dem Papierkorb anvertraut, werden schöpferisch gestaltete Möbel entsorgt und Denkmäler abgerissen, die nicht mehr in die Zeit passen – vom Schicksal von Manuskripten, Briefen, Fotoalben und gerahmten Bildern bei der Auflösung eines Hausstandes ganz zu schweigen. Ein Vernichtungsverbot im Urheberrecht würde deshalb nicht nur der Lebenswirklichkeit widersprechen, sondern hätte zugleich Rechtsfolgen, die niemand will: Die Entfernung der Graffiti von Hauswänden, U-Bahn-Stationen und anderen Objekten könnte rechtens nicht mehr stattfinden; gleiches würde für den Austausch verkratzter Fenster in Bussen und Straßenbahnen gelten. Der Vorschlag in der Fachliteratur, wenigstens hochwertige Originalwerke sollten nicht vernichtet, sondern dem Urheber – ggf. zum Materialwert – zurückgegeben werden, umschreibt demgemäß keine Rechtspflicht, sondern nur ein *nobile officium* (vgl. Schack GRUR 1983, 56ff. und Gernot Schulze in Dreier/Schulze – Fn. 7 – Rz. 27ff. zu § 14 UrhG). 117

In der Vernichtung nur eines *Teils* eines Kunstwerkes liegt allerdings regelmäßig dessen Entstellung, etwa wenn Kirchturm und Kirchenschiff eines besonders gestalteten Pfarrzentrums abgerissen werden (OLG München ZUM 2001, 339, 345 *Kirchenschiff*) oder die den Gesamteindruck der Kirche mit prägenden Kirchenfenster entfernt werden (OLG München ZUM-RD 1998, 87, 89 *Pfarrkirche in Baierbrunn*). Anders ist es, wenn nur die Grundkonstruktion des Kernelements eines Gebäudes erhalten bleibt (LG Hamburg GRUR 2005, 672, 673f. *Astra-Hochhaus*). 118

d) Das **Zugangsrecht** des **§ 25 UrhG** steht jedem Urheber zur Seite, der überhaupt kein – oder kein zur Herstellung von Kopien geeignetes – Exemplar eines von ihm geschaffenen Werkes besitzt. Warum das so ist, spielt für den Zugangsanspruch keine Rolle; es ist sogar möglich, dass ein bereits früher befriedigter Zugangsanspruch wieder auflebt, d.h. erneut entsteht, etwa weil dem Urheber die bisherige Kopie oder sein ganzes Werkarchiv abhanden kommt.[97] 119

Zweck der Ausübung des Zugangsrechts ist nach der Formulierung des Gesetzes allein[98] die Ermöglichung der Herstellung von *Vervielfältigungsstücken und Bearbeitungen*. Beides verursacht praktische Probleme von erheblichem Ausmaß, wenn der in Anspruch genommene Besitzer nicht ohne weiteres bereit ist, den Zugang zu seinem Werkstück zu gewähren: 120

– Ein eigenes Kopiergerät braucht er nicht zur Verfügung zu stellen. Wenn ein Foto nicht reicht, wird der Urheber ein Gerät mitbringen müssen, das möglichst mit Bat- 121

---

[97] So mit Recht *Gernot Schulze* in Dreier/Schulze (Fn. 19) Rz. 2 zu § 25 UrhG unter Hinweis auf OLG Düsseldorf GRUR 1969, 550 *Geschichtsbuch für Realschulen*.

[98] Wegen anderer Zwecke s. am Schluss dieses Abschnitts (zu § 809 BGB).

terie arbeitet; der Besitzer ist ja nicht einmal zur Verfügbarmachung von Strom verpflichtet.

122 – Dass der Urheber die gewünschte Bearbeitung *vor Ort* vorzunehmen berechtigt sein soll, und dass gar eine Bearbeitung des *Originals* stattfinden dürfe, das sich im Besitz des Anspruchsgegners befindet, kann der Gesetzgeber nicht gemeint haben; damit würde die Zumutbarkeitsgrenze zu Lasten des Besitzers klar überschritten. In Betracht kommt nur die Herstellung von Kopien des Originals, um Bearbeitungen zu ermöglichen, die sodann *anderenorts* stattfinden.

123 – Bei *Bauwerken* hat dessen Schöpfer den Anspruch auf Zugang schon während der Entstehung des Werkes, also in der Bauzeit,[99] und dies nicht nur zum Außenbereich, also zur Herstellung von Kopien der äußeren Ansicht, sondern auch zum Gebäudeinnern, dies allerdings nur insoweit, als der jeweilige Bereich *Werkcharakter* hat; § 25 Abs. 1 UrhG gewährt dem Urheber Zugang nur zum Original oder Kopien „seines Werkes". Der urheberrechtliche Schutz von Werk*teilen* setzt voraus, dass auch diesen die Qualität einer persönlichen geistigen Schöpfung zuerkannt werden kann, mag sie auch an der Untergrenze liegen.[100] Architekten vereinbaren deshalb häufig mit dem Bauherrn, dass sie ihr Werk – auch nach Beendigung des Auftrages – nach Absprache jederzeit betreten und von innen und außen fotografieren dürfen,[101] diese Vergünstigung braucht sich ein späterer Erwerber allerdings nicht ohne weiteres entgegenhalten zu lassen.[102]

124 Die enge Zweckbestimmung des § 25 UrhG lässt das weitergehende **Besichtigungsrecht** des Urhebers aus **§ 809 BGB** unberührt, das dem Berechtigten dazu dient, sich Gewissheit über das Bestehen eines Anspruchs gegen den Besitzer der Sache zu verschaffen, und dem Urheber demgemäß die Möglichkeit gibt zu klären, ob eine bestimmte Sache unter Verletzung seines Urheberrechts hergestellt wurde.[103] Der bildende Künstler kann auf diese Weise ermitteln, ob die im zugeschriebene Skulptur im Garten eines wohlhabenden Bürgers seiner Heimatstadt wirklich sein Werk oder etwa doch eine Fälschung ist. Der Architekt kann sich vergewissern, ob an seiner Gestaltung der Innenräume eines Privathauses ohne sein Wissen – und damit ohne seine Zustimmung – eigenmächtig Veränderungen vorgenommen wurden.[104]

125 **Berechtigte Interessen** des Besitzers, die dem Zugangsrecht des Urhebers **entgegenstehen** könnten, sind nur in besonders gelagerten Fällen denkbar. In der Begründung des Regierungsentwurfs zum UrhG von 1962 wird als Beispiel eine nur für den Besitzer persönlich angefertigte Arbeit (z.B. ein Familienbildnis) genannt;[105] das Interesse des Bestellers an der Sicherung seiner Privatsphäre wird jedoch durch eine Sicherungskopie für das eigene Archiv des Künstlers nicht berührt.[106] Finanzielle Gegenansprüche des Besitzers gegen den Urheber[107] schließen das Zugangsrecht ebenso wenig aus wie sein

---

[99] So mit Recht *Gernot Schulze* in Dreier/Schulze (Fn. 19) Rz. 14 zu § 25 UrhG.

[100] BGH GRUR 1989, 416, 419 Bauaußenkante; BGH GRUR 1988, 533, 534 *Vorentwurf II;* BGH GRUR 1973, 663, 664 *Wählamt;* BGHZ 24, 55, 63 *Ledigenheim.*

[101] Vgl. *Gernot Schulze* in Dreier/Schulze (Fn. 19) Rz. 10 zu § 25 UrhG.

[102] OLG Hamburg *Schulze* OLGZ 174, 9.

[103] *Gernot Schulze* in Dreier/Schulze (Fn. 19) Rz. 15 zu § 25 UrhG unter Bezugnahme auf BGH GRUR 2002, 1046, 1047 *Faxkarte.*

[104] Zum zweiten Fall s. OLG Düsseldorf GRUR 1979, 318 *Treppenwangen.*

[105] Text bei *Marcel Schulze* (Fn. 81) S. 450.

[106] Ebenso schon *Vogel* in Schricker (Fn. 19) Rz. 17 zu § 25 UrhG im Anschluss an *Ulmer,* Urheber- und Verlagsrecht, 2. Auflage, Weinheim 1980, § 42 IV; *Gernot Schulze* in Dreier/Schulze (Fn. 19) Rz. 21 zu § 25 UrhG. Vgl. auch LG Düsseldorf BauR 1980, 86f. (privates Wohnhaus).

[107] OLG Düsseldorf GRUR 1969, 550, 551 *Geschichtsbuch für Realschulen.*

etwaiges Interesse, eine Kunstsammlung in seinem Privathaus der Kenntnis Dritter zu entziehen.[108]

e) Das **Zustimmungsrecht** des Urhebers zur **Veröffentlichung** und **Verwertung,** in einigen Fällen sogar schon zur **Herstellung** von **Bearbeitungen** (§ 23 UrhG) ist deshalb zum Bereich des Urheberpersönlichkeitsrechts zu rechnen, weil jede nicht ganz unwesentliche Veränderung seines geistigen Kindes die Beziehung des Urhebers zu ihm beeinflusst: Zu der Dramatisierung oder Verfilmung seines Romans hat dessen Autor einerseits ein anderes Verhältnis als zu letzterem; andererseits liegt der Ursprung des Films in seiner eigenen Leistung. **126**

Der bildende Künstler wird bei der Schaffung einer Skulptur, eines Bildes oder einer anderen Gestaltung deren Bearbeitung oder Umgestaltung durch einen Dritten kaum jemals in Betracht ziehen (vgl. vorstehend Abschnitt c zu § 14 UrhG). Hat er sie jedoch im Vertrag mit seinem Auftraggeber diesem im Einzelfall zugestanden, so gilt folgendes: **127**

- Die Bearbeitung darf nicht in eine Entstellung im Sinne des § 14 UrhG ausarten. Dazu würde es schon genügen, wenn die Wesenszüge des Originals verändert würden (vgl. Abschnitt c). **128**
- Die Bearbeitung muss stets als solche kenntlich gemacht werden, also etwa „koloriert von ..." unter der Signatur einer Zeichnung oder „ins Werk gesetzt von ..." unter der Angabe des Urhebers eines Bauwerks. Wo nur Künstlerzeichen möglich sind, wird das des Bearbeiters unter oder hinter das des Originalurhebers, wenn möglich etwas kleiner, zu setzen sein. Die Nennung des Originalurhebers muss jedenfalls stets erhalten bleiben. **129**

2. Verwertungsrechte

Das deutsche Urheberrecht geht – wie die meisten modernen Rechtsordnungen – von dem Grundsatz aus, dass dem Urheber das ausschließliche Recht an jeder Art der möglichen Verwertung seines Werkes zusteht, mag sie schon bekannt – und möglicherweise gar gesetzlich geregelt – sein oder erst in Zukunft neu entstehen. **§ 15 UrhG** listet die derzeit gegebenen Verwertungsrechte wie folgt auf: **130**

(1) Der Urheber hat das ausschließliche Recht, sein Werk in körperlicher Form zu verwerten; das Recht umfasst insbesondere
   1. das Vervielfältigungsrecht (§ 16),
   2. das Verbreitungsrecht (§ 17),
   3. das Ausstellungsrecht (§ 18).

(2) Der Urheber hat ferner das ausschließliche Recht, sein Werk in körperlicher Form öffentlich wiederzugeben (Recht der öffentlichen Wiedergabe). Das Recht der öffentlichen Wiedergabe umfasst insbesondere
   1. das Vortrags-, Aufführungs- und Vorführungsrecht (§ 19),
   2. das Recht der öffentlichen Zugänglichmachung (§ 19a),
   3. das Senderecht (§ 20),
   4. das Recht der Wiedergabe durch Bild- oder Tonträger (§ 21),
   5. das Recht der Wiedergabe von Funksendungen und von öffentlicher Zugänglichmachung (§ 22).

(3) Die Wiedergabe ist öffentlich, wenn sie für eine Mehrzahl von Mitgliedern der Öffentlichkeit bestimmt ist. Zur Öffentlichkeit gehört jeder, der nicht mit demjenigen, der das Werk verwertet, oder mit den anderen Personen, denen das Werk in unkörperlicher Form wahrnehmbar oder zugänglich gemacht wird, durch persönliche Beziehungen verbunden ist.

Das im letzten Jahrzehnt des vergangenen Jahrhunderts neu entstandene Recht der öffentlichen Zugänglichmachung ist erst durch das Gesetz zur Regelung des Urheberrechts **131**

---

[108] OLG Hamburg Schulze OLGZ 174, 9.

in der Informationsgesellschaft vom 10. September 2003 (BGBl I 1774) in den Text des § 15 UrhG eingefügt worden. Alle im Gesetzestext genannten Verwertungsrechte – sie werden in den §§ 16–22 UrhG genauer definiert – sind auch für Werke der bildenden Kunst einschließlich der Bauwerke und der angewandten Kunst relevant, dies freilich in sehr unterschiedlichem Ausmaß:

132 a) Das **Vervielfältigungsrecht** des bildenden Künstlers oder Architekten (§ 16 UrhG) wird grundsätzlich schon dann in Anspruch genommen, wenn von seinem Werk *Kopien* oder Nachbildungen *hergestellt* werden. In welcher Form das geschieht, ist ohne Bedeutung: Auch das Schwarz-weiß-Foto eines Aquarells oder dasjenige einer Skulptur ist eine Vervielfältigung. Die Nachbildung des neuen Haustyps ist zugleich Vervielfältigung im Sinne des § 16 UrhG und Bearbeitung oder andere Umgestaltung nach § 23 UrhG.

133 *Rechtsgrundsatz* ist danach, dass schon die erste und einzige Kopie oder Nachbildung eines fremden Werkes ohne vorherige Gestaltung durch dessen Urheber eine unerlaubte Handlung ist, die jedenfalls einen Unterlassungs-, unter Umständen auch einen Schadensersatzanspruch entstehen lässt. Der Gesetzgeber hat davon allerdings einige **Ausnahmen** zugelassen.

134 – Deren wichtigste ist in *§ 53 UrhG* – einer der umfangreichsten Normen des Gesetzes – näher umschrieben: *Einzelne* Vervielfältigungen darf jedermann zum privaten Gebrauch herstellen oder herstellen lassen. Werden sie für sonst eigene, wissenschaftliche oder Archivzwecke oder für den Unterrichts- oder Prüfungsgebrauch benötigt, ist ihr Gegenstand oder ihr Umfang Beschränkungen unterworfen, die im Gesetzestext präzise genannt sind. Auch solche Kopien, deren Herstellung danach erlaubt ist, dürfen jedenfalls nur einer *internen* Verwendung zugeführt werden; ihre Verbreitung (§ 17 UrhG) oder öffentliche Wiedergabe (§ 15 Abs. 2 UrhG) ist nicht zulässig. Weitere Ausnahmen, die für den Bereich der bildenden Kunst relevant sind, finden sich in den folgenden Bestimmungen:

135 – Von *§ 59 UrhG* freigegeben sind Werke, *die sich bleibend an öffentlichen Wegen, Straßen oder Plätzen befinden,* soweit sie von dort aus sichtbar sind. Das Innere eines Bauwerks ist das nicht (§ 59 Abs. 1 Satz 2 UrhG). Die Ansicht etwa des Hundertwasser-Hauses am Stephansdom in Wien darf man nur von der Straße aus fotografieren oder malen,[109] und auch dies nur *ohne* Zuhilfenahme von Leitern oder gar nach Erklettern eines Straßenbaumes. Ebensowenig ist freigegeben, was sich hinter (undurchsichtigen) Zäunen und Hecken verbirgt.[110] Ein öffentlicher Weg ist andererseits auch eine Passage oder ein Atrium; eine Unterscheidung danach, ob solche Wege mit einer öffentlichen Widmung ausgestattet sind oder nicht, verbietet sich schon deshalb, weil dieser Umstand für Passanten nicht erkennbar ist. Große praktische Bedeutung hat das Wort *bleibend* im Gesetzestext erlangt. Nachdem schon das LG Hamburg für eine Installation auf der Binnenalster von einer nur vorübergehenden Aufstellung ausgegangen war,[111] hat der Bundesgerichtshof dies für Christo's Verhüllung des Reichstagsgebäudes in Berlin bestätigt: Wenn die Präsentation eines Kunstwerks von vornherein auf die gesamte Zeit seiner Existenz berechnet, dieser Zeitraum aber befristet ist, ist die Verweildauer des Werks *nicht* „bleibend" mit der Folge, dass § 59 UrhG nicht anwendbar ist.[112] Entsprechendes gilt für Pflastermalereien oder Schneeskulpturen.[113]

---

[109] BGH GRUR 2003, 1035, 1036 *Hundertwasser-Haus.*

[110] *Dreier* in Dreier/Schulze (Fn. 19) Rz. 4 zu § 59 UrhG unter Hinweis auf OLG München ZUM 2001, 76.

[111] GRUR 1989, 591, 592 *Neonrevier.*

[112] BGHZ 150, 6, 10f. = GRUR 2002, 605ff. *Verhüllter Reichstag.*

[113] *Schack* (Fn. 1) Rz. 288.

– *§ 58 UrhG,* dessen Freiraum erst vor wenigen Jahren wesentlich erweitert wurde,[114] erlaubt **136**

– in Abs. 1 *die Vervielfältigung, Verbreitung und öffentliche Zugänglichmachung von öffentlich ausgestellten oder zur öffentlichen Ausstellung oder zum öffentlichen Verkauf bestimmten Werken der bildenden Künste und Lichtbildwerken durch den Veranstalter zur Werbung, soweit dies zur Förderung der Veranstaltung erforderlich ist,* **137**

und in Abs. 2 *die Vervielfältigung und Verbreitung der in Abs. 1 genannten Werke in Verzeichnissen, die von öffentlich zugänglichen Bibliotheken, Bildungseinrichtungen oder Museen in inhaltlichem und zeitlichen Zusammenhang mit einer Ausstellung oder zur Dokumentation von Beständen herausgegeben werden und mit denen kein eigenständiger Erwerbszweck verfolgt wird.*

Mit dieser Neuregelung wollte der Gesetzgeber einem in der Tat weithin empfundenen, sogar in einer schon etwas länger zurückliegenden Entscheidung des Bundesgerichtshofes festgestellten Bedürfnis nach einer *erleichterten Herausgabe illustrierter Ausstellungs- und Versteigerungskataloge*[115] Rechnung tragen. Dem entspricht allerdings in erster Linie *Abs. 1* der geänderten Gesetzesfassung, der nicht nur Museen und andere Kunstsammlungen, sondern auch den Kunsthandel im weitesten Sinne begünstigt: Danach muss es sich um eine *Veranstaltung,* also eine Sonderschau, eine Auktion oder eine Verkaufsausstellung handeln, die naturgemäß von *befristeter* Dauer sein wird. Dass man dafür mit dem heute üblichen Aufwand werben können muss, liegt auf der Hand; die Wiedergabe eines aus irgendeinem Grunde besonders zugkräftigen Kunstwerks auf dem Werbeplakat der Veranstaltung, auf den Einladungskarten zur Vernissage oder als Titelbild des Katalogs ist dabei unumgänglich. Selbst wenn einer der jeweiligen Ausstellungs- oder Verkaufskataloge durch exzellente Farbwiedergaben besticht, wird er die Publikation systematisch geordneter Kunstbände doch nicht behindern, sonder eher fördern, weil er das Interesse anspricht, mehr über das Werkschaffen der im Katalog vertretenen Künstler zu erfahren. **138**

Für § 58 *Abs. 2* UrhG trifft die gleiche – positive – Beurteilung zu, soweit es sich um Verzeichnisse zu Ausstellungen handelt. Die Freigabe auch von Bestandskatalogen dagegen verstößt, solange sie nicht durch einen Anspruch der betroffenen Urheber auf eine angemessene Vergütung ergänzt ist, gegen Art. 14 GG; daran ändert das vom Gesetz vorausgesetzte Fehlen eines Erwerbszwecks auf Seiten der begünstigten Einrichtung nicht das Geringste. **139**

§ 60 UrhG schließlich[116] erlaubt die Vervielfältigung und die (unentgeltliche, nicht zu gewerblichen Zwecken vorgenommene) Verbreitung – nicht etwa die öffentliche Wiedergabe[117] – von *Bildnissen* Dritter durch den Besteller oder dessen Rechtsnachfolger einerseits und von solchen des Bestellers selbst durch ihn andererseits. Nach dem Tode des letzteren geht dieses Recht auf seine nächsten Angehörigen – also nicht unbedingt auf seine Erben – über; letztere können das ihnen zustehende Recht auch durch einen in ihrem Auftrag handelnden Dritten ausüben lassen. Die Nutzungsrechte des eigentlichen Urhebers, also des Portraitmalers oder des Fotografen, sind entsprechend eingeschränkt. **140**

b) Das **Verbreitungsrecht** ist für alle Werkarten einheitlich in **§ 17 UrhG** geregelt. Dessen Abs. 1 umschreibt es als **141**

das Recht, das Original oder Vervielfältigungsstücke des Werkes der Öffentlichkeit anzubieten oder in Verkehr zu bringen.

---

[114] Gesetz zur Regelung des Urheberrechts in der Informationsgesellschaft vom 10. September 2003 (BGBl. I 1774).

[115] BGH GRUR 1993, 822, 823 *Katalogbild.*

[116] Die Bestimmung wurde durch das Gesetz vom 10. 9. 2003 (Fn. 114) redaktionell neu gefasst.

[117] OLG Köln AfP 2004, 272, 273.

142 Der Künstler macht im Sinne der ersten Alternative dieser Bestimmung von seinem Verbreitungsrecht Gebrauch, wenn er sein Werk der Öffentlichkeit anbietet, oder wenn er es einem Kunsthändler oder Versteigerer einräumt, damit dieser das Werk in sein Angebot (Schaufenster, Prospekt, Sammelanzeige, Auktionsliste) aufnimmt. Solange der Künstler mit solchen Aktionen keine Erfolg hat, bleibt sein Verbreitungsrecht erhalten.

143 Erst wenn sein Werk im Sinne der zweiten Alternative *in Verkehr gebracht* wird, verbraucht sich das (Erst-)Veröffentlichungsrecht des Urhebers, ähnlich wie das (Erst-)Veröffentlichungsrecht aus § 12 UrhG (oben Abschnitt 1a), mit der Folge, dass nunmehr jede Weiterverbreitung des Werkes zulässig ist (§ 17 Abs. 2 UrhG). Dem Künstler steht kein Recht mehr zu, darauf noch Einfluss zu nehmen. Der Begriff des Inverkehrbringens bedarf der Klärung:

144 – Wer eine Sache in Verkehr bringt, gibt das Eigentum daran *endgültig* auf.[118] Im Falle einer Sicherungsübereignung will der Urheber die Kontrolle über sein Werk aber gerade behalten; dieser Fall scheidet also aus.[119]

145 – „Verkehr" meint das öffentliche Leben schlechthin. Verschenkt oder verkauft der Urheber sein Werk im privaten Bereich, also im Familien-oder Freundeskreis oder wo sonst eine persönliche Beziehung besteht, so ist auch dies kein Akt des Inverkehrbringens, dessen Adressat stets die Öffentlichkeit ist.[120]

146 – Auch mit einer Veräußerung des Werks an einen dem Urheber nicht nahe stehenden Dritten, zu dem der Kontakt außerhalb der Öffentlichkeit – etwa durch einen gemeinsamen Bekannten oder gar durch Zufall – entstanden ist und dessen Interesse *nicht* durch das Angebot des Werkes in der Öffentlichkeit geweckt wurde, wird das Werk nicht in Verkehr gebracht.

147 – Andererseits ist der Verkauf unter Beteiligung eines Kunsthändlers in aller Regel, wenn es sich also nicht gerade um dessen Schwester oder Freundin handelt, ein Akt des Inverkehrbringens; sein Kundenkreis *ist* die kunstinteressierte Öffentlichkeit.

148 – Eine endgültige Aufgabe der Herrschaft über das konkrete Werkexemplar lag auch bei den Kunstwerken vor, mit denen Teile der Westseite der Berliner Mauer von verschiedenen Künstlern bemalt worden waren; das hatte allerdings nur zur Folge, dass das Land Berlin über die bemalten Mauerflächen ohne Beteiligung der Urheber verfügen durfte, während die eigentlichen Nutzungsrechte dem jeweiligen Urheber verblieben.[121]

149 – Der Verbrauch des Verbreitungsrechts gemäß § 17 Abs. 2 UrhG tritt allerdings nur in Bezug auf das jeweils erstverbreitete *Werkexemplar* ein. An den nicht veräußerten Kopien bleibt es bestehen, bis auch diese in Verkehr gebracht werden.[122]

150 c) Das **Ausstellungsrecht** des **§ 18 UrhG** hat eine weitaus geringere Bedeutung, als seine Bezeichnung erwarten lässt: Es besteht nach geltendem Recht nur für *unveröffentlichte* Werke; die seit vielen Jahren immer wieder unternommenen Versuche der Künstlerverbände, durch eine Gesetzesänderung wenigstens zu einer bescheidenen Teilhabe an dem oftmals großen wirtschaftlichen Erfolg öffentlicher Sonderausstellungen zu kommen, sind stets am mangelnden Verständnis der Politik gescheitert. Da diese, wenn ihr Schöpfer das ihm aus § 18 UrhG zustehende Recht auch nur ein einziges Mal ausübt und die öffentliche Zurschaustellung seiner Werke lizensiert, mit der Präsentation auf der fraglichen Ausstellung ihre Eigenschaft als „unveröffentlicht" verlieren, ihre weitere öffentliche Ausstellung also frei ist, hat § 18 UrhG keinerlei wirtschaftliche Bedeutung erlangt. Es ist

[118] So schon *Ulmer* (Fn. 106) S. 236.
[119] Darauf stellt schon die Begr. a. a. O. (Fn. 69), S. 441 ab.
[120] BGH GRUR 1985, 129, 130 *Elektrodenfabrik* und 1991, 316, 317 *Einzelangebot.*
[121] BGH GRUR 1995, 673, 675 *Mauer-Bilder.*
[122] BGH GRUR 1993, 34, 36 *Bedienungsanweisung.*

zweifelhaft, ob diese Beschränkung des geistigen Eigentums der bildenden Künstler mit dem Grundgesetz vereinbar ist.[123]

d) Von den in **§ 19 UrhG** genannten Nutzungsrechten ist für den Bereich der bildenden Kunst nur das in Abs. 4 näher umschriebene **Vorführungsrecht** relevant. Darunter versteht der Gesetzgeber **151**

das Recht, ein Werk der bildenden Künste ... durch technische Einrichtungen öffentlich wahrnehmbar zu machen

(Abs. 4 Satz 1). Allerdings ist die öffentliche Wiedergabe von Funksendungen von diesem Recht nicht umfasst. Sie ist vielmehr in § 22 UrhG besonders geregelt, wie Abs. 4 Satz 2 vorsorglich klarstellt.

Ein Museum, das seine Bestände größeren Besuchergruppen – etwa Schulklassen – in geordneter Folge zeigen und zugleich erklären lassen will, braucht für die Präsentation im Vorführraum also das Einverständnis der Werkschöpfer, dies freilich nur im Bereich der sog. modernen Kunst, deren urheberrechtliche Schutzfrist noch nicht abgelaufen ist. **152**

Für Architekten und bildende Künstler, deren Werke sich auf Dauer („bleibend") an öffentlichen Wegen, Straßen oder Plätzen befinden, ist das Vorführungsrecht des § 19 Abs. 4 UrhG dagegen bedeutungslos, weil § 59 UrhG auch die öffentliche Wiedergabe solcher Werke freigibt (vgl. vorstehend Abschnitt a). **153**

e) Die **Senderechte** der §§ 20, 20a und 20b UrhG sind für bildende Künstler eher selten von Bedeutung: Ein Fernsehteam, das den Maler oder Bildhauer in seiner Werkstatt aufsucht, und der spätere Filmbericht im Fernsehen haben für ihn einen so großen Werbeeffekt, dass er nicht auf den Gedanken kommen wird, sich die Einräumung der Senderechte für diejenigen seiner Werke, die in der Reportage zu sehen waren, bezahlen zu lassen. Bildende Künstler, die als Angestellte oder freie Mitarbeiter von Fernsehanstalten in der Produktion die Aufgabe haben, Räume und Bildeffekte zu gestalten, räumen die ihnen erwachsenden Nutzungsrechte an ihren Schöpfungen schon ihrer Anstalt vertraglich ein. Bildende Künstler und Architekten, deren Werke sich an Wegen, Straßen oder Plätzen befinden, haben ohnehin kein Recht, deren Wiedergabe im Fernsehen zu erlauben oder zu verbieten (vgl. vorstehend Abschnitt a zu § 59 UrhG). Die Geltendmachung von Senderechten an Bildwerken kommt deshalb in der Lebenswirklichkeit am ehesten dann in Betracht, wenn Fernsehbilder in einem Zusammenhang gezeigt werden, der nicht gerade *diesen* Künstler zum Mittelpunkt hat: Ein Fernsehbericht über die Neuerwerbungen des Kunstmuseums oder die Gemäldesammlung eines Industriellen zeigt auch von ihm geschaffene Werke. Unter dem Diebesgut, das nach einem Autobahnunfall in einem der beteiligten LKWs entdeckt wurde, sind auch Werke dieses Künstlers. Der soeben gewählte Ministerpräsident eines Bundeslandes hält seine erste Ansprache im Saal der Staatskanzlei; die Wand hinter dem Rednerpult wird von einem großen Gemälde eingenommen, das von diesem Künstler stammt. **154**

Im letzten Fall wird das in Anspruch genommene Bundesland sich möglicherweise auf **§ 57 UrhG** berufen: Danach ist die Nutzung von Werken freigegeben, **155**

wenn sie als unwesentliches Beiwerk neben dem eigentlichen Gegenstand der Vervielfältigung, Verbreitung oder öffentlichen Wiedergabe anzusehen sind.

Es müsste sich danach schon um ein sehr bekanntes Bild eines sehr bekannten Künstlers handeln, das noch dazu anlässlich des Auftritts des Politikers zu diesem in einen besonderen Bezug geraten ist – etwa weil ein nach dem Redner geworfener Gegenstand das Bild **156**

---

[123] Kritisch unter anderem: *Gernot Schulze* in Dreier/Schulze (Fn. 19) Rz. 15; *Vogel* in Schricker (Fn. 19) Rz. 9; *Fromm/Nordemann* Rz. 19 (alle zu § 18 UrhG); *Schack* (Fn. 13) Rz. 650 ff.

traf, oder weil der Redner auf das Bild in irgendeiner Weise Bezug genommen hat – um einen Anwendungsfall dieser Bestimmung sicher auszuschließen.

157 f) Das **Recht der öffentlichen Zugänglichmachung** ist ein Produkt des elektronischen Zeitalters. Der dieses Recht näher umschreibende **§ 19a UrhG** ist erst durch das Gesetz vom 10. September 2003 (Fn. 114) eingefügt worden; der Gesetzgeber setzte damit Art. 3 Abs. 1 und 2 der Richtlinie 2001/29/EG der Europäischen Union um. Zugänglichmachung heißt *Eröffnung des (elektronischen) Zugriffs auf ein geschütztes Werk.*[124] Das ist bereits mit der Zugänglichmachung des Werks für den interaktiven Abruf gegeben.[125] Diese ihrerseits ist schon dann *öffentlich,* wenn sie *für eine Mehrzahl von Mitgliedern der Öffentlichkeit bestimmt ist,* wie § 15 Abs. 3 Satz 1 UrhG klarstellt; dazu gehört jeder, der *nicht* ausgerechnet mit dem Handelnden selbst oder den übrigen Empfängern der Eingabe *persönlich verbunden* ist (§ 15 Abs. 3 Satz 2 UrhG, s. Text Rdnr. 130).

158 Für den Bereich der bildenden Kunst einschließlich der angewandten Kunst wird die Neuregelung künftig immer größere praktische Bedeutung erlangen, während Bauwerke jedenfalls bisher im Internet allenfalls mit ihrer äußeren Ansicht zu finden sind, deren Wiedergabe von § 59 UrhG freigegeben ist (vgl. vorstehend Abschnitt a). Allerdings ist eine Durchsetzung des Anspruchs aus § 19a UrhG wohl nur möglich, wenn die Verwertungsgesellschaft Bild-Kunst die Wahrnehmung auch dieses Rechts übernimmt.

3. Gesetzliche Vergütungsansprüche

159 In einer Reihe von Fallgestaltungen haben die europäischen Gesetzgeber der Nachkriegszeit, unter den ersten als eine Art Musterbeispiel die Bundesrepublik Deutschland, für bestimmte Verwertungshandlungen das Ausschließlichkeitsrecht des Urhebers durch einen Anspruch auf Zahlung einer Vergütung ersetzt. In einem Falle – dem Folgerecht des bildenden Künstlers – ist der Vergütungsanspruch sogar als eine Art Gewinnbeteiligung an einem Vorgang gewährt worden, der keine Nutzung im Rechtssinne darstellt. Die Sonderstellung dieses Anspruchs rechtfertigt seine vorrangige Erörterung:

160 **a) Folgerecht** (§ 26 UrhG). Der Versuch des Gesetzgebers von 1965, mit der Einführung eines Anspruchs des bildenden Künstlers auf eine Beteiligung am Erlös seiner Werke aus dem Weiterverkauf durch den Kunsthandel nach dem Beispiel Frankreichs, Belgiens und einiger anderer Länder diesen an seinem eigenen Erfolg auch finanziell teilhaben zu lassen, scheiterte zunächst an der mangelnden Durchsetzbarkeit der gesetzlichen Regelung.[126] Erst nach der Neufassung der Bestimmung zum 1. Januar 1973 gelang der Verwertungsgesellschaft Bild-Kunst 1981 eine Einigung mit dem Kunsthandel. Seitdem werden von dem Erlös aller Verkäufe von seit dem 1. Januar 1900 geschaffenen Werkoriginalen in Deutschland zwar nicht die in § 26 Abs. 1 UrhG genannten 5%, sondern – mit Rücksicht darauf, dass ein Teil dieser Werke schon gemeinfrei ist – knapp 2% an die Verwertungsgesellschaft Bild-Kunst in Bonn gezahlt, die daraus ihrerseits jeweils die vollen 5% an die Berechtigten ausschüttet. Bei Werken etwa von Max Beckmann, Emil Nolde, Max Liebermann oder Karl Schmitt-Rotloff kann das angesichts ihres heutigen Marktwerts sechsstellige Summen ausmachen. Gelegentlich ist deshalb – mit Erfolg – versucht worden, durch Verlagerung von Verkaufsvorgängen in andere Länder, die noch kein Folgerecht kennen, die Beteiligung des Urhebers auszuschalten.[127]

---

[124] *Dreier* in Dreier/Schulze (Fn. 19) Rz. 6 zu § 19a UrhG.

[125] Amtliche Begründung des Regierungsentwurfs, BT-Drucksache 15/38 S. 17 (zitiert nach *Dreier*-Fn. 124).

[126] Einzelheiten bei *Fromm/Nordemann* (Fn. 19) Rz. 1 und bei *Katzenberger* in Schricker (Fn. 19) Rz. 9f., beide zu § 26 UrhG.

[127] BGHZ 126, 252, 258f. = GRUR 1994, 798, 799f. *Folgerecht bei Auslandsbezug.*

Inzwischen hat die Europäische Union mit der Richtlinie 2001/84/EG vom 27. September 2001[128] die Einführung des Folgerechts in allen Mitgliedsstaaten bis Ende 2005 angeordnet, dies allerdings – mit Rücksicht auf den Widerstand Großbritanniens, das zwei der weltgrößten Auktionshäuser beherbergt – mit einem gegenüber dem Rechtzustand, der in den traditionellen Folgerechtsländern besteht, geradezu extrem herabgestuften Vergütungsanteil. Dieser beträgt bei Verkaufspreisen **161**

bis zu 50000,00 €	4%
vom Mehrbetrag bis zu 200000,00 €	3%
vom Mehrbetrag bis zu 350000,00 €	1%
vom Mehrbetrag bis zu 500000,00 €	0,5%
vom Mehrbetrag darüber	0,25%

Der Höchstbetrag des dem Urheber zustehenden Anteils beträgt € 12500,00.

Darin liegt jedenfalls nach deutschem Recht eine mit Art 14 GG unvereinbare Teil-Enteignung der bildenden Künstler und/oder ihrer Nachlässe. Besonders begehrte Kunstwerke aus der ersten Hälfte des 20. Jahrhunderts erzielen, wie allgemein bekannt ist, Versteigerungserlöse in Millionenhöhe. Auf beispielsweise 5 Mio. Euro sind nach geltendem deutschen Recht 250000,00 Euro Folgerechtsanteil fällig. Der nach der Umsetzung der Richtlinie in deutsches Recht geschuldete Höchstbetrag macht ganze 5% der den Urhebererben bisher zustehenden Summe aus. **162**

Für Werke der Baukunst und der angewandten Kunst ist das Folgerecht schon mit seiner Einführung durch das Urheberrechtsgesetz vom 10. 9. 1965 ausgeschlossen worden (§ 26 Abs. 8 UrhG). **163**

b) Vermieten und Verleihen. Die dem bildenden Künstler insoweit zustehenden Vergütunganspüche (§§ 17, 27 UrhG) sind erst anlässlich der Umsetzung der EG-Richtlinie zum Vermiet- und Verleihrecht (92/100 EWG) mit dem Gesetz vom 23. 6. 1995 eingeführt worden. Sie gelten wiederum – wie beim Folgerecht – *nicht* für Werke der Baukunst und der angewandten Kunst (§ 17 Abs. 3 Satz 2 Nr. 1, § 27 Abs. 2 Satz 2 Halbsatz 2 UrhG). **164**

Vermietung und Leihe – beides Fälle der *zeitlich begrenzten* Gebrauchsüberlassung – unterscheiden sich nach der gesetzlichen Regelung allein dadurch, dass erstere (unmittelbar oder mittelbar) *Erwerbszwecken* dient (§ 17 Abs. 3 Satz 1 UrhG), letztere diesen Zweck aber gerade *nicht* hat (§ 27 Abs. 2 Satz 2 UrhG). **165**

Der Vergütungsanspruch aus Leihvorgängen kann nach dem Willen des Gesetzgebers stets nur durch eine *Verwertungsgesellschaft* wahrgenommen werden (§ 27 Abs. 3 UrhG). Für den Anspruch aus der Vermietung gilt das zwar nur, soweit es sich um *Bild- oder Tonträger,* also um Filme, CD's oder DVD's, handelt (§ 27 Abs. 1 UrhG); in der Praxis werden aber auch die Ansprüche der bildenden Künstler aus der Vermietung ihrer Originalwerke als solcher von der *VG Bild-Kunst* wahrgenommen (s. nachfolgend Abschnitt e). **166**

c) Andere Vergütungsansprüche. Für bildende Künstler sind unter den im UrhG geregelten reinen Vergütungsansprüchen, deren Art und Zahl in den 40 Jahren seit dem Inkrafttreten des Gesetzes erheblich zugenommen hat, die folgenden von Bedeutung: **167**

- **§ 46 UrhG** erlaubt die Aufnahme auch von (einzelnen) Werken der bildenden Künste in Sammlungen für den Kirchen-, Schul- oder Unterrichtsgebrauch, dies allerdings nur, wenn das Werk **168**
- bereits zuvor *erschienen* ist (vgl. § 6 Abs. 2 UrhG), **169**
- die fragliche Sammlung *nur* für den Gebrauch in Kirchen, Schulen oder in sonstigen Unterrichtsveranstaltungen bestimmt ist (Abs. 1), **170**
- eine *größere Anzahl* von Werken verschiedener Urheber vereinigt (Abs. 1), **171**

---

[128] Abgedruckt in GRUR-Int. 2002, 238.

172 – dem Urheber oder, wenn dessen Anschrift unbekannt ist, dem ausschließlich Nutzungsberechtigten, also dem Verleger oder Produzenten, die Nutzungsabsicht mindestens zwei Wochen vor Beginn der Vervielfältigung *mitgeteilt* wurde (Abs. 3),

173 – dem Urheber eine *angemessene Vergütung* gezahlt wird (Abs. 4),

174 – und es sich *nicht* um ein Werk handelt, dessen Urheber den Rückruf wegen gewandelter Überzeugung erklärt hat (Abs. 5 zu § 42 UrhG; dieser Fall ist seit dem Inkrafttreten des Gesetzes noch nie relevant geworden).

175 Die VG Bild-Kunst nimmt den Anspruch der bildenden Künstler auf Zahlung einer angemessenen Vergütung für die Wiedergabe eines Kunstwerks in der Sammlung schon seit ihrer Gründung 1968 für ihre Mitglieder wahr. Die früher gelegentlich von Verlegern oder Produzenten, die das Erscheinen des Kunstwerks bewirkt hatten, in die Vertragstexte aufgenommene Abtretung des Vergütungsanspruchs aus Abs. 4 ist spätestens seit dem Inkrafttreten des § 63a UrhG zum 1. Juli 2002 nicht mehr möglich.

176 **§ 53 UrhG** lässt einzelne Vervielfältigungen auch von Werken der bildenden Kunst zum *privaten und sonstigen eigenen Gebrauch* zu. Diese beiden Fallgruppen sind unterschiedlich geregelt:

177 *Privatgebrauch* **(Abs. 1)** liegt zunächst nur dann vor, wenn die Herstellung der Kopie auch nicht mittelbar einem Erwerbszweck dient; die Tätigkeit eines Journalisten, der für die Reportage in einer Zeitschrift Fotos von den in einer Kunstausstellung gezeigten Bildern macht, ist also selbst dann nicht mehr „privat" im Sinne des Gesetzes, wenn er einen reinen Textbeitrag plant. Die Bildkopie für die Wohnzimmerwand darf er dagegen auch in einem Copyshop machen lassen (Abs. 1 Satz 2), wenn die Vorlage nicht ihrerseits offensichtlich rechtswidrig hergestellt ist (Abs. 1 Satz 1).

178 *Eigenen Gebrauch* lässt **Abs. 2** bei *Geistestätigkeiten* unterschiedlicher Art zu, dies allerdings unter ebenso unterschiedlichen Bedingungen: *Wissenschaftlicher Gebrauch* unterliegt nur der Forderung, dass er zu diesem Zweck *geboten* sein muss (Abs. 2 Nr. 1); im Übrigen gilt für ihn nicht einmal die Forderung des Abs. 1, dass keine offensichtlich rechtswidrige Vorlage verwendet werden dürfe. Das *eigene Archiv* darf man dagegen nur unter den Voraussetzungen des Abs. 1 Satz 2 bestücken; auch hier – wie in allen Fällen des Abs. 2 – kommt es allerdings nicht auf die Rechtmäßigkeit der Vorlage als solcher an. Eine *Fernsehsendung,* die Werke der bildenden Kunst zeigt, darf man nicht schon zur eigenen Unterrichtung über Tagesfragen, sondern erst dann mitschneiden, wenn dies zu wissenschaftlichen Zwecken oder zur Aufnahme in ein eigenes Archiv geboten ist (Abs. 2 Satz 1 Nr. 3 mit Satz 3). Letzteres gilt auch für Fälle des *sonstigen eigenen Gebrauchs,* für den der Gesetzgeber allerdings nur *kleine Teile* eines erschienenen Werks oder einzelne Beiträge aus Zeitungen und Zeitschriften einerseits und solche Werke andererseits freigegeben hat, die schon länger als zwei Jahre vergriffen sind (Abs. 2 Satz 1 Nr. 4).

179 Für den Schulunterricht und für Prüfungszwecke dürfen Kopien von kleinen Teilen eines Werkes und von Werken geringem Umfangs *in der erforderlichen Anzahl* gemacht werden **(Abs. 3).**

180 Nach **Abs. 5** gelten für *Datenbankzwecke,* die im Bereich der bildenden Kunst bisher noch keine bedeutende Rolle spielen, die Freigaben der Absätze 1 bis 3 *nicht,* mit der alleinigen Ausnahme ihrer Kopie zu wissenschaftlichen Zwecken (Abs. 2 Satz 1 Nr. 1) und für den Schulunterricht (Abs. 3 Nr. 1).

181 *In keinem Falle erlaubt* ist eine Verbreitung und öffentliche Wiedergabe der *Vervielfältigungsstücke,* deren Herstellung die Absätze 1–3 erlauben (**Abs. 6** Satz 1, mit einer bedeutungslosen Ausnahme in Satz 2). Verboten ist stets auch der Mitschnitt öffentlicher Vorträge, Aufführungen oder Vorführungen; warum der Gesetzgeber es für erforderlich gehalten hat, in dem dies regelnden **Abs. 7** auch die Ausführung von Plänen und Entwürfen zu Werken der bildenden Kunst und den Nachbau eines Werkes der Baukunst zu

untersagen, ist allerdings nicht nachvollziehbar, weil darin stets eine Umgestaltung liegt, die schon nach § 23 UrhG dem Urheber vorbehalten ist.[129]

Den **Vergütungsanspruch** der Urheber, die von den in § 53 UrhG freigegebenen Nutzungshandlungen betroffen sind, regeln die **§§ 54 bis 54d UrhG,** soweit es sich – was allein relevant ist – um Kopien handelt, die mit Hilfe von *Geräten* und *Bild- oder Tonträgern* gemacht wurden; die handgemalte Kopie eines Kunstwerks ist von so großer Seltenheit (und ist, da sie meist in Fälschungsabsicht hergestellt wird, ohnehin im Regelfall illegal), dass jedenfalls nur ihre Aufnahme in die Verbotsliste des § 53 Abs. 7 UrhG in Betracht gekommen wäre. **182**

Der gesetzliche Vergütungsanspruch richtet sich nicht gegen die jeweils handelnden Personen, die die Kopien für ihre privaten oder sonst eigenen Zwecke herstellen, sondern vorrangig gegen die *Hersteller der Geräte,* die dies ermöglichen (§§ 54 Abs. 1, 54a Abs. 1 UrhG). Neben ihnen haften als Gesamtschuldner auf Zahlung der sog. **Gerätevergütung** die Importeure der Geräte und, etwas eingeschränkt, die Gerätehersteller (§§ 54, 54a Abs. 1 UrhG). Darüber hinaus gibt es für bestimmte Nutzungsbereiche (Bildungs- und Forschungseinrichtungen, öffentliche Bibliotheken und Copyshops, vgl. § 54a Abs. 2 UrhG) auch den Anspruch auf eine **Betreibervergütung.** Über die Genannten hinaus sieht der Bundesgerichtshof zu Recht auch Kopienversanddienste als zahlungspflichtig an.[130] **183**

Die **Vergütungshöhe** ist vom Gesetzgeber 1985 selbst festgelegt[131] und in den mehr als 20 Jahren, die seither vergangen sind und eine Geldentwertung von weit über 50% mit sich gebracht haben, nie verändert worden (die Vergütungssätze der Anlage zu § 54d UrhG finden sich u. a. bei Dreier/Schulze – Fn. 7 – vor Rz. 1 zu § 54d UrhG). **184**

Das *Inkasso* betreiben die beteiligten Verwertungsgesellschaften gemeinsam in einer BGB-Gesellschaft, die „Zentralstelle für private Überspielungsrechte (ZPÜ)" heißt und von der GEMA federführend verwaltet wird (vgl. nachfolgend Abschnitt e). **185**

d) Gesetzliche Lizenzen. Solche hat das Gesetz zur Regelung des Urheberrechts in der Informationsgesellschaft vom 10. 9. 2003 (Fn. 114) in zwei besonders gelagerten Fällen erstmals eingeführt: Der Inhaber des Vervielfältigungs- und Verbreitungsrechts an einem *privaten Normwerk* (Beispiel: DIN-Normen) ist nach § 5 Abs. 3 UrhG verpflichtet, jedem Verleger zu angemessenen Bedingungen dieses Recht einzuräumen. Eine entsprechende Verpflichtung trifft Komponisten (und Textdichter für die mit dem jeweiligen Werk der Musik verbundenen Texte) hinsichtlich der Tonträgerrechte (§ 42a UrhG). **186**

Für bildende Künstler sind beide Normen ohne Belang. **187**

e) Durchsetzung der Ansprüche. Der bildende Künstler wird die ihm vom Gesetzgeber zuerkannten Zahlungsansprüche nur in besonders gelagerten Ausnahmefällen selbst realisieren können (und wollen). Schon deswegen wird er der Verwertungsgesellschaft Bild-Kunst angehören; deren Satzung, Wahrnehmungsvertrag und Verteilungsplan (Stand 1. 1. 2006) sind im Anhang abgedruckt. Die an den gesetzlichen Vergütungsansprüchen jeweils beteiligten Verwertungsgesellschaften haben sich für deren gemeinsame Durchsetzung zu Vereinigungen (Gesellschaften bürgerlichen Rechts, §§ 705ff. BGB) zusammengeschlossen. Die VG Bild-Kunst ist an der Zentralstelle Fotokopieren an Schulen (ZFS), der Zentralstelle Bibliothekstantieme (ZBT), der Zentralstelle für Videovermietung (ZVV) und der Zentralstelle für die Wiedergabe von Fernsehwerken (ZWF) beteiligt. **188**

---

[129] So schon *Dreier* in Dreier/Schulze (Fn. 19), Rz. 56 zu § 53 UrhG.

[130] BGHZ 141, 13, 21f. = GRUR 1999, 707, 713 *Kopienversanddienst;* dazu *Loewenheim* in FS Tilmann, Köln 2003, S. 63, 66 und *Schack* (Fn. 49), Rz. 448a.

[131] BGBl. 1985 I S. 1137.

V. Einräumung von Nutzungsrechten

1. Grundsätzliches

189 Jede *schöpferische* Leistung eines Menschen ist von seiner individuellen Persönlichkeit geprägt. Schon deshalb kann sie als solche *nicht* einem *anderen* Menschen rechtlich zugeordnet werden. Dies gilt selbst dann noch, wenn die Ausprägung der schöpferischen Individualität eines Werkes gering ist („kleine Münze"). Erst wenn diese gänzlich fehlt, wenn also ein gleiches Produkt jedermann jederzeit in gleicher Weise zustandebringen könnte, lässt sich eine persönliche Bezeichnung zu demjenigen, von dem es stammt, nicht mehr herstellen; die Bezeichnung eines solchen Produkts als „Werk" und seine Einordnung in das Urheberrecht scheiden damit aus (vgl. schon oben Abschnitt III 1).

190 Daraus folgt, dass das **Urheberrecht** als solches **nicht übertragbar** ist, mit der einzigen – weil naturgegebenen – Einschränkung, dass alle darin zusammengefassten Rechte mit dem Tode des Urhebers auf den oder die von ihm bestimmten Gesamtrechtsnachfolger – ohne eine solche Bestimmung auf seine gesetzliche Erben – übergehen,[132] dies freilich wiederum unter den vom Gesetzgeber als selbstverständlich vorausgesetzten Beschränkungen, die sich aus § 13 UrhG ergeben: Auch der Alleinerbe oder Vermächtnisnehmer darf nicht so tun, als wäre *er selbst* der Urheber; das könnte zivilrechtliche, unter Umständen sogar strafrechtliche Folgen haben (Irreführung, § 3 UWG oder gar Betrug, § 263 StGB).

191 **Auch** die Rechte zur Verwertung des Werkes, vielfach auch **Nutzungsrechte** genannt, kann der Urheber (oder sein Erbe oder Vermächtnisnehmer) **nicht** in dem Sinne **übertragen,** dass sie endgültig einem anderen gehören, er also mit ihnen rechtlich nichts mehr zu tun hat. Er kann sie nur einem anderen **einräumen,** und zwar durchaus auch zur *ausschließlichen* Nutzung. Endet aber der Nutzungsvertrag, was im Urheberrecht außer durch Zeitablauf (Beispiel: *event*-Vertrag) oder durch fristgemäße oder fristlose Kündigung auch durch *Rückruf* wegen Nichtausübung (§ 41 UrhG) oder gewandelter Überzeugung (§ 42 UrhG) geschehen kann, oder verzichtet der Nutzer auf sein Recht, oder erlischt die GmbH, die das Recht innehatte, ohne dass insoweit eine Vermögensübertragung an einen Dritten stattfindet, so fällt das Nutzungsrecht an den Urheber zurück, ohne dass es eines Rückübertragungsaktes bedarf (sog. *Heimfall des Urheberrechts).*[133]

2. Werke der bildenden Kunst und der Baukunst

192 Soweit es sich um das **Original** seiner Schöpfung handelt, kommt die Einräumung von Nutzungsrechten durch den **bildenden Künstler** oder **Architekten** vergleichsweise selten in Betracht, während dergleichen für die angewandte Kunst geradezu das Charakteristikum ist: Der Käufer eines Gemäldes, eines Aquarells oder einer Zeichnung will dieses in seinem Büro oder seiner Wohnung platzieren, manchmal auch seiner Tochter zur Eheschließung oder seinem Chef oder Kollegen zu einem runden Geburtstag schenken, aber jedenfalls keiner Nutzung im urheberrechtlichen Sinne zuführen. Der Architekt will dem Bauherrn das fertige Bauwerk übergeben, und dieser will es für seine praktischen Zwecke als solches nutzen; auch dies ist urheberrechtlich irrelevant. Ein Nutzungsrecht des Malers oder Architekten wird erst dann in Anspruch genommen, wenn die Sammlung in einer Kunstzeitschrift, oder das Gebäude in der „Bauwelt" vorgestellt wird, was der Urheber

---

[132] Einzelheiten oben Abschnitt III 1, vgl. auch § 30 UrhG.

[133] Begr. Des Regierungsentwurfs 1962, Schulze Materialien (Fn. 81), S. 456; vgl. schon BGHZ 27, 90, 94f. *Die Privatsekretärin* und BGH GRUR 1966, 567, 569 *GELU.*

oder seine Erben meist zumindest mit veranlasst haben werden, wobei sich die Rechte des Architekten wegen § 59 UrhG (vgl. oben Abschnitt IV 2a) auf die Gestaltung der Rückseite und des Gebäudeinnern beschränken. Jedenfalls pflegen die jeweils relevanten Nutzungsrechte an Werken der bildenden Kunst (im engeren Sinne) und an Bauwerken im Regelfall allein den bildenden Künstlern und Architekten zuzustehen. Werden sie in Einzelfällen vom Werkeigentümer oder von Dritten in Anspruch genommen, so ist die Erlaubnis dazu unmittelbar durch den jeweiligen Urheber zu erteilen; dieser hat es in der Hand, die Bedingungen vertraglich zu regeln.

Gesetzliche Vergütungsansprüche nimmt für den Bereich der bildenden Kunst (und darüber **193**
hinaus für Werke der Fotografie und Filmwerke) die VG Bild-Kunst wahr (nachfolgend Ziffer 3).

3. Bei **Werken der angewandten Kunst** (zur Begriffsbestimmung und zur Abgren- **194**
zung gegenüber der „reinen" bildenden Kunst s. oben Abschnitt II 2e) indiziert schon ihr *Gebrauchszweck* die Einräumung von Nutzungsrechten an einen oder mehrere Verwerter: Die Kreation eines Tütensessels, einer Porzellanserie, einer Anlage zum Empfang von Radio und Fernsehen einerseits und zur Wiedergabe von CD's, DVD's und Videokassetten oder deren technischen Nachfolgern andererseits, aber auch von künstlerisch gestalteten Tischdecken, Servietten oder gar Tapeten – um nur einige Beispiele zu nennen – geschieht in erster Linie zur Deckung oder Weckung eines Bedarfs im Markt. Der eigentliche Sinn der Schaffung von Werken der angewandten Kunst ist somit ihre Vermarktung, und diese setzt den Erwerb entsprechender Nutzungsrechte durch den Produzenten voraus, der sie seinerseits sodann – soweit für deren Tätigkeit erforderlich – an seine Abnehmer weitergibt. In erster Linie sind dies das Vervielfältigungs- und Verbreitungsrecht der §§ 16 und 17 UrhG, für Werbezwecke auch die Rechte der öffentlichen Vorführung (§ 19 Abs. 4 UrhG) und der öffentlichen Wiedergabe, also der Sende- und Wiedergaberechte der §§ 20 bis 22 UrhG.

Die Gestaltung entsprechender Nutzungsverträge war früher vor allem vom künst- **195**
lerischen Rang des Urhebers einerseits und von der Marktposition seines Produzenten andererseits bestimmt: Meist konnte nur der bereits bekannte, weil erfolgreiche Künstler eine laufende Beteiligung aus der Verwertung seiner Schöpfungen durchsetzen. Seit dem Inkrafttreten des Urhebervertragsgesetzes am 1. Juli 2002 steht jedem Schöpfer auch der angewandten Kunst der Anspruch auf eine angemessene Vergütung an *jeder* Verwertung seiner Werke zu (§ 32 UrhG), was eine laufende *Beteiligung* an den Erträgnissen für den Verwerter zur gesetzlichen Pflicht macht. Eine erste gemeinsame Regelung von Urheber- und Verwerterverbänden bildet der Tarifvertrag für Designleistungen, den die Allianz deutscher Designer mit dem Verein der selbstständigen Designstudios am 1. 2. 2002 geschlossen hat;[134] er ist inzwischen auch von der Rechtsprechung anerkannt.[135]

4. Werkschaffen im Dienst- oder Arbeitsverhältnis

§ 43 UrhG erklärt die allgemeinen Regeln des Unterabschnitts „Nutzungsrechte", der **196**
das Urhebervertragsrecht für den frei tätigen Urheber regelt, auch im Bereich der Dienst- und Arbeitsverhältnisse für anwendbar,

> soweit sich aus dem Inhalt oder dem Wesen des Arbeits- oder Dienstverhältnisses nichts anderes ergibt,

---

[134] Abdruck-Hinweise bei *Gernot Schulze* in Dreier/Schulze (Fn. 19), Rz. 259 zu Vor § 31 UrhG.
[135] OLG Hamm GRUR-RR 2003, 124 *Werbepostkarten.*

und ermöglicht damit eine differenzierte Betrachtung des geistigen Eigentums von bildenden Künstlern und Architekten, die als Mitarbeiter im öffentlichen Dienst oder m Arbeitsverhältnis Werke schaffen.

197 a) Im **öffentlichen Dienst** konzentrieren sich die Aktivitäten staatlicher und kommunaler Institutionen im Bereich der bildenden Künste auf den *Baubereich.* Bund, Länder und kommunale Körperschaften beauftragen ihre Bauämter mit der Errichtung oder Veränderung von Zweckbauten in oftmals repräsentativer Gestaltung; die Schaffung des Wandgemäldes in der Empfangshalle oder des Denkmals vor dem Haupteingang übertragen sie jedoch einem freien Maler oder Bildhauer. Gleiches gilt für den Schlüsselanhänger oder die Sammeltasse, die der Minister seinen Mitarbeitern und den bei ihm akkreditierten Pressevertretern zu Weihnachten oder zum Jahreswechsel schenken will.

198 Der Stadtbaurat oder der Leiter der Entwurfsabteilung im Bauministerium, dem die schöpferische Gestaltung des neuen Amtsgebäudes zu verdanken ist, hat selbstverständlich das aus § 13 UrhG folgende Nennungsrecht, auch soweit – was gelegentlich vorkommt – seine Pläne und Entwürfe in Fachzeitschriften publiziert werden. Ebenso würde er sich gegen einen etwaigen späteren Umbau wehren können, wenn dieser die Wesenszüge seiner Gestaltung verändern sollte (§ 14 UrhG). Die Nutzungsrechte der §§ 31–38 UrhG sind für ihn jedoch so gut wie gegenstandslos, zumal die Abbildung der Außenansicht des von ihm geschaffenen Bauwerks von § 59 UrhG allgemein freigegeben ist. Nur eine schöpferische Gestaltung des Gebäudeinnern, etwa des Treppenhauses, wäre uneingeschränkt geschützt. Über deren Nutzung durch Bildveröffentlichungen zu entscheiden stünde allerdings dem Architekten selbst zu (§§ 16ff. UrhG); Wesen und Inhalt des Dienstverhältnisses könnten einer solchen Nutzung nur entgegenstehen, wenn ein besonderes Geheimhaltungsinteresse vorläge, mit der Abbildung also beispielsweise die Sicherungsvorrichtungen erkennbar würden.

199 Zu den dienstlichen Obliegenheiten eines Malers oder Bildhauers als Professor an einer Kunsthochschule oder des Studienrats am Gymnasium, dem der Kunstunterricht obliegt, gehört allenfalls die Veranlassung schöpferischer Gestaltungen der Schüler oder Studenten, nicht aber ein eigenes Werkschaffen; solches, wenn es denn – wie zu erwarten steht – stattfindet, liegt damit jedenfalls in urheberrechtlicher Hinsicht stets außerhalb des Anwendungsbereichs des § 43 UrhG.

200 b) Bildende Künstler oder Architekten, die als **Arbeitnehmer** – oder arbeitnehmerähnliche „freie" Mitarbeiter, urheberrechtlich gibt es insoweit keinen Unterschied[136] – schöpferische Leistungen zu erbringen haben, befinden sich den Mitarbeitern des öffentlichen Dienstes gegenüber in einer sehr viel schwierigeren Position, was ihre Rechte als Urheber angeht: Manche Chefs finden nichts dabei, ja halten es geradezu für selbstverständlich, dass alles, was in ihrem Betrieb erarbeitet wird, ihren Namen trägt, und dies auch dann, wenn der später preisgekrönte Entwurf während ihres Sommerurlaubs von dem daheim gebliebenen Jungarchitekten ganz allein geschaffen wurde, oder sich ihre Mitwirkung an der endgültigen Gestaltung der neuen Figurengruppe oder des neuen Porzellans darauf beschränkt, unter den vorliegenden zwei oder drei Entwürfen ihrer Mitarbeiter denjenigen auszuwählen, der in die Produktion gehen soll.

201 *Urheber ist der Schöpfer des Werkes,* sagt § 7 UrhG mit nicht misszuverstehender Klarheit. Der eigentliche Schöpfer eines im Arbeitsverhältnis geschaffenen Werkes mag vertraglich über die Nutzungsrechte daran zugunsten seines Arbeitgebers verfügt haben, soweit dieser sie für seine betrieblichen Zwecke benötigt, was im Regelfall geschieht und schon deshalb rechtens ist, weil der Arbeitgeber die Schöpfung durch Bereitstellung der Hilfsmittel und Finanzierung der Arbeitszeit ermöglicht und das Risiko der Verwertung trägt. Die *Persön-*

---

[136] Näheres *von Olenhusen* GRUR 2002, 11ff.

lichkeitsrechte des Urhebers bleiben diesem jedoch auch in seiner Eigenschaft als Arbeitnehmer *uneingeschränkt* erhalten; er muss seine Urheberschaft nur *beweisen* können (vgl. schon oben Abschnitt III 1). Der Arbeitnehmer hat somit

- das Recht, über die *Veröffentlichung* seines Werkes zu entscheiden (§ 12 UrhG): Einen Entwurf, den der Arbeitnehmer noch nicht abgeliefert hat, weil er ihn als noch nicht fertiggestellt ansieht, darf der Arbeitgeber nicht einfach in die Produktion geben; **202**
- das Recht auf *Anerkennung seiner Urheberschaft* am Werk (§ 13 UrhG): Viele Produkte lassen nicht einmal die Anbringung eins Künstlerzeichens, geschweige denn die volle Namensnennung des Urhebers zu. Der Arbeitgeber muss ihn in Fällen dieser Art aber wenigstens dann nennen, wenn das ohne weiteres möglich ist, also beispielsweise bei Ausstellungen und in Presseberichten, aber auch in einem dem Urheber etwa zu erteilenden Zeugnis; **203**
- das Recht, eine *Entstellung* seines Werkes zu untersagen (§ 14 UrhG): Zwar ist die Befugnis des Arbeitgebers, das Werk seines Arbeitnehmers auch ohne dessen Mitwirkung abändern zu lassen, also das *Bearbeitungsrecht* aus § 23 UrhG, im Bereich der Schaffung von Bauwerken und von angewandter Kunst auch dann gegeben, wenn der Arbeitsvertrag dazu nichts sagt, eben weil der Arbeitgeber das Verwertungsrisiko trägt und im Regelfall selbst am besten weiß, wie es vermindert oder gar ausgeschlossen werden kann. Meint er jedoch, nur eine Veränderung sogar der *Wesenszüge* der vom Arbeitnehmer-Urheber abgelieferten Schöpfung[137] sei unumgänglich, muss er den Entwurf, den Prototyp oder das fertige Muster dem Urheber mit dem Auftrag der Vorlage einer neuen Gestaltung wieder zurückgeben, darf aber nicht etwa (weil das naturgemäß Diskussionen vermeidet, also bequemer ist) einen anderen Mitarbeiter beauftragen – es sei denn, dieser soll etwas gänzlich Neues schaffen. **204**

5. Rechtsbeziehungen des Künstlers zu seiner Verwertungsgesellschaft

205 In Deutschland werden diejenigen Rechte der bildenden Künstler, die nicht nur in Einzelfällen, sondern in einem Umfange genutzt werden, dass dies für den einzelnen Urheber kaum zu kontrollieren sein würde, schon seit 1968 von der *Verwertungsgesellschaft Bild-Kunst* r.V. in Bonn wahrgenommen.[138] Sie betreibt insbesondere das Inkassoder sog. gesetzlichen Vergütungsansprüche aus vom Urheberrechtsgesetz zwar als solche freigegebenen, aber mit der Verpflichtung des Nutzers zur Zahlung einer angemessenen Vergütung belasteten Verwertungshandlungen.

VI. Schranken des Urheberrechts

1. Zeitliche Begrenzung

206 Das Urheberrecht erlischt mit dem Ende des Kalenderjahres, in dem der Tod des Urhebers sich zum siebzigsten Male jährt (§§ 64, 69 UrhG). Diese **70-jährige Schutzfrist** ist eine Errungenschaft erst des 20. Jahrhunderts. In dessen ersten Jahrzehnten dauerte sie in der Mehrheit der Staaten der Welt, die überhaupt schon einen gesetzlichen Schutz des Urhebers kannten, noch 30 Jahre, später 50 Jahre; die Europäische Union hat die Schutzdauer von 70 Jahren, dem Vorbild Österreichs, Deutschlands und einiger anderer ihrer Mitgliedstaaten folgend, erst mit der sog. Schutzdauer-Richtlinie 93/98/EWG vom 29. 10. 1993 eingeführt mit der Folge, dass seit deren Umsetzung, die Ende 1995 im We-

[137] Zum Begriff der Entstellung s. oben Abschnitt IV 1 c.

[138] VG Bild-Kunst, Weberstraße 61, 53113 Bonn, Tel. 0228/915 34–0, Fax 0228/915 34–39.

sentlichen abgeschlossen war, jedenfalls in allen EU-Mitgliedstaaten insoweit einheitliches Recht gilt.

207 Im Gebiet der ehemaligen DDR, die zuvor noch bei 50 Jahren Schutzfrist p. m. a. *(post mortem auctoris)* stand, gelten seit der Wiedervereinigung am 3. Oktober 1990 nicht nur ebenfalls 70 Jahre; vielmehr ist das Urheberrecht an Werken solcher Urheber zugleich wieder aufgelebt, die dort schon frei geworden, in der Alt-Bundesrepublik aber geschützt geblieben waren (Beispiel: Kurt Tucholsky, 1935 verstorben und seit Ende 1985 in der DDR frei, blieb seit der Wiedervereinigung in ganz Deutschland bis Ende 2005 geschützt).

208 Sind an einem Werk mehrere **Miturheber** beteiligt, so wird die 70-Jahres-Frist nach dem Tode des *Längstlebenden* von ihnen berechnet (§ 65 Abs. 1 UrhG). Bei **Filmwerken** gelten als solche (nur) der Hauptregisseur, der Drehbuchautor, der Urheber der Dialoge und der Komponist der Musik, falls diese eigens für diesen Film komponiert wurde (§ 65 Abs. 2 UrhG). Falls allerdings Drehbuch, Dialoge und/oder Filmmusik jeweils in Miturheberschaft entstanden sind, gilt wiederum § 65 Abs. 1 UrhG mit der Folge, dass das Sterbedatum des letztverstorbenen Miturhebers maßgeblich ist.[139] Der bildende Künstler bleibt insoweit ebenso unberücksichtigt wie der Architekt der Filmbauten oder andere schöpferisch Mitwirkende (Kameramann, Kostümbildner, Tonmeister u. a.). Am urheberrechtlichen Schutz ihrer eigenen Leistungen *als solcher* und an dessen Dauer ändert sich dadurch naturgemäß nichts.[140]

209 Sowohl für die Rechtsnachfolger von bildenden Künstlern – einschließlich der Schöpfer angewandter Kunst – als auch für diejenigen von Architekten kann **§ 66 UrhG** von Bedeutung sein: Ist der Urheber, dessen schöpferisches Erbe sie innehaben, bei einem Werk als solcher nicht genannt und ist – das ist letztlich entscheidend – seine Eigenschaft als solcher auch nicht anderweitig belegt, so erlischt das Urheberrecht am Ende des Kalenderjahres, in dem sich die Erstveröffentlichung oder, falls es eine solche nicht gegeben hat, die Schaffung des Werkes zum *siebzigsten* Male jährt. Den Wunsch des Erblassers, anonym zu bleiben oder sein Pseudonym unaufgedeckt zu lassen, werden seine Rechtsnachfolger somit allenfalls für einen begrenzten Zeitraum erfüllen können, wenn sie sich nicht selbst enteignen wollen.

2. Räumliche Begrenzung

210 Das von einem bildenden Künstler geschaffene Werk, gleich ob es zur „reinen" Kunst oder zur angewandten Kunst rechnet, ist schon vom Augenblick seiner ersten Veröffentlichung an der Gefahr der unerlaubten Kopie oder Nachahmung, also einer Verletzung der §§ 16, 17 und 23 UrhG, ausgesetzt. Im Zeitalter der elektronischen Mitteilungen kommt auch seine unerlaubte öffentliche Wiedergabe mittels aller möglichen Techniken und in allen möglichen Veränderungen bis hin zur Entstellung in Betracht, und dies überall auf der Welt. Ein in Deutschland oder anderswo in Europa, Nordamerika, Japan oder Südafrika ansässiger Künstler hat dort immerhin die *Möglichkeit* der Verfolgung solcher Rechtsverstöße, weil

211 – in Europa ebenso wie in Kanada, den USA, Mexiko, Japan und im Süden Afrikas der Schutz schöpferischer Leistungen demjenigen in Deutschland vergleichbar gestal-

---

[139] *Fromm/Nordemann* (Fn. 19), Rz. 2 zu § 65 UrhG.

[140] Die Kommentare und Lehrbücher nehmen zu diesem Aspekt des § 65 Abs. 2 UrhG bisher nicht Stellung, zumal für Filme, die bis zum Inkrafttreten der Bestimmung entstanden sind, noch das frühere Recht gilt. Jedenfalls darf die geänderte Rechtslage nicht zu einer Enteignung der in § 95 Abs. 2 UrhG nicht berücksichtigten Urheber führen; eine solche wäre verfassungswidrig (Art. 14 GG).

tet ist und – dies freilich mit größeren Unterschieden – effektiv durchgesetzt werden kann,

– alle Staaten dieser Teile der Welt Mitglieder sowohl der *Revidierten Berner Übereinkunft* von 1886 als auch des erst am 1. 1. 1995 in Kraft getretene TRIPS-Abkommens[141] sind; beide sichern den Angehörigen ihrer Mitgliedsländer die sog. Inländerbehandlung in allen anderen Mitgliedsländern, also die rechtliche Gleichstellung mit den eigenen Urhebern. **212**

Zwar gibt es, ungeachtet der gemeinsamen Erfüllung dieser beiden Grundvoraussetzungen für einen internationalen Schutz des Urheberrechts, erhebliche nationale Unterschiede im Hinblick auf den Umfang der durchsetzbaren Ansprüche, auf die Durchführung gerichtlicher Verfahren und deren Dauer, und vor allem im Hinblick auf die Kosten; eine Unterlassungs- und Schadensersatzklage vor der *Queen's Bench* in London verschlingt leicht das Zehnfache dessen, was in Deutschland aufzuwenden ist. Aber ein effektiver Rechtsschutz ist jedenfalls gewährleistet. Letzteres trifft allenfalls noch mit Einschränkungen für den Rest der Welt zu, soweit man dort überhaupt schon einen gesetzlichen Schutz des Urheberrechts kennt: **213**

– Eine große Gruppe von Staaten, deren Zahl in den letzten zwölf Jahren seit Inkrafttreten des TRIPS-Abkommens übrigens stark zugenommen hat (die RBÜ hatte 1994 noch 97 Mitglieder, inzwischen sind es mehr als 160 von insgesamt 195 Staaten der Erde), widmet dem Urheberrecht trotz gesetzlicher Regelung kein spürbares Interesse oder ist zumindest noch damit beschäftigt, die Voraussetzungen für dessen effektiven Schutz zu schaffen. Die Volksrepublik China beispielsweise, seit 1979 Mitglied der RBÜ, hat erstmals im Jahre 2002 Gerichte installiert, denen die Entscheidung urheberrechtlicher Streitigkeiten obliegt. Indonesien hat erstmals 1996 ein Gesetz zum Schutze des Urheberrechts in Kraft gesetzt und ist anschließend der RBÜ beigetreten. **214**

– Es gibt noch immer eine Reihe bedeutender Staaten, in deren Rechtsordnung ein Urheberrecht überhaupt nicht vorkommt. Die letzten noch verbliebenen Beispiele dafür sind in *Afrika* Eritrea, Somali und Zaire, in *Asien* Irak und Jemen, Kambodscha, Turkmenistan, Usbekistan und Vietnam. **215**

Dort – und faktisch auch in den davor genannten Staaten – können Werke der bildenden Kunst im engeren Sinne ebenso wie solche der angewandten Kunst ohne weiteres – und ohne Weiterungen – kopiert, nachgeahmt oder sonst verwertet werden, ohne dass auch nur ein Nennungsanspruch ihres Schöpfers durchsetzbar wäre. **216**

Architekten sind von Schutzgefälle des Urheberrechts in der Welt wohl nicht nur deswegen weniger betroffen, weil ihre Werke nicht wie der größere Teil diejenigen der bildenden Kunst überallhin verbreitet zu werden pflegen, sondern auch deshalb, weil anderswo andere Bedingungen gegeben sind: Im Wüstensand oder in den Tropen baut man schon wegen des Klimas anders als in den gemäßigten Zonen Europas, und hat schon deshalb eine geringere Neigung, Baupläne von dort den eigenen Vorhaben zugrundezulegen. **217**

VII. Zivilrechtlicher Schutz bei rechtswidrigen Eingriffen in Urheberrechte

Seiner Bedeutung wegen sei § 97 UrhG, der diesen Bereich vorrangig regelt, hier im Wortlaut wiedergegeben: **218**

[141] BGBl. 1994/II S. 1565/1730 (englisch/deutsch); Text auch in der dtv-Textausgabe Urheberrecht, dort Nr. 31.

§ 97 Anspruch auf Unterlassung und Schadensersatz

1. Wer das Urheberrecht oder ein anderes nach diesem Gesetz geschütztes Recht widerrechtlich verletzt, kann vom Verletzten auf Beseitigung der Beeinträchtigung, bei Wiederholungsgefahr auf Unterlassung und, wenn dem Verletzer Vorsatz Fahrlässigkeit zur Last fällt, auch auf Schadensersatz in Anspruch genommen werden.
   An Stelle des Schadensersatzes kann der Verletzte die Herausgabe des Gewinns, den der Verletzer durch die Verletzung des Rechts erzielt hat, und Rechnungslegung über diesen Gewinn verlangen.
2. Urheber, Verfasser wissenschaftlicher Ausgaben (§ 70), Lichtbildner (§ 72) und ausübende Künstler (§ 73) können, wenn dem Verletzer Vorsatz oder Fahrlässigkeit zur Last fällt, auch wegen des Schadens, der nicht Vermögensschaden ist, eine Entschädigung in Geld verlangen, wenn und soweit es der Billigkeit entspricht.
3. Ansprüche aus anderen gesetzlichen Vorschriften bleiben unberührt.

219 Der bildende Künstler oder Architekt wird, wenn er nicht gerade juristisch vorgebildet ist, mit diesem Text wenig anfangen können. Er wird, wenn es um die Geltendmachung von Ansprüchen geht, jedenfalls einen fachlichen qualifizierten, d. h. auf das Gebiet des Urheberrechts spezialisierten Rechtsanwalt einschalten müssen; die – wenigen – Anwälte, für die das zutrifft, nennt ihm auf Anfrage die örtliche Rechtsanwaltskammer.

220 Nachfolgend sei ein kurzer **Überblick** gegeben, der eine erste Orientierung – und damit auch eine Einschätzung der eigenen Rechtsposition, also der Erfolgsaussichten etwaiger rechtlicher Schritte – ermöglicht:

1. Geschützte Rechte

221 Darunter versteht der Gesetzgeber subjektive – einer Person zustehende – Rechte, die sich gegen jedermann richten, also diese Person und/oder ihre Interessen zu schützen bestimmt und geeignet sind. Im Bereich des Urheberrechts sind dies
– die Urheberpersönlichkeitsrechte (vgl. oben Abschnitt IV 1), und
– die Verwertungsrechte (vgl. oben Abschnitt IV 2).

222 Soweit das Urheberrechtsgesetz dem Urheber darüber hinaus sog. gesetzliche Vergütungsansprüche zugesteht (oben Abschnitt IV 3), kommt nicht deren Verletzung, sondern nur deren Nichterfüllung in Betracht; die sich daraus ergebenden Rechtsfolgen regelt das allgemeine Zivilrecht, so dass sich der Gesetzgeber des Urheberrechtsgesetzes auf eine bloße Verweisung beschränken konnte (§ 97 Abs. 3 UrhG).

223 Als ein *anderes nach diesem Gesetz geschütztes Recht* ist allerdings der Zustimmungsvorbehalt des § 34 Abs. 1 UrhG anzusehen. Dieser lässt, wenn er mißachtet wird, zwar zunächst einen Anspruch des Urhebers auf Feststellung entstehen, dass die ohne seine Zustimmung erfolgte Übertragung des Nutzungsrechts nichtig ist; soweit ihm daraus ein Schaden entsteht und/oder ein Unterlassungsanspruch gegen den unberechtigt Nutzenden geltend zu machen ist, kommt jedoch § 97 Abs. 1 UrhG zur Anwendung.[142]

2. Rechtsverletzungen

224 Eines der *Urheberpersönlichkeitsrechte* wird verletzt, wenn es von einem Dritten mißachtet wird: Ein Boulevardblatt veröffentlicht den eigenwillig-schöpferischen Vorentwurf des Architekten für den geplanten Neubau eines Bundesministeriums, nachdem der Architekt die Mappe mit seinen Zeichnungen auf dem Heimweg von einer ziemlich heftigen Diskussion in der zuständigen Baubehörde verloren hatte und sie „zufällig" von einem Redakteur gefunden worden war (§ 12 UrhG). Der Verlag einer Comic-Serie nennt als

---

[142] BGH GRUR 1987, 37, 39 *Videolizenzvertrag;* a. M. *Schack* (Fn. 13) Rz 679 im Anschluss an *Hubmann* GRUR 1987, 41.

Urheber der deutschen Fassung nicht deren Urheber, sondern den Redakteur, der die Herausgabe betreut (§ 13 UrhG). Der Regisseur verdreht den Ausgang der von ihm verfilmten Liebesgeschichte eines Romans in sein Gegenteil: Das traurige Ende der beiden Liebenden wird im Film zum Happy-End (§ 14 UrhG).

Verwertungsrechte des Urhebers verletzt, wer sie nutzt, ohne die Zustimmung des Urhebers oder dessen Lizenznehmers, also seines Verlages oder Produzenten, zuvor eingeholt zu haben: In der Wiedergabe des Vorentwurfs des Architekten in dem Boulevardblatt lag nicht nur eine Verletzung des Erstveröffentlichungsrechts des Architekten aus § 12 UrhG, sondern zugleich auch eine Verletzung seines Vervielfältigungs- und Verbreitungsrechts aus den §§ 16 und 17 UrhG. Zeigt ein örtlicher Fernsehsender mit dem Bericht über dieses Ergebnis auch dessen Gegenstand, indem er die Zeichnungen als solche seinen Zuschauern präsentiert, verletzt er das Senderecht des Architekten aus § 20 UrhG. Stellt er sie gar ins Netz, ist § 19a UrhG verletzt; die öffentliche Wiedergabe der Sendung durch Dritte – etwa in einer Vorlesung an der Technischen Universität – tangiert § 22 UrhG. Die Rechte der Erbeserben Walter Kollos aus § 19 UrhG verletzt eine Freilichtbühne, die irgendwo im fernen Vorpommern seine Operette *Wie einst im Mai* zur Aufführung bringt, ohne das Recht dazu erworben zu haben. **225**

Die Nichterfüllung von *Vergütungsansprüchen* des Urhebers oder der für ihn tätigen Verwertungsgesellschaft – für bildende Künstler also der VG Bild-Kunst – macht nicht nur den Zahlungsanspruch als solchen gerichtlich durchsetzbar, sondern lässt zugleich einen Anspruch auf Verzinsung und auf Ersatz eines etwaigen weitergehenden Verzugsschadens nach den Regeln des allgemeinen Schuldrechts entstehen (§§ 286ff. BGB). Urheberrechtliche Sonderregelungen gibt es insoweit nicht. **226**

3. Aktiv- und Passivlegitimation

Zur Geltendmachung der Ansprüche, die sich aus Verletzungen des Urheberrechts ergeben, ist schon nach allgemeinem Zivilrecht stets derjenige berechtigt (in der Rechtssprache sagt man „aktivlegitimiert"), der Inhaber des verletzten Rechts ist. Das ist grundsätzlich der Urheber selbst. Handelt es sich um eine Verletzung seines Urheberpersönlichkeitsrechts, so ändert sich daran auch in der Verwertungsphase seiner Werke nichts, weil dieses Recht ihm stets zugeordnet bleibt (vgl. oben Abschnitt IV 1). Hat er Dritten Nutzungsrechte eingeräumt und werden diese verletzt, ohne dass sein Urheberpersönlichkeitsrecht tangiert ist – den Beitrag eines Architekten in der „Bauwelt" druckt eine österreichische oder Schweizer Fachzeitschrift einige Wochen später einfach nach – so steht jedenfalls der Unterlassungsanspruch aus § 97 UrhG *beiden,* sowohl dem Architekten als auch dem Bertelsmann Verlag zu: Letzterer ist Inhaber des verletzten Rechts, ersterer hat ein eigenes berechtigtes Interesse an der Unterbindung von Verletzungen seines Urheberrechts.[143] **227**

Passivlegitimiert ist zunächst derjenige, der die Rechtsverletzung begangen hat; dass er rechtswidrig handelt, braucht ihm nicht bewusst gewesen zu sein.[144] Für das Handeln einer juristischen Person, also etwa einer Aktiengesellschaft, einer GmbH, einer rechtsfähigen Stiftung oder eines eingetragenen Vereins, haftet diese neben denjenigen ihrer Arbeitnehmer oder Beauftragten, der tätig geworden ist (§ 100 UrhG). Mehrere Handelnde haften als Gesamtschuldner (§ 830 Abs. 1 BGB). Im Falle des Boulevardblatts (oben Abschnitt 2) ist also sowohl der Zeitungsverlag als auch der Reporter, der den Beitrag verfasst hat, als auch der Chefredakteur passivlegitimiert, der die Aufnahme des Beitrags in die fragliche Zeitungsausgabe veranlasst (oder auch nur geduldet) hat.[145]

---

[143] Ständige Rechtsprechung, vgl. BGHZ 118, 394, 399 *ALF.*

[144] KG Schulze KGZ 56, 12f. *Zille-Ball.*

[145] BGH GRUR 1994, 363 *Holzhandelsprogramm* und 1987, 37, 39 *Videolizenzvertrag.*

4. *Beseitigungsanspruch*

228 § 97 Abs. 1 UrhG nennt als ersten der dem Urheber oder dem Inhaber eines Nutzungsrechts zustehenden Ansprüche denjenigen auf *Beseitigung der Beeinträchtigung.* Dieser ist stets dann gegeben, wenn die bloße Unterlassung der rechtswidrigen Nutzung eines Werkes allein noch nicht genügt, um einen rechtlich einwandfreien Zustand wieder herzustellen: Die Übermalung des Ölgemäldes, das einen weiblichen Akt zeigt, mit einer Bekleidung oder die Errichtung eines zweiten Turms zu der vom Architekten geschaffenen Kirche verwirklichen einen Störungszustand, der nicht schon durch bloßes Unterlassen solch rechtswidrigen Tuns, sondern erst durch die Beseitigung dieser Veränderungen aufgehoben wird. Der Anspruch darauf setzt nicht einmal ein Verschulden des Anspruchsgegners voraus; dieser braucht auch nicht selbst gehandelt oder das zu beanstandende Handeln veranlasst zu haben. Es genügt vielmehr, dass er nicht von sich aus für die Beseitigung des rechtswidrigen Zustands sorgt, obwohl er dazu in der Lage und ein entsprechendes Tätigwerden ihm zuzumuten ist.[146] Ihm entstehende Kosten hat er selbst zu tragen.[147] Vervielfältigungsstücke und die dazu bestimmten Vorrichtungen sind im Regelfall zu vernichten (§§ 98, 99 UrhG), wenn dies im Einzelfall nicht unzumutbar ist (§ 101 Abs. 1 UrhG) oder – was wohl kaum jemals zutreffen wird – es sich dabei um Bauwerke handelt (§ 101 Abs. 2 Nr. 1 UrhG).

5. *Unterlassungsanspruch*

229 a) § 97 Abs. 1 UrhG regelt nur den *wiederherstellenden* Unterlassungsanspruch, der gegeben ist, wenn einerseits *Wiederholungsgefahr* droht – diese wird durch eine bereits begangene Rechtsverletzung grundsätzlich indiziert[148] – und andererseits eine Verletzung des Urheberrechts durch bloßes Aufhören solchen Tuns beendet werden kann: Sogenannte „Originalkopien" eines Bildes von Wolf Vostell, die rechtswidrig hergestellt und verbreitet worden sind, können von dem Anbieter aus dem Verkehr gezogen werden. Das Kirchenbauamt kann den bereits veröffentlichten und zur Genehmigung eingereichten Plan, den vom Architekten errichteten Kirchenbau durch einen zweiten Turm zu „verschönern", fallen lassen. Die soeben begonnene Auslieferung des neuen Lexikons der modernen Kunst, das mehrere bekannte Werke von Günter Brus einem anderen Künstler zuschreibt, wird gestoppt und die Angabe korrigiert.

230 b) Der *vorbeugende* Unterlassungsanspruch ist von der Rechtsprechung entwickelt worden;[149] auf ihn ist § 97 Abs. 1 Satz 1 UrhG analog anzuwenden. An die Stelle der für den wiederherstellenden Unterlassungsanspruch erforderlichen Wiederholungsgefahr tritt hier die *Erstbegehungsgefahr:* Der in Anspruch Genommene steht im Begriff, die befürchtete Rechtsverletzung zu begehen, etwa indem er sich des Rechts dazu berühmt[150] oder sein Handeln eine künftige Rechtsverletzung nach den Umständen objektiv nahelegt oder begünstigt.[151]

231 c) Sowohl die Wiederholungs- als auch die Erstbegehungsgefahr – und damit der durch sie begründete Unterlassungsanspruch – *entfallen,* wenn sich der Anspruchsgegner unter Übernahme einer angemessenen Vertragsstrafe für jeden künftigen Fall der Zuwiderhand-

---

[146] BGH GRUR 1984, 54, 55 *Kopierläden* und 1960, 500, 503 *Plagiatsvorwurf;* OLG München ZUM 1996, 165f.

[147] So schon *v. Wolff* in Wandtke/Bullinger (Fn. 19), Rz. 41 zu § 97 UrhG.

[148] BGHZ 14, 163, 170 *Constanze II.*

[149] BGH a.a.O. – Fn. 146 –.

[150] BGH GRUR 1987, 125f. *Berühmung.*

[151] BGH GRUR 1984, 54, 55 *Kopierläden* m.w.N.

lung verpflichtet, die beanstandete – drohende oder bereits begangene – Handlung in Zukunft zu unterlassen (sog. Unterwerfungserklärung). *Angemessenheit* der Vertragsstrafe und *korrekte* Bezeichnung des zu unterlassenden Handelns sind unbedingte Voraussetzung für die Wirksamkeit der Erklärung;[152] andernfalls droht ein recht teures Gerichtsverfahren (regelmäßig eine in ganz kurzer Zeit erwirkbare *einstweilige Verfügung*).

6. *Auskunftsanspruch*

Dieser Anspruch ist in den §§ 96ff. UrhG nicht geregelt, sondern ergibt sich aus § 809 **232** BGB, gehört also zu den in § 97 Abs. 3 UrhG in Bezug genommenen *Ansprüchen aus anderen gesetzlichen Vorschriften.* Er dient der Vorbereitung des Anspruchs des verletzten Urhebers oder Nutzungsrechtsinhabers auf Erstattung des ihm durch die Verletzungshandlung(en) entstandenen Schadens: Der Verletzer muss beispielsweise im Falle „Bauwelt" Auskunft darüber erteilen, wie viele Exemplare des Nachdrucks hergestellt und wie viele davon verbreitet worden sind, und welche Einnahmen daraus erzielt wurden. Aus diesen Angaben lässt sich sodann errechnen

- für den Verlag der „Bauwelt", in welchem Umfang das ihm ausschließlich (§ 38 Abs. 1 **233** Satz. 1 UrhG) zustehende Nutzungsrecht in Anspruch genommen wurde, und welche Einnahmen er – fiktiv – erzielt hätte, wenn er an Stelle des Konkurrenten hätte tätig werden können,
- für den Urheber selbst, welche Lizenzgebühr ihm zugestanden hätte, wenn die **234** „Bauwelt" auch die Nachdrucke vertrieben haben würde.

Die zu erteilende Auskunft ermöglicht somit die Berechnung des Schadensersatzan- **235** spruchs nach der Berechnungsart „entgangene Lizenzgebühr" (vgl. nachfolgend Abschnitt 7 b).

Der Auskunftsanspruch kann sich im Einzelfall auch auf sogenannte *Kontrolltatsachen* **236** erstrecken, deren Kenntnis dem Verletzten die Überprüfung der zur Schadensberechnung dienenden Angaben des Verletzers ermöglicht.[153]

7. *Schadensersatzanspruch*

a) Dieser Anspruch setzt – anders als die drei bisher erörterten Ansprüche des Verletzten **237** – ein **Verschulden** des Verletzers voraus: Er muss entweder *vorsätzlich* gehandelt haben – dazu reicht es aus, wenn er sein Verhalten trotz Abmahnung des Verletzten oder Hinweis eines Dritten einfach fortsetzt – oder die Rechte des Verletzten *fahrlässig,* d.h. unter Außerachtlassung der im Verkehr erforderlichen Sorgfalt, verletzt haben. Ein Irrtum des Verletzers über maßgebliche Tatsachen oder über die gegebene Rechtslage schließt allenfalls den Vorwurf vorsätzlichen Handelns, nicht aber den der Fahrlässigkeit aus.[154]

b) Für die **Ermittlung der Höhe des Schadens** hat die Rechtsprechung schon sehr **238** früh *drei Berechnungsarten* entwickelt. Die Grundregel des § 249 BGB, dass der Schädiger den Zustand wieder herzustellen habe, der bestehen würde, wenn der zum Schadensersatz verpflichtende Umstand nicht eingetreten wäre, ermöglicht bei Verletzungen des Urheberrechts keinen angemessenen Ausgleich: Raubdrucke lassen sicht nicht wieder einsammeln, unerlaubte Aufführungen oder Sendungen nicht ungeschehen machen. Der Urheber oder Inhaber eines Nutzungsrechts ist deshalb im Regelfall auf einen *Geldersatzanspruch* angewiesen. Auch dieser ist im Urheberrecht – ebenso wie in den Rechtsgebieten des

---

[152] BGH GRUR 1994, 146, 147f. *Vertragsstrafe-Bemessung;* BGH GRUR 1996, 290, 291 und 1997, 379, 380 *Wegfall der Wiederholungsgefahr I* und *II.*

[153] BGH GRUR 1980, 227, 232f. *Monumenta Germaniae Historica.*

[154] BGH GRUR 1988, 533, 535 *Vorentwurf II* und 1982, 102, 104 *Masterbänder.*

gewerblichen Rechtsschutzes – auf die von den §§ 251, 252 BGB vorgesehene Weise oft nicht zu ermitteln: Welcher Gewinn im obigen Beispiel dem Verlag der „Bauwelt" entgangen ist, wenn ein anderer Verlag einen Beitrag aus einer Ausgabe dieser Zeitschrift nachgedruckt hat, lässt sich nicht feststellen. Schon das Reichsgericht hat deshalb die Berechnung des Schadens auf drei Arten zugelassen:[155]

239 – Ersatz des dem Verletzten tatsächlich entstandenen Schadens einschließlich des ihm entgangenen Gewinns (§§ 249 ff. BGB);

240 – Herausgabe des Verletzergewinns;

241 – Zahlung einer angemessenen Lizenzgebühr für die stattgefundene Verwertung des dem Urheber oder Rechtsinhaber zustehenden Nutzungsrechts.

242 Die letztere, allgemein als *Lizenzanalogie* bezeichnete Berechnungsart wird bei weitem am häufigsten praktiziert (Schätzungen großer Kanzleien gehen von etwa 90% aller Fälle aus). Eine konkrete Minderung des eigenen Vermögens dadurch, dass ein anderer neben ihm genutzt hat, kann kaum jemals ein Rechtsinhaber, geschweige denn der Urheber selbst belegen. Der Verletzer*gewinn* auf der anderen Seite lässt sich – zumindest mit Hilfe eines klugen Fachmanns – im Streitfall leicht niedriger rechnen.

243 Die *Angemessenheit* der Lizenzgebühr ist leicht feststellbar, wenn sie einer (redlichen) Branchenübung entspricht. Gibt es eine solche nicht oder benachteiligt sie einseitig die Urheberseite, so hat der Bundesgerichtshof gelegentlich schon eigene Schätzungen seiner Entscheidung zugrundegelegt, wozu ihn § 287 ZPO ermächtigt.[156]

8. Entschädigungsanspruch wegen immateriellen Schadens

244 § 97 Abs. 2 UrhG erlaubt die Geltendmachung eines *Schadens, der nicht Vermögensschaden ist,* wenn dies *der Billigkeit entspricht.* Ein solcher *immaterieller* Schaden kann nur der *Persönlichkeit* des Urhebers selbst – nicht der eines Rechtsnachfolgers[157] oder des Inhabers von Nutzungsrechten[158] – zugefügt werden, etwa durch die Verletzung von Gefühlen, des Rufs oder Ansehens oder sonst der persönlichen Integrität, seiner persönlichen Beziehung zu seinem Werk, seines Selbstwertempfindens als Künstler. In aller Regel geschieht die Schadenszufügung in diesen Fällen durch eine Verletzung des Urheberpersönlichkeitsrechts: Dem Urheber wird die Schöpfereigenschaft mit beispielsweise dem Argument abgesprochen, zu solchen Leistungen sei er gar nicht fähig (§ 13 UrhG), oder sein Werk wird in herabsetzender Weise oder derart entstellt, dass dessen Aussage in ihr Gegenteil verkehrt wird. Aber auch eine Entstellung, die lange Zeit andauert, was vor allem in Fällen der Ausschöpfung des Instanzenzuges oft unvermeidlich ist, belastet den Urheber über die damit etwa verbundenen materiellen Nachteile hinaus oftmals in einem Maße, das eine zusätzliche finanzielle Genugtuung zu einem Gebot der Gerechtigkeit werden lässt.

245 Diese muss der *Billigkeit* entsprechen, wie der Gesetzestext ausdrücklich klarstellt.

246 Unter der – nicht allzu großen – Zahl der Fälle, die seit dem Inkrafttreten der Bestimmung am 1. 1. 1966 von den Gerichten entschieden (und veröffentlicht) wurden, betraf

---

[155] RGZ 35, 63, 66 ff. *Ariston;* der Bundesgerichtshof ständig seit BGHZ 20, 345, 353 *Paul Dahlke,* zuletzt BGH GRUR 1995, 349, 351 f. *Objektive Schadensberechnung* und 1990, 1008, 1009 *Lizenzanalogie.*

[156] BGH GRUR 1975, 323, 324 *Geflügelte Melodien* und 1987, 36 f. *Liedtextwiedergabe II.*

[157] Streitig, wie hier schon *Fromm/Nordemann* (Fn. 19), Rz. 44, und *v. Wolff* in Wandtke/Bullinger (Fn. 19), Rz. 76, beide zu § 97 UrhG; a. M. *Dietz* und *Schricker* in Schricker (Fn. 19), Rz. 30 f. vor § 12 und Rz. 5 ff. zu § 28 UrhG; *Dreier* in Dreier/Schulze (Fn. 19) Rz. 74 zu § 97 UrhG; *Schack* GRUR 1985, 352 ff.

[158] OLG Hamburg UFITA 65 (1972), 284, 287.

allerdings nur ein einziger einen bildenden Künstler, der zudem bereits verstorben war, so dass ein Ausgleich der von ihm empfundenen Unbill durch ein „Schmerzengeld" aus § 97 Abs. 2 UrhG nicht mehr in Betracht kam.[159]

9. *Vernichtungsanspruch*

Das UrhG gibt dem Verletzten den Anspruch auf Vernichtung der noch vorhandenen Vervielfältigungsstücke, die rechtswidrig hergestellt und zur Verbreitung bestimmt waren (§ 98 Abs. 1 UrhG), und der zu ihrer Herstellung benutzten oder vorgesehenen Vorrichtungen (§ 99 UrhG); wäre das unverhältnismäßig, so kann der Verletzte nur die Beseitigung der rechtswidrigen Teile verlangen (§ 98 Abs. 3 UrhG). Diese Regelungen gelten nicht gegenüber Anspruchsgegnern, die *schuldlos* gehandelt hatten, und bei Bauwerken (§ 101 Abs. 1 und 2 UrhG). Entscheidungen der Gerichte zu Fällen aus dem Bereich der bildenden Kunst sind bisher nicht bekannt geworden. **247**

10. *Verjährung und Verwirkung*

Zu ersterer haben sich die *Fristen* mit der Schuldrechtsreform 2002 wesentlich geändert. Auf die danach allgemein geltenden Regeln verweist § 102 UrhG: **248**

- Die Ansprüche aus einer Verletzung des Urheberrechts, von der der Rechtsinhaber nichts erfuhr, verjährten früher nach 30, nunmehr nach 10 Jahren seit ihrer Entstehung, also seit der mit der Verletzung begangenen unerlaubten Handlung (§ 199 Abs. 4 BGB). Dasselbe gilt gemäß § 852 Satz 2 BGB für Ansprüche aus ungerechtfertigter Bereicherung (§ 812 BGB). **249**
- Andere Ansprüche, also im Urheberrecht vor allem solche auf Zahlung von Lizenzgebühren, verjähren zum Ende des dritten vollen Kalenderjahres seit ihrer Entstehung (§§ 195, 199 Abs. 1 BGB), ein beispielsweise im Mai 2003 entstandener Anspruch mit dem Ablauf des 31. Dezember 2006. **250**

Die *Verwirkung* eines bestehenden, noch nicht verjährten urheberrechtlichen Anspruchs ist dann gegeben, wenn seine Geltendmachung geradezu *rechtsmissbräuchlich* ist, also der Anspruchsverpflichtete nach Treu und Glauben nicht mehr mit seiner Geltendmachung zu rechnen brauchte, was nur in seltenen Ausnahmefällen in Betracht kommt,[160] etwa weil der Berechtigte in Gegenwart des Verpflichteten, wenn auch nicht ihm selbst, ausdrücklich erklärt hat, dieser Anspruch sei für ihn endgültig erledigt. **251**

11. *Gerichtliches Verfahren*

Ansprüche aus dem UrhG sind vor den *ordentlichen Gerichten,* also – je nach Streitwert – vor dem zuständigen Amts- oder Landgericht geltend zu machen (§ 104 UrhG). Diejenigen Bundesländer, in denen mehr als ein Landgericht besteht, haben – mit Ausnahme Schleswig-Holsteins – von der Möglichkeit Gebrauch gemacht, die Zuständigkeit für dieses Rechtsgebiet in einem OLG-Bezirk einem bestimmten Landgericht (meist auch einem bestimmten Amtsgericht) zuzuweisen.[161] **252**

---

[159] OLG Hamburg ZUM 1995, 430, 433 *Maillol.*

[160] Vgl. BGH GRUR 1981, 652, 653 *Stühle und Tische.*

[161] Vgl. BGH GRUR 1981, 652, 653 *Stühle und Tische.* Übersichten: *Kefferpütz* in Wandtke/Bullinger (Fn. 19) Rz. 5 und *Gernot Schulze* in Dreier/Schulze (Fn. 19) Rz. 4, beide zu § 105 UrhG.

VIII. Strafrechtlicher Schutz gegen Verletzungen des Urheberrechts

253 Eine Reihe von Strafbestimmungen im UrhG soll vorsätzlichen Verletzungen fremden Urheberrechts vorzubeugen helfen:

- § 106 UrhG bedroht jede eigenmächtige Verwertungshandlung nach dem Katalog des § 15 UrhG mit Freiheitsstrafe bis zu 3 Jahren oder Geldstrafe.
- § 107 UrhG tut eine Gleiches in zwei Fällen:

1. der eigenmächtigen Anbringung der Urheberbezeichnung auf dem Original eines Werkes des bildenden Künste oder dessen Verbreitung,
2. der eigenmächtigen Anbringung der Urheberbezeichnung auf einem Nicht-Original (Kopie, Bearbeitung, Umgestaltung), die den Anschein eines Originals entstehen lässt, oder dessen Verbreitung.

- § 108 UrhG betrifft – bei gleichem Strafrahmen – insgesamt 8 unterschiedliche Verwertungshandlungen zu verwandten Schutzrechten.

254 Handelt der Täter *gewerbsmäßig,* so erweitert sich der Strafrahmen auf bis zu 5 Jahren Freiheitsstrafe oder Geldstrafe (§ 108 a).

255 Etwas milder (Freiheitsstrafe bis zu einem Jahr, nur bei gewerbsmäßigem Handeln bis zu 3 Jahren, oder wiederum Geldstrafe) werden unerlaubte Eingriffe in technische Schutzmaßnahmen und zur Rechtewahrnehmung erforderliche Informationen bedroht (§ 108 b UrhG).

256 In allen Fällen wird die Tat *nur auf Antrag* verfolgt, wenn nicht ein besonderes öffentliches Interesse ein Einschreiten von Amts wegen gebietet (§ 109 UrhG).

257 Die §§ 110 und 111 UrhG regeln die Einziehung von Mitteln und Produkten der Straftat und die etwaige Bekanntgabe der Verurteilung.

258 Gänzlich neu – durch das Gesetz vom 10. 9. 2003 (Fn. 114) eingefügt – ist eine Bußgeldvorschrift in § 111 a UrhG und eine detaillierte Regelung von Maßnahmen der Zollbehörden, mit der die Beschlagnahme von Raubkopien bei Ihrer Einfuhr ins Bundesgebiet erleichtert und rechtlich abgesichert wird (§ 111 b UrhG).

C. Das Künstlersozialversicherungsgesetz

Übersicht

Marcel Schulze

Schrifttum: *Aichberger*, Sozialgesetzbuch, Loseblattsammlung; *Brandmüller* Gerhard, Anmerkung zur Rechtsprechung des Bundessozialgerichts (§ 24 KSVG), *Schulze*, RzU, BSozG 3, S. 8ff.; *Bruno* Harro, Die Künstlersozialversicherung – Teil 1, KUR 1999, 34; *ders.*, Die Künstlersozialversicherung – Teil 2, KUR 1999, 85; *Finke* Hugo/*Brachmann* Wolfgang/*Nordhausen* Willy, Künstlersozialversicherungsgesetz, Kommentar [mit ausführlichem Schrifttumsverzeichnis], München 2004; *Richter* Ralf, Anmerkung zum Urteil des EuGH vom 8. 3. 2001 zur Anwendbarkeit der §§ 23ff. KSVG auf Künstler mit Wohnsitz in einem anderen Mitgliedstaat der Europäischen Union, KUR 2002, 116f.; *Schulze* Erich, Kommentar zum Künstlersozialversicherungsgesetz (KSVG), Wilhelmshaven/Locarno/Amsterdam 1983; *Schulze* Marcel, Materialien zum Künstlersozialversicherungsgesetz, Texte – Begriffe – Begründungen, Weinheim/New York/Basel/Cambridge/Tokyo 1999; *ders.*, Anmerkung zum Urteil des EuGH vom 8. 3. 2001 zur Anwendbarkeit der §§ 23ff. KSVG, *Schulze*, RzU, EuGH Nr. 21 S. 15f.

Vorbemerkung

Die Förderung von Kunst und Kultur ist Aufgabe eines Staates, der sich nicht nur als Rechts- und Sozialstaat, sondern auch als Kulturstaat versteht.[162] Um seiner Aufgabe bei der kulturellen Entwicklung gerecht zu werden, bedarf der Künstler und Publizist eines besonderen sozialen Schutzes. Das Gesetz über die Sozialversicherung der selbständigen Künstler und Publizisten vom 27. Juli 1981 – Künstlersozialversicherungsgesetz (KSVG) – regelt die individuellen Bedürfnisse einzelner Künstler und Publizisten.[163] Die Unfallkasse des Bundes führt das KSVG im Auftrag des Bundes als Künstlersozialkasse mit Sitz in Wilhelmshaven durch.[164] **259**

I. Gesetzgebungskompetenz des Bundes

Das KSVG und insbesondere seine Vorschriften über die Erhebung der **Künstlersozialabgabe** sind dem Recht der Sozialversicherung zuzuordnen. Die Gesetzgebungskompetenz des Bundes ergibt sich aus Art. 74 Nr. 12 GG. Da das Gesetz weder die Einrichtung der Behörde noch das Verwaltungsverfahren im Sinne von Art. 84 Abs. 1 GG regelt, bedurfte es nicht der Zustimmung des Bundesrates.[165] **260**

---

162 Begründung Regierungsentwurf 1979 (BT-Drucksache 8/3172) = *M. Schulze*, Materialien zum Künstlersozialversicherungsgesetz, S. 32.

163 BGBl. I S. 705, zuletzt geändert durch Artikel 2 Fünftes Gesetz zur Änderung des Sechsten Buches Sozialgesetzbuch vom 4. 12. 2004 (BGBl. I S. 3183).

164 § 37 Abs. 1 KSVG, § 218b SGB VII.

165 BVerfG, Beschluss vom 8. 4. 1987 – 2 BvR 909/82 u.a. = *Schulze*, RzU, BVfG Nr. 24 S. 44ff. = BVerfGE 75, 108 = NJW 1987, 3115.

II. Pflichtversicherung

261 Das KSVG sieht grundsätzlich für selbständige Künstler und Publizisten eine Pflichtversicherung in der **Rentenversicherung** der Angestellten, in der **gesetzlichen Krankenversicherung** und in der **sozialen Pflegeversicherung** vor, wenn die künstlerische oder publizistische Tätigkeit erwerbsmäßig – somit nicht als bloße Liebhaberei oder Hobby – und nicht nur vorübergehend – das heißt weniger als zwei Monate[166] – ausgeübt wird.[167]

262 Eine **Versicherungspflicht** besteht jedoch nur, wenn im Zusammenhang mit der künstlerischen oder publizistischen Tätigkeit nicht mehr als ein Arbeitnehmer beschäftigt wird, es sei denn, die Beschäftigung erfolgt zur Berufsausbildung oder ist geringfügig im Sinne von § 8 SGB IV. Eine geringfügige Beschäftigung liegt beispielsweise vor, wenn das Arbeitsentgelt aus dieser Beschäftigung regelmäßig im Monat 400 Euro nicht übersteigt.[168]

III. Künstler und Publizist

263 Als Künstler gilt, wer Musik, darstellende oder bildende Kunst schafft, ausübt oder lehrt. Als Publizist gilt, wer als Schriftsteller, Journalist oder in anderer Weise publizistisch tätig ist oder Publizistik lehrt.[169]

IV. Feststellung der Versicherungspflicht

264 Der nach dem KSVG versicherungspflichtige Künstler und Publizist hat der **Künstlersozialkasse** auf Verlangen die erforderlichen Angaben zur Feststellung der Versicherungspflicht und zur Beitragshöhe zu erteilen.[170] Die angeforderten personenbezogenen Daten erhebt die Künstlersozialkasse mit einem von ihr herausgegebenen Fragebogen zur Prüfung der Versicherungspflicht nach dem KSVG.

V. Mittel für die Versicherung

265 Die Mittel für die Versicherung nach dem KSVG setzen sich durch die Beitragsanteile der Versicherten zur einen Hälfte, durch die Künstlersozialabgabe und durch einen Zuschuss des Bundes zur anderen Hälfte zusammen.[171]

266 Der Versicherte zahlt – ähnlich wie im Verhältnis Arbeiter oder Angestellter zum Arbeitgeber – nur den **halben Beitragsanteil** zur gesetzlichen Renten- und Krankenversicherung sowie zur sozialen Pflegeversicherung.

VI. Voraussichtliches Arbeitseinkommen

267 Der Versicherte hat der Künstlersozialkasse bis zum 1. Dezember das **voraussichtliche Arbeitseinkommen** für das Folgejahr aus seiner Tätigkeit als selbständiger Künstler und

---

[166] Dies ergibt sich aus § 4 Abs. 2 SGB VI, § 8 Abs. 1 Nr. 2 SGB IV.
[167] § 1 KSVG.
[168] § 8 Abs. 1 Nr. 1 SBG IV.
[169] § 2 KSVG.
[170] Siehe die Auskunfts- und Meldepflichten nach §§ 11–13 KSVG.
[171] § 14 KSVG.

Publizist bis zur Höhe der **Beitragsbemessungsgrenze** in der Rentenversicherung der Arbeiter und Angestellten zu melden.[172] Ändern sich die Verhältnisse, die für die Ermittlung des voraussichtlichen Jahresarbeiteinkommens maßgebend waren, so ist die Änderung auf Antrag zu berücksichtigen, jedoch nur mit Wirkung für die Zukunft.[173]

Das voraussichtliche Jahresarbeitseinkommen ergibt sich aus der Differenz der Be- **268**
triebseinnahmen und Betriebsausgaben.[174]

VII. Abgabepflichtige Unternehmen

Die Künstlersozialkasse erhebt von Unternehmen, die ständig Werke und Leistungen **269**
selbständiger Künstler und Publizisten gegen Entgelt in Anspruch nehmen und daraus Einnahmen erzielen[175] – wie Buch-, Presse- und sonstige Verlage, Theater, Orchester, Rundfunk, Fernsehen, Galerien, Kunsthandel und Museen[176] – eine Umlage, die so genannte **Künstlersozialabgabe,** nach einem Vomhundertsatz.[177]

Bemessungsgrundlage der Künstlersozialabgabe ist die Gesamtheit aller Entgelte, die das **270**
Unternehmen im Laufe eines Kalenderjahres an Künstler oder Publizisten für Werke oder Leistungen zahlt, die in selbständiger Tätigkeit erbracht werden, wie beispielsweise Honorare, Gagen und Kaufpreise.[178]

Der Vomhundertsatz wird jedes Jahr vom Bundesministerium für Gesundheit und So- **271**
ziale Sicherung im Einvernehmen mit dem Bundesministerium der Finanzen neu bestimmt. Der **Vomhundertsatz** der Künstlersozialabgabe beträgt im Jahr 2006 5,5 vom Hundert[179] und im Jahr 2007 5,1 vom Hundert[180].

Die Künstlersozialkasse kann durch Bescheid die Abgabepflicht eines Unternehmens **272**
zunächst nur dem Grunde nach feststellen.[181] Mit dem **Erfassungsbescheid** ist das Unternehmen verpflichtet, der Künstlersozialkasse die Summe der Beiträge, die einer Abgabepflicht unterliegen, mitzuteilen.[182] Für die Meldung ist ein Vordruck der Künstlersozialkasse zu verwenden.[183] Das zur Abgabe verpflichtete Unternehmen hat fortlaufende Aufzeichnungen über alle Entgelte, die das Unternehmen im Laufe eines Kalenderjahres an Künstler oder Publizisten für Werke oder Leistungen zahlt, zu führen[184] und auf Verlangen der Künstlersozialkasse u.a. über alle für die Feststellung der Abgabepflicht und der Höhe der Künstlersozialabgabe erforderlichen Tatsachen Auskunft zu erteilen.[185]

---

[172] § 12 Abs. 1 KSVG.

[173] § 12 Abs. 3 KSVG.

[174] Vgl. § 4 Abs. 3 EStG.

[175] Begründung Regierungsentwurf 1979 (Drucksache 8/3172) = *M. Schulze,* Materialien zum Künstlersozialversicherungsgesetz, S. 33.

[176] § 24 KSVG.

[177] § 23 KSVG.

[178] Begründung Regierungsentwurf 1979 (Drucksache 8/3172) = *M. Schulze,* Materialien zum Künstlersozialversicherungsgesetz, S. 33.

[179] Künstlersozialabgabe-Verordnung 2006 vom 26. 8. 2005 (BGBl. I S. 2609).

[180] Künstlersozialabgabe-Verordnung 2007 vom 22. 9. 2006 (BGBl. I S. 2158).

[181] BSG, Urteil vom 1. 10. 1991 – 12 RK 13/91 = *Schulze,* RzU, BSozG Nr. 10.

[182] § 27 Abs. 1 Satz 1 KSVG.

[183] § 27 Abs. 1 Satz 2 KSVG.

[184] § 28 KSVG.

[185] § 29 KSVG.

VIII. Gemeinschaftsrecht

273 Mit dem Gemeinschaftsrecht vereinbar ist die Erhebung der Künstlersozialabgabe, wenn sie als ihre Bemessungsgrundlage Entgelte einschließt, die an Künstler und Publizisten mit Wohnsitz in einem anderen Mitgliedstaat der Europäischen Union geleistet werden. In dem entsprechenden Urteil des Gerichtshofs der Europäischen Gemeinschaften vom 8. März 2001[186] ging es um einen in Belgien wohnenden und arbeitenden, aber auch in Deutschland publizierenden deutschen Journalisten.

274 Der Entscheidung ist zuzustimmen:[187] Die Systeme der sozialen Sicherheit unterliegen ausschließlich den Rechtsvorschriften des Mitgliedstaates, in dessen Gebiet der Versicherte wohnt. Dies hat zur Folge, dass der erwähnte publizierende Journalist mit Wohnsitz in Belgien keine Altersversorgung nach dem KSVG erhält. Er wird jedoch mit der Erhebung der Künstlersozialabgabe auch nicht belastet. Belastet werden vielmehr ausschließlich die Kunstvermarktungsunternehmen (§ 24 KSVG). Der Journalist wird auch nicht indirekt finanziell belastet, da eine Abwälzung der Sozialleistungen durch die Kunstvermarkter auf den Künstler oder Publizisten unzulässig ist.[188]

IX. Zuschuss des Bundes

275 Nicht alle selbständigen Künstler und Publizisten vermarkten ihre Werke und Leistungen durch ein Unternehmen. Es wäre daher unbillig, müsste das **Kunstvermarktungsunternehmen** auch für diese Künstler und Publizisten Mittel für die Künstlersozialkasse aufbringen. Der Bund gibt daher einen Zuschuss.

276 Der Zuschuss des Bundes beträgt für das Kalenderjahr 20 vom Hundert der Ausgaben der Künstlersozialkasse. Überzahlungen sind mit dem Bundeszuschuss des übernächsten Jahres zu verrechnen.[189]

X. Versicherungsträger

277 Die Künstlersozialkasse selbst ist kein Versicherungsträger, sie nimmt vielmehr im Verhältnis Versicherter zum Versicherungsträger eine **Mittlerrolle** ein: Sie stellt den Kreis der versicherten Personen und den Umfang der Versicherungspflicht fest, sie zieht die Beiträge der Versicherten und die Künstlersozialabgabe ein und leitet diese Beiträge zusammen mit dem Zuschuss des Bundes an die Versicherungsträger weiter.

278 Die Künstlersozialkasse überwacht die rechtzeitige und vollständige Entrichtung der Beitragsanteile der Versicherten und der Künstlersozialabgabe.[190]

XI. Rentenversicherung der Angestellten

279 Für die Pflichtversicherung der selbständigen Künstler und Publizisten in der Rentenversicherung der Angestellten ist die **Bundesversicherungsanstalt für Angestellte (BfA)** zuständig.[191]

---

[186] Rechtssache C-68/99 = *Schulze* EuGH Nr. 21.
[187] Siehe auch die Anmerkung von M. Schulze in *Schulze,* RzU, EuGH Nr. 21.
[188] § 36 a Satz 2, § 32 SGB I.
[189] § 34 Abs. 1 KSVG.
[190] § 35 Abs. 1 KSVG.
[191] § 1 KSVG, § 2 Nr. 5 SGB VI.

Die Beitragsbemessungsgrenze beträgt im Jahr 2006 in der allgemeinen Rentenversicherung 63000 Euro jährlich und 5250 Euro monatlich.[192] Die Beitragsbemessungsgrenze (Ost) beträgt 52800 Euro jährlich und 4400 Euro monatlich.[193] 280

Der Beitragssatz beträgt zur Zeit 19,5%.[194] 281

Die Künstlersozialkasse – KSK – führt beispielsweise 2006 für einen selbstständigen Musiker mit einem Einkommen in Höhe von 10000 Euro einen Betrag in Höhe von 1950 Euro (Versicherten- plus KSK-Anteil) an die Bundesversicherungsanstalt für Angestellte – BfA – ab. Der Eigenanteil des Versicherten beträgt 975 Euro (1/2 Beitragssatz). 282

XII. Gesetzliche Krankenversicherung

Der selbstständige Künstler und Publizist, der sich in der gesetzlichen Krankenversicherung zu versichern hat, kann unter mehreren Krankenkassen wählen.[195] Der Versicherte kann beispielsweise die Ortskrankenkasse des Beschäftigungs- oder Wohnorts[196] oder jede Ersatzkasse, deren Zuständigkeit sich nach der Satzung auf den Beschäftigungs- oder Wohnort erstreckt,[197] wählen. 283

Bei **Überschreiten der Jahresarbeitsentgeltgrenze** in der Krankenversicherung besteht Versicherungsfreiheit in der gesetzlichen Krankenversicherung.[198] 284

Die Jahresarbeitsentgeltgrenze entspricht 75% der Beitragsbemessungsgrenze in der allgemeinen Rentenversicherung und beträgt im Jahr 2006 47250 Euro jährlich oder 3937,50 Euro monatlich.[199] Für diejenigen, die am 31. 12. 2002 wegen des Überschreitens der Jahresarbeitsentgeltgrenze in der Krankenversicherung versicherungsfrei und privat krankenversichert waren, gilt im Jahr 2006 die Jahresarbeitsentgeltgrenze von 42750 Euro oder 3562,50 Euro monatlich.[200] 285

Zur **Senkung der Lohnnebenkosten** wird ab dem 1. 7. 2005 von den Mitgliedern der gesetzlichen Krankenversicherung ein einheitlicher zusätzlicher Beitragssatz von 0,9% erhoben, der von dem Versicherten allein zu tragen ist.[201] Gleichzeitig sind die Krankenkassen gesetzlich verpflichtet, den allgemeinen Beitragssatz um 0,9% zu senken. Da die Beiträge jeweils zur Hälfte vom Arbeitgeber und Arbeitnehmer getragen werden, wirkt sich der gesenkte Beitragssatz nur um 0,45% zugunsten des Arbeitnehmers aus. Die Mitglieder der gesetzlichen Krankenkasse zahlen somit im Ergebnis 0,45% des beitragspflichtigen Einkommens mehr an ihre Krankenkasse. 286

XIII. Soziale Pflegeversicherung

Zuständig für die soziale Pflegeversicherung der selbständigen Künstler und Publizisten sind die Pflegekassen, die den Krankenkassen organisatorisch zugeordnet sind.[202] 287

[192] § 3 Abs. 1 Nr. 1 Sozialversicherungs-Rechengrößenverordnung 2006.
[193] § 3 Abs. 2 Nr. 1 Sozialversicherungs-Rechengrößenverordnung 2006.
[194] Vgl. § 158 SGB VI.
[195] § 1 KSVG, § 5 Abs. 1 Nr. 4, § 173 SGB V.
[196] § 173 Abs. 1 Nr. 1 SGB V.
[197] § 173 Abs. 1 Nr. 2 SGB V.
[198] § 6 Abs. 1 Nr. 1 SGB V.
[199] § 6 Abs. 1 Nr. 1, Abs. 6, § 223 Abs. 3 Satz 1, § 309 Abs. 1 SGB V, § 4 Abs. 1 Sozialversicherungs-Rechengrößenverordnung 2006.
[200] § 6 Abs. 7 SGB V, § 4 Abs. 2 Sozialversicherungs-Rechengrößenverordnung 2006.
[201] § 241 a SGB V.
[202] § 20 Abs. 1 Nr. 4, § 46 SGB XI.

288 Der **Beitragssatz** beträgt ab 1. Juli 1996 bundeseinheitlich 1,7 vom Hundert der beitragspflichtigen Einnahmen der Mitglieder und wird gesetzlich festgesetzt.[203]

289 Seit 1. 1. 2005 wird ein Beitragzuschlag zur **Pflegeversicherung** in Höhe von 0,25% des beitragspflichtigen Einkommens erhoben, der von dem versicherten Künstler und Publizisten allein zu tragen ist.[204] Von dem Beitragszuschlag ausgenommen ist, wer vor dem 1. 1. 1940 geboren wurde oder das 23. Lebensjahr noch nicht vollendet hat.

290 Soweit Mitglieder der sozialen Pflegeversicherung, die Kinder betreuen und erziehen, mit einem gleich hohen Pflegeversicherungsbeitrag wie Mitglieder ohne Kinder belastet werden, ist dies mit dem Grundgesetz[205] nicht vereinbar. So entschied das Bundesverfassungsgericht mit Urteil vom 3. April 2004.[206]

XIV. Versicherungsfreiheit wegen geringfügigen Einkommens

291 Künstler und Publizisten, die in dem Kalenderjahr aus selbständiger künstlerischer und publizistischer Tätigkeit voraussichtlich ein Arbeitseinkommen erzielen, das 3900 Euro nicht übersteigt, sind grundsätzlich versicherungsfrei[207] und genießen somit nicht den Versicherungsschutz nach dem KSVG. Die **Versicherungsfreiheit** wegen geringfügigen Arbeitseinkommens gilt erst nach Ablauf von drei Jahren nach erstmaliger Aufnahme der selbständigen künstlerischen oder publizistischen Tätigkeit.[208] Berufsanfänger sind nämlich während der oft sehr schwierigen Anlaufzeit besonders schutzbedürftig.[209]

XV. Ausnahmen von der Versicherungspflicht in der gesetzlichen Rentenversicherung

292 Von der besonderen Rentenversicherungspflicht nach dem KSVG sind diejenigen selbständigen Künstler und Publizisten ausgenommen, die bereits eine **Alterssicherung** haben und somit nicht eines besonderen Schutzes bedürfen. Im Hinblick auf die zu erwartende Beamtenversorgung unterliegt beispielsweise ein Beamter oder Richter, der neben seiner Beamten- oder Richtertätigkeit künstlerisch oder publizistisch wirkt, nicht der Versicherungspflicht nach dem KSVG[210].

293 Selbstständige Künstler und Publizisten sind von der gesetzlichen Rentenversicherung ebenfalls befreit, wenn sie aus einer anderweitigen Beschäftigung ein beitragspflichtiges Arbeitsentgelt oder zusätzlich aus einer nichtkünstlerischen (nichtpublizistischen) selbständigen Tätigkeit ein Arbeitseinkommen beziehen und das Arbeitsentgelt oder Arbeitseinkommen während des Kalenderjahres voraussichtlich mindestens die Hälfte der für dieses

---

[203] § 55 SGB XI.

[204] § 55 Abs. 3 SBG X.

[205] Art. 3 Abs. 1 in Verbindung mit Art. 6 Abs. 1 GG.

[206] Az. 1 BvR 1629/94 – zu § 54 Abs. 1, 2, § 55 Abs. 1, Abs. 2, § 57 SGB XI. Die genannten Vorschriften können – so das BVerfG – bis zu einer Neuregelung, längstens bis zum 31. 12. 2004, weiter angewendet werden. Mit Gesetz vom 15. 12. 2004 (BGBl. I S. 3448) wurde § 55 Abs. 3 SGB XI angefügt. Danach gilt der Beitragszuschlag in Höhe von 0,25 Beitragssatzpunkten nicht für Eltern im Sinne des § 56 Abs. 1 Satz 1 Nr. 3 und Abs. 3 Nr. 2 und 3 SGB I.

[207] § 3 Abs. 1 KSVG.

[208] § 3 Abs. 2 KSVG.

[209] Begründung Regierungsentwurf 1979 (BT-Drucksache 8/3172) = *M. Schulze,* Materialien zum Künstlersozialversicherungsgesetz, S. 37.

[210] § 4 Nr. 1 KSVG, § 5 Abs. 1 Nr. 1 SGB VII.

Jahr geltenden **Beitragsbemessungsgrenze** in der Rentenversicherung der Arbeiter und Angestellten beträgt. Diese Grenze ist entsprechend herabzusetzen, wenn die Beschäftigung oder selbstständige Tätigkeit nur während eines Teils des Kalenderjahres ausgeübt wird[211].

Von der Versicherungspflicht in der gesetzlichen Rentenversicherung ist ebenfalls ausgenommen, wer als Handwerker in die Handwerksrolle eingetragen ist (sofern die Eintragung nicht auf der Führung eines Handwerksbetriebes beruht),[212] als Landwirt nach dem Gesetz über die Alterssicherung pflichtversichert ist,[213] eine Vollrente wegen Alters aus der gesetzlichen Rentenversicherung bezieht,[214] als ehemaliger Landwirt eine Altersrente oder nach Vollendung des 60. Lebensjahres eine Landabgaberente bezieht[215] oder wer als Wehr- oder Zivildienstleistender in der gesetzlichen Rentenversicherung versichert ist.[216] **294**

XVI. Ausnahmen von der Versicherungspflicht in der gesetzlichen Krankenversicherung

Selbstständige Künstler und Publizisten, die bereits in der gesetzlichen Krankenversicherung pflichtversichert sind, brauchen sich nicht mehr nach dem KSVG versichern zu lassen. **295**

Das KSVG enthält eine Reihe von Ausnahmetatbeständen von der Versicherungspflicht: **296**

Versicherungsfrei ist, wer bereits als Arbeitnehmer und Leistungsempfänger der Bundesanstalt für Arbeit versichert ist,[217] nach Vollendung des 65. Lebensjahres eine selbständige künstlerische oder publizistische Tätigkeit aufnimmt,[218] als Familienangehöriger von Unternehmern der Land- und Forstwirtschaft mitarbeitet und eine Rente nach dem Gesetz über die Alterssicherung der Landwirte bezieht.[219] **297**

Der **Versicherungspflicht** nach dem KSVG unterliegen auch diejenigen selbständigen Künstler und Publizisten nicht, die bereits als Arbeiter oder Angestellte wegen Überschreitens der Jahresarbeitsentgeltgrenze versicherungsfrei sind.[220] Die Jahresarbeitsentgeltgrenze für das Jahr 2006 beträgt 42 750 Euro.[221] **298**

Versicherungsfrei nach dem KSVG ist ebenfalls, wer eine weitere (nichtkünstlerische oder nichtpublizistische) selbstständige Tätigkeit erwerbsmäßig ausübt, falls diese Tätigkeit nicht geringfügig[222] ist.[223] **299**

Versicherungsfrei ist ebenso, wer Wehr- oder Zivildienstleistender,[224] in (Untersuchungs-) Haft[225] oder Studierender[226] ist. **300**

---

[211] § 4 Nr. 2 KSVG.
[212] § 4 Nr. 3 KSVG.
[213] § 4 Nr. 4 KSVG, § 1 Gesetz über die Alterssicherung der Landwirte vom 29. 7. 1994 (BGBl. I S. 1891).
[214] § 4 Nr. 5 KSVG.
[215] § 4 Nr. 6 KSVG.
[216] § 4 Nr. 7 KSVG.
[217] § 5 Abs. 1 Nr. 1 KSVG.
[218] § 5 Abs. 1 Nr. 2 KSVG.
[219] § 5 Abs. 1 Nr. 3 KSVG, Gesetz vom 29. 7. 1994 (siehe Fn. 220).
[220] § 5 Abs. 1 Nr. 4 KSVG, § 6 Abs. 1 Nr. 1 SGB V.
[221] § 6 Abs. 7 SGB V, § 4 Sozialversicherungs-Rechengrößenverordnung 2006 vom 21. 12. 2005 (BGBl. I S. 3627).
[222] Vgl. § 8 SGB IV.
[223] § 5 Abs. 1 Nr. 5 KSVG.
[224] § 5 Abs. 1 Nr. 6 KSVG.

301 Bei Studierenden gilt: Versicherungsfrei ist nur, wer während des Studiums als ordentlicher Studierender einer Hochschule oder einer der fachlichen Ausbildung dienenden Schule als selbständiger Künstler und Publizist tätig ist. Das Studium muss vom zeitlichen Aufwand her den Schwerpunkt bilden.[227]

XVII. Ausnahmen von der Versicherungspflicht in der sozialen Pflegeversicherung

302 Was die soziale Pflegeversicherung betrifft, so gelten hier dieselben Ausnahmetatbestände wie in der gesetzlichen Krankenversicherung.[228] Darüber hinaus gilt Versicherungsfreiheit für Berufsanfänger und Höherverdienende.[229]

XVIII. Befreiung von der Krankenversicherungspflicht

303 Selbstständige Künstler und Publizisten können sich beim Vorliegen bestimmter Voraussetzungen auf Antrag von der Krankenversicherungspflicht befreien lassen.[230] Über den Antrag auf Befreiung von der Versicherungspflicht entscheidet die Künstlersozialkasse.[231]

304 Von der Krankenversicherungspflicht kann sich befreien lassen, wer erstmals eine Tätigkeit als selbständiger Künstler oder Publizist aufnimmt – ohne dass ein Ausnahmetatbestand von der Versicherungspflicht in der gesetzlichen Krankenversicherung[232] vorliegt –, wenn er der **Künstlersozialkasse** eine Versicherung für den Krankheitsfall bei einem privaten Krankenversicherungsunternehmen nachweist.[233] Voraussetzung ist, dass die Versicherungsleistungen der Art nach den Leistungen der gesetzlichen Krankenversicherung bei Krankheit entsprechen.[234]

305 Von der Versicherungspflicht kann sich ebenfalls befreien lassen, wer in drei aufeinanderfolgenden Kalenderjahren insgesamt ein Arbeitseinkommen bezieht, das über der Summe der Beträge liegt, die für diese Jahre als Jahresarbeitsentgeltgrenze festgelegt waren.[235]

XIX. Beitragszuschuss der Künstlersozialkasse

306 Der selbstständige Künstler oder Publizist, der von der **Krankenversicherungspflicht** befreit ist, weil er beispielsweise eine bestimmte **Einkommenshöhe** erreicht hat, und freiwillig in der gesetzlichen Krankenversicherung oder bei einem privaten Krankenversicherungsunternehmen versichert ist, erhält auf Antrag von der Künstlersozialkasse einen Beitragszuschuss. Die Höhe des Zuschusses ist die Hälfte des Betrages, den ein versiche-

[225] § 5 Abs. 1 Nr. 7 KSVG.
[226] § 5 Abs. 1 Nr. 8 KSVG
[227] § 5 Abs. 1 Nr. 8 KSVG; siehe auch § 5 Abs. 1 Nr. 9, § 6 Abs. 1 Nr. 3 SGB V.
[228] § 5 Abs. 2 Nr. 1 KSVG.
[229] § 5 Abs. 2 Nr. 2, §§ 6, 7 KSVG.
[230] §§ 6f. KSVG.
[231] § 7a Abs. 1 KSVG.
[232] Siehe oben Rz. 299ff.
[233] § 6 Abs. 1 KSVG.
[234] § 6 Abs. 1 Satz 2 KSVG.
[235] § 7 Abs. 1 KSVG.

rungspflichtiger Künstler oder Publizist an die gesetzliche Krankenkasse zu zahlen hätte, wobei für Privatversicherte der durchschnittliche allgemeine Beitragssatz der Krankenkassen[236] vom 1. Januar des Vorjahres zugrunde zu legen ist. Der Zuschuss beträgt jedoch höchstens die Hälfte des Beitrages, den der Künstler oder Publizist tatsächlich seiner gesetzlichen oder privaten Krankenversicherung zu zahlen hat.[237]

---

236 Seit 1. 1. 2004: 14,3%; vgl. § 245 SGB V.
237 Vgl. § 10 KSVG.

3. Teil. Kulturgüterschutz

Übersicht

A. Kulturgüterschutz

I. Begriff des Kulturgutes

1 Es ist unklar, wann der Begriff „Kulturgut" (cultural property, bien culturel, bene culturale, cultuurgoed, bien cultural) als **Rechtsbegriff** zum ersten Mal auftaucht. Sicher ist nur, dass ihn verschiedene Länder in unterschiedlichen Zusammenhängen und Zeitpunkten bei ihren Anliegen benutzt haben, nationale Kulturgüter gesetzlich zu schützen. Allgemein verbreitet wurde der Begriff spätestens durch das **Haager Abkommen** vom 14. 5. 1954 zum Schutz von Kulturgut bei bewaffneten Konflikten.[1] Dieses Abkommen spricht in seinen vier offiziellen Sprachen von „cultural property", „biens culturels", **„культурных ценностей"** und „bienes culturales". Die Übersetzung der deutschsprachigen Länder lautet „Kulturgut". Ein Jahr später verabschiedete der Bundestag das Gesetz vom 6. 8. 1955 zum Schutz deutschen Kulturgutes gegen Abwanderung.[2] Zumindest seit diesem Zeitpunkt ist der Begriff „Kulturgut" Teil der deutschen Rechtssprache.[3]

2 Es gibt keine weltweit einheitliche Definition von Kulturgut. Jede internationale oder supranationale Regelung des Kulturgüterschutzes definiert vielmehr selbst, was sie unter „Kulturgut" versteht. Auch nationale Vorschriften zum Kulturgüterschutz sagen, worauf sich im jeweiligen Zusammenhang der Schutz bezieht. So sagt § 1 des deutschen **Kulturgüterrückgabegesetzes,**[4] welche *deutschen* Kulturgüter bei illegalem Verbringen ins

[1] Convention for the Protection of Cultural Property in the Event of Armed Conflict, 249 U.N.T.S. 215, 240; BGBl. 1967 II S. 1235; österr. BGBl. 1974 Nr. 58; SR 0.520.3.

[2] BGBl. 1955 I S. 501. Heutige Fassung vom 8. 7. 1999, BGBl. 1999 I S. 1755.

[3] Der Begriff „Kulturgut" wurde bereits in § 5 der Ersten Verordnung vom 1. 11. 1933 zur Durchführung des Reichskulturkammergesetzes vom 22. 9. 1933 (RGBl. 1933 I S. 659), RGBl. 1933 I S. 797, definiert. Die Verordnung vom 11. 12. 1919 über die Ausfuhr von Kunstwerken [Vorläufer des Gesetzes von 1955, s vorige Note], RGBl. 1919, S. 1961, und die dazu ergangenen Ausführungsbestimmungen vom 11. 12. 1919, RGBl. 1919, S. 1962, sprachen nur von „Kunstwerken".

[4] BGBl. 1998 I S. 3162.

Ausland zurückgefordert werden können, und § 5 desselben Gesetzes bestimmt, welche *ausländischen* Kulturgüter zurückzugeben sind, wenn sie unrechtmäßig nach Deutschland verbracht worden sind. Hier wird deutlich, dass jeder Staat selbst festlegt, welche Gegenstände er als nationale Kulturgüter schützen will. Möchte ein Staat diesen Schutz auch gegenüber ausländischen Staaten wirksam durchsetzen, muss sich er sich allerdings bei seiner Definition des Kulturgutes an gewisse Rahmenvorschriften halten, die in internationalen Instrumenten vorschreiben, welche Kategorien von Kulturgütern internationalen Schutz verdienen. So legen z. B. Art. 1 des Haager Abkommens von 1954, Art. 1 des UNESCO Übereinkommens von 1970[5] und der Anhang zur EWG Richtlinie 93/7/EWG vom 15. 3. 1993[6] fest, welche Kategorien nationaler Kulturgüter sie selbst schützen oder zu deren Schutz sie beitragen wollen.

Zusammenfassend und ergänzend lässt sich Folgendes sagen: 3

1. Es gibt keine weltweit einheitliche Bestimmung des Begriffs „Kulturgut"
2. Jeder Staat bestimmt selbst, welche Gegenstände er als sein nationales Kulturgut schützen möchte.
3. Internationale Instrumente legen fest, in welchem Rahmen sie Kulturgüter selbst schützen oder zu deren Schutz beitragen möchten.
4. Bei all diesen Definitionen von Kulturgut werden u. a. folgende Unterscheidungen getroffen:
   - körperliches Kulturgut und unkörperliches (intangible) Kulturgut,[7]
   - bewegliches und unbewegliches Kulturgut (z. B. Gebäude),
   - archäologische Gegenstände und andere Gegenstände (z. B. Gemälde),
   - Kulturgut, gefunden im Boden und unter Wasser,
   - Kulturgut der Vergangenheit und Werke lebender Künstler,
   - alte Kulturgüter und Kulturgüter neueren Datums,
   - wertvolle Kulturgüter und Kulturgüter minderen Wertes,
   - Einzelstücke und Sammlungen,
   - im Inland gelegenes Kulturgut und Kulturgut im Ausland,
   - nationales Kulturgut und Kulturgut der gesamten Menschheit.
5. In aller Regel werden folgende Unterscheidungen dagegen nicht getroffen:
   - Kulturgut, das im Inland oder Ausland entstanden oder gefunden worden ist (auch eine ägyptische Plastik kann deutsches Kulturgut sein),
   - Kulturgut, das von Inländern oder Ausländern geschaffen wurde (auch ein Gemälde von Raphael kann deutsches Kulturgut sein),
   - Kulturgut, das von Menschenhand geschaffen wurde oder ein Naturprodukt (z. B. ein Mineral oder ein „Ötzi") darstellt,
   - Kulturgut, das als solches sofort erkennbar ist oder, wie bei einem „ready-made" (z. B. Marcel Duchamp's „Urinoir" und „Bottle Rack"), erst durch zusätzliche Merkmale (z. B. Signatur, Ausstellung im Museum) als Kunstwerk wahrgenommen werden kann.

---

[5] UNESCO Übereinkommen vom 14. 11. 1970 über Maßnahmen zum Verbot und zur Verhütung der rechtswidrigen Einfuhr, Ausfuhr und Übereignung von Kulturgut, 823 U. N. T. S. 231; SR 0.444.1.

[6] Richtlinie 93/7/EWG des Rates der Europäischen Gemeinschaften vom 15. 3. 1993 über die Rückgabe von unrechtmäßig aus dem Hoheitsgebiet eines Mitgliedstaats verbrachten Kulturgütern, ABl. EG 1993, Nr. L 74/74.

[7] Seit kurzem gibt es das UNESCO Übereinkommen vom 17. 10. 2003 über den Schutz des unkörperlichen Kulturerbes (z. B. Sprachen, Riten und handwerkliche Eigenschaften). Darauf ist hier nicht einzugehen.

4 Im Ergebnis lässt sich der Begriff „Kulturgut" in Anlehnung an die Begriffsbestimmung in Art. 1 des UNESCO Übereinkommens von 1970[8] folgendermaßen definieren:

Kulturgut ist jeder körperliche Gegenstand, der aus religiösen oder weltlichen Gründen für Archäologie, Vorgeschichte, Geschichte, Literatur, Kunst oder Wissenschaft besonders bedeutungsvoll ist.

Welche Gegenstände oder Gegenstandskategorien dies im Einzelnen sind, bestimmt jeder Staat für seine nationalen Kulturgüter durch Gesetz oder zuständige Organe und jedes internationale oder supranationale Instrument für seinen sachlichen Anwendungsbereich selbst.

5 In manchen Zusammenhängen begegnet man heute dem Begriff **„Kulturerbe"** (cultural heritage). Diese Bezeichnung und der synonyme Begriff „kulturelles Erbe" sind die deutsche Übersetzung des Terminus „cultural heritage". Dieser Begriff ist in der englischen Sprache offenbar weiter als der des „cultural property", der allzu leicht auf *körperliche* Sachen beschränkt zu sein scheint. Das ist wohl nicht richtig; denn das Immaterialgüterrecht heißt im Englischen „intellectual property law". Wie immer dem sei, heute wird immer dann, wenn man gemeinsame Werte bezeichnen will (z.B. das „Weltkulturerbe" der UNESCO,[9] den Meeresboden als „common heritage of mankind",[10] die Kulturgüter unter Wasser als „underwater cultural heritage"[11] oder archäologische Kulturgüter als „archaeological heritage")[12] oder unkörperliche Werte (z.B. Sprachen, Riten und handwerkliche Fähigkeiten als „intangible cultural heritage"),[13] weicht man auf den Begriff „heritage" aus. Im deutschen Sprachgebrauch ist eine solche Differenzierung eigentlich nicht notwendig; denn das Wort „Gut" bezeichnet als Bestandteil solcher Begriffe wie „Erbgut", „Gemeingut", „Ideengut", „Kulturgut" oder „Sprachgut" die Gesamtheit von Werten, und zwar unabhängig von jeglicher Verkörperung.

II. Ziel des Kulturgüterschutzes

1. Schutz vor Verfall und Zerstörung

6 Der **Denkmalsschutz** als die wohl älteste Form des Kulturgüterschutzes. Er betrifft vor allem unbewegliche Gegenstände wie Gebäude und Gebäudekomplexe und ist im wesentlichen Verwaltungsrecht mit Vorschriften über die Erhaltung der unter Denkmalschutz stehenden Objekte. Außerdem ist der Denkmalschutz fast ausschließlich nationales Recht. Jeder Staat muss nach eigenem Ermessen entscheiden, welche Bedeutung er dem Schutz alter Baulichkeiten beimessen will. Internationale Organisationen können lediglich Anregungen geben, zu Selbstverpflichtungen ermuntern (z.B. durch Übereinkommen) und mittelbaren Druck dadurch ausüben, dass nationalen Bauwerken die Qualität als **Weltkulturerbe** entzogen wird.

---

[8] S. oben N. 5.

[9] Vgl. Artt. 1 und 11 des UNECCO Übereinkommens vom 23. 11. 1972 über den Schutz des Kultur- und Naturerbes der Welt, BGBl. 1977 II S. 215; österr. BGBl. 1993 Nr. 60; SR 0.451.41.

[10] Vgl. Art 136 des Seerechtsübereinkommens der Vereinten Nationen vom 10. 12. 1982, 1833 U.N.T.S. 397; BGBl. 1994 II S. 1799, spricht in der deutschen Übersetzung von „gemeinsames Erbe der Menschheit".

[11] Vgl. UNESCO Convention of 2 November 2001 on the Protection of the Underwater Cultural Heritage, International Journal of Cultural Property 11 (2002) 107.

[12] Vgl. European Convention of 16 January 1992 on the Protection of the Archaeological Heritage, European Treaty Series Nr. 143; BGBl. 2002 II S. 2710 (Übereinkommen zum Schutz des archäologischen Erbes).

[13] Vgl. die UNESCO Convention of 17 October 2003 for the Safeguarding of the Intangible Cultural Heritage, Int. J. Cult. Prop. 12 (2005) 447.

Echte internationale Dimensionen erhält der Denkmalschutz dann, wenn nationale oder regionale Kulturgüter von außen bedroht werden. Deshalb verbietet das Haager Übereinkommen von 1954, bei bewaffneten Konflikten fremdes Kulturgut zu zerstören.[14] Wird diese Pflicht verletzt, kann die vertragsbrüchige Konfliktpartei zur Rechenschaft gezogen und zu **Schadenersatz** verurteilt werden. 7

2. Schutz vor Raub und Diebstahl

Raub und Diebstahl sind überall verboten. Räuber und Diebe müssen die geraubten oder gestohlenen Sachen zurückgeben oder Schadensersatz zahlen. Außerdem werden sie bestraft. 8

An diesem allgemeinen Schutz durch das Privatrecht und das Strafrecht nehmen auch Kulturgüter teil. Nur sehr wenige Staaten gehen darüber hinaus und lassen den Kulturgütern noch einen zusätzlichen Schutz angedeihen, und zwar indem sie entweder 9
- einen gutgläubigen Erwerb von Kulturgütern durch Rechtsgeschäft oder Ersitzung erschweren[15] oder
- ganz ausschließen.[16]

Geraubte oder gestohlene Kulturgüter werden häufig ins Ausland gebracht, um sie dem Zugriff der örtlichen Strafverfolgungsbehörden zu entziehen. Das erschwert die **Rückforderung und Rückführung der Objekte.** Zwar verfolgt auch das Ausland Räuber und Diebe, jedoch tut es das nach seinen eigenen Vorschriften. Deshalb kann der beraubte oder bestohlene Eigentümer sein Eigentum nach dem im Ausland geltenden Recht durch gutgläubigen Erwerb oder Verjährung verlieren, und zwar selbst dann, wenn dies nach dem **Recht des Herkunftsstaates** (Staat, in dem die Sache entwendet wurde) nicht möglich gewesen wäre. 10

3. Schutz vor Verlust des Kontextes

Besondere Probleme ergeben sich bei **archäologischen Gegenständen,** die auf dem Land oder unter Wasser gefunden werden. Sobald sie gefunden sind, genießen die denselben Schutz wie alle anderen Kulturgüter. Bei archäologischen Gegenständen beginnt aber der Schutz schon früher. Bei diesen Gegenständen nämlich ist vor allem der Kontext wichtig, in dem sie gefunden worden sind. Nur wenn man weiß, in welchem Land, an welchem Ort und in welcher Bodenschicht eine Sache gefunden wurde, kann sie über die Vergangenheit Auskunft geben. Ohne diese Informationen mag der Gegenstand zwar schön anzusehen sein, ist aber für die archäologische Wissenschaft fast wertlos. Deshalb müssen bereits Grabungsfelder vor Raubgrabungen geschützt werden, damit später wissenschaftlich durchgeführte und dokumentierte Grabungen stattfinden können. 11

Wegen dieser Besonderheiten wird der Kulturgüterschutz dadurch verstärkt, dass man archäologische Gegenstände 12
- zu Staatseigentum erklärt,
- als gestohlen ansieht, wenn sie illegal ausgegraben wurden,
- nur verkaufen und erwerben darf, wenn ihnen eine Provenienzbescheinigung (pedigree) beigefügt ist,

---

[14] S. oben N. 1, sowie die beiden Protokolle vom 14. 5. 1954 und 26. 3. 1999.

[15] So z. B. in der Schweiz durch Verlängerung der Fristen für gutgläubigen Erwerb in den Artt. 728 Abs. 1ter (Ersitzung) und 934 Abs. 1bis ZGB (gutgläubiger Erwerb durch Rechtsgeschäft).

[16] So z. B. in Italien, wo Kulturgüter unveräußerlich sein können. Vgl. *Marc Weber,* Unveräußerliches Kulturgut im nationalen und internationalen Rechtsverkehr, Berlin 2002, 121 ff.; *Amalie Weidner,* Kulturgüter als res extra commercium im internationalen Sachenrecht, Berlin 2001, 58 ff.

– in Museen nur ausstellen und in der Fachliteratur wissenschaftlich auswerten darf, wenn sie legal ausgegraben worden sind.

13 Diese Besonderheiten machen sich auch internationale Vereinbarungen und Verhaltensregeln von Fachverbänden zu Eigen.[17]

4. Schutz vor Abwanderung durch Schmuggel

14 Bereits seit vielen Jahrhunderten verboten **territoriale Hoheitsträger,** Kulturgüter verschiedenster Kategorien ohne ihre Genehmigung außer Landes zu bringen. So wollten im Rom der Renaissance die örtliche Sammler die gefundenen Antiken für sich behalten,[18] später gedachte man durch die Gewährung von **Exportgenehmigungen** Geld einzunehmen,[19] und heute möchte man die Abwanderung bedeutender Kulturgüter deshalb verhindern, um durch ihr Verbleiben im Inland das nationale Kulturbewusstsein zu erhalten und zu stärken.

15 Dieser Schutz ist sehr unterschiedlich ausgestaltet. Man kann, grob gesehen, drei Haltungen unterscheiden:

– Verbot, fast alle Kulturgüter ohne staatliche Genehmigung auszuführen (z. B. Italien),
– Verbot, einzelne besonders bedeutsame Kulturgüter ohne Ausfuhrerlaubnis zu exportieren, und zwar entweder definitiv (z. B. Deutschland) oder bis zu einem gewissen Zeitpunkt (z. B. Vereinigtes Königreich),
– kein Ausfuhrverbot (z. B. USA).

16 Dieses nationale Anliegen bestimmter Staaten, ihre Kulturgüter vor **Abwanderung** zu schützen, wird international nur dann anerkannt, wenn internationales Recht solche Beschränkungen des Welthandels billigt und sich Importstaaten verpflichten, ausländische Exportverbote im Inland zu honorieren. Solche Normen bestehen in Gestalt folgender Vorschriften:

– Art. 30 EG beschränkt die Warenverkehrsfreiheit innerhalb der EG für „nationales Kulturgut von künstlerischem, geschichtlichem oder archäologischem Wert",[20]
– nationale Gesetze, die in Ausführung der Richtlinie 93/7/EWG vom 15. 3. 1993[21] ergangen sind, verpflichten die Mitgliedstaaten, das aus anderen Mitgliedstaaten unrechtmäßig verbrachte Kulturgut auf Verlangen zurückzugeben,[22]
– nationale Gesetze, welche das UNECO Übereinkommen von 1970[23] umgesetzt haben, verpflichten die Vertragsstaaten dieses Übereinkommens, das außer Landes geschmuggelte Kulturgut anderer Vertragsstaaten herauszugeben.[24]

---

[17] S. hierzu unten A III 3.

[18] Vgl. *Kurt Siehr,* International Art Trade and the Law: Recueil des Cours 243 (1993-VI) 9–292 (162 f.).

[19] So noch bis vor kurzem in Italien. Vgl. EuGH 10. 12. 1968, Rs. 7/68 (Kommission ./. Italien), Slg. 1968, 633.

[20] Ähnliche Ausnahmen sind enthalten in Art. XX lit. f des GATT Übereinkommens von 1947 und damit Teil der WTO sowie in Art. 50 lit. f des Vertrags von Montevideo vom 12. 8. 1980 und damit Teil des Mercosur.

[21] S oben N. 6.

[22] Vgl. das deutsche Kulturgüterrückgabegesetz vom 15. 8. 1998, BGBl. 1998 I S. 3162; das österr. Bundesgesetz Nr. 67 vom 15. 5. 1998, österr. BGBl. 1998 I S. 685.

[23] S. oben N. 5.

[24] So das schweizerische Bundesgesetz über den internationalen Kulturgütertransfer (Kulturgütertransfergesetz, KGTG) vom 20. 6. 2003, AS 2005, 1869; SR 444.1.

5. *Schutz vor Verunstaltung und Verfälschung*

Wohl jeder Staat schützt Sachen vor Beschädigung und Verunstaltung durch zivil- und strafrechtliche Verbote der Sachbeschädigung. Außerdem räumen sie allein dem Künstler das Recht ein, sein Kunstwerk zu verändern (vgl. §§ 14, 23, 39, 62 UrhG). 17

III. Übernationale Dimensionen des Kulturgüterschutzes

Gäbe es nur den nationalen Kulturgüterschutz, könnte man ihm leicht dadurch entgehen, dass man Kulturgut außer Landes bringt und sich dessen im Ausland erfreut. Das geschieht in der Tat auch heute noch, indem Kulturgüter ins Ausland **geschmuggelt** werden, um sie dort zu **Weltmarktpreisen** zu verkaufen oder, bei gestohlenen und illegal ausgegrabenen Objekten, auf dem **schwarzen Markt** zu veräußern. Nicht nur Museen und Sammler sind für solche Angebote empfänglich, sondern auch Personen, die durch Erwerb teurer Kunstwerke Geld „waschen" und dann die Kunstwerke wieder verkaufen. Viele internationale Organisationen haben diese Missstände lange beobachtet und selbst oder auf Drängen ihrer Mitglieder Konventionen oder Verhaltensnormen ausgearbeitet, die übernational dem Unwesen illegaler Aktivitäten Einhalt gebieten sollen. 18

1. *Internationale Übereinkommen*

Es gibt verhältnismässig wenig internationale Übereinkommen, die unmittelbar anwendbar sind und den Gerichten die Möglichkeit geben, auf Grund dieser Übereinkommen deren Inhalt zu verwirklichen. 19

a) Unmittelbar wirkende Übereinkommen. Die **Haager Konvention von 1954**[25] richtet sich an Staaten, die Krieg führen oder in bewaffnete Konflikte verwickelt sind, und verpflichtet diese, aber gibt betroffenen Privatpersonen keinen unmittelbaren Schutz vor Raub, Zerstörung und keinen unmittelbaren Anspruch auf Rückgabe sichergestellter oder entwendeter Gegenstände. Auch andere Übereinkommen verpflichten lediglich die Vertragstaaten, ihre übernommenen staatsvertraglichen Verpflichtungen durch Gesetze in vollziehbare Normen umzusetzen, damit ihre Gerichte diese Verpflichtungen durchsetzen können. Es gibt bislang nur ein Übereinkommen, das unmittelbar durchsetzbar **(self-executing)** ist, aber nur von wenigen Staaten ratifiziert und in Kraft gesetzt worden ist, das sog. **Unidroit-Übereinkommen von 1995.**[26] Dieses Übereinkommen, auf das später zurückzukommen ist, gibt einen privatrechtlichen Anspruch auf Rückgabe gestohlener Kulturgüter und einen öffentlichrechtlichen Anspruch der Vertragsstaaten, die außer Landes geschmuggelten Kulturgüter zurückzuführen. Das Unidroit Übereinkommen gilt noch nicht in Deutschland, Österreich und der Schweiz. 20

b) Nicht unmittelbar wirkende Übereinkommen. Das **UNESCO Übereinkommen von 1970**[27] ist nicht unmittelbar anwendbar. Es verpflichtet lediglich die Vertragsstaaten, alle oder einzelne staatsvertraglich übernommenen Pflichten durch vollziehbare Normen des nationalen Rechts umzusetzen und durch nationale Instanzen durchzusetzen. 21

---

[25] S. oben N. 1.

[26] Übereinkommen vom 24. 6. 1995 über gestohlene oder unrechtmäßig ausgeführte Kulturgüter, Uniform Law Review N.S. 1 (1996) 110ff. Bislang gibt es noch keine amtliche Übersetzung ins Deutsche.

[27] S. oben N. 5.

Das haben die Vereinigten Staaten von Amerika[28] und die Schweiz[29] getan, die meisten Vertragsstaaten des UESCO Übereinkommens dagegen nicht. Deswegen bleibt das Übereinkommen verhältnismäßig wirkungslos, und deshalb wurde das Internationale Institut zur Vereinheitlichung des Privatrechts (Unidroit) in Rom beauftragt, das Unidroit Übereinkommen von 1995 auszuarbeiten.[30]

22 Auch andere Übereinkommen wie z.B. das **UNESCO Übereinkommen von 2001** zum Schutz von Kulturgütern unter Wasser[31] und die Europarats-Übereinkommen[32] verpflichten nur die Mitgliedstaaten, geben deshalb Einzelpersonen keine eigenen Rechte.

2. *Supranationales Recht der Europäischen Union*

23 Die Europäische Union hat hinsichtlich europäischer Kulturgüter keine eigene Kulturpolitik entwickelt. Sie hat sich vielmehr bisher darauf beschränkt, nationale Kulturpolitik der Mitgliedstaaten bezüglich ihrer nationalen Kulturgüter zu unterstützen und zu koordinieren. Das hat der **Rat der Europäischen Gemeinschaften** vor allem durch eine Richtlinie getan, nämlich die **Richtlinie 93/7/EWG** vom 15. 3. 1993 über die Rückgabe von unrechtmäßig aus dem Hoheitsgebiet eines Mitgliedstaats verbrachten Kulturgütern.[33] Diese Richtlinie ist nicht unmittelbar anwendbar. Die Mitgliedstaaten müssen sie in nationales Recht umsetzen, und nur in dieser Form, also nur mittelbar wird das Ziel der Richtlinie erreicht. Die Richtlinie geht davon aus, dass die Mitgliedstaaten weiterhin nationale Kulturpolitik betreiben und nationale Kulturgüter vor der Abwanderung in andere Mitgliedstaaten und dritten Staaten verhindern wollen. Die Richtlinie verpflichtet deshalb **alle Mitgliedstaaten,** in ihrem Recht vorzusehen, dass unrechtmäßig aus einem Mitgliedstaat verbrachte Kulturgüter dem Herkunftsstaat zurückgegeben werden. Dass haben mittlerweile alle Mitgliedstaaten der Europäischen Union (EU) und des Europäischen Wirtschaftsraums (EWR; Island, Liechtenstein, Norwegen) getan.[34] Deutschland hat das Kulturgüterrückgabegesetz von 1998 erlassen[35] und Österreich das Bundesgesetz vom 15. 5. 1998.[36]

24 Soll ein national **geschütztes Kulturgut** in ein Drittland außerhalb von EU und EWR gebracht werden, ist nach der EG-Verordnung Nr. 3911/92 vom 9. 12. 1992[37] derjenige Mitgliedstaat für eine Ausfuhrgenehmigung zuständig, in dem sich das Kulturgut zuletzt rechtmäßig befunden hat.

---

[28] Convention on Cultural Property Implementation Act, 19 U.S.C.A. §§ 2601ff. (1999 und 2005 Supplement) und 19 C.F.R. §§ 12.104g (2004)

[29] S. oben N. 24.

[30] S. oben N. 26.

[31] S. oben N. 11.

[32] Vgl z.B. das Archäologie-Übereinkommen von 1992, oben N. 12.

[33] ABl. E.G. 1993, Nr. L 74/74, mit Änderung durch die Richtlinie 2001/38/EG vom 5. 6. 2001, ABl. E.G. 2001, Nr. L 187/43.

[34] Zu einer Liste der nationalen Vorschriften zur Umsetzung der Richtlinie durch die 15 Alt-Mitgliedstaaten, 4 Neu-Mitgliedstaaten und die EWR-Staaten vgl. *Kurt Siehr,* Europäisches Recht der Kulturgüter und die Schweiz: AJP 1999, 962–970 (963 Fn. 14); *ders.,* Das Kulturgütertransfergesetz der Schweiz aus der Sicht des Auslandes: AJP 2005, 675–685 (677 Fn. 15 und 16)

[35] S. oben N. 22.

[36] S. oben N. 22.

[37] Verordnung (EWG) Nr. 3911/92 des Rates vom 9. 12. 1992 über die Ausfuhr von Kulturgütern, ABl. E.G. 1992, Nr. 395/1; geändert durch Verordnung (EG) Nr. 974/2001 vom 14. 5. 2001, ABl. E.G. 2001, Nr. L 137/10.

3. Internationale Verbände und ihre Verhaltensnormen (Codices)

Viele internationale Verbände haben Verhaltensrichtlinien ausgearbeitet, nach denen sich ihre Mitglieder verhalten sollen. So hat das **International Council of Museums (ICOM)** im Jahr 1998 Ethische Richtlinien für Museen verabschiedet, in deren Ziffer 3 die Erwerbungen für Museumssammlungen behandelt werden.[38] Verbände von Kunsthändlern haben ihre eigenen Richtlinien ausgearbeitet,[39] und Archäologen richten sich nach den von ihnen verabschiedeten beruflichen Verhaltensnormen.[40] 25

All diese Verhaltensrichtlinien sind zwar keine Gesetze und binden deshalb nicht. Wer jedoch gegen sie verstößt, wird vor Gericht kaum mit der Behauptung Gehör finden, er habe bei seinem Handeln die gebührende berufliche Sorgfalt walten lassen. 26

B. Schutz vor Verfall, Verunstaltung und Zerstörung

I. Denkmalschutz im Allgemeinen

1. Nationales Recht

Auch **Werke der bildenden Kunst** können als Denkmal geschützt sein. Das gilt vor allem für Bauwerke, aber ebenfalls für **Denkmäler** im wörtlichen Sinne. Ob das im Einzelfall zutrifft, muss das territorial anwendbare Denkmalschutzgsetz sagen. Wenn ein Gebäude als Denkmal geschützt ist, kann es ohne staatliche Genehmigung nicht beseitigt werden.[41] Dieser Schutz geht über den des Urheberrechts hinaus, wonach der Architekt eines solchen Gebäudes nur gegen Verunstaltung des Gebäudes durch den Eigentümer oder Dritte, nicht etwa gegen Abbruch des Gebäudes geschützt ist. 27

2. Übernationale Bemühungen

a) Schutz vor Verfall und Verunstaltung. Nationale Instanzen sowie inter- und supranationale Organisationen wie die UNESCO und die EU können in aller Regel nur indirekt den Verfall oder die Verunstaltung nationaler Denkmäler verhindern, sofern sie nicht Geld für die Instandhaltung von Denkmälern im Ausland zur Verfügung stellen. Solche Hilfe durch Geldmittel oder bezahlte Restauratoren ist schon vielfach gewährt worden. Die Rettung von Abu Simpel durch amerikanische Sponsoren, die Pflege archäologischer Grabungsstätten in Griechenland und der Türkei durch auswärtige archäologische Institute und die Restaurierung ost- und mitteleuropäischer Denkmäler durch Deutschland auf Grund des § 96 des Bundesvertriebenengesetzes sind nur Beispiele für die weltweite Bereitschaft, auch ausländische Denkmäler vor dem Untergang oder Verfall zu schützen. 28

Ansonsten können internationale Organisationen indirekt zum Schutz nationaler Denkmäler anspornen. Das tut die UNESCO einigermaßen erfolgreich mit ihrer Drohung, 29

---

[38] ICOM (Hrsg.), Ethische Richtlinien für Museen (Code of Ethics for Museums), Berlin, Wien, Zürich 2003.

[39] Bundesverband des deutschen Kunst- und Antiquitätenhandels e. V.: Verhaltenskodex von 1988 für den internationalen Handel mit Kunstwerken.

[40] Vgl. die Berliner Erklärung von 1988 über Leihgaben und Neuerwerbungen von archäologischen Objekten durch Museen: Jahrbuch Preußischer Kulturbesitz XXV (1988) 118.

[41] Vgl. etwa § 6 Abs. 1 Nr. 1 bayer. Denkmalschutzgesetz; § 11 Abs. 1 Nr. 2 Denkmalschutzgesetz Berlin.

Objekte des **Weltkulturerbes** in die „Liste des gefährdeten Erbes der Welt" einzutragen.[42]

30 **b) Schutz vor Zerstörung und Raub. Grabräuber und Denkmalschänder** gibt es seit dem Altertum. Hohes Alter und lange Tradition zieren jedoch nicht jedes Gewerbe. Deshalb wird schon seit langem versucht, der Zerstörung von Tempelanlagen, Gräbern und anderen Monumenten sowie dem Handel mit den herausgebrochenen Spolien und den geraubten Grabfunden den Einhalt zu gebieten. Das geschieht auf nationaler und internationaler Ebene und wird unten bei C dargestellt.

II. Denkmalschutz im Krieg

31 Kriege verschlingen alles, Menschen und ganze Kulturen. Was dem Feind heilig ist, wird zerstört, geplündert, in Triumphzügen dem siegreichen Volk vorgeführt und in Schatzhäusern – heute würden wir sagen „Räuberhöhlen" – gehortet. Früher war das ein **Recht des Siegers,** und seine Beute bewundern wir noch heute in so manchem Museum oder in so mancher Kirche. Spätestens seit den **Haager Abkommen von 1907** ist es jedoch verboten, feindliches Eigentum ohne militärische Notwendigkeit zu zerstören oder wegzunehmen, und das Plündern ist ebenso untersagt[43] wie das Prisennehmen auf hoher See.[44] Doch schon vorher bestanden Zweifel an der Legalität des Beutemachens. Napoleon ließ sich in Friedensverträgen Kunstschätze der Besiegten übertragen,[45] und wenig später verpflichtete ein englisches Seegericht in Halifax, Kunstwerke, die ein englisches Kriegsschiff bei einem aufgebrachten feindlichen amerikanischen Handelsschiff als Prise genommen hatte, an die Eigentümer der Feindmacht USA herauszugeben.[46] Allerdings erkannte noch im Jahr 1864 das Preußische Ober-Tribunal an, dass General Blücher im Jahr 1815 berechtigt gewesen sei, mehrere Gemälde aus Frankreich als Kriegsbeute heimzunehmen.[47]

1. Raub- und Beutekunst des Zweiten Weltkrieges

32 Während des Zweiten Weltkriegs galt das Verbot des Plünderns und Erbeutens nicht nur für die Vertragspartner des Haager Abkommens von 1907, sondern auch für die Außenstehenden kraft Völkergewohnheitsrechts. Was Soldaten der **Alliierten** in Deutschland sich als „Souvenir" aneigneten, waren schlichte Diebstähle, die stets verboten waren. Zahlreiche Kulturgüter, die fremde Soldaten gestohlen hatten, konnten inzwischen nach Deutschland zurückgeführt werden. Man denke lediglich an die Tucher-Portraits von Albrecht Dürer aus Weimar,[48] den Domschatz aus Quedlin-

---

[42] Vgl. Art. 11 Abs. 4 des UNESCO Übereinkommens von 1972 über das Kulturerbe, s. oben N. 9.

[43] Vgl. Art. 23 Abs. 1 lit. g und Art. 28 des Haager Abkommens vom 18. 10. 1907 über die Gesetze und Gebräuche des Landkrieges, RGBl. 1910, S. 107; Art. 7 des Haager Abkommens vom 18. 10. 1907 betreffend die Beschießung durch Seestreitkräfte in Kriegszeiten, RGBl. 1910, S. 256.

[44] Art. 4 des Haager Abkommens vom 18. 10. 1907 über die Behandlung der feindlichen Kauffahrteischiffe beim Ausbruch der Feindseligkeiten, RGBl. 1910, S. 181.

[45] Vgl. Art. XIII des Friedensvertrages von Tolentino vom 19. 2. 1797 zwischen Frankreich und dem Papst, 53 C. T. S. 485.

[46] The Marquis de Somerueles, Nova Scotia Stewart's Vice-Admiralty Reports 482 (1813), ebenfalls in: Int. J. Cult. Prop. 5 (1996) 319 mit Anm. *John Henry Merryman.*

[47] Preußisches Ober-Tribunal 124. 6. 1864, Entscheidungen des Königlichen Ober-Tribunals 53, S. 49, unter Berufung auf ALR 9, I, §§ 193, 194.

[48] Vgl. *Ulrich Drobnig,* Amerikanische Gerichte zum internationalen Sachenrecht auf dem Hintergrund der Teilung Deutschlands: IPRax 1984, 61–65.

burg,[49] das Gemälde von Wtewael aus dem Museum Friedenstein in Gotha[50] und an die noch schwebende Auseinandersetzung um Rubens' Gemälde „Tarquinius und Lucretia".[51]

Nicht so einfach gestaltet sich die Rechtlage bei dem **Beutegut,** das die **Russische Armee** nach Russland gebracht hat.[52] Die Russische Republik nimmt diese Gegenstände als „kriegsbedingt verlagertes Kulturgut" im Wege der **„restitution in kind"** zur **Wiedergutmachung deutscher Untaten** für sich in Anspruch, obwohl sich die Sowjetunion und nach deren Auflösung zusätzlich alle ihre Nachfolgestaaten staatsvertraglich verpflichtet haben, „dass verschollene oder unrechtmäßig verbrachte Kunstschätze [Kulturgüter], die sich auf ihrem [der Parteien] Territorium befinden, an den Eigentümer oder seinen Rechtsnachfolger zurückgegeben werden".[53] Russland, wo sich heute noch Beutegut befindet, steht auf dem Standpunkt, dass die erbeuteten deutschen Kulturgüter nicht „unrechtmäßig verbracht" worden sind und hat diese Auffassung gesetzlich festgelegt.[54] Was jedoch „unrechtmäßig" ist, bestimmt nicht eine Vertragspartei, sondern das Völkerrecht. Das **Völkerrecht** jedoch verbietet das Beutemachen, eine Wiedergutmachung erlittener Verluste durch Lieferung ähnlicher Kulturgüter **(restitution in kind)** ist weder vertraglich abgemacht, noch kraft Völkergewohnheitsrechts durch einseitiges Handeln erlaubt.[55] Auch lässt sich nicht nachweisen, eine „restitution in kind" sei nach allgemeiner Meinung aller völkerrechtlichen Autoritäten zulässig. Schließlich hat die Bundesrepublik Deutschland ihre Rechte als Rechtsnachfolgerin des Deutschen Reichs ihre Rechte nicht durch Zeitablauf oder Duldung verwirkt; denn sie hat immer wieder darauf hingewiesen, dass sie weiterhin der Meinung ist, die noch in Russland befindlichen deutschen Kulturgüter seien widerrechtlich verbracht worden und müssen zurückgegeben werden. 33

Frage bleibt, wie man eine solche **völkerrechtliche Kontroverse** beilegen kann. Eine Klage vor dem Internationalen Gerichtshof (IGH) in Den Haag, der rechtsprechenden Gewalt der Vereinten Nationen, setzt voraus, dass sich die Parteien der Gerichtsbarkeit des IGH unterworfen haben, was bei Russland nicht der Fall ist. Der Europäische Gerichtshof für Menschenrechte (EGMR) in Strassburg kann über den Schutz de Eigentums nur entscheiden, wenn die beklagte Partei das Zusatzprotokoll vom 20. 3. 1952 zur **Menschenrechtskonvention** ratifiziert hat, was Russland nicht getan hat. Auch die Klage vor nationalen Gerichten sind wenig Erfolg versprechend. Deutsche Urteile über die Rückgabe von 34

[49] Vgl. *Siegried Kogelfranz/Willi A. Korte,* Quedlinburg-Texas und zurück, München 1994, 54ff.

[50] Vgl. hierzu *Michael H. Carl/Herbert Güttler/Kurt Siehr,* Kunstdiebstahl vor Gericht. City of Gotha v. Sotheby's/Cobert Finance S. A., Berlin 2001.

[51] Vgl. IFAR Journal 6 (2003) Nr. 3, S. 4.

[52] Vgl. hierzu insbesondere *Susanne Schoen,* Der rechtliche Status von Beutekunst, Berlin 2004; *Eva Stumpf,* Kulturgüterschutz im internationalen Recht unter besonderer Berücksichtigung der deutsch-russischen Beziehungen, Frankfurt am Main u. a. 2003.

[53] So die Formulierung in Art. 16 Abs. 2 des Vertrags vom 9. 1. 1990 über gute Nachbarschaft, Partnerschaft und Zusammenarbeit zwischen der Bundesrepublik Deutschland und der Union der Sozialistischen Sowjetrepubliken, BGBl. 1991 II S. 703. Diese Formulierung findet sich – manchmal mit kleinen, aber bedeutsamen Abweichungen – auch in den deutschen Kulturabkommen mit den Nachfolgestaaten Armenien, Aserbaidschan, Belarus, Georgien, Kasachstan, Moldau, Russland, Tadschikistan, Turkmenistan, Ukraine und Usbekistan.

[54] Vgl. Russian Federation Federal Law of 13 May 1997 on Cultural Values that have been displaced to the U. S. S. R. as a Result of World War II and are to be found in the Russian Federation Territory, Int. J. Cult. Prop. 7 (1998) 514. Hierzu: *Ronald Pienkny,* Das Kulturgütergesetz der Russischen Föderation und seine völkerrechtliche Vereinbarkeit, Diss. Potsdam 2003.

[55] A. A. *Stefan Baufeld,* Kulturgutbeschlagnahmen in bewaffneten Konflikten, ihre Rückabwicklung und der deutsch-russische Streit um die so genannte Beutekunst, Frankfurt am Main 2005, 147ff.

Beutekunst dürften in Russland kaum anerkannt und vollstreckt werden, und russische Gericht sind an russisches Recht gebunden, das – was zwar völkerrechtswidrig ist – eine Rückgabe verbietet. So bleiben nur diplomatische Lösungen übrig. Das erfordert Geduld, woran es manchen Personen zu mangeln scheint, Zeit und klare Vorstellungen über die eigene Rechtsposition.

2. Haager Abkommen von 1954

35 Auf Grund der bösen Erfahrungen des Zweiten Weltkriegs ist das **Haager Abkommen vom 14. 5. 1954** über den Schutz von Kulturgut bei bewaffneten Konflikten ausgearbeitet worden.[56] Dieses Abkommen verpflichtet die Vertragsparteien, eigenes und fremdes Kulturgut zu respektieren (Art. 4), die Unverletzlichkeit von Kulturgut, das einen Sonderschutz in sicheren Depots genießt, zu gewährleisten (Art. 9) und dringende Transporte von Kulturgut zu gestatten (Art. 13). Nach Ziffer 3 Satz 1 des Ersten Protokolls zu der Konvention[57] von 1954 ist jede Vertragspartei verpflichtet, „bei Beendigung der Feindseligkeiten auf ihrem Gebiet befindliches Kulturgut den zuständigen Behörden des früher besetzen Gebietes zurückzugeben, sofern dieses Gut unter Verletzung des in Ziffer 1 dies Protokolls niedergelegten Grundsatzes [Verbot der Ausfuhr von Kulturgut] ausgeführt worden ist." In Satz 2 wird hinzugefügt: „In keinem Fall darf solches Gut für Reparationszwecke zurückgehalten werden." Dies bedeutet nicht etwa, dass nicht schon vorher dieselben Pflichten und Verbote bestanden haben. Beide stellen hier nur klar, was sich bereits aus der schon vorher geltenden völkerrechtlichen Regel ergab, keine Beute zu machen.

36 Der Schutz durch die Haager Konvention ist kürzlich noch durch das **Zweite Protokoll vom 26. 5. 1999**[58] verstärkt worden, das allerdings noch nicht in Deutschland und der Schweiz gilt, dafür aber in Österreich seit dem 9. 3. 2004.

3. Irakische Kulturgüter nach März 2003

37 Seit März 2003 tobt ein Krieg im Irak. Museen wurden geplündert, Grabungsfelder zerstört und ausgeraubt, Antiquitäten außer Landes geschmuggelt. Die Wiege der Kultur sinkt in ihr Grab. Und was tut der Rest der Welt? Die Vereinten Nationen haben in ihrer Resolution vom 22. 5. 2003 die Mitgliedstaaten aufgefordert, alles zu tun, damit geraubte irakische Kulturgüter zurückgegeben werden und der Handel mit ihnen verboten wird.[59] Die Europäische Union hat wenig später in der Verordnung vom 7. 7. 2003 den Import, Export und Handel mit irakischem Kulturgut untersagt, das nach dem 6. 8. 1990 aus dem Irak ausgeführt worden ist.[60] Diese Verordnung gilt zwar unmittelbar in allen Mitgliedstaaten, kann aber die Plünderung des Irak nicht verhindern. Hierfür wären viele hundert Kulturschutzoffiziere notwendig, die an Ort und Stelle dem Raub – vorwiegend durch Bürger des Irak – Einhalt gebieten und den Kulturgüterschutz bei bewaffneten Konflikten

---

[56] S. oben N. 1. Hierzu *Kevin Chamberlain,* War and Cultural Heritage. An Analysis of the 1954 Convention for the Protection of Cultural Property in the Event of Armed Conflict and its Two Protocols, Leicester 2004; *Jiří Toman,* The Protection of Cultural Property in the Event of Armed Conflict, Aldershot 1996.

[57] Protokoll vom 14. 5. 1954, BGBl. 1967 II S. 1300.

[58] Abgedruckt in: Int. J. Cult. Prop. 8 (1999) 530; österr. BGBl. 2004 III Nr. 113, S. 2.

[59] Nr. 7 der Resolution 1483 (2003) des Sicherheitsrates der Vereinten Nationen, Clunet 130 (2003) 675.

[60] Art. 3 der Verordnung (EG) Nr. 1210/2003 des Rates vom 7. 7. 2003 über bestimmte spezifische Beschränkungen in den wirtschaftlichen und finanziellen Beziehungen zu Irak und zur Aufhebung der Verordnung (EG) Nr. 2465/1996, ABl. EU 2003 Nr. L 169/6.

übernehmen. Wo ein solcher Schutz fehlt, geht die Zerstörung antiker Fundstätten weiter. Der Krieg rafft auch sie dahin.

C. Rückgabe gestohlener Kulturgüter

Kulturgüter werden immer wieder gestohlen. Es vergeht kaum ein Tag, an dem nicht über Diebstähle von Kulturgütern in den Medien berichtet wird. Der Eigentümer kann sich durch Sicherung seines Kunstbesitzes schützen, durch Dokumentation (insbesondere Fotographien der Kunstwerke) die Rückforderung gestohlener Kunstwerke erleichtern und durch Versicherung seinen Schaden gering halten. Erwerber von Kulturgütern können durch Aufmerksamkeit Enttäuschungen vermeiden und durch Auskunft beim **Art Loss Register**[61] erfahren, ob ein zum Verkauf angebotenes Kunstwerk als gestohlen, geschmuggelt oder sonst abhanden gekommen gemeldet ist. 38

I. Fälle ohne ausländische Komplikationen

1. Klage auf Herausgabe

Der Eigentümer einer gestohlenen Sache hat einen **Anspruch gegen den Nichteigentümer** auf Herausgabe der Sache (§ 985 BGB, § 366 ABGB, Art. 641 Abs. 2 ZGB). Wenn der Bestohlene schließlich denjenigen gefunden hat, der die gestohlene Sache besitzt, kann der stets am Wohnsitz dieses Besitzers auf Herausgabe klagen. Dem Erfolg eines solchen Herausgabeprozesses steht nur der gutgläubige Erwerb des Eigentums durch den Besitzer entgegen oder schlichter Zeitablauf. 39

a) Gutgläubiger Erwerb im Allgemeinen. Nach *deutschem* Recht kann eine gestohlene Sache gutgläubig nur durch Auktion erworben werden (§ 935 Abs. 2 BGB) oder durch zehnjährige Ersitzung von freihändig erworbenen Sachen (§ 937 BGB). Der **gute Glaube** eines Erwerbers wird vermutet. Diese Vermutung kann durch den Nachweis widerlegt werden, dass dem Besitzer bekannt oder infolge grober **Fahrlässigkeit** unbekannt war, dass die Sache nicht dem Veräusserer gehörte (§ 932 Abs. 2 BGB). Dieser Nachweis ist in den letzten Jahren erleichtert worden. Wer Kunstwerke außerhalb des Kunsthandels von unbekannten Personen zu einem Preis kauft, der offensichtlich unter dem vermutlichen Handelspreis liegt, kann **nicht gutgläubig erwerben.**[62] Sammler und Händler müssen sogar noch aufmerksamer sein. Ist die Provenienz eines Kunstwerkes unsicher, müssen sie beim Art Loss Register anfragen, ob es als vermisst gemeldet ist. Tun sie das nicht, ist aber das Kunstwerk im Zeitpunkt der unterlassenen Anfrage als vermisst gemeldet, dann fällt ihnen grobe Fahrlässigkeit zur Last und der Nachweis fehlender Gutgläubigkeit ist erbracht. Sammler und Kunsthändler sollten sich also ihre Anfrage beim Art Loss Register von diesem bescheinigen lassen. So können sie dem Vorwurf begegnen, sie hätten grob fahrlässig eine Anfrage beim Art Loss Register unterlassen. Dies gilt nicht nur für Deutschland, sondern auch für andere Staaten wie Österreich und die Schweiz. 40

[61] Das Art Loss Register (ALR) registriert Kunstdiebstähle. Es hat Büros in Köln, London, New York und St. Petersburg. Die Kölner Adresse lautet: Art Loss Register GmbH, Obenmarspforten 7–11, 50667, Köln, Tel.: 0221–257–6996; Fax: 0221–257–6995; ulli.seegers@artloss.com; http://www.artloss.com.

[62] Vgl. etwa BGH 10. 1. 1973, BGHWarn 1973 I S. 9 (Nr. 3). Allgemein hierzu *Haimo Schack,* Gutgläubiger Erwerb gestohlener Kunstgegenstände, in: Festschrift für Kostas E. Beys, Athen 2003, Bd. 2, S. 1425–1446; *ders.,* Kunst und Recht, Köln 2004, 69ff.

41 Nach *österreichischem* Recht kann eine gestohlene Sache gutgläubig erworben werden, und zwar entweder durch öffentliche Versteigerung oder durch freihändigen Kauf von einem zum Verkauf solcher Sachen befugten Gewerbsmann (§ 367 ABGB). War dieser Erwerb nicht möglich, kann die gestohlene Sache vom gutgläubigen Besitzer binnen dreier Jahre ersessen werden (§§ 1452, 1466 ABGB).

42 In der *Schweiz* kann man auch im freihändigen Fachhandel gestohlene Sachen nach Ablauf gewisser Fristen gutgläubig erwerben. Gemäss Art. 934 Abs. 1 ZGB kann der Bestohlene noch fünf Jahre nach dem Diebstahl die gestohlene Sache von gutgläubigen Erwerber[63] herausverlangen, und zwar gegen Erstattung des Kaufpreises, den der Gutgläubige gezahlt hat, wenn der Verkauf durch Versteigerung oder durch Fachhändler getätigt wurde (Art. 934 Abs. 2 ZGB). Diese Regelung hat der Gesetzgeber seit dem 1. 6. 2005 für Kulturgüter im Sinne des Art. 2 Abs. 1 des Kulturgütertransfergesetzes (KGTG) vom 20. 6. 2003 geändert.[64] Werden sie gestohlen, können sie binnen Jahresfrist seit Kenntnis dessen, wo und bei wem sich das Kulturgut befindet, herausgefordert werden, spätestens jedoch binnen 30 Jahren seit dem Diebstahl (Art. 934 Abs. 1bis ZGB). Ebenfalls die Ersitzung von Kulturgütern ist von 5 auf 30 Jahre seit Besitzerwerb in gutem Glauben verlängert worden (Art. 728 Abs. 1ter ZGB). Frage bleibt, ob auch in Deutschland gestohlene Kulturgüter unter diesen erweiterten Schutz nach schweizerischem Recht fallen. Das ist zu bejahen; denn Art. 2 Abs. 1 KGTG verweist auf Art. 1 des UNESCO Übereinkommens von 1970,[65] und diese Vorschrift schützt jedes nur erdenkbare Kulturgut ohne Rücksicht auf seine Herkunft.

43 *Vergleicht* man die drei deutschsprachigen Länder und deren Gesetze miteinander, so müsste man einem Käufer, der sich vor Herausgabeansprüchen schützen will, raten, in Österreich zu kaufen; denn dort kann gestohlenes Kulturgut am schnellsten erworben werden, ohne dass der gutgläubige Erwerber dem Besitzer dessen Kaufpreis erstatten muss.

44 **b) Verjährung von Herausgabeansprüchen.** Selbst wenn der **Besitzer** einer gestohlenen Sache sie nicht gutgläubig erworben hat, kann er deren Herausgabe verweigern, wenn der Herausgabeanspruch des Eigentümers verjährt ist. Das kann gemäß **deutschem Recht** innerhalb von 30 Jahren geschehen (§ 197 Abs. 1 Nr. 1 BGB),[66] während nach italienischem, österreichischem und schweizerischem Recht eine dingliche **Herausgabeklage** nie verjährt.[67] Ob sich nach deutschem Recht auch der Dieb auf die Verjährung berufen kann, ist zweifelhaft; denn die Einrede der Verjährung setzt nicht voraus, dass der Schuldner gutgläubig meint, nichts zu schulden. Dem Dieb allerdings sollte die Einrede der Verjährung nicht zustehen. Das verstieße gegen den Grundsatz, dass sich niemand auf eine Rechtposition berufen darf, die er selbst durch gesetzwidriges Verhalten geschaffen hat. Gegenüber dem Dieb verjährt also ein Herausgabeanspruch nie. Er muss die gestohlene Sache immer herausgeben.

45 **c) Erwerb von Raub- oder Beutekunst.** In der **Nazi-Zeit** wurden Juden verfolgt, enteignet und gezwungen, ihre Kunstwerke zu verkaufen. Nach dem Zweiten Weltkrieg wurde diese geraubte Kunst in Depots gefunden, in **Collecting Points der Alliierten**

---

[63] Auch nach schweizerischer Rechtsprechung sind die Anforderungen an den guten Glauben bei Erwerb von Kunstwerken sehr hoch. Vgl. BGer. 1. 4. 1997, BGE 123 II 134, 142 (L. c. Chambre d'accusation du canton de Genève).

[64] S. oben N. 24.

[65] S. oben N. 5.

[66] Vgl. LG München I 8. 12. 1993, IPRspr. 1993 Nr. 52 (Paul Klees „Sumpflegende"); OLG Stuttgart 2. 2. 2006 (in Dresden gestohlenes Gemälde „Maria im Gebet" von Carlo Dolci), Bericht in FAZ vom 4. 2. 2006, S. 42.

[67] Art. 948 Abs. 3 Codice civile; § 1459 Satz 1 ABGB; Art. 127 schweiz. OR und BGer. 15. 2. 1922, BGE 48 II 38 (Quadri c. Hôtel Brissago).

gesammelt und später der Bundesrepublik übergeben. Viele Kunstwerke konnten zurückerstattet werden, viele jedoch sind in den Kunsthandel gelangt und von Museen und Sammlern erworben worden. Die Museen haben in aller Regel solche Kunstwerke den ursprünglichen Eigentümern oder deren Rechtsnachfolgern zurückgegeben, wenn die Kunstwerke in der Nazi-Zeit enteignet worden sind oder verkauft werden mussten, um Steuern und Abgaben zu zahlen sowie die Ausreise zu finanzieren. Das geschah schon sehr früh und erst recht nach Verabschiedung der „Erklärung von Washington" vom 3. 12. 1998 über die von Nazis enteigneten Kunstwerke[68] und nach Abgabe der gemeinsamen „Erklärung der Bundesregierung, der Länder und der kommunalen Spitzenverbände vom 14. 12. 1999 zur Auffindung und zur Rückgabe NS-verfolgungsbedingt entzogenen Kulturgutes, insbesondere aus **jüdischem Besitz".**[69] Private Sammler dagegen berufen sich auf gutgläubigen Erwerb durch Versteigerung oder Ersitzung. Heute ist ein solcher gutgläubige Erwerb dann nicht möglich, wenn das erworbene Kunstwerk bei der **„Koordinierungsstelle für Kulturgutverluste" in Magdeburg**[70] als **Raubgut** registriert ist. Wie steht es jedoch mit dem Erwerb, der vor der allgemein zugänglichen Dokumentation der Kulturgutverluste stattgefunden hat? In der Tat dürfte der Erwerber das Kunstwerk mittlerweile ersessen haben, zumal die Ersitzungszeit eines gutgläubigen Rechtsvorgängers dem gutgläubigen **Rechtsnachfolger** angerechnet wird (§ 943 BGB). Der Erwerber ist also Eigentümer geworden und kann sich dem Rückgabebegehren widersetzen. Um aber doch noch eine gütliche Lösung zu erreichen, ist bei der Koordinierungsstelle für Kulturgüterverluste in Magdeburg am 14. 7. 2003 die „Beratende Kommission im Zusammenhang mit der Rückgabe NS-verfolgungsbedingt entzogener Kulturgüter" eingesetzt worden. Diese Kommission, bestehend aus sieben angesehenen Personen (u.a. Jutta Limbach, Rita Süssmuth, Richard von Weizsäcker), wird tätig, wenn beide Parteien sie um Vermittlung bitten. Das ist bisher allerdings nur selten geschehen.

Eine ganz andere Frage ist, ob der Erwerber von Raubkunst, an welcher er von Anfang **46**
an oder inzwischen gutgläubig Eigentum erworben hat, Mängelansprüche gegen den Verkäufer hat, weil er sich wegen der Eigenschaft als Raubkunst aus moralischen Gründen gezwungen sah, das gekaufte Objekt dem ehemaligen Eigentümer bzw. dessen Rechtsnachfolger herauszugeben. Diese Frage ist unten bei C I 2 b zu beantworten.

d) Erwerb von irakischem Raubgut. Nach Art. 3 Abs. 1 lit. c der Verordnung (EG) **47**
Nr. 1210/2003 vom 7. 7. 2003[71] ist es untersagt, mit irakischem Beutegut zu handeln. Geschieht dies gleichwohl, so sind der Kaufvertrag und die Übereignung wegen Verstoßes gegen ein gesetzliches Verbot nichtig (§ 134 BGB, § 879 ABGB), und der Staat Irak als Eigentümer aller dort abhanden gekommener Antiken kann die Objekte zurückfordern. In der Schweiz gilt die Verordnung vom 7. 7. 2003 nicht.

e) Immunität und Rückgabegarantie. Der **Anspruch des Eigentümers auf Her-** **48**
ausgabe seiner Sache kann scheitern, weil der Staat, in den die Sache vorübergehend als Leihgabe gebracht wurde, dem Verleiher die Rückgabe garantiert hat. Das hier angesprochene Problem kann am New Yorker Schiele-Fall verdeutlicht werden.[72] Die Museum

---

[68] Washington Conference Principles on Nazi-Confiscated Art, released in connection with the Washington Conference on Holocaust-Era Assets, Washington, DC, December 3, 1998: Int. J. Cult. Prop. 8 (1999) 142.

[69] Abrufbar unter http://www.lostart.de/stelle/erklaerung.php3?lang=german.

[70] Koordinierungsstelle für Kulturgutverluste, Turmschanzenstr. 32, 39114 Magdeburg, Tel. 0391-5673891; Fax: 0391-5673899; lostart@mk.sachsen-anhalt.de.

[71] S. oben N. 60.

[72] Matter of Grand Jury Subpoena, 677 N.Y. 2d 872 (Sup. Ct. N.Y. City 1998); United States v. Portrait of Wally, 105 F. Supp. 2d 288 (S.D.N.Y. 2000). Hierzu vgl. *Matthias Weller,* International

Leopold in Wien hatte für die Ausstellung „Egon Schiele: The Leopold Collection, Vienna" im Museum of Modern Art in New York Kunstwerke von Egon Schiele ausgeliehen. Kurz vor Ende der Ausstellung in Januar 1998 ließen amerikanische Staatsbürger zwei Bilder (Portrait of Wally, Dead City III) mit der Behauptung beschlagnahmen, diese Bilder hätten ihren jüdischen Vorfahren gehört und seien ihnen während der Nazi-Zeit unrechtmäßig entzogen worden. Bis heute ist „Portrait of Wally" noch nicht zurück nach Wien geschickt worden. Die Nachkommen der Wiener Juden kämpfen noch immer um Herausgabe. Eine solche Situation ergibt sich nicht nur bei Raubkunst, sondern auch dann, wenn im Ausland enteignete Sachen ins Inland kommen und die ursprünglichen Eigentümer im Inland auf Herausgabe klagen[73] oder wenn schlicht ein inländischer Gläubiger die seinem Schuldner gehörenden Kunstwerke beschlagnahmt, die der Schuldner ins Inland ausgeliehen hat.[74] Um solche Streitigkeiten am Ort des vorübergehenden Lageorts von Kunstwerken zu verhindern und um Leihgeber zu ermuntern, Kunstwerke ohne Risiko der Beschlagnahme ins Ausland auszuleihen, sehen verschiedene Staaten in ihren Gesetzen ausdrücklich vor, dass einem Kunstwerk „freies Geleit" zugesichert wird.[75] So heißt es z.B. in § 20 des Gesetzes zum Schutz deutschen Kulturgutes gegen Abwanderung:[76] „(1) Soll ausländisches Kulturgut vorübergehend zu einer Ausstellung im Bundesgebiet ausgeliehen werden, so kann die zuständige oberste Landesbehörde im Einvernehmen mit der Zentralstelle des Bundes dem Verleiher die Rückgabe zum festgesetzten Zeitpunkt rechtsverbindlich zusagen. ... (3) Die Zusage bewirkt, dass dem Rückgabeanspruch des Verleihers keine Rechte entgegengehalten werden können, die Dritte an dem Kulturgut geltend machen. (4) Bis zur Rückgabe an den Verleiher sind gerichtliche Klagen auf Herausgabe, Arrestverfügungen, Pfändungen und Beschlagnahmen unzulässig." Andere Staaten haben ähnliche Vorschriften erlassen.[77]

49 Eine **Herausgabeklage** kann ebenfalls daran scheitern, dass die herausverlangte Sache sachliche Immunität genießt und deshalb nicht der Gerichtsbarkeit im Lagestaat unterliegt. Hat nämlich ein staatliches Museum des Auslandes Leihgaben ins Inland geschickt und zählt man den Kulturaustausch zu den hoheitlichen Aufgaben eines Staates, so sind die Objekte dieses Austausches und der Leihe immun gegenüber der Gerichtsbarkeit des Gastlandes und müssen trotz vorgebrachter Herausgabeklagen an den Leihgeber zurückgegeben werden.[78]

Ownership Disputes over Stolen Artworks in New York: Litigation about Jurisdiction on the Civil-Criminal Line: IPRax 1999, 212–216.

[73] Zu den sog. Russen-Auktionen der 20er Jahre vgl. *Waltraud Bayer,* Erste Verkaufsoffensive: Exporte nach Deutschland und Österreich, bei: *dies.* (Hrsg.), Verkaufte Kultur. Die sowjetischen Kunst- und Antiquitätenexporte 1919–1938, Frankfurt am Main u.a. 2001, 101–131 (109ff.).

[74] Zum jüngsten schweizerisch-russischen Zwischenfall um Impressionisten (Ausstellung von Gemälden des Puschkin Museums Moskau in der Fondation Gianadda in Martigny) vgl. den Beschluss des Schweizerischen Bundesrates vom 16. 11. 2005 (unveröffentlicht).

[75] Vgl. hierzu *Erik Jayme,* Das Freie Geleit für Kunstwerke, Wien 2001, 1ff.

[76] S. oben N. 2.

[77] Vgl. z.B. Art. 61 der franz. Loi 94–679 vom 8. 8. 1994; §§§ 1–5 des österr. Bundesgesetzes über die vorübergehende sachliche Immunität von Leihgaben zu Ausstellungen der Bundesmuseen, österr. BGBl. 2003 I S. 1831; Art. 10–13 des schweizerischen KGTG (oben N. 24); 22 United States Code Annotated § 2459 (1990 mit Suppl. 2005).

[78] So bereits Trib. civ. de la Seine 12. 7. 1954 (De Keller c. Maison de la Pensée française), Clunet 82 (1955) 118 ; Schweiz. Bundesrat, Bechluss vom 16. 11. 2005 (oben N. 74).

2. *Klage auf Entschädigung*

a) Schadensersatzansprüche gegen den Dieb und Hehler. Wer Sachen stiehlt, wird nicht nur wegen **Diebstahls** bestraft (§ 242 StGB), sondern macht sich auch wegen einer **unerlaubten Handlung schadensersatzpflichtig** (§ 823 BGB, § 1295 ABGB, Art. 41 OR). Er muss den Wert der gestohlenen Sache ersetzen. Seine Hintermänner machen sich als **Hehler** strafbar (§ 259 StGB), und müssen ebenfalls wegen unerlaubter Handlung **Schadensersatz** zahlen (§ 823 BGB, § 1259 ABGB, Art. 41 OR). 50

b) Mängelansprüche gegen den Verkäufer. Der **Verkäufer** einer Sache verpflichtet sich, dem Käufer das Eigentum an der verkauften Sache zu verschaffen. Gelingt ihm das nicht, macht er sich wegen **Nichterfüllung** seiner Vertragspflichten schadensersatzpflichtig (§§ 280ff. BGB; §§ 918ff. ABGB, Art. 97ff. OR). Wie ist es jedoch dann, wenn der Verkäufer zwar Eigentum verschafft hat, jedoch insofern nur **„bemakeltes" Eigentum,** als die Sache während der **Nazi-Zeit** geraubt worden war und der Käufer sich moralisch gezwungen sah, sie dem ursprünglichen Eigentümer oder seinem Rechtsnachfolger zu übereignen? Diese Frage ist meines Wissens noch nie gerichtlich entschieden worden. Beim gutgläubigen Erwerb im Allgemeinen wird angenommen, dass der Käufer keinen Anspruch aus Rechtsmängelhaftung deshalb hat, weil er die gekaufte Sache aus moralischen Gründen dem ursprünglichen Eigentümer zurückgegeben hat.[79] Zwar handelt es sich beim Verkauf von „Raubkunst" auch um einen gutgläubigen Erwerb, jedoch ist – wie die Washingtoner Erklärung[80] und ihr Echo in nationalen Verlautbarungen[81] zeigen – der moralische Druck zur Rückerstattung sehr viel größer als in den normalen Fällen eines Gutglaubenserwerbs. Deshalb haftet der Verkäufer immer dann wegen eines Rechtsmangels (§ 435 BGB, § 922 ABGB, Artt. 192ff. OR), wenn er positiv von der Eigenschaft als Raubkunst wusste oder wenn er als Kunsthändler wissen musste, das es sich um Raubkunst handelt oder handeln könnte, dies aber dem Käufer nicht gesagt hat. 51

c) Deckungsansprüche gegen den Versicherer. War die gestohlene Sache versichert und hat der Versicherungsnehmer seinerseits alle Pflichten und Obliegenheiten erfüllt, muss der Versicherer die Versicherungssumme zahlen. Das hilft zwar nicht über den Schmerz, das Kunstwerk verloren zu haben, hinweg, tröstet aber teilweise. Taucht das gestohlene Objekt wieder auf und wird dem Bestohlenen zurückgegeben, muss die Versicherungssumme zurückgezahlt werden. 52

II. Fälle mit ausländischen Komplikationen

Gestohlene Kunstwerke werden häufig ins Ausland geschafft, um der örtlichen Polizei zu entkommen und um, fern des Tatortes, die gestohlene Sache besser verkaufen zu können. Das zwingt den Bestohlenen, sein Recht im Ausland zu verfolgen und durchzusetzen. Dabei kann man verschieden Wege beschreiten. 53

---

[79] So ausdrücklich ital. Corte di cassazione 25. 7. 1977, n. 3306, Foro italiano 1977, I, Sp. 2164, 2168 mit Anm. *F. Pietrosanti* (Kauf gestohlener Wolle; Vertragsauflösung nach Art. 1479 Codice civile); und ähnlich österr. OGH 30. 4. 1969, Juristische Blätter 1970, 199 (Ersatz von Kosten, die durch Streit um das gutgläubig erworbene Objekt dem Käufer entstanden sind). Zum Ganzen vgl. *Lycia Gardani Contursi-Lisi,* Risoluzione di vendita di cosa altrui e art. 1153 c. c. – una lettura dell'art. 1479 c. c.: Rivista di diritto civile 27 (1981) II, 93–112.

[80] S. oben N. 68.

[81] S. oben N. 69 zu den deutschen Reaktionen.

1. Klage auf Herausgabe

54 Wer im **Ausland Rechtschutz sucht,** muss sich über einige Schwierigkeiten im Klaren sein. Er muss die gestohlene Sache am **Ort ihrer Belegenheit** schnell **sicherstellen** lassen, bevor sie wieder verschwindet; er muss vor einem zuständigen Gericht dort klagen, wo ein Herausgabeurteil vollstreckt werden kann; und er hat mit der Geltung ausländischen Verfahrens- und Privatrechts zu rechnen, – manchmal sogar zu seinem Vorteil.

55 **a) Einstweiliger Rechtsschutz.** Ist die gestohlene Sache nicht bereits durch den Zoll oder die Polizei sichergestellt, muss der Bestohlene dafür sorgen, dass die Sache nach den örtlichen Gesetzen des Lageorts **beschlagnahmt** und bis zur endgültigen Entscheidung über die **Herausgabeklage** in Verwahrung genommen wird. Dieser einstweilige Rechtsschutz richtet sich nach ausländischem Verfahrensrecht und sollte, weil schnell gehandelt werden muss, dort beantragt werden, wo die Sache liegt, und zwar auch dann, wenn im Inland einstweiliger Rechtsschutz gewährt werden könnte. Die **Vollstreckung** der inländischen Maßnahme im Ausland würde nämlich zu lange dauern. Dieser einstweilige Rechtsschutz im Ausland sollte von einem örtlichen Anwalt beantragt werden. Er weiß am besten, wie vorzugehen ist. Spätestens bei diesem Mandat an einem ausländischen Anwalt im Ausland erfährt man, dass diese Anwälte ihr Honorar nach ausländischen Maßstäben liquidieren.

56 **b) Zuständige Instanz.** Ist eine Sache im Inland gestohlen worden, kann man gegen den Dieb, der in der *EU* oder einem *EFTA-Staat* wohnt, auch am inländischen Ort des Diebstahls auf Ersatz des Schadens durch Herausgabe der gestohlenen Sache klagen (Art. 5 Nr. 3 EuGVO[82] bzw. LugÜ).[83] Das ist aber nicht zu empfehlen. Man sollte vielmehr dort klagen, wo der Schuldner wohnt und die Sache meistens such liegt. Ob dort ein **Gerichtsstand** gegeben ist, bestimmt das Recht des Staates, in dem das anzurufende oder bereits angerufene Gericht liegt. In den Mitgliedsaaten der EU und der EFTA sagen dies die einheitlichen Regeln der EuGVO von 2000 und das LugÜ von 1988. Danach kann am Wohnsitz des Beklagten geklagt werden (Art. 2 Abs. 1 EuGVO bzw. LugÜ), dagegen nicht am Ort, an dem die Sache liegt. Für Mobilien gibt es keinen Gerichtstand der belegenen Sache.[84] Ein *forum rei sitae* fehlt in diesen Instrumenten.

57 Bei einer Rechtsverfolgung in den *USA* sind mindestens drei Besonderheiten zu beachten:

- Man kann vor einem Bundesgericht klagen oder vor dem Gericht eines Gliedstaates. Meistens empfiehlt es sich, vor Bundsgerichten sein Recht zu suchen.
- In den USA gibt es den Gerichtsstand am Ort des geschäftlichen Tätigwerdens (doing business). Die meisten Zivilprozessordnungen sehen in „long-arm statutes" vor, dass jeder auch dort verklagt werden kann, wo er geschäftlich tätig geworden ist. Diese Zuständigkeit bezieht sich nicht etwa nur auf Klagen aus dieser geschäftlichen Tätigkeit, sondern ist eine allgemeine Zuständigkeit für alle Klagen. So wurde z.B. die Republik Österreich in Kalifornien von einer dort wohnenden Dame auf Herausgabe von Gemäl-

[82] Verordnung (EG) Nr. 44/2001 des Rates vom 22. 12. 2000 über die gerichtliche Zuständigkeit und die Anerkennung und Vollstreckung von Entscheidungen in Zivil- und Handelssachen, ABl. EG 2001 Nr. L 12/1.

[83] Lugano Übereinkommen vom 16. 9. 1988 über die gerichtliche Zuständigkeit und die Vollstreckung gerichtlicher Entscheidungen in Zivil- und Handelssachen, BGBl. 1994 II S 2660; österr. BGBl. 1996 Nr. 448; SR 0275.11.

[84] Dies bemängelt mit Recht *Erik Jayme,* Ein internationaler Gerichtsstand für Rechtsstreitigkeiten um Kunstwerke, Lücken im europäischen Zuständigkeitssystem, in: Recht – Kultur – Finanzen, Festschrift für Reinhard Mußgnug, Heidelberg 2005, 517–524.

den verklagt, die in Wien hängen, und zwar auf Grund der Tatsache, dass Österreich in Kalifornien für Ferien in Österreich wirbt.[85]

– Bei Klägern mit Wohnsitz in den USA dürfte es nicht aussichtsreich sein, dass das angerufene Gericht sich auf Antrag des Beklagten zum *forum non conveniens* als unzuständig deswegen erklärt, weil ein anderes Gericht besser in der Lage sei, die Sache zu entscheiden.

c) Ausländisches Verfahrensrecht. Herausgabeklagen begegnen erheblichen **Beweisschwierigkeiten.** Zwar kann sich der Kläger häufig darauf berufen, dass er früher als Besitzer auch Eigentümer war (vgl. § 1006 Abs. 2 BGB). Aber auch für den jetzigen Besitzer gibt es eine **Eigentumsvermutung,** sofern sie nicht gegenüber einem bestohlenen früheren Eigentümer ausgeschlossen ist (vgl. § 1006 Abs. 1 Satz 2 BGB). In den meisten Fällen muss also der Kläger beweisen, dass der Beklagte in der Zwischenzeit kein Eigentum erworben hat. Dafür braucht der Kläger Informationen. Diese bekommt er nach amerikanischem Recht wohl eher als nach den kontinentaleuropäischen Rechtsordnungen. Denn im amerikanischen Vorverfahren zur Klärung der Tat- und Rechtsfragen **(discovery proceedings)** bekommt jede Partei die Möglichkeit, vollen Einblick in fast alle Unterlagen der Gegenseite zu bekommen. Dann muss der Beklagte offen legen, wo, wann, von wem und zu welchem Preis er die Sache erworben hat. Das gibt beiden Parteien und dem Gericht die Möglichkeit, sich über die Qualität eines solchen Erwerbs klar zu werden. Dieses Verfahren ist wegen der **Anwaltsbeteiligung** zwar sehr teuer, verspricht aber volle Klärung des gesamten Sachverhalts. 58

d) Ausländisches IPR. In den meisten Staaten wird die Frage, ob jemand Eigentum an einer beweglichen Sache erworben hat, nach dem Recht des Staates beurteilt, in dem die Sache im Zeitpunkt des behaupteten Erwerbs belegen war. Es gilt die *lex rei sitae,* und zwar sowohl in Staaten mit kodifiziertem IPR (vgl. etwa Art. 43 Abs. 1 EGBGB, Art. 51 Abs. 1 ital. IPR-Gesetz, § 31 Abs. 1 österr. IPR-Gesetz, Art. 100 Abs. 1 schweiz. IPRG) als auch in England, wie der Winkworth-Fall zeigt.[86] Kunstgegenstände waren in England gestohlen, nach Italien gebracht und dort an einen gutgläubigen Käufer veräußert worden. Der Käufer lieferte die Gegenstände bei Christie's zur Versteigerung ein, und der bestohlene englische Eigentümer verlangte noch vor der Versteigerung Herausgabe seiner Kunstgegenstände. Die Klage hatte keinen Erfolg. Der italienische Einlieferer habe in Italien nach der italienischen *lex rei sitae* wirksam Eigentum erworben (Art. 1153 Codice civile) und habe es durch Versenden der Sache nach London nicht verloren. Dieses in Italien nach der dortigen *lex rei sitae* gültig erworbene Eigentum werde in England als wohlerworbenes Recht geschützt, und zwar selbst dann, wenn in England ein solcher gutgläubige Erwerb nicht möglich gewesen wäre. Auch in den USA ist geprüft worden, ob gestohlene Kunstgegenstände aus Zypern in Genf nach der dortigen schweizerischen *lex rei sitae* gutgläubig erworben worden sind. Diese Frage wurde richtigerweise verneint, und die Gegenstände mussten herausgegeben werden.[87] In Deutschland müsste ebenso entschieden werden. 59

In letzter Zeit jedoch bahnt sich eine Abkehr von der *lex rei sitae* an, und zwar speziell für Kulturgüter. Im Anschluss an eine Resolution des Institut de Droit international[88] hat 60

[85] Altmann v. Republic of Austria, 142 F. Supp. 2d 1187 (C.D. Cal. 2001); 317 F. 3d 954 (9th Cir. 2002); 327 F. 3d 1246 (9th Cir. 2003); 541 U.S. 677 (2004). Dieser Fall wurde durch Schiedsspruch vom 15. 1. 2006 beendet.

[86] Winkworth v. Christie's Manson and Woods, [1980] 2 Weekly Law Reports 937 (Ch.D.).

[87] Autocephalous Greek-Orthodox Church of Cyprus v. Goldberg & Feldman Fine Arts Inc., 717 F. Supp. 1374, 1394f. (S.D. Ind. 1989), bestätigt durch 917 F. 2d 278 (7th Cir. 1990).

[88] Vgl. Annuaire de l'Institut de Droit International 64 II (Session de Bâle 1991) 402ff.

der belgische Gesetzgeber die *lex originis,* zumindest wahlweise, für anwendbar erklärt, also das Recht des Staates, in dem die Sache gestohlen worden ist.[89] Gemäß einer solchen Regelung würde sich das weitere Schicksal einer Sache nach ihrem Herkunftsrecht *(lex originis)* richten.[90]

61 **e) Ausländisches Privatrecht.** Die größten Überraschungen erlebt man bei der Anwendung ausländischen materiellen Privatrechts. Denn die Haltungen der Rechtsordnungen zum Gutglaubenserwerb sind sehr unterschiedlich. Grob gesehen, kann man mindestens sechs verschiedene typische Regelungen unterscheiden:[91]

- kein Verlust von Eigentum an Kulturgut als *res extra commercium* durch Gutglaubenserwerb oder Fristablauf (z. B. Frankreich, Italien),
- Verlust erst nach Ablauf einer Frist seit Ablehnung des Besitzers, die Sache herauszugeben (z. B. New York),
- Verlust erst nach Ablauf einer sehr langen Frist (z. B. Art. 934 Abs. 1bis und 728 Abs. 1ter schweiz. ZGB: 30 Jahre),
- Verlust nach Ablauf einer recht kurzen Frist (z. B. § 1466 ABGB: 3 Jahre),
- Kein Verlust, aber Entschädigung des gutgläubigen Besitzers (Art. 2280 Code civil),
- Sofortiger Verlust bei gutgläubigem Erwerb Dritter (z. B. § 935 Abs. 2 BGB, Art. 1153 Codice civile).

62 Auf Grund dieser Unterschiede kann es geschehen, dass man sein Eigentum im Ausland verliert, obwohl man es im Inland nicht verloren hätte, oder – wenn man Glück hat – dass man sein Eigentum im Ausland behält, obwohl es nach inländischem Recht längst auf einen anderen übergegangen wäre. Diese Glück hatten die zunächst sehr unglücklichen Kunstsammlungen zu Weimar. Im Jahr 1945 waren aus einem Depot bei Weimar die ausgelagerten Portraits von Hans und Felicitas Tucher, gemalt von Albrecht Dürer, verschwunden. Ein amerikanischer Soldat hatte sie als Souvenir aus Deutschland nach Amerika mitgenommen. Ein Jahr später, 1946, verkaufte sie der Soldat in New York für $ 450 dem Rechtsanwalt Edward I. Elicofon aus New York. Mr. Elicofon wusste nicht, welche Schätze er erworben hatte, und hängte die Portraits in seinen Flur. Als zwanzig Jahre später, also im Jahr 1966, ein Freund zu Besuch kam, erkannte dieser in den Portraits Werke von Albrecht Dürer, und tags darauf meldete die New York Times auf Seite 1 die „Discovery of the Century". In einem langen Prozess, in dem es auch über schwierige Fragen der deutschen Teilung und der Eigentumsverhältnisse des Großherzogs von Sachsen-Weimar-Eisenach ging, bekamen schließlich die Kunstsammlungen Recht.[92] Mr. Elicofon habe kein Eigentum gutgläubig erweben können, weil es den in New York wie überall im **common law** nicht gäbe, und die Kläger hätten rechtzeitig nach Ablehnung von Mr. Elicofon, die Portraits herauszugeben, Klage erhoben.[93] So hängen die Portraits heute wieder in Weimar. Nach deutschem Recht hätte Mr. Elicofon die Portraits spätesten nach Ablauf von 10 Jahren, also im Jahr 1956, ersessen (§ 937 Abs. 1 BGB). In Zu-

---

[89] Art. 92 Abs. 1 Code de droit international privé von 2004, bei: *Jean-Yves Carlier/Marc Fallon/Bernadette Martin-Bosly* (Hrsg.), Code de droit international privé. Brüssel 2004, Nr. III.1, 581, 608.

[90] Hierzu vgl. *Olaf Rafael Kurpiers,* Die lex originis-Regel im internationalen Sachenrecht – Grenzüberschreitende privatrechtliche Ansprüche auf Herausgabe von abhanden gekommenen und unrechtmäßig ausgeführten Kulturgütern, Frankfurt am Main u. a. 2005.

[91] Genauer hierzu *Kurt Siehr,* Verlust von Ansprüchen auf Herausgabe von Mobilien. Rechtsvergleichendes zum Gutglaubenserwerb, in: Festschrift für Rudolf Welser, Wien 2004, 997–1014.

[92] Kunstsammlungen zu Weimar v. Elicofon, 536 F. Supp. 813, 829 (E. D. N. Y. 1978), 678 F. 2d 1150 (2d Cir. 1982).

[93] Zu dieser „demand-and-refusal rule" vgl. Solomon R. Guggenheim Foundation v. Lubell, 567 N. Y. S. 2d 623 (1991).

kunft sollte also die *lex originis* nur wahlweise neben der *lex rei sitae* gelten, wie das im belgischen IPR richtig vorgesehen ist.[94]

63 Es kann aber auch umgekehrt kommen: man verliert sein Eigentum im Ausland, obwohl es nach inländischem Recht nicht verloren gegangen wäre. Über eine solche Situation ist oben berichtet worden. Ein in England bestohlener Kunstsammler verlor sein Eigentum durch Verkauf an Gutgläubige in Italien, und dieser Erwerb wurde als wohlerworben auch in England anerkannt, obwohl dort ein solcher Erwerb nicht möglich gewesen wäre.[95]

64 Besondere Probleme treten dann auf, wenn eine Sache, die nach ihrem **Herkunftsrecht** *(lex originis)* unveräußerlich ist, also eine *res extra commercium* darstellt, in einem anderen Staat verkauft wird.[96] So war es in dem italienisch – französischen Streit um die Tapisserien aus Riom (Auvergne). Die Tapisserien, die nach französischem Recht als „monuments historiques" unveräußerlich und unersitzbar sind, waren in Riom gestohlen und in Italien an den gutgläubigen Antiquar Livio De Contessini veräußert worden. Im Herausgabeprozess machte die klagende französische Regierung geltend, dass nach französischem Recht eine Veräußerung ohne staatliche Genehmigung, die hier nicht vorliege, unwirksam sei. Die italienischen Gerichte wandten auf die Veräußerung an Livio De Contessini die italienische *lex rei sitae* an, bejahten die Gutgläubigkeit de Käufers und verneinten ein Verkaufhindernis; denn nach italienischem Recht seien nur gewisse *italienische* Kulturgüter als „beni culturali" unveräußerlich, nicht jedoch ausländische. Die französische Klage wurde deshalb abgewiesen,[97] und der Französischen Republik gelang es später, die Tapisserien zurückzukaufen.[98] So bekam Frankreich das zu spüren, was es vor fast hundert Jahren einmal selbst gegenüber Spanien praktiziert hatte.[99] Diese Entscheidungen sind zwar formal richtig, aber im Ergebnis unbefriedigend.[100] In Deutschland müsste allerdings ebenso entschieden werden. Hier sollten Staatsverträge Abhilfe schaffen (s. unten C II 3).

65 **f) Vollstreckung.** Die Vollstreckung eines **Herausgabeurteils** ist im Ausland dann am einfachsten, wenn das Urteil im Vollstreckungsstaat ergangen ist. Gerade deshalb empfiehlt es sich auch, in dem Staat einstweiligen Rechtsschutz zu beantragen und die Klage zu erheben, in dem die gestohlene Sache aufgefunden wird.

2. *Ersuchen um Rechtshilfe in Strafsachen*

66 Ein Dieb muss die gestohlene Sache dem Bestohlenen herausgeben. Wird er auf frischer Tat ertappt oder erst später gefasst, kann die Sache gleich beschlagnahmt und dem Eigentümer zurückgegeben werden. Es bedarf dann keiner **privatrechtlichen Herausgabe-**

---

[94] S. oben N. 89.

[95] Winkworth v. Christie's, oben N. 86. Vgl. auch Hoge Raad 8. 5. 1998, Nederlandse Jurisprudentie 1999 Nr. 44 (keine Herausgabe von Jan van der Heydens Gemälde „Klooster in een landschap", das in Dresden nach dem Zweiten Weltkrieg gestohlen worden war).

[96] Vgl. hierzu *Marc Weber* und *Amalie Weidner,* oben N. 16.

[97] Tribunale di Roma 27. 6. 1987, Rivista di diritto internazionale 71 (1988) 920; Cass. 24. 11. 1995, n. 12166, ibid. 80 (1997) 515 (Governo di Francia c. De Contessini).

[98] Vgl. *Agnès Bourguignon,* Retour en France d'une tapisserie volée: Le Journal des Arts, Novembre 1994, 2.

[99] Tribunal de la Seine 17. 4. 1885, Clunet 13 (1886) 593 (Duc de Frias c. baron Pichon), betreffend die vergebliche Klage auf Herausgabe eines Ciborium aus Burgos, das nach spanischem Recht unveräußerlich war, aber in Frankreich an Baron Pichon nach französischem Recht gültig verkauft worden war.

[100] Vgl. *Weber,* oben N. 16, 367 ff.; *Federico Zeri,* Orto aperto, Milano 1993, 215 ff.

klage. In einem internationalen Fall können aber die **Organe des Herkunftsstaats** nicht außerhalb von dessen Hoheitsgebiet hoheitlich tätig werden. Sie bedürfen der internationalen Rechtshilfe. Diese wird gewährt, und zwar entweder auf Grundlage nationaler Rechtshilfevorschriften[101] oder internationaler Staatsverträge. Dieser Weg einer Rückführung im Wege der Rechtshilfe in Strafsachen ist schon verschiedentlich erfolgreich beschritten worden. Grundlage bildeten vor allem die Europarats-Übereinkommen über die gegenseitige Rechtshilfe in Strafsachen.[102] So beantragte Griechenland mit Erfolg deutsche Rechtshilfe in Strafsachen, um die antiken Münzen zu erhalten, die ein griechischer Staatsbürger auf seinem Grundstück in Griechenland ausgegraben, dem Staat als Eigentümer aller Funde antiker Herkunft nicht abgegeben, sondern nach Deutschland an seinen Wohnsitz in Schleswig-Holstein mitgenommen hatte.[103] Auch in der Schweiz gelangt es, ein in Frankreich gestohlenes Gemälde im Wege der Rechtshilfe in Strafsachen nach Frankreich zurückzuführen.[104] Eine endgültige Rückführung setzt immer voraus, dass die Sache im Lagestaat noch nicht auf einen gutgläubigen Erwerber übergegangen ist. War nämlich das der Fall, kann die Sache nur vorübergehend als Beweisstück ins Ausland gebracht werden.[105] Diese **Rechtshilfeverfahren** haben zumindest zwei große Vorteile, sie kosten nämlich verhältnismässig wenig, und sie werden in aller Regel schnell erledigt.

3. Staatsvertragliche Regelungen

67 **a) UNESCO Übereinkommen von 1970.** Die Bundesrepublik plant, das UNESCO Übereinkommen vom 14. 11. 1970 über die Verhinderung der unrechtmäßigen Einfuhr, Ausfuhr und Übertragung von Eigentum an Kulturgütern zu ratifizieren und in einem deutschen Gesetz umzusetzen.[106] Dieser Staatsvertrag hat sich unter anderem auch zum Ziel gesetzt den internationalen Handel mit gestohlenem Kulturgut zu bekämpfen. Nach Art. 7 lit. b des Übereinkommens verpflichten sich die Vertragsstaaten, die **Einfuhr gewisser Kunstschätze,** die in Vertragsstaaten gestohlen worden sind, zu verbieten und gegen Entschädigung gutgläubiger Erwerber dem Herkunftsstaat zurückzugeben. Setzt man diese Regelung in innerstaatliches Recht um, so ergäbe sich eine Regelung, wie sie das französische und das schweizerische Recht heute schon für gewisse Fälle des gutgläubigen Erwerbs kennen: Der **Eigentümer kann seine Sache** gegen Entschädigung gutgläubiger Erwerber **„lösen“,** indem er dem gutgläubigen Erwerber den Preis ersetzt, den er für die Sache gezahlt hat, und die Auslagen (z.B. Restaurierungskosten) erstattet, die er auf die Sache gemacht hat.[107] Der gutgläubige Erwerber darf also die erworbene Sache nicht

---

[101] Vgl. § 66 Abs. 1 Nr. 2 IRG; § 25 Abs. 1 österr. ARHG; Art. 63 Abs. 2 lit. d schweiz. IRSG.

[102] Europäisches Übereinkommen vom 20. 4. 1959 über die Rechtshilfe in Strafsachen, BGBl. 1964 II S. 1369; österr. BGBl. 1969 Nr. 41; SR 0.351.1; Europäisches Übereinkommen vom 8. 11. 1990 über die Geldwäsche sowie Ermittlung, Beschlagnahme und Einziehung von Erträgen aus Straftaten, BGBl. 1998 II S. 520; österr. BGBl. 1997 III Nr. 153; SR 0.311.53.

[103] OLG Schleswig 10. 2. 1989, NJW 1989, 3105; IPRspr. 1989 Nr. 75.

[104] BGer. 1. 4. 1997, BGE 123 II 134 (L c. Chambre d'accusation du canton de Genève).

[105] So lag es offenbar im Fall des schweiz. BGer. 6. 2. 1985, BGE 111 I a 52 (Staat Italien gegen X und Appellationsgericht des Kantons Basel-Stadt).

[106] S. oben N. 5. *Kurt Siehr,* Das UNESCO Übereinkommen vom 14. 11. 1970 über Maßnahmen zum Verbot und zur Verhütung der unzulässigen Einfuhr, Ausfuhr und Übereignung von Kulturgut – Inhalt des Übereinkommens und dessen geplante Umsetzung in Deutschland: Kunstrecht und Urheberrecht 7 (2005) 33–46.

[107] Näher hierzu *Patrick J. O'Keefe,* Commentary on the UNESCO 1970 Convention on Illicit Traffic, Leicester 2000; *Siehr,* oben N. 106.

behalten, sondern er wird nur in Höhe seines negativen Interesses entschädigt. Wir kennen eine ähnliche Figur bereits aus dem Kulturgüterrückgabegesetz von 1998 zur Umsetzung der Richtlinie 93/7/EWG vom 15. 3. 1993.[108]

b) Unidroit Übereinkommen von 1995. Das Unidroit Übereinkommen vom 24. 6. 68
1995 über gestohlene oder rechtswidrig ausgeführte Kulturgüter[109] wurde ausgearbeitet, um die Ziele des **UNESCO Übereinkommens von 1970** besser und vor allem unmittelbar zu erreichen. Einmal in Kraft gesetzt, bedarf es keiner zusätzlichen staatlichen Gesetze, weil das Unidroit Übereinkommen direkt anwendbar ist und nicht nur – wie das UNESCO Übereinkommen von 1970 – die Vertragsstaaten verpflichtet, entsprechende staatliche Gesetze zur Umsetzung des nicht direkt anwendbaren Staatsvertrages zu erlassen. Nach diesem Übereinkommen müssen die Erwerber gestohlener Kulturgüter i. S. des Übereinkommens die erworbene Sachen auf Verlangen zurückgeben und werden – wenn sie gutgläubig waren – entschädigt (Artt. 3 und 4). Das gilt selbst dann, wenn der Erwerber nach innerstaatlichem Recht Eigentum gutgläubig erworben hat. Dann ist er verpflichtet, die gestohlene Sache dem ursprünglichen Eigentümer gegen Entschädigung zu übereignen und nicht nur den Besitz zu übertragen. Dieses Konzept, die geringe Höhe der Entschädigung (**„angemessene Entschädigung“:** Art. 4 Abs. 1), die **lange Verjährung** (absolut 50 Jahre seit Diebstahl, relativ 3 Jahre nach Kenntnis des Besitzers und des Lageorts der Sache: Art. 3 Abs. 3 und 4) und die Einbeziehung illegal ausgegrabener Funde als gestohlene Sachen (Art. 3 Abs. 2) haben bisher viele Marktstaaten davon abgehalten, das Unidroit Übereinkommen zu ratifizieren. So kommt es, dass bis jetzt nur 10 der insgesamt 29 Mitgliedstaaten von EU und EFTA das Übereinkommen ratifiziert haben.[110]

D. Rückführung geschmuggelten Kulturgutes

Wenn inländisches Kulturgut wegen inländischer Schwäche oder ausländischer Stärke 69
Gefahr läuft, ins Ausland abzuwandern, versucht der inländische Gesetzgeber oder auf dessen Anregung eine übernationale Organisation, diese Abwanderung zu verhindern. Hier nur einige Beispiele: Der **Kirchenstaat** wollte sich 1802 gegen weitere Raubzüge ausländischer Machthaber schützen,[111] das Deutsche Reich verbot 1919 nach einem verlorenen Krieg die Ausfuhr von Kunstwerken,[112] und mit Einführung des Europäischen Binnenmarktes wurde auf Drängen gewisser Mitgliedstaaten der EG die Richtlinie 93/7/EWG des Rates vom 15. 3. 1993 über die Rückgabe geschmuggelten Kulturgutes erlassen.[113] Angst vor Abwanderung begünstigt den Erlass nationaler Schutznormen. Heute gibt es daher, wie oben bei A II 4 hervorgehoben, sehr unterschiedliche Haltungen zum Problem, ob heimische Kulturgüter ins Ausland verkauft oder sonst verbracht werden dürfen. Deutschland nimmt hierbei eine mittlere Position ein.

---

[108] S. oben N. 22 und unten bei D I 2a und II 1.

[109] S. oben N. 26. Hierzu *Guido Carducci,* La restitution internationale des biens culturels et des objets d'art, Paris 1997, 147 ff.; *Lyndel V. Prott,* Commentary on the Unidroit Convention, Leicester 1997; *Bettina Thorn,* Internationaler Kulturgüterschutz nach der Unidroit-Konvention, Berlin 2005, 79 ff.

[110] Per 1. 1. 2006 nämlich Finnland, Italien, Litauen, Norwegen, Portugal, Slowakei, Slowenien; Spanien, Ungarn und Zypern.

[111] Zur Chirographe vom 1. 10. 1802 vgl. *Peter Johannes Weber,* Kulturgüterschutz im Kirchenstaat bis zum Ende des 18. Jahrhunderts, in: Liber discipulorum et amicorum. Festschrift Kurt Siehr, Zürich 2001, 265–302 (277).

[112] Verordnung vom 11. 12. 1919 über die Ausfuhr von Kunstwerken, oben N. 3.

[113] S. oben N. 6 und 33.

I. Schutz deutscher Kulturgüter

70 Deutschland verbot zum ersten Mal in der Verordnung vom 11. 12. 1919 die ungenehmigte Ausfuhr von Kunstwerken.[114] Dieses Verbot betraf die in das Verzeichnis der national wertvollen Kunstwerke aufgenommenen Objekte. Hierbei ist es bis 1955 geblieben.

1. Schutz nach dem Gesetz von 1955/1998

71 Das Gesetz vom 6. 8. 1955 zum Schutz deutschen Kulturgutes gegen Abwanderung ist seit dem 22. 10. 1998 neu gefasst und durch Bekanntmachung vom 8. 7. 1999 in der neuen Fassung bekannt gemacht worden.[115] Dieses Gesetz geht von fünf Grundsätzen aus:
- Erfasst werden lediglich *private* Kulturgüter; denn die in öffentlichem Eigentum oder im Eigentum der Kirchen befindlichen Kulturgüter sind nach § 18 und 19 vom sachlichen Anwendungsbereich des Gesetzes ausgenommen.
- In das *„Verzeichnis national wertvoller Kulturgüter“*[116] werden nur solche Kulturgüter eingetragen, welche die Kriterien für national wertvolle Kulturgüter erfüllen.[117]
- Die im „Verzeichnis national wertvoller Kulturgüter“ eingetragenen Objekte dürfen nur mit *Genehmigung* des Bundesministers des Inneren ausgeführt werden.[118]
- Bei Ablehnung der Ausfuhr kann der Eigentümer u. U. eine billige *Entschädigung* verlangen (§ 8).[119]
- Wenn ausländisches Kulturgut nur vorübergehend in das Bundesgebiet ausgeliehen wird, kann dem Eigentümer die *Rückgabe garantiert* werden (§ 20).[120]

72 Inwieweit diese Regelung das Abwandern tatsächlich verhindert hat, ist schwer zu sagen. Als im Dezember 1983 das Evangeliar Heinrichs des Löwen für die Bundesrepublik in London ersteigert wurde,[121] fragte man sich, wie diese Kulturgut aus dem Besitz der Herzöge von Braunschweig ins Ausland hat kommen können, obwohl schon seit 1919 die Abwanderung von Kulturgut ohne staatliche Genehmigung verboten war.[122] Ist einmal deutsches Kulturgut ohne Genehmigung abgewandert, fragt sich, ob die Bundesrepublik im Ausland dessen Rückführung erfolgreich verlangen kann.

2. Rückführung aus dem Ausland

73 **a) Rückführung aus einem Mitgliedstaat der EU oder des EWR.** Die Mitgliedstaaten von EU uns EWR haben die Richtlinie 93/7/EWG des Rates vom 15. 3. 1993

---

[114] S. oben N. 3.

[115] S. oben N. 2.

[116] Vgl das Gesamtverzeichnis vom 16. 9. 1999: BAnz. 1999, Nr. 97 a.

[117] Kriterienkatalog zum Vollzug des Gesetzes zum Schutz deutschen Kulturgutes gegen Abwanderung vom 6. 8. 1955 (BGBl. I S. 501). Empfehlung der Kultusministerkonferenz vom 20. 5. 1983, BAnz. 1983, 10692.

[118] Die Eintragung in das Verzeichnis, die steuerliche Vorteile hat (§ 10 g EStG) und auch von Privaten beantragt werden kann (vgl. Brandenburgische Verordnung über das Antragsrecht, GVBl. 1993 II S. 573), stellt noch keine Enteignung und noch keinen enteignungsgleichen Eingriff dar: BVerwG 27. 5. 1993, NJW 1993, 3280 (Silberzimmer der Welfen auf der Marienburg).

[119] Inwieweit dies mit der Eigentumsgarantie vereinbar ist, erscheint zweifelhaft. Vgl. *Jörg Sprecher,* Beschränkungen des Handels mit Kulturgut und die Eigentumsgarantie, Berlin 2004, 35 ff.

[120] S. oben C I 1 e bei N. 72 ff.

[121] Das Evangeliar Heinrichs des Löwen und das mittelalterliche Herrschaftsbild, München 1986, 7.

[122] *Martin Bailey,* The King, a crown, a curator/spy and a consternated Foreign Office: The Art Newspaper, März 1998, 35–38 (35 f.).

über die Rückgabe von unrechtmäßig aus dem Hoheitsgebiet eines Mitgliedstaats verbrachten Kulturgütern[123] in nationales Recht umgesetzt und sind auf Grund ihres Gesetzes zur Umsetzung der Richtlinie verpflichtet, deutsche Kulturgüter, die ohne staatliche Genehmigung Deutschland nicht verlassen durften, zurückzugeben. Ist z.B. ein deutsches Kulturgut, das im deutschen Verzeichnis eingetragen ist, unrechtmäßig nach Österreich verbracht worden, so kann auf Grund der §§ 9 und 10 des österreichischen Bundesgesetzes 67/1998[124] die Bundesrepublik (nicht etwa der Eigentümer) beim Landesgericht, in dem der Antragsgegner seinen allgemeinen Gerichtsstand (Wohnsitz i.S. des § 66 Abs. 1 JN) hat, die Rückgabe beantragen. Diesem Antrag wird gemäß §§ 12 und 13 des österreichischen Gesetzes stattgegeben, wenn das zurückverlangte Objekt sich in Österreich beim Antragsgegner befindet, nach deutschem Recht von nationaler Bedeutung ist und nach dem 31. 12. 1992 Deutschland unrechtmäßig verlassen hat, der Rückgabeanspruch nicht bereits erloschen ist (ein Jahr nach Kenntnis, wo und bei wem sich das Kulturgut befindet, spätestens jedoch nach 30 Jahren seit Abwanderung: § 11) und die Bundesrepublik den gutgläubigen Besitzer angemessen entschädigt. Mehr oder weniger dasselbe gilt, wenn das deutsche Kulturgut in einen anderen Mitgliedstaat von EU oder EWR verbracht wurde und dort herausverlangt wird. Bis heute scheint es in der EU und dem EWR noch keinen Fall eines streitigen Rückgabeverfahrens gegeben zu haben.[125]

Ein interessantes Problem ergibt sich, wenn man nach dem Eigentum an der zurückge- **74**
führten Sache fragt. Bleibt sie im **Eigentum des bisherigen Eigentümers,** oder ist sie in das Eigentum der Bundesrepublik **übergegangen?** Das deutsche Recht sagt hierzu nichts ausdrücklich und speziell, und Art. 12 der Richtlinie 93/7/EWG vom 15. 3. 1993 mit seiner Eigentumsvorschrift ist kein unmittelbar geltendes Recht.[126] Sie ist auch nicht in deutsches Recht übernommen worden. Vielmehr gelten die allgemeinen Regeln, und auf Grund dieser Regeln sind zwei Fälle zu unterscheiden. (1) Hatte der Besitzer im Ausland Eigentum durch gutgläubigen Erwerb oder Ersitzung erworben und musste die Bundesrepublik ihn deswegen entschädigen, geht das Eigentum der Sache auf die Bundesrepublik über. Die **Eigentumsübertragung** erfolgte im Ausland nach ausländischem Recht. (2) Musste dagegen keine Entschädigung gezahlt werden, weil z.B. der ausländische Besitzer bösgläubig war, so ist das Eigentum beim bisherigen Eigentümer geblieben und er behält es auch nach Rückführung der Sache nach Deutschland, es sei denn die Sache wird wegen Verstoßes gegen das Verbringungsverbot nach § 16 Abs. 3 des **Gesetzes zum Schutz deutschen Kulturgutes** gegen Abwanderung eingezogen, und zwar zugunsten des Landes, in dem das Objekt gegen Abwanderung durch Eintragung in das Verzeichnis national wertvollen Kulturgutes geschützt ist.

b) Rückführung aus einem Vertragsstaat des UNESCO Übereinkommens von **75**
1970. Sobald die Bundesrepublik das UNESCO Übereinkommen von 1970 ratifiziert und umgesetzt hat (s. oben C II 3 a), kann von den Vertragsstaaten diese Übereinkommens die Rückführung verlangt werden. Da die wenigsten Staaten Ausführungsgesetze erlassen

---

[123] Oben N. 6.

[124] Bundesgesetz zur Umsetzung der Richtlinie 93/7/EWG über die Rückgabe von unrechtmäßig aus dem Hoheitsgebiet eines Mitgliedstaates der Europäischen Gemeinschaft verbrachten Kulturgütern, österr. BGBl. 1998 I Nr. 67.

[125] Vgl. den Bericht der Kommission vom 25. 5. 2000 an den Rat, das Europäische Parlament und den Wirtschafts- und Sozialausschuss über die Durchführung der Verordnung (EWG) Nr. 3911/92 des Rates über die Ausfuhr von Kulturgütern und der Richtlinie 93/7/EWG des Rates über die Rückgabe von unrechtmäßig aus dem Hoheitsgebiet eines Mitgliedstaats verbrachten Kulturgütern, KOM (2000) 325 endgültig.

[126] Art. 12 der Richtlinie lautet: „Die Frage des Eigentums an dem Kulturgut nach erfolgter Rückgabe bestimmt sich nach dem Recht des ersuchenden Mitgliedstaats."

haben, muss versucht werden, auch ohne solche Gesetze den Inhalt des Übereinkommens zu verwirklichen. Das müsste in vielen Fällen gelingen.

76 **c) Rückführung aus allen anderen Staaten.** Es ist kein Staat bekannt, der ohne staatsvertragliche Verpflichtungen ausländische Exportvorschriften im Inland direkt durchsetzt und das **geschmuggelte Objekt** dem Herkunftsstaat zurückgibt. Das Vereinigte Königreich hat das im Ortiz-Fall ausdrücklich abgelehnt,[127] ebenso die italienische Corte di cassazione im Fall De Contessini,[128] und auch das Schweizerische Bundesgericht hat kürzlich entschieden, dass indische Verbringungsverbote in der Schweiz unbeachtlich sind.[129] Wenn ein deutsches Kulturgut in einen Staat ohne **staatsvertragliche oder gemeinschaftsrechtliche Rückgabeverpflichtung** illegal verbracht wird, bestehen ebenfalls kaum Aussichten, das Objekt zurückzuerlangen, es sei denn, die Sache wäre auch gestohlen und der Eigentümer mit seiner privatrechtlichen Herausgabeklage erfolgreich.

II. Schutz ausländischer Kulturgüter

77 Jeder Staat muss selbst bestimmen, ob er seine Kulturgüter vor Abwanderung ins Ausland schützen will und, wenn er dies tun will, welche Objekte das sein sollen. Es gibt keine internationale Kulturpolitik in dem Sinne, dass den Staaten die Verpflichtung auferlegt wird, das Verbringen eigener Kulturgüter zu unterbinden. Das internationale und übernationale Recht kann nur helfen, nationale Verbringungsverbote im Ausland durchzusetzen. Das ist auch geschehen, und zwar vor allem durch **Europäisches Recht und Staatsverträge.** Außer den Normen über eine Rückführung, auf die gleich einzugehen ist, muss hier noch die EG-Verordnung Nr. 3911/93 vom 9. 12. 1992 erwähnt werden.[130] Nach dieser Verordnung hat derjenige Mitgliedstaat die Ausfuhr in einen Drittstaat zu genehmigen, in dem sich das Kulturgut rechtmäßig und endgültig befindet. Damit soll verhindert werden, dass Kulturgüter aus einem Mitgliedstaat mit strengen Verbringungsvorschriften in einen Mitgliedstaat mit einem liberalen Exportrecht gebracht werden, um bei einem Export in Drittstaaten von dieser Liberalität zu profitieren. Soll also ein italienisches Kulturgut, das sich in Deutschland entweder unrechtmäßig befindet oder zur vorübergehenden Leihe, in die USA exportiert werden, so sind italienische Instanzen für eine Exportgenehmigung zuständig.

1. Rückforderung eines Mitgliedstaates der EU oder des EWR

78 Ist ein nationales Kulturgut eines Mitgliedstaates der EU oder des EWR ins Inland verbracht worden und verlangt nun der Herkunftsstaat dessen Rückgabe, so muss er nach dem deutschen Gesetz zur Umsetzung der EG-Richtlinie 93/7/EWG vom 15. 3. 1993, nämlich dem **Kulturgüterrückgabegesetz** vorgehen.[131] Nach diesem Gesetz kann der Herkunftsstaat im verwaltungsgerichtlichen Verfahren (§ 12) die Rückgabe verlangen, wenn der herausverlangte Gegenstand im Zeitpunkt des illegalen Verbringens zum geschützten Kulturgut i.S. des Art. 30 EG und des **nationalen Rechts des Herkunfts-**

[127] Attorney-General of New Zealand v. Ortiz, [1984] 1 Appeal Cases 1, 35 (House of Lords).

[128] S. oben N. 97.

[129] BGer. 8. 4. 2005, BGE 131 III 418 (Union de l'Inde c. Crédit Agricole Indosuez [Suisse] SA).

[130] Verordnung (EWG) Nr. 3911/93 des Rates vom 9. 12. 1992 über die Ausfuhr von Kulturgütern, ABl. EG 1992 Nr. L 395/1.

[131] Gesetz vom 15. 10. 1998 zur Umsetzung der Richtlinie 93/7/EWG des Rates über die Rückgabe von unrechtmäßig aus dem Hoheitsgebiet eines Mitgliedstaats verbrachten Kulturgütern (Kulturgüterrückgabegesetz – KultGüRückG), BGBl. 1998 I S. 3162.

staates gehört (§ 5), er nach dem 31. 12. 1992 unrechtmäßig nach Deutschland verbracht worden ist, der Rückgabeanspruch noch nicht erloschen ist (§ 10) und der Herkunftsstaat bereit ist, den gutgläubige Besitzer angemessen zu entschädigen (§ 9). Durch dieses verwaltungsgerichtliche Verfahren wird der Eigentümer nicht gehindert, seinen Eigentumsanspruch, wenn ein solcher noch besteht, vor den Zivilgerichten durchzusetzen.

2. Rückforderung eines Vertragsstaats des UNESCO Übereinkommens von 1970

Sobald die Bundesrepublik das UNESCO Übereinkommen ratifiziert und umgesetzt **79**
hat, werden die Vertragsstaaten dieses Übereinkommens auf Grund dieses Staatsvertrages sowie des deutschen Ausführungsgesetzes ihre nach Deutschland illegal verbrachten Kulturgüter zurückzufordern.

3. Rückforderung anderer Staaten

Fordern andere Staaten, mit denen keine staatsvertragliche Abmachung besteht, ihre **80**
nach Deutschland illegal verbrachten Kulturgüter zurück, dürften sie damit kaum Aussicht auf Erfolg haben; denn ein ausländischer hoheitlicher Anspruch auf Rückgabe illegal exportierter Kulturgüter ist ohne staatsvertragliche oder europarechtliche Grundlage nicht durchsetzbar.[132] Das IPR behandelt nur privatrechtliche Rückgabeansprüche, und im Verwaltungsrecht, wozu auch das Kulturverwaltungs- und Außenwirtschaftsrecht gehört, gilt die **lex fori,** d.h. es wird nur inländisches Recht angewandt. Da das **inländische Verwaltungsrecht** außerhalb des Kulturgüterrückgabegesetzes (s. oben D II 1) keine verwaltungsrechtliche Rückgabeverpflichtung der Bundesrepublik kennt und die Verwaltung ihr Handeln nach rechtstaatlichen Grundsätzen auf gesetzliche Ermächtigungen zu stützen hat, ist eine Rückforderung dritter Staaten ausgeschlossen. Hieran ändert nichts die häufig missverstandene Nigeria-Entscheidung des BGH.[133] Denn in diesem Fall forderte nicht die Republik Nigeria Kunstwerke heraus, die aus Nigeria geschmuggelt worden waren, sondern gestritten wurde um Versicherungsansprüche der Schmuggler wegen Verlustes der geschmuggelten Objekte auf der Seereise von Lagos nach Hamburg. In diesem zivilrechtlichen Streit ging es demnach nur *indirekt* um das nigerianische Ausfuhrverbot, nämlich um die Frage, ob **Schmuggelware** wirksam versichert werden kann. Das wurde verneint, ein versicherbares Interesse fehle und deswegen bestünden keine Ansprüche aus Transportversicherung. Wären die Kunstwerke nicht verloren gegangen, sondern in die Bundesrepublik gelangt, hätte ein staatlicher Rückforderungsanspruch Nigerias keine Aussicht auf Erfolg gehabt. Nigeria wäre nur erfolgreich gewesen, hätte dieser Staat aus Eigentum auf Herausgabe von gestohlenen Kunstwerken geklagt.

E. Rückgabe gestohlener und geschmuggelter Kulturgüter

Häufig werden Kunstwerke gestohlen und anschließend illegal exportiert oder in andere **81**
Mitgliedstaaten der EU verbracht. Dann fragt sich, wer auf welcher Grundlage die Rückgabe verlangen kann.

---

[132] Zu einem völkerrechtlichen Restitutionsanspruch vgl. *Stefan Turner,* Das Restitutionsrecht des Staates nach illegaler Ausfuhr von Kulturgütern, Berlin 2002, 21ff.

[133] BGH 22. 6. 1972, BGHZ 59, 82. Hierzu vgl. *Albert Bleckmann,* Sittenwidrigkeit wegen Verstoßes gegen den ordre public international: Zeitschrift für ausländisches öffentliches Recht und Völkerrecht 34 (1974) 112–132; *Kurt Siehr,* Nationaler und internationaler Kulturgüterschutz. Eingriffsnormen und internationaler Kunsthandel, in: Festschrift Werner Lorenz, Tübingen 1991, 525–542 (525f.).

I. Rückgabe deutscher Kulturgüter

82 Nach deutschem Recht können nur private nationale Kulturgüter gestohlen *und* illegal verbracht sein, denn nach dem Gesetz zum Schutz deutschen Kulturgutes gegen Abwanderung wird der meiste öffentliche und kirchliche Kunstbesitz nicht gegen Abwanderung geschützt. Er kann also nur gestohlen sein. Man meinte, die innerorganisatorische Regelung über die Veräußerung und Aussonderung von öffentlichem oder kirchlichem Kunstbesitz genüge. Das dürfte ein Fehlschluss sein. Denn nach heutigem Recht beraubt sich die Bundesrepublik der Möglichkeit, die internationale Rechtshilfe bei der Rückgabe illegal verbrachter Kulturgüter in Anspruch zu nehmen. Sie kann lediglich die privatrechtlichen **Ansprüche auf Eigentumsherausgabe im Ausland** geltend machen. Man sollte das deutsche Gesetz ändern und auch die Abwanderung von Werken verbieten, die im Bestandsverzeichnis öffentlicher oder kirchlicher Sammlungen aufgeführt sind. Erst dann ist dem Ausland klar, dass das Verbringen dieser Werke ohne staatliche Genehmigung, die bei Diebstahl immer fehlt, nach deutschem Recht illegal ist.

83 Wird eine **nationales Kulturgut** gestohlen und illegal verbracht, haben sowohl der bestohlene Eigentümer (hierzu gehören auch die Bundesländer, denen wohl die meisten Kulturgüter der öffentlichen Museen unmittelbar oder – vermittelt durch Stiftungen – mittelbar gehören) als auch die Bundesrepublik einen Rückgabeanspruch, nämlich der Eigentümer aus privatrechtlichem Eigentum und der Staat aus Kulturverwaltungs- oder Außenwirtschaftsrecht, Europarecht oder Völkerrecht. Beide Ansprüche schließen einander nicht aus. Art. 15 der Richtlinie 93/7/EWG vom 15. 3. 1993 sagt dies ausdrücklich.

II. Rückgabe ausländischer Kulturgüter

84 Auch ausländisches Kulturgut, das in die Bundesrepublik gelangt ist, kann vom bestohlenen Eigentümer nach Privatrecht herausverlangt werden und vom ausländischen Staat nach übernationalen Vorschriften über die Rückgabe illegal verbrachter Kulturgüter. Für beide Ansprüche bestehen verschiedene Rechtswege. Der **Eigentümer** muss den **Rechtsweg** vor den ordentlichen Gerichten der streitigen Gerichtsbarkeit beschreiten, während der Staat sich an die Verwaltungsgerichte wenden muss (§ 12 Abs. 1 KultGüRückG). Es fehlt eine Vorschrift, wonach beide Verfahren zusammengelegt werden können.

F. Kulturgüter mit belasteter Vergangenheit

85 Immer wieder machen Berichte Schlagzeilen, in denen es um Kulturgüter geht, die schon vor geraumer Zeit enteignet, geraubt, erbeutet worden sind oder unter anderen dubiosen Umständen ihr Herkunftsland verlassen haben. Solche Affären berühren auch das Inland. Deswegen ist darauf einzugehen.

I. „Entartete“ Kunst

86 Bilder können gefährlich sein. Der Betrachter verfällt ihnen leicht. Deshalb gibt es seit alters her **Bildverbote,** und aus der Geschichte sind der Ikonoklasmus im byzantinischen Reich sowie der **Bildersturm** während der Reformation und der französischen Revolution bekannt. Bei all diesen Vorkommnissen ging es um das Bild an sich oder um die Be-

seitigung von Bildern aus einer verhassten Vergangenheit und nicht um das „richtige" Bild. Ein solcher **Streit um das „richtige" Bild** blieb den Diktatoren vorbehalten. Während in früherer Zeit ein Herrscher seine ästhetische Vorliebe durch Ernennung von Hofkünstlern zum Ausdruck gebracht und die Zensur unterschiedlicher Art (staatliche oder kirchliche Zensur) unzulässige Darstellungen moniert hatte, wusste das deutsche **Nazi-Regime,** was „richtige", „geartete" Kunst darstellt und was als „entartete" Kunst zu verbieten ist.[134] Deshalb wurden „Erzeugnisse entarteter Kunst" in öffentlichen Sammlungen in Reichs-, Länder- oder Kommunalbesitz seit 1937 aus den Schauräumen entfernt, für die **Wander-Ausstellung „Entartete Kunst",** beginnend in München (19. 7.–30. 11. 1937), ausgesondert[135] und im Übrigen zugunsten des Deutschen Reichs entschädigungslos eingezogen.[136] Künstler „entarteter" Kunst erhielten Ausstellungs-, Berufs- oder Malverbote,[137] und zahlreiche Spitzenwerke der Moderne wurden am 30. 6. 1939 in Luzern bei der Galerie Fischer versteigert.[138] Diesem „Großreinemachen" nach dem Geschmack eines gescheiterten Postkartenmalers und eines Publikums biederer oder fanatischer Spießer fielen nicht nur Werke in öffentlichem Eigentum anheim, sondern auch solche Werke privater Eigentümer, die als Leihgaben in Museen ausgestellt waren.

Es ist viel darüber nachgedacht worden, ob die Enteignung (entschädigungslose Einzie- **87**
hung) rechtmäßig war oder offensichtlich so unhaltbar, dass sie nichtig war und Erwerber „entarteter" Kunst nur *gutgläubig* Eigentum erwerben konnten. Das ist bis jetzt höchstrichterlich noch nicht entschieden worden. Auch die Urteile, die eine Rückerstattung oder Entschädigung nach Rückerstattungsrecht für den Verlust ihrer Werke „entarteter" Kunst ablehnten, besagen für die Rechtmäßigkeit der Einziehung nichts;[139] denn nach § 1 Abs. 1 Satz 1 der **zonalen Rückerstattungsgesetze** bezogen sich diese Gesetze nur auf Sachen, die „aus Gründen der Rasse, Religion, Nationalität, der politischen Auffassung oder der politischen Gegnerschaft gegen den Nationalsozialismus ungerechtfertigt entzogen worden sind," also nicht auf die Wiedergutmachung jeglichen Unrechts, das die Betroffenen unter der Nazi-Herrschaft haben erleiden müssen. Die Aktion „Entartete Kunst" war aber keine rassistisch oder parteipolitisch motivierte Kampagne, sondern sie war gegen den „Kulturzerfall" und „Pseudokunst" gerichtet,[140] erfasste die Werke inländischer und ausländischer Künstler (z.B. Feininger), parteiloser Künstler und von Parteimitgliedern

---

[134] Vgl. hierzu *Boris Grell,* Entartete Kunst. Rechtsprobleme der Erfassung und des späteren Schicksals der sogenannt Entarteten Kunst, Diss. Zürich 1999, 33; *Erik Jayme,* „Entartete Kunst" und Internationales Privatrecht, Heidelberg 1994, ebenfalls bei: *ders.,* Nationales Kunstwerk und Internationales Privatrecht; Heidelberg 1999, 109–130; *Hans Henning Kunze,* Restitution „Entarteter Kunst". Sachenrecht und Internationales Privatrecht, Berlin 2000, 11 ff.

[135] Hierzu vgl. *Stephanie Barron,* „Entartete Kunst". Das Schicksal der Avantgarde im Nazi-Deutschland, München1992, 357 ff.; *Mario-Andreas von Lüttichau/Andreas Hüneke,* Rekonstruktion der Ausstellung „Entartete Kunst" bei: *Peter-Klaus Schuster* (Hrsg.), Nationalsozialismus und „Entartete Kunst", 5. Aufl. München 1998, 83 ff.; *Christoph Zuschlag,* „Entartete Kunst". Ausstellungsstrategien im Nazi-Deutschland, Worms 1995, 169 ff.

[136] Gesetz vom 31. 5. 1938 über Einziehung von Erzeugnissen entarteter Kunst, RGBl. 1938 I S. 612 (galt nicht im Land Österreich und nicht gegenüber Ausländern, sondern im Alt-Reich nur für Reichsangehörige und inländische juristische Personen).

[137] Zu Ernst Barlach, Emil Nolde und Max Pechstein vgl. *Barron,* oben N. 135, 198, 320 und 328.

[138] *Barron,* oben N. 135, 135 ff.; *Georg Kreis,* „Entartete" Kunst für Basel. Die Herausforderung von 1939, Basel 1990, 50 ff.

[139] OLG Celle 8. 5. 1951, RzW 1951, 201; OLG Düsseldorf 26. 7. 1952, RzW 1952, 266; OLG Karlsruhe 20. 5. 1954, RzW 1954, 225; KG 8. 1. 1965, RzW 1965, 161; OLG München 30. 10. 1967, RzW 1968, 58.

[140] Vgl. *Hilleke,* Einführung zum Gesetz über Einziehung von Erzeugnissen entarteter Kunst, bei: *Pfundtner/Neubert,* Das neue Deutsche Reichsrecht, Loseblatt ca. 1944, unter I d 17.

(z.B. Nolde) sowie jüdischer Künstler (z.B. Chagall) und nichtjüdischer Meister. Wenn man trotzdem mit der wohl vorwiegenden Meinung die Nichtigkeit der Einziehung „entarteter" Kunst annimmt,[141] verhinderte das nicht, dass an diesen Werken gutgläubig Eigentum erworben werden konnte.

1. „Entartete" Kunst in Staatshand

88 **a) Verkauf in Luzern.** Soweit der Bestand staatlicher Museen an unliebsamer Kunst aussondert, eingezogen und schon damals freihändig verkauft oder versteigert wurde, veräußerte der formal berechtigte Eigentümer, nämlich das **Deutsche Reich** sein Eigentum an Dritte. Selbst wenn man annimmt, dass die deutsche Einziehung zugunsten des Deutschen Reichs unwirksam war, bleibt zu prüfen, ob die Erwerber gleichwohl Eigentum vom Nichtberechtigten erwerben konnten. Bei der Versteigerung am 30. 6. 1939 in Luzern dürften die meisten Ersteigerer die Herkunft der eingelieferten Werke gekannt haben,[142] so dass zweifelhaft sein dürfte, ob sie noch als gutgläubig angesehen werden können. Selbst wenn sie dies nicht gewesen sein sollten, kann ihr Erwerb von deutscher Seite nicht infrage gestellt werden; denn es verstieße gegen **Treu und Glauben,** wenn deutsche staatliche Stellen (öffentliche Museen) sich auf die Nichtigkeit von Staatsakten berufen, die der deutsche Staat (das Deutsche Reich) selbst erlassen hat. Hier müssen deutsche staatliche Stellen deutsches Unrecht hinnehmen und dürfen es nicht zulasten Dritter, die auf das damals faktisch geltende Recht vertrauten, infrage stellen. Etwas anderes würde das Verbot eines *venire contra factum proprium* verletzen. Daher ist es auch kein Wunder, dass die Wirksamkeit der in Luzern gemachten Erwerbungen von deutscher Seite niemals bezweifelt wurde. Es gab und gibt immer noch keine Ansprüche deutscher staatlicher Museen auf Rückgabe der ehemals in ihrem Eigentum stehenden Werke der „entarteten" Kunst. Oskar Kokoschkas „Windsbraut", früher Hamburger Kunsthalle, jetzt Kunstmuseum Basel, bleibt dem jetzigen Eigentümer erhalten, und nicht einmal moralische Ansprüche können geltend gemacht werden. Dasselbe gilt für das anderweitig verkaufte Werk „Portrait des Dr. Gachet" von Vincent van Gogh, früher Städelsches Kunstinstitut in Frankfurt am Main, heute Musée d'Orsay, Paris.[143] Wer sein Eigentum verscherbelt, und sei es auch nur auf höhere Anweisung hin, hat kein Reurecht und kann den Verkauf nicht rückgängig machen.[144] Viele Museen haben deshalb versucht, ihre damals veräußerten Werke „entarteter" Kunst zurückzukaufen. Das ist vielen Museen auch gelungen, haben aber den ganzen Verlust ihrer früheren Sammlungen nicht wieder wettmachen können.[145]

89 **b) Verkauf in Deutschland.** Nicht alle ausgeschiedenen und eingezogenen Werke der **„entarteten" Kunst** sind ins Ausland verkauft worden. Viele Werke sind an deutsche Kunsthändler gegangen, die sie auf eigene oder fremde Rechnung bereits vor 1945 oder

---

[141] *Grell,* oben N. 134, 438ff.; *Jayme,* oben N. 134, 9ff. bzw. 110ff.; *Kunze,* oben N. 134, 67ff.; *Steven A. Reich/Hermann J. Fischer,* Wem gehören die als „entartete Kunst" verfemten, von den Nationalsozialisten beschlagnahmten Werke?, NJW 1993, 1417–1421 (1418f.).

[142] Vgl. *Kreis,* oben N. 138, 22ff.

[143] Vgl. *Cynthia Saltzman,* Das Bildnis des Dr. Gachet. Biographie eines Meisterwerks, Baden-Baden 2000, 173ff., 187ff., 333ff.

[144] Das gilt m.E. auch für die Museen der Länder und Gemeinden. Das Deutsche Reich hatte deren Werke eingezogen, das war damals wirksam, und die Käufer erwarben vom formal Berechtigten.

[145] So haben, z.B. folgende Museen folgende Werke wieder erworben: Kunstmuseum Mannheim: „Portrait Dr. Hermann-Neisse" von George Grosz; Hamburger Kunsthalle: „Stilleben" von Henri Matisse.

danach ins Inland verkauft haben.[146] So gibt es heute zahlreiche Werke „entarteter“ Kunst in deutschen Museen, die im Jahr 1937 oder danach aus anderen deutschen Museen ausgeschieden und eingezogen worden sind. Beispiele sind Paul Klees „Goldener Fisch“, früher Nationalgalerie Berlin, heute Kunsthalle Hamburg, oder Franz Marcs „Wildschweine“, früher Moritzburg Halle, jetzt Museum Ludwig Köln. Soweit bekannt, gibt es kein veröffentlichtes Urteil, das über die Herausgabeklage eines enteigneten Museums gegen ein Museum zu entscheiden hatte, welches das seinerzeit enteignete Werk erworben hat und heute noch besitzt. Offenbar geht man von einem gutgläubigen Erwerb durch Veräußerung oder Ersitzung aus oder, wegen der doch sehr zweifelhaften Gutgläubigkeit der Erwerber, von einer binnen 30 Jahren verjährten Herausgabeklage (§ 197 Abs. 1 Nr. 1 BGB).

c) Unverkaufte Werke. Sind ehemals eingezogene Werke unverkauft geblieben und **90**
noch irgendwo deponiert oder als Leihgabe der Bundesrepublik Deutschland ausgestellt, hat das enteignete Museum einen Anspruch auf Rückgabe; denn das **Eigentum** war auf das Deutsche Reich als den Rechtsvorgänger **nicht wirksam übergegangen,** eine Ersitzung mangels Gutgläubigkeit nicht möglich, und auf eine Verjährung kann sich die Bundesrepublik als Rechtsnachfolger des Urhebers begangenen Unrechts nicht berufen, wenn das enteignete Museum rechtzeitig nach Kenntnis vom Besitz des enteigneten Werkes in fremder Hand die Herausgabe verlangt hat.

2. „Entartete“ Kunst in Privatbesitz

Die Aktion „Entartete Kunst“ sollte öffentliche Museen von unliebsamer Kunstwerken **91**
befreien, erstreckte sich also nicht auf private Sammlungen zeitgenössischer Kunst, die öffentlich nicht zugänglich waren und deswegen auch nicht, „das gesunde, instinktsichere Gefühl eines Volkes verwirren“ konnten.[147] Trotzdem wurden viele private Kunstwerke eingezogen, weil sie als Leihgaben in öffentlichen Museen ausgestellt waren und deshalb auch der Säuberung von Objekten „entarteter“ Kunst anheim fielen. So erging es auch der „Sumpflegende“ von Paul Klee, die als Leihgabe der Sammlung Küppers im Landesmuseum der Stadt Hannover hing und 1937 als „entartet“ beschlagnahmt wurde. Das Ölgemälde war 1937 in München ausgestellt und wurde nach zwei Verkäufen in den Jahren 1944 und 1962 schließlich im Jahr 1982 von der Stadt München zum Verbleib in der Städtischen Galerie im Lenbachhaus erworben. Die Klage von Jen Lissitzky als ein Erbe der Eheleute El Lissitzky und Sophie Lissitzky-Küppers auf Herausgabe des Gemäldes wurde abgewiesen. Die verklagte Stadt München berief sich hilfsweise auf Verjährung und hatte damit – wenn auch zu Unrecht – Erfolg.[148] Aus derselben Sammlung stammt das in der Galerie Beyeler hängende Gemälde „Improvisation Nr. 10“ von Wassily Kandinsky. Auch hier verlangte man Herausgabe, einigte sich jedoch in einen außergerichtlichen Vergleich.[149]

---

[146] Vgl. *Eberhard Roters,* Galerie Ferdinand Möller. Die Geschichte einer Galerie für Moderne Kunst in Deutschland 1917–1956, Berlin 1984, 155ff.

[147] Rede Adolf Hitlers zur Eröffnung des Hauses der Deutschen Kunst und der „Großen Deutschen Kunstausstellung“ (18. 7.–31. 10. 1937) bei: *Schuster,* s. oben N. 135, 242–252 (251, rechte Spalte, Absatz 5).

[148] LG München I 8. 12. 1993, IPRspr. 1993 Nr. 52, mit kritischer Besprechung durch *Erik Jayme* in IPRax 1995, 43. Zur Vorentscheidung siehe KG 21. 5. 1992, NJW 1992, 1480. Hierzu auch *Kunze,* oben N. 134, 235ff.

[149] Neue Zürcher Zeitung 3. 7. 2002, S. 52.

II. Holocaust Art

92 Mit Holocaust Art lassen sich diejenigen Kunstwerke bezeichnen, die bei der **Judenverfolgung im Dritten Reich** den jüdischen Eigentümern entweder entzogen wurde oder welche die **Eigentümer selbst in einer Zwangslage veräußern mussten,** um diskriminierende Abgaben zu entrichten oder ihre Ausreise zu finanzieren. Die deutschen Rechtsgrundlagen, die eine solche Misshandlung vorsahen, sind null und nichtig, und die außerhalb deutscher Grenzen vorgenommenen Enteignungen sind wegen Verstoßes gegen das völkerrechtliche Verbot des Beutemachens und Plünderns unwirksam.[150]

93 Bei der **heutigen Behandlung ehemals jüdischen Kulturgutes** ergeben sich tatsächliche und rechtliche Schwierigkeiten. Auf rein tatsächlicher Ebene muss man fragen, wer war Eigentümer, war der Eigentumsverlust bedingt durch die **Judenverfolgung,** ist bereits eine Entschädigung erfolgt? Rechtlich stellen sich die Probleme eines gutgläubigen Erwerbs oder eines Eigentumsverlustes durch Zeitablauf, und ferner fragt sich, was mit nachrichtenloser Kunst zu tun ist. Diese Fragen sind in unterschiedlichem Zusammenhang, in verschiedenen Ländern und auf Grund unterschiedlicher Rechtsgrundlagen recht verschieden beantwortet worden.

1. Kunst in staatlichen Museen

94 Deutsche Museen, in denen sich unrechtmäßig entzogene Kunstwerke jüdischer Eigentümer gefunden wurden, haben diese Werke ohne Prozess und ohne große Publizität den berechtigten Personen oder deren Rechtsnachfolgern herausgegeben. Dies geschah auch schon vor Verabschiedung der **„Washington Conference Principles on Nazi-Confiscated Art"** vom 3. 12. 1998.[151] Die Museen haben sich – von Ausnahmen abgesehen[152] – nicht auf einen gutgläubigen Erwerb oder die Verjährung berufen.[153] Hierbei konnte man sich früher, aber auch heute auf Gesetze sowie auf Beschlüsse und Empfehlungen zuständiger Instanzen berufen. Deutsche Instanzen wandten zunächst nur die **Rückerstattungsgesetze** an und heute, nach dem Fall der Berliner Mauer, zusätzlich das Gesetz von 1990/91 zur Regelung offener Vermögensfragen.[154] Österreich erließ das Bundesgesetz vom 4. 12. 1998 über die Rückgabe von Kunstgegenständen aus den Österreichischen Bundesmuseen und Sammlungen,[155] und auch andere Staaten brauchen

---

[150] Vgl. *Peter Raue,* Summum ius summa iniuria – Geraubtes jüdisches Kultureigentum auf dem Prüfstand des Juristen, in: Koordinierungsstelle für Kulturgutverluste Magdeburg (Hrsg.), Museen im Zwielicht, Magdeburg 2002, 277–296; *Kerstin Röhling,* Restitution jüdischer Kulturgüter nach dem Zweiten Weltkrieg. Eine völkerrechtliche Studie, Baden-Baden 2004.

[151] Int. J. Cult. Prop. 8 (1999) 142. Deutsche Übersetzung: Grundsätze der Washingtoner Konferenz in Bezug auf Kunstwerke, die von den Nationalsozialisten beschlagnahmt wurden, in: Koordinierungsstelle für Kulturgutverluste Magdeburg (Hrsg.), Beiträge ... öffentlicher Einrichtungen der Bundesrepublik Deutschland zum Umgang mit Kulturgütern aus ehemaligem jüdischen Besitz, Magdeburg 2001, 301 f.

[152] Vgl. die Auseinandersetzung um Emil Noldes „Buchsbaumgarten" zwischen dem Lehmbruck Museum Duisburg und den Erben des Sammlers Ismar Littmann (Breslau) bei: *Christoph Brockhaus,* Zum Restitutionsanspruch der Erbengemeinschaft Dr. Ismar Littmann für das Ölbild „Buchsbaumgarten" (1909) von Emil Nolde, in: Beiträge, oben N. 151, 78–89.

[153] Vgl die Berichte in: Beiträge, s. oben N. 151, 16 ff.

[154] Ursprünglich im Einigungsvertrag (BGBl. 1990 II S. 1159); BGBl. 1991 I S. 958 (Fassung vom 29. 3. 1991); Fassung vom 21. 12. 1998, BGBl. 1998 I S. 4026. Vgl. insbesondere § 1 Abs. 6 über Ansprüche aus Verfolgung während der Nazi-Zeit.

[155] Österr. BGBl. 1998 I Nr. 181.

Grundlagen für die Rückgabe aus staatlichen Sammlungen.[156] Nach der Washingtoner Konferenz vom 3. 12. 1998 haben sich die deutschen Museen verpflichtet, ihre Bestände zu sichten, Provenienzforschung zu betreiben und Kulturgüter aus ehemals jüdischem Besitz den Erben der früheren Eigentümer zurückzugeben.[157] Zwar kommt die Provenienzforschung mangels genügender Geldmittel für geschultes Personal nur langsam voran,[158] ansonsten jedoch erstattet man ohne Rücksicht auf abgelaufene Fristen oder gutgläubige Erwerbstatbetände zurück. Besondere Schwierigkeiten bereiten Fragen des **legalen oder illegalen Erwerbs während der Nazi-Zeit**[159] sowie die manchmal unbekannten Tatsachen, dass der Verlust von Kunstwerken bereits entschädigt wurde[160] oder dass die Erben der ehemaligen Eigentümer die Werke dem Museum, in dem sich die Werke befinden, nach dem Krieg vermacht hatten.[161] Zu Gerichtsverfahren ist es meines Wissens – anders als in manchen anderen Staaten[162] – nie gekommen. Das ist auch verständlich; denn deutsche staatliche Museen scheuen sich aus gutem Grund, ein vermeintliches Recht gegenüber staatlichem Unrecht, das von Deutschland ausgegangen ist, zu verteidigen.

2. *Kunst in anderen öffentlichen Museen*

Nach dem Krieg sind viele Kunstwerke dorthin gegangen, wo Geld war, also in die **95**
Vereinigten Staaten von Amerika. So kam es auch hier nach Ende des Kalten Krieges, nach Öffnung der Archive und bei grenzenloser Kommunikation durch Internet zu Entdeckungen, dass Museen Kunstwerke fragwürdiger Herkunft erworben hatten und gegenwärtig zur Schau stellten. Es meldeten sich die Nachkommen der ehemaligen Eigentümer und verlangten die Herausgabe. In den wohl meisten Fällen wurden die Kunstwerke freiwillig herausgegeben, und zwar gegen eine Entschädigung des gutgläubigen Besitzers auf der Grundlage eines Vergleiches, der eine hälftige Teilung des Verlustes nach dem geschätzten Wert des Objektes vorsah.[163]

---

156 Z. B. braucht das British Museum eine gesetzliche Ermächtigung, wenn es Sammlungsstücke weggeben will. Vgl. *Martin Bailey,* Two British museums pay compensation to keep Nazi loot: The Art Newspaper, February 2006, S. 1.

157 Vgl. die Erklärung der Bundesregierung, der Länder und der kommunalen Spitzenverbände vom 14. 12. 1999 zur Auffindung und zur Rückgabe NS-verfolgungsbedingt entzogenen Kulturgutes, insbesondere aus jüdischem Besitz, in. Beiträge, s. oben N. 151, 303 ff.

158 Vgl. hierzu die Berichte in: Museen im Zwielicht, oben N. 150, 263 ff.

159 Vgl, hierzu den amerikanisch-österreichischen Streit um Klimt-Gemälde, der am 15. 1. 2006 durch Schiedsspruch endgültig zugunsten von Frau Altmann entschieden wurde, und den Streit um Noldes „Buchsbaumgarten", oben N. 151. Vgl. *Heinz Krejci,* Der Klimt-Streit, Wien 2005; *Rudolf Welser/Christian Rabl,* Der Fall Klimt, Wien 2005.

160 Bezüglich der Rubens-Gemälde aus der Sammlung Oppenheimer in der Staatlichen Kunsthalle Karlsruhe vgl. *Klaus Schrenk,* Das Gemälde „Bildnis der Marchesa Veronica Spinola Doria" von Peter Paul Rubens und die Chronologie einer Rückforderung, in: Beiträge, oben N. 151, 150 ff.

161 Bezüglich dreier Gemälde von Leibl, Spitzweg und Uhde aus der Sammlung Hinrichsen im Museum der bildenden Künste Leipzig vgl. *Eckhard Braun,* Rückgabeverfahren des Museums der bildenden Künste Leipzig, in: Beiträge, oben N. 151. 202–231 (212–218).

162 Vgl. z.B. Cour d'appel de Paris 2. 6. 1999 (Mme Gentili di Giuseppe c. Musée du Louvre et l'Etat français), und hierzu *Véronique Parisot,* The Gentili di Giuseppe Case in France: Int. J. Cult. Prop. 10 (2001) 264 ff.; und die amerikanischen Verfahren, s. unten N. 163. Zum ganzen Komplex vgl. *Norman Palmer,* The Futility of Litigation, bei: *ders.,* Museums and the Holocaust: Law, Principles and Practice, Leicester 2000, 49 ff.

163 Das gilt für folgende Sammlungen hinsichtlich folgender Werke: Art Institute of Chicago: Degas' „Landschaft mit Schornsteinen" an die Familie Gutmann (1998); North Carolina Museum of Art in Raleigh: Lucas Cranach d. Ä. „Jungfrau und Kind in einer Landschaft" an Familie Gomperz (1999);

3. *Kunst als Leihgabe*

96 Die Sammlung Leopold in Wien hatte für die Ausstellung „Egon Schiele: The Leopold Collection Vienna" Werke von Egon Schiele an das Museum of Modern Art in New York ausgeliehen. Kurz vor Beendigung der Ausstellung im Januar 1998 wurden die Gemälde „Portrait of Wally" und „Dead City III" mit der Behauptung beschlagnahmt, sie stammten aus den Sammlungen der in Wien enteigneten Familien Bondy und Grünbaum.[164] Dieser Vorfall, der hinsichtlich des „Portrait of Wally" in Frühjahr 2006 immer noch nicht abgeschlossen war, erschütterte die Museen in den Vereinigten Staaten und Europa; denn solche Beschlagnahmen können den gesamten internationalen Leihverkehr zwischen Museen und Sammlungen zum Erliegen bringen. Dagegen schützen sog. **„immunity statutes"** oder Rückgabegarantien, wie wir sie aus § 20 des KultGüRückG und ähnlichen Vorschriften anderer Länder kennen.[165] Auch die USA und New York kennen solche Garantien, die aber offensichtlich sehr restriktiv interpretiert werden.[166] Nach diesem New Yorker Zwischenfall sind schon ganze Ausstellungen daran gescheitert, dass eine Rückgabegarantie nicht gegeben werden konnte,[167] und gewisse Sammlungen haben bereits angedeutet, dass nur gegen eine solche Garantie Werke ins Ausland ausleihen werden.[168]

4. *Kunst in Privatbesitz*

97 **Kunstwerke aus ehemals jüdischem Besitz** unterliegen, vorbehaltlich besonderer gesetzlicher Regelungen, den **allgemeinen Vorschriften des Schuld- und Sachenrechts.** Sie können also gutgläubig durch Kauf oder Ersitzung erworben werden.[169] In der Schweiz ist diese Regelung durch Spezialgesetzgebung unmittelbar nach Ende des Zweiten Weltkrieges geändert worden. Der sog. **Raubgutbeschluss** des Bundesrates vom 10. 12. 1945 bezog sich zwar auf alle Personen, die „in einem kriegsbesetzten Gebiet in völkerrechtswidriger Weise beraubt oder durch Gewalt, Beschlagnahme, Requisition oder andre ähnliche Handlungen seitens der militärischen oder zivilen Organe oder der bewaffneten Streitkräfte einer Besetzungsmacht um Besitz oder Eigentum von beweglichen Sachen oder Wertpapieren gebracht worden sind",[170] betraf aber bei Kunstwerken hauptsächlich französische Juden. Auf Grund dieses Bundesratsbeschlusses wurde die „Raubgutkammer" des Bundesgerichts tätig und verfügte die Rückgabe zahlreicher Kunstwerke aus der Privatsammlung Bührle an die ehemals verfolgten Eigen-

---

Art Museum in Seattle: Matisses „Odalisque" an Familie Paul und Pierre Rosenberg (1999); National Gallery in Washington: Frans Snyders „Stilleben mit Früchten und Wild" an Familie Edgar Stern (2000). Hierzu *Howard J. Trienens,* Landscape with Smokestacks. The Case of the Allegedly Plundered Degas, Evanston, Ill. 2000.

164 Hierzu *Matthias Weller,* International Ownership Disputes over Stolen Artworks in New York – Litigation about Jurisdiction on the Civil-Criminal Line: IPRax 1999, 211–216.

165 S. oben N. 77.

166 *Ronald B. Kowalczyk,* Section 12.03 of the New York Arts and Cultural Affairs Law – Civil by Association: Int. J. Cult. Prop. 10 (2001) 95–121.

167 Vgl. zur gescheiterten Ausstellung der Sammlung Serge Sabarsky New York (Neue Galerie) in Wien 2003: Frankfurter Allgemeine Zeitung 9. 5. 2003, S. 48.

168 So die Äußerung von Michael Piotrovsky (Eremitage, St. Petersburg) bezüglich Leihgaben aus russischen Museen: The Art Newspaper, Dezember 2005, S. 1.

169 So BGer. 13. 12. 1968, BGE 94 II 297 (Koerfer gegen Goldschmidt). Hierzu vgl. jedoch *Norman Schmidt,* Ein Fall bewusster Irreführung der Rückerstattungsjustiz: RzW 1978, 81–89.

170 Vgl. Art. 1 Abs. 1 des Beschlusses vom 10. 12. 1945 betreffend die Klagen auf Rückgabe in kriegsbesetzten Gebieten weggenommener Vermögenswerte, AS 1945, 1030.

tümer.[171] Nach Ablauf der Fristen für die Anmeldung von Verlusten galt wieder das allgemeine Privatrecht.

5. *Kunst in Verwahrung*

Noch immer lassen sich nicht alle Eigentümer enteigneter Kunstwerke ermitteln. Deshalb gibt es heute immer noch einen Bestand „nachrichtenloser" Kulturgüter, die in Deutschland von der Bundesrepublik als Nachfolgerin der **alliierten Central Collecting Points** aufbewahrt werden.[172] Österreich verwahrte seine Kulturgüter unbekannter Herkunft im Kloster Mauerbach und versteigerte sie am 29./30. 10. 1996 zugunsten des Bundesverbandes der Israelitischen Kultusgemeinden Österreichs,[173] Frankreich sammelt sie in den Musées Nationaux Récupération (MNR),[174] und in den Niederlanden hat man sie der „Stichting Nederlands Kunstbezit" zugewiesen.[175] Seit dem **deutschen Vermögensgesetz von 1990/91** kann in Deutschland die Conference on Jewish Material Claims against Germany mit Sitz in New York und Frankfurt am Main subsidiär Ansprüche auf nachrichtenloses Vermögen jüdischer Herkunft erheben, wenn ehemalige Eigentümer, deren Nachkommen oder Nachfolgeorganisationen keine Ansprüche selbst anmelden.[176] Das hat die Conference auch schon getan und nach erfolgreichem Antrag die zurückerlangten Objekte dem betroffenen deutschen Museum als Leihgabe überlassen.[177] **98**

III. Raubkunst

Unter Raubkunst werden hier alle diejenigen Objekte verstanden, die während kriegerischer Auseinandersetzungen oder militärischer Besetzung von Soldaten mitgenommen worden sind, was sie vielleicht als Souvenir einsteckten, was man jedoch als **eigenmächtiges Plündern** qualifizieren muss. Nicht dagegen fällt unter **Raubkunst,** was eine **Besatzungsmacht** auf höheren Befehl hin als Beute an sich nahm und als solche außer Landes brachte. Diese Beutekunst wird unter F IV separat behandelt. **99**

---

[171] Vgl. hierzu *Thomas Buomberger,* Raubkunst – Kunstraub. Die Schweiz und der Handel mit gestohlenen Kulturgütern zur Zeit des Zweiten Weltkriegs, Zürich 1998, 73 ff.; *Kurt Siehr,* Rechtsfragen zum Handel mit geraubten Kulturgütern in den Jahren 1933–1950, in: Unabhängige Expertenkommission Schweiz-Zweiter Weltkrieg [sog. Bergier-Kommission] (Hrsg.), Bd. 19: Die Schweiz, der Nationalsozialismus und das Recht, Bd. II: Privatrecht, Zürich 2001, 125–203 (174 ff.).

[172] Vgl. *Harald König,* Erste Ergebnisse der Provenienzrecherche zu dem in Bundesbesitz befindlichen Restbestand CCP – Das Ölgemälde „Die Milchfrau" von Daniel Chodowiecki, in: Beiträge, oben N. 151, 16 ff.; *ders.,* Leihgaben der Bundesrepublik Deutschland aus Beständen, die zwischen 1933–1945 in Reichsbesitz gelangten, in: Museen im Zwielicht, oben N. 150, 149 ff.

[173] Hierzu *Ignaz Seidl-Hohenveldern,* The Auction of the „Mauerbach Treasure": Int. J. Cult. Prop. 6 (1997) 247–265.

[174] Décret n° 49–1344 du 30 septembre 1949 relatif à la fin des opérations de la commission de récupération artistique, Journal officiel de la République française 1949, 9915 (2. Oktober 1949).

[175] *Eelke Muller/Helen Schretlen,* Betwist Bezit, De Stichting Nederlands Kunstbezit en de teruggave van roofkunst na 1945, Zwolle 2002. Anfang 2006 wurde die Sammlung Goudstikker der Familie zurückgegeben: Frankfurter Allgemeine Zeitung, 8. 2. 2006, S. 38.

[176] Vgl. § 2 Abs. 1 Satz 3 VermG, oben N. 154.

[177] *Karin Annette Möller/Kornelia von Berswordt-Wallrabe,* Zu einer Böttgersteinzeug-Statuette aus der Sammlung Emma Budge, Hamburg, in: Beiträge, oben N. 151, 268–285 (274 ff.).

1. Raubkunst im Inland

100 Deutsche Soldaten haben in den besetzten Ländern Kunstwerke zerstört, Kunstschätze geplündert und als Andenken nach Hause geschickt.[178] Diese **Raubkunst** gilt als gestohlen, und der Dieb könnte ihre **Herausgabe nach 30 Jahren wegen Verjährung verweigern** (§ 197 Abs. 1 Nr. 1 BGB), stünde dem nicht der **Grundsatz von Treu und Glauben** entgegen sowie das Verbot, aus eigenem strafbaren Unrecht Vorteile zu ziehen. Doch selbst wenn die geplünderte Sache in den Handel gelangt ist und dort gutgläubig erworben wurde, bemüht sich die Bundesrepublik als Nachfolger des Deutschen Reichs und von dessen Schulden aus Staatenverantwortlichkeit, das geplünderte Objekt zu erwerben und zurückzugeben. Das ist z.B. hinsichtlich italienischer illegal verbrachter Kulturgüter geschehen,[179] und später bezüglich eines Fragmentes des Bernsteinzimmers aus Zarskoje Selo geschehen.[180]

2. Raubkunst im Westen

101 **a) Raub durch Soldaten der Westmächte.** Die Verführung zur Plündern in einem Land mit erheblichen Kunstschätzen ist groß. Nicht jeder Soldat widerstand ihr. Tauchte das geplünderte Objekt später in den USA auf, konnte man es herausverlangen, da zumindest in New York die Verjährung eines Herausgabenspruchs erst sehr spät zu laufen beginnt. Das war das Geheimnis des New Yorker Elicofon-Falles.[181] Beim Domschatz von Quedlinburg, den der Dieb Meador noch in seinem Besitz hatte, zog man es wegen der teuren Gerichtsverfahren vor, den Schatz gegen Zahlung einer gewissen Summe auszulösen.[182] Das ist bedenklich, ermuntert es doch zu Diebstahl und zur Erpressung einer „Belohnung" in Form eines Kaufpreises.

102 **b) Raub durch Soldaten der Sowjetunion.** Nach dem Fall der Berliner Mauer und der Öffnung der Grenzen der ost- und mitteleuropäischen Länder gelangten auch Kunstwerke, die sowjetische Soldaten aus Deutschland nach Hause mitgenommen hatten, in den Westen. So kam auch das Gemälde „Die Heilige Familie mit St. Johannes und Engeln" von Joachim Wtewael (1566–1638), das 1945 in Gotha gestohlen worden war, nach London zur Versteigerung bei Sotheby's. Auf den deutschen Hinweis hin, das Gemälde sei gestohlen sei und gehöre den deutschen Eigentümern, unterblieb die Versteigerung, und ein langer Prozess auf Herausgabe des Kunstwerkes begann. Er war erfolgreich; denn die Kläger konnten widerlegen, dass ein gutgläubiger Erwerb stattgefunden hat und dass ein Herausgabeanspruch noch nicht verjährt ist.[183]

3. Raubkunst im Osten

103 Soweit sich noch Raubkunst in Russland oder anderen Nachfolgestaaten der Sowjetunion befinden, haben es die beraubten Eigentümer noch nie versucht, vor osteuropäischen Gerichten auf Herausgabe des Raubgutes zu klagen. Man hat **Anträge auf Rück-**

---

[178] *Wolfgang Eichwede/Ulrike Hartung* (Hrsg.), NS-Kunstraub in der Sowjetunion, Bremen 1998; *Lynn H. Nicholas,* Der Raub der Europa. Das Schicksal europäischer Kunstwerke im Dritten Reich, Müchen 1995, 81ff.

[179] *Emanuel C. Hofacker,* Rückführung illegal verbrachter italienischer Kulturgüter nach dem Ende des 2. Weltkriegs, Berlin 2004.

[180] *Guido Knopp/Peter Hartl,* Das Bernsteinzimmer. Dem Mythos auf der Spur, Hamburg 2003, 224ff.

[181] S. oben N. 92.

[182] *Kogelfranz/Korte,* oben N. 49, 334ff.

[183] Zum Urteil s. *Carl/Güttler/Siehr,* oben N. 50, 78ff.

führung gestellt und damit manchmal auch Erfolg gehabt, wie z.B. die Bremer Kunsthalle.[184] In anderen viel offensichtlicheren Fällen privater „Sicherstellung" wie z.B. bei den von Viktor Baldin geretteten Kunstwerken stößt man jedoch auf unverständlichen Widerstand.[185]

IV. Beutekunst

Mit Beutekunst werden alle diejenigen Objekte bezeichnet, die das Militär auf höheren **104**
Befehl hin beim Feind beschlagnahmt und seinem Befehlshaber zur Verfügung gestellt hat. Nicht also eigenmächtiger Raub durch Soldaten liegt hier vor, sondern hoheitlich angeordnete Inbesitznahme fremder Güter.

1. Beutegut im Westen

Es ist unwahrscheinlich, dass die Vereinigten Staaten von Amerika die Absicht hat- **105**
ten, die deutschen Kunstwerke, die Gegenstand des Wiesbadener Erklärung waren, als Beute für sich zu vereinnahmen. Das sog. **Wiesbaden Manifesto vom 7. 11. 1945,** proklamiert von amerikanischen Kulturschutzoffizieren, trug maßgebend dazu bei, dass eine endgültige Verlagerung deutscher Kulturgüter in die USA unterblieb und sich amerikanische Dienststellen, bei allem Zorn gegen die Führung des Deutschen Reichs, entschlossen, das völkerrechtliche Verbot des Beutemachens zu achten.[186] Nicht so einfach dagegen fiel es, das in die USA verlagerte deutsche Archivgut nach Deutschland zurückzuführen.[187]

2. Beutegut im Osten

Erst nach Ende des Kalten Krieges, also fast 50 Jahre nach Ende des Zweiten Welt- **106**
krieges wurde bekannt, was alles in **russischen Depots** lagert und was bisher als verschollen galt.[188] Nach der Rückgabe von Berliner und Dresdner Kunstschätze im Jahr 1958[189] hatte man geglaubt, alles, was die Sowjetunion nach dem Krieg mitgenommen habe, sei wieder zurückgekehrt oder bei Kriegsende verloren gegangen. **Deutsche Appelle,** das deutsche Kulturgut zurückzugeben, blieben erfolglos, Staatsverträge über die Rückführung blieben unerfüllt,[190] **russische Gesetze** blockieren die Rückgabe,[191] und eine gerichtliche Durchsetzung von Rückführungsansprüche erscheint mangels zuständiger und neutraler Instanzen aussichtslos. Hierüber ist bereits oben bei B II 1 berichtet

---

[184] Vgl. IFAR Journal 4/2 (2001) 7.

[185] Vgl. The Art Newspaper, März 2004, S. 7

[186] Wiesbaden Manifesto of 7 November 1945, Int. J. Cult. Prop. 7 (1998) 275, und bei: *Walter I. Farmer,* Die Bewahrer des Erbes. Das Schicksal deutscher Kulturgüter am Ende des Zweiten Weltkrieges, Berlin 2002, 159 ff.; *Elizabeth Simpson* (Hrsg.), The Spoils of War. World War II and Its Aftermath: The Loss, Reappearance, and Recovery of Cultural Property, New York 1997, 274 f.

[187] *Astrid M. Eckert,* Kampf um die Akten. Die Westalliierten und die Rückgabe von deutschem Archivgut nach dem Zweiten Weltkrieg, Stuttgart 2004.

[188] *Konstantin Akinsha/Grigori Koslov,* Spoils of War. The Soviet Union's Hidden Art Treasures: ARTnews, April 1991; *dies.,* Beutekunst. Auf Schatzsuche in russischen Geheimdepots, München 1995.

[189] Vgl die Kataloge „Der Menschheit bewahrt" (Dresden 1959) und „Schätze der Weltkultur von der Sowjetunion gerettet" (Berlin 1958).

[190] S. oben N. 53.

[191] S. oben N. 54.

worden. So bleibt es der deutsche Regierung nur übrig, ständig die Rückgabe anzumahnen, um dem Vorwurf zu entgehen, man verwirke seine Ansprüche durch Nichtstun. So bleiben der sog. „Schatz von Troja" und die vielen anderen Schätze deutscher Museen und Sammlungen einstweilen in russischem Besitz, bis die Zeit für eine Rückgabe reif ist.

V. Kunst fremder Länder

107 Häufig erkennen Fremde früher als Einheimische, was an einer Kultur einzigartig, besonders und kennzeichnend ist. So ist es kein Wunder, dass europäische Museen auch Objekte fremder und vergangener Kulturen gesammelt und bewahrt haben. Das haben sie in der Vergangenheit getan und tun dies auch heute noch.

1. Frühere Erwerbungen

108 Seit einiger Zeit ist die Sitte weit verbreitet, die Vergangenheit rückgängig zu machen und Kunstschätze, die schon seit Jahrzehnten oder sogar seit Jahrhunderten in europäischen Museen bewahrt werden, zurückzufordern.[192] Beispiele sind. Ägypten fordert die Berliner Büste der Nofretete (jetzt: Altes Museum, Berlin) und den Stein von Rosetta (jetzt: British Museum, London) heraus,[193] Griechenland kämpft um die Rückgabe der Parthenon/Elgin Marbles (jetzt: British Museum, London),[194] Italien verlangt den Krater des Euphronios (jetzt: Metropolitan Museum of Art, New York) zurück,[195] Mexiko bittet um die Überlassung der Federkrone des Montezuma (jetzt: Museum für Völkerkunde, Wien),[196] und die türkische Stadt Bergama demonstrierte für die Rückführung des Pergamon Altars (jetzt: Pergamon Museum, Berlin). Ob diese Begehren *rechtlich* begründet werden können, erscheint sehr zweifelhaft. Allenfalls kann man nach den Umständen des Erwerbs unterscheiden.

109 **a) Rechtmäßiger Erwerb.** Was in früheren Zeiten rechtmäßig erworben wurde, wird durch Zeitablauf nicht unrechtmäßig und begründet **Rückführungsansprüche.** Die Türkei mag die Überlassung der Trümmer des Pergamon-Altars an das Deutsche Reich bedauern, kann jedoch die damalige Genehmigung der Hohen Pforte zum Abtransport nach einer Fundteilung nicht in Abrede stellen.[197] Ägypten stimmte der Fundteilung vom 20. 1. 1913 zu, bei der vielleicht der unerfahrene Repräsentant der Ägyptischen Altertümerverwaltung unachtsam gewesen ist, begründet jedoch keinen Anspruch auf Rückgabe der Berliner Büste der Nofretete.[198] Selbst bei den Parthenon-Marbles lag ein Firman der

---

[192] Allgemein zu diesem Phänomen vgl. *David Lowenthal,* Possessed by the Past. The Heritage Crusade and the Spoils of History, New York 1996, 227ff.

[193] *Zahi Hawass,* Generalsekretär der Ägyptischen Antikenverwaltung, in: Minerva 16 (2005) September/Oktober 2005, S. 7.

[194] *Christopher Hitchens,* The Elgin Marbles. Should they be returned to Greece?, London/New York 1997, 45ff.; *William St. Clair,* Lord Elgin and the Marbles, 2. Aufl. Oxford/New York 1998, 332ff. Vgl. auch *Dorothy King,* The Elgin Marbles, London 2006, 295ff.

[195] The Art Newspaper, Januar 2006, S. 12; Il Giornale dell'Arte, Januar 2006, S. 8.

[196] Frankfurter Allgemeine Zeitung 12. 1. 2006, S. 9.

[197] *Wolf-Dieter Heilmeyer,* Schutz archäologischer Kulturgüter aus der Sicht der Archäologie: ZVglRWiss 95 (1996) 117–126 (124).

[198] *Rolf Krauss,* 1913–1988. 75 Jahre Büste der NofreEte/Nefret-iti in Berlin: Jahrbuch Preußischer Kulturbesitz 24 (1988) 87–124 (93f.); 28 (1992) 123–157. Vgl. zur Rückgabe der Berliner Nofretete Büste die gespielte Kontroverse zwischen *Kurt Siehr* und *Stephen Urice* in: *John H. Merryman* (Hrsg.), Imperialism, Art and Restitution, New York 2006, 114ff. und 135ff.

Hohen Pforte vor, der die Entfernung „einiger Stücke" gestattete.[199] Auch lässt sich nicht geltend machen, eine unbeliebte Vorgängerregierung habe dem Abtransport zugestimmt und das dürfe dem jetzigen Staat nicht zugerechnet werden. Darüber ließe sich allenfalls dann sprechen, wenn der Nachfolgestaat auch alle *Vorteile* der Vorgängerregierung aufgäbe. Das ist aber nicht der Fall. Deshalb gelten die allgemeinen Regeln der Staatennachfolge: Vorbehaltlich von Staatsverträgen, tritt der Nachfolgestaat in alle Schulden und Gläubigerpositionen des Vorgängerstaates ein.

b) Erwerb während Krieg oder Kolonialismus. Der Stein von Rosetta wurde bei **110**
Napoleons Ägyptenfeldzug (1799) gefunden und gelangte 1802 schließlich nach England;[200] die Parthenon-Marbles wurden während der Türkenzeit in Athen entfernt (1804), also mit Erlaubnis der Besatzungsmacht; die Benin-Bronzen in europäischen Museen stammen größtenteils aus einer britischen Strafexpedition in Nigeria aus dem Jahr 1897,[201] und die Federkrone, die angeblich Montezuma getragen haben soll, ist offenbar im 16 Jahrhundert während der spanischen Eroberung Süd- und Mittelamerikas nach Europa gekommen.[202] In solchen Fällen lässt sich fragen, ob diese etwas dubiose Provenienz dazu führt, dass diejenigen heutigen Nationen, zu deren Vergangenheit die besagten Kulturgüter gehören, heute noch *rechtliche* Rückführungsansprüche erfolgreich geltend gemacht werden können. Diese Frage dürfte in aller Regel zu verneinen sein; denn ein solcher Anspruch dürfte nach dem Recht der Belegenheitsstaates längst verjährt sein. Es bleiben also nur noch ethische und moralische Ansprüche, soweit man nicht einen völkerrechtlichen Anspruch auf Restitution annimmt.[203]

2. *Jetzige Akquisitionen*

Heute erwerben deutsche Museen nur dann fremde Kulturgüter, wenn sie auf Grund **111**
von **überprüften Provenienzangaben** überzeugt sind, dass ihr Erwerb rechtmäßig ist und auch ausländische Verbringungsverbote nicht verletzt. Das ergibt sich aus den verschiedensten Kodices über die Erwerbspolitik von Museen.

VI. Schatzfund

1. *Schatzfund im Allgemeinen*

Die meisten Staaten regeln in ihrem Zivilgesetzbuch den Schatzfund und bestimmen, **112**
wem der Schatz gehört und ob der Finder einen Finderlohn erhält. In Deutschland regelt § 984 BGB den Schatzfund, und Art. 73 EGBGB lässt die landesgesetzlichen Vorschriften über Regalien unberührt, so dass auch noch Landesrecht bei der Frage zu berücksichtigen ist, wer Eigentümer eines Schatzes ist.[204] In Österreich finden sich in den §§ 398–401 ABGB Regelungen über den Schatzfund, und die Schweiz hat kürzlich den Art. 724 ZGB über den Fund wissenschaftlich bedeutsamer Gegenstände revidiert.

---

[199] Zum Wortlaut des Firman vgl. St. Clair, oben N. 193, 338 f.: „... portar via qualche pezzi di pietra con vecchie iscrizioni e figure ..." (Original); „... to take away some pieces of stone with old inscriptions and figures ..." (Übersetzung).

[200] *Robert Solé/Dominique Valbelle,* The Rosetta Stone, London 1999, 1 ff.

[201] *Jeanette Greenfield,* The Return of Cultural Treasures, 2. Aufl. Cambridge 1996, 118 ff.

[202] *Ferdinand Anders,* Der Schatz des Montezuma. Utopie und Wirklichkeit, Wien 2004, 6 ff.

[203] *Stefan Turner,* Das Restitutionsrecht, oben N. 132.

[204] Zum alten Recht vgl. *Arne Schmidt,* Der Schatzfund im 19. Jahrhundert. Eine Rechtsprechungsanalyse im Spiegel des französischen, preußischen und gemeinen Rechts, Hamburg 2002.

113 **a) Schatz.** Nach § 984 BGB gilt dann eine Sache als ein Schatz, wenn sie „so lange verborgen gelegen hat, dass der Eigentümer nicht mehr zu ermitteln ist." Eine Sache ist dann nicht verborgen, wenn sie sich in einem schwer zugänglichen Raum (Dachboden) befand[205] oder versteckt in einer abgestellten Kiste.[206] Es muss sich also um eine Sache handeln, die – selbst bei schwer zugänglicher Umgebung – nicht ohne weiteres sinnlich wahrnehmbar ist. Außerdem ist erforderlich, dass ihr Eigentümer nicht mehr zu ermitteln ist. Ergeben nämlich die entdeckten Sachen selbst oder andere Umstände, dass die Sachen versteckt worden waren und dass die Eigentümer durch Bekanntmachung der Entdeckung oder andere Nachforschungen ermittelbar sind, fehlt es an einem Schatzfund.[207]

114 **b) Schatzregal.** Viele Staaten, aber auch viele deutsche Bundesländer kennen das Schatzregal, wonach der Staat oder das Land, in dem der Schatz gefunden wurde, automatisch Eigentümer des Schatzes ist. Zahlreiche Staaten des Mittelmeerraumes kennen eine solche Regelung für Schätze des Altertums,[208] und die meisten deutschen Bundesländer sehen vor, dass Schätze von wissenschaftlichem Wert Eigentum des Bundeslandes werden, in dem der Schatz gefunden wurde.[209] Wer also einen solchen Schatz an sich nimmt und nicht den zuständigen Behörden abgibt, begeht eine Fundunterschlagung (§ 246 StGB).[210] Fraglich ist dagegen, ob der Schatz dem Bundesland, in dem er gefunden worden ist, abhanden gekommen ist und deswegen nach § 935 I BGB nicht gutgläubig erworben werden kann (s. unten bei VI 2a).

115 **c) Finder.** Gemäß § 984 BGB wird der Entdecker – neben dem Eigentümer der Sache, in welcher der Schatz verborgen war – zur Hälfte Eigentümer des entdeckten Schatzes. Besteht ein Schatzregal, gilt diese sachenrechtliche Belohnung nicht. Vielmehr sehen die Denkmalschutzgesetze vieler deutscher Bundesländer vor, dass dem Entdecker eine Belohnung zu gewähren ist. Die Belohnung wird manchmal dann ausgeschlossen, wenn bewegliche Bodendenkmale bei unerlaubten Nachforschungen entdeckt worden sind.[211]

Wer Entdecker eines Schatzes ist, muss für eine planmäßige und legale Schatzsuche anders beantwortet werden als für einen Zufallsfund. Wird das Vorhandensein von Schätzen vermutet und werden die Grabungsarbeiter entsprechend instruiert, sind sie bei einem Schatzfund nicht sie die Entdecker, sondern derjenige, der die Schatzsuche ins Werk gesetzt und geleitet hat.[212] Bei einem Zufallsfund dagegen ist Entdecker derjenige, der den Schatz zuerst wahrgenommen hat, z. B. der Arbeiter eines Abbruchunternehmens.[213]

---

[205] OLG Köln OLGZ 1992, 253.

[206] OLG Celle NJW 1992, 2576.

[207] HansOLG Hamburg MDR 1982, 409.

[208] Vgl. z. B. Art. 21 III des griechischen Kulturgüterschutzgesetzes Nr. 3028 vom 28. 6. 2002 und Artt. 932 III, 826 II des italienischen Codice civile sowie Art. 91 des italienischen Gesetzesdekrets (Testo Unico) Nr. 42 vom 22. 1. 2004.

[209] Vgl. § 23 DSchG/BW; § 3 II DSchG/BE; § 12 I DSchG/BB; § 19 I DSchG/BR; § 18 III DSchG/HA; § 13 DSchG/MV; § 18 DSchG/ND; § 19a DSchG/RP; § 14 DSchG/SL; § 25 I DSchG/SACH; § 12 I DSchG/LSA; § 21 I DSchG/SH; § 17 DSchG/TH. Ein Schatzregal fehlt in Bayern, Hessen und Nordrhein-Westfalen. Vgl. hierzu *Ralf Fischer zu Cramburg,* Das Schatzregal. Der obrigkeitliche Anspruch auf das Eigentum an Schatzfunden in den deutschen Rechten, Höhr-Grenzhausen 2001, 115ff.; *Ernst-Rainer Hönes,* Das Schatzregal: DÖV 1992, 425–432.

[210] Hierzu unter verfassungsrechtlichen Aspekten BVerfGE 78, 205. – Die Entdecker der Himmelsscheibe von Nebra wurden im September 2003 vom Amtsgericht Naumburg der Unterschlagung für schuldig befunden. Das hat das Landgericht Halle am 26. 9. 2005 betätigt.

[211] Vgl. z. B. § 12 II DSchG/BB. Ähnlich § 400 ABGB: Wer sich beim Fund einer unerlaubten Handlung schuldig macht, hat keinen Anteil an dem Schatzfund.

[212] RGZ 70, 308, 310.

[213] RG SeuffA 51 (1896) 12; BGHZ 103, 101, 111.

2. *Inländische Schätze*

a) Klagen im Inland. Bei den bereits zitierten Entscheidungen ging es meistens um rein schatzrechtliche Fragen darüber, ob überhaupt ein Schatzfund vorliegt und wer Entdecker eines Schatzes ist. Das sind in der Tat die Hauptprobleme, die sich unter der Regelung des Schatzfundes nach § 984 BGB stellen.[214] Ganz andere Fragen ergeben sich, wenn das Landesrecht ein Schatzregal kennt: Kann das Bundesland den Schatz herausverlangen? Kann ein Schatz von Dritten gutgläubig erworben werden und damit dem Bundesland verloren gehen? 116

Es ist das Wesen des Schatzregals, dass eine staatliche Gebietseinheit durch die Entdeckung eines Schatzes dessen Eigentümer wird. Also hat die staatliche Instanz auch einen Herausgabeanspruch gegen den Besitzer des Fundes, und zwar nach Zivilrecht (§ 985 BGB) und Verwaltungsrecht.[215] Frage bleibt, ob ein unterschlagener Schatz an einen gutgläubigen Erwerber veräußert werden kann oder ob der Schatz als „abhanden gekommen" gilt und nur auf einer öffentlichen Versteigerung gutgläubig erworben werden kann (§ 935 BGB). Soweit ersichtlich, ist zu dieser Frage noch keine Gerichtsentscheidung veröffentlicht worden. Ein Gericht muss von der deutschen Gesetzeslage ausgehen, die beim Erwerb vom Nichtberechtigten zwischen dem Erwerb von „abhanden gekommenen" Sachen (§ 935 BGB) und dem Erwerb von nicht abhanden gekommenen Sachen (§ 932 BGB) unterscheidet. Abhanden gekommen ist eine Sache, wenn der unmittelbaren Besitzer den Besitz an der Sache ohne seinen Willen verloren hat.[216] Nicht abhanden gekommen sind dagegen Sachen, die der Eigentümer selbst einem Besitzer anvertraut hat, an denen er also selbst einer anderen Person den unmittelbaren Besitz eingeräumt hat. Veruntreut diese Person die Sache, gilt sie nicht als abhanden gekommen und kann gutgläubig durch Dritte erworben werden. Denn hier gilt der Satz: Wo du deinen Glauben gelassen hast (nämlich beim Besitzer), sollst du ihn suchen (durch Ersatzansprüche gegen den untreuen Besitzer). Kommt sie dagegen dieser Person abhanden (z. B. durch Diebstahl), ist sie auch dem Eigentümer und mittelbaren Besitzer abhanden gekommen (§ 935 I 2 BGB) und kann nicht gutgläubig erworben werden. 117

Besteht ein Schatzregal, wird der Staat Eigentümer des Schatzes, ohne sofort mit der Entdeckung Besitz an ihm zu erwerben. Wer also den Schatz unterschlägt, verletzt deshalb keinen Besitz des Staates. Auf der anderen Seite hat aber auch der Staat den Schatz nicht dem Entdecker anvertraut, so dass der Entdecker nicht als Vertrauensperson des Staates gilt und die Sache an Gutgläubige veräußern und dem Staat entgegenhalten kann: Du hast mir vertraut und folglich nur gegen mich einem Anspruch. Unfreiwillig abhanden gekommen sind also alle Sachen, die nicht anvertraut sind.[217] Deshalb gilt ein Schatz als abhanden ge-

---

214 Hierzu *Heinrich Dörner,* Zivilrechtliche Probleme der Bodendenkmalpflege, Berlin 1992, 11 ff. (vor allem auf der Grundlage des Rechts von Nordrhein-Westfalen, das gerade kein Schatzregal kennt).

215 OVG Rheinland-Pfalz 11. 11. 1993, bei: *Rudolf Stich/Wolfgang E. Burhenne* (Hrsg.), Denkmalrecht der Länder und des Bundes, Berlin 2004, Bd. 2, Nr. 771, S. 86 (Herausgabe von Fossilienfunden).

216 RGZ 101, 224, 225; *Wolff/Raiser,* Sachenrecht, 10. Aufl., Tübingen 1957, § 69 I 1 (S. 251); *Staudinger (– Wolfgang Wiegand),* Kommentar zum BGB mit EGBGB und Nebengesetzen, 10. Neubearbeitung, Berlin 2004, § 935 BGB RdNr. 4.

217 So ausdrücklich zu dem insofern mit § 935 I BGB übereinstimmenden Art. 934 I schweiz. ZGB *Emil W. Stark* in: Berner Kommentar zum schweizerischen Privatrecht, Bd. IV, 3. Abteilung, Teilband 1 (Art. 919–941 ZGB), 3. Aufl. Bern 2001, Art. 934 ZGB RdNr. 2; *ders.,* bei: *Honsell/Vogt/Geiser* (Hrsg.), Basler Kommentar zum Schweizerischen Privatrecht, Zivilgesetzbuch II, 2. Aufl. Basel 2003, Art. 934 ZGB RdNr. 4.

kommen, wenn ein Schatzregal besteht und der Entdecker den Schatz nicht dem Staat abliefert, sondern veräußert.[218] Ist also ein dem Schatzregal unterliegender Schatz vom Entdecker oder anderen Nichtberechtigten veräußert worden, so kann der Staat nach § 985 BGB aus seinem Eigentum Herausgabe des Schatzes verlangen. Der Erwerber, selbst wenn gutgläubig, muss den Schatz herausgegeben und kann gegen den Veräußerer aus Vertrag (Rechtsmängelhaftung) und Delikt (Betrug) vorgehen. Der Schatz kann aber binnen zehn Jahren vom gutgläubigen Besitzer ersessen werden (§ 937 BGB).

118 Besteht an dem Schatz kein Schatzregal, ist der Entdecker nach § 984 BGB Miteigentümer des Schatzes und kann ohne Zustimmung des Eigentümers der Sache, in welcher der Schatz gefunden wurde, den Schatz nicht als Alleinberechtigter veräußern. Tut er es doch, kommt der Schatz dem nicht beteiligten Miteigentümer abhanden und kann nach § 935 I BGB nicht gutgläubig erworben werden.[219] Auch hier ist eine zehnjährige Ersitzung nach § 937 BGB möglich.

119 **b) Klagen im Ausland.** Wird ein inländischer Schatz im Ausland veräußert, fragt sich, ob diese Veräußerung wirksam ist. Das ausländische Gericht, das über eine Herausgabeklage des Schatzeigentümers zu entscheiden hat, wird in aller Regel auf die Veräußerung das Recht des Staates anwenden, in dem die Veräußerung stattgefunden hat. Es gilt die *lex rei sitae,*[220] sofern nicht ausnahmsweise daneben auch die *lex originis,* das Recht des Herkunftsstaates, zur Wahl gestellt wird.[221] Wird der Schatz in Italien veräußert, gilt das italienische Recht, wonach auch abhanden gekommene Sachen gutgläubig erworben werden können (Art. 1153 Codice civile). Der Schatzeigentümer verliert durch eine solchen Gutglaubenserwerb sein Eigentum und kann nur noch verlangen, dass der Schatz nach Deutschland zurückgebracht wird, wenn er deutsches Kulturgut ist, dessen Verbringung ausser Landes verboten war, und der deswegen nach der italienischen Vorschrift zur Umsetzung der Richtlinie vom 15. 3. 1993 nach Deutschland zurückzubringen ist, wo ihn der Eigentümer besitzen oder als Leihgabe ausstellen lassen kann (s. oben D I 2 a).

120 Wurde dagegen der Schatz in der Schweiz veräußert, gilt schweizerisches Recht. Dieses verbietet – wie in Deutschland – den sofortigen gutgläubigen Erwerb abhanden gekommener Sachen und sieht zusätzlich in Art. 934 Abs. 1bis ZGB vor, dass der Erwerb von Kulturgütern erst nach Ablauf von 30 Jahren erfolgen kann.

3. Ausländische Schätze

121 **a) Klagen im Inland.** Wird ein im Ausland gefundener Schatz ins Inland gebracht, muss bei einem ausländischen Herausgabebegehren gefragt werden, ob der Begehrende Rechte an dem Schatz hat. Das tat das Schleswig-Holsteinische OLG, als Griechenland

---

[218] Das stimmt mit der Auffassung von *Rebe* überein, wonach abhanden gekommen alle Sachen sind, die Erwerber auf Grund eines Rechtsscheins erworben hat, „den der Eigentümer nicht zurechenbar veranlasst hat." Vgl. *Bernd Rebe,* Zur Ausgleichsfunktion von § 935 BGB zwischen Vertrauensschutz und Eigentümerinteressen beim gutgläubigen Mobiliarerwerb: AcP 173 (1973) 186–202 (200). Ebenso *Ernst Karner,* Gutgläubiger Erwerb. Zum Spannungsverhältnis von Bestandschutz und Verkehrsinteressen, Wien 2006, 250.

[219] *Frank Fechner,* Rechtlicher Schutz archäologischen Kulturguts, Berlin 1991, 105 f., meint, den § 935 I BGB ausdrücklich ergänzen zu müssen.

[220] Die *lex rei sitae* (Recht des Lagestaates) gilt nicht nur nach Art. 43 I dt. EGBGB, § 31 I österr. IPR-Gesetz und Art. 100 I schweiz. IPRG, sondern auch in den meisten anderen ausländischen Staaten.

[221] Diese Ausnahme macht das neue belgische IPR in seinem Art. 92 I Code de droit international privé von 2004.

einen Münzschatz herausverlangte, den ein griechischer Bürger mit Wohnsitz in Schleswig-Holstein auf seinem Grundstück in Griechenland gefunden und nicht dem Staat abgeliefert, sondern nach Deutschland mitgenommen hatte. Griechenland wies nach, dass der griechische Staat automatisch Eigentümer aller gefundenen antiken Schätze ist und deswegen den Münzschatz herausverlangen kann. Diesen Anspruch hätte Griechenland mit Erfolg vor den deutschen Zivilgerichten geltend machen können, bevorzugte jedoch die Rechtshilfe in Strafsachen und ließ sich die Münzen als Ergebnis einer in Griechenland begangenen Straftat (Unterschlagung) aushändigen.[222]

Hätte der Grieche die Münzen in Deutschland verkauft, beurteilte sich die Wirksamkeit **122**
der Veräußerung nach deutschem Recht (Art. 43 I EGBGB). Danach ist ein Erwerb nicht möglich, weil die Sachen in Griechenland abhanden gekommen sind und gemäss § 935 I BGB ein Gutglaubenserwerb abhanden gekommener Sachen nach deutschem Recht ausgeschlossen ist.

b) Klage im Drittstaat. Viel häufiger als in Deutschland sind in anderen Staaten Ge- **123**
richtsverfahren zu Schätzen eingeleitet worden, die in ihrem Ursprungsstaat illegal ausgegraben worden sind und Staatseigentum des Ursprungsstaates sind. Der jüngste Fall hat in den Vereinigten Staaten von Amerika Aufsehen erregt. Ägyptische Funde waren in die USA geschmuggelt worden und befanden sich im Besitz des New Yorker Kunsthändlers Frederick Schultz, ehemaliger Präsident der „National Association of Dealers in Ancient, Oriental and Primitive Art". Nach dem amerikanischen National Stolen Property Act (NSPA) macht sich strafbar, wer wissentlich Sachen erwirbt, besitzt oder verkauft, deren Wert mehr als $ 5000 beträgt, die gestohlen sind und welche die amerikanischen Grenzen überquert haben.[223] Frederick Schultz wurde angeklagt, durch Handel mit ägyptischen Grabungsschätzen, die der Republik Ägypten gehören, gegen den NSPA verstoßen zu haben, und im Strafverfahren zu 33 Monaten Gefängnis verurteilt.[224] Die ägyptischen Antiken im Besitz von F. Schultz konnten beschlagnahmt und Ägypten zurückgegeben werden.

Eine ähnliche Strafvorschrift findet sich im englischen Dealing in Cultural Objects (Offences) Act 2003.[225] Danach macht sich strafbar, wer mit „tainted" (makelhaften) Kulturgütern handelt. Dazu gehören auch illegal ausgegrabene Schätze.[226] In all diesen Fällen könnte der Ursprungsstaat auch erfolgreich auf Herausgabe seines Eigentums klagen, sofern nicht zwischenzeitlich durch gutgläubigen Erwerb nach der *lex rei sitae* das Eigentum auf einen gutgläubigen Erwerber übergegangen ist. Strafverfahren sind jedoch billiger, und die beschlagnahmten Gegenstände werden dem Ursprungsstaat zurückgegeben.

Dass Schätze auch freiwillig zurückgegeben werden, zeigen die jüngsten Entwicklungen **124**
um italienische Schätze, die in Italien illegal ausgegraben und dann an amerikanische Mu-

---

[222] OLG Schleswig NJW 1989, 3105.

[223] 18 United States Code § 2315 (1) und (4) (2000 und 2006 Cumulative Annual Pocket Part) lautet: „Whoever receives, possesses, conceals, stores, barters, sells, or disposes of any goods, wares, or merchandise, securities, or money of value of $ 5,000 or more, ... which have crossed a State or United States boundary after being stolen, unlawfully converted, or taken, knowing the same to have been stolen, unlawfully concerted or taken; ... shall be fined under this title or imprisoned not more then ten years, or both."

[224] United States v. Schultz, 178 F.Supp.2d 445 (S.D.N.Y. 2002), affirmed 333 F.3d 393 (2d Cir. 2003), cert. denied 540 U.S. 1106 (2003). Vorher bereits ebenso für andere Bundesgerichtsbezirke die Entscheidungen United States v. Hollinshead, 495 F.2d 1154 (9th Cir. 1974); United States v. McClain, 593 F.2d 658 (5th Cir. 1979).

[225] Chapter 27.

[226] Sect. 2 (2) (b) des englischen Gesetzes (vorige N.).

seen verkauft wurden.[227] Erst kürzlich haben das italienische Kultusministerium und das New Yorker Metropolitan Museum of Art einen Vertrag geschlossen, nach dem gewisse Schätze, die das Museum erworben hatte, an Italien zurückgegeben werden.[228] Ähnliche Abmachungen werden wohl auch andere Museen erwägen.

4. *Rechtserneuerung*

125 **a) Internationale Verträge.** Es gibt zahlreiche Staatsverträge über den Schutz von Kulturgütern. Zu ihnen gehören meistens auch Schätze von wissenschaftlichem Wert, so dass auch sie übernationalen Schutz genießen. Spezielle Übereinkommen über Schätze gibt es nicht. In den Vertragsstaaten des Unidroit Übereinkommens vom 24. 6. 1995 über gestohlene oder rechtswidrig ausgeführte Kulturgüter ist Art. 3 II zu beachten, wonach illegal ausgegrabene Kulturgüter als gestohlen gelten.[229] Diese Vorschrift ist für diejenigen Vertragsstaaten eingefügt worden, die ohne diese Norm anders entscheiden würden.[230]

126 **b) Deutsches Recht.** Die deutsche Regelung des Schatzfundes in § 984 BGB scheint schon sehr früh als unbefriedigend empfunden worden zu sein; denn bereits der 27. Deutsche Juristentag im Jahre 1904 behandelte die Frage: „Empfiehlt es sich, reichsrechtlich oder landesrechtlich dem Staat ein Vorrecht an Altertumsfunden zu gewähren?" Diese Frage ist damals verneint worden und lediglich vom Hauptgutachter empfohlen worden, dem Staat ein durch Anzeigepflicht gesichertes Recht auf Überlassung des Schatzes gegen Vergütung zu gewähren.[231] Heute muss die Frage neu gestellt und beantwortet werden. Die moderne Kontext-Archäologie, der Schutz des Kulturgutes sowie die Erleichterung der Rechtsverfolgung im In- und Ausland sprechen dafür, es der Schweiz[232] und anderen Staaten[233] gleich zu tun, den Schatz mit dessen Entdeckung demjenigen Bundesland als Eigentümer zuzusprechen, in dem er gefunden worden ist, und den Entdecker in Geld oder mit Teilen des Fundes zu belohnen.

---

[227] Vgl. hierzu *Peter Watson/Cecilia Todeschini,* The Medici Conspiracy. The Illicit Journey of Looted Antiquities – From Italy's Tomb Raiders to the World's Greatest Museums, New York 2006.

[228] Vertrag vom 21. 2. 2006, amerikanische Version unter http://www.scoop.co.nz/stories/HL0602/S00265.htm.

[229] Deutscher nicht offizieller Text des Unidroit Übereinkommens in ZVglRWiss 95 (1996) 214.

[230] Das galt im Jahr 1995 insbesondere für die USA. Vgl. Unidroit (Hrsg.), Diplomatic Conference for the Adoption of the Draft Unidroit Convention on the International Return of Stolen or Illegally Exported Cultural Objects. Acts and Proceedings, Rom 1996, 169ff.

[231] *Max Pappenheim* in: Verhandlungen des Siebenundzwanzigsten Deutschen Juristentages, Bd. 2, Berlin 1904, 3–22 (22), der allerdings kurz vorher lobende Worte für das Schatzregel in Schleswig gefunden hatte: *Max Pappenheim,* Eigentumserwerb an Alterthumsfunden: JherJb. 45 (1903) 141–160: Ebenso wie das Gutachten Pappenheim das Gutachten von *Paul Clemen,* Verhandlungen, s. oben, 23–27. *Joseph Kohler,* Das Recht an Denkmälern und Altertumsfunden: DJZ 1904, 771–778 (777), empfahl den Eigentumserwerb allein durch den Entdecker.

[232] Die Schweiz hat Art. 724 I ZGB neu formuliert und jetzt klargestellt, dass „herrenlose Naturkörper oder Altertümer von wissenschaftlichem Wert ... Eigentum des Kantons [werden], in dessen Gebiet sie gefunden worden sind." Die alte Fassung des Art. 724 I ZBG ist vom AppGer. Basel vor nicht langer Zeit so interpretiert worden, als sähe der Artikel nur ein Aneignungsrecht vor: AppGer. Basel, Basler juristische Mitteilungen 1997, 21–26.

[233] Vgl. z.B. oben N. 5. Die Übersicht bei *Paul Gieseke.* Fund und Schatzfund, in: Rechtsvergleichendes Handwörterbuch für das Zivil- und Handelsrecht des In- und Auslandes, Bd. 3, Berlin 1931, 548–560 (556–559) ist vollständig überholt.

G. Zukünftige Entwicklungen

Die Zukunft lässt sich nicht voraussagen. Gleichwohl dürften einige Entwicklungen sehr wahrscheinlich sein. 127

I. Privatinitiative

Kulturgüter sind weiterhin durch Naturkatastrophen, Umweltgefahren, bewaffnete Konflikte, Terroranschläge und durch Vernachlässigung wegen fehlender öffentlicher Mittel bedroht. Sehr viel mehr als früher wird Privatinitiative für den Erhalt von Kulturgütern aller Art notwenig werden. 128

II. Entnationalisierung

Seit langem gibt es den Gegensatz zwischen nationaler und internationaler Kulturgüterpolitik. Dieser Gegensatz wird sich in Zukunft abschwächen. 129

1. Kommerzialisierung

Wegen fehlender öffentlicher Mittel werden immer mehr Kultureinrichtungen privatisiert und nach betriebswirtschaftlichen Grundsätzen geleitet. Der Staat begnügt sich mit einer Aufsicht. 130

2. Liberalisierung des Exports

Nationalistische und egoistische Tendenzen gibt es vor allem in der Haltung zum Export von Kulturgütern. Das hat sich bereits verschiedentlich geändert. Museen gründen Dependancen; der Staat kann Privatsammler ohne teure Entschädigung nicht daran hindern, ihre Kunstwerke ins Ausland zu verkaufen; allgemein besteht das Bedürfnis nach mehr Vielfalt und weniger nach national geprägter Kultur. 131

3. Partizipation bei Ausgrabungen

Raubgrabungen lassen sich zumindest dadurch vermindern, dass man die örtliche Bevölkerung an professionellen Ausgrabungen beteiligt, ausgegrabene Objekte nach deren Auswertung auf den Kunstmarkt bringt und durch die Einnahmen aus diesem legalen Handel die professionellen Ausgrabungen finanziert. 132

III. Internationale Kooperation

Die internationale Kooperation zwischen Kultureinrichtungen, zwischen Staaten und Sammlern wird zunehmen und allein schon dadurch einem übertriebenen Kulturnationalismus Grenzen setzen. 133

IV. Regulierung des Kunsthandels

Der Handel mit Kulturgütern wird sich Regulierungen unterwerfen, damit der illegale Außenseiter, die mit gestohlenen oder geschmuggelten Kulturgütern gute Geschäfte ma- 134 chen, isoliert und daran erinnert werden, dass der Kunsthandel – wie jeder Handel – sich auf legale Geschäfte zu beschränken hat.

V. Internationale Vereinbarungen

135 Internationale Organisationen werden sich weiterhin bemühen, Kulturgüter zu schützen, neue Anregungen zu geben und bestehende Verträge in die Praxis umzusetzen. Das Unidroit Übereinkommen von 1995 wird bei diesen Bemühungen eine zentrale Rolle spielen.

4. Teil: Kunstvermarktung

Übersicht

Gernot Schulze

A. Kunstvermarktung aus urheberrechtlicher Sicht

Schrifttum: *Braun,* Die Nachtwächter vom Hemshof, NJW 1988, 297; *Braunfels,* Die Haftung für Fehler und zugesicherte Eigenschaften bei Kunstauktionen, 1994; *Bullinger,* Kunstwerke in Museen – die klippenreiche Bildauswertung, FS Raue, 2006, S. 379; *ders.,* Kunstwerkfälschung und Urheberpersönlichkeitsrecht, 1997; *Dreier/Schulze,* UrhG, 2. Aufl., 2006; *Eichmann/v. Falckenstein,* Geschmacksmustergesetz, 3. Aufl., 2005; *Fikentscher,* Urhebervertragsrecht und Kartellrecht, in: Urhebervertragsrecht (FS Schricker) 1995, S. 149; *Flume,* Der Kauf von Kunstgegenständen und die Urheberschaft des Kunstwerks, JZ 1991, 633; *v. Gamm,* Der Architekt und sein Werk, Möglichkeiten und Grenzen des Urheberrechts, BauR 1982, 97; *ders.,* Der verlagsrechtliche Bestellvertrag, GRUR 1980, 531; *Gerlach,* Die Haftung für fehlerhafte Kunstexpertisen, 1998; *J. Gerlach,* Das Urheberrecht des Architekten und die Einräumung von Nutzungsrechten nach dem Architektenvertrag, GRUR 1976, 613; *T. Gerlach,* Die Haftung für fehlerhafte Kunstexpertisen, 1998; *Gerstenberg,* Fototechnik und Urheberrecht, in: FS Klaka, 1987, S. 120; *Hamann,* Der urheberrechtliche Originalbegriff der bildenden Kunst, 1980; *Hausmann,* Auswirkungen der Insolvenz des Lizenznehmers auf Filmlizenzverträge nach geltendem und künftigem Insolvenzrecht, in: FS Schwarz, 1999, S. 81; *Heinbuch,* Kunsthandel und Kundenschutz, NJW 1984, 15; *Heker,* Der urheberrechtliche Schutz von Bühnenbild und Filmkulisse, 1990; *Jacobs,* Der neue urheberrechtliche Vermietbegriff, GRUR 1998, 246; *Katzenberger,* Neue Urheberrechtsprobleme der Photographie, GRUR Int. 1989, 116; *Kraßer,* Urheberrecht in Arbeits-, Dienst- und Auftragsverhältnissen, in: Urhebervertragsrecht (FS Schricker), 1995, S. 77; *Kur,* Verwertung von Design, in: Urhebervertragsrecht (FS Schricker) 1995, S. 503; *dies.,* Die Auswirkungen des neuen Geschmacksmusterrechts auf die Praxis, GRUR 2002, 661; *Kurz,* Praxishandbuch Theaterrecht, 1990; *v. Lewinski,* Die Umsetzung der Richtlinie zum Vermiet- und Verleihrecht, ZUM 1995, 442; *Locher,* Das Recht der bildenden Kunst, 1970; *Loewenheim* (Hrsg.), Handbuch des Urheberrechts, 2003; *Löhr,* Haftung in der Kunstauktion, GRUR 1976, 411; *Lutz,* Verträge für die Multimedia-Produktion, 1996; *Maaßen,* Vertragshandbuch für Fotografen und Bildagenturen, 1995; *ders.* (Hrsg.), Designers' Manual, 1999; *Maier/Schlötelburg,* Leitfaden Gemeinschaftsgeschmacksmuster, 2003; *Müller von der Heide,* Recht im Verlag, 1995; *Nordemann,* Lichtbildschutz für fotografisch hergestellte Vervielfältigungen?, GRUR 1987, 15; *Ohly,* Verwertungsverträge im Bereich der bildenden Kunst, in: Urhebervertragsrecht (FS Schricker), 1995, S. 427; *Ott,* Der Bestellvertrag im Recht der bildenden Künste, ZUM 1988, 452; *Pfennig,* Digitale Bildverarbeitung und Urheberrecht, 1998; *Rehbinder,* Die urheberrechtlichen Verwertungsrechte nach der Einführung des Vermietrechts, ZUM 1996, 349; *Reich,* Der Designvertrag – zum Inhalt und Vertragsschluß, GRUR 2000, 956; *Samson,* Bemerkungen zu einigen Vorschriften des Urheberrechtsgesetzes, UFITA Bd. 50 (1967), S. 491; *Schack,* Urheber- und Urhebervertragsrecht, 3. Aufl., 2005; *ders.,* Kunst und Recht, 2004; *v. Schaper,* Das Recht der Artothek; *Schmidt,* Urheberrecht und Vertragspraxis des Grafik-Designers, 1983; *Schneider,* Das Recht des Kunstverlags, 1991; *Schricker,* Urheberrecht, 3. Aufl., 2006; *ders.,* Verlagsrecht, 3. Aufl., 2001; *G. Schulze,* Urheberrecht und bildende Kunst, in: FS 100 Jahre GRUR, 1991, S. 1303; *ders.,* Teil-Werknutzung, Bearbeitung und Werkverbindung bei Musikwerken – Grenzen des Wahrnehmungsumfangs der GEMA, ZUM 1993, 255; *ders.,* Wann beginnt eine urheberrechtlich relevante Nutzung?, in: FS Wilhelm Nordemann, 1999, S. 237; *Schwarz* (Hrsg.), Die Kunst des Kunstverleihs, 1988, 85; *Sieger,* Urheber-Schwindel im Kunstbereich?, FuR 1984, 119; *Ullmann,* Urheberrechtlicher und patentrechtlicher Schutz von Computerprogrammen, CR 1992, 641; *Wandtke/Bullinger,* UrhR, 2. Aufl., 2006; *Wagner/Wallenfels/Koboth,* Recht im Verlag, 2004.

1 Kunst wird in erster Linie durch den An- und Verkauf von Kunstwerken vermarktet. Hierfür sind die allgemeinen Vorschriften des BGB, insbesondere des Kaufrechts, einschlägig. Geht es um – häufig antike – Kulturgüter, können Exportverbote oder andere Vorschriften des Kulturgüterschutzes bedeutsam sein.[1] Bei den Werken alter Meister spielen die Fragen zur Echtheit und zur Kunstfälschung häufig eine Rolle. Je wertvoller ein Kunstwerk ist, desto eher tauchen Fragen zum Kunstdiebstahl und dessen Folgen

[1] Vgl. hierzu 3. Teil.

auf.[2] Soweit die Werke noch Urheberrechtsschutz genießen, sind schließlich die Vorschriften des Urheberrechtsgesetzes zu beachten. Nachfolgend soll die Vermarktung urheberrechtlich noch geschützter Werke in erster Linie aus urheberrechtlicher Sicht dargestellt werden. Hinsichtlich der weiteren Aspekte wird auf die anderen Kapitel verwiesen.

Aus urheberrechtlicher Sicht lässt sich die Kunstvermarktung in zwei Bereiche aufteilen. 2
Zum einen sind es Verträge über den Verkauf, die Ausstellung, die Vermietung und andere Arten, das Werk in seiner körperlichen Form als Unikat oder Werkoriginal zu vermarkten. Zum anderen sind es Verträge, die losgelöst vom Werkoriginal geschlossen werden und dem Bereich des Kunstverlags zuzurechnen sind.

I. Verträge über Werkoriginale

Wird das Werkoriginal verkauft, als Leihgabe für Ausstellungszwecke zur Verfügung 3
gestellt, über eine Artothek vermietet oder im Auktionshaus versteigert, geht es in erster Linie um das Unikat, den **Werkträger** oder die Sache, weniger um das Werk als Immaterialgut, welches unabhängig von seinem Werkträger genutzt werden kann. Derartige Verträge werden vorwiegend vom allgemeinen Zivilrecht bestimmt, auf welches nur am Rande eingegangen werden soll. Vorwiegend sollen auch hier die urheberrechtlichen Aspekte dargestellt werden.

1. Verkauf

Verkauft der Künstler sein Werk an einen Sammler, ein Museum oder einen anderen 4
Käufer, gelten die Vorschriften des **Kaufrechts** (§§ 433ff. BGB).

a) Eigentumserwerb. Mit der Übergabe (§ 929 BGB) wird der Erwerber Eigentümer 5
des Kunstwerkes. Ist er gutgläubig, kann er auch von einem Nichtberechtigten hieran Eigentum erwerben (§ 932 BGB), es sei denn, dem früheren Eigentümer war das Kunstwerk abhanden gekommen (§ 935 BGB), wie z.B. dem Bildhauer Arno Breker, dem aus seinem Atelier eine Totenmaske gestohlen worden war. Sind die Voraussetzungen des § 937 BGB erfüllt, kann der Besitzer Eigentum durch Ersitzung erlangen.[3] Bei einem **Erwerb vom Nichtberechtigten** sind strenge Maßstäbe an die Gutgläubigkeit des Erwerbers zu stellen, wenn z.B. die Person des Anbieters, der niedrige Preis eines wertvollen Werkes, die Einmaligkeit des Werkes etc. Anhaltspunkte für einen Kunstdiebstahl geben. Gegebenenfalls muss sich der Erwerber über die rechtmäßige Herkunft des Werkes vergewissern.[4]

b) Keine Einräumung von Nutzungsrechten. Der Erwerber wird Eigentümer des 6
Werkstücks, im Zweifel aber nicht Inhaber von Nutzungsrechten (§ 44 Abs. 1 UrhG). Er benötigt auch keine Nutzungsrechte; denn der Werkgenuss ist grundsätzlich frei.[5] Will er das Werk jedoch z.B. in einer Werbebroschüre abbilden und verbreiten, Postkarten von dem Werk herstellen oder es auf andere Weise gem. §§ 15ff. UrhG nutzen, muss er sich hierfür die erforderlichen Nutzungsrechte gesondert einräumen lassen.

c) Ausstellungsrecht. Eine Ausnahme von dem Grundsatz, dass dem Erwerber im 7
Zweifel keine Nutzungsrechte eingeräumt werden, bildet das Ausstellungsrecht (§ 18 UrhG). Hat der Eigentümer das **Original** eines Werkes der bildenden Künste – nicht hin-

---

[2] Vgl. hierzu 3. Teil C.

[3] KG GRUR 1983, 507/509 – *Totenmaske II;* vgl. *Schack,* Kunst und Recht Rz. 493ff.

[4] Vgl. *Locher,* Bildende Kunst, S. 155.

[5] Vgl. BGH GRUR 1994, 363/364f. – *Holzhandelsprogramm; G. Schulze* in: FS Nordemann, 1999, S. 237/244ff.; *G. Schulze* in: *Dreier/Schulze* § 15 Rz. 20.

gegen lediglich ein Vervielfältigungsstück hiervon – erworben, darf er es öffentlich ausstellen, auch wenn es noch nicht veröffentlicht ist (§ 44 Abs. 2 UrhG). War es zuvor bereits veröffentlicht worden, ist er ohnehin befugt, das Werk auszustellen; denn durch die vorangegangene Erstveröffentlichung wurde das Ausstellungsrecht bereits verbraucht.[6] Will sich der Urheber das Ausstellungsrecht vorbehalten, muss er dies mit dem Erwerber vereinbaren. Ein derartiger **Vorbehalt** gilt dann auch gegenüber Dritten. Er gibt dem Urheber aber nicht das Recht, das Werk vom Eigentümer zu Ausstellungszwecken herauszuverlangen. Dies bedarf vielmehr einer weiteren gesonderten Absprache.[7] Sie wird auch durch das dem Urheber zustehende Zugangsrecht (§ 25 UrhG) nicht ersetzt; denn dieses Recht ermöglicht ihm lediglich die Herstellung von Vervielfältigungsstücken oder Bearbeitungen des Werkes, soweit er sie anderweitig nicht herstellen kann. Die **Herausgabe des Werkes** kann er auf diese Weise in der Regel nicht beanspruchen.[8]

8 **d) Befugnisse des Erwerbers.** Grundsätzlich darf der Erwerber mit dem Werkexemplar umgehen wie mit jeder anderen ihm gehörenden Sache. Es steht ihm frei, das Werk unter Verschluss zu halten. Liegt dem Urheber, der seine Werke beispielsweise einer Stadt, einem Museum oder einer sonstigen öffentlichen Institution billig verkauft oder verschenkt, daran, dass die Werke der Öffentlichkeit zugänglich sind oder dauernd an einem ihm günstig erscheinenden Ort gezeigt werden, muss er dies gesondert vereinbaren.[9] Ferner kann der Eigentümer das Werk verschenken oder weiterverkaufen; denn mit der erstmaligen Veräußerung ist das hierfür einschlägige Verbreitungsrecht erschöpft (§ 17 Abs. 2 UrhG). Will der Urheber vermeiden, dass das Werk in andere Hände gelangt, muss er mit dem Erwerber z. B. ein Vorkaufsrecht oder eine Rückgabepflicht vereinbaren.

9 **e) Gesetzliche Nutzungsbefugnisse.** Außerdem kann der Erwerber das Werk auf all diejenigen Arten nutzen, welche die **gesetzlichen Lizenzen** und **Schranken des Urheberrechts** (§§ 44 a ff. UrhG) vorsehen. Ein Museum darf Exponate auch in Ausstellungskatalogen zeigen (§ 58 UrhG). Befindet sich das Kunstwerk bleibend an öffentlichen Plätzen, darf auch dessen Eigentümer hiervon Postkarten herstellen und vertreiben (§ 59 UrhG). Ein Museum darf Werke aus seinem Bestand an andere Museen verleihen, muss aber hierfür eine angemessene Vergütung zahlen.[10] Wird das Werk jedoch vermietet, z. B. über eine Artothek, so muss hierfür das Vermietrecht (§ 17 Abs. 3 UrhG) gesondert erworben werden.

10 **f) Beschränkungen.** Der Erwerber ist nicht verpflichtet, sich um den **Erhaltungszustand** des Kunstwerkes zu kümmern. Dunkeln die Farben nach, braucht er es nicht zu restaurieren. Er muss auch nicht besonders sorgfältig mit dem Werk umgehen. Solange das Werk jedoch urheberrechtlich geschützt ist, darf er es weder **verändern** noch **umgestalten** (§§ 23 Satz 2, 39 UrhG) oder gar **entstellen** (§ 14 UrhG). Beispielsweise ist es ihm untersagt, ein Wandgemälde teilweise zu übermalen[11] oder Teile eines aus Betonplastiken, Farbwegen und Wandmalereien bestehenden Gesamtkunstwerks zu entfernen.[12] Umstritten ist, inwieweit er ein Kunstwerk vollständig **vernichten** darf. Im Falle „Hajek" hatte das LG München I den beklagten ADAC vor die Alternative gestellt, ent-

---

[6] Vgl. *G. Schulze* in: *Dreier/Schulze* § 18 Rz. 9.

[7] Vgl. *G. Schulze* in: Loewenheim, Handbuch des Urheberrechts, § 20 Rz. 56; *Schricker/Vogel* § 18 Rz. 7.

[8] Vgl. *Dietz* in: Loewenheim, Handbuch des Urheberrechts, § 17 Rz. 3; *Beyer,* S. 56; *G. Schulze* in: *Dreier/Schulze* § 25 Rz. 22 ff.

[9] Vgl. OLG Schleswig ZUM 2006, 426, 427.

[10] § 27 Abs. 2; vgl. auch unten Rz. 44.

[11] RGZ 79, 397/401 – *Felseneiland mit Sirenen.*

[12] LG München I NJW 1982, 655 – *Hajek/ADAC.*

weder das Gesamtkunstwerk vollständig zu vernichten oder die entfernten Teile wiederherzustellen.[13] Nach h. M. im Schrifttum kommt es auf den Einzelfall an, ob ein Kunstwerk vernichtet werden darf oder nicht.[14] Im Zweifel ist es an den Urheber zurückzugeben.

g) Mängel des Kunstwerks. Das Kunstwerk wird gekauft wie besehen. Hat z. B. die 11
Grafik erkennbare Stockflecken, dann muss sich der Erwerber vor dem Kauf überlegen, ob er das Werk trotzdem kaufen will.[15] Ebenso sind übliche **Veränderungen des Materials** hinzunehmen, z. B. Nachdunkeln der Farben, Rostbildung bei Eisenplastiken. Bei schwer erkennbaren Mängeln, z. B. perfekt restaurierte Einrisse, kann der Erwerber ggf. Nacherfüllung verlangen, vom Vertrag zurücktreten oder mindern und Schadenersatz verlangen (§ 437 BGB). Allerdings muss er derartige Ansprüche binnen 2 Jahren geltend machen, wenn er die Einrede der Verjährung vermeiden will (§ 438 BGB). In manchen Fällen kann es daher sinnvoll sein, eine längere **Verjährungsfrist** zu vereinbaren.[16]

Die **Echtheit** des Kunstwerks spielt in der Regel erst beim Weiterverkauf des Werkes 12
eine Rolle, wenn – meistens erst nach dem Tode des Urhebers – Fälschungen auftauchen, die berühmten Urhebern zugeschrieben werden. Aber auch wenn der Urheber sein Werk selbst verkauft, kann dessen Echtheit bedeutsam sein. Lässt er beispielsweise andere für sich arbeiten und gibt er die Arbeiten als eigene aus, so kann es für den Erwerber durchaus bedeutsam sein, dass das Werk von seiner Hand, nicht aber von einem Mitarbeiter stammt, auch wenn er es signiert hat. Stammt es überhaupt nicht von ihm, liegt – wie bei Kunstfälschungen – ein **Sachmangel** im Sinne von § 434 Abs. 1 BGB vor.[17] Während bei Werken alter Meister die Echtheit oft schwierig festzustellen ist und deshalb einen spekulativen Charakter hat,[18] entfällt dieser spekulative Charakter in der Regel bei urheberrechtlich noch geschützten Werken, insbesondere wenn das Werk vom Künstler selbst verkauft wird. Letzterenfalls ist die Echtheit des Werkes grundsätzlich als **vereinbarte Beschaffenheit** i. S. v. § 434 Abs. 1 Satz 1 BGB (vor dem SMG als **zugesicherte Eigenschaft** i. S. v. § 459 Abs. 2 BGB a. F.) einzustufen, so dass dem Erwerber schon vor dem SMG nicht nur Ansprüche auf Wandelung und Minderung, sondern auch auf Schadensersatz zustanden (§ 463 BGB a. F.). Seit dem SMG kann der Käufer bei allen Sachmängeln, gleichviel ob zugesichert oder nicht, Nacherfüllung verlangen, vom Vertrag zurücktreten oder den Kaufpreis mindern und Schadenersatz verlangen (§§ 434, 437 BGB). Das Werk muss zumindest allein auf den Vorstellungen des Künstlers beruhen, wenn er sich fremder Hilfen bedient hatte.[19]

Die **Einmaligkeit** (Unikat) eines Kunstwerkes kann ebenfalls von Bedeutung sein. 13
Einerseits unterliegt der Künstler nicht der strengen **Enthaltungspflicht** wie z. B. der Verfasser eines Sprachwerkes bei einem Verlagsvertrag, wo bereits ein Werk gleichen In-

---

[13] LG München I a. a. O.

[14] Vgl. *Schricker/Dietz* § 14, Rz. 37 ff. m. w. N.; *Bullinger,* S. 107 ff.; *G. Schulze* in: *Dreier/Schulze* § 14 Rz. 27 ff.

[15] § 442 BGB; vgl. auch LG München I v. 17. 4. 1991, Az. 25 O 102/91 zu gelblich-bräunlichen Verfärbungen eines Kissenbildes von Gotthard Graubner.

[16] Vgl. OLG Frankfurt NJW 1993, 1477/1478 f. zum Hinausschieben des Beginns der (vor dem SMG gem. § 477 BGB a. F. noch 6-monatigen) Verjährungsfrist durch ein Auktionshaus gegenüber dem Einlieferer von Werken; *Schack,* Kunst und Recht, Rz. 397.

[17] Vgl. zum Fehler i. S. v. § 459 Abs. 1 BGB a. F. RGZ 114, 239/240 f. – *Thoma;* RGZ 115, 286/289 – *Ostade/Teniers;* RGZ 135, 339/342 – *Ruisdael;* BGH GRUR 1975, 612/613 – *Jawlensky; Schack,* Kunst und Recht, Rz. 382.

[18] RGZ 115, 286/288 – *Ostade/Teniers.*

[19] Vgl. hierzu Rz. 21 und 53.

halts ein wettbewerbswidriges Konkurrenzwerk sein kann.[20] Es ist bekannt und allgemein akzeptiert, dass ein Künstler zahlreiche ähnliche Werke z.B. über das gleiche Thema schafft.[21] Andererseits kann von einem Unikat dann nicht mehr die Rede sein, wenn z.B. mehrere Abgüsse von einer Bronze hergestellt werden oder wenn die auf 100 Exemplare begrenzte und entsprechend gekennzeichnete Auflage einer Grafik erweitert wird. Verkauft der Künstler das Werk als Unikat oder die Grafik in der angegebenen Auflagenhöhe, dann ist dies als **Zusicherung** und **vereinbarte Beschaffenheit** (§ 434 Abs. 1 Satz 1 BGB), ggfs. auch als **Garantie** (§ 443 BGB) anzusehen. Er haftet nach §§ 434ff. BGB, wenn er sich hieran nicht hält.[22] Gegebenenfalls können die Begleitumstände, z.B. die Höhe des Preises, das Thema des Werkes – z.B. eine Büste des Käufers oder einer ihm bekannten Person –, auch stillschweigend dafür sprechen, dass der Künstler keine Vervielfältigungsstücke oder identische Exemplare schaffen darf. Im Übrigen bleibt es ihm grundsätzlich unbenommen, dasselbe Thema in verschiedenen Varianten zu bearbeiten.[23] Will der Erwerber ausschließen, dass ähnliche Werke auf den Markt gelangen, muss er dies mit dem Künstler vereinbaren. Dies darf aber nicht dazu führen, dass der Künstler deutlich spürbar in seiner Schaffensfreiheit eingeschränkt wird.[24] Beispielsweise kann von Carl Ücker, der für seine Werke mit Nägeln bekannt ist, nicht verlangt werden, derartige Werke nicht mehr oder nur noch herzustellen.

14 **h) Vergütung.** Meistens erhält der Urheber als einmalige Vergütung den **Kaufpreis,** den er mit dem Erwerber frei vereinbaren kann und der vom Erwerber für das Kunstwerk an den Urheber zu entrichten ist. Er ist grundsätzlich nicht davor geschützt, sein Werk für ein Linsengericht zu verkaufen. Der Erwerber kann das Werk verschenken oder weiterverkaufen, ohne den Urheber an etwaigen Wertsteigerungen beteiligen zu müssen. Einen **„Bestsellerparagraph"** oder **„Fairnessparagraph"**[25] gibt es nur bei der Einräumung von Nutzungsrechten, nicht hingegen beim Verkauf von Kunstwerken von Privat an Privat. Ist der Erwerber jedoch Kunsthändler oder ist am Weiterverkauf ein Kunsthändler oder ein Versteigerer als Erwerber, Veräußerer oder Vermittler beteiligt, steht dem Urheber das sog. **Folgerecht** (§ 26 UrhG) zu, nämlich eine Beteiligung in Höhe von maximal 5% des Veräußerungserlöses.[26] Dieser Anspruch wird in der Regel durch die Verwertungsgesellschaft Bild-Kunst geltend gemacht. **Weitere Vergütungen** kann der Urheber aushandeln, wenn das Werk in urheberrechtsrelevanter Form verwertet, z.B. vermietet (§ 17 Abs. 3 UrhG), vervielfältigt und verbreitet oder gesendet, werden soll und sich der Erwerber die hierfür erforderlichen Nutzungsrechte einräumen lassen will.

2. Verkauf über den Kunsthandel

15 Meistens verkauft der Künstler seine Werke nicht selbst, sondern er gibt sie in den Handel, sei es, dass er mit einer **Galerie,** die seine Werke verkauft, ständig und exklusiv zusammenarbeitet, sei es, dass er seine Werke verschiedenen Galerien für Verkaufsausstellungen zur Verfügung stellt, damit sie dort für die Dauer der Ausstellung zum Verkauf angeboten werden. Schließlich erlangen die Kunstwerke ein von ihrem Urheber unabhängiges Eigen-

---

[20] Vgl. §§ 2 Abs. 1 UrhG, 8 VerlG; *Schricker,* Verlagsrecht § 2 Rz. 8 und 47.

[21] Vgl. RGZ 119, 408/413 – *Elfenreigen; I. Schneider,* S. 140ff.

[22] Vgl. *Ohly* in: FS Schricker, 1995, S. 427/449f.; *Schack,* Kunst und Recht, Rz. 385.

[23] Vgl. auch § 37 Abs. 1 UrhG; RGZ 119, 408/413 – *Elfenreigen II; I. Schneider,* S. 143.

[24] Vgl. *Schricker,* Verlagsrecht Einl. Rz. 54.

[25] § 36 a.F. und § 32a UrhG; vgl. *v. Becker* in: Loewenheim, Handbuch des Urheberrechts, § 29 Rz. 88ff.; *G. Schulze* in: Dreier/*Schulze* § 32a Rz. 1.

[26] Vgl. *G. Schulze* in: *Dreier/Schulze* § 26 Rz. 17; s.o. 1. Teil Rz. 109ff. und 2. Teil Rz. 160ff.

leben, wenn sie nach dem erstmaligen Verkauf vom jeweiligen Eigentümer direkt oder über Galerien oder **Auktionshäuser** weiterverkauft oder versteigert werden.

a) Kommissionsverkauf. In der Regel erwirbt der Galerist kein Eigentum an den Kunstwerken, sondern er verkauft sie als Kommissionär im eigenen Namen für Rechnung des Künstlers (Kommitenten). Es handelt sich um einen **Dienstvertrag mit Geschäftsbesorgungscharakter,**[27] für den die §§ 383ff. HGB maßgeblich sind, wenn der Galerist – und dies ist der Regelfall – derartige Kommissionsgeschäfte gewerbsmäßig betreibt. Solange die Werke zuvor noch nicht veräußert waren und deshalb keine Erschöpfung des Verbreitungsrechts eingetreten ist (§ 17 Abs. 2 UrhG), benötigt der Galerist vom Urheber das **Verbreitungsrecht** (§ 17 Abs. 1 UrhG). In der Regel wird ihm dieses Recht mit der Aushändigung des Werkes stillschweigend eingeräumt, da der von beiden Parteien beabsichtigte Kommissionsverkauf nur durchführbar ist, wenn der Galerist das Werk verbreiten darf. Das Verbreitungsrecht ist nach Sinn und Zweck dieser Absprache darin enthalten.[28] Will der Galerist zur Förderung des Verkaufs Kataloge mit **Abbildungen** der Werke verbreiten, benötigt er hierfür zusätzlich das **Vervielfältigungs- und Verbreitungsrecht,** es sei denn, dass er das betreffende Werk zur gleichen Zeit öffentlich ausstellt. Letzterenfalls kann er sich auf § 58 UrhG berufen.[29] Auch dieses Recht kann von Sinn und Zweck des Kommissionsgeschäfts erfasst und deshalb stillschweigend eingeräumt sein, soweit der Galerist üblicherweise in Form von Verkaufskatalogen für den Verkauf wirbt und Art und Aufmachung des Katalogs einer notwendigen Werbemaßnahme entsprechen.[30] Zweckmäßigerweise vereinbaren die Parteien, dass zum einen auf diese Weise geworben werden soll und dass zum anderen auch mit Abbildungen geworben werden darf. Weitere Nutzungsrechte benötigt der Galerist in der Regel nicht. 16

Meistens hat der Galerist die größeren Erfahrungen, um die Höhe des realisierbaren **Kaufpreises** bestimmen zu können. Üblicherweise vereinbaren die Parteien einen **Mindestpreis** für das jeweilige Werk, der nur nach gesonderter Absprache unterschritten werden darf. Der Galerist erhält eine **Provision,** die je nach seinem Aufwand zwischen 10% und 50% des Veräußerungserlöses beträgt.[31] Beim Weiterverkauf von Kunstwerken wirkt der Galerist auch in seiner Eigenschaft als Verkaufskommissionär an der Veräußerung mit, so dass dem Urheber oder seinem Rechtsnachfolger der Beteiligungsanspruch aus dem **Folgerecht** zusteht.[32] Die weiteren Rechte und Pflichten, z.B. die Herausgabepflicht des Verkaufserlöses gem. § 384 Abs. 2 HGB, folgen aus den §§ 383ff. HGB.[33] 17

Der Galerist erbringt **Dienste höherer Art,** so dass der Kommissionsvertrag von beiden Parteien **jederzeit gekündigt** werden kann.[34] Abweichend hiervon können die Parteien eine längere Vertragszeit vereinbaren und das Kündigungsrecht nach § 627 BGB ausschließen. Dem Urheber verbleibt in jedem Falle das Kündigungsrecht aus wichtigem Grund (§ 314 BGB).[35] Soweit der Kommissionsvertrag für bereits bestehende Werke abgeschlossen worden ist oder soweit künftige Werke bereits abgeliefert wurden, entfällt auch eine Kündigungsmöglichkeit nach § 40 UrhG. Dem Urheber bleibt jedoch die 18

---

[27] §§ 611, 675 BGB; *Locher,* S. 160; MünchVertragshdb-*Vinck* Bd. 3/1 IX 63 Anm. 1; *Schack,* Kunst und Recht, Rz. 636.

[28] Vgl. § 31 Abs. 5 UrhG; *Schricker/Schricker* § 31 Rz. 9.

[29] Vgl. BGH GRUR 1994, 800/802 – *Museumskatalog; Dreier* in: *Dreier/Schulze* § 58 Rz. 9ff.

[30] Vgl. *Dreier* in: *Dreier/Schulze* § 58 Rz. 4.

[31] Vgl. MünchVertragshdb-*Vinck* Bd. 3/1, IX 59 Anm. 4; *Schack,* Kunst und Recht, Rz. 624.

[32] Vgl. OLG München GRUR 1979, 641/642 – Kommissionsverkauf.

[33] Vgl. *Locher,* S. 159f.; *Schack,* Kunst und Recht, Rz. 636.

[34] § 627 BGB; *Baumbach/Hopt,* Handelsgesetzbuch § 383 Rz. 6.

[35] Vgl. hierzu *Schack,* Kunst und Recht, Rz. 628, der auch auf §§ 309 Nr. 9, 307 BGB bei einer mehr als 2-jährigen Bindung in AGB verweist.

Möglichkeit, das Verbreitungsrecht wegen Nichtausübung nach zwei oder – im Falle abweichender Vereinbarung – spätestens nach fünf Jahren **zurückzurufen** (§ 41 UrhG). Er muss also nicht ewig zusehen, dass der Galerist keinen Verkauf zustande bringt, sondern er kann die Werke nach Ausübung des Rückrufsrechts einem anderen Galeristen zum Verkauf überlassen.

19 **b) Galerievertrag über künftige Werke.** Mitunter wollen Galerien einen Künstler auch für ihr künftiges Werkschaffen exklusiv unter Vertrag nehmen. Verpflichtet sich der Urheber, künftige Werke einem bestimmten Galeristen in Kommission zu geben, bedarf dieser Vertrag der **Schriftform,** wenn die Werke nicht im einzelnen bezeichnet oder nur der Gattung nach – z.B. alle künftigen Gemälde oder die nächsten Plastiken – bestimmt sind.[36] Außerdem können beide Parteien den Vertrag spätestens **nach 5 Jahren kündigen,** auch wenn dem Galeristen das Recht, künftige Werke des Urhebers zu verkaufen, d.h. gem. § 17 Abs. 1 UrhG zu verbreiten, nicht exklusiv, sondern nur einfach eingeräumt worden war (§ 40 Abs. 1 S. 2 UrhG). Bei einem Exklusivertrag steht dem Urheber zudem das **Rückrufsrecht wegen Nichtausübung** (§ 41 UrhG) zu. Dort muss er jedoch zuvor den Rückruf androhen und dem Galeristen eine angemessene Frist zum Verkauf des betreffenden Werkes setzen.[37] Solange der Urheber exklusiv an eine Galerie gebunden ist, darf er seine Werke weder über einen Dritten noch selbst verkaufen. Mitunter wird vereinbart, dass er die Werke zwar selbst verkaufen, aber die Preise des Galeristen nicht unterschreiten darf. Eine derartige Preisbindung verstößt grundsätzlich gegen § 1 GWB und ist verboten. Denkbar wäre jedoch eine Vereinbarung, wonach der Galerist für Verkäufe, die vom Urheber angebahnt werden, eine geringere Provision erhält.

20 **c) Versteigerung von Kunstwerken.** Während neue Kunstwerke meistens vom Künstler selbst oder von seinem Galeristen erstmals verkauft werden, ist der **Weiterverkauf** von Kunstwerken vor allem durch die regelmäßig stattfindenden Versteigerungen der einzelnen Auktionshäuser bestimmt. Daran nehmen nicht nur Sammler und andere Kunstliebhaber teil, sondern auch Galeristen, Museen und andere Beteiligte des Kunstmarktes, und zwar sowohl auf Seiten der Ersteigerer als auch auf Seiten der Versteigerer. Die einen wollen ein Schnäppchen machen. Die anderen erhoffen sich, im Wege der Versteigerung den durch Angebot und Nachfrage bestmöglichen Erlös zu erzielen. Meistens wird der Versteigerer im eigenen Namen und für fremde Rechnung tätig, so dass die Grundsätze des Kommissionsvertrages (§§ 383ff. HGB) maßgeblich sind. Ferner handelt es sich um einen **Geschäftsbesorgungsvertrag** nach §§ 611, 675 BGB.[38] Der Versteigerer erhält eine **Provision** – auch **Auktionsgeld** oder **Aufgeld** genannt – von etwa 10%.[39] In der Regel werden die zur Versteigerung vorgesehenen Kunstgegenstände zuvor vom Auktionator geschätzt. Der nicht zu unterbietende Mindestpreis liegt bei etwa 50% des Schätzpreises. Es können auch unabhängig von einem Schätzpreis Mindestpreise vereinbart werden, unter denen ein Zuschlag nicht erteilt werden darf.[40] Bei Versteigerungen werden Kunstwerke üblicherweise weiterverkauft, nachdem das Werk zuvor schon erstmalig verkauft worden war. Dort hatte sich das Verbreitungsrecht bereits erschöpft (§ 17 Abs. 2

---

[36] § 40 Abs. 1 UrhG; *Ohly* in: FS Schricker, 1995, S. 427/444f.

[37] Vgl. *v. Becker* in: Loewenheim, Handbuch des Urheberrechts, § 16 Rz. 45.

[38] Vgl. MünchVertragshdb-*Vinck,* Bd. 3/1 IX 64 Anm. 1; *Locher,* S. 213; *Schack,* Kunst und Recht, Rz. 109.

[39] Vgl. BGH NJW 1980, 1619/1620 – 15%iges Auktionsgeld; OLG Zweibrücken ZUM 1998, 163 = NJW 1998, 1409/1410 – 12% *Aufgeld;* LG Bielefeld NJW 1990, 1999 – *10%ige Auktionsgebühr: Schack,* Kunst und Recht, Rz. 113.

[40] Vgl. *Locher,* S. 220f.; *Schack,* Kunst und Recht, Rz. 116.

UrhG). Deshalb bedarf es für die Versteigerung in der Regel keiner Einräumung von urheberrechtlichen Nutzungsrechten. Lediglich das Folgerecht (§ 26 UrhG) – die gesetzlich vorgesehene Beteiligung des Urhebers am Weiterverkauf seiner Werke[41] – greift ein. Die Abbildung der zu versteigernden Werke im Versteigerungskatalog ist gem. § 58 UrhG zulässig. Für die Durchführung von Versteigerungen sind ferner § 34b GewO sowie die Verordnung über gewerbsmäßige Versteigerungen zu beachten.[42]

d) Echtheit und Herkunft der Kunstwerke. Beim Kunsthandel haben die Urheberrechte in der Regel nur eine untergeordnete Bedeutung; denn die Werke werden nach Erschöpfung des Verbreitungsrechts (§ 17 Abs. 2 UrhG) als Unikate wie jede andere Sache weiterverkauft, nicht aber in urheberrechtlich relevanter Weise genutzt. Von größerer Bedeutung ist hingegen die **Urheberschaft.** Der Käufer oder Ersteigerer will meistens nicht nur das betreffende Gemälde, welches ihm vorliegt, erwerben, sondern er will es als Gemälde eines bestimmten Urhebers kaufen. Es handelt es sich um einen **Spezieskauf.** Der „nach dem Vertrage vorausgesetzte Gebrauch" (§ 459 Abs. 1 BGB a.F.) „besteht beim Erwerb von Bildern eines bestimmten Meisters darin, dass dem Käufer die Möglichkeit verschafft wird, sich des Besitzes eines Werkes gerade dieses Meisters zu erfreuen, sich in die Malweise und sonstige Eigenart dieses Künstlers zu vertiefen und sie sich jederzeit vor Augen zu halten".[43] Die **Echtheit** und die **Herkunft** eines Bildes sind **verkehrswesentliche Eigenschaften.** Stammt das Bild von einem anderen Urheber als angegeben wurde, liegt ein Sachmangel vor,[44] und zwar auch dann, wenn das veräußerte Bild wertvoller ist als dasjenige, für welches es verkauft wurde.[45] Im Verhältnis zwischen Veräußerer oder Versteigerer zum Erwerber oder Ersteigerer gelten die **§§ 434 ff. BGB.** Diese Vorschriften sind bei einem Kommissionsverkauf im Verhältnis zwischen Kommittenten (Einlieferer) und Kommissionär (Versteigerer) grundsätzlich nicht anwendbar; denn deren Vertragsverhältnis ist nach den §§ 383 ff. HGB abschließend geregelt. Die Gewährleistungsvorschriften der §§ 434 ff. BGB können jedoch – z.B. in allgemeinen Geschäftsbedingungen – wirksam vereinbart werden.[46] Ferner ist die Urheberschaft eines Werkes nicht nur für den Erwerber, sondern auch für den Veräußerer bedeutsam. Hat er beispielsweise ein Ölgemälde als Werk des Malers Frank Duveneck verkauft, welches sich dann als Werk des Malers Wilhelm Leibl herausstellt, kann er den Vertrag wegen Irrtums nach § 119 Abs. 2 BGB anfechten. Das Anfechtungsrecht wird auf Seiten des Verkäufers – anders als auf Seiten des Käufers – nicht durch die Bestimmungen der §§ 434 ff. BGB ausgeschlossen.[47] 21

Wird das Kunstwerk von einem anderen nachgemalt und als **„echte Fälschung"**, nämlich als von ihm nachgemaltes fremdes Werk angeboten, liegt zwar keine Fälschung vor, weil der Erwerber erfährt, dass das Exemplar nicht von dem meistens bekannten Künstler der Vorlage stammt. Der „Fälscher" begeht aber eine **Urheberrechtsverletzung;** denn das fremde Werk wurde unerlaubt vervielfältigt.[48] 22

---

[41] Vgl. *Pfennig* in: Loewenheim, Handbuch des Urheberrechts, § 88 Rz. 12; *G. Schulze* in: *Dreier/Schulze* § 26 Rz. 1.

[42] Vgl. hierzu MünchVertragshdb-*Vinck,* Bd. 3/1 IX 64 Anm. 1; *Locher,* S. 203 ff.; *Schack,* Kunst und Recht, Rz. 108.

[43] So RGZ 135, 339/342 – *van Ruisdael;* BGH GRUR 1975, 612/613 – *Jawlensky;* OLG Zweibrücken ZUM 1998, 163/165.

[44] BGH GRUR 1975, 612/613 – *Jawlensky;* BGH NJW 1980, 1619/1621 – *Bodensee-Kunstauktion.*

[45] BGH NJW 1988, 2597/2599 – *Duveneck/Leibl.*

[46] OLG Zweibrücken ZUM 1998, 163/164 f. = NJW 1998, 1409/1410 zu §§ 459 ff. BGB a.F.

[47] BGH NJW 1988, 2597/2598 – *Duveneck/Leibl,* zu §§ 459 ff. BGB a.F.

[48] Vgl. OLG Hamburg ZUM 1998, 938/941 – *Nachgemalte Gemälde,* mit Anm. von *Pfennig.*

23 Je älter das Werk ist, desto schwieriger lässt sich seine Echtheit zweifelsfrei feststellen. Deshalb ist der Erwerb von Werken alter Meister immer ein **Risikogeschäft.**[49] Der Erwerber muss das Werk besichtigen und sich sachverständigen Rat einholen, wenn er dieses Risiko verringern will. Demgemäss ermöglichen die Versteigerer ihren Kunden eine vorherige **Besichtigung** sämtlicher Werke, damit sie sich selbst einen Eindruck verschaffen können. Gleichzeitig übernehmen letztere hiermit das Risiko; denn sie können das Werk nun wie besehen erwerben. Die Situation wird deshalb mit dem Gebrauchtwagenhandel verglichen. Dort wie hier werden in den allgemeinen Geschäftsbedingungen **Gewährleistungsansprüche** der Erwerber **ausgeschlossen.**[50] Dieser Ausschluss hält auch einer Kontrolle durch das frühere AGB-Gesetz, jetzt §§ 305ff. BGB stand.[51] Dies führt zwangsläufig zu gegenläufigen Interessen. Auf der einen Seite erwarten die Ersteigerer Zusicherungen der Versteigerer zur Echtheit der Werke, und die Versteigerer sind zu derartigen Zusicherungen grundsätzlich auch bereit, nicht zuletzt um bei ihren Kunden Interesse an den Werken zu erwecken. Lässt sich der Name des Künstlers nicht zweifelsfrei angeben, so wird zumindest dessen Provenienz mitgeteilt. Häufig werden Expertisen oder Aussagen von Experten beigefügt oder bei der jeweiligen Abbildung im Versteigerungskatalog abgedruckt. Auf der anderen Seite will sich der Versteigerer von zusichernden Angaben dadurch freizeichnen, dass er in seinen **Allgemeinen Geschäftsbedingungen** betont: Katalogbeschreibungen sind nach bestem Wissen und Gewissen vorgenommen, stellen jedoch keine Eigenschaften i.S.v. § 434 BGB (früher: §§ 459ff. BGB) dar. Für Katalogbeschreibungen und dazugehörige schriftliche Erläuterungen sowie mündliche Angaben kann nicht gehaftet werden.[52]

24 Umstritten ist, wie sich **Zusicherungen** auswirken. Einerseits sind auch stillschweigende Eigenschaftszusicherungen möglich, z.B. indem das Kunstwerk im Katalog wiedergegeben und auf eine die Echtheit des Werkes bestätigende Expertise Bezug genommen wird.[53] Folglich müssten derartige Zusicherungen als Individualabsprachen Vorrang vor anderslautenden AGB's haben[54] und Haftungsausschlüsse unwirksam werden lassen (§§ 305b, 443 BGB und § 11 Nr. 11 AGBG a.F.). Andererseits kann der Versteigerer angesichts der Vielzahl der eingelieferten Werke und angesichts des hohen Risikos häufig keine Echtheitsgarantie übernehmen. **Katalogbeschreibungen** sind in erster Linie Darstellungen des zur Auktion angebotenen Gegenstands.

25 Der Ersteigerer kann nicht ohne weiteres davon ausgehen, dass der Auktionator zugleich eine Echtheitsgarantie übernehmen wolle. Soweit der Auktionator seine Sorgfaltspflichten nicht verletzt, d.h. soweit er nach bestem Wissen und Gewissen handelt, sieht die Rechtsprechung einen Haftungsausschluss als wirksam an.[55] Er muss jedoch klarstellen, mit den Beschreibungen, die zusichernde Echtheitsangaben enthalten, keine Echtheit zusichern zu wollen.[56]

26 Die Position der Erwerber war vor dem SMG noch dadurch verschlechtert, dass Mängel innerhalb einer **6-Monats-Frist** (§ 477 BGB a.F.) geltend gemacht werden mussten. Mit-

---

[49] Vgl. *Locher,* S. 127; *Braunfels,* S. 127f.; *Heinbuch* NJW 1984, 15/16.

[50] BGH GRUR 1975, 612/614 – *Jawlensky; Schack,* Kunst und Recht, Rz. 402ff.

[51] BGH NJW 1980, 1619/1621 – *Bodensee-Kunstauktion;* vgl. allgemein hierzu *Flume* JZ 1991, 633/637; *Löhr* GRUR 1976, 411.

[52] Vgl. BGH NJW 1980, 1619/1620 – *Bodensee-Kunstauktion;* OLG Frankfurt NJW 1993, 1477; zur Haftung für fehlerhafte Kunstexpertisen vgl. *T. Gerlach,* Die Haftung für fehlerhafte Kunstexpertisen, 1998.

[53] BGH GRUR 1975, 612/613 – *Jawlensky; Heinbuch* NJW 1984, 15/17.

[54] Vgl. § 305b BGB; so auch LG München I NJW 1990, 1999.

[55] BGH NJW 1980, 1619/1621 – *Bodensee-Kunstauktion,* zur Rechtslage vor dem SMG.

[56] Vgl. *Braunfels,* S. 164f. und 196f.

unter sahen die Versteigerungsbedingungen vor, dass begründete Mängelrügen innerhalb der Verjährungsfrist von 6 Monaten an den Einlieferer weitergeleitet werden müssen, indem der Versteigerer ihm gegenüber Gewährleistungsansprüche geltend macht. Zu diesem Zweck wurde in manchen Auftragsbedingungen des Versteigerers gegenüber dem Einlieferer die Verjährungsfrist in der Weise verlängert, dass sie erst mit der Übergabe der Sache an den Ersteigerer begann. Dies war auch nach § 9 AGBG a.F. zulässig.[57] Seit dem SMG beträgt die Verjährungsfrist 2 Jahre (§ 438 Abs. 1 Nr. 3 BGB), so dass dieses Erschwernis grundsätzlich entfallen sein dürfte.

Hat der Erwerber es unterlassen, das Kunstwerk zu besichtigen und auf seine Echtheit 27
hin zu überprüfen, kann er sich gem. § 442 Satz 2 BGB grundsätzlich nicht auf Gewährleistungsansprüche berufen, insbesondere wenn er als Fachmann im Kunsthandel tätig ist.[58] War die Echtheit des Werkes zugesichert (§ 434 Abs. 1 Satz 1 BGB) oder garantiert (§ 443 BGB) worden, muss der Verkäufer nach § 437 Nr. 3 BGB grundsätzlich für das Erfüllungsinteresse des Käufers einstehen. Wurde beispielsweise ein mit „Burra 33" signiertes Ölgemälde zum Preis von 10000,00 DM verkauft und stellt sich heraus, dass dieses Gemälde nicht von Burra stammt, aber als echtes Burra-Gemälde einen Wert von 300000,00 DM hätte, kann der Käufer den Differenzbetrag in Höhe von 290000,00 DM als Schaden beanspruchen.[59] Das Risiko für die im Kunstmarkt häufig spektakulären Wertsteigerungen trägt grundsätzlich der Käufer.[60]

3. Ausstellung

Es gibt zwei Arten von Ausstellungen. Zum einen sind es die üblichen **Kunstausstel-** 28
lungen, in welchen Kunstwerke ständig oder vorübergehend der Öffentlichkeit lediglich gezeigt werden. Bei zeitlich befristeten Ausstellungen werden die Ausstellungsgegenstände nach Ausstellungsende entweder an die Leihgeber zurückgegeben oder wieder in den Archiven gelagert. Zum anderen sind es **Verkaufsausstellungen,** bei denen die Kunstwerke mit dem Ziel ausgestellt werden, interessierte Käufer zu finden. Denselben Zweck haben die vor einer Versteigerung üblicherweise stattfindenden **Vorbesichtigungen.** Was nicht verkauft oder versteigert wird, bleibt entweder beim Galeristen oder Versteigerer für die nächste vergleichbare Aktion oder wird wieder an den Künstler, Eigentümer oder Einlieferer zurückgegeben.

Der Urheber hat das exklusive **Recht, das Kunstwerk** oder ein Vervielfältigungsstück 29
hiervon **öffentlich zur Schau zu stellen** (§ 18 UrhG). Dieses Recht ist jedoch auf zweifache Weise beschränkt. Zum einen gilt es nur, solange das Werk unveröffentlicht ist. War es schon anderweitig veröffentlicht worden, findet durch die Ausstellung keine urheberrechtlich relevante Nutzungshandlung mehr statt.[61] Zum anderen steht dieses Recht dem Eigentümer zu, wenn der Urheber sein Werk an ihn veräußert hat (§ 44 Abs. 2 UrhG). Will der Urheber auch nach dem Verkauf darüber bestimmen können, ob sein Werk ausgestellt wird oder nicht, muss er sich dies vorbehalten. Dieser **Vorbehalt** hat nur solange eine dingliche Wirkung auch gegenüber Dritten, wie das Werk noch unveröffentlicht ist; denn mit seiner Veröffentlichung z.B. durch die vom Urheber gestattete Publikation einer Fotografie seines Werkes, ist das Ausstellungsrecht verbraucht.[62] Überlässt er

---

[57] OLG Frankfurt NJW 1993, 1477/1478.

[58] Vgl. OLG Frankfurt NJW 1993, 1477/1478; LG Bielefeld NJW 1990, 1999; LG München I v. 17. 4. 1991, Az. 25 O 102/91 hinsichtlich Verfärbungen bei einem Kissenbild von Gotthard Graubner.

[59] BGH NJW 1993, 2103/2104 – *Burra 33.*

[60] Vgl. OLG Düsseldorf NJW 1999, 1973.

[61] Vgl. *G. Schulze* in: Loewenheim, Handbuch des Urheberrechts, § 20 Rz. 55.

[62] Vgl. *G. Schulze* in: *Dreier/Schulze* § 18 Rz. 9.

sein Werkexemplar einem Aussteller, räumt er ihm stillschweigend auch das Ausstellungsrecht ein, soweit dies – mangels vorheriger Veröffentlichung – überhaupt noch erforderlich ist.

30 Abgesehen von dem gegebenenfalls erforderlichen Ausstellungsrecht benötigt der Aussteller das Werkexemplar, meistens ein Unikat oder ein Original, welches er ausstellen will; es sei denn, er ist bereits Eigentümer oder Besitzer des Ausstellungsgegenstandes. Wird ihm das Werkexemplar unentgeltlich für die Ausstellung überlassen, liegt ein **Leihvertrag** (§ 598 BGB) vor, bei entgeltlicher Überlassung ein **Mietvertrag** (§ 535 BGB). Hierfür empfiehlt es sich folgende Punkte zu regeln[63]:

- die Ausstellungspflicht;
- den Ausstellungsgegenstand (Art und Anzahl der Exemplare);
- die Art der Ausstellung (Einzelausstellung, Sammelausstellung etc.);
- die Dauer der Überlassung;
- die Art der Verpackung und des Transportes;
- wer die Transportkosten trägt;
- wer ab welchem Zeitpunkt für Beschädigungen, Verlust etc. des Werkexemplars haftet;
- eine Verlängerung der bei Ersatzansprüchen des Verleihers oder Vermieters gesetzlich vorgesehenen sechsmonatigen Verjährungsfrist (vgl. §§ 548, 606 BGB);
- den Abschluss einer Versicherung des Ausstellungsgegenstandes gegen Beschädigungen, Verlust etc.;
- wer (Urheber, Leihgeber) in welcher Form beim Ausstellungsgegenstand zu benennen ist;
- welche Beleuchtungs- und Klimaverhältnisse während der Ausstellung einzuhalten sind;
- ein Zutritts- und Kontrollrecht des Leihgebers;
- die Vergütung für die Überlassung des Ausstellungsgegenstandes;
- eine Schadenspauschale oder Vertragsstrafe bei verspäteter Rückgabe.

31 Der Leihgeber muss sich zuvor gegebenenfalls das Vermietrecht- oder Verleihrecht vom Urheber oder Rechteinhaber einräumen lassen.[64]

32 Werden dem Aussteller nicht nur einzelne Ausstellungsstücke überlassen, sondern übernimmt er eine bereits **vollständige (Wander-)Ausstellung,** die ihrerseits z.B. wegen individueller Auswahl und Anordnung der Exponate als Ausstellungswerk Urheberrechtsschutz genießt, kommt ferner das **Vorführungsrecht** (§ 19 Abs. 4 UrhG) analog in Betracht.[65]

33 Bei einer **Verkaufsausstellung** erwirbt der Aussteller – meistens ein Galerist – in der Regel stillschweigend auch das Verbreitungsrecht, falls das Werk nicht ohnehin weiterverkauft wird und sich das Verbreitungsrecht durch einen vorangegangenen Verkauf zuvor schon erschöpft hatte (§ 17 Abs. 2 UrhG). Im Übrigen kann auf die Ausführungen zum Verkauf über den Kunsthandel verwiesen werden.[66]

34 Der Aussteller darf diejenigen Werke, die ausgestellt werden, in einem **Ausstellungskatalog** bildlich wiedergeben und den Katalog im Rahmen der Ausstellung verbreiten (§ 58 UrhG). Eine Verbreitung des Ausstellungskataloges über den **Buchhandel** ist von der gesetzlichen Lizenz des § 58 UrhG nicht abgedeckt. Vielmehr bedarf es insoweit eines gesonderten Abdruckrechts.[67]

---

[63] S.a. *Kirchmaier* 4. Teil Rz. 163ff., 189ff.
[64] Vgl. Rz. 40ff.
[65] Vgl. *G. Schulze* in: *Dreier/Schulze* § 18 Rz. 18.
[66] Vgl. Rz. 4ff.
[67] Vgl. *Götting* in: Loewenheim, Handbuch des Urheberrechts, § 131 Rz. 196.

4. Gebrauchsüberlassung (Vermietung, Leihe)

35 So wie Büchereien Bücher und Videotheken Filme den Interessenten für eine begrenzte Zeit überlassen, vermieten oder verleihen Artotheken Werke der bildenden Kunst. Ferner werden zahlreiche Kunstausstellungen mit **„Leihgaben"** bestritten, für die je nach Berühmtheit der einzelnen Werke oder Sammlungen durchaus beträchtliche Garantiezahlungen an den „Leihgeber" geleistet werden müssen. Außerdem sind für den Besuch derartiger Ausstellungen mitunter recht stattliche Eintrittspreise zu zahlen.

36 **a) Vermiet- und Verleihrecht.** Die Gebrauchsüberlassung ist ein **Teil des Verbreitungsrechts** (§ 17 UrhG); denn der Empfänger erhält das Werk oder ein Vervielfältigungsstück hiervon in körperlicher Form. Das Vermiet- und Verleihrecht hatte früher nur eine geringe Bedeutung, da Kunstwerke in der Regel veräußert wurden, so dass fortan jede Weiterverbreitung – auch in Form der Vermietung oder der Leihe – gestattet war. Das Verbreitungsrecht hatte sich erschöpft. Grundsätzlich gab es aber schon damals ein selbständiges Vermiet- und Verleihrecht. Wer sein Werk nicht veräußerte, sondern z. B. einer Artothek zum Zweck des Weiterverleihens überließ, konnte dies auch früher davon abhängig machen, dass er an etwaigen Erlösen angemessen beteiligt wird. Seit Umsetzung der **EG-Richtlinie zum Vermiet- und Verleihrecht**[68] durch das dritte Urheberrechtsänderungsgesetz vom 23. 6. 1995 gibt es ein eigenes Vermietrecht, welches – anders als zuvor – auch dann selbständig weitergilt, wenn das Werkexemplar zuvor veräußert worden war und sich das Verbreitungsrecht an diesem Exemplar erschöpft hatte (§ 17 Abs. 2 UrhG). Wer also Werke vermieten will, muss sich zunächst vom Urheber oder vom sonstigen Rechteinhaber das Vermietrecht beschaffen; denn mit dem Erwerb des Kunstwerkes werden grundsätzlich keine Nutzungsrechte eingeräumt (§ 44 Abs. 1 UrhG).

37 Grundsätzlich gilt das Vermietrecht für alle Werkarten. Eine **Ausnahme** wurde lediglich hinsichtlich der **Bauwerke** und der **Werke der angewandten Kunst** gemacht, soweit z. B. Wohnungen, Möbel, Geschirr zum üblichen Gebrauch vermietet werden, also weniger das Werk, sondern vielmehr das Sachobjekt genutzt wird.[69] Die **Werke der bildenden Kunst** sind bei dieser Ausnahmeregelung nicht erwähnt. Allerdings sei es nach Erwägungsgrund 13 zu besagter EG-Richtlinie wünschenswert, von Vermietung oder Verleihen im Sinne dieser Richtlinie bestimmte Formen der Überlassung, z. B. die Überlassung von Tonträgern und Filmen zur öffentlichen Vorführung oder Sendung sowie die **Überlassung zu Ausstellungszwecken** oder zur Einsichtnahme an Ort und Stelle, auszuschließen.[70] Im urheberrechtlichen Schrifttum ist hieraus mitunter der Schluss gezogen worden, die Überlassung von Kunstwerken zu Ausstellungszwecken falle generell nicht unter das Vermietrecht.[71]

38 Dieser Schluss ist jedoch keineswegs zwingend. Was in den Erwägungsgründen lediglich als wünschenswert angegeben wurde, hat im Richtlinientext keine entsprechende Regelung gefunden, obwohl andere Ausnahmen z. B. für Bauwerke und Werke der angewandten Kunst durchaus getroffen worden sind.[72] Deshalb sah sich der deutsche Gesetzgeber bei der Umsetzung der Richtlinie nicht veranlasst, das Vermiet- und Verleihrecht bei

---

[68] 92/100 EWG, GRUR Int. 1993, 144ff.

[69] § 17 Abs. 3 Nr. 1; *Nordemann* in: Fromm/Nordemann, Urheberrecht, § 17 Rz. 10; *Rehbinder,* Urheberrecht Rz. 334.

[70] 92/100 EWG, GRUR Int. 1993, 144.

[71] Vgl. *v. Lewinsky* ZUM 1995, 442/444; *dies.* Quellen des Urheberrechts, Europ. GemeinschaftsR/II/2 S. 6; *Rehbinder* ZUM 1996, 349/354; *Jacobs* GRUR 1998, 246/249; *Heerma* in: Wandtke/Bullinger, UrhR, § 27 Rz. 11.

[72] Vgl. Art. 2 Abs. 3 der Richtlinie 92/100 EWG.

Werken der bildenden Kunst einzuschränken, sondern nur die Beschränkungen hinsichtlich der Bauwerke und der Werke der angewandten Kunst zu übernehmen.[73] Es widerspräche auch dem Grundsatz, den Urheber tunlichst an allen wirtschaftlichen Früchten, die aus der Nutzung seiner Werke gezogen werden, angemessen zu beteiligen,[74] wenn die Urheber von Werken der bildenden Kunst beim Vermietrecht leer ausgehen sollten, zumal wenn dies nicht ausdrücklich geregelt ist.[75] Dieser Grundsatz klingt auch in der Richtlinie 92/100 EWG an; denn nach Erwägungsgrund 14 soll der Urheber jedenfalls bei einer kommerziellen Nutzung beteiligt sein, und zwar wenn ein Entgelt gezahlt wird, welches über die Deckung der bloßen Verwaltungskosten hinausgeht.

39 Durch das seit dem 30. Juni 1995 selbständig weitergeltende Vermietrecht hat sich die Position der Eigentümer von Kunstwerken verändert. Hatten sie ein Kunstwerk erworben, durften sie es nach der **früheren Gesetzeslage** nicht nur selbst ausstellen, sondern auch Dritten beliebig zu Ausstellungszwecken mit oder ohne Entgelt überlassen. In der Regel waren es ohnehin bereits veröffentlichte Werke, so dass sich das Ausstellungsrecht des Urhebers verbraucht hatte. Über das **nun geltende Vermietrecht** kann der Urheber eine Ausstellung seiner Werke jedenfalls hinsichtlich **Leihgaben** davon abhängig machen, dass zuvor von ihm das **Vermietrecht** erworben wird. So gesehen erhält der Urheber auf anderem Wege zumindest dort ein **Ausstellungsrecht,** wo seine Werke an den Aussteller vermietet oder verliehen werden. Zum einen entspricht dies dem bereits erwähnten Grundsatz, den Urheber an sämtlichen Früchten aus der Nutzung seiner Werke angemessen zu beteiligen. Zum anderen sollte durch das weitergeltende Vermietrecht die Position des Urhebers bewusst verbessert werden. Es gibt keinen Grund, die Urheber von Werken der bildenden Kunst hiervon auszunehmen. Das Ausstellungswesen wird hierdurch auch in keiner Weise beeinträchtigt. Ab der Neuregelung konnten und können sich die beteiligten Kreise rechtzeitig vom Urheber das Vermietrecht einräumen lassen. Wer Werke vor dem 30. 6. 1995 erworben hat, darf sie gegen Zahlung einer angemessenen Vergütung auch vermieten (§ 137e Abs. 2 UrhG). In der Regel wird dieser Vergütungsanspruch von der VG Bild-Kunst wahrgenommen.[76]

40 *aa) Vermietung.* Nach der Legaldefinition des § 17 Abs. 3 UrhG ist Vermietung die **zeitlich begrenzte,** unmittelbar oder mittelbar **Erwerbszwecken dienende Gebrauchsüberlassung.** Sie ist in einem weiten Sinne zu verstehen und nicht auf Rechtsverhältnisse des § 535 BGB beschränkt. Grundsätzlich erfasst sie **jede kommerzielle Nutzung,** die es bei wirtschaftlicher Betrachtungsweise nahe legt, den Fall urheberrechtlich als Vermietung ansehen zu können.[77] Werden z.B. für den Ausstellungsbesuch Eintrittspreise verlangt, dient dies zumindest mittelbar Erwerbszwecken und ist Vermietung.[78] Wer das Werk auf diese Weise nutzen will, muss sich zuvor das Vermietrecht vom Urheber oder Rechteinhaber beschaffen. Von einer stillschweigenden Rechtseinräumung kann grundsätzlich nicht ausgegangen werden (vgl. § 44 Abs. 1 UrhG). Dies wird möglicherweise dazu führen, dass beim Verkauf von Kunstwerken zusätzlich auch schriftliche Verträge abgeschlossen werden, die den **Erwerb des Vermietrechts** regeln. Sehen diese Verträge keine Vergütungsregelung vor, geht der Urheber grundsätzlich leer aus; denn der unverzichtbare Ver-

---

[73] § 17 Abs. 3 Nr. 1 UrhG; BR-Drucksache 876/94, abgedruckt bei *M. Schulze,* S. 907.

[74] Vgl. *Schricker/Schricker* § 31 Rz. 32.

[75] Vgl. hierzu BVerfG GRUR 1972, 481/484 – *Kirchen- und Schulgebrauch; Schricker/Vogel* § 18 Rz. 9.

[76] Vgl. Rz. 128.

[77] BT-Drucksache 13/115, S. 12; BGH ZUM 2001, 793/794 – *Kauf auf Probe; Schricker/Loewenheim* § 17 Rz. 28.

[78] Vgl. *Loewenheim* in: Loewenheim, Handbuch des Urheberrechts, § 20 Rz. 42ff.

gütungsanspruch des § 27 Abs. 1 UrhG gilt nur für Tonträger und Bildtonträger, nicht hingegen für Kunstwerke.[79]

Wurde das Kunstwerk jedoch filmisch aufgezeichnet und dieser Bildträger vermietet, steht dem Künstler der unverzichtbare Vergütungsanspruch gemäß § 27 Abs. 1 UrhG zu. Außerdem kann er für derartige Vermietvorgänge ab 29. 3. 2002 (vgl. § 132 Abs. 3 Satz 3 UrhG) eine angemessene Vergütung gemäß § 32 Abs. 1 Satz 3 UrhG verlangen. Hat der Urheber einen **Wahrnehmungsvertrag mit der VG Bild-Kunst** abgeschlossen, so hat er ihr auch hinsichtlich seiner künftigen Werke das Vermiet- und Verleihrecht bereits eingeräumt.[80] In diesem Falle muss sich der Erwerber des Kunstwerkes das Vermietrecht von der VG Bild-Kunst verschaffen, wenn er das Werk z. B. für Ausstellungszwecke vermieten will. Gegen Zahlung der hierfür vorgesehenen Tarife ist dies ohne weiteres möglich.[81] 41

bb) Leihe. Das Verleihen ist die **unentgeltliche vorübergehende Gebrauchsüberlassung,** die auch mittelbar **keinen Erwerbszwecken** dient. Als selbständiges Nutzungsrecht besteht das Verleihrecht nur solange, wie das Werk nicht in Verkehr gebracht ist, sondern nur verliehen wird. War es bereits verkauft, verschenkt, getauscht worden oder hatte es auf andere Weise seinen Eigentümer gewechselt, ist das Verleihrecht verbraucht (§ 17 Abs. 2 UrhG). Dem Urheber bleibt dann jedoch ein **Vergütungsanspruch,** wenn sein Werkoriginal oder Vervielfältigungsstücke durch eine der Öffentlichkeit zugängliche Einrichtung verliehen werden. Diese Ansprüche kann der Urheber nicht direkt, sondern nur über die **VG Bild-Kunst** geltend machen (§ 27 Abs. 3 UrhG). Hat er mit ihr einen Wahrnehmungsvertrag abgeschlossen, so hat er seinen Vergütungsanspruch auch an künftigen Werke an die VG Bild-Kunst zur Wahrnehmung abgetreten,[82] so dass spätere Vereinbarungen, mit welchen sich die Erwerber des Kunstwerkes möglicherweise diese Vergütungsansprüche abtreten lassen wollen, um Zahlungen an die VG Bild-Kunst zu vermeiden, unwirksam sind. 42

b) Artotheken. Die Betreiber von Artotheken müssen sich von den Urhebern der bei ihnen erhältlichen Werke das **Vermietrecht** einräumen lassen, wenn sie diese Werke Interessenten vorübergehend gegen Entgelt überlassen. Manche öffentlich-rechtlich organisierte Artothek verlangt für das Entleihen eines Werkes keine Vergütung. Dem Urheber bleibt jedoch der Anspruch auf eine angemessene Vergütung; denn in der Regel sind Artotheken **öffentlich zugänglich.** So wie die Verfasser von Texten den sogenannten Bibliotheksgroschen erhalten, der über die VG Wort geltend gemacht und an die Urheber verteilt wird, ist den Malern, Bildhauern und sonstigen Urhebern von Werken der bildenden Künste ein **Artotheksgroschen** zu zahlen, der über die VG Bild-Kunst geltend zu machen und zu verteilen ist.[83] 43

c) Leihgaben. Zahlreiche **Kunstausstellungen,** bei denen urheberrechtlich noch geschützte Werke – also grundsätzlich zeitgenössische Kunst – gezeigt werden, sind nur vorübergehend. Häufig setzen sie sich aus einem mehr oder weniger großen eigenen Bestand der Museen und im übrigen aus Leihgaben zusammen. Manche Ausstellungen werden von vornherein als Wanderausstellungen geplant und gehen als Ausstellungswerk von einem Ort zum anderen. Mittlerweile werden bei derartigen Ausstellungen durchaus recht stattliche **Eintrittspreise** verlangt.[84] Mitunter sind auch den Leihgebern Vergütungen zu zahlen. Insbesondere wenn bekannte Sammlungen auf Reisen geschickt werden, lassen sich 44

[79] Vgl. *Nordemann* in: Fromm/Nordemann, Urheberrecht, § 27 Rz. 2.
[80] Vgl. Rz. 128.
[81] Vgl. Rz. 132.
[82] Vgl. Rz. 128.
[83] Vgl. *v. Schaper,* S. 85/95; *Pfennig,* S. 82.
[84] Vgl. *Schricker/Vogel* § 18 Rz. 9.

dies die Leihgeber mit teilweise beträchtlichen Summen vergüten. Zahlreiche Leihgaben sind juristisch gesehen **„Mietgaben"**. Wer die in seinem Besitz befindlichen fremden Werke auf diese Weise zur Verfügung stellt, muss sich also zuvor das **Vermietrecht** hierfür einräumen lassen.[85] In der Regel wird er es sich bei der **VG Bild-Kunst** beschaffen können, die über ihre im Ausland ansässigen Schwester-Verwertungsgesellschaften auch über die Rechte zahlreicher Werke ausländischer Künstler verfügen kann.[86] Ist die **Ausstellung unentgeltlich,** so dass tatsächlich von Leihgaben gesprochen werden kann, bleibt dem Urheber – vorausgesetzt, der Leihgeber ist eine der Öffentlichkeit zugängliche Einrichtung – der **Vergütungsanspruch** nach § 27 Abs. 2 UrhG. Er wird ebenfalls über die VG Bild-Kunst geltend gemacht.

5. Auftrag, Bestellung

45 In vergangenen Zeiten musste man sich portraitieren lassen, um bildlich verewigt zu werden. Das **Portrait** des Malers wurde zwar weitgehend durch die Fotografie ersetzt, ist aber auch heute durchaus noch gefragt. Andere Auftragsarbeiten der bildenden Kunst werden vor allem im Bereich der **Kunst am Bau** oder der Gestaltung öffentlicher Räume – Brunnen, Denkmäler etc. – vergeben. Manche Auftragsarbeiten liegen im Grenzbereich zwischen bildender Kunst und angewandter Kunst. Buchillustrationen zählen zur bildenden Kunst, während die Gestaltung von Plakaten und anderen Werbemitteln der Gebrauchsgraphik, also der angewandten Kunst zugerechnet werden. Hinsichtlich der zu erwerbenden Rechte und der zu treffenden Vereinbarungen kann es grundsätzlich dahinstehen, ob ein Werk der bildenden oder der angewandten Kunst zuzuordnen ist; denn aus urheberrechtlicher Sicht ist allein maßgeblich, ob das betreffende Werk hinreichend individuell und deshalb urheberrechtlich geschützt ist oder nicht.

46 **a) Werkvertrag.** Der Auftraggeber erwartet in der Regel ein bestimmtes Arbeitsergebnis, ein Werk. Grundsätzlich gilt **Werkvertragsrecht** (§§ 631 ff. BGB). Meistens beschafft der Künstler die Materialien, aus denen das jeweilige Werk besteht. Er stellt also nicht nur das Werk her, sondern er verschafft seinem Auftraggeber auch das Eigentum an diesen Materialien, wie es typischerweise der **Werklieferungsvertrag** vorsieht (§ 651 BGB). In aller Regel sind es nicht vertretbare Sachen, die geliefert werden; nämlich Kunstwerke, die sich durch ausgeprägte Individualisierungsmerkmale von anderen Werken abheben und deshalb nicht austauschbar sind.[87] Diese Individualisierung folgt vielfach aus dem konkreten Anlass, für den das Werk vorgesehen ist, z. B. ein Portrait, ein Geschenk für eine bestimmte Person, ein bestimmter Aufstellungsort. Das Vertragsverhältnis ist also in erster Linie von der Herstellung des Werkes, nicht hingegen vom Verkauf einer Sache geprägt, so dass beim Werklieferungsvertrag neben den kaufrechtlichen Vorschriften (§§ 651 Satz 1, 433 ff. BGB) auch werkvertragsrechtliche Vorschriften anzuwenden sind (§ 651 Satz 3 BGB).[88]

47 Darüber hinaus waren vor dem SMG beim Werklieferungsvertrag ausschließlich die Vorschriften des Werkvertragsrechts anwendbar, wenn der Unternehmer nur **Zutaten** und sonstige Nebensachen beschaffte, die gegenüber der Arbeitsleistung eine untergeordnete Rolle spielten (§ 651 Abs. 2 BGB a. F.). Dies ist bei Kunstwerken regelmäßig der Fall, sei es, dass der vom Künstler beigesteuerte Materialwert (Leinwand, Farben etc.) nur ge-

---

[85] S. a. *Kirchmaier* 4. Teil Rz. 198.

[86] Vgl. Rz. 127.

[87] Vgl. allgemein hierzu OLG Hamm BB 1986, 555/556; OLG Hamm NJW-RR 1992, 889.

[88] Vgl. zur Rechtslage vor dem SMG BGHZ 19, 382/383 – *Kirchenfenster;* BGH GRUR 1984, 528/529 – *Bestellvertrag.*

ring ist, oder sei es, dass es in erster Linie auf die künstlerische Leistung ankommt, hinter der z. B. auch der Materialwert eines Marmorblocks zurückbleibt.[89] Wo der Schwerpunkt in der unkörperlichen geistigen Leistung liegt, soll auch nach dem SMG Werkvertragsrecht anwendbar sein, auch wenn das Werk in einer beweglichen Sache verkörpert ist.[90] Ferner ist ausschließlich Werkvertragsrecht anwendbar, wenn keine neuen Werke hergestellt, sondern bestehende Werke repariert oder restauriert werden. Dies gilt auch für unbewegliche Sachen, z. B. Bauwerke, oder unkörperliche Sachen, z. B. bloße Planungsarbeiten, Entwürfe oder Aufführungen.[91] Anders mag es sich verhalten, wenn jemand z. B. beauftragt wird, zahlreiche Abgüsse von einer fremden Plastik für den Weiterverkauf herzustellen. Dort wird kein neues individuelles Werk geschaffen, sondern es werden miteinander austauschbare Vervielfältigungsstücke serienweise produziert. Auch hier liegt ein Werklieferungsvertrag im Sinne von § 651 BGB vor. Es geht jedoch um die Beschaffung und den Absatz eines mittlerweile austauschbaren Serienprodukts – einer vertretbaren Sache –, so dass nur Kaufrecht anwendbar ist.[92]

Dienstvertragsrecht (§§ 611 ff. BGB) käme bei einem **Angestelltenverhältnis** in Be- **48**
tracht, z. B. wenn ein Illustrator bei einer Zeitschrift oder ein Bühnenbildner am Theater angestellt ist und dort laufend Illustrationen, bzw. Bühnenbilder schafft.

aa) Bestellvertrag. Ein Bestellvertrag im Sinne von § 47 VerlG liegt in der Regel nicht **49**
vor. Zum einen sind die Vorschriften des Verlagsrechts grundsätzlich nur auf Werke der Literatur oder der Tonkunst, nicht hingegen auf Werke der bildenden Kunst anwendbar.[93] Zum anderen soll nach § 47 VerlG die sonst übliche Vervielfältigungs- und Verbreitungspflicht des Verlegers entfallen. Darum geht es bei den Werken der bildenden Kunst meistens ohnehin nicht; denn die Auftraggeber wollen in der Regel das Werkexemplar besitzen, ohne es im urheberrechtlichen Sinne zu verwerten. Letzteres müsste gesondert vereinbart werden.[94] Dies mag bei Illustrationen oder anderen buchnahen Kunstwerken im Einzelfall anders zu beurteilen sein.[95] Gleichwohl steht es dem Besteller frei, dem Künstler ähnlich wie beim verlagsrechtlichen Bestellvertrag das Material, die Abmessungen, den Stil und weitere Einzelheiten des von ihm in Auftrag gegebenen Werkes genau vorzuschreiben.[96] Wenn er hierzu genaue Vorstellungen hat, dann sollte er sie dem Künstler möglichst exakt vorschreiben.[97] Anwendbar bleibt jedoch in erster Linie Werkvertragsrecht.

bb) Einzelne Rechte und Pflichten. Der Künstler ist verpflichtet, das Werk herzustellen und **50**
abzuliefern (§§ 631, 633 BGB). Der Besteller muss etwaige **Mitwirkungspflichten** einhalten (§ 642 BGB) – z. B. zu den vereinbarten Terminen Modell sitzen –, das Werk abnehmen (§ 640 BGB) und die vereinbarte oder übliche (§ 632 BGB) Vergütung zahlen (§ 641 BGB), es sei denn, dass das Werk mangelhaft ist (§ 634 BGB). Die **Abnahme** setzt nicht nur die körperliche Entgegennahme des vollständigen Werkes, sondern auch die damit vorhandene Erklärung des Bestellers voraus, dieses Werk als vertragsmäßige Erfül-

---

89 Vgl. *Palandt/Sprau* § 651 Rz. 1; anders wohl OLG Karlsruhe UFITA 73 (1975), S. 292/293 – *Gruppenportrait;* kritisch hierzu *Braun* NJW 1988, 297/299.

90 Vgl. *Palandt/Sprau* § 651 Rz. 5.

91 Vgl. *Palandt/Sprau* § 651 Rz. 2 und 5; *Palandt/Sprau,* Einführung vor § 631 Rz. 25; *Ott/Luer/Heussen,* Schuldrechtsreform, 2002 Rz. 707.

92 Vgl. *Palandt/Sprau* § 651 Rz. 5.

93 Vgl. *Schricker,* Verlagsrecht § 47 Rz. 25; *Ott* ZUM 1988, 452; *Ohly* in: FS Schricker 1995, S. 427/441.

94 Vgl. Rz. 6.

95 Vgl. Rz. 86.

96 Vgl. *Ott* ZUM 1988, 452.

97 Vgl. Rz. 52.

lung anzusehen.[98] Letzteres kann auch stillschweigend geschehen, z. B. indem der Kaufpreis bezahlt oder das Werk bestimmungsgemäß benutzt wird.[99] Nimmt der Besteller das Werk ab, obwohl er dessen Mangel kennt, stehen ihm Rechte auf Nacherfüllung, Rücktritt oder Minderung und Schadensersatz (§ 634 BGB) nur zu, wenn er sich diese Rechte vorbehält (§ 640 Abs. 2 BGB). Hat er das Werk abgenommen, muss er Ansprüche wegen Mängel des Werkes grundsätzlich innerhalb von zwei Jahren geltend machen, wenn er die Einrede der **Verjährung** vermeiden will (§ 634a Abs. 1 Nr. 1 BGB). Liegt für beide Parteien ein Handelsgeschäft vor, muss ein Mangel unverzüglich nach der Ablieferung gerügt werden (§§ 377, 381 HGB); denn insoweit gilt es zu berücksichtigen, dass mit dem Werk auch eine Ware abgeliefert wird.[100] **Nachbesserungsansprüche** (§ 633 BGB a. F.) oder **Nacherfüllungsansprüche** (§§ 634, 635 BGB) hinsichtlich der künstlerischen Gestaltung des Werkes scheiden häufig schon deswegen aus, weil sich aufgrund der Gestaltungsfreiheit des Künstlers ein Mangel selten feststellen lässt.[101]

51 **b) Mängel.** Lässt sich bereits trefflich darüber streiten, was Kunst ist, was nicht, so lässt sich noch viel mehr darüber streiten, was künstlerisch gelungen ist, was nicht. Vor allem im Bereich des Portraitierens gehen die Vorstellungen des Auftraggebers und des Künstlers mitunter auseinander, und mancher Auftraggeber – oder seine Angehörigen – konnte sich beim besten Willen in dem Kunstwerk, das ihn darstellen soll, nicht wiedererkennen. Meistens wird dann das Werk nicht abgenommen und die vereinbarte Vergütung nicht gezahlt, so dass hierüber gestritten werden muss.[102] In der Regel kann der Auftraggeber nur Mängel rügen, die den Werkträger betreffen, nicht hingegen die Qualität des Werkes selbst, also seine künstlerische Güte.[103] Im Rahmen eines Werk- oder Werklieferungsvertrages genießt der künstlerisch Schaffende eine **Gestaltungsfreiheit,** die seiner künstlerischen Eigenart entspricht und es ihm erlaubt, in seinem Werk seiner individuellen Schöpferkraft und seinem Schöpferwillen Ausdruck zu verleihen.[104] Der Auftraggeber muss sich mit den Arbeitsweisen und Auffassungen des Künstlers vertraut machen, bevor er ihm einen Auftrag erteilt.

52 Es ist sein **Risiko,** den für seine Vorstellungen und seinen Geschmack richtigen Urheber ausgewählt zu haben. Will er dieses Risiko einschränken, muss er dem Künstler **konkrete Vorgaben** machen. Dies gilt vor allem dann, wenn der Künstler sich bislang nicht auf einen bestimmten Stil festgelegt hat, sondern auch mit immer wieder neuen Stilrichtungen experimentiert. Wer hingegen ausschließlich z. B. für seinen naturalistischen Malstil bekannt ist, wird seinen Auftraggeber darauf hinweisen müssen, wenn er nun hiervon abweichend ein Portrait völlig abstrakt ausführen will. Das bisherige Werkschaffen kann also auch stillschweigend eine Richtschnur bilden. Diese Richtschnur gilt freilich nicht nur zu Lasten, sondern auch zu Gunsten des Urhebers. Wer für seine „Kleckserei" bekannt war, dem kann nicht vorgehalten werden, man könne sich in dem bei ihm in Auftrag gegebenen Gruppenportrait nicht wiedererkennen, auch wenn dieses Bild künftig in einem Wirtshaus hängen sollte.[105] Wer ferner meint, er möchte in dem Portrait vorteilhafter als

---

[98] Vgl. *Palandt/Sprau* § 640 Rz. 3; MünchKomm/*Busche* § 640 Rz. 3, 15.

[99] Vgl. MünchKomm/*Busche* § 640 Rz. 17.

[100] Vgl. BGH GRUR 1966, 390/391 – *Werbefilm.*

[101] Vgl. Rz. 51 ff.; MünchVertragshdb/*Vinck* Bd. 3/1, IX 62 Fn. 4.

[102] Vgl. OLG Karlsruhe UFITA 73 (1975), S. 292 – *Gruppenportrait;* LG Regensburg NJW 1989, 398.

[103] Vgl. hierzu BGH GRUR 1960, 642/644 – *Drogistenlexikon.*

[104] So BGHZ 19, 382/384 – *Kirchenfenster;* BGH GRUR 1960, 642/644 – *Drogistenlexikon;* OLG Karlsruhe UFITA 92 (1982), S. 229/234; KG ZUM-RD 1999, 337/339 – *Dokumentarfilm;* OLG Dresden ZUM 2000, 955/958 – *Die Csardasfürstin.*

[105] Anders OLG Karlsruhe UFITA 73 (1975), S. 292/295 – *Gruppenportrait;* zu Recht kritisch hierzu *Ott* ZUM 1988, 452/453; vgl. auch OLG Dresden ZUM 2000, 955/958 – *Die Csardasfürstin.*

geschehen wiedergegeben sein, hätte dies vorweg ganz konkret vereinbaren müssen. Im Zweifel geht die Gestaltungsfreiheit des Künstlers vor. Gewissermaßen als Pendant hierzu besteht sein Recht auf Werkintegrität. Sollte der Auftraggeber nachträglich selbst Hand anlegen und das Werk teilweise übermalen wollen, wäre dies eine Beeinträchtigung oder Entstellung (§ 14 UrhG), die der Künstler nicht hinzunehmen braucht.[106]

Ein Mangel könnte auch darin liegen, dass das Werk nicht oder nicht vollständig von 53
der Hand desjenigen Künstlers stammt, der beauftragt worden war, z. B. wenn er es ganz oder teilweise von einem **Gehilfen** ausführen ließ. Hier geht es also weniger um die äußere Gestalt des Werkes als vielmehr um seine **Echtheit.** Grundsätzlich steht es dem Urheber frei, die Werkzeuge und Hilfsmittel selbst auszuwählen, die er für seine Werke benötigt. Es bleibt ihm überlassen, ob er seinen Entwurf selbst ausführt oder hierfür Gehilfen hinzuzieht oder z. B. den Computer einsetzt. Entscheidend ist, dass es sein Werk ist, nämlich dass es auf seinen Vorstellungen beruht, nicht auf denjenigen eines anderen, und dass er sich hierzu bekennt, mögen es auch andere Personen – Gehilfen – nach seinen konkreten Vorgaben ausgeführt haben.[107] Ferner kommt es auf das Genre und die Gesamtumstände an. Bei einem Ölgemälde wird der Auftraggeber eher erwarten können, dass der beauftragte Maler den Pinsel selber führt, insbesondere wenn sich dieser Maler bisher keiner Gehilfen bedient hat. Bei einer Bronzeplastik kann der Auftraggeber nicht davon ausgehen, der Bildhauer werde die Plastik auch noch selbst gießen.[108] Schließlich können Auftraggeber und Künstler vereinbaren, dass er sein Werk selbst auszuführen habe. Dann wäre es ein Mangel, wenn es nicht von seiner Hand stammt. Im Übrigen gilt hinsichtlich der Echtheit und Einmaligkeit eines Kunstwerkes dasselbe wie beim Kauf;[109] desgleichen für Mängel des Materials.[110]

c) Kauf auf Probe. Will der Besteller Überraschungen vermeiden, muss er dem Künst- 54
ler exakt vorschreiben, was er haben will. Je genauer die Vorgaben sind, desto mehr verringert sich die Gestaltungsfreiheit des Künstlers. Der für die urheberrechtliche Schutzfähigkeit eines Werkes erforderliche Gestaltungsspielraum setzt jedoch voraus, dass dem Künstler trotz Vorgaben immer noch eine nicht unerhebliche Gestaltungsfreiheit bleibt. Andernfalls wäre er nur ausführender Gehilfe seines Auftraggebers. Außerdem lassen sich die Details in der Regel nicht bis in alle Einzelheiten vorgeben. Will der Besteller noch nicht endgültig gebunden sein, kann er vereinbaren, ihm das Kunstwerk zur Prüfung auszuhändigen **(Prüfungskauf).** Es ist dann – notfalls gerichtlich – zu klären, ob das Werk objektiv die vereinbarten Voraussetzungen erfüllt.[111] Die für den Besteller günstigste Regelung ist der **Kauf auf Probe** (§ 454 BGB). Hier steht es in seinem Belieben, ob er das bestellte Kunstwerk billigt oder nicht. Er braucht nicht einmal zu begründen, weshalb es ihm nicht gefällt oder aus welchen sonstigen Gründen er es nicht haben will.

Die h. M. geht von einem aufschiebend bedingten Kaufvertrag aus, obwohl ein Ver- 55
trag streng genommen noch gar nicht abgeschlossen ist, da sich der Käufer nicht gebunden hat.[112] Der fortlaufende Schwebezustand endet erst mit der Billigung oder Missbilligung des Auftraggebers. Bloßes Schweigen ist grundsätzlich als Missbilligung zu

---

[106] So schon RGZ 79, 397/401 – *Felseneiland mit Sirenen;* dort hatte der Eigentümer eines Freskobildes die ursprünglich nackten Sirenen so übermalen lassen, dass sie nunmehr bekleidet erschienen.

[107] Vgl. *Sieger* FuR 1984, 119/126.

[108] Vgl. OLG Köln FuR 1983, 348.

[109] Vgl. Rz. 12 f., 21 ff.

[110] Vgl. Rz. 11.

[111] Vgl. MünchKomm/*Westermann* § 454 BGB Rz. 5.

[112] Vgl. *Palandt/Putzo* § 454 Rz. 8; MünchKomm/*Westermann* § 454 Rz. 1; krit. *Larenz,* Lehrbuch des Schuldrechts Bd. II, Halbband 1 § 44 Abs. 1.

verstehen;[113] denn die **Billigung** setzt eine rechtsgeschäftliche, gestaltende Willenserklärung voraus, die dem Verkäufer gegenüber abzugeben ist.[114] Letztere kann aber auch konkludent abgegeben werden, z.B. indem sich der Besteller positiv über das Werk äußert, es mitnimmt und mehr als eine Woche behält, ohne einen längeren Beurteilungszeitraum mit dem Verkäufer zu vereinbaren.[115] Erklärt sich der Besteller nicht sofort, sollten die Parteien zweckmäßigerweise vereinbaren, innerhalb welcher Frist er sich zu entscheiden hat und dass ein Schweigen nach Ablauf dieser Frist als Billigung gilt (§ 455 BGB). Der Kauf auf Probe bevorteilt einseitig den Besteller; denn während er ungebunden bleibt, muss der Künstler das Werk schaffen. Sein Aufwand verringert sich hierdurch nicht. Als Ausgleich hierfür sollte zumindest ein **Ausfallhonorar** vereinbart werden, welches ihm eine Mindestvergütung sichert, wenn der Besteller das Werk nicht abnimmt.[116]

56 **d) Nutzung des Werkes, Bildnisse.** Hat der Besteller das in Auftrag gegebene Werk erworben, ist seine Rechtsposition derjenigen eines sonstigen Käufers vergleichbar. Soweit nichts anderes vereinbart ist, darf er das Werk zwar ausstellen, ansonsten aber nicht verwerten (§ 44 UrhG).[117] Vielmehr ist ihm eine Nutzung grundsätzlich nur im Rahmen der **gesetzlichen Schranken** (§§ 44a ff. UrhG) gestattet. Diese Schranken sind hinsichtlich **Personenbildnissen** erweitert. Der Besteller eines Bildnisses, dessen Rechtsnachfolger oder auch der Abgebildete des bestellten Bildnisses selbst – nach seinem Tode dessen Angehörige – dürfen es durch Lichtbild vervielfältigen oder vervielfältigen lassen (§ 60 UrhG). Beispielsweise dürfen sie Postkarten von Portraits, Büsten oder anderen Werken, die eine Person abbilden, herstellen und diese Postkarten unentgeltlich verbreiten.[118] Änderungen, Beeinträchtigungen oder Entstellungen des Werkes sind weder an seinem Original noch an dem hiervon hergestellten Lichtbild gestattet (vgl. §§ 14, 39, 62 UrhG). Auf dem Lichtbild muss zwar nicht die Quelle angegeben werden, da das Werk häufig anderweitig gar nicht publiziert worden ist (vgl. § 63 UrhG). Der Urheber selbst ist jedoch auch auf einer derartigen Postkarte in üblicher Form zu benennen (§ 13 UrhG).

57 **Recht am eigenen Bilde.** Einerseits wird dem Besteller und dem Abgebildeten eines Personenbildnisses zusätzlich gestattet, selbiges durch Lichtbild zu vervielfältigen und unentgeltlich zu verbreiten (§ 60 UrhG). Andererseits muss auch der Urheber beachten, dass er ein Personenbildnis schafft und auf diese Weise in das **Recht am eigenen Bilde** dieser Person eingreift **(§§ 22 ff. KUG).** Beauftragt der Abgebildete den Urheber selbst, willigt er damit zwar stillschweigend in die Herstellung des Personenbildnisses, nicht aber auch in dessen Verbreitung oder öffentliche Zurschaustellung ein, falls der Besteller das Werk z.B. nicht abnehmen oder falls der Urheber mehrere Exemplare hiervon geschaffen haben sollte. Ist der Besteller nicht zugleich der Abgebildete und hat letzterer nicht eingewilligt, darf das Bildnis gleichwohl **hergestellt** werden; denn zustimmungsbedürftig ist erst seine **Verbreitung** oder **öffentliche Zurschaustellung.** Eine Verbreitung findet solange nicht statt, wie das Werk lediglich dem Besteller ausgehändigt, nicht aber einer Öffentlichkeit, also einer Vielzahl von Personen angeboten wird. Dies ändert sich, wenn nun das Werk – und damit auch das Bildnis – in einer Ausstellung gezeigt, auf einer Versteigerung angeboten oder anderweitig in der Öffentlichkeit genutzt wird. Diese Nutzung kann auch von dem Urheber veranlasst werden, wenn der Besteller z.B. das Werk nicht abnimmt und

---

[113] Vgl. MünchKomm/*Westermann* § 455 Rz. 3.

[114] LG Regensburg NJW 1989, 398/399.

[115] Vgl. MünchKomm/*Busche* § 640 Rz. 18 ff.

[116] Vgl. hierzu das Vertragsmuster im MünchVertragshdb/*Vinck* Bd. 3/1, IX 62.

[117] Vgl. auch Rz. 6 ff.

[118] Vgl. hierzu *Götting* in: Loewenheim, Handbuch des Urheberrechts, § 31 Rz. 208 f.; *Dreier* in: *Dreier/Schulze* § 60 Rz. 8 ff.

nun der Urheber sein Werk ausstellt oder auf andere Weise nutzt. Beispielsweise wurde der – beauftragten – Bildhauerin der Totenmaske von Rainer Werner Fassbinder untersagt, ein zweites Exemplar hiervon auszustellen oder in einem Fernsehfilm zeigen zu lassen.[119]

Auf ein **höheres Interesse der Kunst** kann sich der Urheber generell nicht berufen, wenn das Bildnis auf Bestellung angefertigt worden ist (vgl. § 23 Abs. 1 Nr. 4 KUG). Hat er das Bildnis ohne Auftrag geschaffen, kann ein höheres Interesse der Kunst die Verbreitung oder Ausstellung rechtfertigen. Beispielsweise hatte ein Maler Titelseiten des Stern, auf denen ein leicht bekleidetes Mädchen abgebildet war, als Vorlage für ein Ölgemälde verwendet. Bildnisrechte des Models wurden wegen des höheren Interesses der Kunst abgelehnt.[120] Der Urheber sollte also zumindest mit dem Besteller, der gleichzeitig auch der Abgebildete ist, vereinbaren, dass er sein Werk beliebig nutzen darf, wenn der Besteller es nicht abnimmt, insbesondere wenn er nicht einmal ein Ausfallhonorar bezahlt.[121] 58

II. Kunstverlag

1. Allgemeines

Es liegt nahe, beim Kunstverlag daran zu denken, das **Verlagsgesetz** anzuwenden. 59
Letzteres gilt aber grundsätzlich nur für Werke der Literatur oder der Tonkunst (§ 1 VerlG), nicht hingegen bei Werken der bildenden Kunst. Dies liegt nicht zuletzt an der unterschiedlichen Art und Weise, wie die jeweiligen Werkarten genutzt werden. **Manuskripte** und **Partituren** werden vervielfältigt, ohne dass ihnen darüber hinaus eine eigenständige Bedeutung zukommt. Mitunter werden sie später lediglich benötigt, um die Authentizität der Werke zu prüfen. Nur vereinzelt erlangen Originalmanuskripte einen dokumentarischen Wert, meistens ohnehin erst nach dem Tode ihres Urhebers. Der Einsatz von Computern lässt die Manuskripte noch bedeutungsloser werden. Bei Werken der bildenden Kunst ist dies anders. Zunächst sind sie **Unikate,** die am Kunstmarkt gehandelt werden.[122] Von den Werken lassen sich aber durchaus Abgüsse oder Abzüge herstellen, die ebenfalls als Originale auf den Kunstmarkt gelangen. Bei derartigen **Editionen** wird deshalb auch vom **Kunstwerkverlag** – statt Kunstverlag – gesprochen.[123] Darüber hinaus können Kunstwerke als Vorlage für Postkarten, Kalender, Werbematerialien oder Buchillustrationen dienen, die auf **verlagstypische Weise** verlegt werden. Aufgrund dieser mannigfaltigen Vervielfältigungsarten hatte man bei Erlass des Verlagsgesetzes den Kunstverlag bewusst nicht mitgeregelt, so dass das Verlagsgesetz hier grundsätzlich nicht anwendbar ist.

Schon im Jahre 1926 waren jedoch von den maßgeblich beteiligten Kreisen „**Richtlinien** für Abschluss und Auslegung von Verträgen zwischen bildenden Künstlern und Verlegern" ausgehandelt worden, die den Regelungen des Verlagsgesetzes weitgehend entsprechen.[124] Sie sind zwar seit 1936 nicht mehr verbindlich, dienen aber nach wie vor als Auslegungs- und Orientierungshilfe.[125] Außerdem gelten die **Grundsätze des Verlagsgesetzes** beim Kunstverlag jedenfalls dann entsprechend, wenn der zu beurteilende 60

[119] LG München I FuR 1983, 561.
[120] Vgl. LG München I v. 19. 12. 1986, Az. 21 O 9326/84.
[121] Vgl. MünchVertragshdb/*Vinck* Bd. 3/1 IX 62.
[122] Vgl. Rz. 2.
[123] Vgl. *Schricker,* Verlagsrecht § 1 Rz. 86; *Schricker/Schricker* Vor §§ 28 ff. Rz. 83.
[124] Abgedruckt bei *Schricker,* Verlagsrecht, S. 845 ff.
[125] Vgl. BGH GRUR 1985, 378/379 – *Illustrationsvertrag; Schricker/Schricker* Vor §§ 28 ff. Rz. 86.

Vertrag einem Verlagsvertrag ähnelt, insbesondere wenn der Verleger zur Vervielfältigung und Verbreitung des Werkes verpflichtet ist.[126]

2. *Vertragsgegenstand*

61 Für den **Kunsthandel mit Unikaten** ist es grundsätzlich gleichgültig, ob das betreffende Werk urheberrechtlich geschützt ist oder nicht. Bekanntlich werden auch die Werke alter Meister noch gehandelt. Dort geht es nicht um Urheberrechtsschutz, sondern um Kunstfälschungen.[127] Dies betrifft auch den Handel mit Abgüssen und Abzügen der Werke, die als Originale angeboten werden.[128] Bei deren Herstellung kommt jedoch das Urheberrechtsgesetz mit auf den Plan; denn **Vervielfältigungen** bedürfen nur dann der Zustimmung des Urhebers, wenn das Werk urheberrechtlich geschützt ist. Erst recht gilt dies, wenn Werke in Büchern abgedruckt, auf Postkarten und anderen Druckerzeugnissen vervielfältigt oder als Merchandisingprodukte vermarktet werden sollen. Die Anforderungen an die hinreichende Individualität sind ähnlich gering wie im Bereich der Literatur und der Musik. **Werke der bildenden Kunst** sind in der Regel urheberrechtlich geschützt.[129]

62 Bei **kunstgewerblichen Gegenständen,** Grafiken und ähnlichen Werken, die auch als Gebrauchsgegenstand genutzt werden können, muss bedacht werden, ob es sich um Werke der bildenden Kunst oder um Werke der angewandten Kunst handelt; denn bei letzteren werden strengere Anforderungen an die hinreichende Individualität gestellt.[130] **Zweifel an der Schutzfähigkeit** des betreffenden Werkes schließen eine Vereinbarung über die Nutzung nicht aus. Vielmehr kann wie bei einem schutzfähigen Werk vereinbart werden, dass es nur mit Zustimmung des Urhebers vervielfältigt, verbreitet oder anderweitig genutzt werden darf. Stellt sich im Falle einer gerichtlichen Auseinandersetzung später heraus, dass es schutzlos ist, kann der Gläubiger nach § 311a BGB vorgehen und z.B. vom Vertrag zurücktreten.[131] Dabei kommt es darauf an, ob es lediglich um die Vereinbarung über eine Nutzung bloßer **Scheinrechte** geht oder ob weitere Leistungen erbracht werden. Letztere können auch darin liegen, dass dem Nutzer das Originalwerk überhaupt zugänglich gemacht wird, um es nun durch Reproduktion oder dergleichen nutzen zu können.[132]

3. *Vertragsarten*

63 Die mannigfaltigen Nutzungsmöglichkeiten bringen es mit sich, dass die einzelnen Verträge neben den für alle Verträge typischen Rechten und Pflichten, wie z.B. der Einräumung von Nutzungsrechten, zusätzlicher besonderer Absprachen bedürfen. Zunächst ist zu unterscheiden zwischen der **Nutzung bestehender Werke** einerseits und der **Herstellung und anschließenden Nutzung der Werke** andererseits. Ersterenfalls bedarf es lediglich eines **Lizenzvertrages.** Letzterenfalls ist wie bei den Designverträgen von einem **Zweistufenvertrag** auszugehen.[133] Die erste Stufe wird von der Herstellung des Werkes bestimmt. In der Regel liegt ein Werkvertrag oder ein Werklieferungsvertrag vor, für den

---

[126] Vgl. BGH GRUR 1973, 706/707 – *Serigrafie;* vgl. hierzu auch OLG Nürnberg ZUM-RD 1999, 126/129.

[127] Vgl. Rz. 21f.; ausführlich zu Kunstwerkfälschungen *Bullinger.*

[128] Vgl. Rz. 76ff.

[129] Vgl. *G. Schulze* in: *Dreier/Schulze* § 2 Rz. 151ff.

[130] Vgl. BGH GRUR 1995, 581/582 – *Silberdistel;* vgl. *G. Schulze* in: *Dreier/Schulze* § 2 Rz. 158ff.

[131] Vgl. *G. Schulze* in: Loewenheim, Handbuch des Urheberrechts, § 70 Rz. 104.

[132] Vgl. Rz. 82.

[133] Vgl. *G. Schulze* in: Loewenheim, Handbuch des Urheberrechts, § 70 Rz. 120ff.

die §§ 631 ff. BGB anwendbar sind. Die zweite Stufe betrifft dann die Nutzung des hergestellten Werks. Insoweit wird wiederum ein Lizenzvertrag abgeschlossen.[134] Ferner ist zu unterscheiden zwischen **Editionen** von Kunstwerken und der **Reproduktion** von Kunstwerken. Ergänzend wird noch auf den Illustrationsvertrag, Auftrag und Bestellvertrag sowie auf den Herstellungsvertrag eingegangen, bei welchem der Urheber seinerseits einen Dritten mit der Herstellung seines Werkes beauftragt.

a) Zweistufenvertrag. Bei Designprodukten gehen die Musterverträge und auch der Tarifvertrag SDSt/AGD[135] von **zwei Vertragsstufen** aus. Bei der Herstellung und anschließenden Nutzung eines Werkes der bildenden Kunst sind ebenfalls grundsätzlich zwei Stufen auseinander zu halten. Auf der ersten Stufe wird der Entwurf oder die sonstige Vorlage, die später genutzt werden soll, erarbeitet und vorgelegt. Häufig entspricht dieser Entwurf bereits dem fertigen Werk. Mitunter schließt sich an die Entwurfsphase noch eine **Realisierungsphase** an. Dieser ersten Stufe liegt in der Regel ein **Werk- oder Werklieferungsvertrag** zugrunde.[136] Eine Nutzung des Entwurfs oder auch des bereits fertiggestellten Werks ist hiermit noch nicht gestattet.[137] Vielmehr bedarf es hierzu eines weiteren Vertrages, mit welchem das Nutzungsrecht eingeräumt wird.[138] Dies geschieht auf der zweiten Stufe in Form eines **Lizenzvertrages.** Für diesen Vertrag kommen kaufrechtliche sowie miet- und pachtrechtsähnliche Grundsätze in Betracht; denn es handelt sich um einen gemischten Vertrag, bestehend aus Elementen mehrerer Vertragstypen.[139] 64

aa) Erste Stufe, Auftrag für ein Werk. Wird der Urheber beauftragt, einen Entwurf oder eine sonstige Vorlage zu erarbeiten, die später genutzt oder in Serie hergestellt werden soll, wird von ihm ein bestimmtes Ergebnis verlangt. Deshalb liegt kein Dienstvertrag, sondern ein **Werkvertrag** oder ein **Werklieferungsvertrag** vor. Es gelten die Vorschriften der §§ 631 ff. BGB. Dies gilt grundsätzlich auch für den Werklieferungsvertrag, also wenn der Werkunternehmer das Werk aus einem von ihm zu beschaffenden Stoffe herstellt (§ 651 BGB); denn in der Regel handelt es sich um nicht vertretbare Sachen,[140] die der Urheber, gegebenenfalls nach den Wünschen des Bestellers, aufgrund seiner eigenen Vorstellungen aus der Vielzahl der Möglichkeiten, die der Gestaltungsspielraum bietet, herstellen soll. 65

Der Urheber ist verpflichtet, das Werk herzustellen und abzuliefern (§§ 631, 633 BGB). Der Besteller ist verpflichtet, das vertragsgemäß hergestellte Werk abzunehmen (§ 640 Abs. 1 BGB). Ist das Werk mangelhaft, kann er vom Urheber verlangen, nachzuerfüllen und **Mängel** zu beseitigen (§ 635 BGB). Ferner stehen ihm die Rechte auf Rücktritt oder Minderung und Schadensersatz zu, wenn der Mangel nicht rechtzeitig innerhalb der vom Besteller gesetzten Frist beseitigt worden ist (§ 634 BGB). Dabei ist die **Verjährungsfrist** von zwei Jahren (seit dem SMG, § 634 a Nr. 1 BGB; früher 6 Monate gemäß § 638 BGB a. F.) zu beachten. Sind beide Vertragsparteien Kaufleute, muss der Besteller Mängel unverzüglich rügen.[141] Allerdings sind die Möglichkeiten des Bestellers, die Mangelhaftigkeit des Werkes zu rügen, begrenzt. Soweit es um die künstlerische Gestaltung des Werkes geht, kann sich der Urheber auf seine **Gestaltungsfreiheit** berufen. Wie er hiervon 66

---

[134] Vgl. Rz. 70 und 85.

[135] Vgl. *G. Schulze* in: Loewenheim, Handbuch des Urheberrechts, § 70 Rz. 117 f.

[136] §§ 631 ff., 651 BGB; *R. Schmidt* S. 239 ff.; *Kur* in: FS für Schricker, 1995, S. 503/514; s. a. Rz. 46.

[137] Vgl. BGH GRUR 1985, 129/131 – *Elektrodenfabrik*, wonach Angebotsunterlagen zur Erlangung eines Auftrags ohne weitere Absprache nicht verwertet werden dürfen.

[138] Vgl. OLG Köln GRUR 1986, 889/891 – *ARD-1;* OLG Düsseldorf GRUR 1991, 334/335 – *Firmenlogo.*

[139] Vgl. BGH GRUR 1966, 390 – *Werbefilm; Kur* in: FS für Schricker, 1995, S. 503/514.

[140] Vgl. BGH GRUR 1966, 390 – *Werbefilm;* s. a. Rz. 46 f.

[141] § 377 HGB; BGH GRUR 1966, 390/391 – *Werbefilm.*

Gebrauch macht, ist grundsätzlich seine Sache. Der Besteller muss sich vorher überlegen, wen er beauftragen will und ob die Arbeiten des Urhebers seinen geschmacklichen Vorstellungen entsprechen.[142] Will der Besteller dieses Risiko verringern, muss er dem Urheber **konkrete Vorgaben** machen. Trotz derartiger Vorgaben bleibt er grundsätzlich alleiniger Urheber des von ihm geschaffenen Werkes; denn in der Regel handelt es sich um allgemein gehaltene Vorgaben, so dass es dem Urheber überlassen bleibt, aus dem in der Regel sehr weiträumigen Gestaltungsspielraum die nach seinen Vorstellungen zutreffende Form zu schaffen. Sollten Besteller und Urheber jedoch in dieser Phase laufend eng und schöpferisch zusammenarbeiten, könnte Miturheberschaft (§ 8) in Betracht kommen.

67 Der Besteller kann den Werkvertrag **jederzeit kündigen.** In der Regel muss er jedoch die vereinbarte Vergütung zahlen, soweit sich der Urheber nicht Teile seiner Vergütung wegen ersparter Aufwendungen oder anderweitiger Einkünfte anrechnen lassen muss (§ 649 BGB). Wurde keine bestimmte **Vergütung** vereinbart, ist sie in üblicher Höhe als vereinbart anzusehen (§ 632 Abs. 2 BGB); denn auch bei Entwürfen und Konzepten handelt es sich in der Regel nicht um bloße Vorarbeiten, die vernachlässigt werden können, sondern bereits um eine Hauptleistung, die üblicherweise vergütungspflichtig ist.[143] Was üblich ist, richtet sich grundsätzlich nach denjenigen Vergütungen, die Urheber in vergleichbaren Fällen berechnen und erhalten. Für den Bereich des Industriedesigns sind u. a. die branchenüblichen Empfehlungen, wie sie z. B. im Tarifvertrag SDSt/AGD vom 1. 3. 2002 oder in den Honorarempfehlungen des BDG geregelt sind, heranzuziehen.[144]

68 Da es bei der bildenden Kunst ebenfalls um Gestaltung geht, wird man diese Empfehlungen auch im Bereich der bildenden Kunst als Anhaltspunkt heranziehen können. Die allgemein üblichen Vergütungen können im Einzelfall sowohl überschritten als auch unterschritten werden, sei es, dass der Urheber nachweisen kann, in vergleichbaren Fällen höhere Vergütungen zu erzielen, sei es, dass ihm nachgewiesen wird, er habe für seine Arbeiten geringere Honorare verlangt.[145] Grundsätzlich kann die Vergütung frei vereinbart werden, da es – anders als bei der Nutzung eines Werkes (vgl. § 32 UrhG) – keine gesetzlichen Vorgaben gibt.

69 Mitunter kann es schwierig sein, abzugrenzen, was dem bloßen **Akquisitionsgespräch** zuzuordnen und deshalb vergütungsfrei ist und ab wann die honorarpflichtige Tätigkeit beginnt. Sogenannte Schmierskizzen sind grundsätzlich vergütungsfrei.[146] Allerdings wird man bedenken müssen, dass manche Leistung durchaus schon in einer Skizze weitgehend enthalten sein kann. Auch Vorgespräche stellen eine Beratung dar, die grundsätzlich vergütungspflichtig ist. Nur der **Kostenvoranschlag** ist im Zweifel vergütungsfrei (§ 632 Abs. 3 BGB). Abgesehen hiervon ist deshalb im Zweifel von einer Vergütungspflicht aller sonstigen Leistungen auszugehen. Die Unentgeltlichkeit der erbrachten Leistung muss der Besteller beweisen.[147]

---

[142] Vgl. hierzu BGHZ 19, 382/384 – *Kirchenfenster;* s. o. Rz. 51 f.

[143] OLG Düsseldorf GRUR 1991, 334 – *Firmenlogo.*

[144] Vgl. *G. Schulze* in: Loewenheim, Handbuch des Urheberrechts, § 70 Rz. 117; vgl. zum Bereich der Fotografie und den dort als angemessen angesehenen Empfehlungen der Mittelstandsgemeinschaft Foto-Marketing LG München I ZUM 1995, 57/58; LG München I ZUM 1995, 725/726.

[145] Vgl. LG München I ZUM-RD 1997, 249 zum Fotorecht.

[146] Vgl. *Kur* in: FS für Schricker, 1995, S. 503/515; *Reich* GRUR 2000, 956/957.

[147] Vgl. OLG Düsseldorf NJW-RR 1991, 120/121 = GRUR 1991, 334 – *Vergütungspflichtiger Entwurf für Firmenlogo;* OLG Zweibrücken NJW-RR 1995, 1265 – *Vergütung für nicht übernommenes Layout;* OLG Frankfurt a. M. NJW-RR 1997, 120 – *Designerhonorar für Buchtitelbild und Spieldummy;* einschränkend OLG Hamm NJW-RR 1996, 83, wonach der Architekt für die Umstände darlegungs- und beweispflichtig ist, die seine Leistung nur gegen eine Vergütung erwarten lassen; zu den Indizien

bb) Zweite Stufe, Nutzung des Werkes. Will der Besteller den Entwurf nutzen, muss er sich die hierfür einschlägigen Urheberrechte beschaffen. Insoweit ist zusätzlich ein **Lizenzvertrag** abzuschließen, für den die §§ 15ff., 31ff. UrhG maßgeblich sind. Keiner Rechtseinräumung bedarf es, wenn der hergestellte Gegenstand keinen Urheberrechtsschutz genießt. Mitunter bleibt dies unklar. Auch in diesen Fällen wird häufig vereinbart, das Werk dürfe nur gegen weitere Vergütung und nach entsprechender Regelung genutzt werden.[148] 70

Der Urheber verpflichtet sich, dem Besteller die Rechte an seinem Werk zu verschaffen (§§ 453 Abs. 1, 433 Abs. 1 BGB). Der Besteller darf das Werk im vereinbarten Umfang nutzen. Um Streitigkeiten zu vermeiden, sollte dieser **Umfang** möglichst exakt bestimmt werden, und zwar sowohl **zeitlich** (unbegrenzt oder für einen bestimmten Zeitraum) als auch **räumlich** (weltweit oder für bestimmte Gebiete) und **inhaltlich.** Letzteres betrifft insbesondere den Vertragsgegenstand, also inwieweit das Werk auch für andere Gegenstände verwendet, abgeändert oder auch von Dritten genutzt (Weiterübertragung des Nutzungsrechts) werden darf. 71

cc) Sinn und Zweck des Vertrages. Nicht immer werden Verträge schriftlich geschlossen, und nicht immer wird das zweistufige Modell, wie es die Musterverträge vorsehen, exakt eingehalten. Manche Absprachen finden nur telefonisch statt, ohne zwischen der Erarbeitung des Werks und dessen Nutzung zu unterscheiden. Beispielsweise wird ein Illustrator beauftragt, eine Illustration für die Titelseite eines Buches zu schaffen. Über deren Nutzung wird im Einzelnen gar nicht geredet. Ebenso ist die Vergütung nicht in zwei Teile (zum einen für den Entwurf und zum anderen für dessen Nutzung) aufgeteilt, sondern es wird ein Pauschalhonorar oder ein Stundenhonorar vereinbart. Einerseits bedeutet dies nicht generell, dass nun jede Nutzung uneingeschränkt auch ohne weitere Vergütung gestattet ist. Andererseits kann der Urheber nicht immer davon ausgehen, eine weitere Vereinbarung und eine weitere Vergütung stehe ihm in jedem Falle zu, auch wenn er sich dahingehend keine Ansprüche vorbehält. Vielmehr sind **Verträge nach Sinn und Zweck auszulegen.** 72

Dabei spricht zugunsten des Urhebers der im Urheberrecht anerkannte Grundsatz, den Urheber tunlichst an sämtlichen Erträgnissen aus der Nutzung seines Werkes angemessen zu beteiligen.[149] Nach der **Zweckübertragungslehre** (§ 31 Abs. 5) sind die einzelnen Nutzungsarten ausdrücklich zu bezeichnen, wenn sie sich nicht aus Sinn und Zweck des Vertrages ergeben. Der Nutzungsumfang ist dann auf die angegebenen Rechte beschränkt.[150] Sinn und Zweck des Vertrages sind jedoch zu ermitteln, wenn Zweifel am Umfang der Rechtseinräumung bestehen. Im Beispiel des Illustrators ist grundsätzlich davon auszugehen, dass diese Illustration nicht nur auf dem Buchtitel, sondern auch im Werbematerial für das Buch, z.B. durch Abbildung des Buchtitels in einem Prospekt, uneingeschränkt genutzt werden darf, ohne dass der Urheber hieran laufend zu beteiligen ist.[151] **Indiz** für die Einräumung von Nutzungsrechten kann die **Höhe der geleisteten Vergütung** sein. Sie kann z.B. dafür sprechen, eine Werbebroschüre in beliebig hoher 73

---

für einen ggf. konkludenten Vertragsschluss vgl. *Reich* GRUR 2000, 956/958; s.a. *G. Schulze* in: Loewenheim, Handbuch des Urheberrechts, § 71 Rz. 82.

[148] Vgl. OLG Köln GRUR 1986, 889/892 – *ARD-1;* KG ZUM-RD 1997, 466/469 – *Zeitschriften Layout;* vgl. auch Rz. 62.

[149] Vgl. *Schricker/Schricker* § 31 Rz. 32 m.w.N.; *G. Schulze* in: *Dreier/Schulze* § 31 Rz. 110.

[150] Vgl. BGH GRUR 1996, 121/122f. – *Pauschale Rechtseinräumung;* BGH GRUR 2002, 248/251 – *Spiegel-CD-ROM.*

[151] Vgl. KG ZUM-RD 1997, 466/469 – *Zeitschriften Layout;* OGH ZUM-RD 2000, 212/214 – *Firmenlogo.*

Auflagenzahl[152] oder eine Verpackungsgestaltung zeitlich und räumlich unbegrenzt nutzen zu dürfen.[153] Bei dem für solche Zwecke geschaffenen Werk kann die urheberrechtlich relevante Nutzung im Einzelfall eine **Randerscheinung** darstellen, beispielsweise zum Absatz von Werbematerialien, auf denen innerhalb des abgebildeten Buchtitels auch die darin wiedergegebene Illustration enthalten ist.

74 In derartigen Fällen kann vom Urheber verlangt werden, **Vorbehalte** zu machen, wenn er seinem Vertragspartner die Nutzung nur eingeschränkt gestatten will.[154] Gegebenenfalls ist der Urheber verpflichtet, dem Besteller die unbeschränkte Nutzung des Werks gegen Zahlung einer angemessenen Vergütung zu gestatten, wenn zweifelhaft ist, ob die Rechte eingeräumt wurden, und wenn die bisher gezahlte Vergütung gegen eine weitreichende Rechtseinräumung spricht; denn es darf nicht außer Acht bleiben, dass der Urheber beauftragt wurde, ein Werk vorzulegen, welches letztlich genutzt werden soll. Der Besteller wird selten einen Auftrag erteilen und Kosten hierfür aufwenden wollen, um dann einen Entwurf in Händen zu halten, für den er keine Rechte erhält. Man kann darin ausnahmsweise auch eine **vorvertragliche Bindung** sehen, wonach beide Parteien davon ausgehen, dass eine Nutzung – gegen Zahlung einer angemessenen Vergütung – gestattet würde.[155] Entscheidend ist ferner, ob bei den in Frage stehenden Leistungen üblicherweise Pauschalhonorare gezahlt werden.[156] Mit der Übergabe des in Auftrag gegebenen Entwurfs können die Verwertungsrechte eingeräumt worden sein, so dass dem Urheber zwar ein Anspruch auf die angemessene Vergütung zusteht, er aber keine Unterlassung verlangen kann.[157]

75 Ferner kommt es auf das betreffende Werk an. Die Illustration für einen Buchtitel muss nach Sinn und Zweck umfassend genutzt werden können. Dort ist im Zweifel von einer umfassenden Rechtseinräumung auszugehen. Dies gilt jedoch nicht z. B. für Plastiken, Lithographien oder andere Werke der bildenden Kunst, die möglicherweise in kleinen Serien hergestellt, aber grundsätzlich als Einzelstücke vertrieben werden. Ohne gesonderte Absprache darf der vereinbarte Rahmen zur Herstellung einer Kleinserie und deren Vertrieb nicht verlassen werden. **Indiz** für eine jeweils notwendige gesonderte Absprache kann auch die **Gestaltungshöhe** des betreffenden Werkes sein. Je individueller das Werk ist, desto eher müssen die verschiedenen Anwendungsbereiche gesondert abgesprochen werden. Dies gilt auch, wenn pauschale Vereinbarungen über die Einräumung von Nutzungsrechten getroffen worden sind.[158]

76 **b) Editionen von Werkexemplaren.** Hier geht es um die Vervielfältigung und Verbreitung von Originalwerken in einer bestimmten Auflagenhöhe.

77 *aa) Gegenstand.* Grundsätzlich lassen sich von jedem Kunstwerk mehrere gleiche Exemplare herstellen. Beispielsweise kann ein Ölbild mehrfach auf gleiche Weise gemalt werden, so dass **mehrere Originalwerke** entstehen. Desgleichen kann ein Bildhauer

---

152 Vgl. BGH GRUR 1988, 300/301 – *Fremdenverkehrsbroschüre.*

153 Vgl. BGH GRUR 1986, 885/886 – *METAXA;* vgl. auch OLG Hamburg ZUM 1999, 410/414 – *Tonträger-Cover-Foto.*

154 Vgl. zur Nutzung eines Werbeslogans BGH GRUR 1966, 691/692 – *Schlafsäcke;* zur Nutzung eines Werbe-Kulturfilms BGH GRUR 1960, 609/613 – *Wägen und Wagen;* OGH ZUM-RD 2000, 212/214 – *Firmenlogo.*

155 Vgl. zum Vorvertrag BGH NJW 1980, 1577/1578; BGHZ 102, 384/388 – *Architektenvertrag.*

156 Vgl. BGH ZUM 1998, 497/500 – *Comic-Übersetzungen.*

157 Vgl. OGH GRUR Int. 1997, 1030/1032 – *Buchstützen;* vgl. auch OLG Hamburg ZUM 1999, 410/415 – Tonträger-Cover-Foto, zur Nutzung eines für LPs und MCs in Auftrag gegebenen Cover-Fotos nachträglich für CD-Covers; vgl. auch § 32 Abs. 1 Satz 3 UrhG.

158 BGH GRUR 1996, 121/122 – *Pauschale Rechtseinräumung;* OLG Hamburg ZUM 1999, 410/414 – *Tonträger-Cover-Foto.*

mehrere identische Holz- oder Steinskulpturen schaffen, die jeweils als Originale zu betrachten sind. Mitunter soll auch ein Gesamtwerk aus mehreren gleichen Skulpturen bestehen. Von **Editionen** ist in der Regel nur dann die Rede, wenn mehrere Originalwerke nicht nachgeschaffen, sondern von einer Vorlage auf technischem Wege vervielfältigt werden, z.B. mehrere Abzüge von einer Druckvorlage oder mehrere Abgüsse von einer Gussform.[159]

bb) Werkoriginale. Malt ein Künstler mehrfach das gleiche Bild, entstehen entsprechend viele Originalwerke. Dies gilt in gleicher Weise bei Skulpturen und anderen Kunstwerken. Sind sie in identischer Form vom Künstler geschaffen, handelt es sich zwar nicht mehr um Unikate,[160] sie bleiben aber auch in ihrer identischen Vielzahl durchaus Originalwerke.[161] Auf die **Erstfixierung des Werkes** kommt es meines Erachtens nicht an, da Abzüge von Druckgrafiken sowie Abgüsse von Plastiken ebenfalls als Originale angesehen werden, obwohl sie identisch sind und zeitlich auch in größeren Abständen nacheinander entstehen können. **Abgüsse, Drucke und Abzüge** sind Originale, soweit sie mit **Zustimmung des Urhebers** von seiner Vorlage hergestellt werden. Indiz, aber keine Voraussetzung für ihre Eigenschaft als Originale ist, wenn sie vom Künstler **nummeriert** und **signiert** wurden.[162] Außerdem muss das Originalexemplar vom Urheber geschaffen, also zumindest zu seinen Lebzeiten entstanden sein. Hat er sich fremder Hilfe bedient, muss er die Arbeiten beaufsichtigt und die künstlerischen Entscheidungen getroffen haben. Anhaltspunkte für die Originaleigenschaft bilden auch die zollrechtlichen Bestimmungen. Danach darf die Originalplatte, von welcher gedruckt oder abgezogen wird, nicht in einem mechanischen oder fotomechanischen Verfahren hergestellt worden sein. Es müssen also **handgearbeitete Druckplatten** sein, z.B. Linolschnitte, Kupferstiche, Holzschnitte, Radierungen, Steindrucke, nicht hingegen Siebdrucke.[163] Grundsätzlich kann die **Auflagenhöhe** beliebig sein. Auch hier sind jedoch die **Usancen des Kunsthandels** zu berücksichtigen.[164] Bei einem Massendruck, der in die Zehntausende geht,[165] wird man kaum noch von Originalen sprechen können. Unter dem Aspekt der Sammelwürdigkeit wird beispielsweise bei Grafiken eine Auflagenhöhe von 300 Exemplaren angenommen, die durchnumeriert und signiert sind.[166] Häufig zerstört der Künstler nach der Herstellung der Auflage die Druckvorlage, damit weitere Exemplare gar nicht erst hergestellt werden können. 78

cc) Rechte und Pflichten. Bei Editionen von Kunstwerken verpflichtet sich der Verleger, die **vereinbarte Anzahl** an Drucken oder Abgüssen herzustellen und zu verbreiten. Die vereinbarte Anzahl ist nicht nur aus urheberrechtlicher Sicht, sondern auch aus kaufrechtlichen Aspekten strikt einzuhalten; denn die Werke werden als Originale verkauft. Insoweit wird eine Eigenschaft zugesichert, und es wäre ein Mangel (§§ 434 Abs. 1 Satz 1, 443 BGB), wenn z.B. die auf den Drucken angegebene Stückzahl überschritten würde.[167] Werden die Werkexemplare (Abzüge, Abgüsse und dergleichen) ohne den Urheber her- 79

---

159 Vgl. hierzu *Schneider,* S. 131, 134, 155ff.

160 Vgl. *Hamann,* S. 36.

161 Str., wie hier *Samson* UFITA 50 (1967), S. 491/499; *Heerma* in: Wandtke/Bullinger, UrhR, § 26 Rz. 7; *Pfennig* in: Loewenheim, Handbuch des Urheberrechts, § 88 Rz. 10; a.A. *Hamann,* S. 121ff./130; *Schricker/Katzenberger* § 26 Rz. 26, welcher nur das erste Werkexemplar als Original ansieht, nicht hingegen weitere identische Werke.

162 Vgl. *Schricker/Katzenberger* § 26 Rz. 28; *Schneider,* S. 68.

163 Vgl. EuGH FuR 1978, 282/286; EuGH ZUM 1989, 182; *Schricker/Katzenberger* § 26 Rz. 27.

164 Vgl. hierzu die Vorgaben der einschlägigen Kreise bei *Schneider,* S. 60ff.

165 Vgl. BGH GRUR 1976, 706 – *Serigrafie.*

166 Vgl. *Schneider,* S. 63.

167 Vgl. Rz. 13; *Ohly* in: FS für Schricker, 1995, S. 427/450.

gestellt, sind ihm **Probestücke** vorzulegen, damit er deren Qualität überprüfen kann, bevor die vereinbarte Stückzahl hergestellt wird. Änderungen an dem Werk sind ohne Absprache mit dem Urheber grundsätzlich nicht gestattet. Der Urheber ist wiederum verpflichtet, sein Werk für die Herstellung von Abzügen, Abgüssen oder anderen Exemplaren dem Verleger zu überlassen und in vereinbartem Umfang an der Herstellung der Werkexemplare **mitzuwirken,** sei es, dass das Probestück von ihm gebilligt wird, oder sei es, dass er die Herstellung selbst durchführt oder laufend überwacht. Sollen die Exemplare nummeriert und signiert verkauft werden, verpflichtet sich der Urheber, die einzelnen Exemplare zu nummerieren und zu signieren.

80 So wie der Verleger verpflichtet ist, keine weiteren Exemplare über die vereinbarte Stückzahl hinaus herzustellen, muss sich auch der Urheber enthalten, dasselbe Werk nochmals herzustellen. Allerdings ist es bekannt und allgemein akzeptiert, dass ein Künstler durchaus **ähnliche Werke** zu dem gleichen Thema schafft. Demgemäss liegt auch das Bearbeitungsrecht im Zweifel bei ihm (§ 37 Abs. 1 UrhG). Neue Werke müssten jedoch eine eigene Aussagekraft besitzen, welche durch veränderte Größenverhältnisse grundsätzlich nicht, aber durch andere Verfahren oder Materialien im Einzelfall durchaus erreicht werden kann.[168] Das Muster eines Kunstwerkverlagsvertrages ist abgedruckt bei *Locher,* S. 331.

81 **c) Reproduktionen vom Kunstwerk.** Während bei Editionen eine begrenzte Anzahl an Originalwerken auf dem Kunstmarkt zu möglichst hohen Preisen verkauft werden soll, werden **Reproduktionen** oft **massenweise** hergestellt, sei es als Postkarten, Kunstdrucke, Kalender und dergleichen oder sei es als Abdruck in Kunstbänden, Zeitschriften und anderen **Druckerzeugnissen.** Darüber hinaus bieten Museumsshops T-Shirts, Einkaufstaschen, Geschirr und andere **Merchandisingprodukte** an, auf denen die Werke berühmter Künstler abgebildet sind. Wer derartige Produkte herstellen und verbreiten will, benötigt zweierlei. Zum einen muss er sich das Vervielfältigungs- und Verbreitungsrecht vom Urheber oder sonstigen Rechteinhaber beschaffen. Zum anderen benötigt er den Zugang zum Werk, welches er vervielfältigen und verbreiten will.

82 *aa) Zugang zum Werk.* Manche Werke lagern in Archiven von Museen oder Kunstsammlungen. Eigentum und Rechtsinhaberschaft an den einzelnen Werken fallen häufig auseinander. Der Eigentümer muss zwar **dem Urheber** oder seinem Rechtsnachfolger den **Zugang** zum Werk gewähren, soweit dies zur Herstellung von Vervielfältigungsstücken oder Bearbeitungen des Werkes erforderlich ist (§ 25 Abs. 1 UrhG). Dieses Zugangsrecht entfällt erst nach Ablauf der urheberrechtlichen Schutzfrist. **Dritten gegenüber** ist der Eigentümer hingegen auch während der Schutzdauer nicht verpflichtet, Zugang zu dem Werk zu gewähren. Er kann ihn gegen Zahlung einer Vergütung gestatten. Häufig muss sich der Nutzer verpflichten, die von ihm geschaffene Reproduktionsvorlage anderen Personen nicht zugänglich zu machen.

83 Diese Verpflichtung besteht nur schuldrechtlich zwischen den Vertragsparteien. Sie hat keine dingliche Wirkung gegenüber Dritten. Der Eigentümer kann sich gegen die unerlaubte Weitergabe dadurch absichern, dass er für den Fall des Verstoßes eine entsprechend hohe Vertragsstrafe vereinbart.[169] Er hat aber keine Handhabe gegenüber Dritten, die anhand der auf dem Markt zugänglichen Reproduktion ihrerseits Vervielfältigungsstücke anfertigen, sofern das Werk keinen Urheberrechtsschutz mehr genießt.[170]

---

[168] Vgl. hierzu *Schricker,* Verlagsrecht, § 2 Rz. 42; *Ohly* in: FS für Schricker, 1995, S. 427/452; vgl. auch Rz. 13.

[169] Vgl. *Schneider,* S. 338; vgl. zum Hausrecht der Museen ferner *Bullinger* in: FS Raue 2006, S. 379, 392f.

[170] Vgl. BGH GRUR 1966, 503/506ff. – *Apfel-Madonna.*

Manche Museen fertigen deshalb selber **Reproduktionsvorlagen** an, indem sie die Werke fotografieren und ein **Bildarchiv** unterhalten. Über den Schutz der Fotografie erlangen sie dann auch ein dingliches Recht gegenüber unerlaubten Nutzungen Dritter. Soweit Plastiken, Skulpturen und andere dreidimensionale Werke fotografiert werden, entsteht in der Regel zumindest **Lichtbildschutz** (§ 72). Umstritten ist, ob Fotografien von zweidimensionalen Werken ebenfalls als Lichtbilder geschützt sind oder als bloße Reproduktionen schutzlos bleiben.[171] Angesichts der Tatsache, dass der Leistungsschutz des § 72 lediglich eine eigenständige Leistung, nicht aber eine Schöpfung voraussetzt,[172] ist das Abfotografieren von Bildvorlagen meines Erachtens nach § 72 geschützt.[173]

Für die Nutzung derartiger fotografischer Vorlagen kann der Rechtsinhaber wie bei anderen schutzfähigen Werken Nutzungsrechte einräumen und gegen unerlaubte Nutzungen einschreiten. Auf der einen Seite erlangt der Eigentümer durch den von ihm bestimmbaren Zugang eine Machtposition über die Nutzung des Werkes, die originär nicht ihm, sondern nur dem Urheber des Werkes zusteht. Auf der anderen Seite schränken moderne Vervielfältigungstechniken diese Machtposition ein, soweit die bereits publizierten Vorlagen genügen, um hiervon wiederum Reproduktionen herzustellen,[174] und soweit der Eigentümer an diesen Reproduktionen keine Rechte hat oder diese Rechte bereits abgelaufen sind. 84

bb) Nutzungsrechte. Ist das Werk, welches vervielfältigt werden soll, urheberrechtlich geschützt, müssen die erforderlichen **Vervielfältigungs- und Verbreitungsrechte** vom Urheber dieses Werkes oder vom Inhaber dieser Rechte beschafft werden. Insoweit wird ein **Lizenzvertrag** abgeschlossen, und zwar in der Regel gegen Zahlung eines **Absatzhonorars.** Dieses Honorar ist unabhängig davon zu zahlen, dass der Nutzer für den Zugang zum Werk an dessen Eigentümer oder für die Nutzung einer Fotografie von dem Werk an den Inhaber der Rechte an der Fotografie eine weitere Vergütung zu zahlen hat. Häufig werden derartige Abdrucksrechte an den Kunstwerken von der VG Bild-Kunst wahrgenommen.[175] Muster eines Kunstverlagsvertrages sind abgedruckt bei MünchVertragshdb/*Vinck* Bd. 3/1 IX 58. 85

d) Illustrationsvertrag. Mit Illustrationen sollen in der Regel Texte veranschaulicht werden. Es entsteht eine **Werkverbindung** zwischen Text und Bild.[176] Innerhalb eines Buchs oder eines sonstigen Druckwerkes, in welchem Texte und Illustrationen erscheinen, werden letztere wie der Text genutzt, so dass es naheliegt, die für den Textautoren geltenden Regelungen des **Verlagsgesetzes** auch auf den Illustrationsvertrag entsprechend anzuwenden.[177] Häufig wird mit den Textern und den Illustratoren ein Verlagsvertrag abgeschlossen, wonach sich der Verleger verpflichtet, die Illustrationen zusammen mit dem Text zu vervielfältigen und zu verbreiten. Mitunter wird der Illustrator beauftragt, die Illustrationen zu dem bereits vorhandenen Text erst noch zu schaffen. Werden dem Illustrator genaue Vorgaben gemacht, kann ein **Bestellvertrag** (entsprechend § 47 VerlG) vorliegen, 86

---

[171] So *Schneider,* S. 336; *Gerstenberg* in: FS für Klaka, 1987, S. 120/122; *Ohly* in: FS für Schricker, 1995, S. 427/455 m.w.N.; *Nordemann* GRUR 1987, 15/17; wohl auch BGH ZUM-RD 2001, 322/325 – *Telefonkarte.*

[172] So zutreffend *Schricker/Vogel* § 72 Rz. 23.

[173] Ebenso *Katzenberger* GRUR Int. 1989, 116/117; vgl. hierzu *Schricker/Vogel* § 72 Rz. 23.

[174] Vgl. BGH GRUR 1966, 503/506ff. – *Apfel-Madonna.*

[175] Vgl. Rz. 127ff.

[176] Vgl. *Schricker/Loewenheim* § 9 Rz. 5.

[177] Vgl. OLG München GRUR 1984, 516/517 – *Tierabbildungen;* s.a. OLG Nürnberg ZUM-RD 1999, 126/129; MünchVertragshdb/*Vinck* Bd. 3/1 IX 57 Anm. 1; *Hertin* in: Fromm/Nordemann, Urheberrecht, Vor § 31 Rz. 46.

so dass eine Auswertungspflicht des Verlegers entfällt.[178] Außerdem ist mancher Verleger generell daran interessiert, zur Auswertung berechtigt, aber nicht verpflichtet zu sein, zumal er auch auf den Textautor und dessen Vorstellungen Rücksicht zu nehmen hat. Umgekehrt wird dann der Illustrator berechtigterweise ein **Ausfallhonorar** verlangen wollen, wenn die bei ihm in Auftrag gegebenen Arbeiten nicht genutzt werden sollen. In manchen Fällen wird dem Verleger eine größere Anzahl an Illustrationen vorgelegt, um hiervon eine **Auswahl** treffen zu können. Damit der Illustrator nicht im unklaren bleibt, was ausgewählt wird, was nicht, sollte eine **Abnahmefrist** vereinbart werden, nach deren Ablauf die Illustrationen als abgenommen anzusehen sind. Muster eines Illustrationsvertrages sind abgedruckt bei *Wegner/Wallenfels/Kaboth,* S. 348ff., MünchVertragshdb/*Vinck* Bd. 3/1 IX 57 und *Lutz,* S. 68ff.

87 **e) Auftrag, Bestellvertrag.** Nicht nur bei Illustrationen, sondern auch in anderen Bereichen muss das Werk häufig erst noch geschaffen werden, um es für bestimmte Zwecke verwerten zu können. Beispielsweise werden Künstler beauftragt, Figuren oder phantastische Gebilde zu entwerfen, die dann als Vorlage für Zeichentrickfilme, Videospiele oder dergleichen genutzt werden sollen. Derartige Aufträge sind **Werk- oder Werklieferungsverträge** im Sinne von §§ 631ff. BGB.[179] Mitunter wird dem Künstler nur das Thema vorgegeben und ihm ansonsten freie Hand gelassen. Grundsätzlich können ihm auch sämtliche Einzelheiten exakt vorgeschrieben werden. In der Regel verbleibt dem Künstler immer noch ein Gestaltungsspielraum, von welchem er Gebrauch machen kann und auch Gebrauch machen soll. Im Buchverlagswesen kann bei exakten Vorgaben ein Bestellvertrag vorliegen. Dort entfällt die Auswertungspflicht des Bestellers (§ 47 VerlG). Im Kunstverlag ist § 47 VerlG bei Illustrationen in Büchern oder vergleichbaren Druckerzeugnissen entsprechend anwendbar,[180] ansonsten grundsätzlich nicht.[181] Allerdings ist eine **Auswertungspflicht** beim Kunstverlag ohnehin nur dann anzunehmen, wenn sich der Verwerter hierzu verpflichtet hat.[182] Einerseits deutet § 1 der Richtlinien auf eine allgemeine Auswertungspflicht hin. Andererseits kann sich aus Sinn und Zweck des Vertrages ergeben, dass der Besteller zur Auswertung des Werkes nicht verpflichtet ist.[183] Im Interesse der Klarheit sollten die Parteien vereinbaren, ob der Lizenznehmer zur Auswertung verpflichtet ist oder nicht.

88 Meistens soll eine Auswertungspflicht entfallen, wenn der Urheber an der weiteren Nutzung des Werkes nicht beteiligt ist, z.B. wenn seine Vorlagen von Dritten verfilmt, für Comics verarbeitet oder auf andere Weise, z.B. für Werbezwecke, weiterentwickelt und genutzt werden. In diesen Fällen muss sich der Besteller das Recht beschaffen, das Werk durch Dritte **bearbeiten, weiterentwickeln** und **ändern** zu lassen (§ 23 UrhG). Die Grenze bleibt auch dort der unverzichtbare Schutz des Urhebers gegen Entstellungen (§ 14 UrhG). Häufig wird der Urheber sowohl aus materiellen als auch aus ideellen Gründen daran interessiert sein, sein Werk selbst auf diese Weise zu bearbeiten und weiterzuentwickeln oder zumindest daran mitzuwirken und derartige Arbeiten zu überwachen. Er wird deshalb zu einer Regelung tendieren, bei welcher der Besteller auf Dritte nur dann zurückgreifen darf, wenn er selbst nicht imstande ist, die weiteren Arbeiten vollständig zu erbringen. Für den Fall, dass das bestellte Werk nicht genutzt wird, wird er zumindest ein **Ausfallhonorar**

---

[178] Vgl. *v. Gamm* GRUR 1980, 531/532, der § 47 VerlG für entsprechend anwendbar hält; a.A. wohl *Schricker,* Verlagsrecht, § 47 Rz. 25.

[179] Vgl. BGH GRUR 1984, 528/529 – *Bestellvertrag; Schneider,* S. 226; s.a. Rz. 46.

[180] BGH GRUR 1976, 706/707 – *Serigrafie;* vgl. Rz. 86.

[181] Vgl. *Schricker,* Verlagsrecht, § 47 Rz. 25; *Ott* ZUM 1988, 452.

[182] Vgl. RGZ 119, 408/412 – *Elfenreigen; Schack,* Urheber- und Urhebervertragsrecht, Rz. 1062.

[183] Vgl. *v. Gamm* GRUR 1980, 531/532.

vereinbaren wollen, wenn nicht ohnehin zwei Honorare vereinbart worden sind; nämlich ein Honorar für die Herstellung und Ablieferung des Werkes und ein weiteres Honorar für die Nutzung des Werkes.[184] Üblicherweise werden Nutzungsrechte ausdrücklich eingeräumt. Dies kann nach Sinn und Zweck des Vertrages auch stillschweigend geschehen.[185]

Wird das Werk nach einem exakten Plan des Bestellers geschaffen, liegt im Bereich der **89** Literatur und Musik kein Verlagsvertrag vor, so dass auch die beim Verlagsvertrag übliche Beschränkung auf eine einzige **Auflage** entfällt (§§ 5, 47 VerlG).[186] Für den Kunstverlag ist § 3 der Richtlinien als übliche Regelung heranzuziehen. Danach ist der Verleger ebenfalls nur zu einer Auflage von 500 – bzw. bei Massenverbreitungen 5000 – Stück berechtigt.[187] Ist das bestellte Werk jedoch aufgrund eines vorliegenden Musters weitgehend vorgegeben, spricht vieles dafür, die Auflagenbeschränkung auch hier aufzuheben.[188] Meistens werden keine derartig exakten Vorgaben gemacht, so dass es bei dem üblichen Nutzungsumfang, in der Regel begrenzt auf eine Auflage, bleibt, soweit sich nicht aus Sinn und Zweck des Vertrages eine weitere Nutzungsberechtigung ergibt.[189] Muster eines Bestellvertrages sind abgedruckt bei *Wegner/Wallfenfels/Kaboth,* S. 331 ff., MünchVertragshdb/*Vinck* Bd. 3/1 IX 62.

f) Herstellungsvertrag. Nicht nur der Verwerter kann den Urheber beauftragen, ein **90** Werk zu erschaffen, sondern umgekehrt kann auch der Urheber beispielsweise eine Gießerei beauftragen, von seinem Werk weitere Exemplare als Werkoriginale oder weitere Vervielfältigungsstücke herzustellen, die er dann selbst verbreiten will. Es wird ein **Werkvertrag** oder ein **Werklieferungsvertrag** geschlossen. Der Urheber macht von seinem eigenen Recht Gebrauch und gestattet seinem Auftragnehmer schuldrechtlich, Vervielfältigungsstücke herzustellen. Eine Rechtseinräumung ist hierfür nicht erforderlich.[190] Der Auftragnehmer soll die Vervielfältigungsstücke nach der konkreten Vorlage herstellen. Er hat also keinen eigenen Gestaltungsspielraum, so dass der Urheber – oder auch der Rechtsinhaber des Werkes – **Nacherfüllung** (§§ 634, 635 oder §§ 651, 439 BGB) verlangen kann, wenn die Vervielfältigungsstücke nicht der Vorlage entsprechen. Ferner darf der Auftragnehmer nur so viele Vervielfältigungsstücke herstellen, wie er beauftragt worden ist. Damit er dies nicht missbraucht, wird der Urheber vereinbaren, ihm sämtliche Vorlagen und Vorrichtungen herauszugeben oder letztere nach Herstellung der vereinbarten Vervielfältigungsstücke zu vernichten.

4. Typische Rechte und Pflichten

Bei Abschluss der Nutzungsverträge ist Folgendes zu beachten:

a) Formfreiheit. Die Verträge bedürfen **keiner Schriftform,** es sei denn, es würden **91** Nutzungsrechte an künftigen Werken eingeräumt, die überhaupt nicht näher oder nur der Gattung nach bestimmt sind (§ 40 UrhG). Unabhängig hiervon bietet die Schriftform in jedem Falle mehr Rechtssicherheit. Haben die Parteien mehrere Verträge sowohl schriftlich als auch mündlich geschlossen, so können spätere schriftliche Vereinbarungen ein **Indiz** dafür sein, was zuvor – unausgesprochen – als zwischen den Parteien vereinbart gegolten hat.[191]

---

[184] Vgl. hierzu den Zweistufenvertrag, Rz. 63 ff.
[185] Vgl. BGH GRUR 1984, 528/529 – *Bestellvertrag.*
[186] Vgl. BGH ZUM 1998, 497/500 – *Comic-Übersetzungen.*
[187] Vgl. *Schricker,* Verlagsrecht S. 846.
[188] Vgl. *Ott* ZUM 1988, 452/453.
[189] Vgl. BGH ZUM 1998, 497/500 – *Comic-Übersetzungen.*
[190] Vgl. *Schricker* Vor §§ 28 ff. Rz. 25.
[191] BGH ZUM 1998, 497/500 – *Comic-Übersetzungen.*

92 **b) Vertragsgegenstand.** Vertragsgegenstand können **Kunstwerke jeglicher Art** sein, soweit sie sich für die Herausgabe von Editionen vervielfältigen oder für den Abdruck in Druckwerken oder auf anderen Gegenständen reproduzieren lassen. Liegt das Werk bereits vor, genügt es, es zu bezeichnen oder eine Abbildung hiervon dem Vertrag beizufügen. Muss es erst noch geschaffen werden, kommt es darauf an, ob dem Künstler bei der Gestaltung seines Werkes völlig freie Hand gelassen werden soll oder ob sich der Künstler an genaue Vorgaben des Auftraggebers halten soll. Grundsätzlich ist der Künstler in der Gestaltung seines Werkes frei.[192] Will der Verleger oder Auftraggeber, dass ein bestimmter Stil eingehalten und eine bestimmte Ausdrucksweise erreicht wird, muss er mit dem Urheber hierzu **konkrete Vorgaben** vereinbaren.[193] In jedem Falle sollten **Sinn und Zweck des Vertrages** angegeben werden, z. B. das Werk in einer bestimmten Auflagenhöhe zu verbreiten, es als Titelbild oder Illustration für ein bestimmtes Schriftwerk zu verwenden, es als Grundlage für einen Zeichentrickfilm zu nutzen, es für diverse Merchandisingartikel zu vermarkten oder dergleichen.

93 **c) Ablieferung des Werkes.** Liegt das Werk bei Vertragsschluss vor, ist es grundsätzlich sofort abzuliefern.[194] Muss es erst noch hergestellt werden, wird ein **Werkvertrag** abgeschlossen, so dass sich die Verpflichtungen aus den §§ 631 ff. BGB ergeben. Will der Verleger einen Text illustrieren lassen und das Buch zu einem bestimmten Zeitpunkt herausbringen, muss er mit dem Künstler einen **Abgabetermin** für die Illustrationen vereinbaren. Für den Fall, dass dieser Termin nicht eingehalten wird, weil die Illustrationen nicht oder nur teilweise abgeliefert werden, kann ein Rücktrittsrecht des Verlegers vereinbart werden. Desgleichen ist daran zu denken, dem Verleger zu gestatten, die fehlenden Illustrationen auf der Grundlage der abgelieferten Illustrationen von einem anderen Illustrator erarbeiten zu lassen. Soll der Verleger berechtigt sein, aus mehreren Entwürfen oder Werken eine beschränkte Anzahl auswählen zu dürfen, müsste dies ebenfalls gesondert vereinbart werden.

94 **d) Mitwirkungspflichten des Verlegers.** Soll der Urheber ein literarisches Werk illustrieren, muss ihm der Verleger hierzu den Text vorlegen. Dies gilt auch für alle anderen **Vorlagen,** z. B. das Exposé oder Drehbuch eines Films, an denen sich der Urheber bei der Erschaffung seines Werkes orientieren soll.

95 Mitunter ist die Herstellung des Werkes mit erheblichen eigenen und auch fremden **Kosten** verbunden, so dass vereinbart wird, dem Urheber bereits bei Vertragsschluss entsprechende Vorschüsse zu leisten. Solange diese Beträge nicht geleistet sind, ist auch der Urheber nicht verpflichtet, seinerseits das Werk herzustellen und abzuliefern.[195]

96 **e) Mängel.** Soweit keine konkreten Vorgaben gemacht worden sind, genießt der Künstler **Gestaltungsfreiheit.**[196] Nacherfüllung (§ 635 BGB) oder das Recht auf Rücktritt oder Minderung und Schadensersatz (§ 634 BGB) kann der Auftraggeber deshalb grundsätzlich nur hinsichtlich **Mängeln am Werkträger,** nicht hingegen hinsichtlich der künstlerischen Güte des abgelieferten Werkes geltend machen.[197] Der Einwand, eine Gestaltung überzeuge nicht, sei langweilig und enthalte nicht die vorgestellten Details, reicht nicht aus, um abweichend von der grundsätzlichen Gestaltungsfreiheit des Urhebers einen Sachmangel zu begründen, zumal wenn die Vorstellungen des Bestellers nicht im einzel-

---

[192] Vgl. BGHZ 19, 382/384 – *Kirchenfenster.*
[193] Vgl. Rz. 52.
[194] Vgl. § 271 BGB; LG Ulm ZUM-RD 1999, 236/237.
[195] Vgl. zur Mitwirkungspflicht des Verlegers BGH GRUR 1976, 706/707 f. – *Serigrafie.*
[196] Vgl. BGHZ 19, 382/384 – *Kirchenfenster;* s. o. Rz. 51.
[197] Vgl. hierzu Rz. 51.

nen konkretisiert und ausdrücklich Vertragsgrundlage wurden.[198] Der Besteller muss sich vorher vergewissern, wem er den Auftrag erteilen will. Das **Risiko,** den für seine Vorstellungen und für seinen Geschmack richtigen Urheber ausgewählt zu haben, trägt der Auftraggeber. Anders verhält es sich, wenn er dem Urheber **konkrete Vorgaben** gemacht und letzterer selbige nicht eingehalten hat oder wenn das abgelieferte Werk nicht diejenigen Eigenschaften besitzt, die der zuvor vom Besteller gebilligte Entwurf enthält.[199] Mit zunehmend konkreten Vorgaben, die dem Urheber gemacht worden sind, verringert sich seine Gestaltungsfreiheit.

Demgemäß erweitert sich auch das Nacherfüllungsrecht des Auftraggebers. Um zu vermeiden, dass der Urheber andauernd zu Nachbesserungen aufgefordert werden kann, sollte vereinbart werden, dem Auftraggeber aufzuerlegen, etwaige Mängel seinerseits zu präzisieren und dies dem Urheber binnen einer kurzen Frist schriftlich mitzuteilen. Ferner ist daran zu denken, die Anzahl der Nachbesserungen auf ein oder zwei Versuche zu beschränken, um beiden Parteien – also nicht nur dem Besteller (§ 634 Abs. 3 BGB) – dann ein Rücktrittsrecht einzuräumen.[200] 97

f) Abnahmepflicht. Der Besteller ist verpflichtet, das vertragsgemäß hergestellte Werk abzunehmen (§ 640 BGB). Dies geschieht in der Regel dadurch, dass er das Werk entgegennimmt und als vertragsgemäße Leistung anerkennt. Bei Kunstwerken lässt sich in der Regel sofort feststellen, ob das Werk den vereinbarten Vorgaben genügt oder nicht. Damit der Urheber binnen überschaubarer Zeit Gewissheit erlangt, dass das Werk abgenommen ist oder nicht, können die Parteien vereinbaren, das Werk gelte als abgenommen, wenn der Auftraggeber die Abnahme nicht binnen z. B. zwei Wochen seit der Ablieferung unter Angabe von Gründen schriftlich verweigert hat. Grundsätzlich kann der Besteller die Abnahme nicht bloß deswegen verweigern, weil ihm das abgelieferte Werk nicht gefällt, soweit es den vereinbarten Vorgaben entspricht.[201] Will er sich dennoch die Abnahme vertraglich vorbehalten, ist aus der Sicht des Urhebers zumindest auch ein **Ausfallhonorar** zu vereinbaren. 98

g) Geheimhaltungspflicht. Kunstwerke genießen grundsätzlich Urheberrechtsschutz und werden nicht als Geschmacksmuster angemeldet. Sie brauchen also nicht geheimgehalten zu werden, um die für den Geschmacksmusterschutz erforderliche Neuheit nicht durch eigene Vorveröffentlichungen zu zerstören.[202] Soll das Werk jedoch für Zeichentrickfilme, Werbezwecke oder andere erst noch zu erstellende Werke genutzt werden, wollen die Produzenten die Entwürfe und Vorstufen bis zur Veröffentlichung der endgültigen Fassung in der Regel nicht bekannt machen. Um dies sicherzustellen, ist es ratsam, die Vertragsparteien einer Geheimhaltungspflicht zu unterwerfen. 99

h) Rechtseinräumung. In allen Fällen des Kunstverlags oder des Kunstwerkverlags benötigt der Nutzer in der Regel zumindest das **Vervielfältigungs- und Verbreitungsrecht.** Im Vertrag sind die erforderlichen Nutzungsrechte einzeln zu bezeichnen; denn jede Art der Edition oder Reproduktion bedarf eines gesonderten Rechts.[203] Ferner 100

---

[198] Vgl. KG UFITA 86 (1980), S. 257/263 zur Nichtabnahme eines Buchmanuskripts; vgl. auch BGH ZUM 1999, 146/148 – *Treppenhausgestaltung;* OLG Dresden ZUM 2000, 955/958 – *Die Csardasfürstin.*

[199] Vgl. OLG München ZUM 1991, 598/600 f. zur Mangelhaftigkeit eines Werbefilms, der von den zuvor gebilligten und hierdurch zugesicherten Eigenschaften des Drehbuchs abwich.

[200] Vgl. hierzu *Müller von der Heide,* S. 122 f.

[201] Vgl. Rz. 51 f.

[202] Vgl. *G. Schulze* in: Loewenheim, Handbuch des Urheberrechts, § 70 Rz. 130.

[203] Vgl. OLG München GRUR 1958, 458/459 – *Kirchenfoto; Ohly* in: FS für Schricker, 1995, S. 427/453.

ist klarzustellen, ob der Nutzer die Rechte **exklusiv** oder nur **einfach** erhält. Desgleichen sollte geregelt werden, ob ihm das jeweilige Nutzungsrecht **räumlich** und **zeitlich unbegrenzt** oder nur für ein bestimmtes Gebiet und für eine bestimmte Zeit eingeräumt wird. Bei **Editionen** wird in der Regel eine **begrenzte Stückzahl** vereinbart. Stellt der Nutzer darüber hinaus weitere Exemplare her, begeht er nicht nur eine Vertrags-, sondern auch eine Urheberrechtsverletzung. Wird das Werk z. B. als **Illustration** zusammen mit Schriftwerken in Druckerzeugnissen abgedruckt, sind auch Regelungen zur Anzahl der Auflagen und Ausgaben sowie zur Auflagenhöhe zu treffen. Vielfach wird dem Verleger insoweit ein unbegrenztes Nutzungsrecht gegen Zahlung eines Absatzhonorars eingeräumt. Es liegt im Interesse beider Vertragspartner, die **Nutzungsarten** und den **Nutzungsumfang** möglichst konkret zu bezeichnen, damit Streitigkeiten gar nicht erst entstehen können.[204] Dies gilt insbesondere auch für die sogenannten Nebenrechte.

101 Häufig wird der Nutzer daran interessiert sein, Nebenrechte durch Dritte auswerten zu lassen. Dann muss er mit dem Urheber vereinbaren, die ihm eingeräumten Nutzungsrechte **weiterzuübertragen** oder Dritten eine Lizenz einräumen zu dürfen.

102 **i) Rechtegarantie.** Da der Nutzer häufig nicht kontrollieren kann, ob das Werk von seinem Vertragspartner tatsächlich geschaffen worden ist oder nicht, wird er in der Regel darauf bestehen, dass der Urheber garantiert, das Werk **selbst geschaffen** zu haben und dass es **frei von Rechten Dritter** ist. Ferner wird er bestätigen müssen, über die eingeräumten Rechte noch **nicht verfügt** zu haben.[205] Will der Nutzer gegen Entstellungen oder andere Verletzungen des Urheber-persönlichkeitsrechts durch Dritte vorgehen können, sollte er den Urheber verpflichten, ihn hierbei zu unterstützen und gegebenenfalls auf Kosten des Nutzers gerichtlich gegen derartige Verletzungshandlungen vorzugehen.

103 **j) Änderungsverbot.** Wer Nutzungsrechte erwirbt, darf das Werk nur in derjenigen konkreten Form nutzen, in welcher ihm der Urheber sein Werk überlassen hat (§ 39 Abs. 1 UrhG). Es gilt ein **allgemeines urheberrechtliches Änderungsverbot.**[206] Will der Auftraggeber oder Nutzer hiervon abweichen und das Werk – selbst oder durch Dritte – ändern, weiterentwickeln und bearbeiten, z. B. eine Comicfigur für weitere Geschichten Dritter verwenden, muss dies im einzelnen vereinbart werden.[207] Dies gilt auch für die **Verbindung des Werkes** mit anderen Werken, z. B. als Illustration für einen Text.

104 **k) Ausstattung.** Im Buchverlagswesen ist es in der Regel Sache des Verlegers, zu bestimmen, wie das Buch hinsichtlich Format, Schrifttype, Bucheinband und dergleichen auszustatten ist. Werden Schriftwerke mit Illustrationen verbunden, bestimmt die Ausstattung grundsätzlich ebenfalls der Verleger. Insbesondere bei farbigen Illustrationen sollte sich der Urheber ein **Mitspracherecht** ausbedingen, damit er darauf Einfluss nehmen kann, wie seine Werke an die Öffentlichkeit gelangen. In noch größerem Maße sind die Rechte des Urhebers bei **Editionen,** also bei der Herausgabe einer Vielzahl von Werkoriginalen, betroffen. Hier wird er u. a. bestimmen wollen, welche Materialien verwendet werden und welche Exemplare schließlich als Originalwerke verkauft werden sollen. Zu diesem Zweck wird er sich z. B. **Probedrucke** sowie die einzelnen Vervielfältigungsvorrichtungen vorlegen lassen, bevor die Werkexemplare hergestellt und verbreitet werden. Je mehr der Urheber die Ausführung der Arbeiten in Hände Dritter legt und je höher seine Anforderungen an die Qualität dieser Arbeiten sind, desto konkreter sollte er selbige festlegen und seine Vertragspartner verpflichten, ihn über die einzelnen Herstellungsschritte zu informieren, bevor die Vervielfältigungsstücke auf den Markt gelangen.

---

[204] Vgl. *G. Schulze* in: *Dreier/Schulze* § 31 Rz. 111.
[205] Vgl. *G. Schulze* in: *Dreier/Schulze* Vor § 31 Rz. 31.
[206] Vgl. BGH ZUM 1999, 146/148 – *Treppenhausgestaltung.*
[207] Vgl. *G. Schulze* in: Loewenheim, Handbuch des Urheberrechts, § 70 Rz. 138.

l) Mitwirkungspflichten des Urhebers. Bedingt sich der Urheber auf der einen Seite aus, am Herstellungsprozess beteiligt zu sein, so muss er auf der anderen Seite in entsprechendem Umfang hieran mitwirken, z. B. **Probeabzüge billigen** oder **Vervielfältigungsvorrichtungen korrigieren.** Ähnlich wie der Urheber Gewissheit haben will, ob der Besteller sein Werk abnimmt oder nicht (vgl. Rz. 98), wird auch der Verleger binnen überschaubarer Zeit Gewissheit darüber erlangen wollen, ob der Urheber die ihm vorgelegten Probeabzüge akzeptiert oder nicht. Auch insoweit empfiehlt es sich, **Fristen** zu vereinbaren, innerhalb derer der Urheber Beanstandungen vortragen muss, andernfalls der Probeabzug genehmigt ist. Denkbar ist aber auch, dass der Urheber am Herstellungsprozess laufend beteiligt werden soll und sich hierzu entsprechend verpflichtet. 105

Bei **Editionen** von Werkoriginalen wird er sich verpflichten müssen, die vereinbarte Anzahl als von ihm stammend zu billigen, gegebenenfalls auch zu **nummerieren** und zu **signieren.** 106

m) Enthaltungspflicht. Auf der einen Seite ist die Enthaltungspflicht des Urhebers bei Kunstwerken weniger stark ausgeprägt als bei Schriftwerken; denn im Bereich der Kunst werden häufig dieselben Motive und Themen mehrfach auf ähnliche Weise dargestellt.[208] Auf der anderen Seite ist auch er gehalten, seinem Werk nicht durch ähnliche Werke Konkurrenz zu machen, wenn er Nutzungsrechte **exklusiv** eingeräumt hatte. Der **Illustrator** eines Buches wird sich in der Regel enthalten müssen, für ein Buch über dasselbe Thema ähnliche Illustrationen zu schaffen. Klarstellend sollte auch dies vereinbart werden.[209] 107

Hat der Künstler dem **Editor** gestattet, exklusiv eine bestimmte Anzahl an Werkoriginalen (Drucke, Abgüsse und dergleichen herzustellen und zu verbreiten, so ist der Künstler auch seinerseits an die vereinbarte Stückzahl gebunden. Er darf ebenfalls keine weiteren Exemplare herstellen und anbieten. 108

n) Auswertungspflicht. § 1 VerlG sieht im Bereich der Literatur und der Musik bei Abschluss eines Verlagsvertrages die Verpflichtung des Verlegers vor, das Werk zu vervielfältigen und zu verbreiten. In gleicher Weise wurde der Verleger nach § 1 der Richtlinien auch im Kunstverlag verpflichtet.[210] Wird das Kunstwerk, z. B. eine **Illustration,** zusammen mit dem Text und ähnlich wie ein Text vervielfältigt und verbreitet, kann die in § 1 VerlG geregelte Auswertungspflicht entsprechend anzuwenden sein oder sich aus Sinn und Zweck des Vertrages ergeben.[211] Haben die Parteien ein **Absatzhonorar** vereinbart, so **indiziert** dies ebenfalls eine Auswertungspflicht.[212] Ansonsten ist nicht ohne weiteres von einer Auswertungspflicht des Verlegers auszugehen. Es sollte deshalb vereinbart werden, ob der Verleger zur Auswertung verpflichtet ist oder nicht. In jedem Falle verbleibt dem Urheber das unverzichtbare **Rückrufsrecht wegen Nichtausübung** (§ 41 UrhG), falls der Verleger über längere Zeit hinweg – maximal fünf Jahre (§ 41 Abs. 4 UrhG) – untätig bleiben sollte.[213] 109

o) Urhebernennung. Bei jeder Verwertung des Kunstwerks ist dessen Urheber zu benennen. Der Urheber kann bestimmen, ob er seinen vollständigen Namen, seinen Künstlernamen, eine Abkürzung oder eine andere Bezeichnung angegeben wissen will (§ 13 110

---

[208] Vgl. RGZ 119, 408/413 – *Elfenreigen; Schricker,* Verlagsrecht, § 2 Rz. 40; *Ohly* in: FS für Schricker, 1995, S. 427/452.

[209] Vgl. hierzu *Müller von der Heide,* Recht im Verlag, S. 123 f.

[210] Vgl. *Schricker,* Verlagsrecht, S. 845.

[211] Vgl. auch Rz. 86.

[212] Vgl. hierzu BGH UFITA 37 (1962), S. 336/337; BGH GRUR 1976, 706/707 – *Serigrafie; G. Schulze* in: *Dreier/Schulze* Vor § 31 Rz. 40.

[213] Vgl. *v. Becker* in: Loewenheim, Handbuch des Urheberrechts, § 16 Rz. 25 ff.

UrhG). Wird er unter anderen Urhebern zahlreicher Illustrationen nicht unmittelbar **bei seinem Werk,** sondern z.B. in einem **Bildnachweis** erwähnt, muss durch Seiten- und Platzierungsangaben (z.B. oben links, unten rechts) eindeutig zum Ausdruck kommen, welches Werk welchem Urheber zuzuordnen ist.[214] Auch bei der Nutzung eines Kunstwerks in **Werbeanzeigen** ist der Urheber zu benennen. Verstöße führen zu einem **100%-igen Zuschlag** der üblichen oder vereinbarten Nutzungsgebühr.[215] Abweichungen hiervon müssten vereinbart werden. Es gibt in der Regel keinen Grund, den Urheber nicht zu nennen, zumal häufig auch der Käufer oder Betrachter der verbreiteten Werke erfahren will, wer was geschaffen hat. Lediglich über Art und Ort der jeweiligen Bezeichnung sind Vereinbarungen angebracht. Außerdem ist die Nennung im Einzelnen zu regeln, wenn das Werk von Dritten überarbeitet, weiterentwickelt oder anderweitig umgestaltet werden darf.

111 Will sich der Urheber mit der endgültigen Fassung nicht identifizieren, wird er möglicherweise **nicht genannt** werden wollen. Denkbar wäre auch eine Regelung, wonach darauf hinzuweisen ist, dass es sich z.B. um Illustrationen, Comics, Zeichentrickfiguren und dergleichen **nach einer Vorlage** des betreffenden Urhebers handelt. Ferner könnte vereinbart werden, die Nennung des Ersturhebers nach einer bestimmten Anzahl weiterer Überarbeitungen entfallen zu lassen.[216]

112 **p) Vergütung.** In der Regel ist der Urheber an den Erlösen aus der Verbreitung seiner Werke mit einem **Absatzhonorar** beteiligt. Bei **Illustrationen** für einen Text wird das Absatzhonorar im Verhältnis des Umfangs von Text und Illustrationen zwischen Texter und Illustrator aufgeteilt. Bei Titelbildern oder nur einzelnen Illustrationen werden auch **Pauschalhonorare** vereinbart.[217] Um den Urheber am Erfolg des Buches in gewissem Umfang teilhaben zu lassen, wird in manchen Verträgen vereinbart, das Pauschalhonorar nach Überschreiten einer bestimmten Auflagenhöhe ein- oder mehrmalig zu erhöhen. Fehlt eine derartige Regelung, kann eine Anpassung des Vertrages im Hinblick auf eine angemessene Vergütung (§ 32 Abs. 1 Satz 3 UrhG) oder im Hinblick auf den **Fairnessausgleich** (§ 32a UrhG) in Frage kommen.[218]

113 **Pauschal- und Absatzhonorar** können ferner in der Weise verbunden werden, dass bei Vertragsschluss oder bei Ablieferung des Werkes eine nicht rückzahlbare **Garantiesumme** geleistet wird und **zusätzlich ein Absatzhonorar** zu zahlen ist, welches zunächst auf die Garantiesumme angerechnet wird. Außerdem wird häufig zwischen der Herstellung und der Nutzung des Werkes unterschieden. Für die Herstellung und gegebenenfalls auch für die Überwachung der weiteren Produktion werden gesonderte Vergütungen vereinbart, die unabhängig davon zu leisten sind, ob das Werk später genutzt wird oder nicht. Ebenso wird der Urheber daran interessiert sein, ein **Ausfallhonorar** für den Fall zu vereinbaren, dass sich der Verwerter gegen eine Nutzung des abgelieferten Werkes entscheidet.

114 Will der Urheber eine zusätzliche **Sicherheit** dafür erhalten, dass sein Werk erst nach vollständiger Zahlung der Herstellungskosten, des Garantiehonorars oder des Pauschalhonorars genutzt wird, wird er ausdrücklich vereinbaren, dass die **Nutzungsrechte erst**

---

[214] Vgl. LG München I ZUM 1995, 57; vgl. auch OLG Celle GRUR-RR 2001, 125/126 – *Stadtbahnwagen.*

[215] Vgl. LG München I, *Schulze* LGZ Nr. 219; LG München I ZUM 2000, 519/522; LG Leipzig NJW-RR 2002, 619/620 – *Hirschgewand.*

[216] Vgl. *Müller von der Heide,* S. 131.

[217] Vgl. OLG Nürnberg ZUM-RD 1999, 126/127.

[218] Vgl. BGH ZUM 1998, 497/501 – *Comic-Übersetzungen;* vgl. ferner *v. Becker* in: Loewenheim, Handbuch des Urheberrechts, § 29 Rz. 24ff., 88ff.

nach vollständiger Zahlung des jeweils vereinbarten Betrages an den Nutzer **übergehen.**[219] Sollte nicht rechtzeitig gezahlt werden, kann der Urheber nicht nur auf Zahlung klagen, sondern seinem Vertragspartner die weitere Nutzung verbieten. Letzterer begeht dann nicht nur einen Vertragsverstoß, sondern auch eine Urheberrechtsverletzung.

Werden Pauschalhonorare in mehreren Tranchen vereinbart, ist auch der jeweilige **115** **Zahlungszeitpunkt,** z.B. bei Vertragsschluss, bei Ablieferung des Werkes sowie bei Beginn der Verbreitung, festzulegen. Für Absatzhonorare ist der **Abrechnungsmodus,** z.B. binnen sechs Wochen nach Ende des jeweiligen Kalenderhalbjahres, zu bestimmen. Zur Kontrolle wird in der Regel vereinbart, dem Urheber **Einsicht in die Bücher** – gegebenenfalls durch einen Wirtschaftsprüfer oder eine sonstige zur Verschwiegenheit verpflichtete Person – zu gewähren.

q) Freiexemplare, Belegexemplare. Nach § 21 der Richtlinien[220] ist der Verleger **116** verpflichtet, dem Urheber wenigstens drei Freistücke zu liefern. Dies gilt jedoch nicht bei Plastiken, Mappenwerken und hochwertigen Büchern. Im Interesse der Klarheit sollten die Parteien vereinbaren, wieviele Freiexemplare der Urheber erhält.

r) Verramschung, Makulierung. Sind die illustrierten Bücher, Postkarten, Kalender **117** oder sonstigen Druckerzeugnisse, in denen Kunstwerke abgebildet sind, nicht mehr verkäuflich, wird der Verleger sie verbilligt abstoßen (verramschen) oder auch vernichten (makulieren) wollen, nicht zuletzt um mehr Lagerplatz zu erhalten.[221] Der Urheber kann wiederum daran interessiert sein, die **Restexemplare** zum verbilligten Preis **aufzukaufen** oder vor ihrer Vernichtung kostenlos zu erhalten. Es sollte deshalb vereinbart werden, ihm anzubieten, die Restexemplare abzunehmen. Bei **Editionen von Werkoriginalen** kommt ferner hinzu, dass deren Vernichtung gegebenenfalls auch rechtswidrig sein kann.[222] Diesbezügliche Zweifel lassen sich vermeiden, indem vereinbart wird, dem Urheber oder seinem Rechtsnachfolger die noch vorhandenen Exemplare vor ihrer Vernichtung anzubieten.

s) Vertragsdauer, Beendigung. Wird das Nutzungsrecht für die Dauer der Schutzfrist **118** eingeräumt, endet eine Vergütungspflicht mit deren Ablauf. Es steht den Parteien frei, eine kürzere Nutzungsdauer zu vereinbaren oder im Anschluss an die vereinbarte Nutzungszeit eine automatische Verlängerung vorzusehen, wenn der Vertrag nicht binnen einer bestimmten Frist zuvor gekündigt worden ist.

Wie bei jedem Dauerschuldverhältnis kann aus wichtigem Grund **fristlos gekündigt** **119** werden (§ 314 BGB).[223] Dies gilt auch für Lizenzverträge, bei denen ein laufend abzurechnendes Absatzhonorar vereinbart worden ist. Die fristlose Kündigung ist jedoch die ultima ratio, die nur bei schwerwiegenden Verfehlungen in Betracht kommt. Es bleibt den Parteien aber unbenommen, zu vereinbaren, was als wichtiger Grund anzusehen ist. Desgleichen kann der Vertrag auflösend bedingt unter der Voraussetzung abgeschlossen werden, dass z.B. rechtzeitig abgerechnet wird. Verstößt der Nutzer gegen diese Verpflichtung, fallen die Rechte an den Lizenzgeber zurück. Umstritten ist, ob ein Rückfall der Rechte auch für den Fall der **Insolvenz des Lizenznehmers** wirksam vereinbart werden kann. Für Miet- und Pachtverhältnisse soll eine derartige Vereinbarung als Umgehung des § 112 InsO nach h.M. unwirksam sein.[224] Urheberrechtliche Nutzungsverträge sind dort nicht ausdrücklich geregelt worden. Im Hinblick auf die besondere Interessenlage des Ur-

---

[219] Vgl. BGHZ 25, 90/92 – *Die Privatsekretärin.*
[220] Vgl. *Schricker,* Verlagsrecht, S. 848.
[221] Vgl. hierzu *Schricker,* Verlagsrecht § 21 Rz. 10ff.
[222] Vgl. *Dietz* in: Loewenheim, Handbuch des Urheberrechts, § 16 Rz. 101f.
[223] Vgl. *G. Schulze* in: *Dreier/Schulze* Vor § 31 Rz. 83ff.
[224] Vgl. § 119 InsO; *Hausmann* in: FS für Schwarz, 1999, S. 81/104f.

hebers, wonach die Rechte tendenziell beim Urheber verbleiben, ferner immer auch einen urheberpersönlichkeitsrechtlichen Kern haben und schließlich gemäß § 31 Abs. 1 Satz 2 UrhG ausdrücklich in ihrem Inhalt beschränkbar sind, ist die Vereinbarung des Rückfalls der Rechte für den Fall der Insolvenz meines Erachtens wirksam.[225] Man wird abwarten müssen, wie die Gerichte dies entscheiden.

120 **t) Rücktritt.** Die Parteien können ein **Rücktrittsrecht** für diejenigen Fälle vereinbaren, dass der andere eine von ihm zu erbringende Leistung nicht oder nicht rechtzeitig bewirkt, z.B. der Urheber trotz Nachfristsetzung keine Entwürfe oder Werke vorlegt, überarbeitete Fassungen den Vorstellungen des Auftraggebers nicht entsprechen oder der Editor unzureichende Probedrucke vorlegt. Je weniger Einfluss der eine Vertragspartner gegenüber der ablehnenden Haltung des anderen Vertragspartners ausüben können soll, desto eher ist daran zu denken, für ihn ein **Ausfallhonorar** zu vereinbaren, damit die Leistung nicht willkürlich abgelehnt werden kann.

121 **u) Eigentum an Entwürfen und Druckvorlagen.** Genauso wenig wie der Erwerber eines Werkoriginals Inhaber von Nutzungsrechten wird (§ 44 UrhG), wird der Erwerber von Nutzungsrechten Eigentümer an den ihm zur Nutzung überlassenen Entwürfen oder sonstigen Vorlagen.[226] Soweit nichts anderes vereinbart ist, muss der Verwerter Entwürfe, Reinzeichnungen und dergleichen nach Abschluss der Nutzung wieder an den Urheber herausgeben.[227] Soll hiervon abgewichen werden, ist dies gesondert zu vereinbaren.

122 Mittlerweile werden Entwürfe und sonstige Vorlagen elektronisch gespeichert. Sie lassen sich problemlos vervielfältigen, so dass der Nutzer ohnehin nicht auf Originalunterlagen angewiesen ist. Bei befristeten Nutzungsverträgen kann es sinnvoll sein, eine **Herausgabepflicht des Nutzers** hinsichtlich sämtlicher Unterlagen zu vereinbaren, damit ein Missbrauch mit den noch im Besitz befindlichen Unterlagen eingeschränkt wird.

123 **v) Mitgliedschaft bei der VG Bild-Kunst.** Häufig ist der **Urheber** gegenüber dem Verleger der **schwächere Vertragspartner.** Deshalb ist es für ihn oftmals nur vorteilhaft, wenn manche Rechte von der VG Bild-Kunst wahrgenommen und zu deren Tarifen eingeräumt werden. Insbesondere wenn der Verleger sich zahlreiche Nebenrechte und möglicherweise sogar auch Vergütungsansprüche, die von der Verwertungsgesellschaft wahrgenommen werden, ohne zusätzlich Beteiligung abtreten lassen will, kann es für den Urheber vorteilhaft sein, vorher der VG Bild-Kunst beigetreten zu sein und ihr einen Teil seiner Rechte durch Abschluss des Wahrnehmungsvertrages eingeräumt zu haben, so dass er selbst hierüber gar nicht mehr verfügen kann.[228] Es sollte dann im Vertrag klargestellt werden, dass er **Mitglied der VG Bild-Kunst** ist und die Nebenrechte und Vergütungsansprüche nur nach Maßgabe des Wahrnehmungsvertrages einbringen kann.

III. Wahrnehmung von Nutzungsrechten

124 Künstler werden häufig von **Galeristen** betreut.[229] Mit ihnen kann vereinbart werden, dass sie sich nicht nur um den Verkauf der Werkoriginale, sondern auch um die Einräumung von Nutzungsrechten hieran kümmern sollen. Insoweit werden Rechte **individuell**

---

[225] Vgl. *G. Schulze* in: *Dreier/Schulze* § 112 Rz. 26; *Schricker/Wild* § 112 Rz. 22; vgl. hierzu auch BGH CR 2006, 151, 153.

[226] Vgl. OLG Hamburg GRUR 1980, 909/910 – *Gebrauchsgrafik für Werbezwecke;* OLG München GRUR 1984, 516/517 – *Tierabbildungen;* vgl. hierzu auch BGH GRUR 1999, 579/580 – *Hunger und Durst;* anders beim Arbeitnehmerurheber, vgl. KG ZUM-RD 1998, 9/10 – *Berliner Ensemble.*

[227] Vgl. *G. Schulze* in: *Dreier/Schulze* Vor § 31 Rz. 39.

[228] Vgl. Rz. 127ff.

[229] Vgl. Rz. 15.

wahrgenommen.[230] Zahlreiche Künstler schließen mit der VG Bild-Kunst Wahrnehmungsverträge ab. Die **VG Bild-Kunst** nimmt die ihr treuhänderisch eingeräumten Rechte **kollektiv** wahr.[231]

1. Individuelle Wahrnehmung

Galeristen, Museen, Kunstsammler, Versteigerungshäuser und andere im Verkaufs- und Ausstellungswesen beteiligte Unternehmen dürfen die ihnen anvertrauten oder von ihnen erworbenen Kunstwerke in der Regel nur weiterverkaufen, ausstellen oder besitzen, nicht hingegen auf andere Weise nutzen oder Dritten Nutzungsrechte einräumen. Im Zweifel bleiben diese Rechte beim Urheber (§ 44 Abs. 1 UrhG). Wer beispielsweise ein Kunstwerk in einem Buch abdrucken will, muss sich diese Rechte vom Urheber beschaffen. Gleichwohl können Museen, Kunstsammlungen und vergleichbare Institutionen, die in ihren Archiven oftmals ganze Werkbestände einzelner Künstler lagern, darüber bestimmen, ob der jeweilige Interessent **Zugang** zu den Werken erhält, die er reproduzieren will, gleichviel, ob diese Werke urheberrechtlich geschützt sind oder nicht. Dies gilt also nicht nur für zeitgenössische Kunst, sondern auch für die Werke alter Meister, bei denen die Schutzfrist schon lange abgelaufen ist.[232] Lassen sie sich den Zugang bezahlen, muss der Nutzer allerdings darauf achten, dass er sich außerdem noch darum bemüht, die erforderlichen Abdrucksrechte vom Urheber oder vom Inhaber dieser Rechte zu erwerben. **125**

Dies kann beispielsweise auch ein Galerist sein, der vom Urheber beauftragt wurde, die Einräumung von Reproduktions- oder sonstigen Nutzungsrechten zu vermitteln, oder der diese Rechte selbst vom Urheber erworben hat, um sie an Dritte lizenzieren zu können. Insoweit wird der Galerist als **Agent** im Rahmen eines **Geschäftsbesorgungsvertrages** tätig. In der Regel erhält er hierfür eine **Provision.**[233] Meistens sind die Künstler jedoch Mitglieder der VG Bild-Kunst oder einer entsprechenden ausländischen Verwertungsgesellschaft, welcher Reproduktionsrechte und vergleichbare Nutzungsrechte zur Wahrnehmung treuhänderisch eingeräumt worden sind. Galeristen, Museen und andere Institutionen verweisen den Interessenten deshalb in der Regel an die einschlägige Verwertungsgesellschaft.[234] **126**

2. Kollektive Wahrnehmung

Zahlreiche Nutzungsrechte der Urheber werden von **Verwertungsgesellschaften** kollektiv wahrgenommen. Für den Bereich der bildenden Kunst macht dies in Deutschland die **VG Bild-Kunst.** Sie ist über **Gegenseitigkeitsverträge** mit entsprechenden Verwertungsgesellschaften des Auslands verbunden. Auf diese Weise nimmt die jeweilige Verwertungsgesellschaft im betreffenden Land sowohl die Rechte der inländischen als auch die Rechte der ausländischen Künstler wahr, soweit diese Künstler mit der Verwertungsgesellschaft einen Wahrnehmungsvertrag abgeschlossen haben, wie z.B. Beuys, Marc, Miro, Picasso und andere bedeutende Künstler.[235] Jeder Interessent kann bei der VG Bild-Kunst schriftlich anfragen, ob sie die Rechte an einem bestimmten Kunstwerk wahrnimmt (§ 10 UrhWG). Die VG Bild-Kunst gibt eine Broschüre heraus, in welcher die Namen all **127**

---

230 Vgl. *G. Schulze* in: *Dreier/Schulze* Vor § 31 Rz. 121 ff.

231 Vgl. *G. Schulze* in: *Dreier/Schulze* Vor § 31 Rz. 124.

232 Vgl. Rz. 82 ff.; *Bullinger* in: FS Raue 2006, S. 379, 390 ff.

233 Vgl. *G. Schulze* in: Loewenheim, Handbuch des Urheberrechts, § 70 Rz. 164; *Schack,* Kunst und Recht, Rz. 624.

234 Vgl. *Ohly* in: FS für Schricker, 1995, S. 427/454.

235 Vgl. OLG Hamburg ZUM 1998, 938/939 f. – *Nachgemalte Gemälde.*

derjenigen in- und ausländischen Künstler aufgelistet sind, deren Reproduktionsrechte sie wahrnimmt.[236]

128 **a) Wahrnehmungsvertrag der VG Bild-Kunst.** In dem Wahrnehmungsvertrag, den der Urheber mit der VG Bild-Kunst abschließt, sind die einzelnen Rechte aufgelistet, die er ihr an seinen bestehenden und auch an seinen künftigen Werken einräumt. Zunächst sind es diejenigen Nutzungen, für die das Gesetz sogenannte **gesetzliche Lizenzen** vorsieht und für die in der Regel ein **Vergütungsanspruch** besteht (§§ 27, 45a, 46, 49, 52a, 53, 54, 54a UrhG).[237] zumal diese Ansprüche in der Regel ohnehin nur durch eine Verwertungsgesellschaft geltend gemacht und im Voraus nur an eine Verwertungsgesellschaft abgetreten werden können (§ 63a UrhG). Ferner nimmt die VG Bild-Kunst laut Wahrnehmungsvertrag u. a. folgende Rechte wahr:

- Vergütungsansprüche für das Ausstellen von Kunstwerken;[238]
- das Vorführungsrecht gem. § 19 Abs. 4 UrhG;
- das Senderecht gem. § 20 UrhG;
- das Recht der Wiedergabe durch Bild- oder Bild/Tonträger gem. § 21 UrhG;
- das Recht der Wiedergabe von Fernsehsendungen gem. § 22 UrhG;
- das Vermiet- und Verleihrecht für Vervielfältigungsstücke und Werkoriginale einschließlich Bildträger;
- Ansprüche aus der Nutzung von Werken in Form der Vervielfältigung und Verbreitung von Abdrucken in Zeitungen, Zeitschriften und Sammlungen, die Werke einer größeren Anzahl von Urhebern vereinigen;
- die Ansprüche aus der Vervielfältigung und Verbreitung in Form der Mikroverfilmung;
- das Recht, Werke der bildenden Kunst, deren Urheber der VG Bild-Kunst die Reproduktionsrechte (§§ 16, 17 UrhG) eingeräumt haben, in digitalisierte Datenbanken, Dokumentationssysteme oder Speicher ähnlicher Art einzubringen sowie diese Werke elektronisch oder in ähnlicher Weise zu übermitteln und auf Bildschirmen sichtbar zu machen.

129 Der Urheber überträgt der VG Bild-Kunst diese Rechte als Treuhänderin für alle Länder, also **weltweit,** und zwar sowohl die ihm **gegenwärtig zustehenden Rechte** als auch die **zukünftig anfallenden Rechte an künftigen Werken.** Soweit er Rechte, wie sie im Wahrnehmungsvertrag aufgezählt sind, schon vor Abschluss dieses Vertrages Dritten eingeräumt hat, überträgt er sie an die VG Bild-Kunst für den Fall, dass ihm die Verfügungsbefugnis wieder zufällt.

130 Ferner überträgt der Urheber der VG Bild-Kunst den Auskunfts- und Vergütungsanspruch aus dem sogenannten **Folgerecht.**[239]

131 **b) Grenzen des Wahrnehmungsumfangs der VG Bild-Kunst.** Die VG Bild-Kunst unterliegt einem **Abschlusszwang.** Sie muss jedermann Nutzungsrechte, die von ihr wahrgenommen werden, zu angemessenen Bedingungen einräumen (§ 11 UrhWG). Infolgedessen kann sie grundsätzlich nur **einfache Nutzungsrechte, keine Exklusivrechte** erteilen. Außerdem kann sie dem Interessenten lediglich gestatten, das Werk **vollständig und unverändert** zu nutzen.[240] Die Nutzung bloßer **Ausschnitte** sowie **Bearbeitungen**

---

[236] Zur kollektiven Wahrnehmung vgl. ferner *G. Schulze* in: Loewenheim, Handbuch des Urheberrechts Rz. 165ff.

[237] Vgl. hierzu *Flechsig* in: Loewenheim, Handbuch des Urheberrechts, § 85 Rz. 1ff., 17.

[238] Vgl. hierzu Rz. 42.

[239] Vgl. hierzu *Pfennig* in: Loewenheim, Handbuch des Urheberrechts, § 88 Rz. 19; s.a. *M. Schulze* 1. Teil Rz. 104ff. und *W. Nordemann* 2. Teil Rz. 160ff.

[240] Vgl. *G. Schulze* ZUM 1993, 255/259.

oder **werbemäßige Nutzungen** bedürfen in jedem Falle der **weiteren Einwilligung des Berechtigten.** Die Rechtsübertragung erstreckt sich gemäß Wahrnehmungsvertrag zwar auch auf derartige Nutzungen. Sie müssen jedoch gesondert mit dem Berechtigten abgesprochen werden. Darüber hinaus kann der Berechtigte verlangen, dass ihm ein Teil der zur Wahrnehmung eingeräumten Rechte, wie z.B. Vergütungsansprüche für das Ausstellen von Kunstwerken, das Vorführungsrecht, das Senderecht, das Vervielfältigungs- und Verbreitungsrecht in Zeitungen und Zeitschriften, für die Wahrnehmung in einem bestimmten Einzelfall **zurückübertragen** werden. Auf diesem Wege könnte er beispielsweise einer Zeitschrift gestatten, sein Werk kostenlos oder gegen eine über die Tarife der VG Bild-Kunst hinausgehende Vergütung abzudrucken. Umgekehrt kann der Berechtigte die VG Bild-Kunst ermächtigen, **weitere Ansprüche,** insbesondere auch aus seinem Urhebernennungsrecht (§ 13 UrhG), geltend zu machen. Beispielsweise bleibt das **Abdrucksrecht in Kunstbüchern,** die nur seine Werke enthalten, grundsätzlich bei ihm. Er kann aber auch die VG Bild-Kunst ermächtigen, dieses Recht für ihn wahrzunehmen. Insoweit unterliegt die VG Bild-Kunst dann keinem Abschlusszwang, so dass sie nicht an ihre Tarife gebunden ist, sondern auch höhere Vergütungen verlangen kann.[241]

c) Tarife der VG Bild-Kunst. Für die Nutzung der von ihr eingeräumten Rechte 132
stellt die VG Bild-Kunst Tarife auf, die in regelmäßigen Abständen an das sich ändernde Marktgefüge angepasst werden. Eine Broschüre mit den Tarifen ist bei der VG Bild-Kunst erhältlich.[242] Voraussetzung für die Anwendbarkeit dieser Tarife ist, dass sich der Nutzer **vor der Veröffentlichung** um den Erwerb der erforderlichen Nutzungsrechte bemüht und die **tarifliche Vergütung zahlt** oder zumindest zugunsten der VG Bild-Kunst hinterlegt oder unter Vorbehalt zahlt (§ 11 Abs. 2 UrhWG). Ungenehmigte Reproduktionen bedingen nach den allgemeinen Konditionen der VG Bild-Kunst einen **Medienkontrollzuschlag** in Höhe von 100% des Tarifs. Teilweise wurde dieser Zuschlag von den Gerichten zugesprochen.[243] Teilweise wurde ein genereller Kontrollzuschlag verneint.[244] Im Hinblick auf **Art. 41 Abs. 1 TRIPS-Abkommen,** wonach die Mitgliedstaaten Rechtsbehelfe zur Abschreckung von weiteren Verletzungshandlungen vorsehen müssen, spricht einiges dafür, einen 100%igen Zuschlag generell zuzubilligen.[245] Ferner ist ein **100%iger Zuschlag** der Tarifgebühr fällig, wenn der **Urheber nicht genannt** wird. Dies ist mittlerweile ständige Rechtsprechung.[246]

Die Tarife sehen auch Nutzungen für **Werbezwecke** vor. Derartige Nutzungen müs- 133
sen im Einzelfall **zuvor** vom Rechteinhaber **genehmigt** werden, da jede Werbung auch die Urheberpersönlichkeitsrechte berührt. Dies gilt in gleicher Weise, wenn das Werk auf einem **besonderen Trägermaterial** wie Textilien, Glas, Kacheln und dergleichen reproduziert werden soll. Die Nutzung des Werkes auf dem **Titel** eines Verlagsobjekts, z.B. der Titelseite einer Zeitschrift, führt ebenfalls zu einem Aufschlag in Höhe von 100%. Die Tarife der VG Bild-Kunst sind Anhaltspunkt dafür, was üblicherweise für die betreffende Nutzung zu zahlen ist, und zwar unabhängig davon, ob das betreffende Werk bekannt ist

---

241 Vgl. *G. Schulze* in: Loewenheim, Handbuch des Urheberrechts, § 70 Rz. 167 zur Verwaltung von Nachlässen bekannter Designer durch die VG Bild-Kunst.

242 VG Bild-Kunst, Weberstr. 61, 53113 Bonn, Tel.: 0228/91534–0.

243 Vgl. LG Berlin, *Schulze* LGZ Nr. 193; LG Berlin ZUM 1989, 473/475; LG Hagen GRUR 1993, 474 – *Kontrollzuschlag,* aber nur in Höhe von 30%; vgl. grundsätzlich auch LG Berlin ZUM 1998, 673/674.

244 Vgl. BGH, *Schulze* BGHZ Nr. 399 zu Videoraubkopien; OLG Düsseldorf ZUM 1998, 668.

245 Vgl. zur Anwendbarkeit der Vorschriften des TRIPS-Abkommens BGH NJW 1999, 1953/1958 – *Kopienversanddienst.*

246 Vgl. LG München I *Schulze* LGZ Nr. 219 zur Urhebernennung in einer Werbeanzeige; s.a. Rz. 110.

oder nicht. Sie sind deshalb auch bei Urheberrechtsverletzungen für die **Berechnung der angemessenen Lizenzgebühr** heranzuziehen, ähnlich wie dies für die Empfehlungen der Mittelstandsgemeinschaft Foto-Marketing im Bereich der Fotografie gilt.[247]

IV. Verträge mit Arbeitnehmern

134 Der Künstler kann auch im Angestelltenverhältnis künstlerisch tätig sein. Dort zählen seine gestalterischen Leistungen zu den vertraglich zu erbringenden Pflichten. Einerseits wird von ihm nicht verlangt werden können, nur urheberrechtlich geschützte Leistungen zu erbringen. Andererseits ändern sich seine vertraglichen Rechte und Pflichten nicht dadurch, dass die Ergebnisse, die er in Erfüllung seines Arbeitsverhältnisses schafft, urheberrechtlich geschützt sind. Allerdings gilt auch im Arbeits- oder Dienstverhältnis das Urheberrecht (§ 43 UrhG). **Urheber** der einzelnen Leistungen bleibt nach wie vor derjenige, der das Werk schafft, in der Regel also der **Arbeitnehmer,** nicht hingegen der Arbeitgeber (§ 7 UrhG). Im Hinblick auf einen möglichen Urheberrechtsschutz der erbrachten Leistungen wird deshalb der Arbeitgeber mit seinen angestellten Urhebern in der Regel vereinbaren, dass die während der Arbeitszeit entstandenen Rechte an Entwürfen und sonstigen Leistungen ihm uneingeschränkt eingeräumt werden. Fehlt eine ausdrückliche Vereinbarung, ergibt sich in der Regel aus **Sinn und Zweck des Arbeitsverhältnisses,** dass die Rechte dem Arbeitgeber **stillschweigend** eingeräumt wurden.[248]

135 Auf der einen Seite gilt es zu beachten, dass die Leistungen des angestellten Urhebers fremdbestimmt sind, soweit es sich um sogenannte **Pflichtwerke** handelt, nämlich die in Erfüllung seiner vertraglichen Pflichten geschaffen wurden. Er wird vergütet, damit er nicht nur die Leistungen erbringt, sondern damit diese Leistungen vom Arbeitgeber auch genutzt werden können. Sinn und Zweck des Vertrages sind deshalb auch im Lichte des **Betriebszwecks** auszulegen, so dass die stillschweigende Rechtseinräumung im Einzelfall durchaus weitreichend sein kann. Ferner kann die **Treuepflicht des Arbeitnehmers** weiter reichen als bei einem freischaffenden Urheber, so dass er im Einzelfall verpflichtet sein kann, dem Arbeitgeber auch Nutzungsrechte an bei Vertragsschluss noch unbekannten Nutzungsarten gegen Zahlung einer angemessenen Vergütung anzubieten, wenn die Art der Nutzung nach wie vor unter den Betriebszweck des Arbeitgebers fällt.[249] Auf der anderen Seite dürfen Treuepflichten nicht dazu führen, dass der Zweckübertragungsgrundsatz (§ 31 Abs. 5 UrhG) sowie der Grundsatz, dass Rechtseinräumungen hinsichtlich bei Vertragsschluss noch unbekannter Nutzungsarten unwirksam sind (§ 31 Abs. 4 UrhG), ausgehöhlt oder umgangen würden. Nur in **Ausnahmefällen** ist der Urheber aufgrund seiner Treuepflicht gehalten, alte Verträge hinsichtlich des **Rechteumfangs nachträglich anzupassen.**[250] Es kommt auf die **Umstände des Einzelfalls** an, unter anderem ob der Arbeitnehmer in einem langfristigen gesicherten Arbeits- oder Beamtenverhältnis tätig ist oder nur vorübergehend beschäftigt wurde.[251] Auf **arbeitnehmerähnliche Personen**

---

[247] Vgl. hierzu OLG München ZUM 1992, 152 zu den Empfehlungen der Mittelstandsgemeinschaft Foto-Marketing; LG München I, *Schulze* LGZ Nr. 219 zu den Tarifen der VG Bild-Kunst; OLG Frankfurt a. M. NJW-RR 1997, 120, zu den Tarifen der AGD.

[248] Vgl. BGH GRUR 1974, 480/484 – *Hummelrechte; Kraßer* in: FS für Schricker, 1995, S. 77/91; vgl. *A. Nordemann* in: Loewenheim, Handbuch des Urheberrechts, § 63 Rz. 29ff.

[249] Vgl. *Vinck* in: Fromm/Nordemann, Urheberrecht, § 43 Rz. 3; *Schricker/Rojahn* § 43 Rz. 54.

[250] Vgl. OLG Hamburg ZUM 1999, 78/82 und BGH GRUR 2002, 248/252 – *Spiegel-CD-ROM,* zum Erwerb von CD-ROM-Rechten.

[251] Vgl. BGH GRUR 1991, 133/135 – *Videozweitauswertung.*

sind die sich aus § 43 UrhG ergebenden Beschränkungen nicht anzuwenden.[252] Weitere Rechte und Pflichten ergeben sich aus den §§ 611ff. BGB.[253]

V. Verträge mit Bühnenbildnern

1. *Gegenstand*

Bühnenbilder werden i. d. R. nur für eine Inszenierung geschaffen. Mag manche In- **136**
szenierung auch über mehrere Spielzeiten andauern oder nach Unterbrechungen wieder hervorgeholt werden, so haben Bühnenbilder i. d. R. nur einen vorübergehenden Bestand. Sie werden grundsätzlich als **Werke der bildenden Künste** angesehen.[254] Als **raumbildende Gestaltungen** lassen sie sich aber auch mit der Innenarchitektur vergleichen und deshalb im Einzelfall unter die **Werke der Baukunst** einordnen.[255] Entscheidend ist zunächst, ob das Bühnenbild **hinreichend individuell** ist und deshalb Urheberrechtsschutz genießt oder nicht.

Ob das Bühnenbild ein Werk der bildenden Künste im engeren Sinne oder ein Werk **137**
der Baukunst ist, könnte für das **Vermietrecht** bedeutsam sein; denn nach § 17 Abs. 3 Nr. 1 UrhG gilt die Überlassung eines Bauwerkes nicht als Vermietung. Allerdings wird man bedenken müssen, dass Bühnenbilder **Bauwerke** in erster Linie **darstellen,** nicht aber selbst als Bauwerke genutzt werden sollen.[256] Bei ihnen steht also nicht das Sachobjekt, sondern das Werk im Vordergrund. Im Zweifel ist deshalb auch hier ein Vermietrecht zuzubilligen. Um derartige Zweifel auszuschließen, sollte der Bühnenbildner mit dem Theaterunternehmen vereinbaren, dass sein Bühnenbild nur **für die konkrete Inszenierung** an dem **bestimmten Theater** genutzt werden darf und dass eine **Weitergabe an Dritte** gesondert zu vereinbaren und zu vergüten ist. In der Regel ist die Nutzung nur in diesem begrenzten Rahmen gestattet.[257]

2. *Vertragsart*

Ist der **Bühnenbildner** nicht beim Theater angestellt, wird er meistens **einzelvertrag-** **138**
lich zur Inszenierung eines bestimmten Theaterstücks herangezogen. Es werden **Werkverträge** geschlossen (§§ 631ff. BGB). Wird der Bühnenbildner im **Angestelltenverhältnis** tätig, liegt in der Regel ein **Dienstvertrag** vor (§§ 611ff. BGB).[258] Sind die Vertragsparteien tarifgebunden, kommen die Regelungen des **Tarifvertrags** für technische Angestellte mit teilweise künstlerischer Tätigkeit an Landesbühnen (BTTL) oder des **Normalvertrags Solo** in Betracht. Dort erstreckt sich die Mitwirkungspflicht zwar auch auf die Aufnahme der Darbietung auf Bildtonträger, jedoch nur für den theatereigenen Gebrauch oder für Werbezwecke der Bühne, nicht hingegen für eine darüber hinausgehende Nutzung. Vielmehr bleiben Ansprüche aus dem Urheber- und Leistungsschutzrecht unberührt.[259]

---

[252] *Kraßer* in: FS für Schricker, 1995, S. 77/88.

[253] Zu weiteren Besonderheiten des Arbeitnehmerurhebers vgl. *A. Nordemann* in: Loewenheim, Handbuch des Urheberrechts, § 63.

[254] Vgl. BGH GRUR 1986, 458 – *Oberammergauer Passionsspiele;* LG Düsseldorf UFITA 77 (1976), S. 282/284 – *Die Zimmerschlacht; Schricker/Loewenheim* § 2 Rz. 144.

[255] Vgl. *Heker,* S. 45ff.; *Gerlach* GRUR 1976, 613/614; *v. Gamm* BauR 1982, 97/101.

[256] Vgl. *Heker,* S. 47; zur Gebrauchsüberlassung s. a. Rz. 35ff.

[257] Vgl. Bühnen-Oberschiedsgericht UFITA 16 (1944), S. 148/152 – *Elisabeth von England; Kurz* 13. Kap. Rz. 70 und 93.

[258] Vgl. *Heker,* S. 116; *Kurz* 13. Kap. Rz. 89ff.

[259] Vgl. § 4 Abs. 4 des Normalvertrags Solo; vgl. ferner *Heker,* S. 117; *Kurz* 13. Kap. Rz. 93.

3. Einräumung von Nutzungsrechten

139 Für den **Bühnenbildner** gibt es grundsätzlich genauso wenig Anlass, dem Theater Nutzungsrechte einzuräumen, wie beim Architekten gegenüber seinem Bauherrn. Er entwirft das Bühnenbild für eine bestimmte Inszenierung. In der Regel überwacht er auch die Ausführungsarbeiten und **macht** auf diese Weise **von seinem eigenen Nutzungsrecht Gebrauch.**[260] Lediglich das **Veröffentlichungsrecht** muss er dem Theaterunternehmen für die Premiere einräumen. Danach ist es verbraucht.[261] Weitergehende Rechte sind nicht erforderlich; denn aufgeführt wird nicht das Bühnenbild, sondern das Theaterstück. Auch ein **Ausstellungsrecht** am Bühnenbild wäre nach der Premiere verbraucht.[262] Anders verhält es sich, wenn man das **Bühnenbild als Teil eines Gesamtwerks der Inszenierung** ansieht, so dass es im Rahmen dieser Inszenierung jedes Mal mit aufgeführt wird.[263] Nach Sinn und Zweck der zwischen Bühnenbildner und Theaterunternehmen getroffenen Vereinbarung soll das Bühnenbild im Rahmen der Aufführung zumindest für eine Spielzeit genutzt werden können. Ist hierfür eine Rechtseinräumung erforderlich und wurden Rechte nicht ausdrücklich eingeräumt, so sind sie für diesen Zweck jedenfalls **stillschweigend eingeräumt** worden, und zwar grundsätzlich für beliebig viele Vorstellungen. Dies gilt erst recht, wenn der Bühnenbildner beim Theater angestellt ist.[264]

140 Werden **Fotos von dem Bühnenbild** gemacht, wird die Aufführung samt **Bühnenbild filmisch aufgezeichnet** oder finden andere Vervielfältigungshandlungen statt, müssen hierfür die einschlägigen Nutzungsrechte erworben werden. Handelt es sich um **Aufzeichnungen für theatereigene Zwecke,** z.B. für die Abbildung im Programmheft oder auf dem Plakat oder um die Aufzeichnung für die eigene Dokumentation, werden auch diese Nutzungen in der Regel von Sinn und Zweck des Vertrages umfasst sein. Anders verhält es sich, wenn die **Aufführung im Fernsehen übertragen** oder eine Aufzeichnung der Aufführung für **Kino- oder Fernsehzwecke** genutzt wird. Derartige Nutzungen müssten ausdrücklich vereinbart werden.[265]

141 Geht das Ensemble mit der Inszenierung samt Bühnenbild auf **Tournee,** finden grundsätzlich nur weitere Aufführungen statt, die entweder – im Falle einer getrennten Betrachtungsweise von Bühnenbild und Inszenierung – keine zusätzlich urheberrechtsrelevanten Nutzungshandlungen darstellen[266] oder die vom Vertragszweck mitumfasst sind. Wird das **Bühnenbild von einer anderen Bühne übernommen** und für deren Inszenierung geändert, stellt dies einen Eingriff in das ausschließliche Verwertungsrecht des Bühnenbildners dar.[267] Eine derartige Nutzung muss also gesondert vereinbart werden.

142 Desgleichen müssen Bearbeitungen oder sonstige **Änderungen** des Bühnenbildes grundsätzlich gesondert geregelt werden.[268] Eine dahingehende **stillschweigende Rechts-**

---

[260] Vgl. *G. Schulze* in: Loewenheim, Handbuch des Urheberrechts, § 71 Rz. 17.

[261] Vgl. *G. Schulze* in: *Dreier/Schulze* § 12 Rz. 7.

[262] Vgl. *G. Schulze* in: Loewenheim, Handbuch des Urheberrechts, § 20 Rz. 53.

[263] Vgl. *Kurz* 13. Kap. Rz. 46.

[264] Vgl. *Kurz* 13. Kap. Rz. 90; s.a. Rz. 134f.

[265] Vgl. *Schricker/Rojahn* § 43 Rz. 69; *Heker,* S. 122f.

[266] Vgl. Rz. 139.

[267] Vgl. LG Düsseldorf UFITA 77 (1976), S. 282/285 – *Die Zimmerschlacht;* Bühnen Oberschiedsgericht UFITA 16 (1944), S. 143/153 – *Elisabeth von England.*

[268] Vgl. LAG Berlin UFITA 24 (1957), S. 134/141 – *Tod des Handlungsreisenden; Kurz* 13. Kap. Rz. 97.

einräumung kann nur **ausnahmsweise** in Betracht kommen.[269] Die **Verbreitung,** nämlich das (erstmalige) Verkaufen oder **Vermieten** des Bühnenbildes, sowie die **filmische Auswertung,** sei es durch Übertragung im Fernsehen, sei es durch Verkauf von Videokassetten, oder die Vorführung der Aufzeichnung im Kino ist von dem üblichen Vertragszweck nicht umfasst und müsste gesondert vereinbart werden.[270] Anders verhält es sich bei **angestellten Bühnenbildnern.** Sie räumen ihrem Arbeitgeber im Zweifel ausschließliche Nutzungsrechte am Bühnenbild ein.[271] Auch hier gilt jedoch die Zweckübertragungslehre, so dass sie für über den Betriebszweck hinausgehende Nutzungen jedenfalls zu vergüten sind.[272]

Der Bühnenbildner ist im Programmheft, auf Plakaten und bei anderen vergleichbaren **143** Ankündigungen seiner Arbeit mit seinem Namen und seiner Eigenschaft als Bühnenbildner zu **nennen.**[273]

Der Bühnenbildner bleibt **Eigentümer seiner Entwürfe.** Das Theaterunternehmen **144** wird jedoch **Eigentümer des Bühnenbilds.**[274] Über sein **Zugangsrecht** (§ 25 UrhG) kann sich der Bühnenbildner Zugang zu seinem Werk verschaffen, um es fotografieren zu können. Will die Bühne oder deren Träger die **Entwürfe und Modelle von Bühnenbildern ausstellen,** müsste sie mit den Urhebern entsprechende Vereinbarungen treffen, damit ihr die Ausstellungsstücke hierfür zur Verfügung gestellt werden. Umgekehrt muss der Bühnenbildner auf entsprechende Regelungen achten, wenn der Vertrag vorsieht, dass Entwurf und Modell ins Eigentum der Bühne übergehen sollen, und wenn er sie später z.B. für eine Retrospektive seiner Werke nutzen möchte.

4. *Wahrnehmung von Rechten*

Bei Bühnenbildern geht es in erster Linie um die Nutzung von **Abbildungen durch 145** **Foto oder Film** sowie deren Wiedergabe. Da Bühnenbilder vielfach Werke der bildenden Kunst oder zumindest in ihrer Funktion als solche einzustufen sind, kann die VG Bild-Kunst auch das Recht zur **Vermietung von Bühnenbildern**[275] an andere Theater wahrnehmen und dem Urheber somit eine Vergütung hierfür sichern. Hat er nämlich dieses Recht auch für künftige Werke an die VG Bild-Kunst eingeräumt, kann es ihm durch Vertrag mit der Bühne nicht mehr genommen werden. Die Bühne muss nun aber nicht befürchten, jedes andere Theater könne über die VG Bild-Kunst erreichen, ihm das Bühnenbild zu überlassen; denn die Erstbühne bleibt nach wie vor Eigentümerin des Originalwerkes. Sie hat es also in der Hand, ob und zu welchen Konditionen sie das Bühnenbild Dritten überlässt. Der Tarif für das Vermietrecht ist zusätzlich an die VG Bild-Kunst zu zahlen.

---

[269] Vgl. BGH GRUR 1986, 458/459 – *Oberammergauer Passionsspiele;* BGH GRUR 1989, 106/107 – *Oberammergauer Passionsspiele II,* zur stillschweigenden Einräumung des Bearbeitungsrechts durch das bei diesen Passionsspielen geltende Gelübde, dem sich jeder Teilnehmer unterwirft.

[270] Vgl. *Schricker/Rojahn* § 43 Rz. 69; *Heker* S. 122f.; *Kurz* 13. Kap. Rz. 93.

[271] Vgl. *Heker,* S. 121.

[272] Vgl. *Heker,* S. 124f.; *Kurz* 13. Kap. Rz. 93.

[273] Vgl. *Heker,* S. 126.

[274] Vgl. KG ZUM-RD 1998, 9/10, wonach bei einem Angestelltenverhältnis der Arbeitgeber auch Eigentümer der Skizzen und Entwürfe eines Theater-Plastikers wird; *Heker,* S. 121; *Kurz* 13. Kap. Rz. 55.

[275] S. a. Rz. 36ff. und 137ff.

B. Leihverkehr

Schrifttum: *Sabine Boos,* Kulturgut als Gegenstand des grenzüberschreitenden Leihverkehrs, Berlin 2006; *Michael Markus Franz,* Zivilrechtliche Probleme des Kulturgüteraustausches, Frankfurt/M. 1996; *Hetty Gleave,* To Lend or not to Lend – The Risks, in: Art, Antiquity & Law 1999, 383; *Wolf-Dieter Heilmeyer,* Leihgaben-Austausch als Museumspolitik der Zukunft, Museumskunde Bd. 67 (2002), 65; *Robert Kirchmaier,* Verschuldensunabhängige Haftung des Entleihers im Leihverkehr mit Kulturgütern, KUR 2000, 24; *Isabel Kühl,* Der internationale Leihverkehr der Museen, Köln u. a. 2004; *Norman Palmer,* Art Loans, in: Marine Briat/Judith Freedberg (Hrsg.), Legal Aspects of International Trade in Art, London u. a. 1996, S. 299; *Ders.,* Art Loans al Legal Animals, in: Art, Antiquity & Law 1996, 251; *Ders.,* Art Loans, London u. a. 1997; *Haimo Schack,* Kunst und Recht (Kap. 25), Köln u. a. 2004.

I. Bedeutung und Umfang des internationalen Leihverkehrs

1. Bedeutung des Kulturgüteraustauschs

146 Die Frage ist durchaus berechtigt und wird auch immer wieder gestellt:[276] Warum schickt man Kulturgüter von bedeutendem materiellen wie auch immateriellen Wert auf Reisen, wo doch die Welt für den Menschen so klein und bequem erreichbar geworden ist? Aus rein restauratorischer Sicht, die einzig den ungefährdeten und ungeschmälerten Erhalt von Kulturgütern als Maßstab nimmt, ist dies in vielen Fällen nur schwer verantwortbar. Mit nahezu jeder Bewegung eines Kulturgutes wächst die Gefahr seiner substanziellen Beeinträchtigung. Andererseits steht außer Frage, dass Kulturgutaustausch einen sinnvollen und wünschenswerten Beitrag zur Völkerverständigung leisten kann.[277] Dieser Gedanke ist bereits mehrfach in internationalen Abkommen und nationalen Vorschriften zum Ausdruck gebracht worden, weshalb der möglichst einschränkungsfreie und problemlose internationale Verkehr von Kulturgütern überwiegend als erstrebenswertes Ziel angesehen wird.

2. Entwicklung des Leihverkehrs

147 Seit den 1980er Jahren lässt sich ein deutlicher Anstieg des Publikumsinteresses in den Museen feststellen. Ein Grund hierfür liegt sicherlich in deren verstärkter Ausstellungstätigkeit. Das **Ausstellungswesen boomt** und erreicht von Jahr zu Jahr neue **Rekordergebnisse.**[278] Der Auftrag von Museen und sonstigen kulturellen Institutionen, Kunst und Kulturgut nicht nur zu erhalten und zu bewahren, sondern sie auch nachhaltig der Öffentlichkeit zu vermitteln und zur Diskussion zu stellen, wird zunehmend ernst genommen und tritt neben dem **wissenschaftlichen Forschungsauftrag** mittlerweile immer mehr

---

[276] Johann Wolfgang Goethe schon im Jahr 1827: „An Bildern schleppt ihr hin und her/Verlornes und Erworbnes/Und bei dem Senden kreuz und quer/Was bleibt uns denn? – Verdorbnes!". Vgl. auch *Klaus Meyer,* Verstaatlichung der Kunstversicherung, ZfV 1989, 180: „Einst musste man zu prominenten Kunstwerken in die Museen der Welt pilgern, heute ist es der Ehrgeiz der Museumsleiter und Kulturpolitiker, die Kunst der Welt dem Bürger vor der eigenen Haustür zu präsentieren."

[277] Speziell zur Bedeutung der Museen für den Kulturgüteraustausch vgl. *Michael Markus Franz,* Zivilrechtliche Probleme des Kulturgüteraustausches, 1996, S. 29 ff.

[278] *Andreas Burmester,* Deep Time: Ausstellen als Risiko und Notwendigkeit, in: Hans Dieter Huber/Hubert Locher/Karin Schulte (Hrsg.), Kunst des Ausstellens, 2002, S. 71 ff., 73: „In wohl keiner Zeit fanden so viele Ausstellungen wie heute statt und ihre Zahl scheint, analog zur Bevölkerungsexplosion und zur technischen Machbarkeit, zu steigen".

in den Vordergrund.[279] Aufschlussreich hierzu sind die seit 1980 erfolgenden statistischen Gesamterhebungen, die das Berliner Institut für Museumskunde jährlich für die Bundesrepublik durchführt und deren Ergebnisse als fortlaufende Hefte veröffentlicht werden.[280] Von den rund 80% der Museen, die in den Erhebungszeiträumen 1998–2004 Angaben zu Sonderausstellungen gemacht haben, veranstalteten zwischen 55% und 58% Sonderausstellungen.[281] Die Zahl der Sonderausstellungen lag rund zwischen 9000 und 9350 Ausstellungen pro Jahr.[282] Von den durchschnittlich 64 Millionen Museumsbesuchen pro Jahr[283] entfallen etwa 13 Millionen Besuche auf **Kunstmuseen.**[284]

Trotz knapper öffentlicher Haushalte und zum Teil drastischer Sparmaßnahmen auf **148**
Seiten staatlicher und kommunaler Träger von Kultureinrichtungen hält sich die **Zahl der Sonderausstellungen auf beachtlich hohem Niveau.** Dass hier oftmals Einfallsreichtum, Mut und Entschlossenheit gefragt sind, zeigen anschaulich die in letzter Zeit vermehrt stattgefundenen „Gastspiele“[285] in anderen Häusern. Den glanzvollen Auftritt des Museum of Modern Art (New York) in der Neuen Nationalgalerie (Berlin) im Jahre 2004, bei dem sieben Monate lang 200 Meisterwerke aus New York in Berlin gezeigt wurden, verdanken wir zwar weniger finanziellen Nöten als vielmehr der Notwendigkeit zeitweiser Auslagerung der Bestände des MoMA in New York. Dies ändert hingegen nichts daran, dass 1,2 Millionen Besucher diese Kooperation zu einem Maßstab bildenden Publikumserfolg machten. Das wechselseitige Gastspiel des Blauen Reiter im Museum Ludwig (Köln) und der dortigen Picasso Sammlung im Lenbachhaus (München) für jeweils vier Monate (2004) dagegen war eine durchaus erfolgreiche[286] „Reaktion beider Museen auf die finanziell angespannte Situation öffentlicher Haushalte“.[287] Dass Kultur

[279] *Philipp Beyer,* Ausstellungsrecht und Ausstellungsvergütung, 2000, S. 62; *Hermann Arnhold,* Die europäischen Museen an der Wende zum 21. Jahrhundert: Ein Ausblick, Museumskunde 2000, 18.

[280] Materialien aus dem Institut für Museumskunde (direkt dort zu beziehen) Hefte 6 (1982), 8 (1983), 14 (1984), 16 (1985), 23 (1987), 28 (1988), 31 (1989), 34 (1990), 36 (1991), 38 (1992), 40 (1993), 43 (1994), 45 (1995), 48 (1996), 50 (1997), 52 (1998), 53 (1999), 54 (2000), 55 (2001), 57 (2002), 58 (2003) und 59 (2004) – die Angaben in Klammern beziehen sich jeweils auf das Erhebungsjahr, erschienen jeweils im Folgejahr. Seit dem Erhebungszeitraum 1998 können sie auch im Internet unter http//:www.smb.spk-berlin.de/ifm abgerufen werden.

[281] Statistische Gesamterhebung für die Jahre 1998 (S. 71: 57,6%), 1999 (Nr. 5.1: 55,8%), 2000 (Nr. 5.1: 55,9%), 2001 (S. 63: 54,9%), 2002 (S. 58: 56,6%), 2003 (S. 63: 57,8%) und 2004 (S. 63: 57,4%).

[282] Statistische Gesamterhebung für die Jahre 1998 (S. 71: 9201 Sonderausstellungen), 1999 (Nr. 5.1: 9218 Sonderausstellungen), 2000 (Nr. 5.1: 9348 Sonderausstellungen), 2001 (S. 64: 8973 Sonderausstellungen), 2002 (S. 58: 9273 Sonderausstellungen), 2003 (S. 63: 9222 Sonderausstellungen) und 2004 (S. 65: 9042 Sonderausstellungen).

[283] Statistische Gesamterhebung für die Jahre 1998 (S. 72: 63 245 831 Museumsbesuche), 1999 (Nr. 5.1: 63 733 469 Museumsbesuche), 2000 (Nr. 5.1: 64 688 256 Museumsbesuche), 2001 (S. 65: 66 359 147 Museumsbesuche), 2002 (S. 59: 64 686 451 Museumsbesuche), 2003 (S. 64: 63 472 287 Museumsbesuche) und 2004 (S. 65: 68 268 130 Museumsbesuche).

[284] Statistische Gesamterhebung für die Jahre 1998 (S. 73: 12 416 045 Museumsbesuche), 1999 (Nr. 5.1: 13 270 789 Museumsbesuche), 2000 (Nr. 5.1: 12 248 841 Museumsbesuche), 2001 (S. 65: 13 010 544 Museumsbesuche), 2002 (S. 60: 13 714 537 Museumsbesuche), 2003 (S. 65: 13 548 090 Museumsbesuche) und 2004 (S. 65: 15 392 962 Museumsbesuche).

[285] So bezeichnet *Peter Raue* den Auftritt des MoMA in der Neuen Nationalgalerie, vgl. *John Elderfield* (Hrsg.), Das MoMA in Berlin, 2004, Grußwort S. 7.

[286] 220 000 Besucher beim Blauen Reiter in Köln und 170 000 Besucher bei Picasso in München.

[287] *Helmut Friedel* und *Kaspar König* in: Helmut Friedel/Annegret Hoberg (Hrsg.), Der Blaue Reiter im Lenbachhaus München, 2004, S. 4.

und kultureller Austausch nach wie vor auch bei den politischen Entscheidungsträgern einen hohen Stellenwert innehaben, zeigen nicht zuletzt die neu errichteten Museen.[288] Der Masterplan für die Berliner Museumsinsel ist dafür ein nahezu beispielloses und beeindruckendes Beispiel.[289]

149 **Sonderausstellungen** wären ohne die **Zurverfügungstellung von Leihgaben** nicht möglich. Dies gilt nicht nur für Veranstalter, die über keine eigenen Bestände verfügen und deshalb gänzlich auf die Unterstützung und Großzügigkeit von Leihgebern angewiesen sind.[290] Selbst große Museen mit umfangreichen erstklassigen Beständen ziehen für ihre Sonderausstellungen immer wieder gezielt Leihgaben hinzu. Ein eher ungewöhnliches, gleichwohl aber spannendes Beispiel hierfür war die „face to face“ – Präsentation der beiden herausragenden Bilder „Le déjeuner“ und „Un bar aux Folies-Bergère“ von Edouard Manet in der Münchner Neuen Pinakothek (2004) unter dem Ausstellungstitel: „Manet Manet – Zwei Bilder im Dialog“.[291] Die Besonderheit dieser Präsentation bestand u.a. darin, dass sie im Wesentlichen auf die beiden genannten Gemälde beschränkt war und deren interessantes Wechselverhältnis dadurch umso stärker in den Blick des Betrachters rücken konnte.

150 Die Thematik des Leihverkehrs ist allerdings nicht auf den Bereich **der Museen** und Ausstellungshäuser beschränkt. Auch **Galerien und Auktionshäuser** nehmen – wenn auch mit anderer Zielsetzung – daran teil. Demgegenüber tritt die Bedeutung der privaten Sammler nicht so stark in den Vordergrund. Zwar stellen auch sie Einzelstücke für Sonderausstellungen zur Verfügung, jedoch nicht in vergleichbarem Umfang. Einen hohen Stellenwert haben private Leihgeber hingegen im Zusammenhang mit so genannten Dauerleihgaben, die nicht an ein bestimmtes Ausstellungsvorhaben geknüpft sind.[292]

3. Rechtliche Wahrnehmung

151 Vor dem Hintergrund eines **anhaltend expandierenden Ausstellungswesens,** welches weltumspannend für Kulturgüteraustausch sorgt, überrascht es, dass die juristische Fachwelt den damit verbundenen rechtlichen Fragen und Problemen bislang wenig Beachtung geschenkt hat. Zwar ist die Thematik des Kulturgüterschutzes in den letzten Jahren sehr intensiv in der Literatur behandelt worden.[293] In diesem Zusammenhang wird die Frage der nur **zeitweisen Besitzüberlassung** allerdings kaum behandelt. Erst in jüngster

[288] Neues Museum Nürnberg (2000), Museum Georg Schäfer in Schweinfurt (2000), Buchheim-Museum der Phantasie in Bernried (2001), Pinakothek der Moderne in München (2002), Neubau des Museums der Bildenden Künste in Leipzig (2004), Literaturmuseum der Moderne in Marbach (2006). Weitere Museumsprojekte werden in den kommenden Jahren verwirklicht werden, wie z. Bsp. die Neuerrichtung des Museums für die Sammlung Brandhorst sowie der Neubau für das Staatliche Museum Ägyptischer Kunst und die Hochschule für Film und Fernsehen in München oder die Einrichtung des Bayerischen Textil- und Industriemuseums in Augsburg.

[289] Näheres hierzu unter http://www.museumsinsel-berlin.de.

[290] Etwa das Haus der Kunst oder die Kunsthalle der Hypo-Kulturstiftung in München, die Tübinger Kunsthalle, die Düsseldorfer Kunsthalle, die Kunst- und Ausstellungshalle der Bundesrepublik in Bonn oder die Frankfurter Schirn.

[291] Vgl. dazu *James Cuno/Joachim Kaak* (Hrsg.): Manet Manet – Zwei Bilder im Dialog, 2004, darin *Reinhold Baumstark/Deborah Swallow* S. 24: „Die Ausleihe derart bedeutender Meisterwerke geschieht niemals leichten Herzens“.

[292] Vgl. dazu eingehend unten IV.

[293] Vgl. hierzu die Nachweise oben bei *Kurt Siehr* 3. Teil; zudem *Kerstin Odendahl,* Kulturgüterschutz, Tübingen 2005, mit umfangreichen Nachweisen der Literatur.

Zeit scheint hier das Interesse geweckt worden zu sein.[294] Auslöser hierfür dürften sowohl spezifische gesetzliche Neuregelungen wie die Einführung der rechtsverbindlichen Rückgabezusage in § 20 des Gesetzes zum Schutz deutschen Kulturgutes gegen Abwanderung (KultgSchG)[295] als auch einige spektakuläre Fälle gewesen sein, in denen Dritte Rechte an Leihgaben geltend machten und mit gerichtlicher Hilfe auch durchsetzten.[296] Letzteres gefährdet die bislang oftmals eher informelle Handhabung des Leihverkehrs, die auf berufsethischer kollegialer Rücksichtnahme sowie Vertrauen beruhte und einvernehmliche Problemlösungen ohne Inanspruchnahme juristischer Unterstützung anstrebte. Deshalb sind auch hier deutliche Tendenzen einer Verrechtlichung festzustellen.

II. Rechtsgrundlagen

1. *International*

Eine abschließende, alle einschlägigen Aspekte berücksichtigende Regelung der Fragen, **152**
die **der internationale Kulturgüteraustausch im Leihverkehr** aufwirft, wurde in internationalen Abkommen bislang nicht getroffen.[297] Die bestehenden internationalen Abkommen machen zwar allesamt deutlich, dass ein internationaler Kulturgüteraustausch durch Leihgaben wünschens- und unterstützenswert ist, konkrete Aussagen lassen sich aus ihnen jedoch kaum gewinnen. Selbst das am 22. November 1928 in Paris unterzeichnete Abkommen über internationale Ausstellungen[298] nimmt **Kunstausstellungen** ausdrücklich aus und gilt hauptsächlich für Präsentationen von Bahn brechenden technischen Neuerungen, wie sie auf den Weltausstellungen gezeigt werden.[299] Die anderen Übereinkommen haben spezielle Schutzgüter vor Augen, wie z.B. die Europarats-Übereinkommen zum Schutz archäologischer Kulturgüter[300] bzw. des archäologischen Erbes,[301] erfassen nur bestimmte Kulturgüter und zielen in erster Linie auf deren Schutz und nicht so sehr auf deren freien Austausch.[302] Das **UNESCO-Übereinkommen vom 14. November 1970**[303] wurde bislang von der Bundesrepublik Deutschland noch nicht in nationales Recht umgesetzt. Ein mittlerweile vorliegender, von der Bundesregierung beschlossener und vom Bundesrat ohne Einwendungen belassener Gesetzentwurf wurde am 1. Juni 2006 im Deutschen Bundestag in erster Lesung behandelt.[304]

---

[294] *Isabel Kühl,* Der internationale Leihverkehr der Museen, 2004; *Sabine Boos,* Kulturgut als Gegenstand des grenzüberschreitenden Leihverkehrs, 2006. International maßgebend: *Norman Palmer,* Art Loans, 1997.

[295] Anlass hierfür war die Ausstellung „Schätze der Himmelssöhne – Die Kaiserliche Sammlung aus dem Nationalen Palastmuseum, Taipeh" in der Kunst- und Ausstellungshalle der Bundesrepublik Deutschland in Bonn (November 2003 – Februar 2004), bei der die taiwanesischen Leihgeber Sorge wegen möglicher gerichtlicher Vollstreckungsmaßnahmen auf Initiative der chinesischen Behörden hatten, vgl. *Kühl* Fn. 294 S. 17 und *Boos* Fn. 294 S. 234.

[296] Vgl. dazu und zum New Yorker Schiele-Fall *Kurt Siehr* oben 3. Teil Rz. 48 und 96.

[297] *Boos* Fn. 294 S. 37.

[298] LNTS 111, 343.

[299] *Boos* Fn. 294 S. 37f.

[300] Vom 6. Mai 1969, UNTS 788, 227.

[301] Vom 16. Januar 1992, ETS Nr. 143.

[302] Weitere Beispiele bei *Kurt* Siehr 3. Teil Rz. 20f. und bei *Boos* Fn. 294 S. 36ff.

[303] UNTS 823, 231.

[304] BT-Drs. 16/1372; vgl. dazu *Stephanie Schulz-Hombach/Katrin Schenk,* Der Gesetzentwurf zur Ausführung des UNESCO-Kulturübereinkommens, KUR 2006, 47–52, und (kritisch) *Michael Müller-Karpe,* Stellungnahme zum Gesetzentwurf zur Ausführung des UNESCO-Kulturübereinkommens, KUR 2006, 53–56.

153 **Erleichterungen** für den Leihverkehr bringen in der Tat **einige Zollabkommen,**[305] die die vorübergehende Einfuhr von Kulturgütern zu Ausstellungszwecken frei von Abgaben stellen und vereinfachte Verfahrensabläufe sicherstellen wollen.

2. Europa

154 Auf europäischer Ebene werden die Bemühungen um zollrechtliche Erleichterungen der Einfuhr zur vorübergehenden Verwendung in das Gebiet der Europäischen Union fortgeführt. Neben den **zolltariflichen Befreiungstatbeständen der Zollbefreiungsverordnung**[306] gibt es hier **außertarifliche Befreiungsmöglichkeiten.**[307] Problematisch ist hierbei, dass die Zoll- und Einfuhrvorschriften Erscheinungsformen der modernen Gegenwartskunst zum Teil nicht oder jedenfalls nicht adäquat erfassen.[308]

155 Weiter haben Bedeutung die Verordnung (EWG) Nr. 3911/92 vom 9. Dezember 1992[309] über die Ausfuhr von Kulturgütern sowie die Richtlinie 93/7/EWG vom 15. März 1993[310] über die Rückgabe von unrechtmäßig aus dem Hoheitsgebiet eines Mitgliedstaats verbrachten Kulturgütern. Die RL 93/7/EWG wurde durch Artikel 1 des **Kulturgutsicherungsgesetzes**[311] als so genanntes **Kulturgüterrückgabegesetz** in nationales Recht umgesetzt.

3. National

156 **a) Allgemeines Zivilrecht.** Der Leihverkehr wird ganz allgemein auf zivilrechtlicher Grundlage abgewickelt. Deshalb sind in erster Linie die **Vorschriften des Bürgerlichen Gesetzbuchs (BGB)** heranzuziehen. Aus dem Allgemeinen Teil kommt insbesondere den Vorschriften über Rechtsgeschäfte (§§ 104–185 BGB) Bedeutung zu. Neben den **allgemeinen schuldrechtlichen Vorschriften** finden sich in den §§ 598–606 BGB gesetzliche Regelungen über die Leihe. In sachenrechtlicher Hinsicht interessieren in erster Linie Ansprüche aus Eigentum (§§ 985–1007 BGB) und Besitz (§§ 854–872 BGB). Darüber hinaus stellen sich beim internationalen Leihverkehr eine Reihe Fragen, die nach den

---

[305] Grundlegend das so genannte Florenz-Abkommen über die Einfuhr von Gegenständen erzieherischen, wissenschaftlichen oder kulturellen Charakters vom 22. November 1950 (UNTS 131, 25), zuletzt die so genannte Istanbul-Konvention vom 26. Juni 1990 (UNTS 1762, 121); dazu eingehend *Boos* Fn. 294 S. 44ff.

[306] Verordnung vom 28. März 1983 über das gemeinschaftliche System der Zollbefreiungen (ABl. L Nr. 105 vom 23. April 1983, S. 1), zuletzt geändert durch Verordnung (EG) Nr. 1719/2005 der Kommission vom 27. Oktober 2005 (ABl. L vom 28. Oktober 2005, S. 1).

[307] Vgl. Art. 137–144 VO (EWG) Nr. 2913/92 zur Festlegung des Zollkodex der Gemeinschaften vom 12. Oktober 1992 (ABl. L Nr. 302 vom 19. Oktober 1992, S. 1) und hierzu die Art. 553–584 ZK-DVO (insb. Art. 576 Abs. III a zu Kunstgegenständen, Sammlungsstücken und Antiquitäten).

[308] Vgl. hierzu *Bodo Pieroth/Bernd Kampmann,* Außenhandelsbeschränkungen für Kunstgegenstände, NJW 1990, 1385, 1389f. und ausführlich – allerdings für den Fall einer Erwerbung – *Robert Kirchmaier,* Abgaben auf die Einfuhr von Werken der Videokunst, KUR 2006, 78.

[309] ABl. EG L Nr. 395 vom 31. Dezember 1992, S. 1.

[310] ABl. EG L Nr. 74 vom 27. März 1993, S. 74; vgl. hierzu *Kurt Siehr* 3. Teil Rz. 23 und *ders.,* Die Richtlinie 93/7/EWG des Rates vom 15. März 1993 über die Rückgabe von unrechtmäßig aus dem Hoheitsgebiet eines Mitgliedstaats verbrachten Kulturgütern und das Privatrecht der Mitgliedstaaten der EWG, KUR 1999, 225–236; *Boos* Fn. 294 S. 75ff.

[311] Gesetz zur Umsetzung von Richtlinien der Europäischen Gemeinschaften über die Rückgabe von unrechtmäßig aus dem Hoheitsgebiet eines Mitgliedstaats verbrachten Kulturgütern und zur Abänderung des Gesetzes zum Schutz deutschen Kulturgutes gegen Abwanderung vom 10. Oktober 1998 (BGBl. I S. 3162).

Vorschriften des Internationalen Privatrechts zu prüfen und zu beantworten sind (insb. Art. 27ff. EGBGB).

b) Öffentliches Recht. Aus dem öffentlich-rechtlichen Bereich ist insbesondere die seit 22. Oktober 1998 vorgesehene Möglichkeit, dem ausländischen Leihgeber von staatlicher Seite die Rückgabe seiner Leihgabe rechtsverbindlich zu garantieren, von Bedeutung. Durch Artikel 2 des **Kulturgutsicherungsgesetzes** wurde das **Gesetz zum Schutz deutschen Kulturgutes gegen Abwanderung (KultgSchG)** vom 6. August 1955[312] durch eine entsprechende Regelung in § 20 ergänzt.[313] **157**

Für den umgekehrten Fall, in dem eine Leihgabe die Bundesrepublik verlassen soll, sehen die Vorschriften des KultgSchG eine Genehmigungspflicht vor, sobald die gewünschte Leihgabe in das **„Verzeichnis national wertvollen Kulturgutes"** eingetragen ist (§ 1 Abs. 4 Satz 1 KultgSchG) bzw. die Eintragung eingeleitet und dieses öffentlich bekannt gemacht ist (§ 4 KultgSchG). Diese Vorschriften gelten auch für die nur vorübergehende Ausfuhr von Kulturgütern.[314] Im öffentlichen und kirchlichen Eigentum stehende Kulturgüter sind nach Maßgabe der §§ 18, 19 KultgSchG ausgenommen, weil und soweit hier vergleichbare Zustimmungserfordernisse den Sinn und Zweck des Gesetzes gewährleisten.[315] **158**

Unabhängig davon enthalten die Regelungen der Denkmalschutzgesetze der Länder Genehmigungspflichten für die Entfernung beweglicher Denkmäler von ihren Standorten und können somit im Leihverkehr gelegentlich Bedeutung erlangen.[316] **159**

c) Sonstiges. Weiterhin sind im Rahmen der Auftragserteilung die Regelungen über die Vergabe von Transport- und Versicherungsdienstleistungen zu beachten.[317] Diese finden sich im **Gesetz gegen Wettbewerbsbeschränkungen (§§ 97–129 GWB),**[318] der Verordnung über die Vergabe öffentlicher Aufträge (VgV)[319] und der einschlägigen Verdingungsordnung für Leistungen VOL/A. Nachdem die Richtlinie 2004/18/EG vom 31. März 2004,[320] welche die europaweiten Verfahren zur Vergabe öffentlicher Bauaufträge, Lieferaufträge und Dienstleistungsaufträge koordinieren und mit Wirkung zum 31. Januar 2006 die bisherigen Richtlinien ersetzen soll, von der Bundesrepublik Deutschland nicht fristgerecht bis zum 31. Januar 2006 in nationales Recht umgesetzt wurde, be- **160**

---

312 BGBl. I S. 501, neu gefasst durch Bekanntmachung vom 8. Juli 1999 (BGBl. I S. 1754), zuletzt geändert durch Art. 71 Verordnung vom 29. Oktober 2001 (BGBl. I S. 2785).

313 Dazu jetzt umfassend *Sabine Boos* Fn. 294.

314 *Boos* Fn. 294 S. 100; *Anette Hipp,* Schutz von Kulturgütern in Deutschland, 2000, S. 89; *Haimo Schack,* Kunst und Recht, 2004, Rn. 521.

315 Vgl. dazu ausführlich *Hipp* Fn. 314 S. 97ff.

316 Vgl. Art. 10 Abs. 1 Satz 1 BayDSchG; § 15 Abs. 1 Satz 1 BbgDSchG; § 10 Abs. 1 Nr. 2 BremDSchG; § 11 Abs. 1 Nr. 3 BerlDSchG; §§ 8 Abs. 1 Nr. 3, 15 Abs. 1 Nr. 4 BWDSchG; § 10 Abs. 1 HamDSchG; § 16 Abs. 1 Nr. 2 HessDSchG; § 7 Abs. 1a MVDSchG; § 10 Abs. 1 Nr. 2 NdsDSchG; § 13 Abs. 1 Nr. 4, Abs. 2 RhPfDSchG; § 12 Abs. 1 Nr. 2 SaarlDSchG; § 12 Abs. 1 Nr. 4 SachsDSchG; § 14 Abs. 1 Nr. 4 SachsAnhDSchG; § 9 Abs. 1 Nr. 2 SchlHDSchG; § 13 Abs. 1a ThDSchG.

317 Hierzu ausführlich *Robert Kirchmaier,* Transport und Versicherung von Ausstellungsgegenständen, in: *Haimo Schack/Karsten Schmidt* (Hrsg.): Rechtsfragen der internationalen Museumspraxis, 2006, S. 33.

318 Zuletzt bekannt gemacht in der seit 1. Juli 2005 geltenden Fassung, BGBl. I S. 2114ff.

319 Vom 9. Januar 2001, BGBl. I S. 110ff., neu gefasst durch Bekanntmachung vom 11. Februar 2003, BGBl. I S. 169ff., zuletzt geändert durch Gesetz vom 1. September 2005, BGBl. I S. 2676ff.

320 Richtlinie 2004/18/EG des Europäischen Parlaments und des Rates über die Koordinierung der Verfahren zur Vergabe öffentlicher Bauaufträge, Lieferaufträge und Dienstleistungsaufträge, ABl. L 134 vom 30. April 2004 S. 114ff.

ansprucht sie derzeit in Teilen unmittelbare Geltung.[321] Die darin vorgesehene **Anhebung des Schwellenwerts** für Transport- und Versicherungsdienstleistungen auf 211 000 € (Art. 7 lit. b der RL 2004/18/EG)[322] wurde durch Art. 1 Nr. 1 c der Dritten Verordnung zur Änderung der Vergabeverordnung[322a] mit Wirkung zum 1. November 2006 in nationales Recht umgesetzt.

4. *Regelungen ohne Gesetzeskraft*

161 Außerhalb der internationalen und nationalen Rechtsordnungen wurden für den Umgang mit Kulturgütern eine Reihe von Regelwerken und Standards entwickelt, denen zwar keine Gesetzeskraft zukommt, die aber gleichwohl berufsethische und berufsständische Verbindlichkeit beanspruchen und als ergänzende Verständnis- und Interpretationshilfen herangezogen werden können.[323] Zu nennen ist hier insbesondere der „Code of Ethics for Museums" des International Council of Museums (ICOM), der der beruflichen Selbstkontrolle gilt und einen Mindeststandard für Museumsbedienstete festschreibt.[324] Auf nationaler Ebene legen die „Standards für Museen", die der Deutsche Museumsbund zur Diskussion stellt und ausdrücklich nicht als „Mindest"-Standards verstanden wissen will, die Grundlage für eine Orientierungshilfe der Museen.[325] Die amerikanischen und britischen Museumsvereinigungen haben ebenfalls „Codes of Ethics for Museums" sowie „Guidelines" zu den Themen Leihverkehr und Erwerb von Objekten erarbeitet.[326]

162 Neben diesen übergreifenden Regelwerken der Museumsverbände gibt es speziell für die Kurierbegleitung von Kulturguttransporten entwickelte Richtlinien der US-amerikanischen und der britischen Registrarsverbände.[327]

III. Gesetzliche und vertragliche Ausgestaltung

1. *Leihvertrag als Grundlage*

163 Der Leihverkehr mit Kulturgütern zeichnet sich u. a. dadurch besonders aus, dass er nicht an den Grenzen einzelner Staaten Halt macht, sondern über diese hinausgeht und ein **weltumspannendes Geschehen** darstellt. Gerade die weltweite Präsenz und zum Teil auch Verstreutheit von Kulturgütern macht deren **Zusammenführung aus aller Herren Länder für Sonderausstellungen** erforderlich. Die dadurch erst mögliche „Zusammenschau" von Kunst- und Kulturgütern unter bestimmten kultur- und kunsthistorischen

---

[321] Vgl. hierzu das Schreiben des Bundesministeriums für Wirtschaft und Technologie Nr. IB/I B 3–26 50 00/20 vom 26. Januar 2006, abrufbar unter http://www.bmwi.de/BMWi/Redaktion/PDF/P-R/rundschreiben-zur-richtlinie-2004-18-eg,property=pdf,bereich=bmwi,sprache=de,rwb=true.pdf.

[322] Ursprünglich waren in der Richtlinie 2004/18/EG 249 000 € vorgesehen, dies wurde jedoch in der Folge geändert, vgl. VO (EG) Nr. 1874/2004 vom 28. Oktober 2004 (ABl. L 326 vom 29. Oktober 2004, S. 17) und VO (EG) Nr. 2083/2005 vom 19. Dezember 2005 (ABl. L 333 vom 20. Dezember 2005, S. 28).

[322a] Vom 23. Oktober 2006, BGBl. I S. 2334.

[323] Vgl. dazu *Friedrich Waidacher,* Handbuch der Allgemeinen Museologie, 1996, S. 297.

[324] Deutsche Fassung unter http://www.icom-deutschland.de/kodex.htm abrufbar.

[325] Abrufbar unter http://www.museumsbund.de.

[326] Abrufbar unter http://www.aam-us.org sowie unter http://museumsassociation.org; dazu auch *Kurt* Siehr 3. Teil Rz. 25. Zu Empfehlungen der UNESCO vgl. *Boos* Fn. 294 S. 114 ff.

[327] Abrufbar für die UK Registrars' Group unter http://www.ukrg.org/publications; die amerikanischen Richtlinien sind in deutscher Übersetzung abgedruckt in: *Cordelia Rose,* Courierspeak, 1993, S. 254 ff., zu beziehen über die American Association of Museums unter http://www.aam-us.org.

Aspekten ist auch mit der entscheidende Grund dafür, dass nach wie vor und wohl auch künftig Kulturgüter auf Reisen gehen und nicht nur auf den Besuch ihrer Bewunderer warten.

Grundlage für den zeitweiligen Kulturgüteraustausch sind Leihvereinbarungen, für die mittlerweile zahlreiche Museen und Ausstellungshäuser vorformulierte Standardverträge verwenden.[328] Die Ständige Konferenz der Kultusminister (KMK) hat bereits am 5. November 1976 einen Musterleihvertrag für eine befristete Leihe innerhalb der Bundesrepublik Deutschland zur Anwendung empfohlen, der zumindest in Teilen auch Eingang gefunden hat in zahlreiche Musterverträge.[329] **164**

a) Anwendbares Recht. Bevor im Einzelfall geprüft werden kann, welche Rechte und Pflichten sich für die Vertragsparteien ergeben, muss bei Leihvorgängen mit internationalem Bezug geklärt werden, welchem Recht sie unterstehen. **165**

Im Grunde haben Leihgeber und Leihnehmer[330] nach Art. 27 Abs. 1 EGBGB die **freie Wahl,** nach den Sachvorschriften welcher Rechtsordnung sie ihre Vertragsbeziehung durchführen wollen. Dies wird im Regelfall die nationale Rechtsordnung entweder des Leihgebers oder des Leihnehmers sein. Hierbei ist festzustellen, dass in den Verträgen, in denen eine ausdrückliche Rechtswahl getroffen wird, regelmäßig diejenige Rechtsordnung zugrunde gelegt wird, die für den Leihgeber maßgeblich ist, in der er also seinen gewöhnlichen Aufenthalt oder seine Hauptverwaltung hat. Dies ist nachvollziehbar und verständlich, weil der Leihgeber sich in der starken Position befindet, dass der Leihnehmer ihn um die **Überlassung seines Eigentums** bittet, ohne dafür eine Gegenleistung zu erbringen. Dass er dazu nur bereit ist auf der Grundlage „seiner Rechtsordnung", die ihm regelmäßig vertrauter sein wird als die des Leihnehmers, erscheint legitim. Nur in einzelnen Fällen, in denen der Leihgeber selbst ein großes Interesse daran hat, dass sein Objekt in der Ausstellung des Leihnehmers gezeigt wird, mag es dem Leihnehmer gelingen, seine Rechtsordnung durchzusetzen. **166**

Dies kann vornehmlich bei privaten Leihgebern der Fall sein, die durch die Einbeziehung ihrer Objekte in Ausstellungen bedeutender Museen eine Wertsteigerung erhoffen. Diese Hoffnung ist nicht ganz unberechtigt, ist doch allgemein anerkannt, dass die kunst- bzw. kulturgeschichtliche Bedeutung von Kulturgütern durch die Ausstellung insbesondere in staatlichen oder kommunalen Museen eine entsprechende Würdigung und Bestätigung erhält. Die häufig zu findende Formulierung „Im Übrigen gelten die Vorschriften des Bürgerlichen Gesetzbuches über die Leihe"[331] ist bei verständiger Würdigung dahin zu verstehen, dass insgesamt eine Rechtswahl zugunsten des deutschen Rechts getroffen wird. Nicht gemeint ist damit, dass lediglich für die im Leihvertrag nicht angesprochenen Regelungen deutsches Recht zur Anwendung kommen soll. Eine Teilrechtsvereinbarung nach Art. 27 Abs. 1 Satz 3 EGBGB ist regelmäßig nicht gewollt.[332] Eindeutiger und des- **167**

---

[328] Vgl. hierzu die bei *Franz* Fn. 277 S. 179ff. abgedruckten sowie die von *Boos* und *Kühl* Fn. 294 ausgewerteten Vertragsmuster.

[329] Sammlung der Beschlüsse der Ständigen Konferenz der Kultusminister der Länder in der Bundesrepublik Deutschland, Band V, Nr. 2122. Dieser Mustervertrag wurde anlässlich einer Empfehlung der KMK vom 17. Januar 1989 zu Fragen der Haftung und Versicherung von Leihgaben bei Ausstellungen nochmals bestätigt.

[330] Das Bürgerliche Gesetzbuch verwendet die Begriffe „Verleiher" und „Entleiher". Das für die Leihe spezifische Geben und Nehmen wird jedoch durch die Begriffe „Leihgeber" und „Leihnehmer" treffender erfasst und lässt sich auch in den Begriffen Leihgabe und Leihnahme fortführen. Aus diesem Grund wird hier von der gesetzlichen Begrifflichkeit abgewichen.

[331] § 11 Satz 1 des Leihvertrages der Schirn Kunsthalle Frankfurt, abgedruckt bei *Franz* Fn. 277 S. 184.

[332] So auch *Kühl* Fn. 294 S. 45.

halb vorzuziehen wäre allerdings die Formulierung: „Für das Vertragsverhältnis kommt deutsches Recht zur Anwendung; insbesondere gelten die Vorschriften des BGB über die Leihe.“[333]

168 Es ist jedoch grundsätzlich nicht ausgeschlossen, auch eine Rechtswahl zugunsten einer Rechtsordnung zu treffen, zu der der Vertrag keine Beziehungen aufweist.[334] In der Praxis wird von dieser Möglichkeit soweit ersichtlich kein Gebrauch gemacht. Es könnte aber durchaus Konstellationen geben, in denen es im Ansatz sinnvoll wäre, das **Vertragsverhältnis der Neutralität einer dritten Rechtsordnung** zu unterstellen. So mag es im Einzelfall hilfreich sein, eine festgefahrene Verhandlungssituation, in der beide Vertragspartner nicht bereit sind, sich auf die Rechtsordnung des jeweils anderen einzulassen, dadurch zu entschärfen, dass jeder auf seinen **„Heimvorteil“** verzichtet. Ob sich dadurch allerdings wirklich eine für beide Parteien vorteilhafte oder zumindest akzeptable Lösung erzielen lässt, hängt von der Ausgestaltung des Vertragsverhältnisses auf der Grundlage der im Kompromisswege vereinbarten Rechtsordnung ab, die regelmäßig beiden Seiten nicht geläufig sein wird. Da eine verantwortungsvolle Vertragsgestaltung in einem derart gelagerten Fall zunächst eine fundierte Rechtsberatung erfordern würde und im Streitfalle davon auszugehen wäre, dass die Gerichte entsprechende Sachverständigengutachten einholen würden, stellt sich die Frage, ob der damit verbundene Kostenaufwand angemessen erscheint zum erzielbaren Erfolg. Eine weitere Situation, in der eine Rechtswahl zugunsten einer neutralen Rechtsordnung bedenkenswert erscheint, ist die, dass eine Ausstellung mehrere Stationen in verschiedenen Ländern durchlaufen soll. In diesem Fall könnten die Parteien sinnvoller Weise auch eine Schiedsgerichtsklausel vereinbaren.

169 Sofern die Vertragspartner keine ausdrückliche Rechtswahl getroffen haben, ist zu prüfen, ob anhand der Willensbekundungen beider Seiten auf eine **konkludente Rechtswahl** geschlossen werden kann. Hinweise darauf lassen sich in erster Linie dem unterzeichneten Vertrag entnehmen. Das deutlichste Indiz hierfür sind Regelungen, die eine Gerichtsstandsvereinbarung beinhalten, was regelmäßig in Standardverträgen der Fall ist.[335] Soweit solche Verträge nicht zugleich eine ausdrückliche Rechtswahlklausel enthalten, gehen die Beteiligten wohl davon aus, dass mit der Gerichtsstandsvereinbarung auch zugleich eine Wahl zugunsten des am Gerichtsstand geltenden Rechts verbunden ist. Auch ein Verweis auf Vorschriften einer bestimmten Rechtsordnung stellt zumindest[336] ein starkes Indiz für eine konkludente Rechtswahl dar.[337] So wird man dann, wenn ein Leihgeber eine **Rückgabezusicherung** nach § 20 KultgSchG verlangt, schließen können, dass er bereit ist, die deutsche Rechtsordnung zu akzeptieren, weil er auf einer dem deutschen Recht entstammenden Garantie besteht und dadurch die Anwendung deutschen Rechts verlangt. Gleiches gilt, wenn eine **deutsche Staatsgarantie** akzeptiert wird und dies im Leihvertrag Niederschlag findet.[338]

170 Die Sprache allein, in der die Vertragsverhandlungen geführt wurden und der Vertrag abgefasst ist, lässt noch keinen hinreichenden Schluss auf die Wahl einer Rechtsordnung zu.[339] Andernfalls müssten gerade im internationalen Leihverkehr sehr viele Leihverträge

---

[333] § 15 Satz 1 des Standardvertrages der staatlichen Museen und Sammlungen in Bayern.

[334] Palandt/*Heldrich* Art. 27 EGBGB Rn. 3.

[335] Wie hier *Boos* Fn. 294 S. 131 m. w. N.; Palandt/*Heldrich* Art. 27 EGBGB Rn. 6; Ausführlich hierzu *Kühl* Fn. 294 S. 30 ff.

[336] Wenn sich daraus nicht sogar eine ausdrückliche Rechtswahlvereinbarung ableiten lässt.

[337] Palandt/*Heldrich* Art. 27 EGBGB Rn. 6; BGH NJW-RR 96, 1034.

[338] Wie hier *Boos* Fn. 294 S. 131 und *Palmer/Kaye* in: Palmer Fn. 294 S. 373, 396.

[339] Palandt/*Heldrich* Art. 27 EGBGB Rn. 7.

nach englischem bzw. amerikanischem Recht[340] beurteilt werden, da die englische Sprache die Vertragsverhandlungen in der Regel bestimmt. Besteht ein Vertragspartner hingegen beispielsweise ausdrücklich auf der Unterzeichnung eines deutschsprachigen Leihvertrags und ist er auch nur bereit, diesen als verbindlich anzuerkennen, so stellt dies doch zumindest ein Indiz für eine Wahl des deutschen Rechts dar.

Ob der vertragliche Hinweis auf ein bestimmtes Versicherungsunternehmen, bei dem 171
das vertragliche Risiko versichert werden soll, bereits ausreicht, um eine konkludente Rechtswahl annehmen zu dürfen, erscheint hingegen fraglich.[341] Immerhin hat der Vertragspartner weder genaue Kenntnis vom Inhalt des Versicherungsvertrages[342] noch darauf entscheidenden Einfluss.

Treffen die Vertragsparteien weder ausdrücklich noch konkludent eine Rechtswahl, so 172
unterliegt das Vertragsverhältnis dem Recht des Staates, mit dem es die **engsten Verbindungen** aufweist, wobei die gesetzliche Vermutung besteht, dass dies der Staat ist, in dem die Partei, welche die **charakteristische Leistung** zu erbringen hat, ihren gewöhnlichen Aufenthalt bzw. bei juristischen Personen ihre Hauptverwaltung hat. (Art. 28 Abs. 1 Satz 1, Abs. 2 Satz 1 EGBGB). Die charakteristische Leistung beim Leihvertrag ist die Verpflichtung zur Gebrauchsüberlassung der Sache.[343] Damit ist regelmäßig das Recht des Staates anzuwenden, in dem der Leihgeber seinen gewöhnlichen Aufenthalt oder seine Hauptverwaltung hat.

Die **gesetzliche Vermutung** lässt sich dann **widerlegen,** wenn sich aus den Gesamt- 173
umständen ergibt, dass der Vertrag engere Verbindungen mit einem anderen Staat aufweist (Art. 28 Abs. 5 EGBGB). Mit beachtlichen Gründen wird hierzu vertreten, dass aufgrund der zahlreichen Nebenpflichten, die den Leihnehmer im Leihverkehr mit Kulturgütern treffen, und der bei größeren Ausstellungen erforderlichen Vielzahl von Leihnahmen aus unterschiedlichen Ländern, eine engere Verbindung zum Recht des Staates anzunehmen ist, in dem der Leihnehmer seinen gewöhnlichen Aufenthalt bzw. bei institutionellen Leihnehmern seine Hauptverwaltung hat.[344] In der Tat wäre es für den Leihnehmer eine wünschenswerte Erleichterung, wenn er alle Leihverhältnisse unter das Regime derselben Rechtsordnung bringen könnte und es sich dabei auch noch um seine eigene handeln würde. Dieser Ansatz führt jedoch dazu, dass das in Art. 28 EGBGB vorgegebene **Regel-Ausnahme-Verhältnis** in sein Gegenteil verkehrt wird. Daran ändert sich auch nichts, wenn der Leihnehmer eine Mehrzahl von Objekten von unterschiedlichen Leihgebern ausleiht. Es ist im Ergebnis nicht überzeugend, dass sämtliche Leihgeber sich allein deshalb auf die für den Leihnehmer maßgebliche Rechtsordnung festlegen lassen sollen, obwohl sie die für das Vertragsverhältnis charakteristische Leistung erbringen und hierfür – wiederum dem Vertragstypus entsprechend – nicht einmal eine Gegenleistung erhalten. Zu bedenken ist hierbei auch, dass der einzelne Leihgeber – zu Recht – **keinen Einfluss auf die Ausstellungskonzeption** hat und somit allein der Leihnehmer die Tatsachen schafft, die dann die Gesamtumstände im Sinne des Art. 28 Abs. 5 EGBGB ausmachen sollen. Etwas anders ist diese Situation dann zu beurteilen, wenn es sich um eine Ausstellung handelt, die an mehreren Orten in Deutschland gezeigt werden soll. In diesem Fall wird man von einer deutlich stärkeren Bindung an das Land der Ausstellungsstationen und deren gemeinsame Rechtsordnung ausgehen können. Durch die Bereit-

---

340 Hier würde sich eine weitere, nicht eindeutig zu entscheidende Frage ergeben, soweit nicht englische oder amerikanische Vertragspartner beteiligt sind.

341 Dafür aber *Boos* Fn. 294 S. 132.

342 Und damit auch nicht von dem diesem zugrunde liegenden Recht.

343 Palandt/*Weidenkaff* Einf. V. § 598 Rn. 1; *Boos* Fn. 294 S. 133; *Kühl* Fn. 294 S. 47.

344 *Kühl* Fn. 294 S. 53ff.

schaft des Leihgebers, sein Objekt mehreren Leihnehmern in Deutschland für ein Ausstellungsprojekt zur Verfügung zu stellen, welches von einem Gesamtkonzept getragen wird, ergibt sich doch eine deutliche Schwerpunktsetzung zugunsten der deutschen Rechtsordnung.

174 Ob allein die Tatsache, dass der Leihnehmer in **staatlicher oder sonstiger öffentlich-rechtlicher Trägerschaft** steht, ausreicht, um zur Anwendung des Art. 28 Abs. 5 EGBGB zu gelangen, darf bezweifelt werden, weil ein staatlicher Leihnehmer nicht als solcher auftritt, sondern einer Privatperson gleichgestellt ist.[345] Kommen allerdings weitere Indizien hinzu, so kann der Umstand, dass es sich um einen staatlichen Leihnehmer handelt, im Rahmen der Würdigung der Gesamtumstände Berücksichtigung finden. Eine wesentlich engere Verbindung zum deutschen Recht lässt sich etwa vertreten, wenn ein **privater Leihgeber deutscher Staatsangehörigkeit,** der seinen gewöhnlichen Aufenthalt im Ausland hat, einer staatlichen Institution oder einer sonstigen öffentlich-rechtlichen Körperschaft in Deutschland eine Leihgabe überlässt.[346] Zum gleichen Ergebnis kann man gelangen, wenn eine staatliche Haftungserklärung oder eine Rückgabegarantie nach § 20 KultgSchG Vertragsbestandteil ist.

175 Auch wenn die Prüfung ergibt, dass das Vertragsverhältnis nicht nach der deutschen Rechtsordnung zu beurteilen ist, sind in Deutschland geltende zwingende Ausfuhrbestimmungen zu beachten (Art. 34 EGBGB).[347]

176 Für die Praxis ist dringend anzuraten, eine eindeutige Regelung zu treffen, nach welcher Rechtsordnung das Leihverhältnis abgewickelt werden soll. Durch entsprechende Rechtswahlvereinbarungen werden Unwägbarkeiten vermieden und Risiken im Hinblick auf Bedeutung und Umfang der rechtlichen Rahmenbedingungen minimiert.[348] Gerade wegen der kunst- und kulturgeschichtlichen Bedeutung und des oftmals hohen materiellen Wertes der Leihgaben sollten die Parteien Wert auf Rechtssicherheit legen und eine gemeinsame Rechtsgrundlage festlegen. Viele der in der Praxis verwendeten Verträge enthalten mittlerweile entsprechende Festlegungen.[349]

177 Die weiteren Ausführungen gehen von der Anwendbarkeit der deutschen Rechtsordnung aus.

178 **b) Zustandekommen des Leihvertrages.** Voraussetzung für ein wirksames Zustandekommen des Leihvertrages ist, dass sich beide Parteien über den wesentlichen Inhalt des Leihvertrages geeinigt haben und diesen Willen in einander entsprechenden Erklärungen, jeweils getragen von einem rechtlichen Bindungswillen, kundgetan haben.[350] Da im Leihverkehr mit Kulturgütern sehr häufig ein Austausch zwischen juristischen Personen stattfindet, ist besonders darauf zu achten, dass der jeweils für den Leihgeber bzw. Leihnehmer Handelnde **zur Vertretung berechtigt** ist und sich innerhalb seiner **Vertretungsbefugnis** hält. Bei juristischen Personen des Privatrechts richtet sich die Vertretungsbefugnis nach den Festlegungen in der Satzung oder im Gesellschaftsvertrag. Bei Museen in staatlicher Trägerschaft ergibt sich deren Aufgaben- und Zuständigkeitsbereich regelmäßig aus staats- bzw. verwaltungsorganisationsrechtlichen Vorschriften.[351] Bei kommunalen Einrich-

---

[345] *Boos* Fn. 294 S. 135 m. w. N.; a. A. Palandt/*Heldrich* Art. 28 EGBGB Rn. 2.

[346] So auch *Boos* Fn. 294 S. 136.

[347] Hierzu näher *Boos* Fn. 294 S. 144 f.; Palandt/*Heldrich* Art. 34 EGBGB Rn. 1.

[348] Wie hier *Kühl* Fn. 294 S. 43; *Boos* Fn. 294 S. 130; *Schack* Fn. 314 Rz. 657.

[349] So auch die Einschätzung von *Boos* Fn. 294 S. 130; Zurückhaltender *Schack* Fn. 314 Rz. 657 und *Kühl* Fn. 294 S. 46 – jeweils unter Berufung auf *Palmer.*

[350] Palandt/*Heinrichs* Einf. v. § 145 Rz. 1 ff.

[351] Im Freistaat Bayern beispielsweise erfolgt die Organisation der allgemeinen Staatsverwaltung durch materielles Gesetz (Art. 77 Abs. 1 Satz 1 Bayer. Verfassung), wobei die Einrichtung der Be-

tungen ist auf die gesetzlichen Vertretungsregelungen der jeweils geltenden Kommunalordnungen zu achten. Diese setzen vielfach eine entsprechende Beschlusslage des Vertretungsgremiums voraus, insbesondere soweit es sich nicht nur um laufende Angelegenheiten ohne grundsätzliche Bedeutung handelt, die für die Kommune keine erheblichen Verpflichtungen erwarten lassen.[352] Liegt ein solcher Beschluss nicht vor und gibt der Erste Bürgermeister dennoch eine entsprechende Erklärung ab, so hängt die Wirksamkeit des Vertrages von der nachträglichen Genehmigung des Vertretungsorgans ab (§ 177 Abs. 1 BGB). Wird sie verweigert, so ist der Vertrag von Anfang an unwirksam und derjenige, der die Erklärung ohne Vertretungsmacht abgegeben hat, haftet nach den Grundsätzen des § 839 BGB wegen **Amtspflichtverletzung.**[353] Strengere Voraussetzungen sehen die **Gemeindeordnungen** dann vor, wenn es um Erklärungen geht, durch die die Gemeinde verpflichtet werden soll. Soweit es nicht um ständig wiederkehrende Geschäfte des täglichen Lebens geht, die finanziell von unerheblicher Bedeutung sind, ist für solche Erklärungen Schriftform vorgeschrieben.[354] Dies ist regelmäßig der Fall, wenn ein kommunales Museum als Leihnehmer auftritt, weil damit nicht unerhebliche finanzielle Risiken verbunden sind. Fehlt es an diesen förmlichen Voraussetzungen, hängt die Wirksamkeit des Vertrages auch in diesem Fall von der nachträglichen formgerechten Genehmigung ab (§ 177 Abs. 1 BGB).[355] Den Ländern fehlt nach Art. 55 EGBGB die Kompetenz zum Erlass von privatrechtlich verbindlichen Formvorschriften, weshalb die gemeinderechtlichen Vorschriften nicht als Formvorschriften im Sinne von § 125 BGB anzusehen sind mit der Folge der Nichtigkeit des Vertrages.[356]

Es ist deshalb empfehlenswert, sich beim Abschluss von Verträgen mit kommunalen **179**
Museumseinrichtungen eine entsprechende Vollmacht zum Nachweis der Berechtigung zur Unterschriftsleistung für die Gemeinde vorlegen zu lassen.[357]

c) Wesentlicher Vertragsinhalt. Wesensmerkmal der Leihe ist die **unentgeltliche** **180**
Überlassung einer Sache **zum Gebrauch auf Zeit.**[358] Lediglich der Leihgeber ist zu einer Hauptleistung verpflichtet, der Leihnehmer schuldet ihm hierfür keine Gegenleistung, wohl aber Rücksichtnahme und Loyalität. Deshalb entspricht der Leihvertrag dem Typus des unvollkommen zweiseitig verpflichtenden Vertrages.[359] Aus diesem Grund sind auf den Leihvertrag die Regelungen der §§ 320ff BGB über gegenseitige Verträge nicht anwendbar.[360]

---

hörden im Einzelnen in der Regel den jeweiligen Ressortministerien obliegt (Art. 77 Abs. 1 Satz 2 Bayer. Verfassung); näher hierzu die Verordnung über die Einrichtung der staatlichen Behörden vom 31. März 1954 (GVBl. S. 56).

[352] Vgl. etwa Art. 37 Abs. 1 Satz 1 Nr. 1 Bayer. Gemeindeordnung; näher dazu *Robert Kirchmaier,* Ausgewählte Rechtsfragen des Museumsalltags, KUR 2004, 177, 178.

[353] Und nicht als Vertreter ohne Vertretungsmacht nach § 179 Abs. 1 BGB, vgl. Palandt/*Heinrichs* §§ 177/178 Rz. 1; BGH NJW 01, 2626.

[354] Vgl. etwa Art. 38 Abs. 2 Bayer. Gemeindeordnung, der darüber hinaus die Angabe der Amtsbezeichnung verlangt.

[355] Palandt/*Heinrichs* §§ 177, 178 Rz. 7.

[356] Palandt/*Heinrichs* § 125 Rz. 4a; OLG Celle NJW 2001, 607ff.

[357] Vor allem bei kleineren Gemeinden sollte auch der Nachweis über einen entsprechenden Gemeinderatsbeschluss vorliegen.

[358] Palandt/*Weidenkaff* Einf. v. § 598 Rz. 1; MünchKomm-*Kollhosser* 2004, § 598 Rz. 1; Staudinger-*Reuter* 1996 Vorbem. zu §§ 598ff. Rz. 1; *Wolfgang Gitter,* Gebrauchsüberlassungsverträge, Handbuch des Schuldrechts Bd. 7, Tübingen 1988, S. 146.

[359] Palandt/*Heinrichs* Einf. v. § 320 Rz. 4; Staudinger-*Reuter* 1996 § 598 Rz. 13; *Boos* Fn. 294 S. 126.

[360] Staudinger-*Reuter* 1996 § 598 Rz. 13; Palandt/*Weidenkaff* Einf. v. § 598 Rz. 1.

181 Von der **Miete** unterscheidet sich die Leihe im Wesentlichen dadurch, dass der Mieter für die Gebrauchsüberlassung eine Gegenleistung schuldet, nämlich den Mietzins (§ 535 Abs. 2 BGB). Darüber hinaus hat der Vermieter im Gegensatz zum Leihgeber die Mietsache während der Miete in vertragsgemäßem Zustand zu erhalten (§ 535 Abs. 1 Satz 2 BGB). Der wesentliche Unterschied zur **Verwahrung** liegt darin, dass der Leihnehmer von der Sache den vertragsgemäßen Gebrauch machen darf, während der Verwahrer lediglich dazu berechtigt – besser: verpflichtet – ist, die Sache für den Hinterleger aufzubewahren (§ 688 BGB). Von der **Schenkung** unterscheidet sich die Leihe dadurch, dass die geliehene Sache im Eigentum und Vermögen des Leihgebers verbleibt und an diesen zurückzugeben ist, während der Schenker eine dauerhafte und endgültige[361] Verminderung seines Vermögens herbeiführt. Obwohl die Leihe wegen ihres Charakters als unvollkommen zweiseitig verpflichtender Vertrag ein Gefälligkeitsschuldverhältnis darstellt, handelt es sich nicht um eine **bloße Gefälligkeit,** die keine rechtliche Qualität aufweisen würde. Die Tatsache, dass beim Leihverkehr mit Kulturgütern oftmals materiell wie ideell enorme Werte aus der Hand gegeben werden spricht ebenso wie der Umstand, dass die verantwortlichen Kuratoren hierbei nicht mit ihrem persönlichen, sondern mit fremdem – häufig staatlichem[362] – Eigentum umgehen, für die Annahme, dass es sich hier um ein von Rechtsbindungswillen getragenes Vorgehen handelt.[363]

182 **d) Formerfordernisse.** Der Leihvertrag ist nach den §§ 598–606 BGB an **keine bestimmte Form** gebunden. Anders als beim Schenkungsversprechen, welches auf eine unumkehrbare einseitige Vermögensverschiebung abzielt, vor der der Schenker durch das Wirksamkeitserfordernis der notariellen Beurkundung (§ 518 Abs. 1 BGB) gewarnt und geschützt werden soll, gibt der Leihgeber seine in der Eigentümerstellung begründete absolute Rechtsposition nicht auf. Dies gilt auch bei langfristigen Leihverträgen, weil die Interessen des Leihgebers durch die Kündigungsmöglichkeiten der §§ 314, 605 BGB hinreichend geschützt sind, so dass es einer analogen Anwendung des § 518 Abs. 1 BGB nicht bedarf.[364]

183 Wie bereits ausgeführt,[365] können sich aus landesrechtlichen Vorschriften Formerfordernisse ergeben, die zumindest die Erklärung einer Vertragspartei betreffen und zur schwebenden Unwirksamkeit des gesamten Vertrages nach § 177 BGB führen können. Darüber hinaus können Leihgeber und Leihnehmer **vertraglich Schriftform** für die Durchführung des Leihverhältnisses vereinbaren. In der Praxis geschieht dies häufig, meist unter Klarstellung, dass mündliche Nebenabreden nicht bestehen. Der von der KMK empfohlene Musterleihvertrag für eine befristete Leihe innerhalb der Bundesrepublik Deutschland enthält eine entsprechende Schlussbestimmung.[366] Soweit sich durch Auslegung der Erklärungen von Leihgeber und Leihnehmer nicht eindeutig ermitteln lässt, dass die Parteien der Schriftformabrede nur deklaratorische bzw. klarstellende Funktion beigemessen haben, führt die Nichteinhaltung der rechtsgeschäftlich vereinbarten Schriftform im Zweifel eben-

---

361 Abgesehen von den eher seltenen Ausnahmen der Verarmung des Schenkers (§ 528 BGB) und des Widerrufs wegen groben Undanks bzw. einer schweren Verfehlung gegenüber dem Schenker (§ 530 BGB).

362 Bei Leihgaben, die im Eigentum der öffentlichen Hand stehen, ergibt sich die rechtliche Qualität des Handelns bereits aus dem haushaltsrechtlichen Schenkungsverbot, welches es untersagt, vermögensrechtliche Vorteile ohne rechtliche Verpflichtung – hier den Leihvertrag – zu gewähren.

363 Wie hier *Kühl* Fn. 294 S. 47f.; *Boos* Fn. 294 S. 125.

364 MünchKomm-*Kollhosser* 2004, § 598 Rz. 6; BGH NJW 1982, 820, 821.

365 Vgl. Rz. 178.

366 Unter Ziffer 12.3: „Ergänzungen und Änderungen des Vertrags bedürfen der Schriftform", abgedruckt in der Sammlung der Beschlüsse der Ständigen Konferenz der Kultusminister der Länder in der Bundesrepublik Deutschland, Band V, Nr. 2122.

falls zur Nichtigkeit des gesamten Vertrages (§§ 125 Satz 2, 139 BGB).[367] Ein Indiz dafür, dass zumindest der Leihgeber dem Schriftformerfordernis konstitutive Bedeutung beimisst, ist gegeben, wenn im Vertrag festgehalten wird, dass die Leihgabe nicht zur Verfügung gestellt wird, bevor der von beiden Seiten unterzeichnete Leihvertrag vorliegt.[368] Voraussetzung ist dann aber, dass diese Vereinbarung auch wie festgeschrieben umgesetzt wird.

Um eine möglichst eindeutige, klare und beweisbare Arbeitsgrundlage zu schaffen, ist **184** dringend anzuraten, den Leihvertrag schriftlich abzufassen.[369]

e) Gesetzliches Verbot. Der internationale Kulturgüteraustausch wirft die Frage auf, **185** ob und gegebenenfalls wie sich **Verstöße gegen Exportvorschriften**[370] auf den Leihvertrag auswirken.

Soll Kulturgut, welches in das „Verzeichnis national wertvollen Kulturgutes" eingetra- **186** gen ist, die Bundesrepublik Deutschland auch nur vorübergehend verlassen, ist nach § 1 Abs. 4 Satz 1 KultgSchG vorweg eine Genehmigung einzuholen. Dies gilt auch, sobald die Eintragung eingeleitet und dieses öffentlich bekannt gemacht ist (§ 4 KultgSchG). Zuständig für die nicht im Ermessen stehende Entscheidung über die Erteilung der Genehmigung ist der Beauftragte der Bundesregierung für Angelegenheiten der Kultur und der Medien, der vor seiner Entscheidung einen mit fünf Sacheverständigen besetzten Ausschuss zu hören hat (§ 5 KultgSchG). Die Genehmigung ist zu versagen, wenn wesentliche Belange des **deutschen Kulturbesitzes,** dessen Abwanderung das Gesetz unterbinden soll, im jeweiligen Einzelfall überwiegen (§ 1 Abs. 4 Satz 3 KultgSchG). Als milderes Mittel ist zu prüfen, ob durch Bedingungen eine Ausfuhr ermöglicht werden kann, ohne gleichzeitig den Zweck des Gesetzes zu gefährden (§ 1 Abs. 4 Satz 2 KultgSchG). Bei einer Ausleihe in das Ausland kommt hier vor allem eine entsprechende Befristung in Betracht.[371] Die **Ausfuhr ohne Genehmigung ist strafbewehrt** (§ 16 Abs. 1 KultgSchG).

Die Verordnung (EWG) Nr. 3911/92 vom 9. Dezember 1992 über die Ausfuhr von **187** Kulturgütern[372] macht die Zulässigkeit der auch nur zeitweisen[373] Ausfuhr von Kulturgütern aus dem Gebiet der Europäischen Gemeinschaften ebenfalls vom Vorliegen einer entsprechenden Genehmigung abhängig (Art. 2 Abs. 1 VO 3911/92). Wie Verstöße gegen Bestimmungen der VO 3911/92 zu ahnden sind, bleibt den Festlegungen der einzelnen Mitgliedstaaten überlassen (Art. 9 VO 3911/92). Die Bundesrepublik Deutschland hat hierzu bislang keine Regelung getroffen.[374] Sanktioniert ist die illegale Ausfuhr aus dem Gemeinschaftsgebiet in der Bundesrepublik deshalb derzeit als Bannbruch nach §§ 372, 370 Abs. 1 und 2 AO.[375]

Nachdem in beiden Fällen die ungenehmigte Ausfuhr als tatsächliche Handlung sank- **188** tioniert wird, nicht aber schon der Abschluss eines dieser zugrunde liegenden Vertrages, stellt sich die Frage, ob der illegale Realakt dergestalt auf die vertragliche Vereinbarung durchschlägt, dass diese wegen Verstoßes gegen ein gesetzliches Verbot nach § 134 BGB

---

[367] Palandt/*Heinrichs* § 125 Rz. 12.

[368] So etwa § 1 Satz 2 des Standardvertrages der staatlichen Museen und Sammlungen in Bayern.

[369] Wie hier *Schack* Fn. 314 Rz. 657.

[370] Importbestimmungen gibt es derzeit in der Bundesrepublik Deutschland nicht. Der Gesetzentwurf zur Ausführung des UNESCO-Kulturgutübereinkommens (vgl. oben Fn. 304) sieht hierzu in §§ 14f. Regelungen vor. Zur international-privatrechtlichen Bewertung des Verstoßes gegen ausländische Exportverbote vgl. ausführlich *Boos* Fn. 294 S. 146ff.

[371] Vgl. *Boos* Fn. 294 S. 103.

[372] ABl. EG L Nr. 395 vom 31. Dezember 1992, S. 1.

[373] *Hipp* Fn. 314 S. 269; *Boos* Fn. 294 S. 78; *Wolfgang Eberl,* Probleme und Auswirkungen der EG-Vorschriften zum Kulturgüterschutz, NVwZ 1994, 729.

[374] *Boos* Fn. 294 S. 79.

[375] Ausführlich hierzu *Hipp* Fn. 314 S. 350ff.

mit der Nichtigkeitsfolge belegt wird. Dies wird man auf jeden Fall bejahen müssen, wenn Leihgeber und Leihnehmer in bewusstem und gewolltem Zusammenwirken gegen die **Ausfuhrbestimmungen** verstoßen haben, indem sie entweder um eine Genehmigung gar nicht nachgesucht haben oder trotz einer bestandskräftigen Ablehnung der Genehmigung das Kulturgut außer Landes bzw. aus dem Gemeinschaftsgebiet verbracht haben. Ob dies auch dann gilt, wenn die Parteien die rechtswidrige Ausfuhr nicht zum Gegenstand der Vertragsverhandlungen gemacht haben,[376] oder ob diese Konstellation durch die Regelungen des allgemeinen Schuldrechts sachgerechter zum Ergebnis geführt werden können,[377] kann im Zweifel dahinstehen. Laut Gesetz – und dem entspricht auch die Praxis – hat der Leihgeber nämlich keine Bring-, sondern der Leihnehmer vielmehr eine Holschuld.[378] Weder macht er sich gegenüber dem für die rechtswidrige Ausfuhr verantwortlichen Leihnehmer schadenersatzpflichtig, noch hat er selbst Schadenersatzansprüche gegen den Leihnehmer, weil er keinen Gegenleistungsanspruch hat.

2. *Pflichten des Leihgebers*

189 **a) Gebrauchsgestattung zum vertraglich vereinbarten Zweck.** Der Leihgeber ist durch den Leihvertrag verpflichtet, dem Leihnehmer den Gebrauch der Sache zu gestatten (§ 598 BGB). Dieser Verpflichtung genügt er, wenn er dem Leihnehmer eine zumutbare **Gebrauchsmöglichkeit** verschafft.[379] Der Leihgeber ist somit lediglich verpflichtet, dem Leihnehmer zu gestatten, die Sache unmittelbar in Besitz zu nehmen. Er hat insoweit keine Bringschuld, vielmehr liegt beim Leihnehmer eine Holschuld (§ 269 BGB).[380] Die in der Praxis verwendeten Verträge beschreiben dies in der Regel so, dass der Leihgeber dem Leihnehmer Leihgaben „überlässt"[381] oder „zur Verfügung stellt".[382] In Verbindung mit der weithin üblichen Formulierung, dass der Leihnehmer der Leihgabe „von Nagel zu Nagel" größte Sorgfalt entgegen zu bringen hat, wird deutlich, dass der Leihgeber seiner Verpflichtung in der Regel dadurch genügt, dass er dem Leihnehmer Zugang zur Leihgabe zum Zwecke der Inbesitznahme und Mitnahme ermöglicht. Gebrauch meint dabei nicht Verbrauch. Wie § 604 Abs. 1 BGB deutlich macht, ist die Sache nach dem Ablauf der Leihzeit ohne Substanzverlust zurück zu geben.

190 Über diese Verpflichtung hinaus ist der Leihgeber weiterhin verpflichtet, dem Leihnehmer für die Dauer der Leihzeit den Gebrauch zu gestatten, ihn also nicht in seinem unmittelbaren Besitz zu stören; insoweit hat er eine **Duldungspflicht.**[383] Andererseits trifft den Leihgeber nicht die Pflicht, den vertragsgemäßen Gebrauch der Leihgabe positiv sicherzustellen. Anders als der Mieter (vgl. § 535 Abs. 1 Satz 2 BGB) schuldet er nach dem Gesetz gegenüber dem Leihnehmer nicht, die Sache instand zu halten oder gegen Störungen Dritter vorzugehen.[384] Freilich liegt es in seinem eigenen Interesse, dass mögliche Beschädigungen zeitnah und sachgerecht behandelt werden sowie rechtlichen Störungen von

---

[376] So *Claus-Wilhelm Canaris,* Gesetzliches Verbot und Rechtsgeschäft, Heidelberg 1983, S. 53.

[377] So *Boos* Fn. 294 S. 143.

[378] Dazu näher unter Rz. 189.

[379] MünchKomm-*Kollhosser* 2004, § 598 Rz. 11; Palandt/*Weidenkaff* § 598 Rz. 5; Staudinger-*Reuter* 1996 § 598 Rz. 12.

[380] Palandt/*Weidenkaff* § 598 Rz. 6.

[381] Musterleihvertrag der KMK Fn. 329 unter Ziffer 1.

[382] § 1 des bei *Franz* Fn. 277 S. 213 abgedruckten Vertragsmusters eines hessischen Museums.

[383] Palandt/*Weidenkaff* § 598 Rz. 6; MünchKomm-*Kollhosser* 2004, § 598 Rz. 12; *Gitter* Fn. 358 S. 148f.

[384] Staudinger-*Reuter* 1996 § 598 Rz. 12; MünchKomm-*Kollhosser* 2004, § 598 Rz. 13.

dritter Seite rechtzeitig entgegengewirkt wird, weshalb der Leihnehmer seinerseits vertraglich verpflichtet wird, entsprechende Ereignisse unverzüglich anzuzeigen.[385]

Der Leihnehmer ist berechtigt, die Leihgabe im vertraglich vereinbarten Umfang **zum vertraglich vereinbarten Zweck** zu gebrauchen. Bei einer Leihgabe für eine Sonderausstellung bedeutet dies zunächst, dass der Leihnehmer berechtigt ist, die Leihgabe in den dafür vorgesehenen Räumlichkeiten zu präsentieren und sie gegebenenfalls vor oder auch nach der Ausstellung zwischen zu lagern. Die Aufnahme für den bzw. die Wiedergabe im Ausstellungskatalog wird man nur dann noch als vertragsgemäßen Gebrauch ansehen können, wenn es Anhaltspunkte dafür gibt, dass sich die Parteien darüber verständigt haben. Gleiches gilt für die Vervielfältigung auf Werbemitteln (Flyer, Poster, Einladungskarten und dgl.). Diese Fragen werden in der Praxis durchweg im Leihvertrag ausdrücklich geregelt. **191**

Der Leihnehmer ist seinerseits gesetzlich nicht verpflichtet, den vertraglich vorgesehenen Gebrauch auch tatsächlich zu machen.[386] Eine **ausdrückliche Ausstellungsverpflichtung** des Leihnehmers zur Ausstellung der Leihgabe enthalten die Leihverträge in der Regel nicht. Diese lässt sich jedoch daraus ableiten, dass der Leihnehmer nach § 603 Satz 1 BGB und den entsprechenden vertraglichen Festlegungen nur zum zweckentsprechenden Gebrauch befugt ist und ihm die Leihgabe für eine Ausstellung überlassen wird. Will er die Leihgabe nicht in der Ausstellung zeigen, so hat der Leihgeber auch nicht den weiteren Verbleib beim Leihnehmer hinzunehmen, dieser sie vielmehr zurück zu geben.[387] Der Leihgeber ist weiterhin nicht verpflichtet hinzunehmen, dass der Leihnehmer die Leihgabe während der Leihzeit an einen Dritten weitergibt (§ 603 Satz 2 BGB). Die Leihverträge greifen diese Regelung oftmals ausdrücklich auf.[388] **192**

b) Unentgeltlichkeit. Wesensmerkmal der Leihe ist, dass die Gebrauchsüberlassung unentgeltlich erfolgt (§ 598 BGB). Die Unentgeltlichkeit ist nach der **objektiven Sachlage** zu beurteilen, wobei sich beide Parteien zudem **subjektiv einig** sein müssen, dass die Gebrauchsüberlassung unentgeltlich erfolgt.[389] Nachdem die §§ 599, 600 BGB für den Leihgeber Haftungsprivilegien vorsehen, die ihren Grund darin haben, dass er uneigennützig handelt, weil er keine Gegenleistung erhält, geht man überwiegend davon aus, dass bereits geringfügige **Gegenleistungen des Leihnehmers** ein Leihverhältnis ausschließen und zur Anwendung der Vorschriften über die Miete führen.[390] Dabei muss es sich nicht notwendig um geldwerte oder vermögensrechtliche Gegenleistungen handeln, auch Dienstleistungen könnten hier in Betracht zu ziehen sein. Nicht als Gegenleistung wird man die Erwartung ansehen können, dass die Parteien zu gegebener Zeit die Rollen tauschen könnten und der jetzige Leihgeber zum Leihnehmer wird. Es ist zwar richtig, dass zwischen den großen Museen weltweit ein reger Austausch stattfindet und deshalb der Leihgeber durchaus auch darauf hoffen kann, bei künftigen Ausstellungsprojekten durch Leihgaben seines aktuellen Leihnehmers unterstützt zu werden. Eine Bedingung im Rechtssinne kann darin bereits deshalb nicht gesehen werden, weil die erforderliche Konkretisierung nicht er- **193**

---

[385] Vgl. Ziffern 6.1, 6.2 und 6.4 des Musterleihvertrags der KMK Fn. 329.

[386] Staudinger-*Reuter* 1996 § 598 Rz. 12; Palandt/*Weidenkaff* § 598 Rz. 5; *Wolfgang Boochs* in: Boochs/Gantefьhrer, Kunstbesitz, Kunsthandel, Kunstförderung im Zivil- und Steuerrecht, Neuwied 1992 unter A.VIII; OLG Düsseldorf NJW 1990, 2000, 2001; Etwas anderes kann nur gelten, wenn der Gebrauch der Sache zu ihrer Erhaltung erforderlich ist, was bei Kulturgütern auszuschließen ist.

[387] Arg. § 604 Abs. 2 Satz 2 BGB.

[388] Musterleihvertrag der KMK Fn. 329 unter Ziffer 2 Satz 2.

[389] Palandt/*Weidenkaff* § 516 Rz. 8; MünchKomm-*Kollhosser* 2004, § 598 Rz. 13; *Gitter* Fn. 358 S. 146; a. A. Staudinger-*Reuter* 1996 § 598 Rz. 2, der allein auf den Willen der Parteien abstellen will.

[390] Palandt/*Weidenkaff* § 598 Rz. 4; MünchKomm-*Kollhosser* 2004, § 598 Rz. 13; *Gitter* Fn. 358 S. 146.

folgen kann. Die grundsätzliche Bereitschaft des Leihnehmers, den Leihgeber seinerseits künftig mit Leihgaben zu unterstützen reicht als Gegenleistung nicht aus.

194 In der Praxis verhält es sich so, dass sich der Leihnehmer im Leihvertrag verpflichtet, sämtliche mit der Ausleihe anfallenden **Kosten** zu übernehmen,[391] als da wären die Kosten für Hin- und Rücktransport einschließlich entstehender Kosten für die Entsicherung und neuerliche Sicherung der Leihgabe, die Kosten für das sachgerechte Transport- und Verpackungsmaterial, die anfallenden Versicherungsprämien sowie die Kosten für die Kurierbegleitung durch einen Mitarbeiter des Leihgebers. All diese Kosten entstehen allein wegen der Ausleihe und sind vom Leihnehmer auch nach dem Gesetz als gewöhnliche Erhaltungskosten zu übernehmen (§ 601 Abs. 1 BGB).[392] Es versteht sich von selbst, dass diese notwendigen Kosten vom Leihnehmer als Veranlasser zu tragen sind und für den Leihgeber keinen Gegenleistungscharakter haben.

195 Auch gegen die Erhebung einer maßvollen **Bearbeitungspauschale** durch den Leihgeber ist nichts einzuwenden. Immerhin bedeutet die Leihanfrage einen nicht unerheblichen restauratorischen, konservatorischen und administrativen Aufwand, der auch pauschaliert dem Leihnehmer in Rechnung gestellt werden kann, ohne dass darin eine Gegenleistung für die Überlassung der Leihgabe gesehen werden kann.[393]

196 Bedingt sich der Leihgeber eine angemessene Anzahl von **Freiexemplaren vom Ausstellungskatalog** aus, so stellt dies bestenfalls eine Gegenleistung für sein Einverständnis mit der Reproduktion dar, welches nicht von der Gebrauchsüberlassung automatisch mit umfasst ist. Im Grunde handelt es sich aber um eine Anstandspflicht, die keine Auswirkung auf den Charakter des Rechtsgeschäfts hat.

197 Schwieriger ist die Frage zu beurteilen, wenn die Leihanfrage sich auf ein Objekt bezieht, welches im aktuellen Zustand aus konservatorischen Gründen nicht ausleihfähig ist. Erklärt sich der Leihnehmer bereit, die **Kosten für die restauratorischen Maßnahmen** zu übernehmen, um dadurch die Voraussetzungen für die Ausleihe zu schaffen, so entsteht dadurch beim Leihgeber ein die Ausleihe überdauernder vermögenswerter Vorteil.[394] Auch diese Kosten wird man jedoch als Erhaltungskosten im Sinne von § 601 Abs. 1 BGB ansehen können, weil die für die Ausleihe notwendigen Maßnahmen der Erhaltung des Objektes dienen und weil sie letztlich durch den Ausleihwunsch des Leihnehmers veranlasst sind.

198 Problematisch erscheinen allerdings **„Leihgebühren"**, die weit über eine pauschalierte Aufwandsentschädigung hinausgehen und eine echte Gegenleistung für die Überlassung von Leihgaben darstellen. So soll etwa die Kunst- und Ausstellungshalle der Bundesrepublik Deutschland anlässlich der Eröffnungsausstellung im Jahr 1992 für Leihgaben der Guggenheim-Sammlung drei Millionen US-Dollar an Leihgebühr bezahlt haben.[395] Werden solche Summen allein für die Überlassung von Leihgaben bezahlt, so handelt es sich selbstverständlich nicht mehr um Leihe, sondern um Miete. Dies kann, wenn der Leihgeber öfters solche Geschäfte macht, sehr schnell steuerrechtliche Auswirkungen haben, die zur umsatz- und ertragsteuerlichen Behandlung dieses – dann gegebenen und wohl kaum mehr von der Gemeinnützigkeit erfassten – Betriebes gewerblicher Art führen. Allerdings wird man im Einzelfall genau prüfen müssen, ob die Beträge wirklich allein für die

[391] Musterleihvertrag der KMK Fn. 329 unter Ziffer 8.

[392] So auch *Boos* Fn. 294 S. 127.

[393] Wie hier *Boos* Fn. 294 S. 127.

[394] *Wenzel Jacob* spricht hier von einer winwin-Situation, Weltkunst 2005, S. 74.

[395] *Philipp Beyer* Fn. 279 S. 65 unter Bezugnahme auf *Liesbeth Böhm,* Die Causa Guggenheim – Thomas Krens und das globale Museum, Kunst Intern Nr. 4, Mai 1990 S. 24. *Ekkehard Mai* warnt hier vor einer Umverteilung der „Ware Kunst" zu Gunsten der Großen und zu Lasten der Kleinen und mahnt die Solidarität der Museen an, Weltkunst 2005, S. 74.

Gebrauchsüberlassung gezahlt wurden oder ob es sich nicht vielmehr um eine urheberrechtliche Lizenzgebühr für die Überlassung einer gesamten Ausstellung mitsamt dem dazu gehörigen Ausstellungskonzept handelt.

c) Auf Zeit. Leihverträge für Ausstellungsleihgaben werden für **bestimmte Zeiträume** abgeschlossen.[396] Hierbei ist ein gewisser zeitlicher Vor- und Nachlauf zur tatsächlichen Laufzeit der Ausstellung zu bedenken, weil die entsprechenden Transportvorbereitungen und Transporte zu berücksichtigen sind. Über die vereinbarte Leihzeit hinaus ist der Leihgeber nicht verpflichtet, dem Leihnehmer die Leihgabe zum Gebrauch zu überlassen. Er ist nach § 604 Abs. 1 BGB berechtigt, die Rückgabe zu verlangen. Entsprechende Klarstellungen enthalten auch die in der Praxis verwendeten Verträge, die regelmäßig festhalten, dass der Leihnehmer die Leihgabe unaufgefordert zurückzugeben hat. 199

Oftmals bringt der Publikumserfolg einer Ausstellung es mit sich, dass der Leihnehmer die Ausstellungsdauer und damit auch die **Leihzeit verlängern** möchte. Dies kann er nur mit Einverständnis des Leihgebers, welches grundsätzlich formlos erklärt werden kann, bei vertraglich vereinbarter Schriftform allerdings schriftlich erfolgen muss. 200

Darüber hinaus hat der Leihgeber ein **Recht zur außerordentlichen vorzeitigen Kündigung** des Leihvertrages aus § 605 BGB. Dazu bedarf es allerdings des Vorliegens eines der dort aufgeführten Gründe. 201

Kündigt der Leihgeber den Leihvertrag, weil er selbst infolge eines unvorhergesehenen Grundes der Sache bedarf (§ 605 Nr. 1 BGB), so hat er die seinen **Eigenbedarf** begründenden Umstände im Zweifel zu beweisen. Allerdings sind die Anforderungen hieran nicht allzu hoch zu stecken, weil der Leihgeber sich aus Gefälligkeit zur Überlassung der Leihgabe verpflichtet hat und deshalb seine Interessen auch nicht notwendig denen des Leihnehmers unterordnen muss.[397] Insbesondere genügt es, dass der Leihgeber den Eigenbedarf bei Vertragsschluss tatsächlich nicht vorhergesehen hat, auf Vorhersehbarkeit oder Verschulden kommt es nicht an. Falls Leihgeber eine Erbengemeinschaft ist, muss der Eigenbedarf bei allen Miterben vorliegen.[398] Bei der Beurteilung sind auch die Interessen des Leihnehmers zu berücksichtigen, insbesondere welche Investitionen er im Vertrauen auf den Bestand des Leihvertrages für die vereinbarte Leihzeit getätigt hat. Da Ausstellungsleihgaben ohnehin nur für einen relativ kurzen Zeitraum von in der Regel nicht mehr als sechs Monaten überlassen werden, sind kaum Fälle denkbar, in denen sich der Leihgeber auf Eigenbedarf wird berufen können. Für institutionelle Leihgeber scheidet dieser Kündigungsgrund faktisch von vornherein aus. Private Leihgeber könnten sich im Grunde nur dann auf Eigenbedarf berufen, wenn sie in eine wirtschaftliche Not geraten sind und das Objekt verwerten müssen. 202

Der Leihgeber ist auch dann zur vorzeitigen Kündigung berechtigt, wenn der Leihnehmer einen **vertragswidrigen Gebrauch** von der Sache macht, sie unbefugt einem Dritten überlässt oder sie durch sorglosen Umgang in ihrem **Bestand gefährdet** (§ 605 Nr. 2 BGB). Eine vorherige Abmahnung des Leihnehmers ist nicht erforderlich.[399] 203

Der dritte Fall, der den Leihgeber zur außerordentlichen Kündigung berechtigt, nämlich wenn der **Leihnehmer stirbt** (§ 605 Nr. 3 BGB), ist in der Praxis nicht relevant, weil Leihnehmer nahezu ausschließlich juristische Personen sind.[400] 204

---

[396] Leihverträge ohne exakte Festlegung der Leihzeit finden sich oftmals bei Dauerleihgaben, vgl. dazu unten Rz. 220.

[397] Palandt/*Weidenkaff* § 605 Rz. 3; MünchKomm-*Kollhosser* 2004, § 605 Rz. 4.

[398] Palandt/*Weidenkaff* § 605 Rz. 3.

[399] MünchKomm-*Kollhosser* 2004, § 605 Rz. 7.

[400] Vgl. hierzu auch Abschnitt 3.6 (Abs. 3) der ICOM-Ethische Richtlinien für Museen: „Ein Museum sollte Objekte aus seinen Sammlungen nur zum Zweck von Wissenschaft, Forschung oder

3. *Pflichten des Leihnehmers*

205 **a) Sorgfalts- und Obhutspflichten.** Der Leihnehmer hat mit der Leihgabe so sorgsam umzugehen, dass er sie nach dem Ende der Leihe unversehrt zurückgeben kann. Er darf insbesondere keinen Substanz verbrauchenden Gebrauch machen.[401] Auf der anderen Seite hat der Leihnehmer nach dem Gesetz Veränderungen oder Verschlechterungen, die durch den vertragsmäßigen Gebrauch herbeigeführt werden, nicht zu vertreten (§ 602 BGB). Diese Regelung gilt ohnehin nicht für schuldhafte Verschlechterungen während des vertragsgemäßen Gebrauchs wie für Verlust, Zerstörung oder Vernichtung.[402] § 602 BGB ist darüber hinaus abdingbar.

206 In der Praxis erlegt der Leihgeber dem Leihnehmer im Leihvertrag eine ganze Reihe von Sorgfaltspflichten auf. So wird der Leihnehmer allgemein verpflichtet, der Leihgabe „größte Sorgfalt angedeihen zu lassen, sie vor Schaden zu bewahren und sie keiner Gefährdung auszusetzen".[403] Oftmals wird der Leihnehmer verpflichtet, die Leihgabe mit der gleichen Sorgfalt wie seine eigenen Bestände zu behandeln, was nicht bedeuten soll, dass der Leihnehmer Fahrlässigkeit nicht zu vertreten hätte (§ 277 BGB). Hier wird vielmehr auf die besondere Sachkunde und Professionalität des Leihnehmers im Umgang mit Kulturgut abgestellt und eine entsprechend erhöhte Aufmerksamkeit und Sorgsamkeit erwartet.[404] Abgesehen von diesen allgemeinen Sorgfaltserwartungen werden dem Leihnehmer meist sehr **konkrete Sorgfalts- und Obhutspflichten** auferlegt, wie z. Bsp.:

- Bestimmte klimatische Voraussetzungen zu garantieren (55% relative Luftfeuchtigkeit +/– 5%), deren Einhaltung durch entsprechende Aufzeichnungsgeräte permanent zu dokumentieren und dem Leihgeber auf Verlangen nachzuweisen ist;
- Bestimmte Beleuchtungsstärken (gemessen am Objekt) nicht zu überschreiten;
- Keinerlei Eingriffe an der Leihgabe ohne vorherige Zustimmung des Leihgebers vorzunehmen;
- Film- und Fernsehaufnahmen nur nach vorheriger Einwilligung des Leihgebers und unter der Voraussetzung zu gestatten, dass dadurch keine signifikante Erwärmung des Kunstwerkes oder der Raumtemperatur eintritt;
- Mit dem Transport der Leihgabe ausschließlich ein zuverlässiges, auf Kulturguttransporte spezialisiertes Transportunternehmen zu beauftragen.[405]

207 Darüber hinaus werden dem Leihnehmer meistens **spezielle Informations- und Verhaltenspflichten** auferlegt, wie z. Bsp.:

- Unverzügliche Mitteilung etwaiger Beschädigungen oder Veränderungen im Befund der Leihgabe unter Beifügung eines fotografisch dokumentierten Protokolls;
- Unverzügliche Mitteilung eines Verlustes oder Abhandenkommens der Leihgabe;
- Unverzügliche Mitteilung einer drohenden Beschlagnahme, Pfändung oder sonstiger Besitzbeeinträchtigung von dritter Seite;

Lehre verleihen, nicht an Privatpersonen." Es können in besonderen Ausnahmefällen auch Leihgaben an Privatpersonen gegeben werden, etwa wenn diese die Leihgabe zuvor aus ihrem Privatvermögen dem Museum geschenkt haben und sie noch bis zu ihrem Ableben bei sich zu Hause haben möchten. In diesen Fällen wird man aber von einem auflösend bedingten Leihvertrag ausgehen können, was eine Kündigung entbehrlich macht.

[401] *Gitter* Fn. 358 S. 147; MünchKomm-*Kollhosser* 2004, § 598 Rz. 7.

[402] Palandt/*Weidenkaff* § 602 Rz. 2.

[403] So etwa § 4 Satz 1 des Standardvertrages der staatlichen Museen und Sammlungen in Bayern.

[404] Vgl. hierzu *Deutscher Museumsbund,* Standards für Museen, 2006 S. 16 „Bewahren".

[405] Problematisch erscheint es unter Vergaberechtsgesichtspunkten, wenn der Leihgeber dem Leihnehmer ein bestimmtes Kunsttransportunternehmen verbindlich vorgibt, vgl. dazu ausführlich *Kirchmaier* Fn. 317.

- Schutz vor drohender Beschlagnahme, Pfändung oder sonstiger Besitzbeeinträchtigung von dritter Seite;[406]
- Unterlassen eigener Restaurierungsmaßnahmen mit Ausnahme von Notmaßnahmen, die eine Vergrößerung des Schadens verhindern;
- Sofortige Einschaltung der Polizei;
- Verhinderung von Fotografieren mit Blitzlicht;
- Gewährleistung von 24 h-Bewachung.

b) Rückgabe. Der Leihnehmer ist verpflichtet, die Sache an den Leihgeber zurückzu- 208
geben, wenn die Leihzeit abgelaufen ist (§ 604 Abs. 1 BGB), der Leihnehmer den vertragsgemäßen Gebrauch gemacht hat (§ 604 Abs. 2 Satz 1 BGB) oder dies trotz ausreichender Zeit unterlassen hat (§ 604 Abs. 2 Satz 2 BGB) oder wenn der Leihgeber den Leihvertrag wirksam nach § 605 BGB außerordentlich gekündigt hat. Ergibt sich aus dem Vertrag weder eine bestimmte Leihzeit noch ein eindeutiger Vertragszweck, kann der Leihgeber die Leihgabe jederzeit zurückfordern (§ 604 Abs. 3 BGB).[407] Umgekehrt ist der Leihnehmer berechtigt, die Leihgabe auch vorzeitig zurückzugeben (§ 271 Abs. 2 BGB).[408]

Die Verpflichtung des Leihnehmers zur Rückgabe der Leihgabe bedeutet für ihn eine 209
Bringschuld, d. h. er muss die Leihgabe auf eigene Kosten und auf eigenes Risiko dem Leihgeber an dessen Wohnsitz bzw. Verwaltungssitz übermitteln.[409] Dem entsprechen auch die in der Praxis verwendeten Verträge, die den Leihnehmer „von Nagel zu Nagel" in die Verantwortung nehmen und ihn dazu verpflichten, die Kosten zu übernehmen für Hin- und Rücktransport sowie die Prämie für die bis zum Wiedereintreffen beim Leihgeber abzuschließende Versicherung zu zahlen.

Besondere Bedeutung erlangt hat in letzter Zeit das Institut der **„Rechtsverbindlichen** 210
Rückgabezusage",[410] welches in § 20 KultgSchG geregelt ist. Damit soll es ausländischen Leihgebern erleichtert werden, ihre Leihgaben zu Ausstellungen nach Deutschland reisen zu lassen, weil sie nicht befürchten müssen, dass die Rückkehr ihrer Objekte aufgrund rechtlicher Maßnahmen von dritter Seite in Deutschland erschwert oder gar unmöglich gemacht wird. Die rechtsverbindliche Rückgabezusage wird zunehmend in Anspruch genommen, insbesondere von Leihgebern aus Russland und den USA.[411] Die Zusage wird auf entsprechenden Antrag – in der Regel[412] – des Leihnehmers von der zuständigen obers-

---

406 Dieser „Verpflichtung" des Leihnehmers kommt wohl nur symbolische Bedeutung zu, vgl. *Boos* Fn. 294 S. 238 f. Allerdings wäre im Einzelfall zu prüfen, ob durch derartige Regelungen nicht eine Rückgabegarantie im Sinne von § 20 KultgSchG oder vergleichbarer ausländischer Regelungen erstrebt wird.

407 Dies kann vor allem bei Dauerleihgaben zu unerwarteten Überraschungen führen, vgl. dazu unten Rz. 221.

408 Palandt/*Weidenkaff* § 604 Rz. 4; MünchKomm-*Kollhosser* 2004, § 604 Rz. 6.

409 Staudinger-*Reuter* 1996 § 604 Rz. 2; Palandt/*Weidenkaff* § 604 Rz. 1; MünchKomm-*Kollhosser* 2004, § 604 Rz. 6; BGH NJW-RR 02, 1027.

410 Die Zusage ist ausdrücklich unter Gebrauch dieser Worte zu erteilen, § 20 Abs. 2 Satz 1 KultgSchG. In der Literatur spricht man gern vom „Freien Geleit". Vgl. *Bodo Pieroth/Bern Hartmann,* Rechtswegbeschränkung zur Sicherung des Leihverkehrs mit ausländischen Kulturgütern, NJW 2000, 2129 ff.; *Erik Jayme,* Das Freie Geleit für Kunstwerke, Wien 2001; *Susanne Schoen,* Kulturgüterschutz bei – illegaler – Rückkehr kriegsbedingt verbrachter Kulturgüter aus Russland nach Deutschland, NJW 2001, 537 ff.; *Burkhard Hirsch,* Die Bedeutung der Zusage „freien Geleits" für Kulturgüter, NJW 2001, 1627; *Christian Kovács,* „Freies Geleit" für Kulturgüter – Die Schweiz und der Rest Europas, KUR 2005, 169 ff.; *Sabine Boos,* Das neue Kulturgütertransfergesetz der Schweiz – Vorbild für Deutschland?, KUR 2005, 161 ff.

411 Vgl. die Ergebnisse der Umfrage beim Bundesbeauftragten für Angelegenheiten der Kultur und der Medien und den zuständigen Landesministerien bei *Boos* Fn. 294 S. 236 f.

412 Theoretisch könnte auch der Leihgeber den Antrag stellen.

ten Landesbehörde im Einvernehmen mit dem Bundesbeauftragten für Angelegenheiten der Kultur und der Medien (BKM)[413] bzw. bei Ausstellungen, die vom Bund oder einer bundesunmittelbaren juristischen Person getragen werden, allein vom BKM erteilt (§ 20 Abs. 1 KultgSchG). Die rechtsverbindliche Rückgabezusage bezieht sich auf ausländisches Kulturgut, welches vorübergehend zu einer Ausstellung im Bundesgebiet ausgeliehen werden soll (§ 20 Abs. 1 KultgSchG). Ausländisches Kulturgut in diesem Sinne umfasst auch Kulturgut deutscher Herkunft, welches sich im Ausland befindet.[414] Sinn und Zweck des „Abwanderungsschutzgesetzes" lassen sich für die Interpretation des § 20 KultgSchG nicht heranziehen, weil diese Vorschrift systemwidrig dort angesiedelt wurde. Der Hinweis darauf, dass dann auch kriegsbedingt ins Ausland verbrachte Kulturgüter deutscher Herkunft garantiert zurückzugeben seien, verfängt deshalb nicht, weil dies genau die Hürden sind, die mit der Einführung des § 20 KultgSchG im Sinne eines erleichterten internationalen Leihverkehrs genommen werden sollten.

211 Die Rückgabezusage kann nur für Kulturgut gewährt werden, welches sich vorübergehend zu Ausstellungszwecken in der Bundesrepublik Deutschland befindet. Dies meint den klassischen Fall der Sonderausstellungen, die selten länger als sechs bis acht Monate dauern. Auf **Dauerleihgaben** ist § 20 KultgSchG deshalb nicht anwendbar. Die Zusage kann nur erteilt werden, solange das Kulturgut sich noch im Ausland befindet. Eine **rückwirkende Rückgabezusage** für Kulturgut, das bereits nach Deutschland eingeführt wurde, scheidet aus.[415] Die Entscheidung über die Erteilung der Zusage steht im pflichtgemäßen Ermessen. Wird eine rechtsverbindliche Rückgabezusage erteilt, so können Dritte eigene Ansprüche auf Herausgabe nicht gerichtlich geltend machen. Entsprechende Klagen sind ebenso wie Arrestverfügungen, Pfändungen und Beschlagnahmen unzulässig (§ 20 Abs. 3 und 4 KultgSchG).

4. Haftung

212 **a) Leihgeber.** Fälle, in denen der Leihgeber dem Leihnehmer einstehen müsste, sind in der Praxis eher selten anzutreffen. Zwar mag es immer wieder vereinzelt vorkommen, dass Leihgaben nicht rechtzeitig zur Abholung bereitgestellt werden oder auch aus konservatorischen Gründen wieder abgesagt werden. Dies hat aber gewöhnlich keine nachhaltigen Auswirkungen auf die geplante Ausstellung. Insbesondere werden sich beide Partner gemeinsam um Kompensation durch eine andere Leihgabe bemühen.

213 Der Leihgeber wird vom Gesetz in seiner **Haftung privilegiert,** weil er eine Leistung ohne Gegenleistung erbringt und daher uneigennützig handelt.[416] Nach § 599 BGB hat er nur Vorsatz und grobe Fahrlässigkeit zu vertreten. Diese Privilegierung gilt im Hinblick auf das Erfüllungsinteresse des Leihnehmers, also sein Interesse daran, die Leihgabe zum Gebrauch zu erhalten, und bezieht sich damit auf die Hauptleistungspflicht des Leihgebers. Auf sonstige vorvertragliche oder vertragliche Schutzpflichten erstreckt sich die Haftungsprivilegierung nicht.[417] Insoweit verbleibt es beim allgemeinen Haftungsmaßstab des § 276 BGB. Eine noch über § 599 BGB hinaus gehende Einschränkung

---

[413] Er wurde durch Organisationserlass des Bundeskanzlers vom 27. Oktober 1998 (BGBl. I S. 3288) zur zuständigen Zentralstelle des Bundes erklärt.

[414] Wie hier *Boos* Fn. 294 S. 249f.; *Kühl* Fn. 294 S. 18; *Jayme* Fn. 410 S. 5f.; a.A. *Schoen* Fn. 410 S. 541; dagegen *Hirsch* Fn. 401 S. 1627.

[415] Wie hier *Boos* Fn. 294 S. 251.

[416] Palandt/*Weidenkaff* § 599 Rz. 1; MünchKomm-*Kollhosser* 2004, § 599 Rz. 1; Staudinger-*Reuter* 1996 § 599 Rz. 1.

[417] Str., wie hier Palandt/*Weidenkaff* § 599 Rz. 2; MünchKomm-*Kollhosser* 2004, § 599 Rz. 3; a.A. Staudinger-*Reuter* 1996 § 599 Rz. 2; differenzierend *Franz* Fn. 277 S. 44ff.

der Haftung des Leihgebers enthält § 600 BGB für Sach- und Rechtsmängel. Ein Rechtsmangel kann etwa vorliegen, wenn der Leihgeber ausnahmsweise (vgl. § 44 Abs. 2 UrhG) das Ausstellungsrecht vom Urheber nicht erlangt hat und deshalb das Werk selbst nicht ohne Zustimmung des Urhebers öffentlich ausstellen dürfte.[418] Dieser Mangel im Recht ist für den Leihnehmer auch nicht gutgläubig zu überwinden.[419] Für Schäden des Leihnehmers, die auf Sach- oder Rechtsmängeln der Leihgabe beruhen, haftet der Leihgeber nur, wenn er diese arglistig verschwiegen hat. Der Anspruch des Leihnehmers geht auf Ersatz des Vertrauensschadens und ist auf den Mangelschaden begrenzt.[420]

b) Leihnehmer. Zugunsten des Leihnehmers sieht das Gesetz keine Haftungsprivile- 214
gierung vor. Dies ist auch nicht angezeigt, da er ohne Gegenleistung in den Genuss der Gebrauchsmöglichkeit kommt. Der Leihnehmer haftet somit nach den allgemeinen Grundsätzen der §§ 276, 278 BGB für Vorsatz und Fahrlässigkeit. Für Zufall haftet er nach dem Gesetz nur, wenn er mit der Rückgabe der Leihgabe in Verzug ist (§ 287 Satz 2 BGB). Solange er lediglich vertragsmäßigen Gebrauch macht, hat der Leihnehmer Veränderungen oder Verschlechterungen der Leihgabe nicht zu vertreten (§ 602 BGB). Dies gilt jedoch für Verschlechterungen, die auf der schuldhaften Verletzung von Sorgfalts- und Obhutspflichten beruhen, nicht. Ebenso wenig für Verlust, Zerstörung oder Vernichtung der Leihgabe.[421]

In den Leihverträgen finden sich oftmals wesentlich weiter gehende Haftungsregelun- 215
gen zu Lasten des Leihnehmers, die eine verschuldensunabhängige Haftung unter Einschluss von Zufallsschäden vorsehen.[422] Dadurch wird jedoch weit über das Ziel hinaus geschossen.[423] Grundsätzlich sind die Vorschriften der §§ 276, 602 BGB zwar abdingbar.[424] Es ist jedoch nicht überzeugend, dass der Leihnehmer verschuldensunabhängig für Schäden an der Leihgabe haften soll, die für ihn nicht vorhersehbar, nicht beherrschbar und damit auch nicht vermeidbar waren. Allein die Tatsache, dass er die Leihgabe unentgeltlich zum Gebrauch erhalten hat, rechtfertigt diese Folge nicht, wie § 602 BGB deutlich zum Ausdruck bringt. Das Gesetz geht von der Verschuldenshaftung aus und ordnet nur in begründeten Einzelfällen, denen häufig ein anderer Verschuldenstatbestand vorausgeht, verschuldensunabhängige Haftung an. Ein weiteres Abweichen vom Verschuldensprinzip stellt die Gefährdungshaftung dar, deren Voraussetzungen jeweils gesetzlich geregelt und auf den Leihverkehr mit Kulturgütern nicht übertragbar sind. Elementare Schadensereignisse wie beispielsweise Vandalismus, Flutkatastrophen, Erdbeben oder Flugzeugabsturz sind Ereignisse des Schicksals und können dem Leihnehmer nicht zum Nachteil gereichen, wenn er der Leihgabe die nötige Sorgfalt entgegen gebracht hat. Die Folgen solcher Schicksalsschläge hat gewöhnlich der Eigentümer zu tragen. Davon abgesehen ist es auch nicht erforderlich, den Leihnehmer für diese Schäden haftbar zu machen. Die angesprochenen Risiken sind allesamt durch Versicherung der Leihgabe

---

418 Vgl. dazu Mestmäcker/Schulze/*Kirchmaier,* Kommentar zum deutschen Urheberrecht, § 44 Rz. 12ff.

419 Dreier/*Schulze,* Urheberrechtsgesetz, 2006, § 31 Rz. 24.

420 Palandt/*Weidenkaff* § 600 Rz. 4; MünchKomm-*Kollhosser* 2004, § 600 Rz. 3; Staudinger-*Reuter* 1996 § 600 Rz. 3; *Gitter* Fn. 358 S. 169.

421 Palandt/*Weidenkaff* § 602 Rz. 2.

422 Vgl. das Beispiel bei *Franz* Fn. 277 S. 209, 210 und Musterleihvertrag der KMK Fn. 329 unter Ziffer 9.

423 Ausführlich dazu *Robert Kirchmaier,* Verschuldensunabhängige Haftung des Entleihers im Leihverkehr mit Kulturgütern, KUR 2000, 24; a. A. offenbar *Schack,* Urheber- und Urhebervertragsrecht, 2005 Rz. 1132.

424 MünchKomm-*Kollhosser* 2004, § 602 Rz. 4.

hinreichend abgesichert. Sollten die Verträge unter die Regelungen über Allgemeine Geschäftsbedingungen fallen, verstoßen derartige Haftungsregelungen gegen § 307 BGB.[425]

IV. Besonderheiten der Dauerleihgaben

1. Begriff

216 Das Gesetz verwendet den Begriff „Dauerleihgabe" nicht. Wie sich aus § 604 Abs. 1 und 2 BGB entnehmen lässt, geht das Gesetz davon aus, dass die Gebrauchsmöglichkeit des Leihnehmers entweder durch die vereinbarte Leihzeit oder durch einen konkreten Gebrauchszweck hinreichend bestimmt ist. Gleichwohl hat sich der Begriff im Bereich des Kulturgüteraustausches etabliert und wird allenthalben verwendet, um eine **länger- bzw. langfristige Überlassung einer Leihgabe** zu beschreiben. Eine exakte Definition, wann von einer Dauerleihgabe auszugehen ist, gibt es nicht. Als charakteristisch wird beispielsweise angesehen, dass die Leihgabe dauerhaft überlassen wird und – im Unterschied zur Schenkung – der Leihgeber Eigentümer bleibt und sich ein Rückforderungsrecht für die Zukunft vorbehält.[426] Andere halten es für eine hinreichende Beschreibung, dass der Leihvertrag nur aus wichtigem Grunde gekündigt werden kann.[427] Diese Ansätze grenzen die Dauerleihgabe aber nicht wirklich von der gewöhnlichen Leihgabe ab. Zum einen, weil auch sie keine den Eigentumsübergang bewirkende Schenkung darstellt. Zum anderen sieht das Gesetz – ausgehend von der zeitlich begrenzten Ausleihe – für den Leihgeber ohnehin nur ein außerordentliches **Kündigungsrecht** vor (§ 605 BGB).[428] Ein Abstellen auf gesetzliche Kündigungsgründe, wie dies etwa bei der Miete auf unbestimmte Zeit der Fall ist (vgl. § 542 Abs. 1 BGB), geht deshalb ins Leere, weil das Gesetz für die Leihe keine ordentlichen Kündigungsfristen vorsieht. Allerdings könnten die Parteien ein ordentliches Kündigungsrecht mit bestimmten Kündigungsfristen vertraglich vereinbaren. Wenn sie von dieser Möglichkeit keinen Gebrauch machen und sich damit mit einer Kündigung aus wichtigem Grund zufrieden geben, so kann darin in der Tat durchaus ein Indiz für eine dauerhaft gewollte Leihgabe gesehen werden.

217 Ein weiteres wesentliches Indiz für die Beurteilung, ob von einer Dauerleihgabe auszugehen ist, kann aus der **Zweckbestimmung** der Gebrauchsüberlassung hergeleitet werden. Im Gegensatz zu einer zeitlich meist eng begrenzten Überlassung aus Anlass einer bestimmten Sonderausstellung, zielen Dauerleihgaben auf eine langfristige Ergänzung des Sammlungsbestands des Leihnehmers ab. Anders als bei der Verwahrung, bei der das Objekt lediglich für den Hinterleger aufbewahrt wird, ist dem Leihnehmer der Gebrauch der Leihgabe gestattet. Wozu er im Einzelnen berechtigt sein soll, ist im Vertrag festzulegen.

218 In der Zusammenschau beider Aspekte lässt sich somit dann von einer Dauerleihgabe sprechen, wenn

– die Leihzeit auf einen bestimmten oder auch unbestimmten längeren[429] Zeitraum angelegt ist,

---

425 *Kirchmaier* Fn. 423 S. 30 f.; sehr kritisch auch *Franz* Fn. 277 S. 54 ff.

426 *Jochen Laufersweiler/Andreas Schmidt-Rögnitz*, Der Erwerb von Museumsgut, Handbuch des Museumsrechts Bd. 3, Opladen 1994, S. 96.

427 *Peter Raue*, Vertragsgestaltung bei unentgeltlichen Zuwendungen an Museen, in: *Haimo Schack/Karsten Schmidt* (Hrsg.): Rechtsfragen der internationalen Museumspraxis, 2006, S. 7.

428 Palandt/*Weidenkaff* § 605 Rz. 2.

429 Hier von mindestens 10 Jahren auszugehen – so *Raue* Fn. 427 S. 8 – ist nicht erforderlich, auch die Überlassung von wenigen Jahren bedeutet eine gewisse Beständigkeit und kann als „Probezeit" die Grundlage für eine sehr langfristige Überlassung sein.

- der Vertrag, sofern er eine automatische Verlängerung der festgelegten Leihzeit vorsieht, nur zum Vertragsende, ansonsten nur aus wichtigem Grund gekündigt werden kann,
- der Gebrauchszweck nicht an ein temporäres Ausstellungsprojekt oder dergleichen gebunden ist, sondern auf eine Integration der Dauerleihgabe in den Sammlungsbestand des Leihnehmers abzielt.

2. *Interessenlage*[430]

Die Interessenlage bei Dauerleihverhältnissen unterscheidet sich meist ganz grundsätzlich von der bei kurzzeitigen Ausstellungsleihgaben. Dauerleihgaben kommen in der Regel aus privater Hand.[431] Es sind die vermögenden Privatsammler, die ihre Sammlungen oder Teile davon den Museen zur Verfügung stellen. Die Museen, die mit ihren zunehmend geringer werdenden finanziellen Möglichkeiten nicht in der Lage sind, aus eigener Kraft ihren Sammlungsbestand signifikant zu ergänzen und zu erweitern, sind in vielen Fällen auf diese Unterstützung angewiesen. Es geht also für beide Seiten um weit mehr als um einen freundlichen und großzügigen Beitrag zum Gelingen einer bestimmten Ausstellung. Der Sammler will seine mit Leidenschaft und einer gehörigen Investitionssumme aufgebaute Sammlung der Öffentlichkeit präsentieren und zur Diskussion stellen, sie und sich selbst bewundert und gewürdigt sehen und die – zwangsläufig damit verbundene – Wertsteigerung als Belohnung für seine Mühen und Entbehrungen mit Genugtuung hinnehmen. Das Museum hingegen sieht die einmalige Chance, den eigenen, oft dürftigen bzw. lückenhaften Bestand auf einen Schlag durch eine bedeutende Anzahl von Objekten anreichern und damit die eigene Positionierung im Wettbewerb um die Besuchergunst erheblich verbessern zu können. Noch viel mehr als bei Ausstellungsleihgaben ist der Leihnehmer in der wesentlich schlechteren Verhandlungsposition.[432] Der Leihgeber hat (oftmals im Übermaß) das, was der Leihgeber so dringend benötigt. Außerdem kann sich der Leihgeber sicher sein, dass seine Sammlung nicht nur von einem Museum nachgefragt wird, sondern dass er womöglich sogar die Auswahl unter mehreren Leihnehmern hat und deshalb die Vertragskonditionen weitgehend bestimmen kann. Diese Interessen zu einem fairen Ausgleich und damit zu einem dauerhaften Erfolg zu führen, ist Aufgabe des Leihvertrags.[433] Das Gelingen oder auch Misslingen dieses Interessenausgleichs zeigt sich in der praktischen Umsetzung, die von einer sehr interessierten und kritischen Öffentlichkeit aufmerksam begleitet wird.[434] 219

3. *Vertragliche Besonderheiten*

a) Leihzeit. Dauerleihgaben können für einen bestimmten oder auch unbestimmten Zeitraum überlassen werden. Die Verträge sehen bei Dauerleihgaben für eine **bestimmte Leihzeit** meist eine automatische Verlängerung um ein oder mehrere Jahre vor, falls nicht mit einer gewissen Kündigungsfrist schriftlich gekündigt wird. Eher selten wird dem Leih- 220

---

[430] Vgl. dazu die geradezu meisterhafte Darstellung bei *Raue* Fn. 427.

[431] Allerdings gibt es auch andere Beispiele wie die Stadt Nürnberg, die ihren Kunstbestand zum größten Teil als Dauerleihgaben an das Germanische Nationalmuseum, das Neue Museum Nürnberg, das Museum für Ostasiatische Kunst Berlin sowie das Museum für Europäische Kulturen Berlin gegeben hat.

[432] So auch *Raue* Fn. 427 S. 5.

[433] *Raue* Fn. 427 S. 3 spricht treffend von einem „hochverminten Gelände". Allerdings besteht kein Grund zu Pessimismus, der bei *Waidacher* Fn. 323 S. 347 anklingt, wenn er empfiehlt, aus Gründen der unsicheren Rechtslage generell auf Dauerleihgaben zu verzichten.

[434] Vgl. die Diskussionen um die Sammlungen Bock, Brandhorst, Buchheim, Flick, Grothe.

nehmer eine einseitige Verlängerungsoption eingeräumt. Für die Vertragsgestaltung ist darauf zu achten, dass sinnvolle Zeiträume vereinbart werden. So ist die Verlängerung eines fünf- oder zehnjährigen Dauerleihvertrags um jeweils nur ein weiteres Jahr eher unangemessen, weil dadurch die Planungssicherheit zumindest für den Leihnehmer nicht hinreichend gewährleistet ist. Die Parteien haben sich über einen längeren Zeitraum in dieser Vertragssituation kennen gelernt, geprüft und können deshalb – sofern die persönliche Situation des Leihgebers dies zulässt – auch längerfristige Dispositionen treffen. In diesen Fällen ist deshalb eine automatische Verlängerung der Leihzeit um denselben Zeitraum erstrebens- und empfehlenswert.

221 Wird keine feste Leihzeit vereinbart, so werden die Verträge meist **auf unbestimmte Zeit** oder **bis auf Weiteres** abgeschlossen. Zumindest in diesen Fällen ist es dringend erforderlich, den Zweck der Überlassung hinreichend bestimmt festzulegen. Ist die Dauer der Leihe nämlich weder durch eine feste Leihzeit bestimmt noch aus dem Vertragszweck zu entnehmen, kann der Leihgeber die Leihgabe – freilich mit der Maßgabe, dass die berechtigten Interessen des Leihnehmers der Pflicht zur gegenseitigen Rücksichtnahme entsprechend berücksichtigt werden[435] – **jederzeit zurückfordern** (§ 604 Abs. 3 BGB). Eine ordentliche oder außerordentliche Kündigung ist dann nicht erforderlich.[436] Umgekehrt kann der Leihgeber die Leihgabe bei fehlender Vereinbarung einer bestimmten Leihzeit so lange nicht zurückfordern, als der vertraglich vereinbarte Zweck noch nicht erreicht ist bzw. erfüllt wird.[437] Da in der Regel die Vereinbarung einer bestimmten Leihzeit weniger anfällig sein wird für Missverständnisse und auch weniger Interpretationsraum lässt als die eindeutige Festlegung des Leihzwecks, ist dringend zu empfehlen, in den Dauerleihvertrag eine feste Vertragslaufzeit aufzunehmen.[438]

222 Die Möglichkeit, bei einem Dauerleihverhältnis, welches länger als 30 Jahre andauert, in **entsprechender Anwendung des § 544 Satz 1 BGB** unabhängig von der nach wie vor andauernden Erfüllung des Gebrauchszwecks und ohne Vorliegen eines wichtigen Grundes außerordentlich kündigen zu können, wird unterschiedlich beurteilt.[439] Der Gesetzgeber hat jedenfalls im Rahmen der Modernisierung des Schuldrechts davon abgesehen, eine dem § 544 Satz 1 BGB entsprechende Kündigungsmöglichkeit bei der Leihe in das Gesetz aufzunehmen. Dass er sich der Problematik der außerordentlichen Kündigung von Dauerschuldverhältnissen bewusst war, zeigt der neu im BGB verankerte § 314, der jedoch an das Vorliegen eines wichtigen Grundes anknüpft und nicht an eine 30jährige Vertragslaufzeit. In § 544 BGB werden einerseits die berechtigten Interessen von Mietern an langlebigen Mietverhältnissen berücksichtigt, andererseits soll es nach 30 Jahren auch die Möglichkeit der Vertragsauflösung geben, obwohl kein wichtiger Grund vorliegt, der

---

[435] Staudinger-*Reuter* 1996 § 604 Rz. 10; *Gitter* Fn. 358 S. 162.

[436] Palandt/*Weidenkaff* § 604 Rz. 6; A. A. MünchKomm-*Kollhosser* 2004, § 604 Rz. 1 und Staudinger-*Reuter* 1996 § 604 Rz. 10, die beide eine Kündigung für erforderlich halten, diese aber im Rückforderungsbegehren als konkludent enthalten betrachten.

[437] OLG Celle, NJW-RR 1994, 1473.

[438] Wie hier *Raue* Fn. 427 S. 8.

[439] Bejahend Palandt/*Weidenkaff* § 544 Rz. 1, Jauernig/*Mansel* 2004, § 605 Rz. 1 und MünchKomm-*Kollhosser* 2004, § 604 Rz. 2; Ablehnend Soergel/Kummer, 1997, § 604 Rz. 3; Zurückhaltend einerseits *Schack* Fn. 314 Rz. 88, andererseits bejahend *Schack*, Erwerb und Veräußerung von Kunstgegenständen durch Museen, in: *Haimo Schack/Karsten Schmidt* (Hrsg.): Rechtsfragen der internationalen Museumspraxis, 2006, S. 13, 15; Offen gelassen von BGH NJW 1994, 3156, 3158 und OLG Celle, NJW-RR 1994, 1473, 1474; Vgl. auch BGH NJW 1993, 1255, 1258 zur – allerdings gesetzlich klar geregelten – Anwendbarkeit auf Pachtverhältnisse (§ 581 BGB). Generell wird die Anwendung von Schenkungsrecht auf die Leihe wegen hinreichender Sachgerechtigkeit der §§ 598 ff. BGB zurückhaltend beurteilt, vgl. Staudinger-*Reuter* 1996 Vorbem. zu §§ 598 ff. Rz. 1.

eine außerordentliche Kündigung rechtfertigen könnte.[440] Man soll also nicht auf Lebenszeit aneinander gebunden sein müssen, selbst wenn keine Partei Anlass für eine Kündigung aus wichtigem Grund gibt. Die Interessenlage scheint der bei Dauerleihverhältnissen durchaus vergleichbar. Bedenkt man zudem, dass der Vermieter über diesen langen Zeitraum eine Gegenleistung erhält, so wird man den uneigennützig handelnden Leihgeber nicht schlechter stellen können und auch ihm eine entsprechende Kündigungsmöglichkeit zugestehen müssen. Das Gesetz sieht allerdings in § 544 Satz 2 BGB vor, dass die Kündigung unzulässig ist, wenn der Vertrag für die Lebenszeit einer der beiden Vertragsparteien geschlossen ist.[441] Voraussetzung einer Kündigung nach § 544 Satz 1 BGB ist, dass der Vertrag von Anfang an auf eine Vertragslaufzeit von mehr als 30 Jahren oder auf unbestimmte Zeit ohne ordentliche Kündigungsmöglichkeit abgeschlossen wurde.[442] Verlängert sich die Vertragsdauer durch die Ausübung einer zu Beginn bereits eingeräumten Verlängerungsoption auf mehr als 30 Jahre, so steht dies gleich.[443] Verlängert sich die Vertragslaufzeit immer wieder dadurch, dass keine der Vertragsparteien von ihrem vertraglichen Kündigungsrecht Gebrauch macht, so kommt § 544 Satz 1 BGB nicht zur Anwendung.[444]

Auch bei einer Dauerleihgabe steht dem Leihgeber das **außerordentliche Kündi-** 223
gungsrecht des § 605 BGB zur Seite.[445] Unabhängig davon war bereits vor der grundlegenden Reform des Schuldrechts[446] anerkannt, dass der Leihgeber neben dem Kündigungsrecht aus § 605 BGB auch ein Recht zur außerordentlichen Kündigung aus anderen als den in § 605 BGB genannten wichtigen Gründen hat.[447] Anders als bei § 605 Nr. 2 BGB[448] war hier regelmäßig eine entsprechende Abmahnung Voraussetzung.[449]

Durch das Schuldrechtsmodernisierungsgesetz[450] ist das bislang in dieser Allgemeingül- 224
tigkeit ungeschriebene **außerordentliche Kündigungsrecht** bei Dauerschuldverhältnissen nunmehr **in § 314 BGB** kodifiziert worden. § 314 BGB lässt bestehende gesetzliche Ausformungen des Kündigungsrechts aus wichtigem Grund als leges speciales unberührt und tritt ergänzend zu diesen hinzu.[451] Voraussetzung des Kündigungsrechts aus § 314 BGB ist das Vorliegen eines wichtigen Kündigungsgrundes. Ein solcher ist gegeben, wenn Tatsachen vorliegen, die bei Abwägung der beiderseitigen Interessen und unter Berücksichtigung aller Umstände des Einzelfalles die Fortsetzung des Vertrages unzumutbar erscheinen lassen. Auf ein Verschulden des anderen Teiles kommt es nicht an, d. h. weder ist es einerseits erforderlich, noch andererseits ausreichend.[452] Eine außerordentliche Kündigung wegen pflichtwidrigem Verhalten wird in der Regel eine – aus Beweisgründen

---

440 Jauernig/*Teichmann* 2004, § 544 Rz. 1.

441 Dies entspricht der Rspr., die als Leihzweck ein lebenslanges, unentgeltliches und nicht kündbares Wohnrecht anerkannt hat, BGH NJW 1985, 313; MünchKomm-*Kollhosser* 2004, § 604 Rz. 2.

442 Palandt/*Weidenkaff* § 544 Rz. 4.

443 BGH NJW 2004, 1523; Palandt/*Weidenkaff* § 544 Rz. 4.

444 Palandt/*Weidenkaff* § 544 Rz. 5.

445 Dazu eingehend oben Rz. 201 ff.

446 Durch das Gesetz zur Modernisierung des Schuldrechts vom 26. November 2001 (BGBl. I S. 3138).

447 Palandt/*Weidenkaff* § 605 Rz. 1; BGHZ 82, 354, 359.

448 Palandt/*Weidenkaff* § 605 Rz. 4.

449 *Stephan Lorenz/Thomas Riem*, Lehrbuch zum neuen Schuldrecht, München 2002, Rz. 240; BGH NJW-RR 1999, 539.

450 Vom 26. November 2001 (BGBl. I S. 3138).

451 Vgl. die Begründung des Regierungsentwurfs (BT-Drs. 14/6040 S. 177), abgedruckt bei *Claus-Wilhelm Canaris*, Schuldrechtsreform 2002, München 2002, S. 569, 748; Palandt/*Heinrichs* § 314 Rz. 4; Jauernig/*Stadler*, 2004, § 314 Rz. 2.

452 Palandt/*Heinrichs* § 314 Rz. 5.

schriftlich zu erteilende – vorherige erfolglose Abmahnung voraussetzen, die nicht notwendiger-, gleichwohl aber sinnvollerweise auf die beabsichtigte Kündigung für den Wiederholungsfall aufmerksam macht (§ 314 Abs. 2 Satz 1 BGB).[453] Zu beachten ist, dass die Kündigung innerhalb angemessener Frist nach Kenntniserlangung vom Kündigungsgrund erfolgen muss (§ 314 Abs. 3 BGB). Welche Frist noch als angemessen anzusehen ist, wird von den Umständen des Einzelfalles abhängen. Musste der andere Teil bei gegebener Sachlage nicht mehr mit einer Kündigung rechnen, wird eine dennoch ausgesprochene Kündigung nicht mehr fristgerecht sein.[454]

225 **b) Formerfordernis.** Nachdem das Gesetz das Institut der Dauerleihgabe nicht kennt bzw. nicht anders als jede andere Leihgabe auch behandelt, bleibt es grundsätzlich bei der **Formfreiheit** der Leihe. Nachdem der Leihgeber seine in der Eigentümerstellung begründete absolute Rechtsposition auch bei langfristigen Leihgaben nicht aufgibt und seine Interessen durch die Kündigungsmöglichkeiten der §§ 314, 605 BGB hinreichend gewahrt werden, besteht kein Bedürfnis einer analogen Anwendung des § 518 Abs. 1 BGB.[455]

226 **c) Unentgeltlichkeit.** Die Frage, ob die Überlassung der Leihgabe unentgeltlich, also ohne Gegenleistung des Leihnehmers, erfolgt, stellt sich im Bereich der Dauerleihgaben wesentlich schärfer als bei Ausstellungsleihgaben. Dies resultiert aus der im Vergleich dazu deutlich anderen Zwecksetzung und der sich daraus ableitenden Interessenlage von Leihgeber und Leihnehmer. Die meisten Sammler/Leihgeber verknüpfen ihre Bereitschaft zur Überlassung ihrer Sammlung als Dauerleihgabe mit konkreten Vorstellungen, wie der Leihnehmer damit zu verfahren hat. Die gängigen Erwartungen bestehen darin, dass die Sammlung restauratorisch optimal betreut, wissenschaftlich erschlossen, in einem Katalog publiziert und der Öffentlichkeit unter deutlich sichtbarem Herkunftshinweis präsentiert wird. All dies auf Kosten des Leihnehmers, der zudem mit den anfallenden Versicherungsprämien belastet wird. Berücksichtigt man den Zweck der Dauerleihgabe, den Bestand des Leihnehmers auf sinnvolle Weise zu ergänzen und nach kunst- bzw. kulturhistorischen musealen Kriterien zu optimieren, so wird man die mit der Erfüllung der genannten Bedingungen verbundenen Kosten in der Regel als dem Vertragszweck entsprechende bzw. als gewöhnliche Erhaltungskosten im Sinne von § 601 Abs. 1 BGB ansehen können. Daran ändert auch nichts die Tatsache, dass diese Kosten womöglich auch beim Leihgeber angefallen wären, wenn er die Sammlung nicht aus der Hand gegeben hätte, er sich also durch die Überlassung an den Leihnehmer etwas erspart. Denn die Übernahme der Kosten durch den Leihnehmer ist nicht als Gegenleistung für die Überlassung zu bewerten, sondern notwendig mit der Übernahme der Objekte verbunden. Wer als Leihnehmer bestimmte Leihgaben auf Dauer für eigene Zwecke nutzen möchte, muss bereit und in der Lage sein, die damit einhergehenden Ausgaben zu übernehmen.

227 Problematischer wird es allerdings dann, wenn der Leihgeber weiter gehende Forderungen aufstellt und die Überlassung seiner Sammlung etwa an den Bau neuer oder den Umbau bestehender Ausstellungs- oder Depoträume knüpft. Dies führt auf Seiten des Leihnehmers zu erheblichen finanziellen Aufwendungen. Man wird jedoch auch in diesen Fällen nicht von einer Gegenleistung ausgehen können, weil die Investitionen des Leihnehmers auf Seiten des Leihgebers nicht zu einem bleibenden Vermögensvorteil führen. So mag es zwar durchaus mit die Geschäftsgrundlage bilden, dass der Leihnehmer entsprechende Räumlichkeiten zur Verfügung stellt bzw. schafft. Diese Leistung erbringt er aber

---

[453] *Lorenz/Riem* Fn. 449 Rz. 244f.; Palandt/*Heinrichs* § 314 Rz. 8.

[454] *Lorenz/Riem* Fn. 449 Rz. 246.

[455] MünchKomm-*Kollhosser* 2004, § 598 Rz. 6; Staudinger-*Reuter* 1996 § 598 Rz. 7; BGHZ 82, 354 = NJW 1982, 820, 821 und BGH NJW 1985, 1553 in Fällen der unentgeltlichen Überlassung einer Wohnung auf Lebenszeit. Wegen anderer Formerfordernisse vgl. oben Rz. 182f.

nicht für den Leihgeber, sondern weil er dessen Sammlung sich zunutze machen möchte und die Interessen des Leihgebers zu berücksichtigen und die Sammlung, die für beide einen hohen ideellen Wert verkörpert, angemessen zu würdigen hat. Der Leihnehmer erhält für die Überlassung nichts Verwertbares – weder wird er Hausherr der neuen Räume, noch kann er sie als Wert schöpfenden Faktor nach dem Ende des Leihverhältnisses zusammen mit seiner Sammlung zurücknehmen.

4. *Dokumentation*

Dauerleihgaben sind in den Unterlagen des leihnehmenden Museums ordnungsgemäß **228**
nachzuweisen. Hierzu ist nicht allein die Aufbewahrung des Schriftverkehrs sowie des Leihvertrags ausreichend. Dauerleihgaben sind vielmehr in ein gesondert zu führendes **Leihnahmenverzeichnis** aufzunehmen und nach den üblichen Grundsätzen zu inventarisieren.[456] Dem Inventarverzeichnis eines staatlichen Museums kommt positiv wie negativ die Beweiskraft einer öffentlichen Urkunde im Sinne von § 418 ZPO zu.[457]

5. *Vertragsgestaltung*

Gerade weil es bei Dauerleihgaben um langfristige Entscheidungen und Festlegungen **229**
geht, kommt der Vertragsgestaltung eine **herausragende Bedeutung** zu.[458] Auch wenn beide Parteien oftmals Scheu davor haben, ihre vertrauensvolle, von der gleichen Leidenschaft für die Kunst getragene Begeisterung in eine rechtlich verbindliche Vertragsform zu bringen, diese womöglich sogar als das ganze Unternehmen gefährdend erachten, so kann im Ergebnis doch nur eine solide vertragliche Grundlage die tragfähige Basis für das Gelingen dieser Kooperation darstellen. Wenn von Beginn an offen und ehrlich über die gegenseitigen Voraussetzungen, Wünsche und Vorstellungen gesprochen wird, so kann das Machbare vom Unrealistischen geschieden und zur gemeinsamen Geschäftsgrundlage für eine entsprechende vertragliche Ausgestaltung erarbeitet werden. Sollte dies den Parteien aus welchen Gründen auch immer nicht möglich sein, so ist diese Zusammenarbeit von vornherein zum Scheitern verurteilt, weil offenbar geheime Vorbehalte davon abhalten, eine seriöse Arbeitsgrundlage zu vereinbaren. Wichtig ist für beide Seiten, nicht nur gegenüber dem Verhandlungs- und späteren Vertragspartner, sondern auch sich selbst gegenüber realistisch und ehrlich die eigenen Möglichkeiten auszuloten. So kommt es immer wieder vor, dass sich Museen sehenden oder verschließenden Auges gegenüber dem Leihgeber in einer nicht auf Dauer leist- bzw. auch nur wünschbaren Weise binden, indem Sie permanente Ausstellung der Sammlung oder turnusgemäß wiederkehrende Sonderausstellungen mit Teilen der Sammlung in dem Sammler zugedachten bzw. sogar gewidmeten Ausstellungsräumen versprechen. Dies mag aus der Sicht des Sammlers und Leihgebers wünschbar erscheinen, für Museen, die einen anderen Auftrag zu erfüllen haben, als nur einer Sammlung zu dienen, und die deshalb nach übergeordneten Kriterien zu entscheiden haben, ist dies in der Regel nicht akzeptabel und empfehlenswert. Bei der Vertragsgestaltung ist beiden Parteien zu empfehlen, ihre Erwartungshaltung mit Augenmaß zu formulieren. Ein Sammler, der es versteht, seine Maximalvorstellungen zu Wünschen des Museums werden zu lassen, wird in der späteren Umsetzung der Vereinbarungen oftmals enttäuscht werden (müssen).

---

[456] *Waidacher* Fn. 323 S. 358; Vgl. dazu die Bekanntmachung des Bayerischen Staatsministeriums für Unterricht und Kultus (Nr. V/6 – 1/126 005) vom 6. Oktober 1977 über die Führung von Bestandsverzeichnissen (KMBl. I S. 557).

[457] LG Ingolstadt, Urt. v. 17. Januar 2002, KUR 2002, 117 mit Anm. *Kirchmaier.*

[458] Wie hier *Raue* Fn. 427 S. 8 ff.

230 Den Parteien ist zu empfehlen, angemessene und vernünftige vertragliche Antworten jedenfalls auf die Fragen zu finden,
- wer über zeitlich befristete Ausleihen an Dritte entscheidet,[459]
- wer die restauratorische und konservatorische Verantwortung übernimmt,
- ob und unter welchen Voraussetzungen (Stellung von Ersatz?) der Leihgeber einzelne Objekte zurückziehen kann, um sie zu verkaufen,
- ob und unter welchen Voraussetzungen der Leihgeber bei neu erworbenen Objekten deren Übernahme als Dauerleihgaben verlangen kann,
- was dauerhafte Präsentation konkret zu bedeuten hat,
- inwieweit der Leihgeber bei Veränderungen der Präsentation zu beteiligen ist,
- welche Gründe die Parteien als besonders wichtige gegenseitig anerkennen wollen im Hinblick auf eine vorzeitige Vertragsbeendigung,
- inwieweit sich der Leihgeber an den notwendigen Erhaltungskosten beteiligt, insbesondere im Falle vorzeitiger Vertragsbeendigung,
- inwieweit sich der Leihgeber an den sonstigen Investitionskosten (Personal-, Publikations- und Ausstellungskosten) beteiligt, insbesondere im Falle vorzeitiger Vertragsbeendigung,
- inwieweit der Leihgeber an Einnahmen beteiligt wird bzw. werden kann, die aus der Nutzung der Sammlung gewonnen werden,
- wer gegebenenfalls neben dem verantwortlichen Direktor auf Seiten des Leihnehmers zuständiger Ansprechpartner für den Leihgeber ist.

V. Deckung der Risiken

Schrifttum: *John Adams*, Insurance of Works of Art: Principles, Practice & Problems, in: *Institute of Art and Law* (Hrsg.), Art and Insurance, Leicester 2000 Part 3; *Christian Armbrüster*, Privatversicherungsrecht, Handbuch des Museumsrechts Bd. 2, Opladen 1992; *ders.*: Rechtsfragen der Kunstversicherung, KUR 2006, 71, 103; *Klaus Behrens/Dieter de Lazzer* (Hrsg.), Recht, Steuern, Versicherungen für den Kunstmarkt, Neuwied-Kriftel 1994; *Arnold Boesen*, Die rechtliche Zulässigkeit der Einschaltung von Versicherungsmaklern in das Verfahren zur Vergabe von Versicherungsleistungen, VersR 2000, 1063; *Hartmut Eppel*, Die Versicherung von Kunst in Museen, KUR 1999, 237; *Rudolf Gärtner*, Rechtsprobleme bei der Versicherung von Kunstgegenständen, NJW 1991, 2993; *ders.*: Versicherungsfragen im Museumsbereich, Handbuch des Museumsrechts Bd. 10, Opladen 2002; *Gallery Association of New York State* (Hrsg.), Insurance and Risk Management for Museums and Historical Societies, New York 1985; *Stephanie Gille*, Staatshaftungssysteme in Europa und Deutschland – Ergebnisse der EU-Studie Nr. 2003–4879, Museumskunde Bd. 70 (2005), 90; *Robert Graham*, Museums and Insurance, in: *Institute of Art and Law* (Hrsg.), Art and Insurance, Leicester 2000 Part 6; *Günter Hilbert*, Sicherung und Versicherung von Museumsgut im internationalen Leihverkehr, Museumskunde Bd. 46 (1981), 36; *Robert Kirchmaier*, Transport und Versicherung von Ausstellungsgegenständen, in: *Haimo Schack/Karsten Schmidt* (Hrsg.): Kunstrecht – aktuelle Rechtsfragen der internationalen Museumspraxis, 2006, S. 33; *Michael Kuhn*, Contra Bundes-/Staats-/Landeshaftung, Museumskunde Bd. 70 (2005), 111; *Isabel Kühl*, Der internationale Leihverkehr der Museen (S. 103–141), Köln u. a. 2004; *Andrea Lensing*, Die Ausstellungsversicherung unter besonderer Berücksichtigung des Messewesens, Karlsruhe 1991; *Klaus Meyer*, Verstaatlichung der Kunstversicherung?, ZfV 1989, 180; *Edgar Müller-Gotthard/Raymond Schmit*, Versicherung von Kunstwerken, ZVersWiss 1982, 211; *Münchener Rückversicherungs-Gesellschaft* (Hrsg.), Kunst und Versicherung, München 1984; *Patricia Nauert/Caroline Black*, Fine Arts Insurance – A Handbook for Art Museums, Washington 1979; *Linda Pinkerton*, Insurance in the United States for International Loans of Works of Art, in: *Marine Briat/Judith Freedberg* (Hrsg.), Legal Aspects of International Trade in Art, London u. a. 1996, S. 337; *Andrea Prehn*, Versicherung in Museen und Ausstellungen, Heft 26 der Materialien aus dem Institut für Museumskunde, Berlin

---

[459] Wobei das Leihvertragsverhältnis in der Zwischenzeit als ruhend zu betrachten ist.

1989; *Andrea F. G. Raschèr*, Staatsgarantien in Europa und den USA, in: *Haimo Schack/Karsten Schmidt* (Hrsg.): Rechtsfragen der internationalen Museumspraxis, 2006, S. 125; *Raschèr/Christen*, Staatsgarantien für Leihgaben – Überblick, Fragen und Entwicklungstendenzen, in: *Marc-André Renold/Pierre Gabus* (Hrsg.), Claims fort for the restitution of looted art – La revendication des oeuvres spoliées, Zürich 2004, S. 213; *Dietrich Reupke*, Staatsgarantien für Ausstellungen – Ein Beitrag zur Wirtschaftlichkeit der öffentlichen Verwaltung, DÖV 1994, 586; *Günther Schauerte/Ina Frodermann/Kathrin Zinkmann*, „Und was kommt nach MoMA?" Vom schwierigen Umgang mit der Risikoabsicherung im deutschen und europäischen Ausstellungsgeschäft, Museumskunde Bd. 70 (2005), 97; *Jochen Taupitz*, Versicherungspflichten und Selbstversicherung der öffentlichen Hand, VersR 1983, 100; *Hans Urbanski*, Versicherung von Kunstgegenständen, VersRdsch 1975, 67; *Heather Wilson*, Government Indemnity Schemes: The National Heritage Act 1980, in: *Institute of Art and Law* (Hrsg.), Art Loans and Exhibitions, Leicester 1996, Reading 11.

Die Frage nach der Haftung des Leihnehmers sagt nicht zwingend etwas darüber aus, **231** wer tatsächlich wirtschaftlich das Risiko im Schadensfalle trägt. Es ist ein in der Praxis immer wieder anzutreffendes Missverständnis, dass Versicherung gleich bedeutend sei mit Haftung. So findet man in manchen Leihverträgen, vorwiegend in solchen über Dauerleihgaben, hin und wieder die Formulierung, dass der Leihgeber auf die Versicherung seiner Leihgabe verzichte. Daraus den Schluss abzuleiten, dass der Leihnehmer auch nicht für eventuelle Schäden oder den Verlust der Leihgabe einzustehen hätte, wäre ein fataler Irrtum.[460] Die Haftung des Leihnehmers bestimmt sich nach den Regelungen, die die Parteien im Leihvertrag getroffen haben, ergänzend nach den gesetzlichen Bestimmungen. In der Regel enthalten die Leihverträge auch eine Verpflichtung des Leihnehmers, für eine ausreichende Deckung des übernommenen Risikos zu sorgen bzw. falls der Leihgeber dies selbst übernimmt, die hierfür anfallenden Kosten zu tragen. Erklärt sich der Leihgeber damit einverstanden, dass die Leihgabe nicht versichert wird, so bedeutet dies, dass er dem Leihnehmer insoweit entgegen kommt und für diesen keine Versicherungsprämien anfallen. Der Leihgeber gibt sich mit der vertraglich festgelegten Haftung und der Finanzkraft des Leihnehmers zufrieden.[461] Andererseits hat der Leihnehmer dann selbst das wirtschaftliche Risiko des Schadensfalles übernommen und muss gegebenenfalls aus eigenen Mitteln aufkommen. Für den Leihgeber kann der Verzicht auf die Versicherung im Einzelfall bedeuten, dass Risiken, für die laut Leihvertrag nicht gehaftet wird, die aber gewöhnlich im Rahmen einer Kunstversicherung abgedeckt werden, nicht erfasst sind.

In der Praxis sorgen die Parteien in den meisten Fällen für eine kommerzielle Versi- **232** cherung der Leihgaben durch spezialisierte Kunstversicherer. Im Vordringen begriffen sind allerdings auch Staatsgarantien, die Leihnehmer in staatlicher Trägerschaft als Versicherungsäquivalent anbieten.

1. *Kommerzielle Kunstversicherung*

Die Kunstversicherung hat sich mittlerweile als eine eigenständige Versicherungsform **233** etabliert. Ihre Wurzeln hat sie in der Transportversicherung zum einen, in der Hausratversicherung zum anderen.[462] Sowohl auf Seiten der Versicherungsunternehmen wie auch in

---

[460] *Christian Armbrüster*, Privatversicherungsrecht, S. 90f.

[461] Die Hoffnung, der Leihgeber werde sich auf keinen Fall mit der Eigenhaftung des Leihnehmers zufrieden geben, wird von der Praxis leider doch immer wieder enttäuscht, so aber *Hartmut Eppel*, Die Versicherung von Kunst in Museen, KUR 1999, 237.

[462] *Christian Armbrüster*, Rechtsfragen der Kunstversicherung, KUR 2006, 72; *Rudolf Gärtner*, Rechtsprobleme bei der Versicherung von Kunstgegenständen, NJW 1991, 2993; *ders.*: Versicherungsfragen im Museumsbereich, S. 15ff.

der Branche der vermittelnden Versicherungsmakler wurde auf den in den letzten Jahrzehnten gestiegenen Versicherungsbedarf durch die Herausbildung spezieller Abteilungen reagiert. Die gewachsene Nachfrage hat letztlich zum Angebot eines entsprechenden Versicherungsprodukts geführt.

234 **a) Vertragliche Ausgestaltung.** Während sich der Versicherungsbedarf einzelner Kunstobjekte in privater Hand durchaus angemessen mit einer – gegebenenfalls erweiterten – Hausratsversicherung abdecken lässt,[463] erfordert der Leihverkehr zwischen Ausstellungshäusern, Museen, Galeristen und bedeutenden Privatsammlungen größeren Umfangs spezielle vertragliche Ausgestaltungen. Die meisten der hier angesprochenen Leihgeber und Leihnehmer unterhalten einen **Generalvertrag** bzw. eine **Generalpolice** mit einem bestimmten Versicherungsunternehmen. Oftmals, insbesondere bei entsprechend großem Versicherungsvolumen, beteiligen sich an einem Generalvertrag mehrere Versicherer und übernehmen anteilig die Risiken. Auch wenn das Versicherungsverhältnis durch Mitwirkung eines Versicherungsmaklers zustande gekommen ist und die künftige Abwicklung von diesem übernommen wird, besteht das Versicherungsverhältnis ausschließlich mit dem Versicherer, der letztlich alleiniger Risikoträger ist.[464]

235 Im Generalvertrag werden die **Versicherungsbedingungen festgelegt,** die für den Fall der Versicherungsnahme gelten. Der Versicherungsnehmer ist darüber hinaus – im Gegensatz zum bloßen Rahmenvertrag – auch **zur Abdeckung** seiner Risiken **durch den Generalvertrag verpflichtet.**[465] Dies wird nicht immer problemlos möglich sein, vor allem dann nicht, wenn – wie in der Praxis weit verbreitet – der Leihgeber im Leihvertrag dem Leihnehmer verbindlich vorschreibt, bei welchem Versicherer das Leihgabenrisiko zu versichern ist. Letzteres kann zwar vergaberechtlich problematisch sein,[466] für den Leihnehmer allerdings faktisch eine kaum zu überwindende Notwendigkeit begründen. Versicherungsschutz für die einzelnen Objekte wird dann aufgrund erfolgter Anmeldung gewährt. Gegen das Vergessen der rechtzeitigen **Anmeldung** kann sich der Versicherungsnehmer vertraglich durch die Aufnahme einer so genannten **Versehensklausel** absichern, die bewirkt, dass von Beginn an Versicherungsschutz besteht, sobald der Versicherungsbedarf unverzüglich nachgemeldet wird. Eine Nachmeldung ist in der Regel auch dann erforderlich, wenn das Risiko bereits abgeschlossen ist, und zwar unabhängig davon, ob ein Schaden eingetreten ist oder nicht.

236 Um das Risiko kalkulieren und begrenzen zu können, wird in Generalverträgen eine **Höchstversicherungssumme** vereinbart, bis zu der Versicherungsdeckung nach den Bedingungen des Generalvertrages erlangt werden kann. Durch die Höchstversicherungssumme wird der Umfang des Versicherungsschutzes definitiv begrenzt. Im Schadensfalle kann der Versicherer nicht darüber hinaus in Anspruch genommen werden, soweit er sich dazu nicht vorab bereit erklärt hat (§ 50 VVG). Der Versicherungsnehmer läuft Gefahr, dass der Versicherer mit dem Hinweis auf eine vorliegende Unterversicherung seine Leistung in dem Verhältnis anteilig kürzt, das der tatsächlichen Differenz zwischen Höchstversicherungssumme und dem Gesamtwert entspricht (§ 56 VVG). Dem lässt sich allerdings

---

[463] So auch *Armbrüster* KUR 2006, 72.

[464] Zur wichtigen Frage der Beteiligung des Versicherungsmaklers am Vergabeverfahren vgl. *Gärtner*, Versicherungsfragen im Museumsbereich, S. 96ff. und *Arnold Boesen*, Die rechtliche Zulässigkeit der Einschaltung von Versicherungsmaklern in das Verfahren zur Vergabe von Versicherungsleistungen, VersR 2000, 1063.

[465] Vgl. dazu *Armbrüster* KUR 2006, 73 und *Gärtner*, Versicherungsfragen im Museumsbereich, S. 90 f.

[466] Dazu näher *Kirchmaier* Fn. 317 S. 44 und *Gärtner*, Versicherungsfragen im Museumsbereich, S. 91ff.

dadurch begegnen, dass im Versicherungsvertrag der Einwand der Unterversicherung ausgeschlossen wird.[467] Dadurch ist der Versicherungsnehmer insoweit geschützt, als im Schadensfalle der gesamte Schaden maximal bis zur Höchstversicherungssumme ersetzt wird. Ein Restrisiko bleibt in diesem Fall für den Versicherungsnehmer, falls der Schaden die Höchstversicherungssumme übersteigt. Eine Versehensklausel hilft dem Versicherungsnehmer nämlich nicht weiter, wenn die Höchstversicherungssumme überschritten ist.[468]

Versicherer verwenden häufig **allgemeine Versicherungsbedingungen,** die zum 237
Vertragsinhalt gemacht werden. Sofern sie hierbei nicht eigene Klauselwerke entwickelt haben, wird häufig Bezug genommen auf standardisierte Bedingungswerke wie die **Allgemeinen Bedingungen für die Ausstellungsversicherung** (AVB Kunstausstellung 1995) und hierzu ergänzend formulierte Sonderbedingungen,[469] die auf den **Besonderen Bedingungen für die Versicherung von Kunstgegenständen** aufbauen (BB Kunstgegenstände 1972),[470] die **Allgemeinen Bedingungen für die Versicherung von Kunstgegenständen in Privatbesitz** (AVB Kunst 2001)[471] oder die **Besonderen Bedingungen für die Versicherung von Ausstellungen und Messen.**[472]

b) Versicherte Risiken und Gefahren. In der Regel bietet die Kunstversicherung 238
eine **Allgefahrendeckung „von-Nagel-zu-Nagel"** für stationäre wie für Transportrisiken. Das bedeutet, dass der Versicherer für alle Gefahren und Schäden eintritt, soweit er sie nicht in seinen Versicherungsbedingungen bzw. im Versicherungsvertrag wirksam ausgeschlossen hat.[473] Die Versicherungsbedingungen werden zwar grundsätzlich vom Versicherer gestellt, sind aber im Einzelnen verhandel- und damit auch abdingbar. Insbesondere kann der Versicherungsnehmer bereits bei der Erstellung der Verdingungsunterlagen im Rahmen einer Ausschreibung seine Vorstellungen zur Geltung bringen. Der Versicherungsnehmer sollte deshalb überprüfen, ob der bedingungsgemäße Versicherungsschutz seinen Anforderungen entspricht und gegebenenfalls auf entsprechende Änderungen hinwirken. So sollten in jedem Falle die **Risikoausschlüsse** für Streik und innere Unruhen,[474] für Witterungseinflüsse,[475] für das Abhandenkommen kleinformatiger Gegenstände[476] und Diebstahl, Veruntreuung oder Unterschlagung durch vorübergehendes eigenes Personal[477] nach Möglichkeit abbedungen werden. Gleiches gilt für den Einwand der Unterversicherung.[478] Insbesondere wenn der Leihgeber darauf besteht, dass die Leihgaben über seinen Generalvertrag auf Kosten des Leihnehmers versichert werden, sollte der Leihnehmer sich vergewissern, dass der Versicherungsschutz der von ihm vertraglich übernommenen Haftung genügt. Freilich bleibt immer ein gewisser nicht oder nur mit unverhältnismäßig hohem Aufwand versicherbarer **Restbestand von Risiken,** für die der Versicherer grundsätzlich keine Gewähr übernimmt bzw. übernehmen kann. Dies sind vor allem die Gefahren der **Kernenergie,**[479] des **Krieges** und Bürgerkrie-

---

467 Vgl. *Prölls/Martin/Kollhosser*, Versicherungsvertragsgesetz, 2004, § 56 Rz. 14.

468 *Behrens/Dieter de Lazzer*, Recht, Steuern, Versicherungen für den Kunstmarkt, S. 433.

469 Abgedruckt in der Vorgängerversion 1988 bei *Armbrüster*, Privatversicherungsrecht, S. 142ff. und bei *Behrens/Dieter de Lazzer* Fn. 468 S. 438ff.

470 Abgedruckt bei *Armbrüster*, Privatversicherungsrecht, S. 166f.

471 Abgedruckt in der Vorgängerversion 1988 bei *Armbrüster*, Privatversicherungsrecht, S. 128ff.

472 Näher hierzu *Armbrüster* KUR 2006, 103f.

473 Vgl. *Eppel* KUR 1999, 237.

474 § 3 Nr. 1 d AVB Kunstausstellung 1995.

475 § 3 Nr. 2 e AVB Kunstausstellung 1995.

476 § 2 Nr. 1 f AVB Ausstellung 1988.

477 § 3 Nr. 1 a AVB Kunstausstellung 1995.

478 § 8 AVB Ausstellung 1988, § 2 Nr. 4 AVB Kunstgegenstände 1988.

479 § 3 Nr. 1 e AVB Kunstausstellung 1995, § 3 Nr. 1 c AVB Kunst 2001.

ges[480] sowie der **Beschlagnahme,** Entziehung oder sonstiger Eingriffe von hoher Hand.[481] Es kommen hinzu Schäden, die durch **Verderb** oder **Verschleiß,** d.h. durch natürliche Alterung bei bestimmungsgemäßem Umgang eintreten.[482] Farbausbrüche etwa, die auf dem fragilen Zustand eines Gemäldes beruhen, sind keine versicherten Gefahren, solange nicht ein weiteres Schadensereignis auf dem Transport hinzutritt. Der ordnungsgemäß erfolgte Transport als solcher kann in einem derartigen Fall nicht als Schadensereignis anerkannt werden. Weiterhin werden Schäden ausgeschlossen, die von einer **Bearbeitung** oder **Restaurierung** herrühren.[483]

239 Während also der Aufenthalt bei einem Restaurator abgedeckt ist, umfasst die Kunstversicherung nicht das Risiko des fachmännisch korrekten Umgangs mit dem Kunstwerk bei der Restaurierung. Der Grund hierfür liegt darin, dass es sich dabei um klassische Berufshaftpflichtrisiken handelt, die nicht Gegenstand einer Kunstversicherung sind. Auch aus diesem Grund ist es ein berechtigtes Anliegen des Leihgebers, dem Leihnehmer im Leihvertrag regelmäßig nicht zu gestatten, ohne seine ausdrückliche vorherige Zustimmung an der Leihgabe Arbeiten durch einen Restaurator durchführen zu lassen. **Terrorrisiken** gelten nach wie vor nicht als ausgeschlossen, obwohl sich hier die Gefährdungslage in den letzten Jahren seit den Anschlägen vom 11. September 2001 deutlich verändert hat. Allerdings hat die Versicherungswirtschaft auf diese Situation reagiert, indem das Terrorrisiko nicht mehr wie früher prämienfrei mitversichert ist, sondern erhebliche Prämien dafür in Ansatz gebracht werden. Nicht zuletzt diese veränderte Risikolage ist für den oftmals beklagten Anstieg der Versicherungskosten mitursächlich.[484]

240 **c) Versicherungswert.** Versicherungsschutz für einzelne Leihgaben entsteht erst mit der Anmeldung des Versicherungsbedarfs unter der Generalpolice. Neben den genauen Angaben zum Objekt (Künstler, Bezeichnung, Material, Größe) und zum zu versichernden Ereignis (Bezeichnung der Ausstellung, der Transportfirma, Transportmittel und -wege, Daten) ist insbesondere der Wert des Objektes anzugeben. Der Versicherungsnehmer **benennt** somit den zu versichernden Wert. Dies kann bei der Kunstversicherung aus unterschiedlichen Gründen problematisch werden.[485] Zum einen dann, wenn vergleichbare Werke mittlerweile gar nicht mehr auf dem Markt gehandelt werden und deshalb auch nicht mehr erhältlich sind, wie dies oftmals bei alter und älterer Kunst der Fall sein wird. Zum anderen ergibt sich die Problematik daraus, dass grundsätzlich das Interesse besteht, die Wertangabe tendenziell eher zu hoch als zu niedrig anzusetzen. Dafür gibt es wiederum verschiedene Motive, die von der nachvollziehbaren Überlegung angefangen, für den Fall des Verlustes die Möglichkeit einer adäquaten Ersatzanschaffung zu erhalten, über das eitle Unterstreichen der Bedeutung der eigenen Sammlung bis hin zur nüchternen Kalkulation des Schadensfreiheitsrabattes reichen, der sich aus der Prämie errechnet, die wiederum vom Versicherungswert abhängt.[486] In der Regel werden die Wertangaben von ausgewiesenen Kennern des Marktes auf Seiten des Leihgebers vorgenommen und vom Versicherer auch akzeptiert.

241 Um sicherzustellen, dass der angegebene Wert im Schadensfall Bestand hat, empfiehlt es sich für den Versicherungsnehmer, den jeweiligen Wert als **feste Taxe** im Sinne von § 57

---

480 § 3 Nr. 1e AVB Kunstausstellung, § 3 Nr. 1 AVB Kunst 2001.

481 § 3 Nr. 1c AVB Kunstausstellung 1995, § 3 Nr. 1 AVB Kunst 2001.

482 § 3 Nr. 2f AVB Kunstausstellung 1995, § 3 Nr. 2b AVB Kunst 2001.

483 § 3 Nr. 2c AVB Kunstausstellung 1995, § 3 Nr. 2d AVB Kunst 2001.

484 Der Hauptgrund liegt allerdings darin, dass der Kunstmarkt die Preise für Kunstwerke in Schwindel erregende Höhen getrieben hat und nach wie vor treibt.

485 Vgl. hierzu *Gärtner*, Versicherungsfragen im Museumsbereich, S. 34ff.

486 *Gärtner* NJW 1991, 2997.

VVG zu vereinbaren.[487] Will sich der Versicherer im Schadensfall nicht daran festhalten lassen, so hat er zu beweisen, dass die Taxe den wirklichen Versicherungswert zur Zeit des Eintritts des Versicherungsfalls erheblich übersteigt (§ 57 Satz 2 VVG). Ein erhebliches Übersteigen des Versicherungswertes wird bei mehr als 10% angenommen.[488] Gelingt dem Versicherer allerdings dieser Nachweis, so kommt es nach der zwingenden[489] Regelung in § 57 Satz 2 VVG auf die tatsächliche Schadenshöhe an.

Vor allem bei **Dauerleihgaben** kann es durchaus vorkommen, dass der Wert der Leihgaben im Laufe der Zeit sich nach oben entwickelt. Wurden die Versicherungswerte als feste Taxen vereinbart, ist dem Leihgeber dringend anzuraten, die Wertentwicklung zu verfolgen und gegebenenfalls auf eine Anpassung der Versicherungswerte bedacht zu sein. Andernfalls läuft er Gefahr, dass der als Taxe vereinbarte Wert hinter dem tatsächlichen Versicherungswert zurückbleibt und als Entschädigungsgrenze einem vollen Wertersatz entgegensteht.[490] In diesem Fall wäre die Zielsetzung der Vereinbarung einer festen Taxe nicht nur verfehlt, sondern sogar in ihr Gegenteil verkehrt worden. 242

d) Prämie. Die zu zahlende Prämie enthält regelmäßig einen Teil für das **stationäre Risiko,** welcher sich als Promillewert aus der Versicherungssumme errechnet und meist auf einen Monatszeitraum (pro rata temporis) bezogen ist. Darüber hinaus errechnet sich ein Prämienteil für das **Transportrisiko.** Hier wird ebenfalls auf der Grundlage von Promillesätzen differenziert nach Beschaffenheit der zu versichernden Objekte und den lokalen Gefahrenzonen, in denen sich das zu versichernde Risiko abspielt. Bei der Versicherung von **Dauerleihnahmen** spielt die Versicherung des Transportrisikos eine gänzlich untergeordnete Rolle. 243

Interessanter Weise fallen die Prämiensätze meist unterschiedlich aus, je nachdem, ob der Versicherungsnehmer Leihgeber oder Leihnehmer ist. Dies führt in der Praxis häufig dazu, dass Leihnehmer versuchen, die Leihnahmen unter ihrer eigenen Generalpolice versichern zu können, weil dies für sie günstiger kommt als die Prämiensätze der Generalpolice des Leihgebers. Hier hat indes der Leihgeber die stärkere Position, weil es um die Versicherung seiner Objekte geht und er seinen Versicherungsbedarf über den eigenen Generalvertrag zu versichern hat. Zudem kennt er die Bedingungen seines Vertrags genauer und kann sich somit zuverlässiger darauf verlassen, dass seine Leihgaben ausreichend versichert sind. Ein weiterer Anreiz ist in der Gewinnbeteiligung bzw. im Schadensfreiheitsrabatt zu sehen, zu deren Berechnung alle über den Generalvertrag eingedeckten Risiken herangezogen werden.[491] 244

e) Schadensfall und Entschädigung. Sobald Schaden eingetreten ist und sich dadurch der Versicherungsfall realisiert, hat der Versicherungsnehmer dies unverzüglich dem Versicherer unter möglichst genauer Beschreibung und Dokumentation des Schadens **anzuzeigen.**[492] Im Falle eines Diebstahls oder sonstigen Abhandenkommens ist Strafanzeige zu erstatten und auch hierüber dem Versicherer zu berichten.[493] 245

---

[487] Wie hier *Eppel* KUR 1999, 239, *Armbrüster* KUR 2006, 73 und *Edgar Müller-Gotthard/Raymond Schmit*, Versicherung von Kunstwerken, ZVersWiss 1982, 211, 214; kritisch hingegen *Gärtner* NJW 1991, 2997f. und *ders.*, Versicherungsfragen im Museumsbereich, S. 152ff.

[488] *Armbrüster* KUR 2006, 73f.; *Prölls/Martin/Kollhosser*, VVG, 2004, § 57 Rz. 12.

[489] *Prölls/Martin/Kollhosser*, VVG, 2004, § 57 Rz. 6; *Armbrüster* KUR 2006, 73; *Gärtner* NJW 1991, 2997.

[490] *Prölls/Martin/Kollhosser*, VVG, 2004, § 57 Rz. 6.

[491] *Eppel* KUR 1999, 239f. und *Gärtner*, Versicherungsfragen im Museumsbereich, S. 168ff.

[492] § 133 Nr. 3h AVB Kunstausstellung 1995, § 12 Nr. 4a, c AVB Kunst 2001.

[493] § 133 Nr. 3i AVB Kunstausstellung 1995, § 9 Nr. 1 AVB Kunst 2001.

246 Wurde der **benannte Wert als feste Taxe** vereinbart, so hat der Versicherer diesen zu ersetzen, wenn das Objekt zerstört oder gestohlen wurde bzw. abhanden gekommen ist. Ansonsten ist der Wert maßgeblich und zu erstatten, den das Objekt beim Eintritt des Versicherungsfalles hatte (Gesundwert).[494] Wurde das Objekt beschädigt, so sehen die Versicherungsverträge und -bedingungen in der Regel die Erstattung der erforderlichen **Restaurierungskosten** sowie der eingetretenen **Wertminderung** vor.[495] Eine Werterstattung in voller Höhe gegen Übernahme des Objekts durch den Versicherer liegt nicht im beiderseitigen Interesse. Weder ist dem Versicherungsnehmer daran gelegen, sein Kunstwerk wegzugeben, was quasi einem Verkauf gleichkäme, noch hat der Versicherer ein gesteigertes Interesse daran, sich beschädigte Kunstwerke „einzukaufen". In Zweifelsfragen wird zwischen den Parteien häufig ein **Sachverständigenverfahren** vereinbart, dessen Ergebnis für beide Seiten bindend ist.[496]

247 **f) Regressverzicht.** Da im internationalen Leihverkehr die leihgebenden/leihnehmenden Institutionen in permanentem Austausch und Kontakt sowohl untereinander als auch mit den dazu gehörigen Dienstleistungsunternehmen wie etwa Transport-, Bewachungs- oder Reinigungsfirmen stehen, ist es regelmäßig in ihrem Interesse, dass im Schadensfalle die dafür Verantwortlichen nicht in persönlich in Regress genommen werden. Der Versicherer wäre hierzu im Grunde nach § 67 VVG berechtigt, sobald er den Schaden ersetzt. Nachdem diese Regressmöglichkeit für die Versicherer offenbar keine nennenswerte Größe darstellt, erklären sie sich in der Praxis durchweg bereit, auf den Regress gegen Dritte zu verzichten.[497]

2. *Staatsgarantie*

248 **a) Staatsgarantie in Deutschland.** Die anhaltende Kürzung der Ausstellungsetats auf der einen Seite, die für Ausstellungsleihgaben aufzubringenden Versicherungsprämien auf der anderen Seite lassen in den letzten Jahren zunehmend den Ruf nach alternativen Bewältigungsmodellen für die Risiken der Leihnahmen laut werden. Immer mehr Staaten gehen dazu über, den Leihgebern als Sicherheit eine so genannte Staatsgarantie anzubieten.[498] Dabei handelt es sich nicht um eine Erfindung der Gegenwart. Bereits 1918 wurde in Deutschland die Notwendigkeit der Risikoübernahme durch den Leihnehmer mit dem Gedanken einer staatlichen Gewährleistung verknüpft.[499] Eingeführt wurde die **Staatsgarantie auf Bundesebene** nach der 1989 erfolgten Gründung der Kunst- und Ausstellungshalle der Bundesrepublik Deutschland in Bonn **im Jahr 1992.** Ihre gesetzliche **Grundlage** findet sie in der **haushaltsgesetzlichen Ermächtigung des Bundesfinanzministers** zur Übernahme von Gewährleistungen im Zusammenhang mit von institutionellen Zuwendungsempfängern des Bundes veranstalteten Ausstellungen im Bereich von Kunst und Kultur zur Deckung des Haftpflichtrisikos gegenüber den Leihgebern. Nach-

---

[494] *Armbrüster* KUR 2006, 76; § 10 Nr. 1 Satz 1 AVB Kunstgegenstände 1988.

[495] Vgl. zu den weiteren Differenzierungen *Armbrüster* KUR 2006, 76f., 103.

[496] § 15 AVB Kunstausstellung 1995, § 14 AVB Kunst 2001.

[497] *Armbrüster* KUR 2006, 103; *Gärtner* NJW 1991, 3000 und *ders.*, Versicherungsfragen im Museumsbereich, S. 40.

[498] Die Begrifflichkeiten sind nicht einheitlich, man findet auch Bezeichnungen wie Eigenhaftung, Eigendeckung, Eigenversicherung, Selbstdeckung oder Staatsbürgschaft, vgl. *Armbrüster*, Privatversicherungsrecht, S. 91.

[499] Vgl. *Günther Schauerte/Ina Frodermann/Kathrin Zinkmann*, „Und was kommt nach MoMA?", Museumskunde Bd. 70 (2005), 97, 101 unter Hinweis auf *F. Deneken*, Über die Beschickung von Ausstellungen aus Museumsbestand, in: *Deutscher Museumsbund* (Hrsg.), Flugschriften II, Hamburg 1918, S. 2, 8.

dem der Ausstellungsbetrieb der Bundeskunsthalle allein mit Leihnahmen bzw. der Übernahme von Ausstellungen zu gewährleisten ist, stellte sich hier von Beginn an das Problem der Versicherungskosten, die man durch eine Staatsgarantie vermeiden wollte.[500] In den Genuss dieser Gewährleistung kamen im weiteren Verlauf in Berlin das Deutsche Historische Museum, das Alliiertenmuseum, das Museum Karlshorst, das Haus der Kulturen der Welt sowie das Jüdische Museum, weiterhin die Deutsche Bibliothek in Frankfurt/M. und die Casa di Goethe in Rom.

Die Bundesgarantie sieht eine **Allgefahrendeckung** ohne Risikoausschlüsse[501] für 249 Leihnahmen **„von-Nagel-zu-Nagel"** vor. Sie wird zwar gesamthaft durch die Festlegungen im Bundeshaushalt nach oben begrenzt. Für einzelne Leihnahmen oder Ausstellungsprojekte besteht aber keine generelle Deckungsobergrenze. Berücksichtigt kann freilich nur werden, was rechtzeitig zum Haushalt angemeldet wurde. Dies bedeutet einen gewissen Planungsvorlauf, wobei auf unvorhergesehene oder sonst wie abweichende Projektentwicklungen nur begrenzte Reaktionsmöglichkeiten bestehen, sobald der Bundeshaushalt verabschiedet ist. **Zuständig** für die Ausstellung des Haftungszertifikats ist der Beauftragte der Bundesregierung für Angelegenheiten der Kultur und der Medien.[502] Im **Schadensfalle** sieht die Bundesgarantie die Erstattung der erforderlichen **Restaurierungskosten,** der eingetretenen **Wertminderung** sowie für den Fall des Verlusts oder der vollständigen Zerstörung der Leihgabe des vorher **festgelegten Wertes**[503] vor. Es ist vorgesehen, dass der Schadenausgleich innerhalb von sechs Wochen nach erfolgter Einigung zwischen Leihgeber und Leihnehmer realisiert wird.[504]

Die einzelnen **Bundesländer** führten bis auf das Saarland und den Freistaat Bayern 250 ebenfalls haushaltsgesetzlich verankerte Staatsgarantien ein. Die Bedingungen bieten zwar ein weitgehend einheitliches Bild, sollten aber in jedem Einzelfall genau geprüft werden. Auch die Landesgarantien sehen eine **Allgefahrendeckung** auf der Basis **„von-Nagel-zu-Nagel"** vor, schließen aber häufig bestimmte Risiken aus. Obwohl Allgefahrendeckung gewährleistet wird, formulieren die Landesgarantien die umfassten Risiken oftmals positiv, was versicherungstechnisch eher ungewöhnlich ist, da bei Allgefahrendeckung grundsätzlich für alle Risiken gehaftet wird, soweit nicht ausdrücklich Ausschlüsse festgeschrieben werden. Die Landesgarantien erstrecken sich in der Regel auf Zerstörung, Verlust oder Beschädigung der Leihnahmen, wobei der Einschluss von höherer Gewalt (Erdbeben, Hochwasser, Kriegsausbruch, Flugzeugentführung, Terror und Streik) betont wird.[505] Andere Garantiebedingungen beziehen positiv direkte Witterungseinflüsse (Sturm, Regen, Hagel, Schnee oder Blitzschlag) explizit mit ein.[506] Während einige Landesgarantien die Deckung von Schäden, die von Dritten verursacht werden, ausdrücklich gewähr-

---

[500] *Stephanie Gille*, Staatshaftungssysteme in Europa und Deutschland – Ergebnisse der EU-Studie Nr. 2003–4879, Museumskunde Bd. 70 (2005), 90, 94.

[501] Schäden, die der Leihgeber selbst zu vertreten hat, sind allerdings ausgeschlossen, vgl. Nr. 7 der Haftungsbedingungen und *Kühl* Fn. 294 S. 122.

[502] Nr. IV.1.a des Organisationserlasses des Bundeskanzlers vom 27. Oktober 1998 (BGBl. I S. 3288).

[503] Welcher nach Nr. 2 Satz 2 der Haftungsbedingungen „angemessen" sein muss, was vom Leihnehmer zu bestätigen ist.

[504] Nr. 7 der Haftungsbedingungen.

[505] Exemplarisch hierfür Nr. 2 der Bremischen und Hamburgischen Bedingungen; ebenso die Baden-Württembergischen Bedingungen. Die Rheinland-Pfälzischen Bedingungen sehen in Nr. 3 sogar die Haftung wegen Beschlagnahme durch Behörden vor.

[506] Exemplarisch hierfür Nr. 2 der Hessischen und § 2 der Rheinland-Pfälzischen Bedingungen.

leisten,[507] treffen andere Bedingungen[508] hierzu keine Aussagen. Weitgehend übereinstimmend werden allerdings Schäden ausgeschlossen, die vom Leihgeber, seinen Bediensteten oder Erfüllungsgehilfen schuldhaft verursacht werden, wobei einfache Fahrlässigkeit in der Regel unschädlich ist.[509] Bisweilen werden innerer Verderb oder die natürliche Beschaffenheit der Leihgabe[510] als Schadensursache ebenso wie mittelbare Schäden[511] ausgeschlossen. Besondere Aufmerksamkeit verdienen hier die Bedingungen des Freistaats Sachsen, die hinter die Haftung der Kunstspedition zurücktreten, sofern nicht im Rahmen einer Ausstellungstournee Transporte durch eigenes Personal durchgeführt werden.[512] Auch die Bedingungen von Schleswig-Holstein[513] bleiben hier in wesentlichen Teilen hinter dem Standard zurück. Die Haftung für Schadensereignisse höherer Gewalt wird in Schleswig-Holstein regelmäßig[514] ausgeschlossen. Darüber hinaus ist die Haftung des Landes im Verhältnis zu Dritten, die den Schaden verursacht haben, nachrangig, so dass die Staatsgarantie erst dann in Anspruch genommen werden kann, wenn und soweit keine Befriedigung von Dritten erlangt werden kann.[515] Ebenso wenig haftet das Land, wenn der Leihgeber die Leihgabe selbst transportiert oder selbst einen Dritten mit dem Transport beauftragt.[516]

251 Im **Schadensfalle** sehen die Landesgarantien die Erstattung der erforderlichen **Restaurierungskosten,**[517] der eingetretenen **Wertminderung** sowie für den Fall des Verlusts oder der vollständigen Zerstörung der Leihgabe des vorher **festgelegten Wertes** vor. Soweit zwischen Leihgeber und Leihnehmer keine Einigung erzielt werden kann, sind Gutachter und im Zweifel ein Obergutachter zu beauftragen.[518]

252 Relativ große Unterschiede ergeben sich bei der Frage, bis zu welchen **Maxima** die Landesgarantien die Gewähr übernehmen. Dies ist in den jeweiligen Haushaltsgesetzen und -plänen geregelt. Hierbei ist festzuhalten, dass die haushaltsrechtlichen Verpflichtungsermächtigungen häufig nicht auf staatliche Museen als Leihnehmer beschränkt sind, sondern weitere Teilnehmer aus dem kulturellen Sektor einschließen. Auch hierauf sollte ein Leihgeber achten, wenn er eine Staatsgarantie akzeptieren möchte. Davon abgesehen sind

---

[507] Exemplarisch hierfür Nr. 2 Satz 2 der Hessischen und § 2 Satz 2 der Rheinland-Pfälzischen Bedingungen.

[508] Exemplarisch hierfür die Baden-Württembergischen, Bremischen, Hamburgischen und Nordrhein-Westfälischen Bedingungen.

[509] Exemplarisch hierfür Nr. 3 der Bremischen und Hamburgischen sowie Nr. 8 der Nordrhein-Westfälischen Bedingungen. Die Hessischen Bedingungen beschränken diesen Ausschluss in Nr. 7 auf Diebstahl, Veruntreuung oder Unterschlagung durch Mitarbeiter oder Erfüllungsgehilfen des Leihgebers.

[510] Exemplarisch hierfür Nr. 6 der Hessischen sowie Nr. 3 der Bremischen und Hamburgischen Bedingungen.

[511] Exemplarisch hierfür Nr. 3 Satz 2 der Bremischen und Hamburgischen Bedingungen.

[512] Nr. 4 Satz 2 i.V.m. Nr. 8 der Sächsischen Bedingungen.

[513] Bekanntmachung des Ministeriums für Bildung, Wissenschaft, Forschung und Kultur vom 10. Februar 2003-III 304, NBL.MBWFK.Schl.-H.-S-2003.

[514] Nr. 3.2 Satz 8 der Schleswig-Holsteinischen Bedingungen; Ausnahmen hiervon werden nach Nr. 3.2 Satz 6 und 7 bei Vorliegen eines entsprechenden Votums des Stiftungsrates sowie der Einwilligung des Ministeriums für Finanzen und Energie für Leihgaben an die Stiftung Schleswig-Holsteinische Landesmuseen Schloss Gottorf bei einzelnen Ausstellungsvorhaben mit einem Gesamtwert von mehr als 5 Mio. Euro bzw. einzelnen Kunstwerken mit einem Wert von mehr als 500.000 Euro bewilligt.

[515] Nr. 3.3 Satz 4 und 5 der Schleswig-Holsteinischen Bedingungen.

[516] Nr. 3.3 Satz 3 der Schleswig-Holsteinischen Bedingungen.

[517] Die Hessischen Bedingungen behalten in Nr. 5 dem Land das Recht vor, nach vorheriger Absprache mit dem Leihgeber Schäden durch eigene fachkundige Restauratoren beheben zu lassen.

[518] Exemplarisch hierfür Nrn. 5 und 6 der Bremischen und Hamburgischen Bedingungen.

Verpflichtungsermächtigungen, die in den vorangegangenen Jahren in Anspruch genommen wurden und die im aktuellen Haushaltsjahr noch nicht durch Rückgabe der Leihnahmen wieder frei geworden sind, anzurechnen. Auch dies dürfte für den Leihnehmer nicht ohne weiteres durchschaubar sein. **Aktuelle Höchstbeträge** für einschlägige Staatsgarantien belaufen sich für Baden-Württemberg auf 20,1 Mio. Euro,[519] für Berlin auf 289 Mio. Euro,[520] Brandenburg auf 6 Mio. Euro,[521] für Bremen auf 26 Mio. Euro,[522] für Hamburg auf 250 Mio. Euro,[523] für Hessen auf 200 Mio. Euro,[524] für Mecklenburg-Vorpommern auf 12,5 Mio. Euro,[525] für Niedersachsen auf 780.000 Euro,[526] für Nordrhein-Westfalen auf 77 bzw. 5 Mio. Euro (Dauerleihnahmen für die Stiftung Kunstsammlung NRW bzw. die Kunstakademie Düsseldorf) bzw. auf 700 Mio. Euro (Ausstellungsleihnahmen),[527] für Rheinland-Pfalz auf 50 Mio. Euro,[528] für Schleswig-Holstein auf 127,8 Mio. Euro,[529] für Thüringen auf 39 Mio. Euro.[530] Für die Länder Sachsen und Sachsen-Anhalt konnten keine belastbaren Angaben ermittelt werden.[531]

b) Staatshaftung in Europa. Im Auftrag der Europäischen Kommission untersuchten **253**
die Réunion des Musées Nationaux und die Staatlichen Museen zu Berlin – Preußischer Kulturbesitz die Situation der Staatshaftung in 31 europäischen Staaten. Das Ergebnis der vorgelegten **Studie Nr. 2003–4879**[532] zeigt, dass in 17 der untersuchten Staaten Staatsgarantie für Kunstausstellungen gewährt wird.[533] Vorreiter war hier Schweden, welches

---

519 Der Betrag umfasst allerdings sämtliche Verpflichtungsermächtigungen im Jahr 2006 im Einzelplan 14 (Wissenschaft, Forschung und Kunst); im Jahr 2005 lag der Betrag noch bei 48,9 Mio. Euro.

520 § 5 Abs. 1 des Berliner Haushaltsgesetzes 2006/2007 vom 19. Dezember 2005 (Berl. GVBl. S. 774).

521 § 4 Abs. 6 des Brandenburgischen Haushaltsgesetzes 2005/2006 vom 24. Mai 2005. Für 2007 sind 5 Mio. Euro vorgesehen (§ 4 Abs. 4 HG-E 2007).

522 Jeweils § 19 Abs. 1 Nr. 2 der Bremischen Haushaltsgesetze 2006 und 2007 vom 20. Juni 2006 (Gesetzblatt Nr. 36 S. 293, 300).

523 Art. 2c Nr. 7 des Beschlusses über die Feststellung des Haushaltsplans der Freien und Hansestadt Hamburg für die Haushaltsjahre 2005/2006.

524 § 14 Abs. 5 des Hessischen Haushaltsgesetzes 2006 vom 30. Januar 2006 (GVBl. I S. 11); Im Haushaltsgesetz 2003 vom 13. Dezember 2002 waren noch 100 Mio. Euro veranschlagt (§ 14 Abs. 4, GVBl. I S. 797).

525 § 14 Abs. 9a des Mecklenburg-Vorpommerschen Haushaltsgesetzes 2006/2007 vom 19. Dezember 2005.

526 Gesamtsumme der im Haushaltsplan 2006 im Einzelplan 06 für die Museen veranschlagten Verpflichtungsermächtigungen, vgl. Niedersächsisches Haushaltsgesetz 2006 vom 19. Dezember 2005 (Nds. GVBl. S. 433).

527 § 22 Abs. 1 und 2 des Nordrhein-Westfälischen Haushaltsgesetzes 2006 vom 23. Mai 2006.

528 § 9 Abs. 3 des Rheinland-Pfälzischen Haushaltsgesetzes 2005/2006.

529 § 16 Abs. 6 des Schleswig-Holsteinischen Haushaltsgesetzes 2006 vom 15. Dezember 2005 (GVOBl. Schl.-H. S. 568).

530 § 15 Abs. 2 des Thüringer Haushaltsgesetzes 2006/2007 vom 23. Dezember 2005; Im Haushaltsgesetz 2003/2004 waren noch 25 Mio. Euro veranschlagt (§ 16 Abs. 2).

531 Das Sächsische Haushaltsgesetz enthält keine entsprechenden Verpflichtungsermächtigungen, in Sachsen-Anhalt sieht der Einzelplan 07 (Kultusministerium – Bildung und Kultur – im Kap. 07 86 (Förderung der Museen) im Haushaltsjahr 2006 allgemein Verpflichtungsermächtigungen in Höhe von 1,07 Mio. Euro (2005: 2,755 Mio. Euro) und im Kap. 07 87 (Kunst und Kultur) im Haushaltsjahr 2006 allgemein Verpflichtungsermächtigungen in Höhe von 1,815 Mio. Euro (2005: 8,665 Mio. Euro) vor.

532 Veröffentlicht bisher im Internet in englischer und französischer Sprache unter http://europa.eu.int/comm/culture/eac/sources_info/studies/garanti_en.html bzw. http://europa.eu.int/comm/culture/eac/sources_info/studies/garanti_fr.html; Zusammenfassend *Gille* Fn. 500.

533 Bulgarien (seit 1999), Dänemark (seit 1984), Deutschland (seit 1992), Finnland (seit 1986), Frankreich (seit 1993), Großbritannien (seit 1980), Italien (seit 1997), Irland (seit 1997), Litauen (seit

seit 1974 ein solches Instrument kennt. Die bestehenden Staatshaftungen decken die Risiken für **Leihnahmen zu Sonderausstellungen** im jeweiligen Land, **Leihgaben ins Ausland** werden von den Garantien Bulgariens, Finnlands Schwedens und des Norwegischen Außenministeriums[534] eingeschlossen. Im Falle der Bundesrepublik, Großbritanniens, Schwedens und Spaniens werden auch die Risiken von **Dauerleihnahmen** gedeckt. Für **Dauerleihgaben** sieht die Staatshaftung des Norwegischen Außenministeriums ebenfalls Deckung vor. Die Staatsgarantien gelten grundsätzlich **„von Nagel zu Nagel“,**[535] was der Absicherung durch kommerzielle Versicherer entspricht. Eine umfassende **Allgefahrendeckung** gewähren die Staatsgarantien der Bundesrepublik, Bulgariens, Italiens und Litauens. Die Risiken von **Krieg** und **nuklearen Katastrophen** werden ausgeschlossen von den Staatsgarantien Dänemarks, Frankreichs, Großbritanniens, Ungarns, der Niederlande, Norwegens, Schwedens und Österreichs, wobei die österreichische Staatsgarantie als einzige zusätzlich das **Terrorismus-Risiko** ausschließt. Einen **Mindestversicherungswert,** der erreicht sein muss, um überhaupt die Staatsgarantie in Anspruch nehmen zu können, sehen vor Dänemark (1.343.788 Euro), Finnland (500.000 Euro), Frankreich (46.000.000 Euro), Irland (1.270.000 Euro), Litauen (289.699 Euro), Norwegen (610.612 Euro bzw. 366.367 Euro für die Deckungszusage des Außenministers), Polen (500.000 Euro) und Schweden (21.827 Euro). **Deckungsobergrenzen** sehen vor Österreich (100.000.000 Euro), Dänemark (268.819.488 Euro), Finnland (125.000.000 Euro), Litauen (1.448.532 Euro), die Niederlande (227.000.000 Euro), Schweden (326.847 Euro) und Spanien (200.000.000 Euro). Die anderen Staatsgarantien enthalten mit Ausnahme ihrer haushaltsgesetzlichen Begrenzung grundsätzlich keine Limits für einzelne Leihnahmen oder Ausstellungen nach oben. So wurde etwa der Auftritt des MoMA in der Neuen Nationalgalerie in Berlin gesamthaft durch die deutsche Staatshaftung gedeckt.[536] Bis zu bzw. jenseits der genannten Werte sind die leihnehmenden Institutionen gehalten, in eigener Verantwortung für eine Risikodeckung zu sorgen, was in der Praxis die Eindeckung des Risikos bei einem kommerziellen Versicherer bedeuten wird.[537] In der Regel sehen die Staatsgarantien für den „Versicherungsfall“ **die Erstattung** der erforderlichen **Restaurierungskosten,** der eingetretenen **Wertminderung** sowie im Falle des Verlusts oder der vollständigen Zerstörung der Leihgabe des vorher **festgelegten Wertes** vor. Allerdings gibt es in einer Reihe von Staatsgarantien **Selbstbehalte,** die den leihnehmenden

2003), die Niederlande (seit 1989), Norwegen (seit 1985), Österreich, Polen (seit 2003), Schweden (seit 1974), Spanien (seit 1988), Tschechien (seit 2000) und Ungarn (seit 1992). *Keine* Staatsgarantie gewähren Belgien, Estland, Griechenland, Island, Lettland, Liechtenstein, Luxemburg, Malta, Portugal, Rumänien, die Slowakei, Slowenien, die Schweiz und Zypern.

[534] In Norwegen gibt es zwei unterschiedliche Ausprägungen der Staatshaftung. Leihnahmen, die aus dem Ausland nach Norwegen geliehen werden, fallen in die Zuständigkeit des Norwegischen Kulturministeriums, für Leihgaben ins Ausland ist das Norwegische Außenministerium zuständig, vgl. EU-Studie Nr. 2003–4879 Fn. 532 S. 121.

[535] Ausnahmen bei Transportrisiken können bei der italienischen und der schwedischen Staatshaftung gemacht werden, wenn die Risiken als zu hoch eingeschätzt werden; Die litauische und die polnische Staatshaftung beschränken sich auf die jeweiligen Staatsgebiete.

[536] Nach Angaben der EU-Studie Nr. 2003–4879 Fn. 532 S. 28 mit einem Gesamtwert von 2,4 Billionen Euro, *Michael Kuhn*, Contra Bundes-/Staats-/Landeshaftung, Museumskunde Bd. 70 (2005), 111, 112 nennt wohl zutreffend einen Gesamtwert von 2,4 Mrd. US-$. Die einschlägige haushaltsgesetzliche Gewährleistungsermächtigung des Bundes lag 2004 bei insgesamt 105 Mrd. Euro zur Förderung der Binnenwirtschaft und zur Abdeckung von Haftungslagen im In- und Ausland, vgl. § 3 Abs. 1 Nr. 5 des Bundeshaushaltsgesetzes vom 25. Februar 2004 (BGBl. I S. 230) in Verbindung mit den verbindlichen Erläuterungen zu Kap. 3208 Nr. 5 HG 2004.

[537] Eine entsprechende Verpflichtung hierzu gibt es in Finnland, Franreich und Spanien, vgl. *Gille* Fn. 500 S. 93.

Institutionen ein Rest-Risiko auferlegen, für welches diese wiederum eine kommerzielle Versicherungsdeckung sicherstellen sollten bzw. müssen. Diese Selbstbehalte sind unterschiedlich ausgestaltet und orientieren sich am Gesamtversicherungswert,[538] an der Höhe des eingetretenen Schadens[539] oder sind an einem bestimmten Betrag festgemacht.[540]

c) Sonstige Staaten. Auch international werden vereinzelt Staatsgarantien angeboten. 254
Die für den Kulturgüteraustausch bedeutendste Garantie ist die der **Vereinigten Staaten von Amerika.** Die USA haben 1975 mit dem Arts and Artifacts Indemnity Act eine bundeseinheitliche staatliche Garantie für Leihnahmen gesetzlich eingeführt. Wie die Vorgeschichte deutlich macht, war maßgebliche Überlegung für das eher ungewöhnliche Engagement des Bundes, dass aufgrund der enormen Versicherungsprämien eine im nationalen Interesse stehende Ausstellung[541] zu scheitern drohte und damit dem amerikanischen Volk die unmittelbare Teilhabe an diesem herausragenden Kulturerbe nicht möglich gewesen wäre. Mittlerweile erfasst die US-Staatsgarantie auch Leihgaben ins Ausland, solange sie dort Bestandteil einer Ausstellung sind.[542] Die Garantie bietet eine **Allgefahrendeckung „von-Nagel-zu-Nagel"** und ist summenmäßig **nach oben begrenzt** auf 50 Mio. US-$ pro Objekt, 500 Mio. US-$ pro Ausstellung und seit 2003 auf 8 Mrd. US-$ für alle gleichzeitig gedeckten Ausstellungen.[543] Bei den Museen bleibt ein vom Gesamtversicherungswert abhängiger **Selbstbehalt,** der kommerziell unter Versicherungsdeckung gebracht werden muss.[544] Gewährt wird die Garantie vom Federal Council an the Arts and Humanities auf entsprechenden Antrag, dem sämtliche erforderlichen Informationen zu entnehmen sein müssen, sofern die Ausstellung als im nationalen Interesse stehend befunden wird.[545] **Erstattet** werden Restaurierungskosten, Wertminderung und im Falle des Verlusts der festgesetzte Wert.

In **Australien** wurde aus vergleichbaren Erwägungen heraus ebenfalls eine Bundesgarantie eingeführt.[546] Auch hier war Motivation und Ziel, den Kontinent und seine einzelnen Regionen an der Weltkultur teilhaben zu lassen.

d) Vorteile. Die Vorteile der Staatsgarantie liegen auf der Hand. Der **Leihnehmer** 255
kann dem Leihgeber die **Deckung** der mit der Leihgabe verbundenen Risiken gewährleisten, **ohne** hierfür tatsächlich **Prämien** zahlen zu müssen.[547] Das Risiko verbleibt somit weder beim Leihgeber noch beim Leihnehmer. Vielmehr übernimmt der Staat die Gewähr für Schadenersatz. Nachdem in der Regel nur Leihnehmer in den Genuss der Staatsgarantie kommen, die ohnehin in staatlicher Trägerschaft stehen bzw. überwiegend vom Staat finanziert werden, wählt der Staat hier einen kostengünstigen bzw. sogar kostenneutralen Weg und trägt damit zugleich den **haushaltsrechtlichen Grundsätzen der Wirtschaftlichkeit und Sparsamkeit** Rechnung. Der entscheidende Vorteil gegenüber

---

538 So in Dänemark und Großbritannien, zu den Einzelheiten vgl. EU-Studie Nr. 2003–4879 Fn. 532 S. 29.

539 So in Litauen: 1% der Schadenshöhe, vgl. EU-Studie Nr. 2003–4879 Fn. 532 S. 30.

540 So in Norwegen und den Niederlanden (hier auch unter Einsatz von Einnahmen aus der Ausstellung), zu den Einzelheiten vgl. EU-Studie Nr. 2003–4879 Fn. 532 S. 30.

541 Im konkreten Fall ging es um die Ausleihe des Goldschatzes der Skyten aus der damaligen Sowjetunion, die zu Versicherungskosten in Höhe von rund 500.000 US$ geführt hätte, vgl. näher die Schilderung bei *Gärtner*, Versicherungsfragen im Museumsbereich S. 194f.

542 *Kühl* Fn. 294 S. 111.

543 *Kühl* Fn. 294 S. 112; *Günther Schauerte/Ina Frodermann/Kathrin Zinkmann* Fn. 499 S. 98.

544 Laut *Behrens/Dieter de Lazzer* Fn. 468 S. 313 geht der Selbstbehalt pro Ausstellung bis zu 200.000 US$.

545 Vgl. zum Verfahren eingehend *Kühl* Fn. 294 S. 113.

546 Vgl. dazu *Gärtner,* Versicherungsfragen im Museumsbereich S. 195.

547 *Armbrüster* KUR 2006, 105.

einer kommerziellen Versicherung wird darin gesehen, dass für die Deckung der eingegangenen Risiken tatsächlich keine im Haushaltsplan zu veranschlagenden Haushaltsmittel ausgegeben werden müssen, was das Budget des Leihnehmers für Ausstellungen dadurch erheblich entlastet, dass hier ein nicht unbeträchtlicher Kostenfaktor entfällt.[548] Gerade in Zeiten angespannter öffentlicher Haushalte scheint die Staatsgarantie daher ein – um nicht zu sagen *das* – geeignete Mittel zu sein, um trotz fehlender Mittel den kulturellen Bildungs- und Vermittlungsauftrag erfüllen zu können. Dies trifft erst recht auf kulturelle Großereignisse[549] zu, die durch ihren Gesamtversicherungswert und die daraus resultierenden Versicherungsprämien kommerzieller Kunstversicherer im Grunde ohne Staatsgarantie kaum mehr realisierbar sind. Die Befürworter der Staatsgarantie machen aus der finanziellen Not eine Tugend, indem sie die Staatsgarantie allein vor dem Hintergrund der haushaltsrechtlichen Mittelbewirtschaftung reflektieren und von daher sogar zu dem Schluss gelangen, auf eine kommerzielle Versicherungsdeckung dürfe ein staatlicher Haftungsträger nur dann „ausweichen, wenn der Leihgeber darauf besteht oder wenn das Haftungsvolumen bei ungünstigem Schadenverlauf seine Finanzkraft überfordert".[550] Geworben wird nicht zuletzt mit dem über einen längeren Zeitraum gesehen nahezu unvorstellbaren Einsparpotenzial, dem ein extrem geringes Schadenrisiko gegenübersteht.[551] Solche Angaben sind mit großer Zurückhaltung zu bewerten, weil die genauen Umstände der jeweiligen Schadenfälle nicht hinreichend bekannt sind. So zeigt die Erfahrung des Freistaats Bayern etwa über einen mehrjährigen Zeitraum und zahlreiche Museen hinweg deutlich, dass es in der Regel zu mehr Schadenfällen kommt, die sich aber in der Regulierung am unteren Ende[552] bewegen, so dass der kommerzielle Versicherer von einer guten Schadenquote ausgeht. Es mag deshalb durchaus sein, dass in die Erhebungen lange nicht alle relevanten Schadenereignisse einfließen, weil sie von den leihnehmenden Institutionen entweder im Rahmen eines Selbstbehalts oder gar freiwillig, um die Staatsgarantie nicht bemühen und sich rechtfertigen zu müssen, selbst getragen werden.

256 Der **Leihgeber,** auf den es nicht unerheblich ankommt, hat von der Staatsgarantie **keine besonderen Vorteile** zu erwarten, die ihm eine kommerzielle Versicherung nicht ebenso bieten könnte.[553] Von daher gesehen verwundert es nicht, dass nach wie vor Leihgeber sich nicht auf die angebotenen Staatsgarantien einlassen und auf einer kommerziellen Versicherung bestehen.

---

[548] Die Schätzungen, welchen Anteil die Versicherungsprämien am Ausstellungsetat ausmachen, schwanken zwischen 30 und 50%, vgl. einerseits *Dietrich Reupke*, DÖV 1994, 586 und andererseits Hans Urbanski, VersRd 1975, 67, 76 und im Übrigen die Angaben bei *Kühl* Fn. 294 S. 109 Fn. 709.

[549] Ein herausragendes Beispiel aus jüngster Zeit ist die MoMA-Ausstellung in der Neuen Berliner Nationalgalerie, bei der der Gesamtversicherungswert bei 2,4 Mrd. US-$ lag. Man spricht hier mittlerweile gerne von „Blockbuster-Ausstellungen", vgl. etwa *Klaus-Dieter Lehmann*, Berlin wäre nicht Berlin ohne Kunst und Kultur, in: FS für Peter Raue, 2006, S. 823, 827.

[550] *Reupke*, DÖV 1994, 586, 596.

[551] Vgl. die Angaben bei *Kühl* Fn. 294 S. 111, denen zufolge die US-Staatsgarantie in den ersten 25 Jahren ihres Bestehens ca. 128 Mio. US-$ an Versicherungsprämien eingespart hat, wobei es lediglich in zwei Fällen zu Schadenregulierungen in einer Gesamthöhe von 104.000 US-$ gekommen ist. Weitere Angaben bei *Schauerte/Frodermann/Zinkmann* Fn. 499 S. 106f. und bei *Raschèr*, Staatsgarantien in Europa und den USA, in: *Haimo Schack/Karsten Schmidt* (Hrsg.): Rechtsfragen der internationalen Museumspraxis, 2006, S. 125, 126f.

[552] D.h. im maximal fünfstelligen Bereich.

[553] Der Hinweis *Reupkes* (DÖV 1994, 586, 587), die kommerzielle Versicherung bedeute für den Leihnehmer eine Belastung mit zahlreichen Obliegenheiten und belasse aufgrund etlicher Ausschlüsse ein nicht unerhebliches Restrisiko bei ihm – und damit, so wird man ergänzen dürfen, auch beim Leihgeber, der auf die Solvenz des Leihnehmers verwiesen ist –, überzeugt nicht.

e) Kritik. Vor dem Hintergrund des immer wieder behaupteten enormen Einsparpotenzials bei den Versicherungsprämien überrascht die Zurückhaltung oder auch Gelassenheit, mit der die Versicherungswirtschaft auf die sich zunehmend ausbreitenden Staatsgarantien reagiert. Zwar gibt es kritische Stimmen aus der Versicherungssparte, die Staatsgarantien rundweg ablehnen.[554] Auch wird gelegentlich vor einer Verstaatlichung der Kunstversicherung gewarnt.[555] Die wesentlichen Einwände, die gegen ein überstrapaziertes System der Staatsgarantie vorgebracht werden können, werden jedoch von anderer Seite formuliert.[556] 257

Bevor jedoch grundsätzliche Einwände gegen die Staatsgarantie skizziert werden, sollen zunächst einige **praktische Gegenvorstellungen** erhoben werden. Im Gegensatz zum spezialisierten Kunstversicherer bzw. Kunstversicherungsmakler verfügt der Staat in der Regel nicht über einschlägig qualifiziertes Personal, welches eine professionelle Abwicklung der Gewährleistung, insbesondere im Schadenfall, sicherstellen könnte. Nachdem der Verwaltungsaufwand zudem als gering eingeschätzt wird und man offenbar davon ausgeht, dass die Staatsgarantie neben zahlreichen Aufgaben mit erledigt werden kann,[557] besteht Anlass zu der Befürchtung, dass die Umsetzung der Staatsgarantie eher schwerfällig und bürokratisch erfolgt und damit die erforderliche zeitnahe und flexible Abstimmung zwischen den Beteiligten erschwert wird. Das System ist darüber hinaus für den Leihgeber nicht sonderlich transparent und Vertrauen erweckend. Insbesondere ist es für ihn nicht nachvollziehbar, durch wen und mit welcher Gewissheit er im Schadenfalle mit Ersatzleistungen rechnen darf. Dass die leihnehmende Institution ein richtiger Ansprechpartner für den Leihgeber ist, dürfte bereits deshalb ausscheiden, weil diese sich von der Haftung quasi frei gezeichnet hat durch die Staatsgarantie. Also wird er „nach oben weitergereicht" und hat sich mit verschiedenen Staatsministerien[558] auseinander zu setzen. Wie verlässlich letztlich ein begründeter Schadenausgleich stattfindet, ist kaum vorhersehbar. Zweifel an der Zahlungsfähigkeit sind im Ernstfall zumindest nachvollziehbar.[559] Immerhin räumen auch die engagiertesten Befürworter der Staatsgarantie haushaltsmäßige Unwägbarkeiten bei Großschadenereignissen ein.[560] 258

Ein **grundlegender Einwand** gegen die Staatsgarantie ist, dass der **Staat kein Versicherer** ist, aber wie ein Versicherer am Markt auftritt. Dies geht auch aus den Bedingungen zum Teil recht deutlich hervor, wenn dort „eine Haftung in dem Umfang, in dem auch Versicherer im Rahmen einer Ausstellungsversicherung haften würden"[561] angeboten wird, auf die Allgemeinen Bedingungen für die Ausstellungsversicherung (AVB Ausstellung 1988)[562] Bezug genommen wird[563] oder dem Leihnehmer bestätigt wird,

---

[554] *Michael Kuhn* Fn. 536 S. 111.

[555] *Klaus Meyer*, Verstaatlichung der Kunstversicherung?, ZfV 1989, 180.

[556] Dazu ausführlich *Gärtner* NJW 1991, 2993, 3000 f. und *ders.:* Versicherungsfragen im Museumsbereich, S. 193 ff.

[557] *Reupke*, DÖV 1994, 586, 594.

[558] Zumindest mit dem zuständigen Ressortministerium und dem Finanzministerium.

[559] Nicht mehr nachvollziehbar ist allerdings, dass sich Leihgeber auf eine kommunale Garantie einlassen, weil die Kommune die Versicherungskosten nicht mehr aufbringen kann, vgl. die bei *Gärtner*, Versicherungsfragen im Museumsbereich, S. 199 f. geschilderten Fälle der Stadt Gera (Leihgaben im Otto-Dix Haus) und der Stiftung Preußischer Kulturbesitz (Sammlung Berggruen), bei der sogar ohne dritten Garanten und ohne eigenes Steueraufkommen auf die Versicherung verzichtet wurde.

[560] *Reupke*, DÖV 1994, 586, 595.

[561] § 3 der Rheinland-Pfälzischen Bedingungen.

[562] Abgedruckt bei *Armbrüster*, Privatversicherungsrecht, S. 156 f.

[563] Vgl. Nr. 3.4 Abs. 2 der Schleswig-Holsteinischen Bedingungen.

dass die Körperschaft als Selbstversicherer eintritt.[564] Tatsächlich ist der Staat kein Versicherungsunternehmen, das der Versicherungsaufsicht unterliegen würde. Anders als kommerzielle Versicherer verfügt er über kein spezialisiertes Personal, betreibt er keine Risikoanalyse, entwickelt er kein den übernommenen Risiken angepasstes Prämiensystem und sorgt er nicht für eine entsprechende Rückversicherung. Aus überwiegend haushalterischen Überlegungen und dem Erfahrungswissen, dass es nur höchst selten zu gravierenden Schadenereignissen kommt, sieht sich der Staat vermeintlich in der Lage, eine Leistung anzubieten, für die er normalerweise von gewerblichen Anbietern den permanent zu erbringenden Nachweis der Qualifikation und Leistungsfähigkeit verlangt. Auf der sicheren Grundlage der Insolvenzfestigkeit des Staates gelingt dies, ohne dafür Prämien verlangen oder Ausgaben tätigen zu müssen. Weder werden in den Haushaltsplänen Ausgabemittel zur Schadensregulierung veranschlagt, die im Rahmen der Budgetierung auch anderweitig eingesetzt oder in das nächste Haushaltsjahr übertragen werden könnten, soweit sie nicht bestimmungsgemäß verausgabt werden müssen.[565] Noch werden im Haushalt entsprechende Rücklagen gebildet. Man vertraut im Grunde auf Zweierlei: Zum einen darauf, dass keine Schadenereignisse auftreten, und zum anderen darauf, dass der Staatshaushalt im Falle des Falles die dann benötigten Mittel doch bereitstellen könnte, was zwangsläufig zu Kürzungen der Ausgabemittel an anderer Stelle führen müsste, die ihrerseits in den kommenden Haushaltsjahren aller Voraussicht nach zu Lasten des „Verursachers", d.h. des von der Staatsgarantie ursprünglich begünstigten Leihnehmers, bereinigt würden.[566] Die Hoffnung, dass es zu keinen gravierenden Schadenereignissen kommen wird, mag aufgrund des vorhandenen Erfahrungswissens begründet sein, wird versicherungsmathematisch aber zunehmend fragwürdig, je länger Großschadenereignisse ausbleiben.[567] Wie der verheerende Brand des Münchner Glaspalastes am 6. Juli 1931 zeigt, ist mit derartigen Schadenereignissen immer zu rechnen. Die erst wenige Tage zuvor eröffnete Großausstellung von Werken deutscher Romantiker, die zahlreiche Leihgaben privater Sammler wie von Museen enthielt, fiel den Flammen zum Opfer, über 3000 Gemälde wurden unwiederbringlich zerstört.[568] Solche Katastrophen kommen zwar nur selten, aber immer wieder vor, wie auch der verheerende Brand der Anna-Amalia-Bibliothek am 2. September 2004 in Weimar und die Zerstörung eines Teils der Privatsammlung von Charles Saatchi im Gesamtwert von 200 Mio. US-$ bei einem Brand im Londoner Speditionslager Momart im Mai 2004 zeigen.[569] Schadenereignisse solchen Ausmaßes wären von Staatsgarantien wohl kaum zu bewältigen. Aber auch weniger spektakuläre und schadenträchtige Ereignisse können die finanziellen Möglichkeiten des Staates sehr schnell ausreizen bzw. überfordern. Dies gerade in Zeiten, in denen die Haushaltslage ohnehin sehr angespannt ist und alle Bemühungen auf Haushaltskonsolidierung gerichtet sind. Die aus der finanziellen Not geborene Staatsgarantie stellt ein riskantes Unterfangen dar, welches für Leihgeber nicht unerhebliche Risiken bergen kann.

---

[564] So die Hamburgische Selbstversicherungsbestätigung.

[565] *Günter Hilbert*, Sicherung und Versicherung von Museumsgut im internationalen Leihverkehr, Museumskunde Bd. 46 (1981), 39 sieht die Lösung in der Schaffung eines Entschädigungsfonds, der von Bund und Ländern gemeinsam getragen wird.

[566] *Hilbert* Fn. 565 S. 41 spricht die entsprechende Kürzung des Erwerbungsetats an, was in heutiger Zeit angesichts der Haushaltslage aber keine ernsthafte Bedrohung mehr darstellt.

[567] *Kuhn* Fn. 536 S. 113.

[568] Vgl. *Eugen Roth*, Der Glaspalast in München: Glanz und Ende. 1854–1931, München 1971 und *Volker Hütsch*, Der Münchner Glaspalast 1854–1931: Geschichte und Bedeutung, München 1980.

[569] Zu Letzterem vgl. FAZ Nr. 122 vom 27. Mai 2005 S. 39.

Gegenüber der Versicherungswirtschaft stellt sich das System der Staatsgarantien vor allem unter **wettbewerbsrechtlichen Gesichtspunkten** als problematisch dar. Der Staat tritt wie ein Versicherer auf, ohne an die damit verbundenen Obliegenheiten gebunden zu sein. Er bietet seine Leistung auf völlig anderer Grundlage und damit unschlagbar günstig an. Dem eigentlichen Wettbewerb stellt er sich dabei nicht. Vielmehr verdrängt er kommerzielle Versicherer aus ihren Tätigkeitsbereichen. Ganz deutlich wird dies, wenn Staatsgarantien erst ab einem Mindestversicherungswert greifen oder besonders hohe Risiken ausschließen und damit der Versicherungswirtschaft – salopp formuliert – die kleinen oder besonders schwer verdaulichen Brocken hingeworfen werden. **259**

Auf **europäischer Ebene** findet dieser Einwand seine Entsprechung in der Frage, ob Staatsgarantien als **staatliche Beihilfen** mit dem Gemeinsamen Markt vereinbar sind.[570] Nach Art. 87 Abs. 1 EGV[571] sind staatliche Beihilfen, die durch die Begünstigung bestimmter Unternehmen den Wettbewerb verfälschen oder zu verfälschen drohen, mit dem Gemeinsamen Markt unvereinbar, soweit sie den Handel zwischen Mitgliedstaaten beeinträchtigen. Nach Art. 87 Abs. 3 lit. d EGV können als vereinbar angesehen werden Beihilfen zur Förderung der Kultur und der Erhaltung des kulturellen Erbes, soweit sie die Handels- und Wettbewerbsbedingungen nicht in einer Weise verändern, die dem gemeinsamen Interesse zuwiderläuft. Sieht man einmal davon ab, dass „De-minimis"-Beihilfen, d. h. solche, deren Gesamtsumme über einen Zeitraum von drei Jahren 100.000 Euro nicht übersteigt, nicht unter Art. 87 EGV fallen,[572] so erscheint es durchaus fraglich, ob eine undifferenzierte staatliche Unterstützung des Ausstellungswesens durch Staatsgarantien mit diesen Anforderungen in Einklang zu bringen ist. **260**

Staatsgarantien machen dann einen **Sinn** und können daraus ihre **Rechtfertigung** herleiten, wenn dadurch kulturpolitisch besonders bedeutsame und aus dem allgemeinen Ausstellungsbetrieb herausragende Ausstellungen unterstützt bzw. erst möglich gemacht werden, weil sie andernfalls wegen der anfallenden Versicherungskosten gar nicht realisiert werden könnten. Das können, müssen aber nicht notwendig kulturelle Veranstaltungen von nationaler oder europäischer Bedeutung sein. Auch andere Anknüpfungspunkte sind denkbar, wie etwa Ausstellungen zu besonderen Geburts- oder Todestagen bedeutender Künstler, Landes- oder Europaratsausstellungen. Führt man den Gedanken der Staatsgarantie auf seinen Ursprung zurück, so werden sich Kriterien herausarbeiten lassen, die die Gewährleistungsübernahme in der Tat als einen Akt kulturpolitischer Förderung erscheinen lassen und sie nicht als haushalterisches Einsparpotenzial auf eine reine Rechengröße reduzieren.[573] **261**

---

[570] Ausführlich dazu *Kühl* Fn. 294 S. 126 ff.

[571] Konsolidierte Fassung des Vertrags zur Gründung der Europäischen Gemeinschaft in ABl. EG C Nr. 325 vom 24. Dezember 2002, S. 33.

[572] Art. 2 Abs. 1 der Verordnung (EG) Nr. 69/2001 der Kommission vom 12. Januar 2001 über die Anwendung der Artikel 87 und 88 EG-Vertrag auf „De-minimis"-Beihilfen, ABl. EG L Nr. 10 vom 13. Januar 2001, S. 30. Abzustellen ist hierbei auf die eingesparten Versicherungsprämien.

[573] Wie hier auch *Gärtner*, Versicherungsfragen im Museumsbereich S. 198 f., der von der „Säkularisierung" des Systems der Staatshaftung und einem Paradigmenwechsel spricht und zumindest in Deutschland eine „Trivialisierung" der Staatsgarantie erkennt (S. 223). Zurückhaltend auch *Armbrüster*, KUR 2006, 105.

C. Kunstsachverständige und Expertisen

Schrifttum: *Anna Blume Huttenlauch*, Die Haftung des Kunstexperten für seine Expertise, KUR 2004, 118; *Benjamin Büttner*, Umfang und Grenzen der Dritthaftung von Experten, Tübingen 2006; *Bruno Glaus*, Die Haftung von Experten und Werkverzeichner nach schweizerischen Recht, KUR 2004, 112; *Tilo Gerlach*, Die Haftung für fehlerhafte Kunstexpertisen, 1998; *Florian Karsch*, Kunstsachverständige und Experten, in: Weltkunst 1987, 125; *Nißl*, Die Haftung des Experten für Vermögensschäden, 1971; *Haimo Schack*, Kunst und Recht (7. Kap.), Köln u. a. 2004; *Horst Zugehör*, Berufliche „Dritthaftung" – insbesondere der Rechtsanwälte, Steuerberater, Wirtschaftsprüfer und Notare – in der deutschen Rechtsprechung, NJW 2000, 1601.

I. Bedeutung für den Kunsthandel

262 Der sachkundigen Einschätzung von Echtheit und Wert von Kunstgegenständen kommt im Kunsthandel herausragende Bedeutung zu. Die Frage der **Authentizität eines Kunstwerkes** ist ausschlaggebend sowohl für die ideelle wie auch die materielle Wertigkeit, die dem jeweiligen Werk zukommt bzw. zugesprochen werden kann. Ob ein Kunstwerk von einem bestimmten Künstler stammt bzw. mit welcher Gewissheit es ihm zugeschrieben werden kann, ist maßgeblich sowohl für seine Bedeutung innerhalb der Kunstgeschichte wie auch für seinen Handels-, Verkehrs- oder Versicherungswert. Auch die Taxierung des Einstandswertes bei Auktionen hängt maßgeblich hiervon ab.

II. Kunstsachverständige

1. Sachverstand kraft beruflichem Herkommen

263 Bei der Beurteilung von Echtheit und Wert von Kunstgegenständen ist man auf sachkundiges Wissen angewiesen. Dieses Wissen lässt sich unterschiedlich ausgeprägt im gesamten Kunstmarkt finden. Der beste Kenner seines Werkes ist sicherlich der **Künstler** selbst, der zu seinen Lebzeiten zur Beurteilung der Authentizität seiner Werke herangezogen werden kann. Ihn jedoch als Experten oder Sachverständigen zu bezeichnen, ist weder üblich noch empfehlenswert. Als Urheber eines Werkes zu gelten oder auch nicht zu gelten, kann nämlich ein sehr emotionsbelastetes Thema sein, welches sich unter Umständen auf die Neutralität des in eigener Sache Beurteilenden negativ auswirken kann. Gleiches gilt für Angehörige des Künstlers. Die Frage der möglichen Befangenheit wird sich hier im einen oder anderen Fall kaum vermeiden lassen. Sachverständiger Rat zeichnet sich jedoch u.a. gerade durch Unbefangenheit und Neutralität aus. Unabhängig vom Künstler kommen als Sachverständige in Betracht **Kunsthistoriker** und **Restauratoren,** die in Museen angestellt oder freiberuflich tätig sind, **Mitarbeiter** in **Auktionshäusern** oder **Versicherungsunternehmen,** soweit sie über entsprechendes Fachwissen verfügen, sowie **Kunsthändler** und **Galeristen.**

2. Öffentlich bestellte und vereidigte Sachverständige

264 Darüber hinaus gibt es die auf der Grundlage von § 36 GewO auf eigenen Antrag durch die zuständigen Industrie- und Handelskammern **öffentlich bestellten Sachverständigen.** Die Sachverständigenlisten der Industrie- und Handelskammern enthalten derzeit 121 Einträge von Sachverständigen für Kunst und Antiquitäten. Die Bestellung als Sachverständiger setzt voraus, dass **überdurchschnittliche Fachkenntnisse, praktische Er-**

fahrungen und die Fähigkeit, Gutachten zu erstatten, nachgewiesen werden.[574] Darüber hinaus wird vorausgesetzt, dass der zu bestellende Sachverständige **persönlich zuverlässig** im gewerberechtlichen Sinne ist und die Gewähr für Unparteilichkeit und Unabhängigkeit sowie für die Einhaltung der Pflichten eines öffentlich bestellten Sachverständigen bietet. Wer in einem Arbeits- oder Dienstverhältnis steht, kann nur dann als Sachverständiger bestellt werden, wenn er zudem nachweist, dass sein **arbeitsrechtliches Abhängigkeitsverhältnis** einer persönlichen, weisungsunabhängigen und neutralen Sachverständigentätigkeit nicht entgegensteht und ihm auch die hierfür erforderliche Zeit gewährt. Der Sachverständige wird darauf **vereidigt,** die Sachverständigenaufgaben „unabhängig, weisungsfrei, persönlich, gewissenhaft und unparteiisch" sowie nach bestem Wissen und Gewissen zu erfüllen.[575] Mit Vereidigung und Bestellung erhält der Sachverständige seine **Bestellungsurkunde,** einen entsprechenden **Ausweis** und den **Rundstempel,** den nur ein öffentlich bestellter Sachverständiger führen darf.[576] Als öffentlich bestellter Sachverständiger ist er grundsätzlich **zur Erstattung von Gutachten verpflichtet.** Er hat bestimmte **Aufbewahrungs- und Dokumentationspflichten** zu beachten und unterliegt einer berufsbezogenen **Schweigepflicht.** Die zuständige Industrie- und Handelskammer nimmt eine gewisse Aufsichtspflicht im Hinblick auf die ordnungsgemäße Ausübung der Sachverständigentätigkeit wahr. Nach Beendigung der Tätigkeit und Erlöschen der Bestellung hat der Sachverständige die Bestellungsurkunde und den Rundstempel zurückzugeben.

3. Sprachgebrauch

Im **juristischen Sprachgebrauch** gibt es keine Spezifizierung der Begriffe Experte 265
oder Sachverständiger. Einschlägige Vergütungsregelungen finden sich für Sachverständige im Justizvergütungs- und -entschädigungsgesetz (§ 9 JVEG), welches durch das Gesetz zur Modernisierung des Kostenrechts vom 5. Mai 2004[577] eingeführt wurde und das bisherige Gesetz über die Entschädigung von Zeugen und Sachverständigen ersetzt hat, ohne dass hierbei der Sachverständigenbegriff näher spezifiziert würde. Die Rechtsprechung geht dann von einem Sachverständigen aus, wenn die Person überdurchschnittliche Fachkenntnisse auf einem speziellen Fachgebiet aufweist und diese persönlich, unabhängig und neutral auf Nachfrage zur Verfügung stellt.[578] Der von der zuständigen Industrie- und Handelskammer öffentlich bestellte und vereidigte Sachverständige hat diese Bezeichnung bei der Erbringung seiner Sachverständigenleistungen zu führen und genießt hierfür einen gesetzlichen Schutz durch § 132a Abs. 1 Nr. 3 und Abs. 2 StGB sowie die §§ 3, 4 UWG.

Im **Sprachgebrauch der Kunstfachleute** wird differenziert zwischen dem **Experten,** 266
der aufgrund seiner besonderen Kennerschaft des Werkes eines Künstlers ein Urteil zur Authentizität eines Kunstwerkes abgeben kann, und dem **Kunstsachverständigen,** der aufgrund seines breit angelegten Fachwissens und der Beobachtung des Kunstmarktes eine fundierte Einschätzung zum Wert eines Kunstgegenstandes abgeben kann.[579] Demzufolge

[574] Vgl. etwa § 3 der Satzung der Industrie- und Handelskammer für München und Oberbayern über die öffentliche Bestellung und Vereidigung von Sachverständigen vom 4. Dezember 2001 (Sachverständigenordnung).

[575] § 5 Abs. 1 der Sachverständigenordnung der Industrie- und Handelskammer für München und Oberbayern.

[576] Nicht öffentlich bestellte Sachverständige verwenden in der Regel einen eckigen Stempel.

[577] BGBl. I S. 718.

[578] Vgl. BGH NJW 1984, 2365.

[579] Vgl. hierzu *Florian Karsch*, Kunstsachverständige und Experten, in: Weltkunst 1987, 125 sowie *Anna Blume Huttenlauch*, Die Haftung des Kunstexperten für seine Expertise, KUR 2004, 118f.

ist nicht jeder Experte gleichzeitig automatisch als Kunstsachverständiger anzusehen et vice versa.

III. Gutachten und Expertisen

267 Je nachdem, welche Fragestellung durch die Einholung von sachverständigem Rat untersucht werden soll, kommen unterschiedliche Fachleute als Sachverständige in Betracht, deren Untersuchungsmethoden sich teilweise erheblich voneinander unterscheiden. Zu nennen sind hier zum einen **naturwissenschaftliche Untersuchungen** eines Kunstwerkes, die aufgrund von Röntgenaufnahmen sowie chemischer und physikalischer Analysen von Farbschichten, verwendeten Pigmenten und Bindemitteln Aussagen zulassen u.a. zur Herkunft und zum Alter eines Kunstwerkes. Sie können dazu dienen, behauptete Zuschreibungen zu widerlegen und Fälschungen zu offenbaren. Sie liefern allerdings keine positiven Zuschreibungen von Kunstwerken. Solche Untersuchungen werden in der Bundesrepublik vor allem im Doerner Institut an den Bayerischen Staatsgemäldesammlungen sowie im Berliner Rathgen-Forschungslabor durchgeführt.

268 Zum anderen geht es häufig um die **Ermittlung des Wertes** eines Kunstwerkes, etwa weil es verkauft, versteigert oder aus sonstigen geschäftlichen Gründen neu bewertet werden soll. Auch die Fälle, in denen es zu Schadenereignissen an einem Kunstwerk gekommen ist und nunmehr die Höhe des Schadens sowie die eingetretene Wertminderung ermittelt werden muss, zählen hierher. In diesen Fällen sind die Kunstsachverständigen gefragt, die aufgrund der Erkenntnisse, die sie bei der Beobachtung des Marktgeschehens auf dem Kunstmarkt gewonnen haben, hierzu Einschätzungen abzugeben haben.

269 Des Weiteren stellt sich oftmals die Frage nach der **Echtheit** des Kunstwerkes, d.h. nach der Zuschreibung zu einem bestimmten Künstler. Dies ist das Feld der Experten, die aufgrund ihrer intensiven und spezialisierten Kennerschaft nach kunsthistorischen Methoden durch Stilanalyse und Ikonographie sowie unter Berücksichtigung der bekannten Geschichte des Werkes, seiner Provenienz, ihr Urteil bilden.

270 Vereinbaren die Parteien ein Entgelt für das zu erstellende Gutachten, so handelt es sich bei dem Vertragsverhältnis um einen **Geschäftsbesorgungswerkvertrag** (§§ 631, 675 BGB). Geschuldet ist die Erstellung eines Gutachtens bzw. einer Expertise nach den vertraglich vereinbarten, jedenfalls nach den allgemein anerkannten Sorgfaltsanforderungen und Untersuchungsmethoden. Diese werden bei naturwissenschaftlichen Untersuchungen andere sein als bei Wertgutachten oder Echtheitszertifikaten. Zu beachten ist hierbei, dass bei Erstellung des Gutachtens der jeweils aktuelle Stand der fachlichen Erkenntnisse unter Berücksichtigung der einschlägigen Forschungsergebnisse einzubeziehen ist. Geschieht dies, so ist bzw. wird das Gutachten auch dann nicht fehlerhaft oder falsch, wenn im weiteren Verlauf der Forschungsbemühungen die Fachwelt zu anderen Einschätzungen gelangt. Ein Anspruch auf Korrektur oder Rücknahme des Gutachtens bzw. der Expertise gegenüber dem Sachverständigen ergibt sich daraus nicht.[580]

IV. Haftung

1. Haftung des Gutachters gegenüber dem Vertragspartner

271 Die **vertragliche Haftung** des Gutachters umfasst grundsätzlich Vorsatz und jede Art von Fahrlässigkeit. Ein vertraglicher Haftungsausschluss für leichte Fahrlässigkeit ist jedoch

[580] Näher hierzu *Huttenlauch*, KUR 2004, 121 ff.

– auch in Allgemeinen Geschäftsbedingungen (§ 309 Nr. 7 BGB) – zulässig. Die **deliktische Haftung** des Gutachters greift bei Vermögensschäden nur bei Verletzung eines Schutzgesetzes (§ 823 Abs. 2 BGB) oder sittenwidriger Schädigung und setzt demgegenüber Vorsatz voraus (§ 826 BGB).

2. *Haftung gegenüber Dritten*

Auch Dritte, mit denen der Gutachter keine vertraglichen Bindungen eingegangen ist, 272
können nach der Rechtsprechung über die Konstruktion des **Vertrages mit Schutzwirkung für Dritte** in den Genuss von vertraglichen Schadenersatzansprüchen gegen den Gutachter gelangen, wenn sich aus den Umständen des Einzelfalles ausreichende Anhaltspunkte dafür ergeben, dass die Parteien einen Dritten in den Schutzbereich ihrer Vertragsbeziehung einbeziehen wollten. Hiervon ist grundsätzlich auszugehen, wenn das Gutachten – wie etwa bei erkennbaren Kauf- oder Verkaufsabsichten – für einen Dritten bestimmt ist und es sich bei dem Gutachter um einen öffentlich bestellten und vereidigten Sachverständigen handelt.[581] Zur deliktischen Haftung gilt im Wesentlichen das oben zu 1. Gesagte entsprechend.

---

[581] BGHZ 127, 378, 380.

5. Teil. Steuerrecht

Übersicht

1. Abschnitt. Besteuerung der freiberuflich tätigen, im Inland ansässigen Künstler und Künstlerinnen

1. Abschnitt. Besteuerung der freiberuflich tätigen, im Inland ansässigen Künstler und Künstlerinnen

A. Einkommensteuer

Schrifttumsverzeichnis:

Abhandlungen

Heuer, Die AfA-Fähigkeit von Kunstgegenständen, DStR 1983, 356; *ders.,* Liebhaberei und Kunstfreiheit – Besonderheiten bei der Abgrenzung einer künstlerischen Tätigkeit von der Liebhaberei, DStZ 1983, 294; *ders.,* Qualitätsanforderungen an eine künstlerische Tätigkeit i.S. des § 18 Abs. 1 Satz 2 EStG?, DStR 1983, 638; *Kirchhof,* Die Garantie der Kunstfreiheit im Steuerstaat des Grundgesetzes, NJW 1985, 225; *Mennacher,* Liebhaberei und künstlerische Tätigkeit, NJW 1985, 1608; *Zöbeley,* Zur Garantie der Kunstfreiheit in der gerichtlichen Praxis, NJW 1985, 254; *Heuer,* Zur Verfassungsmäßigkeit der abgestuften umsatzsteuerlichen Tarifermäßigung für künstlerische Graphik, StuW 1985, 229; *Krabbe,* Beschränkte Steuerpflicht bei künstlerischen, sportlichen, artistischen und ähnlichen Darbietungen, FR 1986, 425; *Wolff-Diepenbrock,* Sammeln, Sammlung und Steuern, Beilage zu Heft 12/1987; *Allgaier,* Karneval, Kommerz und Kunst, DStZ/A 1988, 96; *Papier,* Der Bestimmtheitsgrundsatz, DStJG Bd. 12 (1989), 61; *Finger,* Urheberrecht und Zugewinnausgleich, GRUR 1989, 881; *Henschel,* Die Kunstfreiheit in der Rechtsprechung des BVerfG, NJW 1990, 1937; *Wolff-Diepenbrock,* Kunst oder Gewerbe, DStR 1992, 559; *Kempermann,* Kunst, Gewerbe, Kunstgewerbe, FR 1992, 250; *ders.,* Zur künstlerischen Tätigkeit eines Kartographen, FR 1993, 83; *Schneider, U. J.,* Künstlerische und gebrauchskünstlerische Tätigkeit im Gewerbesteuerrecht, DStZ 1993, 165; *ders.,* Werbetätigkeit von Schauspielern und Gewerbesteuer, DStR 1993, 301; *Kühr,* Kunst und Liebhaberei, in: Steuerrecht, Verfassungsrecht, Finanzpolitik, FS Franz Klein, 1994, S. 933; *Heuer,* Die Bewertung von Kunstgegenständen, DStR 1995, 438; *Wassermeyer,* Der Künstlerbegriff im Abkommensrecht, IStR 1995, 555; *Brockmeyer,* Entwicklungslinien der Rechtsprechung des Bundesfinanzhofs zu den außergewöhnlichen Belastungen, DStZ 1998, 219; *Lüdicke,* Steuerentlastungsgesetz 1999, 2000, 2002: Änderungen bei beschränkt Steuerpflichtigen, IStR 1999, 193; *Müller-Katzenburg/Hofmann, A.*, Abschreibungsmöglichkeiten bei Kunstgegenständen, BB 2000, 2563; *Kempermann*, Der Bundesfinanzhof und die Kunst, in: Liber Amicorum, Rudolf Gocke zum 65. Geburtstag, 2002, S. 143; *ders.*, Bestandsaufnahme der jüngeren BFH-Rechtsprechung zur „Abfärberegelung" des § 15 Abs. 3 EStG, DStR 2002, 664; *Gradel*, Zur steuerlichen Abzugsfähigkeit von Auslandsspenden, IStR 2002, 222; *Holthaus*, Steuerabzug bei beschränkt steuerpflichtigen Sportlern und Künstlern, IStR 2002, 454; *Becker*, Betriebsausgabenabzug von Sponsoringaufwendungen, DStZ 2002, 663 *Maßbaum*, Aktuelle Entwicklungen zur Künstler- und Sportlerbesteuerung in: Nationale und internationale Dimensionen des Steuerrechts, Symposion zum 60. Geburtstag von Professor Dr. Jörg Manfred Mössner, 2002; *Sturm*, Anmerkung zum Urteil des Bundesfinanzhofs vom 8. Januar 2003 – VII R 11/02; KUR 2003, 89; *Eberlein*, Die steuerliche Behandlung von Internetauftritten, DStZ 2003, 677; *Schnitger*, Das Ende der Bruttobesteuerung beschränkt Steuerpflichtiger, FR 2003, 745; *Grams*, Zur Besteuerung von beschränkt steuerpflichtigen Künstlern vor und nach der Entscheidung des EuGH vom 12. 6. 2003, DStR 2003, 1245; *Loukota*, Unselbständige Künstler und Sportler, in: Gassner/Lang/Lechner/Schuch/Staringer, Arbeitnehmer im Recht der Doppelbesteuerungsabkommen, 2003, S. 203 ff.; *Mody*, Die Einschaltung ausländischer Gesellschaften als Gestaltungsinstrument international tätiger Künstler und Sportler, in: Grotherr, Handbuch der internationalen Steuerplanung, 2. Aufl., 2003; *Weber;* Kunst in der Rechtsprechung des Bundesverwaltungsgerichts, in: Festgabe 50 Jahre Bundesverwaltungsgericht, 2003; *Döring*, Die geplante Kunstgewinnsteuer – Ein Affront gegen die ökonomische Vernunft und die kulturelle Tradition, DB 2003, 576; *Kempermann*, Abgrenzung zwischen freiberuflicher und gewerblicher Tätigkeit unter besonderer Berücksichtigung von Rechtsanwälten, Steuerberatern und Wirtschaftsprüfern, StbJb 2003/2004, S. 379; *Cordewener*, Das EuGH-Urteil „Gerritse" und seine Umsetzung durch das BMF-Schreiben vom 3. 11. 2003 – Steine statt Brot für die Besteuerungspraxis!, IStR 2004, 109; *v. Schildt-Lutzenburger*, Was ist Kunst? – Erläuterung anhand der Begriffsbestimmung des Werks der bildenden Künste im Sinne von § 2 I Nr. 4 UrhG, KUR 2004, 81; *Seer*, Beschränkte Steuerpflicht und Gemeinschaftsrecht, in: Gassner/Lang/Lechner/Schuch/Staringer Die beschränkte Steuerpflicht im Einkommen- und Körperschaftsteuerrecht, 2004, S. 37 ff.; *Lechner/Stangl*, Die „Ausübung" und „Verwertung" bei den Einkünften aus nichselbständiger Arbeit und aus selbständiger Arbeit, in: Gassner/Lang/Lechner/Schuch/Staringer, Die beschränkte Steuerpflicht im Einkommen- und Körperschaftsteuerrecht, 2004, S. 59 ff.; *v. Schildt-Lutzenburger*, Die Urheberrechtsschutzfähigkeit von Werken der kleinen Münze, KUR 2005, 104; Stellungnahme des Arbeitskreises Deutscher Kunsthandelsverbände (ADK) zu dem Gesetzentwurf zur Umsetzung der EU-Richtlinie über das Folgerecht des Urhebers eines Originalkunstwerks, KUR 2005, 109; *Schnitger/Papantonopoulos*, Deutsche Vorabentscheidungsersuchen zu den direkten Steuern des Jahres 2004, BB 2005, 407; *Portner*, Besonderheiten des DBA-USA, IFSt-Schrift Nr. 430 (2005); *Lehner/Reimer* Generalthema I: Quelle versus Ansässigkeit – Wie sind die grundlegenden Verteilungsprinzipien des Internationalen Steuerrechts austariert? IStR 2005, 542; *Molenaar/Grams*, Die Illusion der gerechten und ertragreichen Besteuerung von international tätigen Künstlern und Sportlern, IStR 2005, 762; *Heuermann*, Die Erwerbsgerichtetheit von Einkünften aus Vermietung und Verpachtung und sonstigen Leistungen, DStR 2005, 1338; *Haslinger/Weninger*, Die Ausübung der Tätigkeit als maßgebendes Kriterium für die Festlegung des Quellenstaates nach den Doppelbesteuerungsabkommen (Art. 15 und 17 OECD-MA) in: Gassner/Schuch/Lang/Staringer (Hrsg), Die Verteilung der Besteuerungsrechte zwischen Ansässigkeits- und Quellenstaat im Recht der Doppelbesteuerungsabkommen, 2005; *Hartmann*, Die gemeinnützige Stiftung, in: Graf Strachwitz/Mercker (Hrsg), Stiftungen in Theorie, Recht und Praxis, 2005, S. 381; *dies.*, Die mildtätige Stiftung, a. a. O., S. 400; *Hartmann/Richter*, Die Besteuerung von nicht steuerbegünstigten Stiftungen, insbesondere von Familienstiftungen, in: Graf Strachwitz/Mercker (Hrsg), Stiftungen in Theorie, Recht und Praxis, 2005, S. 416; *Koss*, Die Besteuerung der Spender und Destinatäre, in: Graf Strachwitz/Mercker (Hrsg), Stiftungen in Theorie, Recht und Praxis, 2005, S. 413; *Schulze zur Wiesche*, Freiberufliche Mitunternehmerschaft und Betriebsaufspaltung, BB 2006, 75; *Prinz/Hick*, Neues aus der Finanzverwaltung: Veräußerter Mitunternehmeranteil und Halbeinkünftebesteuerung, FR 2006, 168; *Fleischmann/Meyer-Scharenberg*, Der neue § 15 b EStG: Der endgültige Tod der Steuersparmodelle, DB 2006, 353; *Graf/Bisle*, Besteuerung beschränkt steuerpflichtiger Sportler, IStR 2006, 44; *Ley*, Der BFH zum betrieblichen Schuldzinsenabzug (§ 4 Abs. 4 a EStG) – Folgerungen für die Praxis, DStR 2006, 301; *Rüsch/Hoffmann*, Die 1%-Steuerfalle bei der privaten Pkw-Nutzung, DStR 2006, 399; *Wild/Eigelshoven/Hanisch*, Zur beschränkten Steuerpflicht von Werbehonoraren für Gestattungsleistungen bei Bild- und Namensrechten, IStR 2006, 181; *Ganteführer/Wacker,* Vermeidung der Erbschaft- und Schenkungsteuer für Kunst, KUR 2006, 40; *v. Bodungen,* Der Artist Pension Trust, KUR 2006, 43; *Röhrig/Doege,* Ausgewählte Aspekte der ertragsteuerlichen Behandlung der Erbengemeinschaft und Erbauseinandersetzung, DStR 2006, 969; *Hergeth/Ettinger,* Nichtanwendungserlass zum Urteil des BFH vom 31. 5. 2005 zu § 50d Abs. 3 EStG, IStR 2006, 307; *Rogall/Stangl,* Die Realteilung einer Personengesellschaft; FR 2006, 345; *Schell,* Realteilung i. S. d. § 16 Abs. 3 Satz 2 bis 4 EStG – Anmerkung zum BMF-Schreiben vom 28. 2. 2006, BB 2006, 1026; *Ismer,* Neuere Entwicklungen beim Sonderausgabenabzug von Schulgeld für Schulen im Ausland, DStR 2006, 1157; *Meilicke,* Dichtung und Wahrheit bei der Diskriminierung von ausländischen Privatschulen nach § 10 Abs. 1 Nr. 9 EStG, IStR 2006, 447; *Kirchmaier,* Abgaben auf die Einfuhr von Werken der Videokunst, KUR 2006, 78; *Karrenbrock/Fehr,* Die einkommensteuerliche Behandlung von Aufwendungen für Fahrten zwischen Wohnung und Arbeitsstätte, DStR 2006, 1303; *Kessler/Eicke,* Treaty-Shopping – Quo vadis? Kritische Anmerkungen zu § 50d Abs. 3 EStG-E, IStR 2006, 577; *Dörr,* Steueränderungsgesetz 2007: Gesetzesänderungen im Bereich der beschränkten Steuerpflicht bei verbrauchender Rechteüberlassung und bei Zins- und Lizenzgebührzahlungen zwischen verbundenen Unternehmen, IStR 2006, 583; *Ritzer/Stangl,* Zwischenschaltung ausländischer Kapitalgesellschaften – Aktuelle Entwicklungen im Hinblick auf § 50d Abs. 3 EStG und § 42 AO, FR 2006, 757; *Seiler,* Steuerliche Abzugsfähigkeit von Kinderbetreuungskosten, DStR 2006, 1631; *Bullinger,* Urheberrechtlicher Originalbegriff und digitale Technologien, KUR 2006, 106; *Herchenröder,* Kunst um jeden Preis, arsprototo, 3/2000, 6; Krüger, Das Aufteilungs- und Abzugsverbot in der Rechtsprechung des BFH, DB Beilage Nr. 6/2000, 39; *Rauch,* Splittingverfahren für eingetragene Lebenspartnerschaften, DStR 2006, 1823; *Günkel/Lieber,* Braucht Deutschland eine Verschärfung der Holdingregelung in § 50d Abs. 3 EStG?, DB 2006, 2197; *Söffing, G.,* Freiberuflich tätige Personengesellschaft – Betriebsaufspaltung, Abfärbevorschrift, Sonderbetriebsvermögen, DB 2006, 2479; *Hüttemann/Helios,* Gemeinnützige Zweckverfolgung im Ausland nach der „Stauffer"-Entscheidung des EuGH, DB 2006, 2481; *Fischer,* Grundfragen der Bewahrung und einer Reform des Gemeinnützigkeitsrechts, FR 2006, 1001; *Haag,* die steuerliche Behandlung von Bau- und Bodendenkmälern, KUR 2006, 132; *Stahl,* Realteilung von Personengesellschaften zwischen Freiberuflern, FR 2006, 1071; *Loose/Hölscher/Althaus,* Jahresteuergesetz 2007: Anwendungsbereich und Auswirkungen der Einschränkung der Freistellungsmethode, BB 2006, 2724

Kommentare, Monographien: *Blümich,* Kommentar zum Einkommen-, Körperschaftsteuer- und Gewerbesteuergesetz sowie zu den ertragsteuerrechtlichen Nebengesetzen, Loseblatt; *Debatin/Wassermeyer* Doppelbesteuerung, Loseblatt; *Doralt,* Einkommensteuergesetz, Kommentar, Loseblatt; *Fischer/Reich* [Hrsg.], Der Künstler und sein Recht, 2. Aufl., 2006; *Fuchs,* Taxe der Streichinstrumente, 2003; *Ganteführer,* Kunst und Steuern, 1999; *Gassner/Schuch/Lang/Staringer* (Hrsg.), Die Verteilung der Besteuerungsrechte zwischen Ansässigkeits- und Quellenstaat im Recht der Doppelbesteuerungsabkommen, 2005; *Giloy,* Die Steuern des Künstlers, 3. Aufl. 1998; *Gräber,* Finanzgerichtsordnung, 5. Aufl., 2002; *Grossmann,* Die Besteuerung des Künstlers und des Sportlers im internationalen Verhältnis, 1992; *Gürsching/Stenger,* Kommentar zum Bewertungsgesetz und Vermögensteuergesetz, Loseblatt; *Hahn-Joecks,* Zur Problematik der Beteuerung ausländischer Künstler und Sportler, 1999; *Hermann/Heuer/Raupach,* Einkommen- und Körperschaftsteuergesetz, Kommentar, Loseblatt; *Kirchhof,* Einkommensteuergesetz, KompaktKommentar; *Kirchhof/Söhn/Mellinghoff,* Einkommensteuergesetz, Kommentar, Loseblatt; *Klein,* Abgabenordnung, 8. Aufl. 2003; *Kluge,* Das Internationale Steuerrecht, 4. Aufl., 2000; *Kötz/Rawert/Schmidt/Walz,* Non Profit Law Yearbook 2001, 2002; *Korn,* Einkommensteuergesetz, Kommentar, Loseblatt; *Lindemann,* Collecting Contemporary, 2006; *Littmann/Bitz/Pust,* Das Einkommensteuerrecht, Kommentar, Loseblatt; *Lützeler,* Wege zur Kunst- Gattungen der Kunst, 2. Aufl., 1967; *Maaßen,* Kunst oder Gewerbe?, 2001; Maßbaum Die beschränkte Steuerpflicht der Künstler und Berufssportler unter Berücksichtigung des Steuerabzugsverfahrens, 1991; *Pahlke/König,* Abgabenordnung, 2004; *Pues/Scheerbarth,* Gemeinnützige Stiftungen im Zivil- und Steuerrecht, 2. Aufl., 2004; *Rühlemann,* Kunst und Steuern, 1994; Schmidt Einkommensteuergesetz, Kommentar, 25. Aufl. 2006; Robert Bosch Stiftung, Kunstförderung – Steuerstaat und Ökonomie; Schriftenreihe Kunst und Kultur, Bd. 1, 1987; *Schack,* Kunst und Recht, 2004; *Schick,* Die freien Berufe im Steuerrecht, 1973; *Schmidt,* Einkommensteuergesetz, Kommentar, 25. Aufl., 2006; *Stolz,* Die Kunst im Steuerrecht, 1999; *Graf Strachwitz/Mercker* (Hrsg.), Stiftungen in Theorie, Recht und Praxis, 2005; *Tipke/Lang, Steuerrecht,* 18. Aufl., 2006; *Troll/Wallenhorst/Halaczinsky,* Die Besteuerung gemeinnütziger Vereine, Stiftungen und der juristischen Personen des öffentlichen Rechts, 5. Aufl., 2004; *Vogel/Lehner*, Doppelbesteuerungsabkommen, Kommentar, 4. Aufl., 2003.

Richtlinien

Allgemeine Verwaltungsvorschrift zur Anwendung des Einkommensteuerrechts (Einkommensteuer-Richtlinien 2005 – EStR 2005)[1]

Verwaltungsanweisungen

BMF-Schreiben vom

- **5. 10. 1990** betreffend den Steuerabzug vom Arbeitslohn bei unbeschränkt einkommensteuer-(lohnsteuer-)pflichtigen Künstlern und verwandten Berufen, BStBl I 1990, 638;
- **13. 1. 1993** betreffend die ertragsteuerliche Behandlung der vorweggenommenen Erbfolge; hier: Anwendung des Beschlusses des Großen Senats vom 5. 7. 1990 (BStBl I S. 80), BStBl I 1993, 80;
- **23. 1. 1996** betreffend Abzugsteuer bei künstlerischen, sportlichen, artistischen oder ähnlichen Darbietungen gemäß § 50 a Abs. 4 EStG, BStBl I 1996, 89;
- **5. 9. 1996** betreffend die einkommensteuerrechtliche Behandlung von Preisgeldern (§ 2 Abs. 1 EStG), BStBl I 1996, 1150;
- **18. 2. 1998** betreffend Ertragsteuerliche Behandlung des Sponsoring, BStBl I 1998, 212;
- **24. 12. 1999** betreffend Grundsätze der Verwaltung für die Prüfung der Aufteilung der Einkünfte bei Betriebsstätten international tätiger Unternehmen (Betriebsstätten-Verwaltungsgrundsätze), BStBl I 1999, 1076;
- **21. 1. 2002** betreffend die ertragsteuerliche Erfassung der Nutzung eines betrieblichen Kraftfahrzeugs zu Privatfahrten, zu Fahrten zwischen Wohnung und Arbeitsstätte sowie zu Familienheimfahrten nach § 4 Abs. 5 Satz 1 Nr. 6 und § 6 Abs. 1 Nr. 4 Sätze 2 und 3 EStG, BStBl I 2002, 148;
- **4. 2. 2002** betreffend Abzugsteuer bei künstlerischen, sportlichen, artistischen oder ähnlichen Darbietungen nach § 50 a Abs. 4 EStG, BStBl I 2002, 709;
- **31. 7. 2002** betreffend Besteuerung der Einkünfte aus nichtselbständiger Arbeit bei beschränkt einkommensteuerpflichtigen Künstlern, BStBl I 2002, 707;
- **1. 8. 2002** betreffend Abzugsteuer bei künstlerischen, sportlichen, artistischen oder ähnlichen Darbietungen nach § 50 a Abs. 4 EStG, BStBl I 2002, 709;
- **2. 8. 2002** betreffend Steuerabzug bei beschränkt Steuerpflichtigen nach § 50 a Abs. 7 EStG, BStBl I 2002, 710;
- **3. 11. 2003** betreffend Vereinfachtes Steuererstattungsverfahren gemäß § 50 Abs. 5 Satz 2 Nr. 3 EStG bei beschränkt Steuerpflichtigen mit Einkünften, die dem Steuerabzug nach § 50 a Abs. 4 Satz 1 Nrn. 1 und 2 EStG unterliegen; Umsetzung des EuGH-Urteils vom 12. Juni 2003 – C-234/01 (Gerritse)
- **10. 9. 2004** betreffend Mindeststeuersatz für beschränkt Steuerpflichtige nach § 50 Abs. 3 Satz 2 EStG, BStBl I 2004, 860
- **16. 9. 2004** betreffend die einkommensteuerrechtliche Behandlung von wiederkehrenden Leistungen im Zusammenhang mit der Übertragung von Privat- und Betriebsvermögen, BStBl I 2004, 922;
- **17. 10. 2004** betreffend Beschluss des BFH vom 16. Juni 2004 zur Vereinbarkeit des Steuerabzugsverfahrens nach § 50 a Abs. 4 und 5 EStG mit Art. 49 und 50 EG; Aussetzung der Vollziehung in vergleichbaren Fällen, BStBl I 2004, 950;
- **17. 11. 2004** betreffend Steuerliche Förderung der privaten Altersvorsorge und betriebliche Altersvorsorge, BStBl I 2004, 1065;
- **24. 2. 2005** betreffend das Gesetz zur Neuordnung der einkommensteuerrechtlichen Behandlung von Altersvorsorgeaufwendungen und Altersbezügen – Alterseinkünftegesetz –(AltEinkG), BStBl I 2005, 429;
- **9. 5. 2005** betreffend Berücksichtigung ausländischer Verhältnisse; Ländergruppeneinteilung ab 2005, BStBl I 2005, 369;
- **2. 8. 2005** betreffend Steuerabzug nach § 50 a Abs. 4 Nr. 3 EStG von Vergütungen, die ein beschränkt steuerpflichtiger Rechtsinhaber für die Überlassung ihm zustehender rechte erhält – BFH-Urteil vom 28. 1. 2004 I R 73/02, BStBl I 2005, 844;

---

[1] BStBl I Sondernummer 1/2005, 3. Die EStR 2003 sind letztmals für die Veranlagung zur Einkommensteuer des Veranlagungszeitraums 2004 weiter anzuwenden, BStBl I Sondernummer 1/2005, S. 88

- **20. 12. 2005** betreffend die Gewährung des Freibetrages nach § 16 Abs. 4 EStG und der Tarifermäßigung nach § 34 Abs. 3 EStG, BStBl I 2006, 7;
- **19. 1. 2006** betreffend die Steuerliche Berücksichtigung von Spenden und Mitgliedsbeiträgen – Abgrenzung zwischen der Förderung kultureller Zwecke und kultureller Betätigungen für die Frage des Abzugs von Mitgliedsbeiträgen (Anl. 1 zu § 48 Abs. 2 EStDV), BStBl I 2006, 216
- **9. 2. 2006** betreffend die Berücksichtigung von Aufwendungen für den Unterhalt von Personen im Ausland als außergewöhnliche Belastung nach § 33 a des Einkommensteuergesetzes (EStG), BStBl I 2006, 217;
- **28. 2. 2006** betreffend Realteilung; Anwendung von § 16 Abs. 3 Satz 2 bis 4 EStG, BStBl I 2006, 228;
- **14. 3. 2006** betreffend Ertragsteuerliche Behandlung der Erbengemeinschaft und ihrer Auseinandersetzung, BStBl I 2006, 253;
- **27. 4. 2006** betreffend Ertragsteuerliche Behandlung der Einnahmen prominenter Kandidaten aus Spiel- und Quizshows im Fernsehen, BStBl 2006, 342;
- **11. 8. 2006** betreffend Anhebung des allgemeinen Steuersatzes (§ 12 Abs. 1 UStG) sowie der land- und forstwirtschaftlichen Durchschnittssätze (§ 24 Abs. 1 UStG) zum 1. 1. 2007, BStBl I 2006, 1457.
- **1. 12. 2006** betreffend Entfernungspauschalen ab 2007, DStR 2006, 2255.

I. Rechtsgrundlagen für die Besteuerung der Einkünfte eines (einer) freiberuflich künstlerisch Tätigen nach dem Einkommensteuergesetz

1. Unbeschränkte Einkommensteuerpflicht

Natürliche Personen,[2] die im Inland[3] einen Wohnsitz oder ihren gewöhnlichen Aufenthalt haben, sind *unbeschränkt* steuerpflichtig (§ 1 Abs. 1 EStG; Grundsatz der Individualbesteuerung).[4] 1

Abs. 2 des § 1 EStG erweitert die unbeschränkte Steuerpflicht unter bestimmten Voraussetzungen auf alle deutschen Staatsangehörige, die zwar keinen Wohnsitz oder gewöhnlichen Aufenthalt im Inland i. S. d. Abs. 1 haben, die aber zu einer inländischen juristischen Person des öffentlichen Rechts in einem Dienstverhältnis stehen und dafür Arbeitslohn aus einer inländischen öffentlichen Kasse beziehen (sog. *erweiterte unbeschränkte Steuerpflicht*).[5] Unter bestimmten Voraussetzungen erstreckt sich die Steuerpflicht gemäß Abs. 2 auch auf die zum Haushalt gehörenden Angehörigen i. S. v. § 15 AO. 2

§ 1 Abs. 3 EStG bezieht darüber hinaus auf Antrag auch natürliche Personen in die unbeschränkte Einkommensteuerpflicht ein, die zwar im Inland weder einen Wohnsitz noch ihren gewöhnlichen Aufenthalt haben, hier jedoch gem. § 49 steuerbare Einkünfte erzielen, die entweder in bestimmtem Umfang der deutschen Einkommensteuer unterliegen oder einen bestimmten Betrag im Kalenderjahr nicht übersteigen (sog. *fiktive unbeschränkte Steuerpflicht;* Grenzpendlerbesteuerung).[6] Zur fiktiven unbeschränkten Steuerpflicht von EU-und EWR-Familienangehörigen siehe § 1 a EStG. 3

Die gemäß § 1 Abs. 1 und 2 EStG unbeschränkt steuerpflichtigen Personen unterliegen grds. mit ihrem gesamten Einkommen, gleichgültig ob dieses nur aus dem Inland 4

---

[2] Zu Personengesellschaften und Gemeinschaften s. *Blümich/Ebling* § 1 EStG Rz. 50 und unten Rz. 272 ff.

[3] Zum Begriff des Inlands s. § 1 Abs. 1 Satz 2 EStG und *Blümich/Ebling* § 1 EStG Rz. 171 ff.

[4] Zu den Ausnahmeregelungen, die § 1 EStG vorgehen und damit die unbeschränkte Steuerpflicht ausschließen, s. *Blümich/Ebling* § 1 EStG Rz. 130 ff.

[5] S. dazu i. E. *Blümich/Ebling* § 1 EStG Rz. 230 ff.

[6] S. dazu i. E. *Blümich/Ebling* § 1 EStG Rz. 270 ff.

und/oder aus dem Ausland stammt, der deutschen. Einkommensteuer (sog. Universal- oder **Welteinkommensprinzip**).[7]

5 Natürliche Personen, die im Inland weder einen Wohnsitz noch einen gewöhnlichen Aufenthalt haben, sind grundsätzlich *beschränkt* steuerpflichtig (§ 1 Abs. 4 EStG),[8] wenn sie Einkünfte i. S. d. § 49 EStG[9] haben.

2. Zuordnung der Einkünfte eines künstlerisch Tätigen zu den einzelnen Einkunftsarten

6 Eine natürliche Person, die – wenn auch nur gelegentlich – künstlerisch tätig ist, bezieht insoweit grundsätzlich Einkünfte aus **selbständiger Arbeit** gemäß § 18 EStG, und zwar solche aus **freiberuflicher Tätigkeit** i. S. d. § 18 Abs. 1 EStG.[10] Daneben kann sie noch andere Arten von Gewinneinkünften i. S. d. § 2 Abs. 1 Nr. 1 und 2 EStG (Einkünfte aus Land- und Forstwirtschaft, aus Gewerbebetrieb)[11] sowie sog. Überschusseinkünfte gemäß § 2 Abs. 1 Nr. 4 bis 7 EStG (Einkünfte aus nichtselbständiger Arbeit,[12] aus Kapitalvermögen, aus Vermietung und Verpachtung sowie sonstige Einkünfte i. S. d. § 22 EStG) aufweisen.[13]

7 Bei sog. **Nebentätigkeiten,** d. h. bei neben dem Hauptberuf ausgeübten Beschäftigungen,[14] ist jeweils zu prüfen, ob es sich dabei um eine eigenständige selbständige Tätigkeit i. S. d. § 18 Abs. 1 EStG mit eigener Unternehmerinitiative und eigenem Unternehmerrisiko[15] oder zumindest um einen Teil derselben handelt, oder ob sie einer anderen Einkunftsart, z. B. der nichtselbständigen Arbeit (§ 19 EStG), zuzurechnen ist.[16] Dies ist nach dem Gesamtbild der im konkreten Einzelfall gegebenen Verhältnisse zu beurteilen.[17]

8 Die Einnahmen müssen gerade durch die künstlerische Tätigkeit veranlasst sein, sie müssen ein Entgelt für die entsprechende künstlerische Leistung sein, um zu Einkünften aus künstlerischer Tätigkeit zu führen. Es genügt nicht, dass sie „gelegentlich der künstlerischen Tätigkeit", d. h. lediglich im äußeren Zusammenhang damit anfallen.[18]

9 **a) Einkünfte aus selbständiger Arbeit.** *aa) Allgemeine Grundsätze.* Das EStG bestimmt den Begriff der selbständigen Arbeit nicht näher. Es enthält insbesondere keine Begriffsbestimmung der freiberuflichen Tätigkeit und auch keine erschöpfende Aufzählung der freien Berufe.[19] Es zählt in § 18 Abs. 1 Satz 2 lediglich die Tätigkeiten auf, die als freiberuflich zu beurteilen sind und demnach zu Einkünften aus selbständiger Arbeit führen. Hierzu gehört u. a. die **selbständig ausgeübte künstlerische Tätigkeit.**

---

[7] S. dazu *Blümich/Ebling* § 1 EStG Rz. 2, 23.

[8] S. dazu i. E. Rz. 1045 ff.

[9] S. dazu *Blümich/Wied* Erläut. zu § 49 EStG.

[10] Im Beitrittsgebiet ist § 18 EStG am 1. 1. 1991 in Kraft getreten (Art. 8 i. V. m. Anlage I Kapitel IV Sachgebiet B Abschnitt II Nr. 14 des Einigungsvertrags, BGBl II 1990, 885). In der Zeit vom 3. 10. 1990 bis 31. 12. 1990 war das im Beitrittsgebiet geltende Steuerrecht weiter anzuwenden; s. dazu BFH I R 124/93 v. 30. 3. 1994, BStBl II 1994, 852.

[11] S. dazu i. E. Rz. 84 ff., 67 ff.

[12] S. dazu i. E. Rz. 60 ff.; BFH XI R 46/01 v. 6. 3. 2003, BStBl II 2003, 602.

[13] Zur Abgrenzung der Einkünfte aus selbständiger Arbeit zu den übrigen Einkunftsarten s. Rz. 54 ff.

[14] Nicht erforderlich ist, dass die Nebentätigkeit eine Art „Nebenberuf" ist; zutr. *Brandt* in H/H/R § 18 EStG Rz. 71.

[15] S. dazu Rz. 11 und BFH XI R 32/00 v. 20. 12. 2000, BStBl II 2001, 496.

[16] S. dazu i. E. Rz. 60 ff., 213.

[17] Vgl. BFH IV R 131/82 v. 4. 10. 1984, BStBl II 1985, 51, m. w. N., zur Abgrenzung der Nebentätigkeit bei selbständiger/nichtselbständiger Tätigkeit.

[18] Vgl. BFH IV R 184/82 v. 9. 5. 1985, BStBl II 1985, 426.

[19] Zum Begriff des freien Berufes s. i. E. *Brandt* in H/H/R § 18 EStG Rz. 65 ff.

Die selbständige Arbeit setzt – ebenso wie der Gewerbebetrieb i. S. d. § 15 Abs. 2 EStG eine selbständige nachhaltige Betätigung voraus, die mit der Absicht, Gewinn zu erzielen, unternommen wird und sich als Beteiligung am allgemeinen wirtschaftlichen Verkehr darstellt. Der freiberuflich Tätige muss selbst die erforderliche Berufsqualifikation besitzen bzw. selbst die qualifizierte Tätigkeit (hier: künstlerische) eigenverantwortlich ausüben. Eine Mithilfe anderer Personen und eine Vertretung ist nur in beschränktem Umfang möglich.[20] 10

bb) Selbständigkeit – Nachhaltigkeit – Teilnahme am allgemeinen wirtschaftlichen Verkehr – Gewinnerzielungsabsicht. Der Begriff der **Selbständigkeit** ist der Gleiche wie bei den anderen Gewinneinkünften des § 2 Abs. 1 (Nr. 1 Land- und Forstwirtschaft, Nr. 2 Gewerbebetrieb). Selbständig tätig ist, wer den Weisungen eines Dritten nicht zu folgen verpflichtet ist und auf eigene Rechnung und Gefahr arbeitet.[21] Wesentlich ist dabei, dass eine eigene **Unternehmerinitiative** sowie ein eigenes **Unternehmerrisikos**[22] von nennenswertem Umfang – vorhanden ist.[23] Beides kann auch dann vorliegen, wenn der freiberuflich Tätige sich der Mithilfe vorgebildeter Arbeitskräfte bedient, vorausgesetzt, er wird dabei auf Grund eigener Fachkenntnisse leitend und eigenverantwortlich tätig (§ 18 Abs. 1 Satz 3 EStG).[24] Diese Gestaltung ist zwar im Rahmen künstlerischer Tätigkeit keineswegs ausgeschlossen,[25] sie wird aber im Vergleich zu anderen freiberuflichen Tätigkeiten, wie z. B. bei solchen von Ärzten, Rechtsanwälten, Steuerberatern oder Architekten, regelmäßig weniger häufig vorkommen. 11

Nachhaltig ist eine Tätigkeit, wenn sie auf Wiederholung angelegt ist, d. h., wenn sie von der Absicht getragen ist, sie zu wiederholen und daraus eine ständige Erwerbsquelle zu machen und sie sich objektiv als nachhaltig darstellt.[26] Dabei ist zu berücksichtigen, dass gemäß ausdrücklicher Regelung in § 18 Abs. 2 EStG die Einkünfte aus selbständiger Arbeit und damit auch diejenigen aus künstlerischer Tätigkeit auch dann steuerpflichtig sind, wenn es sich nur um eine vorübergehende Tätigkeit handelt. Es genügt damit, dass der Steuerpflichtige nur vorübergehend nachhaltig tätig wird. Vorübergehend in diesem Sinne ist eine Tätigkeit, wenn sie planmäßig nur einmalig oder wenige Male, jedoch mit der Absicht ausgeübt wird, sie bei sich bietender Gelegenheit zu wiederholen.[27] Daran fehlt es bei einem nur „gelegentlichen" Tätigwerden ohne jegliche Wiederholungsabsicht.[28] Insoweit können Einkünfte aus sonstiger Tätigkeit i. S. d. § 22 Nr. 3 EStG vorliegen.[29] 12

Eine **Teilnahme** am allgemeinen **wirtschaftlichen Verkehr** ist gegeben, wenn der Steuerpflichtige als Anbieter von Gütern oder Leistungen, auch immaterieller Art, am (allgemeinen) Markt gegen Entgelt und für Dritte äußerlich erkennbar auftritt.[30] Aus- 13

---

[20] S. zur Mithilfe Rz. 47 ff. und zur Vertretung Rz. 53.

[21] Z. B. BFH IV R 118, 119/87 v. 12. 10. 1989, BStBl II 1990, 64; IV R 94/99 v. 15. 5. 2002, BStBl II 2002, 565.

[22] Vgl. BFH XI R 32/00 v. 20. 12. 2000, BStBl II 2001, 496, zur Abgrenzung der nichtselbständigen zur gewerblichen Tätigkeit. S. ferner i. E. *Blümich/Hutter* § 18 EStG Rz. 10.

[23] Erforderlichenfalls sind die für und gegen eine solche Initiative oder ein solches Risiko sprechenden Gesichtspunkte im Rahmen einer Gesamtschau gegeneinander abzuwägen.

[24] S. dazu Rz. 10.

[25] S. Rz. 16 ff.

[26] Zum Begriff der Nachhaltigkeit s. z. B. BFH IV R 98/73 v. 28. 4. 1977, BStBl II 1977, 728; XI R 26/02 v. 10. 9. 2003, BStBl II 2004, 218.

[27] BFH XI R 26/02 v. 10. 9. 2003, BStBl II 2004, 218 m. w. N.

[28] BFH XI R 26/02 v. 10. 9. 2003, BStBl II 2004, 218: Zufallserfindung. Zur möglichen Anwendung des § 22 Nr. 3 EStG in einem solchen Fall s. Anm. *Kempermann* DStRE 1998, 749.

[29] S. dazu *Blümich/Hutter* § 18 EStG Rz. 37, und Anm. *Kempermann* DStRE 1998, 749.

[30] S. dazu i. E. *Blümich/Stuhrmann* § 15 EStG Rz. 51 ff.; *Schmidt/Wacker* § 15 EStG Rz. 20.

nahmsweise kann es sogar genügen, dass die Leistungen nur an einen einzigen Abnehmer erbracht werden.[31]

14 Die Tätigkeit muss grundsätzlich auf das Erzielen positiver Einkünfte – hier: **Gewinn**[32] – gerichtet und von einer entsprechenden **Absicht** getragen sein.[33] Es ist das „Streben nach Betriebsvermögensvermehrung in Gestalt eines Totalgewinnes".[34] Im Gegensatz dazu steht ein Verhalten, das im Gesamtergebnis überhaupt nicht auf Einkunftserzielungsabsicht angelegt ist und als sog. **Liebhaberei** im Ergebnis steuerrechtlich unbeachtlich ist, insbesondere zur Nichtanerkennung von Verlusten führt.[35]

15 *cc) Der Begriff der Einkünfte aus selbständiger Arbeit.* Aus den einzelnen Merkmalen des § 18 Abs. 1 Satz 2 EStG i. V. m. Abs. 2 des § 18 EStG sowie im Umkehrschluss aus § 15 Abs. 2 Satz 1 (gewerbliche Betätigung) und § 19 EStG i. V. m. § 1 LStDV (nichtselbständige Arbeit) ergibt sich folgende **Begriffsbestimmung:**

Ein Steuerpflichtiger (eine Steuerpflichtige)[36] *erzielt Einkünfte aus selbständiger Arbeit, wenn er (sie) auf eigene Rechnung und Gefahr und ohne von Anderen weisungsabhängig zu sein vorwiegend durch persönlichen Arbeitseinsatz nachhaltig (auf Dauer oder nur vorübergehend) Gewinn aus dieser Tätigkeit ziehen will.*[37]

16 *dd) Der Begriff der künstlerischen Tätigkeit i. S. d. § 18 Abs. 1 Nr. 1 Satz 2 EStG. (1) § 18 Abs. 1 Nr. 1 Satz 2 EStG maßgebliche gesetzliche Regelung.* Der Steuergesetzgeber kann grundsätzlich frei darüber entscheiden, wie und auf welche Weise er Bezüge eines Steuerpflichtigen besteuert, die dieser im Rahmen künstlerischer Betätigung erzielt. Nach geltendem Recht ist entscheidend, ob die Bezüge den Tatbestand des Erzielens von Einkünften aus selbständiger Arbeit i. S. d. § 18 Abs. 1 Nr. 1 EStG erfüllt und ob die zugrunde liegende Tätigkeit dabei als *„künstlerisch"* i. S. d. § 18 Abs. 1 Nr. 1 S. 2 EStG zu beurteilen ist.[38] Diese Regelung hält sich im Rahmen der verfassungsmäßigen Ordnung.[39]

17 *(2) „Künstler" kein steuertechnischer Begriff des Einkommensteuergesetzes.* Da die Bezeichnung „Künstler" – ausgenommen die speziellen Regelungen in § 3 Nr. 43 EStG zum Ehrensold[40] und § 50a Abs. 4 EStG zum Steuerabzug bei beschränkt Steuerpflichtigen – kein steuertechnischer Begriff des deutschen Einkommensteuergesetzes[41] ist,[42] ist nicht maßgebend, ob der Steuerpflichtige sich selbst[43] und/oder andere ihn als „Künstler" oder

---

[31] S. BFH X R 37/00 v. 22. 1. 2003, BStBl II 2003, 464.

[32] S. dazu § 2 Abs. 2 Nr. 1 EStG.

[33] S. i. E. *Blümich/Hutter* § 18 EStG Rz. 39 ff.

[34] BFH GrS 4/82 v. 25. 6. 1984, BStBl II 1984, 751, 756.

[35] S. dazu i. E. Rz. 199 ff.

[36] Künftig wird aus Vereinfachungsgründen nur noch die männliche Form verwendet; dies schließt die steuerpflichtige Künstlerin mit ein.

[37] Vgl. *Blümich/Hutter* § 18 EStG Rz. 19.

[38] Zum Begriff des Künstlers im österreichischen und schweizerischen Recht s. *Grossmann* S. 45 ff.

[39] S. zur Kritik an der unzureichenden steuerlichen Förderung des Kunstschaffens *Stolz* S. 26 ff.

[40] S. Rz. 208.

[41] Davon zu unterscheiden ist allerdings der Begriff des Künstlers i. S. d. Doppelbesteuerungsabkommen. Zum Begriff des Künstlers im österreichischen und schweizerischen Recht s. *Grossmann* S. 45 ff.

[42] Dessen ungeachtet gebraucht die Finanzverwaltung den Begriff des Künstlers in den Lohnsteuerrichtlinien (R 125 Abs. 3) und in Verwaltungsanweisungen (z. B. BMF v. 31. 7. 2002, BStBl I 02, 707, Tz. 2.1. S. ferner § 4 Ziff. 17 UStG 1951.

[43] IV R 1/97 v. 15. 10. 1998, BFH/NV 1999, 465, 466; s. a. *Kempermann* FR 1992, 250. Die *subjektive* Künstlereigenschaft war noch maßgebend für die Befreiungsvorschrift des § 3 Nr. 5 UStG 1926, s. dazu BFH V 134/56 S v. 15. 11. 1956, BStBl III 1956, 60, zu § 4 Ziff. 17 UStG 1951, § 4 Ziff. 13 UStG 1934.

als „künstlerisch tätig" bezeichnen,[44] ob er amtlich als solcher bezeichnet wird oder ob die Berufsgruppe, z. B. Foto-Designer, nach dem Künstlerbericht der Bundesregierung vom 13. 1. 1975[45] dem Bereich bildende Kunst/Design zugeordnet ist.[46] Unerheblich ist damit auch eine etwaige „Künstlereigenschaft".[47] Ferner ist nicht entscheidend, ob jemand Mitglied in Verbänden etc. ist, die nur sog. Kunstschaffende aufnehmen,[48] z. B. Künstlersozialkasse.[49] Eine solche Mitgliedschaft begründet keine Vermutung für eine künstlerische Tätigkeit; sie kann allenfalls ein Beweisanzeichen sein, das je nach Art des Verbandes etc. und der Mitgliedschaft zudem unterschiedliches Gewicht haben kann.[50] Umgekehrt kann eine Tätigkeit ausnahmsweise als künstlerisch zu beurteilen sein, obwohl sie von einem Fachgremium als „künstlerisch ohne Belang" bezeichnet worden ist.[51]

Ebenso genügt es – für sich allein gesehen, ohne dass die Voraussetzungen einer künst- **18**
lerischen Tätigkeit i. S. d. § 18 Abs. 1 Nr. 1 EStG vorliegen – nicht, dass die Tätigkeit des Steuerpflichtigen einen „ausgesprochen intellektuellen Charakter hat, eine hohe Qualifikation verlangt und gewöhnlich einer genauen und strengen berufsständischen Regelung unterliegt". Diese Begriffsbestimmung, die der EuGH in seinem Urteil in der Rechtssache C-267/99 vom 11. 10. 2001 – Fall Urbing-Adam[52] – geschaffen hat, dient lediglich dazu, für die Umsatzsteuer den Rahmen abzustecken, innerhalb dessen der jeweilige nationale Gesetzgeber die Voraussetzungen einer freiberuflichen Tätigkeit regelt.[53]

Unerheblich ist schließlich, ob die Werke des Künstlers als „Kunst" bezeichnet werden. **19**
Auch diesen Begriff kennt das normative Steuerrecht nicht. Es gibt zudem keinen allgemein und auf Dauer verbindlichen Kunstbegriff.[54]

(3) Die Bestimmung des Begriffs „künstlerische Tätigkeit" im Einzelnen. α) Keine abstrakte Be- **20**
stimmung des Begriffs „künstlerische Tätigkeit". Der Grundsatz der Tatbestandsmäßigkeit der Besteuerung (Art. 20 Abs. 3 GG) erfordert grundsätzlich einen *objektiven* Begriff der künstlerischen Tätigkeit, der eine allgemein nachvollziehbare Abgrenzung des Künstlerischen, insbesondere von der gewerblichen Betätigung,[55] aufgrund einer konkreten Begriffsbestimmung ermöglicht.[56] Die allgemeine Bezeichnung kann allenfalls ein Beweisanzeichen sein, mehr nicht. Entscheidend ist vielmehr, ob der Steuerpflichtige eine **künstlerische Tätigkeit** i. S. d. § 18 Abs. 1 Satz 2 EStG ausübt. Formal ist diese gegliedert in Musik, Literatur und – soweit im vorliegenden Werk im Einzelnen dargestellt – die **darstellende** und **bildende** Kunst. Unerheblich ist, ob es sich dabei z. B. um figurative oder abstrakte Malerei, um Grafik, Skulptur, Fotografie, konkrete oder konstruktive Kunst oder um (Raum)Installa-

---

[44] Vgl. FG Hamburg v. 22. 4. 1992, DStR 1993, 320, unter I. 5., rkr.

[45] Bericht der Bundesregierung über die wirtschaftliche und soziale Lage der künstlerischen Berufe, BT-Drs. 7/3071, Verhandlungen des Deutschen Bundestags, 7. Wahlperiode, Anlagen zu den Stenografischen Berichten, Bd. 200.

[46] S. dazu BFH VIII R 76/75 v. 14. 12. 1976, BStBl II 1977, 474.

[47] So aber wohl Senatsverwaltung Bremen Erlass v. 10. 1. 2002, DStR 2002, 544.

[48] Ebenso *Kempermann* FR 1992, 250, 254.

[49] FG Hamburg v. 16. 12. 04, DStRE 05, 563, rkr.

[50] Vgl. dazu Senatsverwaltung Bremen Erlass v. 10. 1. 2002, DStR 2002, 544.

[51] Vgl. BFH IV R 9/77 v. 14. 8. 1980, BStBl II 1981, 23. Entscheidung im Streitfall allerdings zwh. wegen des Kriteriums der Vergleichbarkeit mit in Kunsthandlungen angebotenen Bildern.

[52] EuGHE 2001, I-7467, IStR 2001, 718, Rz. 41 des Urteils.

[53] S. dazu BFH IV R 63/02 v. 4. 11. 2004, BStBl II 2005, 362; dazu Anm. *Kempermann* FR 2005, 497.

[54] S. dazu unter Rz. 124; s. ferner *Weber* a. a. O., S. 992 ff.

[55] S. dazu Rz. 67 ff.

[56] BFH IV R 1/97 v. 15. 10. 1998, BFH/NV 1999, 465; vgl. ferner *Kempermann* FR 1992, 250; s. a. *Kirchhof* NJW 1985, 225, 227: Die „Kunst" muss einen definierbaren Standort innerhalb eines Wertesystems finden, unter Verzicht auf ein bevormundendes „Kunstrichtertum".

tionen handelt. Erforderlich ist stets, dass Gesichts- oder Hörsinn angesprochen werden. Das Ansprechen lediglich des Geschmacks- oder Geruchsinns soll nicht ausreichen.[57] Ob diese ablehnende Rechtsansicht uneingeschränkt auch noch künftig wird vertreten werden können, erscheint sehr fraglich. Kreationen im Gourmetbereich können ebenfalls – wenn auch zugegebenermaßen nur in Ausnahmefällen – durchaus „unmittelbarster Ausdruck der individuellen Persönlichkeit"[58] eines Kulinarik-Créateurs sein. Dies umso mehr, als bei den entsprechenden Creationen regelmäßig auch der Gesichtssinn angesprochen wird.

Zu den **Werken der bildenden Künste** rechnen vornehmlich:

21 Bilder, Collagen, Gemälde, Zeichnungen, Stiche, Bilddrucke, Lithographien, Plastiken, Tapisserien, Keramiken, Glasobjekte und Lichtbildwerke.[59] Diese dem Europäischen Urheber-Folgerecht entnommene Auflistung[60] ist jedoch für den Bereich der künstlerischen Tätigkeit i.S.d. § 18 Abs. 1 EStG nicht abschließend. So können beispielsweise auch Arbeiten im Bereich des reinen Farbdesign die Voraussetzungen dieser Vorschrift erfüllen.

22 Soweit der BFH im U. IV 238/61 U v. 10. 12. 1964[61] bei Erfüllen dieser Voraussetzung vom Vorhandensein einer entscheidungserheblichen *„Künstlereigenschaft"* spricht, ist dies ungenau und verwirrend. Ebenso wenig ist die *„persönliche, nicht erlernbare Begabung"* ein Entscheidungsmerkmal.[62] Entsprechendes gilt für die *„zutage getretenen Fähigkeiten"* wie z.B. beim Musiker die manuelle Geschicklichkeit, Sauberkeit der Intonation, die rhythmische Genauigkeit etc.[63]

Zum Begriff der **künstlerischen Darbietung** s. § 49 Abs. 1 Nr. 2 Buchst. d.[64]

23 *β) Typusbegriff.* Ebenso wie es den Oberbegriff der freiberuflichen Tätigkeit nicht näher bestimmt, enthält das EStG auch keine abstrakte Begriffsbestimmung der „künstlerischen" Tätigkeit. Sie lässt sich nicht exakt bestimmen, sondern nur anhand eines von der Verkehrsanschauung geprägten Typus messen **(Typusbegriff).**[65] Im Gegensatz zum *abstrakten* Tatbestandsbegriff, der durch die erschöpfende Aufzählung seiner unabdingbaren Merkmale definiert wird,[66] ist der Typus offen. Die Grenzen der Typen sind fließend und dem Wandel unterworfen; es gibt Übergangsformen. Entscheidend ist das *Gesamtbild,* das sich aus Einzelmerkmalen von zum Teil unterschiedlichem Gewicht zusammensetzt.

24 Steuerrechtliche Rechtsprechung und steuerrechtliches Schrifttum haben eine Reihe von Merkmalen geschaffen, anhand derer sich entscheidet, ob eine Tätigkeit als „künstlerisch" zu beurteilen ist. Grundlage hierbei bildet zwar der vom Bundesverfassungsgericht entwickelte Kunstbegriff,[67] der jedoch mit Rücksicht auf die Unterschiede in Bezug auf die verfassungs-

---

[57] Vgl. BFH IV B 45/96 v. 3. 3. 1998, BFH/NV 1998, 956: Saucendesigner.

[58] S. zu diesem Begriff BVerfG v. 24. 2. 1971, BVerfGE 30, 173, 188 (Mephisto); vgl. ferner BFH I R 72/87 v. 2. 8. 1989, BFH/NV 1990, 146; IV R 97/81 v. 12. 4. 1984, BStBl II 1984, 491.

[59] So Art. 2 Abs. 1 der RL 2001 des Europäischen Parlaments und des Rates v. 27. 9. 2001 über das Folgerecht des Urhebers des Originals eines Kunstwerkes, ABl. Nr. L 272, S. 32, EU-Dok-Nr. 32001 0084 (EG-UrheberfolgerechtRL).

[60] S. Rz. 59.

[61] BStBl III 1965, 114 (Bildjournalist).

[62] So noch BFH IV 352/60 U v. 7. 11. 1963, BStBl III 1964, 45.

[63] S. dazu BFH IV R 64/79 v. 19. 8. 1982, BStBl II 1983, 7: Tanz- und Unterhaltungsorchester; IV R 97/81 v. 12. 4. 84, BStBl II 1984, 491: Orchestermusiker; dazu *Kempermann* FR 1992, 250.

[64] S. dazu Rz. 1082.

[65] S. *Tipke/Lang* LB, § 5 Rz. 45. Zur Zulässigkeit von Typisierungen s. BVerfG 2 BvL 2/99 v. 21. 6. 2006, DStR 2006, 1316, unter Rz. 76.

[66] S. *Tipke/Lang* LB, § 5 Rz. 45.

[67] S. dazu i.E. insbesondere BVerfG B.v. 24. 2. 1971, BVerfGE 30, 173, 188 (sog. „Mephistobeschluss") und v. 17. 7. 1984, BVerfGE 67, 213, 226 („Anachronistischer Zug"). S. ferner *Kempermann* FR 1992, 250, *Maaßen* Rz. 176.

rechtlich vorwiegend geschützten Rechtsgüter einerseits und die rechtliche Interessenlage im Steuerrecht andererseits zu Recht nicht in vollem Umfang übernommen wird.[68] Diese von der Rechtsprechung entwickelte Begriffsbestimmung enthält keinen allgemein verbindlichen **Kunstbegriff;** denn was Kunst ist, lässt sich begrifflich kaum erfassen[69] und lässt sich auch nicht durch ein wie auch immer geartetes „Kunstrichtertum" definitiv begründen.

Kennzeichnend für die *steuerrechtliche* Begriffsbestimmung ist das Bemühen, diese im Interesse der Gleichmäßigkeit der Besteuerung nicht in Anlehnung an Art. 5 Abs. 3 GG völlig offen, sondern möglichst konkret und nachvollziehbar zu gestalten. Dabei stellt sich allerdings – ebenso wie bei anderen Typusbegriffen – das Problem der Tatbestandsmäßigkeit der Besteuerung.[70] Der Inhalt des Begriffs „künstlerische Tätigkeit" ist zwar umschreibbar; er ist jedoch nicht in einem abstrakten Begriff mit erschöpfender Aufzählung seiner unabdingbaren Merkmale festlegbar. Gründe hierfür sind insbesondere das Sujet „Kunst". Dieses ist nicht nur a priori definitionsmäßig schwer fassbar, zudem entwickelt sich der Inhalt des Begriffs der Kunst selbst ständig fort. Ursache dafür ist insbesondere, dass in den jeweiligen Gesellschaften und Zeitabschnitten unterschiedliche, von den jeweils historischen und zeitgenössischen Bedingungen abhängige Maßstäbe gelten.[71] Es handelt sich um eine Entwicklung des künstlerischen Wahrnehmens, die abhängig ist von den jeweiligen Zeitbedingtheiten. Diese Entwicklung schreitet derzeit zunehmend progressiv voran (Stichwort „Kunstvernetzung"). **25**

Dieser Entwicklung der Kunst und ihrer einzelnen Richtungen wird bei der Auslegung des Begriffs „künstlerisch" innerhalb eines „äußersten Rahmens"[72] stetig Rechnung getragen.[73] Folgerichtig spiegeln sich die Veränderungen bei der Bestimmung des Inhalts des Begriffs der künstlerischen Tätigkeit fortlaufend in der Rechtsprechung wider.[74] Aufgrund dieser Rechtswirklichkeit ist davon auszugehen, dass der Begriff „künstlerische Tätigkeit" in § 18 Abs. 1 Nr. 1 Satz 2 den verfassungsrechtlichen Anforderungen ausreichend Rechnung trägt.[75] **26**

γ) Freie schöpferische Leistung als Beurteilungsmaßstab. Nach ständiger Rechtsprechung des BFH, der im Wesentlichen auch die Finanzgerichte und das Schrifttum folgen, übt ein Steuerpflichtiger eine künstlerische Tätigkeit (nur) dann aus, wenn er eine **freie schöpferische Leistung mit einer gewissen Gestaltungshöhe**[76] vollbringt, d.h. eine Leistung, in der er seine individuelle Anschauungsweise und seine besondere Gestaltungskraft klar ausdrückt und die über eine hinreichende Technik hinaus, die vorausgesetzt wird,[77] eine gewisse Gestaltungshöhe erreicht.[78] Dies schließt nicht aus, dass neuen Entwicklungen **27**

---

[68] S. dazu i.E. *Kempermann* FR 1992, 250; *Maaßen* Rz. 176.

[69] So zu Recht BFH IV R 64/79 v. 19. 8. 1982, BStBl II 1983, 7.

[70] Krit. *Birtel/Richter* DStR 93, Beihefter zu Heft 27, S. 4; *Maaßen* S. 52, Fn. 6.

[71] Vgl. BFH IV R 64/79 v. 19. 8. 1982, BStBl II 1983, 7.

[72] So BFH VIII R 76/75 v. 14. 12. 1976, BStBl II 1976, 474.

[73] Vgl. BFH I R 25/67 v. 19. 6. 1968, BStBl II 1968, 543; VIII R 76/75 v. 14. 12. 1976, BStBl II 1977, 474; I R 96/92 v. 10. 3. 1993, BFH/NV 1993, 716.

[74] S. *Maaßen* Rz. 177ff.

[75] Zur Gesetzesbestimmtheit s. auch *Papier* DStJG Bd. 12 (1989), 61ff.

[76] Zur Gestaltungshöhe s.i.E. Rz. 33f.

[77] Vgl. BFH IV R 139/66 v. 7. 10. 1971, BStBl II 1972, 335 (Fotograf).

[78] Z.B. BFH IV R 63/02 v. 4. 11. 2004, BStBl II 2005, 362, dazu Anm. *Kempermann* FR 2005, 497; V R 1/97 v. 15. 10. 1998, BFH/NV 1999, 465; XI R 71/97 v. 23. 9. 1998, DStRE 1999, 134; IV B 45/96 v. 3. 3. 1998, BFH/NV 1998, 956; IV R 15/90 v. 11. 7. 1991, BStBl II 1991, 889, dazu Anm. *Maßbaum* BB 1992, 1763; IV R 102/90 v. 11. 7. 1991, BStBl II 1992, 413; IV R 61/89 v. 23. 8. 1990, BStBl II 1991, 20; IV R 145/88 v. 22. 3. 1990, BStBl II 1990, 643, dazu *Schneider* DStR 1993, 301; IV R 105/85 v. 26. 2. 1987, BStBl II 1987, 376.

im Bereich der Kunst, insbesondere neuen Kunstformen, Rechnung getragen werden kann.[79]

28 In früheren Entscheidungen sprach der BFH vielfach von „künstlerischer" Gestaltungshöhe[80] oder von „künstlerischer Leistungshöhe".[81] Davon hat er zu Recht zwischenzeitlich abgesehen.[82]

29 Die freie schöpferische Gestaltung, in der Eindrücke, Erfahrungen, Erlebnisse des Steuerpflichtigen (Künstlers) durch das Medium einer bestimmten Formensprache zu unmittelbarer Anschauung gebracht werden, ist kennzeichnend für das Wesen künstlerischer Betätigung.[83] Sie ist ein Ineinander von bewussten und unbewussten Vorgängen, die rational nicht aufzulösen sind. Beim künstlerischen Schaffen wirken Intuition, Phantasie und Kunstverstand zusammen; es ist primär nicht Mitteilung, sondern **Ausdruck der individuellen Persönlichkeit** des künstlerisch Schaffenden.[84] Die künstlerische Tätigkeit ist damit einerseits trotz der *Tätigkeits*merkmale als Parameter durchaus auf das **hergestellte Werk** ausgerichtet, andererseits aber auch sehr **persönlichkeitsbezogen.** Dies erfordert in besonderem Maß, dass der Steuerpflichtige sämtliche zur Herstellung des Kunstwerks erforderlichen Tätigkeiten, soweit sie nicht in künstlerischer Hinsicht von untergeordneter Bedeutung sind, den entscheidenden **eigenschöpferisch gestaltenden Einfluss**[85] ausübt.[86] Es genügt dabei jedoch nicht, wenn lediglich „eigenschöpferische Elemente erkennbar sind".[87] Dies wäre im Vergleich zu den Anforderungen bei den übrigen freiberuflichen Tätigkeiten i. S. d. § 18 Abs. 1 EStG, insbesondere zu den sog. Katalogberufen, zu gering bemessen. Andererseits ist eine künstlerische Tätigkeit nicht etwa deshalb zu verneinen, weil der Steuerpflichtige in Zusammenhang mit dieser Tätigkeit weitere Leistungen zu erbringen hat, wie z. B. technische, organisatorische oder kaufmännische Arbeiten.[88]

30 Es reicht für die Annahme einer künstlerischen Tätigkeit nicht schon aus, dass dem Steuerpflichtigen künstlerische Fähigkeiten zuerkannt werden und er die erforderlichen **technischen Mittel** beherrscht, wie beispielsweise technische Brillanz, Beherrschung der

---

In *verfassungsrechtlicher* Hinsicht s. BVerfG v. 24. 2. 1971, BVerfGE 30, 173, 188 f., und v. 17. 7. 1984, BVerfGE 67, 213.

Zur *Rechtsentwicklung* allgemein s. *Zöbeley* NJW 1985, 254; *Henschel* NJW 1990, 1937; *Kempermann* FR 1992, 250 f., und *Maaßen* Rz. 180 f., 200.

[79] S. Rz. 23; vgl. auch *Kirchhof/Lambrecht* § 18 EStG Rz. 74.

[80] Z. B. U. VIII R 76/75 v. 14. 12. 1976, BStBl II 1977, 474; VIII R 32/75 v. 2. 12. 1980, BStBl II 1981, 170.

[81] Z. B. BFH I R 75/88 v. 11. 4. 1990, BFHE 160, 513.

[82] S. Rz. 101.

[83] BFH IV R 63/02 v. 4. 11. 2004, BStBl II 2005, 362 unter Hinweis auf BVerfG v. 24. 2. 1971, BVerfGE 30, 173, 188 f., und v. 17. 7. 84, BVerfGE 67, 213.; s. ferner IV R 33/90 v. 11. 7. 1991, BStBl II 1992, 353 m. w. N., sowie Anm. *Kempermann* FR 2005, 497 und DStR 2005, 558.

[84] Eingehend BFH IV B 45/96 v. 3. 3. 1998, BFH/NV 1998, 956, m. w. N., IV R 63/02 v. 4. 11. 04, BStBl II 05, 362 insbesondere unter Hinweis auf BVerfG v. 24. 2. 1971, BVerfGE 30, 173, 188 f., und v. 17. 7. 84, BVerfGE 67, 213. S. auch Anm. *Kempermann* FR 2005, 497 und DStR 2005, 558.

[85] Diese für die Annahme künstlerischer Tätigkeit geforderte Voraussetzung ist tätigkeitsspezifisch und nicht ein unabdingbares Merkmal jeder als freiberuflich zu bezeichnenden Tätigkeit, BFH IV 45/58 U v. 30. 4. 1949, BStBl III 1949, 267.

[86] Vgl. BFH VIII R 32/75 v. 2. 12. 1980, BStBl II 1981, 170. Zur Mitarbeit von Hilfskräften s. Rz. 47 ff.

[87] So aber *Korn* § 18 EStG Rz. 44 a. E.

[88] Ebenso BFH I R 22/81 v. 27. 6. 1985, BFH/NV 1985, 17: Erarbeiten des Aufführungsprogramms und Einrichtung der technischen Anlagen für den Auftritt eines Orchesters.

Motivauswahl und Motivgestaltung (insbesondere beim Fotografen).[89] Der Umstand, dass der Steuerpflichtige eine **künstlerische Ausbildung,** z.B. an einer Kunsthochschule, einer Akademie für bildende Künste, einer Werkschule oder Werkkunstschule etc., genossen und abgeschlossen hat, ist für sich allein gesehen lediglich ein Indiz dafür, dass die zu beurteilende Tätigkeit als künstlerisch einzustufen sein könnte.[90] Die künstlerische Ausbildung führt nicht notwendigerweise dazu, dass das geschaffene Werk regelmäßig als eine freie eigenschöpferische Leistung mit einer gewissen Gestaltungshöhe zu beurteilen ist; denn die „Nichterlernbarkeit" ist eines der Wesensmerkmale der Kunst.[91] Ebensowenig ist das Vorhandensein einer „persönlichen, nicht erlernbaren Begabung" ein Entscheidungskriterium.[92]

Die vorstehende, sehr theoretische Umschreibung eignet sich nur bedingt zur objektiven 31
Abgrenzung der künstlerischen Tätigkeit gegenüber anderen Tätigkeiten, insbesondere gegenüber der gewerblichen. Man kommt deshalb insoweit nicht ohne eine gewisse formaltypologische Betrachtung bei der Beurteilung im konkreten Einzelfall aus, die an die Tätigkeit als solche und ihre Ergebnisse anknüpft.[93] Dies bedeutet, dass man bei einem Steuerpflichtigen, der einen traditionellen Künstlerberuf stetig *ausübt,* wie z.B. den des Malers oder Bildhauers, im Regelfall davon ausgehen kann, dass eine künstlerische Tätigkeit vorliegt.[94] Die Grenzen sind allerdings fließend, so dass vielfach zur abschließenden Beurteilung ein Sachverständigengutachten[95] erforderlich werden kann.

Der eigenschöpferische Charakter und die maßgebliche Gestaltungshöhe eines Werkes 32
können beispielsweise in der Wahl der Materialen oder in der Raumwirkung ihren Ausdruck finden.[96] Eigenschöpferischen Charakter kann auch ein Werk haben, das auf etwas bereits Vorhandenem aufbaut, dieses aber in einer Weise verändert, die durch individuelle, eigenschöpferische Komponente des Künstlers geprägt ist.[97]

δ) Gewisse Gestaltungshöhe. Das Erfordernis der „gewissen Gestaltungshöhe" ist im 33
Schrifttum auf Kritik gestoßen.[98] Dem ist insoweit zuzustimmen, als dieser Begriff inhaltlich nur sehr schwer zu fassen ist und viel Raum für Beurteilung lässt. Er erscheint mir dennoch als Regulativ für den noch weiteren Begriff der eigenschöpferischen Leistung

---

[89] BFH IV R 139/66 v. 7. 10. 1971, BStBl II 1972, 335 (Fotograf, der in Museen Kunstwerke fotografiert); IV BFH IV R 15/90 v. 11. 7. 1991, BStBl II 1991, 889, dazu Anm. *Maßbaum* BB 1992, 1763; R 15/90 v. 11. 7. 1991, BStBl II 1991, 889 (Holzschnitzer). Vgl. ferner *Stolz* S. 61.

[90] Vgl. BFH IV R 15/90 v. 11. 7. 1991, BStBl II 1991, 889, dazu Anm. *Maßbaum* BB 1992, 1763; weitergehend wohl *Kirchhof/Lambrecht* § 18 EStG Rz. 73.

Nach dem Erlass der Senatsverwaltung Bremen v. 10. 1. 2002 (DStR 2002, 544) kann bei Vorliegen einer solchen Aus- und Vorbildung die „Künstlereigenschaft", auf die es allerdings tatbestandsmäßig nicht entscheidend ankommt, regelmäßig ohne weitere Nachprüfung unterstellt werden. Sollte damit die „künstlerische Tätigkeit" i.S.d. § 18 Abs. 1 Nr. 1 Satz 2 EStG gemeint sein, wofür die weiteren Ausführungen des Erlasses sprechen können, wäre dies nicht nur rechtlich ungenau, sondern auch zu weitgehend., auch wenn diese Regelung den Interessen der Steuerpflichtigen dienen würde.

[91] So BFH IV R 15/90 v. 11. 7. 1991, BStBl II 1991, 889, dazu Anm. *Maßbaum* BB 1992, 1763.

[92] So noch BFH IV 352/60 U v. 7. 11. 1963, BStBl III 1964, 45.

[93] Vgl. BVerfG v. 17. 7. 1984, BVerfGE 67, 213, 226: „Anachronistischer Zug".

[94] Ebenso *Kempermann,* FR 1992, 250, 253; s.a. EuGH U. Rs. 231/89 v. 8. 11. 1990, NJW 1991, 1470. Weiter gehend *Korn* § 18 EStG Rz. 43: Feststellung einer besonderen künstlerischen Gestaltungshöhe ist verzichtbar.

[95] S. dazu Rz. 224ff., 250ff.

[96] So BFH IV R 61/89 v. 23. 8. 1990, BStBl II 1991, 20 (Industriedesign).

[97] Beispiel: Gemälde von Gerhard Richter.

[98] S.z. B. *Heuer* DStR 1983, 638; *Kempermann* FR 1992, 250, 252; *Schmidt/Wacker* § 18 EStG Rz. 67; vgl. dazu auch *Stolz* S. 61ff.

sachgerecht,[99] auch wenn ihm allenfalls nachrangige, in Grenzfällen ergänzende Bedeutung zukommt.

34 Obwohl das Merkmal „künstlerische Tätigkeit" eine Parallele zum Urheberrecht aufweist,[100] lassen sich die insoweit maßgeblichen urheberrechtlichen Grundsätze in Bezug auf die **„gewisse Gestaltungshöhe"** nicht allgemein auf den Bereich des Steuerrechts übertragen.[101] Der Urheberrechtsschutz betrifft nämlich auch einfache Werkschöpfungen mit geringer *künstlerischer* Gestaltungshöhe, die sog. „kleine Münze", ist also viel umfassender.[102] Für den engeren Bereich des Steuerrechts fehlt es insoweit an ausreichender Bestimmtheit; es besteht ein zu großer Beurteilungsspielraum.[103] Der Grundsatz der Rechtseinheit greift hier nicht Platz.[104]

35 *ε) Bedeutung von Zielsetzungen, Motiven und Verwendungszwecken.* Unerheblich ist, aus welcher **Zielsetzung** heraus der Steuerpflichtige sein Werk schafft und wozu das von ihm Geschaffene verwendet wird, etwa zu einem gewerblichen Zweck (z. B. für einen Gewerbebetrieb zu Werbezwecken angefertigte Skulptur).[105] Unbeachtlich ist auch das jeweilige **Motiv** des Auftraggebers.[106] Der Steuerpflichtige muss jedoch stets hinreichend Spielraum für eine eigenschöpferische Leistung verbleiben.[107] Umgekehrt muss das Werk seinen eigenen künstlerischen Wert losgelöst von seinem **Verwendungszweck** besitzen.[108] Daran fehlt es beispielsweise dann, wenn der Auftraggeber genaue Angaben über Grundgedanken und Ausführung des Werkes machen und dem Steuerpflichtigen im Wesentlichen nur die praktische Ausführung obliegen würde.[109]

36 *δ) Grenzbereiche der eigenschöpferischen Leistung.* Hat der hergestellte Gegenstand einen **Gebrauchswert,** so muss nach älterer Rechtsprechung[110] der Kunstwert – objektiv gese-

---

[99] Der Hinweis, dass es bei der schriftstellerischen Tätigkeit i. S. d. § 18 Abs. 1 Nr. 1 EStG an einer entsprechenden Qualitätsanforderung fehle (s. insbesondere *Heuer* DStR 1983, 638; *Schmidt/Wacker* § 18 EStG Rz. 67) überzeugt nicht; denn insoweit ergibt sich das besondere Qualitätserfordernis bereits aus dem Begriff „schriftstellerisch".

[100] S. § 2 Abs. 2 UrhG; ferner *Maaßen* Rz. 184 f.; zu § 2 Abs. 1 UrhG s. *v. Schildt-Lutzenburger* KUR 2004, 81.

[101] So zu Recht BFH IV R 64/79 v. 19. 8. 1982, BStBl II 1983, 7; ebenso *Stolz* S. 62 f.; s. ferner *Hermann/Heuer/Raupach* § 18 EStG Rz. 102; vgl. aber IV R 61/89 v. 23. 8. 1990, BStBl II 91, 20: Bestätigung der steuerrechtlichen Auslegung durch Hinweis auf Grundsätze des Urheberrechtsschutzes bei Arbeiten eines Industriedesigners.

[102] S. dazu auch *v. Schildt-Lutzenburger* KUR 2005, 109.

[103] Zu Recht kritisch zum Erfordernis einer „gewissen" Gestaltungshöhe insbesondere *Heuer* DStR 1983, 638; vgl. ferner *Kempermann* FR 1992, 250; *Schneider* DStZ 1993, 165. *Schmidt/Wacker* § 18 EStG Rz. 66 f.; FG Hamburg v. 12. 7. 1990, EFG 1991, 124, rkr. Dagegen das Merkmal ausdrücklich bestätigend: BFH XI R 71/97 v. 23. 9. 1998, BFH/NV 1999, 460, DStR 1999, 134. Zu anschaulichen *Beispielen* für die Schwierigkeiten bei der Beurteilung der Gestaltungshöhe s. *Kempermann* Der Bundesfinanzhof, a. a. O., S. 149 ff.

[104] A. A. *Rühlemann* Rz. 171.

[105] Z. B. BFH IV R 33/90 v. 11. 7. 1991, BStBl II 1992, 353 m. w. N.; IV R 1/97 v. 15. 10. 1998, BFH/NV 1999, 465, m. w. N. (Werbefotografien eines Schauspielers); FG Hamburg v. 22. 4. 1992, DStR 1993, 320 (Fernseh- und Rundfunkwerbespots eines Schauspielers).

[106] BFH IV R 102/90 v. 11. 7. 1991, BStBl II 1992, 413.

[107] So schon BFH IV 96/57 v. 17. 7, 1958, DB 1959, 420; s. a. IV R 15/90 v. 11. 7. 1991, BStBl II 1991, 889 m. w. N.

[108] Vgl. BFH I R 25/67 v. 19. 6. 1968, BStBl II 1968, 543; zum Umfang des erforderlichen Spielraums bei einem Fotodesigner s. VIII R 76/75 v. 14. 12. 1976, BStBl II 1977, 474.

[109] Vgl. BFH VIII R 76/75 v. 14. 12. 1976, BStBl II 1977, 474, insbesondere auch zum Umfang des erforderlichen künstlerischen Spielraums bei einem Fotodesigner; s. ferner IV R 33/90 v. 11. 7. 1991, BStBl II 1992, 353; IV R 15/90 v. 11. 7. 1991, BStBl II 1991, 889, jeweils m. w. N.

[110] Z. B. BFH IV 43/64 v. 26. 9. 1968, BStBl II 69, 70 (Kunsthandwerker).

hen – den Gebrauchswert derart überwiegen, dass der Gegenstand gleichwohl als Einzelkunstwerk anzusehen ist.[111] Dies sollte wohl dem Umstand Rechnung tragen, dass bei Erzeugnissen, die einem bestimmten Gebrauchszweck dienen, in der Praxis fast regelmäßig nur noch wenig Spielraum für freie schöpferische Gestaltung besteht, bei der die individuelle Persönlichkeit zum Tragen kommt.[112] Liegt aber eine solche – vorrangig zu prüfende – freie schöpferische Gestaltung vor, die ggf. mit Hilfe eines Sachverständigengutachtens zu beurteilen ist, kommt es auf den (Kunst-)Wert nicht mehr entscheidend an.[113] Der Wert selbst ist regelmäßig nur Folge, nicht aber alleinige Voraussetzung für die Annahme eines Kunstwerkes und damit der „künstlerischen Tätigkeit".

Keine künstlerische Tätigkeit soll nach der Rechtsprechung grundsätzlich dann vorliegen, wenn die Erzeugnisse z. B. nur dem „**Geschmack der Masse,** einer neuen Moderichtung oder einem neuen Stilgefühl" folgen.[114] Gegen eine künstlerische Tätigkeit spräche es ferner, wenn die Formgebung dem allgemeinen Formenschatz entnommen ist oder auf bekannte Vorbilder zurückgeht.[115] Dies gelte auch dann, wenn die Erzeugnisse eigenartig oder technisch vollendet sind und gutes oder sogar bestes handwerkliches Können zeigen, ohne aber zugleich die geforderte künstlerische Gestaltungshöhe zu erreichen.[116] Verallgemeinern kann man diese Grundsätze indes jedoch nicht; sie bieten nur mehr oder minder deutliche Anhaltspunkte bei der erforderlichen Gesamtwürdigung im konkreten Einzelfall.[117] Liegt danach eine freie schöpferische Gestaltung vor, ist es unerheblich, ob das Werk gleichzeitig beispielsweise einem zeitgenössischen Trend folgt. 37

Vervielfältigung und **Serienproduktion** des Kunstwerks führen nicht zwangsläufig dazu, der Tätigkeit des Steuerpflichtigen die Qualifikation „künstlerisch" zu versagen und eine gewerbliche Tätigkeit anzunehmen.[118] Dies gilt insbesondere dann, wenn nach der jeweiligen Kunstart begrenzte Vervielfältigung oder sogar Serienproduktion üblich sind, so insbesondere im Bereich der Bildhauerei oder der Graphik, und die artspezifischen Grenzen eingehalten werden.[119] 38

Das Herstellen einer **Kopie** ist zwar grundsätzlich ebenfalls eine Form der Vervielfältigung. Hierin kann aber bei der gebotenen objektiven Betrachtung durchaus eine künstlerische Tätigkeit auch des Kopisten zu sehen sein. Die zahlreichen Beispiele im Bereich der **Kunstfälschung** belegen dies.[120] Der Umstand, dass mit einer Fälschung und ihrer Verwertung ein Straftatbestand erfüllt sein kann, ist insoweit steuerrechtlich unerheblich. 39

η) Keine Stil-, Niveau- oder Inhaltskontrolle. Der Kunstschaffende muss einen vorhandenen künstlerischen Spielraum eigenständig nutzen, insbesondere eigene Ideen entwickeln.[121] 40

---

[111] Von der Frage, welche Auswirkungen der Gebrauchswert als solcher hat, ist die Abgrenzung zwischen künstlerischer und gewerblicher Tätigkeit bei eigens zu Gebrauchs*zwecken* hergestellten Gegenständen zu unterscheiden. S. dazu i. E. Rz. 35.

[112] S. Rz. 29 und *Kempermann* FR 1992, 250, 254.

[113] Möglicherweise a. A. *Kempermann* FR 1992, 250, 254.

[114] So BFH V 96/59 S v. 11. 7. 1960, BStBl III 1960, 453, zum Begriff „Tätigkeit als Künstler" i. S. d. UStG 1951; s. a. IV R 61/89 v. 23. 8. 1991, 20 (Designer).

[115] S. BFH IV R 61/89 v. 23. 8. 1990, BStBl II 1991, 20.

[116] S. BFH IV R 15/90 v. 11. 7. 1991, BStBl II 1991, 889 m. w. N., dazu Anm. *Maßbaum* BB 1992, 1763; IV R 61/89 v. 23. 8. 1990, BStBl II 1991, 20.

[117] Vgl. *Kempermann* FR 1992, 250, 254.

[118] Vgl. BFH IV R 15/90 v. 11. 7. 1991, BStBl II 1991, 889. S. i. E. Rz. 67 ff.

[119] BFH V 68/56 v. 16. 8. 1956, StRK UStG § 4 Ziff. 17 UStG 1951, R. 9; IV R 15/90 v. 11. 7. 1991, BStBl II 1991, 889: Bei Graphik Auflagen bis zu 20 Exemplaren. S. i. E. Rz. 71 ff.

[120] S. dazu die Beispiele bei *Schack* Rz. 22, 45.

[121] Vgl. BFH VIII R 76/75 v. 14. 12. 1976, BStBl II 1977, 474; vgl. auch IV 560/56 U v. 20. 2. 1958, BStBl III 1958, 182 (Werbeberater).

Allerdings kann allein aus dem Umstand, dass der Steuerpflichtige ein sog. **Auftragswerk** herstellt, noch nicht auf das Fehlen einer künstlerischen Tätigkeit geschlossen werden.[122]

41 Die Anerkennung der Kunsteigenschaft und damit der Beurteilung einer Tätigkeit als künstlerisch kann nicht von einer Stil-, Niveau- und Inhaltskontrolle, etwa von Seiten des Staates, oder von einer Beurteilung der Wirkungen des Kunstwerks abhängig gemacht werden. Es gibt nach der neueren Rechtsprechung nur die beiden Alternativen **„Kunst"** und **„Nichtkunst".**[123] Es muss gewährleistet sein, dass nicht persönliche Wertungen hinsichtlich Stil und Niveau sowie die (Nicht-)Akzeptanz beim Publikum,[124] mithin wenig objektivierbare Merkmale als entscheidende Kriterien der Beurteilung zugrunde gelegt werden.[125]

42 Die Anwendung der von Rechtsprechung und Schrifttum entwickelten Rechtsgrundsätze zur Beurteilung einer Tätigkeit als „künstlerisch" i. S. d. § 18 Abs. 1 Nr. 1 Satz 2 EStG bewirkt **keine Niveau- und Inhaltskontrolle.**[126] Ebenso wenig handelt es sich bei ihnen um nicht zulässige Differenzierungskriterien zwischen höherer und niederer oder guter und schlechter Kunst, sondern bei Berücksichtigung der gesetzgeberischen, steuerrechtlichen Zielsetzung des § 18 Abs. 1 Nr. 1 EStG[127] um einen verfassungsrechtlich unbedenklichen Prüfungsmaßstab bei der Abgrenzung von Kunst und Nichtkunst.[128]

43 Die maßgebliche Auslegung des Begriffs „künstlerische Tätigkeit" trägt Art. 5 Abs. 3 GG **(Freiheit der Kunst)** in gebotenem Maß Rechnung.[129] Andererseits ist der vom Bundesverfassungsgericht geprägte weite Kunstbegriff[130] im Hinblick auf das Erfordernis der Tatbestandsmäßigkeit der Besteuerung (Art. 20 Abs. 3 GG) zu weitgehend.[131]

44 *δ) Anwendungsbereich der aufgezeigten Beurteilungs- und Abgrenzungsmerkmale.* Die aufgezeigten Beurteilungs- und Abgrenzungsmerkmale gelten grundsätzlich für sämtliche Bereiche der Kunst, in besonderem Maß allerdings für eine künstlerische Tätigkeit im Rahmen der **bildenden Künste** i. S. d. § 2 Abs. 1 Nr. 4 UrhG.[132] Diese Kunstform ist neben der **Literatur,** der **Musik** und der **darstellenden Kunst** ein Teilbereich der Kunst im allgemeinen Sinn. Nach dem sog. *formalen Kunstbegriff,* der weitgehend nach den Formen der bildenden Kunst, wie etwa Malerei, Bildhauerei oder Dichtkunst, typisiert, ist wesentlich, dass das Kunstwerk den **Gesichts- und Gehörsinn** anspricht.[133] Es genügt danach

---

[122] Ebenso *Maaßen* Rz. 192.

[123] BFH XI R 71/97 v. 23. 9. 1998, BFH/NV 1999, 460, DStR 1999, 134, unter Hinweis auf BVerfG-Rechtsprechung.

[124] Sehr zwh. insoweit BFH IV R 9/77 v. 14. 8. 1980, BStBl II 1981, 21: Anklang bei bestimmten Käuferschichten, hoher Umsatz, Verkauf in Kunsthandlungen.

[125] Unter dieser Prämisse deutlich zu weitgehend FG Düsseldorf v. 25. 2. 2004 (DStRE 04, 638, rkr.: Karnevalsdarbietungen eines Alleinunterhalters [„Botterblömche"] als künstlerische Tätigkeit, sowie FG Niedersachsen v. 24. 3. 04 (DStRE 04, 830, rkr.: Reaktionen und Danksagungen der Angehörigen von Verstorbenen und von Trauerfeiergästen in Bezug auf eine Trauerrede als Maßstab für die eigenschöpferische Qualität der Redeleistung.

[126] A. A. wohl *Maaßen* Rz. 180f.

[127] Vgl. dazu insbesondere *Brandt* in H/H/R § 18 EStG Rz. 3.

[128] BFH XI R 71/97 v. 23. 9. 1998, BFH/NV 1999, 460, DStR 1999, 134; A. A. wohl *Maaßen* Rz. 180f.

[129] BFH XI R 71/97 v. 23. 9. 1998, BFH/NV 1999, 460, DStR 1999, 134, unter Hinweis auf Rspr. des BVerfG.

[130] Vgl. insbesondere BVerfG v. 24. 2. 1971, BVerfGE 30, 173, 188 (Mephisto).

[131] Ebenso *Stolz* S. 63.

[132] S. dazu i. E. Erläut. zu dieser Vorschrift.

[133] Vgl. BFH XI R 71/97 v. 23. 9. 1998, BFH/NV 1999, 460, DStR 1999, 134.

grundsätzlich nicht, dass die Arbeit lediglich den Geruchs- oder Geschmackssinn erschließt.[134]

Die Maßstäbe, nach denen sich entscheidet, ob eine Tätigkeit künstlerisch ist, bilden gleichzeitig die Abgrenzungskriterien gegenüber Einkünften aus anderen Einkunftsarten, insbesondere gegenüber solchen aus *gewerblicher* Tätigkeit.[135] 45

ι) Gesamtwürdigung. Ob die vorstehend aufgezeigten Voraussetzungen für die Annahme einer künstlerischen Tätigkeit im konkreten Einzelfall vorliegen, entscheidet sich aufgrund einer **Gesamtwürdigung** aller im konkreten Einzelfall gegebenen tatsächlichen Verhältnisse.[136] Aus dem Vorhandensein von einigen Arbeiten, die die erforderliche künstlerische Gestaltungshöhe erreichen, kann jedoch nicht stets zwingend geschlossen werden, die Tätigkeit des Steuerpflichtigen sei in ihrer Gesamtheit als künstlerisch zu beurteilen.[137] In den Fällen, in denen das hergestellte Werk Grundlage für bestimmte Erzeugnisse bildet, z. B. **Entwürfe** eines Industriedesigners[138] oder **Modelle** eines Bildhauers,[139] können diese Erzeugnisse bei der Würdigung mitberücksichtigt werden. 46

cc) Mithilfe anderer Personen. (1) Unterscheidung zwischen der Mithilfe von fachlich vorgebildeten Mitarbeitern einerseits und solchen, die fachlich nicht qualifiziert sind, anderseits. Beim Erzielen von Einkünften aus selbständiger Arbeit steht im Unterschied zur gewerblichen Einkunftserzielung in besonderem Umfang die (höchst)**persönliche Arbeitsleistung** im Vordergrund.[140] Dies bedeutet jedoch nicht, dass der freiberuflich künstlerisch Tätige nicht auch mit anderen Personen – als Angestellte oder freie Mitarbeiter – zusammenarbeiten kann, insbesondere sich deren Mithilfe bedienen kann, ohne Gefahr zu laufen, den Status eines Freiberuflers zu verlieren. Die besondere Eigenart der künstlerischen Tätigkeit schränkt jedoch die Möglichkeit einer „unschädlichen" Mithilfe naturgemäß ein. Dabei ist zu unterscheiden zwischen der Mithilfe von Personen, die fachlich vorgebildet sind und solchen, die nicht fachlich qualifiziert sind. 47

Als **fachlich vorgebildet** sind solche Arbeitskräfte zu verstehen, welche aufgrund ihrer speziellen fachlichen Vorbildung und Kenntnisse in Bezug auf die von ihnen durchzuführenden Arbeiten der entsprechenden Qualifikation des Berufsträgers (Betriebsinhabers) zumindest nahe kommen.[141] Zu ihnen rechnen nicht nur Arbeitnehmer, sondern auch Subunternehmer.[142] 48

Bei der Mithilfe dieses Personenkreises ist im Hinblick darauf, dass die künstlerische Tätigkeit in besonderem Maß persönlichkeitsbezogen ist, Voraussetzung für die Annahme einer solchen Tätigkeit ausschließlich durch den Steuerpflichtigen selbst, dass dieser dabei auf Grund **eigener Fachkenntnisse leitend *und***[143] **eigenverantwortlich**[144] tätig wird (§ 18 Abs. 1 Satz 3 EStG).[145] Die einzelne Arbeitsleistung der Mitarbeiter muss als solche 49

---

[134] So BFH IV B 45/96 v. 3. 3. 1998, BFH/NV 1998, 956 (Saucendesigner); krit. *Maaßen* Rz. 373: zu eng.

[135] S. dazu Rz. 67.

[136] Zu verfahrensrechtlichen Fragen in diesem Zusammenhang s. Rz. 224 ff., 250 ff.

[137] Vgl. BFH IV R 61/89 v. 23. 8. 1990, BStBl II 1991, 20 (Industriedesign).

[138] BFH IV R 61/89 v. 23. 8. 1990, BStBl II 1991, 20.

[139] BFH V 68/56 v. 16. 8. 1956, StRK UStG § 4 Ziff. 17 UStG 1951, R. 9.

[140] S. dazu *Blümich/Hutter* § 18 EStG Rz. 28 f.

[141] Weitergehend wohl BFH IV R 80/94 v. 8. 6. 1995, BStBl II 1995, 776.

[142] BFH XI R 8/00 v. 20. 12. 2000, BStBl II 2002, 478.

[143] S. dazu BFH XI R 8/00 v. 20. 12. 2000, BStBl II 2002, 478, unter 2. C.

[144] Das Erfordernis der Eigenverantwortlichkeit ist verfassungsrechtlich nicht zu beanstanden, BVerfG v. 1. 6. 1983, Information StW 1984, 166.

[145] Zur ratio legis dieser Vorschrift s. BFH XI R 8/00 v. 20. 12. 2000, BStBl II 2002, 478 (Kameramann/Tontechniker); X B 54/87 v. 7. 10. 1987, BStBl II 1988, 17 (Laborarzt).

des Berufsträgers erkennbar sein.[146] Für die Annahme eigenverantwortlicher künstlerischer Tätigkeit genügt nicht bereits die Verantwortung nach Außen, z. B. gegenüber einem möglichen Auftraggeber, für die ordnungsgemäße Ausführung des künstlerischen Auftrags.[147] Eigenverantwortlich ist die Tätigkeit vielmehr erst dann, wenn der Steuerpflichtige seine Arbeitskraft in einer Weise einsetzt, die es ihm tatsächlich ermöglicht, uneingeschränkt die fachliche Verantwortung zu übernehmen; Stichproben genügen nicht.[148] Ob diese Voraussetzungen vorliegen, ist nach den Verhältnissen des jeweiligen Einzelfalles zu beurteilen.[149]

50 Übertragen auf den künstlerischen Bereich bedeutet dies, dass der Steuerpflichtige die für das künstlerische Werk bestimmenden Arbeitsabläufe soweit diese nicht in künstlerischer Hinsicht von untergeordneter Bedeutung sind, festlegen und auf diese entscheidenden gestaltenden Einfluss ausüben muss,[150] um den notwendigen Umfang eigenschöpferischer Tätigkeit[151] zu gewährleisten.[152] Ob dies der Fall ist, kann auch im künstlerischen Bereich von der Zahl der qualifizierten Mitarbeiter abhängen.[153] Der Steuerpflichtige hat auf jeden Fall die erforderlichen Anweisungen zu geben und – nicht nur gelegentliche[154] – Kontrollen durchzuführen sowie Fragen von grundsätzlicher Bedeutung selbst zu entscheiden. Dabei ist einem Mitarbeiter grundsätzlich keine eigene Gestaltungsfreiheit zu belassen.[155] Diese Forderung dürfte allerdings im praktischen Kunstbetrieb nicht immer ohne Schwierigkeiten zu erfüllen sein, denkt man z. B. daran, dass anerkannte Künstler seit jeher mit Mitarbeitern (Assistenten) arbeiten, die selbst – entsprechend dem künstlerischen Können des „Meisters" – künstlerisch qualifiziert sind.[156] Insoweit kann sich sogar die Frage stellen, ob der jeweilige Mitarbeiter – soweit er nicht unselbständig tätig ist – selbst Einkünfte aus freiberuflicher künstlerischer Tätigkeit bezieht, z. B. aufgrund bei *objektiver* Betrachtung gegebener gemeinsamer Werkerstellung.[157]

51 Die Mithilfe **nichtqualifizierter Arbeitskräfte,** die nicht die fachlichen und persönlichen Voraussetzungen für eine künstlerische Tätigkeit besitzen, z. B. ungelernte Hilfskräfte beim Einrichten einer größeren Installation, ist grundsätzlich unschädlich.[158] Die Grenzen

---

[146] BFH IV R 140/88 v. 1. 2. 1990, BStBl II 1990, 507.

[147] Vgl. BFH XI R 8/00 v. 20. 12. 2000, BStBl II 2002, 478; X B 54/87 v. 7. 10. 1987, BStBl II 1988, 17 (Laborarzt).

[148] *Kempermann* StbJb 2003/2004, 379, 382.

[149] BFH XI B 227/03 v. 7. 7. 2005, BFH/NV 2006, 55 m. w. N.

[150] BFH VIII R 32/75 v. 2. 12. 1980, BStBl II 1981, 170: Das Werk – hier: Film – muss den „Stempel der Persönlichkeit" des Herstellers tragen.

[151] S. Rz. 27 ff.

[152] Vgl. BFH I R 22/81 v. 27. 6. 1985, BFH/NV 1985, 17.

[153] Vgl. dazu BFH IV R 92/67 v. 24. 7. 1969, BStBl II 1970, 86: „nicht kleinlich verfahren".

[154] BFH XI R 8/00 v. 20. 12. 2000, BStBl II 2002, 478 m. w. N.; s. auch *Kempermann* FR 1996, 514.

[155] BFH VIII R 32/75 v. 2. 12. 1980, BStBl II 1981, 170.

[156] S. dazu *Butin* Gerhard Richter, der Berg und der Rakel, FAZ Nr. 252 v. 29. 10. 2005, S. 52: Einer der vier Mitarbeiter von *Richter* hatte auf die Frage, warum er sich ein bestimmtes „Fuji"-Exemplar (zum Vorzugspreis) ausgesucht habe, geantwortet: „Da sieht man zumindest am ehesten, was ich selbst gemacht habe". S. ferner „Was wäre ich ohne Kunst?", Interview mit Bundeskanzler a. D. *Gerhard Schröder,* Monopol, Heft 6/2006, Dezember, S. 100, 102: „Leider ist er [*Jörg Immendorff*] ... sehr schwer erkrankt und kann nicht mehr selbst den Pinsel führen. Aber er hat mit seinen Assistenten eine faszinierende Methode entwickelt, dennoch Bildwerke ‚von seiner Hand' zu entwickeln.

[157] S. dazu Rz. 52.

[158] Vgl. BFH III R 118/85 v. 10. 6. 1988, BStBl II 1988, 782; *Blümich/Hutter* § 18 EStG Rz. 56; *Schmidt/Wacker* § 18 EStG Rz. 25, 30.

können jedoch insoweit fließend sein. Auch hier bedarf es einer sorgfältigen fachkundigen Abwägung aller Umstände des jeweiligen Einzelfalles.[159]

52 *(2) Gemeinschaftliches Errichten eines Werkes.* Von der Mithilfe ist der Fall zu unterscheiden, bei dem zwei oder mehrere **Personen gemeinsam**[160] ein **Werk herstellen,**[161] ggf. in Stufen. Bei einer solchen Konstellation können die beteiligten Personen jeweils getrennt für sich künstlerisch tätig sein. Voraussetzung ist allerdings, dass der jeweilige Beteiligte dabei eine nicht nur unwesentliche eigenschöpferische Leistung in Bezug auf das „Gesamtwerk" erbringt.[162] Eine solche Werkgemeinschaft kann sich ihrerseits der Mithilfe weiterer Personen bedienen oder sich vertreten lassen. Es gelten insoweit die zur Einzelperson dargelegten Grundsätze[163] entsprechend.

53 *(3) Vertretung.* Kraft ausdrücklicher Regelung in § 18 Abs. 1 Nr. 1 Satz 4 EStG steht eine **Vertretung** im Fall vorübergehender[164] Verhinderung der Annahme einer leitenden und eigenverantwortlichen Tätigkeit nicht entgegen. Diese Vorschrift ist bereits allgemein gesehen eng auszulegen.[165] Bei künstlerischer Tätigkeit ist ihr Anwendungsbereich wegen des besonderen Charakters der Tätigkeit ohnehin stark eingeschränkt. Hier darf während der vorübergehenden Vertretung nicht in die eigenschöpferische Tätigkeit des Vertretenen eingegriffen werden. Es können sich Überschneidungen und damit Abgrenzungsfragen in Zusammenhang mit dem Tatbestandsmerkmal „Mithilfe"[166] ergeben.

54 **b) Abgrenzungen der Einkünfte aus künstlerischer Tätigkeit i. S. d. § 18 Abs. 1 Nr. 1 Satz 2 EStG gegenüber anderen Einkunftsarten i. S. d. § 2 Abs. 1 EStG.** *aa) Allgemeine Grundsätze.* Der Umstand, dass jemand aufgrund seines künstlerischen Tätigwerdens Einnahmen erzielt, bedeutet noch nicht notwendigerweise, dass dies zu Einkünften aus selbständiger Arbeit i. S. d. § 18 Abs. 1 EStG führt. Die *freiberufliche* künstlerische Tätigkeit (selbständige Arbeit i. S. d. § 18 EStG) kann insbesondere abzugrenzen sein von der nichtselbständigen Arbeit (§ 19 EStG)[167] und vornehmlich vom Gewerbebetrieb (§ 15 EStG).[168] In Betracht kommen kann ausnahmsweise auch eine Abgrenzung gegenüber der Land- und Forstwirtschaft (§ 13 EStG) und dem Erzielen sonstiger Einkünfte i. S. d. § 22 EStG.[169]

55 Verfassungsrechtlich ist eine solche Abgrenzung der Einkünfte aus selbständiger Arbeit gegenüber anderen Einkunftsarten nicht zu beanstanden.[170]

56 Einkünfte aus *künstlerischer* Tätigkeit i. S. d. § 18 Abs. 1 Nr. 1 Satz 2 EStG liegen nur dann vor, wenn auch die bereits aufgezeigten weiteren Voraussetzungen dieser Vorschrift vorliegen, wie beispielsweise Selbständigkeit,[171] persönliche Ausübung,[172] leitende und

---

[159] S. dazu *Kempermann* StbJb 2003/2004, 379, 382 m. w. N.

[160] Zu den einzelnen Rechtsformen in der dies geschehen kann und den sich daraus ergebenden Rechtsfolgen s. Rz. 266 ff.

[161] Wie z. B. das Projekt „The Gates" in New York von Jeanne-Claude und Christo.

[162] Vgl. BFH I R 1/66 v. v. 14. 11. 1968, BStBl II 1969, 138: beratende Tätigkeit eines Modeschöpfers (sehr zwh).

[163] S. vorstehend Rz. 47 ff.

[164] S. zu diesem Begriff *Blümich/Hutter* § 18 EStG Rz. 63.

[165] So zu Recht *Blümich/Hutter* § 18 EStG Rz. 63.

[166] S. Rz. 47.

[167] S. Rz. 60 ff.

[168] S. Rz. 67 ff.

[169] S. Rz. 90 ff.

[170] S. dazu BVerfG (Dreieraussschuss) 1 BvR 242/78 v. 5. 4. 1978, DB 1978, 1862: Nichtannahme der Verfassungsbeschwerde gegen das BFH-U. VIII R 40/73 v. 6. 12. 1977, nv, betreffend die – zulässige – Differenzierung zwischen künstlerischer und handwerklicher Fotografie.

[171] S. Rz. 9, 60 ff.

[172] S. Rz. 47.

eigenverantwortliche Tätigkeit bei Mithilfe von anderen Personen[173] etc. Es bedarf damit ggf. der rechtlichen Abgrenzungen.

57 Diese können überdies nicht nur gegenüber anderen Einkunftsarten i.S.d. § 2 Abs. 1 EStG, sondern auch im Verhältnis zu **anderen freien Berufe** i.S.d. § 18 Abs. 1 Nr. 1 EStG erforderlich werden. In Betracht kommen insoweit insbesondere Abgrenzungen zu den sog. **Katalogberufen**[174] soweit die entsprechenden Tätigkeiten, ebenfalls einen Bezug zur Kunst i.w.S. haben können, wie z.B. die eines Architekten oder eines Bildberichterstatters.[175] Entscheidend im Rahmen der erforderlichen Gesamtbetrachtung ist dabei zunächst, ob die zu beurteilende Tätigkeit die nach der Rechtsprechung geforderten Voraussetzungen an eine künstlerische Tätigkeit erfüllt. Je stärker allerdings das fragliche Tätigwerden dem Typus der sog. Katalogberufe entspricht, um so mehr wird im Regelfall die künstlerische Tätigkeit zu verneinen sein.[176] In seltenen Ausnahmefällen kann jedoch aufgrund der dabei gegebenen tatsächlichen Besonderheiten auch eine Trennung in eine „Katalog"-Tätigkeit und in eine künstlerische Tätigkeit in Betracht kommen. Dies ist der Fall, wenn zwischen den beiden Tätigkeiten kein unmittelbarer Zusammenhang vorliegt, d.h. wenn die beiden Tätigkeiten nicht gleichartig sind und nicht unter gleichen oder ähnlichen Bedingungen ausgeübt werden.[177] Die Abgrenzungsmerkmale sind dabei jeweils gesondert zu prüfen, und zwar unabhängig davon, ob es sich um zwei Haupttätigkeiten oder um Haupt- und Nebentätigkeit handelt.[178]

58 Auf eine nach der Sachlage erforderliche Trennung kann nicht deshalb verzichtet werden, weil es sich in beiden Fällen um eine freiberufliche Tätigkeit handelt mit der Folge, dass keine Gewerbesteuerpflicht besteht. Bedeutsam kann die unterschiedliche Zuordnung i.R.d. § 18 Abs. 1 Nr. 1 EStG – abgesehen von der tatbestandsmäßigen Einordnung – beispielsweise in Bezug auf die Frage werden, ob die jeweilige Tätigkeit die Voraussetzungen der sog. Liebhaberei erfüllt. Hier können sich Unterschiede ergeben im Hinblick auf die gerade bei künstlerischer Tätigkeit besonders großzügige höchstrichterliche Rechtsprechung.[179]

59 Zu einzelnen Abgrenzungsfällen siehe das entsprechende ***ABC der Rechtsprechung*** unter Rz. 93ff.

60 *bb) Abgrenzung der Einkünfte aus künstlerischer Tätigkeit gegenüber der nichtselbständigen Arbeit.*[180] *(1) Allgemeine Abgrenzungsgrundsätze.* Während *selbständig* tätig derjenige ist, der den Weisungen eines Dritten nicht zu folgen verpflichtet ist und auf eigene Gefahr und Rechnung arbeitet,[181] ist **nichtselbständig** tätig, wer einem Arbeitgeber – im Rahmen eines Dienstverhältnisses (§ 1 Absätze 1 und 2) – seine Arbeitskraft schuldet, d.h. in der Betätigung seines geschäftlichen Willens unter der Leitung des Arbeitgebers steht oder im ge-

---

[173] S. Rz. 47ff.

[174] S. dazu *Blümich/Hutter* § 18 EStG Rz. 114ff.

[175] S. *Blümich/Hutter* § 18 EStG Rz. 151; vgl. ferner BFH IV 238/61 U v. 10. 12. 1964, BStBl III 1965, 114; IV R 61/89 v. 23. 8. 1990, BStBl II 1991, 21; FG Karlsruhe v. 2. 12. 1969, EFG 1970, 168; FG Hamburg v. 25. 8. 1961: sämtlich Industrie-Designer betreffend; IV 15/60 U v. 25. 10. 1963, BStBl III 1963, 598 (Modellbauer). S. ferner i.E. *Maaßen* Rz. 292ff.

[176] So in Bezug auf einen Architekten, der die künstlerische Oberleitung bei einem Bauvorhaben hatte, BFH IV 150/62 U v. 22. 10. 1964, BStBl III 1965, 14.

[177] Vgl. BFH IV R 37/76 v. 7. 2. 1980, BStBl II 1980, 321, zu § 34 Abs. 4 EStG a.F.

[178] Ebenso *Schmidt/Wacker* § 18 EStG Rz. 7.

[179] S. dazu I. E. unter 199ff.

[180] Zur Besteuerung der Steuerpflichtigen, die als Arbeitnehmer künstlerisch tätig sind und Einkünfte aus selbständiger Arbeit i.S.d. § 19 EStG erzielen, s.i.E. eingehend *Giloy* S. 66ff.

[181] Z.B. BFH IV R 75/97 v. 6. 8. 1998, BStBl II 1998, 732, 735 m.w.N.

schäftlichen Organismus des Arbeitgebers dessen Weisungen zu folgen verpflichtet ist.[182] Auch insoweit bedarf es der Beurteilung des Gesamtbildes der Verhältnisse und deren tatsächliche Durchführung im konkreten Einzelfall. Dies bedeutet, dass die für oder gegen die Selbständigkeit/Nichtselbständigkeit sprechenden Merkmale, die im Einzelfall – tatrichterlich – unterschiedlich gewichtet werden können, gegeneinander abzuwägen sind.[183] Auf die Bezeichnung der Tätigkeit oder der tätigen Person kommt es ebenso wenig an wie das Auftreten des Tätigen nach Außen[184] und auf die Vorstellungen der Beteiligten.[185] Nimmt das Arbeits- oder Sozial(versicherungs)recht ein nichtselbständiges Beschäftigungsverhältnis an, so kann dies zwar als Indiz gewertet werden, eine Bindung für das Steuerrecht besteht jedoch nicht.[186] Dies gilt auch in Bezug auf ein sog. **Scheinarbeitsverhältnis** und **arbeitnehmerähnliche Selbständige.**[187]

(2) Einzelne Abgrenzungsmerkmale. Als Merkmale, die für die *Nicht*selbständigkeit sprechen, kommen nach Ansicht des BFH[188] in Betracht: 61

- persönliche Abhängigkeit
- Weisungsgebundenheit bezüglich Ort, Zeit und Inhalt der Tätigkeit
- feste Arbeitszeiten
- Ausübung der Tätigkeit gleich bleibend an einem bestimmten Ort
- feste Bezüge[189]
- Urlaubsanspruch
- Anspruch auf sonstige Sozialleistungen
- Fortzahlung der Bezüge im Krankheitsfall
- Notwendigkeit der engen ständigen Zusammenarbeit mit anderen Mitarbeitern
- Eingliederung in den Betrieb
- Schulden der Arbeitskraft und nicht eines Arbeitserfolges
- Ausführen von einfachen Tätigkeiten, bei denen eine Weisungsgebundenheit die Regel ist
- Die regelmäßige Nutzung von Sozialeinrichtungen des Unternehmens wie z.B. Kantine, Betriebssportstätte, Betriebskindergarten, betriebsmedizinische Betreuung, betriebliche Erholungsstätten.[190]

Des Weiteren können folgende Gesichtspunkte[191] in die Gesamtschau miteinzubeziehen sein: 62

---

[182] Vgl. § 11 Abs. 2 LStDV; BMF v. 5. 10. 1990, BStBl I 1990, 638, Rz. 7ff.; BFH IV R 75/97 v. 6. 8. 1998, BStBl II 1998, 732, 735; *Blümich/Thürmer* § 19 EStG Rz. 47.

[183] Z. B. BFH VI R 59/91 v. 23. 10. 1992, BStBl II 1993, 303 m. w. N.

[184] Vgl. BFH I R 127/76 v. 14. 12. 1978, BStBl II 1979, 188; VI R 150–152/86 v. 14. 6. 1985, BStBl II 1985, 661; s. ferner *Blümich/Hutter* § 18 EStG Rz. 21ff.

[185] BFH I R 207/66 v. 6. 10. 1971, BStBl II 1972, 88.

[186] Allgemeine Meinung, z.B. BFH XI R 8/00 v. 20. 12. 2000, BStBl II 2002, 478; VI R 59/91 v. 23. 10. 1992, BStBl II 1993, 303 m. w. N.; *Blümich/Thürmer* § 19 EStG Rz. 65; *Korn/Mody* § 19 EStG Rz. 37; *Schmidt/Wacker* § 18 EStG Rz. 7.

[187] So zu Recht FG München 6 K 1934/97 v. 29. 5. 2001, nv. S. aber auch R 134 Abs. 3 EStR: Arbeitnehmerähnlich Selbständige i. S. d. § 2 Nr. 9 SGB VI sind steuerrechtlich regelmäßig selbständig tätig. Zur Scheinselbständigkeit s. ferner *Blümich/Thürmer* § 19 EStG Rz. 120 Stichwort „Scheinselbständige"; *Korn/Mody* § 19 EStG Rz. 37.

[188] U. V R 2/95 v. 30. 5. 1996, BStBl II 1996, 493 m. w. N., zur Abgrenzung zwischen Unternehmereigenschaft i. S. d. § 2 Abs. 1 UStG und nichtselbständiger Tätigkeit einer Opernsängerin. S. auch VI R 150–152/86 v. 14. 6. 1985, BStBl II 1985, 661.

[189] S. auch *Giloy* Rz. 69ff.

[190] S. dazu *Giloy* Rz. 68.

[191] S. dazu H 67 LStR; *Blümich/Thürmer* § 19 EStG Rz. 65ff.

– Überstundenvergütung
– vorbestimmter zeitlicher Umfang der Dienstleistungen
– Unselbständigkeit in Organisation und Durchführung der Tätigkeit
– Fehlen des Unternehmerrisikos
– Fehlen der Unternehmerinitiative
– Kein Kapitaleinsatz
– Keine Pflicht zur Beschaffung von Arbeitsmitteln.

63 Diese genannten Merkmale können im konkreten Einzelfall in unterschiedlichem Umfang und Gewicht vorliegen, was im Rahmen der Gesamtschau eine Würdigung entsprechend der jeweiligen Wertigkeit erfordert. Die Merkmale betreffen zwar vornehmlich einen Arbeitnehmer, der in einem gewerblichen Unternehmen, z.B. in Industrie, Handel, Handwerk etc., tätig ist. Sie geben aber dennoch unter Beachtung der spezifischen Besonderheiten künstlerischer Tätigkeit hinreichende Anhaltspunkte auch für eine zutreffende Abgrenzung zwischen selbständiger und nichtselbständiger Arbeit im künstlerischen Bereich, z.B. bei Schauspielern. Wiederholungshonorare und Erlösbeteiligungen, die an ausübende Künstler als Nutzungsentgelte für die Übertragung originärer urheberrechtlicher Verwendungsrechte gezahlt werden, stellen keinen Arbeitslohn dar.[192]

64 Für *Selbständigkeit* sprechen nach dem genannten Urteil:[193]
– Selbstständigkeit in Organisation und Durchführung der Tätigkeit
– Unternehmerrisiko
– Unternehmerinitiative
– geschäftliche Beziehungen zu mehreren Vertragspartnern.

65 *(3) Nebentätigkeit, Gefälligkeiten.* Zu beachten ist, dass eine selbständige Tätigkeit nicht allein deshalb zu einer unselbständigen wird, weil sie in Form einer **Nebentätigkeit** ausgeübt wird.[194] Von der nichtselbständigen Arbeit sind die sog. **Gefälligkeiten**[195] zu unterscheiden, die für sich allein gesehen noch kein Arbeitsverhältnis begründen, selbst wenn – geringfügige – Entschädigungen gezahlt werden.[196]

66 *(4) Nebeneinander von freiberuflicher und nichtselbständiger Tätigkeit.* Freiberufliche und nichtselbständige Tätigkeiten können nebeneinander vorliegen, wenn sie sich nicht gegenseitig bedingen und nicht derart miteinander verflochten sind, dass nur eine einheitliche Beurteilung möglich ist.[197]

67 *cc) Abgrenzung der künstlerischen von der gewerblichen Tätigkeit. (1) Allgemeine Grundsätze.* Größere Bedeutung haben die Abgrenzungsfragen in Zusammenhang mit den Einkünften aus **Gewerbebetrieb** i.S.d. § 15 EStG, weil jeder stehende Gewerbebetrieb, soweit er im Inland betrieben wird, im Unterschied zur freiberuflichen Tätigkeit gemäß § 2 Abs. 1 GewStG auch der Gewerbesteuer unterliegt.[198]

68 Gewerbebetrieb ist gemäß § 15 Abs. 2 Satz 1 EStG jede selbständige nachhaltige Betätigung, die mit der Absicht, Gewinn zu erzielen, unternommen wird, sich als Beteiligung am allgemeinen wirtschaftlichen Verkehr darstellt und weder als Land- und Forstwirtschaft noch als Ausübung eines freien Berufs noch als eine andere selbständige Arbeit

---

[192] BFH VI R 49/02 v. 26. 7. 2006, DStRE 2006, 1448 (*hier:* Künstler von Hörfunk- und Fernsehproduktionen).

[193] BFH V R 2/95 v. 30. 5. 1996, BStBl II 1996, 493 m.w.N.

[194] Vgl. dazu BFH IV R 131/82 v. 4. 10. 1984, BStBl II 1985, 51 m.w.N.; H 146 EStR; H 67 LStH.

[195] Z. B. im Rahmen der Familienmithilfe oder der Nachbarschaftshilfe.

[196] S. dazu BFH V R 2/95 v. 30. 5. 1996, BStBl II 1996, 493; VI R 28/73 v. 28. 2. 1975, BStBl II 1976, 134; *Blümich/Thürmer* § 19 EStG Rz. 99.

[197] S. dazu i.E. Rz. 83.

[198] S. dazu i.E. 68.

anzusehen ist. Die Betätigung muss allerdings den Rahmen einer privaten Vermögensverwaltung überschreiten.[199] Der Freiberufler erfüllt grundsätzlich diese Merkmale eines Gewerbebetriebs (Selbständigkeit; Nachhaltigkeit, Gewinnerzielungsabsicht, Teilnahme am allgemeinen wirtschaftlichen Verkehr). Er ist nur dann nicht gewerbesteuerpflichtig ist, wenn er die weiteren Voraussetzung des § 18 EStG erfüllt, nämlich Ausüben einer künstlerischen Tätigkeit. Umgekehrt schließt das Vorliegen der Voraussetzungen des § 18 EStG grundsätzlich[200] die Anwendbarkeit des § 15 EStG aus; es besteht keine Subsidiarität wie z. B. gemäß § 20 Abs. 3, § 21 Abs. 3, § 22 Nr. 3 und § 23 Abs. 2 EStG.[201]

(2) Rechtsentwicklung. Die ursprüngliche Rechtsprechung hatte die Abgrenzung zwischen künstlerischer und gewerblicher Betätigung vielfach allein anhand einer Gliederung in *„freie Kunst"*, *„Kunstgewerbe"* und *„Kunsthandwerk"*[202] unter Beachtung des Verwendungszwecks des geschaffenen Werkes vorgenommen. Sie gingen dabei davon aus, dass bei der (zweck)freien Kunst die Zuordnung zur künstlerischen Tätigkeit ohne Weiteres gegeben ist, während die beiden anderen Bereiche der zweckgebundenen Gebrauchskunst mit praktischem Nützlichkeits-(Gebrauchs-)Zweck in aller Regel dem gewerblichen Bereich zuzuordnen seien.[203] **69**

Die inzwischen ständige höchstrichterliche Rechtsprechung[204] und das Schrifttum[205] beurteilen differenzierter. Danach schließt auch im Grenzbereich zwischen Kunst und Gewerbe der gewerbliche Verwendungszweck und die bestimmungsgemäße Verwendung als Gebrauchsgegenstand die Annahme einer künstlerischen Tätigkeit nicht zwangsläufig aus. Voraussetzung ist jedoch, dass die Arbeiten – wie dargelegt[206] – nach ihrem Gesamtbild eigenschöpferischen Charakter haben und dabei über eine hinreichende Beherrschung der Technik hinaus eine bestimmte künstlerische Gestaltungshöhe erreichen,[207] m. a. W. die jeweiligen kunstgewerblichen oder kunsthandwerklichen Arbeiten müssen ohne Rücksicht auf ihre Verwendung künstlerischen Charakter haben. Dies ist zwar möglich, steht jedoch nicht von Vornherein fest und bedarf deshalb einer weiteren Prüfung im konkreten Fall.[208] Erforderlichenfalls bedarf es insoweit der Einholung eines Sachverständigengutachtens.[209] **70**

(3) Vervielfältigung, Serienproduktion. Vervielfältigung eigener Kunstwerke (Originale) und deren anschließender Verkauf führen nicht a priori zur Gewerblichkeit. Dabei ist zu- **71**

---

[199] Grundlegend BFH GrS 4/82 v. 25. 6. 1984, BStBl II 1984, 751, 762.

[200] Zu Ausnahmen s. Rz. 192 ff. „gemischte Tätigkeit" und Rz. 298 ff. „Abfärbung gemäß § 15 Abs. 3 Satz 1 EStG".

[201] Vgl. BFH I R 140/66 v. 4. 3. 1970, BStBl II 1970, 428; I R 41/70 v. 7. 7. 1971, BStBl II 1971, 771.

[202] S. zu dieser Dreiteilung z. B. BFH I R 183/79 v. 29. 7. 1981, BStBl II 1982, 22 m. w. N.; IV R 9/77 v. 14. 8. 1980, BStBl II 1981, 21.

[203] S. dazu insbesondere BFH IV 608/53 U v. 26. 5. 1955, BStBl III 1955, 386; I 206/53 U v. 25. 10. 1955, BStBl III 1955, 386; vgl. auch V 134/56 S v. 15. 11. 1956, BStBl III 1957, 60, zu § 4 Ziff. 17 UStG 1951, § 4 Ziff. 13 UStG 1934; *Maaßen* Rz. 197.

[204] Zweifel an der ursprünglichen Rechtsprechung werden bereits im BFH-U. IV 560/56 U v. 20. 2. 1958, BStBl III 1958, 182, geäußert, wenn auch in Form eines obiter dictums.

[205] S. dazu *Maaßen* Rz. 197 ff. m. w. N.

[206] S. dazu Rz. 27 ff.

[207] So z. B. BFH IV R 61/89 v. 23. 8. 1990, BStBl II 1991, 20; VIII R 76/75 v. 14. 12. 1976, BStBl II 1977, 474 m. w. N.; IV R 9/77 v. 14. 8. 1980, BStBl II 1981, 21 unter Hinweis auf BVerfG 1 BvR 435/68 v. 24. 2. 1971, BVerfGE 30, 173, 188 f.; VIII R 76/75 v. 14. 12. 1976, BStBl II 1977, 474; IV 352/60 U v. 7. 11. 1963, BStBl III 1964, 45 unter Hinweis auf Rechtsprechung zu § 4 Ziff. 17 UStG 1951.

[208] So ausdrücklich BFH IV R 15/90 v. 11. 7. 1991, BStBl II 1991, 889, dazu Anm. *Maßbaum* BB 1992, 1763; s. a. IV R 9/77 v. 14. 8. 1980, BStBl II 1981, 21.

[209] S. BFH VIII R 76/75 v. 14. 12. 1976, BStBl II 1977, 474; IV R 9/77 v. 14. 8. 1980, BStBl II 1981, 21. Zum Sachverständigenbeweis s. i. E. Rz. 224 ff., 250 ff.

nächst zu beachten, dass „Original“ eines Kunstwerks, d.h. das ursprüngliche Werk,[210] nicht bedeutet, dass dies nur in einem einzigen Exemplar vorhanden sein darf. Unter Original ist nämlich nicht nur das Unikat, wie z.B. ein Gemälde, eine Zeichnung oder eine Plastik, die grundsätzlich als Original anzusehen ist, zu verstehen. Zu den Originalen rechnen beispielsweise auch Serienprodukte wie z.B. Graphiken (Holzschnitte, Kupferstiche, Radierungen, Lithographien),[211] Collagen und Plastiken aus Stein oder Bronze[212] sowie Lichtbildwerke (z.B. Fotografien, Loops) sowie vom Urheber selbst geschaffene digitale Werke.[212a] Derartigen Werken ist es gerade wesensimmanent, dass sie regelmäßig – wenn auch in unterschiedlichem Umfang – in mehrfacher, teilweise sogar in vielfacher Ausfertigung hergestellt werden, und zwar teilweise schon seit Jahrhunderten und bei Werken bedeutender Künstler. Dem ist bei der Abgrenzung zwischen freiberuflicher und gewerblicher Tätigkeit Rechnung zu tragen. Dies bedeutet, dass die Grenze zur Gewerblichkeit jedenfalls so lange nicht überschritten ist, wie das in der Natur des jeweiligen Werkes liegende übliche Maß an Vervielfältigung oder Serienproduktion nicht überschritten wird.

72 Gemeinsame Voraussetzung bei sämtlichen Spielarten von Vervielfältigungen und Serienproduktionen ist es, dass beides vom Steuerpflichtigen selbst oder zumindest unter seiner **eigenverantwortlichen Regie** ausgeführt wird, andernfalls ist grundsätzlich eine gewerbliche Tätigkeit anzunehmen.[213] Unschädlich ist es allerdings, wenn sich der Steuerpflichtige lediglich der – wenn u. U. auch großen – „handwerklichen Fähigkeiten“ Dritter bedient.[214]

73 Die zu beachtenden **Umfangsgrenzen** lassen sich allerdings nicht generell eindeutig festlegen; denn die Übergänge zur Massenware sind fließend. Zu berücksichtigen sind im konkret zu beurteilenden Fall die bei objektiver Betrachtung entsprechend der Verkehrsauffassung im jeweiligen Kunstbereich[215] üblichen Usancen. Die künstlerische Qualität des Werkes kann dabei nur sehr eingeschränkt einen zutreffenden Maßstab bilden; denn die Praxis des Kunstmarkts zeigt, dass seit Alters her gerade künstlerisch hochwertige Erzeugnisse häufig aus wirtschaftlichen Überlegungen in erheblichem Umfang vervielfältigt als „Originale“ auf den Markt gebracht werden.[216]

74 Der BFH geht in einer Entscheidung aus dem Jahre 1991[217] zwar unter Hinweis auf ältere Rechtsprechung[218] von dem Grundsatz aus, dass eine eigene Serienproduktion oder die Vervielfältigung des Kunstwerks im Auftrag des Herstellers durch andere in der Regel zur Annahme einer *gewerblichen* Tätigkeit führt. Er differenziert jedoch zu Recht danach, um welche Art künstlerischer Tätigkeit („Kunstarten“) es sich handelt. Er kommt zum Ergebnis, dass Auflagen von bis zu **20 Exemplaren** bei **Reliefs** deren Beurteilung „als Kunst“ nicht entgegenstehen.[219] Auch hierbei handelt es sich nicht um eine feste Grenze, sondern um einen Richtwert, der sich – entsprechend den tatsächlichen Gegebenheiten im

---

[210] S. dazu i. E. *Schack* Rz. 22.

[211] S. dazu *Lützeler* S. 302ff.; *Bullinger* KUR 2006, 106.

[212] S. dazu i. E. *Schack* Rz. 22ff.

[212a] *Bullinger* KUR 2006, 106.

[213] BFH IV R 15/90 v. 11. 7. 1991, BStBl II 1991, 889 m.w.N., dazu Anm. *Maßbaum* BB 1992, 1763.

[214] Im gleichen Sinn *Korn* § 18 EStG Rz. 45.

[215] Vgl. dazu BFH IV R 15/90 v. 11. 7. 1991, BStBl II 1991, 889, dazu Anm. *Maßbaum* BB 1992, 1763.

[216] S. dazu die Beispiele bei *Schack* Rz. 22ff.; s. ferner *Bullinger* KUR 2006, 106.

[217] BFH IV R 15/90 v. 11. 7. 1991, BStBl II 1991, 889, dazu Anm. *Maßbaum* BB 1992, 1763.

[218] BFH IV 238/61 U v. 10. 12. 1964, BStBl III 1965, 114; VIII R 76/75 v. 14. 12. 1976, BStBl II 1977, 474, beide zu Fotografien.

[219] Gemeint dürfte sein, dass bei der genannten Auflagenhöhe die künstlerische Tätigkeit noch nicht zur gewerblichen mutiere.

zu entscheidenden Streitfall[220] – als Maßstab[221] angeboten hatte. Dieser Wert dürfte als allgemeiner Maßstab für andere Kunstarten nicht immer zutreffend sein. Für **Druckgraphiken** und **digital geschaffene Werke** beispielsweise dürfte er zu niedrig angesetzt sein.

Im Zusammenhang mit der Gewährung des ermäßigten Steuersatzes gemäß § 12 Abs. 1 Nr. 1 UStG bei der Einfuhr von der **Plastiken** (*hier:* Bronzeskulpturen) hat der BFH[222] 60 bis 70 signierte und limitierte Abgüsse noch als „Originalerzeugnisse der Bildhauerkunst"[223] anerkannt.[224] Diese Rechtsprechung kann jedoch wegen der tatbestandsmäßigen Unterschiede und der unterschiedlichen Abgrenzungsparameter[225] nicht ohne Weiteres auf die Abgrenzung zwischen freiem Beruf und Gewerbebetrieb übertragen werden; für diesen Bereich erscheint sie zu großzügig, insbesondere vor dem Hintergrund, dass selbst zollrechtlich im Allgemeinen von einer Auflage von etwa einem Dutzend ausgegangen wird.[226] **75**

Darüber, was im Bereich der **Fotokunst** als Original zu werten ist, besteht keine Einigkeit, weder in der Kunstwissenschaft noch im Kunsthandel. Zu denken ist dabei u. a. an die Zahl der Signaturen, die Fotokünstler regelmäßig bei ihrem jeweiligen Werk anbringen oder an die Zahl der von Ihnen bestimmten (begrenzten) Auflagenhöhe. Welche Kriterien sich in der Praxis letztendlich durchsetzen werden, erscheint derzeit noch offen. Dabei kommt es nicht auf die vorgesehene, sondern auf die tatsächliche Auflagenzahl an. Zu beachten ist ferner Folgendes: Fotokünstler, die Lichtbildwerke i. S. d. § 2 Abs. 1 Nr. 5 UrhG herstellen, bearbeiten vielfach die mit der Herstellung der Ablichtung entstehenden „Negative", sei es in klassischer Form, sei es in digital gespeicherter Fassung,[226a] in eigenschöpferischer Weise nach. So gestalten sie z. B. durch Auswahl von Entwicklungstechnik und Papier, durch Retouchieren der Farben, durch Überdecken von Teilen eines Bildes oder durch unterschiedliches Fokussieren bei der Entwicklung der Schärfe des Bildes das Werk. Dadurch können neue Werke entstehen, die im Hinblick auf die Auflagenhöhe voneinander abzugrenzen sind; es wird sich insoweit regelmäßig um unterschiedliche Wirtschaftsgüter handeln. Einer solchen Trennung kommt im Hinblick auf das Zunehmen der künstlerischen und damit verbunden der wirtschaftlichen Bedeutung der Fotokunst eine stetig wachsende Bedeutung zu. **76**

(4) Eintragung ins Handelsregister als Vermutung für eine gewerbliche Betätigung. Ist die Firma des Steuerpflichtigen im **Handelsregister** (§§ 8 ff. HGB) eingetragen, so spricht die Vermutung für eine gewerbliche Betätigung; denn eine solche Eintragung setzt das Unterhalten eines Gewerbebetriebs voraus.[227] Die Vermutung ist jedoch widerlegbar, etwa dadurch, dass der Steuerpflichtige z. B. Tatsachen vorträgt, aus denen sich ergibt, dass die **77**

---

220 Der klagende Holzschnitzer hatte seine Arbeiten „in bis zu etwa 20 Exemplaren vervielfältigt"; s. dazu die Vorentscheidung des FG Schleswig-Holstein v. 14. 12. 1989, EFG 1990, 257.

221 In der Form eines obiter dictum.

222 U. VII R 11/02 v. 8. 1. 2003, DStRE 2003, 751, BFHE 201, 352; s. dazu *Sturm* KUR 2003, 89.

223 I. V. m. UStG Anlage 2 Nr. 53 Buchst. C.

224 Dass eine Skulptur sogar eine Gesamtauflage von 250 hatte, hat das Gericht im Streitfall nicht als schädlich angesehen.

225 Bei der Umsatzsteuer sind nämlich die „Originalerzeugnisse der Bildhauerkunst", bei der es in besonderem Maß auf die Urheberschaft (Signierung!) ankommt, abzugrenzen von der „Handelsware"; bei der Einkommensteuer dagegen stehen die „künstlerische Tätigkeit" i. S. d. § 18 Abs. 1 Nr. 1 Satz 2 EStG und die gewerbliche Betätigung (§ 15 EStG) in Konkurrenz zueinander.

226 S. dazu BFH VII R 11/02 v. 8. 1. 2003, DStRE 2003, 751, BFHE 201, 352, unter II., Originalerzeugnisse der Bildhauerkunst; dazu *Sturm* KUR 2003, 89.

226a S. dazu auch *Bullinger* KUR 2006, 106, 111.

227 BFH VIII R 32/75 v. 2. 12. 1980, BStBl II 1981, 170; *Brandt* in H/H/R § 18 EStG Rz. 109; a. A. *Maßbaum* S. 46 f.

Eintragung zu Unrecht vorgenommen worden ist, oder dass die gewerbliche Betätigung gegenüber der künstlerischen Tätigkeit von so untergeordneter Bedeutung ist, dass sie im Rahmen der Gesamtschau nicht ins Gewicht fällt.[228]

78 *(5) Freiberufliche Leistungen eines Mitunternehmers an eine gewerbliche Mitunternehmerschaft.* Zu den gewerblichen Einkünften rechnen auch Einkünfte eines Mitunternehmers, die ohne dessen Zugehörigkeit zu einer **Mitunternehmerschaft i. S. d. § 15 Abs. 1 Satz 1 Nr. 2 Satz 1 Halbs. 2 EStG** Einkünfte aus selbständiger (hier: künstlerischer) Arbeit i. S. d. § 18 Abs. 1 Nr. 1 EStG wären; denn § 15 Abs. 1 Satz 1 Nr. 2 Satz 1 Halbs. 2 EStG ist nicht nur eine Qualifikations-, sondern auch eine Zurechnungsnorm.[229]

79 *(6) Bedeutung des Gewerbesteuerfreibetrages gemäß § 11 Abs. 1 GewStG und der Steuerermäßigung bei Einkünften aus Gewerbebetrieb gemäß § 35 EStG.* Gemäß § 11 Abs. 1 Nr. 1 GewStG ist der steuerbare Gewerbeertrag bei natürlichen Personen sowie bei Personengesellschaften um einen Freibetrag in Höhe von (derzeit) 24 500 €, höchstens jedoch in Höhe des auf volle 100 € abgerundeten Gewerbeertrags zu kürzen. Dadurch wird die Abgrenzung zwischen den freiberuflichen und den gewerblichen Einkünften zwar nicht obsolet, sie hat aber wegen der insoweit fehlenden steuerlichen Auswirkungen erheblich an Bedeutung verloren.

80 Verbleibt trotz des Freibetrags noch eine Gewerbesteuerbelastung, so sieht das EStG eine weitere Entschärfung vor. Gemäß § 35 EStG besteht nämlich die Möglichkeit, die Sonderbelastung der Gewerbetreibenden durch Gewerbesteuer in bestimmten Umfang im Wege der Anrechnung dieser Steuer auf die tarifliche Einkommensteuer zumindest zu mindern.[230] Gemäß § 35 Abs. 1 EStG ermäßigt sich nämlich die tarifliche Einkommensteuer, soweit sie anteilig auf im zu versteuernden Einkommen entfallende Einkünfte entfällt,

- bei Einkünften i. S. d. § 15 Abs. 1 Satz 1 Nr. 1 EStG um das 1,8fache des jeweils für den dem Veranlagungszeitraum entsprechenden Erhebungszeitraum festgesetzten Gewerbesteuer-Messbetrags (Nr. 1);
- bei Einkünften i. S. d. § 15 Abs. 1 Satz 1 Nr. 2 und 3 EStG um das 1,8fache des jeweils für den dem Veranlagungszeitraum entsprechenden Erhebungszeitraum festgesetzten anteiligen Gewerbesteuer-Messbetrags (Nr. 2).

81 Diese beiden Steuererleichterungen wirken sich in der Praxis regelmäßig insoweit aus, als die Finanzämter bei Gewinnen etwa in Höhe von **rund 25 000 €** die Angaben des Steuerpflichtigen zur künstlerischen Tätigkeit **ohne weitere Prüfung** übernehmen. Sie würden allerdings hinfällig werden, sollten die schon seit vielen Jahren diskutierten gesetzgeberischen Pläne, auch die Einkünfte aus freiberuflicher Tätigkeit der Gewerbesteuer zu unterwerfen, realisiert werden. Dies würde zwar der Steuervereinfachung dienen, es wäre jedoch gegenüber der heutigen Rechtslage ein hoher Preis zu zahlen: Zusätzliche steuerliche Belastung der Freiberufler. Mit der Abschaffung der Gewerbesteuer selbst dürfte trotz aller gegenteiliger Bemühungen aufgrund des intensiven Widerstandes der Kommunen in überschaubarer Zeit nicht zu rechnen sein.[231]

82 Der durch § 35 EStG geschaffene Entlastungseffekt führt – mangels entgegenstehender gesetzlicher Regelung – folgerichtig zu einer Minderung auch des **Solidaritätszuschlags, nicht** jedoch der **Kirchensteuer.**[232]

---

[228] S. dazu Rz. 192 ff.

[229] S. dazu, insbesondere zu den Voraussetzungen i. E. *Brandt* in H/H/R § 18 EStG Rz. 18 m. w. N.

[230] S. dazu i. E. *Blümich/Danelsing* § 35 EStG Rz. 10 ff., 31 ff.

[231] Zu den Gründen hierfür s. *Kirchhof/Gosch* § 35 EStG Rz. 1.

[232] S. § 51 a Abs. 2 Satz 3 EStG.

(7) Nebeneinander von freiberuflicher und gewerblicher Tätigkeit. Künstlerische und gewerbliche Tätigkeiten können nebeneinander vorliegen, wenn sie sich nicht gegenseitig bedingen und nicht derart miteinander verflochten sind, dass nur eine einheitliche Beurteilung möglich ist.[233] Eine solche einheitliche „künstlerische" Tätigkeit wird man z.B. in aller Regel dann bejahen können, wenn der Künstler selbst in eigener Regie – ohne Erfordernis eines eingerichteten verlegerischen Geschäftsbetriebs – in Broschürenform Abbildungen seiner Werke vertreibt. 83

dd) Abgrenzung der Einkünfte aus künstlerischer Tätigkeit zu den Einkünften aus Land- und Forstwirtschaft (§ 13 EStG). Insoweit können sich Abgrenzungsfragen ergeben, wenn die land- oder fortwirtschaftlich genutzte Fläche für künstlerische Zwecke genutzt wird. Stichwort: Land Art (Landschaftskunst), bei der u.a. große Landschaftsflächen künstlerisch gestaltet werden.[234] Hier liegt insoweit eine künstlerische Tätigkeit vor als die Arbeiten – deutlich abgrenzbar – weder der planmäßigen Nutzung von Naturkräften, insbesondere des Bodens, und der Verwertung der dadurch gewonnenen Erzeugnisse dienen[235] und auch nicht als gewerblich[236] zu beurteilen sind. 84

ee) Verhältnis zu den Einkünften aus Kapitalvermögen (§ 20 EStG). Zwischen § 18 und § 20 EStG besteht Subsidiarität mit Vorrang der Einkünfte aus selbständiger Arbeit (vgl. § 20 Abs. 3 EStG). 85

ff) Abgrenzung der Einkünfte aus künstlerischer Tätigkeit gegenüber den Einkünften aus Vermietung und Verpachtung (§ 21 EStG). Gemäß § 21 Abs. 3 EStG sind die Einkünfte i.S.d. der Absätze 1 und 2 des § 21 EStG Einkünften aus anderen Einkunftsarten zuzurechnen, soweit sie zu diesen gehören. Es besteht damit (auch) im Verhältnis zu § 18 EStG **Subsidiarität.** Die Vermietung oder Verpachtung einzelner Wirtschaftsgüter des (künstlerischen) Betriebsvermögens im Rahmen der Ausübung der künstlerischen Tätigkeit führt daher grundsätzlich nicht zu Einkünften gemäß § 21 EStG. 86

Einnahmen, die ein künstlerisch tätiger Steuerpflichtiger durch Übertragen von künstlerischen Urheberrechten, z.B. von Nutzungs-, Verwertungs- oder Einwilligungsrechten, erzielt, führen grundsätzlich zu Einkünften aus freiberuflicher Tätigkeit, und zwar unabhängig von etwaigen zeitlichen Befristungen der Rechteüberlassungen.[237] § 21 Abs. 1 Nr. 3 EStG (zeitlich begrenzte Überlassung von Rechten)[238] ist insoweit – weil subsidiär – nicht anwendbar. 87

Verpachtet ein künstlerisch tätiger Steuerpflichtiger seinen künstlerischen Betrieb ohne die Betriebsaufgabe[239] erklärt zu haben,[240] so liegen insoweit wegen der fehlenden, gemäß § 18 Abs. 1 Nr. 1 EStG erforderlichen eigenverantwortlichen höchstpersönlichen Leitungstätigkeit keine freiberuflichen Einkünfte vor, sondern solche aus Gewerbebetrieb, nicht jedoch solche aus Vermietung und Verpachtung.[241] 88

Weil ein von einem künstlerisch tätigen Steuerpflichtigen unterhaltener Betrieb untrennbar mit der Person dieses Steuerpflichtigen verbunden ist, endet mit dessen Tod die 89

---

[233] BFH IV R 102/90 v. 11. 7. 1991, BStBl II 1992, 413. S. dazu i.E. Rz. 192ff.

[234] Land Art ist eine Kunstrichtung, bei der die Natur als Medium künstlerischer Gestaltung genutzt wird, in Deutschland z.B. ARTFIELD Landart.

[235] S. dazu *Blümich/Selder* § 13 EStG Rz. 64f.

[236] Zur Abgrenzung s. *Schmidt/Weber-Grellet* § 15 EStG Rz. 105.

[237] Vgl. dazu BFH I R 145/70 v. 28. 2. 1973, BStBl II 1973, 660 in Bezug auf GEMA-Einnahmen, m.w.N.

[238] S. zu diesem Begriff *Blümich/Stuhrmann* § 21 EStG Rz. 118.

[239] Zur Abgrenzung der Betriebsverpachtung von der Betriebsaufgabe s. i.E. EStH H 16(5) – „Abgrenzung ...."

[240] Zur Betriebsaufgabeerklärung s. BFH III R 9/03 v. 22. 9. 2004, BStBl II 2005, 160.

[241] Ebenso *Brandt* in H/H/R § 18 EStG Rz. 22; *Kirchhof/Lambrecht* § 18 EStG Rz. 44.

(künstlerische) Unternehmereigenschaft. Der Erbe kann den Betrieb zwar verpachten, erzielt aber insoweit gewerbliche Einkünfte. damit scheidet eine Verpachtung des bisher bestehenden künstlerischen Betriebs durch den Erben aus; der Tod hat die Aufgabe der selbständigen Tätigkeit gemäß § 18 Abs. 3 Nr. 2 zur Folge.[242]

90 *gg) Abgrenzung der Einkünfte aus künstlerischer Tätigkeit zu sonstigen Einkünften gemäß § 22 EStG.* Eine Besteuerung **privater Veräußerungsgeschäfte** i. S. d. **§ 22 Nr. 2 EStG** i. V. m. **§ 23 EStG** scheidet a priori schon dann aus, wenn die veräußerten Wirtschaftsgüter zum Betriebsvermögen des künstlerisch Tätigen gehören. Insoweit kommt nur eine Besteuerung gemäß § 18 EStG in Betracht; die Frage der Subsidiarität stellt sich von Vornherein nicht.

91 Anders ist es bei Anwendung des **§ 22 Nr. 3 EStG.** Nach dieser Vorschrift rechnen nämlich zu den sonstigen Einkünften i. S. d. § 2 Abs. 1 Satz 1 Nr. 7 EStG auch Einkünfte aus Leistungen, soweit sie weder zu anderen Einkunftsarten (§ 2 Abs. 1 Satz 1 Nr. 1 bis 6 EStG) noch zu den Einkünften i. S. d. Nummern 1, 1 a, 2 oder 4 des § 22 EStG gehören. § 22 Nr. 3 EStG ist somit **subsidiär,** auch im Verhältnis zu § 18 Abs. 1 Nr. 1 EStG. Dies bedeutet, dass die Vorschrift erst dann eingreifen kann, wenn der künstlerischen Gesamttätigkeit des Steuerpflichtigen nicht das Gepräge einer selbständigen, nachhaltig von Gewinnstreben getragenen Beteiligung am allgemeinen wirtschaftlichen Verkehr zukommt. Dabei ist zu beachten, dass gemäß § 18 Abs. 2 EStG die Einkünfte aus künstlerischer Tätigkeit auch dann steuerpflichtig sind, wenn es sich dabei nur um eine vorübergehende Tätigkeit handelt.[243]

92 Bei im künstlerischen Bereich selbständig tätigen Steuerpflichtigen wird die Anwendung des § 22 Nr. 3 EStG die – seltene – Ausnahme sein. Grund dafür dürfte im Wesentlichen der Umstand sein, dass die Tätigkeit jeweils nachhaltig ist, d. h., dass sie subjektiv von der Absicht getragen ist, sie zu wiederholen und daraus eine ständige Erwerbsquelle zu machen und sie sich objektiv als nachhaltig darstellt.[244] Ein Beispiel für die Anwendung des § 22 Nr. 3 EStG sind die Einkünfte, z. B. Honorare, die der Steuerpflichtige für seine allein auf seiner Künstlerpersönlichkeit beruhenden Teilnahme an öffentlichen Veranstaltungen o. Ä. bezieht.[245] § 18 Abs. 1 Nr. 1 Satz 2 EStG bliebe jedoch dann anwendbar, wenn die Teilnahme an den Veranstaltungen einen konkreten Bezug zu den Werken des Steuerpflichtigen hätte.[246]

c) ABC der Rechtsprechung zu einzelnen **Erscheinungsformen** künstlerischer Tätigkeit[247] und zu damit verbundenen Abgrenzungen

93 **Ansager.** Siehe „Sprecher"

94 **Architekt.** Herstellen von Architekturmodellen ist grundsätzlich nicht künstlerisch,[248] ebenso nicht die Übernahme der künstlerischen Oberleitung bei einem Bauvorhaben.[249]

95 **Aufnahmeleiter.** Siehe „Tonmeister".

96 **Artist** ist grundsätzlich nicht künstlerisch tätig.[250]

97 **Balletttänzer(in)** kann künstlerisch tätig sein.[251]

---

[242] Ebenso *Brandt* in H/H/R § 18 EStG Rz. 22; *Schmidt/Wacker* § 18 EStG Rz. 215.

[243] S. dazu auch Rz. 92.

[244] Zum Begriff der Nachhaltigkeit s. z. B. BFH IV R 98/73 v. 28. 4. 1977, BStBl II 1977, 728.

[245] Vgl. BFH I B 99/98 v. 21. 4. 1999, BStBl II 2004, 254: Künstler und Schriftsteller als Interviewpartner in Talkshows; dazu Anm. *Kempermann* FR 1999, 857.

[246] Vgl. dazu auch *Brandt* in H/H/R § 18 EStG Rz. 24.

[247] Die Übersicht ist zum besseren Verständnis des Begriffs „künstlerische Tätigkeit" nicht auf die bildende Kunst beschränkt.

[248] So zu Recht BFH IV 15/60 U v. 25. 10. 1963, BStBl III 1965, 598; krit. *Steinhauff* in Littmann/Bitz/Pust, § 18 EStG Rz. 236, Stichwort „Architektentätigkeit".

[249] BFH IV 150/62 v. 22. 10. 1964, BStBl III 1965, 14.

[250] BFH I R 96/92 v. 10. 3. 1993, BFH/NV 1993, 716 (Fakir, Hypnotiseur: Unterhaltung).

Beleuchtungskörper. Deren Herstellung kann künstlerisch sein.[252] 98

Bildberichterstatter ist im Regelfall journalistisch tätig.[253] Ausnahmsweise kann er auch künstlerisch tätig sein.[254] 99

Bildhauer. Künstlerische Tätigkeit. Ob dies auch insoweit gilt, als er Modelle und Entwürfe für Serienproduktion fertigt, hängt davon ab, ob das Fertigen der Modelle und Entwürfe selbst eine künstlerische Tätigkeit darstellt.[255] Siehe auch „Steinmetz". 100

Bildreporter. Siehe Fotograf. 101

Bühnenmaler, Bühnenbildner können künstlerisch tätig sein.[256] 102

Büttenredner übt keine künstlerische Tätigkeit aus, und zwar unabhängig davon, in welcher Form er die Rede vortrage, beispielsweise in Mundart.[257] 103

Choreograph ist regelmäßig künstlerisch tätig.[258] 104

Conferencier soll regelmäßig künstlerisch tätig sein.[259] 105

Cutter. Siehe Video-Editor/Cutter. 106

Dekorateur. Das Dekorieren von Schaufenstern stellt keine künstlerische Tätigkeit dar,[260] ebenso wenig wie das Innenausgestalten von Räumen.[261] 107

Designer. Der Industriedesigner kann künstlerisch tätig sein.[262] Siehe auch „Textildesigner". 108

Eiskunstläufer(in) ist nicht künstlerisch tätig.[263] Siehe auch „Artist". 109

Erbe eines Künstlers. Wer als Erbe oder Nachlassverwalter eines Künstlers die zum Nachlass gehörenden Kunstwerke veräußert, erzielt nachträgliche Einkünfte aus künstlerischer Tätigkeit gemäß § 18 Abs. 1 Nr. 1 Satz 2 i. V. m. § 24 Nr. 2 EStG.[264] 110

Fakir mit Programmpunkten wie z. B. „Feuerschlucken", „Nagelbrett" „Laufen über Glassscherben" ist nicht künstlerisch tätig.[265] 111

Fernsehansager kann künstlerisch tätig sein.[266] 112

---

[251] Vgl. BFH I R 96/92 v. 10. 3. 1993, BFH/NV 1993, 716 (Abgrenzung zum Fakir).

[252] BFH IV 43/64 v. 26. 9. 1968, BStBl II 1969, 70.

[253] S. *Blümich/Hutter* § 18 EStG Rz. 151.

[254] Vgl. BFH IV 238/61 U v. 10. 12. 1964, BStBl III 1965, 114.

[255] Vgl. BFH V 68/56 v. 16. 8. 1956, StRK UStG § 4 Ziff. 17 UStG 1951, R. 9. Zur Einkommenserzielungsabsicht eines Holzbildhauers s. FG München v. 25. 11. 2003, EFG 2004, 802, rkr.

[256] Vgl. BFH I R 77/91 v. 2. 12. 1992, BFHE 170, 126, zu DBA – Frankreich; I R 75/88 v. 11. 4. 1990, BFHE 160, 513, zu DBA – Belgien.

[257] BFH IV R 105/85 v. 26. 2. 1987, BStBl II 1987, 376; a. A. *Allgaier* DStZ/A 1988, 96; s. auch BFH IV B 200/04 v. 1. 6. 2006, DStRE 2006, 1118, dazu Anm. *MK* DStRE 2006, 1120.

[258] BMF v. 5. 10. 1990, BStBl I 1990, 638.

[259] So noch BFH IV R 112/72 v. 3. 2. 1977, BStBl II 1977, 459. Zwischenzeitlich dürfte sich in diesem Bereich das Regel-/Ausnahmeverhältnis allerdings umgekehrt haben.

[260] Zutr. BFH V 134/56 S. 15. 11. 1956, BStBl II 1957, 60, zu § 4 Ziff. 17 UStG 1951; IV 208/53U v. 26. 5. 1955, BStBl III 1955, 225. S aber auch *Maaßen* Rz. 271, unter Hinweis auf *Maßbaum* S. 39.

[261] Insoweit ist jedoch zu prüfen, ob ein dem Architektenberuf ähnlicher Beruf vorliegt, vgl. FG Hamburg v. 13. 8. 1976, EFG 1977, 15.

[262] BFH IV R 61/89 v. 23. 8. 1990, BStBl II 1991, 20; s. a. IV 43/64 v. 26. 9. 1968, BStBl II 69, 70 (Kunsthandwerker mit Unikaten), zwh., krit. *Steinhauff* in Littmann/Bitz/Pust § 18 EStG Rz. 92; aber IV B 45/96 v. 3. 3. 1998, BFH/NV 1998, 956: *Saucen-Designer* nicht künstlerisch tätig. S. ferner *Giloy* Rz. 129.

[263] Ebenso *Steinhauff* in Littmann/Bitz/Pust, § 18 EStG Rz. 236, Stichwort „Eiskunstläufer".

[264] S. dazu i. E. Rz. 308.

[265] BFH I R 96/92 v. 10. 3. 1993, BFH/NV 1993, 716: Unterhaltung. Hinweis auf entscheidungserhebliche Unterschiede zur Balletttänzerin.

[266] FG Berlin v. 5. 1. 1967, EFG 1967, 432, rkr. Urteil dürfte durch die zwischenzeitliche Weiterentwicklung in der Fernsehbranche überholt sein.

113 **Feuerschlucker** ist nicht künstlerisch tätig.[267]

114 **Filmproduzent** ist nur dann künstlerisch tätig, wenn er bei allen Tätigkeiten, die für den künstlerischen Wertes des jeweiligen Filmes bestimmend sind (z. B. Drehbuch, Regie, Kameraführung, Schnitt, Vertonung) eigenschöpferisch tätig ist[268] und nicht etwa genauen Angaben und Weisungen seines Auftraggebers zu folgen hat.[269] Diese Grundsätze gelten auch in Bezug auf die Herstellung von Industriefilmen[270] und in eng begrenztem Umfang von Dokumentarfilmen.[271]

115 **Fotograf** ist grundsätzlich Gewerbetreibender.[272] Dies gilt auch für den **Werbefotografen.**[273] Dagegen kann **Foto-Designer,** der auf den Gebieten der Werbe-, Mode- oder Industriefotografie arbeitet, künstlerisch tätig sein, vorausgesetzt, das fotografische Produkt weist Eigenschöpferisches mit gewisser Gestaltungshöhe auf (Gesamtbetrachtung!); dabei kann die künstlerische Qualität der Aufnahmen in der eigenschöpferischen Motivgestaltung sowie in der Nutzbarmachung der fotografischen Technik zum Zweck einer eigenschöpferischen Bildaussage liegen.[274]

Einzelfälle:

Künstlerische Tätigkeit

bejaht bei:

- Fotodesigner[275]

verneint bei:

- Arrangieren von Objekten durch Fotografen zum Zwecke des Ablichtens dieser Arrangements[276]
- Fotografieren von Kunstgegenständen in Museen[277]

---

267 Vgl. BFH I R 96/92 v. 10. 3. 1993, BFH/NV 1993, 716.

268 BFH VIII R 32/75 v. 2. 12. 1980, BStBl II 1981, 170. Zu *Werbefilmen* s. BFH IV R 196/72 v. 7. 31974, BStBl II 1974, 383: künstlerische Tätigkeit nicht ausgeschlossen. Das Herstellen *pornographischer Filme* ist a priori keine künstlerische Tätigkeit, so FG Hessen v. 28. 10. 1983, EFG 1984, 296, rkr.

269 Ebenso *Maaßen* Rz. 305; vgl. auch *Giloy* Rz. 145.

270 A. A. noch FG Bremen v. 18. 5. 1971, DStZ/E 1971, 327.

271 Vgl. aber FG München v. 25. 5. 1971: I. d. R. Bildjournalist oder Bildberichterstatter.

272 Vgl. BFH IV R 70/97 v. 10. 9. 1998, BFH/NV 1999, 456 (Bildbearbeitung durch Fotografen) und IV R 196/72 v. 7. 31974, BStBl II 1974, 383: In beiden Bereichen ist im Hinblick auf das U. VIII R 76/75 v. 14. 12. 1976, BStBl II 1977, 474, die Möglichkeit künstlerischer Gestaltung zwar nicht grundsätzlich ausgeschlossen, sie wird aber weiterhin die Ausnahme bleiben, a. A. wohl *Maaßen* Rz. 283 ff.; s. ferner BFH I R 78/69 v. 25. 11. 1970, BStBl II 1971, 267: Luftbildaufnahmen.

Zur allgemeinen *Entwicklung der Rechtsprechung* zur künstlerischen Tätigkeit im Bereich der Fotografie s. eingehend *Maaßen* Rz. 279 ff.

273 BFH XI R 71/97 v. 23. 9. 1998, BFH/NV 1999, 460; IV R 1/97 v. 15. 10. 1998, BFH/NV 1999, 465; s. ferner BVerfG 1 BvR 242/78 v. 5. 4. 1978, DB 1978, 1862: Nichtannahme der Verfassungsbeschwerde gegen das BFH-U. VIII R 40/73 v. 6. 12. 1977, nv, betreffend die – zulässige – Differenzierung zwischen künstlerischer und handwerklicher Fotografie.

274 BFH VIII R 76/75 v. 14. 12. 1976, BStBl II 1977, 47.4.

275 So zutr. BFH VIII R 76/75 v. 14. 12. 1976, BStBl II 1977, 474 in Erweiterung der bisherigen, engeren Rechtsprechung. Im Hinblick auf die zwischenzeitlich vorhandenen vielseitigen technischen Möglichkeiten der Fotografie bleibt die Abgrenzung zum rein Handwerklichen trotz der konsequent großzügigeren Rechtsprechung nach wie vor sehr schwierig. Weitergehend wohl *Maaßen* Rz. 282 ff.

276 BFH IV R 50/96 v. 19. 2. 1998, BStBl II 1998, 441: Begriff des Bildberichterstatters i. S. d. § 18 Abs. 1 Nr. 1 EStG; Abgrenzung gegenüber einem gewerblich tätigen Fotografen. Die Frage der künstlerischen Tätigkeit wurde – offenbar als abwegig – weder von den Beteiligten, noch vom Gericht thematisiert.

277 BFH IV R 139/66 v. 7. 10. 1971, BStBl II 1972, 335: Künstlerische Leistung muss über die Darstellung des Vorhandenen hinaus gehen.

– Landschaftsaufnahmen[278]
– Luftbildaufnahmen[279]
– Porträtaufnahmen.[280]

Fotomodell übt grundsätzlich keine künstlerische Tätigkeit aus, auch nicht als sog. Top-Modell.[281] Siehe auch „Schönheitskönigin". **116**

Fotoregisseur, der an der Gestaltung von Werbefotos mitwirkt (Aussuchen von Requisiten, Kleidern, Schmuck, Fotomodellen, Fotografen, Aufnahmeplätzen, Erteilen von Regieanweisungen etc.) erbringt keine als künstlerisch zu beurteilende Arbeit.[282] **117**

Friedhofsänger ist grundsätzlich nicht künstlerisch tätig.[283] Siehe auch „Sänger". **118**

Friseur. Siehe „Fotoregisseur". **119**

Graphiker (*früher:* Gebrauchsgraphiker) kann freiberufliche Einkünfte aus künstlerischer Tätigkeit beziehen.[284] Dies gilt zwar auch für den **Graphikdesigner,**[285] nicht jedoch für den sog. **Perspektivgraphiker.**[286] Maßgebend für die Annahme einer künstlerischen Tätigkeit sind die Gesamtumstände des jeweiligen Einzelfalles,[287] wobei grundsätzlich nicht jedes einzelne Werk, sondern die gesamte im Veranlagungszeitraum ausgeübte Tätigkeit maßgebend ist.[288] Siehe auch „Typograph". **120**

Gutachter auf dem Gebiet der Schätzung von Kunstwerken ist gewerblich tätig.[289] **121**

Hellseher ist gewerblich tätig.[290] **122**

Holzschnitzer kann künstlerisch tätig sein.[291] Siehe auch „Bildhauer". **123**

Hypnotiseur ist regelmäßig nicht künstlerisch tätig.[292] **124**

Illustrator. Illustration von Büchern kann künstlerische Tätigkeit sein.[293] **125**

---

[278] FG Hessen v. 26. 10. 1966, EFG 1967, 149; darüber hinaus Tätigkeit nicht der eines Bildberichterstatters oder Bildjournalisten ähnlich.

[279] BFH I R 78/69 v. 25. 11. 1970, BStBl II 1971, 267.

[280] BFH IV 105/58 v. 10. 3. 1960, BB 1960, 628.

[281] BFH IV R 33/90 v. 11. 7. 1991, BStBl II 1992, 353; IV R 102/90 v. 11. 7. 1991, BStBl II 1992, 413; IV 62/65 v. 8. 6. 1967, BStBl III 1967, 618; s. ferner z.B. FG Hamburg v. 10. 10. 1991, EFG 1992, 332, rkr; FG Hessen v. 31. 7. 1974, EFG 1974, 580, rkr.

[282] BFH XI R 71/97 v. 23. 9. 1998, BFH/NV 1999, 460, DStRE 1999, 134. A.A. noch Vorentscheidung im ersten Rechtsgang: FG Rheinland-Pfalz v. 25. 3. 1993, EFG 1993, 674.

[283] A.A. *Brandt* in H/H/R § 18 EStG Rz. 600 Stichwort „Friedhofssänger".

[284] BFH IV 204, 205/59 v. 25. 7. 1963, HFR 1963, 430; V 96/59 S v. 11. 7. 1960, BStBl III 1960, 453, zum Begriff „Tätigkeit als Künstler" i.S. des § 4 Ziff. 17 UStG 1951.

[285] FG Bremen v. 25. 11. 1993, EFG 1994, 928, rkr; s. auch BFH IV B 200/04 v. 1. 6. 2006, BStBl II 2006, 709, dazu Anm. *MK* DStRE 2006, 1120.

[286] Vgl. BFH V R 130/84 v. 20. 4. 1989, BFH/NV 1990, 232.

[287] BFH XI B 118/95 v. 24. 4. 1996, BFH/NV 1996, 806. Die dagegen erhobene Verfassungsbeschwerde wurde gemäß §§ 93a, 93b BVerfGG nicht zur Entscheidung angenommen (BVerfG B. 2 BvR 1532/96 v. 5. 10. 1996); FG München v. 16. 10. 2003, DStRE 2004, 755; FG Düsseldorf v. 25. 2. 2004, DStRE 04, 638, rkr.: Karnevalsdarbietungen eines Alleinunterhalters [„Botterblömche"] Mitwirkung bei einem Werbespot BStBl II IV R 33/90 v. 11. 7. 1991, BStBl II 1992, 353.

[288] Vgl. BFH V 96/59 S v. 11. 7. 1960, BStBl III 1960, 453, zu § 4 Ziff. 17 UStG 1951.

[289] BFH VIII 23/65 v. 22. 6. 1971, BStBl II 1971, 749: Kein Schaffen von Kunstwerken; FG Hessen v. 29. 6. 1965, EFG 1966, 24. Es liegt auch keine wissenschaftliche Tätigkeit oder die Ausübung eines den Katalogberufen des § 18 Abs. 1 Nr. 1 EStG ähnlichen Berufs vor.

[290] BFH VIII R 137/75 v. 30. 3. 1976, BStBl II 1976, 464. Es liegt auch keine wissenschaftliche Tätigkeit oder die Ausübung eines den Katalogberufen des § 18 Abs. 1 Nr. 1 EStG ähnlichen Berufs vor.

[291] BFH IV R 15/90 v. 11. 7. 1991, BStBl II 1991, 889: Handwerkliche (d.h. gewerbliche) und künstlerische Tätigkeit können nebeneinander vorliegen, dazu Anm. *Maßbaum* BB 1992, 1763.

[292] BFH I R 96/92 v. 10. 3. 1993, BFH/NV 1993, 716: Unterhaltung.

[293] FG Hamburg v. 12. 7. 1990, EFG 1991, 124, rkr. (Illustration medizinischer Fachbücher).

126 **Instrumentenbauer** ist im Regelfall gewerblich tätig.[294] Er kann ausnahmsweise dann künstlerisch tätig sein, wenn sich die hergestellten Instrumente aufgrund ihrer künstlerischen Konzeption, die über das Beherrschen der komplizierten Instrumententechnik hinausgeht, entscheidend und deutlich von den rein handwerklich oder industriell gefertigten abheben.[295] Siehe auch „Orgelbauer".

127 **Jongleur** ist nicht künstlerisch tätig.[296]

128 **Journalist** übt als Sprecher von Werbetexten in Werbesendungen keine künstlerische Tätigkeit aus.[297]

129 **Kachelofenbauer** ist grundsätzlich nicht künstlerisch tätig.[298]

130 **Kameramann.** Die Arbeit eines Kameramannes bei der aktuellen Berichterstattung ist in aller Regel journalistischer Natur (Bildberichterstatter i. S. d. § 18 Abs. 1 Nr. 1 EStG), weil – ähnlich wie beim Fotografen – handwerklich-technische Fähigkeiten regelmäßig im Vordergrund stehen.[299] Soweit der Kameramann bei der Herstellung eines Filmes (Spielfilm, Werbefilm, Lehrfilm) mitwirkt, kann diese Tätigkeit allerdings künstlerischen Charakter haben.[300]

131 **Kapellmeister** kann künstlerisch tätig sein.[301]

132 **Kartograph** ist regelmäßig nicht künstlerisch tätig.[302] Das Gleiche gilt in Bezug auf die sog. Schummerung[303] von Landkarten.[304]

133 **Klavierstimmer** ist nicht künstlerisch tätig, auch dann nicht, wenn er ausschließlich Instrumente von namhaften Pianisten bei Konzerten oder Tonaufnahmen stimmt.[305]

134 **Künstleragenten** sind regelmäßig Makler und als solche Gewerbetreibende.[306] Ihre Tätigkeit ist auch keinem der sog. Katalogberufe des § 18 Abs. 1 Nr. 1 EStG ähnlich.[307]

---

[294] BFH V 23/61 v. 3. 10. 1963, UR 1964, 32, zu § 4 Ziff. 17 UStG 1951.

[295] Zutr. FG Baden-Württemberg v. 23. 11. 2004, StE 2005, 260, rkr. (Streichinstrumentenbauer). Vgl. ferner FG Bremen v. 24. 5. 1968, EFG 1968, 571, sowie *Brandt* in H/H/R § 18 EStG Rz. 600 Stichwort „Instrumentenbauer".

[296] BFH I R 96/92 v. 10. 3. 1993, BFH/NV 1993, 716: Unterhaltung.

[297] BFH IV R 102/90 v. 11. 7. 1991, BStBl II 1992, 413; s. auch *Giloy* Rz. 172.

[298] Vgl. FG Nürnberg v. 26. 1. 1993, EFG 1993, 547, zur USt.

[299] Vgl. BFH IV 223/63 U v. 17. 12. 1964, BStBl III 1965, 143.

[300] BFH IV R 196/72 v. 7. 31974, BStBl II 1974, 383. Ein Kameramann bei einer Film- und Fernsehgesellschaft ist in aller Regel unselbständig tätig, s. dazu OFD München v. 17. 31987, StEK EStG § 18 Nr. 149.

[301] Vgl. BFH I R 22/81 v. 27. 6. 1985, BFH/NV 1985, 17, zu § 50a Abs. 4, 5 EStG.

[302] Zutr. FG Hessen v. 26. 9. 1991, EFG 1992, 333, rkr., mit Darstellung des Aufgabenbereichs eines Kartographen, s. dazu auch § 1 Satz 2 der VO über die Berufsausbildung von Kartographen v. 4. 3. 1997, BGBl I 1997, 536; *Brandt* in H/H/R § 18 EStG Rz. 600 Stichwort „Kartograph"; *Kempermann* FR 1993, 83.

[303] Zeichenverfahren, bei dem die einzelnen Geländeformen abgetönt und plastisch herausgearbeitet werden.

[304] A. A. derselbe Senat des FG Hessen (U. v. 19. 3. 1993, EFG 1993, 680); danach wurde die künstlerische Gestaltung, auf die es letztlich nicht entscheidungserheblich ankam, unter Hinweis auf ein Gutachten lediglich „unterstellt". Im Revisionsverfahren wurde die Frage der künstlerischen Tätigkeit nicht entschieden. Die Sache wurde mangels ausreichender Feststellungen an das FG zurückverwiesen (BFH IV R 80/94 v. 8. 6. 1995, BStBl II 1995, 776).

[305] BFH IV R 145/88 v. 22. 3. 1990, BStBl II 1990, 643.

[306] BFH I R 107/68 v. 15. 4. 1970, BStBl II 1970, 517 (Bühnenvermittler); I 157/63 U v. 30. 11. 1965, BStBl III 1966, 36 (Vermittlung von Artisten sowie von Tanz- und Unterhaltungsorchestern); s. a. VIII R 50, 51/66 v. 18. 4. 1972, BStBl II 1972, 624.

[307] Z. B. BFH I 157/63 U v. 30. 11. 1965, BStBl III 1966, 36.

Künstlermanager sind gewerblich tätig.[308] 135

Kunstaugenhersteller üben keine künstlerische Tätigkeit aus.[309] 136

Kunsthandwerker kann ausnahmsweise künstlerische Leistungen erbringen.[310] 137

Kunstsachverständiger. Siehe „Gutachter". 138

Layouter kann künstlerische Tätigkeit ausüben.[311] 139

Licht- und Tonregie bei Bühnenszenen kann künstlerische Tätigkeit sein.[312] 140

Magier. Bei entsprechender Gestaltungshöhe künstlerische Tätigkeit denkbar.[313] 141

Maler. Der sog. Kunstmaler übt grundsätzlich eine künstlerische Tätigkeit aus.[314] 142

Mannequin. Sog. Starmannequins sollen künstlerisch tätig sein können.[315] 143

Modeberater. Beratende Tätigkeit eines Modeschöpfers kann künstlerische Tätigkeit sein.[316] Siehe auch „Modeschöpfer". 144

Modedesigner/Modeschöpfer können beim Entwerfen von Modellkleidern und bei der zeichnerischen Gestaltung einer Modellkollektion künstlerisch tätig sein.[317] Siehe auch „Modeberater". 145

Modellbauer übt regelmäßig keine künstlerische Tätigkeit aus.[318] Demgegenüber soll das Herstellen von Schiffsmodellen eine künstlerische Tätigkeit sein können.[319] 146

Musikclowns können künstlerisch tätig sein, wenn ihre Darbietungen einen Qualitätsstandard überschreiten, der dem für Musiker – bezogen auf die Besonderheiten eines Clowns entsprechen. 147

Musiker. Selbständige Musiker sind künstlerisch tätig, wenn ihre Darbietungen einen bestimmten Qualitätsstandard überschreiten,[320] und zwar selbst dann, wenn sie lediglich als 148

---

308 BFH VIII R 50, 51/66 v. 18. 4. 1972, BStBl II 1972, 624; IV B 2/90 v. 19. 2. 1991, BFH/NV 1992, 372; s. auch FG Hamburg v. 25. 2. 1988, EFG 1988, 429.

309 BFH IV R 251/66 v. 25. 7. 1968, BStBl II 1968, 662: Arbeit auch nicht der eines Arztes oder Heilpraktikers ähnlich.

310 Vgl. BFH IV 43/64 v. 26. 9. 1968, BStBl II 1969, 70 (Herstellen von Beleuchtungskörpern).

311 FG Hamburg v. 24. 9. 1992, EFG 1993, 386, rkr.; s. aber auch FG München v. 17. 11. 1966, EFG 1967, 228 (wohl überholt).

312 FG Rheinland-Pfalz v. 29. 6. 1994, EFG 1995, 25, rkr., (Kabarettveranstaltungen).

313 FG Rheinland-Pfalz v. 13. 12. 1984, EFG 1985, 128 (zwh.).

314 Vgl. BFH VI R 104/86 v. 26. 4. 1989, BFH/NV 1989, 696; IV R 9/77 v. 14. 8. 1980, BStBl II 1981, 21.

315 So FG Düsseldorf v. 13. 5. 1964, EFG 1964, 655, sehr zweifelhaft. *Zur* Frage der Selbständigkeit/Unselbständigkeit s. *Blümich/Thürmer* § 19 EStG Rz. 120 Stichwort „Mannequins".

316 BFH I R 1/66 v. 14. 11. 1968, BStBl II 1969, 138, zugleich Abgrenzung zum Werbeberater. Zwar lässt der BFH eine Ausnahme von der grundsätzlich gewerblichen Tätigkeit zu. Zweifelhaft erscheint jedoch das von ihm gewählte Abgrenzungsmerkmal, wonach sich die gedankliche Leistung des Beratenden in der Gestaltung der Erzeugnisse des Beratenen niederschlagen muss. Entscheidend darf allein sein, ob die Beratung als solche eine eigenschöpferische Leistung mit kreativ künstlerischem Gehalt ist. Dies dürfte allerdings nur in Ausnahmefällen zutreffen.

317 Vgl. BFH I R 1/66 v. 14. 11. 1968, BStBl II 1969, 138. Zweifelnd *Brandt* in H/H/R § 18 EStG Rz. 600 Stichwort „Gebrauchsgraphiker".

318 Vgl. BFH IV 15/60 U v. 25. 10. 1963, BStBl III 1963, 598 (Architekturmodelle); I B 125/93 v. 25. 10. 1993, BFH/NV 1994, 470; s. auch Brandt in H/H/R § 18 EStG Rz. 600 Stichwort „Modellbau".

319 FG Hamburg v. 29. 6. 2001, EFG 2001, 1452, rkr (Schiffsminiaturen; sehr zwh.).

320 BFH I R 191/70 v. 18. 10. 1972, BStBl II 1973, 134; vgl. ferner IV R 64/79 v. 19. 8. 1982, BStBl II 1983, 7, sowie IV R 97/81 v. 12. 4. 1984, BStBl II 1984, 491: Orchestermusiker, der nebenberuflich Musikunterricht erteilt, zweifelhaft. S. aber – rechtshistorisch – auch IV 277/54 U v. 3. 11. 1955, BStBl III 1956, 112: Beschränkung auf Darbietungen im Rundfunk und für Schallplat-

Aushilfe tätig sind.[321] Dies soll auch für die Darbietung von Tanz- und Unterhaltungsmusik gelten.[322] Das erforderliche künstlerische Niveau erreichen grundsätzlich nicht Barpianisten, Kaffehausmusiker, Blasmusikkapellen und Zirkuskapellen.[323]

Ggf. ist zu prüfen, ob der Musiker Arbeitnehmer des Veranstalters[324] und damit unselbständig tätig ist.[325]

149 **Musikinstrumentenbauer.** Siehe „Instrumentenbauer".

150 **Musikpädagoge.** Orchestermusiker, der nebenberuflich Musikunterricht erteilt, ist künstlerisch tätig, wenn der Unterricht nach Gegenstand und Ziel und nach dem Ausbildungsstand der Schüler ein gewisses Niveau erreicht.[326]

151 **Nachlassverwalter** eines Künstlers. Siehe „Erbe eines Künstlers".

152 **Nachrichtensprecher** in Rundfunk und Fernsehen ist nicht künstlerisch tätig.[327]

153 **Notenschreiber,** der Stimmen für die einzelnen Instrumente aus den Dirigentenpartituren herausschreibt und ggf. die in eine andere Tonart transponiert, ist grundsätzlich nicht künstlerisch tätig.[328]

154 **Orchesterleiter** kann künstlerisch tätig sein.[329] Siehe auch „Tanzensemble".

155 **Orgelbaumeister** übt grundsätzlich keine künstlerische Tätigkeit aus.[330] Siehe auch „Instrumentenbauer".

156 **Pantomime** kann bei entsprechender Gestaltungshöhe seines Vortrags künstlerisch tätig sein.[331]

157 **Produktdesigner** ist nicht künstlerisch tätig.[332]

158 **Regisseur** kann künstlerisch tätig sein.[333] Dies gilt auch für einen **Fotoregisseur.**

---

tenaufnahmen. S. ferner zu den Voraussetzungen, unter denen ein Musiker künstlerisch tätig sein kann, i. E. *Maaßen* Rz. 308 ff.

[321] FG Köln v. 21. 7. 1981, EFG 1982, 345.

[322] BFH IV R 64/79 v. 19. 8. 1982, BStBl II 1983, 7; ebenso IV R 202/80 v. 28. 10. 1982, nv. (sehr weitgehend).

[323] Ebenso *Steinhauff* in Littmann/Bitz/Pust § 18 EStG Rz. 101 a; s. ferner *Maaßen* Rz. 311 m. w. N. und *Giloy* Rz. 206.

[324] Insbesondere bei Volksfesten und in Restaurants, Gastwirtschaften; s. ferner *Blümich/Hutter* § 18 EStG Rz. 25.

[325] Zu Einkünften aus selbständiger Arbeit eines (Orchester-)Musikers aus künstlerischer Nebentätigkeit s. BFH IV R 126/70 v. 25. 11. 1971, BStBl II 1972, 212, und H 68 LStH Stichwort „Orchestermusiker". S. ferner *Blümich/Thürmer* § 19 EStG Rz. 120 Stichwort „Musiker".

[326] So BFH IV R 97/81 v. 12. 4. 1984, BStBl II 1984, 491, zu § 34 Abs. 4 EStG a. F. Sehr zweifelhaft in Bezug auf § 18 Abs. 1 Nr. 1 EStG; anders aber bei Unterricht durch renommierte Solisten.

[327] BFH V 52/61 U v. 24. 10. 1963, BStBl III 1963, 589, zu § 4 Ziff. 17 UStG 1951.

[328] FG Hamburg v. 26. 7. 1967, EFG 1967, 613; s. aber auch *Steinhauff* in Littmann/Bitz/Pust § 18 EStG Rz. 100.

[329] BFH I R 22/81 v. 27. 6. 1985, BFH/NV 1985, 17: Künstlerische Leistung geht grundsätzlich nicht in der organisatorischen und kaufmännischen Leistung unter.

[330] Für den Regelfall zutr. FG Münster v. 17. 3. 1993, EFG 1993, 679, rkr. In sehr seltenen Ausnahmefällen erscheint eine künstlerische Tätigkeit auch beim Orgelbau durchaus nicht ausgeschlossen. S. auch „Instrumentenbauer".

[331] Nach *Steinhauff* in Littmann/Bitz/Pust, § 18 EStG Rz. 236, Stichwort „Pantomime", generell künstlerisch tätig. Zur Frage der Selbständigkeit/Unselbständigkeit s. *Blümich/Thürmer* § 19 EStG Rz. 120 Stichwort „Regisseur".

[332] Vgl. BFH IV R 73/90 v. 11. 7. 1991, BStBl II 1991, 878.

[333] BFH IV R 112/72 v. 3. 2. 1977, BStBl II 1977, 459 m. w. N.; vgl. ferner BFH I R 51/96 v. 8. 4. 1997, BStBl II 1997, 679: Theater- und Opernregisseur, zu DBA – Großbritannien, dazu Anm. *Hensel* IStR 1997, 562; I R 75/88 v. 11. 4. 1990, BFHE 160, 513: Filmregisseur, zu DBA-Belgien; FG Berlin v. 28. 10. 1981, EFG 1982, 479, rkr.

Restaurator. Die Tätigkeit eines Restaurators ist dann künstlerisch, wenn sie ein *Kunstwerk*[334] betrifft und dieses so stark beschädigt ist, dass seine Wiederherstellung eine eigenschöpferische Leistung des Restaurators, insbesondere durch individuelles Gestalten,[335] erfordert.[336] An dieser Voraussetzung fehlt es, wenn die vorhandene Substanz lediglich gefestigt und gereinigt wird, frühere Ausbesserungen entfernt werden oder das Werk vor Umwelteinflüssen oder Transportarbeiten.[337] Eine künstlerische Tätigkeit liegt demnach so lange nicht vor, so lange sich die Tätigkeit sich im reinen Konservieren erschöpft. Dies ist selbst dann der Fall, wenn es sich bei dem zu erhaltenden Objekt um ein Kunstwerk handelt, das besonders wertvoll ist, oder wenn nicht nur die rein technischen Arbeiten ein besonderes Maß an Einfühlungsvermögen erfordern, sondern auch wenn die gutachtliche oder fachschriftstellerische Beschäftigung mit dem Gegenstand des Restaurierens wissenschaftlich sein[338] mag.[339] 159

Nicht erforderlich ist, dass sich der Restaurator erkennbar vom Original löst. Gebäuderestauration ist grundsätzlich keine künstlerische Tätigkeit.[340] Zu beachten ist, dass die Restauratorentätigkeit neben künstlerischen gleichzeitig auch wissenschaftliche und/oder handwerkliche Elemente aufweisen und insoweit eine einheitliche Leistung[341] vorliegen kann.[342]

Richter. Die Mitwirkung eines Richters als Darsteller einer Richterrolle im Fernsehen kann eine künstlerische Tätigkeit sein.[343] 160

Sänger können bei ihrer typischen Tätigkeit soweit diese künstlerischen Rang hat, eine künstlerische Tätigkeit ausüben.[344] Siehe aber auch „Friedhofssänger". 161

---

334 BFH XI R 9/05 v. 26. 4. 2006, BFH/NV 2006, 2238. Ausgenommen sind sog. *objets trouvés,* selbst wenn diese historisch bedeutsam sind.

335 BFH XI R 9/05 v. 26. 4. 2006, BFH/NV 2006, 2238; IV R 63/02 v. 4. 11. 2004, BStBl II 2005, 362.

336 BFH IV R 63/02 v. 4. 11. 2004, BStBl II 2005, 362, unter Hinweis auf RFH v. 21. 6. 1944, RStBl 1944, 772, wonach Voraussetzung für die Annahme einer künstlerischen Tätigkeit ist, dass die Wiederherstellung des Kunstwerkes *„ein dem Gedanken des Schöpfers des Kunstwerks nachfühlendes Gestalten und Ergänzen"* wäre. Gleichzeitig eingehende Ausführungen hinsichtlich der Abgrenzung zur *wissenschaftlichen Tätigkeit* i. S. d. § 18 Abs. 1 Nr. 1 sowie Darlegungen zur Frage, inwieweit die Dokumentation zur Restaurierung eine *schriftstellerische Tätigkeit* i. S. d. § 18 Abs. 1 Nr. 1 Satz 2 EStG sein kann. Ferner Abgrenzung zur Rechtsprechung des BSG. S. zum U. Anm. *Kempermann* FR 2005, 497 und DStR 2005, 558.

S. ferner FG Nürnberg v. 10. 3. 1993, EFG 1993, 677: Ähnlich wie BFH unter engen Voraussetzungen (eigenschöpferisches Gestalten etc.) künstlerische Tätigkeit möglich. Abl. ebenfalls FG München 9 K 2243/91 v. 15. 7. 1992, nv: Möbelrestaurator; FG Hessen v. 21. 10. 1983, EFG 1984, 260: Gebäuderestaurierung und Steinkonservierung.

337 BFH XI R 9/05 v. 26. 4. 2006, BFH/NV 2006, 2238; IV R 63/02 v. 4. 11. 2004, BStBl II 2005, 362, dazu Anm. *Kempermann,* FR 2005, 497 und DStR 2005, 558.

338 BFH IV R 63/02 v. 4. 11. 2004, BStBl II 2005, 362, unter Hinweis darauf, dass die Rechtslage aufgrund des Künstlersozialversicherungsgesetzes für die Auslegung des Begriffs „künstlerische Tätigkeit" nicht vorgreiflich ist.

339 BFH XI R 9/05 v. 26. 4. 2006, BFH/NV 2006, 2238; IV R 63/02 v. 4. 11. 2004, BStBl II 2005, 362; *Kempermann,* FR 2005, 497; *ders.* DStR 2005, 558.

340 FG Hessen v. 21. 10. 1983, EFG 1984, 260, rkr.

341 S. Rz. 192 ff.

342 S. dazu und zu den steuerrechtlichen Folgerungen daraus BFH I R 54/93 v. 30. 3. 1994, BStBl II 1994, 864. S. auch I R 54/93 v. 30. 3. 1994, BStBl II 1994, 864: Mögliche einheitliche Leistung bei einem Restaurationsbetrieb in Form einer GbR.

343 FG Hamburg v. 4. 3. 1976, EFG 1976, 288, rkr., fraglich.

344 Zur Frage der *Selbständigkeit*/Unselbständigkeit s. *Blümich/Thürmer* § 19 EStG Rz. 120 Stichwort „Sänger"; BMF v. 5. 10. 1990, BStBl I 1990, 638, Rz. 7 ff.

162 **Sammlerpuppen.** Das Herstellen von Sammlerpuppen ist keine künstlerische Tätigkeit.[345]

163 **Schauspieler.** Ein Schauspieler kann bei seiner typischen Tätigkeit künstlerische Leistungen erbringen.[346] Die Mitwirkung bei der Herstellung von Werbefotografien und das Sprechen von Werbetexten im Rahmen der Hörfunk und Fernsehwerbung (Werbespots) ist nur dann als künstlerische Tätigkeit zu beurteilen,[347] wenn die darstellerische Leistung selbst künstlerische Qualität aufweist und der Schauspieler ausreichend Spielraum für die Entfaltung eigenschöpferischer Leistungen hat.[348] Sind dies Voraussetzungen erfüllt, kommt es auf den späteren Verwendungszweck (Werbung) nicht an.[349] Ebensowenig ist entscheidend, ob „Werbung mit Kunst" vorliegt oder ob „mit der Person des Künstlers" geworben wird.[350]

Beim Tätigwerden eines Schauspielers im Rahmen der Werbung besteht kein untrennbarer Zusammenhang mit dem Hauptberuf.[351]

Der Umstand, dass der Schauspieler möglicherweise Schadensersatzansprüche wegen Verletzung des Rechts am eigenen Bild (§ 22 KunstUrhG) geltend machen könnte, begründet für sich allein noch nicht dazu, die möglichen Entschädigungen den freiberuflichen Einkünften zuzuordnen.[352]

Einzelfälle:[353]

Künstlerische Tätigkeit

bejaht bei:

- Mitwirkung bei Werbespots, die im Bereich der schauspielerischen Kleinkunst liegen.[354]
- Einsatz bei der Synchronisation von Spielfilmen,[355] und zwar vornehmlich von ausländischen.[356]

---

345 FG Berlin v. 15. 4. 1991, EFG 1992, 332, rkr.

346 Vgl. BFH IV R 1/97 v. 15. 10. 1998, BFH/NV 1999, 465: Abgrenzung zu Bereichen nichtkünstlerischer Tätigkeit, hier: Werbefotografien. Zur Abgrenzung Selbständigkeit/Nichtselbständigkeit s. BFH I R 207/66 v. 6. 10. 1971, BStBl II 1972, 88: Gesamtbild der vertraglichen Verhältnisse und deren Durchführung; *Blümich/Thürmer* § 19 EStG Rz. 120 Stichwort „Schauspieler".

347 BFH IV R 33/90 v. 11. 7. 1991, BStBl II 1992, 353 m. w. N. (Show-und Quizmaster); IV R 102/90 v. 11. 7. 1991, BStBl II 1992, 413; FG Hamburg v. 22. 4. 1992, DStR 1993, 320. S. ferner *Schneider* DStR 1993, 301 sowie Stichwort „Sprecher".

348 S. insbesondere BFH IV R 33/90 v. 11. 7. 1991, BStBl II 1992, 353 m. w. N. (Show- und Quizmaster); IV R 102/90 v. 11. 7. 1991, BStBl II 1992, 413; vgl. auch FG Hamburg v. 22. 4. 1992, DStR 1993, 320. Siehe i. E. auch Stichwort „Sprecher" sowie *Maaßen* Rz. 352 f.; BFH IV R 102/90 v. 11. 7. 1991, BStBl II 1992, 413.

349 BFH IV R 102/90 v. 11. 7. 1991, BStBl II 1992, 413; s. dazu *Schneider* DStR 1993, 301.

350 So aber FG Hamburg v. 13. 6. 1990, EFG 1991, 212; s. dazu *Schneider* DStR 1993, 301.

351 BFH IV R 33/90 v. 11. 7. 1991, BStBl II 1992, 353; IV R 102/90 v. 11. 7. 1991, BStBl II 1992, 413.

352 BFH IV R 33/90 v. 11. 7. 1991, BStBl II 1992, 353.

353 Zur allgemeinen Übersicht, insbesondere hinsichtlich der Entwicklung der Rechtsprechung, s. auch *Maaßen* Rz. 345 ff.

354 FG Bremen v. 9. 5. 1996, BB 1998, 1618, rkr. („Kaffeegenießer"), sehr weitgehend.

355 BFH VI R 212/75 v. 3. 8. 1978, BStBl II 1979, 131; IV R 1/77 v. 12. 10. 1978, BStBl II 1981, 706, m. w. N.

356 VI R 212/75 v. 3. 8. 1978, BStBl II 1979, 131; s. a. BMF v. 23. 9. 1981, BStBl I 1981, 634.

verneint bei:

- Mitwirkung bei einem Werbespot, weil Bekanntheitsgrad als Künstler(in) im Vordergrund steht[357] oder weil Schauspieler lediglich die Rolle eines Produktbenutzers spielt, der einen vorgegebenen Werbetext spricht.[358]
- Verwertung von Fotografien, die ein Künstler zu Werbezwecken Dritter von sich hat aufnehmen lassen.[359]
- Bloße Mitwirkung eines populären Schauspielers bei der Herstellung von Werbefotografien,[360] von Spielfilmen[361] und als Sprecher von Werbetexten.[362] Dies gilt unabhängig vom künstlerischen Gehalt der schauspielerischen Leistung.
- Tätigkeit als Synchronsprecher bei Kultur-, Lehr und Industriefilmen.[363]

Siehe auch „Stuntteam".

Schlangenmensch ist nicht künstlerisch tätig.[364] **164**

Schönheitskönigin, die ihren Titel durch entgeltliche öffentliche Auftritte verwertet, **165** ist insoweit gewerblich tätig.[365]

Show- und Quizmaster sind in aller Regel nicht künstlerisch tätig.[366] **166**

Sportler üben als Sprecher von Werbetexten in Werbesendungen (Werbespots) keine **167** künstlerische Tätigkeit aus.[367]

Sprecher in Rundfunk, Fernsehen oder Film. **168**

Die Tätigkeit als Rundfunk- oder Fernsehsprecher ist regelmäßig nicht als künstlerisch zu beurteilen, wenn sie sich darauf beschränkt, Nachrichten, Abhandlungen und dgl. wiederzugeben.[368] Das Gleiche gilt nach der Rechtsprechung[369] grundsätzlich auch in den Fällen, in denen der Sprecher die zu verlesenden Texte selbst verfasst hat[370] sowie das Sprechen der Texte beim Anmoderieren.[371] Das Moderieren von Rundfunk- oder Fern-

---

[357] FG München v. 16. 10. 2003, DStRE 2004, 755, rkr. (Badeöl); FG Hamburg v. 22. 4. 1992, DStR 1993, 320.

[358] BFH IV R 33/90 v. 11. 7. 1991, BStBl II 1992, 353; IV R 102/90 v. 11. 7. 1991, BStBl II 1992, 413; FG Hamburg v. 22. 41992, DStR 1993, 320, rkr. (Kaffeewerbung).

[359] BFH IV R 33/90 v. 11. 7. 1991, BStBl II 1992, 353; IV R 102/90 v. 11. 7. 1991, BStBl II 1992, 413.

[360] BFH IV R 1/97 v. 15. 10. 1998, BFH/NV 1999, 465.

[361] BFH IV R 1/77 v. 12. 10. 1978, BStBl II 1981, 706; I R 207/66 v. 6. 10. 1971, BStBl II 1971, 88: nichtselbständige Arbeit. Anders, wenn Schauspieler in vollem Umfang weisungsungebunden (Tatfrage!): FG Hamburg v. 4. 3. 1976, EFG 1976, 288. S. dazu auch *Blümich/Thürmer* § 19 EStG Rz. 120 Stichwort „Schauspieler".

[362] BFH IV 208/60 U v. 20. 6. 1962, BStBl III 1962, 385, zu § 34 Abs. 4 EStG a. F.; FG Hamburg v. 13. 6. 1990, EFG 1991, 212. Vgl. ferner BFH IV R 112/72 v. 3. 2. 1977, BStBl II 1977, 459: Tätigkeit eines Journalisten als Sprecher bei Werbesendungen von Hörfunk und Fernsehen.

[363] BFH IV 280/65 v. 26. 5. 1971, BStBl. II 1971, 703.

[364] Vgl. BFH I R 96/92 v. 10. 3. 1993, BFH/NV 1993, 716.

[365] FG Rheinland-Pfalz v. 19. 7. 1995, EFG 1996, 52, rkr.

[366] BFH IV R 33/90 v. 11. 7. 1991, BStBl II 1992, 353: Mitwirkung an Fernsehspots von Fernsehlotterie und Glücksspirale.

[367] BFH IV R 102/90 v. 11. 7. 1991, BStBl II 1992, 413 m. w. N.

[368] So schon BFH V 52/61 U v. 24. 10. 1963, BStBl III 1963, 589, zu § 4 Ziff. 17 UStG 1951; s. auch *Giloy* Rz. 240: regelmäßig nichtselbständig tätig.

[369] S. dazu BFH IV R 112/72 v. 3. 2. 1977, BStBl II 1977, 459.

[370] BFH IV R 112/72 v. 3. 2. 1977, BStBl II 1977, 459.

[371] Vgl. BFH V 52/61 U v. 24. 10. 1963, BStBl III 1963, 589, zu § 4 Ziff. 17 UStG 1951. A. A. hinsichtlich der Programmansage FG Berlin v. 5. 1. 1967, EFG 1967, 432, überholt und abzulehnen.

sehsendungen ist dem journalistischen Bereich zuzuordnen, die Frage der künstlerischen Tätigkeit erübrigt sich insoweit regelmäßig.[372]

Ein Schauspieler ist als Sprecher in aller Regel gewerblich tätig, weil regelmäßig nicht die schauspielerische Leistung, sondern der sachliche Inhalt des Textes oder ein hoher Bekanntheitsgrad des Vortragenden im Vordergrund steht.[373] Künstlerisch tätig ist er, wenn er als Sprecher eine eigenschöpferische Leistung erbringt, in der sich seine individuelle Anschauungsweise und Gestaltungskraft widerspiegeln, wie z. B. in einer Hörspielrolle.[374] Der Sprecher muss einen erheblichen Spielraum zur Entfaltung seiner künstlerischen Fähigkeiten haben.[375]

Zur Sprechertätigkeit von Schauspielern, insbesondere als Synchronsprecher, siehe auch „Schauspieler, von Sportlern siehe „Sportler".

Statist in einem Opernhaus oder an einem Theater kann künstlerisch tätig sein.[375a]

169 **Steinmetz,** der Grabsteine entwirft und herstellt, übt regelmäßig keine künstlerische Tätigkeit aus.[376]

170 **Stuntkoordinator/Stuntman/Stuntteam** üben grundsätzlich keine künstlerischen Tätigkeiten aus.[377]

171 **Synchronsprecher.**[378] Siehe „Schauspieler".

172 **Talkshow.** Teilnahme an einer Talkshow ist keine künstlerische Leistung.[379]

173 **Tanzensemble.** Der Leiter eines Tanzensembles kann bei künstlerischer Gestaltung der Aufführung künstlerisch tätig sein.[380] Es gelten auch insoweit die allgemeinen Voraussetzungen einer künstlerischen Tätigkeit.

174 **Tanz-** und **Unterhaltungsorchester.** Die Darbietungen eines solchen Orchesters stellen eine künstlerische Tätigkeit dar, wenn sie einen bestimmten Qualitätsstandard erreichen. Dabei kommt es maßgeblich auf die bei den Darbietungen sich erweisenden Fähigkeiten der Orchestermitglieder an.[381]

---

[372] Vgl. BFH IV R 112/72 v. 3. 2. 1977, BStBl II 1977, 459 m. w. N.

[373] Ständige Rechtsprechung, z. B. BFH IV R 33/90 v. 11. 7. 1991, BStBl II 1992, 353; IV R 102/90 v. 11. 7. 1991, BStBl II 1992, 413 IV R 112/72 v. 3. 2. 1977, BStBl II 1977, 459.

[374] BFH IV R 112/72 v. 3. 2. 1977, BStBl II 1977, 459 m. w. N.; V 52/61 U v. 24. 10. 1963, BStBl III 1963, 589, zu § 4 Ziff. 17 UStG 1951 V 52/61 U v. 24. 10. 1963, BStBl III 1963, 589, zu § 4 Ziff. 17 UStG 1951; IV 208/60 U v. 20. 6. 1962, BStBl III 1962, 385, zu § 34 Abs. 4 EStG a. F.

Zur Frage der Selbständigkeit/Unselbständigkeit s. *Blümich/Thürmer* § 19 EStG Rz. 120 Stichwort „Rundfunk".

[375] BFH IV R 33/90 v. 11. 7. 1991, BStBl II 1992, 353; IV R 102/90 v. 11. 7. 1991, BStBl II 1992, 413.

[375a] Sächsisches FG v. 6. 3. 2006, DStRE 2006, 1172, zu § 3 Nr. 26 EStG, Rev. XI R 21/06; für den Regelfall sehr zwh., Tatfrage.

[376] Ebenso *Brandt* in H/H/R § 18 EStG Rz. 600 Stichwort „Steinmetz"; s. auch RFH v. 25. 1. 1939, RStBl 1939, 354.

[377] FG München v. 19. 11. 2003, EFG 2004, 333, dazu BFH XI R 78/03 v. 28. 6. 2006, BFH/NV 2006, 2062 (Stuntkoordinator); v. 16. 5. 2002, EFG 2002, 1176 (Stuntteam).

[378] Zur Abgrenzung Selbständigkeit/Nichtselbständigkeit bei Synchronsprechern s. *Blümich/Thürmer* § 19 EStG Rz. 120 Stichwort „Synchronsprecher".

[379] BFH I B 99/98 v. 21. 41999, BStBl II 2000, 254: Sonstige Einkünfte gem. § 22 Nr. 3 EStG; dazu Anm. *Kempermann* FR 1999, 857.

[380] Ebenso *Brandt* in H/H/R § 18 EStG Rz. 600 Stichwort „Tanzensemble"; vgl. ferner BFH I R 22/81 v. 27. 6. 1985, BFH/NV 1985, 17 (Orchesterleiter).

[381] So BFH IV R 64/79 v. 19. 8. 1982, BStBl II 1983, 7: Gleiches gilt für Jazz-, Pop- und Rockmusik. Die Grenzziehung ist insoweit sehr schwierig und nicht stets eindeutig vorzunehmen.

Tapisserien. Das Entwerfen von Tapisserien kann eine künstlerische Tätigkeit sein.[382] 175

Textildesigner kann künstlerisch tätig sein,[383] nicht jedoch der Entwerfer von Stickmustern.[384] 176

Textdichter kann künstlerisch tätig sein.[385] 177

Theaterleiter ist künstlerisch tätig, wenn er aufgrund seiner Einflussnahme auf Regie, Bühnenbild und Ausstattung eigenschöpferisch tätig ist.[386] Siehe auch „Filmproduzent". 178

Tonmeister, Tonregisseur (Aufnahmeleiter) können künstlerisch tätig sein, vorausgesetzt, ihre Leistung hat gegenüber der der Musiker eine eigenständige künstlerische Bedeutung.[387] 179

Tontechniker kann künstlerisch tätig sein, z. B. wenn er aus musikalischen Darbietungen Klangbilder von nicht unerheblichem künstlerischem Wert herstellt, die gegenüber den Leistungen der Musiker eine eigenständige künstlerische Bedeutung haben.[388] Seine Tätigkeit kann aber auch mit der eines *Bildberichterstatters* vergleichbar sein.[389] 180

Tourneeleiter übt regelmäßig insoweit keine künstlerische Tätigkeit aus, als er die Tournee organisatorisch betreut.[390] Dagegen kann eine künstlerische Tätigkeit insoweit vorliegen, als er an der Gestaltung und Ausführung des Programms mitwirkt.[391] Wird der Tourneeleiter gleichzeitig in beiden Bereichen tätig, ist zu prüfen, ob die Gesamttätigkeit als einheitliche zu beurteilen ist, oder ob die beiden Bereich zu trennen sind.[392] 181

Trauerredner. Ein Trauerredner kann künstlerisch tätig sein, wenn die Trauerreden in der überwiegenden Zahl der Fälle nicht nach Redeschablonen,[393] sondern im Wesentlichen eigenschöpferisch gehalten werden und sich durch eine enorme Vielfalt und Anpassung an den Einzelfall auszeichnen.[394] Ansonsten gewerblich.[395] 182

Typograph (Schriftdesigner) kann künstlerisch tätig sein.[396] 183

Unterhaltungskünstler kann künstlerisch tätig sein.[397] 184

---

[382] Vgl. BFH V 230/60 v. 14. 8. 1963, HFR 1964, 182, zu § 4 Ziff. 17 UStG 1951: Tätigkeit „als Künstler".

[383] S. FG Düsseldorf v. 25. 10. 1966, EFG 1967, 287, rkr.

[384] BFH IV 352/60 U v. 7. 11. 1963, BStBl III 1964, 45.

[385] Vgl. BFH I R 145/70 v. 28. 2. 1973, BStBl II 1973, 660: Ort der Ausübung der Tätigkeit, zu DBA-Italien 1925.

[386] S. FG Berlin v. 28. 10. 1981, EFG 1982, 479, rkr.

[387] FG Rheinland-Pfalz v. 29. 6. 1994, EFG 1995, 25, rkr; FG Berlin v. 30. 9. 1986, EFG 1987, 244; FG Schleswig-Holstein v. 18. 9. 1969, EFG 1970, 78. Zum Aufgabenbereich eines Tonmeisters/Tonregisseur s. *Maaßen* Rz. 315 und Seite 88 Fn. 266.

[388] FG Berlin v. 30. 91986, EFG 1987, 244, rkr.

[389] S. BFH XI R 8/00 v. 20. 12. 2000, BStBl II 2002, 478.

[390] FG Rheinland-Pfalz v. 29. 6. 1994, EFG 1995, 25, rkr.: insoweit gewerbliche Tätigkeit.

[391] FG Rheinland-Pfalz v. 29. 6. 1994, EFG 1995, 25, rkr.; vgl. auch FG Berlin v. 28. 10. 1981, EFG 1982, 479, rkr.: Leiter eines Tourneetheaters, der entscheidenden gestaltenden Einfluss auf die Inszenierung hatte.

[392] S. dazu Rz. 192f. Im Fall des U. des FG Rheinland-Pfalz v. 29. 6. 1994 (EFG 1995, 25) waren beide Tätigkeitsbereiche eng miteinander verbunden; Folge: einheitlicher Gewerbebetrieb.

[393] Dann keine künstlerische Tätigkeit, s. BFH VIII R 48/80 v. 9. 2. 1982, nv. vgl. auch IV R 105/85 v. 26. 2. 1987, BStBl II 1987, 376: Ein und dieselbe Trauerrede vielfach vorgetragen.

[394] So FG Niedersachsen v. 24. 3. 2004, DStRE 2004, 830, zu weitgehend; vgl. auch BFH I R 183/79 v. 29. 7. 1981, BStBl II 1982, 22: Das Künstlerische muss sowohl dem Inhalt als auch der Form nach verwirklicht sein.

[395] BFH I R 183/79 v. 29. 7. 1981, BStBl II 1982, 22. S. aber *Steinhauff* in Littmann/Bitz/Pust § 18 EStG Rz. 97: ggf. ist § 22 Nr. 3 EStG (Einkünfte aus Leistungen) zu prüfen.

[396] So *Maaßen* Rz. 244, zwh., Tatfrage.

185 **Verfasser von Betriebsanleitungen** kann eine schriftstellerische Tätigkeit ausüben.[398]

186 **Visagist** kann künstlerische Tätigkeit ausüben. Dies soll auch dann gelten, wenn er (sie) in einem Team von Fotografen und Stylisten zusammenarbeitet.[399]

187 **Video-Editor/Cutter,** der ausschließlich im Bereich der Werbung tätig ist, übt keine künstlerische Tätigkeit aus.[400]

188 **Werbeberater, PR-Berater** sind regelmäßig gewerblich tätig, soweit sie rein beratend tätig sind.[401] Im Übrigen bedarf es ggf. der Abgrenzung gegenüber der journalistischen, schriftstellerischen oder wissenschaftlichen Tätigkeit i. S. d. § 18 Abs. 1 Nr. 1 EStG.[402]

Ein Werbeberater, dessen Hauptaufgabe es ist, Öffentlichkeitsarbeit zu betreiben, ist gewerblich tätig.[403]

189 **Werbefotograf.** Siehe „Fotograf".

190 **Zauberkünstler** ist nicht künstlerisch tätig.[404] Siehe aber auch „Magier".

191 **Zeichentrickfilmer** kann künstlerisch tätig sein.[405]

192 **d) Gesamttätigkeit oder Einzeltätigkeiten.** *aa) Grundfall.* Im **Grundfall** ist zu beurteilen, welcher Einkunftsart Einkünfte aus einem in sich geschlossenen Tätigkeitsbereich zuzuordnen sind, der nur ein bestimmtes Tätigkeitselement aufweist. *Beispiel:* Es ist darüber zu befinden, ob die zu beurteilende Tätigkeit (ausschließlich) die steuerrechtlichen Voraussetzungen einer „künstlerischen" erfüllt, oder ob sie (ausschließlich) einer anderen Einkunftsart, z. B. den Einkünften aus Gewerbebetrieb, zuzuordnen ist.

193 Davon zu unterscheiden ist die Fallgestaltung, dass innerhalb derselben Einkunftsart unterschiedliche Geschehensabläufe zu beurteilen sind, die jeweils getrennt voneinander dasselbe Tatbestandsmerkmal erfüllen können. *Beispiel:* Der Steuerpflichtige ist innerhalb desselben Jahres sowohl als Gebrauchsgraphiker als auch als Maler tätig. Er kann sowohl mit beiden Arbeiten die Voraussetzungen einer „künstlerischen Tätigkeit" erfüllen oder nicht erfüllen, die maßgeblichen Voraussetzungen können aber auch nur bei einem Tätigkeitsbereich erfüllt sein.[406] Entscheidend für die steuerrechtliche Einordnung ist, welches Gesamtbild sich in Bezug auf den jeweiligen Einzelbereich im Rahmen einer Gesamtbetrachtung aller Tätigkeiten ergibt.

194 *bb) Gesamttätigkeit.* Liegt eine **Gesamttätigkeit** vor, die gleichzeitig mehrere Tätigkeitselemente aufweist (gemischte Leistungen), die rein theoretisch unterschiedlichen Einkunftsarten i. S. d. § 2 Abs. 1 EStG zugeordnet werden könnten, ist zunächst zu prüfen, ob die jeweiligen Tätigkeitsbereiche eindeutig voneinander trennbar sind, oder ob sie derart miteinander verflochten sind, dass die Gesamttätigkeit notwendigerweise als einheitliche

---

[397] So FG Düsseldorf v. 25. 2. 2004, DStRE 04, 638, rkr.: Karnevalsdarbietungen eines Alleinunterhalters („Botterblömche"), zu weitgehend.

[398] BFH IV R 4/01 v. 25. 4. 2002, BStBl II 2002, 475.

[399] FG Hamburg v. 19. 8. 1992, EFG 1993, 306, rkr. (sehr zwh.); zu Recht a. A. FG Berlin v. 29. 1. 1985 VII 103/83, nv.

[400] FG Hamburg v. 16. 12. 04, DStRE 05, 563, rkr.

[401] BFH I 206/53 U v. 25. 10. 1955, BStBl III 1955, 386; vgl. ferner R 1/66 v. 14. 11. 1968, BStBl II 1969, 138; krit. *Maaßen* Rz. 359, s. dazu aber Anmerkungen zum Stichwort „Modeberater". Zu den möglichen Inhalten des Begriffs „Werbeberater" s. *Maaßen* Rz. 356 ff.

[402] S. i. E. dazu *Maaßen* Rz. 358.

[403] Vgl. BFH IV R 16/98 v. 24. 9. 1998, BFH/NV 1999, 602; s. dazu *Maaßen* Rz. 360.

[404] Vgl. BFH I R 96/92 v. 10. 3. 1993, BFH/NV 1993, 716: Unterhaltung. S. auch I R 72/87 v. 2. 8. 1989, BFH/NV 1990, 146: Zaubern keine Kunst i. S. d. § 52 AO (gemeinnützige Zwecke). Nach FG Rheinland-Pfalz v. 13. 12. 1984 (DStR 1985, 285) ist künstlerische Tätigkeit grundsätzlich möglich.

[405] Vgl. VG Berlin v. 18. 1. 1958, EFG 1958, 355, zu § 4 Ziff. 17 UStG 1951.

[406] S. dazu BFH I R 1/66 v. 14. 11. 1968, BStBl II 1969, 138 (Beratender Modeschöpfer, Schriftsteller) unter Hinweis auf BFH V 96/59 S v. 11. 7. 1960, BStBl III 1960, 453, zu § 4 Ziff. 17 UStG 1951.

anzusehen ist.[407] Die entsprechende Beurteilung ist auf der Grundlage einer **Gesamtschau** der im konkreten Fall vorliegenden tatsächlichen Gegebenheiten vorzunehmen.[408] Der – ggf. geschätzte – **Anteil** der Einzelteile **am Umsatz** oder an den Einkünften ist kein geeignetes Kriterium bei der Entscheidung, ob eine einheitliche Tätigkeit oder mehrere, getrennt voneinander zu beurteilende Tätigkeiten vorliegen.[409] Zu beachten ist, dass für künstlerisch tätige **Personengesellschaften** die sog. Abfärbewirkung des § 15 Abs. 3 Nr. 1 EStG eintreten kann.[410]

(1) Trennung der Tätigkeitsbereiche. In aller Regel werden die aus den einzelnen Tätigkeiten **195**
entspringenden Einkünfte **getrennt zu erfassen** sein.[411] Eine solche Aufteilung in die verschiedenen Tätigkeitsbereiche setzt grundsätzlich voraus, dass diese nach der Verkehrsauffassung ohne Schwierigkeiten voneinander zu trennen sind.[412] Dies gilt insbesondere dann, wenn zwischen den einzelnen Betätigungen kein sachlicher und/oder wirtschaftlicher Zusammenhang besteht.[413] Aber auch wenn sachliche und wirtschaftliche Bezugspunkte zwischen den verschiedenen Tätigkeiten bestehen, sind die einzelnen Betätigungen regelmäßig getrennt zu erfassen,[414] sofern keine einheitliche Tätigkeit anzunehmen ist.[415] Dies kann z.B. dann der Fall sein, wenn der Steuerpflichtige getrennt von der eigenen künstlerischen Tätigkeit für fremde Rechnung, etwa für einen Künstlerkollegen, Kunstgegenstände verkauft und insoweit gewerblich tätig wird.[416] Bei einer getrennten Beurteilung bedarf es für die steuerrechtliche Einordnung der einzelnen Tätigkeitsbereiche ggf. der Feststellung, welches Gesamtbild sich in Bezug auf die jeweiligen Einzelteile bei der Betrachtung aller Umstände des jeweiligen Einzelfalles ergibt. Die Höhe der jeweiligen Einkünfte kann im Falle der Trennung erforderlichenfalls im Schätzungsweg ermittelt werden.[417]

---

[407] S. dazu insbesondere BFH IV R 15/90 v. 11. 7. 1991, BStBl II 1991, 889; VIII R 92/83 v. 9. 8. 1983, BStBl II 1984, 129, zum betrieblichen Bereich; IV R 196/72 v. 7. 3. 1974, BStBl II 1974, 383; I R 1/66 v. 14. 11. 1968, BStBl II 1969, 138 (Beratender Modeschöpfer, Schriftsteller). S. ferner IV 280/65 v. 26. 5. 1971, BStBl II 1971, 703 (Synchronsprecher, Übersetzer), zu § 34 Abs. 4 EStG a.F. Zur Trennung zwischen Schauspielertätigkeit und Tätigkeit im Bereich der Werbung s. IV R 102/90 v. 11. 7. 1991, BStBl II 1992, 413, sowie *Blümich/Hutter* § 18 EStG Rz. 64ff. und *Kempermann* FR 1992, 250, 255.

[408] Zu den Einzelheiten s. Rz. 195ff. Zu Beispielen der Trennbarkeit/Nichttrennbarkeit bei gemischter Tätigkeit von Freiberuflern s. *Blümich/Hutter* § 18 EStG Rz. 69; *Schmidt/Wacker* § 18 EStG Rz. 50.

[409] BFH IV R 1/97 v. 15. 10. 1998, BFH/NV 1999, 465; IV R 196/72 v. 7. 31974, BStBl II 1974, 383.

[410] S. dazu i.E. Rz. 298ff.

[411] Ständige Rechtsprechung, so schon BFH IV R 196/72 v. 7. 3. 1974, BStBl II 1974, 383; s.a. XI R 8/00 v. 20. 12. 2000, BStBl II 2000, 478 XI R 8/00 v. 20. 12. 2000, BStBl II 2000, 478.

[412] Z.B. BFH I R 54/93 v. 30. 3. 1994, BStBl II 1994, 864 und Parallelentscheidung I R 53/93 v. 30. 3. 1994, BFH/NV 1994, 210 m.w.N.; VIII R 92/83 v. 9. 8. 1983, BStBl II 1984, 129, m.w.N. zum einheitlichen betrieblichen Bereich; IV R 196/72 v. 7. 31974, BStBl II 1974, 383; I R 1/66 v. v. 14. 11. 1968, BStBl II 1969, 138 m.w.N.

[413] Vgl. BFH VIII R 92/83 v. 9. 8. 1983, BStBl II 1984, 129; *Kempermann* FR 1992, 250, 254f.

[414] Ständige Rechtssprechung z.B. BFH I R 54/93 v. 30. 3. 1994, BStBl II 1994, 864; VIII R 92/83 v. 9. 8. 1983, BStBl II 1984, 129, m.w.N. zum einheitlichen betrieblichen Bereich; IV R 196/72 v. 7. 3. 1974, BStBl II 1974, 383; vgl. ferner IV R 112/72 v. 3. 2. 1977, BStBl II 1977, 459, zu § 34 Abs. 4 EStG a.F. (Nebeneinkünfte eines Journalisten aus künstlerischer Tätigkeit in Zusammenhang mit Hörfunk- und Fernsehsendungen).

[415] S. dazu Rz. 196.

[416] Zur gewerblichen Tätigkeit bei Tätigwerden für fremde Rechnung s. BFH I R 173/85 v. 7. 2. 1990, BFH/NV 1991, 685.

[417] BFH IV R 15/90 v. 11. 7. 1991, BStBl II 1991, 889; VIII R 92/83 v. 9. 8. 1983, BStBl II 1984, 129, m.w.N. zum einheitlichen betrieblichen Bereich.

196 *(2) Einheitliche Tätigkeit.* Eine **einheitliche Tätigkeit** ist stets anzunehmen, wenn die verschiedenen Einzeltätigkeiten sich gegenseitig bedingen und sachlich derart miteinander verbunden sind, dass sie nach der Verkehrsauffassung als Einheit anzusehen sind.[418] In einem solchen Fall sind die einzelnen Tätigkeitselemente[419] nicht voneinander zu trennen und damit auch nicht getrennt zu würdigen.[420] Die steuerrechtliche Zuordnung zu einer Einkunftsart richtet sich insoweit vielmehr *einheitlich* und *ausschließlich* danach, welches Tätigkeitselement dieser Einheit bei der Betrachtung aller Umstände des jeweiligen Einzelfalles (Gesamtwürdigung) vorherrscht,[421] der Gesamtleistung das **Gepräge** gibt.[422] Nicht entscheidend ist, mit welchen „Einzeltätigkeiten" der größte Umsatz oder Ertrag erzielt wird.[423]

197 Schuldet bspw. ein Steuerpflichtiger seinem Auftraggeber einen einheitlichen Erfolg, so ist auch die zur Durchführung des Auftrags erforderliche Tätigkeit regelmäßig als einheitliche zu beurteilen.[424] Dagegen ist ein einzelunternehmerischer Betrieb nicht allein schon deshalb einheitlich als gewerblich zu beurteilen, weil in ihm nur gemischte Leistungen mit überwiegend gewerblichem Charakter erbracht werden;[425] denn allein aus diesem Umstand kann noch nicht zwingend auf eine untrennbare Verknüpfung zwischen den einzelnen Tätigkeitselementen geschlossen werden. Anders ist es, wenn die Voraussetzungen des § 15 Abs. 3 Nr. 1 EStG vorliegen, wonach als Gewerbebetrieb *in vollem Umfang* die mit Einkünfteerzielungsabsicht unternommene Tätigkeit einer OHG, einer KG oder einer anderen Personengesellschaft gilt, wenn die Gesellschaft gewerblich tätig ist oder gewerbliche Einkünfte (§ 15 Abs. 1 Satz 1 Nr. 2 EStG) bezieht. Etwas Anderes gilt insoweit nur, wenn die gewerblichen Tätigkeiten von untergeordneter Bedeutung sind.[426]

198 Die vorstehenden Rechtsgrundsätze gelten grundsätzlich in gleicher Weise, wenn der Steuerpflichtige neben Erzeugnissen, die eine künstlerische Tätigkeit voraussetzen, auch solche herstellt, die nicht durch eigenschöpferisches Tätigwerden geprägt sind, ohne dass dabei eine Abgrenzung zu einer anderen Einkunftsart in Betracht kommt. Eine Trennung kann sich dabei sowohl zugunsten als auch zu Lasten des Steuerpflichtigen auswirken und umgekehrt.[427]

199 **e) Einkünfte-(Gewinn-)erzielungsabsicht – Liebhaberei.** Bei der Ermittlung des Gesamtbetrags der Einkünfte i. S. d. § 2 Abs. 3 EStG sind sowohl positive als auch nega-

---

[418] BFH XI R 8/00 v. 20. 12. 2000, BStBl II 2000, 478; IV R 1/97 v. 15. 10. 1998, BFH/NV 1999, 465; IV R 99/93 v. 21. 4. 1994, BStBl II 1994, 650; s. ferner I R 54/93 v. 30. 3. 1994, BStBl II 1994, 864; IV R 102/90 v. 11. 7. 1991, BStBl II 1992, 413; IV R 33/90 v. 11. 7. 1991, BStBl II 1992: verneint zwischen schauspielerischer Tätigkeit und Tätigkeit für Zwecke der Werbung bei einem Schauspieler; I R 1/66 v. v. 14. 11. 1968, BStBl II 1969, 138.

[419] Z. B. im Fall des BFH-U. I R 54/93 v. 30. 3. 1994 (BStBl II 1994, 864) die wissenschaftlichen, handwerklichen und künstlerischen Tätigkeitselemente bei einem Betrieb, der sich im Wesentlichen mit der Restaurierung von Kirchen befasste.

[420] BFH IV R 1/97 v. 15. 10. 1998, BFH/NV 1999, 465.

[421] BFH IV R 1/97 v. 15. 10. 1998, BFH/NV 1999, 465; IV R 60/95 v. 24. 7. 1997, BStBl II 1997, 567; I R 54/93 v. 30. 3. 1994, BStBl II 1994, 864; IV R 196/72 v. 7. 3. 1974, BStBl II 1974, 383.

[422] BFH IV R 63/02 v. 4. 11. 2004, BStBl II 2005, 362.

[423] Vgl. BFH IV R 196/72 v. 7. 3. 1974, BStBl II 1974, 383 mit Hinweis auf U. I 116/55 U v. 23. 10. 1956, BStBl III 1957, 17.

[424] So ausdrücklich IV R 1/97 v. 15. 10. 1998, BFH/NV 1999, 465; vgl. ferner IV R 60/95 v. 24. 7. 1997, BStBl II 1997, 567; IV R 17/90 v. 7. 11. 1991, BStBl II 1993, 324.

[425] So aber BFH I R 54/93 v. 30. 3. 1994, BStBl II 1994, 864.

[426] BFH IV R 63/02 v. 4. 11. 2004, BStBl II 2005, 362 m. w. N.; s. auch IV B 212/03 v. 8. 3. 2004, BFH/NV 2004, 954; XI R 12/98 v. 18. 4. 2000, BStBl II 2001, 359, sowie *Kempermann* DStR 2002, 664.

[427] *Vorteilhaft:* Wenn bei einer Gesamtschau der überwiegende Tätigkeitsbereich *nicht* künstlerisch wäre. *Nachteilig:* Überwiegende Tätigkeit wäre bei einer Gesamtschau künstlerisch.

tive Einkünfte anzusetzen, wenn im Rahmen der jeweiligen Einkunftsart die Absicht besteht, auf Dauer gesehen nachhaltig Überschüsse, zu erzielen (**Einkünfteerzielungsabsicht** – als Oberbegriff). Dies gilt auch in Bezug auf die Einkünfte aus selbständiger künstlerischer Tätigkeit gemäß § 18 Abs. 1 Nr. 1 Satz 2 EStG. Nach Maßgabe des § 2 Abs. 2 Nr. 1 EStG ist insoweit der Begriff **„Gewinnerzielungsabsicht"** der konkretere.[428] Wird die entsprechende Tätigkeit allerdings nicht mit der gebotenen Einkünfte(Gewinn-)erzielungsabsicht ausgeübt, liegt insoweit eine steuerrechtlich unbeachtliche sog. **Liebhaberei** vor, mit der Folge, dass insbesondere Verluste aus der entsprechenden Tätigkeit steuerrechtlich nicht anzuerkennen sind,[429] insbesondere nicht mit positiven Einkünften aufgrund einer anderen Einkunftsart ausgeglichen werden können (Verlustabzugsverbot).[430]

Die Einkünfte- und damit auch die Gewinnerzielungsabsicht ist eine **innere Tatsache,** **200** die nicht lediglich aufgrund von Erklärungen, sondern nur anhand äußerlich erkennbaren tatsächlichen Merkmalen („Indizien") beurteilt werden kann.[431] Aus derartigen objektiven Umständen muss auf das Vorliegen oder Fehlen der Absicht geschlossen werden, wobei einzelne Umstände einen Anscheinsbeweis liefern können, der vom Steuerpflichtigen jedoch entkräftet werden kann. Erforderlich ist eine in die Zukunft gerichtete, langfristige Beurteilung, die auf den sog. **Totalgewinn,** d. h. den Totalüberschuss der Einnahmen über die Betriebsausgaben abstellt.[432] Die Gewinnerzielungsabsicht muss nicht notwendigerweise bereits mit der Aufnahme der Tätigkeit vorhanden sein; sie kann auch erst zu einem späteren Zeitpunkt entstehen, ebenso wie sie vor Beendigung der Tätigkeit wegfallen kann.[433] Die Verhältnisse eines bereits abgelaufenen Zeitraums können dabei durchaus Anhaltspunkte bieten.[434]

Dauernde Verluste sind zwar ein Indiz gegen das Vorhandensein der Einkünfteer- **201** zielungsabsicht. Daraus allein kann jedoch auf Liebhaberei nur geschlossen werden, wenn der Steuerpflichtige die verlustbringende Tätigkeit nur aus im Bereich seiner Lebensführung liegenden persönlichen Neigungen ausübt (sog. subjektiver Liebhabereibegriff).[435] Dabei sind im Rahmen einer Gesamtschau alle Umstände des konkreten Einzelfalles zu berücksichtigen. Maßgebend ist die jeweilige Eigenart der zu beurteilenden Tätigkeit. So können beispielsweise die Grundsätze, die für land- und forstwirtschaftliche Betriebe oder gewerbliche Tierzucht oder Tierhaltung gelten,[436] selbst die für andere selbständige Tätigkeiten geltenden Maßstäbe nicht unbesehen auf eine künstlerische Tätigkeit übertragen werden. Hier sind bei der gebotenen Gesamtwürdigung in erster Linie die der Eigenart künstlerischen Schaffens entsprechenden Parameter maßgebend. Rein betriebswirtschaftliche Gründe stehen hier in aller Regel nicht im Vordergrund.

---

[428] Bei den sog. Überschusseinkünften des § 2 Abs. 2 Nr. 4 bis 7 EStG spricht man von „*Überschuss*erzielungsabsicht".

[429] Die Voraussetzungen für das Vorliegen der Gewinnerzielungsabsicht einerseits und der Einkünfteerzielungsabsicht sind allerdings nicht in vollem Umfang deckungsgleich, s. dazu i. E. *Heuermann* DStR 2005, 1338.

[430] Grundlegend BFH GrS 4/82 v. 25. 6. 1984, BStBl II 1984, 751.

[431] Vgl. dazu z. B. BFH IV R 2/92 v. 7. 3. 1996, BStBl II 1996, 369, 372. Zur Rechtsdogmatik s. a. *Heuermann* DStR 2005, 1338.

[432] S. dazu BFH GrS 4/82 v. 25. 6. 1984, BStBl II 1984, 751, 766; vgl. ferner IV R 43/02 v. 26. 2. 2004, BStBl II 2004, 455; IV B 41/02 v. 30. 7. 2002, BFH/NV 03, 1578.

[433] S. BFH IX R 112/83 v. 31. 3. 1987, BStBl II 1987, 744 m. w. N.

[434] BFH IV R 104/86 v. 26. 4. 1989, BFH/NV 1989, 696.

[435] S. dazu BFH GrS 4/82 v. 25. 6. 1984, BStBl II 1984, 751; XI R 46/01 v. 6. 3. 2003, BStBl II 2003, 602m. w. Rechtsprechungsnachweisen; *Hutter,* DStZ 1998, 344.

[436] So ausdrücklich BFH XI R 46/01 v. 6. 3. 2003, BStBl II 2003, 602.

202 Dementsprechend kann allein aus der Tatsache, dass ein Steuerpflichtiger über einen längeren Zeitraum Verluste aus seiner künstlerischen Tätigkeit erzielt, noch nicht geschlossen werden, dass ihm die Gewinnerzielungsabsicht fehle. Gerade in diesem Tätigkeitsbereich kann nach der Lebenserfahrung im Hinblick auf die Eigenart künstlerischer Tätigkeit vor Allem mit einer längeren, verlustträchtigen künstlerischen Anlaufzeit zu rechnen sein.[437] Aber auch nach einer Gewinnperiode kann wiederum ein längerer Verlustzeitraum eintreten, beispielsweise als Folge einer zunehmend kritischen Haltung auf dem Kunstmarkt[438] oder im Hinblick darauf, dass potentielle Auftraggeber sich verstärkt mit den Aufträgen zurückhalten oder allenfalls – etwa aus eigenen finanziellen Engpässen – ein geringes Entgelt zahlen.

203 Allerdings wird man zu unterscheiden haben, ob die künstlerische Tätigkeit haupt- oder nebenberuflich ausgeübt wird. Bei einer vieljährigen Verlustphase wird das Fehlen einer Einkünfteerzielungsabsicht eher bei einer nebenberuflichen als bei einer hauptberuflichen Tätigkeit anzunehmen sein, und zwar insbesondere dann, wenn der Steuerpflichtige aus seiner hauptberuflichen – nicht künstlerischen – Tätigkeit hinreichende Einkünfte erzielt.[439] Anders ist es, wenn die bisherige hauptberufliche künstlerische Tätigkeit nebenberuflich fortgeführt und den sich danach ergebenden tatsächlichen Gegebenheiten angepasst wird. Zu berücksichtigen ist in einem solchen Fall z. B., ob und inwieweit der Steuerpflichtige gehalten ist, zur Wahrung seiner künstlerischen Fähigkeiten für eine gewisse Zeit auch weniger ertragreiche Aufträge anzunehmen. Dabei sind die Anforderungen der konkret zu beurteilenden künstlerischen Tätigkeit zu berücksichtigen. Entscheidend ist aber auch in all diesen derartigen FAbgrenzungsfällen das Ergebnis der Würdigung aufgrund einer Gesamtschau der konkreten Verhältnisse des Einzelfalles. Eine generelle, allgemein verbindliche Aussage lässt sich hier nicht treffen.

204 In seinem Urteil XI R 46/01 vom 6. 3. 2003[440] hat der BFH einige künstlerspezifische Merkmale und Gesichtspunkte aufgelistet, die – je nach Lage des Falles – in die gebotene Gesamtwürdigung einzubeziehen sein können. Das – künstlerfreundliche – Urteil zeigt im Übrigen, wie schwierig, um nicht zu sagen „schwammig", die zutreffende Abgrenzung zwischen steuerrechtlich relevanter Tätigkeit und Liebhaberei im künstlerischen Bereich sein kann.

205 Die vom BFH[441] aufgezeigten Merkmale und Gesichtspunkte im Einzelnen:
- Art der künstlerischen Berufsausbildung[442] und Ausbildungsabschluss.[443]

---

437 Ebenso BFH VI R 39/90 v. 7. 5. 1993, BFH/NV 1993, 652; FG Köln v. 29. 1. 2002, DStRE 2002, 665, rkr.: 19 Jahre = unschädlich, dürfte aber zu lang sein; FG Hamburg v. 19. 3. 2001, DStRE 2002, 666: 15 Jahre lang tendenziell steigende Verluste sprechen gegen Gewinnerzielungsabsicht eines Künstlers, zutr.; FG Niedersachsen v. 27. 8. 2003, DStRE 2004, 249; s. ferner *Schmidt/Wacker* § 18 EStG Rz. 6; *Heuer* DStZ 1983, 294; *Mennacher* NJW 1985, 1608.

438 Ebenso zu Recht ausdrücklich BFH XI R 46/01 v. 6. 3. 2003, BStBl II 2003, 602. Zur unterschiedlichen Beurteilung von Anlaufverlusten einerseits und dauernden Verlusten, die im späteren Verlauf der Tätigkeit entstehen, andererseits s. a. IV R 43/02 v. 26. 02. 2004, BStBl II 2004, 455 (Arztpraxis).

439 So zutr. *Brandt* in H/H/R § 18 EStG Rz. 70 m. w. N. Zur Gewinnerzielungsabsicht bei einem Nebeneinander von selbständiger und nichtselbständiger Tätigkeit s. auch BFH IV B 157/04 v. 16. 3. 2006, BFH/NV 2006, 1459: enger Zusammenhang zwischen beiden Tätigkeiten erforderlich.

440 BStBl II 2003, 602.

441 Im U. XI R 46/01 vom 6. 3. 2003, BStBl II 2003, 602.

442 Wobei die Ausbildung allein nicht das entscheidende Kriterium sein kann, so zu Recht BFH IV R 15/90 v. 11. 7. 1991, BStBl II 1991, 889. Zur Berufsausbildung als verfassungsrechtlich zulässiges Unterscheidungskriterium bei der Abgrenzung zwischen freiberuflicher und gewerblicher Tätigkeit s. BFH IV B 68/00 v. 23. 1. 2001, BFH/NV 2001, 893.

443 S. dazu FG Niedersachsen v. 19. 1. 1989, VI 344/87 – juris.

- Künstlerische Tätigkeit als alleinige Existenzgrundlage des Steuerpflichtigen, ggf. seiner Familie.[444]
- Berufstypische professionelle Vermarktung (z. B. Teilnahme an Ausstellungen).[445]
- Besondere berufliche Einrichtungen (z. B. Atelier).[446]
- Erwähnung im einschlägigen Schrifttum.[447]
- Erzielung gelegentlicher Gewinne.[448]
- Schaffung von Werken, die für erwerbswirtschaftliche Verwertung bestimmt sind und daher bei entsprechender Marktnachfrage verkauft werden können.[449]

Die vorstehende Aufstellung ist keineswegs abschließend. Vielmehr können bei der **206**
Würdigung **weitere Geschehensabläufe** von Bedeutung sein, wie z. B.:

- Wie hat der Steuerpflichtige auf die längere Zeit hindurch erwirtschafteten Verluste reagiert?[450]
- Inwieweit sind die Verluste Ausfluss der konkreten (verlustträchtigen) Art der künstlerischen Tätigkeit?
- Konnte der Steuerpflichtige bei einigermaßen ernsthafter Betrachtung mit einer Gewinnchance rechnen oder war diese nur theoretisch?[451]
- Tritt der wirtschaftliche Erfolg erkennbar subjektiv hinter etwaige persönliche Motive, wie z. B. Streben nach äußerer Anerkennung oder persönliche Passion, zurück?[452]
- Haben außergewöhnliche, vom Steuerpflichtigen nicht beeinflussbare Ereignisse, wie z. B. Erkrankung oder negative Tendenzen auf dem Kunstmarkt, die Möglichkeiten der Einkünfteerzielung nachhaltig beeinträchtigt?
- Hat sich der Steuerpflichtige nachhaltig voll persönlich für das Erzielen positiver Einkünfte eingesetzt?[453]
- Ist die Verlustphase mit persönlichen Veränderungen verbunden?[454]

Die aufgeführten Merkmale und Gesichtspunkte, die in vollem Umfang für den Be- **207**
reich der bildenden Kunst bedeutsam sind, können je nach konkreter Fallgestaltung unterschiedlich zu gewichten sein; es bedarf ggf. einer genauen Abwägung. Die vom

---

[444] Vgl. BFH IV R 74/79 v. 22. 7. 1982, BStBl II 1983, 2; *Blümich/Hutter* § 18 EStG Rz. 45 m. w. N. Wohl nicht immer sehr aussagekräftig.

[445] S. dazu insbesondere BFH VI R 39/90 v. 7. 5. 1993, BFH/NV 1993, 652; IV R 104/86 v. 26. 4. 1989, BFH/NV 1989, 696.

[446] BFH IV R 104/86 v. 26. 4. 1989, BFH/NV 1989, 696.

[447] BFH IV R 104/86 v. 26. 4. 1989, BFH/NV 1989, 696; ähnlich FG München v. 20. 10 2000, 13 K 2414/95 – juris.

[448] BFH IV R 104/86 v. 26. 4. 1989, BFH/NV 1989, 696, – sehr weitgehend –; vgl. auch IV R 88/76 v. 22. 11. 1979, BStBl II 1980, 152.

[449] Abgrenzung zu BFH IV R 84/82 v. 23. 5. 1985, BStBl II 1985, 515; vgl. ferner *Kirchhof* NJW 1985, 225, 230.

[450] Vgl. dazu BFH VI R 43/02 v. 26. 2. 2004, BStBl II 2004, 455: ärztliche Tätigkeit.

[451] Vgl. BFH VI R 122/92 v. 22. 7. 1993, BStBl II 1994, 510; VI R 104/86 v. 26. 4. 1989, BFH/NV 1989, 696; FG Schleswig-Holstein v. 1. 2. 1989, EFG 1989, 456, rkr.; FG München v. 25.11. 2003, EFG 2004, 802, rkr., (Holzbildhauer); FG Niedersachsen v. 27. 8. 2003, DStRE 2004, 249, rkr.

[452] Vgl. BFH IV B 81/01 v. 14. 7. 2003, BStBl II 2003, 804 m. w. N. FG Niedersachsen v. 27. 8. 2003, DStRE 2004, 249, rkr.: Die Möglichkeit der Verrechnung mit positiven Einkünften des Ehegatten lässt nicht den Schluss zu, dass eine künstlerische Tätigkeit aufgrund persönlicher Neigungen oder Gründe ausgeübt wird.

[453] Vgl. BFH XI R 10/97 v. 22. 4. 1998, BStBl II 1998, 663: Gewinnerzielungsabsicht eines Rechtsanwalts.

[454] S. z. B. FG Niedersachsen v. 27. 8. 2003, EFG 2004, 111: Einrichtung eines anderen Ateliers und damit Neubeginn der künstlerischen Tätigkeit.

BFH[455] aufgezeigte Übersicht deutet im Ergebnis allerdings darauf hin, dass das Gericht – jedenfalls sein 11. Senat – bei künstlerischer Tätigkeit die **Grenzen,** ab denen Liebhaberei anzunehmen ist, zu Gunsten der Künstler sehr **weit nach Außen** schiebt.[456]

208 **f) Nicht steuerbare oder steuerfreie Einnahmen.** *aa) „Ehrenpreise".* Nach höchstrichterlicher Rechtsprechung,[457] Verwaltungsauffassung[458] und Schrifttum[459] sollen **Preise, die** vor Allem **der Ehrung** des Preisträgers **dienen,** keine Betriebseinnahmen sein, und zwar selbst dann nicht, wenn die Preisverleihung im äußeren Zusammenhang mit beruflichen Leistungen steht. Dagegen bestehen allerdings rechtssystematische Bedenken.

209 *bb) Leistungen von Versicherungen; Mutterschaftsgeld.* Gemäß **§ 3 Nr. 1 Buchst. a EStG** sind steuerfrei die Leistungen (Bar- und Sachleistungen) aus einer **Krankenversicherung,** aus einer **Pflegeversicherung** und aus der gesetzlichen **Unfallversicherung.**

210 Sachleistungen und Kinderzuschüsse aus den gesetzlichen **Rentenversicherungen** sind gemäß **§ 3 Nr. 1 Buchst. b EStG** steuerfrei.

211 Leistungen aufgrund des **Mutterschutzgesetzes**[460] (Mutterschaftsgeld, Zuschuss zum Mutterschaftsgeld) und des § 4a Mutterschutzverordnung[461] (Zuschuss bei Schwangerschaft und Entbindung) sind gemäß **§ 3 Nr. 1 Buchst. d EStG** steuerbefreit.

212 *cc) Bezüge aus öffentlichen Mitteln oder aus Mitteln einer öffentlichen Stiftung.* Soweit es sich bei den Einnahmen des künstlerisch Tätigen um **Bezüge aus öffentlichen Mitteln**[462] oder aus Mitteln einer öffentlichen Stiftung handelt, sind sie nach Maßgabe des **§ 3 Nr. 11 EStG** steuerfrei.[463] Die Mittel müssen zu dem Zweck bewilligt werden, die Kunst unmittelbar zu fördern. Dies setzt voraus, dass sie dazu verwendet werden, die sachlichen Voraussetzungen zur Ausübung einer künstlerischen Tätigkeit zu schaffen.[464] In Betracht kommen können insoweit z.B. die Übernahme von Kosten für Sach- und Personalaufwendungen, wie etwa für die Einrichtung eines Ateliers einschließlich der erforderlichen Materialien oder zur Bezahlung von Hilfskräften.[465]

213 *dd) Einnahmen aus nebenberuflichen künstlerischen Tätigkeiten.* Gemäß **§ 3 Nr. 26 EStG** (sog. Übungsleiterpauschale) sind Einnahmen aus **nebenberuflichen künstlerischen Tätigkeiten** bis zur Höhe von insgesamt 1848 € im Jahr steuerfrei. Mit dieser Regelung soll insbesondere die Arbeit der im kulturellen Bereich tätigen gemeinnützigen Vereine gefördert werden.[466] Nach den derzeitigen (Dezember 2006) Plänen der Bundesregierung soll dieser Höchstbetrag ab 1. 1. 2007 auf **2100 €** angehoben werden.

214 Anspruch auf die Steuerbefreiung hat nur derjenige, der sich selbst künstlerisch betätigt. Eine lediglich unterstützende Tätigkeit ohne eigenes künstlerisches Wirken reicht nicht

---

455 Im U. XI R 46/01 vom 6. 3. 2003, BStBl II 2003, 602.

456 Das FG München ist dieser großzügigen Rechtsprechung im Grundsatz ausdrücklich gefolgt, im konkreten Fall hat es jedoch die Klage abgewiesen: U v. 8. 9. 2004, EFG 2005, 109, rkr.

457 S. insbes. BFH IV R 184/82 v. 9. 5. 1985, BStBl II 1985, 427 m.w.N.

458 BMF v. 5. 9. 1996, BStBl I 1996, 1150, Tz. 3.

459 Z. B. *Rühlemann* Rz. 527.

460 I. d. F. v. 20. 6. 2002, BGBl I 2002, 2318; s. auch BGBl I 2004, 69, § 11 ff.

461 I. d. F. v. 11. 11. 2004, BGBl I 2004, 2828.

462 Zum Begriff der „öffentlichen Mittel" s. *v. Beckerath* in K/S/M § 3 Nr. 11 EStG Rz. B 11/26 ff.

463 Zur Begrenzung des Abzugs von Betriebsausgaben gemäß § 3c EStG s. FG Baden-Württemberg v. 17. 4. 2004, EFG 2004, 1815, Rev. IV R 41/04; vgl auch BFH VI R 139/74 v. 9. 11. 1976, BStBl II 1976, 207, zu § 3 Nr. 44 EStG (Stipendien).

464 Ebenso *v. Beckerath* in K/S/M § 3 Nr. 11 EStG Rz. B 11/49.

465 S. BFH IV 133/64 v. 4. 5. 1972, BStBl II 1972, 566.

466 S. BT-Drs. 11/7833, S. 8.

aus. Ob eine künstlerische Tätigkeit vorliegt, bestimmt sich nach den rechtlichen Maßstäben des § 18 Abs. 1 Nr. 1 EStG.[467]

Eine Tätigkeit wird nach Verwaltungsauffassung[468] „nebenberuflich" i. S. d. § 3 Nr. 26 EStG ausgeübt, wenn sie – bezogen auf das Kalenderjahr – nicht mehr als ein Drittel der Arbeitszeit eines vergleichbaren Vollzeiterwerbs in Anspruch nimmt. Abgesehen davon, dass sich die künstlerische Tätigkeit – wenn überhaupt – regelmäßig nur sehr schwer nach verwaltungsmäßigen Kriterien zeitmäßig einordnen lässt, ist – entsprechend der Anlehnung an § 18 Abs. 1 Nr. 1 EStG – gerade bei dieser Art von Tätigkeit das jeweilige gestalterische Element in die Abgrenzung miteinzubeziehen. Übt der Steuerpflichtige im Haupt- und Nebenberuf im Wesentlichen die gleiche Tätigkeit aus, z. B. Professor an einer Kunsthochschule ist zusätzlich noch im Rahmen künstlerischen Fördermaßnahmen tätig, so wird zu prüfen sein, ob die „Nebentätigkeit" in Wirklichkeit Bestandteil der Haupttätigkeit ist. Insoweit bedarf es einer Gesamtwürdigung aller tatsächlichen Gegebenheiten des konkreten Falles. 215

Die gemäß § 3 Nr. 26 EStG steuerfreien Einnahmen werden bei der Ermittlung des Betriebsausgabenpauschbetrags für Künstler nicht berücksichtigt.[469] 216

ee) Ehrensold für Künstler. Der **Ehrensold für Künstler** sowie **Zuwendungen aus Mitteln der Deutschen Künstlerhilfe** sind nach Maßgabe des **§ 3 Nr. 43 EStG** steuerfrei. 217

Der Ehrensold der Künstler stammt grundsätzlich aus zweckgebundenen Landesmitteln. Ob diese Steuerfreiheit sachlich gerechtfertigt ist, kann man bezweifeln.[470] 218

Voraussetzung für die Steuerbefreiung der Bezüge aus öffentlichen Mitteln[471] ist, dass diese wegen der Bedürftigkeit[472] des Künstlers gezahlt werden. Unterstützt werden vor Allem ältere Künstler, die sich um das Kunstschaffen verdient gemacht haben.[473] 219

ff) Stipendien aus öffentlichen Mitteln zur Förderung der künstlerischen Fortbildung. Steuerfrei[474] sind schließlich gemäß **§ 3 Nr. 44 EStG Stipendien,**[475] die unmittelbar aus öffentlichen Mitteln oder von bestimmten zwischenstaatlichen oder überstaatlichen Einrichtungen zur Förderung der künstlerischen Ausbildung gezahlt werden. Es ist unerheblich, ob die Stipendien zum Bestreiten des Lebensunterhalts des Empfängers oder für den durch die Ausbildung oder Fortbildung verursachten Aufwand bestimmt sind.[476] 220

Voraussetzung für die Steuerfreiheit ist allerdings, dass
- bestimmte Höchstgrenzen nicht übersteigen (§ 3 Nr. 44 Satz 3 Buchst. a EStG);
- der Empfänger in Zusammenhang mit dem Stipendium nicht zu einer bestimmten künstlerischen Gegenleistung oder zu einer Arbeitnehmertätigkeit verpflichtet ist (§ 3 Nr. 44 Satz 3 Buchst. b EStG). Das Stipendium darf keine offene oder verdeckte Vergütung für eine – auch künftige – Arbeitsleistung sein.

gg) Steuerfreiheit für die private Nutzung von betrieblichen Pesonalcomputern und Telekommunikationsgeräten. Die gem. **§ 3 Nr. 45 EStG** bestehende Steuerfreiheit für die Vorteile aus 221

---

467 Ebenso *v. Beckerath* in K/S/M § 3 Nr. 26 EStG Rz. B 26/91.

468 LStR R 17 – Nebenberuflichkeit.

469 S. dazu BMF v. 21. 1. 1994, BStBl I 1994, 112; EStH H 18.2.

470 A. A. wohl *v. Beckerath* in K/S/M § 3 Nr. 43 EStG Rz. B 43/8.

471 Zum Begriff der „öffentlichen Mittel" s. *v. Beckerath* in K/S/M § 3 EStG Rz. B 43/17 ff.

472 S. dazu *Blümich/Erhard* § 3 EStG Rz. 248.

473 S. zu weiteren Einzelheiten *v. Beckerath* in K/S/M § 3 Nr. 43 EStG Rz. B 43/16 ff.

474 Zu der damit verbundenen Begrenzung des Abzugs von Werbungskosten/Betriebsausgaben gemäß § 3c EStG s. BFH VI R 139/74 v. 9. 11. 1976, BStBl II 1976, 207; vgl. auch FG Baden-Württemberg v. 17. 4. 2004, EFG 2004, 1815, Rev. IV R 41/04.

475 Zum Begriff der „Stipendien" s. *Blümich/Erhard* § 3 EStG Rz. 938; *v. Beckerath* in K/S/M § 3 Nr. 44 EStG Rz. B 44/40 ff.

476 EStR R 3.44.

der **privaten Nutzung** von betrieblichen Personalcomputern und **Telekommunikationsgeräten** ist auf Arbeitnehmer beschränkt. Freiberufler können sie nicht in Anspruch nehmen. Dies verstößt nicht gegen Art. 3 GG.[477]

222 *hh) Zahlungen der Künstlersozialkasse.* Die Beiträge, die die **Künstlersozialkasse** zugunsten des nach dem Künstlersozialversicherungsgesetz (KSVG) Versicherten aus dem Aufkommen von Künstlersozialabgabe und Bundeszuschuss an einen Träger der Sozialversicherung oder an den Versicherten zahlt, sind gemäß **§ 3 Nr. 57 EStG** steuerfrei.[478]

223 Nach dem KSVG sind selbständige Künstler in der Renten- und Krankenversicherung pflichtversichert. Die Mittel werden durch Beitragsanteile der Versicherten, die Künstlersozialabgabe sowie einen Bundeszuschuss aufgebracht. Nur soweit die Zahlungen aus den beiden zuletzt genannten Aufkommen stammen, sind sie steuerfrei gestellt. Die Regelung dient der steuerlichen Entlastung der Zukunftsvorsorge.[479]

224 **g) Verfahrensrecht in Zusammenhang mit der Bestimmung der Einkünfte aus künstlerischer Tätigkeit i. S. d. § 18 Abs. 1 Nr. 1 EStG.** *aa) Veranlagungsverfahren. (1) Maßgeblicher Veranlagungszeitraum.* Entscheidend ist, ob der Steuerpflichtige im maßgeblichen **Veranlagungszeitraum** eine künstlerische Tätigkeit ausgeübt hat.[480] Dabei ist die Gesamttätigkeit im Veranlagungszeitraum im Hinblick auf das Eigenschöpferische und die gewisse Gestaltungshöhe zu beurteilen,[481] und zwar unabhängig davon, ob sämtliche Arbeiten zu Einnahmen geführt haben.[482] Es genügt allerdings nicht, dass der Steuerpflichtige die erforderlichen Voraussetzungen in einem früheren Veranlagungszeitraum erfüllt hat, oder dass er sich in späteren Veranlagungszeiträumen wieder künstlerisch betätigt. Allerdings wird man bei der steuerrechtlichen Beurteilung der im maßgeblichen Veranlagungszeitraum gegebenen tatsächlichen Aktivitäten – ergänzend – etwaige in den vorangehenden Veranlagungszeiträumen festzustellende Entwicklungen in künstlerischer Hinsicht mitberücksichtigen können.

225 Bei der Beurteilung, ob der Steuerpflichtige eine künstlerische Tätigkeit ausübt, ist das Finanzamt zwar gemäß § 88 AO verpflichtet von Amts wegen den Sachverhalt zu ermitteln. Es ist jedoch grundsätzlich nicht verpflichtet, einen unabhängigen Sachverständigen einzuschalten, wenn es auf die Sachkunde eigener Bediensteter zurückgreifen kann.[483]

226 *(2) Bundes- und landesrechtliche Regelungen und Praxis bei der Beurteilung einer Tätigkeit als „künstlerisch" i. S. d. § 10 Abs. 1 Nr. 1 Satz 2 EStG.* Das Bundesministerium der Finanzen und einige Landesfinanzbehörden haben allgemeine Verwaltungsanweisungen erlassen, auf

---

[477] BFH XI R 50/05 v. 21. 6. 2006, BStBl II 2006, 715.

[478] Nicht steuerbegünstigt sind Leistungen an einen Fonds, der etwa der finanziellen Absicherung des Künstlers dienen soll; etwaige ausgeschüttete Erträge sind als Einkünfte aus Kapitalvermögen steuerbar. Vgl. zur Konstruktion eines solchen Fonds („Artist Pension Trust" – APT) und zu den Unterschieden zur Künstlersozialkasse s. *v. Bodungen* KUR 2006, 43. Zum APT s. *Lingner* Süddeutsche Zeitung v. 1. 6. 2006, S. 20.

[479] Zu weiteren Einzelheiten s. *v. Beckerath* in K/S/M § 3 Nr. 57 EStG Rz. B 57/12 ff.

[480] Soweit im Erlass der Senatsverwaltung Bremen v. 10. 1. 2002 (DStR 2002, 544) ausgeführt ist, die Entscheidung darüber, ob eine künstlerische Tätigkeit vorliege, obliege ausschließlich dem Finanzamt, bedeutet dies keineswegs, dass der Steuerpflichtige nicht die Möglichkeit hat, die Auffassung des Finanzamts im Rechtsbehelfsverfahren und ggf. im gerichtlichen Verfahren überprüfen zu lassen; s. dazu Rz. 250 ff.

[481] Vgl. BFH I R 183/79 v. 29. 7. 81, BStBl II 1982, 22; s. a. IV R 9/77 v. 14. 8. 1980, BStBl II 1981, 21.

[482] Ebenso *Schneider* DStZ 1993, 165; a. A. BFH I R 25/67 v. 19. 6. 1968, BStBl II 1968, 543; wohl auch *Brandt* in H/H/R § 18 EStG Rz. 107.

[483] BFH XI R 62/95 v. 17. 1. 1996, BFH/NV 1996, 527; s. ferner X R 170/93 v. 31. 8. 1994, BFH/NV 1995, 299.

deren Grundlage die Finanzämter eine Entscheidung darüber herbeiführen sollen, ob eine bestimmte Tätigkeit als „künstlerisch" i. S. d. § 18 Abs. 1 Satz 2 EStG einzuordnen ist. Diese Anweisungen sind – soweit sie von einzelnen Landesfinanzbehörden aufgrund eigener Verwaltungshoheit für ihren Geschäftsbereich erlassen sind – nicht stets bundeseinheitlich.

Die einzelnen Verwaltungsanweisungen, sind – gleichgültig, ob sie vom Bund oder von einem Bundesland erlassen sind – für die Gerichte nicht bindend. Diese entscheiden nach ihrer freien, aus dem Gesamtergebnis des Verfahrens gewonnenen Überzeugung (§ 96 FGO). In diese freie Würdigung des Gesamtergebnisses können sie etwaige, im Veranlagungsverfahren vorgelegte Sachverständigengutachten mit einbeziehen. **227**

α) Die Regelungen im Einzelnen. Im Einzelnen sei nachstehend auf folgende Verwaltungsanweisungen und deren Inhalt sowie auf die praktische Handhabung im Einzelfall hingewiesen:[484]

- **Bund**

  BMF-Schreiben vom 5. 10. 1990, BStBl I 1990, 638. **228**

- **Baden-Württemberg**

  – *OFD Stuttgart* **229**

  Die OFD Stuttgart ist aufgelöst. Die Zuständigkeit für die Württembergischen Finanzämter ist auf die OFD Karlsruhe übergegangen. Grundlage für das Verfahren zur Feststellung einer künstlerischen Tätigkeit i. S. d. § 18 Abs. 1 Nr. 1 Satz 2 EStG ist aber insoweit weiterhin die Verfügung der früheren OFD Stuttgart vom 14. 8. 2000 – S 2246A-14-St 33.

  Danach kann in Zweifelsfällen zur Begutachtung eine vom Verband Bildender Künstler und Künstlerinnen in Württemberg e. V. gebildete Kommission beauftragt werden.[485] Dem Steuerpflichtigen steht es frei, einen anderen Gutachter zu benennen.[486] Ausdrücklich geregelt ist die Berufung und Zusammensetzung der Gutachterkommision für den Bereich der *bildenden* Kunst.[487]

  – *OFD Karlsruhe*

  Sie ist zugleich zuständig für den Geschäftsbereich der zwischenzeitlich aufgelösten OFD Oberfinanzdirektionen Freiburg und Stuttgart. Sie schafft derzeit die Voraussetzungen für eine einheitliche Rechtsanwendung in Baden-Württemberg auf folgender Grundlage:

  Bei „freischaffenden" Künstlern, die ohne Auftrag und Weisung nach eigenen Vorstellungen eine zweckfreie künstlerische Schöpfung (z. B. Gemälde, Skulptur) schaffen und dieses Unikat ggf. anschließend in Ausstellungen präsentieren oder veräußern, geht man grundsätzlich vom Vorliegen der Voraussetzungen einer künstlerischen Tätigkeit i. S. d. § 18 Abs. 1 Nr. 1 Satz 2 EStG aus, vorausgesetzt, es besteht Gewinnerzielungsabsicht.

  Wird der Steuerpflichtige aufgrund eines Auftrags tätig, stellt er Reproduktionen oder sog. Gebrauchskunst her, ist aufgrund einer Gesamtwürdigung aller tatsächlichen Gegebenheiten des Einzelfalles zu entscheiden, ob er künstlerisch tätig ist, ob insbesondere die Merkmale „eigenschöpferisch"[488] und „gewisse künstlerische Gestaltungshöhe"[489] vorliegen. Eine künstlerische Tätigkeit kann allerdings nicht bereits dann

---

[484] Aufbereitet auf der Grundlage von Auskünften der einzelnen Landesfinanzbehörden.

[485] Zu dessen Berufung und Zusammensetzung s. *Maaßen* Rz. 382 ff.

[486] Zur Praxis der Begutachtung und der Berücksichtigung der Gutachten s. *Maaßen* Rz. 385 ff.

[487] S. dazu *Maaßen* Rz. 382 ff.

[488] S. Rz. 29.

[489] S. Rz. 33.

angenommen werden, wenn z. B. die Erzeugnisse eigenartig oder technisch vollendet sind und sich durch ein gutes oder sogar bestes handwerkliches Können auszeichnen. Zu dem Personenkreis, für den diese Grundsätze gelten, rechnet die baden-württembergische Finanzverwaltung bspw. Fotografen, Werbefachleute, Kunstschmiede, Web-Designer und Modedesigner.

Das Finanzamt prüft grundsätzlich in eigener Zuständigkeit, ob die tatsächlichen Voraussetzungen einer künstlerischen Tätigkeit vorliegen. Ob das Merkmal „eigenschöpferisch" erfüllt ist, wird regelmäßig im Wege der (Negativ-)Abgrenzung zur gewerblichen Tätigkeit beurteilt. Dabei bedarf es grundsätzlich nicht eines Sachverständigengutachtens. Das Gleiche gilt in Bezug auf die „gewisse künstlerische Gestaltungshöhe" der Tätigkeit vornehmlich dann, wenn es sich bei dem Steuerpflichtigen um einen namhaften Künstler handelt oder er regelmäßig in Ausstellungen präsent ist oder seine Werke in Fachveröffentlichungen und in den Medien gezeigt oder besprochen werden.

Die Vorlage eines Gutachtens beschränkt sich auf Zweifelsfälle, bei denen zusätzlich die Frage der Abgrenzung einer gewerblichen von einer künstlerischen Tätigkeit bedeutsam wird, vorausgesetzt, es können sich gewerbesteuerliche Auswirkungen[490] ergeben. Dem Steuerpflichtigen wird in diesen Fällen die Möglichkeit eingeräumt, die künstlerische Tätigkeit anhand eines von ihm auf eigene Kosten in Auftrag gegebenen Sachverständigengutachtens nachzuweisen. Grundsätzlich werden dabei Gutachten des Verbands Bildender Künstler und Künstlerinnen Württemberg e. V., der auch für den badischen Landesteil zuständig ist, anerkannt. Gutachten anderer geeigneter Sachverständiger , wie z. B. Lehrstuhlinhaber, können dann anerkannt werden, wenn sich der Gutachter mit der Tätigkeit des Steuerpflichtigen nachvollziehbar auseinandersetzt und seiner Beurteilung die nach der Rechtsprechung maßgeblichen Rechtsgrundsätze zugrunde legt.

- **Bayern**

230 Die früheren Oberfinanzdirektionen München und Nürnberg hatten das Verfahren zur Anerkennung einer künstlerischen Tätigkeit in einer gemeinsamen Verfügung vom 11. 4. 2001 – S 2246 – 1/64 St 41 (M) und S 2246 – 57/St 31 (N)[491] geregelt. Diese gemeinsame Verfügung gilt auch nach der Errichtung des Bayerischen Landesamtes für Steuern inhaltlich fort.[492]

Danach prüft und entscheidet das Finanzamt grundsätzlich eigenständig, und zwar gemäß den Verwaltungsgrundsätzen in EStH H 136 (künstlerische Tätigkeit) sowie den von der Rechtsprechung entwickelten Rechtsgrundsätzen. Dabei können – so die Gemeinsame Verfügung – eine entsprechende fachliche Vorbildung wie etwa eine abgeschlossene Hochschulausbildung und mögliche Auszeichnungen, Kunstpreise, Kritiken in Zeitungen und Kunstzeitschriften, sowie Beteiligung an Kunstausstellungen bei der Beurteilung von Bedeutung sein. Die Mitgliedschaft in einem Verband oder Bund reiche für sich allein für die Anerkennung einer künstlerischen Tätigkeit nicht aus.

Gutachter werden grundsätzlich erst beigezogen, wenn das Finanzamt wegen bestehender Zweifel an der künstlerischen Tätigkeit nicht selbst entscheiden kann, oder wenn der Steuerpflichtige dies aufgrund der ablehnenden Haltung des Finanzamts selbst

---

[490] S. dazu Rz. 79 ff.

[491] ESt-Kartei OFD München/Nürnberg § 18 Abs. 1 Nr. 1, Karte 7.1; s. auch www.lfst.bayern.de unter Informationen/Steuerinfos/Steuertipps für Künstler.

[492] Soweit sich die Verfügung auf den „Bereich der OFD München" bezieht, betrifft sie die Regierungsbezirke Oberbayern, Niederbayern und Schwaben; der „Bereich der OFD Nürnberg" umfasst die Regierungsbezirke Unterfranken, Mittelfranken, Oberfranken und Oberpfalz.

wünscht. Der Steuerpflichtige hat die Möglichkeit, sich an einen bestimmten – unabhängigen – Gutachter zu wenden. Er kann den erforderlichen Nachweis auch durch Gutachten anderer Personen oder Stellen führen.

Im Bereich des bayerischen Landesamtes für Steuern bestehen vier Gutachterkommissionen bei der **Dienststelle München,** und zwar eine für Malerei und Plastik,[493] eine weitere für Kunstgewerbe,[494] eine dritte für Gebrauchsgrafik und Fotodesign[495] sowie eine für Musik.[496] Im Zuständigkeitsbereich der **Dienststelle Nürnberg** sind zwei Gutachterausschüsse eingerichtet. Der erstere ist zuständig sowohl für Malerei und Plastik, Kunstgewerbe sowie Gebrauchsgrafik und Fotodesign.[497] Der zweite umfasst den Bereich Musik, der seinerseits wieder unterteilt ist in den Bereich Rock- und Popmusik[498] und „Andere Musikbereiche.[499]

Die Finanzämter sind an die Gutachten nicht gebunden, werden sie aber – so die genannte Gemeinsame Verfügung – im Allgemeinen den steuerrechtlichen Entscheidungen zugrunde legen können, insbesondere dann, „wenn die Konstitutivmerkmale des zu beurteilenden Begriffs ‚Künstlereigenschaft' im Gutachten ausreichend abgehandelt sind".[500]

Das Bayerische Staatsministerium der Finanzen hat eine Informationsschrift mit dem titel „Steuertipps für Künstler" herausgegeben, (2. Aufl. 2006), die über den Herausgeber (Postfach 220003, 80535 München) sowie über das Bayerische Landesamt für Steuern (www.lfst.bayern.de) zu beziehen ist.

- **Berlin**

In Berlin wird entsprechend den Verfügungen der ehemaligen OFD Berlin vom 24. 4. 231
1997 (St 412 – G 1400–1/87) und vom 10. 12. 1999 (St 412 – G 1400–9/99) verfahren.[501] Daraus ergibt sich, dass es in Zweifelsfällen, d.h., wenn die eigenen Prüfungs- und Erkenntnismöglichkeiten des Finanzamts, wie z.B. der Nachweis einer abgeschlossenen Hochschulbildung, Auszeichnungen, Kunstpreise, Kritiken in Zeitungen und Kunstzeitschriften, Nachweis der Beteiligung an Kunstausstellungen u. A., erschöpft sind, es dem Steuerpflichtigen obliegt, das Vorliegen der Voraussetzungen einer künstlerischen Tätigkeit durch ein Gutachten zu belegen. Als mögliche Sachverständige werden z.B. Lehrstuhlinhaber der entsprechenden Fachrichtung an Hochschulen und Fachhochschulen genannt.

---

493 Ansprechperson ist derzeit (2006) Herr Helmut Kästl, Herchenberger Str. 8, 86926 Greifenberg.

494 Ansprechpersonen sind derzeit (2006) Prof. Otto Künzli und Prof. Norbert Spangenberg, beide Akademie der bildenden Künste, Akademiestr. 2, 80799 München.

495 Ansprechperson ist derzeit (2006) Herr Wolfgang Baum, Akademie an der Einsteinstraße, Einsteinstraße 42, 81675 München.

496 C/o. Landesverband bayerischer Tonkünstler, z. Hd. Frau Prof. Dr. Inka Stampfl, Linprunstr. 16/Rgb, 80335 München.

497 Es handelt sich dabei um den Gutachterausschuss für die steuerliche Veranlagung freischaffender Künstler, zu erreichen über den Berufsverband bildender Künstler Nürnberg e. V., Eichendorffstr. 13, 91161 Hilpoltstein, Tel. 09174/3911.

498 Anschrift: Berufsfachschule für Musik Dinkelsbühl, Klostergasse 1, 91550 Dinkelsbühl, Tel. 09851/5725–0.

499 Zu erreichen über die Hochschule für Musik Nürnberg-Augsburg, Abteilung Nürnberg, Am Katharinenkloster 6, 90403 Nürnberg, Tel. 0911/231–8443.

500 In der Gemeinsamen Verfügung wird darüber hinaus – wohl aufgrund gemachter Erfahrungen – ausdrücklich darauf hingewiesen, dass im Regelfall auch ein Gutachten, mit dem die künstlerische Tätigkeit lediglich „in knapper Form" begründet werde, ohne begründeten Anlass nicht zurückzuweisen sei.

501 Beide Verfügungen abgedruckt in der EStG-Kartei Berlin § 18 EStG Nr. 1019.

Die – je nach Geschäftsverteilung – für kulturelle Angelegenheiten zuständigen Senatsverwaltung soll nur ausnahmsweise – im Wege der Amtshilfe – um eine gutachterliche Stellungnahme ersucht werden und nur erst dann, wenn die vom Steuerpflichtigen vorgelegten Unterlagen bestehende Zweifel nicht abschließend ausräumen.
Zwar können auch andere Fachinstitutionen, wie z.B. das Internationale Design-Zentrum, eingeschaltet werden, um eine abschließende Beurteilung zu ermöglichen. Derartige Institutionen werden allerdings nicht unmittelbar von Dienststellen der Berliner Finanzverwaltung eingeschaltet, sondern erforderlichenfalls durch Vermittlung der für kulturelle Angelegenheiten zuständigen Senatsverwaltung.

• **Brandenburg**

232 Die Finanzämter des Landes Brandenburg entscheiden in eigener Zuständigkeit über die Anerkennung einer künstlerischen Tätigkeit i.S.d. § 18 Abs. 1 Nr. 1 EStG. Sie sind angehalten, unter Beachtung der von der Rechtsprechung aufgestellten Rechtsgrundsätze wie folgt zu verfahren:

- (1) Weist ein Steuerpflichtiger nach, dass er seine künstlerische Tätigkeit aufgrund einer abgeschlossenen Hochschulbildung (Hochschule, Akademie für bildende Künste, Architekturabteilung einer Technischen Hochschule) ausübt, wird die künstlerische Tätigkeit ohne weitere Nachprüfung bejaht. Dem Zeugnis einer Kunstakademie sind entsprechende Bescheinigungen der Werkschulen und Werkkunstschulen im Bundesgebiet gleichgestellt.
- (2) Erfüllt der Steuerpflichtige die vorerwähnten Voraussetzungen nicht, prüft das Finanzamt, ob gewichtige Beweisanzeichen für eine künstlerische Tätigkeit vorliegen. Solche Beweisanzeichen sind z.B. Kunstpreise oder Auszeichnungen, das Herangezogenwerden zu beachtlichen künstlerischen Aufgaben sowie Kritiken in angesehenen Zeitungen und Kunstzeitschriften über die Beteiligung an Kunstausstellungen.
- (3) Die Mitgliedschaft in einem Verband, der Künstlersozialkasse u. Ä. stellt zwar für sich allein gesehen noch keinen Nachweis der künstlerischen Tätigkeit dar; sie kann aber ggf. ein gewisses Beweisanzeichen sein.
- (4) In den Fällen, in denen nach Prüfung der vorstehend unter (1) bis (3) aufgeführten Entscheidungskriterien noch keine abschließende Entscheidung möglich ist, können Gutachten als Entscheidungshilfe herangezogen werden. Da der Steuerpflichtige die Feststellungslast (objektive Beweislast) für das Vorliegen der tatsächlichen Voraussetzungen einer künstlerischen Tätigkeit i.S.d. § 18 Abs. 1 Nr. 1 EStG trägt, sind die Finanzämter gehalten, den Steuerpflichtigen auf die Möglichkeit der Vorlage eines Sachverständigengutachtens hinzuweisen. Als Gutachter kommen nach Ansicht der brandenburgischen Finanzverwaltung insbesondere Lehrstuhlinhaber der entsprechenden Fachrichtungen in Betracht. Die Gutachten müssen den Finanzbehörden die Bildung einer sicheren Überzeugung bei der steuerrechtlichen Beurteilung ermöglichen. Sofern keine offensichtliche Umstände gegen die Richtigkeit des jeweiligen Gutachtens sprechen, kann das Finanzamt dessen Ergebnis seiner eigenen Beurteilung zugrunde legen.

Da im Land Brandenburg strittige Einzelfälle nur in sehr begrenztem Umfang bekannt sind, hält die Finanzverwaltung die Einrichtung von Gutachterausschüssen für nicht erforderlich.

• **Bremen**

233 Die Anerkennung einer Tätigkeit als künstlerisch i.S.d. § 18 Abs. 1 Nr. 1 Satz 2 EStG richtet sich in Bremen nach dem Erlass des Senators für Finanzen vom 10. 1. 2002

S 2246–5716 – 181.[502] Danach sind für die Abgrenzung zwischen künstlerischer und gewerblicher Tätigkeit die Verwaltungsgrundsätze in EStH H 136 (künstlerische Tätigkeit) sowie die von der Rechtsprechung entwickelten Rechtsgrundsätze maßgebend. Es wird gefordert, dass bei Künstlergemeinschaften alle Gesellschafter oder Gemeinschafter die Voraussetzungen des § 18 Abs. 1 Nr. 1 Satz 2 EStG erfüllen.

Die Entscheidung, ob eine künstlerische Tätigkeit vorliegt, obliegt nach dem Erlass ausschließlich dem Finanzamt. Dies kann die „Künstlereigenschaft" regelmäßig ohne weitere Nachprüfung bei Nachweis einer künstlerischen Ausbildung unterstellen. Fehlt es an einer solchen Vorbildung, ist festzustellen, ob gewichtige Beweisanzeichen für die „Künstlereigenschaft" vorliegen, wie z.B. Auszeichnungen, Kunstpreise, Presseveröffentlichungen in angesehenen Zeitungen und Kunstzeitschriften, Nachweis der Beteiligung an Kunstausstellungen. Die Mitgliedschaft in bestimmten Berufsverbänden oder der Künstlersozialkasse reiche für sich allein nicht aus, könne jedoch ein Beweisanzeichen sein. In noch verbleibenden unklaren Fällen können Gutachten als Entscheidungshilfe herangezogen werden. Die Steuerpflichtigen sind auf die Möglichkeit der Vorlage eines Sachverständigengutachtens hinzuweisen. Als mögliche Sachverständige werden auch in Bremen z.B. Lehrstuhlinhaber der entsprechenden Fachrichtungen an Hochschulen und Fachhochschulen genannt.

Der genannte Erlass weist im Übrigen u.A. darauf hin, dass insbesondere bei Außenprüfungen darauf zu achten sei, ob die vom Steuerpflichtigen tatsächlich ausgeübte Tätigkeit den Angaben entspricht, die zur Annahme einer künstlerischen Tätigkeit i.S.d. § 18 Abs. 1 Nr. 1 Satz 2 EStG geführt haben.

- **Hamburg**

In Hamburg ist maßgebend der Erlass der Finanzbehörde Hamburg vom 7. 7. 2005 **234**
– 52 – S 2246 – 008/06.[503] Er sieht das Einschalten des bei der Kulturbehörde Hamburg eingerichteten Gutachterausschusses in den Fällen vor, in denen es um die Feststellung der künstlerischen Qualität (nur) von *Grafikdesignern, Werbe- und Modefotografen* sowie *Stylisten* geht. Der Ausschuss besteht aus einem Vertreter (einer Vertreterin) der Kulturbehörde als Vorsitzendem (Vorsitzende) sowie mehreren – in aller Regel drei – Gutachtern, die selbst Angehörige der genannten Berufsgruppen sind. Der Ausschuss wird im Wege der Amtshilfe tätig; er tritt regelmäßig zweimal im Jahr – Frühjahr/Herbst – zusammen.

Soll die künstlerische Tätigkeit anderer Berufsgruppen, wie z.B. die von Kunstmalern, beurteilt werden, ist eine Vorlage an den Ausschuss **nicht** möglich.

In Zweifelsfällen, d.h. in den Fällen, in denen dem Finanzamt auch nach der Abklärung von Zweifelsfragen mit dem Fachreferat der Finanzbehörde eine abschließende Beurteilung nicht möglich erscheint, legt es den Streitfall der Finanzbehörde Hamburg zur Weiterleitung an den Gutachterausschuss vor. Voraussetzung für dieses Verfahren ist, dass die Gewinne des Steuerpflichtigen eine bestimmte Größenordnung- derzeit 25565 € – überschreiten.

In den übrigen Fällen, in denen über die künstlerische Tätigkeit eines nicht zu den oben genannten Berufsgruppen zählenden Steuerpflichtigen zu urteilen ist, entscheiden die Finanzämter grundsätzlich Fin eigener Zuständigkeit.

- **Hessen**

Die hessische Regelung beruht derzeit noch auf einer Verfügung der OFD Frankfurt **235**
(Main) vom 9. 3. 1993 – S 2246 A – 1 – St II 23. Danach werden die Finanzämter

---

[502] EStG-Kartei Bremen § 18 EStG Nr. 1001. Die ursprüngliche Verfügung der OFD Bremen vom 16. 5. 1966 – S 2161/St – ist aufgehoben.

[503] Die ursprüngliche Vfg. der OFD Hamburg vom 4. 10. 1993 – G 1400 – 1/93 – St 24 ist aufgehoben.

angewiesen, zunächst in eigener Zuständigkeit die Frage, ob der Steuerpflichtige künstlerisch tätig ist, zu entscheiden. Bei fortbestehenden Zweifeln sind Sachverständige zu hören. Dem Steuerpflichtigen ist anheim gestellt, bei einem der in Hessen eingerichteten unabhängigen Gutachterausschüsse[504] ein Gutachten erstellen zu lassen, vorausgesetzt, der Gewerbeertrag überschreitet den Steuerfreibetrag des § 11 Abs. 1 GewStG von 24500 €.

Die Hessische Finanzverwaltung prüft allerdings, ob an dem dargestellten Verfahren auch künftig festgehalten werden soll.

- **Mecklenburg-Vorpommern**

236 In diesem Bundesland bestehen keine Verwaltungsanweisungen zur steuerrechtlichen Anerkennung einer künstlerischen Tätigkeit i. S. d. § 18 Abs. 1 Nr. 1 EStG. Die Finanzämter entscheiden eigenständig auf der Grundlage der bestehenden Gesetzeslage und der aktuellen Rechtsprechung. Es ist derzeit nicht vorgesehen, Gutachter oder Gutachterausschüsse einzuschalten.

- **Niedersachsen**

237 Für die Beurteilung, ob ein Steuerpflichtiger eine künstlerische Tätigkeit i. S. d. § 18 Abs. 1 Nr. 1 Satz 2 EStG ausübt, ist ein bei der OFD Hannover eingerichteter Gutachterausschuss zuständig. Der Ausschuss ist mit zwei Beamten der OFD Hannover und einem Angehöriger der Fachhochschule Hannover, Fachbereich Medien und Design, besetzt.[505]

- **Nordrhein-Westfalen**

238 Für NRW ist nach wie vor maßgebend der Erlass des Landesfinanzministeriums vom 28. 7. 1969 – S 2246 – 5 – VB 1. Danach hat das Finanzamt in eigener Zuständigkeit darüber zu entscheiden, ob im konkreten Fall die Voraussetzungen einer künstlerischen Tätigkeit vorliegen. Der Erlass enthält jedoch zur Wahrung einer einheitlichen Verwaltungspraxis eine Reihe von allgemeinen Entscheidungsgrundlagen, nach denen die Finanzämter verfahren sollen.[506] Dazu ist ein Merkblatt „Anerkennung als Künstler im Steuerrecht"[507] erschienen, in dem allgemeine Angaben zur künstlerischen Tätigkeit im Steuerrecht, zur Bedeutung der Anerkennung „als Künstler in steuerlicher Sicht" (Einkommensteuer, Gewerbesteuer) sowie eingehende Erläuterungen zur Feststellungen „der Künstlereigenschaft zu steuerlichen Zwecken" enthalten sind.

Der bisher in Nordrhein-Westfalen – zuletzt bei der OFD Rheinland in Köln – eingerichtete „Gutachterausschuss für die Begutachtung künstlerischer Tätigkeiten", der für den Bereich bildende und angewandte Kunst zuständig war, ist im Oktober 2006 ersatzlos aufgelöst worden.[508] Nach dem maßgeblichen Ministerialerlass[509] bleibt es allerdings den Steuerpflichtigen unbenommen, im konkreten Streitfall unabhängige Gutachter hinzuzuziehen.

- **Rheinland-Pfalz**

239 Im Bundesland Rheinland-Pfalz sind zwei Gutachterausschüsse installiert.[510] Der eine, der aus zwei Kommissionen besteht, ist dem Finanzamt Mainz-Mitte angegliedert und

---

504 Zur Berufung und Zusammensetzung der jeweiligen, für die einzelnen Kunstbereiche zuständigen Gutachterausschüsse sowie zur Praxis der Begutachtung und zur Bedeutung der Gutachten für die Finanzverwaltung s. *Maaßen* Rz. 451 ff.

505 Zur Arbeitsweise dieses Gutachterausschusses s. *Maaßen* Rz. 457.

506 S. dazu i. E. *Maaßen* Rz. 461 ff.

507 Nr. 724/507 (03/05) OFD Dü – St 14.

508 FM Nordrhein-Westfalen, Erlass S 2246-5-V B 2 v. 30. 10. 2005.

509 Vordruck Nr. 724/441.

510 Zur Berufung und Zusammensetzung der Ausschüsse sowie zur Praxis der Begutachtung s. *Maaßen* Rz. 475 ff.

für Maler, Graphiker und Bildhauer zuständig. Für den Bereich der Musik (Jazz) begutachtet die Johannes-Gutenberg-Universität in Mainz in Amtshilfe für die OFD Koblenz. Die Zusammensetzung der Ausschüsse ist nicht auf Dauer festgelegt; sie kann sich aufgrund geänderter Erfordernisse (z.B. technischer Fortschritt, neue Kunstformen) ändern.
Die Gutachterausschüsse werden nur dann beauftragt, wenn sich im konkreten Fall steuerliche Auswirkungen ergeben können.

- **Saarland**
  Im Saarland hat das Finanzamt in eigener Zuständigkeit nach den Gesamtumständen des Einzelfalles unter Beachtung der einschlägigen Rechtsprechung darüber zu entscheiden, ob die Voraussetzungen einer künstlerischen Tätigkeit i.S.d. § 18 Abs. 1 Nr. 1 Satz 2 EStG vorliegen. Ein Gutachterausschuss ist nicht eingerichtet; es besteht insoweit kein Bedarf. **240**

- **Sachsen**
  Auch in Sachsen entscheiden die Finanzämter in eigener Zuständigkeit darüber, ob die vom Steuerpflichtigen geltend gemachte künstlerische Tätigkeit i.S.d. § 18 Abs. 1 Nr. 1 Satz 2 EStG vorliegt. Eine Gutachterkommission ist nicht bestellt. Dem Steuerpflichtigen steht es frei, ein Sachverständigengutachten vorzulegen. **241**

- **Sachsen-Anhalt**
  In Sachsen-Anhalt bestehen die gleichen Verhältnisse wie im Saarland und in Sachsen. In Zweifelsfällen haben die Finanzämter die Möglichkeit, die Sache der OFD Magdeburg zur Entscheidung vorzulegen. **242**

- **Schleswig-Holstein**
  Die Finanzämter des Landes Schleswig-Holstein sind durch Erlass des Landesfinanzministeriums vom 21. 6. 1962 – S 2161 – 23 II/31 – angewiesen, bei Zweifeln über das Vorliegen der Voraussetzungen einer künstlerischen Tätigkeit i.S.d. § 18 Abs. 1 Nr. 1 Satz 2 EStG im Wege der Amtshilfe ein Gutachten der – in einzelne Fachgruppen unterteilten[511] – Kulturkommission des Ministeriums für Bildung, Wissenschaft, Forschung und Kultur einzuholen. **243**

- **Thüringen**
  Nach der weiterhin gültigen Verfügung der früheren OFD Erfurt (jetzt: der Thüringer Landesfinanzdirektion) vom 29. 4. 1999 – S 2246 A-01-St 325 – sollen die Finanzämter die Steuerpflichtigen in Fällen mit Abgrenzungsschwierigkeiten zur Vorlage eines Sachverständigengutachtens auffordern. Sie sind darüber zu unterrichten, dass ein solches Gutachten bei der „Unabhängigen Gutachterkommission für den Bereich bildende Kunst in Thüringen" in Auftrag gegeben werden kann.[512] Dem Steuerpflichtigen wird freigestellt, einen anderen Gutachter zu benennen. **244**

β) Stellungnahme. Die vorstehend aufgezeigten Regelungen und die damit verbundene Praxis bei der Beurteilung, ob eine Tätigkeit des Steuerpflichtigen – wie von ihm geltend gemacht – „künstlerisch" ist, sind nicht sämtlich frei von Bedenken.[513] **245**

---

[511] S. dazu *Maaßen* Rz. 482.

[512] Zur Berufung und Zusammensetzung der Kommission sowie zur Praxis der Begutachtung s. *Maaßen* Rz. 486ff. Die Namen der Mitglieder der unabhängigen Gutachterkommission werden nicht (mehr) bekannt gegeben. Ansprechpartner ist ausschließlich der Kommissionsvorsitzende – derzeit (2006) – Prof. Klaus Nerlich, c/o Verband Bildender Künstler Thüringen, Krämerbrücke 4 in 99084 Erfurt; s. dazu OFD Erfurt v. 11. 5. 2000, S 2246 A – 01 – St 321.

[513] S. dazu auch *Maaßen* Rz. 553ff.

246 Es bedarf keiner weiteren Begründung und Hinweise, dass der Steuerpflichtige selbst ein Sachverständigengutachten in Auftrag geben kann. Dabei kann er frei entscheiden, welchen Gutachter er damit betrauen will; er ist nicht an Empfehlungen oder sonstige Vorgaben irgendwelcher Art von Seiten der Finanzbehörden, sei es das Finanzamt, seien es Oberbehörden, gebunden. Es ist aber mit dem Amtsermittlungsgrundsatz des § 88 AO nicht vereinbar, den Steuerpflichtigen aufzufordern oder ihm zumindest nahe zu legen, selbst ein Gutachten vorzulegen. Die Finanzämter haben nämlich den Sachverhalt von Amts wegen zu ermitteln und ggf. gemäß § 92 Nr. 12 AO Sachverständige zuzuziehen. Der Umstand, dass dem Steuerpflichtigen Mitwirkungspflichten (vgl. § 90 AO) obliegen und ihn die Feststellungslast (objektive Beweislast) trifft, rechtfertigt eine solche Maßnahme regelmäßig nicht. Zudem würde die verfahrensrechtlich erforderliche Waffengleichheit zwischen den Beteiligten nicht gewahrt, die auch im Rahmen des Veranlagungsverfahrens zu beachten ist.

247 Sinnvoll und zweckmäßig ist dagegen die Regelung, dass ein Gutachten nur in Zweifelsfällen und nur dann eingeholt werden soll, wenn die Entscheidung der streitigen Rechtsfrage steuerliche Auswirkungen hat. Dies entspricht der Verfahrensoekonomie.[514]

248 Über die Frage, ob die Voraussetzungen des § 18 Abs. 1 Nr. 1 Satz 2 EStG vorliegen **entscheidet** das **Finanzamt aufgrund eigener sachlicher Zuständigkeit** (vgl. § 17 Abs. 2 FVG). Die vorgesetzten Behörden können zwar rechtliche Hilfestellung leisten und im Einzelfall sogar Weisungen erteilen, sie können aber ohne normative Grundlage nicht *generell* die Bearbeitung bestimmter Fall*gruppen* an sich ziehen, auch nicht im Hinblick auf von ihnen erwartete Änderungen des Finanzverwaltungsgesetzes.[515] Die Übertragung der zentralen Zuständigkeit auf ein bestimmtes Finanzamt ist dagegen gemäß § 17 Abs. 2 Satz 3 FVG Rechtens.

249 Es wäre ein Eingriff in die sachliche Zuständigkeit des Finanzamtes und damit in dessen Entscheidungshoheit, würde diese Behörde gehalten sein, das Ergebnis des Gutachtens einer Kommission oder eines Gutachterausschusses zu übernehmen. Dies gilt umso mehr als deren Fachkompetenz und die Unabhängigkeit nicht immer außer jeglichem Zweifel zu sein scheint.[516] Das Finanzamt wird zwar in aller Regel das Gutachten bei seiner Entscheidung berücksichtigen, die letzte Entscheidung muss es aber in eigener Verantwortung selbst treffen.

250 *bb) Finanzgerichtliches Verfahren. (1) Finanzgericht entscheidet aufgrund einer Gesamtwürdigung.* Bleibt der vom Steuerpflichtigen gemäß § 347 AO gegen den Steuerbescheid des Finanzamts eingelegte Einspruch ganz oder teilweise erfolglos, so kann der Steuerpflichtige gemäß § 40 i. V. m. § 44 Abs. 1 FGO beim zuständigen FG **Anfechtungsklage** erheben. In dem Klageverfahren erforscht das Gericht den Sachverhalt von Amts wegen (**Untersuchungsgrundsatz;** § 76 Abs. 1 Satz 1 FGO) Über die Klage wird grundsätzlich durch Urteil entschieden (§ 95 FGO).

251 Im konkreten Streitfall hat das FG dabei nach den im jeweiligen Einzelfall gegebenen tatsächlichen Verhältnissen aufgrund einer **Gesamtwürdigung** nach seiner freien aus dem Gesamtergebnis des Verfahrens gewonnenen Überzeugung (§ 96 FGO) zu beurteilen, ob und ggf. inwieweit die Voraussetzungen für die Annahme einer künstlerischen Tätigkeit

---

[514] S. dazu auch *Maaßen* Rz. 397: Keine Klärung von Abgrenzungsfragen im Interesse anderer Behörden.

[515] Zu den Rechtsfolgen eines Verstoßes gegen die sachliche Zuständigkeit s. *Pahlke/König* § 16 AO Rz. 34.

[516] S. auch *Maaßen* Rz. 557 ff.

i. S. d. § 18 Abs. 1 Nr. 1 Satz 2 EStG vorliegen.[517] Dabei kommt der Verkehrsauffassung ein besonderes Gewicht zu.[518]

252 *(2) Grundsätzlich besondere Sachkunde des Gerichts erforderlich.* Bei der mitunter sehr schwierigen Einordnung, insbesondere in Grenzfällen, bedarf es für die finanzgerichtliche Entscheidung grundsätzlich der besonderen Sachkunde. Dies bedeutet jedoch nicht, dass in jedem Fall Beweis durch Einholen eines **Sachverständigengutachtens** erhoben werden müsste. Das FG entscheidet gemäß § 96 Abs. 1 Satz 1 FGO nach seiner freien, aus dem Gesamtergebnis des Verfahrens gewonnenen Überzeugung. Dies erlaubt es dem Gericht, auch ohne Einholung eines Sachverständigengutachtens zu entscheiden.[519] Dies gilt vor Allem dann, wenn es zur Entscheidung offensichtlich nicht der Sachkunde bedarf, etwa weil es in Ermangelung eines eigenen Gestaltungsspielraums eine eigenschöpferische Leistung nicht gegeben sein kann.[520] Will es aber von dieser Möglichkeit Gebrauch machen und bedarf es im konkreten Fall der Sachkunde, so muss dieses Vorgehen für die Verfahrensbeteiligten rechtzeitig erkennbar sein, damit sie Gelegenheit zur Stellungnahme haben, und zwar nicht nur im Bereich von „Grenz- und Übergangsfällen".[521]

253 Entscheidet das FG aufgrund eigener Sachkunde,[522] müssen die Urteilsgründe erkennen lassen, worauf die Sachkunde des Gerichts beruht.[523] Allein die Beteiligung am allgemeinen Kulturleben reicht regelmäßig nicht aus, die erforderliche Sachkunde zu belegen.[524] Fehlt es bei der Entscheidung an der erforderlichen Sachkunde des Gerichts, kann darin ein Verfahrensverstoß liegen.[525]

254 *(3) Einholen eines Sachverständigengutachtens bei fehlender oder nicht ausreichender Sachkunde.* Es ist grundsätzlich Sache des FG, nach pflichtgemäßem Ermessen frei zu entscheiden, ob es einen Beweis durch Sachverständige für erforderlich hält. An ein vom Finanzamt oder vom Steuerpflichtigen im Veranlagungsverfahren eingeholtes und/oder im finanzgerichtlichen Verfahren vorgelegtes Gutachten ist das Gericht nicht gebunden.[526] Insoweit gilt der Grundsatz der freien Beweiswürdigung (§ 96 Abs. 1 FGO).[527]

255 Des **Beweises durch Sachverständige** bedarf es jedoch dann, wenn sich die Hinzuziehung eines Sachverständigen wegen fehlender oder mangels ausreichender eigener Sachkunde des Gerichts als notwendig erweist.[528] So ist ein Sachverständigengutachten in

---

517 BFH I R 54/93 v. 30. 3. 1994, BStBl II 1994, 864 m. w. N.

518 BFH IV R 33/90 v. 11. 7. 1991, BStBl II 1992, 353; IV R 1/97 v. 15. 10. 1998, BFH/NV 1999, 465, m. w. N.

519 Vgl. BFH I R 183/79 v. 29. 7. 1981, BStBl II 1981, 22.

520 S. dazu *Kempermann* FR 93, 83.

521 So wohl BFH I R 183/79 v. 29. 7. 1981, BStBl II 1981, 22; s. dazu IV B 200/04 v. 1. 6. 2006, BStBl II 2006, 709; dazu Anm. *MK* DStRE 2006, 1120.

522 Zum Umfang des Nachweises der erforderlichen Sachkunde des Gerichts s. BFH VIII R 76/75 v. 14. 12. 1976, BStBl II 1977, 474.

523 BFH VIII R 76/75 v. 14. 12. 1976, BStBl II 1977, 474; IV B 200/04 v. 1. 6. 2006, BStBl II 2006, 709, dazu Anm. *Kempermann* FR 2006, 929; insoweit überholt IV R 105/85 v. 26. 2. 1987, BStBl II 1987, 376; s. Anm *MK* DStRE 2006, 1120: Der BFH hatte die Richter des FG Köln als „Experten für den Kölner Karneval" angesehen.

524 S. dazu BFH I R 25/67 v. 19. 6. 1968, BStBl II 1968, 543.

525 Vgl. BFH II R 7/98 v. 6. 6. 2001, BFH/NV 2002, 28, dazu Anm. *Heuer* DStR 2002, 845; I R 25/67 v. 19. 6. 1968, BStBl II 1968, 543.

526 S. dazu auch *Maaßen,* Rz. 428, zur (Nicht-)Berücksichtigung einer gutachterlichen Stellungnahme der Berliner Kultusbehörde durch einen Senat des FG Berlin.

527 S. auch BFH II R 26/86 v. 11. 10. 1989, BFH/NV 1990, 783; *Gräber/von Groll* § 96 FGO Rz. 15.

528 BFH XI B 144/03 v. 14. 7. 2004, BeckRS 2004, 250069630; IV B 200/04 v. 1. 6. 2006, BStBl. II 2006, 709, dazu Anh. *MK* DStRE 2006, 1120.

aller Regel erforderlich z.B. bei der Beurteilung, ob dem Herstellen von Gebrauchsobjekten im konkreten Fall eine eigenschöpferische Leistung zugrunde liegt. Dabei ist zu berücksichtigen, dass Gebrauchsgegenstände infolge des notwendig einzuhaltenden Gebrauchszwecks und der dadurch bedingten Formgestaltung häufig nur einen begrenzten Eigentümlich- und Eigenständigkeitsgrad erreichen.[529]

256 Den Beteiligten steht es selbstverständlich frei, von sich aus und unabhängig von der Entscheidung des Gerichts das Einholen eines Sachverständigengutachtens zu beantragen. Ein solcher Antrag ist spätestens bis zum Schluss der letzten mündlichen Verhandlung vor dem FG zu stellen.[530] Über ihn entscheidet das Gericht nach pflichtgemäßem Ermessen.[531] Ein nicht vom Gericht eingeholtes Gutachten kann nur als Parteivortrag und nicht als Sachverständigengutachten gewürdigt werden.[532]

257 Zum Einholen eines Gutachtens im Rahmen des finanzgerichtlichen Verfahrens bedarf es eines **förmlichen Beweisverfahrens,** das sich nach den Vorschriften der §§ 402 bis 414 ZPO i.V.m. § 82 FGO richtet. Erforderlich ist danach ein förmlicher Beweisbeschluss (s. § 82 FGO i.V.m. §§ 358, 402ff., ggf. § 412 ZPO). Als **Gutachter** kommen insbesondere Lehrstuhlinhaber der entsprechenden Fachrichtungen an Hochschulen oder Fachhochschulen in Betracht,[533] aber auch z.B. fachbezogen anerkannte Künstler. Im Rahmen des Beweises durch Sachverständige kann das Gericht nach Maßgabe des § 404 ZPO i.V.m. § 82 FGO auch die bei Oberfinanzdirektionen gebildeten Gutachterausschüsse und Fachkommissionen[534] mit dem Erstellen eines Gutachtens beauftragen.[535] Allerdings wird insoweit zu prüfen sein, inwieweit bei diesen die erforderliche Sachkunde und Unabhängigkeit gegeben sind.[536] § 404 Abs. 4 ZPO, wonach das Gericht in den Fällen, in denen sich die Parteien über bestimmte Personen als Sachverständige einigen, dieser Einigung Folge zu geben hat, ist im finanzgerichtlichen Verfahrens wegen des hier geltenden Untersuchungsgrundsatzes (§ 76 FGO) nicht anwendbar. Das Gericht kann gem. § 411 Abs. 3 ZPO i.V.m. § 82 FGO das Erscheinen des Sachverständigen anordnen, damit er das schriftliche Gutachten erläutere.[537]

258 Erforderlich ist, dass das Gericht den Gutachtenauftrag auf der Basis der Tatbestandsvoraussetzungen des § 18 Abs. 1 Nr. 1 EStG möglichst klar und eindeutig erteilt; denn maßgebend für die gutachterliche Beurteilung ist der gesetzliche Maßstab und nicht etwa die künstlerische Auffassung des Gutachters; dieser hat die tatsächlichen Grundlagen für die Entscheidung des Gerichts gutachterlich aufzubereiten.[538] Daran, dass dieses Verfahren im konkreten Einzelfall sowohl für das Gericht als auch für den Gutachter sehr schwierig sein

---

529 S. dazu BFH IV R 61/89 v. 23. 8. 1990, BStBl II 1991, 20.

530 BFH XI B 61/98 v. 14. 9. 1999, BFH/NV 2000, 446.

531 S. dazu *Gräber/von Groll* § 76 FGO Rz. 20.

532 BFH IV B 92/03 v. 30. 3. 2005, BFH/NV 2005, 1562; IV B 181/04 v. 28. 4. 2006, BFH/NV 2006, 1647.

533 S. dazu Senatsverwaltung Bremen Erlass v. 10. 1. 2002, DStR 2002, 544.

534 S. Rz. 229ff.

535 BFH VIII R 76/75 v. 14. 12. 1976, BStBl II 1977, 474; s. auch OFD Erfurt v. 29. 4. 1999, DStR 1999, 1989; Senatsverwaltung Bremen Erlass v. 10. 1. 2002, DStR 2002, 544: z.B. Lehrstuhlinhaber der entsprechenden Fachrichtungen als mögliche Sachverständige. BSG v. 24. 6. 1998, DStR 1999, 1413, zu KSVG: Beurteilung durch Sachverständige bedarf grundsätzlich zusätzlich der Anerkennung in Fachkreisen. S. ferner BFH XI R 62/95 v. 17. 1. 1996, BFH/NV 1996, 527: Einschaltung eigener sachkundiger Bediensteter durch das Finanzamt im Veranlagungsverfahren.

536 S. dazu die Besetzung der Sachverständigengremien in einzelnen Bundesländern, dazu Rz. 557ff.

537 S. dazu BFH VIII R 76/75 v. 14. 12. 1976, BStBl II 1977, 474.

538 Vgl. dazu auch *Stolz* S. 65; FG Berlin v. 30. 8. 1968, EFG 1969, 78.

kann und ggf. sogar einen gewissen künstlerischen Sachverstand des Gerichts voraussetzt, erscheint mir nicht zweifelhaft zu sein.

Das jeweilige Gutachten muss dem Gericht die Bildung einer **sicheren Überzeugung** ermöglichen;[539] dabei kann es allerdings eigene Sachkunde verwerten. Das geforderte Maß an Überzeugung kann auch bei sich widersprechenden Gutachten gegeben sein. 259

Erachtet das Gericht das vorliegende Sachverständigengutachten für ungenügend, kann es gem. § 412 ZPO i.V.m. § 82 FGO nach pflichtgemäßen Ermessen eine neue Begutachtung durch denselben oder einen anderen Sachverständigen anordnen.[540] Es besteht zwar grundsätzlich keine Verpflichtung zum Einholen eines weiteren Gutachtens;[541] das Gericht darf sich aber nicht ohne weitere Klärungsversuche allein mit der Feststellung begnügen, keiner der Sachverständige habe mehr überzeugt als der andere.[542] Andererseits bedarf es eines weiteren Gutachtens eines anderen Sachverständigen nicht allein schon deshalb, weil dieser für ein anderes Kunstverständnis eintritt,[543] vorausgesetzt das vorige Gutachten enthält eine fachgerechte Beurteilung. **Aufwendungen** für ein **Privatgutachten** sind erstattungsfähig, wenn das Gutachten erforderlich und geeignet ist, schwierige Sachfragen, z.B. im technischen Bereich (Wertermittlung), zu klären.[543a] 260

Kann keines der eingeholten Gutachten dem FG zu einer eigenen Überzeugung in Bezug auf das Vorliegen der Voraussetzungen für eine künstlerische Tätigkeit verhelfen und ist nach dem pflichtgemäßen Ermessen des Gerichts kein weiteres Gutachten einzuholen, ist die Klage abzuweisen. 261

(4) Der Steuerpflichtige trägt die Feststellungslast (objektive Beweislast). Da der Freiberufler grundsätzlich auch die Merkmale eines Gewerbebetriebs (Nachhaltigkeit, Gewinnerzielungsabsicht, Teilnahme am allgemeinen wirtschaftlichen Verkehr) erfüllt und er nur dann nicht gewerbesteuerpflichtig ist, wenn er die weiteren Voraussetzungen des § 18 EStG erfüllt, trägt er die **Feststellungslast** (objektive Beweislast) dafür, dass er eine „künstlerische" Tätigkeit ausübt.[544] Dies erfordert, dass bereits der Steuerpflichtige selbst das Vorliegen der Voraussetzungen des § 18 EStG schlüssig vorträgt. 262

Das FG selbst darf sich der Regeln zur Feststellungslast seinerseits nur bedienen, wenn eine weitere Aufklärung in tatsächlicher Hinsicht unter Beachtung des Untersuchungsgrundsatzes (§ 76 Abs. 1 FGO) nicht mehr möglich ist.[545] Ist der Steuerpflichtige der Ansicht, das FG habe seine Entscheidung unter Verletzung der Sachaufklärungspflicht getroffen, kann er den behaupteten Verfahrensverstoß im Wege der Verfahrensrüge geltend machen (vgl. § 120 Abs. 3 Nr. 2 Buchst. b; § 115 Abs. 2 Nr. 3 i.V.m. § 116 FGO – Nichtzulassungsbeschwerde). 263

cc) Revisionsverfahren. Gegen das Urteil des Finanzgerichts (§ 36 Nr. 1 FGO) steht den Beteiligten, d.h. sowohl dem Steuerpflichtigen als auch dem Finanzamt, die **Revision** an 264

---

539 BFH IV R 61/89 v. 23. 8. 1990, BStBl II 1991, 20, m.w.N.

540 Zu den Voraussetzungen, unter denen ein *weiteres* Gutachten zulässig sein kann, vgl. BFH IV R 42/84 v. 9. 41987, BFH/NV 1988, 37; VII R 43/86 v. 6. 12. 1988, BFH/NV 1989, 475, jeweils m.w.N. Vgl. ferner IV R 15/90 v. 11. 7. 1991, BStBl II 1991, 889 zu möglichen Gründen für die Unterschiede zwischen mehreren Gutachten und den Folgerungen daraus.

541 Vgl. BFH X B 162/03 v. 1. 9. 2004, BFH/NV 2005, 224.

542 BFH IV R 15/90 v. 11. 7. 1991, BStBl II 1991, 889 m.w.N., dazu Anm. *Maßbaum* BB 1992, 1763.

543 So zu Recht FG Hamburg v. 16. 12. 04, DStRE 05, 563, rkr.

543a Vgl. FG München v. 15. 4. 2005, BeckRS 2005 26018530.

544 BFH IV R 63/02 v. 4. 11. 04, BStBl II 05, 362, dazu Anm. *Kempermann,* FR 2005, 497 und DStR 2005, 558; I R 54/93 v. 30. 3. 1994, BStBl II 1994, 864; IV R 15/90 v. 11. 7. 1991, BStBl II 1991, 889.Vgl. auch IV R 154/86 v. 5. 10. 1989, BStBl II 1990, 73.

545 BFH I R 54/93 v. 30. 3. 1994, BStBl II 1994, 864.

den **Bundesfinanzhof** zu, wenn das FG oder auf die Beschwerde gegen die Nichtzulassung der BFH sie zugelassen hat (§ 115 Abs. 1 FGO). Die Revision kann nur darauf gestützt werden, dass das angefochtene Urteil auf der Verletzung von Bundesrecht beruhe (§ 118 Abs. 1 FGO); es muss also eine Rechtsnorm verletzt sein. Dies bedeutet, dass der BFH nur die **Rechtsanwendung** nachprüfen kann.

265 An die im Rahmen der Würdigung vom FG getroffenen **tatsächlichen Feststellungen** ist der BFH dagegen gebunden, es sei denn dass in Bezug auf diese Feststellungen zulässige und begründete Revisionsgründe vorgebracht sind (§ 118 Abs. 2 FGO). Der BFH kann damit bei der **revisionsrechtlichen Beurteilung der Würdigung** nur nachprüfen, ob das FG gegen Denkgesetze[546] oder allgemeine Erfahrungssätze[547] verstoßen hat,[548] ob es den Sachverhalt hätte weiter aufklären müssen, oder ob es sonstige Verfahrensfehler begangen hat. Gelangt er zum Ergebnis, dass die Würdigung durch das FG ohne derartige Verstöße zustande gekommen und nach den Denkgesetzen und allgemeinen Erfahrungssätzen zumindest möglich war – sie muss nicht zwingend sein[549] –, ist er an die Würdigung der Vorinstanz gebunden.[550] Diese hat er seiner eigenen Entscheidung zugrunde zu legen, und zwar selbst dann, wenn er selbst den tatsächlichen Vorgang möglicherweise anders gewürdigt hätte. Etwaige fehlende tatsächliche Feststellungen darf er nicht selbst treffen. Ggf. ist die Sache unter den Voraussetzungen des § 120 Abs. 3 Nr. 2 FGO zur anderweitigen Verhandlung und Entscheidung an das FG zurückzuverweisen.

II. Die Einkommensbesteuerung von künstlerisch tätigen Personenzusammenschlüssen

1. *Allgemeine Grundsätze*

266 Ein **Personenzusammenschluss** (Personengesellschaft oder vergleichbares Gemeinschaftsverhältnis) kann freiberuflich tätig sein.[551] Dies betrifft zwar naturgemäß vornehmlich die sog. Katalogberufe des § 18 Abs. 1 Nr. 1 EStG,[552] kann jedoch – wenn auch zahlenmäßig in sehr geringem Umfang – in Bezug auf rein künstlerisch tätige Personenzusammenschlüsse bedeutsam sein. Seltenheitswert haben die (steuer)rechtlich möglichen Personenzusammenschlüsse zwischen künstlerisch Tätigen und anderen Freiberuflern i. S. d. § 18 Abs. 1 Nr. 1 EStG, z. B. mit wissenschaftlich oder schriftstellerisch tätigen Mitgesellschaftern oder Mitgemeinschaftern.[553]

---

[546] Eine Verletzung der Denkgesetze durch unrichtige Schlussfolgerungen liegt nur dann vor, wenn nach dem Sachverhalt nur eine einzige Folgerung möglich, jede andere aber denkgesetzlich unmöglich ist und das Gericht die in diesem Sinne allein mögliche Folgerung nicht gezogen hat. S. dazu BFH VII R 11/02 v. 8. 1. 2003, DStRE 2003, 751; III R 169/80 v. 26. 3. 1985, BFH/NV 1986, 7.

[547] Dies sind jedermann zugängliche Sätze, die nach der allgemeinen Erfahrung unzweifelhaft gelten und durch keine Ausnahme durchbrochen sind. Sie erlauben einen Schluss, dass bestimmte Ursachen nach der Lebenserfahrung bestimmte Folgen haben. S. dazu i. E. *Gräber/Ruban* § 118 FGO Rz. 28 m. w. N.

[548] Insoweit liegt ein Verstoß gegen *materielles* Recht, nicht gegen Verfahrensrecht vor; s. dazu BFH II B 29/00 v. 14. 11. 2001, BFH/NV 2002, 512; *Gräber/Ruban* § 118 FGO Rz. 55.

[549] Z. B. BFH I R 22/81 v. 27. 6. 1985, BFH/NV 1985, 17.

[550] Vgl. BFH XI R 71/97 v. 23. 9. 1998, DStR 1999, 134; IV R 1/97 v. 15. 10. 1998, BFH/NV 1999, 465, jeweils m. w. N.

[551] Vgl. BFH IV R 63/02 v. 4. 11. 2004, BStBl II 2005, 362, zu Katalogberufen.

[552] S. dazu Rz. 57.

[553] S. dazu BFH IV R 48/99 v. 23. 11. 2000, BStBl II 2001, 241.

Voraussetzung für ein rein künstlerisch tätigen, freiberuflichen Personenzusammenschluss ist stets, dass **sämtliche Gesellschafter** oder **Gemeinschafter eigenschöpferische Leistungen** vollbringen, in denen ihre individuelle Anschauungsweise und Gestaltungskraft zum Ausdruck kommt und die über eine hinreichende Beherrschung der Technik hinaus eine gewisse Gestaltungshöhe erreicht.[554] Die tatbestandlichen Voraussetzungen der künstlerischen Tätigkeit kann nicht die Gesellschaft oder Gemeinschaft, sondern können nur die Gesellschafter oder Gemeinschafter als natürliche Personen erfüllen.[555] Die künstlerische Tätigkeit muss sich dabei nicht notwendigerweise auf ein gemeinsam zu erstellendes Werk beziehen, auch können die Beteiligten in unterschiedlichem Umfang zur freiberuflichen Tätigkeit beitragen. Die Tätigkeiten können zudem unterschiedlichen künstlerischen Bereichen zuzuordnen sein. 267

Entscheidend ist die gesellschaftliche oder gemeinschaftliche Verbundenheit im Rahmen einer freiberuflichen **Mitunternehmerschaft.** Diese setzt ihrerseits wiederum voraus, dass die Gesellschafter (Gemeinschafter) in ihrer gesamthänderischen Verbundenheit[556] die vier positiven Merkmale eines Gewerbebetriebs, nämlich Selbständigkeit, Nachhaltigkeit, Teilnahme am allgemeinen wirtschaftlichen Verkehr und Gewinnerzielungsabsicht[557] erfüllen. Nur wenn auch diese Voraussetzungen erfüllt sind, erzielt der jeweilige Personenzusammenschluss *als solcher* Einkünfte aus freiberuflicher Tätigkeit, an denen der einzelne Freiberufler als (künstlerischer) Mitunternehmer beteiligt ist. Andernfalls erzielt die Gesellschaft oder Gemeinschaft und damit sämtliche Gesellschafter oder Gemeinschafter Einkünfte aus Gewerbebetrieb i. S. d. § 15 EStG, und zwar selbst dann, wenn diese aufgrund typisch freiberuflicher Tätigkeit erzielt werden.[558] 268

Eine freiberuflich tätige Mitunternehmerschaft kann sich ebenfalls der **Mithilfe** fachlich vorgebildeter Arbeitskräfte bedienen; erforderlich ist insoweit, dass jeder einzelne Gesellschafter oder Gemeinschafter **leitend** und **eigenverantwortlich** tätig wird.[559] 269

Erzielen Freiberufler i. R. einer Personengesellschaft gemeinsame Einkünfte, werden diese Einkünfte **einheitlich** und **gesonderten festgestellt** (§ 180 Abs. 1 Nr. 2 AO).[560] 270

Gründen Freiberufler eine **Kapitalgesellschaft,** z. B. eine GmbH, erzielt diese gemäß § 8 Abs. 2 KStG insgesamt gewerbliche Einkünfte. 271

2. Erscheinungsformen von Personenzusammenschlüssen

a) Personengesellschaften. Eine freiberufliche (künstlerische) Mitunternehmerschaft kann in erster Linie bei **Personengesellschaften** wie GbR (z. B. Künstler-GbR), OHG oder KG vorliegen. Die Eintragung von OHG und KG im Handelsregister begründet lediglich eine widerlegbare Vermutung für das Vorliegen eines Gewerbebetriebs.[561] Der Umstand, dass sich die Personengesellschaft aus Angehörigen unterschiedlicher freier Berufe zusammensetzt, begründet für sich allein gesehen noch nicht eine gewerbliche Mitunternehmerschaft.[562] 272

---

[554] BFH I R 53/93 v. 30. 3. 1994, BFH/NV 1995, 210 m. w. N.; s. auch VIII R 254/80 v. 11. 6. 1985, BStBl II 1985, 584.

[555] BFH IV R 48/99 v. 23. 11. 2000, BStBl II 2001, 241.

[556] Vgl. dazu BFH GrS 4/82 v. 25. 6. 1984, BStBl II 1984, 751, unter C III 3 a.

[557] S. dazu Rz. 11 ff.

[558] Vgl. BFH IV R 33/95 v. 15. 5. 1997, BFH/NV 1997, 751; ebenso *Blümich/Hutter* § 18 EStG Rz. 70; s. auch die Ausführungen zur sog. Abfärbewirkung, Rz. 298 ff.

[559] BFH IV R 115/76 v. 17. 1. 1980, BStBl II 1980, 336; *Blümich/Hutter* § 18 EStG Rz. 70.

[560] S. dazu i. E. *Pahlke/König* § 180 Rz. 15 ff.

[561] S. dazu Rz. 77.

[562] BFH IV R 48/99 v. 23. 11. 2000, BStBl II 2001, 241.

273 Der freiberufliche Charakter der Personengesellschaft wandelt sich jedoch grundsätzlich[563] in einen gewerblichen um, wenn nicht freiberuflich tätige Personen (Mit-)Gesellschafter werden.[564]

274 Zu den Personengesellschaften rechnet auch die sog. **Innengesellschaft,** d.h. eine GbR, bei der ein Gesellschafter nach Außen im eigenen Namen als Freiberufler auftritt, im Innenverhältnis aber für Rechnung eines oder mehrerer Gesellschafter auftritt. Dabei kann es sich z.B. um eine Kapitalbeteiligung oder ein Mitarbeiterverhältnis bei einem Freiberufler gegen Gewinnbeteiligung handeln.

275 Keine (Innen-)Gesellschaft in diesem Sinn sind die **stille Gesellschaft** i.S.d. § 230 HGB[565] und **partiarische Rechtsverhältnisse,** z.B. partiarische Darlehen.[566]

276 **b) Ehegatten-Personengesellschaft.** Ein Gesellschaftsverhältnis zum gemeinsamen Erzielen von Einkünften aus selbständiger, z.B. aus künstlerischer Tätigkeit kann grundsätzlich auch zwischen **Ehegatten** und anderen Familienangehörigen **(Familiengesellschaften)** eingegangen werden. In aller Regel handelt es sich dabei um eine GbR.

277 Wie bei einer Personengesellschaft unter und mit Fremden ist erforderlich, dass sämtliche Gesellschafter die gemäß § 18 Abs. 1 Nr. 1 EStG maßgeblich (Berufs-)Qualifikation besitzen. Ist diese Voraussetzung nicht erfüllt, dürfte es bereits an der erforderlichen Mitunternehmerschaft fehlen, so dass die Einkünfte nicht als gewerbliche zu qualifizieren sind.[567]

278 Des Weiteren ist erforderlich, dass die gesellschaftsvertraglichen Vereinbarungen ernsthaft getroffen und tatsächlich durchgeführt werden.[568]

279 **c) Partnerschaft.** Rechtlich möglich ist auch eine **Partnerschaftsgesellschaft** nach dem Partnerschaftsgesellschaftsgesetz,[569] d.h. eine Gesellschaft, zu der sich Angehörige Freier Berufe zur Ausübung ihrer Berufe zusammenschließen. Ausübung eines Freien Berufes ist nämlich gemäß § 1 Abs. 2 PartGG u.A. die selbstständige Berufstätigkeit von Künstlern. Die Einkünfte der Partnerschaftsgesellschaft sind grundsätzlich als solche aus selbständiger Tätigkeit zu beurteilen, wenn die Tätigkeiten der einzelnen Partner in der Gesellschaft die tatbestandlichen Voraussetzungen einer freiberuflichen Tätigkeit i.S.d. § 18 Abs. 1 EStG erfüllen.[570] Die berufs- oder standesrechtliche Rechtslage ist insoweit steuerrechtlich ohne Bedeutung.[571]

280 **d) Gelegenheitsgesellschaften.** Schließen sich mehrere Künstler zur Durchführung von einzelnen künstlerischen Vorhaben zur Durchführung von einzelnen künstlerischen Vorhaben zusammen, z.B. im Zusammenhang mit Kunstausstellungen, so bilden diese sog. **Gelegenheitsgesellschaften** nur dann eine Mitunternehmerschaft, wenn die gemeinsame Betätigung, die nach Außen auch nur durch einen Gesellschafter in Erscheinung treten kann, sämtliche Voraussetzungen einer künstlerischen Tätigkeit i.S.d. § 18 Abs. 1 Nr. 1 EStG erfüllt und sämtliche Gesellschafter die persönlichen Voraussetzungen einer freiberuflichen Tätigkeit erfüllen.

---

563 Zur Ausnahme bei Ehegatten-Gesellschaften s. Rz. 276.

564 Vgl. dazu BFH IV R 33/95 v. 15. 5. 1997, BFH/NV 1997, 751; IV R 17/90 v. 7. 11. 1991, BStBl II 1993, 324; IV R 235/84 v. 9. 10. 1986, BStBl II 1987, 124, m.w.N., zu gewerblicher Innengesellschaft (GbR) bei einer Steuerberaterpraxis.

565 S. dazu Rz. 282.

566 Zum Begriff des „partiarischen Rechtsverhältnisses" s. *Kirchhof/v. Beckerath* § 20 EStG Rz. 167.

567 Ebenso *Blümich/Hutter* § 18 EStG Rz. 78.

568 S. dazu I. E. *Blümich/Hutter* § 18 EStG Rz. 79.

569 In Kraft getreten am 1. 7. 1995, BGBl I 1994, 1744.

570 Vgl. BFH IV R 48/99 v. 23. 11. 2000, BStBl II 2001, 241; OFD Hannover v. 2. 11. 2005, DStR 2006, 137: Ausnahme nur, wenn Gewinnverteilungsabrede „extrem".

571 Ebenso OFD Koblenz v. 15. 12. 2005, DB 2006, 73.

Steuerrechtlich unerheblich sind dagegen bloße **Absprachen,** z.B. in Bezug auf bestimmte Vorgehensweisen gegenüber Galeristen oder Ausstellungsleitungen. 281

e) Stille Gesellschaft i. S. d. § 230 HGB. Eine stille Gesellschaft i. S. d. § 230 HGB kann bei freiberuflicher Tätigkeit nicht entstehen, da sie eine Beteiligung an dem *Handelsgewerbe* voraussetzt.[572] 282

f) Ateliersgemeinschaften. Mangels gemeinschaftlicher Gewinnerzielungsabsicht auf der Ebene der Gesellschaft[573] begründen bloße **Ateliergemeinschaften** keine Mitunternehmerschaft;[574] sie dienen in erster Linie dazu, die Nutzung von bestimmten Atelierräumen zu ermöglichen und/oder die Kosten auf die beteiligten Künstler umzulegen. Ein einheitliches Auftreten nach Außen genügt nicht, um eine Ateliergemeinschaft als Mitunternehmerschaft beurteilen zu können.[575] 283

g) Europäische wirtschaftliche Interessenvereinigung. Regelmäßig keine Mitunternehmerschaft ist die **Europäische wirtschaftliche Interessenvereinigung (EWIV),** da sie nicht den (Haupt-)Zweck hat, selbst Gewinn zu erzielen. 284

h) Erbengemeinschaft. *aa) Gesamtrechtsnachfolge bei Tod des Steuerpflichtigen.* Mit dem Tod des Erblassers geht der gesamte Nachlass unentgeltlich im Wege der **Gesamtrechtsnachfolge** auf den Alleinerben oder die Erbengemeinschaft über (Gesamthandsvermögen). Die Wirtschaftsgüter des dem freien Beruf dienenden Vermögens gehen auf den (die) Erben als Gesamtrechtsnachfolger über und werden dessen (deren) Betriebsvermögen. Daran ändert sich solange nichts, solange die Erben den Betrieb nicht veräußern[576] oder aufgeben.[577] Erbfall und ggf. nachfolgende Erbauseinandersetzung sind steuerrechtlich getrennt zu beurteilen.[578] 285

Die Erbengemeinschaft wird bis zu ihrer Auseinandersetzung (§ 2042 BGB) steuerrechtlich im Rahmen der Überschusseinkünfte wie eine **Bruchteilsgemeinschaft** (§ 39 Abs. 2 Nr. 2 AO) und im Rahmen der Gewinneinkünfte als **Mitunternehmerschaft** behandelt. 286

Keine Mitunternehmerschaft (Innengesellschaft) liegt vor, wenn zwischen dem Erben eines künstlerisch Tätigen und demjenigen, der das Atelier mit den gesamten vorhandenen Wirtschaftsgütern übernimmt, zur Abgeltung der **Abfindungsansprüche** für das übernommene Vermögen eine (befristete) Gewinnbeteiligung vereinbart wird.[579] 287

bb) Einkünftequalifikation. Wird ein i. S. d. § 18 Abs. 1 Nr. 1 EStG künstlerisch tätiger Steuerpflichtiger von mehreren Personen beerbt, so können die Mitglieder dieser **Erbengemeinschaft** freiberufliche **Mitunternehmer des** zum Nachlass gehörenden **künstlerischen Betriebs** sein, wenn und solange sämtliche Erben die Voraussetzungen des § 18 Abs. 1 Nr. 1 EStG erfüllen. Dies wird jedoch in der Praxis – wenn überhaupt – nur sehr selten vorkommen. Dementsprechend wird im Regelfall eine **gewerbliche Mitunter-** 288

---

572 Zu nicht handelsgewerblich ausgerichteten Innengesellschaften s. Rz. 274 und *Brandt* in H/H/R § 18 EStG Rz. 20 m. w. N.

573 Unerheblich ist grundsätzlich, ob eine solche auf der Ebene der Gesellschafter besteht; s. dazu BFH GrS 4/82 v. 25. 6. 1984, BStBl II 1984, 751, 769f.

574 Und damit keine einheitliche Gewinnfeststellung.

575 Vgl. BFH XI R 82/03 v. 14. 4. 2005, BStBl II 2005, 752, zur Büro- und Praxisgemeinschaft; dazu Anm. *Kempermann* FR 2005, 1148 zur Frage der Teilanteilsveräußerung.

576 Zur Veräußerung im Rahmen einer Erbauseinandersetzung s. Rz. 293.

577 Zur steuerrechtlichen Behandlung des Sonderbetriebsvermögens (sog. Buchwertprivileg) s. BFH VIII R 53/99 v. 5. 2. 2002, 237.

578 BFH GrS 2/89 v. 5. 7. 1990, BStBl II 1990, 837.

579 Vgl. dazu *Schmidt/Wacker* § 18 EStG Rz. 45.

nehmerschaft anzunehmen sein.[580] Eine **Ausnahme** wird man aber – ähnlich wie in den Fällen des gewerbsmäßigen Übergangs einer Praxis – dann zu machen haben, wenn die Miterben ausschließlich zur Abwicklung im Sinne einer Realisierung der vom Erblasser noch geschaffenen Werte tätig werden.[581]

289 Die Erben beziehen demnach insoweit grundsätzlich – als Einzelperson bei einem Alleinerben und in Mitunternehmerschaft[582] bei Erbengemeinschaft – bis zur Veräußerung oder zur Aufgabe des Betriebs *gewerbliche* Einkünfte,[583] und zwar solange die Rechtsnachfolger nicht sämtlich die Voraussetzungen des § 18 Abs. 1 Nr. 1 EStG erfüllen.[584] Dies gilt grundsätzlich[585] auch in Bezug auf die zur Veräußerung bestimmten Werke eines Künstlers.

290 Wird die **Erbengemeinschaft** innerhalb von sechs Monaten[586] – tatsächlich – **auseinandergesetzt,** können die laufenden Einkünfte nach einer Verwaltungsanweisung rückwirkend auf den Erbfall als freiberufliche Einkünfte dem Miterben zugerechnet werden, der den Betrieb oder den Betriebsteil vereinbarungsgemäß übernommen hat; die übrigen Miterben werden so behandelt, als ob sie als Erben von Anfang an keine Einkünfte erzielt hätten (Durchgangserwerb der Erbengemeinschaft).[587] Dies gilt auch bei **Teilauseinandersetzungen.**[588] Bei künstlerisch tätig gewesenen Erblassern hat die Verwaltungsregelung nur dann Bedeutung, wenn der begünstigte Miterbe ebenfalls künstlerisch tätig ist. Andernfalls verbleibt es bei den gewerblichen Einkünften.

291 Hatte der Erblasser **Überschusseinkünfte,** z.B. aus Kapitalvermögen oder Vermietung und Verpachtung, so wird dieses Vermögen durch die Erbengemeinschaft zur Nutzung oder zum Gebrauch überlassen. Der Vermögensertrag fließt den Miterben zu. Sie erfüllen gemeinsam den Tatbestand der Einkünfteerzielung. Die erzielten Einkünfte werden ihnen grundsätzlich nach ihren Erbanteilen zugerechnet (§ 2038 Abs. 2, § 743 Abs. 1 BGB).[589]

292 Auch bei der Erbauseinandersetzung über **Privatvermögen** führt eine Teilung ohne Abfindungszahlungen nicht zur Entstehung von Anschaffungskosten oder Veräußerungserlösen.[590]

293 **Veräußert** die **Erbengemeinschaft** den gesamten Betrieb eines freiberuflich künstlerisch Tätigen, ist § 16 Abs. 1 i.V.m. § 18 Abs. 3 EStG anzuwenden. Der Veräußerungsgewinn ist begünstigt zu versteuern (§ 34 EStG).

---

[580] Vgl. BFH VIII R 13/93 v. 14. 12. 1993, BStBl II 1994, 922 m.w.N.; BMF v. 14. 3. 2006, BStBl I 2006, 253, Rz. 5, dazu *Röhrig/Doege* DStR 2006, 969.

[581] Vgl. BFH VIII R 13/93 v. 14. 12. 1993, BStBl II 1994, 922 m.w.N.; IV R 16/92 v. 29. 4. 1993, BStBl II 1993, 716, dazu Anm. *Jese* ZEV 1994, 57.

[582] „Geborene Mitunternehmer", s. BFH GrS 2/89 v. 5. 7. 1990, BStBl II 1990, 837; s. auch *Blümich/Hutter* § 18 EStG Rz. 81 m.w.N., 281.

[583] BFH IV B 69/90 v. 23. 8. 1991, BFH/NV 1992, 512. Eine etwa angeordnete Testamentsvollstreckung ändert daran nichts, BFH I R 19/87 v. 30. 11. 1989, BStBl II 1990, 246; s. auch BMF v. 14. 3. 2006, BStBl I 2006, 253, Rz. 5.

[584] S. Rz. 288.

[585] Zur Ausnahme s. Rz. 288.

[586] Zur längeren Frist im Falle einer von den Miterben beachteten Teilungsanordnung (§ 2048 BGB) s. BMF v. 14. 3. 2006, BStBl I 2006, 253, Rz. 8; dazu *Röhrig/Doege* DStR 2006, 969.

[587] S. dazu BMF v. 14. 3. 2006, BStBl I 2006, 253, Rz. 7ff.; dazu *Röhrig/Doege* DStR 2006, 969.

[588] BMF v. 14. 3. 2006, BStBl I 2006, 253, Rz. 8; s. auch Rz. 9 zum Erfordernis einer klaren und rechtlich bindenden Vereinbarung über Erbauseinandersetzung; dazu *Röhrig/Doege* DStR 2006, 969.

[589] S. dazu BMF v. 14. 3. 2006, BStBl I 2006, 253, Rz. 6.

[590] S. dazu i.E. BMF v. 14. 3. 2006, BStBl I 2006, 253, Rz. 22ff. sowie Rz. 26ff. zur Erbteilung *mit* Abfindungszahlungen; dazu *Röhrig/Doege* DStR 2006, 969.

cc) Gewinnermittlung. Hatte sich der Erblasser als **alleiniger Betriebsinhaber** für die Gewinnermittlung durch Überschussrechnung entschieden, so brauchen die Erben nicht wegen des Erbfalls auf die Gewinnermittlung durch Bestandsvergleich (§ 4 Abs. 1 EStG) überzugehen;[591] die entsprechenden Einkünfte sind weiterhin im Zeitpunkt des Zuflusses zu versteuern.[592] Nachträglich eingehende Entgelte, z.B. aus der Verwertung von Urheberrechten des Erblassers, gehören zu den „Einkünften aus einer ehemaligen Tätigkeit" i.S.d. § 24 Nr. 2 EStG.[593] **294**

Führen die Erben (führt der Erbe) den freiberuflichen Betrieb kraft eigener Qualifikation weiter, werden die Buchwerte des Erblassers fortgeführt (§ 6 Abs. 3 i.V.m. § 18 Abs. 3 EStG).[594] **295**

dd) Erblasser war Gesellschafter einer Personengesellschaft. Bei Tod eines Gesellschafters scheidet der verstorbene Gesellschafter grundsätzlich aus der Gesellschaft aus und die überlebenden Gesellschafter setzen die Gesellschaft fort (§ 131 Abs. 3 Nr. 1 HGB). Hatte die Personengesellschaft, der der Verstorbene angehörte, ihren Gewinn gemäß § 4 Abs. 3 EStG (Überschussrechnung) ermittelt, ist sie zur Feststellung der der für die Ermittlung des Veräußerungsgewinns erforderlichen Buchwerte im Fall der Übernahme aller Wirtschaftsgüter durch die verbleibenden Gesellschafter so zu behandeln, als wäre sie im Augenblick des Todes zur Gewinnermittlung gemäß § 4 Abs. 1 EStG (Bestandsvergleich) übergegangen. Der Übergangsgewinn ist anteilig dem verstorbenen Gesellschafter zuzurechnen.[595] **296**

i) Künstlerkapitalgesellschaft. Schließen sich künstlerisch tätige Steuerpflichtige zu einer **Kapitalgesellschaft** zusammen, so führt dies zu gewerblichen Einkünften dieser Gesellschaft. Die (Künstler-)Gesellschafter ihrerseits erzielen aufgrund ihrer Beteiligung grundsätzlich Einkünfte aus Kapitalvermögen (§ 20 Abs. 1 Nr. 1 EStG). **297**

3. *Abfärbewirkung des § 15 Abs. 3 Nr. 1 EStG*

Eine freiberuflich tätige Personengesellschaft darf allerdings nicht daneben auch gewerblich tätig sein und damit der sog. **Abfärbewirkung** des § 15 Abs. 3 Nr. 1 EStG[596] unterfallen.[597] Nach dieser Vorschrift gilt in vollem Umfang als Gewerbebetrieb die mit Einkünfteerzielungsabsicht unternommene Tätigkeit einer OHG, einer KG oder einer anderen Personengesellschaft, wenn die Gesellschaft auch eine gewerbliche Tätigkeit i.S.d. § 15 Abs. 1 Satz 1 Nr. 1 EStG ausübt.[598] Eine gewerbliche Tätigkeit eines einzelnen oder mehrerer Gesellschafter außerhalb ihrer gesamthänderischen Tätigkeit als Mitunternehmer begründet nicht die Anwendbarkeit des § 15 Abs. 32 Nr. 1 EStG.[598a] Unter die Abfärbere- **298**

---

[591] Erbt eine *Körperschaft* Betriebsvermögen einer natürlichen Person, ist grundsätzlich § 6 Abs. 3 EStG anzuwenden, s. dazu EStH H 16 (2) – Körperschaft als Erbin.

[592] BFH IV B 69/90 v. 23. 8. 1991, BFH/NV 1992, 512; I R 19/87 v. 30. 11. 1989, BStBl II 1990, 246.

[593] Vgl. BFH IV R 45/87 v. 30. 3. 1989, BStBl II 1990, 509.

[594] Zur Buchwertfortführung bei Übertragung in ein anderes Betriebsvermögen der Miterben s. BMF v. 14. 3. 2006, BStBl I 2006, 253, Rz. 12; dazu *Röhrig/Doege* DStR 2006, 969.

[595] BFH IV R 18/97 v. 13. 7. 1997, BStBl II 1998, 290; EStH H 4.5 (6) – Tod eines Gesellschafters.

[596] I.d. F.d. StBereinG v. 19. 12. 1985, BGBl I 1985, 2436, BStBl I 1985, 735.

[597] Zur Verfassungsgemäßheit dieser Regelung s. *Kempermann* StbJb 2003/2004, 379, 383.

[598] Zur Abfärbewirkung bei einer „Ober"-Personengesellschaft, zu deren Gesamthandsvermögen eine Beteiligung an einer gewerblich tätigen oder geprägten (§ 15 Abs. 3 Nr. 2 EStG) „Unter"-Personengesellschaft gehört, s. *Schmidt/Wacker* § 18 EStG Rz. 44.

[598a] Vgl. dazu *Söffing* DB 2006, 2479.

gelung fällt auch eine Gesellschaft in der Rechtsform der **GbR,** und zwar selbst dann, wenn sie als **Innengesellschaft** nicht nach Außen in Erscheinung tritt,[599] nicht jedoch die **Erbengemeinschaft.**[600]

299 Die Abfärbewirkung tritt grundsätzlich selbst bei einer nur geringfügigen gewerblichen Betätigung ein.[601] Eine Ausnahme kann bei einem äußerst geringen gewerblichen Anteil (Bagatellfall) anzunehmen sein.[602]

300 Die Abfärbewirkung tritt zwar auch dann ein, wenn der gewerbliche Teil der Gesamttätigkeit gemäß § 3 GewStG von der Gewerbesteuer befreit ist.[603] Eine entsprechende Fallgestaltung dürfte jedoch in Zusammenhang mit einer künstlerischen Tätigkeit wohl kaum auftreten.

301 Liegen die Voraussetzungen des § 15 Abs. 3 Nr. 1 EStG nur während eines Teils des Wirtschaftsjahres ein, ist der Steuermessbetrag (nur) für den abgekürzten Teil des Erhebungszeitraums festzusetzen (§ 14 Satz 3 GewStG).[604]

302 Die unterschiedliche steuerrechtliche Behandlung von Steuerpflichtigen, die als Einzelperson freiberuflich tätig sind, und freiberuflich tätigen Personengesellschaften ist verfassungsgemäß.[605]

303 Die Umqualifizierung freiberuflicher Einkünfte in gewerbliche nach Maßgabe des § 15 Abs. 3 Nr. 1 EStG kommt nur in Betracht, wenn die Tätigkeit nicht als einheitlich zu betrachtende Gesamttätigkeit zu beurteilen ist.[606] Ist demnach bei einer gemischten Tätigkeit bei der erforderlichen Gesamtbetrachtung *einheitlich* eine künstlerische Tätigkeit anzunehmen,[607] so bleibt es bei dieser Qualifikation. Ist die Tätigkeit dagegen einheitlich als gewerblich zu beurteilen, ist kein Raum für die Anwendung des § 15 Abs. 3 Nr. 1 EStG.

4. Betriebsaufspaltung

304 Die Rechtsgrundsätze zur **Betriebsaufspaltung** sind auch anzuwenden, wenn Besitz- und Betriebsunternehmen aus einer früheren freiberuflichen Tätigkeit hervorgegangen sind.[608] Bei freiberuflichen Einkünften der Betriebsgesellschaft ist dementsprechend auch die Vermietung von wesentlichen Betriebsgrundlagen durch die Besitzgesellschaft grundsätzlich nicht als gewerblich zu beurteilen.[609] Anders ist es, wenn die Betriebsgesellschaft

---

[599] BFH IV R 67/96 v. 13. 11. 1997, BStBl II 1998, 254 m. w. N.; s. auch *Schulze zur Wiesche* BB 2006, 75.

[600] S. dazu *Schmidt/Wacker* § 15 EStG Rz. 187 m. w. N. EStG.

[601] BFH IV R 67/96 v. 13. 11. 1997, BStBl II 1998, 254; I R 133/93 v. 10. 8. 1994, BStBl II 1995, 171 m. w. N.

[602] Vgl. dazu BFH XI R 12/96 v. 11. 8. 1999, BStBl II 2000, 229: 1,25 v. H. des Umsatzes: Verhältnismäßigkeitsgrundsatz. S. auch *Schmidt/Wacker* § 15 EStG Rz. 188; *Kempermann* StbJb 2003/2004, 379, 397: 2 v. H. des Umsatzes.

[603] BFH IV R 43/00 v. 30. 8. 2001, BStBl II 2002, 152.

[604] S. BFH XI R 8/00 v. 20. 12. 2000, BStBl II 2002, 478.

[605] So zutr. BFH I R 133/93 v. 10. 8. 1994, BStBl II 1995, 171; s. auch IV R 33/95 v. 15. 5. 1997, BFH/NV 1997, 751; ferner *Blümich/Hutter* § 18 EStG Rz. 84; *Schmidt/Wacker* § 18 EStG Rz. 4 m. w. N.; a. A. *Gosch* Anm. StBp 1998, 81.

[606] BFH IV R 60/95 v. 24. 7. 1997, BStBl II 1997, 567 m. w. N.

[607] S. dazu i. E. Rz. 196 ff.

[608] BFH I R 77/77 v. 18. 6. 1980, BStBl II 1981, 39; vgl. IV R 7/05 v. 10. 11. 2005, BStBl II 2006, 176; s. i. E. *Korn* § 18 Rz. 18 ff.

[609] Wegen weiterer Einzelheiten s. *Blümich/Hutter* § 18 EStG Rz. 85; *Brandt* in H/H/R § 18 EStG Rz. 17; *Schmidt/Wacker* § 18 EStG Rz. 55 ff.

aufgrund ihrer Rechtsform[610] oder aufgrund der Beteiligung Berufsfremder als Gewerbebetrieb anzusehen ist.

Fälle von Betriebsaufspaltung dürften allerdings im Bereich künstlerischer Tätigkeit – wenn überhaupt – wohl nur sehr selten vorkommen. 305

III. Zurechnung der Einkünfte i. S. d. § 18 EStG

1. Grundsatz der Individualbesteuerung

Die Einkünfte aus selbständiger Arbeit sind entsprechend dem Grundsatz der **Individualbesteuerung** grundsätzlich dem Einkommensteuersubjekt persönlich zuzurechnen und von diesem zu versteuern, das sie i. S. d. § 2 Abs. 1 Satz 1 EStG „erzielt"[611] hat. Dies ist die Person oder der Personenzusammenschluss, der den Tatbestand der Einkunftserzielung i. S. d. § 18 EStG, hier des § 18 Abs. 1 Nr. 1 EStG, erfüllt.[612] 306

Bezüge aus freiberuflicher, künstlerischer Tätigkeit sind danach dem zuzurechnen, der sie aufgrund eigener, die Voraussetzungen des § 18 Abs. 1 Nr. 1 EStG erfüllenden Tätigkeit erwirtschaftet hat, der z. B. das veräußerte Kunstwerk geschaffen und die ihm zustehenden Lizenzrechte vergeben hat. (Voraus-)Abtretung und Pfändung der Bezüge sind Einkommensverwendung. 307

Zu den Einkünften aus freiberuflicher Tätigkeit gehören auch solche aus einer ehemaligen freiberuflichen Tätigkeit, und zwar auch dann, wenn sie dem Steuerpflichtigen als Rechtsnachfolger zufließen (§ 24 Nr. 2 EStG).[613] Im letzteren Fall wirkt die Zurechnung konstitutiv. 308

Entsteht aufgrund des Todes eines Gesellschafters oder Gemeinschafters ein Abfindungsanspruch so ist der dadurch entstehende Veräußerungsgewinn noch dem Erblasser zuzurechnen, nicht jedoch dem Erben oder Vermächtnisnehmer.[614] 309

2. Einkünfte von Gesellschaftern einer Personengesellschaft

Die Personengesellschaft als solche ist kein Einkommensteuersubjekt. Ihre Gewinne werden nach dem sog. **Transparenzprinzip** grundsätzlich unmittelbar dem Gesellschafter, d. h. der natürlichen Person, als dem Steuersubjekt als originär eigene zugerechnet.[615] 310

IV. Die Ermittlung der Einkünfte aus selbständiger Arbeit, laufender Gewinn

1. Buchführungs- und Aufzeichnungspflichten

Für selbständig Tätige besteht **keine Buchführungspflicht** mehr; Freiberufler haben ohnehin schon von jeher keiner Buchführungspflicht unterlegen.[616] Eine solche Verpflichtung kann nicht durch Verwaltungsakt geschaffen werden.[617] 311

---

[610] So im Falle des BFH-U. I R 77/77 v. 18. 6. 1980, BStBl II 1981, 39.
[611] S. dazu *Tipke/Lang* § 9 Rz. 150 ff.
[612] Vgl. dazu i. E. *Tipke/Lang* § 9 Rz. 150 ff.
[613] S. dazu Rz. 366.
[614] Vgl. BFH IV R 66/92 v. 15. 5. 1993, BStBl II 1994, 227 m. w. N.
[615] Zu weiteren Einzelheiten s. grundlegend *Tipke/Lang* § 9 Rz. 500 ff.
[616] S. dazu i. E. *Blümich/Hutter* § 18 EStG Rz. 186 f.; *Brandt* in H/H/R § 18 EStG Rz. 31.
[617] BFH VII R 90/91 v. 11. 8. 1992, BFH/NV 1993, 346.

312 Das **EStG** enthält zwar **keine allgemeine Aufzeichnungspflicht** des freiberuflich Tätigen im Rahmen der Gewinnermittlung gemäß § 4 Abs. 3 EStG (Überschussrechnung)[618] in Bezug auf Betriebseinnahmen und Betriebsausgaben.[619] Davon unberührt bleibt jedoch die allgemeine Mitwirkungspflicht des Steuerpflichtigen bei der Ermittlung des Sachverhaltes gemäß § 90 AO sowie im Hinblick auf die den Steuerpflichtigen treffende objektive Beweislast (Feststellungslast) in Bezug auf den Betriebsausgabenabzug.[620] Bei Geschäftsbeziehungen zum **Ausland** ist die Aufzeichnungspflicht gemäß § 90 Abs. 3 AO zu beachten.

313 Eine besondere **Aufzeichnungspflicht** besteht nach Ansicht der Finanzverwaltung in den Fällen, in denen ein Steuerpflichtiger i. R. der Gewinnermittlung durch Einnahmenüberschussrechnung (§ 4 Abs. 3 EStG) Wirtschaftsgüter dem **gewillkürten Betriebsvermögen** zuordnet.[621] Eine solche Zuordnung ist in unmissverständlicher Weise durch entsprechende zeitnahe Aufzeichnungen zu dokumentieren. Dafür reicht grundsätzlich die zeitnahe Aufnahme des Wirtschaftsguts in ein laufend zu führendes betriebliches Bestandsverzeichnis aus,[622] und zwar spätestens bis zum Ende des Veranlagungszeitraums.[623] Nach Ansicht der Finanzverwaltung ist ausreichend auch dem Bestandsverzeichnis vergleichbare Aufzeichnungen oder eine zeitnahe schriftliche Erklärung gegenüber dem zuständigen Finanzamt.[624] Was im Einzelnen unter „zeitnah" zu verstehen ist, bestimmen weder der BFH noch die Finanzverwaltung. Maßgebend ist insoweit § 146 Abs. 1 AO, wonach die „sonst erforderlichen Aufzeichnungen" u. a. *zeitgerecht* vorzunehmen sind.[625] Zeitgerecht bezieht sich dabei auf den zeitlichen Abstand zwischen dem Geschäftsvorfall und dem Zeitpunkt der buchmäßigen Erfassung.[626]

314 Die Einzelaufzeichnungspflicht bei **Bareinnahmen** ab 15 000 Euro betrifft nur den Einzelhandel, sie gilt nicht für Freiberufler.[627]

315 Nach dem EStG ist der freiberuflich Tätige allerdings verpflichtet, Aufzeichnungen vorzunehmen, wenn er bestimmte Steuervergünstigungen in Anspruch nehmen will oder Arbeitgeber ist.

Beispiele:[628]

- § 4 Abs. 3 Satz 5 EStG: Aufzeichnen der nicht abnutzbaren Wirtschaftsgüter in einem laufend zu führenden Verzeichnis;
- **§ 4 Abs. 7 EStG:** I. R. d. Betriebsaufgabenabzugs einzeln und getrennt von den sonstigen Betriebsausgaben aufzuzeichnende Aufwendungen i. S. d. § 4 Abs. 5 Satz 1 Nr. 1 bis 4, 6b und 7 EStG;[629]
- **§ 6 Abs. 2 Satz 4 EStG:** Aufzeichnen der geringwertigen Wirtschaftsgüter, für die Bewertungsfreiheit in Anspruch genommen wird in einem laufend zu führenden Verzeichnis;
- **§ 6 c Abs. 2 EStG:** Aufzeichnen der Wirtschaftsgüter, für die Steuervergünstigungen i. R. d. § 6b EStG (Übertragung stiller Reserven) in Anspruch genommen werden, in einem besonderen, laufend zu führenden Verzeichnis;

---

[618] S. dazu i. E. [unten] Rz. 356 ff.

[619] Ebenso *Blümich/Hutter* § 18 EStG Rz. 189.

[620] *Blümich/Hutter* § 18 EStG Rz. 187; *Blümich/Wied* § 4 EStG Rz. 72.

[621] Zur Bildung gewillkürten Betriebsvermögens i. R. d. Gewinnermittlung s. i. E. Rz. 351 ff.

[622] Vgl. EStR R 5.4 Abs. 1.

[623] So BMF v. 17. 11. 2004, BStBl I 2004, 1064.

[624] BMF v. 17. 11. 2004, BStBl I 2004, 1064.

[625] Zutr. *Blümich/Hutter* § 18 EStG Rz. 192 a.

[626] S. i. E. *Pahlke/König* § 146 AO Rz. 12; s. auch BFH III R 62/87 v. 11. 3. 1988, BFH/NV 1989, 22: Buchungsrückstand bis zu einem Monat noch zeitgerecht.

[627] BMF v. 5. 4. 2004, BStBl I 2004, 419.

[628] S. auch EStH H 18.2 – Aufzeichnungspflicht.

[629] S. Rz. 434 ff.

- **§ 7a Abs. 8 EStG:** Aufzeichnen der Wirtschaftsgüter, für die erhöhte Absetzungen oder Sonderabschreibungen in Anspruch genommen werden, in einem laufend zu führenden Verzeichnis;
- **§ 41 EStG:** Aufzeichnungspflichten des Arbeitgebers beim Lohnsteuerabzug.

Der freiberuflich Tätige ist allerdings als **Unternehmer** i.S.d. § 2 UStG gemäß **§ 22** 316
UStG verpflichtet, zur Feststellung der Umsatzsteuer und der Grundlagen ihrer Berechnung **Aufzeichnungen** zu machen.[630] Diesem Erfordernis trägt er regelmäßig durch die Wahl der Überschussrechnung (§ 4 Abs. 3 EStG) Rechnung.

Für die **Form der Aufzeichnungen** gelten grundsätzlich die Bestimmungen der 317
§§ 145, 146 AO, und zwar auch dann, wenn die Bücher und Aufzeichnungen freiwillig geführt werden (§ 146 Abs. 6 AO).

2. *Wahlrecht zwischen Gewinnermittlung durch Betriebsvermögensvergleich oder durch Überschussrechnung*

Gemäß § 2 Abs. 2 Nr. 1 EStG sind die gemäß § 2 Abs. 1 Nr. 3 EStG der Einkom- 318
mensteuer unterliegenden Einkünfte aus selbständiger Arbeit der **Gewinn.**

Gewinn ist grundsätzlich der Unterschiedsbetrag zwischen dem Betriebsvermögen am 319
Schluss des Wirtschaftsjahres und dem Betriebsvermögen am Schluss des vorangegangenen Wirtschaftsjahres, vermehrt um den Wert der Entnahmen und vermindert um den Wert der Einlagen (§ 4 Abs. 1 Satz 1 EStG; **Gewinnermittlung durch Bestandsvergleich**). Dieser allgemeine Gewinnbegriff erfordert die Ermittlung der Einkünfte durch Bilanzierung. Dies gilt auch für Partnerschaften i. S. d. PartGG.[631]

Steuerpflichtige, die nicht aufgrund gesetzlicher Vorschriften verpflichtet sind, Bücher 320
zu führen und regelmäßig Abschlüsse zu machen, und die auch keine Bücher führen und Abschlüsse machen, können als Gewinn den Überschuss der Betriebseinnahmen über die Betriebsausgaben ansetzen (§ 4 Abs. 3 Satz 1 EStG; **Überschussrechnung**).

Da für selbständig Tätige **keine Buchführungspflicht** besteht, haben diese ein **Wahl-** 321
recht zwischen beiden Gewinnermittlungsarten.

Zwar sollte die Gewinnermittlung durch Bestandsvergleich gemäß § 4 Abs. 1 EStG 322
nach der Entstehungsgeschichte dieser Vorschrift und der Gesetzessystematik die Regel sein, in der **Praxis** ermitteln die Freiberufler jedoch in der Mehrzahl der Fälle ihren Gewinn gemäß **§ 4 Abs. 3 EStG** durch Überschussrechnung. Die Gründe dafür sind die geringeren formellen Anforderungen, insbesondere die buchtechnischen Erleichterungen, und die speziell damit verbundenen niedrigeren Kosten, die geringere Anzahl von Bewertungsvorgängen und die Möglichkeit, aufgrund des maßgeblichen Zuflussprinzips (§ 11 EStG) auf legale Weise Einnahmen zeitlich hinauszuschieben und damit entsprechende zeitliche Gewinnverschiebungen zu bewirken.

Der in **§ 5 Abs. 1 Satz 1 EStG** normierte spezielle Betriebsvermögensvergleich betrifft 323
nur Gewerbetreibende und ist demnach **auf Einkünfte aus selbständiger Arbeit nicht anwendbar.**

Unabhängig davon, welche Gewinnermittlungsart der Steuerpflichtige wählt, die Ein- 324
künfte aus selbständiger Arbeit dürfen nicht für ein von dem gemäß § 2 Abs. 7 EStG maßgeblichen **Kalenderjahr** abweichenden Wirtschaftsjahr ermittelt werden; die selbständig Tätigen fallen nämlich nicht unter den Anwendungsbereich des § 4a EStG, der bestimmt, unter welchen Voraussetzungen der Gewinn nach dem *Wirtschafts*jahr zu ermitteln ist.[632]

---

[630] Zur Wirkung dieser Verpflichtung für alle Besteuerungszwecke s. BFH VIII R 225/80 v. 2. 3. 1982, BStBl II 1984, 504.

[631] S. dazu Rz. 279.

[632] BFH IV R 26/99 v. 18. 5. 2000, BStBl II 2000, 498.

325 Gemäß § 60 Abs. 4, § 84 Abs. 3c EStDV[633] haben Steuerpflichtige, die den Gewinn gemäß § 4 Abs. 3 EStG durch den Überschuss der Betriebseinnahmen über die Betriebsausgaben ermitteln, für Wirtschaftsjahre, die nach dem 31. 12. 2004 beginnen, ihrer **Steuererklärung** eine **Gewinnermittlung nach amtlich vorgeschriebenen Vordruck** (Anlage „EÜR") beizufügen.[634] Betragen die Betriebseinnahmen für den Betrieb weniger als **17 500 Euro,** so beanstandet es die Finanzverwaltung allerdings nicht, wenn der Einkommensteuererklärung anstelle des Vordrucks eine **formlose Gewinnermittlung** beigefügt wird.[635] Es besteht keine Pflicht zum Führen eines **Kassenbuches.**[636]

3. Wahl der Gewinnermittlungsart

326 Die **Wahl** der Gewinnermittlungsart wird durch die Art der Aufzeichnungen **ausgeübt.** Maßgebend ist die tatsächliche, in Bezug auf eine Wahlentscheidung bewusste Handhabung. Nach der höchstrichterlichen Rechtsprechung[637] soll das Wahlrecht zur Gewinnermittlung nach Einnahmen-Überschuss-Grundsätzen nur zu Beginn des Gewinnermittlungszeitraums ausgeübt werden können. Zutreffend ist ein Wechsel nur zu Beginn eines neuen Gewinnermittlungszeitraums zulässig, lediglich die Mitteilung über die getroffene Wahl kann beim Übergang von später – spätestens zum Schluss der mündlichen Verhandlung vor dem Finanzgericht – nachgereicht werden, vorausgesetzt, die materiellen Voraussetzungen der jeweiligen Gewinnermittlungsart sind rechtzeitig erfüllt.[638] Grundsätzlich ist der Steuerpflichtige **drei Jahre** an die getroffene Wahl **gebunden.**[639] Ein vorzeitiger Wechsel ist regelmäßig nur möglich, wenn der Steuerpflichtige darlegt, dass eine Änderung der wirtschaftlichen Verhältnisse diesen erfordere. Insoweit darf jedoch mit Rücksicht darauf, dass sich die Dreijahresfrist nicht unmittelbar aus dem EStG ergibt, nicht kleinlich verfahren werden. Andernfalls bedarf es einer ausdrücklichen gesetzlichen Regelung.

327 Es ist davon auszugehen, dass derjenige, der eine **Eröffnungsbilanz** aufstellt, eine ordnungsmäßige kaufmännische Buchführung einrichtet und Abschlüsse aufgrund von Bestandsaufnahmen macht, sich für die Gewinnermittlung durch Betriebsvermögensvergleich (§ 4 Abs. 1 EStG) entschieden hat; dies ist andererseits aber für eine wirksame Ausübung des Wahlrechts erforderlich.[640] Ob eine qualifizierte Buchführung vorliegt, die einen solchen Schluss erlaubt, entscheidet sich nach den tatsächlichen Verhältnissen des jeweiligen Einzelfalles. Die Gewinnermittlung gemäß § 4 Abs. 1 EStG bietet sich dann an, wenn der freiberufliche Tätige gewillkürtes Betriebsvermögen einsetzen möchte.[641]

---

[633] I. d. F. der 23. EStDV-ÄndVO v. 29. 12. 2004, BGBl I 2004, 3884.

[634] Der Vordruck „EÜR" und die Anleitung dazu sind dem BMF-Schreiben v. 10. 2. 2005, BStBl I 2005, 320, und v. 21. 9. 2006, BStBl I 2006, 549 als Anlage 1 beigefügt.

[635] So BMF v. 10. 2. 2005, BStBl I 2005, 320.

[636] BFH X B 57/05 v. 16. 2. 2006, BFH/NV 2006, 940.

[637] S. BFH X B 90/03 v. 14. 10. 2003, BFH/NV 2004, 220; VIII R 49/97 v. 9. 2. 1999, BFH/NV 1999, 1195; zu eng. Offen lassend: IV R 18/00 v. 9. 11. 2000, BStBl II 2001, 102; IV R 20/04 v. 30. 6. 2005, BStBl II 2005, 758.

[638] Vgl. BFH XI R 4/04 v. 19. 10. 2005, BStBl II 2006, 509; s. auch Rz. 330 zu den Voraussetzungen für den Übergang zum Bestandsvergleich.

[639] Vgl. BFH IV R 18/00 v. 9. 11. 2000, BStBl II 2001, 102; s. dazu Anm. *Kanzler,* FR 2001, 205; *Take* BB 2001, 713; EStH H 4.6 – Erneuter Wechsel; s. auch *Haep* Anm. HFR 2001, 324: Keine dreijährige Bindung bei erstmaligem Wechsel (zwh.).

[640] BFH XI R 4/04 v. 19. 10. 2005, BStBl II 2006, 509; IV R 32/04 v. 2. 3. 2006, BeckRS 2006 25010057.

[641] S. dazu i. E. Rz. 351 ff.

Wer hingegen im Wesentlichen nur die Betriebseinnahmen und Betriebsausgaben aufzeichnet oder ordnungsmäßig Einnahme- und Ausgabebelege erstellt und sammelt,[642] hat die Überschussrechnung (§ 4 Abs. 3 EStG) gewählt.[643] Allerdings führt nicht jedes Mehr an Aufzeichnungen zu der Annahme, der Steuerpflichtige habe sich für den Bestandsvergleich (§ 4 Abs. 1 EStG) entschieden.[644] Eine lückenhafte Buchführung schließt eine Überschussrechnung nicht zwingend aus.[645] Ob dies auch dann zu gelten hat, wenn es an jeglichen wesentlichem Aufzeichnungen oder Belegen fehlt, ist umstritten.[646] Die Möglichkeit der Schätzung der Besteuerungsgrundlagen gemäß § 162 AO wird davon nicht berührt.[647] **328**

Die einmal getroffene **Wahl** ist **verbindlich;** ein etwaiges späteres Verlangen, eine andere Gewinnermittlungsart anzuwenden, wäre eine unzulässige nachträgliche Änderung.[648] So kann beispielsweise derjenige, der nur Aufzeichnungen über Betriebseinnahmen und Betriebsausgaben geführt hat, allein durch eine nachträglich erstellte Buchführung seine zunächst getroffene Wahl ändern[649] oder nachträglich verlangen, dass der Gewinn (Verlust) nach Maßgabe der Rechtsgrundsätze des § 4 Abs. 1 EStG geschätzt wird.[650] Andererseits kann der Steuerpflichtige so lange die Einnahmenüberschussrechnung wählen, solange er noch keine **Eröffnungsbilanz** aufgestellt hat und eine ordnungsmäßige kaufmännische Buchführung eingerichtet und einen Abschluss gemacht hat.[651] **329**

Hat der Steuerpflichtig die grundsätzlich zu beachtende Dreijahresfrist[652] eingehalten und will er zum Bestandsvergleich (§ 4 Abs. 1 EStG) überwechseln, so erfordert dies, dass er eine **Eröffnungsbilanz** (Übergangsbilanz)[653] mit zeitgerecht ermittelten Werten aufstellt, eine ordnungsmäßige kaufmännische Buchführung einrichtet und aufgrund von Bestandsaufnahmen einen **Abschluss** macht.[654] Beim Übergang vom Bestandsvergleich zur Überschussrechnung (§ 4 Abs. 3 EStG) sind die durch den Wechsel der Gewinnermittlungsart bedingten Hinzurechnungen und Abrechnungen im ersten Jahr nach dem Übergang vorzunehmen.[655] **330**

Die bisherigen Regelungen in § 4 Abs. 1 Sätze 3 und 4 EStG, die es dem Steuerpflichtigen ermöglicht hatten, bei einem Wechsel der Gewinnermittlungsart gewillkürtes Be- **331**

---

[642] BFH VIII R 40/94 v. 1. 10. 1996, BFH/NV 1997, 403; VIII R 40/94 v. 1. 10. 1996, BFH/NV 1997, 403; vgl. ferner X R 192/93 v. 12. 10. 1994, BFH/NV 1995, 587; III R 30–31/85 v. 13. 10. 1989, BStBl II 1990, 287.

[643] Vgl. BFH IV R 185/81 v. 23. 6. 1981, BStBl II 1983, 723.

[644] Ebenso *Blümich/Hutter* § 18 EStG Rz. 2.06.

[645] Vgl. BFH IV 291/64 v. 9. 2. 1967, BStBl III 1967, 310.

[646] Im Erg. zu Recht bej. BFH IV R 68/98 v. 15. 4. 1999, BStBl II 1999, 481; a. A. X R 192/93 v. 12. 10. 1994, BFH/NV 1995, 587; III R 30–31/85 v. 13. 10. 1989, BStBl II 1990, 287, allerdings zum ersten Jahr einer gewerblichen Betätigung.

[647] Zur materiellen Rechtsgrundlage einer solchen Schätzung s. BFH IV R 68/98 v. 15. 4. 1999, BStBl II 1999, 481.

[648] BFH IV R 185/81 v. 23. 6. 1981, BStBl II 1983, 723.

[649] BFH XI R 4/04 v. 19. 10. 2005, BStBl II 2006, 509.

[650] Ebenso *Blümich/Hutter* § 18 EStG Rz. 205.

[651] BFH IV B 68/02 v. 9. 12. 2003, BFH/NV 2004, 650; IV R 45/73 v. 2. 3. 1978, BStBl II 1978, 431.

[652] S. dazu BFH IV R 18/00 v. 9. 11. 2000, BStBl II 2001, 102; s. dazu Anm. *Kanzler,* FR 2001, 205; *Take* BB 2001, 713; EStH H 4.6 – Erneuter Wechsel – und Rz. 326.

[653] BFH IV B 107/04 v. 8. 9. 2005, BFH/NV 2006, 276 m. w. N.

[654] BFH XI R 4/04 v. 19. 10. 2005, BStBl II 2006, 509; zugleich Abgrenzung zu BFH IV R 18/00 v. 9. 11. 2000, BStBl II 2001, 102; zu Einzelheiten s. auch EStR R 4.6 Abs. 1, EStH H 4.6.

[655] S. EStR R 4.6 Abs. 2, EStH H 4.6 – Gewinnberichtigungen.

triebsvermögen, das er zulässigerweise bei der Gewinnermittlung durch Bestandsvergleich gebildet hat, auch bei der der Gewinnermittlung durch Überschussrechnung fortzuführen, wurde ersatzlos gestrichen,[656] weil sie durch die generelle Zulässigkeit der Bildung von gewillkürtem Betriebsvermögen im Rahmen der Überschussrechnung[657] überflüssig geworden waren. Gleichzeitig wurde in § 4 Abs. 3 Satz 4 EStG n. F. geregelt, dass nicht der Zeitpunkt der Veräußerung, sondern der Zeitpunkt des **Zuflusses des Veräußerungserlöses** oder bei Entnahme der Zeitpunkt der Entnahme für den Betriebsausgabenabzug maßgebend ist.

332 Das Finanzamt kann seinerseits den freiberuflich Tätigen nicht zur Ausübung des Wahlrechts in Bezug auf eine bestimmte Art der Gewinnermittlung zwingen.[658] Das Wahlrecht kann nur dieser allein ausüben. Erforderlichenfalls ist der Gewinn nach Maßgabe des § 162 AO zu schätzen.

333 Bei der **Veräußerung** oder **Aufgabe des Betriebs** ist gemäß § 18 Abs. 3 Satz 2 i. V. m. § 16 Abs. 2, 3 EStG von der Einnahmen-Überschussrechnung zum Bestandsvergleich überzugehen.[659]

4. Gewinnermittlung durch Bestandsvergleich (§ 4 Abs. 1 EStG)

334 **a) Allgemeine Grundsätze.** *aa) Grundsätze ordnungsgemäßer Buchführung.* Der selbständig Tätige, der sich im Rahmen des ihm zustehenden Wahlrechts für die Gewinnermittlung durch Bestandsvergleich zwischen dem Betriebsvermögen am Schluss des Wirtschaftsjahres und dem Betriebsvermögen am Schluss des vorangegangenen Wirtschaftsjahres entscheidet,[660] hat den Gewinn anzusetzen, der gemäß § 4 Abs. 1 unter Beachtung der **Grundsätze ordnungsmäßiger Buchführung** (GoB) zu ermitteln ist. M. a. W., der Betriebsvermögensvergleich i. S. v. § 4 Abs. 1 EStG setzt im Regelfall eine an den GoB ausgerichtete Buchführung und Bilanzierung voraus (§ 4 Abs. 2 EStG).[661] Dabei gelten nicht nur die allgemeinen GoB,[662] sondern – analog – auch die speziellen „handelsrechtlichen" GoB.[663]

335 Zu beachten ist insbesondere das **Aktivierungsverbot** für nicht entgeltlich erworbene Anlagewerte (§ 5 Abs. 2 EStG); das – analog – auch für die Gewinnermittlung gemäß § 4 Abs. 1 und 3 EStG und damit auch für die Ermittlung der Einkünfte aus selbständiger Arbeit gilt.[664]

336 Ein sehr wesentlicher Unterschied zur Gewinnermittlung gemäß § 4 Abs. 3 EStG als einer unmittelbar an den Zu- und Abfluss von Geld oder geldwerten Gütern anknüpfenden Bewegungsrechnung sui generis[665] besteht u. a. in der Bilanzierung von Forderungen und Verbindlichkeiten sowie in der Abgrenzung schwebender Geschäfte, aus denen am Bilanzstichtag ein Gewinn bereits verwirklicht ist.[666] Kein Unter-

---

[656] Durch das Gesetz zur Eindämmung missbräuchlicher Steuergestaltungen v. 28. 4. 2006, BStBl I 2006, 353.

[657] S. dazu Rz. 351 ff.

[658] BFH VII R 90/91 v. 11. 8. 1992, BFH/NV 1993, 346.

[659] BFH IV R 151/85 v. 17. 4. 1986, BFH/NV 1987, 759.

[660] S. dazu Rz. 326 ff.

[661] S. dazu *Blümich/Schreiber* § 5 EStG Rz. 60 f. m. w. Schrifttumsnachweisen.

[662] S. dazu *Blümich/Schreiber* § 5 EStG Rz. 60 f. m. w. Schrifttumsnachweisen.

[663] Ständige Rechtsprechung, s. dazu z. B. BFH IV R 95/96 v. 27. 11. 1997, BStBl II 1998, 375; s. ferner *Blümich/Schreiber* § 5 EStG Rz. 62 m. w. Schrifttumsnachweisen.

[664] BFH VIII R 74/77 v. 22. 1. 1980, BStBl II 1980, 244 m. w. N.

[665] S. Rz. 356 ff.

[666] Zu weiteren Unterschieden s. Rz. 356 ff.

schied besteht hinsichtlich des Ziels, den Totalgewinn zu erfassen (Grundsatz der **Gesamtgewinngleichheit**).[667] Beide Gewinnermittlungsarten müssen grundsätzlich – auf das Ganze und auf Dauer gesehen – im Wesentlichen zum gleichen Ergebnis führen.[668]

bb) Einlagen. Gegenstand der **Einlagen,** die bei den Gewinnerermittlungen sowohl gemäß § 4 Abs. 1 EStG als auch gemäß § 4 Abs. 3 EStG[669] mindernd zu berücksichtigen sind, können Bareinzahlungen sowie abnutzbare und nicht abnutzbare, materielle und immaterielle Wirtschaftsgüter aller Art sein, die der Steuerpflichtige dem Betrieb im Laufe des Wirtschaftsjahres zugeführt hat (§ 4 Abs. 1 Satz 5 EStG). Unerheblich ist, ob die Wirtschaftsgüter, und zwar unabhängig davon, ob sie dem Anlage- oder dem Umlaufvermögen zuzuordnen sind[670]. Einer Einlage steht die Begründung des Besteuerungsrechts der Bundesrepublik Deutschland hinsichlich des Gewinns aus der Veräußerung eines Wirtschaftsguts gleich (§ 4 Abs. 1 Satz 7, 2. Halbs. EStG[670a]). In diesen Fällen ist das Wirtschaftsgut mit dem gemeinen Wert anzusetzen (§ 6 Abs. 1 Nr. 5a EStG[670b]). **337**

Verdeckte Einlage ist die Zuwendung eines bilanzierbaren Vermögensvorteils aus gesellschaftsrechtlichen Gründen ohne Entgelt in Form von Gesellschaftsrechten, *hier:* von solchen Rechten an einer künstlerisch tätigen Personengesellschaft.[671] Als verdeckte Einlagen sind nur Wirtschaftsgüter geeignet, die das berufliche Vermögen vermehrt haben, sei es durch den Ansatz oder die Erhöhung eines Aktivpostens, sei es durch Wegfall oder Minderung eines Passivpostens bei der Personengesellschaft.[672] **338**

cc) Entnahmen. (1) Allgemeine Grundsätze. Ebenso wie Einlagen berühren **Entnahmen** zwar das Betriebsvermögen. Als private Vorgänge dürfen sie jedoch ebenfalls nicht den Gewinn verändern. Sie sind dementsprechend bei der Gewinnermittlung wieder hinzurechnen. Entnahmen sind alle Wirtschaftsgüter (Barentnahmen, Waren, Erzeugnisse, Nutzungen und Leistungen), die der Steuerpflichtige dem Betrieb für sich, seinen Haushalt oder für andere berufsfremde Zwecke im Laufe des Wirtschaftsjahres entnommen hat (§ 4 Abs. 1 Satz 2 EStG).[673] Es kann sich dabei sowohl um notwendiges als auch um gewillkürtes Betriebsvermögen handeln. Voraussetzung ist eine eindeutige, von einem Entnahmewillen getragene Entnahmehandlung, durch die die Verknüpfung des Wirtschaftsguts mit dem Betriebsvermögen unmissverständlich gelöst wird.[674] Eine solche Entnahmehandlung liegt nicht vor, solange die Realisierung der im Bilanzansatz des jeweiligen Wirtschaftsguts enthaltenen stillen Reserven gesichert bleibt.[675] Einer Entnahme für betriebsfremde Zwecke steht der Ausschluss oder die Beschränkung des Besteuerungsrechts der Bundesrepublik Deutschland hinsichtlich des Gewinns aus der Veräußerung oder der Nutzung eines Wirtschaftsguts gleich (§ 4 Abs. 1 Satz 3 **339**

---

667 Ebenso *Blümich/Wied* § 4 EStG Rz. 58.

668 S. dazu i. E. BFH IV R 68/98 v. 15. 4. 1999, BStBl II 1999, 481.

669 S. Rz. 361.

670 Zu weiteren Einzelheiten s. *Blümich/Wied* § 4 EStG Rz. 496 ff., 520 ff. (ABC der Einlagen); EStR R 4.3 Abs. 1.

670a I. d. F. d. SEStEG v. 7. 12. 2006, BGBl. I 2006, 2782.

670b I. d. F. d. SEStEG v. 7. 12. 2006, BGBl. I 2006, 2782.

671 S. dazu BFH IV R 10/01 v. 6. 11. 2003, BStBl II 2004, 416 m. w. N.

672 Vgl. BFH IV R 10/01 v. 6. 11. 2003, BStBl II 2004, 416 m. w. N.

673 Zu den Einzelheiten s. *Blümich/Wied* § 4 EStG Rz. 451 ff., 495 ff. (ABC der Entnahmen); EStR R 4.3 Abs. 2, EStH H 4.3 (2–4) – Entnahmehandlungen.

674 BFH X R 72/98 v. 25. 6. 2003, BStBl II 2004, 402 m. w. N.

675 BFH X R 72/98 v. 25. 6. 2003, BStBl II 2004, 402 m. w. N.: sog. „finaler Entnahmebegriff".

EStG); die Entnahme ist mit dem gemeinen Wert anzusetzen (§ 6 Abs. 1 Nr. 4 Satz 1, 2. Halbs.).[675a]

340 Entnahmen sind mit grundsätzlich mit dem **Teilwert** anzusetzen (§ 6 Abs. 1 Nr. 4 Satz 1 EStG).

341 *(2) Bewertung privater PKW-Nutzung.* Für die **Bewertung** der privaten Nutzung eines zum Betriebsvermögen gehörenden **Fahrzeugs** enthält § 6 Abs. 1 Nr. 4 Sätze 2 bis 4 eigene Regelungen. Danach ist die private Nutzung für jeden Kalendermonat mit 1 v.H. des inländischen Listenpreises im Zeitpunkt der Erstzulassung zzgl. der Kosten für Sonderausstattung einschließlich Umsatzsteuer anzusetzen.[676] Die pauschale Ermittlungsmethode der sog. 1-v.H.-Regelung ist jedoch ab dem Wirtschaftsjahr 2006[677] nur noch dann anwendbar, wenn das **Kraftfahrzeug** dem **notwendigen Betriebsvermögen** zuzuordnen ist, wenn also die betriebliche Nutzung mehr als 50 v. H. beträgt.

342 Bei Fahrzeugen des **gewillkürten Betriebsvermögens** (betriebliche Nutzung von mindestens 10 v.H. bis zu 50 v. H.) ist der Entnahmewert gemäß § 6 Abs. 1 Nr. 4 Satz 1 EStG zu ermitteln und mit den auf die geschätzte private Nutzung entfallenden Kosten anzusetzen. Dabei genügt es zunächst, dass der Steuerpflichtige im Rahmen der ihm obliegenden Mitwirkungspflichten gemäß § 90 AO die für die Ermittlung des den privaten Nutzungsanteils erforderlichen Tatsachen vollständig und wahrheitsgemäß vorträgt.[678] Die Führung eines **Fahrtenbuches** ist im Allgemeinen nicht erforderlich.[679]

343 Der Steuerpflichtige hat allerdings die Möglichkeit die tatsächlichen Aufwendungen gewinnmindernd anzusetzen, wenn er die private Nutzung des Fahrzeugs gemäß § 6 Abs. 1 Nr. 4 Satz 4 EStG ermittelt, d.h. wenn er die Gesamtaufwendungen des Kfz durch Belege sowie das Verhältnis der privaten zu übrigen Fahrten durch ein ordnungsgemäßes Fahrtenbuch, das zeitnah geführt[680] und nicht ohne Weiteres abänderbar ist,[681] nachweist (sog. **Escape-Klausel**).[682]

344 Die Regelungen des § 6 Abs. 1 Nr. 4 Sätze 1, 2 und 4 EStG sind aufgrund ausdrücklicher Verweisung in § 4 Abs. 5a EStG i.d.F. des StÄndG 2007[683] auch im Rahmen der steuerrechtlichen Behandlung von Aufwendungen für **Fahrten** zwischen **Wohnung** und **Betriebsstätte** sowie für Familienheimfahrten anzuwenden.[684]

[675a] Jeweils i.d.F. d. SEStEG v. 7. 12. 2006, BGBl I 2006, 2782. Zur Bildung eines Ausgleichspostens bei Entnahme gem. § 4 Abs. 1 Satz 3 EStG s. § 4g EStG i.d.F. des SEStEG v. 7. 12. 2006, a.a.O.: Zeitlich gestreckte Besteuerung der stillen Reserven.

[676] Zur sog. 1 v.H.-Regelung gemäß § 6 Abs. 1 Nr. 4 EStG bei privater Nutzung eines Kraftfahrzeugs s. *Blümich/Ehmcke* § 6 EStG Rz. 1012ff.; BMF v. 21. 1. 2002, BStBl I 2002, 148, insbesondere auch zur Rechtslage vor VZ 2006; *Rüsch/Hoffmann* DStR 2006, 399.

[677] Aufgrund der Änderung des § 6 Abs. 1 Nr. 4 Satz 2 EStG durch das Gesetz zur Eindämmung missbräuchlicher Steuergestaltungen v. 28. 4. 2006, BStBl I 2006, 350, Art. 1 Änderung des Einkommensteuergesetzes, Nr. 3; § 52 Abs. 16 Satz 15 i.d.F. d. Gesetzes zur Eindämmung missbräuchlicher Steuergestaltungen v. 28. 4. 2006, a.a.O.

[678] Zu weitgehend: Gesetzesbegründung, Deutscher Bundestag, Drs. 16/634, S. 11. Die dort angeführte Beweispflicht tritt erst ein, wenn begründete Zweifel am Vorbringen des Steuerpflichtigen bestehen.

[679] So ausdrücklich Gesetzesbegründung, Deutscher Bundestag, Drs. 16/634, S. 11.

[680] Vgl. BFH VI R 27/05 v. 9. 11. 2005, BStBl II 2006, 408; zu den erforderlichen Einzelaufgaben (z.B. Datum, Reiseziel, Kunde oder Geschäftspartner, Gegenstand der dienstlichen Verrichtung) s. i.E. VI R 87/04 v. 16. 3. 2006, BStBl II 2006, 625.

[681] Vgl. BFH VI R 64/04 v. 16. 11. 2005, BStBl II 2006, 410; s. dazu OFD Koblenz v. 16. 5. 2006, DStR 2006, 1040.

[682] S. dazu *Blümich/Ehmcke* § 6 EStG Rz. 1012ff.

[683] V. 19. 7. 2006, BGBl I 2006, 1652; BStBl I 2006, 432.

[684] S. dazu i.E. Rz. 443ff.

b) Art und Umfang des Betriebsvermögens. *aa) Allgemeines.* Zum **Betriebsvermögen** eines Selbständigen rechnen alle Wirtschaftsgüter, die in einem funktionalen Zusammenhang mit dem Erzielen betrieblicher (freiberuflicher) Einkünfte stehen, die m.a.W. dieser Einkünfteerzielung dienen. Für die Eigenschaft als Betriebsvermögen ist es unerheblich, ob der Freiberufler seinen Gewinn durch Bestandsvergleich (§ 4 Abs. 1 EStG) oder durch Einnahmen-Überschussrechnung (§ 4 Abs. 3 EStG) ermittelt. Wirtschaftsgüter des Betriebsvermögens können solche des notwendigen als auch gewillkürten Betriebsvermögens sein.[685] Diese Unterscheidung folgt aus der Abgrenzung zum (notwendigen) **Privatvermögen.**[686] Es besteht somit eine **Dreiteilung** der **Vermögensarten.**[687] 345

Wird die freiberufliche, künstlerische Tätigkeit in der Form der **Personengesellschaft** ausgeübt, so umfasst das Betriebsvermögen der Mitunternehmerschaft sowohl Wirtschaftsgüter des Gesamthandsvermögens als auch solche, die im Eigentum eines Gesellschafters (Mitunternehmers) stehen und das der Gesellschaft auf gesellschaftsrechtlicher, schuldrechtlicher (z.B. Miete) oder dinglicher Grundlage (z.B. Nießbrauch) zur Erfüllung ihres Gesellschaftszwecks überlassen wird **(Sonderbetriebsvermögen),** wie z.B. Grundstücke oder Grundstücksteile. 346

bb) Notwendiges Betriebsvermögen, gewillkürtes Betriebsvermögen, Privatvermögen. (1) Notwendiges Betriebsvermögen. Sowohl unbewegliche als auch bewegliche Wirtschaftsgüter, die der Steuerpflichtige ausschließlich und unmittelbar für eigenbetriebliche (eigenberufliche) Zwecke nutzt und die objektiv erkennbar zum unmittelbaren Einsatz im Betrieb selbst bestimmt sind, sind **notwendiges Betriebsvermögen.** Nicht vorausgesetzt wird, dass die Wirtschaftsgüter für den Betrieb notwendig i.S.v. „erforderlich" sind.[688] Unerheblich ist, ob sie in Buchführung und Bilanzen ausgewiesen sind. Die Annahme notwendigen Betriebsvermögens scheidet allerdings dann aus, wenn das Wirtschaftsgut sowohl betrieblich als auch privat genutzt wird und der betriebliche Anteil nicht mehr als 50 v.H. der gesamten Nutzung beträgt. Umgekehrt sind alle Wirtschaftsgüter, die nicht Grundstücke oder Grundstücksteile sind und die zu mehr als 50 v.H. eigenbetrieblich (eigenberuflich) genutzt werden, in vollem Umfang notwendiges Betriebsvermögen.[689] 347

Gehört ein Wirtschaftsgut zum notwendigen Betriebsvermögen des **Freiberuflers,** kann es diese Eigenschaft nicht ohne Lösung des beruflichen Zusammenhangs oder der persönlichen Zurechnung verlieren.[690] 348

Zum notwendigen Betriebsvermögen eines künstlerisch Tätigen können beispielsweise der Grund und Boden sowie das Gebäude oder die Gebäudeteile, die er für seine künstlerische Arbeit nutzt, gehören. Insoweit kann aber auch gewillkürtes Betriebsvermögen in Betracht kommen.[691] Dabei ist die Rechtsprechung des BFH zu beachten, wonach bei einem Gebäude, das teils eigenbetrieblich (eigenberuflich), teils zu eigenen,[692] teils zu fremden Wohnzwecken genutzt wird, jeder der unterschiedlich genutzten Teile des Gebäudes ein eigenständiges Wirtschaftsgut ist.[693] 349

---

[685] S. zu diesen Begriffen Rz. 347 ff.

[686] BFH IV R 13/03 v. 2. 10. 2003, BStBl II 2004, 985 m.w.N.

[687] BFH IV R 13/03 v. 2. 10. 2003, BStBl II 2004, 985 m. Schrifttumsnachweisen.

[688] BFH IV R 14/00 v. 26. 4. 2001, BFH/NV 2001, 1186 m.w.N.

[689] S. dazu EStR R 4. 2 Abs. 1.

[690] BFH X R 72/98 v. 25. 6. 2003, BStBl II 2004, 402 m.w.N.

[691] BFH IV R 129/78 v. 15. 4. 1981, BStBl II 9181, 618; s. auch *Brandt* in H/H/R § 18 Rz. 30 mit Rechtsprechungshinweisen.

[692] Zum Wegfall der Möglichkeit, selbstgenutzten Wohnraum als Betriebsvermögen zu behandeln s. *Blümich/Wied* § 4 EStG Rz. 356.

[693] BFH GrS 5/71 v. 26. 11. 1973, BStBl II 74, 132.

350 Zum Betriebsvermögen rechnen ferner beispielsweise der Verwertung zugeführte Urheberrechte, wenn sie den Gegenstand der Berufstätigkeit betreffen.[694] Ebenso rechnen dazu die Betriebsmittelvorräte (Fertigungsmaterial), wie beispielsweise Farben, Leinwand, technische Ausrüstung sowie die i.R.d. künstlerischen Tätigkeit (z.B. für Installationen, ggf. auch für Performances) entwickelte Software. Unabhängig von der Gewinnermittlungsart gehört zum Betriebsvermögen auch der selbst geschaffene (oder ggf. entgeltlich erworbene) „Atelierwert" als Resultante der persönlichen Fähigkeiten des künstlerisch Tätigen.[695] Er umfasst u.a. die beruflichen Beziehungen zu Galerien, Museen und Kunstsammlern. Problematisch dürfte jedoch insoweit die steuerrechtliche Bewertung sein.

351 *(2) Gewillkürtes Betriebsvermögen.* Gemischt genutzte Wirtschaftsgüter, die nicht zum notwendigen Betriebsvermögen[696] zu rechnen sind und die in einem gewissen objektiven Zusammenhang mit dem Betrieb stehen und ihn zu fördern bestimmt und geeignet sind, können bei der Gewinnermittlung durch Betriebsvermögensvergleich (§ 4 Abs. 1 EStG) als sog. **gewillkürtes Betriebsvermögen** behandelt werden.

352 In **Änderung** seiner bisherigen **Rechtsprechung** hat der BFH in seinem Urteil IV R 13/03 vom 2. 10. 2003[697] entschieden, dass gewillkürtes Betriebsvermögen nicht nur i.R.d. Bestandsvergleichs (§ 4 Abs. 1, § 5 Abs. 1 EStG) gebildet werden kann, sondern die Gewinnermittlung durch Einnahmenüberschussrechnung **(§ 4 Abs. 3 EStG)** der Bildung gewillkürten Betriebsvermögens nicht entgegensteht. Die Zuordnung eines *gemischt genutzten Wirtschaftsguts* zum gewillkürten Betriebsvermögen scheide allerdings aus, wenn das Wirtschaftsgut nur in geringfügigem Umfang betrieblich genutzt wird und daher zum notwendigen Privatvermögen gehört. Als geringfügig ist dabei ein betrieblicher Anteil von weniger als 10 v.H. der gesamten Nutzung anzusehen. Der Steuerpflichtige trägt die objektive Beweislast (Feststellungslast) für die Zuordnung eines Wirtschaftsguts zum gewillkürten Betriebsvermögen, vorausgesetzt, er strebt mit einer solchen Zuordnung eine Steuerminderung an. Zu beachten ist allerdings, die sich als Folge der Zuordnung eines Wirtschaftsguts, z.B. eines PKW, zum gewillkürten Betriebsvermögen ergebende Steuerpflicht eines evtl. späteren Veräußerungs- oder Entnahmegewinns.

353 Die Finanzverwaltung wendet das vorstehend genannte neue Urteil des BFH zwar an, fordert aber vom Steuerpflichtigen umfangreiche Nachweise, insbesondere in Form von Aufzeichnungen.[698]

354 Das Einbeziehen von gemischt genutzten Wirtschaftsgütern in den Bereich des gewillkürten Betriebsvermögens setzt voraus, dass dies sich im Rahmen der konkreten freiberuflichen Tätigkeit hält, der Charakter der Tätigkeit sich damit ändert.[699] Dementsprechend können Wirtschaftsgüter, die der künstlerischen Tätigkeit wesensfremd sind und bei denen jegliche sachliche Beziehung zum Betrieb fehlt, wie z.B. Darlehens- und Wertpapiergeschäfte sowie im Regelfall Bürgschaften,[700] nicht dieser Tätigkeit zugeordnet werden und

---

[694] BFH IV B 129/91 v. 27. 11. 1992, BFH/NV 1993, 471 m.w.N.

[695] Vgl. zum „Praxiswert" BFH I R 52/93 v. 30. 3. 1994, BStBl II 1994, 903; *Blümich/Hutter* § 18 EStG Rz.199ff.

[696] S. Rz. 347ff.

[697] BStBl II 2004, 985: PKW einer Zahnärztin als gewillkürtes Betriebsvermögen; ebenso XI R 17/03 v. 16. 6. 04, BFH/NV 05, 173.

[698] S. dazu Rz. 313.

[699] Vgl. BFH III R 68/85 v. 12. 5. 1989, BStBl II 1989, 666 m.w.N.; IV R 80/88 v. 24. 8. 1989, BStBl II 1990, 17; *Brandt* in H/H/R § 18 Rz. 30. In verfassungsrechtlicher Hinsicht nicht zu beanstanden, s. BVerfG 1 BvR 1187/87 v. 7. 1. 1988, HFR 1989, 215.

[700] Vgl. BFH IV R 80/88 v. 24. 8. 1989, BStBl II 1990, 17; zu Ausnahmen s. EStH H 18.2 – Bürgschaft.

demnach auch nicht gewillkürtes Betriebsvermögen bilden.[701] Das Gleiche gilt im Allgemeinen auch hinsichtlich der Beteiligung eines künstlerisch Tätigen an einer Kapitalgesellschaft.[702]

(3) Privatvermögen. Wirtschaftsgüter, die der Steuerpflichtige zu mehr als 90 v. H. privat nutzt, gehören zum notwendigen **Privatvermögen,** solche, die er neben der privaten Nutzung gleichzeitig zu mindestens 10 v. H. bis zu 50 v. H. auch beruflich nutzt, kann er sowohl als Privatvermögen als auch unter den Voraussetzungen des gewillkürten Betriebsvermögens als solches behandeln. 355

5. Gewinnermittlung durch Überschussrechnung (§ 4 Abs. 3 EStG)

Während bei der Gewinnermittlung gemäß § 4 Abs. 1 EStG grundsätzlich nur die Bestandsveränderungen beim Betriebsvermögen entscheidend sind, ist gemäß § 4 Abs. 3 EStG maßgebend der **Zu-** und **Abfluss** von **Betriebseinnahmen** und **Betriebsausgaben,**[703] wobei sich ein abziehbarer oder ausgleichsfähiger Verlust ergeben kann. Es handelt sich um eine Art Geldverkehrsrechnung (Bewegungsrechnung sui generis). 356

Betriebseinnahmen und Betriebsausgaben, die im Namen und für Rechnung eines Anderen vereinnahmt und verausgabt werden **(durchlaufende Posten)** bleiben außer Ansatz (§ 4 Abs. 3 Satz 2 EStG). 357

Der Bestand des Betriebsvermögens ist unmaßgeblich. Deshalb erfordert die Überschussrechnung weder eine geschlossene Kassenführung noch das Vorhandensein von Bestandskonten. Ebensowenig bedarf es einer Inventur. Rechnungsabgrenzungsposten, Rückstellungen, Wertberichtigungen, insbesondere Teilwertabschreibungen, sind nicht zu bilden. Da weder Forderungen noch Verbindlichkeiten anzusetzen sind, haben diese keinen Einfluss auf den Gewinn; eine Gewinnauswirkung tritt grundsätzlich erst zu dem Zeitpunkt ein, zu dem das Geld als Betriebseinnahme zufließt oder als Betriebsausgabe abfließt. 358

Im Falle der **Veräußerung oder Aufgabe eines Betriebs** ist eine **Schlussbilanz** (Aufgabebilanz) zu erstellen. In dieser Bilanz sind alle mit der Aufgabe zusammenhängenden Vorgänge nach den bis zur bestandskräftigen Veranlagung gewonnenen Erkenntnisse über wertaufhellende und wertbegründende Ereignisse zu erfassen.[704] 359

Der Steuerpflichtige ist dabei durch entsprechende Hinzurechnungen und Abrechnungen beim laufenden Gewinn so zu behandeln, als wäre er zur Gewinnermittlung durch Bestandsvergleich (§ 4 Abs. 1 EStG) übergegangen.[705] 360

Ebenso wie beim Bestandsvergleich bleiben außerbetrieblich veranlasste Wertabgaben und Wertzuflüsse ohne Auswirkung auf den Gewinn. Dementsprechend sind – wie bei § 4 Abs. 1 EStG – Entnahmen (§ 4 Abs. 1 Satz 2 EStG) hinzuzurechnen[706] und Einlagen, welche die Eigenschaft eines Wirtschaftsgutes besitzen (§ 4 Abs. 1 Satz 5 EStG), abzuziehen.[707] 361

---

[701] BFH IV R 14/00 v. 26. 4. 2001, BFH/NV 2001, 1186 m. w. N.; IV R 168/78 v. 14. 1. 1982, BStBl II 1982, 345; vgl. dazu auch *Blümich/Hutter* § 18 EStG Rz. 193; *Brandt* in H/H/R § 18 Rz. 30 m. Rechtsprechungshinweisen.

[702] Von der Rechtsprechung allgemein anerkannt, wenn eine solche Beteiligung der Sicherung oder Erfüllung von Honoraransprüchen dient.

[703] S. zu diesen Begriffen Rz. 362 ff. und 390 ff.

[704] BFH X R 163–164/87 v. 3. 7. 1991, BStBl II 1991, 802, 805.

[705] Vgl. BFH IV 98/60 S v. 23. 11. 1961, BStBl III 1962, 199.

[706] BFH IV R 180/71 v. 16. 1. 1975, BStBl II 1975, 526.

[707] BFH VIII R 74/77 v. 22. 1. 1980, BStBl II 1980, 244.

6. Betriebseinnahmen, Betriebsausgaben bei freiberuflicher Tätigkeit

362 **a) Betriebseinnahmen.** *aa) Begriffsbestimmung.* Das EStG bestimmt die in § 4 Abs. 3 verwendeten, auch im Anwendungsbereich des § 4 Abs. 1, § 5 Abs. 1 EStG maßgeblichen Begriffe „Betriebseinnahmen" und „Betriebsausgaben" nicht näher. Die Rechtsprechung hat sich deshalb für die Umschreibung an die Begriffsbestimmung des § 8 Abs. 1 EStG angelehnt.[708]

363 Nach allg. Ansicht sind danach unter **Betriebseinnahmen** – im Unterschied zu den steuerrechtlich irrelevanten privaten Vermögenszuflüssen – alle Wertzugänge in **Geld** oder Geldeswert, z. B. **Sachzuwendungen,** zu verstehen, die dem Steuerpflichtigen im Rahmen seiner selbständigen Tätigkeit beruflich veranlasst, d. h. als Gegenleistung für eine berufliche Leistung[709] zufließen und keine Einlagen sind.[710] Die Einnahme muss damit in sachlichem Zusammenhang mit der Berufsausübung stehen. Daran fehlt in aller Regel bei Geldgeschäften eines künstlerisch Tätigen.[711] Trägt beispielsweise der Veranstalter Aufwendungen der (des) von ihm engagierten Künstler(s), z. B. für Übernachtung und Verpflegung, so führt dies regelmäßig zu Einnahmen des Künstlers.[712] Anders ist es, wenn Aufwendungen eines Dritten in dessen betrieblichem Interesse getätigt werden und nicht als Zuwendung an den Steuerpflichtigen dienen sollen.[713]

364 Zu den von einem künstlerisch Tätigen erzielten Einnahmen rechnen neben den Erlösen aus dem Verkauf der Kunstwerke insbesondere auch Lizenzeinnahmen und die Einnahmen aufgrund des Anspruchs auf Beteiligung am Verkaufspreis aus Weiterveräußerungen von Kunstwerken gemäß § 26 UrhG **(Folgerechtsanspruch).**[714] Zu den Einnahmen rechnen z. B. auch die Erlöse aus dem Verkaufe von einheitlichen Stoff- und Materialsammlungen sowie Archive jeglicher Art, die Grundlage der künstlerischen Arbeit sind oder waren.[715] Ebenso erzielt der Künstler insoweit Einnahmen, als ein Dritter, z. B. als Veranstalter, für ihn Kosten trägt, wie etwa Reisekosten.[716]

365 Unerheblich ist das dem (beruflichen) Geldzufluss zugrunde liegende Geschäft. So können auch Tausch-, Hilfs- und Nebengeschäfte zu Betriebseinnahmen führen, wenn und soweit sie in Zusammenhang mit der beruflichen Tätigkeit stehen.[717] **Sachwerte,** die anstelle eines Geldbetrages erbracht werden, sind mit dem Verkehrswert zu erfassen.

---

[708] BFH III R 175/85 v. 22. 7. 1988, BStBl II 1988, 995 m. w. N.

[709] Vgl. BFH I R 28/87 v. 27. 7. 1988, BStBl II 1989, 449 m. w. N.

[710] S. dazu z. B. BFH I R 136/72 v. 13. 12. 1973, BStBl II 1974, 210; *Blümich/Hutter* § 18 EStG Rz. 215; *Blümich/Wied* § 4 EStG Rz. 522; *Brandt* in H/H/R § 18 Rz. 35; *Kirchhof/Lambrecht* § 18 EStG Rz. 23.

[711] Vgl. EStH H 18.2 – Geldgeschäfte. Die Kehrseite ist allerdings, dass der Freiberufler etwaige Verluste aus solchen Geldgeschäften nicht gewinnmindernd geltend machen kann; die entsprechenden Forderungen können nicht als gewillkürtes Betriebsvermögen ausgewiesen werden, s. dazu Rz. 354.

[712] BFH I R 22/02 v. 19. 11. 2003, BStBl II 2004, 560; bestätigt durch I R 33/04 v. 28. 6. 2005, BStBl II 2006, 489.

[713] Vgl. BFH I R 28/87 v. 27. 7. 1988, BStBl II 1989, 449: Agentur trägt Reisekosten von Künstlern.

[714] S. dazu auch RL 2001/84 EG des Europäischen Parlaments und des Rates v. 27. 9. 2001 über das Folgerecht des Urhebers des Originals eines Kunstwerkes, ABl. Nr. L 272, S. 32, EU-Dok-Nr. 32001 0084 (EG-UrheberfolgerechtRL). Zur umsatzsteuerrechtlichen Behandlung s. Rz. 856.

[715] Beispiel: Gerhard Richters „Atlas", der allerdings bereits ein selbständige Kunstwerk ist.

[716] Vgl. BFH I R 21/02 v. 19. 11. 2003, BFH/NV 2004, 1076: Aufwendungen eines Musikers.

[717] Vgl. BFH IV 365/62 U v. 8. 10. 1964, BStBl III 1965, 12: Abfindung für die Aufgabe von Praxisräumen.

bb) Nachträgliche Betriebseinnahmen. Gemäß § 24 Nr. 2 EStG gehören zu den Einkünften i.S.d. § 2 Abs. 1 EStG auch Einkünfte aus einer ehemaligen Tätigkeit i.S.d. § 2 Nr. 1 bis 4 EStG. Sie liegen dann vor, wenn die Einkünfte in wirtschaftlichem Zusammenhang mit der ehemaligen Tätigkeit stehen, insbesondere ein Entgelt für die im Rahmen der ehemaligen Tätigkeit erbrachten Leistungen stehen.[718] Diese Einkünfte sind der Einkunftsart zuzurechnen, zu der die aufgegebene Tätigkeit gehört, vorausgesetzt, sie stehen mit der ehemaligen Tätigkeit in wirtschaftlichem Zusammenhang. **366**

Dementsprechend sind auch die Erlöse, die ein künstlerisch Tätiger nach Aufgabe seines Berufes beispielsweise aus dem Verkauf früher hergestellter Kunstwerke erzielt, der Besteuerung gemäß § 18 Abs. 1 EStG. Das Gleiche gilt, wenn ein der **Erbe (Rechtsnachfolger)** oder **Nachlassverwalter** des Künstlers (Erblassers) zum Nachlass gehörende, zur Veräußerung geschaffene Werke veräußert[719] oder Lizenzen erteilt.[720] **367**

cc) Einzelfragen zu Betriebseinnahmen. **Abfindungen.** Abfindungen sind Betriebseinnahmen, wenn der Grund für die Entstehung des Anspruchs im betrieblich begründet ist. Siehe auch „Entschädigungen", „Schadensersatzleistungen". **368**

Aufwandsentschädigungen. Aufwandsentschädigungen aus nebenberuflicher Tätigkeit sind in vollem Umfang steuerbar. Soweit es sich jedoch um Einkünfte i.S.d. § 3 Nr. 26 EStG (sog. **Übungsleiterpauschale**) handelt, sind sie bis zur Höhe von insgesamt 1848 € im Jahr steuerfrei. **369**

Darlehen. Darlehen, die dem Künstler zufließen, sind keine Betriebseinnahmen. **370**

Einlagen. Einlagen, die der Steuerpflichtige vornimmt, sind für ihn keine Betriebseinnahmen. Wurden sie dennoch als solche verbucht, ist das Ergebnis der Einnahmen-Überschussrechnung um die Einlagen zu kürzen.[721] **371**

Entnahmen. Entnahmen sind gemäß § 6 Abs. 1 Nr. 4 EStG mit dem Teilwert als Betriebseinnahmen anzusetzen.[722] **372**

Entschädigungen. Eine Entschädigung, die für steuerpflichtige Betriebseinnahmen geleistet wird, z.B. als Ausgleich für einen stornierten künstlerischen Auftrag oder für die unbefugte Verwendung von künstlerischen Produkten, ist unabhängig davon, ob die tatbestandlichen Voraussetzungen des § 24 Nr. 1 Buchst. a EStG erfüllt sind,[723] als steuerpflichtige Betriebseinnahme zu erfassen.[724] **373**

Erlass von Forderungen. Erlässt ein Steuerpflichtiger, der seinen Gewinn gemäß § 4 Abs. 3 EStG durch Überschussrechnung ermittelt, eine bereits entstandene betriebliche (berufliche) **Forderung,** z.B. Honorarforderung, so entstehen dadurch keine Betriebseinnahmen, wenn der Verzicht betrieblich (beruflich) bedingt ist,[725] wovon in aller Regel auszugehen sein wird. Es fehlt insoweit an einem Zufluss. Das Gleiche gilt beispielsweise für den Verzicht auf Teile des ursprünglich angestrebten Verkaufspreises für ein Kunst- **374**

---

718 BFH IV R 16/92 v. 29. 4. 1993, BStBl II 1993, 716 m.w.N., dazu Anm. *Jese* ZEV 1994, 57; *Maaßen* Rz. 368.

719 BFH IV R 16/92 v. 29. 4. 1993, BStBl II 1993, 716; Abgrenzung zu den Fällen, in denen der Rechtsnachfolger die bisherige Tätigkeit fortführt, dazu Anm. *Jese* ZEV 1994, 57; S. Rz. 288ff.

720 Vgl. BFH IV R 13/89 v. 15. 2. 1990, BStBl II 1990, 621; I R 268/83 v. 12. 11. 1986, BStBl II 1987, 372: spätere Verwertung eines schriftstellerischen Werkes.

721 S. dazu i.E. Rz. 337ff.

722 S. dazu i.E. Rz. 339ff.

723 S. dazu BFH IV R 23/02 v. 1. 7. 2004, BStBl II 2004, 876).

724 BFH IV R 149/77 v. 27. 7. 1978, BStBl II 1979, 66; IV R 153/77 v. 27. 7. 1978, BStBl II 1979, 69: jeweils Nichtdurchführung eines Bauprojekts; vgl. ferner IV R 33/90 v. 11. 7. 1991, BStBl II 1992, 353: (gewerbliche) Einkünfte aufgrund widerrechtlicher Verwertung von Fotografien.

725 BFH IV R 180/71 v. 16. 1. 1975, BStBl II 1975, 52.6.

werk. Anders ist es jedoch, wenn der Verzicht rein private Gründe hat.[726] In einem solchen Fall kann der Verzicht als Entnahme der Forderung zu beurteilen sein.[727]

375 **Erlass von Verbindlichkeiten.** Der Erlass einer zum Betriebsvermögen gehörenden Verbindlichkeit durch den Gläubiger aus rein privaten Gründen erhöht nicht den steuerlichen Gewinn. Er kann als Vermögensmehrung in der Privatsphäre eine Einlage i. S. v. § 4 Abs. 1 Satz 1 EStG bilden.[728]

376 **Ersparte Aufwendungen.** Mangels eines Wertezugangs sind ersparte Aufwendungen nicht als Betriebseinnahmen zu erfassen.[729]

377 **Erstattete oder zurückgezahlte Aufwendungen.** Werden zuvor als Betriebsausgaben abziehbare Aufwendungen zurückgezahlt oder erstattet, ist dieser Rückfluss betrieblich (beruflich) veranlasst und die Rückzahlungen demgemäß als Betriebseinnahmen zu erfassen.[730]

378 **Geschenke.** Siehe „Unentgeltliche Zuwendungen".

379 **Preise (Preisgelder).** Als Betriebseinnahmen zu erfassen sind beispielsweise **Geldpreise,** die in einem unmittelbaren sachlichen (wirtschaftlichen) Zusammenhang mit der beruflichen (künstlerischen) Tätigkeit stehen.[731] Diese Voraussetzung ist erfüllt, wenn die Preisverleihung Ausfluss der Tätigkeit des Steuerpflichtigen und wirtschaftlich eine Art leistungsbezogene Gegenleistung ist.[732] Dies gilt auch dann, wenn die Verleihung des Preises nicht auf einer Bewerbung beruht.[733]

Voraussetzung soll sein, dass die Preisverleihung in erster Linie dazu bestimmt ist,
- das Lebenswerk oder Gesamtschaffen des Empfängers zu würdigen,
- die Persönlichkeit des Preisträgers zu ehren,
- eine Vorbildfunktion herauszustellen.[734]

Die vorstehend aufgezeigten Kriterien für Abgrenzung zwischen Betriebseinnahmen einerseits und privatem Zufluss andererseits in den Fällen der Verleihung von Ehrenpreisen lassen einen erheblichen „ergebnisorientierten Spielraum" zu. Es fehlt die im Interesse der Gleichmäßigkeit der Besteuerung gebotene eindeutige Zuordenbarkeit. Die von Rechtsprechung und Finanzverwaltung steuerrechtlich anerkannten Ausnahmen widersprechen nicht nur dem Leistungsfähigkeitsprinzip. Sie stehen zudem nicht mit dem auch im Zusammenhang mit dem Ansatz von Betriebseinnahmen maßgeblichen **Veranlassungsprinzip**[735] in Einklang. Nach diesem Prinzip liegt eine Betriebseinnahme stets vor, wenn bei wertender Beurteilung des den Vermögenszugang auslösenden Moments dieser

---

[726] Was allerdings von der Finanzverwaltung, die insoweit die objektive Beweislast (Feststellungslast) trägt, regelmäßig sehr schwer nachzuweisen sein dürfte.

[727] Vgl. BFH IV R 180/71 v. 16. 1. 1975, BStBl II 1975, 526.

[728] Vgl. BFH IV R 39/69 v. 12. 3. 1970, BStBl II 1970, 518.

[729] S. dazu i. E. *Blümich/Wied* § 4 EStG Rz. 526.

[730] S. dazu i. E. *Blümich/Wied* § 4 EStG Rz. 543.

[731] Vgl. BFH IV R 75/74 v. 16. 1. 1975, BStBl II 1975, 558: Preise aufgrund eines städtebaulichen Ideenwettbewerbs; s. ferner *Blümich/Wied* § 4 EStG Rz. 550, Stichwort „Preise" m. w. N.; BMF v. 5. 9. 1996, BStBl I 1996, 1150, Tz. 1, 2.

[732] Ähnlich BMF v. 5. 9. 1996, BStBl I 1996, 1150, Tz. 1, 2 mit eingehend Fallgestaltungen.

[733] Vgl. BFH I R 83/85 v. 14. 3. 1989, BStBl II 1989, 650: (gewerblicher) Förderpreis; IV 183/62 U v. 1. 10. 1964, BStBl III 1964, 629: Mit einer Auszeichnung i. R. einer Fachausstellung verbundener Geldpreis; s. ferner *Blümich/Wied* § 4 EStG Rz. 550, Stichwort „Preise" m. w. N.

[734] So BMF v. 5. 9. 1996, BStBl I 1996, 1150, Tz. 3 unter Hinweis auf BFH IV R 184/82 v. 9. 5. 1985, BStBl II 1985, 427.

[735] Betriebliche Veranlassung ist dann gegeben, wenn ein objektiver wirtschaftlicher oder Zusammenhang mit dem Betrieb besteht. Vgl. dazu BFH III R 175/85 v. 22. 7. 1988, BStBl II 1988, 995; VIII R 35/93 v. 26. 9. 1995, BStBl II 1996, 273 m. w. N.

Bestimmungsgrund der betrieblichen (beruflichen) Sphäre zuzuweisen ist.[736] Diese Voraussetzung liegt regelmäßig auch bei den sog. **„Ehrenpreisen".**[737] Diese beruhen im Allgemeinen auf den betrieblichen (beruflichen) Leistungen des (der) zu Ehrenden und sind ohne diese – von sehr seltenen Ausnahmen abgesehen – nicht denkbar. Dies gilt auch in Bezug auf die Verleihung von Filmpreisen für künstlerische Einzelleistungen.[738] Nicht entscheidend ist, ob eine Steuerfreiheit in den genannten Fällen – aus welchen Gründen auch immer – wünschenswert ist. Erforderlich ist eine ausdrückliche gesetzliche Regelung.

Der Umstand, dass Preise und Preisgelder steuerbar sind, bedeutet nicht zwingend, dass die entsprechenden Betriebseinnahmen in jedem Fall steuerpflichtig sind. So können sie als **Bezüge aus öffentlichen Mittel** i. S. d. § 3 Nr. 11 EStG steuerfrei sein. Ebenso steuerfrei ist der **Ehrensold für Künstler** sowie **Zuwendungen aus Mitteln der Deutschen Künstlerhilfe** nach Maßgabe des § 3 Nr. 43 EStG.

Siehe auch „Unentgeltliche Zuwendungen".

Sachzuwendungen. Sachzuwendungen sind – soweit sie betrieblich veranlasst sind, **380**
z. B. als Gegenleistung, Betriebseinnahmen.

Schadensersatzleistungen. Schadensersatzleistungen, welche die berufliche Sphäre **381**
betreffen, bilden Betriebseinnahmen. Dagegen fällt der Ersatz für einen Schaden an persönlichen Rechtsgütern,[739] z. B. an Gesundheit, allgemeinen Persönlichkeitsrechten, ebenso in den steuerrechtlich irrelevanten privaten Bereich wie das Schmerzensgeld.[740]

Umsatzsteuer. Die vereinnahmte Umsatzsteuer (einschließlich erstatteter Vorsteuer) **382**
rechnet zu den Betriebseinnahmen.[741]

Unentgeltliche Zuwendungen. Zuwendungen, die nicht in Zusammenhang mit ei- **383**
ner konkreten Leistung des Steuerpflichtigen stehen, z. B. Schenkungen,[742] sind grundsätzlich als Betriebseinnahmen zu erfassen, wenn betriebliche (berufliche) Umstände in nennenswertem Umfang für die Zuwendung bestimmend waren.[743] Die Abgrenzung gegenüber privaten, z. B. auf familiären oder freundschaftlichen Gründen beruhenden Zuwendungen ist im Wege einer Gesamtwürdigung sämtlicher Umstände des jeweiligen Einzelfalles vorzunehmen.[744]

Siehe auch „Preise (Preisgelder)"

Veräußerung. Die Veräußerung von Wirtschaftsgütern des (notwendigen oder gewill- **384**
kürten) Betriebsvermögens führt grundsätzlich zum Ansatz von Betriebseinnahmen in Höhe des Veräußerungserlöses.[745]

Verwertungserlöse. Erlöse aus der Verwertung von Urheber- und Lizenzrechten ge- **385**
hören zu den Betriebseinnahmen.

Verzicht auf Einnahmen. Verzichtet der Steuerpflichtige auf das Erzielen von Ein- **386**
nahmen, z. B. durch Untätigbleiben oder durch unentgeltliches Tätigwerden, so entstehen dadurch keine Betriebseinnahmen.[746]

---

[736] So zutr. *Blümich/Wacker* § 4 EStG Rz. 224, 252.

[737] Ebenso *Stuhrmann* in K/S/M § 18 EStG A 103.

[738] A. A. partiell noch die insoweit zwischenzeitlich durch BMF-Schr. v. 23. 12. 2002, BStBl I 2003, 76, aufgehobene Regelung in Tz. 4 des BMF-Schr. v. 5. 9. 1996, BStBl I 1996, 1150.

[739] BFH VI 290/62 U v. 29. 10. 1963, BStBl III 1964, 12.

[740] BFH IV 235/58 U v. 29. 10. 1959, BStBl III 1960, 87.

[741] Die an das Finanzamt weitergeleiteten Umsatzsteuerbeträge sind ihrerseits Betriebsausgaben.

[742] Z. B. FG Köln v. 24. 8. 2000, DStRE 2001, 31, rkr., zugleich zur Höhe des anzusetzenden Sachbezugs: Grundsätzlich § 8 Abs. 2 Satz 1 EStG maßgebend.

[743] Vgl. BFH VIII R 35/93 v. 26. 9. 1995, BStBl II 1996, 273, m. w. N.: Zuwendung einer Reise.

[744] S. dazu i. E. *Blümich/Wied* § 4 EStG Rz. 550 Stichwort „Unentgeltliche Zuwendungen".

[745] Zu Ausnahmen s. *Blümich/Wied* § 4 EStG Rz. 550 Stichwort „Veräußerung".

387 **Vorschüsse.** Bei Künstlern, die den Gewinn gemäß § 4 Abs. 3 EStG durch Überschussrechnung ermitteln, gehören Vorschüsse zu den Betriebseinnahmen, auch wenn sie evtl. später zurückgezahlt werden müssen.[747]

388 **Zinsen.** Zinsen aus betrieblichen Forderungen sind Betriebseinnahmen

389 **Zulagen, Zuschüsse.** Zuschüsse sind grundsätzlich Betriebseinnahmen, wenn ein wirtschaftlicher Zusammenhang mit der künstlerischen Tätigkeit besteht.[748] Beispiel: Zuschüsse eines Sponsors

390 **b) Betriebsausgaben.** *aa) Begriffsbestimmung.* Aufwendungen mindern den Gewinn, wenn sie **Betriebsausgaben** und nicht gemäß § 4 Abs. 5 und 5a EStG[749] vom Abzug ausgeschlossen sind. Betriebsausgaben sind die Aufwendungen, die durch den Betrieb veranlasst sind (§ 4 Abs. 4 EStG), d.h., Aufwendungen, die **objektiv** mit dem Betrieb zusammenhängen und grundsätzlich[750] **subjektiv** dem Betrieb zu dienen bestimmt sind.[751] Diese Begriffsbestimmung gilt auch für den Anwendungsbereich des § 18 EStG. Unerheblich ist grundsätzlich, ob die Aufwendungen zweckmäßig oder nützlich sind. Bei der Frage der Angemessenheit ist § 4 Abs. 5 Nr. 7 EStG zu beachten.[752]

391 Einen **pauschalen Betriebsausgabenabzug** sieht das geltende Recht bei selbständig künstlerisch Tätigen– im Unterschied zu *nebenberuflicher* künstlerischer Tätigkeit[753] – nicht vor.

392 Unter dem Begriff „Aufwendungen" i.S.d. § 4 Abs. 4 EStG sind nicht nur Ausgaben, d.h. beim Steuerpflichtigen abfließende Güter in Geld oder Geldeswert zu verstehen, sondern auch sonstiger Aufwand (Wertverzehr), wie z.B. Absetzungen für Abnutzung (AfA).[754]

393 Ob eine Aufwendung betrieblich (beruflich) veranlasst ist, entscheidend sich anhand aller im konkreten Einzelfall entscheidungserheblichen Umstände. Dabei kann den einzelnen Umständen im Hinblick auf ihre Bedeutung für die betriebliche Veranlassung unterschiedliches Gewicht zukommen.[755]

394 Bei der Beurteilung, ob eine bestimmte Aufwendung als Betriebsausgabe zu beurteilen ist, ist zu berücksichtigen, dass der Steuerpflichtige selbst den Umfang seines Betriebs und damit auch den Umfang der dadurch veranlassten Aufwendungen bestimmen kann.[756] Dementsprechend kann die Buchung ein Indiz für den betrieblichen Zusammenhang bilden.

395 Aufwendungen sind dem Bereich zuzuordnen aufgrund dessen sie veranlasst sind. Dementsprechend können beispielsweise Kosten, die im Rahmen der Nebentätigkeit entstanden sind, grundsätzlich nicht der Haupttätigkeit gewinnmindernd zugerechnet werden.[757]

396 Die **objektive Beweislast (Feststellungslast)** für das Vorliegen der tatsächlichen Voraussetzungen einer Betriebsausgabe trägt nach den allgemeinen Beweislastregeln der

---

[746] S. auch *Presting/Fischer* in: Fischer/Reich, a.a.O., S. 272.

[747] Vgl. BFH IV R 95/79 v. 29. 4. 1982, BStBl II 1982, 593: Vorschussweise geleistetes Honorar.

[748] Zu Ausnahmen s. *Schmidt/Heinicke* § 4 Rz. 460 – „Zulagen, Zuschüsse".

[749] I.d.F.d. StÄndG 2007 v. 19. 7. 2006, BGBl I 2006, 1652; BStBl I 2006, 432.

[750] Zu Ausnahmen s. *Blümich/Wied* § 4 EStG Rz. 552.

[751] BFH GrS 2/82 v. 21. 11. 1983, BStBl II 1984, 160; s. auch GrS 2–3/88 v. 4. 7. 1990, BStBl II 1990, 817 (Kontokorrentzinsenbeschluss): zweistufige Prüfung.

[752] S. dazu Rz. 456.

[753] S. Rz. 470.

[754] S. dazu i.E. *Blümich/Wied* § 4 EStG Rz. 552.

[755] BFH XI R 30, 31/89 v. 25. 7. 1991, BStBl II 1991, 842.

[756] BFH GrS 2–3/88 v. 4. 7. 1990, BStBl II 1990, 817 (Kontokorrentzinsenbeschluss).

[757] Vgl. BFH v. 22. 7. 1993, BStBl II 1994, 510; FG München v. 8. 9. 2004, EFG 2005, 109, rkr.; s. dazu BFH XI B 152/04 v. 31. 8. 2005, nv.

Steuerpflichtige. Gelingt dieser Nachweis nicht, können die streitigen Aufwendungen nicht als Betriebsausgaben anerkannt werden. Gelingt zwar der Nachweis der betrieblichen Veranlassung, nicht aber der erforderliche Nachweis der Höhe der Betriebsausgaben, sind diese insoweit zu schätzen (§ 162 AO), als sie nicht feststellbar sind.

bb) Abgrenzung gegenüber Aufwendungen der privaten Lebensführung. (1) Allgemeine Grundsätze. Keine Betriebsausgaben sind die durch die **Lebensführung** des Steuerpflichtigen veranlassten Kosten, die gemäß § 12 Nr. 1 EStG nicht vom Gewinn abgezogen werden können.[758] Dazu gehören neben den für den Haushalt des Steuerpflichtigen und für den Unterhalt seiner Familienangehörigen aufgewendeten Beträge vor Allem die Aufwendungen für die Lebensführung, welche die wirtschaftliche oder gesellschaftliche Stellung des Steuerpflichtigen mit sich bringt, und zwar auch dann, wenn sie zur Förderung des Berufs oder der Tätigkeit des Steuerpflichtigen erfolgen. Uneingeschränkt abziehbare Aufwendungen liegen nur dann vor, wenn sie ausschließlich oder doch zumindest weitaus überwiegend im betrieblichen (beruflichen) Interesse getätigt werden, wenn also die Verfolgung privater Interessen nahezu ausgeschlossen ist.[759] 397

Die Bedeutung dieser Regelung, die das Veranlassungsprinzip und damit den Begriff der Betriebsausgaben konkretisiert,[760] liegt in einem – mittlerweile allerdings rechtlich angezweifelten – **Aufteilungs- und Abzugsverbot für gemischte Aufwendungen.**[761] 398

Im Einzelnen ergeben sich folgende Grundsätze für die (Nicht-)Anerkennung von Aufwendungen als Betriebsausgaben: 399

- Eine betriebliche (berufliche) Veranlassung und damit der Betriebsausgabencharakter ist auch dann zu verneinen, wenn die Aufwendungen bestimmenden betrieblichen (beruflichen) überwiegen und die die Lebensführung betreffenden Gründe[762] von nicht nur unbedeutendem Gewicht sind. Die Grenze dürfte bei maximal 10 v.H. liegen.[763]
- Eine Aufteilung der Gesamtaufwendungen in einen als Betriebsausgaben abziehbaren Teil und einen nichtabziehbaren privaten Anteil ist grundsätzlich auch dann ausgeschlossen, wenn dies zumindest theoretisch in quantitativ messbare Teile möglich wäre. Eine Ausnahme besteht jedoch grundsätzlich dann, wenn objektive Merkmale und Unterlagen eine zutreffende und leicht nachprüfbare Trennung zulassen und der betrieblich (beruflich) veranlasste Teil nicht nur von untergeordneter Bedeutung ist. Die Tendenz der höchstrichterlichen Rechtsprechung geht allerdings zunehmend dahin, das überaus strenge Abzugs- und Aufteilungsverbot zu abzumildern.[764]

---

[758] Generell vorrangig vor § 12 EStG sind die Sonderregelungen in den §§ 4f, 10 Abs. 1 Nr. 1, 2 bis 5, 7 bis 9, §§ 33 bis 33b EStG (§ 12 Satz 1 EStG).

[759] BFH GrS 2/70 v. 19. 10. 1970, BStBl II 1971, 17; GrS 8/77 v. 27. 11. 1978, BStBl II 1979, 213; VI R 39/90 v. 7. 5. 1993, BFH/NV 1993, 652.

[760] Vgl. BFH GrS 1/88 v. 27. 11. 1989, BStBl II 1990, 160.

[761] BFH GrS 2/70 v. 19. 10. 1970, BStBl II 1971, 17. Der VI. Senat des BFH hat allerdings im B. VI R 94/01 v. 20. 7. 2006, (DStRE 2006, 1245) in Zusammenhang mit einer Auslandsreise Zweifel an der Rechtmäßigkeit dieses Aufteilungs- und Abzugsverbots geltend gemacht und den Großen Senat des BFH zur Entscheidung angerufen (Az. des GrS: GrS 1/06). S. dazu *Krüger* DB Beilage Nr. 6/2006, 39; *Bergkemper* FR 2006, 1086; s. auch *Blümich/Wied* § 4 EStG Rz. 566ff.

[762] Zur Unterscheidung zwischen den Begriffen „privat“ und „Lebensführung“ s. *Schmidt/Drenseck* § 12 EStG Rz. 6.

[763] *Blümich/Lindberg* § 12 EStG Rz. 45; vgl. ferner BFH VI R 137/83 v. 23. 11. 1986, BStBl II 1986, 262: private Mitbenutzung von 15 v.H. schädlich (Lohnsteuer).

[764] S. dazu i.E. *Blümich/Lindberg* § 12 EStG Rz. 43; *Schmidt/Drenseck* § 12 EStG Rz. 2.

(2) Ausgewählte Anwendungsbeispiele[765]

400 **Abschreibung für Abnutzung (AfA).** Abzuschreiben sind gemäß § 7 EStG **abnutzbare Wirtschaftsgüter** des **Anlagevermögens** mit einer betriebsgewöhnlichen Nutzungsdauer von mehr als einem Jahr. Damit wird der Werteverzehr eines Wirtschaftsgutes durch eine periodengerechte Aufwandsverteilung im Rahmen der Gewinnermittlung berücksichtigt.[766] Abnutzbar und damit abschreibungsfähig sind beim Künstler insbesondere abnutzbare Gebrauchsgegenstände wie z. B. die Ateliereinrichtung.[767]

Grundstücke (Grund und Boden) sind nicht abschreibbar, wohl aber aufstehende Gebäude, ferner **Mietereinbauten/-umbauten,** bestimmte **immaterielle Wirtschaftsgüter,** darunter der Geschäfts- oder Firmenwert, sowie **Nutzungsrechte.**[768]

401 Die jeweiligen AfA-Beträge mindern als Betriebsausgaben den Gewinn oder sie erhöhen einen etwa vorhandenen Verlust. Bei Wirtschaftsgütern, die im Rahmen der **Überschusseinkunftsarten** genutzt werden, tritt an die Stelle der betriebsgewöhnlichen Nutzungsdauer der Zeitraum, auf den sich die Verwendung/Nutzung des Wirtschaftsgutes durch den Steuerpflichtigen erfahrungsgemäß (üblicherweise) erstrecken kann.[769]

402 AfA ist vorzunehmen, sobald ein Wirtschaftsgut angeschafft oder hergestellt ist.[770] Im Jahr der Anschaffung oder Herstellung des Wirtschaftsguts vermindert sich für dieses Jahr der Jahres-Absetzungsbetrag um jeweils ein Zwölftel für jeden vollen Monat, der dem Monat der Anschaffung oder Herstellung vorausgeht (§ 7 Abs. 1 Satz 4 EStG; AfA-Berechnung pro rata temporis).[771] Dies gilt entsprechend auch für im Laufe des Wirtschaftsjahres in das Betriebsvermögen eingelegte Wirtschaftsgüter.[772]

403 Bemessungsgrundlage für die AfA sind die Anschaffungs- oder Herstellungskosten einschließlich fiktiver Anschaffungskosten und anderer Ersatzwerte.[773] Übersteigen diese – vermindert um einen darin enthaltenen Vorsteuerbetrag (§ 9b Abs. 1 EStG) – für das einzelne Wirtschaftsgut nicht 410 €, können sie im Wirtschaftjahr der Anschaffung, Herstellung oder Einlage in voller Höhe als Betriebsausgaben abgesetzt werden (§ 6 Abs. 2 EStG).

404 Bei **beweglichen Wirtschaftsgütern** des Anlagevermögens kann der Steuerpflichtige (Künstler) die AfA entweder gleichmäßig über die Nutzungsdauer verteilt und in gleich bleibenden Jahresbeträgen geltend machen (§ 7 Abs. 1 Sätze 1 und 2 EStG – **lineare AfA**). Alternativ kann er die AfA auch in fallenden Jahresbeträgen bemessen (§ 7 Abs. 2 EStG – **degressive Abschreibung**).[733a] Dabei darf der anzuwendende v. H.-Satz höchstens das Doppelte des linearen Abschreibungssatzes betragen und 20 v. H. nicht übersteigen (§ 7 Abs. 2 Satz 2 EStG). Der Übergang von der degressiven AfA ist zulässig, nicht dagegen der umgekehrte Übergang (§ 7 Abs. 2 Sätze 2, 3 EStG). Darüber hinaus lässt das EStG in § 7 Abs. 1 Satz 6 die AfA **nach Maßgabe der Leistung** zu, vorausgesetzt, der

---

[765] Zu weiteren Fallgestaltungen s. *Brandt* in H/H/R § 18 EStG Rz. 37; EStH H 12.1; zu Beispielen von Betriebsausgaben eines Künstlers s. *Molenaar/Grams* IStR 2005, 762.

[766] S. dazu i. E. *Blümich/Brandis* § 7 EStG Rz. 30 ff.

[767] Zur Abschreibungsfähigkeit von Kunstgegenständen s. i. E. Rz. 1244 ff.

[768] S. zu einzelnen Wirtschaftsgütern auch EStR R 7.1 und H 7.1.

[769] Vgl. BFH VI R 82/89 v. 26. 7. 1991, BStBl II 1992, 1000.

[770] S. dazu EStR R 7.4 Abs. 1.

[771] Die noch in Abschn. 44 Abs. 2 Satz 2 EStR 2004 enthaltene Vereinfachungsregelung, wonach bei in der ersten Jahreshälfte angeschafften beweglichen Wirtschaftsgütern die Ganzjahres-AfA, ansonsten die Halbjahres-AfA angesetzt werden konnte, ist ersatzlos weggefallen.

[772] EStR R 7.4 Abs. 2 Satz 2.

[773] Zu diesen s. *Tipke/Lang* § 9 Rz. 375 ff.

[733a] Die Bundesregierung beabsichtigt derzeit allerdings die degressive AfA mit Wirkung ab dem Veranlagungszeitraum 2008 ersatzlos wegfallen zu lassen.

Steuerpflichtige weist den Umfang der auf das einzelne Jahr entfallenden Leistung nach.[774] Schließlich ermöglicht das EStG gemäß § 7 Abs. 1 Satz 7 die Absetzung wegen **außergewöhnlicher** (einen erhöhten Werteverzehr auslösender) **Abnutzung,** und zwar wegen *technischer* (z. B. durch Beschädigung, Zerstörung) oder *wirtschaftlicher* (z. B. nicht nur kurzfristige Änderung des Käufergeschmacks) Abnutzung, entsprechend dem Grad dieser Abnutzung.

Die Nutzungsdauer eines beweglichen Wirtschaftsguts entspricht grundsätzlich dem Zeitraum, in dem es sich technisch abnutzt. Bei der Festlegung der **Nutzungsdauer** eines solchen Wirtschaftsgutes handelt es sich um eine auf Schätzung beruhende Voraussage.[775] Zur Erleichterung und Vereinfachung der Schätzung der Nutzungsdauer hat die Finanzverwaltung **amtliche AfA-Tabellen** erstellt. Neben einer Tabelle für allgemein verwendbare Anlagegüter bestehen weitere **Tabellen** für **bestimmte Wirtschaftszweige** (branchengebundene, branchentypische Tabellen). Diese Tabellen haben die Vermutung der Richtigkeit für sich.[776] Als betriebsgewöhnliche Nutzungsdauer des **Geschäfts-** oder **Firmenwertes** gilt ein Zeitraum von 15 Jahren (§ 7 Abs. 1 Satz 3 EStG). **405**

Für **Gebäude** gilt die Sonderregelung des § 7 Abs. 4 EStG. Danach ist die Höhe der AfA-Beträge vom Alter des Gebäudes abhängig. Sie betragen bspw. bei Betriebsgebäuden, für die der Bauantrag nach dem 31. 3. 1985 gestellt worden ist, jährlich 3 v. H. Auch bei Gebäuden ist eine degressive AfA zulässig; sie richtet sich nach den sehr differenzierten Staffelsatz-Regelungen in § 7 Abs. 5 EStG. **406**

Freiberuflich tätige Künstler können zudem unter den Voraussetzungen des § 7g EStG die **Sonderabschreibungen** und **Ansparabschreibungen zur Förderung kleiner und mittlerer Betriebe** in Anspruch nehmen. Danach können im Jahr der Anschaffung oder Herstellung und in den vier folgenden Jahren neben der linearen oder degressiven Abschreibung Sonderabschreibungen bis zu insgesamt 20 v. H. der Anschaffungs- oder Herstellungskosten in Anspruch genommen werden.[777] **407**

Ausbildungskosten. Ausbildungskosten in Bezug auf den ausgeübten künstlerischen Beruf sind nicht als Betriebsausgaben abziehbar. Sie können jedoch unter den Voraussetzungen des § 10 Abs. 1 Nr. 7 EStG als Sonderausgaben abziehbar sein.[778] **408**

Ausbildungs- und Fortbildungsaufwendungen für Kinder. Aufwendungen der Eltern für die Ausbildung oder die berufliche Fortbildung ihrer Kinder gehören grundsätzlich zu den nichtabziehbaren **Lebenshaltungskosten.**[779] **409**

Beiträge

- an berufsständische **Versorgungskassen** sind keine Betriebsausgaben, sondern Sonderausgaben, wenn sie der eigenen Versorgung des künstlerisch Tätigen dienen;[780] das Gleiche gilt für Prämien für eine **Krankentagegeldversicherung;**[781] **410**
- zu **Berufskammern** und **-verbänden** sind Betriebsausgaben.[782]

Bewirtungskosten. Bewirtungskosten sind nur noch beschränkt als Betriebsausgaben abziehbar.[783] **411**

---

[774] S. dazu i. E. *Blümich/Brandis* § 7 EStG Rz. 370 ff.; Bsp.: Spezialwerkzeug eines Bildhauers.

[775] S. dazu *Blümich/Brandis* § 7 EStG Rz. 346, Rz. 365: Anwendungsbeispiele zur Nutzungsdauer; *Werndl* in K/S/M § 7 Rz. B 66, 74.

[776] *Blümich/Brandis* § 7 EStG Rz. 351 ff.; *Werndl* in K/S/M § 7 Rz. B 80.

[777] Zu Einzelheiten s. *Blümich/Brandis* § 7g EStG Rz. 25 ff.

[778] S. dazu Rz. 661.

[779] BFH X R 83/94 v. 12. 11. 1994, BStBl II 1998, 149: Gilt auch dann, wenn die Fortbildung dazu dient, eine spätere Unternehmensnachfolge vorzubereiten.

[780] Vgl. BFH IV R 88, 89/69 v. 13. 4. 1972, BStBl II 1972, 730.

[781] BFH IV R 32/80 v. 7. 10. 1982, BStBl II 1983, 102.

[782] BFH IV R 28/89 v. 21. 9. 1989, BFH/NV 1990, 360.

412 **Bücher, Fachliteratur.** Aufwendungen für Bücher allgemeinbildenden Inhalts sind Kosten der Lebensführung.[784] Das Gleiche gilt für allgemein informierende Tages- oder Wochenzeitschriften.[785] Anders: Fachbücher.[786]

413 **Dienstreisen.** Reisen, denen offensichtlich ein unmittelbarer einkünftebezogener Anlass zugrunde liegt, sind im Allgemeinen ausschließlich der Einkunftssphäre zuzuordnen, selbst wenn solche Reisen nachrangig auch zu privaten Unternehmungen genutzt werden.[787] Die Tatsachen, aus denen sich ergibt, dass die private Mitveranlassung von untergeordneter Bedeutung war, hat der Steuerpflichtige zu führen. Ihm obliegt insoweit die objektive Beweislast (Feststellungslast).

Schließt sich an die betrieblich (beruflich) veranlasste Reise ein **Urlaub** an, so hat das Aufteilungs- und Abzugsverbot (§ 12 Nr. 1 Satz 2 EStG) zur Folge, dass die **Anreise-** und **Rückreisekosten** als Kosten der Lebensführung grundsätzlich insgesamt nicht abziehbar sind.[788]

Dient eine Reise mehreren Einkunftsarten, sind die Reisekosten insgesamt als Betriebsausgaben abziehbar, sofern auch insoweit eine private Mitveranlassung jeweils von untergeordneter Bedeutung ist. Dabei ist der zeitliche Aufwand einheitlich zu ermitteln und gegen evtl. gleichzeitig verfolgte private Interessen abzuwägen. Der jeweilige finanzielle Aufwand ist für jede Einkunftsart zu schätzen und dieser zuzuordnen.[789]

Siehe auch Stichwort „Informations- und Studienreisen"

414 **Doppelte Haushaltsführung.** Begründet der freiberuflich künstlerisch Tätige aus beruflichen Gründen einen doppelten Haushalt, so sind die daraus entstehenden, notwendigen Mehraufwendungen Betriebsausgaben.[790]

415 **Fortbildungskosten.** Zu den Betriebsausgaben rechnen grundsätzlich auch die Aufwendungen für die betriebliche (berufliche) Fortbildung des künstlerisch Tätigen.[791]

Gemäß § 12 Nr. 5 EStG[792] sind allerdings Aufwendungen des Steuerpflichtigen für seine erstmalige Berufsausbildung und für ein Erststudium nicht abziehbar, wenn diese nicht im Rahmen eines Dienstverhältnisses stattfinden.[793]

416 **Fremdsprachenlehrgang.** Aufwendungen für einen Fremdsprachenlehrgang im Ausland können betrieblich/beruflich veranlasst und damit als Betriebsausgaben abziehbar sein. Voraussetzung hierbei ist ein konkreter Zusammenhanghang mit dem Betrieb (Beruf). Darüber hinaus muss der Sprachlehrgang nach Programm und Durchführung den Vorgaben der Rechtsprechung[794] entsprechen.[795]

417 **Führerschein.** Aufwendungen für den Erwerb eines Führerscheins sind grundsätzlich Kosten der Lebensführung.[796]

---

[783] S. dazu i. E. Rz. 439f.

[784] Vgl. BFH IV R 70/91 v. 21. 5. 1992, BStBl II 1992, 1015 m. w. N.

[785] BFH IV R 128/88 v. 7. 9. 1989, BStBl II 1990, 19.

[786] Eingehend dazu BFH IV R 70/91 v. 21. 5. 1992, BStBl II 1992, 1015.

[787] BFH VIII R 43/03 v. 18. 5. 2005, DStR 2006, 269, m. w. N.

[788] BFH VIII R 43/03 v. 18. 5. 2005, DStR 2006, 269 m. w. N s. aber auch Fn. 761.

[789] BFH VIII R 43/03 v. 18. 5. 2005, DStR 2006, 269 m. w. N.

[790] S. dazu i. E. EStR R 4.12 (3); LStR R 43.

[791] Vgl. zu weiteren Einzelheiten *Brandt* in H/H/R § 18 EStG Rz. 37.

[792] I. d. F. d. Gesetzes zur Änderung der AO und weiterer Gesetze v. 21. 7. 2004, BGBl I 2004, 1753.

[793] Diese Regelung ist mit Wirkung vom Veranlagungszeitraum 2004 in Kraft getreten.

[794] S. dazu Stichwort „Informations- und Studienreisen".

[795] BFH VI R 89/02 v. 19. 12. 2005, BFH/NV 2006, 934; VI R 65/04 v. 19. 12. 2005, BFH/NV 2006, 1075: auswärtiger Sprachkurs.

[796] Vgl. BFH VI B 188/04 v. 15. 2. 2005, BFH/NV 2005, 890, m. w. N.; VI R 8/86 v. 17. 11. 1989, BStBl II 1990, 306.

Gesellschaftliche, kulturelle Veranstaltungen. Aufwendungen für gesellschaftliche Veranstaltungen, an denen der Steuerpflichtige teilnimmt, sind auch dann Kosten der Lebensführung, wenn die Teilnahme in Zusammenhang mit fachlichen oder beruflichen Tagungen steht.[797] Bei kulturellen Veranstaltungen, z.B. Ausstellungseröffnung, ist entscheidend, ob die Teilnahme des künstlerisch Tätigen unmittelbar und hauptsächlich durch den Betrieb veranlasst ist, dann Betriebsausgaben. 418

Informations- und Studienreisen. Aufwendungen für eine Studienreise und/oder für die Teilnahme an einem Fachkongress sind Betriebsausgaben, wenn die Reise oder die Teilnahme nahezu ausschließlich betrieblich veranlasst ist. Eine solche Veranlassung ist grundsätzlich anzunehmen, wenn objektiv ein sachlicher Zusammenhang mit dem Betrieb besteht und subjektiv die Aufwendungen zur Förderung des Betriebs (Berufs) gemacht werden. Die Befriedigung privater Interessen muss nach dem Anlass der Reise, dem vorgesehenen Programm und der tatsächlichen Durchführung nahezu ausgeschlossen sein; eine unwesentliche private Mitmotivation ist unschädlich.[798] Diese Voraussetzungen können bei einer Reise eines **Künstlers** vorliegen, die ausschließlich der Schaffung bestimmter Werke oder der Durchführung eines bestimmten Auftrags dienen.[799] 419

Siehe auch Stichwort „Dienstreisen"

Kleidung und Schuhe. Aufwendungen für Kleidung und Schuhe sind grundsätzlich als Kosten der Lebensführung nicht gewinnmindernd abziehbar,[800] und zwar auch dann nicht, wenn die Gegenstände ausschließlich während der Arbeitszeit getragen werden.[801] Ausnahme: Typische Berufskleidung, d.h. um eine Bekleidung, die ihrer Beschaffenheit nach objektiv nahezu ausschließlich für die berufliche Verwendung bestimmt und wegen der Eigenart des Berufs erforderlich ist .[802] Nur die Aufwendungen für die Reinigung der typischen Berufskleidung sind nach h.M. als Betriebsausgaben (Werbungskosten) abziehbar.[803] 420

Kongressreisen. Siehe dazu Stichwort „Informations- und Studienreisen" 421

Kraftfahrzeugkosten. Die Kosten eines zum Betriebsvermögen des Künstlers gehörenden Kraftfahrzeugs sind Betriebsausgaben soweit das Fahrzeug beruflich genutzt wird.[804] 422

---

[797] BFH IV R 323/67 v. 1. 8. 1968, BStBl II 1968, 713.

[798] Vgl. dazu BFH VI R 22/01 v. 27. 8. 2002, BStBl II 2003, 369; VIII R 43/03 v. 18. 5. 2005, DStR 2006, 269; zur umfangreichen Rechtsprechung s. i.E. *Brandt* in H/H/R § 18 EStG Rz. 37; EStR R 12.2. S. ferner FG Hamburg v. 23. 8. 2005, DStRE 2006, 267: Verbringen der Hälfte des Tages mit touristischen Aktivitäten steht Betriebsausgaben-/Werbungskostenabzug entgegen.

[799] Berufliche Veranlassung bejaht z.B. bei einer Reise einer Kunstmalerin „mit unverwechselbarem Malstil, der von gewissen topographischen Gegebenheiten geprägt ist und vor Allem von der Pflanzen- und Tierwelt beeinflusst wird", zum Motivsammeln (Landschaften und Pflanzen) auf die Seychellen, BFH IV R 138/83 v. 16. 10. 1986, BStBl II 1987, 208; s. auch VI R 40/90 v. 30. 4. 1993, BStBl II 1993, 674.

[800] BFH VI R 73/94 v. 19. 1. 1996, BStBl II 1996, 202; IV R 65/90 v. 6. 12. 1990, BStBl II 1991, 348.

[801] BFH VI R 13/90 v. 18. 4. 1991, BStBl II 1991, 751: Abendkleider einer Instrumentalsolistin; VI R 25/78 v. 20. 11. 1979, BStBl II 1980. 75: Dekorateur (sehr eng). Zu weiteren Einzelheiten s. *Blümich/Thürmer* § 9 EStG Rz. 459 ff.

[802] BFH IV R 65/90 v. 6. 12. 1990, BStBl II 1991, 348 betr. Kleidung eines Arztes, mit weiteren Beispielen; s. ferner *Blümich/Thürmer* § 9 EStG Rz. 460 ff.

[803] Z.B. *Blümich/Thürmer* § 9 EStG Rz. 457, 461. Zu eng in den Fällen, in denen die „bürgerliche Kleidung" gerade durch den Beruf hygienisch besonders stark in Mitleidenschaft gezogen wird.

[804] Zur privaten Nutzung s. § 4 Abs. 5a EStG i.d.F.d. StÄndG 2007 v. 19. 7. 2006, BGBl I 2006, 1652; BStBl I 2006, 432; für Veranlagungszeiträume vor 2007 s. BMF v. 21. 1. 2002, BStBl I 2002, 148.

423 **Nebentätigkeit.** Aufwendungsüberschüsse aus künstlerischer Tätigkeit, die bei einem Kunstprofessor gesetzlich angeordnet ist, sind als Werbungskosten abziehbar.[805]

424 **Personalcomputer.** Die Aufwendungen für einen gemischt genutzten Personalcomputer sind grundsätzlich aufzuteilen. Je nach Art der Tätigkeit des künstlerisch Tätigen, z. B. bei Installations-, Video- oder Performancekunst, können die Aufwendungen durchaus in vollem Umfang berufsbedingt und damit voll abziehbar sein. Ein privater Mitbenutzungsanteil von bis zu 10 v. H. ist generell unschädlich.[806]

425 **Reiseutensilien.** Reiseutensilien sind in aller Regel der Lebensführung zuzuordnen.[807]

426 **Repräsentationsaufwendungen.** Bei Repräsentationsaufwendungen kann in Ausnahmefällen gemäß § 4 Abs. 5 Nr. 7 EStG die Angemessenheit zu prüfen sein mit der Folge, dass ein Teil der Aufwendungen nicht als Betriebsausgabe abziehbar ist.[808] Bei Wirtschaftsgütern des Anlagevermögens bezieht sich das Abzugsverbot auf die jährlichen AfA-Beträge.[809]

426 a **Sachzuwendungen.** Zur Pauschalierung der Einkommensteuer bei Sachzuwendungen, d. h. zu betrieblich veranlassten Zuwendungen, die zusätzlich zur ohnehin vereinbarten Leistung oder Gegenleistung erbracht werden sowie zu Geschenken i. S. d. § 4 Abs. 5 Satz 1 Nr. 1 EStG, s. **§ 37 b EStG: Pauschsteuersatz** von 30 v. H. bei einem Zuwendungshöchstbetrag von 10 000 € (Freigrenze). Diese Begrenzung gilt nicht nur für alle im Wirtschaftsjahr gewährten Zuwendungen, sondern auch für die Einzelzuwendung. Mit der Freigrenze soll insbesondere sichergestellt werden, dass für „Luxusgeschenke" die Pauschalierung nicht in Anspruch genommen werden kann.[809a] Bemessungsgrundlage sind die tatsächlichen Kosten des Zuwendenden einschließlich Umsatzsteuer. Die Pauschsteuer ist gemäß § 4 Abs. 5 Nr. 1 EStG nicht abziehbar.

427 **Schadensersatz.** Schadensersatzleistungen führen dann zu Betriebsausgaben, wenn das die Schadensersatzpflicht auslösende Ereignis im Wesentlichen unmittelbare Folge der betrieblichen (beruflichen) Betätigung ist. Beruht ein solches Ereignis sowohl auf privater als auch betrieblicher Veranlassung, so bleibt die private Veranlassung grundsätzlich unerheblich, vorausgesetzt, sie ist von untergeordneter Bedeutung. Anders ist es jedoch, wenn aufgrund der (untergeordneten) privaten Mitveranlassung erhebliche Kosten begründet werden, die – bezogen auf die Gesamtaufwendungen – nicht mehr von untergeordneter Bedeutung sind. In einem solchen Fall entsteht ein Abzugsverbot für die privat veranlassten Aufwendungen. Die betrieblich (beruflich) veranlassten Aufwendungen bleiben weiterhin uneingeschränkt als Betriebsausgaben abziehbar.[810] Erforderlichenfalls bedarf es für die Aufteilung der Schätzung.

428 **Tageszeitung.** Aufwendungen für den Bezug regionale wie überregionaler Tageszeitungen gehören zu den nichtabziehbaren Lebenshaltungskosten.[811]

---

[805] FG Düsseldorf v. 30. 11. 2000, EFG 2001, 423, rkr., Grenzfall, der nicht verallgemeinert werden kann.

[806] BFH VI R 135/01 v. 19. 2. 2004, BStBl II 2004, 958.

[807] BFH VI R 39/90 v. 7. 5. 1993, BFH/NV 1993, 652: Reisetasche, Sonnenbrille.

[808] BFH IV B 50/00 v. 19. 3. 2002, BFH/NV 2002, 1145: Fahrzeuge; VI R 26/98 v. 26. 1. 2001, BStBl II 2001, 194: Alte Meistergeige; I R 80/83 v. 20. 8. 1986, BStBl II 1986, 904: teurer Orientteppich.

[809] BFH I R 80/83 v. 20. 8. 1986, BStBl II 1986, 904: Kürzung der AfA bei einem zum Betriebsvermögen gehörenden teuren Orientteppich.

[809a] S. dazu BT-Drs. 16/3368, unter 3. Stellungnahme des Bundesrates sowie II. Einzelbegründung, *zu Art. 1 (Änderung des Einkommensteuergesetzes, zu Nummer 26 (§ 37 b).*

[810] BFH IV R 26/04 v. 1. 12. 2005, BStBl II 2006, 182 zu Unfallschäden im Zusammenhang mit einer Reise.

[811] BFH IV R 128/88 v. 7. 9. 1989, BStBl II 1990, 19.

Telekommunikationsaufwendungen. Die Verbindungsentgelte für Telefon und Internet, die in einer Wohnung genutzt werden, sind insoweit Betriebsausgaben als sie auf die betrieblich geführten Telefongespräche und die betrieblichen Internetnutzungen entfallen. Insoweit bedarf es der Ermittlung – ggf. im Schätzungswege – des Verhältnisses der betrieblichen und der privat geführten Telefon- und Internetnutzung.[812] **429**

Vermögensverlust. Ein Vermögensverlust, etwa durch Zerstörung oder Diebstahl eines Wirtschaftsgutes des Betriebsvermögens ist in aller Regel betrieblich veranlasst und führt zu einer außergewöhnlichen wirtschaftlichen AfA.[813] Ist der Verlust jedoch nicht nur unwesentlich privat mitveranlasst, beruht das auslösende Ereignis in nicht nur unbedeutendem Maß auf der privaten Lebensführung des Steuerpflichtigen. Die entsprechenden Aufwendungen (AfaA) sind nicht abziehbar.[814] **430**

Versteigerungsaufwendungen. Kosten die der Steuerpflichtige an den Versteigerer zu zahlen hat, wie z.B. für Abbildungen im Auktionskatalog, Versicherungen, ggf. ein „Abgeld" oder eine Ausfallprovision, sind in vollem Umfang als Betriebsausgaben abziehbar. **431**

Dies gilt aber auch für Aufwendungen, die der Steuerpflichtige *ernsthaft* tätigt, um im Rahmen einer Versteigerung einen höheren Preis für seine Werke und damit höhere (steuerbare) Einnahmen zu erzielen. Diese Aufwendungen sind beruflich veranlasst und damit entsprechend dem steuerrechtlichen Nettoprinzip gewinnmindernd zu berücksichtigen.[815] Soweit es sich dabei um Geschenke handelt, ist § 4 Abs. 5 Satz 1 Nr. 1 EStG zu beachten. Zur Pauschalierung der Einkommensteuer bei Sachzuwendungen, insbesondere bei Geschenken, s. § 37b EStG: Pauschsteuersatz von 30 v. H. bei einem Zuwendungshöchstbetrag von 10 000 € (Freigrenze). S. auch „Sachzuwendungen". **432**

Nicht entscheidend ist, ob ein solches „verkaufsunterstützendes" Verhalten im Rahmen einer Versteigerung missbilligt wird. Das Steuerrecht ist insoweit wertneutral.[816] **433**

cc) Nicht als Betriebsausgaben abziehbare Aufwendungen und beschränkt abziehbare Betriebsausgaben (Auswahl). (1) Allgemeine Grundsätze. Grundsätzlich sind sämtliche Aufwendungen, die den Charakter von Betriebsausgaben haben, gewinnmindernd abziehbar. Jedoch sind bestimmte Betriebsausgaben, die gleichzeitig die Lebensführung des Steuerpflichtigen oder anderer Personen betreffen, gemäß § 4 Abs. 5 EStG nur eingeschränkt zum Abzug zugelassen, unter bestimmten Voraussetzungen sogar vollständig vom Abzug ausgeschlossen. Der Betriebsausgabencharakter der Aufwendungen wird dadurch aber nicht berührt. **434**

Im Einzelnen sind die Betriebsausgaben, die den Gewinn nicht mindern dürfen, in § 4 Abs. 5 Nr. 1 bis 11 EStG aufgelistet. **435**

Darüber hinaus bestimmt **§ 4 Abs. 7 EStG,** dass Aufwendungen i.S.d. § 4 Abs. 5 Satz 1 Nr. 1 bis 4, 6b und 7 EStG einzeln und getrennt von den sonstigen Betriebsausgaben aufzuzeichnen sind, und dass sie – soweit sie nicht bereits gemäß § 4 Abs. 5 vom Abzug ausgeschlossen sind – bei der Gewinnermittlung nur berücksichtigt werden dürfen, wenn die Aufzeichnungspflicht erfüllt ist. Die Erfüllung der Aufzeichnungspflichten ist materiell-rechtliche Voraussetzung für die steuerrechtliche Anerkennung der betroffenen Aufwendungen als Betriebsausgaben.[817] **436**

---

[812] Vgl. BFH VI R 202/79 v. 21. 11. 1989, BStBl II 1981, 131, sowie LStR R 15 Abs. 5 zu Werbungskosten eines Arbeitnehmers.

[813] Vgl. *Blümich/Brandis* § 7 EStG Rz. 394.

[814] Vgl. BFH VI R 185/97 v. 9. 12. 2003, BStBl II 2004, 491: Diebstahl einer Konzertgeige.

[815] A. A. *Schack* Rz. 716.

[816] Vgl. BFH GrS 2/82 v. 21. 11. 1983, BStBl II 1984, 160.

[817] BFH III R 171/82 v. 22. 1. 1988, BStBl II 1988, 535; s. auch EStH H 4.11.

437 *(2) Geschenke.* Gemäß § 4 Abs. 5 Nr. 1 EStG dürfen Aufwendungen für **Geschenke** an Personen, die nicht Arbeitnehmer des Steuerpflichtigen sind, grundsätzlich den Gewinn nicht mindern. Ausnahme: Die Anschaffungs- oder Herstellungskosten der dem Empfänger im Wirtschaftsjahr zugewendeten Gegenstände übersteigen nicht die Freigrenze von derzeit 35 €[818] oder die zugewendeten Wirtschaftsgüter können beim Empfänger ausschließlich betrieblich (beruflich) genutzt werden.[819] Werden an einen Empfänger im Wirtschaftsjahr mehrere Geschenke gegeben und überschreiten die Anschaffungs- oder Herstellungskosten aller dieser Geschenke die Freigrenze von derzeit 35 €, entfällt der Abzug in vollem Umfang.[820] Zur Pauschalierung der Einkommensteuer bei Geschenken, die nicht in Geld bestehen, s. § 37b EStG sowie oben Stichwort „Sachzuwendungen".

438 Der Begriff der Schenkung entspricht der des bürgerlichen Rechts (§ 516 Abs. 1 BGB).[821] Ein Geschenk liegt demnach nur vor, wenn beide Beteiligte von der Unentgeltlichkeit der Vermögenszuwendung ausgehen. Keine Geschenke sind insbesondere **Rabatte, Boni** und **Provisionen.**

439 *(3) Bewirtungskosten.* Aufwendungen für die Bewirtung von Personen aus geschäftlichem Anlass dürfen gemäß § 4 Abs. 5 Nr. 2 EStG in der derzeit geltenden Fassung [822] den Gewinn nicht mindern soweit sie 70 v.H. der Aufwendungen übersteigen, die nach der allgemeinen Verkehrsauffassung als angemessen anzusehen und deren Höhe und betriebliche Veranlassung nachgewiesen sind.

440 Eine Bewirtung liegt nur vor, wenn Personen beköstigt werden, d.h., wenn das Darreichen von Speisen und/oder Getränken eindeutig im Vordergrund steht.[823] Bewirtungsaufwendungen sind Aufwendungen für den Verzehr von Speisen, Getränken und sonstigen Genussmitteln.[824] Die Höhe und die betriebliche (berufliche) Veranlassung sind in besonderer Form nachzuweisen (§ 4 Abs. 5 Nr. 2 Satz 2, 3 EStG).[825]

441 *(4) Mehraufwendungen für Verpflegung.* Obwohl Aufwendungen für die Verpflegung des Steuerpflichtigen dem Grunde nach Kosten der privaten Lebensführung sind, lässt § 4 Abs. 5 Nr. 5 EStG betrieblich (beruflich) veranlasste *Mehr*aufwendungen, z.B. aufgrund von Geschäftsreisen, unter bestimmten Voraussetzungen und in beschränktem Umfang, d.h. (nur) bis zu bestimmten Höchstbeträgen (Pauschbeträge),[826] zum gewinnmindernden Abzug zu.[827] Dies gilt auch für Aufwendungen, die anlässlich einer **doppelten Haushaltsführung** entstehen (§ 4 Abs. 5 Satz 6 EStG).[828]

---

[818] Zur Ermittlung der Höhe der Anschaffungs- oder Herstellungskosten s. *Blümich/Wied* § 4 EStG Rz. 710; EStR R 4.10 Abs. 3.

[819] EStR R 4.10 Abs. 2.

[820] EStR R 4.10 Abs. 3.

[821] BFH I R 14/93 v. 23. 6. 1993, BStBl II 1993, 806; EStR R 4.10 Abs. 3; s. aber auch *Blümich/Wied* § 4 EStG Rz. 700.

[822] Zu früheren Anwendungszeiträumen s. *Blümich/Wied* § 4 EStG Rz. 718.

[823] BFH III R 21/86 v. 16. 2. 1990, BStBl II 1990, 575; EStR R 4.10 Abs. 5.

[824] Zu weiteren, z.T. sehr differenzierten Einzelheiten der Regelung des § 4 Abs. 5 Nr. 2 EStG, insbesondere zu dem Begriff „Bewirtung" und den Abgrenzungen zu anderen Formen einer Verköstigung, zu Fragen des betrieblichen und geschäftlichen Anlasses und damit verbunden zur Abgrenzung gegenüber den Aufwendungen der Lebensführung sowie zur 70 v. H.-Grenze s.i.E. *Blümich/Wied* § 4 EStG Rz. 722ff.; EStR R 4.10 Abs. 5, 12; EStH 4.10 Abs. 5 bis 9, 12.

[825] S. dazu i.E. *Blümich/Wied* § 4 EStG Rz. 737ff.; EStR R 4.10 Abs. 8, Anhang 16, R 4.11; EStH H 4.11.

[826] S. dazu i.E. *Blümich/Wied* § 4 EStG Rz. 768ff.

[827] S. dazu i. E. *Blümich/Wied* § 4 EStG Rz. 771ff.

[828] S. dazu EStR R 4.12 Abs. 3: Hinweis auf die Regelungen in den Lohnsteuer-Richtlinien, dort R 43; s. auch LStH H 43.

Die Höhe der Pauschbeträge richtet sich u. a. nach der zeitlichen Abwesenheit des Steuerpflichtigen von seiner Wohnung oder dem Mittelpunkt seiner dauerhaft angelegten betrieblichen Tätigkeit. Außerdem unterscheidet das Gesetz zwischen Inlands- und Auslandsreisen. 442

(5) Aufwendungen für Fahrten zwischen Wohnung und Betriebsstätte und für Familienheimfahrten. α) Grundregelung. Aufwendungen für die Fahrten zwischen Wohnung und Betriebsstätte (und zurück) sowie für Familienheimfahrten anlässlich betrieblich (beruflich) veranlasster doppelter Haushaltsführung sind gemäß ausdrücklicher Regelung in § 4 Abs. 5a Satz 1 EStG i. d. F. des StÄndG 2007[829] **keine Betriebsausgaben** (mehr).[830] Sie sind nur noch „*wie* Betriebsausgaben" – nach Maßgabe des § 9 Abs. 2 EStG – abziehbar (§ 4 Abs. 5a Satz 4 EStG), d. h. sie sind lediglich „technisch" als solche zu behandeln. Die Wege zwischen Betriebsstätte und Arbeitsstätte werden damit grundsätzlich der Privatsphäre zugeordnet. Dabei gelten bei Ermittlung der Nutzung i. S. d. Satzes 2 die Fahrten zwischen Wohnung und Betriebsstätte und die Familienheimfahrten als betriebliche Nutzung (§ 6 Abs. 1 Nr. 4 Satz 3 EStG) 443

Zur Abgeltung erhöhter Aufwendungen zwischen Wohnung und Arbeitsstätte wird bei **Fernpendlern** allerdings ab dem 21. Entfernungskilometer für jeden Arbeitstag, an dem der Steuerpflichtige die Betriebsstätte aufsucht, für jeden vollen Kilometer der Entfernung eine **Entfernungspauschale** von **0,30 €** wie Werbungskosten angesetzt, **höchstens 4000 €** im Jahr. Ein höherer Betrag ist anzusetzen, soweit der Steuerpflichtige einen eigenen Kraftwagen benutzt (§ 4 Abs. 5a Satz 4 i. V. m. § 9 Abs. 2 EStG).[830a] 444

Diese Entfernungspauschale für Fernpendler gilt **nicht** für **Flugstrecken** (§ 4 Abs. 5a Satz 4 i. V. m. § 9 Abs. 2 Satz 3 EStG). Flugkosten können in tatsächlicher Höhe abgezogen werden. 445

Für die Wege vom Beschäftigungsort zum Ort des eigenen Hausstandes **(Familienheimfahrten)** kann der Steuerpflichtige nur noch Aufwendungen für jeweils eine Fahrt pro Woche wie Werbungskosten abziehen. Für dies Fahrten ist eine **Entfernungspauschale** von **0,30 €** für jeden vollen Kilometer der Entfernung zwischen dem Ort des eigenen Hausstandes und dem Beschäftigungsort anzusetzen (§ 4 Abs. 5a Satz 4 i. V. m. § 9 Abs. 2 Sätze 7 und 8 EStG).[830b] 446

Durch die Entfernungspauschalen sind sämtliche Aufwendungen abgegolten, die durch die Wege zwischen Wohnung und Betriebsstätte und durch die Familienheimfahrten veranlasst sind. Damit sind z. B. auch Parkgebühren, Kosten eines Austauschmotors und **Unfallkosten** auf der Fahrt zwischen Wohnung und Betriebsstätte und für Familienheimfahrten mit der Entfernungspauschale abgegolten und damit nicht (mehr) als Betriebsausgaben abziehbar. 447

Behinderte Menschen[831] können an Stelle der Entfernungspauschale die tatsächlichen Aufwendungen ansetzen (§ 4 Abs. 5a Satz 4 i. V. m. § 9 Abs. 2 Satz 11 EStG). 448

Die Neuregelung des § 9 Abs. 2 EStG ist jedoch im Hinblick auf einen möglichen Verstoß gegen das steuerliche Nettoprinzip[832] nicht frei von **verfassungsrechtlichen Bedenken.**[833] 449

---

[829] V. 19. 7. 2006, BGBl I 2006, 1652; BStBl I 2006, 432.

[830] Der für Veranlagungszeiträume vor 2007 maßgebliche § 4 Abs. 5 Satz 1 Nr. 6 EStG wurde durch das StÄndG 2007 ersatzlos aufgehoben; zur alten Rechtslage s. z. B. *Schmidt/Heinicke,* 25. Aufl., § 4 EStG Rz. 580.

[830a] S. dazu i. E. *BMF* 1. 12. 2006, DStR 2006, 2255.

[830b] S. dazu i. E. *BFM* v. 1. 12. 2006, DStR 2006, 2255.

[831] Amtlich nachgewiesener Grad der Behinderung mindestens 70 v. H.; bei einer Behinderung von weniger als 70 v. H., aber mindestens 50 v. H. muss die Bewegungsfähigkeit im Straßenverkehr erheblich beeinträchtigt sein.

[832] S. dazu *Tipke/Lang* § 9 Rz. 54 ff.

[833] S. dazu *Karrenbrock/Fehr* DStR 2006, 1303.

450 *β) Nutzung eines Kraftfahrzeugs.* Auch bei der Nutzung eines Kraftfahrzeugs für die Fahrten zwischen **Wohnung** und **Betriebsstätte** (und zurück) sowie für Familienheimfahrten anlässlich betrieblich (beruflich) veranlasster doppelter Haushaltsführung sind die Aufwendungen nicht als Betriebsausgaben abziehbar. Die Höhe dieser nicht abziehbaren Aufwendungen sind gemäß § 4 Abs. 5a Satz 2 EStG n.F. pauschal zu ermitteln. Sie betragen pauschal mit 0,03 v.H. des inländischen Listenpreises i.S.d. § 6 Abs. 1 Nr. 4 Satz 2 EStG des Kraftfahrzeugs im Zeitpunkt der Erstzulassung zzgl. der Kosten für Sonderausstattung je Kalendermonat für jeden Entfernungskilometer.[834] Zum Zwecke der Ermittlung der Nutzung i.S.d. Satzes 2 gelten die Fahrten zwischen Wohnung und Betriebsstätte und die Familienheimfahrten als betriebliche Nutzung (§ 6 Abs. 1 Nr. 4 Satz 3 EStG).[835]

451 Bei **Familienheimfahrten** beträgt der entsprechende v. H.-Satz 0,002 des inländischen Listenpreises i.S.d. § 6 Abs. 1 Nr. 4 Satz 2 EStG für jeden Entfernungskilometer (§ 4 Abs. 5a Satz 2 EStG). Dabei ist zu beachten, dass die pauschale Ermittlungsmethode bei Freiberuflern ab dem Wirtschaftsjahr 2006[836] nur noch dann anwendbar ist, wenn das Fahrzeug dem notwendigen Betriebsvermögens zuzuordnen ist, d.h., wenn die betrieblichen Nutzung mehr als 50 v.H. beträgt (§ 6 Abs. 1 Nr. 4 Satz 2 EStG).[837]

452 Ermittelt der Steuerpflichtige die private Nutzung des Kraftfahrzeugs gemäß § 6 Abs. 1 Nr. 4 Satz 1 oder Satz 4 EStG, sind die auf diese Fahrten entfallenden **tatsächlichen Aufwendungen** maßgebend (§ 4 Abs. 5a Satz 3 EStG). Dazu ist erforderlich, dass er die Gesamtaufwendungen des Kraftfahrzeugs durch Belege und das Verhältnis der privaten zu den übrigen Fahrten durch ein ordnungsgemäßes **Fahrtenbuch** nachweist, das zeitnah geführt[838] und nicht ohne weiteres abänderbar ist[839] (sog. **Escapeklausel**).[840]

453 § 9 Abs. 2 EStG ist entsprechend anzuwenden (§ 4 Abs. 5a Satz 4 EStG n.F.). Mit dem Wegfall der bisherigen Anerkennung von Wegekosten als Betriebsausgaben im Wege der Pauschalierung kann – entgegen der bisherigen Rechtslage im Einzelfall tatsächlich nicht angefallener Aufwand den Gewinn nicht mehr mindern, z.B. dann, wenn der Steuerpflichtige öffentliche Verkehrsmittel benutzt oder sogar zu Fuß geht.

454 Von der Ermittlung des nichtabziehbaren Aufwandes bei Nutzung eines Kraftfahrzeugs zwischen Wohnung und Betriebsstätte sowie zu Familienheimfahrten ist zu unterscheiden die pauschale Ermittlung des privaten Nutzungswerts bei Nutzung eines betrieblichen (beruflichen) Kraftfahrzeugs im Rahmen der generellen Bewertung der privaten Nutzung eines betrieblichen Fahrzeugs als **Entnahme** nach Maßgabe des § 6 Abs. 1 Nr. 4 Sätze 2 bis 4 EStG.[841] § 4 Abs. 5a EStG verweist lediglich zur Ermittlung der Höhe des nichtabziehbaren Aufwands auf die Regelung des § 6 Abs. 1 Nr. 4 EStG.

455 *(6) Häusliches Arbeitszimmer.* Aufwendungen für ein **häusliches Arbeitszimmer** sowie die Kosten der Ausstattung konnten bisher in beschränktem Umfang als Betriebsausgaben

---

[834] Zur sog. 1 v.H-Regelung gemäß § 6 Abs. 1 Nr. 4 EStG bei privater Nutzung eines Kraftfahrzeugs s. *Blümich/Ehmcke* § 6 EStG Rz. 1012ff.; BMF v. 21. 1. 2002, BStBl I 2002, 148; *Rüsch/Hoffmann* DStR 2006, 399.

[835] Zur Begründung dieser Regelung i.E. s. BT-Drs. 16/1545, S. 12 – Zu Nummer 5.

[836] S. dazu § 52 Abs. 16 Satz 15 i.d.F.d. Gesetzes zur Eindämmung missbräuchlicher Steuergestaltungen v. 28. 4. 2006, BStBl I 2006, 350.

[837] S. dazu Gesetz zur Eindämmung missbräuchlicher Steuergestaltungen v. 28. 4. 2006, BStBl I 2006, 350, Art. 1 Änderung des Einkommensteuergesetzes, Nr. 3.

[838] Vgl. BFH VI R 27/05 v. 9. 11. 2005, BStBl II 2006, 408.

[839] Vgl. BFH VI R 64/04 v. 16. 11. 2005, BStBl II 2006, 410.

[840] S. dazu *Blümich/Ehmcke* § 6 EStG Rz. 1012.

[841] S. dazu i.E. Rz. 339.

abgezogen werden, wenn die betriebliche Nutzung des Arbeitszimmers mehr als 50 v.H. der gesamten betrieblichen Tätigkeit betrug, oder wenn für die betriebliche Tätigkeit kein anderer Arbeitsplatz zur Verfügung stand (§ 4 Abs. 5 Satz 1 Nr. 6b EStG in der vor dem StÄndG 2007[842] geltenden Fassung. Ab dem Veranlagungszeitraum 2007 ist ein Abzug der genannten Aufwendungen nur noch dann zulässig, wenn das Arbeitszimmer den Mittelpunkt der gesamten betrieblichen und beruflichen Betätigung bildet (§ 4 Abs. 5 Satz 1 Nr. 6b Satz 2 n.F. EStG).

(7) Unangemessene Aufwendungen. § 4 Abs. 5 Nr. 7 EStG enthält eine Art Auffangklausel, **456** wonach andere als die in den Nummern 1 bis 6 und 6b EStG bezeichneten Aufwendungen, die die Lebensführung des Steuerpflichtigen oder anderer Personen berühren, den Gewinn insoweit nicht mindern dürfen als sie nach allgemeiner Verkehrsauffassung als unangemessen anzusehen sind. Diese Regelung dürfte in erster Linie im Zusammenhang mit der Anschaffung von (Luxus-)Fahrzeugen relevant werden, die auch Repräsentationszwecken dienen.[843]

(8) Aufwendungen zur Förderung staatspolitischer Zwecke. § 4 Abs. 6 EStG bestimmt aus- **457** drücklich, dass Aufwendungen zur **Förderung staatspolitischer Zwecke** (§ 10b Abs. 2 EStG) keine Betriebsausgaben sind und daher den Gewinn nicht mindern. Dies gilt auch in Bezug auf sog. Durchlaufspenden.[844] Sie können jedoch begrenzt als Steuerermäßigung gemäß § 34g EStG sowie nach Maßgabe des § 106 Abs. 2 EStG berücksichtigt werden.

dd) Sonderregelung zur Abziehbarkeit von Schuldzinsen als Betriebsausgaben (§ 4 Abs. 4a **458** *EStG).* Gemäß § 4 Abs. 4a EStG sind betrieblich (beruflich) veranlasste[845] Schuldzinsen nicht als Betriebsausgaben abziehbar, wenn **Überentnahmen** getätigt worden sind.[846] Eine Überentnahme ist der Betrag, um den die Einnahmen die Summe des Gewinns[847] und der Einlagen des Wirtschaftsjahres übersteigen (§ 4 Abs. 4a Satz 2 EStG). Ob eine betriebliche (berufliche) Veranlassung vorliegt, entscheidet sich anhand der tatsächlichen Verwendung der Darlehensmittel.[848] So sind Darlehen zur Finanzierung außerbetrieblicher Zwecke, insbesondere zur Finanzierung von Entnahmen, nicht betrieblich veranlasst. Bei Bestehen eines **Kontokorrentkontos** bedarf es grundsätzlich der Aufteilung des Sollsaldos.[849]

Eine **Überentnahme** liegt grundsätzlich vor, wenn die Entnahmen höher sind als die **459** Summe aus Gewinn und Einlagen des Wirtschaftsjahres (§ 4 Abs. 4a Satz 2 EStG). Für die Begriffe Gewinn, Entnahme und Einlage gelten die allgemeinen steuerrechtlichen Grundsätze.[850]

---

842 V. 19. 7. 2006, BGBl I 2006, 1652; BStBl I 2006, 432.

843 Zu Beispielen s. BFH IV B 50/00 v. 19. 3. 2002, BFH/NV 2002, 1145; s. ferner VI R 26/98 v. 26. 1. 2001, BStBl II 2001, 194: Alte Meistergeige; I R 80/83 v. 20. 8. 1986, BStBl II 1986, 904: teurer Orientteppich.

844 *Blümich/Wied* § 4 EStG Rz. 936.

845 BFH XI R 47/03 v. 21. 9. 2005, BStBl II 2006, 504: betriebliche (berufliche) Veranlassung ist Voraussetzung für den Schuldzinsenabzug; dazu *Ley* DStR 2006, 301: Auswirkungen auf die Praxis.

846 S.i.E. *Blümich/Wied* § 4 EStG Rz. 617ff.

847 Maßgebend ist der Gewinnbegriff des § 4 Abs. 1 Satz 1 EStG, BFH X R 44/04 v. 7. 3. 2006, BStBl II 2006, 588.

848 S. dazu BFH XI R 64/95 v. 19. 3. 1998, BStBl II 1998, 511; GrS 1–2/95 v. 8. 12. 1997, BStBl II 1998, 193; GrS 2–3/88 v. 4. 7. 1990, BStBl II 1990, 817.

849 S. dazu BMF v. 17. 11, 2005, BStBl I 2005, 1019, Rz. 3.

850 Zur Ermittlung des maßgeblichen Gewinn s.i.E. BMF v. 17. 11, 2005, BStBl I 2005, 1019, Rz. 8 f.; *Blümich/Wied* § 4 EStG Rz. 617.

460 Die nicht abziehbaren Schuldzinsen werden gemäß § 4 Abs. 4a Satz e EStG typisiert ermittelt mit **6 v.H.** der Überentnahme des Wirtschaftsjahres zzgl. der Überentnahmen vorangegangener Wirtschaftsjahre und abzüglich der Beträge, um die in den vergangenen Wirtschaftsjahren der Gewinn und die Einlagen die Entnahmen überstiegen haben (Unternahmen).[851] Der sich dabei ergebende Betrag, höchstens jedoch der um 2050 € verminderte Betrag der im Wirtschaftsjahr angefallenen Zinsen, ist gemäß § 4 Abs. 4a Satz 4 EStG dem Gewinn hinzurechnen **(Hinzurechnungsbetrag).**[852]

461 Bei **Mitunternehmerschaften** ist die Überentnahmeregelung gesellschaftsbezogen anzuwenden.[853]

462 *ee) Aktivierung von Betriebsausgaben.* Nach der Grundregelung des § 4 Abs. 4 i.V.m. Abs. 3 Satz 1 EStG wären zwar sämtliche betrieblich veranlassten Aufwendungen sofort abziehbar. § 4 Abs. 3 Satz 3 EStG schreibt jedoch ausdrücklich vor, dass die Vorschriften über die Absetzung für Abnutzung **(AfA)** zu befolgen sind. Dazu bestimmt § 7 Abs. 1 Satz 1 EStG, dass bei Wirtschaftsgütern, deren Verwendung oder Nutzung durch den Steuerpflichtigen zur Erzielung von Einkünften sich erfahrungsgemäß auf einen Zeitraum von mehr als einem Jahr erstreckt, jeweils für ein Jahr (nur) der Teil der Anschaffungs- oder Herstellungskosten abzusetzen ist, der bei gleichmäßiger Verteilung dieser Kosten auf die Gesamtdauer der Verwendung oder Nutzung auf ein Jahr entfällt (AfA in gleichen Jahresbeträgen).[854] Die Absetzung bemisst sich insoweit nach der **betriebsgewöhnlichen Nutzungsdauer** des Wirtschaftsgutes.[855] Das EStG kennt sowohl die lineare als auch die degressive Abschreibung, d.h. Absetzung der Abnutzung in fallenden Jahresbeträgen (§ 7 Abs. 2 EStG). Gemäß § 7 Abs. 1 Satz 7 sind Absetzungen für außergewöhnliche technische oder wirtschaftliche Abnutzung **(AfaA)** zulässig.[856]

463 Für Abschreibungen bei Gebäuden und gleichgestellten Objekten gelten besondere Regelungen (§ 7 Abs. 4 bis 5a EStG).[857]

464 Dementsprechend sind von den **sofort abziehbaren Betriebsausgaben** bei Gewinnermittlung durch Bestandsvergleich (§ 4 Abs. 1 EStG) diejenigen betrieblich (beruflich) veranlassten Aufwendungen zu unterscheiden, die als **Anschaffungskosten** oder **Herstellungskosten** von Wirtschaftsgütern gemäß § 4 Abs. 1 Satz 6 EStG der Aktivierungspflicht unterliegen. Aufwendungen für aktivierungspflichtige Wirtschaftsgüter wirken sich grundsätzlich nur insoweit gewinnmindernd aus, als sie gemäß § 7 EStG auf die betriebsgewöhnliche Nutzungsdauer des Wirtschaftsgutes oder gemäß § 6 EStG auf den niedrigeren Teilwert abgeschrieben werden[858] oder der Absetzungsfreiheit des § 6 Abs. 2 EStG unterliegen. Gewinnminderungen in Bezug auf aktivierungspflichtige Wirtschaftsgüter können sich ferner insoweit ergeben, als der Steuerpflichtige Sonderabschreibungen, erhöhte Absetzungen oder Abzüge gemäß § 6b EStG in Anspruch nehmen kann.

465 *ff) Betriebsausgaben vor Eröffnung oder nach Aufgabe des Betriebs. (1) Vorabentstandene Betriebsausgaben.* Aufwendungen, die **vor Betriebseröffnung** und damit vor damit vor dem Zeitraum entstehen, zu dem betriebliche Einnahmen zufließen, wirken sich nur dann – als

---

[851] Zu Einzelheiten der Ermittlung des Hinzurechnungsbetrages s. BMF v. 17. 11, 2005, BStBl I 2005, 1019, Rz. 19ff.

[852] S. *Blümich/Wied* § 4 EStG Rz. 629.

[853] S. dazu i.E. BMF v. 17. 11, 2005, BStBl I 2005, 1019, Rz. 30ff.

[854] Zur AfA s. i.E. auch Rz. 400ff.

[855] Zu weiteren Einzelheiten s. *Blümich/Brandis* § 7 EStG Rz. 85ff., 240ff., 330ff.

[856] S. dazu *Blümich/Brandis* § 7 EStG Rz. 385ff.

[857] Zu Einzelheiten dazu s. *Blümich/Brandis* § 7 EStG Rz. 455ff.

[858] Gewinnmindernd wirken sich je nach den Verhältnissen im konkreten Einzelfall ferner Sonderabschreibungen, erhöhte Absetzungen oder Abzüge gemäß § 6b EStG aus.

(vorab entstandene, vorweggenommene) Betriebsausgaben – gewinnmindernd aus, wenn der Steuerpflichtige spätestens im Zeitpunkt der Entstehung der Aufwendungen anhand objektiver Umstände nachvollziehbar den Entschluss gefasst hat, Einkünfte aus freiberuflicher (künstlerischer) Tätigkeit erzielen zu wollen.[859] Hierzu rechnen beispielsweise die Kosten für das Ingangsetzen des Geschäftsbetriebs (Anlaufkosten). Den Steuerpflichtigen trifft insoweit die objektive Beweislast (Feststellungslast).

Liegen die vorstehenden Voraussetzungen vor, so sind die Aufwendungen auch dann als Betriebsausgaben anzuerkennen, wenn es entgegen der Absicht des Steuerpflichtigen nicht zur Eröffnung des geplanten Betriebs kommt (**vergeblicher,** betrieblich veranlasster **Aufwand**).[860] Andernfalls sind die Aufwendungen der Privatsphäre zuzuordnen und damit nicht abziehbar.

(2) Nachträgliche Betriebsausgaben. **Betriebsausgaben,** deren **Abzug** i. R. d. Überschussrechnung (§ 4 Abs. 3 EStG) im Jahr der Verausgabung, in dem sie hätten gewinnmindernd berücksichtigt werden können, **vergessen oder irrtümlicherweise unterlassen** worden ist, können nicht in einem späteren Veranlagungszeitraum abgezogen werden.[861] **466**

Aufwendungen, die **nach Betriebsbeendigung** entstehen, sind in aller Regel nicht mehr betrieblich (beruflich) veranlasst, sondern bilden beispielsweise **Veräußerungs-** oder **Aufgabekosten** i. R. d. § 16 EStG oder sind dem rein privaten Vermögensbereich zuzuordnen. Der Abzug nachträglicher Betriebsausgaben ist jedoch nicht in jedem Fall ausgeschlossen. Voraussetzung für eine solche Ausnahme ist, dass trotz der Vollbeendigung des Betriebs die betriebliche Veranlassung in Bezug auf die Aufwendungen noch fortbesteht. So sind **Schuldzinsen** für Verbindlichkeiten, die bis zur Vollbeendigung eines Betriebs trotz Verwertung des Aktivvermögens nicht getilgt sind, (nachträgliche) Betriebsausgaben, weil die betriebliche Veranlassung fortbesteht.[862] Das Gleiche gilt, wenn Hindernisse für die Verwertung der aktiven Wirtschaftsgüter oder der Tilgung der Schulden bestanden haben oder eine Schuldtilgung aus anderen Gründen, z. B. wegen Erlasszusage oder Ungewissheit der Verbindlichkeit nicht veranlasst war.[863] **467**

Als nach Betriebsbeendigung entstandene und dennoch abziehbare Aufwendungen können ferner z. B. Zahlungen auf nachträglich bekannt gewordene Verbindlichkeiten[864] oder nachträglich entstandene Gewährleistungsansprüche, die sich auf früher ausgelieferte künstlerische Arbeiten beziehen, in Betracht kommen. **468**

gg) Pauschbeträge. Die Bundesregierung ist zwar gemäß § 51 Abs. 1 Nr. 1 Buchst. c EStG ermächtigt, mit Zustimmung des Bundesrates eine Rechtsverordnung zu erlassen über die Höhe von besonderen **Pauschbeträgen** für Gruppen von Betrieben, bei denen hinsichtlich der Besteuerungsgrundlagen annähernd gleiche Verhältnisse vorliegen, wenn der Steuerpflichtige u. a. Einkünfte aus selbständiger Arbeit (§ 18 EStG) erzielt. Von dieser Ermächtigung hat die Bundesregierung bisher jedoch noch keinen Gebrauch gemacht. **469**

Die Finanzverwaltung erkennt jedoch im Wege der Verwaltungsanweisung zur Vereinfachung des Besteuerungsverfahrens bei einigen Einkunftsarten ohne Einzelnachweis einen **470**

---

[859] Vgl. BFH III R 38/03 v. 22. 9. 2004, BFH/NV 2005, 202; VIII R 2527/82 v. 14. 6. 1988, BStBl II 1988, 992.

[860] BFH IV R 117/94 v. 21. 9. 1995, BFH/NV 1996, 461; IX R 3/04 v. 15. 11. 2005, BStBl II 2006, 258.

[861] BFH IV R 20/04 v. 30. 6. 2005, BStBl II 2005, 758 m. w. N.; vgl. ferner X R 36/02 v. 31. 5. 2005, BStBl II 2005, 707, 712: Aufwendungen belasten laufenden Gewinn.

[862] BFH XI R 98/96 v. 12. 11. 1997, BStBl II 1998, 144 m. w. N.; I R 205/85 v. 28. 2. 1990, BStBl II 1990, 537; s. auch EStH H 24.2.

[863] BFH X R 36/02 v. 31. 5. 2005, BStBl II 2005, 707, 712.

[864] Vgl. BFH I R 137/74 v. 22. 2. 1978, BStBl II 1978, 430.

pauschalen Betriebsausgabenabzug an, und zwar u.a. bei nebenberuflicher künstlerischer Tätigkeit, soweit nicht § 3 Nr. 26 EStG (sog. Übungsleiterpauschale) eingreift, **25 v.H. der Betriebseinnahmen,** höchstens 614 €.[865] Macht der Steuerpflichtige höhere Betriebsausgaben geltend, so sind diese grundsätzlich nur anzuerkennen, wenn sie durch Einzelnachweis belegt sind.

471 *hh) Drittaufwand.* Trägt ein anderer als der Steuerpflichtige, z.B. Angehörige, Aufwendungen, die durch dessen Einkünfteerzielung veranlasst sind, so können diese Leistungen eines Dritten, die sog. **Drittaufwand**[866] bilden, grundsätzlich nicht zu Betriebsausgaben, ggf. zu aktivierungspflichtigem Aufwand führen; denn nur solche Aufwendungen können als Betriebsausgaben abgezogen werden, welche die persönliche Leistungsfähigkeit des Steuerpflichtigen mindern.[867] Dies gilt selbst dann, wenn der Steuerpflichtige einen Zahlungsanspruch gegen den zahlenden Dritten hat. Dieser erfüllt primär stets eine eigene Verpflichtung aus seinem eigenen Vermögen.

472 **Anders** ist es, wenn der Dritte die Leistung nicht aufgrund eigener Verpflichtung und aus eigenem Vermögen erbringt, er keine eigenwirtschaftlichen Interessen mit den Aufwendungen verfolgt, sondern die Leistung als **Zuwendung an den Steuerpflichtigen** zu beurteilen ist. Diese Voraussetzung ist beispielsweise im Falle der **Abkürzung des Zahlungsweges**[868] erfüllt. In diesem Fall wird die Geldleistung in der Weise an den Steuerpflichtigen erbracht, dass der Zuwendende im Einvernehmen mit dem Steuerpflichtigen dessen Schuld tilgt, z.B. aufgrund einer Schenkung, statt die Geldleistung ihm unmittelbar zu erbringen, wenn also der Dritte für Rechnung des Steuerpflichtigen an dessen Gläubiger leistet.[869]

473 Das Gleiche gilt für Geldleistungen im Falle der **Abkürzung des Vertragswegs.** Eine solche liegt dann vor, wenn der Dritte im eigenem Namen *für den Steuerpflichtigen* einen Vertrag abschließt und aufgrund dessen auch selbst die geschuldete Zahlung leistet.[870] Nach Ansicht des BFH[871] kommt es nicht darauf an, ob und inwieweit sich das jeweilige Vertragsverhältnis als Bargeschäft des täglichen Lebens darstellt, das über die Grundsätze des „Geschäfts für den, den es angeht", den Steuerpflichtigen unmittelbar verpflichtet.

474 Eine Zurechnung der Aufwendungen eines Dritten zugunsten des Steuerpflichtigen unter dem Gesichtspunkt der Abkürzung des Vertragswegs kommt jedoch nicht bei **Dauerschuldverhältnissen** und **Kreditverbindlichkeiten** in Betracht.[872]

475 In den Fällen, in denen eine Personengesellschaft Einkünfte aus künstlerischer Tätigkeit erzielt, können als Betriebsausgaben abziehbare Aufwendungen ferner im Fall der **mittel-**

---

865 BMF v. 21. 1. 1994, BStBl I 1994, 112; EStH H 18.2 – Betriebsausgabenpauschale.

866 S. dazu i. E. BFH GrS 1/97, 2/97, GrS 2/97, GrS 3/95 und GrS 5/95 jeweils v. 23. 8. 99, BStBl II 99, 778, 782, 787, 774.

867 Ständige Rechtsprechung, vgl. z.B. BFH GrS 2/97 v. 23. 8. 1999, 782, unter C. IV.1.b; zuletzt IX R 25/03 v. 15. 11. 2005, BStBl II 2006, 623, m.w.N., dazu BMF v. 9. 8. 2006, BStBl I 2006, 492.

868 Vgl. BFH GrS 1/94 v. 9. 6. 97, BStBl II 98, 307, sowie IX R 25/03 v. 15. 11. 2005, BStBl II 2006, 623, m.w.N., dazu BMF v. 9. 8. 2006, BStBl I 2006, 492, VIII R 22/92 v. 12. 12. 00, BStBl II 01, 385; s. ferner X R 36/02 v. 31. 5. 2005, BStBl II 2005, 707, 712.

869 BFH VIII R 22/92 v. 12. 12. 00, BStBl II 01, 385; s. auch EStH H 4.7 – Drittaufwand.

870 S. zu diesem Begriff BFH VIII R 52/93 v. 12. 12. 00, BStBl II 01, 286; dazu Anm. *Ruban* HFR 01, 857; IX R 25/03 v. 15. 11. 2005, BStBl II 2006, 623, m.w.N., dazu BMF v. 9. 8. 2006, BStBl I 2006, 492,

871 BFH IX R 25/03 v. 15. 11. 2005, BStBl II 2006, 623; m.w.N., dazu BMF v. 9. 8. 2006, BStBl I 2006, 492, zwh.; a.A. EStH 4.7 – Drittaufwand.

872 BFH IX R 25/03 v. 15. 11. 2005, BStBl II 2006, 623, m.w.N.; ebenso EStH H 4.7 – „Drittaufwand"; s. dazu BMF v. 9. 8. 2006, BStBl I 2006, 492.

baren verdeckten Einlage nach unentgeltlicher Zuwendung an den Gesellschafter einer Personengesellschaft vorliegen.[873]

c) Erwerbsbedingte Kinderbetreuungskosten. Gemäß dem neu geschaffenen § 4f EStG[874] kann der Steuerpflichtige Aufwendungen für Dienstleistungen zur Betreuung eines zu seinem Haushalt gehörenden Kindes i.S.d. § 32 Abs. 1 EStG in Höhe von zwei Dritteln der Aufwendungen, höchstens **4000 € je Kind** bei der Ermittlung der Einkünfte aus Land- und Forstwirtschaft, Gewerbebetrieb oder **selbständiger Arbeit *wie Betriebsausgaben*** abziehen. 476

Voraussetzung ist, dass 477

- die Aufwendungen wegen einer **Erwerbstätigkeit** des Steuerpflichtigen[875] anfallen und
- die Kinder das **14. Lebensjahr** noch nicht vollendet haben oder
- wegen einer vor Vollendung des 25. Lebensjahres[876] eingetretenen körperlichen, geistigen oder seelischen Behinderung außerstande sind, sich selbst zu unterhalten (§ 4f Satz 1 EStG);
- im Falle des **Zusammenlebens der Elternteile** beide Elternteile erwerbstätig sind (§ 4f Satz 2 EStG).

Ebenso wie bei den Parallelvorschriften des § 10 Abs. 1 Nr. 5 und 8 EStG sind **Aufwendungen für Unterricht** (z.B. Schulgeld, Nachhilfe-, Fremdsprachenunterricht), die Vermittlung besonderer Fähigkeiten (z.B. Musikunterricht, Computerkurse), sportliche und andere Freizeitbetätigungen (z.B. Mitgliedschaft in Sportvereinen oder anderen Vereinen, Tennis- Reit-, Schwimmunterricht) nicht in die Bemessungsgrundlage für die Höhe der außergewöhnlichen Belastungen einzubeziehen (§ 4f Satz 3).[877] Gemischte Aufwendungen, z.B. für eine Haushälterin oder eine Person, die auch ein über 14 Jahre altes Kind betreut, sind im Schätzungsweg aufzuteilen; Das Abzugsverbot des § 12 EStG steht dem nicht entgegen.[878] 478

Nicht erforderlich ist, dass die Voraussetzungen des § 4f EStG während des ganzen Jahres vorliegen.[879] 479

Bei zu betreuenden **Auslandskindern,** d.h. wenn das zu betreuende Kind nicht gemäß § 1 Abs. 1 oder 2 EStG unbeschränkt steuerpflichtig ist, ist der Kinderbetreuungsbetrag gemäß Satz 1 des § 4f EStG zu kürzen, soweit es nach den Verhältnissen im Wohnsitzstaat des Kindes notwendig und angemessen ist (§ 4f Satz 4 EStG). Maßstab hierfür ist die Ländergruppeneinteilung im BMF-Schreiben vom 17. 11. 2003.[880] 480

Zum Abzug ist der Elternteil **berechtigt,** der die Aufwendungen getragen hat. Haben beide Elternteile Aufwendungen i.S.d. § 4f EStG getragen, so können dennoch nur je Kind höchstens 4000 € wie Betriebsausgaben abgezogen werden. Sofern die Steuerpflichtigen nicht eine andere Aufteilung wählen, ist der Abzugsbetrag je zur Hälfte bei der Ermittlung der Einkünfte der Eltern zu berücksichtigen. 481

---

873 BFH VIII R 62/93 v. 12. 12. 00, BStBl II 01, 234; VIII R 22/92 v. 12. 12. 00, BStBl II 01, 385.

874 Eingefügt durch das Gesetz zur steuerlichen Förderung von Wachstum und Beschäftigung vom 17. 3. 06, BGBl I 2006, 1091; zu Einzelheiten s. *Blümich/Heger* Erläut. zu § 4f EStG; *Seiler* DStR 2006, 1631.

875 S. dazu *Blümich/Heger* § 4f EStG Rz. 31. Nach FG Köln 8 K 4006/03 v. 1. 8. 2006 können für das Jahr 2001 Kinderbetreuungskosten „ab der ersten Mark" als Werbungskosten (§ 9 EStG) bei den Einkünften aus nichtselbständiger Arbeit abgezogn werden. Das FG hat die Revision zugelassen.

876 Rechtslage aufgrund des StÄndG 2007 v. 19. 7. 2006, BGBl I 2006, 1652. Bis einschließlich Veranlagungszeitraum 2006: 27. Lebensjahr.

877 S. dazu i.E. S. dazu *Blümich/Heger* § 4f EStG Rz. 21 ff.

878 *Blümich/Heger* § 4f EStG Rz. 22.

879 S. dazu i.E. *Blümich/Heger* § 4f EStG Rz. 35.

880 BStBl I 2003, 637.

482 Der Steuerpflichtige muss – parallel zu § 10 Abs. 1 Nr. 5 und 8 EStG – die geltend gemachten Aufwendungen **kumulativ** durch **Vorlage einer Rechnung** und die **Zahlung auf das Konto** des Erbringers der Leistung **nachweisen** (§ 4f Satz 5).[881] Als Rechnung in diesem Sinne genügt beispielsweise der Bescheid über die Höhe der zu zahlenden Kindergartengebühren.[882]

483 Die Neuregelung des § 4f EStG ist erstmals für im **Veranlagungszeitraum 2006** geleistete Aufwendungen anzuwenden, soweit die den Aufwendungen zugrunde liegenden Leistungen nach dem 31. 12. 2005 erbracht worden sind (§ 52 Abs. 12c EStG).

484 Durch die Neufassung des § 9 Abs. 5 Satz 1 EStG wird die Abziehbarkeit von Kinderbetreuungskosten i. S. d. § 4f EStG auch auf den Bereich der **Überschusseinkünfte** erstreckt. Diese Kinderbetreuungskosten sind damit *wie* Werbungskosten abziehbar. Sie können zudem neben dem Arbeitnehmer- Pauschbetrag abgezogen werden (§ 9a Satz 1 Nr. 1 Buchst. a EStG).

485 Aufwendungen i. S. d. § 4f EStG oder § 9 Abs. 5 EStG können nicht als Sonderausgaben berücksichtigt werden (Einleitungssatz zu § 10 EStG).

7. *Steuerabzug gemäß § 34c Abs. 2, 3 EStG*

486 **a) § 34c Abs. 2 EStG.** Der Steuerpflichtige hat gemäß § 34c Abs. 2 EStG ein **Wahlrecht,** gemäß § 34c Abs. 1 EStG **anrechenbare ausländische Steuern** i. S. d. § 34d EStG anstelle der Anrechnung **bei der Ermittlung der Einkünfte abzuziehen,** soweit sie auf ausländische Einkünfte entfallen, die nicht steuerfrei sind. Voraussetzung hierfür ist, dass sämtliche Voraussetzungen einer Steueranrechnung nach Maßgabe des § 34c Abs. 1 EStG[883] vorliegen.

487 Das Wahlrecht kann zwar für jeden ausländischen Staat getrennt ausgeübt werden, ist aber für die gesamten Einkünfte und Steuern aus *demselben Staat* einheitlich auszuüben. Zusammen zur Einkommensteuer veranlagte **Ehegatten** sind nicht verpflichtet, das Wahlrecht für den jeweiligen Staat einheitlich auszuüben. Macht der Steuerpflichtige von dem Wahlrecht nicht durch einen entsprechenden **Antrag** Gebrauch, bleibt es bei der Steueranrechnung gemäß § 34c Abs. 1 EStG.

488 Der Abzug der ausländischen Steuer wird **bei den einzelnen Einkunftsarten** vorgenommen, bei denen die ausländischen Steuern anfallen. Diese werden wie Betriebsausgaben oder Werbungskosten abgezogen und verringern damit die Bemessungsgrundlage für die Einkommensteuer. Bei ausländischen Gewinneinkünften wird der Anrechnungshöchstbetrag für die ausländische Steuer unter Berücksichtigung des Entlastungsbetrags gemäß § 32c EStG berechnet.

489 Der Abzug der ausländischen Steuern ist insbesondere in den Fällen vorteilhaft, in denen **Anrechnungsüberhänge** entstehen.[884]

490 **b) § 34c Abs. 3 EStG.** Ist eine Steueranrechnung gemäß § 34c **Abs. 1** EStG mangels Vorliegens der Voraussetzungen dieser Vorschrift ausgeschlossen – und damit auch ein Steuerabzug gemäß § 34c **Abs. 2** EStG – so kann ein Abzug ausländischer Steuern von der Bemessungsgrundlage nach Maßgabe des § 34c **Abs. 3** EStG in Betracht kommen, und zwar unter folgenden Voraussetzungen:

---

[881] Dies soll Missbräuchen und Schwarzarbeit vorbeugen, s. dazu Deutscher Bundestag Drs. 16/974 Abschnitt B – Einzelbegründung, zu Art. 1 (Einkommensteuergesetz), zu Nr. 7 Buchst. b (§ 10 Abs. 1 Nr. 5).

[882] So ausdrücklich Deutscher Bundestag Drs. 16/974 Abschnitt B – Einzelbegründung, zu Art. 1 (Einkommensteuergesetz), zu Nr. 7 Buchst. b (§ 10 Abs. 1 Nr. 5).

[883] S. dazu i. E. *Blümich/Wied* § 34c Rz. 25ff.; OFD Berlin v. 22. 1. 2004, IStR 2004, 288.

[884] S. dazu i. E. *Blümich/Wied* § 34c EStG Rz. 76; *Korn/Kaminski/Strunk* § 34c EStG Rz. 43f.

- Der Steuerpflichtige muss unbeschränkt steuerpflichtig sein;
- es muss Subjektidentität vorliegen;
- bei der ausländischen Steuer muss es sich um eine Steuer vom Einkommen handeln;
- die Steuer muss festgesetzt, gezahlt und um einen entstandenen Ermäßigungsanspruch gekürzt worden sein;
- sie muss auf Einkünfte entfallen, die im Inland steuerbar und steuerpflichtig sind.

Es gibt keine Höchstbetragsbegrenzung und keine per-country-limitation i. S. d. § 68a EStDV.[885] 491

V. Veräußerungs- und Aufgabegewinn (§ 18 Abs. 3 EStG)

1. Allgemeine Grundsätze

Zu den Einkünften aus selbständiger Arbeit und damit auch zu denen aus künstlerischer Tätigkeit gehört gemäß der ausdrücklichen Regelung in § 18 Abs. 3 Satz 1 EStG der **Gewinn,** der bei der **Veräußerung des Vermögens** oder eines Anteils an diesem Vermögen erzielt wird, das der selbständigen Arbeit (*hier:* der künstlerischen Tätigkeit) dient. Er ist vom laufenden Gewinn zu trennen. 492

Ergänzend bestimmt § 18 Abs. 3 Satz 2 EStG, dass die für die Veräußerung eines Gewerbebetriebs maßgeblichen Regelungen in § 16 Abs. 1 Satz 1 Nr. 1 und 2 und Abs. 1 Satz 2 sowie Abs. 2 bis 4 EStG, zu denen lediglich terminologische Unterschiede bestehen,[886] entsprechend anwendbar sind. Damit erfasst § 18 Abs. 3 EStG die **Veräußerung:** 493

- des gesamten der selbständigen Tätigkeit dienenden Vermögens sowohl des Steuerpflichtigen als Einzelperson als auch des Vermögens eines Personenzusammenschlusses (§ 18 Abs. 3 Satz 1 i. V. m. § 16 Abs. 1 Nr. 1 1. Alt. EStG);[887]
- eines selbständigen Teiles des der selbständigen Tätigkeit dienenden Vermögens, nämlich eines räumlich und sachlich ausgegliederten Teilbetriebs (§ 18 Abs. 3 Satz 1 2. Alt. EStG);[888]
- einer zu dem der selbständigen Tätigkeit dienenden Vermögen gehörenden 100 v. H.-Beteiligung an einer Kapitalgesellschaft (§ 18 Abs. 3 Satz 2 i. V. m. § 16 Abs. 1 Nr. 1 Satz 2 EStG);[889]
- eines Anteils am Vermögen, das der selbständigen Arbeit dient[890]

sowie
die **Aufgabe** einer **selbständigen Tätigkeit.**[891]

§ 18 Abs. 3 EStG erfasst nur **entgeltliche Veräußerungsvorgänge,**[892] und zwar auch solche, die nur teilentgeltlich sind, etwa weil ihnen eine *gemischte* Schenkung zugrunde liegt. Die teilentgeltliche Übertragung ist als ein einheitlicher Vorgang zu beurteilen **(Einheitstheorie)**[893] und nicht in einen voll entgeltlichen und einen voll unentgeltlichen 494

---

[885] Zu weiteren Einzelheiten s. *Blümich/Wied* § 34c EStG Rz. 86ff.; *Korn/Kaminski/Strunk* § 34c EStG Rz. 47ff.

[886] S. dazu i. E. *Blümich/Hutter* § 18 EStG Rz. 248; *Brandt* in H/H/R § 18 EStG Rz. 301.

[887] S. dazu Rz. 497ff.

[888] S. dazu Rz. 519ff.

[889] S. dazu Rz. 523ff.

[890] S. dazu Rz. 525ff.

[891] S. dazu Rz. 526ff.

[892] S. zu diesen § 6 Abs. 3 Satz 1 EStG.

[893] H. M.; zu anderen Ansichten s. *Schmidt/Wacker* § 16 EStG Rz. 39, 58.

Teil aufzuspalten (Trennungs-/Abspaltungstheorie). Die Einheitstheorie ist in gleicher Weise bei der Besteuerung sowohl des Veräußerungsvorgangs auf Seiten des Veräußerer als auch auf Seiten des Erwerbers anzuwenden.[894]

495 Auf (voll) unentgeltliche Übertragungen, z. B. aufgrund einer Schenkung, durch Erwerb von Todes wegen etc., ist § 18 Abs. 3 nicht anwendbar.[895] Insoweit ist § 6 Abs. 3 EStG[896] maßgebend.

496 Der bei der Veräußerung erzielte Gewinn ist vom Gewinn aus der laufenden Tätigkeit abzugrenzen. Er unterliegt wie gewerbliche Veräußerungsgewinne als außerordentliche Einkünfte i. S. d. § 34 EStG nach Maßgabe dieser Vorschrift einem **ermäßigten Steuersatz.**[897] Unter den in § 16 Abs. 4 aufgeführten Voraussetzungen ist ein **Freibetrag** zu gewähren.[898]

2. Veräußerung des Vermögens

497 **a) Veräußerung unter Beendigung der Tätigkeit der selbständigen Arbeit.** *aa) Grundsätzliche Regelung.* Die **Veräußerung des Vermögens** i. S. d. § 18 Abs. 3 EStG setzt voraus, dass die **wesentlichen Grundlagen** des der selbständigen Tätigkeit dienenden Vermögens[899] – *entgeltlich* – auf einen anderen Rechtsträger übertragen werden und gleichzeitig mit der Veräußerung der Grundlagen – nach Außen erkennbar – auch die selbständige Tätigkeit als solche – zumindest für eine gewisse Zeit[900] – in dem bisher örtlich begrenzten Wirkungskreis[901] ihr Ende findet.[902] Unschädlich ist lediglich die Weiterpflege von Geschäftsbeziehungen von umsatzmäßig unwesentlicher Bedeutung.[903]

498 Überträgt der Freiberufler sein Betriebsvermögen *unentgeltlich* z. B. durch Schenkung, Erbfall, ist nicht § 18 Abs. 3 EStG anzuwenden, sondern § 6 Abs. 3 EStG.[904]

499 Eine **endgültige Aufgabe** der selbständigen Tätigkeit ist **nicht erforderlich.**[905] Es genügt die Aufgabe der Tätigkeit, die mit dem veräußerten Betriebsvermögen in Zusammenhang stand. Theoretisch könnte daher der bildende Künstler sein Atelier-Betriebsvermögen in A vollständig aufgeben und im weiter entfernten B ein neues Atelier einrichten. In der Praxis dürfte diese Möglichkeit allerdings daran scheitern, dass der Künstler in aller Regel nach wie vor auf seinen alten Kundenstamm zurückgreifen möchte, dies aber einer begünstigten Veräußerung i. S. d. § 18 Abs. 3 EStG entgegenstehen würde.

---

894 BFH IV R 61/93 v. 22. 9. 1994, BStBl II 1995, 367 a. E.; s. ferner *Schmidt/Wacker* § 16 EStG Rz. 59 m. w. N.

895 *Blümich/Hutter* § 18 EStG Rz. 249.

896 = § 7 Abs. 1 EStDV a. F.

897 S. Rz. 611 ff.

898 S. Rz. 597 ff.

899 Zum Begriff der wesentlichen Betriebsgrundlagen s. BFH IV R 3/03 v. 16. 12. 2004 m. w. N, DStR 2005, 553, dazu Anm. *Kempermann* HFR 2005, 437.

900 BFH XI B 25/00 v. 27. 10. 2000, BFH/NV 2001, 588; IV B 40/00 v. 21. 8. 2000, nv; IV R 11/99 v. 10. 6. 1999, BFH/NV 1999, 1594 m. w. N.

901 BFH IV R 36/95 v. 23. 1. 1997, BStBl II 1997, 498: Arztpraxis.

902 BFH IV R 14/90 7. 11. 1991, BStBl II 1992, 457; IV 24/55 U v. 24. 5. 1956, BStBl III 1956, 205.

903 Vgl. dazu BFH IV R 63/99 v. 8. 6. 2000, BFH/NV 2000, 1341; I R 109/93 v. 18. 5. 1994, BStBl II 1994, 925 m. w. N.: Mandate eines Rechtsanwaltes; s. auch EStH H 18.3 – Veräußerung.

904 = § 7 Abs. 1 EStDV a. F.

905 Zutr. *Blümich/Hutter* § 18 EStG Rz. 253.

Ist der freiberuflich Tätige nach der Veräußerung des Vermögens bei dem Erwerber als **Arbeitnehmer** oder als **freier Mitarbeiter** tätig, so steht dies der Annahme einer begünstigten Betriebsveräußerung nicht entgegen.[906] 500

Gehört **Sonderbetriebsvermögen** eines Mitunternehmers einer künstlerisch tätigen Personengesellschaft zu den wesentlichen Betriebsgrundlagen, so sind auch diese mitzuveräußern, damit eine tarifbegünstigte Veräußerung (§§ 16, 34 EStG) vorliegt.[907] 501

Keine steuerbegünstigte Veräußerung ist die **erstmalige Aufnahme eines Gesellschafters** in einen freiberuflichen Einzelbetrieb, und zwar auch dann, wenn ein Entgelt für die Aufnahme (Ausgleichszahlung) entrichtet wird.[908] 502

bb) Wesentliche Betriebsgrundlagen. Zu den **wesentlichen Grundlagen** rechnen nicht nur die materiellen Wirtschaftsgüter, wie z.B. beim Künstler die Ateliereinrichtung oder ggf. das Betriebsgrundstück etwa bei einem Bildhauer, sondern auch die immateriellen Wirtschaftsgüter. So setzt eine Veräußerung des gesamten der selbständigen Tätigkeit dienenden Vermögens bei einem künstlerisch Tätigen u.a. voraus, dass er etwaige Lizenzrechte sowie seinen Kundenstamm, d.h. seine Beziehungen zur Kundschaft, insbesondere zu Sammlern, Galerien und Museen, soweit solche Beziehungen überhaupt in nennenswertem Umfang vorhandenen sind, auf den Erwerber überträgt.[909] Es verbliebe dann nur die Möglichkeit, mit der späteren Rückkehr der bisherigen Kunden zu rechnen und dementsprechend eine angemessene Zeit zuzuwarten. 503

Zu den materiellen Wirtschaftsgütern wiederum, die übertragen werden, rechnen sowohl diejenigen, die zum Erreichen des künstlerischen Betriebszwecks erforderlich sind und ein besonderes wirtschaftliches Gewicht haben, als auch solche Wirtschaftsgüter, die – funktional gesehen – für den Betrieb nicht erforderlich sind, in denen aber erhebliche stille Reserven gebunden sind.[910] Unschädlich ist demnach nur das Zurückbehalten von Wirtschaftsgütern, die nicht zugleich wesentliche Betriebsgrundlagen sind.[911] 504

cc) Zeitpunkt der Veräußerung. Der **Zeitpunkt der Veräußerung,** d.h. der Zeitpunkt zu dem der Veräußerungsgewinn erzielt wird, bestimmt sich nach der wirtschaftlichen Vertragserfüllung, d.h. regelmäßig zu dem Zeitpunkt, zu dem das Eigentum an den jeweiligen wesentlichen Betriebsgrundlagen übergeht.[912] Bei Auseinanderfallen von zivilrechtlichem und wirtschaftlichem Eigentum kommt es auf den Zeitpunkt des Übergangs des wirtschaftlichen. Eigentums an; dies bestimmt sich nicht nach handelsbilanzrechtlichen Grundsätzen, sondern gem. § 39 Abs. 2 Nr. 1 AO, wobei auch § 41 AO anwendbar ist.[913] Das wirtschaftliche Eigentum bleibt selbst dann bestehen, wenn die zugrunde liegenden schuldrechtlichen Vereinbarungen nachträglich unwirksam werden, vorausgesetzt, die Beteiligten machen die wirtschaftlichen Folgen des Rechtsgeschäfts nicht rückgängig.[914] 505

b) Einbringen in eine Personengesellschaft als Veräußerung. Bringt der Steuerpflichtige den **freiberuflichen Betrieb in eine Personengesellschaft ein,** so liegt darin 506

---

[906] BFH I R 109/93 v. 18. 5. 1994, BStBl II 1994, 925.

[907] BFH VIII R 57/90 v. 1. 12. 1992, BStBl II 1994, 607, 614; VIII R 76/87 v. 19. 3. 1991, BStBl II 1991, 635.

[908] BFH GrS 2/98 v. 18. 10. 1999, BStBl II 2000, 123.

[909] Vgl. BFH IV B 104/98 v. 22. 9. 1999, BFH/NV 2000, 317; IV R 36/95 v. 23. 1. 1997, BStBl II 1998, 498 m.w.N.; IV 198/62 S v. 10. 10. 1963, BStBl III 1964, 120.

[910] BFH IV R 18/02 v. 5. 6. 2003, BStBl II 2003, 838 m.w.N.

[911] BFH X R 101/90 v. 26. 5. 1993, BStBl II 1993, 710, unter 2.b.

[912] S. BFH GrS 2/92 v. 19. 7. 1993, BStBl II 1993, 897, 902.

[913] BFH VIII R 26/01 v. 17. 2. 04, BStBl II 04, 651, zum Verkauf eines Geschäftsanteils an einer GmbH, dazu Anm. *Völlmeke* HFR 04, 642; VIII R 28/02 v. 17. 2. 04, BStBl II 05, 46.

[914] BFH VIII R 28/02 v. 17. 2. 04, BStBl II 05, 46.

ein **tauschähnlicher Vorgang** und damit ein Veräußerungsgeschäft.[915] Insoweit ist grundsätzlich § 24 UmwStG anwendbar, der auch für das Einbringen freiberuflicher Betriebe gilt.[916] **§ 24 UmwStG** ist insoweit **lex specialis** zu § 18 Abs. 3, § 16 EStG.[917] Es besteht kein Wahlrecht, § 18 Abs. 3 EStG bleibt jedoch insoweit anwendbar als das UmwStG keine Regelung enthält.

507 Die Beteiligten haben gemäß § 24 UmwStG ein **Wahlrecht,** entweder die Buchwerte fortzuführen (kein Einbringungsgewinn) oder einen höheren Wert, maximal den die Teilwerte, anzusetzen (Realisierung der stillen Reserven).[918] Der Wert, mit dem das eingebrachte Betriebsvermögen in der Bilanz der Personengesellschaft angesetzt wird, gilt für den Einbringenden als Veräußerungspreis (§ 24 Abs. 3 Satz 1 UmwStG). § 16 Abs. 4 (Freibetrag für Veräußerungsgewinn) i. V. mit § 18 Abs. 3 EStG ist jedoch nur dann anwendbar, wenn das eingebrachte Betriebsvermögen in der zu erstellenden **Einbringungsbilanz** mit seinem Teilwert angesetzt wird (§ 24 Abs. 3 Satz 2 UmwStG).[919]

508 Für die Anwendung des § 24 UmwStG genügt zwar eine Gewinnermittlung durch Überschussrechnung beim Einbringenden.[920] Ein Einbringungsgewinn ist aber nur dann zu vermeiden, wenn die Buchwerte fortgeführt werden. Dies setzt eine Gewinnermittlung beim Einbringenden durch Bestandsvergleich (§ 4 Abs. 1 EStG) voraus.[921]

509 **c) Einbringen in eine Kapitalgesellschaft als Veräußerung.** Rechtsgrundlage für das Einbringen des der selbständigen Arbeit dienenden Vermögens in eine Kapitalgesellschaft gegen Gewährung von Gesellschaftsanteilen ist § 20 UmwStG. **§ 20 UmwStG** ist insoweit **lex specialis** zu § 18 Abs. 3, § 16 EStG;[922] es besteht ebenso wie bei § 24 UmwStG kein Wahlrecht.

510 Wie bei dem Einbringen in eine Personengesellschaft[923] besteht ein **Wahlrecht,** entweder die Buchwerte fortzuführen (kein Einbringungsgewinn) oder einen höheren Wert, maximal den die Teilwerte, anzusetzen (Realisierung der stillen Reserven).[924]

511 **d) Veräußerung im Wege vorgenommener Erbfolge.** Unter **vorweggenommener Erbfolge** sind Vermögensübertragungen unter Lebenden mit Rücksicht auf die künftige Erbfolge zu verstehen. Wird ein Betrieb (Teilbetrieb, Mitunternehmeranteil) zu einer solchen Vorwegnahme der Erbfolge übertragen und erbringt der Übernehmer dabei Ausgleichsleistungen (**Gleichstellungsgelder** an Angehörige) oder leistet Abstandszahlungen an den Übergeber oder übernimmt er private Verbindlichkeiten des Übertragenden übernommen, so ist dies grundsätzlich als **teilentgeltliche**[925] **Betriebsveräußerung** (§ 16

---

[915] BFH I R 17/74 v. 15. 7. 1976, BStBl II 1976, 748.

[916] BFH IV R 210/83 v. 23. 5. 1985, BStBl II 1985, 695; IV R 88/80 v. 5. 41984, BStBl II 1984, 518; IV R 69/74 v. 13. 12. 1979, BStBl II 1980, 239.

[917] Ebenso *Blümich/Hutter* § 18 EStG Rz. 255; *Brandt* in H/H/R § 18 EStG Rz. 312.

[918] S. dazu i. E. *Blümich/Klingberg* Erläuterungen zu § 24 UmwStG; *Schmidt/Wacker* § 18 EStG Rz. 230.

[919] Vgl. BFH IV B 40/00 v. 21. 8. 2000, nv; zu weiteren Einzelheiten s. *Blümich/Hutter* § 18 EStG Rz. 256 ff.; *Brandt* in H/H/R § 18 EStG Rz. 312, sowie *Blümich/Klingberg* Erläuterungen zu § 24 UmwStG; s. ferner EStH H 18.3 – Einbringungsgewinn.

[920] BFH IV R 88/80 v. 5. 41984, BStBl II 1984, 518; IV R 69/74 v. 13. 12. 1979, BStBl II 1980, 239.

[921] Vgl. dazu BFH GrS 2/98 v. 18. 10. 1999, BStBl II 2000, 123.

[922] Ebenso *Blümich/Hutter* § 18 EStG Rz. 255; *Brandt* in H/H/R § 18 EStG Rz. 312.

[923] S. Rz. 506.

[924] S. dazu i. E. *Blümich/Hutter* § 18 EStG Rz. 259; *Brandt* in H/H/R § 18 EStG Rz. 312; s. ferner *Blümich/Klingberg* Erläuterungen zu § 20 UmwStG. S. dazu auch [oben] Rz. 507.

[925] Zu der bei Teilentgeltlichkeit maßgeblichen sog. „Einheitstheorie“ s. Rz. 494.

Abs. 3 Satz 2 i. V. m. § 16 Abs. 1 Satz 1, 2, 3 EStG) zu beurteilen.[926] Die Betriebsveräußerung führt jedoch nur dann zu einem Veräußerungsgewinn, wenn und soweit das Entgelt den Buchwert des übertragenen Betriebsvermögens übersteigt. Die Gegenleistung kann auch in Form von wiederkehrenden Leistungen, die keine Versorgungsleistungen sind, Art erbracht werden.[927]

Dagegen ist ein Übergabevertrag, nach dem der Übernehmer verpflichtet ist wieder- 512
kehrende **Versorgungsleistungen** (auch als *Leibgedinge* oder *Altenteil* bezeichnet),[928] sei es in Form von Geld oder in Form von Sachleistungen, zu erbringen, **nicht** als **entgeltliches Veräußerungsgeschäft** anzusehen.[929] Eine unentgeltliche Vermögensübergabe gegen Versorgungsleistungen kann auch dann vorliegen, wenn der Übernehmer sich im Übergabevertrag verpflichtet, das übertragene ertraglose Objekt, z. B. Kunst- oder Sammlerobjekte, zu veräußern und vom Erlös ein ihrer Art nach bestimmte Vermögensanlage zu erwerben, die einen zum Erbringen der zugesagten Versorgungsleistungen ausreichenden Nettoertrag abwirft.[930] Im Falle der Übertragung eines Unternehmens, mit dem Einkünfte aus selbständiger Arbeit erzielt werden, gegen wiederkehrende Bezüge im Zuge vorweggenommener Erbfolge besteht eine nur in seltenen Ausnahmefällen widerlegbare **Vermutung,** dafür dass die Beteiligten im Zeitpunkt der Übertragung angenommen haben, der Betrieb werde auf die Dauer ausreichende Gewinne erwirtschaften, um die wiederkehrenden Leistungen abzudecken.[931]

e) Veräußerung im Rahmen einer Erbauseinandersetzung. Gemäß § 2042 BGB 513
kann grundsätzlich jeder Miterbe jederzeit die **Auseinandersetzung** verlangen, d. h. die Aufhebung der durch den Erbfall entstandenen Gesamthandsgemeinschaft.[932] Die Aufhebung kann u. a. im Verkauf der in das Betriebsvermögen der Erbengemeinschaft übergegangenen Wirtschaftsgüter bestehen.[933] Eine solche Erbauseinandersetzung ist steuerrechtlich streng von der Rechtslage zu trennen, die unmittelbar durch den Erbfall als solchen[934] entsteht.[935]

Veräußert die Erbengemeinschaft, bei der regelmäßig eine *gewerbliche* Mitunternehmer- 514
schaft anzunehmen sein wird,[936] das auf sie übergegangene Betriebsvermögen des künstlerisch tätigen Erblassers oder geben sie den Betrieb auf,[937] so ist in Bezug auf die Besteuerung des Veräußerungsgewinns als eines gewerblichen Gewinns § 16 EStG unmittelbar anzuwenden. Etwas Anderes gilt nur dann, wenn sämtliche Mitglieder der Erbengemeinschaft die Voraussetzungen des § 18 Abs. 1 Nr. 1 EStG erfüllen. Nur in einem solchen Fall

---

[926] Vgl. BFH GrS 4–6/89 v. 5. 7. 1990, BStBl II 1990, 847 unter C. II.; zu weiteren Einzelheiten s. *Schmidt/Wacker* § 16 EStG Rz. 45 ff., 63 ff.; *Kirchhof/Reiß* § 16 EStG Rz. 138 ff., jeweils m. w. N.; BMF v. 13. 1. 1993, BStBl I 1993, 80, Rz. 1 ff.

[927] S. dazu BMF v. 16. 9. 2004, BStBl I 2004, 922, Rz. 49.

[928] Zu den Voraussetzungen einer Vermögensübergabe gegen Versorgungsleistungen s. i. E. BMF v. 5. 7. 1990, BStBl I 1990, 80, Rz. 4, sowie v. 16. 9. 2004, BStBl I 2004, 922, Rz. 6 ff. mit Beispielen.

[929] BFH GrS 4–6/89 v. 5. 7. 1990, BStBl II 1990, 847, unter C. II. 1. b.; GrS 1/00 v. 12. 5. 2003, BStBl II 2004, 95, unter C. II. 1.; BMF v. 16. 9. 2004, BStBl I 2004, 922, Rz. 2 ff., auch in Bezug auf die Rechtslage beim Übernehmer.

[930] BFH GrS 1/00 v. 12. 5. 2003, BStBl II 2004, 95, unter C. II. 5. a).

[931] So ausdrücklich BFH GrS 1/00 v. 12. 5. 2003, BStBl II 2004, 95, unter C. II. 5. d).

[932] S. Rz. 285 ff.

[933] Vgl. § 2042 Abs. 2 i. V. m. § 753 BGB.

[934] S. dazu Rz. 285.

[935] BFH GrS 2/89 v. 5. 7. 1990, BStBl II 1990, 837.

[936] Vgl. BFH VIII R 13/93 v. 14. 12. 1993, BStBl II 1994, 922 m. w. N.; BMF v. 11. 3. 1993, BStBl I 1993, 62, Rz. 57.

[937] S. dazu i. E. Rz. 517.

gelten die gleichen Rechtsgrundsätze wie sie bei einer Veräußerung durch den Steuerpflichtigen selbst maßgebend sind.[938]

515 War der Verstorbene **Gesellschafter** einer **Personengesellschaft** und übernehmen die verbleibenden Gesellschafter *entgeltlich* sämtliche Wirtschaftsgüter der Gesellschaft, so liegt darin eine Veräußerung eines Mitunternehmeranteils.[939]

516 Der erzielte **Veräußerungsgewinn** ist gemäß § 18 Abs. 3 i. V. m. § 16 Abs. 4 EStG **steuerbegünstigt.** Dies gilt auch bei Ratenzahlung.[940]

517 Wird die Erbauseinandersetzung nach **Realteilungsgrundsätzen** vollzogen, so gilt dies als Betriebsaufgabe i. S. d. § 18 Abs. 3 Satz 2 i. V. m. § 16 Abs. 3 EStG.[941]

518 Wird zwischen den Erben eines künstlerisch Tätigen und demjenigen, der den künstlerischen Betrieb mit den gesamten vorhandenen Wirtschaftsgütern übernimmt, zur Abgeltung der **Abfindungsansprüche** für das übernommene Vermögen eine (befristete) Gewinnbeteiligung vereinbart wird, so sind Erbengemeinschaft und Erwerber steuerrechtlich getrennt zu behandeln. Es besteht insoweit keine Mitunternehmerschaft in Form einer (Innen-)Gesellschaft.[942]

3. *Veräußerung eines selbständigen Teils des Vermögens*

519 Der **Begriff** des selbständigen Teils des Vermögens i. S. d. § 18 Abs. 3 Satz 1 EStG ist im Gesetz nicht näher bestimmt. Nach der höchstrichterlichen Rechtsprechung ist er in Anlehnung an die Voraussetzungen des Teilbetriebs in § 16 Abs. 1 Nr. 1 EStG zu bestimmen.[943] Danach ist ein **Teilbetrieb** ein organisch geschlossener, mit einer gewissen Selbständigkeit ausgestatteter Teil eines Gesamtbetriebs, der – für sich betrachtet – sämtliche Merkmale eines Betriebs i. S. d. EStG aufweist und als solcher lebensfähig ist.[944] Ob ein Betriebsteil die für die Annahme eines selbständigen Teils eines Vermögens i. S. d. § 18 Abs. 3 EStG erforderliche Selbständigkeit besitzt, ist nach dem Gesamtbild der Verhältnisse – beim Veräußerer – zu entscheiden.[945] Den Abgrenzungsmerkmalen – z. B. räumliche Trennung vom Hauptbetrieb, gesonderte Buchführung, eigenes Personal, eigene Verwaltung, selbständige Organisation, eigenes Anlagevermögen, ungleichartige betriebliche Tätigkeit, eigener Kundenstamm – kommt je nach Art des Betriebs unterschiedliche Bedeutung zu.[946]

520 Wird ein Teilbetrieb zwar einheitlich, aber **schrittweise veräußert,** muss dessen Tätigkeit spätestens mit dem letzten Übergabeakt eingestellt werden.[947]

521 Beim Betrieb eines künstlerisch tätigen Steuerpflichtigen wird die Veräußerung eines Teilbetriebs allenfalls in Ausnahmefällen in Betracht kommen, weil es regelmäßig an ei-

---

938 S. dazu Rz. 497 ff.

939 S. BFH IV R 18/97 v. 13. 7. 1997, BStBl II 1998, 290; EStH H 16 (4) – Tod eines Gesellschafters.

940 Ebenso *Brandt* in H/H/R § 18 EStG rz. 332 m. w. N.

941 Zu weiteren Einzelheiten s. *Brandt* in H/H/R § 18 EStG Rz. 316; BFH VIII R 57/90 v. 1. 12. 1992, BStBl II 1994, 607; BMF v. 14. 3. 2006, BStBl I 2006, 253, Rz. 11 f. i. V. m. BMF v. 28. 2. 2006, BStBl I 2006, 228, dazu *Rogall/Stangl* FR 2006, 345; *Schell* BB 2006, 1026; *Stahl* FR 2006, 1071.

942 Vgl. dazu *Schmidt/Wacker* § 18 EStG Rz. 45.

943 BFH GrS 2/98 v. 18. 10. 1999, BStBl II 2000, 123.

944 Ständige Rechtsprechung, z. B. BFH IV R 18/02 v. 5. 6. 2003, BStBl II 2003, 838 m. w. N.; s. auch EStR R 16 Abs. 3, H 18.3 – Veräußerung/Teilbetrieb.

945 BFH IV R 18/02 v. 5. 6. 2003, BStBl II 2003, 838 m. w. N.

946 BFH IV R 18/02 v. 5. 6. 2003, BStBl II 2003, 838 m. w. N.

947 BFH I R 105/85 v. BStBl II 1989, 653 zu § 7 Abs. 1 EStDV a. F. = § 6 Abs. 3 EStG.

nem abgrenzbaren freiberuflichem Teilbereich[948] fehlt. Tritt ein solcher Fall ein, ist für die Beurteilung wesentlich, dass der künstlerische Betrieb in erster Linie geprägt ist vom persönlichen künstlerischen Einsatz des Kunstschaffenden und von seinen Beziehungen zum Kundenstamm.[949] Der Kapitaleinsatz ist regelmäßig eindeutig nachrangig.

Entsprechend dem Charakter einer *Teil*betriebsveräußerung müssen sämtliche wesent- 522
lichen Betriebsgrundlagen[950] eben dieses *Teil*betriebs in einem einheitlichen Vorgang veräußert werden.[951] Es gelten insoweit die gleichen Rechtsgrundsätze wie bei der Veräußerung eines Gesamtbetriebs.[952]

4. Veräußerung der Beteiligung an einer Kapitalgesellschaft

Gemäß § 18 Abs. 3 Satz 2 i. V. m. § 16 Abs. 1 Nr. 1 Satz 2 EStG gilt als **Unterfall der** 523
Teilbetriebsveräußerung[953] bei selbständiger Arbeit auch die Veräußerung der **Beteiligung** an einer **Kapitalgesellschaft,** sofern die Beteiligung das gesamte Nennkapital dieser Gesellschaft umfasst. Die Beteiligung muss zum Betriebsvermögen eines einzelnen Steuerpflichtigen oder einer Personengesellschaft gehören und insgesamt im Laufe eines Wirtschaftjahres veräußert werden.[954]

Wird die Beteiligung an der Kapitalgesellschaft nicht veräußert, sondern ins Privatver- 524
mögen übernommen, ist dies als Aufgabe eines Teilbetriebs zu beurteilen.[955]

5. Veräußerung eines Anteils des der selbständigen Tätigkeit dienenden Vermögens

Die **Veräußerung eines Anteils** des der selbständigen Tätigkeit dienenden **Vermö-** 525
gens (§ 18 Abs. 3 EStG) betrifft die Veräußerung eines Mitunternehmeranteils an einer Personengesellschaft mit Einkünften aus selbständiger Arbeit. Sie entspricht der Veräußerung eines gewerblichen Mitunternehmeranteils (§ 16 Abs. 1 Nr. 2 EStG); die hierfür maßgebenden Rechtsgrundsätze sind entsprechend anzuwenden (§ 18 Abs. 3 Satz 2 EStG).[956]

Der Mitunternehmeranteil muss bereits *vor* der Veräußerung bestanden haben.[957] Im 526
Übrigen gelten grundsätzlich die gleichen Voraussetzungen wie bei der Veräußerung des gesamten freiberuflichen Betriebs.[958]

---

[948] S. dazu BFH I R 62/93 v. 22. 11. 1993, BStBl II 1994, 352; krit. *Blümich/Hutter* § 18 EStG Rz. 261 ff. mit Beispielen aus dem Bereich der freiberuflichen Tätigkeit.

[949] Zu den Folgerungen, die sich aus der Personenbezogenheit ergeben, s. BFH IV R 18/02 v. 5. 6. 2003, BStBl II 2003, 838, 840.

[950] Zum Begriff der wesentlichen Betriebsgrundlagen s. BFH IV R 3/03 v. 16. 12. 2004 m. w. N, DStR 2005, 553, dazu Anm. *Kempermann* HFR 2005, 437.

[951] Zur Veräußerung des Teils eines freiberuflichen Mitunternehmeranteils s. *Blümich/Hutter* § 18 EStG Rz. 269; *Schmidt/Wacker* § 18 EStG Rz. 224 m. w. N.

[952] S. dazu Rz. 497 ff.

[953] S. Rz. 519 ff.

[954] Zu weiteren Einzelheiten s. *Blümich/Hutter* § 18 EStG Rz. 266 ff. und EStR R 16. Abs. 3; s. aber auch *Brandt* in H/H/R § 18 EStG Rz. 366.

[955] S. BFH IV R 151/79 v. 24. 6. 1982, BStBl II 1982, 751.

[956] Vgl. BFH IV R 88/80 v. 5. 4. 1984, BStBl II 1984, 518; *Schmidt/Wacker* § 18 EStG Rz. 252.

[957] Zu den möglichen Folgen hieraus bei Zusammenlegen von zwei selbständigen künstlerischen Betrieben oder die Aufnahme eines Künstlers in einen bestehenden Betrieb vgl. *Blümich/Hutter* § 18 EStG Rz. 270 f.

Vgl. ferner BFH GrS 2/98 v. 18. 10. 1999, BStBl II 2000, 123, 128: Entgeltliche Aufnahme eines Sozius in eine Einzelpraxis ist keine steuerbegünstigte Veräußerung.

[958] S. dazu i. E. *Schmidt/Wacker* § 18 EStG Rz. 252.

527 Über die Art und Höhe des Veräußerungsgewinns bei Veräußerung von Mitunternehmeranteilen wird im **Feststellungsverfahren** entschieden.

6. Aufgabe der selbständigen Arbeit

528 **a) Einstellen der beruflichen Tätigkeit (Betriebsaufgabe).** *aa) Allgemeine Grundsätze.* Die **Aufgabe** einer freiberuflichen Tätigkeit gilt als Veräußerung. Sie liegt vor, wenn der Freiberufler seine Tätigkeit erkennbar mit dem Entschluss einstellt, diese weder fortzusetzen noch das dazugehörende Vermögen an Dritte zu übertragen und damit seinen Betrieb als selbständigen Organismus des Wirtschaftslebens aufzulösen.[959] Sie ist der Aufgabe des gewerblichen Betriebs (§ 16 Abs. 3 EStG) gleichgestellt. Unerheblich ist, ob der Steuerpflichtige seinen Betrieb freiwillig oder zwangsweise aufgibt.[960]

529 Bei der **Betriebsaufgabe** handelt es sich um einen **tatsächlichen Vorgang,** dessen steuerrechtliche Folgen – abgesehen vom Sonderfall der Betriebsverpachtung[961] – grundsätzlich nicht durch eine bloße Aufgabeerklärung herbeigeführt werden können.[962] Ob eine Betriebsaufgabe vorliegt, ist unter Würdigung aller tatsächlichen Umstände des jeweiligen Einzelfalles (Gesamtwürdigung) zu entscheiden. Sie **beginnt** mit den von einem erkennbar gefassten Aufgabeentschluss[963] getragenen Handlungen, die objektiv auf die Auflösung des Betriebs als selbständiger Organismus des Wirtschaftslebens gerichtet sind,[964] wie z. B. die Einstellung der werbenden Tätigkeit oder die Veräußerung bestimmter, für die Fortführung des Betriebs unerlässlicher Wirtschaftsgüter des Betriebsvermögens.[965] Die Erklärung der Betriebsaufgabe kann nicht mit rückwirkender Kraft abgegeben werden.[966]

530 Der Zeitraum für die Betriebsaufgabe **endet** mit der Veräußerung der letzten wesentlichen Betriebsgrundlagen bzw. mit deren Überführung in das Privatvermögen. Nicht maßgebend ist der Zeitpunkt, in dem die stillen Reserven des Betriebs im Wesentlichen oder nahezu vollständig aufgedeckt sind.[967]

531 Die Betriebsaufgabe muss in einem **„einheitlichen Vorgang“,**[968] d. h. innerhalb kurzer Zeit[969] entweder insgesamt klar und eindeutig, äußerlich erkennbar in das Privatvermögen überführt bzw. anderen betriebsfremden Zwecken zugeführt oder insgesamt einzeln an verschiedene Erwerber veräußert[970] oder teilweise veräußert und teilweise in das Privatvermögen überführt werden, wodurch der Betrieb als selbständiger Organismus des Wirtschaftslebens tatsächlich zu bestehen aufhört.[971]

---

[959] BFH IV R 17/02 v. 19. 5. 2005, BStBl II 2005, 637; dazu Anm. *Kanzler* FR 2005, 942.

[960] BFH X R 163–164/87 v. 3. 7. 1991, BStBl II 1991, 802.

[961] S. dazu BFH III R 9/03 v. 22. 9. 2004, BStBl II 2005, 160 s. auch Rz. 88 und *Doralt,* Betriebsaufgabe, a. a. O., S. 273 ff., 277 ff.

[962] BFH IV R 17/02 v. 19. 5. 2005, BStBl II 2005, 637; dazu Anm. *Kanzler* FR 2005, 942.

[963] BFH XI R 36/02 v. 14. 12. 2004, BFH/NV 2005, 1985.

[964] BFH IV R 36/81 v. 5. 7. 1984, BStBl II 1984, 711: Abgrenzung zwischen Vorbereitung der künftigen Betriebsaufgabe und dem Beginn dieser Betriebsaufgabe.

[965] BFH XI R 36/02 v. 14. 12. 2004, BFH/NV 2005, 1985 m. w. N.

[966] BFH IV R 63/04 v. 30. 6. 2005, BFH/NV 2005, 1997 m. w. N.

[967] BFH X R 101/90 v. 26. 5. 1993, BStBl II 1993, 710; s. auch EStH H 16(2) – Zeitraum.

[968] S. dazu BFH VIII R 10/99 v. BStBl II 2001, 282; s. auch IV R 9/04 v. 18. 8. 2005, BStBl II 2006, 581: Vom Steuerpflichtigen gewählter Zeitpunkt grundsätzlich anzuerkennen; ferner EStR R 16 (5).

[969] S. dazu [unten] Rz. 531.

[970] BFH XI R 36/02 v. 14. 12. 2004, BFH/NV 2005, 1985; vgl. ferner I R 191/79 v. 28. 3. 1984, BStBl II 1984, 664.

[971] BFH IV R 17/02 v. 19. 5. 2005, BStBl II 2005, 637; dazu Anm. *Kanzler* FR 2005, 942; IV R 14/00 v. 26. 4. 2001, BStBl II 2001, 798 m. w. N. aus Rechtsprechung und Schrifttum; zu weiteren Einzelheiten s. *Schmidt/Wacker* § 16 EStG Rz. 120 ff.

Ob ein „kurzer Zeitraum" gegeben ist, entscheidet sich danach, ob man die Aufgabehandlungen wirtschaftlich noch als einheitlichen Vorgang werten kann.[972] 532

Nicht erforderlich ist das Einstellen der Tätigkeit auf Lebenszeit. Es genügt, wenn die bisherige Tätigkeit in dem örtlich begrenzten Wirkungsbereich wenigstens **für eine gewisse Zeit** eingestellt wird.[973] 533

bb) Abgrenzungen. **Abzugrenzen** ist die Betriebsaufgabe sowohl von der Betriebsverpachtung,[974] von der Betriebsveräußerung[975] und von der Strukturänderung[976] als auch von der Betriebsunterbrechung[977] und der allmählichen Betriebsabwicklung.[978] Dagegen soll der Wechsel zur Liebhaberei nur dann als Betriebsaufgabe zu beurteilen sein, wenn der Steuerpflichtige selbst die Betriebsaufgabe erklärt.[979] Ob die Grenze zur Liebhaberei überschritten ist und damit keine einkommensteuerrelevanten Vorgänge mehr vorliegen, ist nicht von einer ausdrücklichen entsprechenden Erklärung des Steuerpflichtigen abhängig. Vielmehr handelt es sich um einen tatsächlichen Vorgang;[980] es kommt es auf die tatsächlichen Gegebenheiten im jeweiligen konkreten Fall an. Überführt der Steuerpflichtige allerdings nach Außen erkennbar die Wirtschaftsgüter des Betriebsvermögens in das Privatvermögen, so ist dies als Betriebsaufgabe zu beurteilen.[981] 534

cc) Gewinnverwirklichung. Der Zeitpunkt der Gewinnverwirklichung für die einzelnen Aufgabevorgänge (Veräußerung oder Überführung in das Privatvermögen) bestimmt sich nach allgemeinen Gewinnrealisierungstatbeständen.[982] Dies bedeutet u. a., dass bei der Veräußerung von Wirtschaftsgütern im Rahmen der Betriebsaufgabe – ebenso wie bei der Betriebsveräußerung[983] – allein maßgebend ist der Zeitpunkt des Übergangs des wirtschaftlichen Eigentums auf den Erwerber.[984] 535

Werden im sachlichen Zusammenhang mit der Betriebsaufgabe nicht nur Wirtschaftsgüter des Betriebsvermögens, sondern auch solche des Privatvermögens veräußert und wird dabei ein **Gesamterlös** erzielt, ist dieser auf die beiden Vermögensteile aufzuteilen, 536

[972] BFH IV R 19/92 v. v. 25. 11. 1993, BFH/NV 1994, 540: sechs Monate bei Zahnarztpraxis, in etwa der gleiche Zeitraum dürfte bei der Aufgabe einer künstlerischen Tätigkeit maßgerecht sein; s. auch IV R 14/00 v. 26. 4. 2001, BStBl II 2001, 798: 36 Monate zu lang (Entwicklung medizinischer Präparate durch einen Arzt). Zu weiteren, dazwischen liegenden Zeiträumen s. *Schmidt/Wacker* § 16 EStG Rz. 193; s. auch EStH H 16 (2) – Zeitraum.

[973] BFH IV R 78/71 v. 14. 3. 1975, BStBl II 1975, 661.

[974] S. dazu i. E. EStH H 16(5) – Abgrenzung.

[975] S. Rz. 497 ff.

[976] S. dazu EStH H 16 (2) – Strukturwandel.

[977] S. dazu FG Hessen v. 11. 7. 2005, DStRE 2006, 333, rkr.: Betriebsunterbrechung, wenn Wiederaufnahme des Gewerbebetriebs beabsichtigt ist und die zurückbehaltenen wesentlichen Wirtschaftsgüter jederzeit eine Aufnahme des Betriebs ermöglichen; vgl. auch BFH VIII B 98/01 v. 24. 3. 2006, BFH/NV 2006, 1287: Wiederaufnahme innerhalb eines überschaubaren – zeitlich nicht genau festgelegten – Zeitraums; Gesamtwürdigung.

[978] S. *Schmidt/Wacker* § 16 EStG Rz. 174; s. auch BFH VIII R 10/99 v. 12. 2. 2001, BStBl II 2001, 282: „Übergangsweise" Überführung der Wirtschaftsgüter in das Privatvermögen mit anschließender Veräußerung ist keine Betriebsaufgabe, sondern Fortsetzen der unternehmerischen Tätigkeit.

[979] BFH IV R 138/78 v. 29. 10. 1981, BStBl II 1982, 381 zur Land- und Forstwirtschaft; ebenso EStH H 16 (2) – Liebhaberei.

[980] Vgl. BFH IV R 17/02 v. 19. 5. 2005, BStBl II 2005, 637 zur Betriebsaufgabe; dazu Anm. *Kanzler* FR 2005, 942.

[981] So zutr. *Kirchhof/Reiß* § 16 EStG Rz. 313.

[982] BFH IV R 17/02 v. 19. 5. 2005, BStBl II 2005, 637; dazu Anm. *Kanzler* FR 2005, 942.

[983] S. dazu Rz. 505.

[984] BFH IV R 17/02 v. 19. 5. 2005, BStBl II 2005, 637; dazu Anm. *Kanzler* FR 2005, 942.

und zwar im Zweifel nach dem Teilwert bzw. dem Verkehrswert der veräußerten Gegenstände.[985]

537 Der im Zuge der Betriebsaufgabe entstehende Gewinn aus der Veräußerung eines Einzelwirtschaftsguts gilt als **laufender Gewinn** soweit auf der Seite des Veräußerers und auf der Seite des Erwerbers dieselben Personen Unternehmer oder Mitunternehmer sind (§ 18 Abs. 3 Satz 2 i. V. m. § 16 Abs. 2 Satz 3 EStG).

538 Auch **nach** der **Betriebsaufgabe** können Einnahmen zufließen, z. B. Lizenzeinnahmen oder nachträglich geklärte betriebliche Schadensersatzforderungen,[986] die zu **nachträglichen Einkünften** i. S. d. § 24 Nr. 2 EStG (laufender Gewinn) führen;[987] sie sind nicht in den Veräußerungsgewinn einzubeziehen. Entsprechend können Aufwendungen als nachträgliche Betriebsausgaben – ebenfalls ohne Einfluss auf den Veräußerungsgewinn – zu beurteilen sein.[988]

539 *dd) Nachträgliche Änderungen der maßgeblichen Parameter.* **Nachträgliche Änderungen** der für die Ermittlung des Aufgabegewinns maßgeblichen Werte (Veräußerungspreis, Veräußerungskosten, Wert des Betriebsvermögens) wirken grundsätzlich auf den Zeitpunkt der Betriebsaufgabe zurück.[989]

Die vorstehenden Grundsätze gelten in gleicher Weise, wenn ein **Teilbetrieb** aufgegeben wird.

540 *ee) Beratungsfehler.* Unzutreffende steuerliche Beratung kann auch im Zusammenhang mit einer Betriebsaufgabe zu **Schadensersatzansprüchen** führen.[990]

541 **b) Betriebsaufgabe bei Realteilung.** *aa) Begriff und Umfang der Realteilung.* Wird die künstlerische Tätigkeit ausnahmsweise in Form einer Personengesellschaft ausgeübt, so können sich die Gesellschafter u. a. durch **Realteilung** auseinandersetzen.[991] Das EStG bestimmt diesen Begriff allerdings nicht näher, lediglich die Rechtsfolgen werden teilweise geregelt, und zwar insoweit als bei einer Realteilung das Gesellschaftsvermögen der Mitunternehmerschaft in das Betriebsvermögen der Realteiler übernommen wird.[992]

542 Zivilrechtl betrifft der Begriff der Realteilung die besondere Form der Auseinandersetzung des Gesellschaftsvermögens (= Naturalteilung).[993, 994] Steuerrechtlich verwirklicht die Realteilung einer betrieblich tätigen Personengesellschaft den Tatbestand der **Betriebsaufgabe** und damit der Beendigung der (bisherigen) Mitunternehmerschaft.[995] Verbunden ist dies mit der Übertragung von Teilbetrieben, Mitunternehmeranteilen oder einzelner Wirtschaftsgüter in das jeweilige Betriebsvermögen der Mitunternehmer; die real geteilten Wirtschaftsgüter bleiben weiterhin Betriebsvermögen, nunmehr bei den jeweiligen Realteilern.[996]

---

[985] S. dazu i. E. BFH IV R 17/02 v. 19. 5. 2005, BStBl II 2005, 637 m. w. N.; dazu Anm. *Kanzler* FR 2005, 942.

[986] Vgl. BFH I R 205/85 v. 28. 2. 1990, BStBl II 1990, 537.

[987] Vgl. BFH IV R 112/71 v. 22. 9. 1976, BStBl II 1977, 29.

[988] S. dazu i. E. *Schmidt/Wacker* § 18 EStG Rz. 255.

[989] BFH XI R 5/90 v. 29. 4. 1992, BStBl II 1992, 969.

[990] S. z. B. BGH IX ZR 249/02 v. 23. 10. 2003, DStRE 2004, 231.

[991] Zu Form und Inhalt eines Realteilungsvertrages s. Beck'sches Formularbuch Recht und Steuern, 5. Aufl., 2005, Abschnitt A. 12.

[992] S. zum Inhalt des Begriffs „Realteilung", zu deren Gegenstand, zur Abgrenzung von der Veräußerung sowie weiteren Rechtsfragen in Zusammenhang mit der Realteilung BMF v. 28. 2. 2006, BStBl I 2006, 228; s. dazu *Rogall/Stangl* FR 2006, 345; *Schell* BB 2006, 1026; *Stahl* FR 2006, 1071.

[993] Zu den Unterschieden zwischen Natural- und Realteilung s. BFH VIII R 69/86 v. 10. 12. 1991, BStBl II 1992, 385 m. w. N.

[994] S. dazu BFH VIII R 69/86 v. 10. 12. 1991, BStBl II 1992, 385.

[995] S. dazu *Kirchhof/Reiß* § 16 EStG Rz. 340; *Schmidt/Wacker* § 16 EStG Rz. 531 ff., 535.

[996] Vgl. BFH VIII R 69/86 v. 10. 12. 1991, BStBl II 1992, 385 m. w. N.

bb) Buchwertzwang; Übernahme ins Privatvermögen. § 18 Abs. 3 Satz 2 i. V. m. § 16 Abs. 3 Sätze 2 bis 4 EStG[997] ordnet an, dass bei der Ermittlung des Gewinns der Mitunternehmerschaft die Wirtschaftsgüter mit den Werten anzusetzen sind, die sich nach den steuerrechtlichen Gewinnermittlungsvorschriften ergeben, vorausgesetzt die Besteuerung der stillen Reserven ist sichergestellt **(Buchwertzwang).** Die Pflicht zum Ansatz der Buchwerte führt dazu, dass aufgrund der Realteilung grundsätzlich[998] **keine Gewinnrealisierung** stattfindet. 543

Es besteht allerdings eine **Behaltefrist** von drei Jahren (§ 18 Abs. 3 Satz 2 i. V. m. § 16 Abs. 3 Satz 3 EStG), beginnend mit der Abgabe der Steuererklärung für die Mitunternehmerschaft für den Veranlagungszeitraum der Realteilung. Wird diese Sperrfrist nicht eingehalten, weil die zu Buchwerten in das eigene Betriebsvermögen übernommenen Wirtschaftsgüter veräußert oder entnommen werden, sind rückwirkend statt der Buchwerte gewinnrealisierend die gemeinen Werte anzusetzen. Dies gilt jedoch nur soweit Grund und Boden, Gebäude und „andere wesentliche Betriebsgrundlagen" übertragen worden sind. Bereits bestandskräftige Veranlagungen für die Mitunternehmerschaft und für den Realteiler sind gemäß § 175 Abs. 1 Satz 2 AO zu ändern. 544

Bei **Übernahme in** das **Privatvermögen** realisieren die Mitunternehmer einen Aufgabegewinn in Höhe der Differenz zwischen dem gemeinen Wert der jeweils zugeteilten Einzelwirtschaftsgüter und dem Buchwert des jeweiligen Kapitalanteils (§ 18 Abs. 3 Satz 2 i. V. m. § 16 Abs. 3 Sätze 1, 8). 545

cc) Abgrenzungen. **Keine Realteilung,** sondern Veräußerung des Mitunternehmeranteils und damit **Sachabfindung** ist das Ausscheiden eines Gesellschafters gegen Abfindung mit Einzelwirtschaftsgütern.[999] Die gleiche Rechtsfolge – keine Realteilung – besteht, wenn ein Mitunternehmeranteil veräußert oder unentgeltlich übertragen wird und der Betrieb durch die verbleibenden Gesellschafter oder einen der bisherigen Mitunternehmer fortgeführt wird, die Mitunternehmerschaft also, wenn auch verkleinert, bestehen bleibt.[1000] 546

Sonderbetriebsvermögen wird von der Realteilung des Gesellschaftsvermögens grundsätzlich nicht erfasst.[1001] 547

c) Verlegen des freiberuflichen Betriebs an einen neuen Standort. *aa) im Inland.* Eine Verlegung des Betriebs an einen neuen Standort kann steuerrechtlich als Aufgabe des bisherigen Betriebs und die Eröffnung eines neuen Betriebs zu beurteilen sein. Ob im konkreten Fall eine Betriebsaufgabe oder aber lediglich eine bloße Betriebsverlegung anzunehmen ist, ob also der bisherige und der neue Betrieb bei wirtschaftlicher Betrachtung identisch sind oder nicht,[1002] entscheidet sich aufgrund einer Würdigung aller tatsächlichen Umstände des jeweiligen Einzelfalles (Gesamtwürdigung). 548

bb) im Ausland. Verlegt der Freiberufler seinen inländischen **Wohnsitz ins Ausland,** ohne im Inland einen gewöhnlichen Aufenthalt zu haben, so unterliegen seine Einkünfte grundsätzlich nur dann und insoweit der inländischen Besteuerung, als die Voraussetzun- 549

---

997 I. d. F. d. StSenkG mit Wirkung ab 1. 1. 2001; zur vorherigen – unterschiedlichen Rechtslagen s. *Schmidt/Wacker* § 16 EStG Rz. 530 ff.

998 S. § 16 Abs. 3 Satz 4 als Ausnahme.

999 Zu weiteren Einzelheiten s. *Schmidt/Wacker* § 16 EStG Rz. 536.

1000 BFH III R 34/01 v. 20. 2. 2003, BStBl II 2003, 700; VIII R 76/79 v. 10. 3. 1998, BStBl II 1999, 269; *Kirchhof/Reiß* § 16 EStG Rz. 340.

1001 Zu weiteren Einzelheiten bezüglich der steuerrechtlichen Behandlung des Sonderbetriebsvermögens i. R. d. Betriebsaufgabe, s. *Kirchhof/Reiß* § 16 EStG Rz. 344 ff.

1002 BFH IV R 23/00 v. 28. 6. 2001, 124 (Verlegung eines land- und forstwirtschaftlichen Betriebs); I R 116/81 v. 3. 10. 1984, BStBl II 1985, 131 (Ladengeschäft); s. auch EStH H 16 (2) – Betriebsverlegung.

gen des § 49 Abs. 1 Nr. 3 EStG erfüllt sind, d. h., wenn die selbständige Arbeit im Inland ausgeübt oder verwertet wird oder worden ist, oder wenn für sie im Inland eine feste Einrichtung oder eine Betriebsstätte unterhalten wird.[1003]

550 Die Wohnsitzverlegung kann jedoch gemäß § 6 AStG[1004] zu einer Besteuerung gemäß **§ 17 EStG** in Bezug auf Anteile an einer inländischen Kapitalgesellschaft führen.[1005]

551 **Verlegt** der Steuerpflichtige lediglich seine bisher im Inland ausgeübte selbständige (künstlerische) **Tätigkeit ins Ausland,** so ist dies als Betriebsaufgabe zu beurteilen, wenn nach dem maßgeblichen DBA die Freistellungsmethode anzuwenden ist[1006] oder das inländische Besteuerungsrecht durch die Verlegung generell entfällt.[1007] Diese Rechtsgrundsätze verstoßen nicht gegen die Niederlassungsfreiheit des Art. 52 EGV, da die Tätigkeit im Inland tatsächlich ihr Ende gefunden hat. Die Grundsätze des EuGH-Urteils vom 11. 3. 2004 in der Rechtssache C – 9/02 – **Fall Hughes de Lasteyrie de Saillant**[1008] sind damit nicht anwendbar.[1009]

552 **d) Tod eines Freiberuflers.** *aa) Keine Betriebsaufgabe durch Tod des Freiberuflers.* Der **Tod** des **Freiberuflers** führt nicht unmittelbar zu einer Betriebsaufgabe.[1010] Zwar geht der Betrieb des Erblassers, d. h. die Wirtschaftsgüter des dem freien Beruf dienenden Vermögens auf den (die) Erben als Gesamtrechtsnachfolger über und wird dessen (deren) Betriebsvermögen. Das ehemalige Betriebsvermögen des Erblassers wird aber durch den Erbfall nicht automatisch zum Privatvermögen.[1011] Dies gilt grundsätzlich auch dann, wenn eine Körperschaft des öffentlichen Rechts Erbin ist.[1012]

553 Zu einer Betriebsaufgabe kommt es beim Übergang eines freiberuflichen Betriebsvermögens im Erb- oder Vermächtniswege auch dann nicht, wenn mit dem Übergang der bisher freiberuflichen (künstlerischen) Betriebsvermögen in gewerbliches Betriebsvermögen und eine entsprechende Umqualifizierung der aus dem Betrieb erzielten Einkünfte in solche aus Gewerbebetrieb verbunden ist, weil der Erbe oder Vermächtnisnehmer nicht über die besondere berufliche Qualifikation verfügt.[1013]

554 Dies hat zur Folge, dass das bisher der freiberuflichen Tätigkeit gewidmete Betriebsvermögen solange Betriebsvermögen der Erben bleibt, solange diese den Betrieb nicht veräußern oder aufgeben.[1014] Die Erben beziehen – als Einzelperson bei einem Alleinerben und

---

[1003] S. dazu i. E. Rz. 1063 ff.

[1004] I. d. F. d. SEStEG v. 7. 12. 2006, BGBl I 2006, 2782: Besteuerung des Vermögenszuwachses bei Wohnsitzwechsel ins Ausland.

[1005] S. dazu *Blümich/Ebling* § 17 EStG, Rz. 39. Zur ursprünglichen, vor dem Veranlagungszeitraum 2007 geltenden Regelung des § 6 AStG, die gegen die Niederlassungsfreiheit des Art. 52 EGV verstieß, s. *Blümich/Menck* § 6 AStG Rz. 2, 13; vgl. ferner EuGH v. 11. 3. 2004, Rs. C – 9/02 – Fall Hughes de Lasteyrie de Saillant, IStR 2004, 236.

[1006] Kritisch *Reiß* in K/S/M § 16 Rz. F 71.

[1007] Vgl. BFH IV R 38/97 v. 19. 2. 1998, BStBl II 1998, 509; s. ferner I R 191/79 v. 28. 3. 1984, BStBl II 1984, 664; I R 123/78 v. 24. 11. 1982, BStBl II 1983, 113 m. w. N.; s. auch EStR R 16 Abs. 2 Satz 3.

[1008] IStR 2004, 236.

[1009] A. A. *Kirchhof/Reiß* § 16 EStG Rz. 315.

[1010] BFH IV B 69/90 v. 23. 8. 1991, BFH/NV 1992, 512; IV R 45/87 v. 30. 3. 1989, BStBl 1989, 509.

[1011] BFH VIII R 13/93 v. 14. 12. 1993, BStBl II 1994, 922; IV R 29/91 v. 12. 3. 1992, BStBl II 1993, 36; s. auch GrS 2/89 v. 5. 7. 1990, BStBl II 1990, 837.

[1012] BFH IV R 38/97 v. 19. 2. 1998, BStBl II 1998, 509: Voraussetzung ist die Fortführung des Betriebs als Betrieb gewerblicher Art.

[1013] BFH IV R 29/91 v. 12. 3. 1992, BStBl II 1993, 36, 39.

[1014] S. dazu BMF v. 14. 3. 2006, BStBl I 2006, 253, Rz. 3. Zur steuerrechtlichen Behandlung des Sonderbetriebsvermögens (sog. Buchwertprivileg) s. BFH VIII R 53/99 v. 5. 2. 2002, 237.

in Mitunternehmerschaft[1015] bei Erbengemeinschaft – bis zur Veräußerung oder zur Aufgabe des Betriebs betriebliche Einkünfte.[1016]

555 Findet eine **Abwicklungstätigkeit** nicht oder nicht mehr statt, so können die Erben noch „Einkünfte aus einer ehemaligen Tätigkeit" i. S. d. § 24 Nr. 2 EStG beziehen und in diesem Zusammenhang Betriebsausgaben aufweisen.[1017]

556 *bb) Verpachtung des Betriebs durch die Erben als Betriebsaufgabe.* **Verpachtet** der **Erbe** den (bisher) der freiberuflichen Tätigkeit dienenden Betrieb mit dem nunmehr[1018] gewerblichen Betriebsvermögen, so führt dies grundsätzlich ohne ausdrückliche Erklärung nicht zu einer Betriebsaufgabe i. S. d. § 18 Abs. 3 i. V. m. § 16 Abs. 3 EStG.[1019] Der Erbe hat aber die Möglichkeit, eine solche Aufgabeerklärung mit steuerrechtlicher Wirkung abzugeben.[1020] Bei den aufgrund der Verpachtung erzielten Einkünften handelt es sich um gewerbliche Einkünfte.[1021]

557 **Anders** ist es jedoch bei einem beim Erblasser der künstlerischen Tätigkeit dienenden Betrieb. Zwar bleibt dieser Betrieb als Gegenstand im Rechtssinn bestehen. Da jedoch der der künstlerischen Tätigkeit dienende Betrieb untrennbar mit der Person des künstlerisch Tätigen verknüpft ist, endet ein derartiger Betrieb mit dem Tod des Inhabers,[1022] es liegt kein verpachtbarer Betrieb (mehr) vor.

7. *Ermittlung des Veräußerungs- und Aufgabegewinns gemäß § 18 Abs. 3 EStG*

558 **a) Allgemeine Grundsätze.** *aa) Veräußerung.* Zur Ermittlung des Veräußerungsgewinns im Rahmen der Einkünfte aus selbständiger Arbeit verweist § 18 Absatz 3 Satz 2 EStG auf die entsprechende Vorschrift für den gewerblichen Bereich, nämlich § 16 Abs. 2 EStG.

559 **Veräußerungsgewinn** ist danach der Betrag, um den der Veräußerungspreis nach Abzug der Veräußerungskosten den Wert des Betriebsvermögens (Buchwert) oder den Wert des Anteils am Betriebsvermögen übersteigt. Diese Ermittlung des Veräußerungsgewinns durch Bestandsvergleich (§ 4 Abs. 1 EStG) ist auch dann vorzunehmen, wenn der Gewinn im Übrigen durch Überschussrechnung (§ 4 Abs. 3 EStG) ermittelt wird.

560 Rein **rechnerisch** ergibt sich der **Veräußerungsgewinn** als Differenz zwischen dem Entgelt einerseits und der Summe aus Kapitalkonto und Veräußerungskosten.[1023]

[1015] „Geborene Mitunternehmer", s. BFH GrS 2/89 v. 5. 7. 1990, BStBl II 1990, 837; s. auch *Blümich/Hutter* § 18 EStG Rz. 81 m. w. N., 281.

[1016] BFH IV B 69/90 v. 23. 8. 1991, BFH/NV 1992, 512. Eine etwa angeordnete Testamentsvollstreckung ändert daran nichts, I R 19/87 v. 30. 11. 1989, BStBl II 1990, 246; s. auch BMF v. 14. 3. 2006, BStBl I 2006, 253, Rz. 3 sowie oben Rz. 285 ff.

[1017] BFH IV R 45/87 v. 30. 3. 1989, BStBl II 1990, 509.

[1018] S. Rz. 88.

[1019] A. A. *Stuhrmann* in K/S/M § 18 EStG Rz. D 32; EStH H 18.3 – Verpachtung, aber Ausnahme, wenn Erbe im Begriff ist, freiberufliche Qualifikation zu erwerben. Offen in BFH IV R 29/91 v. 12. 3. 1992, BStBl II 1993, 36, 39.

[1020] Ebenso *Blümich/Hutter* § 18 EStG Rz. 282; eingehend *Brandt* in H/H/R § 18 EStG Rz. 390. Zur Wirkung einer Aufgabeerklärung s. BFH III R 9/03 v. 22. 9. 2004, BStBl II 2005, 160.

[1021] Vgl. BFH IV R 29/91 v. 12. 3. 1992, BStBl II 1993, 36.

[1022] *Brandt* in H/H/R § 18 Rz. 22; *Schmidt/Wacker* § 18 EStG Rz. 215.

[1023] Veräußerungspreis
./. Veräußerungskosten
./. Wert des Betriebsvermögens
= Veräußerungsgewinn.

561 Bei einer **teilentgeltlichen Veräußerung** entsteht entsprechend der sog. Einheitstheorie[1024] ein begünstigter Gewinn des Übergebers nur soweit das Entgelt den gesamten (Netto-)Buchwert (Kapitalkonto) übersteigt. Ist das Entgelt niedriger, ist der Buchwert fortzuführen (§ 6 Abs. 3 EStG), es entsteht kein Verlust.[1025]

562 *bb) Betriebsaufgabe.* **Aufgabegewinn** ist der Betrag, um den die Summe aus (1.) dem Veräußerungspreis für die im Rahmen der Betriebsaufgabe veräußerten Wirtschaftsgüter, (2.) aus dem gemeinen Wert der in das Privatvermögen überführten Wirtschaftsgüter und (3.) aus in wirtschaftlichem Zusammenhang mit der Betriebsaufgabe angefallenen sonstigen Erträgen oder Aufwendungen[1026] (4.) nach Abzug der Aufgabekosten[1027] den (Buch-)Wert des Betriebsvermögens im Zeitpunkt der Betriebsaufgabe[1028] übersteigt (§ 18 Abs. 3 Satz 2 i. V. m. § 16 Abs. 2 und Abs. 3 Sätze 6, 7 EStG). Werden betriebliche Verbindlichkeiten in das Privatvermögen übernommen, können sie aus Vereinfachungsgründen bei der Gegenüberstellung von Aufgabeanfangs- und Aufgabeendvermögen weggelassen werden.[1029]

563 Bei einer Betriebsaufgabe ist der Wert des Betriebsvermögens wie bei der Betriebsveräußerung durch eine Bilanz zu ermitteln (§ 16 Abs. 2 Satz 2 i. V. m. Abs. 3 Satz 1 und § 18 Abs. 3 EStG). Diese **Aufgabebilanz** ist – auch bei einer zeitlich gestreckten Betriebsaufgabe – einheitlich und umfassend auf einen bestimmten Zeitpunkt zu erstellen, der jedoch gesetzlich nicht näher bestimmt ist. Zweckmäßigerweise ist dies der Zeitpunkt der Beendigung der betrieblichen Tätigkeit, zu dem die Schlussbilanz zur Ermittlung des laufenden Gewinns aufzustellen ist, welche die verbindlichen Ausgangswerte zur Ermittlung des Aufgabegewinns enthält.[1030]

564 Der im Zuge der Betriebsaufgabe entstehende Gewinn aus der Veräußerung eines Einzelwirtschaftsguts gilt als **laufender Gewinn** soweit auf der Seite des Veräußerers und auf der Seite des Erwerbers dieselben Personen Unternehmer oder Mitunternehmer sind (§ 18 Abs. 3 Satz 2 i. V. m. § 16 Abs. 2 Satz 3 EStG). Er gehört nicht zum Veräußerungsgewinn.

565 *cc) Steuerbegünstigung.* **Veräußerungs- und Aufgabegewinn** sind im Unterschied zum laufenden Gewinn nach Maßgabe der §§ 34 und 16 Abs. 4 **steuerbegünstigt.**[1031]

566 **b) Umfang und Wert des veräußerten Betriebsvermögens.** Da gemäß § 18 Abs. 3 Satz 2 i. V. m. § 16 Abs. 1 EStG Gegenstand der Veräußerung der gesamte freiberufliche Betrieb ist, besteht das Betriebsvermögen i. S. d. § 18 Abs. 3 Satz 2 i. V. m. § 16 Abs. 2 Satz 2 EStG aus den aktiven Wirtschaftsgütern, gemindert um die betrieblichen Schulden. Der Wert des Betriebsvermögens ist für den Zeitpunkt der Veräußerung oder Aufgabe des Betriebs durch eine Bilanz zu ermitteln.[1032]

567 Haben die Schulden das Betriebsvermögen bereits gemindert, dürfen sie nicht noch einmal im Veräußerungspreis berücksichtigt werden. Das Gleiche gilt für die Veräußerung eines Mitunternehmeranteils, und zwar unabhängig davon, ob die übernommenen Verbindlichkeiten von der Gesellschaft oder vom veräußernden Gesellschafter geschuldet werden.[1033]

[1024] S. dazu Rz. 494.

[1025] Vgl. BFH XI R 34/92 v. 16. 12. 1992, BStBl II 1993, 436; s. ferner *Schmidt/Wacker* § 16 EStG Rz.58 mit Beispielen.

[1026] S. Rz. 528 ff., 591.

[1027] S. Rz. 595 ff.

[1028] S. Rz. 528 ff.

[1029] So ausdrücklich BFH IV R 52/93 v. 7. 3. 1996, BStBl II 1996, 415.

[1030] BFH IV R 17/02 v. 19. 5. 2005, BStBl II 2005, 637 m. w. N.

[1031] S. dazu i. E. Rz. 611 ff., 97 ff.

[1032] S. dazu BFH IV R 86/87 v. 26. 1. 1989, BStBl II 1989, 456.

[1033] BFH IV R 1/01 v. 21. 3. 2002, BStBl II 2002, 519, 522 m. w. N., gleichzeitig Abgrenzung zu GrS 4–6/89 v. 5. 7. 1990, BStBl II 1990, 847, unter C. II. 3. b).

c) Veräußerungspreis. *aa) Begriff und inhaltlicher Umfang des Veräußerungspreises.* § 16 EStG bestimmt den **Begriff** des **Veräußerungspreises** nicht näher. Nach allgemeiner Meinung ist Veräußerungspreis die Gegenleistung, die der Veräußerer (oder auf dessen Veranlassung hin ein Dritter) durch den Abschluss des Veräußerungsgeschäfts – tatsächlich[1034] – als Gegenleistung für die veräußerten Wirtschaftsgüter erlangt.[1035] In erster Linie ist dies der Kaufpreis gemäß § 433 Abs. 2 BGB. Dieser umfasst zwar auch den darin enthaltenen **Umsatzsteuerbetrag,** dies führt jedoch deshalb zu keiner Erhöhung des Veräußerungsgewinns, weil die Umsatzsteuer Teil der Veräußerungskosten ist.[1036] 568

Die Veräußerung muss sich im Rahmen der Betriebsaufgabe vollziehen (vgl. § 16 Abs. 3 Satz 6 EStG).[1037] 569

Die Leistung des Erwerbers kann beispielsweise auch in der Übertragung von Vermögenswerten bestehen.[1038] Ebenso ist die Übernahme oder die Freistellung von privaten **Schulden** (§ 415 Abs. 1 BGB, § 25 Abs. 1 HGB) Entgelt.[1039] **Nicht** zum Veräußerungspreis rechnet dagegen die Übernahme der Schulden, die passives Betriebsvermögen des übertragenen Betriebs, Teilbetriebs oder Mitunternehmeranteils sind.[1040] 570

Zum Veräußerungspreis gehören auch Leistungen, die der Veräußerer nicht als Gegenleistung für den Betrieb, aber in unmittelbarem wirtschaftlichen Zusammenhang mit der Veräußerung erhält, sei es vom Erwerber oder, ohne dass dies Veräußerer oder Erwerber veranlasst haben, von dritter Seite, wie z. B. Entschädigungen für entfallende Gewinnaussichten oder Prämien für die Veräußerung des Betriebs an einen bestimmten Dritten.[1041] 571

bb) Wert der Gegenleistung. Der **Wert der Gegenleistung** bemisst sich – außer bei der Veräußerung eines Teilbetriebs[1042] – nicht nach dem Teilwert (§ 6 EStG), sondern nach dem **gemeinen Wert** (§ 9 Abs. 2 BewG).[1043] Dieser Wert wird grundsätzlich durch den Preis bestimmt, der im gewöhnlichen Geschäftsverkehr nach der Beschaffenheit des WG bei einer Veräußerung zu erzielen wäre (§ 9 Abs. 2 BewG). Maßgeblicher **Zeitpunkt** für die **Bewertung** ist grundsätzlich der des Vollzugs des Veräußerungsgeschäfts, es sei denn, es liegen Ratenzahlungen vor, die beim Zufluss zu besteuern sind. 572

Besteht das Veräußerungsentgelt in **Bar- oder Buchgeld,** so ist der Nennwert als Veräußerungspreis anzusetzen.[1044] Das Gleiche gilt für **Forderungen** allgemein; sie sind grundsätzlich mit dem gemeinen Wert im Zeitpunkt der Entstehung der Forderung zu bewerten, in aller Regel also mit dem Nennwert.[1045] Besondere Umstände, die einen *höheren* oder *geringeren Wert* als den Nennwert begründen (vgl. § 9 Abs. 2 Satz 2, 3 BewG), sind z. B. dann gegeben, wenn eine befristete Kapitalforderung unverzinslich, niedrig verzinslich oder hoch verzinslich ist. 573

1034 BFH GrS 2/92 v. 19. 7. 1993, BStBl II 1993, 897.

1035 S. insbesondere BFH IV R 14/90 v. 7. 11. 1991, BStBl II 1992, 457; IV R 86/87 v. 26. 1. 1989, BStBl II 1989, 456; vgl. ferner VIII R 29/93 v. 7. 3. 95, BStBl II 95, 693, zu § 17 EStG.

1036 BFH VIII R 370/83 v. 17. 1. 1989, BStBl II 1989, 563.

1037 BFH IV R 86/87 v. 26. 1. 1989, BStBl II 1989, 456.

1038 S. dazu BFH X R 48/99 v. 31. 7. 2002, BStBl II 2003, 282: u. a. Verzicht auf Zugewinnausgleich, auf künftige Unterhaltsansprüche; VIII R 76/96 v. 10. 3. 1998, BStBl II 1999, 268: Übernahme eines negativen Kapitalkontos.

1039 BFH GrS 4–6/89 v. 5. 7. 1990, BStBl II 1990, 847, 853; IV R 61/93 v. 22. 9. 1994, BStBl II 1995, 367, 370; *Schmidt/Wacker* § 16 EStG Rz. 67.

1040 S. dazu i. E. *Schmidt/Wacker* § 16 EStG Rz. 68.

1041 BFH IV R 14/90 v. 7. 11. 1991, BStBl II 1992, 457 m. w. N.: Ausscheidungsprämie für Arzt.

1042 S. dazu *Schmidt/Wacker* § 16 EStG Rz. 277.

1043 BFH IV R 52/82 v. 28. 6. 1984, nv., Beck LSK 1987, 0188.

1044 S. i. E. *Gürsching/Stenger* § 12 BewG Rz. 15, 19 ff.

1045 S. i. E. *Gürsching/Stenger* § 12 BewG Rz. 15, 19 ff.

574 Eine **gestundete Kaufpreisforderung** ist bei der Ermittlung des Veräußerungsgewinns mit dem gemeinen Wert im Zeitpunkt der Veräußerung anzusetzen.[1046] Lautet die gestundete Kaufpreisforderung auf eine ausländische Währung, kann ein Abschlag vom Kurswert gerechtfertigt sein.[1047]

575 **Grundstücke** und Gebäude sind mit dem Verkehrswert zu bewerten.[1048]

576 Bei **Wertpapieren,** die an einer Börse zum amtlichen Handel zugelassen oder in den geregelten Freiverkehr einbezogen sind, ist der niedrigste Kurswert am Stichtag anzusetzen (vgl. § 11 Abs. 1 BewG). Der Wert **nicht notierter Anteile an Kapitalgesellschaften** ist nach Maßgabe des § 11 Abs. 2 BewG zu ermitteln.[1049]

577 Der Kapitalwert **wiederkehrender Bezüge** ist grundsätzlich versicherungsmathematisch, nicht gemäß §§ 13 bis 16 BewG, zu ermitteln.[1050]

578 *cc) Betriebsveräußerung gegen wiederkehrende Bezüge. (1) Grundsätzliche Regelung.* Der Steuerpflichtige, der seinen freiberuflichen Betrieb (seinen Teilbetrieb, seinen Mitunternehmeranteil, seine 100 v.H.-Beteiligung an einer Kapitalgesellschaft oder in Zusammenhang mit der Betriebsaufgabe ein einzelnes Wirtschaftsgut)[1051] gegen **wiederkehrende Bezüge** veräußert, hat grundsätzlich **Gewinneinkünfte.**[1052] Einen Sonderfall bildet die Betriebsübergabe gegen wiederkehrende **Versorgungsleistungen** im Rahmen der vorweggenommenen Erbfolge, bei der es sich um ein unentgeltliches Geschäft handelt.[1053]

579 Im Falle der **Betriebsveräußerung gegen Leibrente** hat der veräußernde Steuerpflichtige unter bestimmten Voraussetzungen ein **Wahlrecht.**[1054] Dabei sind unter „Leibrente“ lebenslängliche Bezüge zu verstehen, gleichgültig, ob diese abänderbar sind (dauernde Last) oder nicht (Leibrente i. e. S.).[1055]

580 Der Veräußerer kann danach wählen zwischen

- der **Sofortversteuerung** des versicherungsmathematisch ermittelten Bar/Kapitalwertes als steuerbegünstigter (§§ 16, 34 i.V.m. § 18 Abs. 3 Satz 2 EStG) Veräußerungsgewinn im Zeitpunkt der Veräußerung. Die in den Rentenzahlungen enthaltenen Ertragsanteile sind sonstige Einkünfte i.S.d. § 22 Nr. 1 Satz 3 Buchst. a Doppelbuchst. bb EStG. Ausschließlich im Fall der Sofortversteuerung unterliegen die laufenden Zahlungen nur mit dem Ertragsanteil der Besteuerung (§ 24 Nr. 1 Buchst. a EStG).
  Bei der Ermittlung des Barwerts der wiederkehrenden Bezüge ist von einem Zinssatz von 5,5 v.H. auszugehen, wenn nicht vertraglich ein anderer Satz vereinbart ist.[1056]
- oder der nicht begünstigten **Versteuerung** der laufenden Zahlungen als nachträgliche Einkünfte aus selbständiger Arbeit gemäß § 24 Nr. 2 EStG im Zeitpunkt des **Zuflusses,** und zwar sobald und soweit die laufenden Zahlungen in der Summe den Buchwert i.S.d. § 16 Abs. 2 Satz 2 EStG i.V.m. § 18 Abs. 3 Satz 2 EStG zzgl. Veräußerungskos-

---

[1046] BFH IV R 61/73 v. 19. 1. 1978, BStBl II 1978, 295.

[1047] BFH IV R 61/73 v. 19. 1. 1978, BStBl II 1978, 295.

[1048] BFH VIII R 26/87 v. 10. 9. 1991, BFH/NV 1992, 232; zu weiteren Einzelheiten s. *Schmidt/Wacker* § 16 EStG Rz. 294.

[1049] Vgl. dazu BFH II R 39/90 v. 9. 3. 94, BStBl II 94, 394.

[1050] Ebenso *Schmidt/Wacker* § 16 EStG Rz. 294.

[1051] BFH I R 191/79 v. 28. 3. 1984, BStBl II 1984, 664.

[1052] S. dazu BMF v. 16. 9. 2004, BStBl I 2004, 922, Rz. 55ff., 64; s. dort unter Rz. 51ff. zur Rechtslage beim Übernehmer (Verpflichteten).

[1053] S. dazu Rz. 512.

[1054] S. dazu i.E. *Schmidt/Wacker* § 16 EStG Rz. 221ff.; EStR R 16 Abs. 11; für Veräußerungen vor dem 1. 1. 2004 s. EStR 2001 R 139 Abs. 11.

[1055] S. dazu i.E. *Schmidt/Wacker* § 16 EStG Rz. 225.

[1056] S. dazu EStR R 16 Abs. 11 Satz 10.

ten übersteigen. Der in den wiederkehrenden Leistungen enthaltene Zinsanteil stellt bereits im Zeitpunkt des Zuflusses nachträgliche Betriebseinnahmen dar.

Die vorstehenden Rechtsgrundsätze gelten entsprechend, wenn ein Betrieb gegen einen **581** **festen Barpreis und** eine **Leibrente** veräußert wird. Das **Wahlrecht** bezieht sich dabei ausschließlich auf das Entgelt in Form der Leibrente, nicht auch auf den durch den festen Barpreis realisierten Veräußerungsgewinn. Bei dieser Fallgestaltung besteht das Wahlrecht hinsichtlich der wiederkehrenden Bezüge im Übrigen auch dann, wenn sie von dritter Seite erbracht werden.[1057]

Der Steuerpflichtige kann das Wahlrecht bis zur Bestandskraft der Veranlagung des Ver- **582** anlagungszeitraums der Veräußerung ausüben.[1058] Dabei ist zu berücksichtigen, dass die Ausübung des Wahlrechts für die Folgejahre grundsätzlich bindend ist.[1059]

Kein Wahlrecht besteht grundsätzlich bei Bezügen mit fester Laufzeit wie Raten, **583** Zeitrenten; in diesen Fällen verbleibt es bei der Sofortversteuerung.[1060]

Die für eine vollentgeltliche Veräußerung geltenden Rechtsgrundsätze gelten entspre- **584** chend für eine **teilentgeltliche Veräußerung.**

(2) Wiederkehrende Bezüge. **Wiederkehrende Bezüge** sind Einnahmen in Geld oder **585** Geldeswert, die keine Kaufpreisraten sind und die einer Person aufgrund eines bestimmten Verpflichtungsgrundes (z. B. Gesetz, Vertrag oder Testament) zufließen. Voraussetzung ist, dass sie auf einem einheitlichen Entschluss oder einem einheitlichen Rechtsgrund beruhen und mit einer gewissen Regelmäßigkeit, aber nicht notwendigerweise immer in der gleichen Höhe, wiederkehren. Zu unterscheiden sind **Renten,** Bezüge aufgrund **dauernder Lasten** und sonstige wiederkehrende Bezüge.

Keine wiederkehrenden Bezüge sind solche, die sich zwar wiederholen, bei denen aber **586** einzelne Leistungen von einer neuen Entschlussfassung oder Vereinbarung abhängig sind.[1061]

dd) Betriebsveräußerung gegen Ratenzahlungen; gewinn- oder umsatzabhängiger Kaufpreis. Ver- **587** äußert der Freiberufler seinen Betrieb gegen einen in **Raten** zu zahlenden Kaufpreis, so besteht kein Wahlrecht, es verbleibt bei der Sofortversteuerung.[1062]

Das Gleiche gilt, wenn der Kaufpreis **gewinn- oder umsatzabhängig** ist; das Entgelt **588** ist als laufende Betriebseinnahme zu erfassen.[1063]

ee) Nachträgliche Änderungen des Entgelts. Wird der **Kaufpreis** für das veräußerte der frei- **589** beruflichen Tätigkeit dienende Vermögen **nachträglich** mit Wirkung auf den Veräußerungszeitpunkt **herabgesetzt,** ist dies ein **rückwirkendes Ereignis** i. S. d. § 175 Abs. 1 Nr. 2 AO, das zum Aufheben oder Ändern des ursprünglichen Steuerbescheides und zum Erlass eines neuen Bescheids führt.[1064] Nur der tatsächlich erzielte Veräußerungserlös ist in

---

1057 BFH IV R 14/90 v. 7. 11. 1991, BStBl II 1992, 457.

1058 A. A. *Schmidt/Wacker* § 16 EStG Rz. 226: Spätestens mit Abgabe der betreffenden Einkommensteuererklärung; s. auch *Reiß* in K/S/M § 16 EStG Rz. B 170.

1059 Vgl. BFH X B 7/91 v. 16. 8. 1991, BFH/NV 1991, 819.

1060 *Schmidt/Wacker* § 16 EStG Rz. 225.

1061 BFH VIII 24/65 v. 20. 7. 197, BStBl II 1972, 170.

1062 *Schmidt/Wacker* § 16 EStG Rz. 225. Nach EStH H 16 (11) – Ratenzahlungen – gelten jedoch die zu den Leibrenten aufgezeigten Rechtsgrundsätze, allerdings mit der Maßgabe, dass an die Stelle des nach den Vorschriften des BewG ermittelten Barwerts der Rente der Barwert der Raten tritt, wenn diese während eines mehr als 10 Jahre dauernden Zeitraums zu zahlen sind und die Ratenvereinbarung sowie die sonstige Ausgestaltung des Vertrags eindeutig die Absicht des Veräußerers zum Ausdruck bringen, sich eine Versorgung zu verschaffen.

1063 *Schmidt/Wacker* § 16 EStG Rz. 229, 245.

1064 Vgl. BFH GrS 2/92 v. 19. 7. 1993, BStBl II 1993, 897, unter II. 1., 2.; s. auch GrS 1/97 v. 19. 7. 1993, BStBl II 1993, 894.

das Betriebsaufgabeergebnis einzustellen. Dies gilt auch dann, wenn der ursprüngliche Kaufvertrag aufgehoben und das Wirtschaftsgut zu einem niedrigeren Preis an neue Erwerber veräußert wird.[1065]

590 **Kein** rückwirkendes Ereignis ist es, wenn die Laufzeit der Bezüge aus anderen Gründen als die rückwirkende Änderung des Kaufpreises verkürzt wird, z. B. wegen des vorzeitigen Ablebens des Veräußerers.[1066]

591 **d) Veräußerungskosten.** Veräußerungskosten sind Aufwendungen, die in unmittelbarer sachlicher Beziehung zum Veräußerungsvorgang stehen.[1067] Dazu rechnen insbesondere Notar-, Anzeigen-, Reisekosten, Verkehrsteuern.[1068] Veräußerungskosten sind ferner vom Veräußerer getragene Anwalts- und Gerichtskosten bei Streitigkeiten über den Veräußerungsvorgang, den Veräußerungspreis und den Wert des veräußerten Betriebsvermögens.[1069]

592 Der Abzug von Aufwendungen als Veräußerungskosten setzt eine bereits konkret vorhandene Veräußerungsabsicht voraus. Ausgaben, die der Entscheidungs*findung* dienen, sind daher keine Veräußerungskosten,[1070] anders dagegen die im Zusammenhang mit dem konkreten Veräußerungsvorgang stehenden Beratungs- und Gutachterkosten.[1071] Dies gilt grundsätzlich auch dann, wenn die Beratung nicht zu dem erwünschten Verkaufserfolg geführt hat.[1072] Entstehen derartige Beratungs- und Gutachterkosten bereits vor dem Jahr der Veräußerung, sind sie im Jahr der Veräußerung bei der Ermittlung des Veräußerungsgewinns abzuziehen.[1073]

593 Die Veräußerungskosten sind grundsätzlich in der Höhe des Betrags anzusetzen, in der sie nach der jeweils getroffenen vertraglichen Vereinbarung oder nach den einschlägigen gesetzlichen Bestimmungen entstanden sind oder entstehen werden.[1074]

594 Nachträgliche Erhöhungen oder Minderungen der Veräußerungskosten sind nach Maßgabe der Entscheidung des Großen Senats des BFH GrS 2/97 v. 19. 7. 1993[1075] zu behandeln.

595 **e) Aufgabekosten. Kosten der Aufgabe eines** freiberuflichen **Betriebs** sind Aufwendungen, die in unmittelbarer sachlicher Beziehung sowohl zur Betriebsaufgabe selbst (z. B. Personalkosten in unmittelbarem Zusammenhang mit der Betriebsabwicklung, Inseratkosten u. Ä.) als auch zur Veräußerung einzelner Wirtschaftsgüter im Rahmen der Betriebsaufgabe stehen (§ 18 Abs. 3 Satz 2 i. V. m. § 16 Abs. 2 Satz 1 analog).[1076]

596 Wird der Steuerpflichtige aufgrund von Verpflichtungen, die er in unmittelbarem sachlichem Zusammenhang mit der Betriebsaufgabe eingegangen ist, z. B. eine Bürgschaftsver-

---

[1065] BFH VIII R 66/03 v. 12. 10. 2005, BStBl II 2006, 307.

[1066] BFH IV R 67/98 v. 19. 8. 1999, BStBl II 2000, 17; s. auch IX R 110/90 v. 9. 2. 1994, BStBl II 1995, 47, 50: Veräußerer lebt länger als nach der Sterbetafel angenommen.

[1067] BFH IV R 17/02 v. 19. 5. 2005, BStBl II 2005, 637 m. w. N.; dazu Anm. *Kanzler* FR 2005, 942; vgl. ferner VIII R 47/95 v. 17. 4. 97, BStBl II 98, 102 m. w. N.; I R 97/92 v. 6. 10. 1993, BStBl II 1994, 287.

[1068] Zu weiteren Einzelheiten s. *Schmidt/Wacker* § 16 EStG Rz. 301 ff.

[1069] BFH XI R 20/97 v. 8. 10. 1997, BFH/NV 1998, 701.

[1070] Vgl. dazu FG Münster v. 7. 12. 94, EFG 95, 424, rkr.: Honorar für Vertragsentwurf.

[1071] BFH IV R 17/02 v. 19. 5. 2005, BStBl II 2005, 637; dazu Anm. *Kanzler* FR 2005, 942.

[1072] BFH IV R 17/02 v. 19. 5. 2005, BStBl II 2005, 637; dazu Anm. *Kanzler* FR 2005, 942.

[1073] BFH IV R 17/02 v. 19. 5. 2005, BStBl II 2005, 637; dazu Anm. *Kanzler* FR 2005, 942; I R 97/92 v. 6. 10. 1993, BStBl II 1994, 287.

[1074] BFH VIII R 370/83 v. 17. 1. 1989, BStBl II 1989, 563.

[1075] BStBl II 1993, 897; s. auch GrS 1/97 v. 19. 7. 1993, BStBl II 1993, 894.

[1076] Zu nachträglichen Erhöhungen oder Minderungen der Aufgabekosten s. Rz. 589 und BFH GrS 2/92 v. 19. 7. 1993, BStBl II 1993, 897, unter II. 1., 2.; s. auch GrS 1/97 v. 19. 7. 1993, BStBl II 1993, 894.

pflichtung, nach Abschluss der Betriebsaufgabe in Anspruch genommen, entstehen *nachträgliche* Aufgabekosten.[1077]

8. Freibetrag für Veräußerungs- und Aufgabegewinne

a) Sachlicher Anwendungsbereich. Gemäß § 18 Abs. 3 Satz i.V.m. § 16 Abs. 4 EStG wird der Veräußerungsgewinn (Aufgabegewinn) grundsätzlich nur insoweit zur Einkommensteuer herangezogen, als er 45000 € übersteigt. Es handelt sich dabei um eine **sachliche Steuerbefreiung.**[1078] 597

Der Freibetrag kann unabhängig davon beansprucht werden, ob das gesamte der freiberuflichen Tätigkeit dienende Vermögen veräußert wird oder der Betrieb in vollem Umfang aufgegeben wird, ob ein selbständiger Teil des Betriebsvermögen veräußert wird oder ein selbständiger Betriebsteil aufgegeben wird, oder ob ein Mitunternehmeranteil veräußert oder aufgegeben wird. Der Freibetrag kann jeweils in voller Höhe beansprucht werden. Dies gilt auch dann, wenn nur eine Teilveräußerung vorliegt; es findet keine Quotelung entsprechend dem veräußerten oder aufgegebenen Teil statt. Ebensowenig findet in den Fällen, in denen nur eine **teilentgeltliche Veräußerung** vorliegt, z.B. bei einer gemischten Schenkung, eine entsprechende Aufteilung statt.[1079] 598

Bei Betriebsaufgaben, die sich über **zwei Veranlagungszeiträume** erstrecken, ist der Freibetrag im Verhältnis der Gewinne zu verteilen.[1080] 599

Gewinne, die bei der Veräußerung eines Mitunternehmeranteils erzielt werden, sind keine Veräußerungsgewinne, sondern laufende Gewinne und damit nicht gemäß § 16 Abs. 4 EStG steuerbegünstigt. 600

b) Persönliche Voraussetzungen. Anspruchsberechtigt sind nur **natürliche Personen.** 601

Veräußert eine **Mitunternehmerschaft** ihren freiberuflichen Betrieb, steht den einzelnen Mitunternehmern für ihren Anteil am Veräußerungsgewinn nach Maßgabe ihrer persönlichen Verhältnisse ein entsprechender Teil des Freibetrags zu.[1081] Dem einzelnen Mitunternehmer ist der volle Freibetrag zu gewähren, vorausgesetzt, er erfüllt in seiner Person die maßgeblichen Voraussetzungen. 602

Gemäß § 16 Abs. 4 EStG setzt die Gewährung des Freibetrags voraus, dass der Steuerpflichtige im Zeitpunkt der Veräußerung oder der Betriebsaufgabe entweder 603
- das **55. Lebensjahr** vollendet hat oder
- er im sozialversicherungsrechtlichen Sinne[1082] **dauernd berufsunfähig** ist.[1083]

Maßgebend ist grundsätzlich die Vollendung im Zeitpunkt der Erfüllung des Veräußerungsgeschäfts bzw. des Endes der Betriebsaufgabe.[1084] Vollendet der Steuerpflichtige das 604

1077 So zu Recht FG Düsseldorf 3 K 6050/01 v. 15. 2. 2005, nv.

1078 *Blümich/Stuhrmann* § 16 EStG Rz. 449; *Schmidt/Wacker* § 16 EStG Rz. 577.

1079 Vgl. BFH IV R 12/81 v. 10. 7. 1986, BStBl II 1986, 811; so nunmehr auch BMF v. 20. 12. 2005, BStBl I 2006, 7, unter III., zur teilentgeltlichen Veräußerung im Wege vorweggenommener Erbfolge.

1080 BMF v. 20. 12. 2005, BStBl I 2006, 7, unter I., mit Beispielen.

1081 BFH IV R 58/78 v. 17. 4. 1980, BStBl II 1980, 721; EStR R 16 Abs. 13.

1082 S. § 240 Abs. 2 SGB VI n.F. Keine Bindungswirkung über § 171 Abs. 10 AO, s. *Blümich/Stuhrmann* § 16 EStG Rz. 461; *Kirchhof/Reiß* § 16 EStG Rz. 504.

1083 Zum Nachweis s. EStR R 16 Abs. 4.

1084 *Schmidt/Wacker* § 16 EStG Rz. 579; *Kirchhof/Reiß* § 16 EStG Rz. 503; BMF v. 20. 12. 2005, BStBl I 2006, 7, unter IV.; a.A. *Korn/Stahl* § 16 EStG Rz. 415: Ende des Veranlagungszeitraums.

55. Lebensjahr bei einer Betriebsaufgabe über mehrere Veranlagungszeiträume zwar vor Beendigung der Betriebsaufgabe, aber erst im zweiten Veranlagungsjahr, ist der (anteilige) Freibetrag auch für den ersten Veranlagungszeitraum zu gewähren.[1085]

605 Bei Berufsunfähigkeit ist nach der Zeitpunkt des Vertragsabschlusses entscheidend.[1086] War zwar der Erblasser berufsunfähig, veräußern aber erst die Erben den Nachlass, besteht kein Anspruch auf den Steuerfreibetrag.[1087] Anders ist es, wenn der berufsunfähige Steuerpflichtige noch das schuldrechtliche Geschäft abgeschlossen hat, die Übertragung aber erst nach dem Tod vorgenommen wurde.[1088]

606 Ob im konkreten Fall die maßgebliche Altersgrenze erreicht ist, ob Berufsunfähigkeit vorliegt, wird vom Wohnsitzfinanzamt im Einkommensteuer-Veranlagungsverfahren entschieden.

607 **c) Objektbeschränkung; Antragserfordernis.** Der Freibetrag gemäß § 16 Abs. 4 i.V.m. § 18 Abs. 3 Satz 3 EStG ist jedem Steuerpflichtigen in dessen Leben **nur einmal** für einen Veräußerungsgewinn zu gewähren (§ 16 Abs. 4 Satz 2 EStG).[1089] Nicht verbrauchte Teile des Freibetrags können nicht bei weiteren Veräußerungen (Betriebsaufgaben) in Anspruch genommen werden.[1090]

608 Der Freibetrag wird nur auf **Antrag** des Steuerpflichtigen gewährt (§ 18 Abs. 3 Satz 2 i.V.m. § 16 Abs. 4 Satz 1 EStG). Er ist weder form- noch fristgebunden und kann bis zum Schluss der mündlichen Verhandlung vor dem FG gestellt oder ggf. zurückgenommen werden.

609 **d) Ermäßigungsbetrag, Halbeinkünfteverfahren.** Der **Freibetrag ermäßigt sich** um den Betrag, um den der Veräußerungsgewinn 136000 € übersteigt. Er **entfällt** mithin, wenn der Veräußerungsgewinn einen Betrag von 181000 € erreicht (136000 € + 45000 €).

610 Umfasst der Veräußerungsgewinn auch dem **Halbeinkünfteverfahren** unterliegende Gewinne,[1091] ist der Freibetrag entsprechend den Anteilen der Gewinne, die dem ermäßigten Steuersatz gemäß § 34 EStG unterliegen, und der Gewinne, die im Halbeinkünfteverfahren zu versteuern sind, am Gesamtgewinn aufzuteilen.[1092]

9. Tarifermäßigung gemäß § 34 EStG

611 **a) Sachlicher Anwendungsbereich.** Gewinne, die bei der Veräußerung oder Aufgabe[1093] eines freiberuflichen (Teil-)Betriebs, der Veräußerung eines Mitunternehmeranteils sowie der im Betriebsvermögen gehaltenen 100 v.H. Beteiligung an einer Kapitalgesellschaft entstehen, sind gemäß **§ 34 Abs. 1** i.V.m. Abs. 2 Nr. 1 und § 18 Abs. 3 **EStG** als **außerordentliche Einkünfte** mit einem **ermäßigten Steuersatz** tarifbegünstigt.[1094] Die Einkommensteuer beträgt das Fünffache des Unterschiedsbetrags zwischen der Einkommensteuer für das um diese Einkünfte verminderte zu versteuernde Einkommen (verbleibendes zu versteuerndes Einkommen) und der Einkommensteuer

---

[1085] BMF v. 20. 12. 2005, BStBl I 2006, 7, unter IV.

[1086] BFH IV R 1/95 v. 21. 9. 1995, BStBl II 1995, 893.

[1087] Vgl. BFH IV R 116/79 v. 29. 4. 1982, BStBl II 1985, 204.

[1088] BFH IV R 1/95 v. 21. 9. 1995, BStBl II 1995, 893.

[1089] S. dazu auch EStR R 18. 3 Abs. 4; R 16 Abs. 13.

[1090] S. EStR R 16 Abs. 13.

[1091] S. EStH H 16 (13).

[1092] BMF v. 20. 12. 2005, BStBl I 2006, 7, unter II.; EStH H 16.13 – Halbeinkünfteverfahren; krit. *Prinz/Hick* FR 2006, 168.

[1093] *Blümich/Lindberg* § 34 EStG Rz. 49.

[1094] S. dazu i.E. *Blümich/Lindberg* § 34 EStG Rz. 49ff.; EStR R 34.1.

für das verbleibende zu versteuernde Einkommen zuzüglich eines Fünftel dieser Einkünfte.[1095]

Gemäß **§ 34 Abs. 3 EStG** kann abweichend von Abs. 1 die auf den Teil der begünstigten außerordentlichen Einkünfte, der 5 Millionen € nicht übersteigt, entfallende Einkommensteuer mit dem ermäßigten **Steuersatz von 56 v. H. des durchschnittlichen Steuersatzes** bemessen werden, der sich ergäbe, wenn die tarifliche Einkommensteuer nach dem gesamten zu versteuernden Einkommen zuzüglich der dem Progressionsvorbehalt unterliegenden Einkünfte zu bemessen wäre, mindestens jedoch (ab 2005) 15 v. H.[1096] Von der Tarifermäßigung gemäß § 34 Abs. 3 EStG ist allerdings der Teil des Gewinns, für den gemäß § 3 Nr. 40 Buchst. b EStG i. V. m. § 3c Abs. 2 EStG die Begünstigung durch das **Halbeinkünfteverfahren** gewährt wird, auszunehmen.[1097] 612

Liegen die Voraussetzungen für die beiden Arten von Steuerermäßigungen **nebeneinander** vor, ist eine Verrechnung der noch nicht abgezogenen Beträge mit den außerordentlichen Einkünften in der Reihenfolge vorzunehmen, bei der sie zu dem für den Steuerpflichtigen günstigsten Ergebnis führt.[1098] 613

Die gesamten außerordentlichen Einkünfte sind grundsätzlich bis zur Höhe des zu versteuernden Einkommens steuerbegünstigt.[1099] In den Veräußerungsfällen ist Voraussetzung, dass die in den Wirtschaftsgütern des Betriebsvermögens enthaltenen stillen Reserven in einem einheitlichen wirtschaftlichen Vorgang aufgedeckt werden. 614

Die außerordentlichen Einkünfte unterliegen der Tarifvergünstigung in dem **Veranlagungszeitraum** in dem sie nach den allgemeinen Grundsätzen vereinnahmt werden, jedoch nur insoweit, als nicht in früheren Veranlagungszeiträumen mit diesen Einkünften unmittelbar zusammenhängende Betriebsausgaben die Einkünfte des Stpfl. gemindert haben.[1100] 615

Die **Veräußerungskosten** sind bei der Ermittlung des tarifbegünstigten Veräußerungsgewinns erst im Zeitpunkt des Entstehens des Veräußerungsgewinns zu berücksichtigen, auch wenn sie bereits im Veranlagungszeitraum vor dem Entstehen des Veräußerungsgewinns angefallen sind.[1101] 616

Bei Betriebsaufgaben, die sich über **zwei Veranlagungszeiträume** erstrecken, kann die Tarifermäßigung gemäß § 34 Abs. 3 EStG für den Aufgabegewinn auf Antrag in beiden Veranlagungszeiträumen zu gewähren. Der Höchstbetrag von fünf Millionen € ist dabei aber insgesamt nur einmal zu gewähren.[1102] 617

Die **Ablösung wiederkehrender Bezüge** aus einer Betriebs-, Teilbetriebs- oder Anteilsveräußerung durch eine **Einmalzahlung** kann als Veräußerungserlös auch dann tarifbegünstigt sein, wenn im Jahr der Veräußerung eine Einmalzahlung tarifbegünstigt versteuert worden ist, dies aber im Verhältnis zum Ablösebetrag als geringfügig anzusehen ist.[1103] 618

b) Persönliche Voraussetzungen. Anspruchsberechtigt sind nur **natürliche,** unbeschränkt oder beschränkt[1104] steuerpflichtige **Personen.**[1105] 619

[1095] Zur Berechnung i. E. s. *Blümich/Lindberg* § 34 EStG Rz. 82 ff.; EStH H 34.2.
[1096] Zur Berechnung i. E. s. *Blümich/Lindberg* § 34 EStG Rz. 93 ff.; EStR H 34.2, Beispiel 4.
[1097] S. dazu i. E. krit. *Prinz/Hick* FR 2006, 168; s. ferner EStH H 16 (13).
[1098] EStR R 34.1 Satz 4.
[1099] Zur Verrechnung innerhalb der jeweiligen Einkunftsart s. EStR R 34.1 Abs. 3.
[1100] S. EStR R 34.1 Abs. 4.
[1101] EStR R 34.1 Abs. 4.
[1102] BMF v. 20. 12. 2005, BStBl I 2006, 7, unter I., mit Beispielen.
[1103] BFH v. 14. 1. 2004, BStBl II 2004, 493: im Streitfall weniger als 1 v. H.
[1104] S. dazu § 50 Abs. 1 Satz 3 EStG.
[1105] Zu Personengesellschaften s. Rz. 506 ff.

620 Während gemäß § 34 Abs. 1 EStG keine weiteren personenbezogenen Prämissen fordert, ist Voraussetzung für die Tarifbegünstigung gemäß **§ 34 Abs. 3 EStG,** dass der Steuerpflichtige im Zeitpunkt der Veräußerung oder der Betriebsaufgabe entweder
- das 55. Lebensjahr vollendet hat oder
- er im sozialversicherungsrechtlichen Sinne[1106] dauernd berufsunfähig ist.[1107]

621 Vollendet der Steuerpflichtige das 55. Lebensjahr bei einer Betriebsaufgabe über mehrere Veranlagungszeiträume zwar vor Beendigung der Betriebsaufgabe, aber erst im zweiten Veranlagungsjahr, ist die Tarifermäßigung auch für den ersten Veranlagungszeitraum zu gewähren.[1108]

622 Ob im konkreten Fall die maßgebliche Altersgrenze erreicht ist, ob Berufsunfähigkeit vorliegt sowie die Frage der Einmalgewährung wird vom Wohnsitzfinanzamt im Einkommensteuer-Veranlagungsverfahren entschieden.

623 Im Übrigen gelten in Bezug auf die Steuerermäßigung die gleichen Rechtsgrundsätze wie bei der Gewährung des Freibetrages gemäß § 18 Abs. 3 i.V.m. § 16 Abs. 4 EStG. Auf diese wird verwiesen.[1109]

624 **c) Objektbeschränkung; Antragserfordernis gemäß § 34 Abs. 3 EStG.** Die Ermäßigung gemäß § 34 Abs. 3 Satz 1 bis 3 EStG kann der Steuerpflichtige ebenfalls nur **einmal im Leben** in Anspruch nehmen und zwar selbst dann, wenn er mehrere Veräußerungs- und Aufgabegewinne innerhalb eines Veranlagungszeitraums erzielt (§ 34 Abs. 3 Satz 4 EStG). Bei mehreren Veräußerungsfällen kann der Steuerpflichtige die für ihn günstigste Auswahl treffen; die Wahlmöglichkeit kann allerdings unterschiedlich zur Wahl des Freibetrags gemäß § 16 Abs. 4 EStG ausgeübt werden.[1110]

625 Die Steuerermäßigung gemäß § 34 **Abs. 1** EStG wird von Amts wegen gewährt. Dabei wird geprüft, ob im konkreten Fall diese Steuerermäßigung günstiger ist als die Besteuerung ohne Anwendung der Ermäßigungsregelung.

626 Dagegen wird die Steuerermäßigung gemäß § 34 **Abs. 3** EStG nur auf **Antrag** des Steuerpflichtigen gewährt (§ 34 Abs. 3 Satz 1 EStG). Der Antrag ist weder form- noch fristgebunden und kann bis zum Schluss der mündlichen Verhandlung vor dem FG gestellt oder ggf. zurückgenommen werden.

VI. Entsprechende Anwendung der §§ 13, 15, 15 a und 15 b EStG gemäß § 18 Abs. 4 EStG

1. § 13 EStG

627 Gemäß § 18 Abs. 4 Satz 1 EStG gilt § 13 Abs. 5 EStG entsprechend, sofern das Grundstück im Veranlagungszeitraum 1986 zu einem der selbständigen Arbeit dienenden Betriebsvermögen gehört hat. Dies bedeutet, dass ein derartiges **Grundstück** auch künftig dadurch **steuerfrei entnommen** werden kann, dass auf ihm die Wohnung des Steuerpflichtigen oder eine Altenteilerwohnung errichtet wird.[1111]

[1106] S. § 240 Abs. 2 SGB VI n.F. Keine Bindungswirkung über § 171 Abs. 10 AO, s. *Blümich/Stuhrmann* § 16 EStG Rz. 461; *Kirchhof/Reiß* § 16 EStG Rz. 504.

[1107] Zum Nachweis s. EStR R 16 Abs. 4.

[1108] BMF v. 20. 12. 2005, BStBl I 2006, 7, unter IV.

[1109] S. dazu Rz. 770, 956 ff.

[1110] Zutr. *Blümich/Lindberg* § 34 EStG Rz. 91.

[1111] S. dazu i.E. *Blümich/Selder* § 13 EStG Rz. 205 b.

2. *§ 15 Abs. 1 Nr. 2 EStG*

Die in § 18 Abs. 4 angeordnete entsprechende Anwendung des § 15 Abs. 1 Nr. 2 EStG hat zur Folge, dass auch bei einem Zusammenschluss in einer **Personengesellschaft** mit dem Ziel, eine selbständige Arbeit auszuüben, sich die **Einkünfte der einzelnen Gesellschafter** aus dem **Gewinnanteil** und den **Sondervergütungen** zusammensetzen, und dass auch bei jedem der Mitunternehmer (Gesellschafter) Sonderbetriebseinnahmen und Sonderbetriebsausgaben zu berücksichtigen sind.[1112] **628**

3. *§ 15 Abs. 1a, Abs. 2 Sätze 2 und 3 EStG*

§ 15 Abs. 1a EStG steht in Zusammenhang mit § 4 Abs. 1 Satz 4 EStG[1112a], der den Sonderfall der Einschränkung des deutschen Besteuerungsrechts für Anteile an einer Europäischen Gesellschaft oder Europäischen Genossenschaft betrifft. Er enthält eine Regelung zur Besteuerung des Gewinns aus einer späteren Veräußerung der Anteile. **629**

Gemäß § 15 Abs. 2 Satz 2 EStG stellt eine **Steuerminderung,** die durch die selbständige nachhaltige, mit Gewinnerzielungsabsicht unternommene Tätigkeit verursacht ist, keinen Gewinn dar. Da bereits nach der älteren Rechtsprechung des BFH[1113] nur derjenige mit Gewinnerzielungsabsicht tätig ist, der eine Vermögensmehrung in Gestalt eines Totalgewinns anstrebt,[1114] hat die Regelung des § 18 Abs. 4 i.V.m. § 15 Abs. 2 Satz 2 EStG nur deklaratorische Bedeutung.[1115] **629a**

Eine selbständige Berufstätigkeit liegt aufgrund der entsprechenden Anwendung des § 15 Abs. 2 Satz 3 EStG durch § 18 Abs. 4 EStG auch dann vor, wenn die **Gewinnerzielungsabsicht** nur **Nebenzweck** ist.[1116] **630**

4. *§§ 15a, 15b EStG*

§ 15a EStG schreibt eine **Begrenzung des Verlustausgleichs und des Verlustabzugs** vor, insbesondere für Kommanditisten und Unternehmer mit vergleichbarer Haftung. Im Rahmen der Einkünfte aus selbständiger Arbeit können davon betroffen sein Mitunternehmerschaften von Freiberuflern in Form von Personengesellschaften.[1117] **631**

§ 15b EStG betrifft Verluste im Zusammenhang mit Steuerstundungsmodellen.[1117a] **631a**

VII. Verluste im Zusammenhang mit Steuerstundungsmodellen weder ausgleich- noch abziehbar

Gemäß dem neu geschaffenen **§ 15b EStG**[1118] dürfen Verluste im Zusammenhang mit einem **Steuerstundungsmodell** weder mit Einkünften aus Gewerbebetrieb noch mit **632**

[1112] S. zu weiteren Einzelheiten *Blümich/Hutter* § 18 EStG Rz. 290ff.

[1112a] I. d. F. d. SEStEG v. 7. 12. 2006, BGBl I 2006, 2782.

[1113] S. BFH GrS 4/82 v. 25. 6. 1984, BStBl II 1984, 751.

[1114] S. dazu auch Rz. 14.

[1115] S. zu weiteren Einzelheiten *Blümich/Hutter* § 18 EStG Rz. 299.

[1116] S. dazu und zur Bedeutung der entsprechenden Anwendung des § 15 Abs. 2 Sätze 2 und 3 i. R. des § 18 EStG *Blümich/Hutter* § 18 EStG Rz. 300f.

[1117] S. zu weiteren Einzelheiten *Blümich/Hutter* § 18 EStG Rz. 302f.

[1117a] S. dazu Rz. 632ff.

[1118] Geschaffen wurde die von Gesetzesperfektionismus geprägte Vorschrift durch das Gesetz zur Beschränkung der Verlustverrechnung im Zusammenhang mit Steuerstundungsmodellen v. 22. 12. 2005 (BGBl I 2005, 3683); sie ersetzt den durch dasselbe Gesetz aufgehobenen § 2b EStG.

Einkünften aus anderen Einkunftsarten – damit auch aus solchen **aus selbständiger Arbeit** (§ 18 EStG) – ausgeglichen werden, sie dürfen auch nicht gemäß § 10d EStG abgezogen werden. Die Verluste mindern jedoch die Einkünfte, die der Steuerpflichtige in den folgenden Wirtschaftsjahren aus derselben Einkunftsquelle erzielt (§ 15b Abs. 1 EStG). Mit dieser Regelung sollen „vorbeugend" in erster Linie neue Steuerstundungsmodelle verhindert werden.

633 Ein **Steuerstundungsmodell** liegt gemäß § 15b Abs. 2 Satz 1 vor, wenn aufgrund einer modellhaften Gestaltung steuerliche Vorteile in Form negativer Einkünfte erzielt werden sollen. Betroffen sind insbesondere Medienfonds, Schiffsbeteiligungen, New Energy Fonds, Leasingfonds, Wertpapierhandelsfonds und Videogamefonds, bei denen es sich in aller Regel um geschlossene Fonds in der Rechtsform von Personengesellschaften handelt, die Anlegern in der Anfangsphase hohe Verlust zuweisen

634 § 15b EStG ist grundsätzlich auf Verluste der Steuerstundungsmodelle anzuwenden, wenn der Steuerpflichtige dem entsprechenden Fonds **nach dem 10. 11. 2005** beigetreten ist, oder wenn für den Fonds nach diesem Zeitpunkt mit dem Außenvertrieb begonnen worden ist.[1119]

635 Die praktische Anwendung des § 15b EStG dürfte bei Einkünften aus selbständiger Arbeit schon allgemein nicht allzu hoch sein, umso deutlich geringer dann bei Einkünften aus künstlerischer Tätigkeit i. S. d. § 18 Abs. 1 Nr. 1 EStG.

VIII. Ermittlung des zu versteuernden Einkommens

1. Summe der Einkünfte aus den Einkunftsarten

636 Um **das zu versteuernde Einkommen** bestimmen zu können, das Grundlage für die Einkommensteuer ist, ist es erforderlich, zunächst die **Summe der Einkünfte** i. S. d. § 2 Abs. 1 EStG zu ermitteln. Hat der Steuerpflichtige nur Einkünfte aus künstlerischer Tätigkeit i. S. d. § 18 Abs. 1 Nr. 1 EStG, ist insoweit der entsprechende – positive oder negative – Betrag anzusetzen, der sich entweder aufgrund der Überschussrechnung oder aufgrund des vom Steuerpflichtigen gewählten Betriebsvermögensvergleichs ergibt.

637 Hat er darüber hinaus noch weitere Gewinn- oder Überschusseinkünfte, so gilt Folgendes: Bei den übrigen Gewinneinkünften (§ 2 Abs. 1 Nr. 1 bis 3) EStG) kann der durchzuführende Betriebsvermögensvergleich jeweils auch zu einem negativen Ergebnis führen. Bei den sog. Überschusseinkünften (§ 2 Abs. 1 Nr. 4 bis 7 EStG) kann es jeweils zu einem Unterschuss der Einnahmen gegenüber den Werbungskosten führen. Negative Einkünfte werden innerhalb der Steuerperiode des Kalenderjahres zunächst mit den positiven Einkünften derselben Einkunftsart ausgeglichen (sog. interner oder horizontaler **Verlustausgleich**). Sodann werden sowohl die positiven wie auch die negativen Ergebnisse der einzelnen Einkunftsarten zusammengefasst (sog. externer oder vertikaler Verlustausgleich) und ergeben – in Form einer bloßen **Geldrechnung** – so die „Summe der Einkünfte".[1120]

[1119] Wegen der Einzelheiten der – teilweise unklaren und verwirrenden – Vorschrift s. die Erläuterungen zu § 15b EStG bei *Blümich/Heuermann*; ebenfalls krit. *Fleischmann/Meyer-Scharenberg* DB 2006, 353.

[1120] Ergänzt wird der sich so ergebende positive oder negative Betrag noch um den Hinzurechnungsbetrag, der sich aus der Anwendung von § 52 Abs. 3 Satz 3 EStG sowie von § 8 Abs. 5 Satz 2 AIG ergibt, Regelungen, die im künstlerischen Bereich – wenn überhaupt – nur in äußerst seltenen Ausnahmefällen bedeutsam werden dürften.

Diese Zusammenfassung bewirkt grundsätzlich einen Ausgleich zwischen Gewinnen und Einnahmeüberschüssen sowie zwischen Verlusten und Unterschüssen.[1121]

Zu der Summe der Einkünfte i. S. d. § 2 Abs. 1 EStG sind bei Vorliegen der entsprechenden Voraussetzungen **hinzuzurechnen:** 638
- ein sich bei Anwendung des § 2a Abs. 3 Satz 3 EStG a. F. („Negative Einkünfte mit Auslandsbezug) ergebender positiver Betrag (§ 52 Abs. 3 Satz 3 EStG);
- der Hinzurechnungsbetrag gemäß § 8 Abs. 5 Satz 2 AIG (Ausländische Verluste bei DBA).

2. *Gesamtbetrag der Einkünfte (§ 2 Abs. 3 EStG)*

a) Grundregelung. In einem weiteren Schritt wird der sich als „Summe der Einkünfte" 639
ergebende Betrag – bei Vorliegen der entsprechenden Voraussetzungen – vermindert um
- den Altersentlastungsbetrag (§ 24a EStG)
- den Entlastungsbetrag für Alleinerziehende (§ 24b EStG) sowie um
- den Freibetrag für Land- und Forstwirte (§ 13 Abs. 3 EStG) und

Die so ermittelte Zwischengröße ist der **Gesamtbetrag der Einkünfte** (§ 2 Abs. 3 640
EStG).

b) Die einzelnen Abzugsbeträge. *aa) Altersentlastungsbetrag.* Der **Altersentlastungs-** 641
betrag ist ein Betrag von 40 v. H. der – soweit hier von Bedeutung – positiven Summe der Einkünfte, die nicht solche aus selbständiger Arbeit sind, höchstens jedoch 1900 € im Kalenderjahr. Voraussetzung ist, dass der Steuerpflichtige vor Beginn des Kalenderjahres, in dem er sein Einkommen bezogen hat, das **64. Lebensjahr** vollendet hatte. Ehegatten sind im Falle der Zusammenveranlagung gesondert zu beurteilen (§ 24a Satz 4 EStG).[1122]

bb) Entlastungsbetrag für Alleinerziehende. Der **Entlastungsbetrag für Alleinerziehende** 642
beträgt 1308 € im Kalenderjahr. Er ist u. a. an die Voraussetzung geknüpft, dass zum Haushalt des allein stehenden Steuerpflichtigen mindestens ein Kind gehört, für das dem Steuerpflichtigen ein Freibetrag gemäß § 32 Abs. 6 EStG oder Kindergeld zusteht.[1123]

cc) Landwirtschaftsfreibetrag. Anspruch auf den **Landwirtschaftsfreibetrag** gemäß § 13 643
Abs. 3 EStG haben Steuerpflichtige, die Einkünfte aus künstlerischer Tätigkeit beziehen nur dann, wenn sie zusätzlich zu diesen Einkünften noch solche aus Land- und Forstwirtschaft i. S. d. § 13 EStG beziehen. Dies dürfte – wenn überhaupt – nur in ganz seltenen Ausnahmefällen zutreffen.

c) Der Gesamtbetrag der Einkünfte als Maßstab für Steuerbegünstigungen. 644
Der Gesamtbetrag der Einkünfte ist zudem Maßstab für
- die Höhe der abziehbaren Spenden gemäß § 10b EStG;
- die Bestimmung des zumutbaren Eigenanteils der außergewöhnlichen Belastungen gemäß § 33 Abs. 3 EStG;
- die Höhe der abziehbaren außergewöhnlichen Belastungen nach § 33a Abs. 3 EStG.

3. *Das Einkommen (§ 2 Abs. 4 EStG)*

a) Grundsatzregelung. Der **Gesamtbetrag der Einkünfte** ist ebenfalls nur eine 645
Zwischengröße im Rahmen der Ermittlung der Bemessungsgrundlage für die Einkommensteuer. Bis hierhin wird die **objektive Leistungsfähigkeit** berücksichtigt.

1121 Vgl. *Kirchhof* EStG § 2 Rz. 81.

1122 S. dazu BFH X R 48/92 v. 22. 9. 1993, BStBl II 1994, 107.

1123 Zu weiteren Einzelheiten s. § 24b Abs. 1 Sätze 2ff., Abs. 2 und 3 sowie BMF v. 29. 10. 2004, BStBl I 2004, 1042.

646 Das EStG erlaubt darüber hinaus auch in bestimmten Grenzen den Abzug privat veranlasster, zwangsläufiger Ausgaben, die ihrem Wesen nach Kosten der Lebensführung und damit bei Anwendbarkeit des § 12 EStG nicht abziehbar wären. Es trägt insoweit der **subjektiven Leistungsfähigkeit** Rechnung. Hierzu bestimmt § 2 Abs. 4 EStG, dass der um die **Sonderausgaben** und die **außergewöhnlichen Belastungen** verminderte Gesamtbetrag der Einkünfte (§ 2 Abs. 3 EStG) das **Einkommen** ergibt, das seinerseits weiter gemindert werden kann. Der Zeitpunkt des Abzugs richtet sich dabei nach der Zahlung; maßgebend ist insoweit § 11 EStG.

647 **b) Die einzelnen abziehbaren privat veranlassten Ausgaben.**[1124] *aa) Sonderausgaben.* Die **Sonderausgaben** sind in § 10 Abs. 1 Nr. 1 bis 9 EStG enumerativ und abschließend aufgezählt. Es darf sich dabei nur um solche Aufwendungen handeln, die nicht schon als Betriebsausgaben oder Werbungskosten zu qualifizieren sind oder wie Betriebsausgaben oder Werbungskosten behandelt werden.

648 Daneben kennt das EStG weitere Abzugstatbestände, die in ihrer Abzugswirkung den Sonderausgaben i. S. d. § 10 EStG gleichgestellt sind. Es handelt sich dabei um folgende Vorschriften:

- **§ 10 a EStG** (Zusätzliche Altersvorsorge)[1125]
- **§ 10 b EStG** (Spendenabzug)[1126]

649 Die nach diesen Vorschriften begünstigten Aufwendungen sind *als* Sonderausgaben abziehbar.[1127] Darüber hinaus enthält das EStG weitere Abzugstatbestände, bei denen die entsprechenden Aufwendungen *wie* Sonderausgaben[1128] abgezogen werden können. Es sind dies:

- **§ 10 f EStG** (Abzugsbetrag für die zu eigenen Wohnzwecken genutzten Baudenkmale und Gebäude in Sanierungsgebieten und städtebaulichen Entwicklungsbereichen);[1129]
- **§ 10 g EStG** (Abzugsbetrag für schutzwürdige Kulturgüter, die weder zur Einkunftserzielung noch zu eigenen Wohnzwecken genutzt werden).[1130]

650 Die weiteren, den Steuerabzug *wie* Sonderausgaben betreffenden Vorschriften des EStG in der derzeit geltenden Fassung, nämlich **§ 10 e EStG** (Steuerbegünstigung der zu eigenen Wohnzwecken genutzten Wohnung im eigenen Haus), **§ 10 h EStG** (Steuerbegünstigung der unentgeltlich zu Wohnzwecken überlassenen Wohnung im eigenen Haus) und **§ 10 i EStG** (Vorkostenabzug bei einer nach dem EigZulG begünstigten Wohnung) sind nur noch im Rahmen der Abwicklung früherer Anwendungsfälle bedeutsam und haben keine aktuelle Bedeutung mehr;[1131] von einer weiteren Darstellung wird daher abgesehen.

651 Gemäß den §§ 26, 26 b EStG zusammen veranlagte **Ehegatten** sind für den Sonderausgabenabzug grundsätzlich als **Einheit** anzusehen.[1132] Der (zusätzliche) Abzugshöchstbetrag

---

[1124] Die im Folgenden zu den Sonderausgaben und den außergewöhnlichen Belastungen aufgezeigten Rechtsgrundsätze gelten für selbständig künstlerisch tätige Steuerpflichtige (Freiberufler) in gleicher Weise wie für *nicht*selbständig Tätige Steuerpflichtige (Arbeitnehmer).

[1125] S. dazu Rz. 663 ff.

[1126] S. dazu Rz. 669 ff.

[1127] S. dazu Rz. 647.

[1128] Zur rechtlichen Bedeutung der Unterscheidung zwischen der Abziehbarkeit *als* Sonderausgaben einerseits und *wie* Sonderausgaben andererseits s. *Kirchhof* in K/S/M § 2 EStG Rz. E 9 ff. Bisweilen wird auch zwischen *echten* und *unechten („Quasi-Sonderausgaben")* unterschieden.

[1129] S. Rz. 694.

[1130] S. Rz. 698.

[1131] S. Dazu § 52 Abs. 26 (§ 10 e EStG), Abs. 28 (§ 10 h EStG) und Abs. 29 (§ 10 i EStG).

[1132] Vgl. BFH X R 191/87 v. 20. 2. 1991, BStBl II 1991, 690 zum Spendenabzug.

für **Spenden an Stiftungen** gemäß § 10b Abs. 1 Satz 3 in Höhe von 20450 € steht bei zusammen veranlagten Eheleuten jedem Ehegatten einzeln zu.[1133]

Eine **Sonderstellung** im Rahmen des Abschnitts II unter „5. Sonderausgaben" des EStG nimmt die Regelung des **§ 10d EStG** zum **Verlustabzug** ein. Die gemäß dieser Vorschrift zu berücksichtigenden negativen Einkünfte sind *„vorrangig vor Sonderausgaben, außergewöhnlichen Belastungen und sonstigen Abzugsbeträgen"* abzuziehen (§ 10d Abs. 1, 2 EStG).[1134] 652

(1) Sonderausgaben gemäß § 10 EStG. Es handelt sich dabei um folgende Abzugstatbestände:

- Unter bestimmten Voraussetzungen **Unterhaltsleistungen an den geschiedenen oder getrennt lebenden Ehegatten** (Realsplitting; § 10 Abs. 1 **Nr. 1** EStG);[1135] 653
- **Rentenleistungen** und **dauernde Lasten,** die auf besonderen Verpflichtungsgründen beruhen und nicht mit Einkünften zusammenhängen, die bei der Veranlagung außer Betracht bleiben (§ 10 Abs. 1 **Nr. 1a** EStG); 654
- **Vorsorgeaufwendungen** (§ 10 Abs. 1 **Nr. 2** EStG), nämlich 655
  - Beiträge zu den gesetzlichen Rentenversicherungen[1136] oder landwirtschaftlichen Alterskassen[1137] sowie zu berufsständigen Versorgungseinrichtungen[1138] (Buchst. a). Hierzu rechnen insbesondere auch die vom Steuerpflichtigen selbst gezahlten Beiträge zur **Künstlersozialversicherung;**[1139]
  - Beiträge zu einer eigenen kapitalgedeckten Altersversorgung, wenn die Rentenzahlung nicht vor Vollendung des 60. Lebensjahres beginnt und die Ansprüche nicht vererblich, nicht beleihbar, nicht veräußerbar und nicht kapitalisierbar sind. Zulässig ist eine ergänzende Berufsunfähigkeits-, Erwerbsminderungs- und Hinterbliebenenrente[1140] (Buchst. b);[1141]

  Mit Wirkung ab dem Veranlagungszeitraum 2005 gelten für abziehbare Rentenversicherungsbeiträge und gleichgestellte Beiträge i.S.v. § 10 Abs. 1 Nr. 2 Buchst: a und b absolute **Höchstbeträge**[1142] in Höhe von **20000 €,** bei zusammen veranlagten Ehegatten von **40000 €** (§ 10 Abs. 3 EStG). Bei bestimmten Personen ist gemäß § 10 Abs. 3 Satz 3 EStG der Höchstbetrag zu kürzen.[1143] Die Sätze 4 bis 6 regeln die schrittweise **Anpassung an den Vollabzug.**[1144]

[1133] BFH XI R 76/03 v. 3. 8. 2005, BStBl II 2006, 121; dazu Anm. *Kanzler* FR 2006, 435.

[1134] S. dazu Rz. 747ff.

[1135] Zur Nichtabziehbarkeit von Unterhaltsleistungen an einen in Österreich ansässigen geschiedenen Ehegatten s. EuGH RS. C-403/03 v. 12. 7. 2005, IStR 2005, 565 – Fall Schempp.

[1136] Zur Verfassungsmäßigkeit der beschränkten Abziehbarkeit der ab dem 1. 1. 2005 geleisteten Beiträge zu den gesetzlichen Rentenversicherungen als Sonderausgaben s. BFH X B 166/05 v. 1. 2. 2006, BStBl II 2006, 420; S. ferner BMF v. 24. 2. 2005, Rz. 1ff. mit Übersicht über die einzelnen Träger der gesetzlichen Rentenversicherung und Arten der Beitragsleistung.

[1137] S. dazu BMF v. 24. 2. 2005, Rz. 5.

[1138] S. dazu BMF v. 24. 2. 2005, Rz. 6f.

[1139] Zur Steuerfreiheit der aus dem Aufkommen der Künstlersozialabgabe gezahlten Beiträge s. Rz. 222. Zum Sonderausgabenabzug gemäß § 10a EStG s. Rz. 663ff.

[1140] Die Beiträge sind in den Jahren 2005 bis 2024 der Höhe nach nur eingeschränkt als Sonderausgaben abziehbar, s. dazu BMF v. 24. 2. 2005, Rz. 50ff.; s. auch Rz. 663.

[1141] S. dazu BMF v. 24. 2. 2005, Rz. 8ff.

[1142] S. dazu BMF v. 24. 2. 2005, Rz. 20ff.

[1143] Zur ratio legis s. *Schmidt/Heinicke* § 10 EStG Rz. 232ff.; S. ferner BMF v. 24. 2. 2005, Rz. 21ff. mit Anwendungsbeispielen.

[1144] S. dazu *Schmidt/Heinicke* § 10 EStG Rz. 235f.

Zur Vermeidung von Härten wird in den Jahren 2005 bis 2019 eine **Günstigerprüfung** zwischen dem Abzug von Vorsorgeaufwendungen nach altem Recht vorgenommen. Der bisherige **Vorwegabzug** wird dabei ab 2019 sukzessive abgeschmolzen (§ 10 Abs. 4a EStG);[1145]

656 • Beiträge zu **Versicherungen gegen Arbeitslosigkeit,** zu bestimmten **Erwerbs-** und **Berufsunfähigkeitsversicherungen,** zu **Kranken-,**[1146] **Pflege-, Unfall-** und **Haftpflichtversicherungen** sowie zu **Todesfall- Risikoversicherungen** (§ 10 Abs. 1 **Nr. 3** EStG).[1147]
Vorsorgeaufwendungen i. S. d. § 10 Abs. 1 Nr. 3 EStG sind grundsätzlich je Kalenderjahr bis zur Höhe von **2400 €** abziehbar (§ 10 Abs. 4 Satz 1 EStG).[1148]
Bei Steuerpflichtigen, die ganz oder teilweise ohne eigene Aufwendungen einen Anspruch auf vollständige oder teilweise Erstattung oder Übernahme von Krankheitskosten haben oder für deren Krankenversicherung (steuerfreie) Leistungen i. S. d. § 3 Nr. 62 oder § 3 Nr. 14 EStG erbracht werden, beträgt der Höchstbetrag **1500 €** (§ 10 Abs. 4 Satz 2 EStG).[1149]
Bei zusammen veranlagten **Ehegatten** ist zunächst für jeden Ehegatten der für ihn maßgebliche Höchstbetrag zu ermitteln. Die Summe der beiden Höchstbeträge ist der gemeinsame Höchstbetrag.[1150]

657 • Sonstige **Alt-Lebensversicherungsverträge** sind nur noch wie bisher begünstigt, wenn der Vertrag vor dem 1. 1. 2005 zustande gekommen ist (§ 10 Abs. 1 Nr. 3 Buchst. b EStG);

658 • **Gezahlte Kirchensteuer** (§ 10 Abs. 1 **Nr. 4** EStG). Hierzu rechnet auch das sog. Kirchgeld;

659 • **Kinderbetreuungskosten.** Kinderbetreuungskosten, die bisher gemäß § 33c EStG a. F. als außergewöhnliche Belastungen abziehbar waren, können ab dem Veranlagungszeitraum 2006[1151] nach Maßgabe des § 10 Abs. 1 **Nr. 5** und **8** EStG als Sonderausgaben abziehbar sein.
Gemäß der neuen **Nr. 5** können Steuerpflichtige mit Kindern i. S. d. § 32 Abs. 1 EStG, die zu ihrem Haushalt[1152] gehören und die zwar das dritte, aber noch nicht das sechste Lebensjahr vollendet haben, je Kind **zwei Drittel der Kinderbetreuungskosten, höchstens 4000 €,** als Sonderausgaben vom Gesamtbetrag der Einkünfte abziehen, vorausgesetzt, die Beiträge sind nicht gemäß § 10 Abs. 1 Nr. 8 EStG zu berücksichtigen (Nr. 5 Satz 1). Damit wird typisierend berücksichtigt, dass bei allen Eltern mit Kindern dieser Altersgruppe Kinderbetreuungskosten, im Wesentlichen Kindergartenbeiträge, anfallen. Zu den Aufwendungen für Dienstleistungen[1153] zur Kinderbetreuung gehören ferner z. B. die Kosten für Babysitter, für Tages- und Wochenmütter, für Erzieherinnen,

---

[1145] S. dazu BMF v. 24. 2. 2005, Rz. 50 ff. mit Beispielen.

[1146] Die Verfassungsmäßigkeit des § 10 Abs. 1 Nr. 2 Buchst. a i. V. m. § 10 Abs. 3 EStG wird vom X. Senat des BFH in Zweifel gezogen. Er hat daher beschlossen, die entsprechende verfassungsrechtliche Streitfrage dem BVerfG zur Entscheidung vorzulegen, B. X R 20/04 v. 14. 12. 2005, BStBl II 2006, 312.

[1147] S. dazu BMF v. 24. 2. 2005, Rz. 42 ff.

[1148] S. auch BMF v. 24. 2. 2005, Rz. 46.

[1149] S. dazu BMF v. 24. 2. 2005, Rz. 47 mit Anwendungsbeispielen.

[1150] S. dazu BMF v. 24. 2. 2005, Rz. 49.

[1151] S. dazu § 52 Abs. 24 i. d. F. des Gesetzes zur steuerlichen Förderung von Wachstum und Beschäftigung vom 26. 4. 06, BGBl I 2006, 1091; BStBl I 2006, 350.

[1152] Zum Haushaltsbegriff S. *Blümich/Hutter* § 10 EStG Rz. 494j.

[1153] Zum Erfordernis einer schuldrechtlichen Grundlage für die Dienstleistungen s. *Blümich/Hutter* § 10 EStG Rz. 494d.

Kinderschwestern und Kinderpflegerinnen.[1154] Diese Aufwendungen können die Steuerpflichtigen generell, d.h. **unabhängig von einer Erwerbstätigkeit,** Behinderung, Krankheit oder Ausbildung, im Rahmen des Höchstbetrages als Sonderausgaben abziehen. Dies bedeutet, dass der Sonderausgabenabzug unabhängig vom Ersatz der Aufwendungen für sog. **„Erwerbsbedingte Kinderbetreuungskosten"** i.S.d. (neuen) § 4f EStG[1155] zu gewähren ist.[1156]

§ 10 Abs. 1 EStG weist darüber hinaus in der – ebenfalls neuen – **Nr. 8** einen weiteren Tatbestand des Sonderausgabenabzugs auf. Er betrifft Aufwendungen für die Kinderbetreuung in speziellen Fällen. Nach dieser Neuregelung können Steuerpflichtige mit Kindern i.S.d. § 32 Abs. 1 EStG, die zu ihrem Haushalt gehören und die das **14. Lebensjahr** noch nicht vollendet haben oder wegen einer vor Vollendung des 25. Lebensjahres[1157] eingetretenen körperlichen, geistigen oder seelischen Behinderung außerstande sind, sich selbst zu unterhalten, je Kind **höchstens 4000 €,** als Sonderausgaben vom Gesamtbetrag der Einkünfte abziehen. § 10 Abs. 1 Nr. 8 Satz 1 EStG setzt dabei voraus, dass der Steuerpflichtige sich in Ausbildung, ist körperlich, geistig oder seelisch behindert oder krank. Eine Krankheit, die zum Abzug der entsprechenden Aufwendungen berechtigt, muss innerhalb eines zusammenhängenden Zeitraums von mindestens drei Monatenn bestanden haben, es sei denn, der Krankheitsfall tritt unmittelbar im Anschluss an eine Erwerbstätigkeit oder Ausbildung ein (Nr. 8 Satz 2).

Bei **zusammenlebenden Eltern** setzt der Sonderausgabenabzug gemäß Nr. 8 voraus, dass beide Elternteile die vorstehend genannten Voraussetzungen der Nr. 8 Satz 1 erfüllen oder ein Elternteil erwerbstätig ist und der andere Elternteil sich in Ausbildung befindet, körperlich, geistig oder seelisch behindert oder krank ist (Nr. 8 Satz 3).

Für beide Abzugstatbestände gilt Folgendes:

Aufwendungen für Unterricht (z.B. Schulgeld, Nachhilfe-, Fremdsprachenunterricht), die Vermittlung besonderer Fähigkeiten (z.B. Musikunterricht, Computerkurse), sportliche und andere Freizeitbetätigungen (z.B. Mitgliedschaft in Sportvereinen oder anderen Vereinen, Tennis- Reit-, Schwimmunterricht) sind nicht in die Bemessungsgrundlage für die Höhe der außergewöhnlichen Belastungen einzubeziehen (Nr. 5 Satz 4; Nr. 8 Satz 4).[1158] Ebensowenig gehören zu den Kinderbetreuungskosten die Aufwendungen für die **Verpflegung** des Kindes[1159] sowie evtl. Fahrtkosten des Kindes zur Betreuungsperson oder zur Betreuungsstätte.[1160] Dagegen sind Aufwendungen für die Überwachung des Kindes bei den schulischen Hausaufgaben begünstigt.[1161]

Bei zu betreuenden **Auslandskindern,** d.h. wenn das zu betreuende Kind nicht gemäß § 1 Abs. 1 oder 2 EStG unbeschränkt steuerpflichtig ist, ist der Kinderbetreuungsbetrag (Nr. 5 Satz 1; Nr. 8 Satz 1) zu kürzen, soweit es nach den Verhältnissen im Wohnsitzstaat des Kindes notwendig und angemessen ist (Nr. 5 Satz 3; Nr. 8 Satz 5).

[1154] Zur Abgrenzung zwischen Dienstleistung und familieninterner Gefälligkeit s. BFH III R 184/90 v. 10. 4. 1992, BStBl II 1992, 814.

[1155] S. dazu Rz. 476ff.

[1156] S. dazu i.E. *Blümich/Hutter* § 10 EStG Rz. 494a ff.

[1157] Rechtslage aufgrund des StÄndG 2007 v. 19. 7. 2006, BGBl I 2006, 1652; BStBl I 2006, 432. Bis einschließlich Veranlagungszeitraum 2006: 27. Lebensjahr.

[1158] S. dazu *Blümich/Hutter* § 10 EStG Rz. 494e.

[1159] Vgl. BFH III R 1/86 v. 28. 11. 1986, BStBl II 1987, 490).

[1160] Vgl. BFH III R 209/82 v. 29. 8. 1986, BStBl II 1987, 187: durch den Kinderleistungsausgleich abgegoltene Unterhaltsaufwendungen.

[1161] Vgl. BFH VI R 116/78 v. 17. 11. 1978, BStBl II 1979, 142, zu § 33a Abs. 3 Satz 2 EStG 1975: Betreuung durch Haushaltshilfe.

Maßstab hierfür ist die Ländergruppeneinteilung im BMF-Schreiben vom 17. 11. 2003.[1162]

Der Steuerpflichtige muss die geltend gemachten Aufwendungen durch **Vorlage einer Rechnung** und die **Zahlung auf das Konto** des Erbringers der Leistung **nachweisen** (Nr. 5 Satz 4; Nr. 8 Satz 6).[1163] Als Rechnung in diesem Sinne genügt beispielsweise der Bescheid über die Höhe der zu zahlenden Kindergartengebühren.[1164]

Für den Abzug von Sonderausgaben gemäß § 10 Abs. 1 Nr. 5 und 8 EStG ist es bei **Zusammenveranlagung** unerheblich, welcher Ehegatte die Kinderbetreuungskosten aufgewendet hat. Anders ist es bei **getrennter Veranlagung** (§ 26a EStG). Hier werden die Aufwendungen für die Kinderbetreuung in Höhe des bei einer Zusammenveranlagung in Betracht kommenden Betrages bei beiden (getrennten) Veranlagungen jeweils **zur Hälfte abgezogen,** wenn die Ehegatten nicht gemeinsam eine andere Aufteilung beantragen (§ 26a Abs. 2 Satz 1 EStG).

660 • Bis einschließlich Veranlagungszeitraum 2005 waren die **Steuerberatungskosten** als Sonderausgaben abziehbar (§ 10 Abs. 1 **Nr. 6** EStG a.F.). Bei Vorliegen der entsprechenden Voraussetzungen können diese Aufwendungen jedoch als Betriebsausgaben oder Werbungskosten abziehbar sein. Da erwerbsbedingte **Kinderbetreuungskosten** i.S.d. (neuen) § 4f EStG *wie* Betriebsausgaben (Werbungskosten; § 9 Abs. 5 Satz 1 EStG) abziehbar sind, sind auf dieser Rechtsgrundlage Steuerberatungskosten auch insoweit abziehbar, als sie auf das Geltendmachen von Kinderbetreuungskosten gemäß § 4f EStG im Rahmen von Gewinn- und/oder Überschusseinkünften entfallen.

Aufwendungen i.S.d. Parallelvorschriften des § 4f EStG oder des § 9 Abs. EStG können nicht anstelle von Betriebsausgaben/Werbungskosten oder zusätzlich zu diesen noch als Sonderausgaben berücksichtigt werden (Einleitungssatz zu § 10 EStG).

661 • Aufwendungen für die **eigene Berufsausbildung** oder **Weiterbildung** in einem nicht ausgeübten Beruf sind gemäß § 10 Abs. 1 **Nr. 7** EStG bis zu 4000 € als Sonderausgaben abziehbar. Zusammen veranlagte Ehegatten können diesen Sonderausgabenbetrag gesondert in Anspruch nehmen (§ 10 Abs. 1 Nr. 7 Satz 2b EStG).[1165]

Zu den Berufsausbildungskosten gehören auch die Aufwendungen für eine auswärtige Unterbringung (§ 10 Abs. 1 Nr. 7 Satz 3 EStG). Dagegen sind **Fortbildungskosten,** d.h. beruflich veranlasste Weiterbildungskosten keine Sonderausgaben; sie können Betriebsausgaben oder Werbungskosten sein;[1166]

662 • **Schulgeld.** Gemäß § 10 Abs. 1 **Nr. 9** EStG können 30 v.H. des Entgelts, das der Steuerpflichtige für ein Kind entrichtet, für das er Anspruch auf einen Freibetrag gemäß § 32 Abs. 6 EStG oder auf Kindergeld hat, für den Besuch einer staatlich genehmigten oder nach Landesrecht erlaubten **Ersatzschule** sowie einer nach Landesrecht anerkannten allgemeinbildenden **Ergänzungsschule** entrichtet, als Sonderausgabe abgesetzt werden. Nicht begünstigt ist das Entgelt für Beherbergung, Betreuung und Verpflegung.

[1162] BStBl I 2003, 637.

[1163] Dies soll Missbräuchen und Schwarzarbeit vorbeugen, s. dazu Deutscher Bundestag Drs. 16/974 Abschnitt B – Einzelbegründung, zu Art. 1 (Einkommensteuergesetz), zu Nr. 7 Buchst. b (§ 10 Abs. 1 Nr. 5).

[1164] So ausdrücklich Deutscher Bundestag Drs. 16/974 Abschnitt B – Einzelbegründung, zu Art. 1 (Einkommensteuergesetz), zu Nr. 7 Buchst. b (§ 10 Abs. 1 Nr. 5).

[1165] Zur Abgrenzung zu den als Werbungskosten abziehbaren Bildungsaufwendungen s. BFH VI R 5/04 v. 22. 6. 2006, DStRE 2006, 1178.

[1166] S. dazu i.E. *Blümich/Thürmer* § 9 EStG Rz. 600 – „Fortbildungskosten".

Der Besuch einer **Privatschule im EG-Ausland** ist jedenfalls dann nicht gemeinschaftsrechtlich diskriminiert, wenn auch das für den Besuch einer inländischen Privatschule gezahlte Schulgeld nicht als Sonderausgaben abgezogen werden kann.[1167] Dagegen kann das Schulgeld für eine sog. „Europäische Schule" als Sonderausgabe abziehbar sein.[1168] Fraglich ist allerdings, ob die Regelung des § 10 Abs. 1 Nr. 9 EStG generell mit EG-Recht vereinbar ist.

(2) Sonderausgabenabzug gemäß § 10a EStG. **§ 10a EStG** regelt – ebenso wie die 663
§§ 79ff. EStG (Altersvorsorgezulage) – die steuerliche Förderung einer **zusätzlichen Altersvorsorge.**[1169] Er erlaubt einen begrenzten Sonderausgabenabzug für Altersvorsorgebeträge. Anlass für die Schaffung dieser Regelung durch das Altersvermögensgesetz vom 26. 6. 2001[1170] ist das schrittweise Absenken der Leistungen aus der gesetzlichen, umlagefinanzierten Rentenversicherung. Die Vorschrift soll den mit Eigenbeiträgen finanzierten freiwilligen Aufbau einer ergänzenden kapitalgedeckten Vorsorge fördern. Zu diesem Zweck hat der Gesetzgeber in § 10a EStG einen eigenen Sonderausgabenabzug mit bis zum Veranlagungszeitraum 2008 ansteigenden Höchstbeträgen geschaffen.

Der Sonderausgabenabzug stellt sicher, dass die Aufwendungen für die Altersvorsorge 664
auch bei steigender Steuerprogression nicht aus versteuertem Einkommen finanziert werden.

Begünstigt sind grundsätzlich nur diejenigen unbeschränkt einkommensteuerpflichtigen 665
Personen, die *entweder* von der Absenkung des Leistungsniveaus der gesetzlichen Rentenversicherung betroffen und in dieser pflichtversichert sind *oder* der wirkungsgleichen Absenkung des Niveaus der öffentlichen Alterversorgung unterfallen.[1171]

Zu dem begünstigten Personenkreis zählen gemäß § 10a Abs. 1 Satz 1 EStG i.V.m. § 2 666
Abs. 1 Nr. 5 SGB VI als Pflichtversicherte u.a. die **Künstler** nach näherer Bestimmung des Künstlersozialversicherungsgesetzes (KSVG).[1172] Danach sind grundsätzlich versicherungspflichtig selbständige Künstler, wenn sie die künstlerische Tätigkeit erwerbsmäßig und nicht nur vorübergehend ausüben (§ 1 KSVG). Künstlerisch tätig in diesem Sinne ist derjenige, der Musik, darstellende Kunst oder **bildende Kunst** schafft, ausübt oder lehrt (§ 2 KSVG).

Zu den abziehbaren **Sonderausgaben,** die der Steuerpflichtige **neben** der **Altersvor-** 667
sorgezulage gemäß §§ 79ff. EStG in Anspruch nehmen kann, gehören die im Veranlagungszeitraum geleisteten Altersvorsorgebeiträge.[1173] Bei zusammen veranlagten **Ehegatten,** die beide unmittelbar begünstigt sind, ist die Begrenzung auf den Höchstbetrag gemäß § 10a Abs. 1 EStG jeweils gesondert vorzunehmen.[1174]

[1167] BFH XI R 66/03 v. 14. 12. 2004, BStBl II 2005, 473. S. auch XI B 50/04 v. 18. 7. 2005, BFH/NV 2006, 266 sowie XI R 79/03 v. 16. 11. 2005, BStBl II 2006, 377 zum Erfordernis des Zugangs zu öffentlichen Schulen; s. aber auch Vorabentscheidungsersuchen des FG Köln v. 27. 1. 2005, DStRE 2005, 454 – Az. des EuGH: Rs. C-76/05.

[1168] BFH XI R 1/04 v. 5. 4. 2006, BStBl II 2006, 682; s. dazu auch *Ismer* DStR 2006, 1157; *Meilicke* IStR 2006, 447; s. auch OFD Münster v. 4. 11. 2005, DStR 2006, 704.

[1169] S.i. E. dazu BMF v. 17. 11. 2004, BStBl I 2004, 1065.

[1170] BStBl I 2001, 1310.

[1171] S. dazu i.E. *Blümich/Lindberg* § 10a EStG Rz. 7ff.; *Schmidt/Weber-Grellet* § 10a EStG Rz. 8ff.; BMF v. 17. 11. 2004, BStBl I 2004, 1065, Rz. 1ff.

[1172] Zum begünstigten Personenkreis im Übrigen s. BMF v. 17. 11. 2004, BStBl I 2004, 1065, Rz. 3ff.

[1173] S. dazu BMF v. 17. 11. 2004, BStBl I 2004, 1065, Rz. 55ff.

[1174] S. dazu i.E. BMF v. 17. 11. 2004, BStBl I 2004, 1065, Rz. 58ff.

668 Ob der Steuerpflichtige die progressionsunabhängige **Altersvorsorgezulage** (§§ 79ff. EStG)[1175] in Anspruch nimmt oder den – u. U. günstigeren – Sonderausgabenabzug, ist nach den konkreten Verhältnissen im jeweiligen Einzelfall zu entscheiden. Insoweit besteht eine sog. **„Günstigerprüfung"** (§ 10a Abs. 2, 3 EStG).[1176]

669 *(3) Spendenabzug (§ 10b EStG). α) Allgemeine Grundsätze.* § 10b EStG ermöglicht unter bestimmten Voraussetzungen und in bestimmten betragsmäßigen Grenzen den Abzug von **Spenden** *als* Sonderausgaben. Spenden sind Ausgaben, die von dem Steuerpflichtigen **freiwillig** und **ohne Gegenleistung** zur Förderung der gesetzlich festgelegten Zwecke geleistet werden.[1177] Für ihre **Abgrenzung** von den Betriebsausgaben ist die Motivation des Zuwendenden entscheidend.[1178]

670 Bei den Spenden kann es sich sowohl um **Geld-** als auch um **Sachzuwendungen** handeln (§ 10b Abs. 3 Satz 1 EStG). Ein Künstler kann auch von ihm **selbst geschaffene Werke** spendenhalber zuwenden.[1179] Die Bewertung von Sachspenden richtet sich nach § 10b Abs. 3 Sätze 2 und 3 EStG. Danach ist im Regelfall der **gemeine Wert** des zugewendeten Wirtschaftsguts anzusetzen, und zwar unbeschadet möglicher Schwierigkeiten bei der Wertermittlung, z.B. bei Spenden in Form von selbst geschaffenen Kunstwerken, für die ebenfalls der gemeine Wert und nicht etwa die für die Gewinnermittlung maßgeblichen Herstellungskosten anzusetzen ist. Bei einer der Spende unmittelbar vorangegangenen Entnahme des gespendeten Wirtschaftsguts aus dem (freiberuflichen) Betriebsvermögen darf bei der Ermittlung der Ausgabenhöhe der bei der Entnahme angesetzte Wert nicht überschritten werden (§ 10b Abs. 3 Satz 2 EStG).[1180] Bei der Entnahme aus einem (freiberuflichen) Betriebsvermögen ist grundsätzlich der **Teilwert zzgl. Umsatzsteuer** (§ 6 Abs. 1 Nr. 4 EStG) anzusetzen.

671 Sog. **Aufwandsspenden** zugunsten eines passiv Spendenberechtigten sind nur abziehbar, wenn ein Anspruch auf Erstattung der Aufwendungen durch Vertrag oder Satzung eingeräumt und auf die Erstattung verzichtet worden ist (§ 10b Abs. 3 Satz 4 EStG). Der Anspruch darf allerdings nicht unter der Bedingung des Verzichts eingeräumt worden sein (§ 10b Abs. 3 Satz 5 EStG).[1181]

672 Zuwendungen von **Nutzungen** und **Leistungen,** die nicht mit einer Wertabgabe aus dem geldwerten Vermögen des Zuwendenden verbunden sind, sind nicht begünstigt (§ 10b Abs. 3 Satz 1 EStG). Ebensowenig sind grundsätzlich **Mitgliedsbeiträge,**[1182] sonstige Mitgliedsumlagen und Aufnahmegebühren, z.B. in einem Golfclub, abziehbar. Das Gleiche gilt ferner für Zuwendungen, die mit der **Auflage** geleistet werden, sie an eine bestimmte *natürliche* Person weiterzuleiten. Das Weiterleiten von **„Spielgewinnen"** aus Spiel- und Quizshows stellen keine als Sonderausgaben abzuziehende Zuwendungen dar.[1183]

673 *β) Die einzelnen steuerbegünstigten Zwecke.* Begünstigt sind Spenden zur Förderung mildtätiger, kirchlicher, religiöser, wissenschaftlicher und der als besonders förderungswürdig an-

---

[1175] S. dazu BMF v. 17. 11. 2004, BStBl I 2004, 1065, Rz. 14ff.

[1176] S. dazu BMF v. 17. 11. 2004, BStBl I 2004, 1065, Rz. 60ff.

[1177] Ist mit der Spende gleichzeitig ein Vorteil verbunden, steht dies dem Sonderausgabenabzug entgegen, BFH XI R 6/03 v. 2. 8. 2006, DStR 2006, 1975: Eintrittsspende an Golfclub. Zu Auslandsspenden s. *Gradel* IStR 2002, 222.

[1178] BFH I R 65/86 v. 12. 9. 1990, BStBl 1991, 258.

[1179] Zutr. FG Berlin v. 14. 11. 1977, EFG 1978, 376: Architekturzeichnungen.

[1180] Zu weiteren Einschränkungen des Spendenabzugs bei Zuwendung an eine Körperschaft s. § 10b Abs. 3 Sätze 4 und 5 EStG.

[1181] S. dazu auch BMF v. 7. 6. 1999, BStBl I 1999, 591.

[1182] Zu Ausnahmen s. Abschnitt A Nr. 3 der Anlage zu § 48 Abs. 2 EStDV sowie BMF v. 19. 1. 2006, BStBl II 2006, 216.

[1183] BMF v. 27. 4. 2006, BStBl I 2006, 342.

erkannten gemeinnützigen Zwecke.[1184] Für die Begriffe „mildtätige, kirchliche, religiöse, wissenschaftliche und gemeinnützige Zwecke" gelten die §§ 51 bis 68 AO (§ 48 Abs. 1 EStDV i. V. m. § 51 Abs. 1 Nr. 2 Buchst. c EStG). Nach Ansicht des Wissenschaftlichen Beirats beim BMF ist der Umfang der als gemeinnützig anerkannten Zwecke zu weit geraten.[1184a] Unterstützt werden soll jedoch die **Pflege des kulturellen Erbes,** die Förderung von Umweltschutz, Wissenschaft, Bildung und Erziehung. Darüber hinaus ist vorgesehen, für ehrenamtliche Tätigkeiten im mildtätigen, karitativen Bereich von mindestens 20 Stunden einen pauschalen Steuerabzugsbetrag von 300 € zu gewähren.

Mildtätige Zwecke sind darauf gerichtet, Personen selbstlos zu unterstützen, die infol- **674**
ge ihres körperlichen, geistigen oder seelischen Zustands auf die Hilfe anderer angewiesen sind oder die nur geringe, der Höhe nach im Einzelnen am Regelsatz der Sozialhilfe i. S. d. § 28 SGB XII (Regelbedarf) ausgerichtete Bezüge haben (vgl. § 53 AO).

Kirchliche Zwecke werden erfüllt, wenn die Spende darauf gerichtet ist, eine Reli- **675**
gionsgemeinschaft, die Körperschaft des öffentlichen Rechts ist, selbstlos zu fördern (vgl. § 54 AO).

Der Begriff der **religiösen Zwecke** ist weder im EStG noch in der AO näher **676**
bestimmt. Unter „religiös" ist das Handeln zu verstehen, das sich auf das Verhalten des Menschen zu Gott (einer Gottheit) bezieht.[1185] Die „religiösen Zwecke" beschränken sich nicht auf ein bestimmtes Bekenntnis, etwa das christliche Glaubensbekenntnis.[1186]

Den **wissenschaftlichen Zwecken** dient eine Spende, wenn sie Forschung und Lehre **677**
auf dem Gebiet der Natur- und Geisteswissenschaften, und zwar sowohl der theoretische als auch der angewandten Wissenschaft, fördern soll.[1187]

Die als besonders förderungswürdig anerkannten **gemeinnützigen Zwecke** sind in **678**
einem Verzeichnis (Anlage 1 zu § 48 Abs. 2 EStDV)[1188] im Einzelnen aufgelistet. Zu diesen Zwecken gehören die Förderung insbesondere z. B. der **Jugend-** und Altenhilfe; des **Feuer, Katastrophen-** und **Zivilschutzes,** der **Rettung aus Lebensgefahr,** des **Umwelt-** und **Naturschutzes** sowie der **Landschafts-** und **Heimatpflege,** des **Schutzes von Ehe und** Familie und des **Sports.**

Einen breiten Raum nimmt gemäß Abschnitt A Nr. 3 des genannten Verzeichnisses die **679**
Förderung kultureller Zwecke ein. Darunter ist die ausschließliche und unmittelbare Förderung der Kunst, die Förderung der Pflege und Erhaltung sowie die Denkmalpflege zu verstehen. Die **Förderung der Kunst** ihrerseits umfasst neben den Bereichen Musik und Literatur die darstellende und **bildende Kunst.** Sie schließt zudem die Förderung von kulturellen Einrichtungen wie beispielsweise **Museen** sowie von kulturellen Veranstaltungen wie **Kunstausstellungen** ein (Abschnitt A Nr. 3 Buchst. a des Verzeichnisses) **Kulturwerte** sind u. a. Gegenstände von künstlerischer und sonstiger kultureller Bedeutung, **Kunstsammlungen** und **künstlerische Nachlässe** (Abschnitt A Nr. 3 Buchst. b des Verzeichnisses).[1189]

γ) Höhe des Spendenabzugs. Spenden zugunsten der in § 10b Abs. 1 Satz 1 EStG aufge- **680**
führten steuerbegünstigten Zwecke sind bis zur Höhe von **5 v. H. des Gesamtbetrags**

[1184] S. zu diesen Begriffen Rz. 674 ff.

[1184a] Teilw. krit. dazu *Fischer* FR 2006, 1001.

[1185] S. *Blümich/Hofmeister* § 10b EStG Rz. 23.

[1186] Ebenso *Geserich* in K/S/M § 10b EStG Rz. B 151.

[1187] S. *Blümich/Hofmeister* § 10b EStG Rz. 24.

[1188] Abgedruckt im Amtlichen Einkommensteuer-Handbuch 2005, S. 398 ff.

[1189] Zum Begriff „Denkmalpflege" s. Abschnitt A Nr. 3 Buchst. c des Verzeichnisses zu § 48 Abs. 2 EStDV.

der Einkünfte[1190] oder 2 v. T. der Summe der gesamten Umsätze und der im Kalenderjahr aufgewendeten Löhne und Gehälter als Sonderausgaben abziehbar (§ 10b Abs. 1 Satz 1 EStG). Für wissenschaftliche, mildtätige und als besonders förderungswürdig anerkannte kulturelle Zwecke erhöht sich der v. H.-Satz von 5 um weitere 5 v. H. auf **10 v. H.** (§ 10b Abs. 1 Satz 2 EStG). Nach den Reformplänen der Bundesregierung soll ab 1. 1. 2007 ein einheitlicher Satz von 20 v. H. gelten. Zuwendungen an **Stiftungen** des öffentlichen Rechts und an gemäß § 5 Abs. 1 Nr. 9 KStG steuerbefreite Stiftungen des privaten Rechts[1190a] zur Förderung steuerbegünstigter Zwecke i. S. d. §§ 52 bis 54 AO – ausgenommen gemeinnützige Zwecke i. S. d. § 52 Abs. 2 Nr. 4 AO – sind darüber hinaus bis zur Höhe von **20 450 €** abziehbar (§ 10b Abs. 1 Satz 3 EStG). Dieser zusätzliche Abzugshöchstbetrag steht bei zusammen veranlagten Ehegatten jedem Ehegatten einzeln zu.[1191]

681 Darüber hinaus können Spenden, die anlässlich der **Neugründung** in den Vermögensstock einer **Stiftung** des öffentlichen Rechts oder einer gemäß § 5 Abs. 1 Nr. 9 KStG steuerbefreite Stiftungen des privaten Rechts geleistet werden, **zusätzlich** zu den Spenden gemäß § 10b Abs. 1 Satz 1 EStG und über den nach § 10b Abs. 1 zulässigen Umfang hinaus im Jahr der Zuwendung und/oder wahlweise in den folgenden neun Veranlagungszeiträumen bis zu einem Betrag von **307 000 €** (ab 1. 1. 2007 voraussichtlich 750 000 €) abgezogen werden (§ 10b Abs. 1a Satz 1 EStG).

682 Zuwendungen an **politische Parteien** i. S. d. § 2 des Parteiengesetzes sind bis zur Höhe von **1650 €** (bei Zusammenveranlagung: **3300 €**) abziehbar (§ 10b Abs. 2 EStG).

683 § 10b Abs. 1 Satz 4 EStG enthält eine Sonderregelung für den Fall, dass eine **Einzelzuwendung** den Betrag von **25 565 € übersteigt.**[1192]

684 **Großspenden**[1193] und **Stiftungsspenden** sind gemäß § 10b Abs. 1 Sätze 3 bis 5 EStG entsprechend § 10d EStG[1194] verteilbar.[1195]

685 *δ) Zuwendungsempfänger.* Zuwendungen für die gemäß § 48 EStDV begünstigten Zwecke dürfen nur abgezogen werden, wenn der **Empfänger der Zuwendung**
- eine inländische juristische Person des öffentlichen Rechts oder eine inländische öffentliche Dienststelle[1196] oder
- eine in § 5 Abs. 1 Nr. 9 KStG bezeichnete Körperschaft, Personenvereinigung oder Vermögensmasse ist (§ 49 EStDV). Die in § 5 Abs. 2 Nr. 2 KStG geregelte Beschränkung der von der Gemeinnützigkeit abhängigen Steuerbefreiung (§ 5 Abs. 1 Nr. 9 KStG) auf Körperschaften, die im Inland entweder ihre Geschäftsleitung oder ihren Sitz haben (vgl. § 1 Abs. 1 KStG) verstößt gegen die Kapitalverkehrsfreiheit des Art. 56 i. V. mit Art. 58 Abs. 1 Buchst. a EGV.[1196a] Dementsprechend kann grundsätzlich auch eine

---

[1190] S. dazu Rz. 639 ff.

[1190a] Zu gemeinnützigen und mildtätigen Stiftungen, s. *Hartmann* in: Graf Strachwitz/Mercker (Hrsg.), a. a. O., S. 381, 400.

[1191] BFH XI R 76/03 v. 3. 8. 2005, BStBl II 2006, 121, dazu Anm. *Kanzler* FR 2006, 435; XI R 81/03 v. 3. 8. 2005, BFH/NV 2006, 267.

[1192] Zu Einzelheiten s. EStR R 10b.3 – „Großspendenregelung" und EStH H 10b.3 – „Großspende".

[1193] Der Großspendenabzug ist nach FG Düsseldorf v. 14. 12. 2004 (DStRE 2005, 1119) nicht vererbbar, Rev. XI R 4/05.

[1194] S. dazu Rz. 747 ff.

[1195] Zur Rück- und Vortragsfähigkeit einer Großspende s. BFH XI R 34/03 v. 4. 5. 2004, BStBl II 2004, 736.

[1196] Bestätigend FG Münster v. 28. 10. 2005, EFG 2006, 357, Rev. XI R 56/05.

[1196a] EuGH Rs. C-386/04 v. 14. 9. 2006 – Fall Stauffer, DStR 2006, 1736, s. dazu *Hüttemann/Helios* DB 2006, 2481.

im Ausland ansässige Stiftung im Rahmen der beschränkten Steuerpflicht bei Vorliegen der übrigen Voraussetzungen die Steuerbefreiung für vermögensverwaltende Einkünfte gemäß § 5 Abs. 1 Nr. 9 KStG in Anspruch nehmen.

ε) Durchlaufspenden. Inländische juristische Personen des öffentlichen Rechts, die Gebietskörperschaften sind, und ihre Dienstellen sowie inländische kirchliche juristische Personen des öffentlichen Rechts können ihnen zugewendete Spenden[1197] an Zuwendungsempfänger i. S. d. § 49 EStDV[1198] weiterleiten. Die **Durchlaufstelle** muss allerdings die tatsächliche Verfügungsmacht über die Spendenmittel, bei Sachspenden das Eigentum an der gespendeten Sache, erhalten.[1199] Der Zuwendungsempfänger muss die Voraussetzungen des § 49 EStDV erfüllen.[1200] **686**

ζ) Zuwendungsnachweis. Die Spenden i. S. d. § 10b EStG sind grundsätzlich durch eine vom Empfänger nach **amtlich vorgeschriebenem Vordruck** erstellte Zuwendungsbestätigung (sog. **Spendenbescheinigung**) nachzuweisen (§ 50 Abs. 1 EStDV). Als Nachweis genügt der Bareinzahlungsbeleg oder die Buchungsbestätigung eines Kreditinstituts, wenn dabei die in § 50 Abs. 2 EStDV aufgeführten Voraussetzungen erfüllt sind. Bei Sachzuwendungen und beim Verzicht auf die Erstattung von Aufwand müssen sich aus den zu führenden Aufzeichnungen auch die Grundlagen für den vom Empfänger bestätigten Wert der Zuwendung ergeben (§ 50 Abs. 4 EStDV).[1201] Die Spendenbescheinigung kann nachträglich vorgelegt werden.[1202] **687**

Bei Vorliegen bestimmter Voraussetzungen reicht eine maschinell erstellte Spendenbescheinigung ohne eigenhändige Unterschrift einer zeichnungsberechtigten Person aus, ausgenommen in den Fällen der Sach- und Aufwandsspenden.[1203] Der Aussteller einer unrichtigen Spendenbescheinigung kann in Haftung genommen werden (§ F10b Abs. 4 Satz 2 EStG).[1204] **688**

(4) Sonderausgaben-Pauschbetrag, Vorsorgepauschale (§ 10c EStG). α) Sonderausgaben-Pauschbetrag. Der Steuerpflichtige kann die als Sonderausgaben anzuerkennenden Aufwendungen entweder im Einzelnen nachweisen oder aber ohne Nachweis lediglich den von Amts wegen zu gewährenden **Sonderausgaben-Pauschbetrag** in Anspruch nehmen. Dieser umfasst gemäß § 10c Abs. 1 EStG Aufwendungen im Sinne von § 10 Abs. 1 Nr. 1, 1a, 4, 5, 7 bis 9 und § 10b EStG. Der Pauschbetrag beträgt **36 €** im Veranlagungszeitraum. **689**

β) Vorsorgepauschale für Vorsorgeaufwendungen. Die Vorsorgepauschale für Vorsorgeaufwendungen im Sinne von § 10 Abs. 1 Nr. 2 und 3 EStG[1205] können gemäß § 10c Abs. 2 EStG nur Steuerpflichtige in Anspruch nehmen, die **Arbeitslohn** (§ 2 EStDV) bezogen haben, nicht aber auch Steuerpflichtige mit ausschließlich anderen Einkünften als solche aus nichtselbständiger Arbeit i. S. d. § 19 EStG.[1206] **690**

[1197] Nicht jedoch Mitgliedsbeiträge, sonstige Mitgliedsumlagen und Aufnahmegebühren.

[1198] S. Rz. 685.

[1199] Zu weiteren Einzelheiten s. EStR R 10b.1 – „Durchlaufspenden" und EStH H 10b.1 – „Durchlaufspendenverfahren".

[1200] Vgl. BFH I R 65/86 v. 12. 9. 1990, BStBl II 1991, 258.

[1201] Zu weiteren Einzelheiten zur Zuwendungsbestätigung s. auch EStH H 10b.1 und 2 – „Zuwendungsbestätigung (§ 50 EStDV)".

[1202] Vgl. BFH XI R 13/02 v. 6. 3. 2003, BStBl II 2003, 554: Rückwirkendes Ereignis i. S. d. § 175 Abs. 1 Satz 1 Nr. 2 AO.

[1203] S. zu den Einzelheiten EStR R 10b.1 – „Maschinell erstellte Zuwendungsbestätigung".

[1204] S. dazu BFH XI R 123/96 v. 24. 4. 2002, BStBl II 2003, 128: Gemeinde als Aussteller einer Spendenbestätigung.

[1205] S. dazu Rz. 655 f.

[1206] Zur Berechnung der Vorsorgepauschale bei Arbeitnehmern S. BMF v. 24. 2. 2005, Rz. 53 ff. mit Beispielen.

691 Der Steuerpflichtige mit Einkünften aus künstlerischer Tätigkeit i.S.d. § 18 Abs. 1 Nr. 1 EStG kann daher für sich allein nicht die Vorsorgepauschale beanspruchen. Anders ist es jedoch, wenn er neben den Einkünften aus selbständiger Arbeit – wenn auch nur für einen Teil des Jahres – Einkünfte aus nichtselbständiger Arbeit bezogen hat.

692 Eine weitere Möglichkeit, die Vorsorgepauschale in Anspruch nehmen zu können, ist dann gegeben, wenn der Freiberufler verheiratet ist und sein **Ehegatte** Arbeitslohn bezieht und beide Ehegatten zusammen veranlagt werden. In diesem Fall werden unter Zugrundelegen des Lohnes des Arbeitnehmer-Ehegatten die für ihn maßgeblichen Beträge (§ 10c Abs. 2 oder 3 EStG) verdoppelt (§ 10c Abs. 4 Satz 1 EStG). Zu beachten ist allerdings, dass bestimmte Arbeitnehmer gemäß § 10c Abs. 3 Nr. 2 EStG nur Anspruch auf eine gekürzte Sonderausgabenpauschale haben. Zu diesem Personenkreis rechnen insbesondere Beamte, Richter, Soldaten, Geistliche, Gesellschafter-Geschäftsführer.

693 Ausgangsgröße bei der Berechnung der Vorsorgepauschale sind die steuerpflichtigen Jahresbruttoeinnahmen i.S.d. § 19 EStG. Die weitere Berechnung ist nach Maßgabe des § 10c Abs. 2 EStG mit d en sich danach ergebenden Höchstbeträgen vorzunehmen.[1207]

694 *(5) Steuerbegünstigung für zu eigenen Wohnzwecken genutzte Baudenkmale und Gebäude in Sanierungsgebieten und städtebaulichen Entwicklungsbereichen (§ 10f EStG).* **§ 10f EStG** gewährt einen Sonderausgabenabzug auf Herstellungskosten, bestimmte Anschaffungskosten und Erhaltungsaufwand an in Sanierungsgebieten und städtebaulichen Entwicklungsbereichen gelegenen Gebäuden und an Baudenkmalen, soweit diese Gebäude zu *eigenen* Wohnzwecken genutzt werden. Es können damit mehrere eigengenutzte Wohnungen in einem Gebäude begünstigt werden.

695 Eine Nutzung zu eigenen Wohnzwecken ist auch dann gegeben, wenn Teile einer eigenbewohnten Wohnung *unentgeltlich* zu Wohnzwecken überlassen werden (§ 10f Abs. 1 Satz 4 EStG). Anders ist es jedoch, wenn die gesamte Wohnung unentgeltlich zu Wohnzwecken überlassen wird.[1208]

696 Die Aufwendungen können im Kalenderjahr des Abschlusses der Baumaßnahmen und in den neun folgenden Kalenderjahren jeweils bis zu **9 v.H.** *wie* Sonderausgaben abgezogen werden. Voraussetzung hierfür ist das Vorliegen der Voraussetzungen des § 7h oder des § 7i EStG.[1209] Bei Unterschreiten des Höchstbetrages gibt es keine Nachholmöglichkeit.

697 Die Abzugsbeträge können nur für *ein* Objekt in Anspruch genommen werden (§ 10h Abs. 3 Satz 1 EStG). Ehegatten, bei denen die Voraussetzungen für eine Zusammenveranlagung vorliegen, können die Abzugsbeträge bei insgesamt zwei Objekten in Anspruch nehmen (§ 10h Abs. 3 Satz 2 EStG).

698 *(6) Steuerbegünstigung für schutzwürdige Kulturgüter, die weder zur Einkunftserzielung, noch zu eigenen Wohnzwecken genutzt werden (§ 10g EStG).* Gemäß **§ 10g EStG** kann der Steuerpflichtige Aufwendungen für Herstellungs- und Erhaltungsmaßnahmen *an* eigenen **schutzwürdigen Kulturgütern** im Inland, soweit sie öffentliche oder privat Zuwendungen oder etwaige aus diesen Kulturgütern erzielte Einnahmen übersteigen, im Kalenderjahr des Abschlusses der Maßnahme und in den neun folgenden Kalenderjahren jeweils bis zu **9 v.H.** *wie* Sonderausgaben abziehen. Werden die Kulturgüter zu eigenen Wohnzwecken genutzt, können sie gemäß § 10f EStG begünstigt sein. Nicht begünstigt sind laufende Aufwendungen und die Anschaffung von Kulturgütern. Die in einem Kalenderjahr nicht ausgenutzten Abzugsbeträge können nicht in einem späteren Kalenderjahr nachgeholt werden.

[1207] Zu Beispielen zur Berechnung sowohl der ungekürzten als auch der gekürzten Vorsorgepauschale sowie der Vorsorgepauschale in Mischfällen s. EStH H 10c – „Allgemeines".

[1208] *Blümich/Erhard* § 10f EStG Rz. 18.

[1209] S. zu diesen Voraussetzungen i.E. *Blümich/Erhard* § 7h EStG Rz. 17 und § 7i EStG Rz. 18.

Die begünstigten Kulturgüter sind in § 10g Abs. 2 Nr. 1 bis 4 EStG enumerativ aufgeführt. Dazu zählen neben Gebäuden und Gebäudeteile, die allein oder im Verbund mit anderen die Voraussetzungen für ein Baudenkmal (Gesamtanlage) erfüllen, u.a. gärtnerische Anlagen sowie bewegliche Kulturgüter wie Mobiliar, **Kunstgegenstände, Kunstsammlungen,** wissenschaftliche Sammlungen und Bibliotheken, deren Erhaltung im öffentlichen Interesse liegt 699

Die Maßnahmen sind nur begünstigt, wenn sie nach Maßgabe der geltenden Bestimmungen der Denkmal- und Archivpflege erforderlich und mit der zuständigen Behörde abgestimmt sind (§ 10g Abs. 3 EStG).[1210] 700

bb) Außergewöhnliche Belastungen. Das EStG kennt mehrere Tatbestände, aufgrund denen es möglich ist, zwangsläufige **außergewöhnliche Aufwendungen** unter bestimmten Voraussetzungen und in einer bestimmten Höhe vom Gesamtbetrag der Einkünfte (§ 2 Abs. 3 EStG) abzuziehen. Es ist dies zunächst **§ 33 EStG** als Grundnorm.[1211] 701

Darüber hinaus enthält das EStG drei weitere Vorschriften, die tatbestandstechnisch den außergewöhnlichen Belastungen zuzuordnen sind, die jedoch nicht wie § 33 EStG einen **außergewöhnlichen Lebensbedarf** betreffen, sondern Aufwendungen des **Grund- und Mehrbedarfs.** Es sind dies: 702

– **§ 33 a EStG:** außergewöhnliche Belastungen in besonderen Fällen;[1212]
– **§ 33 b EStG:** Pauschbeträge für Behinderte, Hinterbliebene und Pflegepersonen;[1213]

(1) Außergewöhnliche Belastungen gemäß § 33 EStG. Gemäß **§ 33 EStG** können vom Gesamtbetrag der Einkünfte **auf Antrag** zwangsläufige **außergewöhnliche Aufwendungen** abgezogen werden, soweit sie die in § 33 Abs. 3 EStG bestimmte **zumutbare Belastung** übersteigen. Diese ist je nach dem Gesamtbetrag der Einkünfte (§ 2 Abs. 3 EStG) und nach der Kinderzahl gestaffelt. Abziehbar ist nur der die zumutbare Belastung übersteigende Betrag. 703

Aufwendungen sind bewusste und gewollte Vermögensaufwendungen in Geld oder Geldeswert.[1214] Entgangene Einnahmen sind keine Aufwendungen.[1215] 704

Diätverpflegungsaufwendungen sind kraft ausdrücklicher Regelung in § 33 Abs. 2 Satz 3 EStG nicht abziehbar. 705

Es muss sich um größere Aufwendungen handeln als die überwiegende Mehrzahl der Steuerpflichtigen gleicher Einkommens- und Vermögensverhältnisse und gleichen Familienstands zu tragen haben (§ 33 Abs. 1 EStG). **Außergewöhnlich** sind Aufwendungen, wenn sie nicht nur der Höhe, sondern auch ihrer Art und dem Grunde nach außerhalb des Üblichen liegen und insofern nur einer Minderheit entstehen.[1216] Die typischen Aufwendungen der Lebensführung sind aus dem Anwendungsbereich des § 33 EStG ungeachtet ihre Höhe im Einzelfall ausgeschlossen. 706

Die Aufwendungen müssen dem Steuerpflichtigen **zwangsläufig** erwachsen (§ 33 Abs. 1 EStG). Dies ist der Fall, wenn er sich ihnen aus *rechtlichen,*[1217] *tatsächlichen*[1218] oder 707

[1210] Zu weiteren Einzelheiten s. *Blümich/Erhard* § 10g EStG Rz. 41 i.V.m. § 7i EStG Rz. 41ff.

[1211] S. dazu Rz. 703ff.

[1212] S. dazu Rz. 730ff.

[1213] S. dazu Rz. 744ff.

[1214] BFH III R 12/92 v. 19. 5. 1992, BStBl II 1995, 774.

[1215] BFH III B 39/04 v. 23. 9. 04, nv.

[1216] Z.B. BFH III R 265/94 v. 22. 10. 1996, BStBl II 1997, 558; VI R 196/77 v. 22. 8. 1980, BStBl II 1981, 25.

[1217] Darunter fallen nur solche rechtlichen Verpflichtungen, die der Steuerpflichtige nicht selbst gesetzt hat, BFH III R 12/92 v. 19. 5. 1995, BStBl II 1995, 774.

[1218] Z.B. unabwendbare Ereignisse wie Naturkatastrophen, Brand, nicht selbst verschuldete Unfälle, Krankheit, Tod.

sittlichen[1219] *Gründen* nicht entziehen kann. Außerdem müssen die Aufwendungen den Umständen nach **notwendig sein** und einen **angemessenen Betrag** nicht übersteigen (§ 33 Abs. 2 Satz 1 EStG). Ferner muss eine **Belastung** eingetreten sein. Daran fehlt es, wenn durch die Aufwendungen ein **Gegenwert**[1220] oder **nicht nur vorübergehende Vorteile** erlangt werden. Auch ein **Vermögensschaden** kann eine außergewöhnliche Belastung bilden.

708 Schließlich darf es sich nicht um Aufwendungen handeln, die zu den Betriebsausgaben, Werbungskosten oder Sonderausgaben gehören oder unter § 4f oder § 9 Abs. 5 EStG fallen (§ 33 Abs. 2 Satz 2 EStG).

709 Zu allen diesen Problemkreisen liegt sehr umfangreiche Rechtsprechung mit erheblicher Kasuistik sowie eingehendes Schrifttum vor; hierauf wird verwiesen.[1221]

Aus der kaum mehr überschaubaren **Kasuistik** zu den einzelnen Erscheinungsformen außergewöhnlicher Belastungen i. S. d. § 33 EStG sind nachstehend einige wenige **Hauptanwendungsfälle** angeführt:[1222]

710 – **Adoptionskosten** sind keine außergewöhnlichen Belastungen.[1223]

711 – **Arzneimittel** sind – soweit nach Gegenstand und Menge ärztlich verordnet – außergewöhnliche Belastungen.[1224]

712 – **Arztkosten.** Siehe „Krankheitskosten“.

713 – **Auswärtige Unterbringung eines Kindes.** Obwohl die Aufwendungen für die Unterbringung eines Kindes in einem Heim grundsätzlich zu den Kosten der – gemäß § 12 EStG nicht abziehbaren – Kosten der Lebensführung rechnen, können derartige Aufwendungen außergewöhnliche Belastungen sein, wenn es sich um eine behinderungs- oder krankheitsbedingte Unterbringung handelt.[1225] Erforderlich ist die Vorlage eines *vor* Beginn der Heimunterbringung erstellten amtsärztlichen Attestes.[1226] Nicht gemäß § 33 EStG abziehbar sind Aufwendungen für die Unterbringung eines Kindes aus sozialen, psychologischen oder pädagogischen Gründen.[1227]

714 – **Badekuren.** Siehe „Heilkuren“.

715 – **Beerdigungskosten** sind Nachlassverbindlichkeiten und beim Erben daher dem Grunde nach nur insoweit eine außergewöhnliche Belastung, als sie den Wert des Nachlasses

---

[1219] Eine die Zwangsläufigkeit begründende sittliche Pflicht ist nur anzunehmen, wenn sie ähnlich einer Rechtspflicht von Außen her als Forderung oder doch zumindest Erwartung des Gesellschaft derart auf den Steuerpflichtigen einwirkt, dass von ihm die Erfüllung als selbstverständliche Handlung erwartet und die Missachtung dieser Erwartung als moralisch anstößig betrachtet wird, BFH III R 23/02 v. 30. 10. 2003, BStBl II 2004, 267 m. w. N.; s. ferner EStH H 33.1–33.4 – „Sittliche Pflicht“. Zu Einzelfällen s. *Blümich/Heger* § 33 EStG Rz. 115 ff.

[1220] Vgl. BFH III R 8/95 v. 30. 6. 1999, BStBl II 1999, 766: Leistungen einer Hausratsversicherung; III R 74/87 v. 29. 11. 1991, BStBl II 1992, 290.

[1221] S. dazu i. E. z. B. *Blümich/Heger* § 33 EStG Rz. 48 ff. mit weiteren Schrifttums- und Rechtsprechungsnachweisen; s. auch *diess.* a. a. O. Rz. 140 ff., 277 ff.: Stichwortartige Auflistung typischer Fallgruppen und EStR R 33.2 (Aufwendungen für existentiell notwendige Gegenstände); R 33.4 (Aufwendungen wegen Krankheit, Behinderung und Tod), sowie ESt H 33.1–33.4.

[1222] Zu näheren Einzelheiten s. *Blümich/Heger* § 33 EStG Rz. 140 ff., 277 ff. zu den einzelnen Stichworten; *Schmidt/Drenseck* § 33 EStG Rz. 35 – „ABC der außergewöhnliche Belastungen“.

[1223] BFH III B 71/99 v. 17. 5. 2000, BFH/NV 2000, 1352; III R 301/84 v. 13. 3. 1987, BStBl II 1987, 596; III R 150/86 v. 20. 3. 1987, BStBl II 1987, 596: Adoptionskosten keine Krankheitskosten.

[1224] BFH III R 70/88 v. 11. 1. 1991, BFH/NV 1991, 386.

[1225] BFH III R 45/03 v. 21. 4. 2005, BStBl II 2005, 602: Unterbringung eines verhaltensauffälligen Jugendlichen; III R 83/91 v. 26. 6. 1992, BStBl II 1993, 212: asthmakrankes Kind.

[1226] Vgl. BFH III R 24/01 v. 23. 5. 2002, BStBl II 2002, 567.

[1227] BFH IX R 52/03 v. 22. 9. 2005, BFH/NV 2006, 281.

übersteigen.[1228] Nicht abziehbar sind die Aufwendungen für eine Reise zur Teilnahme an einer Beerdigung.[1229]

- **Bürgschaft.** Aufwendungen aus der Inanspruchnahme aus einer Bürgschaft sind bei dem freiberuflich künstlerisch Tätigen Betriebsausgaben, wenn die Übernahme der Bürgschaft beruflich veranlasst war.[1230] Fehlt es an einer solchen Veranlassung, können die Aufwendungen nur dann als zwangsläufig angesehen werden, wenn die Übernahme der Bürgschaft selbst zwangsläufig war.[1231] **716**
- **Ehescheidung.** Die mit dem gerichtlichen Ehescheidungsverfahren (Scheidung und Versorgungsausgleich – sog. Zwangsverbund, § 623 Abs. 1 ZPO), einschließlich einer etwaigen Sorgerechtsregelung, zusammenhängenden Prozesskosten (Gerichts- und Anwaltskosten) sind grundsätzlich als außergewöhnliche Belastung abziehbar.[1232] Auf die Schuldfrage kommt es dabei auch steuerrechtlich nicht an. **717**

  Dagegen sind Aufwendungen für **Scheidungsfolgesachen,** die nicht gemäß § 623 ZPO zusammen mit der Scheidungssache zu verhandeln und entscheiden sind, nicht als außergewöhnliche Belastungen abziehbar.[1233] Das gilt insbesondere für die Kosten einer vermögensrechtlichen und einer unterhaltsrechtlichen Auseinandersetzung als Folge einer Scheidung.[1234]
- **Fortbildungsveranstaltungen.** Aufwendungen zur betrieblichen oder beruflichen Fortbildung sind als Betriebsausgaben abziehbar, wenn sie ausschließlich oder ganz überwiegend betrieblich(beruflich) veranlasst sind. Anders ist es jedoch z.B. dann, wenn die Veranstaltung in nicht unerheblichem Umfang der Persönlichkeitsentwicklung dient.[1235] **718**
- **Geburt.** Die Entbindungskosten (Arzt, Krankenhaus, Arzneimittel etc.) sind als außergewöhnliche Belastungen abziehbar.[1236] **719**
- **Hausrat** und sonstige **existentiell notwendige Gegenstände.** Zu Letzteren zählen insbesondere Wohnung und Kleidung, grundsätzlich aber *nicht* PKW, Garagen oder Außenanlagen.[1237] **720**

  Die Aufwendungen für die Wiederbeschaffung der begünstigten Gegenstände setzt voraus, dass der Verlust oder die Beschädigung durch ein unabwendbares Ereignis wie Brand, Hochwasser, nicht verschuldeter Unfall, Diebstahl,[1238] verursacht sein oder von dem Gegenstand muss eine konkrete Gesundheitsgefährdung ausgehen, die beseitigt werden muss.[1239]

  Die Aufwendungen werden nur als außergewöhnliche Belastungen anerkannt, wenn sie angemessen sind und soweit sie den Zeitwert des verloren gegangenen oder beschädig-

---

[1228] III R 7/94 v. 22. 2. 1996, BStBl II 1996, 413 m.w.N.

[1229] BFH III R 42/93 v. 17. 7. 1994, BStBl II 1994, 754.

[1230] S. dazu Rz. 354.

[1231] BFH VI 80/55 U v. 19. 7. 1967; BStBl III 1957, 385.

[1232] BFH III R 36/03 und III R 27/04, beide v. 30. 6. 2005, BStBl II 2006, 491, 492; s. dazu III B 98/05 v. 21. 12. 2005, BFH/NV 2006, 733.

[1233] BFH III B 158/01 v. 22. 3. 2002, BFH/NV 2002, 1025.

[1234] BFH III R 36/03 und III R 27/04, beide v. 30. 6. 2005, BStBl II 2006, 491, 492; III B 110/02 v. 21. 3. 2003, BFH/NV 2003, 937.

[1235] Vgl. FG Münster v. 8. 6. 2004, DStRE 2005, 1183, Rev. VI R 35/05.

[1236] Ebenso *Schmidt/Drenseck* § 33 EStG Rz. 35 – „Geburt".

[1237] So zutr. EStR R 33.2.

[1238] EStR R 33.2 nennt ferner noch „Kriegseinwirkung, Vertreibung und politische Verfolgung".

[1239] Vgl. dazu BFH III R 52/99 v. 23. 5. 2002, BStBl II 2002, 592: Formaldehydbelastete Möbel; III R 6/01 v. 9. 8. 2001, BStBl II 2002, 240: Asbestsanierung.

ten Gegenstandes nicht übersteigen.[1240] Ein ggf. noch vorhandener Restwert ist zu berücksichtigen.[1241]

721 – **Heilkuren.** Aufwendungen für Kuren sind grundsätzlich den gemäß § 12 Nr. 1 EStG nicht abziehbaren Kosten der Lebensführung zuzurechnen. Etwas Anderes gilt nur bei einer Heilkur, vorausgesetzt, die medizinische Behandlung im Einzelfall ist durch ein *vor* ihrem Beginn erstelltes amtsärztliches Attest nachgewiesen.[1242] Kosten für Kuren im Ausland sind grundsätzlich nur bis zur Höhe der Aufwendungen, die in einem dem Heilzweck entsprechenden inländischen Kurort entstehen würden.[1243]
Die Kosten einer **Begleitperson** im Rahmen einer medizinisch indizierten Heilkur sind grundsätzlich als außergewöhnliche Belastungen abziehbar, wenn die Notwendigkeit der Begleitung durch ein vor Antritt der Kur erstelltes amtsärztliches Gutachten bescheinigt wird.

722 – **Kinderbetreuungskosten**
Der Abzug von Kinderbetreuungskosten ist in § 4f, § 9 Abs. 5 und § 10 Abs. 1 Nr. 5 und 8 EStG geregelt. Obwohl § 33 Abs. 2 Satz 2 EStG Aufwendungen, die unter diese Vorschriften fallen, vom Abzug als außergewöhnliche Belastung ausschließt, können weiterhin krankheitsbedingte Betreuungskosten für ein Kind abgezogen werden.[1244]

723 – **Kleidung.** Siehe „Hausrat".

724 – **Krankheitskosten**
Aufwendungen, die mit einer in unmittelbarem zeitlichen und sachlichen Zusammenhang mit der Ausübung der freiberuflichen künstlerischen Tätigkeit stehen, sind als Betriebsausgaben (beim Arbeitnehmer: Werbungskosten) abziehbar.
Liegt keine solche sog. **Berufskrankheit** vor, sind die dem Steuerpflichtigen für sich und seine Angehörigen entstehenden Krankheitskosten grundsätzlich im Rahmen der zumutbaren Eigenbelastung (§ 33 Abs. 1, 3 EStG) abziehbar soweit nicht von dritter Seite, z. B. von einer Krankenversicherung,[1245] Ersatz geleistet wird.
Krankheitskosten sind Aufwendungen insbesondere für Arzt und Heilpraktiker, Krankenhaus, Krankenpfleger, Medikamente.[1246]
Bei medizinischen **Hilfsmitteln** ist zu unterscheiden zwischen den Hilfsmitteln im engeren und denen im weiteren Sinn. Ersteren ist wesentlich, dass sie in aller Regel nur vom Kranken angeschafft werden, wie z. B. Brillen, Hörapparate oder Rollstühle. Bei ihnen wird typisierend angenommen, dass ihre Anschaffung medizinisch indiziert ist. Dagegen muss bei Hilfsmittel im weiteren Sinn, d. h. solchen, die üblicherweise nicht ausschließlich von Kranken benutzt werden, die medizinische Notwendigkeit grundsätzlich durch ein vor der Anschaffung erstelltes ärztliches Attest nachgewiesen werden.[1247]
Aufwendungen, die der **Vorbeugung** oder der Erhaltung der Gesundheit dienen, sind grundsätzlich nicht als außergewöhnliche Belastungen abziehbar, z. B. Kosten einer

---

[1240] Vgl. EStR R 33.2 Nr. 4.

[1241] S. EStR R 33.2 Nr. 5.

[1242] BFH III R 5/02 v. 17. 3. 2003, BFH/NV 2003, 1568 m. w. N.: Klimaheilbehandlung am Toten Meer; zu Einzelheiten (Nachweis, Kinderkuren, ärztliche Überwachung, Nachkur, Begleitperson) s. auch EStH H 33.1–33.4 – „Kur".

[1243] So EStR R 33.4 Abs. 3 – „Kur"; fraglich im Hinblick auf EG-Recht.

[1244] *Blümich/Heger* § 33 EStG Rz. 25.

[1245] Die Aufwendungen für die Krankenversicherung sind gemäß § 10 Abs. 1 Nr. 3 EStG als Sonderausgaben abziehbar.

[1246] Zu den Einzelheiten s. *Blümich/Heger* § 33 EStG Rz. 159ff.

[1247] BFH III B 50/02 v. 10. 9. 2002, nv, m. w. N.; III R 27/97 v. 14. 10. 1997, BFH/NV 1998, 571 m. w. N.

Frischzellenbehandlung[1248] oder einer *Ayur-Veda-Behandlung*.[1249] Anders ist es, wenn die medizinische Notwendigkeit der entsprechenden Behandlung nachweislich feststeht.[1250] Der **Nachweis** der Zwangsläufigkeit, Notwendigkeit und Angemessenheit von Aufwendungen im Krankheitsfall ist regelmäßig zu führen für Arznei-, Heil- und Hilfsmittel[1251] durch Verordnung eines Arztes oder Heilpraktikers. Für Bade- und Heilkuren, psychotherapeutische Behandlungen, medizinische Hilfsmittel, die als allgemeine Gebrauchsgegenstände des täglichen Lebens anzusehen sind[1252] sowie für wissenschaftlich nicht anerkannte Behandlungsmethoden bedarf es grundsätzlich eines amtsärztlichen Attestes vor Kauf oder Behandlung.[1253]
Krankheitskosten, die der Steuerpflichtige für **Unterhaltsberechtigte** trägt, sind nur dann als außergewöhnliche Belastungen abziehbar, wenn der Unterhaltsberechtigte nicht in der Lage ist, diese Kosten selbst zu tragen.[1254]

- **Kuren.** Siehe „Heilkuren" 725
- **Pflege eines Angehörigen.** Die Aufwendungen wegen Pflegebedürftigkeit von Per- 726
sonen, bei denen mindestens ein Schweregrad der Pflegebedürftigkeit i. S. d. §§ 14, 15 SGB XI vorliegt, die durch entsprechende Bescheinigungen nachzuweisen ist, können als außergewöhnliche Belastungen abziehbar sein. Zu den begünstigten Aufwendungen zählen sowohl die Aufwendungen für die Beschäftigung einer ambulanten Pflegekraft und/oder die Inanspruchnahme von Pflegediensten als auch Aufwendungen zur Unterbringung in einem Heim.[1255]
  Nimmt der Steuerpflichtige den **Pflegepauschbetrag** gemäß § 33b Abs. 3 EStG von 3700 € in Anspruch, so können daneben nicht noch pflegebedingte Aufwendungen gemäß § 33 EStG beansprucht werden.
- **Prozesskosten.** Soweit die Prozesskosten beruflich veranlasst sind, sind sie als Be- 727
triebsausgaben (beim Arbeitnehmer: Werbungskosten) abziehbar. Im Übrigen handelt es sich dann um außergewöhnliche Belastungen, wenn sich der Steuerpflichtige dem Prozess nicht hat entziehen können.[1256]
  Die Abziehbarkeit der Kosten eines **Strafverfahrens** wird grundsätzlich verneint, wenn das Strafverfahren mit einer Verurteilung endet.
  Beruht der **Zivilprozess** auf einer beruflichen Veranlassung, sind die entstehenden Prozesskosten als Betriebsausgaben zu beurteilen. Ist dies nicht der Fall, so ist grundsätzlich entscheidend, ob der Prozess auf rechtsgeschäftlichen Vereinbarungen des Steuerpflichtigen beruht. In einem solchen Fall sind die mit dem Prozess verbundenen Kosten regelmäßig nicht als außergewöhnliche Belastungen abziehbar, weil der Steuerpflichtige die entsprechenden Grundlagen selbst gesetzt hat.[1257] Eine Ausnahme besteht nur dann, wenn zusätzlich zu der selbst gesetzten Rechtspflicht eine weitere rechtliche oder sittliche Verpflichtung oder eine tatsächliche Zwangslage hinzutritt.[1258] Zu **Ehescheidungsprozessen** s. Stichwort „Ehescheidung".

[1248] BFH III R 70/88 v. 11. 1. 1991, BFH/NV 1991, 386; VI R 77/78 v. 17. 7. 1981, BStBl II 1981.
[1249] BFH III R 22/00 v. 1. 2. 2001, BStBl II 2001, 543.
[1250] Ständige Rechtsprechung, z. B. BFH III R 22/00 v. 1. 2. 2001, BStBl II 2001, 543 m. w. N.
[1251] Zur Sonderregelung bei Brillen s. EStR R 33.4 – „Nachweis".
[1252] S. dazu § 33 Abs. 1 SGB V.
[1253] Zu weiteren Einzelheiten s. EStR R 33.4 – „Nachweis".
[1254] BFH III R 111/86 v. 11. 7. 1990, BStBl II 1991, 62.
[1255] Zu näheren Einzelheiten s. insbesondere EStR R 33.3 – „Eigene Pflegeaufwendungen".
[1256] S. dazu den Überblick bei *Brockmeyer* DStZ 1998, 219.
[1257] BFH IV B 40–44/04 v. 1. 8. 2005, BFH/NV 2006, 2003 m. w. N.
[1258] S. BFH III R 33/99 v. 23. 5. 2001, BFH/NV 2001, 1391 m. w. N. zur Rechtsprechung. S. ferner auch *Schmidt/Drenseck* § 33 EStG Rz. 35 – „Prozesskosten" sowie zu Meinungsunterschie-

Verfahren eines freiberuflich künstlerisch Tätigen vor den **Finanzgerichten** sind, soweit sie die freiberuflichen Einkünfte betreffen, beruflich veranlasst und die entstehenden Prozesskosten folglich als Betriebsausgaben abziehbar.[1259] Entsprechendes gilt für ein **Verwaltungsgerichtsverfahren.**

728 – **Schadensersatzleistungen** können zwangsläufig und damit als außergewöhnliche Belastungen abziehbar sein, wenn der Steuerpflichtige bei der Schädigung weder vorsätzlich noch grob fahrlässig gehandelt hat.[1260]

729 – **Zinsen** für ein Darlehen sind bei dem freiberuflich künstlerisch Tätigen Betriebsausgaben, wenn die Darlehensaufnahme beruflich veranlasst war. Fehlt es an einer solchen Veranlassung, können die Aufwendungen nur dann als zwangsläufig angesehen werden, wenn die Darlehensaufnahme selbst zwangsläufig war.[1261]

730 *(3) Außergewöhnliche Belastungen in besonderen Fällen (Allgemeiner Unterhaltsabzug; § 33a EStG).* **§ 33a EStG** regelt als lex specialis gegenüber § 33 EStG die Abziehbarkeit von

- Aufwendungen für **Unterhalt** und/oder **Berufsausbildung** einer dem Steuerpflichtigen oder seinem Ehegatten gegenüber unterhaltsberechtigten Person **(§ 33a Abs. 1 EStG).**[1262]
- Aufwendungen für die **Berufsausbildung eines Kindes,** für das (tatsächlich) ein Kinderfreibetrag gemäß § 32 Abs. 2 EStG oder Kindergeld gewährt wird **(§ 33a Abs. 2 EStG).**[1263]
- Aufwendungen für die **Beschäftigung einer Haushaltshilfe (§ 33a Abs. 3 EStG).**

731 *a) § 33a Abs. 1 EStG.* Gesetzlich **unterhaltsberechtigt** sind Personen, denen gegenüber der Steuerpflichtige zivilrechtlich gemäß den Vorschriften des BGB unterhaltsverpflichtet ist. Gesetzlich unterhaltsberechtigt sind insbesondere die in den §§ 1601, 1605, 1608 BGB genannten Personen (Ehegatten und in gerader Linie verwandte Angehörige wie Kinder, Enkel und Eltern. Eine gesetzliche Unterhaltspflicht kann sich ferner gemäß § 1361 BGB (Trennungsunterhalt) oder gemäß §§ 1569ff. BGB aus den Folgen einer Scheidung ergeben. Es reicht aus, dass der Unterhaltsempfänger dem Grunde nach gesetzlich unterhaltsberechtigt ist. Auf das Bestehen einer konkreten zivilrechtlichen Unterhaltsberechtigung bzw. auf die Höhe des zivilrechtlichen Unterhaltsanspruchs kommt es nicht an.[1263a]

732 Dem gesetzlich Unterhaltsberechtigten gleichgestellt sind Personen, denen inländische öffentliche Mittel (z.B. Sozialhilfe) mit Rücksicht auf Unterhaltsleistungen des Steuerpflichtigen gekürzt werden (§ 33a Abs. 1 Satz 2 EStG). Voraussetzung ist u.a., dass für den Berechtigten kein Anspruch auf Kindergeld oder einen Kinderfreibetrag bestehet (§ 33a Abs. 1 Satz 3 EStG). Die unterhaltene Person darf zudem kein oder nur geringes **Vermögen** (sog. „Schonvermögen")[1264] besitzen.

---

den hinsichtlich der Abziehbarkeit eigener Prozesskosten des Steuerpflichtigen *Arndt* in K/S/M § 33 EStG Rz. C 55ff.

[1259] Zur Frage, wie die nicht berufsbedingten Kosten eines Steuerprozesses zu beurteilen sind, s. *Schmidt/Drenseck* § 33 EStG Rz. 35 – „Prozesskosten".

[1260] BFH VI R 41/79 v. 3. 2. 1982, BStBl II 1982, 749.

[1261] BFH III R 60/88 v. 6. 4. 1990, BStBl II 1990, 958.

[1262] S. dazu Rz. 731ff.

[1263] S. dazu Rz. 739ff.

[1263a] BFH III R 26/05 v. 18. 5. 2006, DStRE 2006, 1264.

[1264] S. dazu BFH III R 41/01 v. 12. 12. 2002, BStBl II 2003, 655: Maßgebend ist der Verkehrswert des Vermögens; III R 68/96 v. 14. 7. 1997, BStBl II 1998, 241; EStH H 33a.1 – „Geringes Vermögen (Schonvermögen)" sowie § 90 Abs. 2 Nr. 8 SGB XII.

Unterhaltsleistungen an den geschiedenen oder dauernd getrennt lebenden Ehegatten sind im Rahmen der Höchstbeträge abziehbar, wenn sich die Ehegatten nicht auf das sog. **Realsplitting** (§ 10 Abs. 1 Nr. 1, § 22 Nr. 1a EStG)[1265] einigen können.[1266] 733

Unterhaltsleistungen werden im Allgemeinen nur insoweit als außergewöhnliche Belastung anerkannt, als sie in einem angemessenen Verhältnis zum Nettoeinkommen des Leistenden stehen und diesem nach Abzug der Unterhaltsleistungen noch die angemessenen Mittel zum Bestreiten des eigenen Lebensbedarfs und ggf. des der Familie verbleiben (sog. **Opfergrenze**).[1267] 734

Aufwendungen für den Unterhalt an **Personen im Ausland** dürfen nur abgezogen werden, wenn diese gegenüber dem Steuerpflichtigen oder seinem Ehegatten nach *inländischem* Recht gesetzlich unterhaltsberechtigt sind (§ 33a Abs. 1 Satz 1 und 5, 2. Halbs. EStG).[1268] Sie können im Übrigen nur unter Beachtung eines Höchstbetrages abgezogen werden, soweit sie nach den Verhältnissen des Wohnsitzstaates notwendig und angemessen sind.[1269] 735

Abziehbare Aufwendungen i.S.d. § 33a Abs. 1 EStG sind solche für den **typischen Unterhalt,** d.h. die üblichen für den laufenden Lebensunterhalt bestimmten Leistungen, sowie Aufwendungen für eine Berufsausbildung. Dazu können auch gelegentliche und einmalige Leistungen gehören. 736

Der allgemeine Unterhaltsabzug ist auf einen **Höchstbetrag** von **7680 €** im Kalenderjahr begrenzt (§ 33a Abs. 1 Satz 1 EStG). § 33a Abs. 1 Satz 4 EStG sieht Kürzungen für den Fall vor, dass die unterhaltene Person bestimmte andere Einkünfte und Bezüge hat.[1270] 737

Aufwendungen für den Unterhalt oder eine Berufsausbildung sind nicht ausschließlich gemäß § 33a Abs. 1 EStG begünstigt, da von dieser Vorschrift nur die typischen Unterhalts- und Berufsausbildungsaufwendungen erfasst werden. Besteht ein außergewöhnlicher Bedarf, z.B. aufgrund Krankheit oder häuslicher Pflege, können die entsprechenden Aufwendungen daneben gesondert nach Maßgabe des § 33 EStG zu berücksichtigen sein.[1271] 738

β) § 33a Abs. 2 EStG. Gemäß § 33a Abs. 2 EStG kann der Steuerpflichtige einen – ggf. zu kürzenden – Freibetrag von **924 €** je Kalenderjahr vom Gesamtbetrag der Einkünfte abziehen. Mit diesem den Kinderfreibetrag aufstockenden **Ausbildungsfreibetrag** soll der regelmäßige Ausbildungsmehrbedarf eines sich in Berufsausbildung befindenden, auswärtig untergebrachten, volljährigen Kindes berücksichtigt werden. Die über den Ausbildungsfreibetrag hinausgehenden Kosten der Eltern, z.B. für ein **Auslands-** 739

1265 S. Rz. 653.

1266 S. dazu BT-Drs. 8/2201 S. 23.

1267 S. dazu BFH III B 42/91 v. 27. 7. 1991, BStBl II 1992, 35; III R 245/83 v. 4. 4. 1986, BStBl II 1986, 852 m.w.N. Zur *Berechnung* der Opfergrenze s. BFH III R 214/94 v. 11. 12. 1997, BStBl II 1998, 292.

1268 Dazu BFH III R 8/01 v. 4. 7. 2002, BStBl II 2002, 760; zu Unterhaltsleistungen an den bedürftigen ausländischen Lebenspartner s. BFH III R 23/05 v. 20. 4. 2006, BB 2006, 2010.

1269 S. dazu i.E. EStH H 33a.1 – „Personen im Ausland"; zur Ländergruppeneinteilung s. BMF v. 9. 2. 2005, BStBl I 2005, 369, abgedruckt als Anhang 2 III zum Amtlichen Einkommensteuer-Handbuch 2005, sowie BMF v. 9. 2. 2006, BStBl II 2006, 217.

1270 Zu Einzelheiten dazu s. EStH H 33a.1 – „Anrechnung eigener Bezüge" mit Beispiel. Die Höchstgrenze gilt auch für Unterhaltsaufwendungen des Partners einer eingetragenen Lebensgemeinschaft, BFH III R 8/04 v. 20. 7. 2006, DStRE 2006, 1179, dazu Anm. *UD* DStRE 2006, 1182.

1271 BFH IX R 52/03 v. 22. 9. 2005, BFH/NV 2006, 281; III R 253/83 v. 22. 7. 1988, BStBl II 1988, 830 m.w.N.; s. auch EStH H 33a.1 – „Abgrenzung zu § 33 EStG".

studium ihres volljährigen Kindes, können nicht steuermindernd berücksichtigt werden.[1272]

740 Eine auswärtige Unterbringung liegt vor, wenn ein Kind außerhalb des Haushalts der Eltern wohnt. Um diese Voraussetzung zu erfüllen, ist es erforderlich, dass für das Kind außerhalb des Haushalts der Eltern eine Wohnung ständig bereitgehalten wird und das Kind auch außerhalb des elterlichen Haushalts verpflegt wird. Die auswärtige Unterbringung muss auf eine gewisse Dauer angelegt sein.[1273]

741 *γ) § 33a Abs. 3 EStG.* Aufwendungen für die – auch stundenweise[1274] – Beschäftigung einer **Haushaltshilfe** können bis zum Höchstbetrag von im Regelfall **624 €** im Kalenderjahr vom Gesamtbetrag der Einkünfte abgezogen werden, wenn der Steuerpflichtige oder sein nicht getrennt lebender Ehegatte das 60. Lebensjahr vollendet hat (Abs. 3 Nr. 1 Buchst. a), oder wenn wegen Krankheit des Steuerpflichtigen oder seines nicht dauernd getrennt lebenden Ehegatten oder eines zum Haushalt gehörigen Kindes die Beschäftigung einer Hilfe im Haushalt erforderlich ist (Abs. 3 Nr. 1 Buchst. b).

742 Der Höchstbetrag erhöht sich auf **924 €** im Kalenderjahr, wenn die begünstigte Person hilflos i. S. d. § 33b EStG oder schwer behindert ist (Abs. 3 Nr. 2).

743 *δ) Zeitanteilige Ermäßigung gemäß § 33a Abs. 4 EStG.* Gemäß § 33a Abs. 4 EStG sind die in § 33a Abs. 1 bis 3 EStG enthaltenen Höchst- und Freibeträge sowie die anrechnungsfreien Beträge zu kürzen, sofern die hierfür erforderlichen Voraussetzungen nicht während des gesamten Kalenderjahres vorgelegen haben. Die Kürzung beträgt pro Kalendermonat $^1/_{12}$.[1275] Dabei sind die Aufwendungen den Kalendermonaten zuzurechnen, die sie wirtschaftlich betreffen, auch wenn sie möglicherweise in einem anderen Monat geleistet worden sind.[1276]

744 *(3) Pauschbeträge für Behinderte, Hinterbliebene und Pflegepersonen (§ 33b EStG).* Die gemäß **§ 33b EStG** zu gewährenden Pauschbeträge betreffen

- außergewöhnliche Belastungen **behinderter Menschen** (Abs. 1 bis 3, 5).[1277] Diese sog. Behindertenpauschbeträge sind nach dem dauernden Grad der Behinderung gestaffelt und reichen von **310 €** bis **1420 €.** Für behinderte Menschen, die hilflos sind sowie für **Blinde** erhöht sich der Pauschbetrag auf **3700 €.**
  Besteht ein außergewöhnlicher Bedarf, z. B. aufgrund Krankheit, insbesondere einer Operation oder einer Heilkur,[1278] können die entsprechenden Aufwendungen gesondert neben den vorstehenden Pauschbeträgen nach Maßgabe des § 33 EStG zu berücksichtigen sein.[1279]
  Die Höchstbeträge gemäß § 33a Abs. 3 EStG (Hilfe im Haushalt) können neben den Pauschbeträgen des § 33b EStG beansprucht werden.
- außergewöhnliche Belastungen von **Hinterbliebenen,** denen bestimmte laufende Hinterbliebenenbezüge bewilligt worden sind (Abs. 4, 5). Der Pauschbetrag beträgt **370 €;**
- durch Pflege nicht nur vorübergehend hilfloser Personen entstehende außergewöhnliche Belastungen (Abs. 6). Dieser Pflegepauschbetrag beträgt **924 €** im Kalenderjahr.[1280]

[1272] BFH III B 137/05 v. 22. 12. 2005, BFH/NV 2006, 735 m. w. N., auch zur verfassungsrechtlichen Rechtsprechung.

[1273] S. EStR R 33a.2. Zu einzelnen Formen auswärtiger Unterbringung s. EStH H 33a.2 – Auswärtige Unterbringung" mit Rechtsprechungsnachweisen.

[1274] BFH VI R 28/77 v. 19. 1. 1979, BStBl II 1979, 326.

[1275] Zu Beispielen s. EStH H 33a.4 – „Allgemeines".

[1276] BFH III R 7/93 v. 22. 3. 1996, BStBl II 1997, 30.

[1277] Zum Nachweis für die Behinderung s. § 65 EStDV.

[1278] BFH III R 95/85 v. 11. 12. 1987, BStBl II 1988, 275.

[1279] BFH III R 9/92 v. 26. 3. 1993, BStBl II 1993, 749: Führerscheinkosten.

[1280] S. dazu EStH H 33b – „Pflege-Pauschbetrag".

(4) Kinderbetreuungskosten (§ 33c EStG a.F.). Gemäß **§ 33 c EStG a. F.,** der lex specialis zu § 33 EStG war, waren Aufwendungen für Dienstleistungen zur **Kinderbetreuung** unter bestimmten Voraussetzungen als außergewöhnliche Belastungen abziehbar. 745

§ 33c a.F. EStG wurde durch das Gesetz zur steuerlichen Förderung von Wachstum und Beschäftigung vom 17. 3. 2006[1281] aufgehoben. An seiner Stelle treten die Regelungen des **§ 4f EStG**[1282] und des **§ 10 Abs. 1 Nr. 5 und 8 EStG.**[1283] 746

c) Verlustabzug (§ 10d EStG). *aa) Verlustrücktrag (§ 10d Abs. 1 EStG). (1) Allgemeine Grundsätze.* Grundsätzlich sind Verluste aus einer oder mehreren Einkunftsarten vorrangig mit positiven (Gewinn- und/oder Überschuss-)Einkünften desselben Kalender-(Wirtschafts-)jahres auszugleichen (**Verlustausgleich;** vgl. § 2 Abs. 3 EStG).[1284] Verbleiben bei der Ermittlung des Gesamtbetrags der Einkünfte negative Einkünfte, so sind diese nach Maßgabe des **§ 10d Abs. 1 EStG** vom Gesamtbetrag der Einkünfte (nur) des unmittelbar vorangegangenen Veranlagungszeitraums abzuziehen, und zwar *vorrangig vor Sonderausgaben, außergewöhnlichen Belastungen und sonstigen Abzugsbeträgen* abzuziehen **(Verlustrücktrag).** Dabei entspricht der nicht ausgeglichene Betrag der negativen Summe der Einkünfte.[1285] 747

Mit der Regelung zum Verlustabzug wird der Grundsatz der **Abschnittsbesteuerung** (vgl. § 2 Abs. 7, § 25 EStG) durchbrochen und damit grundsätzlich die Durchschnittsbesteuerung des Lebenseinkommens gesenkt. 748

Zur Anwendung des § 10d EStG bei der **Veranlagung von Ehegatten** siehe § 62d EStDV, und zwar in dessen Abs. 1 für den Fall der getrennten Veranlagung (§ 26a EStG) und in dessen Abs. 2 für den Fall der Zusammenveranlagung (§ 26b EStG). 749

Soweit der Steuerpflichtige keinen ausdrücklichen Antrag[1286] gemäß § 10d Abs. 1 Satz 4 EStG stellt, ganz oder teilweise vom Verlustrücktrag gemäß § 10d Abs. 1 Satz 1 EStG abzusehen, ist dieser zwingend durchzuführen. 750

Die Höhe des Verlustabzugs wird im Abzugsjahr im Rahmen der Einkommensteuerveranlagung durch das Wohnsitzfinanzamt festgesetzt.[1287] 751

Ist für den unmittelbar vorangegangenen Veranlagungszeitraum bereits ein Steuerbescheid erlassen worden, so dieser insoweit zu ändern, als der Verlustrücktrag zu gewähren oder zu berichtigen ist. Dies gilt auch dann, wenn der Steuerbescheid bereits unanfechtbar geworden ist (§ 10d Abs. 1 Sätze 2, 3 EStG). 752

(2) Begrenzung des Verlustrücktrags. Der auf jedes Verlustentstehungsjahr beschränkte absolute **Höchstbetrag** beträgt **511 500 €.** Bei **Ehegatten,** die gemäß §§ 26, 26b EStG zusammen veranlagt werden, beläuft sich dieser Höchstbetrag auf **1 023 000 €,** und zwar unabhängig davon, wer von den beiden Ehegatten die positiven oder die negativen Einkünfte erzielt hat (§ 10d Abs. 1 Satz 1 EStG). 753

Bei **Personengesellschaften** und **Personengemeinschaften** gilt der Höchstbetrag für jeden Beteiligten. Über die Frage, welcher Anteil an den negativen Einkünften einer solchen Gesellschaft oder Gemeinschaft auf den einzelnen Beteiligten entfällt, ist im Bescheid über die gesonderte und einheitliche Feststellung zu entscheiden.[1288] Inwieweit diese anteiligen negativen Einkünfte beim einzelnen Beteiligten gemäß § 10d EStG abziehbar 754

1281 BGBl I 2006, 350.

1282 S. dazu Rz. 476ff.

1283 S. dazu Rz. 659.

1284 S. dazu Rz. 637.

1285 S. dazu EStR R 10d. –„Verlustabzug".

1286 Zum spätesten Zeitpunkt der Antragstellung s. EStR R 10d – „Wahlrecht".

1287 S. zu weiteren Einzelheiten zum Verlustrücktrag *Blümich/Schlenker* § 10d EStG Rz. 91ff., 131ff.

1288 Zur gesonderten Feststellung der Einkünfte aus freiberuflicher Tätigkeit s.z.B. BFH XI R 13/01 v. 17. 12. 2003, BFH/NV 2004, 909.

sind, entscheidet das jeweilige Wohnsitzfinanzamt im Rahmen der Einkommensteuerveranlagung des jeweiligen Beteiligten.[1289]

755 *bb) Verlustvortrag (§ 10d Abs. 2 EStG). (1) Allgemeine Grundsätze.* Nicht ausgeglichene Verluste, die nicht im Wege des Verlustrücktrags (§ 10d Abs. 1 Satz1 EStG) abgezogen worden sind, sind (zwingend) in den folgenden Veranlagungszeiträumen *vorrangig vor Sonderausgaben, außergewöhnlichen Belastungen und sonstigen Abzugsbeträgen* abzuziehen **(Verlustvortrag).** Der Verlustvortrag kommt nur in dem Umfang in Betracht, in dem der Verlust nicht im vorhergehenden Veranlagungszeitraum aufgebraucht werden konnte (§ 10d Abs. 2 Satz 3 EStG).[1290]

756 Der Verlustvortrag ist **zeitlich unbegrenzt** möglich.

757 *(2) Begrenzung des Verlustvortrags.* Die nicht ausgeglichenen Verluste können bis zu einem Gesamtbetrag der Einkünfte von **1 Million €** unbeschränkt, darüber hinaus bis zu 60 v.H. des 1 Million übersteigenden Gesamtbetrags der Einkünfte abgezogen werden (§ 10d Abs. 2 Satz 1 EStG). Bei **Ehegatten,** die gemäß §§ 26, 26b EStG zusammen veranlagt werden, tritt an die Stelle des Betrags von 1 Million € ein Betrag von **2 Millionen €** (§ 10d Abs. 2 Satz 2 EStG).[1291]

758 Im Übrigen gelten zur Begrenzung des Verlustvortrags die gleichen Rechtsgrundsätze wie zum Verlustrücktrag.[1292]

759 *cc) Verlustabzugsbeschränkungen aufgrund von Sonderregelungen.* Die Anwendung des § 10d EStG kann – abgesehen von den Höchstbetragsbegrenzungen – durch **Sonderregelungen zur Verlustabzugsbeschränkung** in Einzelfällen eingeschränkt sein. Zu nennen sind hier in Bezug auf das **EStG** die entsprechenden Regelungen in:
- **§ 2a** (negative Einkünfte mit Auslandsbezug);
- **§ 2b** (Negative Einkünfte aus der Beteiligung an Verlustzuweisungsgesellschaften und ähnlichen Modellen);
- **§ 15 Abs. 4** i.V.m. **§ 20 Abs. 1 Nr. 4** (Verluste aus gewerblicher Tierzucht oder gewerblicher Tierhaltung);
- **§ 15a** i.V.m. **§ 20 Abs. 1 Nr. 4** (Verluste bei beschränkter Haftung);
- **§ 22 Nr. 3 Sätze 3** und **4** (bestimmte Einkünfte aus Leistungen);
- **§ 23 Abs. 3 Sätze 8** und **9** (Private Veräußerungsgeschäfte);
- **§ 50 Abs. 1** und **2 Satz 2** (Verluste von Steuerpflichtigen, die beschränkt steuerpflichtige Einkünfte i.S.d. § 49 EStG beziehen).

760 *dd) Gesonderte Verlustfeststellung.* Aus Gründen der Praktikabilität bestimmt § 10d Abs. 4 Satz 1 EStG, dass der am Schluss eines Veranlagungszeitraums verbleibende Verlustvortrag **gesondert festzustellen** ist. Bei Personengesellschaften und Personengemeinschaften ist der Verlustvortrag zudem **einheitlich** festzustellen.

761 Verbleibender Verlustvortrag sind die bei der Ermittlung des Gesamtbetrags der Einkünfte nicht ausgeglichenen negativen Einkünfte, vermindert um die im Wege des Verlustrücktrags abgezogenen und die im Wege des Verlustvortrags abziehbaren Beträge und vermehrt um den auf den Schluss des vorangegangenen Veranlagungszeitraums festgestellten verbleibenden Verlustvortrag (§ 10d Abs. 4 Satz 2 EStG).[1293] Das Ende der

---

[1289] S. EStR R 10d – „Begrenzung des Verlustabzugs)" Sätze 3 bis 5.

[1290] Zu weiteren Einzelheiten s. *Blümich/Schlenker* § 10d EStG Rz. 161ff.

[1291] Zur Berechnung des verbleibenden Verlustabzugs im Falle der Zusammenveranlagung von Ehegatten s.i.E. EStR R 10d – „Zusammenveranlagung von Ehegatten". Zur Verlustvortragsbegrenzung bei zusammen veranlagten Ehegatten s. *Beispiel* in EStH H 10d – „Verlustvortragsbegrenzung – Beispiel".

[1292] S. dazu Rz. 747.

[1293] Zu weiteren Einzelheiten, insbesondere zur Änderung von Feststellungsbescheiden s. *Blümich/Schlenker* § 10d EStG Rz. 231ff., 251.

Feststellungsfrist regelt § 10d Abs. 4 Satz 6 EStG. Die Frist beträgt – einschließlich der Anlaufhemmung des § 170 Abs. 2 Nr. 1 AO sieben Jahre. Sie endet nicht, bevor die Festsetzungsfrist für den Veranlagungszeitraum abgelaufen ist, auf dessen Schluss sich die Verlustfeststellung bezieht.

Zuständig für die Feststellung ist das gemäß §§ 19f. AO für die Besteuerung zu- 762
ständige Finanzamt (§ 10d Abs. 4 Satz 3 EStG). Dieses für die Veranlagung zuständige Finanzamt ist auch bei Personengesellschaftern oder Gemeinschaftern Feststellungsfinanzamt.

ee) Verlustabzug durch den Erben. Der Verlustabzug gemäß § 10d EStG steht grundsätzlich 763
demjenigen Steuerpflichtigen zu, der den Verlust in seiner Person verwirklicht hat; es muss also Personenidentität bestehen.[1294]

Ob der **Erbe** einen vom Erblasser nicht ausgenutzten Verlust bei seiner eigenen Ein- 764
kommensteuerveranlagung wirksam geltend machen kann, wird sowohl in der Rechtsprechung als auch im Schrifttum unterschiedlich beurteilt. Zur abschließenden Klärung der Frage hat der XI. Senat des BFH diese in einem beim ihm anhängigen Revisionsverfahren entscheidungserhebliche Streitfrage dem Großen Senat des BFH[1295] zur Entscheidung vorgelegt.[1296]

d) Zuzurechnendes Einkommen gemäß § 15 Abs. 1 AStG. Zur Ermittlung des 765
Einkommens i. S. d. § 2 Abs. 4 EStG bedarf es nicht nur der vorstehend aufgeführten, einkommensmindernden Abzüge. Vielmehr ist auch eine **Hinzurechnung** erforderlich. Hinzuzurechnen ist gemäß § 15 Abs. 1 AStG das **Einkommen einer Familienstiftung,**[1296a] die Geschäftsleitung und Sitz außerhalb des Geltungsbereichs des EStG hat. Dieses Einkommen wird dem Stifter, wenn er unbeschränkt steuerpflichtig ist, sonst den unbeschränkt steuerpflichtigen Bezugs- oder Anfallsberechtigten entsprechend ihrem Anteil zugerechnet.[1297]

4. Das zu versteuernde Einkommen (§ 2 Abs. 5 EStG)

a) Der Begriff des zu versteuernden Einkommens. *aa) Der für die tarifliche Einkom-* 766
mensteuer maßgebliche Begriff. Das Einkommen i. S. d. § 2 Abs. 4 EStG, vermindert um die Freibeträge des § 32 Abs. 6 i. V. m. § 31 EStG (Kinderfreibetrag, Betreuungsfreibetrag)[1298] und um die sonstigen vom Einkommen abzuziehenden Beträge[1299] ist **das zu versteuernde Einkommen** (§ 2 Abs. 5 Satz 1 EStG). Der ebenfalls das Einkommen mindernde **Haushaltsfreibetrag** (§ 32 Abs. 7 EStG a. F.) ist ab dem Veranlagungszeitraum 2004 **weggefallen;** an seine Stelle ist § 24b EStG **(Entlastungsbetrag für Alleinerziehende)** getreten.[1300]

Der auf die vorstehend aufgezeigte Weise gewonnene Begriff des zu versteuernden Ein- 767
kommens ist für das Einkommensteuerrecht maßgebend.

[1294] Vgl. BFH I R 318–319/83 v. 29. 10. 1986, BStBl II 1987, 310.

[1295] Az. GrS 2/04.

[1296] BFH B. XI R 54/90 v. 28. 7. 2004, BStBl II 2005, 262, u. a. mit einem Überblick über die bisherige Rechtsprechung des RFH und des BFH sowie über die im Schrifttum vertretenen Rechtsauffassungen. Zur derzeitigen Rechtsansicht der Finanzverwaltung s. EStH H 10d – „Verlustabzug im Erbfall" mit eingehenden Beispielen.

[1296a] Zur Besteuerung der Familienstiftung allgemein s. *Hartmann/Richter* in: Graf Strachwitz/Mercker, a. a. O., S. 416.

[1297] S. dazu i. E. *Blümich/Vogt* § 15 AStG Rz. 22ff.

[1298] S. Rz. 770.

[1299] S. Rz. 775.

[1300] S. dazu BMF v. 29. 10. 2004, BStBl I 2004, 1042.

768 Das zu versteuernde Einkommen bildet die **Bemessungsgrundlage** für die tarifliche Einkommensteuer. Unter der Bemessungsgrundlage einer Steuer ist der Geldbetrag zu verstehen, der unter Anwendung des maßgeblichen Steuersatzes (Steuertarifs) die Steuerschuld bemisst.

769 *bb) Der für andere Gesetze maßgebende Begriff des „zu versteuernden Einkommens".* § 2 Abs. 5 EStG enthält in seinem Satz 2 eine Bestimmung des Begriffs des „zu versteuernden Einkommens", der für „andere Gesetze" einschlägig ist. In Bezug auf außersteuerliche Rechtsnormen gilt die Sonderregelung des § 2 Abs. 5a EStG.

770 **b) Kinderfreibeträge gemäß § 32 Abs. 6 EStG.** Gemäß § 32 Abs. 6 Satz 1 EStG werden bei der Einkommensteuerveranlagung vom Einkommen für jedes gemäß § 32 Abs. 3 bis 5 EStG zu berücksichtigende Kind[1301] des Steuerpflichtigen für das sächliche Existenzminimum ein sog. **Kinderfreibetrag** von **1824 €** sowie ein Freibetrag von **1080 €** für den **Betreuungs- und Erziehungs- oder Ausbildungsbedarf** des Kindes abgezogen **(Betreuungsfreibetrag).**

771 Bei gemäß §§ 26, 26b EStG zusammen veranlagten **Ehegatten** verdoppeln sich diese Beträge, wenn das Kind zu beiden Ehegatten in einem Kindschaftsverhältnis steht (§ 32 Abs. 6 Satz 2 EStG).[1302]

772 Der Jahresfreibetrag wird um $^1/_{12}$ für jeden Kalendermonat vermindert, in dem die Voraussetzungen für einen Freibetrag nicht vorgelegen haben (§ 32 Abs. 6 Satz 5 EStG).[1303]

773 § 32 Abs. 6 Satz 6 EStG sieht die Möglichkeit der **Übertragung** des Kinderfreibetrags auf einen Elternteil vor.[1304]

774 Es gelten die Voraussetzungen des § 31 EStG. Dies hat zur Folge, dass es zu einem **Abzug des Kinderfreibetrages nur dann** kommt, **wenn** er **günstiger** ist **als** das **Kindergeld** (§ 31 Satz 4 EStG). Ist dies der Fall, d. h. wirkt sich der Abzug der Freibeträge gemäß § 32 Abs. 6 EStG im Vergleich zur Zahlung von Kindergeld nach Maßgabe der §§ 62ff. EStG günstiger aus, erhöht sich die nach Berücksichtigung der Freibeträge ermittelte tarifliche Einkommensteuer um den Anspruch auf Kindergeld (§ 31 Satz 4 EStG).[1305] Diese kann beispielsweise dann der Fall sein, wenn bei Ehegatten die Voraussetzungen einer Zusammenveranlagung nicht vorliegen.

775 **c) Sonstige vom Einkommen abzuziehende Beträge.** Als „sonstige vom Einkommen abzuziehende Beträge" ist derzeit nur der **Härteausgleich** gemäß § 46 Abs. 3 EStG, § 70 EStDV bei nicht dem Steuerabzug unterliegenden Nebeneinkünften zu berücksichtigen. Hierbei handelt es sich um eine **Freigrenze** von **410 €,** bei deren Unterschreiten im Rahmen einer Arbeitnehmerveranlagung ein Härteausgleich vorzunehmen ist.

5. Schematische Darstellung der Ermittlung des zu versteuernden Einkommens

776 Schematisch lässt sich die Ermittlung des zu versteuernden Einkommens danach wie folgt darstellen:

[1301] Zu den Voraussetzungen hierfür S. § 32 Abs. 1 bis 5 EStG; s. dazu i. E. *Blümich/Heuermann* § 32 EStG Rz. 36ff.

[1302] S. dazu i. E. *Blümich/Heuermann* § 32 EStG Rz. 184ff. Zum Anspruch auf die verdoppelten Beträge in den Fällen, in denen ein Elternteil verstorben oder nicht unbeschränkt steuerpflichtig ist, oder wenn eine Annahme als Kind vorliegt, s. § 32 Abs. 6 Satz 3 EStG. Zur Berücksichtigung in Sonderfällen s. auch EStR R 32.12. Zur Übertrragung des Betreuungsfreibetrages s. BFH III R 71/04 v. 18. 5. 2006, DStRE 2006, 1263.

[1303] S. dazu i. E. *Blümich/Heuermann* § 32 EStG Rz. 196.

[1304] S. dazu i. E. *Blümich/Heuermann* § 32 EStG Rz. 206ff.

[1305] S. dazu i. E. *Blümich/Heuermann* § 31 EStG Rz. 92ff.; *dies.* § 32 EStG Rz. 178.

Summe der Einkünfte aus den Einkunftsarten
+ Hinzurechnungsbetrag (§ 52 Abs. 3 Satz 3 EStG sowie § 8 Abs. 5 Satz 2 AIG)

= Summe der Einkünfte
– Altersentlastungsbetrag (§ 24 a EStG)
– Entlastungsbetrag für Alleinerziehende (§ 24 b EStG)
– Freibetrag für Land- und Forstwirte (§ 13 Abs. 3 EStG)

= Gesamtbetrag der Einkünfte (§ 2 Abs. 3 EStG)
– Verlustabzug gemäß § 10 d EStG
– Sonderausgaben (§§ 10, 10 a, 10 b, 10 c EStG)
– außergewöhnliche Belastungen (§§ 33 bis 33 b EStG)
– Steuerbegünstigung der zu Wohnzwecken genutzten Wohnungen, Gebäude und Baudenkmale sowie der schutzwürdigen Kulturgüter (§§ 10 e bis 10 i EStG, § 52 Abs. 21 Satz 6 EStG i. d. F. vom 16. 4. 1997, BGBl. I S. 821 und § 7 FördG)
+ zuzurechnendes Einkommen gemäß § 15 Abs. 1 AStG

= Einkommen (§ 2 Abs. 4 EStG)
– Freibeträge für Kinder (§§ 31, 32 Abs. 6 EStG)
– Härteausgleich nach § 46 Abs. 3 EStG, § 70 EStDV

= zu versteuerndes Einkommen (§ 2 Abs. 5 EStG).

IX. Ermittlung der festzusetzenden Einkommensteuer

1. Ermittlung der tariflichen Einkommensteuer

a) Rechtliche Grundlage. Das zu versteuernde Einkommen ist die Ausgangs-Bemessungsgrundlage für die Ermittlung der **festzusetzenden Einkommensteuer.**[1306] Auf diese Bemessungsgrundlage ist entweder 777
- der Einkommensteuertarif gemäß § 32 a Abs. 1, 5, § 50 Abs. 3 EStG[1307] oder
- nach dem bei Anwendung des Progressionsvorbehaltes (§ 32 b EStG)[1308] oder der Steuersatzbegrenzung sich ergebende Steuersatz anzuwenden.

Rechnet man zu dem sich hierbei ergebenden Steuerbetrag noch die ggf. aufgrund der Berechnung gemäß den **§§ 34, 34 b EStG** (außerordentliche Einkünfte, z. B. Veräußerungsgewinne i. S. v. §§ 16 und 18 Abs. 3 EStG oder Entschädigungen i. S. d. § 24 Nr. 1 EStG, insbesondere Ersatz für entgangene oder entgehende Einnahmen) ergebende Steuer hinzu, berücksichtigt man ggf. ferner die Steuerermäßigung bei ausländischen Einkünften (§ 34 c EStG), so ergibt sich grundsätzlich die **tarifliche Einkommensteuer** (§ 32 a Abs. 1, 5, § 50 Abs. 3 EStG). 778

b) Progressionsvorbehalt. § 32 b EStG führt als **Tarifvorschrift** zur Anwendung eines **besonderen Steuersatzes** auf das gemäß § 32 a Abs. 1 EStG zu versteuernde Einkommen, wenn der Steuerpflichtige neben steuerpflichtigen Einkünften bestimmte freigestellte oder nicht der Besteuerung unterliegende Einkünfte bezogen hat, die im Hinblick auf das Leistungsfähigkeitsprinzip bei der Steuerbemessung zu berücksichtigen sind. § 32 b Abs. 2 EStG sieht dazu vor, dass die Steuer auf das – unverändert bleibende – zu versteuernde Einkommen nach dem Durchschnittssteuersatz zu berechnen ist, der sich ergäbe, wenn die steuerfreien Einkünfte in die Steuerberechnung einbezogen worden wären **(Progressionsvorbehalt).** 779

[1306] Zur Festsetzung der Einkommensteuer in den Fällen der Steuersatzbegrenzung s. BFH I R 67/01 v. 13. 11. 2002, BStBl II 2003, 587.

[1307] Bei beschränkt Steuerpflichtigen.

[1308] S. Rz. 779.

780 Gemäß § 32b EStG ist dazu das gemäß § 32a Abs. 1 EStG zu versteuernde Einkommen um bestimmte, in § 32b Abs. 1 Nr. 1 im Einzelnen aufgeführte Entgelt-, Lohn- oder Einkommensersatzleistungen und die aufgrund von DBA steuerfreien Einkünfte (§ 32b Abs. 1 Nr. 3 EStG) sowie um die unter § 32 Abs. 1 Nr. 2 EStG fallenden ausländischen Einkünfte zu vermehren und ggf. zu mindern.[1309]

781 *aa) Progressionsvorbehalt gemäß § 32b Abs. 1 Nr. 1 EStG.* Der Gesetzgeber hat in § 32b Abs. 1 Nr. 1 EStG in einem abschließenden Katalog bestimmte Entgelt-, Lohn- oder Einkommensersatzleistungen aufgeführt, die als Sozialleistungen steuerfrei sind, die aber aufgrund des Leistungsfähigkeitsprinzips bei der Bemessung des Steuersatzes zu berücksichtigen sind. Durch diesen Progressionsvorbehalt erhöht sich regelmäßig der auf die steuerpflichtigen Einkünfte anzuwendende Steuersatz; bei negativen ausländischen Einkünften kann er sich ggf. auch mindern.[1310] Der so gewonnene Steuersatz wird – als durchschnittlicher v. H.-Satz) auf das zu versteuernde Einkommen angewendet.[1311] Diese Regelung betrifft allerdings in erster Linie Arbeitnehmer, nicht Freiberufler.[1312]

782 *bb) Progressionsvorbehalt gemäß § 32b Abs. 1 Nr. 2 EStG.* Von § 32b Abs. 1 Nr. 2 EStG erfasst werden grundsätzlich die Einkünfte von Steuerpflichtigen, die nur zeitweise unbeschränkt einkommensteuerpflichtig sind, z. B. aufgrund unterjährigem Zuzugs oder Wegzugs. Gemäß § 2 Abs. 7 Satz 3 EStG werden in diesen Fällen die während der beschränkten Steuerpflicht erzielten inländischen Einkünfte in eine Veranlagung zur unbeschränkten Einkommensteuerpflicht einbezogen. Die nicht im Inland steuerbaren Auslandseinkünfte werden aus Gründen der Gleichbehandlung bei der Festsetzung des Steuersatzes berücksichtigt.[1313] Die ausländischen Einkünfte sind nach den Grundsätzen des deutschen Steuerrechts zu ermitteln.[1314]

783 § 32b Abs. 1 Nr. 2 EStG ist darüber hinaus auch dann anzuwenden, wenn die unbeschränkte Einkommensteuerpflicht nur zeitweise während des Veranlagungszeitraums bestanden hat, während des restlichen Jahreszeitraums aber in der Bundesrepublik zu besteuernde Einkünfte anfallen.[1315]

784 Sind in den ausländischen Einkünften i. S. d. § 32b Abs. 1 Nr. 2 EStG außerordentliche Einkünfte (§ 34 EStG) enthalten, sind sie mit einem Fünftel zu berücksichtigen (§ 32b Abs. 2 Nr. 2 EStG).

785 *cc) Progressionsvorbehalt gemäß § 32b Abs. 1 Nr. 3 bis 5 EStG.* Sind aus einem ausländischen Staat stammende Einkünfte nach einem DBA oder einem sonstigen zwischenstaatlichen Übereinkommen von der inländischen Bemessungsgrundlage auszunehmen (Freistellungsmethode) oder bleiben Einkünfte nach Maßgabe des § 32b Abs. 1 Nr. 5 EStG unberücksichtigt, so greift auch hier aufgrund des Leistungsfähigkeitsprinzips der Progressionsvorbehalt ein. Es ist unerheblich, ob das Abkommen den Progressionsvorbehalt eigens vorsieht. Anders ist es, wenn der zwischenstaatliche Vertrag den Progressionsvorbehalt ausdrücklich verbietet. Die in die Bemessungsgrundlage für den anzuwendenden Steuersatz einzubeziehenden ausländischen Einkünfte sind nach deutschem Steuerrecht zu ermitteln und abzugrenzen.[1316]

1309 Zum Verfahren bei Anwendung des Progressionsvorbehaltes s. Beispiel in EStH H 32b – „Allgemeines".

1310 S. Rz. 786.

1311 S. dazu das Beispiel in EStH H 32b – „Allgemeines".

1312 Zu weiteren Einzelheiten s. *Blümich/Wied* § 32b Rz. 36.

1313 Zu rechtlichen Bedenken gegen diese Regelung s. *Blümich/Wied* § 32b Rz. 24.

1314 S. zu weiteren Einzelheiten *Blümich/Wied* § 32b Rz. 42ff.

1315 S. BFH I R 19/03 v. 19. 11. 2003, BStBl II 2004, 549.

1316 BFH I R 32/90 v. 22. 5. 1991, BStBl II 1992, 94.

Durch ausländische Verluste kann der Steuersatz sogar auf 0 sinken und damit zu einer völligen Steuerfreiheit des im Inland dem Grunde nach steuerpflichtigen Einkommens führen **(negativer Progressionsvorbehalt).**[1317] 786

Sind in den ausländischen Einkünften i. S. d. § 32b Abs. 1 Nr. 3 EStG außerordentliche Einkünfte (§ 34 EStG) enthalten, sind sie mit einem Fünftel zu berücksichtigen (§ 32b Abs. 2 Nr. 2 EStG). 787

Als unmittelbar von einem unbeschränkt Steuerpflichtigen bezogene ausländische Einkünfte gelten auch die Einkünfte, die eine **Organgesellschaft** i. S. d. § 14 oder des § 17 KStG bezogen hat und die nach einem DBA steuerfrei sind (§ 32b Abs. 1a EStG). 788

2. Festzusetzende Einkommensteuer (§ 2 Abs. 6 EStG)

Bei der sich nach den vorstehend aufgezeigten Grundsätzen ermittelten tariflichen Einkommensteuer sind je nach den Gegebenheiten des konkreten Falles noch bestimmte Zu- und Abrechnungen vorzunehmen, um die **festzusetzende Einkommensteuer** zu ermitteln. 789

Es kann sich dabei insbesondere um folgende **Abrechnungen** handeln: 790

- Anrechnung ausländischer Steuern nach Maßgabe des § 34c Abs. 1, 6[1318] EStG und § 12 AStG;
- Ermäßigung um das 1,8fache des anteiligen Gewerbesteuer-Messbetrags (§ 35 EStG);[1318a]
- Ermäßigung bei Zuwendungen an politische Parteien und an unabhängige Wählervereinigungen (§ 34g EStG);
- Ermäßigung bei Aufwendungen für haushaltsnahe Beschäftigungsverhältnisse und für die Inanspruchnahme haushaltsnaher Dienstleistungen (§ 35a EStG);
- Entlastungsbetrag gemäß § 32c EStG.[1319]

Hinzuzurechnen sind insbesondere: 791

- Auf ausländische Einkünfte gemäß § 34c Abs. 5 EStG festgesetzte Pauschalsteuern;
- Nachsteuer bei vorzeitiger Verfügung über bestimmte Versicherungsansprüche (§ 10 Abs. 5 EStG i. V. m. §§ 30, 31 EStDV;
- Anspruch auf Zulage für Altersvorsorge gemäß § 10a Abs. 2 EStG in den Fällen, in denen der Sonderausgabenabzug günstiger ist als der Zulageanspruch;[1320]
- Anspruch auf Kindergeld oder vergleichbare Leistungen, soweit bei Anwendung des § 31 EStG das Einkommen um Freibeträge für Kinder gemindert wurde.[1321]

3. Steuersatz

Die tarifliche Einkommensteuer beträgt gemäß § 32a Abs. 1 EStG bis zu einem Betrag von 7664 € **(Grundfreibetrag)** 0 €. Sie stieg bis einschließlich Veranlagungszeitraum 2006 mit zunehmendem zu versteuerndem Einkommen nach Maßgabe der in § 32a Abs. 1 EStG aufgeführten Rechenstufen bis zu einem **Spitzensteuersatz** von **42 v. H.** 792

[1317] BFH I R 109/68 v. 25. 5. 1970, BStBl II 1970, 660; s. auch *Blümich/Wied* § 32b Rz. 71.

[1318] S. dazu i. E. *Blümich/Wied* § 34c Rz. 25ff.; OFD Berlin v. 22. 1. 2004, RiW 2004, 479.

[1318a] S. Rz. 837.

[1319] Ab Veranlagungszeitraum 2007; s. dazu StÄndG v. 19. 7. 2006, BGBl I 2006, 1562, BStBl I 2006, 432, Art. 1, Nr. 12.

[1320] S. dazu Rz. 668.

[1321] S. dazu Rz. 770ff.

des zu versteuernden Einkommens an. Durch das StÄndG 2007[1322] wird der Steuersatz bei einem zu versteuernden Einkommen von **250 001 €** an jedoch um **3 v. H.** auf **45 v. H.** angehoben (sog. **Reichensteuer**). Das Splittingverfahren des § 32a Abs. 5 EStG bleibt davon unberührt; es ist bei Vorliegen der Voraussetzungen auch in Bezug auf die Erhöhung des Spitzensteuersatzes anzuwenden.

793 **Gewinneinkünfte** werden jedoch von dieser Erhöhung **ausgenommen.** Dazu bestimmt der durch das StÄndG 2007[1323] neu geschaffene § 32c EStG, dass bei Einkünften aus Land- und Forstwirtschaft, Gewerbebetrieb oder **selbständiger Arbeit** i. S. d. § 2 Abs. 1 Nr. 1 bis 3 EStG von der tariflichen Einkommensteuer gemäß § 32a EStG ein **Entlastungsbetrag** für den Anteil für den Anteil dieser Einkünfte am zu versteuernden Einkommen abzuziehen ist. Dieser Anteil bemisst sich nach dem Verhältnis der Gewinneinkünfte zur Summe der Einkünfte (§ 32c Abs. 1 Satz 2 EStG). Er beträgt höchstens 100 v. H. Einkünfte, die gemäß §§ 34, 34b EStG ermäßigt besteuert werden, gelten nicht als Gewinneinkünfte i. S. d. Sätze 1 und 2 des § 32c Abs. 1 EStG.

794 Der Entlastungsbetrag wird im Hinblick auf die geplante Unternehmenssteuerreform, bei der eine Entlastung in anderer geeigneter Weise vorgesehen sein soll, zunächst nur in dem Veranlagungszeitraum 2007 gewährt. Die Tarifbegrenzung wird aber erforderlichenfalls über 2007 hinaus verlängert.[1324]

795 Der Entlastungsbetrag wird wie folgt ermittelt:

- Zunächst wird der Anteil der Gewinneinkünfte an der Summe der Einkünfte ermittelt.
- Die Bemessungsgrundlage für den Entlastungsbetrag ergibt sich, indem dieser Anteilssatz auf den Teil des zu versteuernden Einkommens angewendet wird, der oberhalb von 250 000 € liegt. Der Entlastungsbetrag beträgt dann 3 v. H. dieser Bemessungsgrundlage.[1325]

4. Steuermaßstab für Zuschlagsteuer

796 Die nach den vorstehend aufgezeigten Grundsätzen ermittelte festzusetzende Einkommensteuer i. S. d. § 2 Abs. 6 EStG ist Steuermaßstab i. S. d. § 51a Abs. 2 EStG für die **Zuschlagsteuern,** zu denen der **Solidaritätszuschlag**[1326] und die **Kirchensteuer** gehört.

5. Schematische Darstellung der Ermittlung der festzusetzenden Einkommensteuer

797 **Die festzusetzende Einkommensteuer** ist danach – schematisch – wie folgt zu ermitteln:

[1322] V. 19. 7. 2006, BGBl I 2006, 1562, BStBl I 2006, 432, Art. 1, Nr. 11.

[1323] V. 19. 7. 2006, BGBl I 2006, 1562, BStBl I 2006, 432, Art. 1, Nr. 12.

[1324] S. dazu BT-Drs. 16/1545, S. 15.

[1325] S. dazu Berechnungsbeispiel in BT-Drs. 16/1545, S. 15. Zu weiteren Einzelheiten s. *Blümich/Heuermann* Erläut. zu § 32c EStG.

[1326] S. dazu i. E. Rz. 820ff.

Steuerbetrag

– *gemäß § 32 a Abs. 1, 5, § 50 Abs. 3 EStG oder*
– *nach dem bei Anwendung des Progressionsvorbehalts (§ 32 b EStG) oder der Steuersatzbegrenzung sich ergebenden Steuersatz*
+ *Steuer auf Grund Berechnung gemäß den §§ 34, 34 b EStG*

= *tarifliche Einkommensteuer (§ 32 a Abs. 1, 5 EStG)*
– *Minderungsbetrag nach Punkt 11 Ziffer 2 des Schlussprotokolls zu Artikel 23 DBA Belgien in der durch Artikel 2 des Zusatzabkommens vom 5. 11. 2002 geänderten Fassung (BGBl. II 2003, 1615)*
– *ausländische Steuern nach § 34 c Abs. 1 und 6 EStG, § 12 AStG*
– *Steuerermäßigung nach § 35 EStG*
– *Steuerermäßigung für Steuerpflichtige mit Kindern bei Inanspruchnahme erhöhter Absetzungen für Wohngebäude oder der Steuerbegünstigungen für eigengenutztes Wohneigentum (§ 34 f Abs. 1 und 2 EStG)*
– *Steuerermäßigung bei Zuwendungen an politische Parteien und unabhängige Wählervereinigungen (§ 34 g EStG)*
– *Steuerermäßigung gemäß § 34 f Abs. 3 EStG*
– *Steuerermäßigung gemäß § 35 a EStG*
+ *Steuern gemäß § 34 c Abs. 5 EStG*
+ *Nachsteuer gemäß § 10 Abs. 5 EStG i. V. m. den §§ 30, 31 EStDV*
+ *Zuschlag nach § 3 Abs. 4 Satz 2 Forstschäden-Ausgleichsgesetz*
+ *Anspruch auf Zulage für Altersvorsorge gemäß § 10 a Abs. 2 EStG*
+ *Anspruch auf Kindergeld oder vergleichbare Leistungen, soweit in den Fällen des § 31 EStG das Einkommen um Freibeträge für Kinder gemindert wurde*

= ***festzusetzende Einkommensteuer** (§ 2 Abs. 6 EStG).*

X. Veranlagung zur Einkommensteuer

1. Allgemeines

Die Einkommensteuer ist gemäß § 2 Abs. 7 Satz 1 EStG eine **Jahressteuer.** Die Grundlagen für ihre Festsetzung sind jeweils für ein **Kalenderjahr** zu ermitteln. Die Steuer wird grundsätzlich nach Ablauf des jeweiligen Kalenderjahres **(Veranlagungszeitraums)** veranlagt (§ 25 Abs. 1 EStG).[1327] Die Veranlagung ist eine besondere Art der Steuerfestsetzung.[1328] **798**

Der Steuerpflichtige ist gesetzlich verpflichtet, für den abgelaufenen Veranlagungszeitraum eine eigenhändig zu unterschreibende **Einkommensteuererklärung** nach amtlich vorgeschriebenen Vordruck (§ 150 AO) abzugeben, Ehegatten eine gemeinsame (§ 25 Abs. 3 EStG, § 56 EStDV). Erklärungspflichtig ist auch derjenige, der vom Finanzamt gemäß § 149 Abs. 1 Satz 2 AO zur Abgabe einer Einkommensteuererklärung aufgefordert wird.[1329] Kommt der Erklärungspflichtige seiner Einkommensteuererklärungspflicht nicht oder nicht rechtzeitig nach, kann das Finanzamt einen **Verspätungszuschlag** festsetzen, sofern die Säumnis nicht entschuldbar erscheint (§ 152 Abs. 1 Sätze 1, 2 AO). Nichtabgabe, verspätete oder unrichtige Abgabe der Einkommensteuererklärung können den Tatbestand der versuchten oder vollendeten **Steuerhinterziehung** (§ 370 AO) oder der **leichtfertigen Steuerverkürzung** (§ 378 AO) verwirklichen. **799**

Das Finanzamt hat die Besteuerungsgrundlagen gemäß § 162 Abs. 2 AO zu **schätzen,** soweit es diese nicht ermitteln oder berechnen kann. **800**

[1327] Zur Veranlagung bei Bezug von Einkünften aus nichtselbständiger Arbeit s. § 46 EStG.

[1328] S. dazu *Blümich/Heuermann* § 25 EStG Rz. 19.

[1329] Zur Erklärungspflicht anderer Personen, z. B. des gesetzlichen Vertreters, s. *Blümich/Heuermann* § 25 EStG Rz. 77.

801 **Örtlich zuständig** für die Einkommensteuerveranlagung ist grundsätzlich das **Wohnsitzfinanzamt,** d. h. das Finanzamt, in dessen Bezirk der Steuerpflichtige seinen Wohnsitz oder in Ermangelung eines Wohnsitzes seinen gewöhnlichen Aufenthalt hat (§ 19 Abs. 1 Satz 1 AO).

802 Das Finanzamt setzt die Einkommensteuer durch einen schriftlichen **Einkommensteuerbescheid** fest, der den Einkommensteueranspruch realisiert, konkretisiert und individualisiert.

2. Veranlagung von Ehegatten

803 **a) Grundsatzregelung.** Ehegatten,[1330] die beide unbeschränkt steuerpflichtig sind und nicht getrennt dauernd getrennt leben und bei denen die Voraussetzungen zu Beginn des Veranlagungszeitraums vorgelegen haben, können gemäß § 26 Abs. 1 EStG **wählen zwischen**
- getrennter Veranlagung gemäß § 26a EStG;[1331]
- Zusammenveranlagung gemäß § 26b EStG[1332] und der
- besonderen Veranlagung gemäß § 26c EStG.[1333]

804 Sie können nur **einheitlich** – entweder zusammen oder getrennt – **veranlagt** werden. Entscheidet sich einer der Ehegatten nach einer bereits durchgeführten Zusammenveranlagung zulässigerweise für die getrennte Veranlagung, ist auch für den anderen Ehegatten eine getrennte Veranlagung durchzuführen, selbst wenn der Zusammenveranlagungsbescheid ihm gegenüber bestandskräftig geworden und die Festsetzungsfrist bereits abgelaufen ist.[1334]

805 **b) Getrennte Veranlagung (§ 26a EStG).** Eine getrennte Veranlagung i. S. d. § 26a EStG ist durchzuführen, wenn die beiden Ehegatten diese Veranlagungsart ausdrücklich gewählt haben,[1335] oder wenn sie nicht *beide* unbeschränkt steuerpflichtig[1336] sind oder sie dauernd getrennt leben.[1337] In welchem **Güterstand** die Ehegatten leben, ist für die Wahl der getrennten Veranlagung **unbeachtlich.**

806 Es gilt der Grundsatz der **Individualbesteuerung.** Als Ausnahme von diesem Prinzip sind gemäß § 26a Abs. 2 EStG die Ehegatten trotz der getrennten Veranlagung hinsichtlich bestimmter Aufwendungen – wie z. B. der als Sonderausgaben abziehbaren Kinderbetreuungskosten (§ 10 Abs. 1 Nr. 5 und 8) und außergewöhnliche Belastungen – *als Einheit* zu behandeln.

807 Bei getrennter Veranlagung von Ehegatten sind jedem Ehegatten die von ihm bezogenen Einkünfte zuzurechnen (§ 26a Abs. 1 Satz 1 EStG). An der Zurechnung der Einkünfte zu einem der Ehegatten ändert sich nicht deshalb etwas, weil der andere Ehegatte an der Erzielung der Einkünfte mitgewirkt hat (§ 26a Abs. 1 Satz 2 EStG).

808 **Sonderausgaben** gemäß § 10 Abs. 1 Nr. 5 und 8 EStG (Kinderbetreuungskosten) und **außergewöhnliche Belastungen** (§§ 33 bis 33b EStG) werden in Höhe des bei einer Zusammenveranlagung in Betracht kommenden Betrags bei den beiden (getrennten) Ver-

---

[1330] Zur Frage, ob zwei Personen „Ehegatten" sind, s. *Blümich/Heuermann* § 26 EStG Rz. 39 ff.

[1331] S. dazu Rz. 805 ff.

[1332] S. dazu Rz. 811 ff.

[1333] S. dazu Rz. 817 ff.

[1334] *Blümich/Heuermann* § 26a EStG Rz. 10.

[1335] Zu den Einzelheiten der Wahl s. *Blümich/Heuermann* § 26a EStG Rz. 78 ff.

[1336] Zur Frage, ob darin ein Verstoß gegen Art. 43 EG-Vertrag liegen kann, s. Vorabentscheidungsersuchen des BFH I R 114/04 v. 28. 6. 2005, BStBl II 2005, 835; Az. des EuGH: Rs. C-329/05.

[1337] Zum Begriff des „dauernden Getrenntlebens" s. i. E. *Blümich/Heuermann* § 26a EStG Rz. 55 ff.

anlagungen der Ehegatten grundsätzlich jeweils **zur Hälfte abgezogen.**[1338] Die Ehegatten können allerdings gemeinsam eine **andere Aufteilung** beantragen (§ 26a Abs. 2 Satz 1 EStG, § 61 EStDV).[1339]

Den **Verlustabzug** gemäß § 10 EStG kann der getrennt Veranlagte auch für Verluste 809
derjenigen Veranlagungszeiträume geltend machen, in denen die Ehegatten gemäß § 26b EStG zusammen oder gemäß § 26c EStG besonders veranlagt worden sind (§ 62d EStDV).[1340]

Bei getrennter Veranlagung ist der sog. **Grundtarif** (§ 32a Abs. 1 EStG) anzuwenden. 810
Progressionsvorbehalt (§ 32b EStG) und **Tarifermäßigungen** (§§ 34, 34c Abs. 4 EStG) wirken sich bei der getrennten Veranlagung nur auf die Einkommensteuer des Ehegatten aus, dem die unter den Progressionsvorbehalt fallenden Einnahmen zugeflossen oder dem die begünstigten Einkünfte zuzurechnen sind. Dies kann gegenüber der Zusammenveranlagung wirtschaftlich vorteilhaft sein

c) Zusammenveranlagung (§ 26b EStG). Sind beide Ehegatten unbeschränkt ein- 811
kommensteuerpflichtig, leben sie nicht dauernd getrennt und haben bei ihnen diese Voraussetzungen zu Beginn des Veranlagungszeitraums vorgelegen oder sind sie im Laufe des Veranlagungszeitraums eingetreten, so werden sie grundsätzlich nach Maßgabe des § 26b EStG **zusammen veranlagt;** denn gemäß § 26 Abs. 3 EStG unterstellt der Gesetzgeber, dass die Ehegatten die Zusammenveranlagung wählen, wenn sie die für eine andere Veranlagungsart erforderlichen Erklärungen nicht abgeben (Prinzip der **Einheit der Ehegatten**).

Bei der Zusammenveranlagung werden die Einkünfte, die die Ehegatten erzielt haben, 812
zusammengerechnet, den Ehegatten gemeinsam zugerechnet und die Ehegatten grundsätzlich gemeinsam als Steuerpflichtige behandelt (§ 26b EStG). Dementsprechend hat jeder Ehegatte Anspruch auf Ansatz der Freibeträge und der Pauschbeträge. Die Zusammenveranlagung führt zwar zu einer Zusammenrechnung, grundsätzlich aber nicht zu einer einheitlichen Ermittlung der Einkünfte der Ehegatten.[1341]

Sonderausgaben sind vom gemeinsamen Gesamtbetrag der Einkünfte abziehbar, und 813
zwar unabhängig davon, wer die Aufwendungen getragen hat.[1342] Das Gleiche gilt für **außergewöhnliche Belastungen** (§§ 33 bis 33b EStG)

Gemäß § 32a Abs. 5 EStG beträgt die tarifliche Einkommensteuer grundsätzlich das 814
Zweifache des Steuerbetrags, der sich für die Hälfte ihres gemeinsam zu versteuernden Einkommens ergibt (sog. **Splitting-Verfahren**).

Zusammen veranlagte Ehegatten sind gemäß § 44 Abs. 1 Satz 1 AO **Gesamtschuldner.** 815

Partner einer eingetragenen **Lebenspartnerschaft** haben **keinen Anspruch** auf 816
Durchführung einer Zusammenveranlagung zur Einkommensteuer unter Anwendung des **Splittingtarifs.**[1343]

d) Besondere Veranlagung gemäß § 26c EStG. Im **Jahr der Eheschließung** wird 817
auf Antrag die „besondere Veranlagung für den Veranlagungszeitraum der Eheschließung" gemäß § 26c EStG durchgeführt. Die Ehegatten werden dabei so behandelt, als ob sie die Ehe nicht geschlossen hätten. Dadurch sollen steuerliche Nachteile vermieden werden, die sich im Veranlagungszeitraum der Eheschließung durch eine Veranlagung gemäß §§ 26a, 26b EStG ergeben können.[1344]

[1338] Zu den Einzelheiten s. *Blümich/Heuermann* § 26a EStG Rz. 23ff.

[1339] Zu den Sonderausgaben s. *Blümich/Heuermann* § 26b EStG Rz. 25.

[1340] S. dazu auch *Blümich/Heuermann* § 26b EStG Rz. 24.

[1341] Zu Ausnahmen s. EStH H 26b – „Feststellung gemeinsamer Einkünfte".

[1342] Zur Verdoppelung der Höchstbeträge s. Rz. 655.

[1343] BFH III R 51/05 v. 26. 1. 2006, BStBl II 2006, 515; s. dazu *Rauch* DStR 2006, 1823.

[1344] S. zu Beispielen *Blümich/Heuermann* § 26c EStG Rz. 10.

818 **Sonderausgaben** und **außergewöhnliche Belastungen** sind jeweils nach den tatsächlichen Zahlungen eines jeden Ehegatten aufzuteilen.

819 Grundsätzlich ist die tarifliche Einkommensteuer bei besonders veranlagten Ehegatten nach der **Grundtabelle** zu berechnen. Ausnahmsweise ist jedoch in den Fällen, in denen der zu veranlagende Ehegatte zu Beginn des Veranlagungszeitraums verwitwet war, das **Splitting-Verfahren** gemäß § 32 Abs. 5 EStG anzuwenden (§ 26c Abs. 2 EStG).[1345]

B. Solidaritätszuschlag

820 Nach dem **SolZG 1995** v. 15. 10. 2002[1346] wird zur Einkommensteuer[1347] ein **Solidaritätszuschlag** als Ergänzungsabgabe erhoben (§ 1 Abs. 1 SolZG). Der Zuschlag dient auch der Deckung des allgemeinen Finanzbedarfs; er ist verfassungsgemäß.[1348]

821 **Abgabepflichtig** sind u.a. sämtliche unbeschränkt einkommensteuerpflichtigen Personen (§ 2 Nr. 1 SolZG).

822 Der Zuschlag beträgt derzeit einheitlich **5,5 v.H.** der festgesetzten Einkommensteuer (§ 4 Satz 1 SolZG). Um zu verhindern, dass beim Überschreiten der Freigrenzen des § 3 Abs. 3 bis 5 SolZG sofort der volle Solidaritätszuschlag erhoben wird, enthält § 4 Satz SolZG eine Gleitregelung.[1349]

823 Bei der Veranlagung zur Einkommensteuer ist **Bemessungsgrundlage** die Einkommensteuer, die – abweichend von § 2 Abs. 6 EStG – unter Berücksichtigung von Freibeträgen gemäß § 32 Abs. 6 EStG in allen Fällen des § 32 EStG festzusetzen wäre (§ 3 Abs. 2 SolZG).

824 Wird die Einkommensteuer durch den Steuerabzug abgegolten, wirkt die Abgeltung auch für den Solidaritätszuschlag (§ 3 Abs. 1 Nr. 6 SolZG).[1350]

825 Auf die **Kirchensteuer** wird kein Solidaritätszuschlag erhoben.

C. Kirchensteuer

826 Gemäß Art. 140 GG i.V.m. Art. 137 Abs. 6 der Verfassung des Deutschen Reiches vom 11. 8. 1919 (sog. Weimarer Reichsverfassung) können die Religionsgesellschaften nach Maßgabe der landesrechtlichen Bestimmungen (Kirchen-)Steuern erheben.

827 Von diesem Recht haben die einzelnen Bundesländer Gebrauch gemacht. Beispielhaft sei hier auf das Bayerische Kirchensteuergesetz[1351] Bezug genommen. Die Kirchensteuergesetze der anderen Bundesländer sind in den wesentlichen rechtlichen Grundzügen gleich, wenn auch in der formellen Ausgestaltung regelmäßig unterschiedlich.[1352]

[1345] Zu Einzelheiten s. *Blümich/Heuermann* § 26c EStG Rz. 54ff.

[1346] I.d.F. der Bekanntmachung v. 15. 10. 2002, BGBl I 2002, 4130.

[1347] Und zur Körperschaftsteuer.

[1348] S. dazu BFH VII B 324/05 v. 28. 6. 2006, BStBl II 2006, 692 und XI B 143/05 v. 2. 6. 2006, BFH/NV 2006, 1886.

[1349] Zu Beispielen s. *Blümich/Lindberg* Erläuterungen zu § 4 SolZG.

[1350] S. Rz. 796.

[1351] Gesetz über die Erhebung von Steuern durch Kirchen, Religions- und weltanschauliche Gemeinschaften v. 21. 11. 1994 i.F. des Gesetzes zur Änderung des Kirchensteuergesetzes v. 10. 12. 2005, BStBl I 2006, 188.

[1352] Abgedruckt sind die einzelnen Kirchensteuergesetze in der Beck'schen Gesetzessammlung „Steuergesetze" unter der Leitzahl 900.

In Bayern sind **berechtigt,** Kirchensteuern zu erheben: die Kirchen und Religionsgemeinschaften sowie weltanschauliche Gemeinschaften, die Körperschaften des öffentlichen Rechts sind (Art. 1 Abs. 1 BayKiStG). 828

Steuerschuldner sind die die Angehörigen der vorstehend aufgeführten Gemeinschaften, die im Freistaat einen Wohnsitz oder den gewöhnlichen Aufenthalt haben und mit einem Steuerbetrag zur Einkommensteuer veranlagt sind oder von deren Einkünften der Steuerabzug vom Arbeitslohn vorgenommen wird (Art. 2 Abs. 1 i.V.m. Art. 6 Abs. 1 BayKiStG). Die Kircheneinkommensteuer, die in Form von **Kirchenumlagen** erhoben wird (Art. 1 Abs. 2 Nr. 1 BayKiStG), wird für den gleichen Zeitraum erhoben, für den die Maßstabsteuer, nämlich die Einkommensteuer, erhoben wird (Art. 7 BayKiStG). Der **Steuersatz** darf 10 v.H. der Einkommen- und Lohnsteuer nicht übersteigen. Er beträgt in Bayern derzeit 8 v. H.[1353] 829

Das Kirchensteuergesetz regelt insbesondere im Einzelnen, wie zu verfahren ist, wenn umlagepflichtigen Ehegatten verschiedenen umlageerhebenden Gemeinschaften (konfessionsverschiedene Ehe) angehören oder einer der Ehegatten keiner dieser Gemeinschaften (glaubensverschiedene Ehe) angehört (Art. 9 BayKiStG). 830

Die **Kirchensteuerpflicht beginnt** mit dem Eintritt in die hebeberechtigte Gemeinschaft (z.B. Taufe, Zuzug aus einem anderen Bundesland). Sie **endet** mit dem Tod, dem Austritt aus der Gemeinschaft oder der Aufgabe des Wohnsitzes im bisherigen Bundesland. 831

Die Kirchensteuer kann auch in Form eines **Kirchgeldes** erhoben werden (Art. 1 Abs. 2 Nr. 2 BayKiStG). 832

Auf die Kirchensteuer wird **kein Solidaritätszuschlag** erhoben. 833

D. Gewerbesteuer

Die Gemeinden erheben eine **Gewerbesteuer** als **Gemeindesteuer** (§ 1 GewStG). Sie wird zusätzlich neben der Einkommensteuer und ggf. der Umsatzsteuer erhoben. 834

Der Gewerbesteuer unterliegt jeder stehende Gewerbebetrieb, soweit er im Inland betrieben wird (§ 2 Abs. 1 Satz 1 GewStG). Unter **Gewerbebetrieb** ist ein gewerbliches Unternehmen i.S.d. Einkommensteuergesetzes zu verstehen (§ 2 Abs. 1 Satz 2 GewStG). Maßgebend ist insoweit § 15 Abs. 2 Satz 1 EStG. Danach setzt ein Gewerbebetrieb zunächst eine selbständige nachhaltige Betätigung voraus, die mit der Absicht, Gewinn zu erzielen unternommen wird und sich als Beteiligung am allgemeinen wirtschaftlichen Verkehr darstellt. Bis dahin stimmen die tatbestandlichen Voraussetzungen des Gewerbebetriebs mit denen der freiberuflichen Tätigkeit überein.[1354] Ein Gewerbebetrieb setzt tatbestandlich darüber hinaus noch weiter voraus, dass die Betätigung – von der hier nicht relevanten Ausübung von Land- und Forstwirtschaft abgesehen – nicht als Ausübung eines freien Berufes noch als andere selbständige Arbeit anzusehen ist. Gewerbebetrieb und künstlerische Tätigkeit i.S.d. § 18 Abs. 1 Nr. 1 Satz 2 EStG schließen sich damit gegenseitig aus. 835

Freiberuflich künstlerisch Tätige unterliegen daher nicht der Gewerbesteuer. Nicht entscheidend ist, ob der Freiberufler möglicherweise auch im Ausland einen Wohnsitz oder seinen gewöhnlichen Aufenthalt hat und dort eine Betriebsstätte unterhält; denn maßgeblich ist, ob für ihn im deutschen Inland eine Betriebsstätte unterhalten wird (§ 2 Abs. 1 Satz 3 GewStG). 836

[1353] Ebenso in Baden-Württemberg, Bremen und Hamburg. In den übrigen Bundesländern beträgt der Steuersatz 9 v.H.

[1354] S. dazu Rz. 68.

837 Die **Steuerbelastungsunterschiede** zwischen dem Freiberufler und dem Gewerbetreibenden sind im unteren Einkunftssegment zwischenzeitlich nicht mehr so gravierend wie früher. Der für die Höhe der Gewerbesteuer maßgebliche Gewerbeertrag (§§ 7ff. GewStG) ist nämlich bei natürlichen Personen und Personengesellschaften vorab um maximal 24500 € zu kürzen. Darüber hinaus werden die Gewerbetreibenden derzeit noch durch eine pauschalierte Anrechnung der Gewerbesteuer auf die Einkommensteuer nach Maßgabe des § 35 EStG entlastet.[1355] Allerdings sind die Bemühungen, die Freiberufler generell in die Gewerbesteuer mit einzubeziehen, noch nicht aufgegeben.

E. Umsatzsteuer

Schrifttum: *Hoelscher,* Das Folgerecht nach § 26 Abs. 1 Urheberrechtsgesetz im Umsatzsteuerrecht, GRUR 1991, 800; *Wagner,* Privat gesammelt, privat veräußert, DStZ 2002, 846; *Siebert,* Die umsatzsteuerliche Behandlung des urheberrechtlichen Folgerechts in der EU, IStR 2005, 809; *Kirchmaier,* Abgaben auf die Einfuhr von Werken der Videokunst, KUR 2006, 78.

Bunjes/Geist, Umsatzsteuergesetz, Kommentar, 8. Aufl., 2005; *Hartmann/Metzenmacher,* Umsatzsteuergesetz, Kommentar (Loseblatt); *Plückebaum/Malitzky/Widmann,* Umsatzsteuergesetz, Kommentar (Loseblatt); *Rau/Dürrwächter/Flick/Geist,* Kommentar zum Umsatzsteuergesetz (Loseblatt); *Sölch/Ringleb,* Umsatzsteuer, Kommentar (Loseblatt).

I. Freiberuflich tätige Künstler als Unternehmer

838 Anders als die Einkommensteuer (§ 1 EStG) kennt das Umsatzsteuerrecht kein Nebeneinander von unbeschränkter und beschränkter Steuerpflicht. Nur ein inländischer Umsatz soll umsatzsteuerbar sein. Dazu bestimmt § 1 Abs. 1 Satz 1 Nr. 1 UStG, dass umsatzsteuerpflichtig Lieferungen und sonstigen Leistungen sind, die ein **Unternehmer im Inland** gegen Entgelt im Rahmen seines Unternehmens ausführt. Entscheidend ist der Ort der Lieferung oder sonstigen Leistung.

839 Unerheblich ist, wo der Unternehmer seinen Wohnsitz oder gewöhnlichen Aufenthalt hat, im – In- oder Ausland –, welche Staatsangehörigkeit er besitzt, ob er im Inland eine Betriebsstätte unterhält, die Rechnung erteilt oder die Zahlung empfängt (§ 1 Abs. 2 Satz 3 UStG). Im Unterschied zur Einkommensteuer ist zudem nicht entscheidend, ob der Steuerpflichtige Gewinnerzielungsabsicht[1356] hat. Die Erzielung von Einnahmen braucht nicht einmal der Hauptzweck der nachhaltigen Tätigkeit zu sein.[1357]

840 **Unternehmer** ist, wer eine gewerbliche oder berufliche Tätigkeit selbständig ausübt. Das Unternehmen umfasst die gesamte gewerbliche oder berufliche Tätigkeit des Unternehmers (§ 2 Abs. 1 Sätze 1 und 2 UStG). Selbständig tätige Künstler sind danach regelmäßig Unternehmer, und zwar selbst dann, wenn sie gewerblich tätig sein soll-

[1355] S. dazu i. E. Rz. 790. Es sind allerdings neuerdings Bestrebungen im Gange, die Abziehbarkeit der Gewerbesteuer als Betriebsausgabe abzuschaffen. Im Gegensatz dazu soll allerdings die Gewerbesteuermesszahl von derzeit (maximal) 5 v. H. (§ 11 Abs. 2 GewStG) auf 3,3 v. H. abzusenken. Außerdem soll die Verrechnung der Gewerbesteuer mit der Einkommensteuer verbessert werden; Anstelle des 1,8-fachen Gewerbesteuermessbetrags soll der 3,8-fache Messbetrag von der Einkommensteuer abgezogeen werden können (vgl. § 35 EStG).

[1356] S. dazu Rz. 14.

[1357] Vgl. BFH XI R 105/90 v. 28. 7. 1993, BFH/NV 1994, 205; *Bunjes/Geist* § 2 Rz. 62.

ten.[1358] Keine Unternehmer sind dagegen grundsätzlich die Künstler, die nichtselbständig als Arbeitnehmer tätig sind. Dies können allerdings Unternehmer im Rahmen einer Nebentätigkeit sein. *Beispiel:* Hochschullehrer an einer Kunsthochschule ist nebenberuflich künstlerisch tätig und erzielt dabei Einnahmen.

Das **Inland** umfasst das Hoheitsgebiet der Bundesrepublik Deutschland mit Ausnahme 841 der in § 1 Abs. 2 Satz 1 UStG bezeichneten Gebiete, insbesondere der Freihäfen.

II. Steuerbarer Umsatz

1. Allgemeine Grundsätze

§ 1 Abs. 1 UStG unterscheidet im Wesentlichen folgende steuerbare Umsätze: 842

- Lieferungen und sonstige Leistungen eines Unternehmers (§ 1 Abs. 1 Nr. 1 UStG);
- die Einfuhr von Gegenständen im Inland oder in den österreichischen Gebieten Jungholz und Mittelberg (§ 1 Abs. 1 Nr. 4 UStG; **Einfuhrumsatzsteuer**), deren umsatzsteuerrechtliche Behandlung allerdings im Rahmen des vorliegende Werkes in einem gesonderten Teil[1359] erläutert wird;
- der innergemeinschaftliche Erwerb im Inland gegen Entgelt.

Ob eine Lieferung oder sonstige Leistung im Inland ausgeführt wird, entscheidet sich 843 danach, ob sich hier im Inland der Leistungsort befindet.

2. Lieferungen

a) Allgemeine Grundsätze. Lieferungen eines Unternehmers sind Leistungen, durch 844 die er oder in seinem Auftrag ein Dritter den Abnehmer oder in dessen Auftrag einen Dritten befähigt, im eigenen Namen über einen Gegenstand zu verfügen (Verschaffung der Verfügungsmacht; § 3 Abs. 1 UStG). Unerheblich ist,[1360] ob der Unternehmer an einen anderen Unternehmer oder an einen sog: Endverbraucher liefert. Dies bedeutet, dass beispielsweise der Verkauf eines Kunstgegenstandes durch den Künstler unabhängig davon umsatzsteuerbar ist, ob Käufer ein Galerist, ein Privatmann oder ein Museum ist.

Der Unternehmer muss bei der Lieferung im Rahmen seines Unternehmens handeln. 845 Unterhält z.B. der Künstler eine von seiner übrigen künstlerischen Tätigkeit klar und eindeutig abgrenzbare und nicht zu seinem Betriebsvermögen zu rechnende Kunstsammlung und veräußert er aus dieser privaten Sammlung Kunstgegenstände, so ist diese Veräußerung nicht umsatzsteuerbar.

b) Ort der Lieferung. Wird der Gegenstand der Lieferung **befördert**[1361] oder **ver- 846 sendet,**[1362] gilt die Lieferung dort als ausgeführt, wo die Beförderung oder Versendung an den Abnehmer oder in dessen Auftrag an einen Dritten beginnt (§ 6 Abs. 1 Satz 1 UStG). Wird der Gegenstand der Lieferung nicht befördert oder versendet, sondern z.B. unmittelbar dem Käufer übergeben, wird die Lieferung dort ausgeführt, wo sich der zu liefende Gegenstand im Zeitpunkt der Verschaffung der Verfügungsmacht befindet (§ 3 Abs. 7 UStG).

[1358] Zur Unternehmereigenschaft von Sammlern s. BFH V B 137/01 v. 15. 3. 2002, BFH/NV 2002, 1503; *Wagner* DStZ 2002, 846.

[1359] S. Teil 6.

[1360] Jedenfalls derzeit noch.

[1361] S. dazu § 3 Abs. 6 Satz 2 UStG.

[1362] S. dazu § 3 Abs. 6 Sätze 3 und 4 UStG.

3. Sonstige Leistungen

847 **a) Allgemeine Grundsätze.** Sonstige Leistungen sind Leistungen, die keine Lieferungen sind (z.B. Vorführen von Videokunst für einen Galeristen). Sie können auch in einem Unterlassen oder im Dulden bestehen (§ 3 Abs. 9 Sätze 1 und 2 UStG). Keine sonstigen Leistungen erbringen Künstler, die lediglich die Originale ihre Kunstwerke veräußern; da sie Lieferungen erbringen, ist bei der Bestimmung des Leistungsortes die für Lieferungen maßgeblichen Regelungen in § 3 Abs. 6 und 7 UStG anzuwenden.

848 **b) Leistungsort.** *aa) Grundsatzregelung.* Sonstige Leistungen gelten grundsätzlich an dem Ort als ausgeführt, an dem der Unternehmer sein Unternehmen betreibt **(Unternehmensort).** Wird die sonstige Leistung von einer Betriebsstätte ausgeführt, so gilt die Betriebsstätte als Ort der sonstigen Leistung (§ 3a Abs. 1 UStG).

849 *bb) Ausnahmen.*Eine **Ausnahme** von diesem Grundsatz besteht u.a. bei **künstlerischen** und ähnlichen **Leistungen.** Diese werden dort ausgeführt, wo der Unternehmer (Künstler) ausschließlich oder zum wesentlichen Teil tätig wird (§ 3a Abs. 2 Nr. 3 Buchst. a UStG). Die Regelung umfasst u.a. auch die mit der künstlerischen oder ähnlichen Leistung zusammenhängenden Tätigkeiten, die für die Ausführung der Leistungen unerlässlich sind.[1363] Diese Ausnahmeregelung gilt nicht für gewerblich tätige Künstler. Ihr Zweck ist es, zu verhindern, dass ausländische Künstler, die die Möglichkeit haben, den Unternehmensort in einen steuergünstigeren Ort im Ausland zu verlegen, ihre Leistung im Inland günstiger anbieten können als inländische Künstler. Für künstlerische und ähnliche Leistungen im gewerblichen Rahmen verbleibt es bei der Grundregelung des § 3a Abs. 1 UStG.[1364]

850 Eine weitere Ausnahme zu § 3a Abs. 1 UStG besteht gemäß § 3a Abs. 3 UStG. Danach gilt bei den § 3a Abs. 4 UStG bezeichneten sonstigen Leistungen der Ort als Leistungsort, an dem der Empfänger der Leistung sein Unternehmen betreibt, eine **Betriebsstätte** unterhält oder seinen **Wohnsitz** oder **Sitz** hat. Dieses sog. Empfängerortprinzip gilt allerdings nicht bei Empfängern, die keine Unternehmer sind und ihren Wohnsitz oder Sitz außerhalb des Gebietes der Europäischen Union, d.h. im sog. Drittlandsgebiet, haben (§ 3a Abs. 3 Satz 3 UStG). In diesen Fällen wird die sonstige Leistung am Wohnsitz oder Sitz des Leistenden ausgeführt.

851 Zu den sonstigen Leistungen, für die ausnahmsweise das Empfängerortprinzip maßgebend ist, rechnen insbesondere die Einräumung, Übertragung und Wahrnehmung von **Urheberrechten** und ähnlichen Rechten. Erfasst werden von der Regelung damit **urheberrechtlich geschützte Werke** u.a. der bildenden Kunst. Voraussetzung ist dabei allerdings, dass die Werke eine persönliche geistige Schöpfung darstellen (§ 3a Abs. 4 Nr. 1 i.V.m. § 2 Abs. 1 Nr. 4 UrhG). Kann der Empfänger jedoch nur eine handwerkliche (gewerbliche) Leistung nutzen, ist Leistungsort – mangels urheberrechtlichen Schutzes der Rechte – der Ort, von dem aus der Unternehmer sein Unternehmen betreibt.

4. Innergemeinschaftlicher Erwerb

852 Ein innergemeinschaftlicher Erwerb gegen Entgelt setzt gemäß § 1a Abs. 1 UStG insbesondere voraus, dass an den inländischen Erwerber eine Lieferung ausgeführt wird und

---

[1363] Vgl. dazu EuGH Rs. C-327/94 v. 26. 9. 1996, BStBl II 1998, 313; s. dazu BMF v. 20. 4. 1998, BStBl I 1998, 579: tontechnische Umsetzung einer künstlerischen Darbietung.

[1364] Zur Kritik an dieser unterschiedlichen Behandlung von freiberuflichen Künstlern einerseits und gewerblicher künstlerischer Betätigung anderseits s. *Maaßen* Rz. 54; s. auch *Martin* in Sölch/Ringleb § 3a Rz. 34.

der Gegenstand dieser Lieferung aus dem Gebiet eines EU-Mitgliedstaates in das Gebiet eines anderen Mitgliedstaates gelangt.[1365]

Ein innergemeinschaftlicher Erwerb[1366] ist bei einem Unternehmer, der ganz oder zum Teil zum Vorsteuerabzug berechtigt ist, grundsätzlich steuerbar. Die Ausnahmen, in denen ein innergemeinschaftlicher Erwerb nicht vorliegt, z.B. bei Kleinunternehmern oder bei Unternehmern, die nur steuerfreie Umsätze durchführen, sind im Einzelnen in § 1a Abs. 3 UStG geregelt.[1367] 853

5. *Geschäftsveräußerung im Ganzen*

Die Umsätze im Rahmen einer **Geschäftsveräußerung** an einen anderen Unternehmer für dessen Unternehmen unterliegen nicht der Umsatzsteuer (§ 1 Abs. 1a UStG). Eine solche Geschäftsveräußerung liegt vor, wenn ein Unternehmen oder ein in der Gliederung eines Unternehmens gesondert geführter Betrieb im Ganzen entgeltlich oder unentgeltlich übereignet oder in eine Gesellschaft eingebracht wir. Erforderlich ist, dass eine organische Zusammenfassung von Sachen und Rechten übertragen wird, die eine Fortführung des Unternehmens oder des Unternehmensteils ohne großen finanziellen Aufwand ermöglicht.[1368] Unschädlich ist es, wenn einzelne Wirtschaftsgüter nicht mit übertragen werden.[1369] 854

Nicht begünstigt ist eine Veräußerung, bei der beabsichtigt ist, die übernommene Geschäftstätigkeit sofort abzuwickeln.[1370] 855

6. *Urheberrechtliches Folgerecht*

a) Urheberrechtliche Grundlagen. Die Richtlinie 2001/84/EG des Europäischen Parlaments und des Rates vom 27. 9. 2001 (EG-UrheberfolgerechtRL)[1371] über das Folgerecht des Urhebers des Originals eines Kunstwerks verpflichtet die EU-Mitgliedsstaaten, das **Folgerecht** für Urheber von Kunstwerken zu vereinheitlichen. Das Recht gewährt einen Anspruch auf Beteiligung am Verkaufspreis aus jeder Weiterveräußerung nach der ersten Veräußerung durch den Urheber (Art. 1 Abs. 1 EG-UrheberfolgerechtRL). Dieser gemeinschaftsrechtlichen Verpflichtung ist die Bundesrepublik Deutschland nachgekommen. **§ 26 Abs. 1 UrhG**[1372] bestimmt dazu, dass in den Fällen, in denen das Original eines Werkes der bildenden Künste weiterveräußert wird und an der Veräußerung ein Kunsthändler oder Versteigerer als Erwerber, Veräußerer oder Vermittler beteiligt ist, der Veräußerer dem Urheber einen Anteil in Höhe von 5 v.H. des Veräußerungserlöses zu entrichten hat.[1373] Der Urheber hat insoweit einen **schuldrechtlichen Zahlungsanspruch** gegen den Veräußerer, und zwar unabhängig davon, ob dieser mit dem Veräußerungsgeschäft einen Gewinn oder einen Verlust erzielt. Der Anspruch gemäß § 26 Abs. 1 UrhG zählt nicht zu den Verwertungsrechten i.S.d. §§ 15ff. 856

[1365] Zum innergemeinschaftlichen „Verbringen" s. § 1a Abs. 2 UStG, dazu UStR A. 15b.

[1366] Beispiel: Inländischer Bildhauer erwirbt in Italien Marmor, der unmittelbar nach Deutschland geliefert wird.

[1367] S. dazu auch UStR A. 15a Abs. 2.

[1368] BFH V R 3/01 v. 28. 11. 2002, BStBl II 2004, 665.

[1369] BFH V R 17/01 v. 1. 8. 2002, BStBl II 2004, 626.

[1370] EuGH Rs. C-497/01 v. 27. 11. 2003, HFR 2004, 402. S. ferner *Bunjes/Geist* § 1 UStG Rz. 127ff.

[1371] Abl EG Nr. L 272/2001, 32, EU-Dok-Nr. 32001 0084.

[1372] I. d. F. des 5. UrhG-ÄndG v. 10. 11. 2006, BGBl I 2006, 2587.

[1373] Die Regelung ist nicht auf Werke der Baukunst und der angewandten Kunst anzuwenden, § 26 Abs. 8 UrhG.

UrhG.[1374] Es handelt sich dabei darüber hinaus weder um einen Schadensersatzanspruch, noch um einen schadensersatzähnlichen Anspruch, noch um einen Zuschuss.

857 Mit diesem Zahlungsanspruch des Urhebers sind weitgehende Auskunftsrechte des Künstlers verbunden, der kraft ausdrücklicher gesetzlicher Regelung in § 26 Abs. 1 Satz 1 UrhG auf seinen Anteil im Voraus nicht verzichten kann. Die Zahlungsverpflichtung des Veräußerers entfällt nur, wenn der Veräußerungserlös weniger als 400 € beträgt (§ 26 Abs. 1 UrhG). Der Gesamtbetrag der Folgerechtsvergütung aus einer Weiterveräußerung beträgt maximal 12500 € (§ 26 Abs. 2 UrhG). Das Folgerecht ist unveräußerlich; der Urheber kann auf seinen Anteil im Voraus nicht verzichten (§ 26 Abs. 3 UrhG).

858 **b) Umsatzsteuerrechtliche Beurteilung.** Streitig ist, wie diese Zahlungen aufgrund des Folgerechts umsatzsteuerrechtlich zu behandeln sind. Die Rechtsauffassungen gehen dabei weit auseinander. Sie reichen von der Annahme, die Zahlungen würden die Bemessungsgrundlage für die ursprüngliche Lieferung des Kunstwerkes an den ersten Erwerber nachträglich erhöhen,[1375] bis zum Verneinen der Steuerbarkeit schlechthin,[1376] und zwar im Hinblick auf Art. 2 der 6. Umsatzsteuer-Richtlinie (77/388/EWG).[1377] Darüber hinaus wird auch die Ansicht vertreten, es läge eine sonstige Leistung vor, nämlich der Einräumung eines Nutzungsrechts.[1378]

859 Hier wird zunächst zu unterscheiden sein zwischen der Veräußerung durch denjenigen, der – als Ersterwerber – unmittelbar vom Urheber erworben hat und den weiteren, nachfolgenden Veräußerungen.

860 Im ersteren Fall wird die ursprüngliche Bemessungsgrundlage beim Urheber kraft gesetzlicher Regelung in § 26 Abs. 1 UrhG nachträglich erhöht. Der Künstler hat gegenüber dem (Erst-)Erwerber über den bisherigen Kaufpreisanspruch hinaus einen zusätzlichen Entgeltanspruch. § 26 Abs. 1 UrhG enthält insoweit einen gesetzlichen Eingriff in das zwischen Urheber und (Erst-)Erwerber geschlossene Vertragsverhältnis; die innere Verknüpfung zwischen Leistung und Gegenleistung wird kraft Gesetzes hergestellt. Die Erhöhung des Entgelts betrifft den ursprünglichen Leistungsaustausch aufgrund einer Lieferung zwischen Künstler und (erstem) Erwerber. Es wird kein neues Vertragsverhältnis geschaffen; das ursprünglich abgeschlossene Kaufvertragsgeschäft stand von Anfang an unter der gesetzlichen Bedingung einer späteren Erhöhung des Entgelts im Falle der Weiterveräußerung des erworbenen Kunstwerkes. Der Künstler kann nicht einmal im Voraus auf den Vergütungsanspruch verzichten und ihn nur in beschränktem Umfang abtreten (§ 26a UrhG). Es ändert sich die Bemessungsgrundlage mit der Folge der Anwendbarkeit des § 17 UStG (Änderung der Bemessungsgrundlage). Unerheblich ist, dass die spätere Erhöhung des Entgelts auf einer gesetzlichen Verpflichtung beruht[1379] und von einer aufschiebenden Bedingung, nämlich Weiterveräußerung des Kunstwerks, abhängig ist. Dabei ist davon auszugehen, dass der Gesetzgeber dem Urheber zwar einen zusätzlichen Erlös („Anteil am Kaufpreis") zubilligen wollte. Aber weder aus dem UrhG selbst, noch aus dem Bedeutungszusammenhang mit anderen Vorschriften, insbesondere nicht mit denen des UStG, und auch nicht aus der Entstehungsgeschichte der Regelung in § 26 UrhG ergeben

---

[1374] *Hoelscher* GRUR 1991, 800 m. w. N.

[1375] So *Plückebaum/Malitzky/Widmann* § 12 Abs. 2 Nr. 7, Rz. 1111.

[1376] *Rau/Dürrwächter/Flick/Geist* § 12 Nr. 7c, Rz. 68; *Hoelscher* GRUR 1991, 800.

[1377] So *Siebert* IStR 2005, 809 unter Hinweis auf Art. 2 der 6. EG-Richtlinie, abgedruckt in der Amtlichen Umsatzsteuer-Handausgabe 2005 des BMF.

[1378] S. dazu *Hartmann/Metzenmacher* § 12 Abs. 2 Nr. 7, Rz. 103; eine sonstige Leistung vern: *Rau/Dürrwächter/Flick/Geist* § 12 Nr. 7c, Rz. 68; *Hoelscher* GRUR 1991, 800.

[1379] Vgl. BFH V R 23/88 v. 21. 5. 1992, BFH/NV 1993, 131; a. A. *Fromme/Nordemann* § 26 Rz. 8.

sich Hinweise dafür, dass dieser Zusatzerlös nicht ebenso wie andere Erlöse aus der Veräußerung von Kunstwerken, die dem Urheber zufließen, der Besteuerung unterliegen sollte. Dies ist bei der Auslegung der maßgeblichen umsatzsteuerrechtlichen Vorschriften zu beachten.

Bejaht man – wie hier – einen Leistungsaustausch i. S. d. § 1 Abs. 1 Nr. 1 UStG, dann ist das zusätzliche Entgelt auch **steuerbar.** Dies steht in Einklang mit Art. 2 Nr. 1 der 6. Umsatzsteuer-Richtlinie (77/388/EWG), wonach der Mehrwertsteuer u. a. Lieferungen von Gegenständen unterliegen, die ein Steuerpflichtiger im Inland gegen Entgelt ausführt. Das zusätzliche Entgelt ist **nicht steuerbefreit**[1380] und damit steuerpflichtig. Soweit es sich bei dem Original des Kunstwerks um ein solches i. S. d. § 12 Abs. 2 Nr. 1 i. V. mit Nr. 53 der Anlage 2 handelt, ist dieses Entgelt mit dem ermäßigten **Steuersatz** von **7 v. H.** zu besteuern. Ist der Erwerber vorsteuerabzugsberechtigt, kann er die vom Künstler – als Unternehmer – in Rechnung gestellte Umsatzsteuer als Vorsteuer geltend machen. **861**

Mit der ersten Weiterveräußerung wird der rechtliche Mechanismus des § 26 UrhG ausgelöst; die Rechtsfolge – Beteiligung am Kaufpreis – tritt zwangsläufig ein, sofern die Bedingung hierfür, nämlich eine Veräußerung, erfüllt wird. Während aber der Gesetzgeber mit der Regelung des § 26 Abs. 1 UrhG in Bezug auf den (Erst-)Erwerber in ein bereits bestehendes Vertragsverhältnis eingreift, bestehen zwischen dem Urheber und **nachfolgenden Veräußerern** in Bezug auf das Kunstwerk keine rechtlichen Beziehungen. Insoweit ist jedoch davon auszugehen, dass der Gesetzgeber ein **gesetzliches Rechtsverhältnis** zwischen Urheber und nachfolgendem Veräußerer und damit auch in diesen Fällen kraft Gesetzes die innere Verknüpfung zwischen Leistung und Gegenleistung geschaffen hat. Dies wird noch durch die gesetzliche Regelung in § 26 Abs. 3 UrhG verdeutlicht und verstärkt, dass das Folgerecht unveräußerlich ist und der Urheber auf den ihm kraft Gesetzes gegen den Veräußerer zustehenden Anspruch auf Entrichtung des Kaufpreisanteils nicht im Voraus verzichten kann. Der Urheber kann zudem zum Durchsetzen seiner Ansprüche vom Kunsthändler oder Versteigerer nähere Auskünfte über den Veräußerer und die Höhe des Veräußerungserlöses verlangen (§ 26 Abs. 5 UrhG). Im Ergebnis wird damit kraft Gesetzes ein Leistungsaustausch zwischen Urheber und späterem Veräußerer zumindest unterstellt. Es besteht eine Rechtslage, als ob der dem Urheber zustehende Folgerechtsanspruch auf einer Lieferung des Urhebers an den (späteren) Veräußerer basiere, wobei der Urheber allerdings im Hinblick darauf, dass er durch das vorangegangene Verkaufsgeschäft bereits einen Erlös erzielt hat, lediglich ein „zusätzliches" Entgelt in Höhe des gesetzlich festgelegten Anteils an dem beim Weiterverkauf erzielten Verkaufspreis beanspruchen kann.[1381] **862**

Geht man von einem gesetzlich fingierten Leistungsaustausch in Form einer Lieferung aus, so scheidet von Vornherein eine sonstige Leistung zwischen Urheber und späterem Veräußerer aus. Der Urheber duldet zudem keine Veräußerung durch den späteren Veräußerer; er kann auf dieses Veräußerungsgeschäft im Regelfall keinen Einfluss nehmen,[1382] weder hinsichtlich des Zustandekommens noch in Bezug auf den Veräußerungspreis. **863**

1380 Abgesehen davon, dass es an der erforderlichen, ausdrücklichen Steuerbefreiungsvorschrift fehlt, würde eine Steuerbefreiung nicht in Einklang mit der 6. Umsatzsteuer-Richtlinie (77/388/EWG), Art. 13, stehen.

1381 Dieses Entgelt unterliegt ebenfalls dem ermäßigten Steuersatz.

1382 Zutr. *Hoelscher* GRUR 1991, 800.

III. Steuerbefreiungen bei Lieferungen und Leistungen

864 Von den unter § 1 Abs. 1 Nr. 1 UStG fallenden und damit dem Grunde nach steuerbaren Umsätzen sind u. a. **steuerfrei** die **Ausfuhrlieferungen** i. S. d. § 6 UStG sowie im Kulturbereich allgemein bestimmte Umsätze von kulturellen Einrichtungen wie z. B. Museen, Denkmalen, und von kulturellen Veranstaltungen (§ 4 Nrn. 20–22, 25 Satz 1 Buchst. c, 28 UStG). In Verbindung mit dem verbleibenden Vorsteuerabzug werden die Ausfuhrlieferungen vollständig von Umsatzsteuer entlastet.

865 Der wichtigste Ausfuhrtatbestand ist die Ausfuhr durch den Lieferer (§ 6 Abs. 1 Nr. 1 UStG) in das Drittlandsgebiet,[1383] d. h., wenn z. B. der Künstler den Kunstgegenstand selbst ins Drittlandsgebiet liefert. Der Liefergegenstand kann aber auch durch den ausländischen Abnehmer ausgeführt werden (§ 6 Abs. 1 Nr. 2 UStG; sog Abholfall).

866 Materiell-rechtliche Voraussetzung für die Steuerbefreiung sind der **Ausfuhrnachweis** sowie der **Buchnachweis.** Näheres dazu bestimmen dazu die §§ 8 ff., § 13 UStDV.[1384]

IV. Steuersatz

1. Regelsteuersatz

867 Die Steuer betrug für jeden steuerpflichtigen Umsatz (einschließlich Nebenleistungen) bis 31. 12. 2006 16 v. H.; er beträgt ab 1. 1. 2007 **19 v. H.** der Bemessungsgrundlage (§ 12 Abs. 1 UStG).[1385] Bemessungsgrundlage ist das **Entgelt,** d. h. alles was der Leistungsempfänger aufwendet, um die Leistung zu erhalten, jedoch abzüglich der Umsatzsteuer. Entsprechendes gilt auch für die Bemessungsgrundlage beim **Tausch** (§ 10 Abs. 2 Sätze 2, 3 UStG). Zum Entgelt gehört auch, was ein anderer als der Leistungsempfänger dem Unternehmer (Künstler) für die Leistung gewährt (§ 10 Abs. 1 Sätze 2, 3 UStG).

868 Als Folge der Änderung des Regelsteuersatzes zum 1. 1. 2007 ist der (neue) Steuersatz von 19 v. H. auf Umsätze anzuwenden, die von diesem Zeitpunkt an bewirkt werden. Auf den Zeitpunkt der Vereinnahmung des Entgelts kommt es für die Frage, welchem Steuersatz eine Leistung unterliegt, ebenso wenig an wie auf den Zeitpunkt der Rechnungserteilung.

2. Ermäßigter Steuersatz

869 **a) Anwendungsbereich.** Die Steuer ermäßigt sich – auch über den 31. 12. 2006 hinaus – auf **sieben v. H.** u. a. bei
- Lieferungen der in der Anlage zum UStG bezeichneten Gegenstände (§ 12 Abs. 2 Nr. 1 UStG);
- sonstigen Leistungen, deren wesentlicher Inhalt in der Einräumung, Übertragung und Wahrnehmung von Rechten besteht, die sich aus dem UrhG ergeben (§ 12 Abs. 2 Nr. 7 Buchst. c UStG).

870 **b) Lieferungen.** Dem ermäßigten Steuersatz unterliegen im Bereich der bildenden Kunst nach Nr. 53 der Anlage zu § 12 Abs. 2 Nr. 1 und 2 UStG[1386] nur die Lieferung von „Kunstgegenständen". Im Einzelnen sind dazu aufgeführt:

[1383] Ausgenommen Gebiete nach § 1 Abs. 3 UStG (Zollfreigebiete). Zum Begriff des Drittlandsgebiets s. *Bunjes/Geist* § 1 UStG Rz. 122; UStR A. 13 a.

[1384] S. dazu auch UStR A. 131 und 136 sowie *Bunjes/Geist* § 6 UStG Rz. 20, 21.

[1385] S. dazu HBeglG 2006 v. 29. 6. 2006, BStBl I 2006, 410, Art. 4 Änderung des Umsatzsteuergesetzes, Nr. 1; s. ferner BMF v. 11. 8. 2006, BStBl I 2006, 477.

[1386] Abgedruckt in der Amtlichen Umsatzsteuer-Handausgabe 2005 des BMF, Anlage 2 zu § 12 UStG.

- (a) Gemälde und Zeichnungen, vollständig mit der Hand geschaffen, sowie Collagen und ähnliche dekorative Bildwerke (Position 97.0100);[1387]
- (b) Originalstiche, Originalschnitte und Originalsteindrucke (Position 97.0200);
- (c) Originalerzeugnisse der Bildhauerkunst,[1388] aus Stoffen aller Art (Position 97.0300).[1389]

Die Anlage wird ergänzt durch Hinweise auf den jeweiligen **Zolltarif.** Die Auslegung der einzelnen Begriffe wie Gemälde, Zeichnungen etc. richtet sich ausschließlich nach zolltariflichen Vorschriften und Begriffen.[1390] 871

Begünstigt sind damit grundsätzlich nur **Originale.**[1391] Nicht begünstigt sind beispielsweise Radierungen und künstlerische, vom Künstler eigenhändig signierte Siebdrucke, auch wenn sie nur in einer begrenzten Auflage hergestellt werden.[1392] Das Gleiche gilt für zeitgenössische Kunstfotografie.[1393] 872

Schwierigkeiten ergeben sich in der Praxis insbesondere bei der umsatzsteuerrechtlichen Behandlung von künstlerischen Siebdrucken **(Serigraphien).**[1394] Da nur Werke begünstigt sind, denen eine persönliche geistige Schöpfung zugrunde liegt,[1395] entsteht vielfach Streit darüber, wann diese Voraussetzung vorliegt. Im Allgemeinen urteilen die Finanzämter insoweit sehr restriktiv, was im Hinblick auf die gerade im Bereich der Graphiken festzustellenden Großserien durchaus nachvollziehbar ist. Das Signieren und Nummerieren der Arbeiten ist nur dann ein brauchbares Abgrenzungskriterium, wenn es sich in dem für Originale üblichen Rahmen hält.[1396] In Streitfällen empfiehlt es sich daher, den künstlerischen Charakter eines Werkes durch **werkspezifische künstlerische Besonderheiten** zu belegen, beispielsweise durch Hinweis auf eine Verwendung besonderer Materialien und einer besonderen Herstellungstechnik, die außerhalb des üblichen Herstellungsprozesses liegen. Außerdem kann es von Bedeutung sein, dass im neueren Kunstschaffen technisch betrachtet vielfach in erheblichem Umfang auch interdisziplinär und intermedial gearbeitet wird und dabei die Grenzen zwischen Druck, Fotografie und Malerei in ihren unterschiedlichsten Ausdrucksformen verschwimmen. 873

Die Regelungen in § 12 Abs. 2 Nr. 1 UStG i. V. m. Nr. 53 der Anlage 2 (Lieferungen von Kunstgegenständen) einerseits und in § 12 Abs. 2 Nr. 7 Buchst. c UStG (Einräumung von Rechten)[1397] anderseits sind zueinander **nicht sachgerecht ausgewogen.** So stellt letztere Vorschrift grundsätzlich weniger strenge Anforderungen an die Qualität des jewei- 874

[1387] Hierzu rechnen z. B. auch vollständig mit der Hand geschaffene Collagen eines Künstlers, die dieser durch Zuschneiden und Zusammennähen gefärbter Stoffteile sowie durch Aufnähen und sonstiger Befestigung auf dem Hintergrund zu Bildmotiven gestaltet, BFH VII R 80/89 v. 5. 11. 1991, BFH/NV 1992, 231.

[1388] S. BFH VII R 11/02 v. 8. 1. 2003, DStRE 2003, 751, BFHE 201, 352; dazu *Sturm* KUR 2003, 89.

[1389] Zur Abgrenzung der Positionen 97.01 und 97.03 s. EuGH Rs. C-231/89 v. 8. 11. 1990, NJW 1991, 1470F.

[1390] BFH VII R 172/84 v. 20. 2. 1990, BStBl II 1990, 760; s. ferner *Bunjes/Geist* § 12 UStG Rz. 4, sowie Teil 6 – Zollrecht.

[1391] S. Rz. 73 ff., 870.

[1392] BFH VII B 147/92 v. 16. 2. 1993, BFH/NV 1993, 762.

[1393] BFH VII R 45/91 v. 25. 6. 1992, BFH/NV 1992, 847; Verfassungsbeschwerde nicht zur Entscheidung angenommen, BVerfG B. 2 BvR 2057/92 v. 9. 1. 1996, nv.

[1394] S. dazu auch *Maaßen* Rz. 58 f., insbesondere zur Frage der Verfassungsmäßigkeit des § 12 Abs. 2 Nr. 7 Buchst. c UStG; s. ferner *Heuer* StuW 1985, 229.

[1395] Zum urheberrechtlichen Schutz von Werken der Gebrauchsgraphiker und der Graphik-Designer s. UStR A. 168 Abs. 17.

[1396] S. dazu Rz. 73 ff.

[1397] S. i. E. Rz. 869.

ligen Erzeugnisses. Außerdem überzeugt es aus Gründen der Gleichmäßigkeit der Besteuerung nicht, dass derjenige, der vom Künstler Rechte erwirbt, in weit größerem Umfang steuerbegünstigte Umsätze tätigen kann als der Künstler, der selbst seine von ihm hergestellten Werke veräußert.[1398] In diesem Zusammenhang ist es auch von Bedeutung, dass Wiederverkäufer von Kunstgegenständen die Möglichkeit haben, für die sog. Differenzbesteuerung zu optieren (§ 25a UStG). In diesem Fall wird der steuerbare Umsatz nur nach der Differenz zwischen Ein- und Verkaufspreis bemessen (§ 25a Abs. 3 Satz 1 UStG). Auf diesen Umsatz ist zwar der Regelsteuersatz von derzeit 16 (ab 1. 1. 2007: 19) v.H. anzuwenden und außerdem entfällt der Vorsteuerabzug. Dennoch ist die Anwendung der Differenzbesteuerung – wie die Praxis zeigt – wohl überwiegend günstiger als die Vollbesteuerung, wie sie der Künstler selbst vornehmen muss.

875 Es bedarf damit dringend de lege ferenda einer **steuerrechtlichen Korrektur** der Nr. 53 der Anlage zu § 12 Abs. 2 UStG zugunsten des freiberuflichen Künstlers, um ein ausgewogenes sachgerechtes Verhältnis zwischen der Besteuerung der Umsätze des Künstlers selbst und der eines Verwerters von Rechten des Künstlers herzustellen.[1399] Dabei ist zu berücksichtigen, dass die in Nr. 53 aufgeführten, eng begrenzten Positionen nicht mehr den seit vielen Jahren im Kunstbereich eingetretenen Veränderungen entsprechen. Sie beziehen sich noch auf die „klassischen" Objekte des Kunstmarktes früherer Zeiten und tragen der neueren künstlerischen Entwicklung, z.B. im Bereich der längst anerkannten Videokunst oder der künstlerischen Fotografie, nicht Rechnung; sie sind überholt.[1400] Die strenge Anknüpfung an das Zollrecht, dessen gesetzgeberische Zielsetzung nur partiell der des Umsatzsteuerrechts entspricht, ist die Ursache für die zwischenzeitlich eingetretenen Wettbewerbsverzerrungen, die den Gleichheitssatz des Art. 3 GG tangieren. Diese Ungleichheiten sind durch das Anheben des Regelsteuersatzes und der damit verbundenen Erhöhung der Differenz zum ermäßigten Steuersatz auf 12 Punkte noch deutlicher und eine Reform daher noch dringlicher geworden.[1401] Selbst durch eine großzügigere Rechtsprechung in Form einer weiten Auslegung der gesetzlichen Regelungen zugunsten des Steuerpflichtigen[1402] kann hier keine sachgerechte Abhilfe mehr geschaffen werden.

876 **c) Sonstige Leistungen.** Zu den Rechten, deren Einräumung etc. gemäß § 12 Abs. 2 Nr. 7 Buchst. c UStG begünstigt ist, gehören nicht nur Urheberrechte nach dem ersten Teil des UrhG (§§ 1 bis 69g), sondern alle Rechte, die sich aus diesem Gesetz ergeben. Dem ermäßigten Steuersatz unterliegen auch die Umsätze der **Verwertungsgesellschaften,** die nach dem Urheberrechtswahrnehmungsgesetz Nutzungsrechte, Einwilligungsrechte oder Vergütungsansprüche wahrnehmen.[1403] Bei der Einräumung etc. der Rechte muss es sich um die Hauptleistung handeln.[1404]

Kein ermäßigter Steuersatz wird auf **Provisionen** aus **Kunstauktionen** gewährt.[1405]

[1398] Zu Recht kritisch auch *Schack* Rz. 737.

[1399] Fraglich wird indes sein, inwieweit die Sechste Mehrwertsteuer-Richtlinie eine derartige Änderung zulassen würde. S. dazu EuGH Rs. C-305/03 v. 9. 2. 2006, IStR 2006, 240 betreffend die unzulässige Anwendung eines ermäßigten Steuersatzes auf die bei einer Versteigerung von Kunstgegenständen an die Auktionatoren gezahlten Provisionen.

[1400] Zutr. *Kirchmaier* KUR 2006, 78.

[1401] Einer denkbaren Reform stehen allerdings große Hürden entgegen: Die Regelungen der 6. Umsatzsteuer-Richtlinie (77/388/EWG). Dies sollte jedoch kein Grund sein, dennoch ernsthaft eine Änderung anzustreben.

[1402] So ein Vorschlag von *Kirchmaier* KUR 2006, 78.

[1403] S. dazu UStR A. 168 Abs. 2.

[1404] BFH V R 19/98 v. 19. 11. 1998, BFH/NV 1999, 836.

[1405] EuGH Rs. C-305/03 v. 9. 2. 2006, Fall-Kommission der EG/Vereinigtes Königreich Großbritannien und Irland, DStRE 2006, 1229.

Werke im urheberrechtlichen Sinn sind gemäß § 2 Abs. 2 UrhG nur **persönliche geistige Schöpfungen.** Hierzu rechnen u. a. **Werke der bildenden Künste** einschließlich der angewandten Kunst und der Entwürfe solcher Werke. **Nicht** zu den urheberechtlichen Nutzungs- und Verwertungsrechten gehört nach überwiegender Ansicht das **Folgerecht,** das bei der Weiterveräußerung eines Originals der bildenden Künste entsteht (§ 26 UrhG).[1406] In diesen Fällen bestehe nämlich zwischen dem Anspruchsberechtigten (Urheber/Rechtsnachfolger) und dem Zahlungsverpflichteten (Veräußerer) aufgrund mangelnder vertraglicher Beziehungen nicht ein Leistungsaustausch.[1407] Geht man allerdings von der hier vertretenen Ansicht aus, dass ein Leistungsaustausch aufgrund Gesetzes geschaffen wird,[1407a] unterliegen die Erträge des Künstlers aufgrund seiner Folgerechtsansprüche ebenfalls dem ermäßigten Steuersatz, sofern die übrigen Voraussetzungen für den ermäßigten Steuersatz erfüllt sind. 877

Beispiele: Der Graphiker, der einem Galeristen oder Verleger das Recht einräumt, Originalgraphiken zu drucken und zu vertreiben, erbringt eine steuerbegünstigte Leistung. Das Gleiche gilt z. B. auch für die Einräumung des Rechts zur Herstellung und zum Vertrieb künstlerischer Siebdrucke – sog. **Serigraphien** –, die vom Künstler signiert und nummeriert werden.[1408] 878

Ob die Voraussetzungen des § 12 Abs. 2 Nr. 7 Buchst. c UStG vorliegen ist für jeden einzelnen Umsatz zu prüfen; denn begünstigt ist nicht die Gesamttätigkeit einer Person.[1409] Entscheidend ist dabei das aufgrund der vertraglichen Vereinbarung erzielte wirtschaftliche Ergebnis. Der Rechteerwerber steht sich in aller Regel steuerlich günstiger als der Künstler, der z. B. seine Seriegraphien selbst herstellt und veräußert.[1410] 879

V. Vorsteuerabzug

1. Allgemeine Grundsätze

Der Künstler kann als Unternehmer insbesondere die gesetzlich geschuldete Steuern für Lieferungen und sonstige Leistungen, die ihm von einem anderen Unternehmer für sein (künstlerisches) Unternehmen ausgeführt worden sind, als **Vorsteuerbeträge** abziehen (§ 15 Abs. 1 Nr. 1 UStG). Voraussetzung ist, dass der Unternehmer eine gemäß den §§ 14, 14a UStG ausgestellte Rechnung besitzt.[1411] 880

Gemäß § 15 Abs. 1 Nr. 2 UStG kann ferner u. a. die entrichtete Einfuhrumsatzsteuer für Gegenstände, die für das Unternehmen gemäß § 1 Abs. 1 Nr. 4 eingeführt worden sind, als Vorsteuer abgezogen werden. 881

Zum Vorsteuerabzug bei Rechnungen über **Kleinbeträge** von insgesamt nicht mehr als 150 € enthält § 33 UStDV[1412] eine Vereinfachungsregelung. § 34 UStDV normiert eine Sonderregelung für **Fahrausweise** als Rechnungen. 882

Der **Zeitpunkt des Vorsteuerabzugs** richtet sich nach zwei Voraussetzungen: 883
- Es muss eine Lieferung oder Leistung ausgeführt worden sein und
- Der Steuerbetrag muss vom anderen Unternehmer in Rechnung gestellt worden sein.

1406 S. dazu *Hoelscher* GRUR 1991, 800.

1407 S. UStR A. 1 Abs. 17.

1407a S. Rz. 858 ff.

1408 S. dazu UStR A. 168 Abs. 16 f.

1409 BFH V B 130/89 v. 17. 1. 1990, BFH/NV 1990, 535.

1410 S. Rz. 873.

1411 S. dazu UStR A. 192 Abs. 7.

1412 I. d. F. d. Ersten Gesetzes zum Abbau bürokratischer Hemmnisse, insbesondere in der mittelständischen Wirtschaft, v. 22. 8. 2006, BGBl I 2006, 1970; BStBl I 2006, 486.

884 Unternehmer haben den Vorsteuerabzug zu berichtigen, wenn die entsprechende Leistung rückgängig gemacht oder das Entgelt nachträglich geändert wird (§ 17 UStG).

885 Ändern sich bei einem Wirtschaftsgut die Verhältnisse, die für den Vorsteuerabzug maßgebend waren, so ist der Vorsteuerabzug nach Maßgabe des § 15a UStG zu berichtigen.

2. *Nicht abziehbare Vorsteuerbeträge*

886 Nicht abziehbar sind u.a. Vorsteuerbeträge, die auf Aufwendungen entfallen, für die das Abzugsverbot des § 4 Abs. 5 Satz 1 Nr. 1 bis 4, 7, Abs. 7 oder des § 12 Nr. 1 EStG gilt.[1413] Dies gilt nicht für angemessene und nachgewiesene Bewirtungsaufwendungen (§ 15 Abs. 1a UStG).

887 Vom Vorsteuerabzug ausgeschlossen sind ferner insbesondere Steuern für die Lieferungen von Gegenständen sowie für die sonstigen Leistungen, die der Künstler zur Ausführung von steuerfreien Umsätzen, z. B. Ausfuhrlieferungen, verwendet.

888 Verwendet der Unternehmer einen für sein Unternehmen gelieferten oder eingeführten Gegenstand oder eine von ihm in Anspruch genommene sonstige Leistung sowohl zur Ausführung von Umsätzen, die zum Vorsteuerabzug berechtigen als auch zu Umsätzen, die den Vorsteuerabzug ausschließen, so ist der entsprechende Vorsteuerbetrag aufzuteilen in einen abziehbaren und einen nicht abziehbaren Teil, ggf. im Wege der Schätzung (§ 15 Abs. 4 Sätze 1 und 2 UStG).

3. *Vorsteuerabzug bei Kleinunternehmern*

889 **Kleinunternehmer**[1414] sind aufgrund der Sonderregelung des § 19 Abs. 1 UStG grundsätzlich nicht zum Vorsteuerabzug berechtigt. Ein Vorsteuerabzug kommt nur in Betracht, wenn der Kleinunternehmer nach Maßgabe des § 19 Abs. 2 UStG auf die Anwendung des § 19 Abs. 1 UStG verzichtet.

4. *Vorsteuerabzug nach Durchschnittssätzen*

890 In der Anlage zu § 70 Abs. 1 UStDV (Abschn. A IV, Freie Berufe, Nr. 1 Buchst. a bis c) sind für die folgenden freien Berufe Vorsteuerpauschsätze vorgesehen:
- **Bildhauer:** 7,0 v.H. des Umsatzes
- **Graphiker** (ausgenommen Gebrauchsgraphiker): 5,2 v.H. des Umsatzes
- **Kunstmaler:** 5,2 v.H. des Umsatzes

891 Mit diesen Durchschnittssätzen sind sämtliche Vorsteuerbeträge, die mit der Tätigkeit des jeweiligen Unternehmers zusammenhängen, abgegolten. Ein weiterer Vorsteuerbetrag ist insoweit ausgeschlossen (§ 70 Abs. 1 UStDV). Die Pauschsätze können allerdings nur Unternehmer in Anspruch nehmen, deren Umsatz im jeweiligen Berufszweig im vorangegangenen Kalenderjahr 61356 € nicht überstiegen hat (§ 23 Abs. 1 UStG i.V.m. § 69 Abs. 3 UStDV).

892 Die Durchschnittssätze wurden trotz der Anhebung des Regelsteuersatzes von 12 auf 19 v.H. nicht angehoben; sie blieben unverändert.

VI. Besteuerung der sog. Kleinunternehmer

893 Hat der Gesamtumsatz zuzüglich der darauf entfallenden Steuer im vorangegangenen Kalenderjahr **17 500 €** nicht überschritten und wird er im laufenden Kalenderjahr **50 000 €** voraussichtlich nicht übersteigen, wird die Umsatzsteuer von inländischen Un-

---

[1413] S. Rz. 434ff.
[1414] S. Rz. 893.

ternehmern (sog. **Kleinunternehmer**) nicht erhoben (§ 19 Abs. 1 UStG). Der Unternehmer kann allerdings keine Vorsteuerbeträge geltend machen.

Der Unternehmer kann aber dem Finanzamt gegenüber erklären, dass er auf die An- **894** wendung des § 19 Abs. 1 UStG verzichtet. In diesem Fall kann die Vorsteuer nach Maßgabe des § 15 UStG abziehen.

VII. Berechnung der Steuer nach vereinnahmten Entgelten

Bei Lieferungen und sonstigen Leistungen sowie beim innergemeinschaftlichen Erwerb **895** (§ 1a UStG) wird der Umsatz nach dem Entgelt bemessen (§ 10 Abs. 1 Satz 1 UStG), und zwar nach dem vereinbarten Entgelt (§ 16 Abs. 1 Satz 1 UStG; **Solleinnahme**). Auf den Zeitpunkt der Vereinnahmung kommt es dabei nicht an.

Das Finanzamt kann jedoch einem Unternehmer, dessen Gesamtumsatz (§ 19 Abs. 3 **896** UStG) im vorangegangenen Kalenderjahr nicht mehr als **125 000 €** betragen hat, gestatten, die Steuer nach den **vereinnahmten Entgelten (Isteinnahme)** zu berechnen (§ 20 Abs. 1 Satz 1 Nr. 1 UStG). Das Gleiche gilt gemäß § 20 Abs. 1 Satz 1 Nr. 3 UStG generell für Umsätze aus einer Tätigkeit als Angehöriger eines freien Berufes i. S. d. § 18 Abs. 1 Nr. 1 EStG. Insoweit besteht keine Umsatzobergrenze.

VIII. Besteuerungsverfahren

Besteuerungszeitraum ist das **Kalenderjahr.**

Bis zum 10. Tag nach Ablauf jedes Voranmeldungszeitraums hat der Unternehmer, der **897** entsprechend seinen Umsätzen umsatzsteuerpflichtig ist oder der als Kleinunternehmer gemäß § 19 Abs. 2 UStG auf die Besteuerung gemäß § 19 Abs. 1 UStG verzichtet hat, eine **Voranmeldung** nach amtlich vorgeschriebenem Vordruck auf elektronischem Weg zu übermitteln, in der er die Steuer für den Voranmeldungszeitraum selbst zu berechnen hat (§ 18 Abs. 1 Satz 1 UStG). Voranmeldungszeitraum ist das Kalendervierteljahr. Beträgt die Steuer für das vorangegangene Kalenderjahr mehr als 6136 € ist der Kalendermonat Voranmeldungszeitraum. Beträgt sie für das vorangegangene Kalenderjahr nicht mehr als 512 € kann das Finanzamt den Unternehmer von der Verpflichtung zur Abgabe der Voranmeldungen und Entrichtung der Vorauszahlungen befreien (§ 18 Abs. 2 Satz 3 UStG).

F. Erbschaft- und Schenkungsteuer

Schrifttumsverzeichnis: *Flick/Piltz,* Der internationale Erbfall, 1999; *Heuer,* Der gemeine Wert von Kunstgegenständen, DStR 2002, 845; *Viskorf,* Kunstgegenstände und Sammlungen im Erbschaft- und Schenkungsteuerrecht, DStZ 2002, 881; *Leisner,* Die steuerfreie Übertragung von Kunstgegenständen nach § 13 Abs. 1 Nr. 2 ErbStG, ZEV 2003, 436; *Schnitger,* Geltung der Grundfreiheiten des EG-Vertrages im deutschen internationalen Erbschaftsteuerrecht, FR 2004, 185; *Crezelius,* Privilegierung von Produktvermögen im Erbschaft- und Schenkungsteuerrecht, DB 2006, 2252; *Hartmann/Richter,* Die Besteuerung von nicht steuerbegünstigten Stiftungen, insbesondere von Familienstiftungen, in: Graf Strachwitz/Mercker (Hrsg.), Stiftungen in Theorie, Recht und Praxis, 2005, S. 416; *Hannes,* Unternehmensnachfolge leicht gemacht?, DStR 2006, 2058; *Scheffler/Wigger,* Zur geplanten Reform der Erbschaftsteuer, BB 2006, 2443; *Ziegenbein/Beine,* Der Regierungsentwurf des Gesetzes zur Erleichterung der Unternehmensnachfolge (UntErlG-E) – Erste Analysen und Handlungsalternativen, BB 2006, 2500; *Haag,* Die steuerliche Behandlung von Bau- und Bodendenkmälern, KUR 2006, 132.

Meincke, Erbschaftsteuer- und Schenkungsteuergesetz, 14. Auf., 2004; *Gürsching/Stenger,* Kommentar zum Bewertungsgesetz und zum Vermögensteuergesetz, Loseblatt; *Troll/Gebel/Jülicher,* Erbschaftsteuer- und Schenkungsteuergesetz, Loseblatt.

I. Steuerpflichtige Vorgänge

1. Objekt der Besteuerung

898 Der Erbschaftsteuer (Schenkungsteuer), die eine Landessteuer ist, unterliegen gemäß § 1 Abs. 1 insbesondere
- der Erwerb von Todes wegen (Nr. 1);
- die Schenkungen unter Lebenden (Nr. 2) und
- die Zweckzuwendungen (Nr. 3).[1415]

899 Das ErbStG knüpft dabei grundsätzlich an die Rechtsformen des bürgerlichen Rechts an.

900 **a) Erwerb von Todes wegen.** Was als **Erwerb von Todes wegen** gilt, regeln die §§ 3 bis 6 ErbStG. Erbschaftsteuerrechtlich erfasst werden danach sämtliche Fälle gesetzlicher oder gewillkürter Erbfolge.

901 *aa) Erbanfall (§ 1922 BGB).* § 3 Abs. 1 Nr. 1 ErbStG rechnet hierzu in erster Linie den **Erbanfall** (§ 1922 BGB; § 3 Abs. 1 Nr. 1 ErbStG). Unerheblich ist dabei, ob der Steuerpflichtige aufgrund gewillkürter Erbfolge oder als gesetzlicher Erbe zum Erben wurde. Bei einer **Vor- und Nacherbschaft** gelten sowohl der Erwerb des Vorerben als auch der Nacherbfall als Erbanfall i. S. d. § 3 Abs. 1 Nr. 1 ErbStG. Die **Ausschlagung** oder erfolgreiche **Anfechtung** der Erbenstellung hat zur Folge, dass die Erbschaft beim Steuerpflichtigen rückwirkend als nicht angefallen gilt. Hinterlässt der Erblasser **mehrere Erben,** wird der Nachlass zunächst gemeinschaftliches Vermögen der Erben. Bis zur vollendeten Erbauseinandersetzung wird jeder Miterbe so behandelt, als ob er zu Bruchteilen am Nachlass beteiligt sei.

902 Wird der gesetzliche Güterstand der **Zugewinngemeinschaft** (§§ 1363ff. BGB) durch den Tod eines Ehegatten beendet, so wird der Ausgleich des Zugewinns in aller Regel dadurch bewirkt, dass sich der gesetzliche Erbteil des überlebenden Ehegatten um ein Viertel der Erbschaft erhöht. Dabei ist unerheblich, ob die Ehegatten im einzelnen Fall einen Zugewinn erzielt haben (§ 1371 Abs. 1 BGB). Wird der Zugewinn nicht gemäß § 1371 Abs. 2 BGB beendet, so gilt die Sonderregelung des § 5 ErbStG (fiktive Ausgleichsforderung).[1416]

903 *bb) Erwerb durch Vermächtnis (§§ 2147ff. BGB).* Als Erwerb von Todes wegen gilt ferner der Erwerb durch **Vermächtnis** (§ 3 Abs. 1 Nr. 1 ErbStG). Ein Vermächtnis ist die Einzelzuwendung eines Vermögensvorteils durch Verfügung von Todes wegen, ohne dass damit eine Erbeinsetzung verbunden ist (§ 1939 BGB). Der Bedachte hat nur einen schuldrechtlichen Anspruch auf Erfüllung des Vermächtnisses gegen den Beschwerten, in der Regel den Erben.[1417]

904 *cc) Erwerb aufgrund eines geltend gemachten Pflichtteils (§§ 2303ff. BGB).* Der **Pflichtteilsanspruch** dessen erfolgreiches Geltendmachen (vgl. § 9 Abs. 1 Nr. 1 Buchst. b ErbStG) zu einem steuerpflichtigen Erwerb führt (§ 3 Abs. 1 Nr. 1 ErbStG), besteht in der Hälfte

---

1415 Besteuerungsobjekt ist ferner das Vermögen einer Familienstiftung bzw. eines Familienvereins (§ 1 Abs. 1 Nr. 4 ErbStG).

1416 S. dazu ErbStR H 11(5).

1417 Zu den einzelnen Formen eines Vermächtnisses s. §§ 2150 bis 2152, 2154 bis 2157, 2170, 2173, 2186, 2190 und 2191 BGB.

des Wertes des gesetzlichen Erbteils (§ 2303 Abs. 1 Satz 2 BGB). Pflichtteilsberechtigt sind die durch Verfügung von Todes wegen von der Erbfolge ausgeschlossenen Abkömmlinge des Erblassers, seine Eltern, sein Ehegatte (§ 2303 BGB) und ggf. der überlebende Lebenspartner (§ 10 LPartG).

dd) Erwerb durch Schenkung auf den Todesfall (§ 2301 BGB). Eine **Schenkung auf den Todesfall** erfordert trotz der Zuordnung zu den Erwerben von Todes wegen gemäß § 3 Abs. 1 Nr. 2 ErbStG die Tatbestandsmerkmale einer **freigebigen Zuwendung.** Dazu gehört die Unentgeltlichkeit und die Bereicherung des Empfängers objektiv auf Kosten des Zuwendenden.[1418] 905

Als Schenkung auf den Todesfall gilt auch der auf dem Ausscheiden eines Gesellschafters beruhende Übergang des Anteils oder des Teils eines Anteils eines Gesellschafters einer Personengesellschaft bei dessen Tod auf den oder die anderen Gesellschafter (§ 3 Abs. 1 Nr. 2 Satz 2 ErbStG). 906

ee) Vertrag zugunsten Dritter. Ebenfalls als Erwerb von Todes wegen gilt schließlich auch der Erwerb eines Vermögensvorteils aufgrund eines **Vertrages zugunsten Dritter,** sofern der Dritte den Vermögensvorteil unmittelbar beim Tod des Erblassers erwirbt (§ 3 Abs. 1 Nr. 4 ErbStG). Dabei handelt es sich vielfach um Erwerbe aus Versicherungen und aus Bankguthaben.[1419] 907

b) Schenkungen unter Lebenden. *aa) Freigebige Zuwendung.* Zu den **Schenkungen unter Lebenden,** die gemäß § 1 Abs. 1 Nr. 2 ErbStG der Erbschaftsteuer unterliegen, gelten insbesondere **freigebige** (willentlich unentgeltliche)[1420] **Zuwendungen** unter Lebenden, soweit der Bedachte durch sie auf Kosten des Zuwendenden bereichert wird.[1421] Für die Beurteilung ist wesentlich, inwieweit Zuwendung und Gegenleistung als gleichwertig anzusehen sind. Ist die Gleichwertigkeit in etwa gegeben so kann dies dafür sprechen, dass eine Bereicherung nicht gewollt ist und es damit an einer schenkungsteuerpflichtigen Zuwendung fehlt. 908

Eine Bereicherung kann jede Vermögensmehrung und jede Minderung von Schulden oder Belastungen beim Bedachten sein. 909

Bei Zuwendungen von **Sponsoren** (Sponsoring)[1422] **und Mäzenen** ist entscheidend, ob Leistung und Gegenleistung gleichwertig sind. Ist dies der Fall liegt keine freigebige Zuwendung i. S. d. § 7 Abs. 1 Nr. 1 ErbStG vor.[1423] Anders ist es, wenn die Gegenleistungen in keinem angemessenen Verhältnis zum Wert der Zuwendungen stehen und der Sponsor/Mäzen sich dessen bewusst ist.[1424] 910

Schenkungsteuerpflicht kann auch bei **unbenannten Zuwendungen** unter Ehegatten bestehen. Maßgebend sind auch insoweit die allgemeinen Voraussetzungen des § 7 Abs. 1 Nr. 1 ErbStG.[1425] 911

[1418] S. zu Einzelheiten ErbStR 2003 R 14. Zu den objektiven und subjektiven Voraussetzungen einer Schenkung auf den Todesfall s. BFH II R 109/86 v. 5. 12. 1990, BStBl II 1991, 181.

[1419] S. dazu ErbStR R. 9, 10.

[1420] S. dazu BFH II R 60/94 v. 29. 10. 1997, BStBl II 1997, 832; II R 59/92 v. 2. 3. 1994, BStBl II 1994, 366.

[1421] Zur freigebigen Zuwendung von Kunstwerken s. BFH II R 7/98 v. 6. 6. 2001, BFH/NV 2002, 28, dazu Anm. *Heuer* DStR 2002, 845.

[1422] Zum Begriff s. BMF v. 18. 2. 1998, BStBl 1998, 212, Rz. 1; *Becker* DStZ 2002, 663.

[1423] *Stolz* (S. 142) verneint bereits *generell* einen Willen des Sponsors zur Unentgeltlichkeit. Maßgebend sind aber die tatsachlichen Gegebenheiten des konkreten Einzelfalles.

[1424] Zu weiteren Einzelheiten s. ErbStR H 14 „Zuwendungen von Sponsoren und Mäzenen"; *Troll/Gebel/Jülicher* § 7 Rz. 282, 290.

[1425] Zu weiteren Einzelheiten s. ErbStR R 15 sowie *Meincke* § 7 Rz. 83 ff. und *Troll/Gebel/Jülicher* § 7 Rz. 170 ff. S. ferner BFH v. 2. 3. 1994, BStBl II 1994, 366.

912 Bei **gemischten Schenkungen** und **Schenkungen unter Auflage** ist entscheidend, in welchem Umfang der Bedachte nach zivilrechtlichen Grundsätzen bereichert ist.[1426]

913 *bb) Sonstige Schenkungen unter Lebenden.* § 7 Abs. 1 ErbStG enthält in den Nummern 2 bis 10 eine Fülle von weiteren Vermögensübergängen, die als Schenkungen unter Lebenden gelten. Auf die Darstellung im Einzelnen kann hier wegen der speziellen Besonderheiten der einzelnen Vorgänge verzichtet werden.[1427]

914 **c) Zweckzuwendungen. Zweckzuwendungen** sind Zuwendungen von Todes wegen oder freigebige Zuwendungen unter Lebenden, die mit der Auflage verbunden sind, zugunsten eines bestimmten Zwecks verwendet zu werden, oder die von der Verwendung zugunsten eines bestimmten Zwecks abhängig sind, soweit hierdurch die Bereicherung des Erwerbers gemindert wird (§ 8 ErbStG). Das Wesen der Zweckzuwendung besteht darin, dass das Zugewandte nicht einer bestimmten Person und auch nicht den Interessen des Zuwendenden dient.[1428]

915 Mit der Zweckzuwendung wird eine Art Sondervermögen zur Erfüllung eines bestimmten Zweckes geschaffen. Der mit der Zweckzuwendung Bedachte oder Beschenkte nimmt eine gewisse Treuhänderfunktion ein. Ist der Zweck der Zuwendung **gemeinnützig,** ist die Zuwendung von der Erbschaftsteuer befreit (§ 13 Abs. 1 Nr. 16 ErbStG).

II. Persönliche Steuerpflicht

1. Unbeschränkte Erbschaftsteuerpflicht

916 Das ErbStG unterscheidet – ebenso wie das EStG – zwischen unbeschränkter und beschränkter Steuerpflicht.

917 Die **unbeschränkte Erbschaftsteuerpflicht** kann sowohl beim **Erblasser,** beim **Schenker** wie auch beim **Erwerber** anknüpfen. Sie liegt vor, wenn entweder der Erblasser zur Zeit seines Todes, der Schenker zur Zeit der Ausführung der Schenkung oder der Erwerber zur Zeit der Entstehung der Steuer (§ 9 ErbStG) ein Inländer ist (§ 2 Abs. 1 Nr. 1 ErbStG). Steuerpflichtig ist in diesem Fall das gesamte Vermögen, das durch Erbfall oder Schenkung auf andere Personen übergeht, und zwar sowohl das im Inland als auch das im Ausland belegene Vermögen **(Universalitätsprinzip).**[1429]

918 Wer als **Inländer** gilt, ist in § 2 Abs. 1 Nr. 1 Buchst. a bis d ErbStG geregelt. Danach gelten als Inländer in erster Linie natürliche Personen, die im Inland einen Wohnsitz (§ 8 AO) oder ihren gewöhnlichen Aufenthalt (§ 9 AO) haben (§ 2 Abs. 1 Nr. 1 Buchst. a ErbStG).

919 Einschränkungen in Bezug auf das Besteuerungsrecht aufgrund der unbeschränkten Steuerpflicht können sich aufgrund von DBA auf dem Gebiet der Erbschaft- und Schenkungsteuer ergeben.[1430]

[1426] S. dazu i. E. ErbStR R 17 und H 17 Abs. 2 bis 4.

[1427] Zu Einzelheiten s. die jeweiligen Erläuterungen bei *Meincke* § 7 Rz. 14 ff. und *Troll/Gebel/Jülicher* § 7 Rz. 294 ff.

[1428] Vgl. BFH II R 122/85 v. 30. 9. 1987, BStBl II 1987, 861.

[1429] Zu Beispielen s. *Flick/Piltz* Rz. 1273 f.

[1430] Derartige Abkommen bestehen mit Dänemark, Griechenland, Österreich, Schweden, Schweiz und den USA; s. dazu die Übersicht in ErbStR H 3 sowie *Flick/Piltz* Rz. 1411 ff.

2. Beschränkte Erbschaftsteuerpflicht

Die **beschränkte Erbschaftsteuerpflicht** gemäß § 2 Abs. 1 Nr. 3 ErbStG tritt ein, wenn weder der Erblasser zur Zeit seines Todes, noch der Schenker zur Zeit des Entstehens der Steuer (§ 9 ErbStG) Steuerinländer sind. Die Besteuerung beschränkt sich in diesen Fällen auf den Vermögensanfall, der **Inlandsvermögen i. S. d. § 121 Abs. 2 BewG** ist. Sie erfasst demnach nicht sämtliche unentgeltlichen Vermögensübergänge (Erbfall oder Schenkung) von einem Steuerausländer auf einen anderen Steuerausländer.[1431] **920**

Zum Inlandsvermögen bei beschränkter Steuerpflicht gehören nur solche Wirtschaftsgüter, die auch bei unbeschränkter Steuerpflicht einem Erwerb zuzurechnen sind. Inländisches Betriebsvermögen unterliegt der beschränkten Erbschaftsteuerpflicht nicht nur, wenn im Inland eine Betriebsstätte unterhalten wird, sondern auch dann, wenn lediglich ein ständiger Vertreter (§ 13 AO) für den Gewerbebetrieb bestellt ist.[1432] **921**

Urheberrechte, die weder zu einem inländischen Betriebsvermögen eines beschränkt Steuerpflichtigen gehören, noch in einem inländischen Buch oder Register eingetragen sind, gehören gemäß § 121 Nr. 6 BewG dann zum Inlandsvermögen, wenn sie einem inländischen Gewerbebetrieb überlassen sind.[1433] **922**

Nutzungsrechte gehören nur dann zum Inlandsvermögen, wenn sie an einem Wirtschaftsgut bestehen, das in § 121 BewG als Inlandsvermögen aufgeführt ist.[1434] **923**

Nicht unter die beschränkte Erbschaftsteuerpflicht fällt das gesamte Auslandsvermögen der Steuerausländer. Trotz eines sachlichen Bezugs zum Inland ist z. B. nicht beschränkt steuerbar der Vermögensübergang von Bank- und Sparguthaben bei deutschen Kreditinstituten, von im Inland deponierten Wertpapieren und des im Inland befindlichen Hausrats; insoweit sind die Voraussetzungen des § 121 BewG nicht erfüllt.[1435] **924**

Das Gleiche gilt auch für die vom Schenker übernommene Erbschaftsteuer, da diese nicht zum Inlandsvermögen i. S. d. § 121 BewG gehört.[1435a]

3. Erweiterte beschränkte Erbschaftsteuerpflicht

War der Erblasser in den letzten 10 Jahren vor dem Ende seiner unbeschränkten Steuerpflicht (§ 1 Abs. 1 Satz 1 EStG) als Deutscher insgesamt mindestens fünf Jahre unbeschränkt steuerpflichtig und ist er in einem Gebiet ansässig, in dem er mit seinem Einkommen nur einer niedrigen Besteuerung gemäß § 2 Abs. 2 AStG unterliegt, so besteht bei Vorliegen weiterer Voraussetzungen gemäß § 4 AStG eine **erweiterte beschränkte Erbschaftsteuerpflicht.**[1436] Zu diesen weiteren Voraussetzungen gehört, dass der Erblasser oder Schenker unmittelbar oder mittelbar wesentliche wirtschaftliche Interessen gemäß § 2 Abs. 3 und 4 AStG hatte,[1437] und dass die ausländische Erbschaftsteuer auf das sog. erweiterte Inlandsvermögen weniger als 30 v. H. der deutschen Erbschaftsteuer hierauf beträgt. Schließlich ist erforderlich, dass der Erbfall oder die Schenkung in einem Zeitraum von 10 Jahren nach der Auswanderung eintritt bzw. vollzogen wird, und dass die Anwendung des § 2 Abs. 1 AStG nicht aufgrund eines DBA ausgeschlossen ist.[1438] **925**

[1431] Zu Einzelheiten zum steuerpflichtigen Inlandsvermögen s. *Flick/Piltz* Rz. 1284 ff.

[1432] ErbStR R 4 Abs. 2.

[1433] S. ErbStR R 4 Abs. 4.

[1434] ErbStR R 4 Abs. 6; *Troll/Gebel/Jülicher* § 2 Rz. 66.

[1435] Zu weiteren Einzelheiten s. *Flick/Piltz* Rz. 1300 ff.

[1435a] FM Baden-Wüttemberg v. 27. 7. 2006, DB 2006, 1702.

[1436] Zur EG-rechtlichen Zulässigkeit einer derartigen Regelung s. EuGH Rs. C-513/03 v. 23. 2. 2006, IStR 2006, 309.

[1437] S. dazu i. E. *Blümich/Menck* § 2 AStG Rz. 38 ff.

[1438] S. zu weiteren Einzelheiten *Blümich/Menck* § 4 AStG Rz. 6 ff.; *Flick/Piltz* Rz. 1319 ff.

926 Die **Rechtsfolge** ist, dass der beschränkten Erbschaftsteuerpflicht nicht nur das Inlandsvermögen i. S. d. § 121 BewG unterliegt, sondern das sog. **erweiterte Inlandsvermögen.**[1439]

927 Das Besteuerungsrecht gemäß § 4 AStG kann durch ein DBA auf dem Gebiet der Erbschaft- und Schenkungsteuer[1440] ausgeschlossen oder zumindest eingeschränkt sein.[1441]

III. Wertermittlung

1. Allgemeine Grundsätze

928 Eine Erbschaftsteuerpflicht tritt nur dann ein, wenn durch den Erbfall oder die Schenkung eine **in Geld zu bewertende Vermehrung des Vermögens** eingetreten ist. Als steuerpflichtiger Erwerb gilt die durch den Vermögensanfall eingetretene Bereicherung des Erwerbers. Steuerfreie Erwerbe werden dabei nicht in die Bemessung mit einbezogen.

929 Dem entspricht § 10 Abs. 1 Satz 2 ErbStG, wonach als Bereicherung der Betrag gilt, der sich ergibt, wenn von dem gemäß § 12 ErbStG zu ermittelnden Wert des gesamten erbschaftsteuerpflichtigen Vermögensanfalls die abziehbaren Nachlassverbindlichkeiten mit ihren gemäß § 12 ErbStG ermittelten Werten abgezogen werden (sog. Bereicherungsprinzip).

Der für die Vermögensteuer maßgebliche sog. **Halbteilungsgrundsatz** (absolute Besteuerungsgrenze in der Nähe der hälftigen Teilung) ist auf die Erbschaft- und Schenkungsteuer nich anwendbar.[1442]

Die Ermittlung der Bereicherung lässt sich schematisch wie folgt darstellen:

Wert des aktiven Nachlasses am Bewertungsstichtag
(§ 12 ErbStG i. V. m. § 9 BewG)
./. Nachlassverbindlichkeiten § 10 Abs. 5 Nr. 1 und 2 ErbStG
(Erblasserschulden, Vermächtnisse, Pflichtteile)
./. Nachlasskostenschulden § 10 Abs. 5 Nr. 3 ErbStG
(Verfahrenskosten, Bestattungskosten)
= Erbschaftswert = **Bruttobereicherung** des Erben
Bruttobereicherung
./. Freibeträge (§ 5 ErbStG: Zugewinnausgleich)
(§ 13 ErbStG: steuerfreie Zuwendungen)
(§ 16 ErbStG: Allgemeiner Freibetrag)
(§ 17 ErbStG: Besonderer Versorgungsfreibetrag)
= **eingetretene Bereicherung** (§ 10 Abs. 1 Satz 1 ErbStG)

931 Diese Bereicherung bildet die Bemessungsgrundlage für die steuerklassenabhängige Steuerfestsetzung.

2. Der Erbschaftswert

932 Der **Erbschaftswert** ergibt sich aus dem Wert des Nachlasses abzüglich der Nachlassverbindlichkeiten und Nachlasskostenschulden. § 10 Abs. 5 ErbStG enthält insoweit eine abschließende Regelung. Abgezogen werden können jedoch nur Lasten und Schulden, die am Bewertungsstichtag in einem wirtschaftlichen Zusammenhang mit den zu besteuernden Teilen des Nachlasses stehen.

1439 S. dazu *Blümich/Menck* § 4 AStG Rz. 9 m. w. N.; *Flick/Piltz* Rz. 1321.
1440 S. Fn. 1430.
1441 Zu Einzelheiten s. *Flick/Piltz* Rz. 1342 ff.
1442 BFH II B 161/05 v. 27. 3. 2006, DStRE 2006, 929.

933 Zu den **Nachlassverbindlichkeiten** gehören die vom Erblasser herrührenden Schulden sowie die von ihm zu erfüllenden Vermächtnisse. Zu den **Nachlasskostenschulden** rechnen insbesondere die Bestattungskosten und die Kosten der Grabpflege u. Ä. Für diese Kosten wird insgesamt ein Betrag von 10 300 € ohne Nachweis abgezogen (§ 10 Abs. 5 Nr. 3 ErbStG). Kosten für die Verwaltung des Nachlasses sind nicht abziehbar (§ 10 Abs. 5 Nr. 3 Satz 3 ErbStG).

3. Stichtagsprinzip

934 Das ErbStG folgt für die Bewertung des Vermögensanfalls dem **Stichtagsprinzip.** Dies bedeutet, dass der Wert des Vermögens zu einem bestimmten Stichtag zu ermitteln ist. Gemäß § 11 i. V. m. § 9 ErbStG ist Bewertungsstichtag der Tag an dem die Steuer entsteht. Bei einem steuerpflichtigen Erwerb von Todes wegen ist dies in aller Regel der Todestag des Erblassers (§ 9 Abs. 1 Nr. 1 ErbStG). Die Schenkungsteuer entsteht gemäß § 9 Abs. 1 Nr. 2 ErbStG im Zeitpunkt der Ausführung der Zuwendung.

4. Bewertungsgrundsätze

935 **a) Allgemeines.** Die Bewertung richtet sich gemäß § 12 Abs. 1 ErbStG grundsätzlich nach den Vorschriften des Ersten Teils des BewG. Dies gilt sowohl hinsichtlich der Abgrenzung der zu bewertenden wirtschaftlichen Einheiten als auch der Wertermittlung selbst. Danach ist grundsätzlich der **gemeine Wert** (§ 9 BewG)[1443] zugrunde zulegen.

936 Der gemeine Wert wird durch den Preis bestimmt, der im gewöhnlichen Geschäftsverkehr nach der Beschaffung des Wirtschaftsguts bei einer Veräußerung – am maßgeblichen Stichtag[1444] – zu erzielen wäre.[1445] Dabei sind alle Umstände, die den Preis beeinflussen zu berücksichtigen. Ungewöhnliche oder persönliche Verhältnisse bleiben unberücksichtigt (9 Abs. 2 BewG).

937 **Ungewöhnliche Verhältnisse** sind solche Umstände, mit denen im Verkehrsleben bei der Schätzung des Wirtschaftsguts üblicherweise nicht gerechnet wird. Deshalb sind Preise, unter ungewöhnlichen Verhältnissen zustande gekommen sind, nicht entscheidend bei der Ermittlung des gemeinen Werts. Es sind grundsätzlich nur solche Kaufpreise zu berücksichtigen, die unter üblichen Zahlungsbedingungen zustande gekommen sind. Unterschiedliche Marktsituationen, etwa aufgrund guter und schlechter Konjunktur, und damit verbunden ein Absinken der Preise stellen keine ungewöhnliche Situationen dar. Dementsprechend würde sich beispielsweise ein Preisverfall auf dem Kunstmarkt, der nicht nur kurzfristig, etwa aufgrund momentaner umfangreicher Spekulationskäufe und durch sonstige besondere Umstände bedingt ist, bei der Ermittlung des gemeinen Wertes auswirken. Ungewöhnliche Umstände liegen auch dann nicht vor, wenn ein Wirtschaftsgut, z. B. seltener Kunstgegenstand, nur für einen begrenzten Käuferkreis in Betracht kommt.[1446]

938 Ein Preis ist durch persönliche Verhältnisse beeinflusst, wenn für seine Bemessung Umstände mitentscheidend waren, die in der Person der Vertragsparteien, des Verkäufers oder

---

[1443] Mit dem Begriff des gemeinen Wertes wird im Steuerrecht der Verkehrswert umschrieben. Beide Werte sind objektive Werte und haben den gleichen Inhalt.

[1444] S. Rz. 934.

[1445] Die sog. historischen Anschaffungskosten bilden in aller Regel keine geeignete Wertanknüpfung, vgl. BFH II R 7/98 v. 6. 6. 2001, BFH/NV 2002, 28, dazu Anm. *Heuer* DStR 2002, 845.

[1446] BFH III R 44/77 v. 23. 2. 1979, BStBl II 1979, 618.

des Käufers, ihre Ursache haben. Hierzu rechnen u.a. sog. **Interessenkäufe,** bei denen vor Allem Liebhaberpreise gezahlt werden. So wird beispielsweise die Bereitschaft, einen sog. Liebhaberpreis für einen Kunstgegenstand zu zahlen, etwa um eine Sammlung vervollständigen zu können, nicht werterhöhend berücksichtigt. Ebenso sind sog. **ideelle Werte** i.R. der Erbschaftsteuer ohne Bedeutung.

939 **b) Bewertung ausgewählter Vermögensgegenstände. Kunstgegenstände,** die nicht Teil des Betriebsvermögen sind, sind mit dem gemeinen Wert (§ 9 BewG) zu bewerten.[1447] Dies gilt auch hinsichtlich der vom Künstler hinterlassenen, im Privatvermögen sich befindenden selbstgeschaffenen Kunstwerke.[1447a] Insbesondere im Hinblick auf die schwierigen Verwertungsaussichten sind die Finanzämter gehalten, den gemeinen Wert von Kunstgegenständen und Sammlungen „vorsichtig zu ermitteln".[1448] Meist wird eine Schätzung gemäß § 162 Abs. 1 AO erforderlich werden.[1449] U.U. bedarf es sogar sachverständiger Hilfe, um den gemeinen Wert bestimmen zu können.[1450]

940 Zu den Umständen, die bei der Ermittlung des gemeinen Wertes eines Kunstgegenstandes zu berücksichtigen sein können, gehören in erster Linie seine künstlerische Provenienz und der materielle (Erhaltungs-)Zustand, ferner z.B. sein Sujet, die angewandte Technik und die kunstgeschichtliche Bedeutung, seine Marktgängigkeit, nicht dagegen die Art der (privaten) Verwendung und die persönliche Werteinschätzung des Steuerpflichtigen.[1451] Anhaltspunkte für die Wertermittlung können beispielsweise (zeitnahe) Verkäufe, auch solche im Rahmen von Auktionen, von vergleichbaren Kunstobjekten bieten, die regelmäßig insbesondere über entsprechnde Ausstellungskataloge, Nachschlagewerke über Kunstversteigerungen und im Internet nachzuverfolgen sind. Allerdings ist insbesondere bei bedeutsamen Kunstobjekten wegen der bei diesen nur sehr eingeschränkt gegebenen Vergleichbarkeit Zurückhaltung geboten. Von Bedeutung sein kann auch, ob Dritte Herausgabeansprüche geltend machen könnten (Stichwort: Lost Art).

941 Eine Besonderheit bildet die Bewertung von privaten **Kunstsammlungen,** soweit sie nicht gemäß § 13 Abs. 1 Nr. 2 ErbStG steuerfrei bleiben. Auch insoweit sind grundsätzlich die einzelnen Kunstgegenstände getrennt voneinander mit dem gemeinen Wert zu bewerten. Weist die Sammlung als solche in ihrer Gesamtheit auf dem Kunstmarkt einen höheren Verkehrswert auf als die Summe der einzelnen Sammlungsteile ausmacht, so setzt sich der Gesamtwert der Sammlung gleichwohl nur aus der Addition der einzelnen gemeinen Wert zusammen; es gibt keine Art „Paketzuschlag".[1452] Umgekehrt kann jedoch eine Kürzung dieses Gesamtwertes in Betracht kommen, wenn andernfalls eine Überbewertung des Substanzwertes eintreten würde. Der Steuerpflichtige trägt insoweit die Darlegungslast (objektive Beweislast).

[1447] S. zu Einzelheiten der Wertermittlung *Stolz* S. 40ff.; *Viskorf* DStZ 2002, 881 und *Heuer* DStR 2002, 845. S. auch *Heuer* DStR 1995, 438.

[1447a] Die Regelung des § 110 Abs. 1 Nr. 5 Buchst. c, wonach Originale urheberrechtlich geschützter Werke nicht zum „Sonstigen Vermögen" i.S.d. – aufgehobenen – § 18 Nr. 4 BewG gehörten, und zwar auch nicht beim unbeschränkt steuerpflichtigen Ehegatten oder bei unbeschränkt steuerpflichtigen Kinder, auf die die Werke im Erbgang übergegangen waren, ist durch das JStG 1997 aufgehoben worden.

[1448] ErbStR R 94.

[1449] S. bereits RFH III A 290/29 v. 18. 9. 1930, RStBl 1931, 585: Wertvolles Gemälde.

[1450] BFH II R 7/98 v. 6. 6. 2001, BFH/NV 2002, 28, dazu Anm. *Heuer* DStR 2002, 845.

[1451] RFH III A 290/29 v. 18. 9. 10930, RStBl 1931, 585: Unerheblich die Verwendung eines Gemäldes lediglich zum Ausschmücken der Wohnung.

[1452] Es fehlt eine dem § 11 Abs. 3 BewG entsprechende Regelung; vgl. auch A. 74 Abs. 4 VStR a.F.

Befinden sich die **Kunstgegenstände im Betriebsvermögen,** ist der – häufig niedrigere – Steuerbilanzwert anzusetzen.[1453] 942

Der **Einheitswert des Betriebsvermögens** wird durch Einzelbewertung aller zum gewerblichen Betrieb gehörenden Wirtschaftsgüter ermittelt (§ 109 Abs. 1 BewG). Dabei ist jedes einzelne Wirtschaftsgut – soweit nichts Anderes bestimmt ist – mit dem **Teilwert** (§ 10 BewG) anzusetzen. Dies ist der Betrag, den ein Erwerber des ganzen Unternehmens im Rahmen des Gesamtkaufpreises für das einzelne Wirtschaftsgut ansetzen würde. 943

Der Wert **unbebauter Grundstücke** bestimmt sich nach ihre Fläche und den um 20 v. H. ermäßigten Bodenrichtwerten (§ 196 BauGB; § 145 Abs. 3 Satz 1 BewG). 944

Der Wert eines **bebauten Grundstücks** ist das 12,5fache der im Besteuerungszeitpunkt vereinbarten Jahresmiete, vermindert um die Wertminderung wegen Alters des Gebäudes (§ 146 Abs. 2 Satz 1 BewG). Jahresmiete ist das Gesamtentgelt, das der Mieter (Pächter) für die Nutzung der bebauten Grundstücke aufgrund vertraglicher Vereinbarungen für den Zeitraum von 12 Monaten zu zahlen hat. Betriebskosten sind nicht einzubeziehen. 945

Ausländischer Grundbesitz und **ausländisches Betriebsvermögen** werden gemäß § 31 BewG bewertet (§ 12 Abs. 6 ErbStG):[1454] Grundsätzlich gemeiner Wert. Die unterschiedliche Bewertung inländischen und ausländischen Betriebsvermögens verstößt möglicherweise gegen die Kapitalverkehrsfreiheit des Art. 56 des EG-Vertrages.[1455] 946

Wertpapiere aller Art (Aktien, Schuldverschreibungen, Schatzbriefe, Schecks, Wechsel) sind mit dem Börsenkurs anzusetzen, wenn sie am Stichtag zum amtlichen Handel an einer Börse zugelassen sind (§ 11 Abs. 1 BewG). Andernfalls sind sie mit gemeinen Wer zu bewerten.[1456] 947

Kapitalforderungen und **Schulden** sind grundsätzlich mit dem Nennwert anzusetzen (§ 12 Abs. 1 BewG). Unverzinsliche Forderungen, deren Laufzeit mehr als ein Jahr beträgt, sind mit einem Zinssatz von 5,5 v. H. abzuzinsen (§ 12 Abs. 3 BewG).[1457] 948

Der Kapitalwert von **wiederkehrenden Nutzungen** und **Leistungen,** die auf bestimmte Zeit beschränkt sind, sind mit dem nach der Laufzeit ermittelten Kapitalwert[1458] anzusetzen (§ 13 Abs. 1 BewG).[1459] **Lebenslängliche Nutzungen und Leistungen** sind mit dem aus Anlage 9 zum BewG zu entnehmenden Vielfachen des Jahreswertes anzusetzen (§ 14 Abs. 1 BewG).[1460] 949

Renten von unbestimmter Dauer, die von der Lebensdauer einer Person abhängen, werden nach einer Tabelle bewertet, die sich nach dem Alter der Person richtet, bei deren Tod die Rente entfällt (§ 14 i. V. m. § 13 Abs. 2 Halbs. 2 BewG).[1461] 950

1453 Zur Bewertung von selbst geschaffenen Kunstwerken, die sich im Besitz des Künstlers befinden, im Rahmen des Zugewinnausgleichs s. *Finger* GRUR 1989, 881. Der in der Abhandlung enthaltene Hinweis auf § 110 Abs. 1 Nr. 5 Buchst. c BewG ist zwischenzeitlich obsolet, da die Vorschrift aufgehoben ist; s. aber § 5 Abs. 2 EStG.

1454 Zur Frage eines möglichen Verstoßes dieser Vorschrift gegen die Grundfreiheiten des EG-Vertrages s. *Schnitger* FR 2004, 185. S. ferner Vorabentscheidungsanfrage des FG Hamburg v. 11. 8. 2006, IStR 2006, 823, zur möglichen EG-widrigen Bewertung einer ausländischen Beteiligung.

1455 S. dazu die Vorlage des BFH an den EuGH II R 35/05 v. 11. 4. 2006, DStR 2006, 1079, Az. des EuGH Rs. C-256/06.

1456 S. dazu i. E. *Gürsching/Stenger* § 11 BewG Rz. 10 ff.

1457 Zu weiteren Einzelheiten s. *Gürsching/Stenger* § 12 BewG Rz. 15 ff.

1458 S. dazu Anlage 9 a zum BewG.

1459 Zu weiteren Einzelheiten s. *Gürsching/Stenger* § 13 BewG Rz. 5 ff.

1460 Zu weiteren Einzelheiten s. Erläuterungen zu § 14 BewG bei *Gürsching/Stenger.*

1461 S. dazu *Gürsching/Stenger* § 13 BewG Rz. 22 ff.

951 **Urheberrechte** und **Erfindungen,** die nicht zum Betriebsvermögen gehören, sind mit dem gemeinen Wert anzusetzen.[1462]

5. Steuerbefreiungen

952 § 13 ErbStG enthält eine Reihe von **sachlichen Steuerbefreiungen.** Hierzu gehört u.a. die Steuerbefreiung von **Kunstgegenständen** und **Kunstsammlungen.**[1463] Diese sind mit 60 V. H. ihres Wertes[1464] steuerfrei, wenn die Erhaltung dieser Gegenstände wegen ihre Bedeutung für Kunst, Geschichte oder Wissenschaft im öffentlichen Interesse liegt, die jährlichen Kosten in der Regel die erzielten Einnahmen übersteigen und die Gegenstände in einem den Verhältnissen entsprechendem Umfang den Zwecken der Forschung oder Volksbildung nutzbar gemacht sind oder werden (§ 13 Abs. 1 Nr. 2 Buchst. a ErbStG).[1465] Eine vollständige Befreiung ist möglich, wenn zusätzlich die Voraussetzungen des § 13 Abs. 1 Nr. 2 Buchst. b ErbStG vorliegen, u.a. 20-jähriger[1466] Familienbesitz.[1467] Bei Kunstsammlungen ist erforderlich, dass diese selbst Erwerbsgegenstand sind.[1467a]

953 Ob Kunstgegenstände als **„Hausrat“** zu beurteilen sind und damit an dem Freibetrag von 41 000 € gemäß § 13 Abs. 1 Nr. 1 Buchst. a ErbStG partizipieren, ist umstritten.[1468] Die Entscheidung dürfte letztlich bei der Höhe des Freibetrags, der den gesamten Hausrat betrifft und nicht nur Kunstgegenstände, eher eine Quantitätsfrage als eine Qualitätsfrage sein, so dass die Zahl der echten Streitfälle nicht allzu hoch sein dürfte.

954 **Inländisches Betriebsvermögen** bleibt nach Maßgabe des § 13a ErbStG grundsätzlich bis zu einem Wert von 225 000 € außer Ansatz.[1469]

6. Steuerklassen

955 Das ErbStG weist in § 15 drei Steuerklassen auf:

Steuerklasse I:

1. der Ehegatte,
2. die Kinder und Stiefkinder,
3. die Abkömmlinge der in Nr. 2 genannten Kinder und Stiefkinder,
4. die Eltern und Voreltern bei Erwerben von Todes wegen;

Steuerklasse II:

1. die Eltern und Voreltern, soweit sie nicht zur Steuerklasse I gehören,
2. die Geschwister,
3. die Abkömmlinge ersten Grades von Geschwistern,

[1462] Zu Einzelheiten s. ErbStR R 93.

[1463] Zum Vermögensübergang bei einzelnen Kunstwerken aus einer Kunstsammlung im Wege einer freigebigen Zuwendung s. BFH II R 7/98 v. 6. 6. 2001, BFH/NV 2002, 28, dazu Anm. *Heuer* DStR 2002, 845.

[1464] Zur Ermittlung des – maßgeblichen – gemeinen Wertes s. BFH II R 7/98 v. 6. 6. 2001, BFH/NV 2002, 28, dazu Anm. *Heuer* DStR 2002, 845.

[1465] S. dazu ferner *Ganteführer* S. 22; *Stolz* S. 32ff.; zur Frage, welche Rechte die Denkmalschutzbehörden bei Denkmalen geltend machen können, s. *Ganteführer/Wacker* KUR 2006, 40; s. ferner *Haag* KUR 2006, 132.

[1466] Krit. zu dieser „zeitlichen Einengung“ *Ganteführer/Wacker* KUR 2006, 40.

[1467] S. dazu *Leisner* ZEV 2003, 436; *Stolz* S. 34; zu Gestaltungsmöglichkeiten s. *Ganteführer/Wacker* KUR 2006, 40.

[1467a] BFH II R 7/98 v. 6. 6. 2001, BFH/NV 2002, 28; dazu Anm. *Heuer* DStR 2002, 845.

[1468] S. die Schrifttumsnachweise bei *Viskorf* DStZ 2002, 881, 883.

[1469] Zur Frage eines möglichen Verstoßes dieser Vorschrift gegen die Grundfreiheiten des EG-Vertrages s. *Schnitger* FR 2004, 185.

4. die Stiefeltern,
5. die Schwiegerkinder,
6. die Schwiegereltern,
7. der geschiedene Ehegatte;

Steuerklasse III:
Alle übrigen Erwerber und die Zweckzuwendungen.

7. Freibeträge

a) Persönliche Freibeträge. Die in § 16 ErbStG aufgeführten **Freibeträge** bewirken, dass nur der Erwerb zu versteuern ist, der nach Abzug dieser Freibeträge verbleibt.[1470] Im Einzelnen gewährt das Gesetz folgende Freibeträge: 956

1. dem Ehegatten in Höhe von 307 000 €
2. den Kindern i. S. d. Steuerklasse I Nr. 2 sowie den Kindern verstorbener Kinder i. S. d. Steuerklasse I Nr. 2 in Höhe von 205 000 €,
3. den übrigen Personen der Steuerklasse I in Höhe von 51 200 €,
4. den Personen der Steuerklasse II in Höhe von 10 300 €,
5. den Personen der Steuerklasse III in Höhe von 5 200 €.

b) Versorgungsfreibeträge. § 17 ErbStG gewährt dem Ehegatten und den Kindern des Erblassers beim Erwerb von Todes wegen – nicht bei Schenkungen – zusätzliche besondere **Versorgungsfreibeträge.**[1471] 957

Bei **Ehegatten** beträgt dieser Versorgungsfreibetrag **256 000 €,** der ggf. um den Kapitalwert von Hinterbliebenenbezügen zu kürzen ist (§ 17 Abs. 1 ErbStG). 958

Kinder bis zu einem Alter von **27 Jahren** erhalten einen Versorgungsfreibetrag, der nach dem Kindesalter gestaffelt. Dieser reicht 10 300 € (27 Jahre) in fünf Stufen bis zu 52 000 € (bis zu fünf Jahre). Auch diese Versorgungsfreibeträge sind ggf. um den Kapitalwert von Versorgungsbezügen zu kürzen (§ 17 Abs. 2 ErbStG). 959

8. Steuersätze

Der Steuersatz, der auf den steuerpflichtigen Erwerb nach Abzug der persönlichen Freibeträge anzuwenden ist, beträgt gemäß § 19 ErbStG: 960

Wert des steuerpflichtigen Erwerbs (§ 10) bis einschließlich ... Euro	Vomhundertsatz in der Steuerklasse		
	I	II	III
52 000	7	12	17
256 000	11	17	23
512 000	15	22	29
5 113 000	19	27	35
12 783 000	23	32	41
25 565 000	27	37	47
über 25 565 000	30	40	50

[1470] Zur Frage eines möglichen Verstoßes dieser Vorschrift gegen die Grundfreiheiten des EG-Vertrages s. *Schnitger* FR 2004, 185.

[1471] Zur Frage eines möglichen Verstoßes dieser Vorschrift gegen die Grundfreiheiten des EG-Vertrages s. *Schnitger* FR 2004, 185.

IV. Steuerfestsetzung und Erhebung

1. Entstehung und Berechnung der Steuer; Steuerschuldner

961 **a) Entstehung der Steuer.** Die Erbschaftsteuer entsteht bei **Erwerben von Todes wegen** grundsätzlich mit dem Tod des Erblassers (§ 9 Abs. 1 Nr. 1 ErbStG). Für Erwerbe unter einer Bedingung, Betagung und bei Geltendmachen von Pflichtteilsansprüchen sowie in weiteren Sonderfällen gelten die Sonderregelungen des § 9 Abs. 1 Nr. 1 Buchst. a bis j ErbStG.

962 Bei **Schenkungen** entsteht die Steuer mit dem Zeitpunkt der Ausführung der Zuwendung (§ 9 Abs. 1 Nr. 2 ErbStG).

963 Bei **Zweckzuwendungen** ist maßgebend der Zeitpunkt des Eintritts der Verpflichtung des Beschwerten (§ 9 Abs. 1 Nr. 3 ErbStG).

964 **b) Berücksichtigung früherer Erwerbe.** Mehrere innerhalb von 10 Jahren von derselben Person anfallende Vermögensvorteile werden in der Weise zusammengerechnet, dass dem letzten Erwerb die früheren Erwerbe nach ihrem früheren Wert zugerechnet werden. Von der Steuer für den Gesamtbetrag wird die Steuer abgezogen, die für die früheren Erwerbe nach den persönlichen Verhältnissen des Erwerbers und auf der Grundlage der gelten Vorschriften zur Zeit des letzten Erwerbs zu erheben gewesen wäre (§ 14 Abs. 1 Sätze 1 und 2 ErbStG).[1472]

965 **c) Steuerschuldner** ist der Erwerber, bei einer Schenkung auch der Schenker, bei einer Zweckzuwendung der mit der Ausführung der Zuwendung Beschwerte (§ 20 Abs. 1 ErbStG).

966 Im Erbfall haftet neben den Erben auch der Nachlass bis zur Auseinandersetzung (§ 2042 BGB) für die Steuer aller am Erbfall Beteiligten (§ 20 Abs. 3 ErbStG).

967 Der **Vorerbe** hat die durch die Vorerbschaft veranlasste Steuer aus den Mitteln der Vorerbschaft zu entrichten (§ 20 Abs. 4 ErbStG).

968 **d) Anrechnung ausländischer Erbschaftsteuer.** Bei Erwerbern, die in einem ausländischen Staat mit ihrem Auslandsvermögen zu einer der deutschen Erbschafteuer entsprechenden Steuer herangezogen werden, kann diese ausländische Steuer nach Maßgabe des § 21 ErbStG[1473] auf die deutsche Erbschaftsteuer angerechnet werden.[1474] Die anzurechnende ausländische Steuer ist nach dem amtlichen Briefkurs für den Tag der Entstehung der deutschen Erbschaftsteuer umzurechnen.[1475]

969 Soweit **DBA** auf dem Gebiet der Erbschaft- und Schenkungsteuer abgeschlossen sind, gehen deren Bestimmungen vor.

2. Mehrfacher Erwerb desselben Vermögens

970 Vermögen, das innerhalb eines Zeitraums von 10 Jahren mehrfach auf Erwerber in den Steuerklassen I und II übergegangen ist und für das eine Steuer zu erheben war, ist steuerlich begünstigt. § 27 ErbStG sieht dazu eine abgestufte Ermäßigung des Steuerbetrages vor, die sich nach der Zeitdauer richtet, die zwischen den mehrfachen Erwerben vergangen

---

[1472] S. dazu ErbStR R 70 und H 70 (1) mit Anwendungsbeispielen.

[1473] Zur Frage eines möglichen Verstoßes dieser Vorschrift in Bezug auf die Bestimmung des Anrechnungshöchstbetrages gegen die Grundfreiheiten des EG-Vertrages s. *Schnitger* FR 2004, 185.

[1474] S. dazu ErbStR R 82 und H 82 mit Beispielen.

[1475] BFH II R 134/88 v. 19. 3. 1991, BStBl II 1991, 521.

war. Die Ermäßigung erstreckt sich von 50 v. H. (nicht mehr als ein Jahr) bis zu 10 v. H. (mehr als acht, aber weniger als 10 Jahre).[1476]

3. *Stundung*

971 Gehört zum Erwerb Betriebsvermögen ist dem Erwerber die darauf entfallende Erbschaftsteuer auf Antrag bis zu 10 Jahren zu stunden, soweit dies zu Erhaltung des Betriebs erforderlich ist (§ 28 Abs. 1 ErbStG).[1477]

4. *Erlöschen der Steuer*

972 Gemäß § 29 Abs. 1 Nr. 4 ErbStG wird Erwerbern, die innerhalb von zwei Jahren Vermögensgegenstände, die sie durch Zuwendung von Todes wegen oder unter Lebenden erworben haben, einer inländischen gemeinnützigen Stiftung oder einer inländischen Gebietskörperschaft zuwenden, die auf den Wert dieser Vermögensgegenstände entfallende **Erbschaftsteuer erstattet.**[1478]

5. *Hingabe von Kunstgegenständen an Zahlung Statt*

973 § 224a Abs. 1 AO räumt dem Schuldner von Erbschaftsteuer die Möglichkeit ein, statt der Zahlung des geschuldeten Geldbetrages das Eigentum an **Kunstgegenständen,**[1479] **Kunstsammlungen, wissenschaftlichen Sammlungen, Bibliotheken, Handschriften und Archiven** dem Bundesland zu übertragen, dem das Erbschaftsteueraufkommen zusteht. Voraussetzung ist, dass an dem Erwerb der aufgeführten Kunstgegenstände wegen ihrer Bedeutung für Kunst, Geschichte oder Wissenschaft ein öffentliches Interesse besteht.[1480] Von dieser Möglichkeit aber bisher wohl nicht allzu häufig Gebrauch gemacht. Schwierig dürfte sich die Ermittlung des Wertes der an Zahlung Statt hingegebenen Gegenstände erweisen. Ist deren Wert höher als die Steuerschuld, ist der Differenzbetrag an den Steuerpflichtigen auszubezahlen.[1481]

974 Darüber hinaus bedarf es des Abschlusses eines öffentlich-rechtlichen Vertrags, der der Schriftform[1482] bedarf. Zuständig für den Vertragsabschluss ist die oberste Finanzbehörde des Landes, dem das Steueraufkommen zusteht. Wirksam wird der Vertrag erst mit der Zustimmung der für kulturelle Angelegenheiten zuständigen obersten Landesbehörde, in der Regel also des Kultusministeriums (§ 224a Abs. 2 AO).[1483]

V. Reformpläne

975 Nach den Plänen sowohl der Bundesregierung als auch des Bundesrates soll das Erbschaft- und Schenkungsteuerrecht reformiert werden. Dazu liegt sowohl eine Bundesratsdrucksache (Nr. 341/05) als auch ein Referentenentwurf eines „Gesetzes zur Erleichterung

---

1476 Zu Berechnungsbeispielen s. ErbStR H 85a.

1477 S. dazu ErbStR R 86 und H 86; s. auch Rz. 275f.

1478 S. auch *Gantefführer* S. 21; *Stolz* S. 36ff.

1479 Zum Begriff der Kunstgegenstände s. *Pahlke/König* § 224a AO Rz. 7.

1480 Zu Unrecht kritisch gegenüber dieser Regelung *Schack* Rz. 734; s. auch die zwar vergleichbare, aber wesentlich effizientere französiche Regelung der „dations" in Art. 1716 des lode Général des Impôts: „Kunstwerke nationaler Bedeutung".

1481 Ebenso *Klein/Rüsken* § 224a AO Rz. 5.

1482 Die elektronische Form ist ausdrücklich ausgeschlossen (§ 224a Abs. 2 Satz 1 AO.

1483 S. auch *Gantefführer* S. 20f. zu haushaltsrechtlichen Überlegungen des Finanzministers.

der Unternehmensnachfolge – UntErlG“ der Bundesregierung vom 4. 10. 2006 vor. Das Bundeskabinett hat diesen Entwurf am 25. 10. 2006 beschlossen. Einer der Schwerpunkte der Reform ist die Entlastung mittelständischer Unternehmen bei der Unternehmensnachfolge. Danach soll Firmenerben unter der Voraussetzung, dass sie das Unternehmen über einen Zeitraum von 10 Jahren fortführen, die Erbschaft- und Schenkungsteuer in vollem Umfang – bei kürzerer Behaltefrist zeitanteilig – erlassen werden, das auf sog. **Produktivvermögen** entfällt. Im Einzelnen:

Die bisherige Steuerbegünstigung für Betriebsvermögen (13a ErbStG) in Form eines Freibetrags und eines Bewertungsabschlags wird es nach dem Gesetzentwurf ebenso wie den Entlastungsbetrag für Steuerpflichtige der Steuerklassen II und III (§ 19a ErbStG) ab dem 1. 1. 2007 nicht mehr geben. Zukünftig wird bei Überschreiten einer Freigrenze von 100 000 € zwischen **produktivem** und **unproduktivem Vermögen** unterschieden werden. Beim Erwerb von produktivem Vermögen soll die Steuer über einen Zeitraum von insgesamt zehn Jahren zinslos gestundet und jedes Jahr zu einem Zehntel erlassen werden, wenn der Betrieb ohne Veränderung des Gesamtbilds der wirtschaftlichen Verhältnisse fortgeführt wird. Merkmale für eine unveränderte Fortführung des Betriebs sind insbesondere Umsatz, Auftragsvolumen, Arbeitnehmerzahl und Umfang des Betriebsvermögens.

Zum unproduktiven, ab 2007 nicht mehr begünstigten Vermögen sollen gehören u. a.

- Beteiligungen an Kapitalgesellschaften bis unmittelbar 25 v. H. (Ausnahme bei Familiengesellschaften möglich),
- gewerblich geprägte Personen- und Kapitalgesellschaften,
- Dritten zur Nutzung überlassene Grundstücke, Grundstücksteile, grundstücksgleiche Rechte und Bauten, Seeschiffe, Flugzeuge, Konzessionen, gewerbliche Schutzrechte sowie ähnliche Rechte und Werte,
- Geldbestände, Geldforderungen gegenüber Kreditinsituten sowie vergleichbare Forderungen und Wertpapiere,
- **Kunstgegenstände, Sammlungen,** Bibliotheken und Archive, Münzen, Edelmetalle und Edelsteine.

Bei **Immobilien** sollen zukünftig **unbebaute Grundstücke** mit geänderten Bodenrichtwerten bewertet werden. Hierzu wird im Rahmen des Jahressteuergesetzes 2007 das Bewertungsgesetz geändert. Anstatt der auf den 1. 1. 1996 festgestellten Bodenrichtwerte, sind ab 2007 die Bodenrichtwerte zum letzten, dem Besteuerungsstichtag vorausgehenden, Feststellungsstichtag maßgebend. Die Bewertung von **bebauten Grundstücken** wird dahingehend geändert, dass anstatt der Durchschnittsmiete der letzten drei Jahre vor dem Besteuerungszeitpunkt nunmehr die vereinbarte Jahresmiete zum Bewertungsstichtag maßgebend ist.[1483a]

976 Der Gesetzentwurf enthält darüber hinaus redaktionelle Anpassungen des Erbschaftsteuerrechts, die durch Erbrechtsänderungen und Rechtsprechung des BFH erforderlich wurden. Das Reformgesetz sollte nach der Koalitionsvereinbarung vom 11. 11. 2005 bereits zum 1. 1. 2007 in Kraft treten. Dieser Termin wird aber nach dem derzeitigen Stand der Beratungen, in die noch das demnächst zu erwartende Urteil des Bundesverfassungsgerichts zur Frage der Verfassungsmäßigkeit der Erbschaftsteuer einbezogen werden soll, wohl nicht einzuhalten sein. Sollte das Gesetz rückwirkend geändert werden, könnte sich in Tielbereichen, d. h. soweit eine steuerliche Mehrbelastung eintritt, die Frage der Verfassungsrechtlichen Zulässigkeit einer derartigen Rückwirkung stellen.

[1483a] Zu Einzelheiten des Gesetzentwurfs s. *Hannes* DStR 2006, 2058; *Scheffler/Wigger* BB 2006, 2443; *Ziegenbein/Beine* BB 2006, 2500; *Crezelius* DB 2006, 2252.

G. Kindergeld

Unbeschränkt Steuerpflichtige i. S. d. § 1 Abs. 1 bis 3 EStG haben für Kinder i. S. d. § 63 EStG Anspruch auf **Kindergeld** (§ 62 Abs. 1 EStG). Ein Ausländer erhält – nur – unter den Voraussetzungen des § 62 Abs. 2 EStG[1483b] (Besitz einer Niederlassungs- oder einer qualifizierten Aufenthaltserlaubnis) Kindergeld. 977

Als **Kinder** werden gemäß § 63 Abs. 1 EStG berücksichtigt: 978

- Kinder i. S. d. § 32 Abs. 1 EStG, d. h. Kinder, die im ersten Grad mit dem Steuerpflichtigen verwandt sind und Pflegekinder;
- Vom Berechtigten in seinen Haushalt aufgenommene Kinder seines Ehegatten;
- Vom Berechtigten in seinen Haushalt aufgenommene Enkel.

Das monatlich zu zahlende **Kindergeld** beträgt für das erste, zweite und dritte Kind jeweils **154 € monatlich** und für jedes weiter Kind **179 € monatlich** (§ 66 Abs. 1, 2 EStG).[1484] 979

H. Eigenheimzulage

Gemäß § 1 EigZulG hatten unbeschränkt Steuerpflichtige i. S. d. § 1 EStG Anspruch auf eine Eigenheimzulage. Begünstigt war gemäß § 2 Abs. 1 Satz 1 EigZulG die Herstellung oder Anschaffung einer Wohnung in einem im Inland belegenen eigenen Haus oder einer im Inland belegenen eigenen Eigentumswohnung.[1485] 980

Die **Eigenheimzulage**[1486] wurde mit Wirkung **ab 1. 1. 2006 abgeschafft.** Das EigZulG ist **letztmals anzuwenden,** wenn der Anspruchsberechtigte im Fall der Herstellung **vor dem 1. 1. 2006** mit der Herstellung des Objekts begonnen oder im Fall der Anschaffung die Wohnung aufgrund eines vor diesem Zeitpunkt rechtswirksam abgeschlossenen obligatorischen Vertrags oder gleichstehenden Rechtsakts angeschafft oder vor diesem Zeitpunkt einer Genossenschaft beigetreten ist (§ 19 Abs. 9 EigZulG i. d. F. des Gesetzes zur Abschaffung der Eigenheimzulage vom 22. 12. 2005).[1487] 981

Anhang. Elterngeld

A. Allgemeiner Überblick

Nach dem neuen **Gesetz zum Elterngeld und zur Elternzeit (Bundeselterngeld- und Elternzeitgesetz, BEEG)**[1488] haben Eltern, deren Kinder **ab dem 1. 1. 2007 geboren** werden, grundsätzlich Anspruch auf **Elterngeld,** wenn die im BEEG im Einzelnen 982

[1483b] I. d. F. d. Gesetzes zur Anspruchsberechtigung von Ausländern wegen Kindergeld, Erziehungsgeld und Unterhaltsvorschuss v. 13. 12. 2006, BGBl I 2006, 2915.

[1484] Zu weitern Einzelheiten zum Kindergeld s. die Erläuterungen bei *Blümich/Heuermann* zu §§ 62 ff.; zum Kindergeld für Ausländer s. BFH III R 67/98 v. 23. 2. 2006, BStBl II 2006, 465: Beitrittsaufforderung an BMF.

[1485] Zu den Einzelheiten s. Erläuterungen zum EigZulG bei *Blümich/Erhard.*

[1486] Bei der Eigenheimzulage handelte es sich um eine steuerliche Regelung.

[1487] BGBl I 2005, 3683, BStBl I 2006, 78. S. auch § 62 Abs. 2 EStG n. F. (Fn. 1483 b).

[1488] Das Gesetz wurde am 29. 9. 2006 vom Deutschen Bundestag aufgrund der Beschlussempfehlung des Familienausschusses (BT-Drs. 16/2785; Gesetzentwurf in BT-Drs. 16/1889) verabschiedet. Es wird am 3. 11. 2006 im Bundesratsplenum beraten (BR-Drs. 698/06) und am 1. 1. 2007 in Kraft treten. Zur Begründung des Gesetzes s. auch BR-Drs. 426/06.

aufgeführten Voraussetzungen erfüllt sind. Das Elterngeld ist eine **Sozialleistung** und **nicht** – wie etwa das Kindergeld gemäß §§ 62ff. EStG – Bestandteil des steuerlichen Familienleistungsausgleichs und als solcher vorrangig eine **Steuervergünstigung.**[1489]

983 Welchen Beruf die Eltern ausüben, ist unerheblich. Die Mehrzahl der Personen, die Anspruch auf Elterngeld haben, werden allerdings Arbeitnehmerinnen und Arbeitnehmer und damit nichtselbständig tätig sein. Für sie ist neben dem Elterngeld auch die Regelung zur sog. **Elternzeit** (Verringerung der Arbeitszeit; §§ 15ff. BEEG) von erheblicher Bedeutung. Die vorliegende Arbeit beschränkt sich jedoch im Wesentlichen auf die für selbständig Tätige bedeutsamen Regelungen zum Elterngeld.[1490]

984 Der Bezug von Elterngeld eröffnet in einer **zwölfmonatigen Kernzeit** und den zusätzlichen **zwei Partnermonaten,** die als Bonus für einen aktiven Beitrag des anderen Elternteils zur Kindererziehung gewährt werden, einen finanziellen Schonraum für Familien mit Neugeborenen. Das Elterngeld zielt darauf ab, Familien dauerhaft zu stärken und Lebensentwürfe mit Kindern verwirklichen zu können.

985 Das Elterngeld ist **steuerfrei** (§ 3 Nr. 67 EStG). Es wird jedoch im Rahmen des Progressionsvorbehaltes gemäß § 32b Abs. 1 Nr. 1 Buchst. j EStG[1491] berücksichtigt.

986 Die Regelungen im Einzelnen sind – um der Vielgestaltigkeit der Lebensverhältnisse und der familiären Lebenssituationen möglichst umfassend Rechnung tragen zu können – teilweise sehr kompliziert und werden bei der praktischen Anwendung voraussichtlich zu einer Vielzahl von Meinungsunterschieden bei der Auslegung und damit auch zu häufigen Rechtsstreitigkeiten führen. Beim Elterngeld zeigt sich einmal mehr, dass das Bestreben, der Einzelfallgerechtigkeit möglichst nahe zu kommen, einerseits und ein eindeutiges, einfach anzuwendendes Recht andererseits sich kaum miteinander vereinbaren lassen. Mit dem Elterngeld wird zudem, insbesondere wegen vieler sehr ins Detail gehender Regelungen, die eingehende Ausführungsbestimmungen erfordern, ein erheblicher Verwaltungsaufwand verbunden sein.

B. Die Regelung im Einzelnen

I. Anspruchsberechtigung

1. Regelfall

987 Voraussetzung ist zunächst ein **Wohnsitz** oder gewöhnlicher Aufenthalt in Deutschland (§ 1 Abs. 1 Nr. 1 BEEG). Da das Elterngeld eine Familienleistung i. S. der Verordnung (EWG) Nr. 1408/71 ist, ist das BEEG auch auf sog. **Grenzgänger** anzuwenden.

988 Auch ohne, dass die Voraussetzungen des § 1 Abs. 1 Nr. 1 BEEG erfüllt sind, hat derjenige einen Anspruch auf Elterngeld, der als Deutscher z. B. wegen einer **Entsendung ins Ausland** durch seinen Arbeitgeber oder Dienstherrn, wegen einer Tätigkeit als **Entwicklungshelfer(in)** oder wegen einer Tätigkeit bei einer **internationalen Organisation**[1492] vorübergehend weder einen Wohnsitz noch einen gewöhnlichen Aufenthalt im Inland hat (§ 1 Abs. 2 Satz 1 BEEG). Das Gleiche gilt für die mit dem Entsandten in einem Haushalt lebenden Ehegatten, Ehegattinnen, Lebenspartner und Lebenspartnerinnen.

[1489] Zum Rechtscharakter des Kindergeldes s. *Blümich/Heuermann* § 62 EStG Rz. 1ff., 11.

[1490] Zur Elternzeit wird auf die einschlägigen Erläuterungen zum BEEG verwiesen.

[1491] I. d. F. des BEEG.

[1492] Hinzu kommt noch eine Abwesenheit aufgrund einer gemäß § 123a Beamtenrechtsrahmengesetz zugewiesenen Tätigkeit bei einer öffentlichen Einrichtung im Ausland.

Anspruch auf Elterngeld hat ferner nur derjenige, der mit seinem Kind **in einem Haushalt lebt** (§ 1 Abs. 1 Nr. 2 BEEG). Dies sind vorrangig die Eltern. 989

Weitere Voraussetzung ist, dass der Elternteil das **Kind selbst betreut** und erzieht (§ 1 Abs. 1 Nr. 3 BEEG). 990

Der Elternteil darf schließlich keine oder **keine** volle **Erwerbstätigkeit** ausüben (§ 1 Abs. 1 Nr. 4 BEEG). Er muss damit eine vor der Geburt ausgeübte Erwerbstätigkeit einschränken oder vollständig aufgeben. Ratio legis dabei ist, dass mit dem Elterngeld nur Eltern bei der Sicherung ihrer Lebensgrundlage unterstützt werden sollen, die sich im ersten Lebensjahr des Neugeborenen vorrangig der Betreuung ihres Kindes widmen. 991

2. *Sonderfälle*

a) *Noch* nicht mit dem Kind verwandte Personen. § 1 Abs. 3 BEEG sieht einen Anspruch auf Elterngeld auch für im Rechtssinne (noch) nicht mit dem Kind verwandte Personen vor. Anspruchsberechtigt ist danach auch, wer 992

- Mit einem Kind in einem Haushalt lebt, das er mit dem Ziel der Annahme als Kind aufgenommen hat (Nr. 1);
- Ein Kind des Ehegatten, der Ehegattin, des Lebenspartners oder der Lebenspartnerin in seinen Haushalt aufgenommen hat (Nr. 2), oder
- Mit einem Kind im Haushalt lebt und die von ihm erklärte Anerkennung der Vaterschaft gemäß § 1594 Abs. 2 BGB noch nicht wirksam oder über die von ihm beantragte Vaterschaftsfeststellung gemäß § 1600d BGB noch nicht entschieden ist (Nr. 3).[1493]

Die Nummern 1 und 2 machen eine rechtlich verfestigte Familienbeziehung zum Maßstab. Partner und Partnerinnen einer **eheähnlichen Lebensgemeinschaft** werden nicht erfasst; soweit eine eheähnliche Lebensgemeinschaft der Eltern des Kindes besteht, haben beide Elternteile grundsätzlich einen Anspruch gemäß § 1 Abs. 1 Nr. 2 BEEG. 993

b) Verwandte bis dritten Grades. An Stelle der Eltern können ausnahmsweise Verwandte bis dritten Grades und ihre Ehegatten, Ehegattinnen (z. B. Großeltern, Urgroßeltern oder Tanten und Onkel), ferner auch Lebenspartner oder Lebenspartnerinnen einen Anspruch auf Bezug des Elterngeldes haben. Voraussetzung ist, dass die Eltern wegen einer schweren Krankheit oder Schwerbehinderung ihre Kinder in den ersten 14 Lebensmonaten nicht selbst betreuen können (§ 1 Abs. 4 BEEG). Weitere Voraussetzung ist, dass das Elterngeld nicht von anderen Elterngeldberechtigten (Eltern, Stiefeltern, Personen, die die Kinder in Adoptionspflege genommen haben) beansprucht wird. 994

3. *Vorübergehende Nichtaufnahme oder Unterbrechung der Kindesbetreuung*

Der Elterngeldanspruch besteht auch dann, wenn das Kind *vorübergehend* wegen eines von der berechtigten Person nicht zu vertretenden wichtigen Grundes, z. B. wegen eines vorübergehenden Krankenhausaufenthaltes, von dieser Person nicht betreut werden kann, sei es dass die Betreuung nicht sofort aufgenommen werden kann, sei es, dass sie unterbrochen werden muss (§ 1 Abs. 5 BEEG). 995

4. *Umfang der Erwerbstätigkeit*

Der Elterngeldanspruch setzt gemäß § 1 Abs. 1 Nr. 4 BEEG voraus, dass der Berechtigte keine oder zumindest **keine volle Erwerbstätigkeit** ausübt. Wann eine reduzierte Erwerbstätigkeit vorliegt, ist im Einzelnen in Abs. 6 des § 1 BEEG geregelt. Danach ist 996

[1493] Diese Regelung wurde im Hinblick auf die vielfach sehr lange Dauer der Verfahren zur Feststellung der Vaterschaft geschaffen.

eine Person nicht voll erwerbstätig, wenn ihre wöchentliche Arbeitszeit Wochenstunden im Monatsdurchschnitt nicht übersteigt, sie eine Beschäftigung zur Berufsausbildung ausübt oder sie eine geeignete Tagespflegeperson i. S. d. § 23 SGB VIII ist und nicht mehr als fünf Kinder in Tagespflege betreut.

5. Anspruchsberechtigung ausländischer Eltern

997 Elterngeld ist eine Familienleistung i. S. der Verordnung (EWG) Nr. 1408/71.[1494] Deshalb bedurfte es lediglich einer Regelung für nicht freizügigkeitsberechtigte Ausländer(innen).

998 Anspruchsberechtigt sind nur solche Ausländer(innen), die eine Niederlassungserlaubnis oder eine von mehreren qualifizierten Aufenthaltserlaubnissen besitzt (§ 1 Abs. 7 Nr. 2 BEEG). Es genügt aber auch der Besitz einer anderen, nicht qualifizierten Aufenthaltserlaubnis. Weitere Voraussetzung ist jedoch in einem solchen Fall, dass sich der (die) betreffende Ausländer(in) sich entweder seit mindestens fünf Jahren rechtmäßig, gestattet oder geduldet im Bundesgebiet aufhält (§ 1 Abs. 7 Nr. 3 BEEG) *und* berechtigt erwerbstätig ist, laufende Geldleistungen nach dem SGB III bezieht oder Elternzeit (§ 15 BEEG) in Anspruch nimmt.

II. Höhe des Elterngeldes

1. Grundregelung

999 Das Elterngeld wird in Höhe von **67 v. H.** des in den 12 Kalendermonaten vor dem Monat der Geburt des Kindes durchschnittlich erzielten Einkommens aus Erwerbstätigkeit gezahlt, und zwar bis zu einem **Höchstbetrag von 1800 € monatlich** für volle Monate, in denen die berechtigte Person kein Einkommen aus Erwerbstätigkeit erzielt (§ 2 Abs. 1 Satz 1 BEEG). Der Höchstbetrag wird erreicht, wenn das Nettoeinkommen des berechtigten Elternteils vor der Geburt 2700 € betragen hat.

1000 War das durchschnittlich erzielte monatliche Einkommen aus Erwerbstätigkeit **geringer als 1000 €,** erhöht sich der v. H.-Satz von 67 v. H. um 0,1 Prozentpunkte für je zwei Euro, um die das maßgebliche Einkommen den Betrag von 1000 € unterschreitet, auf bis zu 100 v. H. (§ 2 Abs. 2 BEEG).

1001 Wurde vor der Geburt kein Arbeitsentgelt, sondern **Mutterschaftsgeld** bezogen, sind die letzten 12 Monate vor Bezug des Mutterschaftsgeldes für die Berechnung der Höhe des Elterngeldes maßgebend (§ 2 Abs. 1 Satz 2 BEEG).

1002 Wie sehr der Gesetzgeber bestrebt ist, auch bei der Ermittlung des erzielten Erwerbseinkommens die Lebensumstände in Zusammenhang mit der Geburt eines Kindes möglichst umfassend zu berücksichtigen, zeigt § 2 Abs. 1 Satz 3 BEEG, der eingehend regelt, wie zugunsten der Kindesmutter zu verfahren ist, wenn diese während der Schwangerschaft schwangerschaftsbedingt erkrankt.

2. Zuschuss

1003 Damit denjenigen Elternteile, insbesondere Mütter, die bereits ein oder mehrere Kinder haben, und die nach deren Geburt vielfach Einkommenseinschränkungen hinzunehmen hatten, nicht aus diesem Grund ein zu niedriges Elterngeld erhalten, gewährt § 2 Abs. 4 BEEG einen **Zuschlag** zu dem Elterngeld, das sie sonst bezogen hätten. Dazu enthält die

[1494] S. Kap. 7; s. dazu Beck'sche Gesetze Digital VO (EWG) Nr. 1408/71.

Vorschrift eine ins Einzelne gehende, sehr komplizierte und von Perfektionismus geprägte Regelung. Sie differenziert u. a. nach den Zeiträumen, die zwischen den einzelnen Geburten liegen, und sieht eine Schattenberechnung vor.

3. Mindesthöhe des Elterngeldes

Gemäß § 2 Abs. 5 BEEG wird Elterngeld **mindestens** in Höhe von **300 €** gezahlt. 1004
Dies betrifft Personen, die vor der Geburt des Kindes nicht erwerbstätig waren und die sich vorrangig um die Betreuung des Kindes kümmern, für die sich aber nach den Regelungen in den Absätzen 1 bis 3 des § 2 BEEG kein Elterngeld ergibt. Es gilt außerdem insbesondere für zwar vor der Geburt des Kindes erwerbstätige Berechtigte, denen aber wegen ihres geringen vorgeburtlichen Einkommens lediglich ein geringes Elterngeld zustehen würde. Neben dem Mindestbetrag von 300 € wird ein Elterngeld gemäß den Absätzen 1 bis 3 des § 2 BEEG nicht gezahlt (§ 2 Abs. 5 Satz 3 BEEG).

Bei **Mehrlingsgeburten** erhöht sich das gemäß § 2 Abs. 1 bis 5 BEEG zustehende El- 1005
terngeld um je 300 € für das zweite und jedes weitere Kind.

4. Einkommen aus Erwerbstätigkeit

§ 2 Abs. 1 Satz 2 BEEG enthält eine Bestimmung des Begriffs **„Einkommen aus Er-** 1006
werbstätigkeit". Unter diesem Begriff sind Einnahmen in Geld oder Geldeswert aus Land- und Forstwirtschaft (vgl. § 13 EStG), Gewerbebetrieb (vgl. § 15 EStG), selbständiger Arbeit (vgl. § 18 EStG) und nichtselbständiger Art (vgl. § 19 EStG) zu verstehen. Die Einnahmen aus Erwerbstätigkeit sind jedoch nicht nach Maßgabe der einkommensteuerrechtlichen Vorschriften, sondern nach den Regelungen des Sozialrechts (SGB II).

Das Bundesministerium für Familie, Senioren, Frauen und Jugend ist gemäß § 12 Abs. 3 1007
BEEG ermächtigt, im Einvernehmen mit dem BMF und ohne Zustimmung des Bundesrates durch Rechtsverordnung zu bestimmen, wie das gemäß § 2 Abs. 7 BEEG zu berücksichtigende Einkommen aus Erwerbstätigkeit im Einzelnen zu berechnen ist und welche Pauschbeträge für die vom Einkommen aus Erwerbstätigkeit abzusetzenden Beträge zu berücksichtigen sind. Bis zum Erlass dieser kann das Einkommen unter entsprechender Anwendung der Arbeitslosengeld II/Sozialgeld-Verordnung ermittelt werden.

Nicht zu berücksichtigen sind **einmalige Einnahmen** (§ 2 Abs. 7 Satz 3 BEEG). Ob 1008
dazu beispielsweise Weihnachtsgeld, Urlaubsgeld, Prämien und Erfolgsbeteiligungen rechnen, dürfte zumindest fraglich sein. Der Zweck des Elterngeldes steht der Einbeziehung derartiger Einnahmen in das Einkommen aus Erwerbstätigkeit nicht notwendigerweise entgegen.

Von den Einnahmen **abzusetzen** sind die in § 11 Abs. 2 Satz 1 Nr. 1, 2 und 5 SGB II 1009
genannten Beiträge, soweit sie auf das zu berücksichtigende Einkommen aus Erwerbstätigkeit entfallen. Dazu rechnen z. B. Pflichtbeiträge zur Sozialversicherung, Krankenversicherungspämien, Altersvorsorgebeiträge gemäß § 82 EStG und die auf das Einkommen entrichteten Steuern.

III. Anrechnung von anderen Leistungen

1. Mutterschaftsgeld

Bezieht eine Mutter als Anspruchsberechtigte **Mutterschaftsgeld,** wird dieses, soweit 1010
es der Mutter ab dem Tag der Geburt zusteht, auf das Elterngeld angerechnet, ggf. zeitan-

teilig (§ 3 Abs. 1 BEEG). Das Gleiche gilt für den Zuschuss zum Mutterschaftsgeld gemäß § 14 MuSchG.[1495]

1011 Ausgenommen von der Anrechnung ist das Mutterschaftsgeld gemäß § 13 Abs. 2 MuSchG.

2. *Entgeltersatzleistungen*

1012 Absatz 2 des § 3 BEEG betrifft das Verhältnis von Elterngeld zu **Entgeltersatzleistungen,** die nicht im Zusammenhang mit der Geburt des Kindes stehen. So sind Leistungen auf das Elterngeld anzurechnen, die eine berechtigte Person, die vor der Geburt des Kindes Erwerbseinkommen bezogen hat, nach und unabhängig von der Geburt erhält und die dem Ausgleich des wegfallenden Einkommens dienen, z. B. Krankengeld.

1013 Angerechnet wird die andere Leistung jedoch nur auf den 300 € übersteigenden Betrag des Elterngeldes. Bei Mehrlingsgeburten wird der anrechnungsfreie Grundbetrag der anderen Leistung entsprechend der Zahl der geborenen Kinder vervielfacht.

1014 Werden im **Ausland** dem Elterngeld vergleichbare Leistungen bezogen, werden sie ebenso wie die Leistungen gemäß § 3 Abs. 1 BEEG auf das Elterngeld angerechnet (§ 3 Abs. 3 BEEG). Dies gilt nur soweit keine vorrangigen Kollisionsnormen anzuwenden sind.[1496] Der Berechtigte muss eine ihm zustehende vergleichbare ausländische Leistung allerdings vorrangig in Anspruch nehmen (§ 3 Abs. 3 Satz 3 BEEG).[1497]

1015 Keine Entgeltersatzleistung ist das **Kindergeld** i. S. d. §§ 62ff. EStG. Es hat damit auf die Höhe des Elterngeldes keinen Einfluss.

IV. Bezugszeitraum

1. *Beginn und Dauer des Bezugs*

1016 Elterngeld kann – beginnend mit dem Tag der Geburt – nur im Laufe der **ersten 14 Lebensmonate** des Kindes bezogen werden (§ 4 Abs. 1 Satz 1 BEEG).

1017 Etwas Anderes gilt nur in Fällen einer späteren Aufnahme des Kindes in den Haushalt (§ 4 Abs. 1 Satz 2 i. V. m. § 1 Abs. 3 Nr. 1 BEEG). Hier wird Elterngeld ab Beginn der Aufnahme gezahlt, längstens jedoch bis zur Vollendung des achten Lebensjahres des Kindes.

2. *Monatliche Leistung*

1018 Das Elterngeld wird in **Monatsbeträgen** für Lebensmonate des Kindes gezahlt. Grundsätzlich besteht ein Anspruch auf **12 Monate.** Voraussetzung ist, dass während dieser Zeit (mindestens) ein Elternteil keine oder keine volle Erwerbstätigkeit ausübt.

1019 Anspruch auf **zwei weitere Monatsbeträge** besteht nur dann, wenn für zwei Monate eine vor der Geburt des Kindes ausgeübte Erwerbstätigkeit unterbrochen oder eingeschränkt wird und sich ein Anspruch gemäß § 2 Abs. 1 bis 3 BEEG auf Ersatz des dadurch weggefallenen Erwerbseinkommen ergibt. Es kommt dabei nicht darauf an, welcher Elternteil wann und in welchem Umfang innerhalb des möglichen Leistungszeitraums von 14 Monaten diese Voraussetzung erfüllt, sondern nur darauf, dass sie erfüllt

---

[1495] Sowie für bestimmte Dienstbezüge.

[1496] Z. B. Verordnung (EWG) Nr. 1408/71 und Verordnung (EWG) Nr. 574/72; s. dazu Beck'sche Gesetze Digital.

[1497] Europarechtlich zweifelhaft.

wird.[1498] Das Erfüllen dieser Voraussetzungen lässt sich naturgemäß von nichtselbständig Tätigen leichter nachweisen als von selbständig Tätigen, z. B. von **Künstlern,** die in gleicher Weise Anspruch auf zwei weitere Monatsbeträge haben.

Die Eltern können die 12 oder 14 Monatsbeträge, die sie beanspruchen können, 1020
nach Aufteilung untereinander nicht nur nacheinander, sondern auch gleichzeitig in Anspruch nehmen mit der Folge, dass insoweit ein doppelter Verbrauch von Monatsbeträgen vorliegt und der Bezugszeitraum entsprechend verkürzt wird (§ 4 Abs. 2 Satz 4 BEEG).

Insgesamt kann ein Elternteil grundsätzlich längstens für 12 Monate, nicht für 14 Mo- 1021
nate Elterngeld beziehen (§ 4 Abs. 3 BEEG). Eine Ausnahme besteht in den Fällen, in denen eine vor der Geburt des Kindes erwerbstätige Person ihre Erwerbstätigkeit während des Bezugs des Elterngeldes eingeschränkt hat und die Betreuung durch den anderen Elternteil unmöglich ist,[1499] oder wenn damit eine Gefährdung des Kindeswohls verbunden wäre (§ 4 Abs. 3 Satz 3 BEEG). Das Gleiche gilt darüber hinaus auch dann, wenn dem betreuenden Elternteil die elterliche Sorge zusteht oder zumindest das Aufenthaltsbestimmungsrecht allein zusteht oder er eine einstweilige Anordnung erwirkt hat, mit der ihm die elterliche Sorge oder zumindest das Aufenthaltsbestimmungsrecht für das Kind vorläufig übertragen worden ist. (§ 4 Abs. 3 Satz 3 BEEG). Voraussetzung ist in diesen Fällen, dass sowohl die Elternhaushalte getrennt sind und dass auch das Kind nicht mit dem anderen Elternteil in einer Wohnung lebt (§ 4 Abs. 3 Satz 4 BEEG).

3. Zeitpunkt der Beendigung des Anspruchs auf Elterngeld

Der **Anspruch** auf Elterngeld **endet** mit dem Ablauf des Monats, in dem eine An- 1022
spruchsvoraussetzung entfallen ist (§ 4 Abs. 4 BEEG).

4. Entsprechende Anwendung auf weitere Berechtigte

Die Regelungen des § 4 Abs. 1 bis 3 über den Bezugszeitraum gelten nicht nur für El- 1023
ternteile, sondern entsprechend auch für Berechtigte i. S. d. § 1 Abs. 3 und 4 BEEG.[1500] Nicht sorgeberechtigte Elternteile und Personen, die gemäß § 1 Abs. 3 Nr. 2 und 3 BEEG Elterngeld beziehen können, bedürfen allerdings der Zustimmung des sorgeberechtigten Elternteils (§ 4 Abs. 5 BEEG).

V. Rechtslage bei Konkurrenz von Ansprüchen

1. Einvernehmliche Bestimmung beider Elternteile

Erfüllen beide Elternteile die Voraussetzungen für die Inanspruchnahme des Elterngel- 1024
des, haben sie darüber zu bestimmen, wer von ihnen welche Monatsbeträge in Anspruch nimmt (§ 5 Abs. 1 Satz 1 BEEG). Ihre im Antrag auf Gewährung von Elterngeld[1501] getroffene Entscheidung ist grundsätzlich verbindlich. Eine Ausnahme besteht – einmalig – bis zum Ende des Bezugszeitraums in Fällen besonderer Härte, wie z. B. bei Eintritt einer

---

[1498] Ist z. B. nur ein Elternteil vor der Geburt erwerbstätig gewesen, besteht nur dann ein Anspruch auf Elterngeld für die Dauer von insgesamt für 14 Monaten, wenn dieser Elternteil mindestens zwei Monate seine Erwerbstätigkeit zumindest einschränkt.

[1499] Etwa wegen schwerer Erkrankung, Schwerbehinderung oder Tod.

[1500] S. dazu Rz. 992 ff.

[1501] S. dazu Rz. 1031.

schweren Krankheit, Schwerbehinderung, Tod eines Elternteils oder eines Kindes sowie bei erheblich gefährdeter wirtschaftlicher Existenz der Eltern nach Antragstellung (§ 5 Abs. 1 Sätze 2 und 3 BEEG).

2. Aufteilung des Elterngeldes bei fehlender einvernehmlicher Bestimmung

1025 Erzielen beide Elternteile kein Einvernehmen darüber, wie das Elterngeld zuzuordnen ist, und beanspruchen sie beide mehr als die ihnen zustehenden 12 oder 14 Monatsbeträge Elterngeld, so ist zu unterscheiden, ob einer der Elternteile höchstens die Hälfte der Monatsbeträge beansprucht, oder ob beide Elterngeld für mehr als die Hälfte der Monate beanspruchen.

1026 Im ersten Fall bleibt der Anspruch ungekürzt, im zweiten steht den Elternteilen jeweils die Hälfte der Monatsbeträge zu (§ 5 Abs. 2 BEEG). Auf diese Weise wird sichergestellt, dass das Elterngeld auch in Streitfällen von Anfang an gezahlt werden kann.

3. Entsprechende Anwendung der Aufteilungsregelungen; Alleiniges Sorgerecht

1027 Die für Elternteile geltenden Regelungen des § 5 Abs. 1 und 2 BEEG gelten entsprechend auch für Berechtigte i. S. d. § 1 Abs. 3 und 4 BEEG (§ 5 Abs. 3 Satz 1 BEEG).

1028 Satz 2 des § 5 Abs. 3 BEEG stellt darüber hinaus sicher, dass ein Elternteil, der das alleinige Sorgerecht hat, für die Inanspruchnahme von 12 Monaten Elterngeld nicht der Zustimmung eines anderen Berechtigten bedarf. Dieser Andere kann allerdings seinerseits nur mit Zustimmung des Sorgeberechtigten Elterngeld beziehen.

VI. Auszahlung; Verlängerungsmöglichkeit

1029 Das Elterngeld wird im Laufe des Lebensmonats des Kindes gezahlt, für den es bestimmt ist, nicht notwendigerweise stets zu Beginn des jeweiligen Lebensmonats (§ 6 Satz 1 BEEG).

1030 Die Berechtigten haben jedoch die Möglichkeit, den Auszahlungszeitraum zu verlängern. Sie können einen bis zu 28 Monaten langen Ausgleich zumindest von Teilen ihrer Einschränkungen erhalten. Dazu wird der pro Monat zustehende Betrag halbiert (§ 6 Satz 2 BEEG). Die zweite Hälfte der jeweiligen Monatsbeträge wird beginnend mit dem Monat gezahlt, der auf den letzten Monat folgt, für den der berechtigten Person ein Monatsbetrag der ersten Hälfte gezahlt wurde (§ 6 Satz 3 BEEG).

VII. Antrag; Rückwirkende Zahlung

1031 Das Elterngeld wird nur auf **schriftlichen Antrag** gewährt. **Rückwirkend** wird es nur für die letzten drei Monate vor Beginn des Monats geleistet, in dem der Antrag auf Elterngeld bei der zuständigen Behörde[1502] eingegangen ist (§ 7 Abs. 1 BEEG). **Zuständig** sind die Behörden, die von den einzelnen Landesregierungen oder von den von ihnen beauftragten Stellen bestimmt sind (§ 12 Abs. 1 BEEG).

1032 In dem Antrag ist anzugeben, für welche Monate Elterngeld beantragt wird. Der Antrag ist von der Person, die ihn stellt und der anderen berechtigten Person zu **unterschreiben.** Dieser zusätzlichen Unterschrift bedarf es (nur) nicht in den Fällen, in denen eine Person

---

[1502] S. dazu Rz. 1031.

unter den Voraussetzungen des § 4 Abs. 3 Sätze 3 und 4 BEEG[1503] oder eine allein sorgeberechtigte Person den Antrag stellt.

1033 Die andere berechtigte Person kann ihrerseits durch einen schriftlichen Antrag oder eine Anzeige bei der zuständigen Behörde ihren Anspruch auf Elterngeld geltend machen (§ 7 Abs. 2 Satz 3 BEEG). Macht sie von dieser Möglichkeit eines Antrags oder einer Anzeige nicht Gebrauch, erhält der antragstellende Elternteil die Monatsbeträge ausgezahlt. In diesem Fall kann die andere berechtigte Person bei einem späteren Antrag nur für die verbleibenden Monate Elterngeld beanspruchen (§ 7 Abs. 3 Satz 4 BEEG).

VIII. Weitere verfahrensrechtliche Bestimmungen

1. Nachweispflicht

1034 Kann der Berechtigte in seinem Antrag nur Angaben zum voraussichtlichen Einkommen aus Erwerbstätigkeit machen, hat er nach Ablauf des Bezugszeitraums das in dieser Zeit tatsächlich erzielte Einkommen aus Erwerbstätigkeit nachzuweisen (§ 8 Abs. 1 BEEG).

1035 Hatte der Berechtigte kein solches Einkommen, so genügt die entsprechende Erklärung.

1036 Das BEEG enthält in Bezug auf Arbeitnehmerinnen und Arbeitnehmer eigene Auskunfts- und Nachweispflichten des **Arbeitgebers.** Insoweit wird auf § 9 des Gesetzes verwiesen.

2. Vorbehalt des Widerrufs; Vorläufige Zahlung

1037 Das Elterngeld wird unter dem **Vorbehalt des Widerrufs** gezahlt, wenn nach den Angaben im Antrag im Bezugszeitraum voraussichtlich kein Einkommen aus Erwerbstätigkeit erzielt wird (§ 8 Abs. 2 BEEG).

1038 Kann das für die Berechnung des Elterngeldes maßgebliche Einkommen nicht zuverlässig ermittelt werden, kann die Zahlung **vorläufig** auf der Grundlage des glaubhaft gemachten Einkommens aus Erwerbstätigkeit vorgenommen werden (§ 8 Abs. 3 BEEG). Dies gilt vornehmlich für freiberufliche Tätige, wie z. B. Künstler.

3. Bußgeld

1039 Das BEEG enthält in § 14 Bußgeldregelungen. Danach kann in den in Abs. 1 Nr. 1 bis 4 aufgeführten Tatbeständen, z. B. vorsätzlich oder fahrlässig unrichtige oder nicht vollständige Angaben, eine Ordnungswidrigkeit begehen, die mit einer Geldbuße von bis zu 2000 € geahndet werden kann.

4. Rechtsweg

1040 Bei Streitigkeiten in Angelegenheiten der §§ 1 bis 12 BEEG sind die Gerichte der **Sozialgerichtsbarkeit** zuständig (§ 13 Abs. 1 BEEG).

1041 Widerspruch und Anfechtungsklage haben keine aufschiebende Wirkung.

IX. Verhältnis zu anderen Sozialleistungen; Unterhaltsrecht

1042 Das Elterngeld und vergleichbare Leistungen der Länder bleiben bis zu einer Höhe von 300 € im Monat bei der Berechnung anderer einkommensabhängiger Leistungen unberücksichtigt (§ 10 Abs. 1 BEEG). Bei Mehrlingsgeburten erhöht sich dieser Betrag mit der Zahl der geborenen Kinder (§ 10 Abs. 4 BEEG).

[1503] S. dazu Rz. 1021.

1043 Im Rahmen des **Unterhaltsrechts** wird das Elterngeld regelmäßig bis zum Betrag von 300 € nicht als Einkommen berücksichtigt (§ 11 Satz 1 BEEG). Zu Ausnahmen s. § 11 Sätze 2, 4 BEEG).

1044 Bei Mehrlingsgeburten wird der Grundbetrag entsprechend vervielfacht.

2. Abschnitt. Besteuerung der freiberuflich tätigen, im Ausland ansässigen Künstler und Künstlerinnen

A. Einkommensteuer

Schrifttumsverzeichnis und Verwaltungsanweisungen: siehe Schrifttumsverzeichnis zum 5. Teil (Steuerrecht)

I. Rechtsgrundlagen für die Besteuerung der Einkünfte eines (einer) künstlerisch tätigen beschränkt Steuerpflichtigen nach dem Einkommensteuergesetz

1045 *1. Die beschränkte Einkommensteuerpflicht*

1046 Die beschränkte Einkommensteuerpflicht der §§ 49ff. EStG greift ein, wenn im Ausland ansässige Kunstschaffende im Rahmen ihrer Arbeiten wirtschaftlich mit der Bundesrepublik verbunden sind, sei es, dass sie hier ein Atelier unterhalten oder sei es etwa dadurch, dass sie hier ihre Arbeiten verwerten. Mit der weiter zunehmenden **Internationalisierung des Kunstmarkts** werden die Fälle, in denen die beschränkte Steuerpflicht eingreift, zahlenmäßig zunehmen.

1047 **a) Allgemeine Grundsätze. Beschränkt steuerpflichtig** sind gemäß **§ 1 Abs. 4 EStG** natürliche Personen, die im Inland[1504] weder einen Wohnsitz (§ 8 AO) noch ihren gewöhnlichen Aufenthalt (§ 9 AO) haben und weder erweitert unbeschränkt steuerpflichtig (§ 1 Abs. 2 EStG),[1505] noch fiktiv unbeschränkt steuerpflichtig (§ 1 Abs. 3, § 1 a EStG)[1506] sind, wenn sie **inländische Einkünfte i. S. d. § 49 EStG** haben. § 1 Abs. 1 bis 3 EStG einerseits und § 1 Abs. 4 EStG anderseits schließen sich gegenseitig aus.

1048 Im Unterschied zur *un*beschränkten Steuerpflicht erfasst die beschränkte Steuerpflicht nicht das sog. Welteinkommen des Steuerpflichtigen, sondern nur solche Einkünfte, die einen wirtschaftlichen Anknüpfungspunkt zum deutschen Inland haben, z. B. aufgrund der inländischen Belegenheit, des inländischen Arbeits- oder Verwertungsortes sowie der inländischen Betriebsstätte.

1049 Unterschiede zur unbeschränkten Steuerpflicht ergeben sich insbesondere aus dem Grundsatz der sog. **Bruttobesteuerung.**[1507] Die auf die inländischen, gemäß § 49 EStG

[1504] Zum Begriff des Inlands s. § 1 Abs. 1 Satz 2 EStG und *Blümich/Ebling* § 1 EStG Rz. 171 ff.

[1505] S. *Blümich/Ebling* § 1 EStG Rz. 230 ff.

[1506] S. *Blümich/Ebling* § 1 EStG Rz. 270 ff.; *Blümich/Vogt* § 1 a EStG Rz. 30 ff.

[1507] Zu den sich aufgrund der Bruttobesteuerung in einzelnen Staaten ergebenden Steueraufkommen s. die Übersicht bei *Molenaar/Grams* IStR 2005, 762.

beschränkt steuerpflichtigen Einkünfte werden ohne Durchführung einer Einkommensteuerveranlagung (§ 25 EStG) im Wege des **Steuerabzugs** einbehalten.[1508] Die persönlichen und familienbezogenen Verhältnisse des Steuerpflichtigen (z.B. Sonderausgaben, Freibeträge) bleiben weitgehend außer Betracht. Diese Problematik hat sich zwar aufgrund der als Folge der EuGH-Rechtsprechung[1509] vorgenommenen Rechtsänderungen entschärft,[1510] sie ist jedoch noch keineswegs beseitigt.[1511]

b) Beginn und Ende der beschränkten Einkommensteuerpflicht. Die be- 1050
schränkte Einkommensteuerpflicht einer natürlichen Person **beginnt** mit dem erstmaligen Bezug von Einkünften i.S.d. § 49 EStG durch einen Steuerausländer oder – bei vorheriger unbeschränkter Steuerpflicht – mit dem Wegfall der für die unbeschränkte Steuerpflicht maßgebenden Voraussetzungen, insbesondere Aufgabe des inländischen Wohnsitzes oder des gewöhnlichen Aufenthaltes, bei fortdauerndem Bezug von – nunmehr gemäß § 49 EStG steuerbaren – Inlandseinkünften.

Mit dem Wegfall der Voraussetzungen des § 1 Abs. 4 EStG, d.h. mit der (Wieder-)Be- 1051
gründung eines inländischen Wohnsitzes oder gewöhnlichen Aufenthaltes, mit dem Tod oder mit dem Zeitpunkt, zu dem inländische Einkünfte i.S.d. § 49 EStG letztmals bezogen werden, **endet** die beschränkte Einkommensteuerpflicht.

**c) Veranlagung bei nacheinander bestehender unbeschränkter und beschränk- 1052
ter Einkommensteuerpflicht innerhalb eines Kalenderjahres.** Besteht während eines Kalenderjahres sowohl unbeschränkte als auch beschränkte Einkommensteuerpflicht, so sind gem. § 2 Abs. 7 EStG die während der Dauer der beschränkten Einkommensteuerpflicht erzielten inländischen Einkünfte in eine Veranlagung einzubeziehen, für die die Regelungen der unbeschränkten Einkommensteuerpflicht gelten.[1512] Dabei hat der Steuerpflichtige Anspruch auf die ihm nach seinen persönlichen Verhältnissen zustehenden Jahresfreibeträge und Abzüge ohne Abgeltungswirkung gemäß § 50 Abs. 5 EStG.[1513] Hat der Steuerpflichtige ausländische Einkünfte bezogen, ist ggf. der Progressionsvorbehalt gem. § 32b Abs. 1 Nr. 2,3 EStG zu beachten.[1514]

2. Die beschränkt einkommensteuerpflichtigen Einkünfte (§ 49 EStG)

a) Allgemeine Grundsätze. Die der beschränkten Einkommensteuerpflicht unterlie- 1053
genden inländischen Einkünfte sind **enumerativ** in § 49 Abs. 1 Nr. 1 bis 9 EStG aufgeführt. Hierzu rechnen insbesondere die **gewerblichen Einkünfte** (§ 49 Abs. 1 Nr. 2 EStG) sowie die **Einkünfte aus selbständiger** (§ 49 Abs. 1 Nr. 3 EStG) und aus **nichtselbständiger Arbeit** (§ 49 Abs. 1 Nr. 4 EStG). Sie allein sind – entsprechend der Thematik des vorliegenden Werkes – Gegenstand weiterer Erläuterungen. Dabei haben die Einkünfte aus selbständiger Tätigkeit als Schwerpunkt (formalen) Vorrang.[1515]

[1508] S. dazu i.E. Rz. 1108ff.

[1509] S. insbesondere EuGH Rs. 234/01 v. 12. 6. 2003, IStR 2003, 458 – Fall Gerritse; Rs. C-279/93 v. 14. 2. 1995, EuGHE 95, I-225 – Fall Schumacker.

[1510] S. dazu *Blümich/Ebling* § 1 EStG Rz. 9ff., 145ff.

[1511] Vgl. dazu Anm. *Wassermeyer* IStR 2004, 279 zur Beschränkung der Quellensteuer im Bereich des Grundfreibetrages; s. auch *Seer* in: Gassner/Lang/Lechner/Schuch/Staringer, a.a.O., S. 37ff., 58.

[1512] S. dazu *Blümich/Ratschow* § 2 EStG Rz. 118.

[1513] S. dazu *Blümich/Ebling* § 1 EStG Rz. 77.

[1514] S. dazu Rz. 779ff.

[1515] Die weiteren Einkünfte betreffen die Land- und Forstwirtschaft (§ 49 Abs. 1 Nr. 1 EStG), die Einkünfte aus Kapitalvermögen (§ 49 Abs. 1 Nr. 5 EStG) und aus Vermietung und Verpachtung (§ 49 Abs. 1 Nr. 6 EStG) sowie die einzelnen sonstigen Einkünfte (§ 49 Abs. 1 Nr. 7 bis 9 EStG).

1054 § 49 EStG regelt innerhalb der einzelnen Tatbestände der beschränkten Einkommensteuerpflicht auch die **inhaltlichen Grenzen der Steuerbarkeit.** Anknüpfungspunkte sind regelmäßig die einzelnen Einkunftsarten des Einkommensteuergesetzes und deren inhaltliche Abgrenzung.

1055 So entscheidet sich die Frage, ob ein beschränkt Einkommensteuerpflichtiger aufgrund einer **künstlerischen Betätigung** Einkünfte aus freiberuflicher Tätigkeit i. S. d. § 18 Abs. 1 Nr. 1 EStG, gewerbliche Einkünfte i. S. d. §§ 15, 16 EStG oder Einkünfte aus nichtselbständiger Arbeit erzielt, nach den Rechtsgrundsätzen, die für die Abgrenzung der einzelnen Einkunftsarten bei unbeschränkt Einkommensteuerpflichtigen maßgebend und vorstehend[1516] bereits im Einzelnen dargelegt sind. Auf die entsprechenden Erläuterungen wird verwiesen.

1056 § 49 Abs. 1 EStG enthält zudem zusätzliche Tatbestandsmerkmale und Abgrenzungen, um den erforderlichen **Inlandsbezug** herzustellen.

1057 **Einschränkungen** bei der Besteuerung nach Maßgabe der Regelungen über die beschränkte Einkommensteuerpflicht können sich allerdings aus der sog. **isolierenden Betrachtungsweise** gemäß § 49 Abs. 2 EStG[1517] oder aufgrund zwischenstaatlicher Vereinbarungen, insbesondere aufgrund von **DBA,**[1518] ergeben.

1058 **§ 42 AO** (Missbrauch von rechtlichen Gestaltungsmöglichkeiten) bleibt auch im Rahmen der beschränkten Steuerpflicht gemäß §§ 49ff. EStG anwendbar.[1519]

1059 **b) Isolierende Betrachtungsweise (§ 49 Abs. 2 EStG).** § 49 Abs. 2 EStG knüpft an den objektartigen Charakter der beschränkten Einkommensteuerpflicht an und bestimmt, dass im Ausland gegebene Besteuerungsmerkmale außer Betracht bleiben, soweit bei ihrer Berücksichtigung inländische Einkünfte i. S. d. Abs. 1 des § 49 EStG nicht angenommen werden könnten (sog. **isolierende Betrachtungsweise**). Die Zuordnung von Einkünften zu den einzelnen Tatbeständen des § 49 Abs. 1 EStG ist demzufolge grundsätzlich nach den tatsächlichen Gegebenheiten im Inland vorzunehmen. Dies hat z. B. zur Folge, dass Einkünfte, die bei Einbeziehen auch ausländischer Merkmale als Gewinneinkünfte zu beurteilen wären, nach den allein maßgebenden Verhältnissen im Inland als Überschusseinkünfte zu versteuern sind.[1520] Bedeutsam kann dies insbesondere bei der Abgrenzung zwischen gewerblichen und freiberuflichen Einkünften (§ 49 Abs. 1 Nr. 2, 3 EStG) werden.

1060 Die im Ausland gegebenen Besteuerungsmerkmale sind allerdings insoweit zu berücksichtigen, als dies erforderlich ist, um die steuerrechtliche Einordnung von Einkünften nach inländischem Steuerrecht abschließend bestimmen zu können. § 49 Abs. 2 EStG bietet jedoch keine Grundlage dafür, im Inland nicht vorhandene Besteuerungsmerkmale fingieren zu können.[1521] So können bestimmte Einkünfte aus künstlerischem Schaffen nur dann als gewerblich beurteilt werden, wenn auch im Inland die tatsächlichen Voraussetzungen für einen Gewerbebetrieb vorliegen; fehlt es daran, bleibt es bei Einkünften i. S. d. § 49 Abs. 1 Nr. 3 EStG.[1522]

[1516] S. dazu Rz. 9ff., 67ff. und 60ff.

[1517] S. dazu Rz. 1053ff.

[1518] S. dazu Rz. 1141ff.

[1519] BFH I R 38/00 v. 20. 3. 2002, BStBl II 2002, 819 m. w. N.; s. dazu aber auch I R 74, 88/04 v. 31. 5. 2005, BFHE 210, 117, DStRE 2005, 1136, dazu BMF v. 30. 1. 2006, BStBl I 2006, 166 (sog. Nichtanwendungserlass), dazu *Hergeth/Ettinger* IStR 2006, 307 und Anm. *Jacob/Klein* IStR 2005, 711; *Haarmann* IStR 2005, 713; *Ritzer/Stangl* FR 2006, 757.

[1520] Vgl. dazu BFH I R 87/84 v. 6. 2. 1985, BFH/NV 1985, 104; I R 129/79 v. 28. 3. 1984, BStBl II 1984, 620.

[1521] BFH I R 283/81 v. 20. 6. 1984, BStBl II 1984, 828; *Blümich/Wied* § 49 EStG Rz. 32.

[1522] Vgl. dazu *Blümich/Wied* § 50 EStG Rz. 127; vgl. ferner BFH I R 22/81 v. 27. 6. 1985, BFH/NV 1985, 17.

Das Fehlen einer **Gewinnerzielungsabsicht** ist kein „im Ausland gegebenes Besteuerungsmerkmal", das gemäß § 49 Abs. 2 EStG außer Betracht bleiben könnte.[1523] Insoweit gelten bei beschränkt Steuerpflichtigen die gleichen Rechtsgrundsätze wie bei unbeschränkt Steuerpflichtigen. **1061**

II. Ausgewählte Tatbestände des § 49 Abs. 1 EStG

Beispielhaft seien folgende beschränkt einkommensteuerpflichtige Einkünfte aufgeführt: **1062**

1. Beschränkt einkommensteuerpflichtige Einkünfte aus freiberuflicher künstlerischer Tätigkeit (§ 49 Abs. 1 Nr. 3 EStG).

a) Allgemeine Grundsätze. Einkünfte aus selbständiger Arbeit (§ 18 EStG) sind nur dann beschränkt einkommensteuerpflichtig, wenn diese Arbeit im Inland ausgeübt oder verwertet wird oder worden ist, oder wenn für sie im Inland eine feste Einrichtung oder eine Betriebsstätte unterhalten wird.[1524] Ob eine Tätigkeit als „künstlerisch" i. S. d. § 18 Abs. 1 Nr. 1 EStG zu beurteilen ist, entscheidet sich nach den in Zusammenhang mit der unbeschränkten Steuerpflicht aufgezeigten Kriterien.[1525] Umfasst ein Gesamtengagement unterschiedliche Tätigkeiten, sind diese erforderlichenfalls gegeneinander abzugrenzen.[1526] Maßgebend sind dabei grundsätzlich die tatsächlichen Gegebenheiten im Inland; im Ausland gegebene Besteuerungsmerkmale können allenfalls zur Klärung herangezogen werden.[1527] **1063**

Inländische Einkünfte liegen auch dann vor, wenn der Freiberufler keine direkte Bezahlung vom Veranstalter erhält, er aber einen Honoraranspruch gegen seinen Agenten (z. B. Konzertagentur) hat.[1528] **1064**

Das Anknüpfungsmerkmal „Verwertung im Inland" hat nur dann eine eigenständige Bedeutung, wenn die selbständige Tätigkeit zwar nicht im Inland ausgeübt, hier aber verwertet wird. Geschieht beides im Inland, bleibt für eine selbständige Anwendung des Verwertungstatbestandes kein Raum; das Anknüpfen an die Verwertung ist insoweit lediglich ein Auffangtatbestand.[1529] Erfasst werden auch Einkünfte aus der späteren Verwertung des hergestellten Werkes.[1530] Der **Rechtsnachfolger** eines künstlerisch Tätigen hat bei fehlender eigener beruflicher Qualifikation beschränkt einkommensteuerpflichtige Einkünfte aus selbständiger Arbeit (§ 49 Abs. 1 Nr. 3 EStG), wenn sich seine Tätigkeit auf eine – zeitlich begrenzte – Abwicklung beschränkt.[1531] **1065**

[1523] BFH I R 14/01 v. 7. 11. 2001, BStBl II 2002, 861 mit Nachweisen zum Meinungsstand: Preisgeldzahlungen im Rahmen von Pferderennen. Abweichung von BMF v. 23. 1. 1996, BStBl I 1996, 89, 95 f., Bsp. 1. Dazu Anm. *Gosch* und *Lüdicke* DStR 2002, 671; *Kempermann* FR 2002, 634. Die Finanzverwaltung wendet dieses Urteil I R 14/01 allerdings nicht an, s. BMF v. 11. 12. 2002, BStBl I 2002, 1394.

[1524] S. dazu i. E. Rz. 1070 ff.

[1525] S. dazu i. E. Rz. 9 ff.

[1526] Vgl. FG Brandenburg v. 20. 76. 2001, EFG 2001, 1284, rkr.

[1527] S. dazu Rz. 1059 f.

[1528] FG Münster v. 23. 5. 2001, EFG 2001, 1376, Rev. I R 46/02.

[1529] BFH I R 268/83 v. 12. 11. 1986, BStBl II 1987, 372 m. w. N.

[1530] BFH IV R 13/89 v. 15. 2. 1990, BStBl II 1990, 621; I R 69/75 v. 12. 10. 1978, BStBl II 1979, 64, zu § 24 Abs. 1 Nr. 2 EStG: Nachträgliche Honorareinnahmen.

[1531] BFH I R 82/86 v. 11. 4. 1990, BFH/NV 1991, 143 m. w. N.

1066 **b) Ausübung.** Eine freiberufliche **künstlerische Tätigkeit** i. S. d. § 18 Abs. 1 Nr. 1 EStG übt ein Steuerpflichtiger im Inland aus,[1532] wenn er sich hier physisch aufhält und hier seine Berufstätigkeit persönlich entfaltet.[1533] Er muss im Inland seine schöpferische Leistung erbringen, z. B. das Kunstwerk schaffen.[1534] Daran fehlt es beispielsweise, wenn ein im Ausland ansässiger Künstler die wesentlichen künstlerischen Arbeiten bei einem Werk im Ausland vorgenommen hat, im Inland aber nur das „Finish" hergestellt wird, bei einer (Video-)Installation etwa.[1535]

1067 **c) Verwertung. Verwerten** bedeutet Nutzbarmachen der selbständigen Arbeit. Erforderlich ist dabei eine eigenständige Tätigkeit, die sich nicht in der bloßen Arbeitsleistung erschöpft, sondern ein körperliches (oder geistiges) Produkt geschaffen und vom Steuerpflichtigen selbst ins Inland eingeführt wird.[1536] *Beispiel:* Der im Ausland ansässige und dort arbeitende **Künstler** veräußert selbst oder lässt in seinem Namen im Inland selbst geschaffene Kunstwerke veräußern.[1537] Dies führt zu beschränkt einkommensteuerpflichtigen Einkünften aus selbständiger Arbeit gemäß § 49 Abs. 1 Nr. 3 EStG.

1068 Der Inlandsbezug des Verwertens i. S. d. § 49 Abs. 1 Nr. 3 und 4 EStG ist weiter als der des § 49 Abs. 1 Nr. 2 Buchst. d EStG, weil er sich nicht auf Darbietungen beschränkt,[1538]

1069 **Keine Verwertung** i. S. d. § 49 Abs. 1 Nr. 3 EStG und damit auch keine beschränkte Steuerpflicht liegt vor, wenn ein inländischer Steuerpflichtiger, z. B. ein Galerist, im Ausland hergestellte Kunstwerke eines ausländischen Künstlers im Ausland ankauft und sie anschließend im Inland veräußert.[1539] Die beschränkte Steuerpflicht des § 49 Abs. 1 Nr. 3 EStG greift in einem solchen Fall nicht ein. Das Gleiche gilt in Bezug auf Honorare, die ein Künstler als Interviewpartner in Talkshows etc. erhält, sofern die Auftritte nicht mit der Präsentation bestimmter künstlerischer Leistungen verbunden sind. Nicht entscheidend ist, ob die Einladungen zu den Talkshows etc. etwa durch die Bekanntheit und Beliebtheit des Künstlers begründet sind. Die fraglichen Einkünfte sind vielmehr als sonstige Einkünfte i. S. d. § 22 Nr. 3 EStG steuerbar.[1540]

1070 **d) Betriebsstätte – feste Einrichtung.** Die beschränkte Einkommensteuerpflicht von Einkünften aus selbständiger Arbeit und damit auch von Einkünften aus künstlerischer Tätigkeit wird bereits allein dadurch begründet, dass diese Arbeit im Inland ausgeübt oder verwertet wird oder worden ist (§ 49 Abs. 1 Nr. 3 Halbs. 1 EStG). Einer inländischen Betriebsstätte oder einer festen Einrichtung bedarf es insoweit nicht.

1071 Diese beiden letztgenannten Anknüpfungsmerkmale bilden aber neben und unabhängig von der Ausübung und der Verwertung selbständige Parameter für die steuerliche Erfassung von Einkünften aufgrund selbständiger Arbeit (§ 49 Abs. 1 Nr. 3 2. Halbs. EStG).[1541]

[1532] Zum Umfang der Tätigkeit ausländischer Künstler in Deutschland s. Stellungnahme des ADK, KUR 2005, 109, wonach im Jahr 2003 von dem allein über die Ausgleichsvereinigung Kunst erzielten Folgerechtsaufkommens aus Veräußerungen in Deutschland etwa 22 v. H. .... auf ausländische folgerechtsberechtigte, vor Allem französische Künstler, entfallen sind.

[1533] BFH I R 268/83 v. 12. 11. 1986, BStBl II 1987, 372 m. w. N.

[1534] Zum Begriff der „Ausübung" im österreichischen Einkommensteuerrecht s. *Lechner/Stangl* in: Gassner/Lang/Lechner/Schuch/Staringer, a. a. O., S. 59 ff., 64 ff.

[1535] Vgl. dazu BFH I 65/63 v. 22. 3. 1966, BStBl III 1966, 463: Technischer Berater.

[1536] Zum Begriff der „Verwertung" im österreichischen Einkommensteuerrecht s. *Lechner/Stangl* in: Gassner/Lang/Lechner/Schuch/Staringer, a. a. O., S. 59 ff., 69 ff.

[1537] Vgl. dazu OFD Frankfurt (Main) v. 19. 2. 2004, DB 2004, 1016.

[1538] BFH I R 18/97 v. 17. 12. 1997, BStBl II 1998, 440.

[1539] Zutr. OFD Frankfurt (Main) v. 19. 2. 2004, DB 2004, 1016.

[1540] BFH I B 99/98 v. 21. 4. 1999, BStBl II 2000, 254; dazu Anm. *Kempermann* FR 1999, 857.

[1541] Zur ratio legis für das Schaffen dieser zusätzlichen Tatbestandsmerkmale s. *Blümich/Wied* § 49 EStG Rz. 131 a: Änderung des Art. 14 OECD-MA, s. dazu Rz. 1181.

Der **Begriff** der Betriebsstätte bestimmt sich auch insoweit gemäß § 12 AO.[1542] Der Begriff der „festen Einrichtung" entstammt dem Art. 14 OECD-MA a. F. und ist gleichbedeutend mit dem der Betriebsstätte.[1543] Bei Kunstschaffenden ist regelmäßig das Atelier oder das technische Equipment, z. B. bei (Video-)Installationen, als feste Einrichtung anzusehen. 1072

In aller Regel ist davon auszugehen, dass ein inländisches **Museum keine Betriebsstätte** eines ausländischen Sammlers ist, der in diesem Museum seine Kunstsammlung präsentiert. Ob dies auch dann gilt, wenn der Sammler einen nachhaltigen und entscheidenden Einfluss auf die Art und Weise der Präsentation und die damit zusammenhängenden Vorgänge, wie z. B. Errichtung und Ausgestaltung der Räume, Versicherungen u. Ä., hat, kann solange dahinstehen, als der Sammler nicht als Unternehmer (vgl. § 1 UStG),[1544] sondern als Privatmann im Rahmen bloßer Vermögensverwaltung auftritt. Anders kann es jedoch sein, wenn die Ausstellung einem (gewerblichen oder freiberuflichen) Unternehmen dient.[1545] In diesem Fall kommt es entscheidend darauf an, in welchem Umfang der Träger der Sammlung Verfügungsmacht in Bezug auf Ausstellungseinrichtung und Ausstellungsaktivitäten hat und die Ausstellung unternehmerischen Zwecken dient.[1546] Im Streitfall bedarf es insoweit einer Gesamtwürdigung aller tatsächlichen Umstände des jeweiligen Einzelfalles. 1073

2. *Beschränkt einkommensteuerpflichtige Einkünfte aus Gewerbebetrieb (§ 49 Abs. 1 Nr. 2 EStG)*

a) Grundregelung. Sofern die künstlerische Tätigkeit ausnahmsweise zu **Einkünften aus Gewerbebetrieb** (§§ 15 bis 17 EStG) führt, gilt Folgendes: 1074

Derartige Einkünfte sind insbesondere dann beschränkt einkommensteuerpflichtig, wenn für den Gewerbebetrieb im Inland eine **Betriebsstätte** unterhalten wird oder ein **ständiger Vertreter** (§ 13 AO) bestellt ist (§ 49 Abs. 1 Nr. 2 Buchst. a EStG). 1075

Der **Begriff** der Einkünfte aus Gewerbebetrieb i. S. d. § 49 Abs. 1 Nr. 2 EStG entspricht dem des § 15 EStG und ist damit in gleicher Weise auszulegen. Damit erstreckt sich diese beschränkte Einkommensteuerpflicht auch auf Gewinne aus der Veräußerung von Betrieben, Teilbetrieben und Mitunternehmeranteilen sowie aufgrund der Betriebsaufgabe (§ 16 EStG). 1076

Beteiligt sich ein beschränkt Steuerpflichtiger an einer in- oder ausländischen **Personengesellschaft** mit Betriebsstätte oder ständigem Vertreter im Inland, so sind seine Gewinnanteile und seine Sondervergütungen i. S. d. § 15 Abs. 1 Nr. 2 EStG grundsätzlich gemäß § 49 Abs. 1 Nr. 2 Buchst. a EStG beschränkt steuerpflichtig, da er Mitunternehmer eines inländischen Betriebs ist.[1547] 1077

aa) Betriebsstätte. Bei der gemäß § 49 Abs. 1 Nr. 2 Buchst. a EStG geforderten inländischen **Betriebsstätte** handelt es sich um eine **feste Geschäftseinrichtung** oder **Anlage,** die der Tätigkeit eines Unternehmens dient (§ 12 AO). Eine solche Betriebsstätte ist jedoch noch nicht dann gegeben, wenn der ausländische Kunsthändler die Möglichkeit 1078

1542 S. dazu i. E. Rz. 1078.

1543 S. *Blümich/Wied* § 49 EStG Rz. 132; *Kirchhof/Gosch* § 49 EStG Rz. 83. Zum Begriff der festen (ständigen) Einrichtung i. S. d. DBA s. z. B. BFH I R 77/91 v. 2. 12. 1992, DStR 1993, 392, zu Art. 12 Abs. 2 Satz 1 DBA-Frankreich.

1544 S. dazu *Pahlke/König* § 12 AO Rz. 17.

1545 S. dazu die Probleme in Zusammenhang mit der Ausstellung der „Flick Collection" in den Berliner „Rieck-Hallen".

1546 Zur dienenden Funktion i. E. s. *Pahlke/König* § 12 AO Rz. 18f.

1547 Vgl. BMF v. 24. 12. 1999, BStBl I 99, 1076, Tz. 1.1.5.1 a. E.

hat, in den Räumen einer inländischen Galerie seine Kunstwerke zu lagern und auszustellen.[1548]

Geschäftseinrichtung ist jeder körperliche Gegenstand und jedes Zusammenfassen von Sachen zu einer Sachgesamtheit, die geeignet ist, Grundlage einer Unternehmenstätigkeit zu sein.[1549] Hierzu rechnen Räumlichkeiten jeder Art, wie Gebäude, Hallen, Zimmer etc. Zu den **Anlagen** rechnen insbesondere Werkstätten, Ateliers, wobei eine Abgrenzung zur Geschäftseinrichtung einerseits häufig nur schwer möglich ist, andererseits aber ohne große Bedeutung ist, wenn man die Anlagen als Unterfall der Geschäftseinrichtung ansieht.[1550]

1079 § 12 Satz 2 AO zählt beispielhaft eine Reihe von Einrichtungen auf, die insbesondere als Betriebsstätten anzusehen sind, so z. B.
- die Stätte der Geschäftsleitung (Nr. 1);
- Zweigniederlassungen (Nr. 2);
- Geschäftsstellen (Nr. 3);
- Fabrikations- oder Werkstätten (Nr. 4), zu denen die **Ateliers** zu rechnen sind[1551]
- Verkaufsstellen.[1552]

1080 *bb) Ständiger Vertreter.* Der ständige Vertreter, dessen Bestellung und Tätigwerden die beschränkte Steuerpflicht von gewerblichen Einkünften gemäß § 49 Abs. 1 Nr. 2 Buchst. a EStG begründen kann, ist eine (natürliche oder juristische) Person, die nachhaltig die Geschäfte eines Unternehmens besorgt und dabei dessen Sachweisungen unterliegt (§ 13 AO).[1553]

1081 Im künstlerischen Bereich ist die Einschaltung eines ständigen Vertreters eine Ausnahme, ausgeschlossen ist sie jedoch nicht. So kann z. B. ein Galerist nachhaltig damit beauftragt sein, als Abschlussvertreter i. S. d. § 13 Satz 2 Nr. 1 AO die gesamten Verkaufsgeschäfte eines ausländischen, gewerblich tätigen Künstlers abzuwickeln.[1554]

1082 **b) Künstlerische Darbietungen.** *aa) Darbietung durch den Künstler selbst.* Zu den gewerblichen Einkünften rechnen auch solche Einkünfte, die u. a. durch im Inland ausgeübte oder verwertete **künstlerische Darbietungen** erzielt werden (§ 49 Abs. 1 Nr. 2 Buchst. d EStG).[1555] Dabei werden die entsprechenden Einkünfte nicht als gewerbliche fingiert; es müssen die Tatbestandsmerkmale eines Gewerbebetriebs vorliegen. Es bedarf nur nicht mehr einer inländischen Betriebsstätte oder eines inländischen ständigen Vertreters.[1556] Unerheblich ist ferner, ob die Einnahmen dem Darbietenden, dem die Darbietung Verwertenden oder einem Dritten zufließen.[1557] Voraussetzung ist bei dieser Fallgestaltung allerdings, dass die Einkünfte nicht als solche aus selbständiger Arbeit (§ 18 EStG) i. S. d. § 49 Abs. 1 Nr. 3 EStG oder aus nichtselbständiger Arbeit (§ 19 EStG) i. S. d. § 49 Abs. 1

1548 Niedersächsisches FG U. II 441/94 v. 3. 9. 1997, nv., zwh. Der inländische Galerist kann allerdings als ständiger Vertreter i. S. d. 13 AO zu beurteilen sein.

1549 BFH I R 80–81/91 v. 3. 2. 1993, BStBl II 1993, 462 m. w. N.

1550 S. zu weiteren Einzelheiten *Pahlke/König* § 12 AO Rz. 6.

1551 S. zu diesen einzelnen Betriebsstätten *Pahlke/König* § 12 AO Rz. 24 ff.

1552 Ein Verkaufsstand, den ein Unternehmer einmal im Jahr über einen kürzeren Zeitraum z. B. Weihnachtsmarkt, unterhält, begründet keine Betriebsstätte, BFH I R 12/02 v. 17. 9. 2003, BStBl II 2004, 396.

1553 Zur Beurteilung eines inländischen Galeristen als ständiger Vertreter eines ausländischen Kunsthändlers s. Niedersächsisches FG U. II 441/94 v. 3. 9. 1997, nv.

1554 Vgl. dazu *Pahlke/König* § 13 AO Rz. 9.

1555 Zur Entstehungsgeschichte der Vorschrift s. BFH I R 18/97 v. 17. 12. 1997, BStBl II 1998, 440; *Blümich/Wied* § 49 EStG Rz. 97.

1556 S. dazu *Kluge* Rz. P 12.

1557 S. dazu EStR R 49.1 Abs. 3.

Nr. 4 EStG zu qualifizieren sind (§ 49 Abs. 1 Nr. 2 Buchst. d EStG).[1558] § 49 Abs. 1 Nr. 2 Buchst. d EStG ist insoweit **subsidiär.**[1559]

Damit begründet nicht jede künstlerische Tätigkeit die beschränkte Steuerpflicht der dabei erzielten Einkünfte gemäß § 49 Abs. 1 Nr. 2 EStG; das bloße Schaffen eines Werkes ist nicht steuerbegründend. Die künstlerische Tätigkeit muss sich vielmehr in Form von (Einzel- oder Gemeinschafts-)**Darbietungen** – und damit bei physischer Anwesenheit des Künstlers im Inland – vollziehen.[1560] Das ist der Fall, wenn etwas aufgeführt, vorgeführt, gezeigt oder zu Gehör gebracht wird. Angesprochen sind dabei zwar in erster Linie Konzerte, Theateraufführungen, Shows u. Ä.[1561] Jedoch gibt es auch im Bereich der **bildenden Kunst** eine Vielzahl von Möglichkeiten der Darbietung i. S. d. § 49 Abs. 1 Nr. 2 Buchst. d EStG. Voraussetzung ist aber dabei, dass der Künstler persönliche Aktivitäten entwickelt. Deshalb werden reine (Verkaufs-)Ausstellungen von Kunstwerken grundsätzlich nicht von § 49 Abs. 1 Nr. 2 Buchst. d EStG erfasst;[1562] diese können den – vorrangigen – Tatbestand des § 49 Abs. 1 Nr. 3 EStG erfüllen. Anders ist es bei Darbietungen durch Dritte, beispielsweise einen Galeristen,[1563] oder im Rahmen von privaten Events, bei denen der Künstler aktiv beteiligt und das künstlerische Werk nicht nur „schmückendes Beiwerk" ist.[1564] Das Gleiche gilt für Internetauftritte eines Kunstschaffenden.[1565] **1083**

bb) Verwertung der Darbietung. Beschränkte Steuerpflicht entsteht aber auch dann, wenn die **künstlerische Darbietung** im Inland **verwertet** wird.[1566] Wird die Darbietung von einer anderen „dritten" Person präsentiert, kann diese den Tatbestand des § 49 Abs. 1 Nr. 2 Buchst. d erfüllen.[1567] Dazu wird man aber fordern müssen, dass der „Dritte" in sachbezogenen vertraglichen Beziehungen zum Künstler steht.[1568] **1084**

Der Inlandsbezug des Verwertens i. S. d. § 49 Abs. 1 Nr. 2 Buchst. d EStG ist enger als der des § 49 Abs. 1 Nr. 3 und 4 EStG, weil er sich nur auf Darbietungen beschränkt,[1569] **1085**

Außerhalb des § 49 Abs. 1 Nr. 1 bis 3 EStG können Einkünfte aufgrund von Verwertung von Darbietungen allenfalls gemäß § 49 Abs. 1 Nr. 6 und 9 EStG beschränkt steuerpflichtig sein. Dies setzt aber eine Nutzungsüberlassung voraus.[1570] **1086**

[1558] S. dazu i. E. Rz. 1074 ff., 1088 ff.

[1559] Betroffen sind von dieser Regelung vornehmlich ausländische Berufssportler, Eis-Revuen, Tourneetheater und Zirkusunternehmen, ferner gewerblich organisierte Orchester-, Schauspiel- und Opernunternehmen sowie sog. *Künstlerverleihgesellschaften.*

[1560] Zu prüfen ist allerdings, ob nicht bereits die Voraussetzungen des § 49 Abs. 1 Nr. 2 Buchst. a EStG vorliegen.

[1561] Vgl. BMF v. 23. 1. 1996, BStBl I 1996, 89, Tz. 2.2.1.

[1562] Ebenso *Schmidt/Heinicke* § 49 EStG Rz. 27.

[1563] Vgl. *Blümich/Wied* § 49 EStG Rz. 99; ablehnend generell bei Ausstellungen von Kunstwerken *Hidien* in K/S/M § 49 EStG Rz. E 736 – „Ausstellungen".

[1564] Vgl. *Krabbe* FR 1986, 425.

[1565] Vgl. dazu BMF v. 23. 1. 1996, BStBl I 1996, 89, Tz. 2.2.1. f.; *Hidien* in K/S/M § 49 EStG Rz. E 736 – „Internet"; *Eberlein* DStZ 2003, 677.

[1566] Zu Bedenken gegen den Verwertungstatbestand s. Anm. *Wassermeyer* zu BFH I R 18/97 v. 17. 12. 1997, BStBl II 1998, 440 in IStR 1998, 372.

[1567] Ebenso *Hidien* in K/S/M § 49 EStG Rz. E 736 – „Künstler"; Bedenken bei *Lüdicke* IStR 1999, 193.

[1568] S. dazu auch *Lüdicke* IStR 1999, 193.

[1569] BFH I R 18/97 v. 17. 12. 1997, BStBl II 1998, 440, dazu Anm. *Wassermeyer* IStR 1998, 372.

[1570] BFH I R 18/97 v. 17. 12. 1997, BStBl II 1998, 440, dazu Anm. *Wassermeyer* IStR 1998, 37. Zur Überlassung von Persönlichkeitsrechten s. BFH I R 73/02 v. 28. 1. 2004, BStBl II 2005, 550; einschränkend dazu BMF v. 2. 8. 2005, DStR 2005, 1445; s. ferner *Schmidt-Heß* IStR 2006, 690.

1087 *cc) Nebenleistungen.* § 49 Abs. 1 Nr. 2 Buchst. d EStG erfasst die Einkünfte aufgrund künstlerischer Darbietung einschließlich der Einkünfte aus anderen mit diesen Leistungen zusammenhängenden Leistungen. Dabei handelt es sich um **Nebenleistungen,** die üblicherweise untrennbar mit der konkreten Darbietung oder Verwertung verbunden sind, wie z.B. Interviews, Autogrammstunden.[1571] Nicht zu den Nebenleistungen rechnen Leistungen, die nur *gelegentlich* der Verwertungsleistung erbracht werden, die aber selbständige Bedeutung haben. Bei „Gesamtleistungen" wird zu prüfen sein, ob sie in Einzelleistungen aufzuteilen sind.[1572]

3. Beschränkt einkommensteuerpflichtige Einkünfte aus nichtselbständiger Arbeit (§ 49 Abs. 1 Nr. 4 EStG)

1088 Beschränkt einkommensteuerpflichtige **Einkünfte aus nichtselbständiger Arbeit** (§ 19 EStG) sind insbesondere dann gegeben, wenn diese Arbeit im Inland ausgeübt oder verwertet wird oder worden ist (§ 49 Abs. 1 Nr. 4 Buchst. a EStG).

1089 Die nichtselbständige Arbeit wird im Inland **ausgeübt,** wenn der Arbeitnehmer persönlich im Inland tätig ist.

1090 Im Inland **verwertet** wird die nichtselbständige Arbeit, wenn der Arbeitnehmer das Ergebnis seiner nichtselbständigen Arbeit seinem Arbeitgeber im Inland zuführt.[1573] Wegen des Arbeitsortsprinzips der DBA hat der Verwertungstatbestand allerdings keine große praktische Bedeutung.[1574]

1091 Die Regelung des § 49 Abs. 1 Nr. 4 EStG hat im Rahmen der vorliegenden Arbeit nur Bedeutung, soweit die künstlerische Tätigkeit nebenberuflich in abhängiger Stellung ausgeübt wird. *Beispiel:* Ein Ordinarius einer Kunstakademie ist auch nebenberuflich künstlerisch tätig.

4. Beschränkt einkommensteuerpflichtige Einkünfte aus Vermietung und Verpachtung (§ 49 Abs. 1 Nr. 6 EStG)

1092 Von § 49 Abs. 1 Nr. 6 EStG werden nicht nur die Einkünfte aus Vermietung und Verpachtung von unbeweglichem Vermögen, Schiffen u.A. (§ 21 Abs. 1 Nr. 1 EStG) und von Sachinbegriffen (§ 21 Abs. 1 Nr. 2 EStG) erfasst, sondern auch die Einkünfte aus der (zeitlich begrenzten) **Überlassung von Rechten** (z.B. Patent- und Markenrechte, Urheberrechte). Voraussetzung ist, dass diese Rechte in ein inländisches Buch oder Register (z.B. Patent-, Warenzeichen-, Gebrauchsmusterregister) eingetragen sind.

5. Beschränkt einkommensteuerpflichtige Einkünfte aus der Nutzung von beweglichen Sachen und der Überlassung von Know-how (§ 49 Abs. 1 Nr. 9 EStG)

1093 § 49 Abs. 1 Nr. 9 EStG ist eine **Auffangvorschrift** und greift nur ein, wenn die Voraussetzungen des § 49 Abs. 1 Nr. bis 8 EStG nicht vorliegen. Sie betrifft bestimmte Einkünfte i.S.d. § 22 Nr. 3 EStG, nämlich solche aufgrund der Nutzung beweglicher Sachen und der Überlassung von Know-how.

[1571] S. dazu i.E. *Blümich/Wied* § 49 EStG Rz. 107; *Kluge* Rz. P 14.

[1572] Vgl. FG Köln v. 8. 6. 2000, DStRE 2001, 750, und dazu BFH I B 153/00 v. 27. 6. 2001, BFH/NV 2001, 1563, zur Frage, inwieweit eine solche Aufteilung rechtsmissbräuchlich sein kann.

[1573] BFH I R 69/83 v. 12. 11. 1986, BStBl II 1987, 379.

[1574] S. dazu LStR R 125 Abs. 3.

1094 Unter Letzterem ist insbesondere die Überlassung (z.B. urheber-)rechtlich nicht geschützter Erfahrungen, Kenntnisse oder Fähigkeiten zu verstehen.[1575]

III. Sonderregelungen zur Durchführung der Besteuerung von beschränkt Steuerpflichtigen

1. Allgemeines

1095 Beschränkt Steuerpflichtige werden entweder im Wege des **Steuerabzugs,**[1576] im Rahmen einer **Veranlagung**[1577] oder durch ein vereinfachtes **Erstattungsverfahren**[1578] besteuert. § 50 EStG bestimmt dazu die einzelnen Voraussetzungen.

1096 Gegen die die beschränkt Steuerpflichtigen im Vergleich zu unbeschränkt Steuerpflichtigen benachteiligenden Unterschiede bei der Besteuerung bestehen zunehmend **gemeinschaftsrechtliche** Bedenken, die durch die zwischenzeitlichen Rechtsänderungen noch nicht völlig ausgeräumt sind.[1579]

2. Ermittlung der Einkünfte bei beschränkter Steuerpflicht (§ 50 Abs. 1 EStG)

1097 Bei der Ermittlung der gemäß § 49 EStG steuerbaren Einkünfte bestehen immer noch erhebliche Unterschiede im Vergleich zur Besteuerung von unbeschränkt Steuerpflichtigen. Die wesentlichen **Unterschiede** sind nachstehend aufgeführt:

1098 So dürfen beschränkt Steuerpflichtige **Betriebsausgaben** (§ 4 Abs. 4 bis 8 EStG) oder **Werbungskosten** (§ 9 EStG) nur insoweit abziehen, als sie mit inländischen Einkünften in wirtschaftlichem Zusammenhang stehen (§ 50 Abs. 1 Satz 1 EStG). U.a. bei Einkünften, die dem Steuerabzug vom Arbeitslohn unterliegen, gilt die Einkommensteuer durch den Steuerabzug grundsätzlich als abgegolten (§ 50 Abs. 5 Satz 1 EStG). Die Abgeltungswirkung tritt jedoch unter bestimmten, in § 50 Abs. 5 EStG näher bestimmten Voraussetzungen nicht ein. So gilt die Steuer mit dem Steuerabzug u.a. unter der Voraussetzung nicht als abgegolten, dass – im Falle eines Erstattungsverfahrens – die mit den Einnahmen in unmittelbarem wirtschaftlichem Zusammenhang stehenden Betriebsausgaben höher sind als die Hälfte der Einnahmen (§ 50 Abs. 5 Satz 2 Nr. 3

1099 **Sonderausgaben** – ausgenommen Spenden (§ 10b EStG) und inländische Verluste (§ 50 Abs. 1 Satz 2 i.V.m. § 10d EStG – werden grundsätzlich nicht berücksichtigt (§ 50 Abs. 1 Sätze 4 bis 6 EStG).[1580]

1100 **Außergewöhnliche Belastungen** können ebenfalls nicht steuermindernd geltend gemacht werden (§ 50 Abs. 1 Satz 4 EStG).

1101 Dagegen hat auch der beschränkt Steuerpflichtige grundsätzlich Anspruch auf Gewährung der im EStG vorgesehenen **Steuerbefreiungen, Steuerermäßigungen** und **Steuerfreibeträge.** Dieser Anspruch besteht jedoch nicht ausnahmslos. So sind gemäß § 50 Abs. 1 Sätze 3 und 4 EStG nicht anzuwenden:
- § 16 Abs. 4 EStG (Freibetrag für Veräußerungsgewinne),
- § 24b EStG (Entlastungsbetrag für Alleinerziehende);

[1575] S. dazu i.E. *Blümich/Wied* § 49 EStG Rz. 190.

[1576] S. Rz. 1108ff., 1127ff.

[1577] S. Rz. 1108ff.

[1578] S. Rz. 1134ff.

[1579] Zu Einzelheiten s. *Blümich/Wied* § 50 EStG Rz. 15ff.; *Kirchhof/Gosch* § 50 EStG Rz. 1.

[1580] Zu den gemeinschaftsrechtlichen Bedenken gegen diese Regelungen s. *Kirchhof/Gosch* § 50 EStG Rz. 7.

– § 32a Abs. 6 EStG (Splittingverfahren) und
– § 20 Abs. 4 EStG (Sparer-Freibetrag).[1581]

1102 Der **Verlustabzug** (§ 10d EStG)[1582] ist nur insoweit zulässig, als die Verluste in wirtschaftlichem Zusammenhang mit inländischen Einkünften stehen und sich aus im Inland oder in einem EU-Staat aufbewahrten Unterlagen ergeben (§ 50 Abs. 1 Satz 2 EStG). Nicht zulässig ist der Verlustabzug bei Einkünften, die dem Steuerabzug unterliegen (§ 50 Abs. 5, Abs. 2 EStG). Das Gleiche gilt insoweit auch für den **Verlustausgleich** mit Verlusten aus anderen Einkunftsarten (§ 50 Abs. 2 EStG).[1583]

1103 **§ 34 EStG** (Außerordentliche Einkünfte) ist nur insoweit anwendbar, als er sich u.a. auf Veräußerungsgewinne i.S.d. §§ 16, 18 Abs. 3 EStG bezieht (§ 50 Abs. 1 Satz 3 EStG).

1104 Verfügt der Steuerpflichtige über **ausländische Einkünfte,** so kann er grundsätzlich die im Ausland gezahlten Steuern u.a. im Rahmen der gewerblichen Einkünfte oder der Einkünfte aus selbständiger Arbeit nach Maßgabe des § 34c Abs. 1 bis 3 EStG entweder auf die im Inland festgesetzte Einkommensteuer anrechnen oder aber bei der Ermittlung des Gesamtbetrags der Einkünfte abziehen (§ 50 Abs. 6 EStG).[1584]

3. Steuerbemessung (§ 50 Abs. 3 EStG)

1105 Bei beschränkt Steuerpflichtigen, die **veranlagt** werden, bemisst sich die Einkommensteuer gemäß § 32a Abs. 1 EStG. Sie beträgt grundsätzlich **mindestens 25 v.H.** des Einkommens (§ 50 Abs. 3 EStG).[1585] Hinzu kommt der **Solidaritätszuschlag** von **5,5 v.H.** der Einkommensteuer (§ 2 Nr. 1 SolZG).[1586]

1106 Die Steuer ist grundsätzlich nach der **Grundtabelle** zu berechnen (§ 32a Abs. 1 i.V.m. § 50 Abs. 3 EStG). Dies gilt auch für Ehegatten, da es an der für das **Splittingverfahren** gemäß § 32a Abs. 5 EStG erforderlichen beiderseitigen unbeschränkten Steuerpflicht fehlt. Das sog. **Verwitwetensplitting** (§ 32a Abs. 6 EStG) ist ebenfalls nicht anwendbar (§ 50 Abs. 1 Satz 4 EStG).

1107 Für die Fälle, in denen die Einkünfte dem Steuerabzug unterliegen, gelten die **Abzugsteuersätze** (§§ 39d, 43a, 50a EStG).[1587]

4. Veranlagung – Steuerabzug

1108 **a) Gewerbliche Einkünfte, Einkünfte aus selbständiger Arbeit, aus Vermietung und Verpachtung sowie aus der Überlassung von Know-how.** *aa) Allgemeine Grundsätze.* Inländische **Betriebsgewinne** sind zwar grundsätzlich zusammen mit den übrigen Einkünften auf der Grundlage einer Gewinnermittlung gemäß § 4ff. EStG **zu veranlagen** (§ 50 Abs. 1 Satz 1 bis 4, Absätze 2 und 3 EStG). Bei gewerblichen beschränkt einkommensteuerpflichtigen Einkünften jedoch, die u.a. durch im Inland ausge-

---

[1581] Bis einschließlich Veranlagungszeitraum 2006 1370/2740 €, ab Veranlagungszeitraum 2007 750/1500 €; s. dazu StÄndG 2007 v. 19. 7. 2006, BGBl I 2006, 1562; BStBl I 2006, 432.

[1582] S. dazu Rz. 747ff.

[1583] Zu gemeinschaftsrechtlichen Bedenken insoweit s. *Kirchhof/Gosch* § 50 EStG Rz. 14.

[1584] Zu Steueranrechnung und Steuerabzug gemäß § 34c EStG s. *Blümich/Wied* § 34c EStG, Rz. 25ff.; s. ferner Rz. 486ff.; zu § 50 Abs. 6 i.E. s. *Blümich/Wied* § 50 EStG Rz. 93ff.

[1585] Nach BFH I R 34/02 v. 19. 11. 2003, BStBl II 2004, 773, verstößt § 50 Abs. 3 Satz 2 nicht gegen EG-Recht, wenn bestimmte Belastungsgrenzen beachtet werden – Anschluss an Gerrits-U., dazu Rz. 1166. S. auch BMF v. 10. 9. 2004, BStBl I 2004, 860.

[1586] BFH I R 10/95 v. 30. 8. 1995, BStBl II 1995, 868.

[1587] Zu § 50a EStG s. Rz. 1108, 1118ff.

übte oder verwertete **künstlerische** oder ähnliche **Darbietungen**[1588] erzielt werden, einschließlich der Einkünfte aus anderen mit diesen Leistungen zusammenhängenden Leistungen (§ 49 Abs. 1 Nr. 2 Buchst. d EStG),[1589] wird die Einkommensteuer im Wege des **Steuerabzugs** erhoben (§ 50a Abs. 4 Nr. 1 EStG).

Das Gleiche gilt für Einkünfte aus der Verwertung einer Tätigkeit u. a. als **Künstler** (§ 49 **1109**
Abs. 1 Nr. 3, 4 EStG),[1590] es sei denn, es handelt sich um gemäß § 38 Abs. 1 Satz 1 Nr. 1 EStG dem **Steuerabzug vom Arbeitslohn** unterliegende Einkünfte (§ 50a Abs. 4 Nr. 2 EStG).[1591] Ebenso unterliegen dem Steuerabzug die Einkünfte aus Vergütungen für die **Überlassung der Nutzung** oder des **Rechts auf Nutzung von Rechten,** insbesondere von Urheberrechten, und von **Know-how** (§ 50a Abs. 4 Nr. 3 EStG).[1592] Das Gleiche gilt für die Veräußerung von Rechten i. S. d. § 49 Abs. 1 Nr. 2 Buchst. f EStG.[1593] Damit wird sichergestellt, dass diese Vorschrift auch die **verbrauchende Überlassung** von Rechten umfasst, von Rechten also, die bspw. nur in Zusammenhang mit einer einzelnen Veranstaltung, z. B. einer Vernissage, genutzt werden können und sich mit dieser verbrauchen.[1594]

Eine Tätigkeit wird im Inland **ausgeübt,** wenn der Steuerpflichtige die jeweilige Tätig- **1110**
keit durch physische Anwesenheit im Inland ausübt. Dabei ist entscheidend, wo sich die künstlerische Tätigkeit vollzieht, weniger, wo diese vorbereitet und wo sie verwertet wird.[1595] Besteht die vertragliche Verpflichtung in einem Zurverfügunghalten, so ist Ausübungsort der Ort, an dem sich der Künstler in diesem Zusammenhang tatsächlich befindet.[1596]

Die Tätigkeit wird im Inland **verwertet,** wenn das Ergebnis einer im Ausland ausge- **1111**
übten Tätigkeit im Inland genutzt wird.[1597]

Aus der **Bemessungsgrundlage** für den Steuerabzug **scheiden** sämtliche Vermögens- **1112**
zuflüsse **aus,** die aufgrund ihrer Steuerfreiheit bei der Ermittlung der zu versteuernden Einkünfte weder in die Bemessungsgrundlage, noch in die Besteuerungsgrundlage eingehen. Eine solche Steuerfreiheit kann sich z. B. aufgrund eines DBA ergeben.[1598]

Da der BFH **Bedenken** hatte, ob der Steuerabzug gemäß § 50a Abs. 4 und 5 EStG mit **1113**
dem daraus resultierenden Erstattungsververfahren dem Grunde nach nicht eine Benachteiligung von Steuerausländern darstellt[1599] und deshalb nicht mit der Dienstleistungsfreiheit (Art. 59, 60 EGV) vereinbar ist, hatte er die Rechtsfrage dem EuGH zur Entscheidung vorgelegt.[1600] Der EuGH hat nunmehr durch U. v. 3. 10. 2006 Rs. C-290/04[1601]

[1588] Zum Begriff der „Darbietungen" s. Rz. 1082.

[1589] S. dazu Rz. 1087.

[1590] Zur Anerkennung von sog. Ausschließlichkeitsverträgen zwischen Künstlern und einer Gesellschaft s. BFH I R 202/67 v. 15. 9. 1971, BStBl II 1992, 281; I R 94/69 v. 31. 5. 1972, BStBl II 1973, 697.

[1591] S. dazu BMF v. 31. 7. 2002, BStBl I 2002, 707.

[1592] S. dazu EStR R 50a. 1 und EStH H 50a.1 – „Rechteüberlassung".

[1593] S. dazu StÄndG 2007 v. 19. 7. 2006, BGBl I 2006, 1652; BStBl I 2006, 432, Art. 1 Nr. 16, dazu *Dörr* IStR 2006, 583.

[1594] S. dazu BT-Drs. 16/1545 S. 16 – zu Nummer 15.

[1595] Vgl. BFH I R 145/70 v. 28. 2. 1973, BStBl Bl II 1973, 660, zu Art. 7 DBA 1925.

[1596] Vgl. BFH I R 19/69 v. 9. 9. 1970, BStBl II 1973, 134, m. w. N.

[1597] Vgl. BMF v. 23. 1. 1996, BStBl I 1996, 89, Tz. 2.2.2.

[1598] BFH I R 28/87 v. 27. 7. 1988, BStBl II 1988, 449 m. w. N.; I R 238/81 v. 1. 12. 1982, BStBl II 1983, 213.

[1599] Zweifelnd *Schnitger/Papandopoulos* BB 2005, 407.

[1600] BFH-Beschluss I R 39/04 vom 28. 4. 2004, BStBl II 2004, 878; s. ergänzend dazu BFH I B 44/04 v. 16. 6. 2004, BStBl II 2004, 882.

[1601] Fall FKP Scorpio Konzertproduktionen, DStR 2006, 743.

entschieden, dass das Steuerabzugsverfahren in den genannten Fällen grundsätzlich zulässig ist, und dass der zum Steuerabzug Verpflichtete haftet, wenn er den Steuerabzug unterlassen hat. Es verstoße jedoch gegen die Dienstleistungsfreiheit, bei der Anerkennung von Betriebsausgaben des Dienstleistungsempfängers, der Vergütungsschuldner ist, Unterschiede zu machen, ob der Dienstleister gebietsansässig oder gebietsfremd ist. Abziehbar seien jedoch nur Betriebsausgaben, die in unmittelbarem Zusammenhang mit den Tätigkeiten stehen, aus denen die zu versteuernden Einkünfte erzielt worden sind, die im Mitgliedsstaat der Dienstleistungserbringung ausgeführt worden sind. Das Gericht hält es für zulässig, die Gewährung einer nach einem DBA möglichen Steuerbefreiung von einer Freistellungsbescheinigung der zuständigen Steuerbehörde abhängig zu machen. Im Übrigen stellt es klar, dass Art. 59 EGV dahin auszulegen ist, dass er **nicht** zugunsten eines Dienstleisters anwendbar ist, der die **Staatsangehörigkeit** eines **Drittstaats** besitzt, und zwar unabhängig davon, ob der Dienstleister innerhalb der Gemeinschaft ansässig ist und es sich um eine innergemeinschaftliche Dienstleistung handelt. Noch offen ist derzeit, ob nach Maßgabe des EuGH-Urteils zu Unrecht erhobene Abzugsbeträge auch dann zurückzuerstatten sind, wenn die entsprechenden Bescheide bereits bestandskräftig sind.

1114 *bb) Abgeltungswirkung.* Die **Einkommensteuer,** die dem Steuerabzug aufgrund des § 50a EStG unterliegen gilt bei beschränkt Steuerpflichtigen grundsätzlich durch den Steuerabzug als **abgegolten** (§ 50 Abs. 5 Satz 1 EStG).[1602] Dabei geht das EStG davon aus, dass die Steuer von den **Bruttoeinnahmen** erhoben werden (§ 50a Abs. 4 Sätze 2 und 3 EStG)[1603] wird, und zwar grundsätzlich auch bei gesamthänderisch erzielten Einkünften.[1604] § 50a Abs. 4 EStG verstößt nicht gegen das General Agreement on Trade in Services[1605] – **GATS.**[1606]

1115 Diese Abgeltungswirkung entfällt allerdings gemäß § 50 Abs. 5 Satz 2 Nr. 3 EStG unter bestimmten Voraussetzungen. Dadurch soll eine Überbesteuerung aufgrund der **Bruttobesteuerung**[1607] vermieden werden. Voraussetzung für das Absehen von der Abgeltungswirkung ist nach der derzeitigen Gesetzesfassung u.a., dass die mit den Einnahmen in unmittelbarem Zusammenhang stehenden Betriebsausgaben oder Werbungskosten die Hälfte der Einnahmen übersteigen. Diese Regelung hält der BFH **nicht mit** der vom EG-Vertrag garantierten **Dienstleistungsfreiheit** (Art. 59, 60 EGV) **vereinbar,** soweit aufgrund der Abzugsbeschränkung des § 50 Abs. 5 Satz 2 Nr. 3 Satz 2 EStG der Abzug **mittelbarer Gemeinkosten** ausgeschlossen ist.[1608]

1116 *cc) Vereinfachtes Abzugsverfahren. (1) Das sog. Gerritse-Urteil des EuGH.* Durch Urteil vom 12. 6. 2003, Rs. C-234/01 – **Fall Gerritse**[1609] – hat der **EuGH** entschieden, dass einer nationalen Regelung, wonach bei Gebietsfremden die Bruttoeinkünfte ohne oder nur mit eingeschränktem Abzug der Betriebsausgaben besteuert werden, während bei Gebietsansässigen nur die Nettoeinkünfte nach Abzug der Betriebsausgaben der Besteuerung unter-

---

[1602] Zu Ausnahmen von der Abgeltungswirkung s. § 50 Abs. 5 Satz 2 Halbs. 1 und 2 Nr. 1 bis 3 EStG; s. dazu *Kirchhof/Gosch* § 50 EStG Rz. 23.

[1603] Zu den gemeinschaftsrechtlichen Bedenken gegen die Bruttobesteuerung s. Rz. 116.

[1604] BFH I R 86/89 v. 23. 10. 1991, BStBl II 1992, 185.

[1605] BGBl II 1994, 1473, 1643ff.

[1606] BFH I R 75/01 v. 17. 11. 2004, BFH/NV 2005, 690.

[1607] S. dazu Rz. 1116.

[1608] BFH I R 93/03 v. 26. 5. 2004, BStBl. II 2004, 991; Az. des EuGH: Rs. C-345/04 – Fall Centro Equestre da Leziria Grande LDA. Schlussanträge am 22. 6. 2006 gestellt.

[1609] IStR 2003, 458; s. dazu BFH I R 73/02 v. 28. 1. 2004, BStBl II 2005, 550; einschränkend dazu BMF v. 2. 8. 2005, DStR 2005, 1445; s. ferner *Schmidt-Heß* IStR 2006, 690, sowie Gerichtshof von Amsterdam v. 25. 4. 2000, IStR 2002, 420: Besteuerung ausländischer Künstler nach dem Nettoprinzip.

liegen, mit Art. 49 und 50 EGV nicht vereinbar sei. Dies hat auch Auswirkungen auf die Regelungen in § 50 Abs. 5 Satz 1 i.V.m. § 50a Abs. 4 Sätze 2 und 3 EStG. Sie sind nicht EU-rechtskonform.[1610]

Die Rechtsgrundsätze des Gerritse-Urteils sind allerdings grundsätzlich nur auf solche Steuerpflichtige anwendbar, die entweder **Staatsangehörige** eines Staates **der EU** oder in einem solchen Staat ansässig sind.[1611] Bei den übrigen Steuerpflichtigen kommt es entscheidend darauf an, ob zwischen der Bundesrepublik einerseits und dem Staat, in dem der Steuerpflichtige ansässig ist oder dessen Staatsangehörigkeit er besitzt, ein Diskriminierungsverbot, z.B. in einem DBA oder einem Freundschafts-, Handels- und Schifffahrtsvertrag,[1612] vereinbart ist. Im OECD-MA ist dies der Art. 24. Vergleichbare Regelungen enthalten auch die einzelnen, von Deutschland abgeschlossenen DBA.[1613] 1117

(2) Von der deutschen Finanzverwaltung ergriffene Maßnahmen. Im Hinblick auf diese Rechtsprechung räumt die Finanzverwaltung im Wege einer Verwaltungsanweisung allen beschränkt Steuerpflichtigen mit Einkünften, die dem Steuerabzug gemäß § 50a Abs. 4 Satz 1 Nr. 1 und 2 EStG unterliegen, z.B. aus künstlerischen Darbietungen[1614] oder aus einer **Tätigkeit als Künstler,** ein **vereinfachtes Steuererstattungsverfahren ein.**[1615] Danach wird bestimmt, dass – abweichend von § 50 Abs. 5 Satz 2 Nr. 3 EStG – für die Steuererstattung nicht mehr erforderlich ist, dass die mit den Einnahmen in unmittelbarem Zusammenhang stehenden Betriebsausgaben oder Werbungskosten die Hälfte der Einnahmen übersteigen. Nunmehr wird die Steuer auf Antrag erstattet, soweit sie den Betrag übersteigt, der sich bei Anwendung des tariflichen Steuersatzes gemäß § 32a Abs. 1 EStG auf die um den Grundfreibetrag erhöhten Einkünfte auf die Einkünfte zuzüglich Solidaritätszuschlag ergibt.[1616] 1118

dd) Billigkeitsmaßnahmen, Sicherstellung des Steueranspruchs. Nach Maßgabe des § 50 Abs. 7 EStG kann die Einkommensteuer im Billigkeitsweg – außerhalb des Steuerfestsetzungs- und Steuerfeststellungsverfahrens auf der Grundlage des § 163 AO[1617] **erlassen**[1618] oder in einem **Pauschbetrag** festgesetzt werden.[1619] 1119

Gemäß § 50a Abs. 7 EStG können beschränkt steuerpflichtige Einkünfte, soweit sie nicht kraft Gesetzes dem Steuerabzug unterliegen (z.B. Steuerabzug gemäß § 50a Abs. 1 bis 4 EStG) unterliegen, durch **Anordnung des Finanzamts** des Vergütungsgläubigers dem **Steuerabzug unterworfen** werden.[1620] 1120

1610 Zu weiteren Einzelheiten s. *Blümich/Ebling* § 1 EStG Rz. 110; *Blümich/Wied* § 50 EStG Rz. 23f. sowie *Kirchhof/Gosch* § 50 EStG Rz. 19; *Molenaar/Grams* IStR 2005, 762.

1611 BFH I R 22/02 v. 19. 11. 2003, BStBl II 2004, 560; bestätigt durch I R 33/04 v. 28. 6. 2005, BStBl II 2006, 489.

1612 So z.B. im Verhältnis zu den USA, s. dazu BFH I R 22/02 v. 19. 11. 2003, BStBl II 2004, 560; bestätigt durch I R 33/04 v. 28. 6. 2005, BStBl II 2006, 489.

1613 S. dazu i.E. die Erläuterungen zu Art. 24 OECD-MA bei *Vogel/Lehner.*

1614 Zum Begriff der „Darbietungen" s. Rz. 1082ff.

1615 BMF v. 3. 11. 2003, BStBl I 2003, 553; zur Kritik s. *Blümich/Wied* § 50 EStG Rz. 27 m.w.N.: nicht ausreichend; *Cordewener* IStR 2004, 109; s. auch *Schnitger* FR 2003, 745.

1616 Vgl. die Beispiele in BMF v. 3. 11. 2003, BStBl I 2003, 554; s. auch Rz. 1113 – Fall FKP Scorpio Produktionen.

1617 S. BFH I R 80/03 v. 26. 5. 2004, BFH/NV 2005, 26.

1618 S. dazu z.B. FG Brandenburg v. 20. 76. 2001, EFG 2001, 1284, rkr.: Förderung aus öffentlichen Mitteln.

1619 Beispiel: Pauschaler Lohnsteuerabzug für bestimmte beschränkt steuerpflichtige kurzfristig als Arbeitnehmer beschäftigte Künstler, s. dazu LStR R 125 Abs. 4; zu weiteren Einzelheiten s. *Blümich/Wied* § 50 EStG Rz. 100ff.; s. ferner BMF v. 20. 7. 1983, BStBl I 1983, 382 (sog. „Kulturorchestererlass"), dazu FG Köln v. 23. 7. 2003, EFG 2003, 1556, rkr.

1620 S. i. E. BMF v. 2. 8. 2002, BStBl I 2002, 710.

1121 **b) Einkünfte aus nichtselbständiger Arbeit.** Die auf die beschränkt steuerpflichtigen Einkünfte aus nichtselbständiger Arbeit entfallende Steuer kann im Wege des Lohnsteuerabzugs gemäß § 39d EStG, des Steuerabzugs gemäß § 50a Abs. 4 Nr. 2 EStG oder der Veranlagung (§ 50 Abs. 5 Satz 4 Nr. 2 EStG erhoben werden.[1621]

5. Steuersatz bei Vergütungen i. S. d. § 50a Abs. 4 EStG

1122 **a) Einkommensteuer.** Der **Steuersatz** beträgt grundsätzlich **20 v. H.** der Einnahmen (§ 50a Abs. 4 Satz 4 EStG). Dabei gilt in Bezug auf den Begriff der Einnahmen § 8 Abs. 1 EStG entsprechend.[1622]

1123 Für im Inland ausgeübte **künstlerische** oder ähnliche Darbietungen gilt gemäß § 50a Abs. 4 Satz 5 EStG bei **Vergütungen bis 1000 €** ein **gestaffelter v. H.-Satz** (0 v. H. bis 15 v. H.). Bei Einnahmen **über 1000 €** beträgt der Steuerabzug generell **20 v. H.** der gesamten Einnahmen (§ 50a Abs. 3 Satz 4 EStG).[1623] Unter dem Begriff der Darbietung i. S. d. § 50a Abs. 4 Satz 5 EStG ist der einzelne Auftritt pro Tag und Veranstalter zu verstehen.[1624]

1124 Übernimmt der Schuldner der Vergütung die Steuer gemäß § 50a EStG und den Solidaritätszuschlag (sog. **Nettovereinbarung**), ergibt sich zur Ermittlung der Abzugsteuer folgender v. H.-Satz, der auf die jeweilige Nettovergütung anzuwenden ist:[1625]

Bei einer Netto-Vergütung in €	Berechnungsgrundsatz für die Steuer gemäß § 50a Abs. 4 EStG in v. H. der Nettovergütung	Berechnungsgrundsatz für den Solidaritätszuschlag in v. H. der Nettovergütung
bis 250	0,00	0,00
bis 447,27	11,18	0,61
bis 841,75	17,82	0,98
mehr als 841,75	25,35	1,39

1125 **b) Solidaritätszuschlag.** Der auf den Steuerabzugsbetrag entfallende **Solidaritätszuschlag** hat ebenfalls abgeltende Wirkung.[1626] Die Belastung mit dem Solidaritätszuschlag ist damit endgültig.[1627]

1126 Der Solidaritätszuschlag beträgt 5,5 v. H. des Steuerabzugbetrags (§ 3 Abs. 1 Nr. 6 i. V. m. § 4 SolZG.

6. Entstehung, Einbehaltung und Abführung des Steuerabzugs, Haftung

1127 **a) Entstehung, Zeitpunkt des Abzugs, Abführung und Anmeldung des Steuerabzugs.** Die dem Steuerabzug unterliegende Steuer **entsteht** in dem Zeitpunkt, in dem die Vergütungen i. S. d. § 50a Abs. 4 EStG dem Vergütungsgläubiger (Künstler z. B.) **zufließen** (§ 50a Abs. 5 Satz 1 EStG; § 73c EStDV). In diesem Zeitpunkt hat der Schuldner der Vergütungen den **Steuerabzug** für Rechnung des beschränkt steuerpflichtigen Gläu-

[1621] S. zu den Einzelheiten *Blümich/Wied* § 49 EStG Rz. 151.

[1622] BFH I R 28/87 v. 27. 7. 1988, BStBl II 1989, 449; gleichzeitig Stellungnahme zum Umfang der Einnahmen, wenn Dritter, z. B. Filmproduzent, Aufwendungen übernimmt.

[1623] Zu Einzelheiten zum gestaffelten Steuerabzug s. BMF v. 1. 8. 2002, BStBl I 2002, 709 sowie OFD Münster v. 17. 4. 2002, IStR 2002, 464.

[1624] S. BMF v. 1. 8. 2002, BStBl I 2002, 709, Tz. 3; OFD Karlsruhe v. 29. 4. 2002, DStR 2002, 807 mit Anwendungsbeispiel; zu Beispielen s. auch *Holthaus* IStR 2002, 454.

[1625] Zu Beispielen s. EStH H 50a.2 – Steuererstattung nach § 50 Abs. 5 Satz 2 Nr. 3 EStG.

[1626] Ausgenommen Steuerabzug zur Sicherstellung des Steueranspruchs (§ 50a Abs. 7 EStG).

[1627] S. dazu *Blümich/Lindberg* § 3 SolZG Rz. 19f.

bigers (Steuerschuldners) **vorzunehmen** (§ 50a Abs. 5 Satz 2 EStG). Er ist von dieser Verpflichtung befreit, wenn und soweit er Vergütungen für die Nutzung oder das Recht auf Nutzung von **Urheberrechten** i. S. d. § 50a Abs. 4 Nr. 3 EStG aufgrund eines Übereinkommens nicht an den beschränkt steuerpflichtigen Gläubiger (Steuerschuldner), sondern an einen Rechtsträger (Verwertungsgesellschaft) abführt, der an die Stelle des Schuldners tritt (§ 73f EStDV i. V. m. § 50a Abs. 6 EStG).[1628] Zu diesen Rechtsträgern gehört u. a. die Verwertungsgesellschaft **„Bild-Kunst".**

Die innerhalb eines Kalendervierteljahres einbehaltene Steuer ist vom Vergütungsschuldner jeweils bis zum 10. des Folgemonats an das für seine Besteuerung nach dem Einkommen zuständige Finanzamt **abzuführen** (§ 50 Abs. 5 Satz 3 EStG, § 73e Satz 1 EStDV). **1128**

Bis zu diesem Zeitpunkt sind auch der Vergütungsgläubiger, die Vergütungshöhe und die Steuerabzugshöhe nach Maßgabe des § 73e Sätze 2 und 3 EStDV beim zuständigen Finanzamt **anzumelden.** Anzumelden sind dabei die Steuerbeträge, die der Vergütungsschuldner gemäß § 73e Satz 2 EStDV tatsächlich einbehalten hat und für die dieser eine Abführungspflicht bejaht.[1629] **1129**

Der Gläubiger der Vergütung (Künstler) ist berechtigt, die Anmeldung mit **Einspruch** anzufechten.[1630] Da die Steueranmeldung keine Festsetzung einer Steuerschuld gegenüber dem Vergütungsgläubiger (= Steuerschuldner) enthält, kann sie nur daraufhin überprüft werden, ob sie vom Vergütungsschuldner vorgenommen werden durfte oder nicht.[1631] **1130**

Die Einbehaltungs-, Abführungs- und Anmeldepflicht gemäß § 50a Abs. 4 EStG setzt voraus, dass die vom Vergütungsschuldner geleisteten Zahlungen aus Sicht des Vergütungsgläubigers dem Einkünftekatalog des § 49 EStG unterfallen. Daran fehlt es, wenn die Einkünfte im Inland nicht steuerbar sind,[1632] etwa weil keine Einkünfteerzielungsabsicht besteht.[1633] **1131**

b) Abzugsverpflichteter, Haftender. Zum Steuerabzug **verpflichtet** ist der **Vergütungsschuldner,** d. h. in der Regel der Veranstalter (§ 50a Abs. 5 Satz 2, Abs. 6 EStG).[1634] Dieser hat besondere **Aufzeichnungen** zu führen (§ 73d EStDV) und dem beschränkt steuerpflichtigen Gläubiger auf Verlangen eine **Steuerbescheinigung** nach amtlichem Muster[1635] zu erteilen (§ 50a Abs. 5 Satz 7 EStG). **1132**

Ist die Steuer nicht ordnungsgemäß einbehalten oder abgeführt, so hat das Finanzamt die Steuer vom Schuldner der Vergütungen durch **Haftungsbescheid**[1636] oder von dem Steuerschuldner durch Steuerbescheid anzufordern (§ 73g EStDV).[1637] Voraussetzung ist, dass der Vergütungsschuldner zum Steuerabzug verpflichtet war. Ist dies nicht der Fall, so scheidet eine Haftung des Vergütungsgläubigers gemäß § 50 Abs. 5 EStG aus.[1638] Die **1133**

[1628] Zur GEMA als Rechtsträger in diesem Sinn s. BFH I R 166/61 U v. 24. 6. 1964, BStBl III 1964, 544.

[1629] So ausdrücklich BFH I B 69/02 v. 25. 11. 2002, BStBl II 2003, 189, zu EStDV 2000.

[1630] BFH I R 28/87 v. 27. 7. 1988, BStBl II 1989, 449.

[1631] BFH I B 69/02 v. 25. 11. 2002, BStBl II 2003, 189, zu EStDV 2000.

[1632] Vgl. BFH I R 73/02 v. 28. 1. 2004, BStBl II 2005, 550; dazu *Schmidt-Heß* IStR 2006, 690; einschränkend dazu BMF v. 2. 8. 2005, DStR 2005, 1445.

[1633] BFH I R 14/01 v. 7. 11. 2001, BStBl II 2002, 861: Preisgeldzahlungen im Rahmen von Pferderennen.

[1634] Zu den Einzelheiten der Durchführung des Steuerabzugs insgesamt s. *Blümich/Wied* § 50a EStG Rz. 73ff.; BMF v. 23. 1. 1996, BStBl I 1996, 89, Tz. 3.1ff.

[1635] S. dazu BMF v. 9. 10. 2002, BStBl I 2002, 909, 919.

[1636] Vgl. BFH I R 48/93 v. 1. 12. 1993, BFH/NV 1994, 549: Fehlende Freistellungsbescheinigung.

[1637] Zu Einzelheiten s. *Blümich/Wied* § 50a EStG Rz. 86ff. Zur Anwendbarkeit des § 219 AO s. FG Münster v. 23. 5. 2001, EFG 2001, 1376, Rev. I R 46/02.

[1638] BFH I R 14/01 v. 7. 11. 2001, BStBl II 2002, 861.

Entscheidung darüber, ob der Steuerabzug aus gemeinschaftsrechtlicher Sicht von der **Bruttovergütung** vorgenommen werden darf,[1639] wirkt sich wegen der Akzessorietät der Haftung auch auf einen möglichen Haftungsanspruch gegen den Haftungsschuldner aus.[1640]

7. Erstattung der Abzugsteuer aufgrund von DBA (§ 50d EStG)

1134 **a) Allgemeine Grundsätze.** Ausländische Empfänger (Gläubiger) von Einkünften, die dem Steuerabzug gemäß § 50a Abs. 4 EStG unterliegen, können aufgrund von in DBA getroffenen zwischenstaatlichen Vereinbarungen einen Anspruch auf Entlastung von der Abzugsteuer (Steuerentlastung oder Steuerermäßigung) haben. Das **Entlastungsverfahren** ist im Einzelnen in § 50d EStG geregelt. Die Regelung ist rechtmäßig und geht dem Recht der DBA vor.[1641] Sie verstößt nicht gegen Gemeinschaftsrecht, wenn bestimmte Voraussetzungen beachtet werden.[1642] Umstritten ist allerdings, ob § 50d Abs. 3 EStG[1643] als speziellere Regelung der allgemeineren abgabenrechtlichen Vorschrift des § 42 AO vorgeht.[1644]

1135 **Zuständig** für Entlastung ist das **Bundeszentralamt für Steuern** (BZSt).[1645] Es veröffentlicht fortlaufend aktualisierte Merkblätter zu Anträgen gemäß § 50d EStG.[1646]

1136 Für die Entlastung von der Abzugsteuer stehen das **Erstattungsverfahren,** die im Steuerabzugsverfahren **(Freistellungsverfahren)** und das sog. **Kontrollmeldeverfahren** zur Verfügung.[1647]

1137 **b) Erstattungsverfahren.** Beim **Erstattungsverfahren** wird die vom Vergütungsschuldner einbehaltene und abgeführte Abzugsteuer dem Vergütungsgläubiger auf Antrag vom BZSt ganz oder teilweise erstattet.[1648] Voraussetzung ist, dass das Finanzamt nicht oder nur eingeschränkt zum Steuerabzug berechtigt ist, z.B. weil der Steuerabzug ohne rechtlichen Grund[1649] vorgenommen worden ist.[1650] Eine Erstattung scheidet allerdings

---

[1639] S. dazu Rz. 1115ff.

[1640] Vgl. FG Düsseldorf v. 18. 8. 2003, IStR 2004, 90, rkr.

[1641] So ausdrücklich BFH I R 38/00 v. 20. 3. 2002, BStBl II 2002, 819; zur Änderung der Rechtsprechung s. I R 74, 88/04 v. 31. 5. 2005, BStBl I 2006, 118, dazu BMF v. 30. 1. 2006, BStBl I 2006, 166 (sog. Nichtanwendungserlass), dazu *Hergeth/Ettinger* IStR 2006, 307 und Anm. *Jacob/Klein* IStR 2005, 711; *Haarmann* IStR 2005, 713.

[1642] S. dazu i.E. BFH I B 69/02 v. 25. 11. 2002, BStBl II 2003, 189, m.w.N.

[1643] Die Vorschrift wurde durch das JStG 2007 v. 13. 12. 2006, BGBl I 2006, 2878, erheblich detaillierter gefasst. Sie soll dazu dienen, missbräuchliche Gestaltungen durch Einschaltung wirtschaftlich nicht eigenständig tätiger Kapitalgesellschaften zu verhindern.

[1644] § 50d Abs. 3 EStG regelt nur eine besondere Erscheinungsform der Steuerumgehung. Insoweit laufen diese Vorschrift und § 42 AO parallel. § 42 AO bleibt aber darüber hinaus anwendbar und wird nicht durch § 50d Abs. 3 EStG generell ausgeschlossen. Zum Meinungsstand s. BFH I R 38/00 v. 20. 3. 2002, BStBl II 2002, 819, 821; s. aber auch Änderung der Rechtsprechung durch U. I R 74, 88/04 v. 31. 5. 2005, BStBl II 2006, 118, dazu BMF v. 30. 1. 2006, BStBl I 2006, 166 (sog. Nichtanwendungserlass), dazu *Hergeth/Ettinger* IStR 2006, 307 und Anm. *Jacob/Klein* IStR 2005, 711; *Haarmann* IStR 2005, 713. Zur Neuregelung nach dem StÄndG 2007 s. *Kessler/Eicke* IStR 2006, 577, und *Günkel/Lieber* DB 2006, 2197.

[1645] Hauptdienstsitz: An der Küppe 1 in 53225 Bonn-Beuel.

[1646] S. dazu BfF-Merkblatt v. 9. 10. 2002, BStBl I 2002, 904; Die Merkblätter können im Internet abgerufen werden unter http://www.bzst.de. Das Merkblatt zur Steuerfreistellung ausländischer Einkünfte gemäß § 50d Abs. 8 EStG (nichtselbständige Arbeit) ist abgedruckt in DStR 2005, 1445.

[1647] Zu den Einzelheiten s. BMF v. 7. 5. 2002, BStBl I 2002, 521; *Blümich/Wied* § 50d EStG Rz. 18ff.

[1648] Zu Einzelheiten s. BMF v. 7. 5. 2002, BStBl I 2002, 521, Tz. 2 bis 2.5.

[1649] Z. B. wegen Steuerfreiheit der fraglichen Einkünfte.

[1650] Vgl. BFH I R 230/81 v. 20. 6. 1984, nv, zum DBA-Österreich.

u. a. dann aus, wenn im Inland erzielte Einnahmen zur Vermeidung inländischer Steuern durch eine ausländische Basis-Kapitalgesellschaft „durchgeleitet" werden und dies als **rechtsmißbräuchlich** (§ 42 AO) zu beurteilen ist.[1651]

c) Freistellungsverfahren. Im Rahmen des **Freistellungsverfahrens** bescheinigt das BZSt durch Freistellungsbescheid, dass der Zahlungsverpflichtete (Vergütungsschuldner) den Steuerabzug ganz oder teilweise unterlassen darf.[1652] In diesem Verfahren ist nur darüber zu befinden, ob eine Freistellung von der deutschen Steuer geboten ist. Die Frage, ob steuerpflichtige Einkünfte vorliegen, oder ob die Einkünfte aus anderen Gründen von der Besteuerung freizustellen ist, ist außerhalb des Verfahrens gemäß § 50 d EStG vom zuständigen Finanzamt, nicht vom BZSt zu entscheiden.[1653] **1138**

Freistellungen aufgrund eines **DBA** bleiben künftig gemäß § 50 d Abs. 9 EStG[1653a] ausgeschlossen, wenn die betroffenen Einkünfte in dem anderen Staat nicht besteuert werden. Die Nichtbesteuerung kann sich z. B. aufgrund eines sog. Qualifikationskonfliktes ergeben, der entstehen kann, wenn die Vertragsstaaten Einkünfte unterschiedlichen Abkommensbestimmungen zuordnen, indem sie von unterschiedlichen Sachverhalten ausgehen, die Einzelregelungen unterschiedlich auslegen oder zur Begriffsbestimmung auf nationales Recht zurückgreifen.[1653b] Auf **Dividenden** ist § 50 d Abs. 9 EStG grundsätzlich nicht anwendbar (Abs. 9 Satz 2).

Bei dem **Freistellungsbescheid** handelt es sich um einen **Steuerbescheid** i. S. d. § 155 Abs. 1 Satz 3 AO.[1654] Die Klage auf Erlass eines Freistellungsbescheides ist eine Verpflichtungsklage.[1655] Der Freistellungsbescheid gemäß § 50 d Abs. 1 Satz 2 EStG 1997 ist zu unterscheiden von einer Freistellungsbescheinigung gemäß § 50 d Abs. 3 Satz 1 EStG 1997.[1656] **1139**

d) Kontrollmeldeverfahren. Beim **Kontrollmeldeverfahren** handelt es sich um ein vereinfachtes Freistellungsverfahren, das bei Vergütungen i. S. d. § 50 a Abs. 4 Nr. 2 und 3 EStG (Abs. 5) und im Falle des § 50 a Abs. 6 anwendbar ist. Im Unterschied zum Freistellungsverfahren wird von der Vorlage einer Bescheinigung im Einzelfall abgesehen. Der Vergütungsschuldner muss vom BZSt zur Anwendung des Kontrollmeldeverfahrens, das umfangmäßig begrenzt ist, ermächtigt worden sein.[1657] Durch das **1140**

[1651] BFH I R 38/00 v. 20. 3. 2002, BStBl II 2002, 819 m. w. N.; zur Änderung der Rechtsprechung s. I R 74, 88/04 v. 31. 5. 2005, BStBl II 2006, 118, dazu BMF v. 30. 1. 2006, BStBl I 2006, 166 (sog. Nichtanwendungserlass), dazu *Hergeth/Ettinger* IStR 2006, 307 und Anm. *Jacob/Klein* IStR 2005, 711; *Haarmann* IStR 2005, 713.

Zum Ausschluss der KapESt-Erstattung bei Zwischenschaltung einer funktionslosen Holding s. BFH I R 74, 88/04 v. 31. 5. 2005, BStBl II 2006, 118, zu § 50 d Abs. 1 a EStG 1990/1994.

[1652] Zu Einzelheiten s. BMF v. 7. 5. 2002, BStBl I 2002, 521, Tz. 3 bis 3.6. S. ferner EuGH v. 13. 10. 2006, Rs. C-290/04 – Fall FKP Scorpio Konzertproduktionen, DStR 2006, 743, zur Freistellung nach einem DBA.

[1653] S. dazu i. E. BFH I R 22/02 v. 19. 11. 2003, BStBl II 2004, 560; bestätigt durch I R 33/04 v. 28. 6. 2005, BStBl II 2006, 489.

[1653a] I. d. F. d. JStG 2007 v. 13. 12. 2006, BGBl I 2006, 2878; krit. dazu *Loose/Hölscher/Althaus* BB 2006, 2724: Treaty Override.

[1653b] Zum Begriff „Qualifikationskonflikt" s. auch *Vogel/Lehner* Einl. 150 ff.

[1654] BFH I R 38/00 v. 20. 3. 2002, BStBl II 2002, 819; zur Änderung der Rechtsprechung s. I R 74, 88/04 v. 31. 5. 2005, BStBl II 2006, 118, dazu BMF v. 30. 1. 2006, BStBl I 2006, 166 (sog. Nichtanwendungserlass), dazu *Hergeth/Ettinger* IStR 2006, 307 und Anm. *Jacob/Klein* IStR 2005, 711; *Haarmann* IStR 2005, 713.

[1655] BFH I R 22/81 v. 27. 6. 1985, BFH/NV 1985, 17.

[1656] S. dazu i. E. BFH I R 33/04 v. 28. 6. 2005, BStBl II 2006, 489.

[1657] Zu Einzelheiten s. *Blümich/Wied* § 50 a EStG Rz. 51 f.; BMF v. 7. 5. 2002, BStBl I 2002, 521, Tz. 4.

JStG 2007[1657a] wurde das Kontrollmeldeverfahren unter bestimmten Voraussetzungen auf Gewinnanteile, die Veräußerung von Dividendenscheinen sowie auf Lebensversicherungserträge ausgedehnt.

3. Abschnitt. Ausschaltung internationaler Doppelbesteuerung

Schrifttumsverzeichnis und Verwaltungsanweisungen: siehe Schrifttumsverzeichnis zum 5. Teil (Steuerrecht).

A. Allgemeine Grundsätze

I. Begriff und Entstehung internationaler Doppelbesteuerungen

1141 Eine zwischenstaatliche **(internationale) Doppelbesteuerung** lässt sich bestimmen als Normenkonkurrenz, die entsteht, wenn Steuergewalten verschiedener Staaten aufgrund ihrer Steuerhoheit berechtigt sind, denselben Steuerschuldner wegen desselben Steuergegenstandes gleichzeitig zu einer gleichen oder gleichartigen Steuer heranzuziehen. Diese Begriffsbestimmung verdeutlicht, dass jede internationale Doppelbesteuerung ihren Ursprung in dem sich überschneidenden positiven Recht der einzelnen Staaten, einschließlich ihrer Untergliederungen hat. Je weiter der einzelne Staat sein innerstaaliches Besteuerungsrecht ausdehnt, umso größer ist die Gefahr des Entstehens eines Doppelbesteuerungskonfliktes.

1142 Ausgangspunkt für das Entstehen internationaler Doppelbesteuerung ist der Umstand, dass die meisten Staaten aus der Herrschaft über die Person, die an Merkmale wie z.B. Wohnsitz, dauernder/gewöhnlicher Aufenthalt, Sitz der Geschäftsleitung, als sog. **Wohnsitzstaat** das Recht ableiten, das gesamte Einkommen dieser natürlichen oder juristischen Personen zu besteuern, und zwar unabhängig davon, ob dieses aus dem In- und/oder Ausland zufließt **(Welteinkommensprinzip).**[1658] Hierzu rechnen auch die Einkünfte aus künstlerischer Tätigkeit.

1143 Demgegenüber steht in erster Linie der Anspruch des Staates, aus dem die ausländischen Einkünfte stammen (sog. **Quellenstaat**), der dem sog. **Territorialitätsprinzip** oder Ursprungsprinzip folgt. So besteuert vorrangig der Staat des Ortes der Tätigkeit als Quellenstaat die Einkünfte der **Künstler** aus ihrer persönlichen künstlerischen Tätigkeit. Der Quellenstaat besteuert diese Einkünfte nach Maßgabe seines innerstaatlichen Rechts. Nach diesem Recht bestimmt sich insbesondere, ob und ggf. in welchem Umfang die fraglichen Einkünfte einem Steuerabzug an der Quelle unterliegen.[1659]

1144 Internationale Doppelbesteuerungen können aber auch dadurch begründet sein, dass zwei Staaten als Wohnsitzstaat des Steuerpflichtigen gelten, etwa weil dieser in einem der beiden Staaten seinen Wohnsitz, im anderen seinen gewöhnlichen Aufenthalt hat. Darüber hinaus sind auch Fälle möglich, aber selten, in denen zwei Staaten das Recht auf eine Besteuerung nach den Grundsätzen der beschränkten Steuerpflicht für sich in Anspruch nehmen. Eine solche Fallgestaltung kann auftreten, wenn der eine Staat für die be-

[1657a] V. 13. 12. 2006, BGBl I 2006, 2878.

[1658] Auch Universal- oder Totalitätsprinzip genannt; s. dazu *Blümich/Ebling* § 1 EStG Rz. 2, 23.

[1659] Zur möglichen doppelten Nicht-Besteuerung s. *Vogel/Lehner* Art. 17 Rz. 5.

schränkte Steuerpflicht an der Betriebsstätte, der andere an das (zusätzliche) Vorhandensein eines ständigen Vertreters anknüpft.

II. Ausschaltung internationaler Doppelbesteuerungen

1. *Unilaterale – bilaterale Maßnahmen*

Internationale Doppelbesteuerungen lassen sich entweder **unilateral** oder **bilateral,** ausnahmsweise auch **multilateral,** ausschließen. Das Wesen der unilateralen Gegenmaßnahmen besteht darin, dass der einzelne Staat im Wege der Selbstbeschränkung von sich aus einseitig auf bestimmte, ihm nach seinen nationalen Steuergesetzen zustehende Steueransprüche ganz oder teilweise verzichtet. Derartige Regelungen können unabhängig von entsprechenden Maßnahmen eines anderen Staates getroffen werden, wie z. B. § 34c EStG. 1145

Die Doppelbesteuerung wird aber in erheblichem Umfang auch durch zwischenstaatliche vertragliche Vereinbarungen – ganz oder teilweise – vermieden oder aufgehoben. In diesen sog. **Doppelbesteuerungsabkommen** (DBA) wird im Einzelnen bestimmt, welcher der beiden Vertragsstaaten bei konkurrierenden Steueransprüchen in welchem Umfang von den nach den nationalen Steuergesetzen begründeten Steueransprüchen bei den einzelnen Arten von Einkünften Gebrauch machen darf.[1660] 1146

Die Abkommen unterscheiden dabei zwischen dem **Wohnsitzstaat,** d. h. dem Staat, in dem der Steuerpflichtige ansässig ist,[1661] und dem Staat, aus dem die Einkünfte stammen **(Quellenstaat).** In aller Regel ist der einzelne Vertragsstaat sowohl Wohnsitz- als auch Quellenstaat. Der Staat, der nach den im Abkommen festgelegten Abgrenzungsregelungen als (Ansässigkeits-)Wohnsitzstaat anzusehen ist, kann grundsätzlich die Einkünfte, die das Abkommen ihm zur Besteuerung „zuweist", grundsätzlich uneingeschränkt im Rahmen der unbeschränkten Steuerpflicht besteuern. Das Recht des Quellenstaates, die Einkünfte des Steuerpflichtigen aufgrund seines ihm staatsrechtlich originär zustehenden Besteuerungsrechtes nach den Grundsätzen der unbeschränkten Steuerpflicht zu besteuern, bleibt zwar dem Grunde nach unberührt; der Ausübung des Besteuerungsrechts werden jedoch durch das Abkommen Grenzen gesetzt.[1662] So kann er beispielsweise Kapitaleinkünfte, die der Steuerpflichtige im Quellenstaat erzielt, regelmäßig nur mit einem im Abkommen festgelegten begrenzten Steuersatz besteuern. 1147

Die **Abkommensregelungen gehen** den Vorschriften des einseitigen Steuerrechts als Spezialgesetze (§ 2 AO) **vor** und sind von Amtswegen zu beachten. 1148

Hat die Bundesrepublik mit dem Staat, in dem der inländische Steuerpflichtige künstlerisch tätig wird, oder in dem der in der Bundesrepublik Tätige seinen Wohnsitz hat, kein DBA geschlossen, so besteht folgende Rechtslage: 1149

- Die Bundesrepublik erfasst die im Ausland erzielten Einkünfte des unbeschränkt Steuerpflichtigen in vollem Umfang (Wohnsitzprinzip). Die im Tätigkeitsstaat (Quellenstaat) auf die ausländischen Einkünfte entfallenden Steuern werden in Deutschland nach Maßgabe des § 34c i. V. m. § 34d EStG berücksichtigt.[1663] 1150

  Wird der Steuerpflichtige mit Wohnsitz im Ausland in der Bundesrepublik künstlerisch tätig, besteuert der deutsche Fiskus die entsprechenden Einkünfte nach Maßgabe der beschränkten Steuerpflicht gemäß § 49 Abs. 1 EStG.

[1660] Zur Frage der Ausgewogenheit der entsprechenden Abkommensregelungen s. *Lehner/Reimer* IStR 2005, 542.

[1661] S. dazu Rz. 1156.

[1662] Vgl. BFH I R 79/96 v. 21. 5. 1997, BStBl II 1998, 113.

[1663] S. dazu Rz. 486 ff.

– Der ausländische Staat, der nicht zugleich Wohnsitzstaat ist, kann seinerseits (nur) die in seinem Hoheitsbereich erwirtschafteten freiberuflichen Einkünfte besteuern, dies jedoch in vollem Umfang. Es bestehen keine Beschränkungen.[1664] Die Besteuerung geschieht im Rahmen der beschränkten Steuerpflicht oder einer vergleichbaren Regelung. Eine – auch nur teilweise – Anrechnung der in Deutschland auf die Einkünfte entfallenden Steuern kommt nicht in Betracht.

2. Grundprinzipien der vertragsmäßigen Ausschaltung der internationalen Doppelbesteuerung

1151 Die bestehende **Anspruchskonkurrenz** wird im Allgemeinen auf verschiedene Weise beseitigt. So kann dem Wohnsitzstaat das alleinige Recht auf Besteuerung bestimmter Einkünfte zugebilligt und die Kollision der Besteuerungsrechte und damit eine Doppelbesteuerung beseitigt werden **(Prinzip der Freistellung).** Freigestellt werden können aber auch umgekehrt bestimmte Einkünfte im Wohnsitzstaat. Die Freistellung als Mittel zur Ausschaltung der internationalen Doppelbesteuerung verliert allerdings mehr und mehr an Bedeutung, und zwar aus fiskalischen Gründen. Sie ist zudem regelmäßig mit dem sog. **Progressionsvorbehalt** verbunden.

1152 Eine weitere Variante besteht darin, dass die Steuer auf bestimmte **Einkünfte der Höhe** nach begrenzt werden.

1153 Derzeit überwiegen allerdings die Regelungen, nach denen die Besteuerungsrechte der beiden Vertragsstaaten zwar dem Grunde nach unangetastet bleiben, der Wohnsitzstaat aber Steuererleichterungen in der Weise gewährt, dass er die im Quellenstaat auf die dort angefallenen Einkünfte erhobenen oder zu erhebenden **Steuern** auf die im Inland auf das Gesamteinkommen zu entrichtende Steuer **anrechnet.**

1154 Ein reines Ursprungsprinzip mit der Folge, dass ausschließlich der Quellenstaat von seinem Besteuerungsrecht Gebrauch machen kann, kennen die deutschen DBA nicht. Im Gegenteil, in der Abkommenspraxis kommt der Besteuerung im Wohnsitzstaat zunehmend ein gewisser Vorrang zu.[1665]

1155 Grundlage und Verhandlungsrahmen für die zwischen den westlichen Industriestaaten abgeschlossenen Abkommen ist zwar in aller Regel das **OECD-Musterabkommen** (OECD-MA).[1666] Die einzelnen konkreten Abkommen enthalten jedoch – je nach Interessenlage der Vertragspartner – mehr oder minder starke Abweichungen gegenüber dem OECD-MA.

3. Vertragstechnische Methodik der Doppelbesteuerungsabkommen

1156 **a) Allgemeine Grundsätze.** Die DBA legen zunächst im Einzelnen fest, welcher der beiden Vertragsstaaten unter welchen Voraussetzungen als Staat zu gelten hat, in dem eine „Person" ansässig ist (vgl. Art. 1, 4 OECD-MA). Dem anderen Vertragstaat kommt sodann die Funktion des Quellenstaats zu. In aller Regel besteuert dieser Staat – vorausgesetzt, er ist nicht gleichzeitig auch Wohnsitzstaat – die entsprechenden Einkünfte auf der Grundlage der beschränkten Steuerpflicht, so die Bundesrepublik nach Maßgabe der §§ 49ff. EStG.

[1664] Anders z.B. bei Zinsen und Lizenzgebühren im EU-Bereich, s. dazu Richtlinie 2003/49/EG des Rates v. 3. 6. 2003 (ABl. EU Nr. L 157 S. 49), Richtlinie 2004/66/EG des Rates v. 26. 4. 2004 (ABL. EU Nr. L 168 S. 35) sowie § 50g und h EStG.

[1665] S. dazu *Kluge* Rz. S 4ff.

[1666] Zu multilateralen Abkommensmodellen s. *Vogel/Lehner* Art. Einl. Rz. 34ff.

Diesen Regelungen folgen neben der Bestimmung der Steuern, die unter das jeweilige Abkommen fallen (vgl. Art. 2 OECD-MA), regelmäßig **allgemeine Begriffsbestimmungen,** wie z. B. zu den Ausdrücken „Person“, „Gesellschaft“, „Unternehmen“, „zuständige Behörde“ und „Betriebsstätte“ (vgl. Art. 3, 5 OECD-MA). 1157

Anhand von sog. **„Kollisionsnormen“,**[1667] d. h. von Sachnormen, die sich auf die einzelnen Einkunftsarten beziehen, bestimmen sodann die einzelnen Abkommen, in welchem Umfang jeweils Wohnsitz- und Quellenstaat ihr nationales Besteuerungsrecht ausüben können.[1668] So kann beispielsweise ein alleiniges Besteuerungsrecht des Wohnsitzstaates auch in Bezug auf Einkünfte bestimmt werden, die aus dem anderen Vertragsstaat (Quellenstaat) stammen.[1669] Zu beachten ist dabei, dass die Doppelbesteuerungsverträge in aller Regel eigene Begriffsbestimmungen enthalten, die sich zwar an Begriffe des nationalen Steuerrechts anlehnen, die aber nicht immer mit dem Inhalt dieser Begriffe übereinstimmen. Dies gilt beispielsweise für die Begriffe „Zinsen“ und „Dividenden“. 1158

In einem weiteren Abschnitt unter der Überschrift „Methoden zur Vermeidung der Doppelbesteuerung“[1670] wird im Einzelnen bestimmt, wie der Wohnsitzstaat die aus dem Quellenstaat stammenden und nach den Normen des DBA (auch) von diesem Staat zu besteuernden Einkünfte steuerrechtlich im Wohnsitzstaat behandelt werden. In Betracht kommen insoweit die **Freistellung** von der Besteuerung, ggf. mit Progressionsvorbehalt, und die **Anrechnung** der im Quellenstaat zu zahlenden oder gezahlten Ertragsteuern.[1671] 1159

In aller Regel enthalten die Abkommen darüber hinaus insbesondere noch Sonderregelungen über die Gleichbehandlung (vgl. Art. 24 OECD-MA), Verständigungsverfahren (vgl. Art. 25 OECD-MA), den Informationsaustausch (vgl. Art. 26 OECD-MA) sowie die gegenseitige Amts- und Rechtshilfe bei der Steuererhebung (vgl. Art. 27 OECD-MA). 1160

b) Freistellungsmethode – Anrechnungsmethode. *aa) Freistellungsmethode.* Das Wesen der **Freistellungsmethode,**[1672] die der Wohnsitzstaat in Bezug auf Einkünfte anwendet, die aus dem Quellenstaat stammen,[1673] besteht darin, dass der Ansässigkeitsstaat, der dem Universalprinzip folgt, auf die Besteuerung bestimmter ausländischer Einkünfte, die der inländischen unbeschränkten Steuerpflicht unterliegen würden, verzichtet. Vor allem in älteren Abkommen geschah dies zum Teil unabhängig davon, ob die betreffenden Einkünfte im Partnerstaat (Quellenstaat) zu besteuern waren oder tatsächlich besteuert wurden, mit der Folge, dass ein sog. steuerfreier Raum entstehen konnte (sog. **virtuelle Doppelbesteuerung**). 1161

Die Freistellungsmethode geht von der Bemessungsgrundlage aus und wirkt wie eine **sachliche Steuerbefreiung** mit der Folge, dass der Wohnsitzstaat in Bezug auf die freigestellten Einkünfte keinen innerstaatlichen Steueranspruch mehr verwirkli- 1162

[1667] Zur Kritik an diesem Begriff s. *Kluge* Rz. R 20 ff.

[1668] S. dazu Art. 6 bis 22 OECD-MA. Zur „Verteilung der Besteuerungsrechte“ allgemein s. auch *Gassner/Schuch/Lang/Staringer,* Die Verteilung der Besteuerungsrechte zwischen Ansässigkeits- und Quellenstaat im Recht der Doppelbesteuerungsabkommen, 2005.

[1669] S. z. B. Art. 12 OECD-MA: Lizenzgebühren, die aus einem Vertragsstaat (= Quellenstaat) stammen und deren Nutzungsberechtigter eine in einem anderen Vertragsstaat (= Wohnsitzstaat) ansässige Person ist, können *nur* im anderen Staat (= Wohnsitzstaat) besteuert werden.

[1670] So das OECD-MA unter Abschnitt V. Allerdings enthalten nicht alle deutschen Abkommen diese Abschnittsbezeichnung, z. T. ist nur die Rede von „Vermeidung der Doppelbesteuerung“ oder es fehlt insoweit jede Art von Abschnitt. Sachliche Unterschiede ergeben sich hieraus jedoch nicht.

[1671] S. zu den Einzelheiten Rz. 1161 ff.

[1672] Auch Freilassungs- oder Steuerbefreiungsmethode genannt.

[1673] S. dazu Rz. 1143.

chen kann.[1674] Die subjektive Steuerpflicht als solche wird hiervon grundsätzlich nicht berührt.

1163 Ist die Freistellungsmethode – was regelmäßig der Fall ist – mit dem **Progressionsvorbehalt** verbunden, beeinflusst die Höhe der (freigestellten) ausländischen Einkünfte die Höhe des auf das verbleibende zu versteuernde Einkommen anzuwendenden Steuersatzes.[1675]

1164 *bb) Anrechnungsmethode.* Die **Anrechnungsmethode** ist die am weitesten verbreitete Methode zur Ausschaltung der internationalen Doppelbesteuerung. Bei ihr werden die im Ausland auf die dort besteuerten Einkünfte festgesetzten oder bereits gezahlten Steuern auf die im Inland auf das Gesamteinkommen, d. h. das Einkommen einschließlich der ausländischen Einkünfte, zu entrichtende Steuer angerechnet. Die ausländischen Einkünfte werden dabei in die für die inländische Besteuerung maßgebliche Steuerbemessungsgrundlage einbezogen. Dabei wird grundsätzlich vorausgesetzt, dass die im Ausland erzielten Einkünfte auch im Inland steuerbar sind; denn durch ein DBA kann ein ansonsten im Inland nicht bestehender Steueranspruch nicht begründet werden.

1165 Ausnahmsweise kann das Abkommen die Anrechnung nicht erhobener Steuern vorsehen (sog. **fiktive Steueranrechnung**), und zwar vornehmlich im Verhältnis zu sog. Entwicklungsländern.[1676]

4. Persönlicher Anwendungsbereich der Doppelbesteuerungsabkommen

1166 Abkommensschutz besteht grundsätzlich nur für Personen, die in einem oder in beiden Vertragsstaaten ansässig sind. Dies gilt auch in Bezug auf die Anwendung des Art. 17 OECD-MA (**Künstler** und Sportler). Der Begriff der Ansässigkeit ist zwar ein solcher des Abkommensrechts. Er stellt aber insoweit eine Verknüpfung zur unbeschränkten Steuerpflicht her, als ansässig die Personen gelten, die nach dem Recht des betreffenden Staates dort aufgrund ihres Wohnsitzes, ihres ständigen/gewöhnlichen Aufenthaltes, des Ortes ihrer Geschäftsleitung oder eines ähnlichen Merkmals steuerpflichtig sind (Art. 4 Abs. 1 OECD-MA).

1167 Damit haben grundsätzlich sämtliche **natürliche Personen,** die in der Bundesrepublik nach Maßgabe der § 1 EStG unbeschränkt steuerpflichtig sind, Anspruch auf Anwendung der in den von Deutschland abgeschlossenen DBA getroffenen Regelungen.[1677] Eine nur beschränkte Steuerpflicht berechtigt grundsätzlich nicht zur Inanspruchnahme des Abkommensschutzes.

1168 Bei inländischen **Personengesellschaften** sind grundsätzlich die einzelnen Gesellschafter abkommensberechtigt.[1678]

[1674] Vgl. BFH I R 79/96 v. 21. 5. 1997, BStBl II 1998, 113. Zur Wirkung der Freistellung als Entnahme bei Veräußerungsgewinnen s. Rz. 339.

[1675] Zum Progressionsvorbehalt s. Rz. 782.

[1676] Zu Einzelheiten s. *Vogel/Lehner* Art. 23 Rz. 190 ff.

[1677] Zum Doppelwohnsitz s. *Vogel/Lehner* Art. 4 Rz. 78 ff.

[1678] S. dazu i. E. *Vogel/Lehner* Art. 1 Rz. 13 ff.

B. Materielles Recht der Doppelbesteuerungsabkommen

I. Regelungen des OECD-Musterabkommens

1. Allgemeines

Das OECD-MA enthält mehrere Regelungen, welche die Steuerhoheiten zweier Staaten im Bereich der **Einkünfte von Kunstschaffenden** gegeneinander abgrenzen. Es geht dabei vom Grundsatz aus, dass der Wohnsitzstaat von seinem Besteuerungsrecht uneingeschränkt Gebrauch machen kann, wenn die Besteuerung der in Frage stehenden Einkünfte nicht ausschließlich dem Staat zukommt, an dem der Kunstschaffende seine Tätigkeit ausübt, etwa weil der Steuerpflichtige im Tätigkeitsstaat (Quellenstaat) im Rahmen einer (aktiven) Betriebsstätte gewerblich tätig wird (Art. 7 i. V. m. Art. 5 OECD-MA). Wird dem Quellenstaat vertragsgemäß das Recht zugestanden, aufgrund der Tätigkeit vor Ort anfallende Einkünfte des im Wohnsitzstaat ansässigen Steuerpflichtigen zu besteuern, so bestimmt das jeweilige Abkommen, ob dieser Staat die fraglichen Einkünfte freistellt[1679] oder lediglich die im Quellenstaat zu entrichtenden Steuern anrechnet.[1680] **1169**

Hinsichtlich der Einkünfte eines Kunstschaffenden kommt primär in Betracht die Regelung des **Art. 17 OECD-MA.**[1681] Darüber hinaus können – je nach Lage des Falles – anwendbar sein die Art. 7 (Unternehmensgewinne), 15 (Einkünfte aus unselbständiger Arbeit), 19 OECD-MA[1682] sowie Art. 12 des OECD-MA (Lizenzgebühren).[1683] **1170**

Art. 17 OECD-MA gilt „ungeachtet" der Art. 7 und 15 OECD-MA. Das bedeutet, Art. 17 OECD-MA ist diesen Vorschriften gegenüber **lex specialis.**[1684] **1171**

Fehlt es an einer dem Art. 17 OECD-MA entsprechenden Vorschrift in einem konkreten DBA, verbleibt es bei der alleinigen Besteuerung der fraglichen Einkünfte durch den Wohnsitzstaat (Sitzstaat),[1685] es sei denn die Voraussetzungen eines der subsidiär anzuwendenden Vorschriften des OECD-MA liegen vor. **1172**

2. Art. 17 OECD-MA

a) Art. 17 Abs. 1 OECD-MA. *aa) Allgemeine Grundsätze.* Gemäß Art. 17 Abs. 1 OECD-MA können **Einkünfte,** die eine in einem Vertragsstaat (Wohnsitzstaat) ansässige Person **„als Künstler"**, wie Bühnen-, Film-, Rundfunk- und Fernsehkünstler sowie Musiker aus ihrer im anderen Vertragsstaat (Quellenstaat) **persönlich ausgeübten Tätigkeit** bezieht, im anderen Staat (Quellenstaat) besteuert werden.[1686] Ein- **1173**

[1679] S. dazu i. E. Rz. 1161.

[1680] S. dazu i. E. Rz. 1164.

[1681] Zur geschichtlichen Entwicklung s. *Molenaar/Grams* IStR 2005, 762.

[1682] Der frühere Art. 14 OECD-MA (Selbständige Arbeit) ist zwischenzeitlich aufgehoben; s. dazu *Vogel/Lehner* Art. 17 Rz. 7.

[1683] S. dazu Rz. 1180.

[1684] *Vogel/Lehner* Art. 17 Rz. 7 ff.; zu Art. 19 OECD-MA s. *diess.* a. a. O. Rz. 12.

[1685] Vgl. BFH I R 26/01 v. 18. 7. 2001, BStBl II 2002, 410: Bühnenbildner und Regisseure, dazu Anm. *Kempermann* FR 2001, 1307; s. auch *Mody* in: Handbuch der Internationalen Steuerplanung, S. 1191.

[1686] S. dazu i. E. auch *Haslinger/Weninger* in: Gassner/Schuch/Lang/Staringer, a. a. O., S. 273. Zu Unrecht sehen *Graf/Bisle* IStR 2006, 44, das Besteuerungsrecht des Tätigkeitsstaates als nicht mehr gerechtfertigt an.

künfte, die nicht auftrittsbezogen sind, werden nicht von Art. 17 Abs. 1 OECD-MA erfasst.[1687] Ebenso werden von Art. 17 OECD-MA nicht Einkünfte aus **passiven Leistungen** von Künstlern erfasst, wie bspw. durch Sich-zur-Verfügung-Halten oder durch Einhalten eines Konkurrenzverbotes;[1688] es fehlt an einer persönlich ausgeübten Tätigkeit.[1689]

1174 Art. 17 OECD-MA gilt zwar grundsätzlich sowohl für die selbständige wie für die unselbständige künstlerische Tätigkeit. Einige DBA beschränken jedoch die Anwendung der dem Art. 17 Abs. 1 OECD-MA entsprechenden Regelungen auf die freiberufliche Tätigkeit als Künstler. Insoweit ist dann die dem Art. 15 OECD-MA (Einkünfte aus unselbständiger Arbeit) entsprechende Bestimmung einschlägig.[1690] Soweit in den auf der Grundlage des Art. 17 Abs. 1 OECD-MA abgeschlossenen DBA die Begriffe „selbständig" und „nichtselbständig/unselbständig" nicht näher bestimmt sind, sind diese nach den jeweiligen innerstaatlichen Steuerrechtsgrundsätzen auszulegen.[1691] Übt der Steuerpflichtige **mehrere Tätigkeiten** aus, so ist zunächst zu prüfen, ob und ggf. inwieweit diese Tätigkeiten voneinander trennbar sind. Ist eine Trennung möglich, so sind die Abkommenregelungen anzuwenden, die für die jeweilige Tätigkeit maßgebend sind. *Beispiel:* künstlerische Tätigkeit einerseits – Werbetätigkeit oder Sponsoring andererseits, und zwar jedenfalls dann, wenn diese Tätigkeiten weder mittelbar noch unmittelbar einer aktuellen künstlerischen Tätigkeit zugerechnet werden können.[1692]

1175 Sind die Tätigkeiten, z. B. aufgrund komplexer Verträge, so eng miteinander verbunden, dass eine Trennung nicht möglich ist, wie z. B. bei einem Pauschalentgelt, ist danach zu entscheiden, welcher Tätigkeitsbereich bei Würdigung aller Gesamtumstände des jeweiligen Falles überwiegt.[1693]

1176 Die Einkünfte der Künstler aus ihrer persönlichen künstlerischen Tätigkeit werden damit vorrangig in dem Staat besteuert, in dem der Künstler seine Tätigkeit ausübt.[1694] Dabei ist entscheidend, wo sich die künstlerische Tätigkeit vollzieht, weniger, wo diese vorbereitet und wo sie verwertet wird.[1695] Der **Tätigkeitsstaat,** der nicht zugleich Wohnsitzstaat ist, kann aufgrund der Abkommensregelung bei Vorliegen der Voraussetzungen des Art. 17 Abs. 1 OECD-MA die Einkünfte des Künstlers nach Maßgabe seiner innerstaatlichen beschränkten Steuerpflicht besteuern.

1177 Art. 17 Abs. 1 OECD-MA regelt nicht, wie der **Wohnsitzstaat** des Künstlers die entsprechenden Einkünfte nach seinem innerstaatlichen Steuerrecht besteuert. Im Regelfall unterliegen diese Einkünfte der unbeschränkten Steuerpflicht; der Wohnsitzstaat rechnet aber – nach Maßgabe der entsprechenden Bestimmungen im jeweiligen DBA – regelmäßig die im Tätigkeitsstaat erhobene Steuer an.

1178 *bb) Abgrenzungen.* **Abzugrenzen** sind die Einkünfte der Künstler aus ihrer persönlichen künstlerischen Tätigkeit, für die als Spezialvorschrift Art. 17 OECD-MA maßgebend ist, von den Einkünften i. S. d. Art. 7, 12, 14 a. F., 15 und 19 OECD-MA. Entsprechendes gilt für die Regelungen in den deutschen DBA.

[1687] Ebenso *Debatin/Wassermeyer* Art. 17 OECD-MA Rz. 35 f.

[1688] *Grossmann* S. 122, 137 f.

[1689] Anders ist es in Bezug auf ein Honorar, das der Künstler, der nicht nur verpflichtet war, sich bereit zu halten, sondern auch aufzutreten, für den Ausfall des Auftritts erhält.

[1690] S. dazu *Vogel/Lehner* Art. 17 Rz. 88 (Grenzgänger).

[1691] So schon BFH I R 207/66 v. 6. 10. 1971, BStBl II 1971, 88; s. auch FG Berlin v. 18. 7. 2003, DStRE 2004, 333, rkr.

[1692] Vgl. dazu *Vogel/Lehner* Art. 17 Rz. 9; s. dazu auch *Grossmann,* S. 113 f.

[1693] Teilw. a. A. *Grossmann* S. 110 ff.

[1694] Zu Einzelheiten s. *Vogel/Lehner* Art. 17 Rz. 4.

[1695] Vgl. BFH I R 145/70 v. 28. 2. 1973, BStBl Bl II 1973, 660, zu Art. 7 DBA-Italien.

1179 Gegenüber **Art. 7 OECD-MA (Unternehmensgewinne)** ist Art. 17 OECD-MA lex specialis. Dementsprechend fällt eine Unternehmenstätigkeit i. S. d. Art. 7 OECD-MA unter den Anwendungsbereich des Art. 17 OECD-MA, wenn die Tätigkeit durch den in dieser Vorschrift aufgeführten Personenkreis ausgeübt wird.[1696]

1180 Einkünfte aus der Verwertung der künstlerischen Tätigkeit sind als Einkünfte aus **Urheber- und sonstigen Rechten** an geistigem Eigentum grundsätzlich nach Maßgabe des **Art. 12 OECD-MA** zu besteuern.[1697]

1181 Übt der Künstler in einem Vertragsstaat einen **freien Beruf** oder eine sonstige selbständige Tätigkeit aus, so war es im Geltungsbereich des zwischenzeitlich aufgehobenen **Art. 14 OECD-MA** unerheblich, ob dem Künstler dazu in diesem Staat eine feste Einrichtung i. S. d. Art. 14 OECD-MA a. F. zur Verfügung stand oder nicht; denn Art. 17 OECD-MA hatte Vorrang vor Art. 14 OECD-MA a. F.[1698]

1182 Bezieht der Künstler Einkünfte aus **unselbständiger Arbeit (Art. 15 OECD-MA),** so ist nicht entscheidend, wie lange er sich dazu im Tätigkeitsstaat aufgehalten hat und wie und von wem er seine Vergütung erhält. Art. 17 OECD-MA ist auch insoweit vorrangig.[1699] Dieser Vorrang betrifft allerdings in Bezug auf Einkünfte aus Werbung und Sponsoring nur solche, die mittelbar oder unmittelbar der künstlerischen Tätigkeit zugerechnet werden können.[1700]

1183 Beziehen die Künstler ihre Einkünfte von einem Staat oder einer seiner **Gebietskörperschaften,** in dessen (deren) Dienste sie stehen, sind diese Einkünfte nach Maßgabe des Art. 17 OECD-MA zu besteuern, wenn die Einkünfte im Zusammenhang mit einer gewerblichen Tätigkeit des betreffenden Staates oder einer seiner Gebietskörperschaften stehen **(Art. 19 Nr. 3 OECD-MA).**[1701]

1184 *cc) Der Begriff des Künstlers.* Das OECD-MA bestimmt den **Begriff des Künstlers** nicht näher; es zählt lediglich beispielhaft, aber nicht abschließend, verschiedene Arten von Künstlern auf. Dabei handelt es sich ausschließlich um Künstler, die unmittelbar oder mittelbar (über Medien) in der Öffentlichkeit auftreten und dabei **Darbietungen** erbringen, die künstlerischen Charakter besitzen, mithin **„ausübende Künstler".**[1702] Dazu führt der OECD-Kommentar (MA-Komm.) zu Art. 17 OECD-MA unter 3. ausdrücklich aus, dass eine genaue Begriffsbestimmung des „Künstlers" nicht möglich sei. Die im MA-Komm. aufgezeigten Beispiele zeigen, dass wesentlich der **„unterhaltende Charakter"** der Tätigkeiten ist.[1703] Nicht entscheidend sein soll das **künstlerische Niveau,** mit der Folge, dass die im Rahmen des § 18 Abs. 1 Nr. 1 EStG geforderte schöpferische Leistung von einer gewissen Gestaltungshöhe[1704] nicht erforderlich ist.[1705] Dementsprechend fallen

---

[1696] S. *Vogel/Lehner* Art. 17 Rz. 10, 21.

[1697] S. hierzu sowie zu Ausnahmen in der deutschen Abkommenspraxis *Vogel/Lehner* Art. 17 Rz. 13, 80 ff.

[1698] S. *Vogel/Lehner* Art. 17 Rz. 7.

[1699] S. dazu *Vogel/Lehner* Art. 17; *Grossmann* S. 126 f.

[1700] Ebenso *Vogel/Lehner* Art. 17 Rz. 9 m. w. N.

[1701] S. dazu i. E. *Vogel/Lehner* Art. 17 Rz. 12.

[1702] S. dazu auch Anm. *Kempermann* FR 2001, 1307, und *Maßbaum* Aktuelle Entwicklungen, a. a. O., S. 270 ff.

[1703] S. auch *Loukota* in: Gassner/Lang/Lechner/Schuch/Staringer, a. a. O., S. 203 ff.; zu Einzelbeispielen aus der Musikbranche s. *Debatin/Wassermeyer* Art. 17 OECD-MA Rz. 24.

[1704] S. dazu i. E. Rz. 16 ff.

[1705] So *Vogel/Lehner* Art. 17 Rz. 26; s. auch *Debatin/Wassermeyer* Art. 17 OECD-MA Rz. 12 („Unterhaltungs- und Vortragskünstler"); *Wassermeyer* IStR 1995, 555, und *Loukota* in: Gassner/Lang/Lechner/Schuch/Staringer, a. a. O., S. 206; *Hahn-Joecks* S. 63; die Auslegung ist in diesem weiten Umfang fraglich, da bereits die geforderte Eigenschaft als „Künstler" ein gewisses kunstschaffendes zahlreiche Berufsbilder, bei denen die Voraussetzungen einer künstlerischen Leistung i. S. d. § 18 Abs. 1 Nr. 3 EStG nicht vorliegen, unter den Anwendungsbereich des Art. 17 OECD-MA.[1706]

1185 Art. 17 Abs. 1 OECD-MA betrifft damit Einkünfte, die in einem unmittelbaren oder mittelbaren Zusammenhang mit einer **konkreten öffentlichen Darbietung** stehen.[1707] Unerheblich ist, wie oft der Künstler im Tätigkeitsstaat auftritt[1708] und ob er dort über eine ständige (feste) Einrichtung verfügt.

1186 In **Mischfällen,** in denen verschiedene Tätigkeitselemente vorhanden sind,[1709] ist zunächst zu prüfen, ob eine Trennung in selbständige Teile möglich ist, die dann – getrennt – ihrem speziellen Charakter nach abkommensrechtlich einzuordnen sind. Ist eine solche Trennung nicht möglich, kommt es entscheidend darauf an, welche Art der Tätigkeit den Schwerpunkt bildet.[1710] Dabei sind die gesamten tatsächlichen Gegebenheiten des jeweiligen Einzelfalles zu würdigen. Der Vertragsstaat, in dem sich der Schwerpunkt der Tätigkeit befindet, ist abkommensmäßig als Quellenstaat anzusehen.[1711] Dieser Staat besteuert die entsprechenden Einkünfte in vollem Umfang, es findet grundsätzlich keine Aufteilung statt.[1712] Ist ein Schwerpunkt – ausnahmsweise – nicht festzustellen, soll nach Nr. 4 des MA-Kommentars zu Art. 17 OECD-MA eine Aufteilung der Entgelte vorgenommen werden.[1713]

1187 Übt der Künstler neben seinen Auftritten noch andere Tätigkeiten aus, z. B. Werbung, so sind die entsprechenden Einkünfte nach Maßgabe der insoweit einschlägigen Abkommensregelungen zu besteuern.[1714]

1188 *dd) Sog. „werkschaffende" Künstler, nicht von Art. 17 OECD-MA erfasst.* **Nicht** unter den Regelungsbereich des Art. 17 Abs. 1 OECD-MA fallen alle Formen der Kunstausübung, die nicht im Wege der Darbietung in Erscheinung treten, sondern in der Herstellung eines Werkes bestehen. M. a. W., auf Einkünfte aus der **Herstellung eines „Werkes",** d. h. auf Einkünfte sog. **werkschaffender Künstler** wie Maler, Bildhauer etc. ist Art. 17 OECD-MA nicht anwendbar.[1715] Insoweit besteht in beschränktem Umfang ein Unterschied zu den Tatbestandsvoraussetzungen einer beschränkten Steuerpflicht gemäß § 49 Abs. 1 Nr. 2 Buchst. d EStG.[1716] Entsprechendes gilt auch für Gewerbetreibende, die geltend machen, sie übten eine künstlerische Tätigkeit aus.[1717]

Niveau voraussetzt. Die Erleichterung der Besteuerung im Tätigkeitsstaat (s. dazu BFH I R 26/01 v. 18. 7. 2001, BStBl II 2002, 410) allein rechtfertigt nicht eine so weite Auslegung. Ebensowenig ist entscheidend, dass es insoweit nicht die Abgrenzung gegenüber gewerblichen Einkünften zur Diskussion steht. S. auch DBA-USA, Art. 12 Abs. 2: „künstlerische" Tätigkeit".

[1706] Beispiele: Artisten, Büttenredner, Clowns, Hellseher, Jongleure etc.

[1707] BFH I R 51/96 v. 8. 4. 1997, BStBl II 1997, 679, dazu Anm. *Hensel* IStR 1997, 562; I S 21/00 v. 19. 3. 2001, BFH/NV 2001, 891; *Vogel/Lehner* Art. 17 Rz. 6.

[1708] Ebenso *Debatin/Wassermeyer* Art. 17 OECD-MA Rz. 36 a.

[1709] Z. B. Maler präsentiert bei Events seine künstlerische Technik.

[1710] Vgl. MA-Kommentar zu Art. 17, Nr. 4; s. dazu auch *Debatin/Wassermeyer* Art. 17 OECD-MA Rz. 40 ff.

[1711] Ist dies der Staat, in dem der Steuerpflichtige ansässig ist, fallen Wohnsitz- und Quellenstaat zusammen, wobei das Wohnsitzprinzip überlagert.

[1712] S. dazu *Vogel/Lehner* Art. 17 Rz. 25 zu Ausnahmen.

[1713] Zu Recht kritisch *Loukota* in: Gassner/Lang/Lechner/Schuch/Staringer, a. a. O., S. 203.

[1714] S. dazu *Vogel/Lehner* Art. 17 Rz. 56; s. dort auch zur Annahme von Ehrenpreisen (Art. 21 OECD-MA).

[1715] Allgemeine Meinung s. *Vogel/Lehner* Art. 17 Rz. 22 f.; BFH I R 26/01 v. 18. 7. 2001, BStBl II 2002, 410: Bühnenbildner und Regisseure; zust. Anm. *Kempermann* FR 2001, 1307.

[1716] S. dazu Rz. 1083.

[1717] *Debatin/Wassermeyer* Art. 17 OECD-MA Rz. 23.

Das Gleiche gilt in Bezug auf Einkünfte aus der **Verwertung** der künstlerischen Tätigkeit,[1718] beispielsweise durch **Verkauf.** Dies gilt auch dann, wenn die Voraussetzungen vorliegen, die – beispielsweise gemäß § 49 Abs. 1 Nr. 2 Buchst. d, Nr. 3 und 4 EStG nach innerdeutschem Recht – eine Besteuerung begründen.[1719] Insoweit fehlt es an dem erforderlichen unmittelbaren oder mittelbaren Zusammenhang mit einer Darbietung. Hier kann grundsätzlich der für die Einkünfte aus Urheber- oder sonstigen Rechten an geistigem Eigentum maßgebliche Art. 12 OECD-MA (Lizenzgebühren) eingreifen, sofern die entsprechenden Einkünfte nicht etwa einer Betriebsstätte zuzurechnen sind. 1189

ee) Einkünfte aus Hilfstätigkeiten. Einkünfte aus **Hilfstätigkeiten,** die mit der Darbietung zusammenhängen, wie etwa technische und verwaltungsmäßige Leistungen, werden ebenfalls nicht von Art. 17 OECD-MA erfasst. 1190

ff) Sponsoring. Gemäß Nr. 9 des Kommentars zum OECD-MA ist Art. 17 auch „auf diejenigen Einkünfte .... aus dem Sponsoring[1720] usw. anzuwenden, die in unmittelbarem oder mittelbarem Zusammenhang mit Darbietungen oder Aufführungen in dem betreffenden Land stehen“. Die Sponsorenverträge werden im künstlerischen Bereich vornehmlich mit darbietenden Künstlern abgeschlossen, die beispielsweise als Mitglieder eines Orchesters, als Solisten in Konzerten, als Entertainer oder als Musikgruppen auftreten. Künstler aus dem Bereich der **bildenden Kunst** werden in aller Regel nur ausnahmsweise gesponsert, dann aber im Allgemeinen als Einzelpersonen in Bezug auf konkrete Einzelveranstaltungen wie Ausstellungen u. Ä. Die entsprechenden Sponsoringeinnahmen des Künstlers sind dem Anwendungsbereich des Art. 17 OECD-MA bzw. den entsprechenden Bestimmungen in den einzelnen DBA zuzuordnen.[1721] 1191

b) Art. 17 Abs. 2 OECD-MA. Die Rechtsgrundsätze, die für die Besteuerung von Künstlern gelten, die in einem der Vertragsaaten persönlich künstlerisch tätig werden, dehnt Art. 17 Abs. 2 OECD-MA auf Personen aus, denen – ohne selbst als Künstler tätig zu werden – Einkünfte aus einer von einem Künstler in dieser Eigenschaft persönlich ausgeübten Tätigkeit zufließen.[1722] Die von Art. 17 Abs. 2 OECD-MA erfassten Einkünfte sind identisch mit denen, die dem Künstler ohne Einschaltung der „anderen Person“ zuzurechnen wären.[1723] Es muss sich aus Veranlassungsgesichtspunkten um das Entgelt aus der ausgeübten oder auszuübenden künstlerischen Tätigkeit des Künstlers handeln.[1724] 1192

Frage ist allerdings, ob zu den Einkünften i. S. d. Art. 17 Abs. 2 OECD-MA nur solche gehören, die der Künstler selbst aufgrund persönlich ausgeübter Tätigkeit erzielt hat oder erzielen könnte. Dies wird man zu bejahen haben, weil Art. 17 Abs. 2 OECD nur eine Art Auffangtatbestand in Bezug auf die Einkünfte bildet, die der Künstler selbst durch seine Tätigkeit im Quellenstaat schafft.[1725] 1193

[1718] Ebenso *Debatin/Wassermeyer* Art. 17 OECD-MA Rz. 21; *Krabbe* FR 1986, 425.

[1719] S. aber Rz. 1201 ff. zu deutschen Abkommen.

[1720] Zum Begriff s. BMF v. 18. 2. 1998, BStBl I 1998, 212, Rz. 1; *Hahn-Joecks* S. 91 f.; *Becker* DStZ 2002, 663; zu Sponsoring- und ähnlichen Werbeverträgen s. i. E. *Haslinger/Weninger* in: Gassner/Schuch/Lang/Staringer, a. a. O., S. 284 ff.

[1721] Zu weiteren Einzelheiten in Bezug auf Einkünfte aus Sponsoring s. *Vogel/Lehner* Art. 17 Rz. 50 ff., *Hahn-Joecks* S. 91 ff. m. w. N.

[1722] Zu den vertraglichen Vereinbarungen zwischen dem Künstler und der „anderen Person“, aufgrund denen die Einkünfte nicht dem Künstler selbst zufließen, s. *Vogel/Lehner* Art. 17 Rz. 116.

[1723] Ebenso *Kluge* Rz. S 305.

[1724] So ausdrücklich *Debatin/Wassermeyer* Art. 17 OECD-MA Rz. 67.

[1725] Sehr str., die überwiegende Meinung vertritt die Gegenansicht; s. dazu i. E. *Hahn-Joecks* S. 125 ff.

1194 Art. 17 Abs. 2 OECD-MA spricht insoweit von einer **„anderen Person“,** der die Einkünfte zufließen. Darunter sind natürliche Personen, Gesellschaften und alle anderen Personenvereinigungen zu verstehen. Zu den Gesellschaften, die man vielfach als *„Künstlerverleihgesellschaften“* bezeichnet, rechnen juristische Personen oder Rechtsträger, die für die Besteuerung wie juristische Personen behandelt werden (Art. 3 Abs. 1 Buchst. a, b OECD-MA).[1726] Diese „andere Person“ muss nicht selbst in irgendeiner Weise künstlerisch tätig sein.

1195 Die „andere Person“ unterliegt der Besteuerung in dem Staat, in dem die künstlerische Tätigkeit ausgeübt wird, und zwar unabhängig von ihrem Wohnsitz, der in einem Drittstaat liegen kann und unabhängig davon, ob sie im Tätigkeitsstaat eine Betriebsstätte oder eine feste Einrichtung unterhält. **Zweck der Regelung** ist es, den Besteuerungsanspruch des Quellenstaates auch in den Fällen zu sichern, in denen ein Entgelt für eine künstlerische Tätigkeit nicht dem Künstler selbst, sondern einer anderen Person zufließt.[1727] Ohne die Bestimmung wären die der zwischengeschalteten Person zufließenden Einkünfte im Allgemeinen als Unternehmenseinkünfte zu beurteilen. Dies hätte zur Folge, dass sie im Quellenstaat grundsätzlich nur erfasst werden könnten, wenn die Person dort eine Betriebstätte oder feste Einrichtung unterhalten würde, was regelmäßig nicht der Fall sein dürfte.[1728]

1196 Art. 17 Abs. 2 OECD-MA erfordert nicht eine bestimmte **Art von Rechtsbeziehungen** zwischen dem Künstler und der anderen Person. Im Allgemeinen werden schuldrechtliche, gesellschaftsrechtliche[1729] Beziehungen bestehen. Nicht erforderlich ist, dass zumindest eine Art Anstellungsverhältnis besteht.[1730]

1197 Unerheblich für die steuerrechtliche Beurteilung ist das Verhältnis des Künstlers und/oder der „anderen Person“ zu dem Veranstalter.

1198 Die Einkünfte werden als solche i.S.d. Art. 17 OECD-MA im Tätigkeitsstaat des Künstlers und nicht etwa – mangels Betriebsstätte in diesem Staat – im Wohnsitz-(Sitz-) Staat der „anderen“ – natürlichen oder juristischen – „Person“ erfasst.

1199 Schwierigkeiten entstehen, wenn sowohl Quellenstaat (Q) als auch Wohnsitzstaat des Künstlers (W) sowie Sitzstaat der Gesellschaft (S) auseinander fallen (sog. **Dreieckssachverhalte**). Fraglich ist in diesen Fällen, welches DBA anwendbar ist, das zwischen Q und W oder das zwischen Q und S. Die Lösung dürfte von der innerstaatlichen Zurechnung der Einkünfte abhängen.[1731]

1200 Enthält das einzelne DBA keine dem Art. 17 Abs. 2 OECD-MA entsprechende Vorschrift, so kann der Quellenstaat das Besteuerungsrecht nur insoweit ausüben, als der Künstler als Einzelperson auftritt.[1732]

[1726] S. auch MA-Kommentar Nr. 11 zu Art. 17 Abs. 2 OECD-MA; *Debatin/Wassermeyer* Art. 17 OECD-MA Rz. 62.

[1727] Zur Entstehungsgeschichte und der ursprünglichen Zielsetzung der Vorschrift s. *Kluge* Rz. R 126; MA-Kommentar Nr. 11 zu Art. 17 Abs. 2 OECD-MA; *Debatin/Wassermeyer* Art. 17 OECD-MA Rz. 59; *Vogel/Lehner* Art. 17 Rz. 108.

[1728] S. dazu i.E. *Vogel/Lehner* Art. 17 Rz. 109.

[1729] In einem solchen Fall ist darauf zu achten, ob die dem Art. 17 Abs. 1 OECD-MA entsprechende Vorschrift im jeweiligen Abkommen auch für Einkünfte aus nichtselbständiger Arbeit gilt.

[1730] Ebenso *Hahn-Joecks* S. 125; a.A. *Mody* in: Handbuch der Internationalen Steuerplanung, S. 1190.

[1731] S. dazu i.E. *Vogel/Lehner* Art. 17 Rz. 121ff.

[1732] Ebenso *Vogel/Lehner* Art. 17 Rz. 125.

II. Regelungen der deutschen Doppelbesteuerungsabkommen auf der Grundlage des Art. 17 OECD- Musterabkommens

1. Allgemeine Grundsätze

Die von Deutschland[1733] abgeschlossenen DBA folgen im Allgemeinen den Regelungen in Art. 17 OECD-MA.[1734] Dabei entspricht die Artikel-Nr. nicht immer der im OECD-MA. So beispielsweise im DBA-Frankreich, wo die Tätigkeit eines Künstlers in Art. 12 Abs. 2 geregelt ist. Eine solche unterschiedliche Nummernfolge hat jedoch für sich allein gesehen keine materiell-rechtliche Bedeutung. 1201

Ausdrücklich wird in den meisten DBA – ebenso wie im OECD-MA – der **Vorrang** der Besteuerung nach dem sog. **Künstler-Artikel** vor den Unternehmenseinkünften gemäß Art. 7 normiert.[1735] Dies hat jedoch nur deklaratorische Bedeutung.[1736] 1202

Unerheblich ist, wie oft der Künstler tätig wird.[1737] Im DBA-USA ist allerdings eine betragsmäßige Bagatellgrenze vereinbart.[1738] 1203

2. Materiell-rechtliche Abweichungen in einzelnen ausgewählten deutschen DBA gegenüber Art. 17 Abs. 1 des OECD-Musterabkommens.[1739]

- **DBA-Belgien** 1204
  Die Sonderregelung gilt nur für Einkünfte von „berufsmäßigen" Künstlern aufgrund persönlich ausgeübter selbständiger Tätigkeit (Art. 17). Das Erfordernis der „Darbietung" wird davon nicht berührt.[1740]
- **DBA-Frankreich** 1205
  Die Sonderregelung für Künstler gilt nur für selbständig Tätige. Im Unterschied zur allgemeinen Regelung in Bezug auf eine freiberufliche Tätigkeit ist es nicht erforderlich, dass der Künstler seine freiberufliche Tätigkeit unter Benutzung einer ihm im Tätigkeitsstaat regelmäßig zur Verfügung stehenden ständigen Einrichtung ausübt (Art. 12 Abs. 2).[1741]
  Das DBA-Frankreich enthält ebenfalls keine Begriffsbestimmung des „Künstler". Es rechnet ihn jedoch zu einer Gruppe von Personen, deren Tätigkeit „in Form von öffentlichen Darbietungen ausgeübt wird".

[1733] Zu den steuerrechtlichen Regelungen in anderen Ländern s. die Übersicht bei *Molenaar/Grams* IStR 2005, 762.

[1734] S. dazu i. E. Übersicht bei *Vogel/Lehner* Art. 17 Rz. 64 (zu Art. 17 Abs. 1 MA).

[1735] So z. B. in den DBA *Ägypten, Argentinien 1996, Bangladesch, Bolivien, Dänemark, Ecuador, Elfenbeinküste, Estland, Finnland 1979, Indien, Indonesien, Italien, Kanada 2001, Kasachstan, Korea 2000, Lettland, Litauen, Malta 2001, Mauritius, Mongolei, Namibia, Norwegen, Österreich 2000, Philippinen, Papua-Neuginea, Polen 2003, Russische Förderation, Schweden, Schweiz, Ukraine, Ungarn, Uruguay, USA, Usbekistan* und *Venezuela.*

[1736] *Vogel/Lehner* Art. 17 Rz. 70.

[1737] Ausnahme: Art. 17 DBA-Bolivien.

[1738] S. dazu Rz. 1211.

[1739] Grundlage ist jeweils die deutsche Fassung.

[1740] S. dazu BFH I R 51/96 v. 8. 4. 1997, BStBl II 1997, 679; dazu Anm. *Hensel* IStR 1997, 562.

[1741] Zum Ort der Ausübung i. S. d. Art. 12 Abs. 2 Satz 1 DBA-Frankreich s. BFH I R 77/91 v. 2. 12. 1992, BFHE 170, 126.

1206 – **Großbritannien**

Die Sonderregelung gilt nur für Einkünfte von „berufsmäßigen" Künstlern aufgrund persönlich ausgeübter selbständiger Tätigkeit (Art. XI Abs. 6). Das Erfordernis der „Darbietung" bleibt davon unberührt.[1742]

1207 – **DBA-Luxemburg**

Die Sonderregelung für Künstler gilt nur für selbständig Tätige. Im Unterschied zur allgemeinen Regelung in Bezug auf eine freiberufliche Tätigkeit ist es nicht erforderlich, dass der Künstler seine freiberufliche Tätigkeit unter Benutzung einer ihm im Tätigkeitsstaat regelmäßig zur Verfügung stehenden ständigen Einrichtung ausübt (Art. 9 Abs. 2). Ausdehnung der Regelung auf Einkünfte aus einer **vortragenden Tätigkeit** (Art. 9 Abs. 2): Besteuerung in dem Staat, in dem der Vortrag gehalten wurde.

1208 – **DBA-Niederlande**

Die Sonderregelung für Künstler gilt nur für selbständig Tätige. Im Unterschied zur allgemeinen Regelung in Bezug auf eine freiberufliche Tätigkeit ist es nicht erforderlich, dass der Künstler seine freiberufliche Tätigkeit unter Benutzung einer ihm im Tätigkeitsstaat regelmäßig zur Verfügung stehenden ständigen Einrichtung ausübt (Art. 9 Abs. 2). Ausdehnung der Regelung auf Einkünfte aus einer **vortragenden Tätigkeit** (Art. 9 Abs. 2): Besteuerung in dem Staat, in dem der Vortrag gehalten wurde.

1209 – **DBA-Österreich 2000**

Die Künstlerregelung im neuen DBA 2000 entspricht dem Art. 17 OECD-MA, anders noch das DBA 1954/1992.[1743]

Nach Art. 17 Abs. 1 Satz 2 des Abkommens darf der Tätigkeitsstaat „Vergütungen jeder Art" besteuern, die für die Benutzung oder das Recht auf Benutzung des Namens, des Bildes oder sonstiger **Persönlichkeitsrechte des Künstlers** (oder Sportlers) gezahlt werden.[1744] Ebenso unterliegen der Besteuerung im Quellenstaat Einkünfte aus der Duldung von Aufzeichnungen und Übertragungen von **künstlerischen** (oder sportlichen) **Darbietungen** durch Rundfunk und Fernsehen (Art. 17 Abs. 1 Satz 3). Der Quellenstaat darf diese Einkünfte auch dann besteuern, wenn der Künstler (oder Sportler) dort keine künstlerische (oder sportliche) Tätigkeit ausübt. Entscheidend ist, dass die Vergütung an den Künstler (oder Sportler) gezahlt wird.[1745]

1210 – **DBA-Russland**

Das mit der Russischen Föderation abgeschlossene DBA bezieht sich zwar auf den *darstellenden* Künstler (Art. 17 Abs. 1). Eine Abweichung gegenüber den Grundsätzen des Art. 17 Abs. 1 OECD-MA ist damit aber nicht verbunden.[1746]

1211 – **DBA-USA**

Im Unterschied zur bisherigen, für die freiberufliche Tätigkeit allgemein geltende Regelung in Art. 14, der allerdings nach der Neufassung des Abkommens wegfallen wird, ist es nicht erforderlich, dass der Künstler seine freiberufliche Tätigkeit im Tätigkeitsstaat unter Benutzung einer ihm dort regelmäßig zur Verfügung stehenden ständigen Einrichtung ausübt (Art. 17).[1747]

[1742] S. dazu BFH I R 51/96 v. 8. 4. 1997, BStBl II 1997, 679; dazu Anm. *Hensel* IStR 1997, 562.

[1743] S. dort Art. 8 Abs. 2; s. dazu BFH I R 44–51/99 v. 11. 10. 2000, BStBl II 2002, 271; s. dazu *Maßbaum* Aktuelle Entwicklungen, a. a. O., S. 263 ff.

[1744] Vergleichbare Regelungen enthalten die DBA Korea 2000, Malta 2001 und Usbekistan; s. dazu *Vogel/Lehner* Art. 17 Rz. 83.

[1745] *Vogel/Lehner* Art. 17 Rz. 82.

[1746] S. dazu *Vogel/Lehner* Art. 17 Rz. 87.

[1747] S. auch *Portner* IFSt Nr. 430, S., 58 ff. Die Einkünfte aus selbständiger Arbeit – ausgenommen Einkünfte der Künstler und Sportler, für die Art. 17 DBA-USA maßgebend ist – gelten nach

Der Tätigkeitsstaat, der nicht zugleich Wohnsitzstaat ist, kann die entsprechenden Einkünfte jedoch nur dann besteuern, wenn die vom Künstler bezogenen Einnahmen, einschließlich der dem Künstler erstatteten oder für ihn übernommenen Kosten eine Bagatellgrenze von 20 000 $ oder den Gegenwert in Euro für das betreffende Kalenderjahr nicht übersteigen (Art. 17 Abs. 1).[1748] Ein Künstler erzielt Einnahmen „für das ... Kalenderjahr" in diesem Sinne, wenn die Einnahmen eine in dem betreffenden Kalenderjahr erbrachte Leistung abgelten. Auf den Zufluss der Einnahmen kommt es insoweit nicht an.[1749]

3. Materiell-rechtliche Abweichungen in einzelnen ausgewählten deutschen DBA gegenüber Art. 17 Abs. 2 des OECD-Musterabkommens

a) Allgemeine Grundsätze. Die deutschen DBA[1750] enthalten nicht immer eine dem Art. 17 Abs. 2 OECD-MA entsprechende Regelung.[1751] Fehlt sie, richtet sich die Besteuerung nach allgemeinen Grundsätzen. Danach können insoweit bei den (natürlichen oder juristischen) Personen, denen die Einkünfte des Künstlers zufließen, gewerbliche Einkünfte in Betracht kommen, die in der Bundesrepublik als Tätigkeitsstaat jedoch nur dann der beschränkten Steuerpflicht unterliegen, wenn die Einkünfte durch eine hier betriebene Betriebstätte erzielt werden. Entsprechendes gilt für den Partnerstaat. 1212

Stellt der im Staat A wohnhafte Künstler seine Dienste der ebenfalls im Staat A ansässigen „anderen Person" unentgeltlich für künstlerische Leistungen im Staat B zur Verfügung und bezieht er von dieser Person nur Dividenden, so kann nur der Wohnsitzstaat A, nicht aber zugleich auch der Tätigkeitsstaat B Besteuerungsrechte geltend machen. Soweit die Bundesrepublik als Tätigkeitsstaat B betroffen wäre, könnte ggf. zu prüfen sein, ob die Zwischenschaltung der „anderen Person" nicht rechtsmißbräuchlich (§ 42 AO) ist. 1213

Soweit eine dem Art. 17 Abs. 2 OECD-MA entsprechende Regelung in einem deutschen DBA vorhanden ist, entsprechen die verwendeten Begriffe aber nicht immer denen des Art. 17 Abs. 2 OECD-MA. Ein sachlicher Unterschied ist damit aber grundsätzlich nicht verbunden. Das Gleiche gilt für die Formulierung vom „Erbringen der Darbietungen" anstatt von einer „persönlich ausgeübten Tätigkeit[1752] und von der „Überlassung des Künstlers".[1753] 1214

b) Ausgewählte Ausnahmeregelungen. Materiell-rechtliche Abweichungen sind – beispielhaft – in folgenden Abkommen enthalten:

- **DBA-Finnland 1979** 1215

  Das Abkommen dehnt die Regelung des Art. 17 Abs. 2 OECD-MA auf solche Künstler aus, die in keinem der beiden Vertragsstaaten ansässig sind. Dies hat zur Folge, dass sich

---

Wegfall des bisherigen Art. 14 DBA-USA gemäß Art. 7 Abs. 7 des Abkommens als gewerbliche Einkünfte.

[1748] S. dazu BMF v. 14. 9. 1999, BStBl I 1999, 957. Zum Begriff der Einnahmen i. S. d. Art. 17 DBA-USA s. z. B. FG Köln II K 7905/00 v. 21. 2. 2002, nv, Rev. I R 96/03.

[1749] So BFH I R 22/02 v. 19. 11. 2003, BStBl II 2004, 560; bestätigt durch I R 33/04 v. 28. 6. 2005, BStBl II 2006, 489; s. dort auch zur Frage, inwieweit Umsatzsteuer zu berücksichtigen ist.

[1750] S. zu den Abkommen i. E. *Vogel/Lehner* Art. 17 Rz. 135 (zu Art. 17 Abs. 2 MA).

[1751] So z. B. nicht die DBA mit Belgien, Frankreich, Griechenland, Großbritannien, Luxemburg und den Niederlanden. Zu den Niederlanden s. BFH I R 240/81 v. 20. 8. 1984, nv.

[1752] S. zu den einzelnen Abkommen *Vogel/Lehner* Art. 17 Rz. 141 f.

[1753] So Art. 17 Abs. 1 Satz 2 DBA-Schweiz.

auch in Drittstaaten ansässige „andere Personen" auf die Anwendung des Abkommens berufen können.

1216 – **DBA-Brasilien**

Unternehmen, denen Einkünfte aus der Tätigkeit von Künstlern zufließen, werden ebenfalls von einer – im Ergebnis – der Regelung in Art. 17 Abs. 2 OECD-MA entsprechenden Bestimmung erfasst. Abkommenstechnisch geschieht dies in der Weise, dass die Tätigkeit der Künstler als Betriebsstätte des Unternehmens im Tätigkeitsstaat fingiert wird (Art. 5 Abs. 7).[1754]

1217 – **DBA-Japan**

Das DBA-Japan schränkt die die Regelung des Art. 17 Abs. 2 OECD-MA auf solche Unternehmen ein, die vom Künstler **unmittelbar** oder **mittelbar beherrscht** werden.[1755]

1218 – **DBA-Österreich 2000**

Dieses Abkommen enthält eine Erweiterung der Besteuerung im Quellenstaat auf Einkünfte aus der **Verwertung** der Tätigkeit der Künstler (Art. 17 Abs. 2).[1756] Dabei wird eine **Abgrenzung** zu den **Lizenzgebühren** i. S. d. Art. 12 OECD-MA geschaffen.[1757]

1219 – **DBA-Schweden**

Nach diesem Abkommen ist erforderlich, dass der Künstler einen **kontrollierenden Einfluss** auf die Person ausüben kann, der die Einkünfte zufließen (Art. 17 Abs. 2). Dieser Einfluss kann auch auf tatsächlichem Gebiet liegen.[1758]

1220 – **DBA-USA**

Dieses Abkommen schließt die Anwendbarkeit des Art. 17 Abs. 2 OECD-MA bereits dann aus, wenn weder der Künstler noch eine mit ihm verbundene oder ihm nahe stehende Person unmittelbar oder mittelbar am Gewinn der zwischengeschalteten Person beteiligt ist (Art. 17 Abs. 2). Als Gewinnbeteiligung kommt jede Art von Gewinnbeteiligung in Betracht, z. B. auch stille Beteiligungen.[1759]

4. Sonderregelungen für den Kulturaustausch

1221 Zur Förderung und Unterstützung des **Kulturaustauschs** bestimmen einige Abkommen, dass die Besteuerung der Einkünfte von Künstlern im Tätigkeitsstaat beim Wohnsitzstaat verbleibt, sofern die Künstler im Rahmen des von den Vertragsstaaten gebilligten offiziellen Kulturaustauschs auftreten.[1760] In der Mehrzahl der Abkommen ist dafür Voraussetzung, dass der Aufenthalt des Künstlers in wesentlichem Umfang unmittelbar oder mittelbar aus öffentlichen Kassen des anderen Staates, einer seiner Gebietskörperschaften oder von einer anderen als gemeinnützig anerkannten Einrichtung[1761] unterstützt wird.[1762] Dabei bestehen insoweit zwar teilweise Unterschiede in

---

[1754] Zu den Folgerungen daraus s. z. B. *Mody* in: Handbuch der Internationalen Steuerplanung, S. 1191.

[1755] Ebenso die DBA mit Australien, Liberia und Ungarn.

[1756] Ebenso auch die DBA Korea 2000 und Malta 2001 (jeweils Art. 17 Abs. 2) sowie Norwegen (Art. 17 Abs. 2 Satz 2).

[1757] S. dazu auch *Vogel/Lehner* Art. 17 Rz. 144.

[1758] Ebenso *Mody* in: Handbuch der Internationalen Steuerplanung, S. 1192.

[1759] S. dazu auch *Mody* in: Handbuch der Internationalen Steuerplanung, S. 1192.

[1760] S. dazu auch *Molenaar/Grams* IStR 2005, 762.

[1761] So DBA-Österreich 2000 Art. 17 Abs. 3.

[1762] So beispielsweise DBA-Schweden und DBA-USA 1989 (jeweils Art. 17 Abs. 3). Zu weiteren Abkommen und Einzelheiten s. *Vogel/Lehner* Art. 17 Rz. 93ff.

der Formulierung, die jedoch in aller Regel[1763] keine oder nur unwesentliche Auswirkungen haben.

4. Abschnitt. Ausgewählte Einkommensteuerfragen in Bezug auf Kunstgegenstände im Privatvermögen und im Betriebsvermögen

Schrifttumsverzeichnis und Verwaltungsanweisungen: siehe Teil 1.

A. Kunstgegenstände im Privatvermögen

I. Veräußerung von Kunstgegenständen

1. Private Veräußerungsgeschäfte

Die **Veräußerung** von Kunstgegenständen aus dem **Privatvermögen** ist grundsätzlich nicht einkommensteuerbar.[1764] 1222

Anders ist es, wenn ein steuerbares **privates Veräußerungsgeschäft**[1765] i. S. d. § 23 Abs. 1 Satz 1 Nr. 2 EStG vorliegt. Nach dieser Vorschrift sind private Veräußerungsgeschäfte (§ 22 Nr. 2 EStG) Veräußerungsgeschäfte bei anderen Wirtschaftsgütern als denen, die in § 23 Nr. 1 EStG aufgeführt sind und bei denen der Zeitraum zwischen Anschaffung und Veräußerung nicht mehr als ein Jahr beträgt. Etwaige daraus erzielte Gewinne sind als sonstige Einkünfte i. S. d. § 22 EStG steuerbar. Die im Entwurf des Steuervergünstigungsabbaugesetzes[1766] vorgesehene Änderung des § 23 EStG, nach der Gewinne aus privaten Veräußerungsgeschäften (Verkauf von Grundstücken, Wertpapieren und anderen Wirtschaftsgütern) generell steuerbar sein sollten und mit einem Steuersatz von 15 v. H. belegt werden sollten, ist (noch) nicht Gesetz geworden.[1767] 1223

Wurde der der Kunstgegenstand innerhalb eines Jahres seit seinem Erwerb wieder veräußert, ist hinsichtlich der Steuerbarkeit der daraus erzielten (positiven oder negativen) Einkünfte Folgendes zu beachten: 1224

Zu den „anderen Wirtschaftgütern" i. S. d. § 23 Nr. 2 EStG rechnen insbesondere auch bewegliche Sachen des Privatvermögens, wie z. B. **Kunstgegenstände** jeglicher Art. 1225

Die Steuerbarkeit des Veräußerungsvorgangs setzt voraus, dass das veräußerte Wirtschaftsgut zuvor angeschafft worden war. Anschaffung i. S. d. § 23 EStG setzt **entgeltlichen Erwerb** voraus.[1768] Die Veräußerung selbst geschaffener Wirtschaftsgüter, z. B. Gemälde, ist grundsätzlich unbeachtlich.[1769] Maßgebend ist der Abschluss des **schuld-** 1226

[1763] Zur Ausnahme s. Art. 17 Abs. 2 DBA-Schweiz: Erforderlich sind lediglich „Mittel aus öffentlichen Kassen".

[1764] Zur Erbschaftsteuerpflicht, insbesondere zu Gestaltungsmöglichkeiten in Zusammenhang mit vorweggenommener Erbfolge, s. *Gantefährer/Wacker* KUR 2006, 40.

[1765] Früher als „Spekulationsgeschäft" bezeichnet.

[1766] BT-Drs. 15/480, S. 20 ff.

[1767] Kritisch zu diesem Gesetzentwurf *Döring* DB 2003, 576.

[1768] Z. B. BFH IX R 73/98 v. 2. 5. 2000, BStBl II 2000, 614.

[1769] Vgl. BFH XI R 26/02 v. 10. 9. 2003, BStBl II 2004, 218 – Zufallserfindung.

rechtlichen Vertrags, nicht der dingliche Vollzug des Veräußerungsgeschäfts.[1770] **Erbschaft, Vermächtnis** und **Schenkung** schließen mangels Entgeltlichkeit ausnahmslos eine Anschaffung aus.[1771] In den Fällen der **Erbauseinandersetzung** liegt grundsätzlich teilentgeltlicher Erwerb insoweit vor, als der Erbe Ausgleichszahlungen leistet. Ebenso führt der entgeltliche Erwerb eines Miterbenanteils zu Anschaffungskosten beim übernehmenden Miterben.[1772] Das Gleiche gilt für sog. **Gleichstellungsgelder,** die im Rahmen einer vorweggenommenen Erbfolge gezahlt werden; sie führen grundsätzlich zu Anschaffungskosten des Übernehmers.[1773] Als Anschaffung gilt ferner die **Überführung** von Wirtschaftsgütern des Betriebsvermögens **in das Privatvermögen** des Steuerpflichtigen durch Entnahme oder Betriebsaufgabe (§ 23 Abs. 1 Satz 2 EStG).[1774]

1227 **Veräußerung** i. S. d. § 23 Abs. 1 Satz 1 Nr. 2 EStG ist die entgeltliche Übertragung eines Wirtschaftsgutes auf einen Dritten. Maßgebend ist auch insoweit grundsätzlich das obligatorische Geschäft.[1775] Als Veräußerung gilt gemäß § 23 Abs. 1 Satz 5 Nr. 1 EStG auch die **Einlage** eines Wirtschaftsgutes **in das Betriebsvermögen.**

1228 **Einkünfte** (Gewinn oder Verlust) aus privaten Veräußerungsgeschäften sind gemäß § 23 Abs. 3 Satz 1 EStG die **Differenz** zwischen dem **Veräußerungspreis** (Verkaufserlös) einerseits **und** den **Aufwendungen** für das veräußerte Wirtschaftsgut (Anschaffungs-, Herstellungskosten, Werbungskosten) andererseits.

1229 Gewinn aus privaten Veräußerungsgeschäften bleiben **steuerfrei,** wenn der dabei erzielte **Gesamtgewinn** im Kalenderjahr weniger als **512 €** betragen hat (§ 23 Abs. 3 Satz 6 EStG).

1230 Die Steuerbarkeit des privaten Veräußerungsgeschäftes gemäß § 23 Abs. 1 Nr. 2 EStG kann für den Steuerpflichtigen ausnahmsweise auch von Nutzen sein, und zwar dann, wenn er bei derartigen Veräußerungsgeschäften einen **Verlust** erleidet. Diesen kann er mit Gewinnen aus anderen Veranlagungszeiträumen **verrechnen,** allerdings beschränkt auf gemäß § 23 EStG steuerpflichtige Veräußerungsgewinne (§ 23 Abs. 3 Satz 9 EStG).[1776]

2. Vermögensverwaltung – Gewerbebetrieb

1231 **a) Allgemeine Grundsätze.** Grundsätzlich ist unerheblich, wie oft und in welchem Umfang ein Steuerpflichtiger Kunstgegenstände, die zu seinem **Privatvermögen** gehören, außerhalb des Anwendungsbereichs des § 23 EStG veräußert. Selbst wenn beispielsweise ein Kunstsammler häufig Teile seiner Sammlung veräußert, wird er damit im Regelfall noch nicht gewerblich tätig. Die bloße Verwaltung des (Kunst-)Vermögens, zu der wesensmäßig die Pflege des Stammvermögens und damit verbunden ein regelmäßiges Umschichten gehört, ist regelmäßig keine gewerbliche Tätigkeit.[1777] Insoweit lässt sich im Regelfall die Betätigung noch als Nutzung von Vermögen im Sinne einer Fruchtziehung aus erhaltenden Substanzwerten beurteilen. Die Ausnutzung substantieller Vermögenswerte durch Umschichtung tritt regelmäßig nicht in den Vordergrund; dies

---

[1770] *Blümich/Glenk* § 23 EStG Rz. 121.

[1771] *Blümich/Glenk* § 23 EStG Rz. 96.

[1772] Eingehend zur Erbauseinandersetzung *Blümich/Glenk* § 23 EStG Rz. 98 ff.

[1773] S. i. E. *Blümich/Glenk* § 23 EStG Rz. 103; zum Ansatz von Anschaffungskosten bei Übernahme von Verbindlichkeiten über die Erbquote hinaus s. BFH IX R 23/02 v. 14. 12. 2004, BStBl II 2006, 296; dazu BMF v. 21. 2. 2006, BStBl I 2006, 306 (sog. Nichtanwendungserlass).

[1774] Zu Einzelheiten s. *Blümich/Glenk* § 23 EStG Rz. 110 ff.

[1775] Zu weiteren Einzelheiten s. *Blümich/Glenk* § 23 EStG Rz. 121 ff.

[1776] Zu Einzelheiten s. *Blümich/Glenk* § 23 EStG Rz. 233 ff.

[1777] Vgl. BFH IV R 75/00 v. 23. 1. 2003, BStBl II 2003, 467 m. w. N.

schließt nicht aus, dass bei der Umschichtung auch Vermögensmehrungen erzielt werden können. Je größer die Kunstsammlung ist, desto häufiger wird der private Sammler einerseits Objekte neu erwerben, z.B. um die Sammlung zu arrondieren oder zu ergänzen, andererseits aber Objekte wieder verkaufen, etwa zur Bereinigung des Sammlung oder möglicherweise auch zur Finanzierung der Neuerwerbungen. Damit wird allein wird im Regelfall die Grenze zur Gewerblichkeit noch nicht überschritten. Die Kehrseite der im Regelfall für den Kunstsammler positiven Rechtslage ist, dass anfallende Aufwendungen und Verluste ebenfalls nur das Privatvermögen berühren und damit nicht steuermindernd berücksichtigt werden können. Die Finanzbehörden werden in aller Regel nicht daran interessiert sein, derartige Verluste zu „sozialisieren", vor allem dann nicht, wenn sie einen größeren Umfang annehmen und sich über einen längeren Zeitraum erstrecken.

Ein **Gewerbebetrieb** liegt dagegen vor, wenn der Steuerpflichtige eine selbständige 1232
nachhaltige Betätigung mit Gewinnabsicht unternimmt, sich dabei am allgemeinen wirtschaftlichen Verkehr beteiligt und damit über den Rahmen der Vermögensverwaltung hinausgeht. Diese Voraussetzungen können in seltenen Ausnahmefällen durchaus auch bei privaten Kunstsammlern erfüllt sein. Sie können ggf. z.B. dann vorliegen, wenn der Sammler in größerem Umfang regelmäßig Sammlerstücke auf einen längeren Zeitraum hin de facto gegen „Entgelt" vermietet („ausleiht"), möglicherweise sogar in der Hoffnung, auf diese Weise den Wert des Kunstgegenstandes zu steigern. Dabei muss die Gegenleistung nicht notwendiger Weise in Geldzahlungen bestehen. Da die „Ausleihe" von Kunst für sich allein gesehen noch nicht die Gewerblichkeit begründen kann, müssen in jedem Einzelfall tatsächliche Umstände hinzutreten, die im Rahmen eines Gesamtbildes eindeutig auf eine Gewinnabsicht schließen lassen, die über die im Rahmen einer bloßen Vermögensverwaltung zu beobachtende „Gewinnmitnahme" hinausgeht.[1778] Es können insoweit aber weder die für den gewerblichen Grundstücksstückshandel maßgebenden Grundsätze (sog. Drei-Objekte-Grenze),[1779] noch die Regelungen hinsichtlich des An- und Verkaufs von Wertpapieren, wonach der fortgesetzte Verkauf von Wertpapieren allein noch nicht die Gewerblichkeit begründet,[1780] übernommen werden. Auch der Behaltezeitraum erscheint für den Regelfall kein geeignetes Kriterium zu sein.[1781] Vielmehr wird auf die Eigenart einer Kunstsammlung im Allgemeinen und auf die spezifischen Eigenheiten und Usancen bei einer Sammlung der Art, wie sie konkret zu beurteilen ist, abzustellen sein. Dabei wird mit entscheidend sein, wie die bisherigen Gepflogenheiten des privaten Sammlers waren und wie er einen etwaigen „Gesamtgewinn" aus der Veräußerung von Kunstgegenständen aus seiner Sammlung verwendet hat oder voraussichtlich verwenden wird, ob er ihn in artspezifisch angemessener Zeit im Wesentlichen (erneut) zur (Wieder-)Aufstockung seiner Sammlung einsetzt, oder ob er ihn in nicht nur unerheblichem Umfang kunstfremd verwendet. Letzteres könnte ein Indiz für Gewerblichkeit sein. Fest steht jedenfalls: Eine allgemein verbindliche Abgrenzung wird in dem angesprochenen Bereich nur ansatzweise möglich und zu treffen sein.

In der **Praxis** wird es in aller Regel im Hinblick auf die Abgrenzung zwischen bloßer 1233
Vermögensverwaltung einerseits und Gewerbebetrieb andererseits nur selten zu tief greifenden Meinungsunterschieden und damit zu Rechtsstreiten zwischen Sammler und Finanzverwaltung kommen. Da das Errichten und Unterhalten einer Kunstsammlung in aller

[1778] S. zu möglichen Anhaltspunkten *Stolz* S. 100. Zur Steuerpflicht gemäß §§ 22, 23 EStG (private Veräußerungsgeschäfte) s. Rz. 1222ff.

[1779] S. dazu *Schmidt/Weber-Grellet* § 15 Rz. 47ff.

[1780] S. dazu EStR H 15.7 Abs. 9 – „An- und Verkauf von Wertpapieren".

[1781] So aber wohl *Stolz* S. 126f.

regel zu Verlusten führt, wird der Kunstsammler zwar daran interessiert sein, derartige Verluste einkommensmindernd abziehen zu können. Hier wird es allerdings regelmäßig an der erforderlichen Einkunftserzielungsabsicht[1782] fehlen, da eine Kunstsammlung in aller Regel in einem besonderen Maß den im Bereich der Lebensführung liegenden persönlichen Neigungen entspricht. Die bei der Abgrenzung der Liebhaberei von einkommensteuerrechtlich relevanter künstlerischer Tätigkeit festzustellende großzügige höchstrichterliche Rechtsprechung[1783] ist im Hinblick auf die sachlichen Unterschiede hier nicht anwendbar.

1234 Andererseits könnte das Finanzamt nicht bereits allein unter Hinweis auf mögliche Gewinne aus der Veräußerung von Kunstgegenständen in dem einen oder anderen Jahr die Gewerblichkeit der Sammlertätigkeit in den betreffenden Jahren bejahen. Dies würde dem Erfordernis der Beurteilung aufgrund einer Gesamtschau über einen längeren Zeitraum widersprechen. Darüber hinaus liefe das Finanzamt Gefahr, in anderen Jahren aufgelaufene Verluste steuerrechtlich anerkennen zu müssen. Finanzamt und Kunstsammler werden sich deshalb im Bereich Vermögensverwaltung/Gewerbebetrieb mit der gebotenen gegenseitigen Zurückhaltung begegnen.

1235 **b) Abgrenzung zur Unternehmereigenschaft i. S. d. Umsatzsteuerrechts.** Von der Abgrenzung Vermögensverwaltung einerseits und Gewerbebetrieb andererseits ist zu unterscheiden ist die Frage, ob der private Sammler aufgrund seiner Verkäufe Unternehmer im umsatzsteuerrechtlichen Sinn (§ 2 UStG) ist[1784] und die erzielten Erlöse gemäß § 1 Abs. 1 Nr. 1 UStG umsatzsteuerpflichtig sind.

II. Steuerbegünstigung gemäß § 10g EStG

1236 Gemäß § 10g EStG kann ein Steuerpflichtiger Aufwendungen für Herstellungs- und Erhaltungsmaßnahmen an eigenen **schutzwürdigen Kulturgütern** im Inland, soweit sie öffentliche oder private Zuwendungen oder etwaige aus diesen Kulturgütern erzielte Einnahmen übersteigen, im Kalenderjahr des Abschlusses der Maßnahmen und in den neun folgenden Kalenderjahren jeweils bis zu 9 v.H. wie Sonderausgaben abziehen.[1785] Unerheblich ist, ob die Kulturgüter zum Privat- oder Betriebsvermögen der natürlichen Person gehören.

1237 Die Steuerbegünstigung betrifft u.a. auch **Kunstgegenstände, Kunstsammlungen** und **wissenschaftliche Sammlungen,** die sich seit mindestens 20 Jahren im Besitz der Familie des Steuerpflichtigen sind und deren Erhaltung wegen ihrer Bedeutung für Kunst, Geschichte oder Wissenschaft im öffentlichen Interesse liegt. Der Abzug setzt das Vorliegen einer amtlichen Bescheinigung über die Erforderlichkeit der Aufwendungen voraus (§ 10g Abs. 3 EStG).[1786]

[1782] S. dazu i. E. Rz. 199ff.

[1783] S. Rz. 204ff.

[1784] S. dazu Rz. 838ff. und *Wagner* DStZ 2002, 846.

[1785] Eine Parallele dazu besteht in § 13 Abs. 1 Nr. 2 ErbStG, s. dazu Rz. 952.

[1786] Zu weiteren Einzelheiten s. *Schmidt/Heinicke* § 10g Rz. 2ff.

B. Kunstgegenstände im Betriebsvermögen

I. Abgrenzung zum Privatvermögen

1. Privatvermögen

Wird ein Steuerpflichtiger lediglich im Rahmen bloßer Vermögensverwaltung tätig[1787] **1238**
ist das entsprechende Vermögen grundsätzlich dem **Privatvermögen** zuzuordnen. Nicht entscheidend ist dabei der Umfang des Vermögens. Zum privaten Vermögen rechnet dann beispielsweise auch ein **Museum** o. Ä., das der Kunstsammler errichtet hat und das ausschließlich oder zumindest fast ausschließlich der Vermögensverwaltung dient. Andererseits kann der Sammler die entsprechenden Aufwendungen[1788] nicht mit Erfolg steuerlich geltend machen; es handelt sich dabei nicht um Betriebsausgaben, sondern um private Mittelverwendung.

2. Betriebsvermögen

a) Allgemeine Grundsätze. Der Steuerpflichtige[1789] kann aber im Rahmen seines **1239**
bestehenden Gewerbebetriebs sowohl einzelne Kunstgegenstände als auch eine Gesamtheit von Kunstgegenständen, z. B. Sammlung,[1790] dem (notwendigen/gewillkürten) **Betriebsvermögen** zuordnen.[1791]

Dabei ist davon auszugehen, dass **Kunstsammlungen** steuerrechtlich kein Eigenleben führen. Es gibt grundsätzlich kein selbständiges Wirtschaftsgut „Kunstsammlung". Die einer solchen Sammlung zuzurechnenden Gegenstände sind eben Betriebsvermögen wie andere Wirtschaftsgürter des Betriebsvermögens auch (z. B. Maschinen, Einrichtungen, Forderungen etc.) oder aber Betriebsvermögen. Steuerrechtlich werden sie demnach genau so wie anderes Betriebsvermögen oder anderes Privatvermögen behandelt. Es gelten die allgemeinen ertragsteuerrechtlichen Regelungen.

Eine Zuordnung von Vermögensgegenständen zum Betriebsvermögen setzt voraus, dass diese ihrer Art nach nicht zum notwendigen Privatvermögen gehören und die tatsächliche betriebliche Nutzung nicht von untergeordneter Bedeutung ist.[1792] Es muss ein objektiver Förderzusammenhang zum Betrieb geschaffen werden bei gleichzeitiger unmissverständlicher Bekundung dieser Zuordnungsentscheidung, z. B. Aufhängen eines Gemäldes im Büro oder in Praxisräumen.[1793] Nicht entscheidend ist, ob der Steuerpflichtige mit einer Wertsteigerung des Kunstgegenstandes rechnete oder rechnen konnte, oder ob er u. U, sogar einen Verlust in Erwägung ziehen musste.[1794] Im letzteren Fall könnte sich allerdings die Frage stellen, ob nicht die erforderliche Einkünfteerzielungsabsicht fehlt (sog. Liebhaberei).[1795] Dies wird man aber nicht bereits deshalb bejahen können, weil ein künftiger

---

[1787] S. Rz. 1231 ff.

[1788] Z. B. Herstellungskosten des Museums etc., Kaufpreis für Kunstwerke, Betriebskosten, ggf. Lohnkosten etc.

[1789] Bei dem es sich nicht um den Künstler handelt.

[1790] S. dazu *Stolz* S. 110 ff.

[1791] Vgl. BFH IV R 25/78 v. 25. 2. 1982, BStBl II 1982, 461 (Gemälde als gewillkürtes Betriebsvermögen). Zu Vor- und Nachteilen der Kunst im Betriebsvermögen s. *Stolz* S. 119 ff.

[1792] S. i. E. Rz. 347 ff., 351.

[1793] Vgl. *Blümich/Wied* § 4 EStG Rz. 365 ff. m. w. N.

[1794] Zutr. *Stolz* S. 111; vgl. aber BFH IV R 25/78 v. 25. 2. 1982, BStBl II 1982, 461.

[1795] S. dazu Rz. 199 ff.

Verlust nicht auszuschließen ist. Vielmehr wird man fordern müssen, dass darüber hinaus eindeutige Hinweiszeichen dafür bestehen, dass der fragliche Gegenstand eindeutig aus privaten Motiven angeschafft worden ist.

1240 Die bloße Zahlung des Kaufpreises bei einem privat veranlassten Kauf mit betrieblichen Mitteln macht den Gegenstand nicht zum Betriebsvermögen; insoweit liegt eine Entnahme vor.[1796]

1241 Wird der Kunstgegenstand zu einem späteren Zeitpunkt veräußert oder entnommen, ist ein etwaiger Veräußerungsgewinn zu versteuern, ein möglicher Veräußerungsverlust mindert das übrige Betriebsergebnis. Die Jahresfrist des § 23 EStG ist insoweit ohne Bedeutung.

1242 **b) Angemessenheit der Aufwendungen.** Für die Entscheidung, ob ein Vermögensgegenstand dem Betriebsvermögen zugeordnet wird, ist es unerheblich, wie hoch der Kaufpreis ist und ob er angemessen ist. Davon zu unterscheiden ist die Frage, ob trotz der (vollständigen) Betriebsvermögenseigenschaft des Wirtschaftsguts die gesamten Anschaffungskosten – in Form von AfA pro rata temporis – als Betriebsausgaben abziehbar sind. Insoweit ist § 4 Abs. 5 Nr. 7 EStG zu beachten, wonach Aufwendungen, die die Lebensführung des Steuerpflichtigen oder anderer Personen berühren, nicht abziehbar sind soweit sie nach allgemeiner Verkehrsauffassung als unangemessen anzusehen sind.

1243 Bei Aufwendungen für die Anschaffung von Wirtschaftsgütern, die gleichzeitig auch der **Repräsentation** dienen, liegt es nahe, hierauf ein besonders Augenmerk zu legen.[1797] In aller Regel wird die Frage der Angemessenheit danach beurteilt, „ob ein ordentlicher oder gewissenhafter Unternehmer angesichts der erwarteten Vorteile die Aufwendungen ebenfalls auf sich genommen hätte".[1798] Dieses Kriterium ist allerdings wenig griffig, so dass es im konkreten Fall weitgehend der Beurteilung aufgrund aller in Betracht kommenden Umstände überlassen bleibt. Als mögliche Beurteilungskriterien können beispielsweise in Betracht kommen: Art und Beschaffenheit des angeschafften Wirtschaftsguts, Größe und Art des Betriebs, betriebsbezogene Notwendigkeit von erhöhtem Repräsentationsaufwand, Vergleichbarkeit mit anderen Betrieben gleicher Art.[1799]

II. Bewertung

1. Grundsatz

1244 Ist ein Kunstgegenstand dem Betriebsvermögen als Anlagevermögen zuzurechnen, ist er grundsätzlich mit den Anschaffungskosten – ohne Umsatzsteuer, sofern diese abziehbar ist – zu bewerten (§ 6 Abs. 1 Nr. 1 Satz 1 EStG).[1800]

1245 Wird der Gegenstand im Wege des **Tauschs** übertragen, bemessen sich die Anschaffungskosten nach dem gemeinen Wert des hingegebenen Wirtschaftsguts(§ 6 Abs. 6 Satz 1 EStG). Im Falle der **Einlage** ist der Teilwert (§ 6 Abs. 1 Nr. 1 Satz 3 EStG) für den Zeitpunkt der Zuführung anzusetzen, höchstens jedoch die Anschaffungs- oder Herstellungskosten (§ 6 Abs. 1 Nr. 5 EStG).

[1796] Zutr. *Rühlemann* Rz. 30.

[1797] S. EStR R 4. 10 Abs. 12 Nr. 4.

[1798] So EStR H 4.10 Abs. 12 – „Angemessenheit".

[1799] S. BFH I R 29/85 v. 20. 8. 1986, BStBl II 1987, 108 und I R 80/93 v. 20. 8. 1996, BStBl II 1996, 904: Orientteppiche. Vgl. auch *Stolz* S. 112 zum Umfeld von betrieblich genutzten Kunstgegenständen.

[1800] Der Künstler selbst hat die Herstellungskosten anzusetzen, wobei der Wert der eigenen Arbeitsleistung nicht anzusetzen ist, vgl. BFH IX R 73/91 v. 10. 5. 1995, BStBl II 1995, 713.

2. Absetzung für Abnutzung (AfA)

a) Allgemeine Grundsätze. Eine Absetzung für Abnutzung **(AfA)**[1801] ist nur dann zulässig, wenn das Wirtschaftsgut abnutzbar ist. Dem Begriff des abnutzbaren Wirtschaftsguts ist immanent, dass seine Nutzung zeitlich begrenzt ist. Dem entspricht § 7 Abs. 1 Satz 2 EStG, wonach sich die AfA nach der **betriebsgewöhnlichen Nutzungsdauer** bemisst. Absetzungen für außergewöhnliche technische oder wirtschaftliche Abnutzung sind zulässig (§ 7 Abs. 1 Satz 7 EStG). 1246

Das EStG konkretisiert allerdings nicht näher, unter welchen Voraussetzungen ein bewegliches Wirtschaftsgut als abnutzbar zu beurteilen (vgl. § 253 Abs. 2 HGB) und welcher Zeitraum jeweils als betriebsgewöhnliche Nutzungsdauer anzunehem ist. Ersteres ergibt sich aus der Eigenart des Wirtschaftsguts unmittelbar. Letzteres ist nach der Rechtsprechung[1801a] der Zeitraum, in dem das Wirtschaftsgut erfahrungsgemäß verwendet oder genutzt werden kann. Dabei sind die besonderen betrieblichen Verhältnisse, unter denen das Wirtschaftsgut eingesetzt wird, zu beachten. Nicht entscheidend ist dagegen, wie lange der Steuerpflichtige das Wirtschaftsgut in seinem Betrieb verwendet oder voraussichtlich verwenden wird. als Hilfsmittel für die Schätzung der Nutzungsdauer hat die Finanzverwaltung unter Beteiligung der Fachverbände der Wirtschaft **AfA-Tabellen** für allgemein verwendbare Anlagegüter und für verschiedene Wirtschaftszweige herausgegeben. Diese haben zwar die Vermutung der Richtigkeit für sich, sind aber für die Gerichte nicht bindend.[1801b]

Kunstgegenstände sind dementsprechend im vorstehenden Sinn abnutzbar, wenn ihre Nutzung einen Wertverzehr zur Folge hat und damit zeitlich begrenzt ist.[1802] Dies ist nach der Rechtsprechung bei Gemälden eines **„anerkannten Künstlers“**[1803] und anderen Kunstwerken nicht der Fall.[1804] Zwar gebe es eine **technische** (physikalische) **Abnutzung,** diese sei jedoch regelmäßig so gering, dass sie zu vernachlässigen sei.[1805] Etwas Anderes gelte nur für die sog. **„Gebrauchskunst“.**[1806] 1247

Ebenso wie Kunstgegenstände werden grundsätzlich auch optische, ophthalmologische und meteorologische Geräte sowie antiquarische Bücher aus dem Gebiet der Optik und des Optikhandwerks behandelt, deren Wert ausschließlich von Alter, Seltenheit und Bedeutung in der jeweiligen Zeit ihrer Herstellung oder Nutzung bestimmt wird.[1807] 1248

b) Technische Abnutzung. Eine technische (mechanische/physikalische) Abnutzung liegt vor, wenn das Wirtschaftsgut verbrauchsbedingt und/oder durch äußere Einflüsse, z. B. Verwitterung, Luftfeuchtigkeit, zu starker Lichteinfall, Rost, Erschütterung oder an- 1249

[1801] Zur AfA s. i. E. auch Rz. 1250ff.

[1801a] Z. B. BFH III R 74/97 v. 9. 12. 1999, BStBl II 2001, 314; X R 78/94 v. 19. 11. 1997, BStBl II 1998, 59.

[1801b] So zuletzt BFH XI B 25/03 v. 5. 4. 2004, Beck RS 2004 2500 6601. IV B/44/02 v. 4. 7. 2002, BFH/NV 2002, 1559; III R 74/97 v. 9. 12. 1999, BStBl II 2001, 314.

[1802] BFH III R 58/75 v. 2. 12. 1977, BStBl II 1978, 164.

[1803] S. Rz. 1254ff.

[1804] Z. B. BFH III R 58/75 v. 2. 12. 1977, BStBl II 1978, 164; das Urteil erging zum Investitionszulagengesetz; FG Berlin III 117/88 v. 17. 5. 1991, nv, rkr., s. dazu BFH IV R 70/93 v. 13. 10. 1994, BFH/NV 1995, 529.

[1805] Zur AfA bei Kunstgegenständen und Antiquitäten s. auch *Blümich/Brandis* § 7 EStG Rz. 365, Stichwort „Kunstgegenstände/Antiquitäten“. Teilweise kritisch zur Rechtsprechung *Werndl* in K/S/M § 7 EStG Rz. B 186ff.

[1806] S. dazu i. E. Rz. 1250, 1257ff. Aufwendungen für Gebrauchskunst sind allerdings im Hinblick auf § 4 Abs. 5 Satz 1 Nr. 6b EStG dann nicht steuermindernd zu berücksichtigen, wenn mit den Gegenständen ein Arbeitszimmer ausgestattet wird, FG Köln v. 4. 12. 2002, EFG 2003, 518.

[1807] BFH X R 131–133/87 v. 9. 8. 1989, BStBl II 1990, 50.

dere negative Umwelteinflüsse verschleißt. Eine derartige technische Abnutzung kann auch bei Kunstwerken eintreten.[1808] Sie berechtigt zu einer entsprechenden AfA. In der Praxis ergeben sich insoweit nur in seltenen Ausnahmefällen rechtliche und tatsächliche Schwierigkeiten.

1250 **c) Wirtschaftliche Abnutzung.** *aa) Abgrenzungen.* Anders sieht es jedoch in Bezug auf eine **wirtschaftliche Abnutzung** von Kunstgegenständen, insbesondere von Gemälden, aus. Eine solche haben die Rechtsprechung[1809] und ihr folgend das Schrifttum[1810] zwar stets anerkannt, jedoch grundsätzlich nur bei sog. **Gebrauchskunst.** Das Wesen dieser Gebrauchskunst bestehe darin, dass ihre wirtschaftliche Nutzungsdauer bei dem sich schnell wechselnden Zeitgeschmack erfahrungsgemäß im Allgemeinen wesentlich kürzer sei.[1811] Im Übrigen wird auf die Möglichkeit der **Teilwertabschreibung** (§ 6 Abs. 1 Nr. 1 EStG)[1812] verwiesen, die allerdings nur bei bilanzierenden Steuerpflichtigen in Betracht kommt. Diese Rechtsauffassung gilt im Grundsatz auch heute noch.

1251 Bei der Abgrenzung zwischen möglicher und nicht möglicher wirtschaftlicher Abschreibung beschreitet die Rechtsprechung gleichzeitig zwei Wege. Einerseits grenzt sie danach ab, ob ein Kunstwerk von einem anerkannten Künstler stammt, was andererseits wieder durch den Umstand indiziert wird, dass das Werk nicht zur „Gebrauchskunst" rechnet. Ob eine solche Gebrauchskunst gegeben ist, bestimmt sich nach der Rechtsprechung grundsätzlich nach dem Kaufpreis.[1813] Beide Lösungswege beinhalten zudem eine Fülle von Unbestimmtheiten und nicht näher begründeten Annahmen.[1814]

1252 Diese allzu pauschale Rechtsprechung steht weder mit den tatsächlichen Verhältnissen auf dem Kunstmarkt[1815] noch mit dem Grundsatz der wirtschaftlichen Leistungsfähigkeit in Einklang. Es bedarf insoweit einer differenzierteren steuerrechtlichen Beurteilung, die sich z. B. auf eine (verlängerte) Abschreibungsdauer beziehen kann.

1253 Wirtschaftliche Gründe, die zu einem Wertverzehr führen, liegen vor, wenn und soweit die wirtschaftliche Verwendbarkeit des Wirtschaftsgutes zur Erzielung von Einkünften unabhängig von einer technischen Abnutzung zeitlich beschränkt ist (*Beispiel:* Wandel des Zeitgeschmacks).[1816] Ein laufender wirtschaftlicher Wertverzehr kann wie die Praxis auf dem Kunstmarkt zeigt, auch bei Kunstwerken, insbesondere bei Gemälden und Installationen, eintreten. Davon gehen auch Rechtsprechung und Finanzverwaltung aus, beschränken den Anwendungsbereich zu Unrecht jedoch auf die sog. Gebrauchskunst. Für die pauschale Art und Weise aber, in der abgegrenzt und eingeschränkt wird, gibt es keine ausreichende Rechtfertigung.[1817] Dem Steuerpflichtigen muss vielmehr – unabhän-

---

[1808] Zu Beispielen s. *Müller-Katzenburg/Hofmann,* BB 2000, 2563. S. ferner Rz. 1259.

[1809] So z. B. bereits BFH VI 327/64 U v. 23. 4. 1965, BStBl III 1965, 382; s. ferner z. B. III R 58/75 v. 2. 12. 1977, BStBl II 1978, 164.

[1810] Z. B. *Blümich/Brandis* § 7 EStG Rz. 211 m. w. N.; *Handzik* in Littmann § 7 EStG Rz. 83 ff. Nach österreichischem Rechtsverhältnis sind auch Werke der sog. Gebrauchskunst grundsätzlich nicht abnutzbar, s. dazu *Doralt* § 7 EStG Rz. 65 – „Kunstwerke".

[1811] Die weitgehende Wertlosigkeit ist dagegen nicht erforderlich; so aber wohl zu Unrecht BFH III R 58/75 v. 2. 12. 1977, BStBl II 1978, 164.

[1812] S. dazu Rz. 1260 ff.

[1813] S. dazu i. E. Rz. 1258.

[1814] S. dazu i. E. Rz. 1254 ff. und 1257 ff.

[1815] S. dazu Rz. 1526.

[1816] Vgl. BFH X R 131–133/87 v. 9. 8. 1989, BStBl II 1990, 50.

[1817] Es erscheint nicht völlig ausgeschlossen, dass bei der Rechtsprechung auch der Gedanke eine gewisse Rolle spielt, dass gerade Kunstgegenstände vielfach künstlich dem betrieblichen Bereich zugeordnet werden sollen, um auf diese Weise dem Grunde nach private Aufwendungen steuermindernd geltend machen zu können. Das zutreffende Gegenmittel wäre aber in einem solchen Fall die –

gig vom Fall der Teilwertabschreibung – auch in der Rechtspraxis die Möglichkeit eröffnet werden, darzulegen und nachzuweisen, dass bei einem bestimmten Kunstwerk ein laufender wirtschaftlicher Wertverzehr eintreten kann. Die Wahrscheinlichkeit eines solchen laufenden Wertverzehrs kann insbesondere bei Gemälden nicht unerheblich sein.[1817a] Eine ähnliche Entwicklung ist auch in Teilbereichen des Antiquitätenmarktes festzustellen.[1817b] Dass eine Änderung der Rechtspraxis ggf. mit größeren verwaltungstechnischen Schwierigkeiten verbunden sein kann, rechtfertigt es nicht, auf eine Änderung zu verzichten.

bb) Das Abgrenzungsmerkmal „Werk eines anerkannten Künstlers". Das Abgrenzungsmerkmal **„anerkannter Künstler"** wird von der Rechtsprechung nicht – wie es aus rechtsstaatlichen Grundsätzen erforderlich wäre – inhaltlich näher bestimmt. Der vorhandene rechtliche Beurteilungsrahmen ist nicht klar genug umrissen. Das genannte Abgrenzungsmerkmal lässt sich auch nicht als Typusbegriff[1818] einordnen; auch dazu ist es zu wenig eindeutig. Ist schon der Begriff des „Künstlers" nur beschränkt aussagekräftig, wie die bisherigen Darlegungen gezeigt haben, so lässt sich auch nicht mit der gebotenen Bestimmtheit feststellen, wann ein Künstler „anerkannt" ist. Wonach bestimmt sich die Anerkennung und wie muss sie nach Außen wirksam werden? Genügt nur die Anerkennung der „Fachkreise", wer rechnet zu diesen „Fachkreisen", nur Kunstsachverständige – wer rechnet dazu? – oder auch Kunstinteressierte wie z.B. Museumsbesucher oder sogar Sponsoren? Kommt es etwa auf die Höhe der Verkaufspreise[1819] oder der Verkaufszahlen und darauf an, welche Resonanz seine Arbeiten haben? Kann auch ein junger Künstler (Newcomer) zu den „anerkannten Künstlern" zu rechnen sein, oder muss er etwa bereits an (bedeutenden?) Kunstausstellungen teilgenommen haben, ggf. wie oft? Kommt es auf die Zahl seiner Erwähnungen in (bedeutenden?) Fachpublikationen an, auf ein Indiz also, das bereits bei der Anerkennung der Tätigkeit als „künstlerisch" von Bedeutung sein kann? Muss der Künstler etwa bereits Kunspreise erhalten haben, ggf. von welchem Renommee? Müssen eine Werke „museumsgeeignet" sein oder genügt bereits die Vertretung durch eine anerkannte (?) Kunstgalerie? Inwieweit ist die voraussichtliche Wertbeständigkeit von Bedeutung, wonach bestimmt sich diese und wer ist für eine entsprechende Beurteilung kompetent? Wie weit wirkt sich der Umstand aus, dass ein Künstler in Bezug auf die Art seiner Werke „nicht unumstritten" ist, oder dass seine künstlerischen Fähigkeiten kontrovers beurteilt werden? Kann es (mit)entscheidend sein, ob der vom FG zu Rate gezogene Gutachter „hohes Ansehen" genießt?.[1820] Offene Fragen also zuhauf, die zeigen, wie wenig berechen- und voraussehbar die ertragsteuerliche Belastung im Zusammenhang mit dem Erwerb von Kunstgegenständen ist. 1254

---

wenn auch bisweilen schwieriger zu begründende – Nichtanerkennung des betrieblichen Charakters der Aufwendungen, nicht aber das pauschale Verneinen eines wirtschaftlichen Werteverzehrs. Bei einigen Entscheidungen dürfte wohl auch zu berücksichtigen sein, dass die Kläger zusätzlich zur AfA noch Vergünstigungen nach dem InvZulG (Zulage) oder dem BerlinFG (Zulage, erhöhte Absetzungen) beansprucht hatten.

[1817a] S. dazu *Lindemann* (Deitsch) S. 55: „Von einer ganzen Generation von 1000 Künstlern, die in den Achtziger Jahren ernst zu nehmende Ausstellungen in New York hatten, haben es noch 15 bis auf den Secondary Market geschafft".

[1817b] Die gilt z.B. für deutsche Skulptur des Mittelalters, besonders für Holzbildwerke, sowie für deutsche Kunst des 19. Jahrhunderts; s. dazu *Herchenröder* arsprototo, 3/2006, S. 6f.

[1818] S. dazu Rz. 23. Zur Zulässigkeit von Typisierungen s. BVerfG 2 BvL 2/99 v. 21. 6. 2006, DStR 2006, 1316, unter Rz. 76.

[1819] So wohl *Müller-Katzenburg/Hofmann,* BB 2000, 2563, 2565; Merkmal aber nur sehr beschränkt aussagefähig, s. Rz. 1258.

[1820] S. dazu FG Berlin U. III 117/88 v. 17. 5. 1991, nv.

1255 Aber selbst wenn ein Künstler „anerkannt" ist, bedeutet dies bekannter Maßen nicht, dass seine sämtlichen Werke „Ewigkeitswert" besitzen. Dabei wird nicht verkannt, dass eine differenziertere Begriffsbestimmung zu größeren praktischen Schwierigkeiten führen wird. Dem steht aber das Vermeiden rechtlich nicht vertretbarer Vereinfachungen gegenüber, die zu steuerrechtlich unzutreffenden Ergebnissen im Bereich der Abschreibung führen.

1256 Abgesehen von diesen rechtlichen Bedenken hinsichtlich des Begriffsinhalts eignet sich die Abgrenzung danach, ob das Werk von einem „anerkannten Künstler" stammt, nicht generell allein als Kriterium für die Entscheidung, ob ein Kunstwerk dem wirtschaftlichen Wertverzehr unterliegt; dies zeigt die Entwicklung auf dem Kunstmarkt. Die Herkunft eines Kunstwerkes kann zwar durchaus ein mehr oder weniger starkes Hinweiszeichen dafür sein, ob ein solcher Wertverzehr und ggf. in welchem zeitlichen Umfang in Betracht kommen kann. Diese Frage entscheidet sich aber nicht allein danach, wer das Kunstwerk geschaffen hat, sondern insbesondere auch nach Art und Beschaffenheit des Werkes und vor Allem nach den Verhältnissen auf dem Kunstmarkt.[1821] Hier hat eine Entwicklung eingesetzt, die in wesentlichen Bereichen nicht mehr zu vergleichen ist mit den Verhältnissen auf dem Kunstmarkt, von der die Rechtsprechung bei ihren Entscheidungen bisher ausgegangen ist. Auf dem Kunstmarkt ist zunehmend eine Veränderung hin zu einer Kapitalisierung der Kunst zu beobachten, die sich zwangsläufig auch auf die Frage der wirtschaftlichen Abnutzung auswirkt: Die Kunst wandelt sich zum Investitionsgut; sie ist zu einer alternativen Geldanlage mit all den sich daraus ergebenden Risiken geworden. Dies hat u.A. dazu geführt, dass in neuerer Zeit auch lediglich prozentuale Anteile an Kunstwerken erworben werden, die man regelmäßig wieder schnell abstößt. Stichwort: „Kunst als Werkzeug der Investmentindustrie".[1821a] Angebot und Nachfrage – und damit verbunden die Renditeaussichten – bestimmen im Wesentlichen den Preis. Dabei sind es nicht immer die sehr teuren Kunstwerke, mit denen die größte Rendite zu erwirtschaften ist. Zu beachten ist, dass die Kunstrichtungen, die jeweils am Markt gefragt sind, mit einer gewissen Stetigkeit wechseln. Derzeit sind es wohl die zeitgenössische Kunst und die sog. „Klassische Moderne", die im Vordergrund des Kunsthandels stehen und als „Blue Chips" gelten. Die Oekonomisierung des Kunstmarkts führt dazu, dass gezielt mit direkten und offenen Interventionen in das Kunstgeschehen und den Kunstmarkt eingegriffen wird, nicht zuletzt auch zum Zwecke der Marktpositionierung bestimmter Künstler und deren Werke; sowohl Meinungsbildung als auch Wertvorstellungen werden zunehmend gezielt beeinflusst.[1822] Diese Entwicklung beschränkt sich nicht nur auf schlagzeilenträchtige sog. Spitzenlose im hochpreisigen Sektor von mehreren Millionen Dollar/Euro, bei denen vielfach eine Mischung aus Trends, Spekulation, Statusdenken und eine blinde Fixierung auf große Künstlernamen (Marktstars) zu beobachten ist, und bei denen häufig oekonomische Macht Vorrang vor der Kunstkennerschaft hat. Sie erfasst darüber hinaus auch eine mittlere Preislage, d.h. Beträge, die teilweise in einem Bereich von mehr als 100000 € und damit sehr weit über den von der Rechtsprechung als abschreibbar anerkannten Auf-

---

[1821] Bei der Beurteilung des Wertes von Streichinstrumenten unterscheidet man nach *Fuchs* (S. 25) in Bezug auf Gutachten und Expertisen folgende Versionen:
- Mündliche Auskunft über den Autor bzw. die Provenienz
- Wertgutachten zu Handels- und Versicherungszwecken
- Kurze schriftliche Beurteilung, allenfalls wiederum mit Wertangabe
- Schriftliches Zertifikat (auch: Gutachten, Expertise, Garantieschein).

[1821a] S. FAZ-Kunstmarkt *extra* v. 31. 10. 2006, S. K4

[1822] Vgl. *Lingner* „Die Kunst, von der Kunst zu profitieren", SZ-Serie, Teil 11, SZ v. 1. 6. 2006, S. 20.

wendungen für Gebrauchskunst liegen. Gerade in diesem mittleren Sektor, der von der Rechtsprechung de facto zu Unrecht in Bezug auf den möglichen wirtschaftlichen Wertverzehr völlig ausgeklammert wird, können sich erhebliche Wertschwankungen ergeben, vor Allem dann, wenn sich die oekonomischen Erwartungen der Anleger nicht erfüllen. Eine Sicherheit über die gesamte Laufbahn des Künstlers gibt es nicht, obgleich sie insbesondere von Kunstsammlern als sehr wünschenswert angesehen wird. Selbst wenn ein mittelpreisiges Kunstwerk von einem „anerkannten Künstler" stammt, hat der Erwerber – mögen seine Vorstellungen auch anders sein – einerseits nur eine wertmäßig nicht quantifizierbare Chance auf einen Wertzuwachs, andererseits aber keine Sicherheit, dass der wirtschaftliche Wert des Kunstwerks nicht sinkt. Dies gilt insbesondere im Bereich des sog. „Secondary Market".[1822a] Preislich regelmäßig über dem von der Rechtsprechung angenommenen Limit liegt selbst die insbesondere im Rahmen von Internetauktionen veräußerte sog. „Dutzendware". Diesen gesamten Umständen ist Rechnung zu tragen, ggf. durch angepasste Abschreibungszeiträume. Im Interesse einer zutreffenden, das Leistungsfähigkeitsprinzip beachtenden Besteuerung sollten entsprechende rechtstatsächliche Untersuchungen ernsthaft in Erwägung gezogen werden. Andererseits kann man nicht stets alles, was ein noch *nicht* „anerkannter Künstler" geschaffen hat, als stets dem wirtschaftlichen Wertverzehr unterliegend behandeln.

Die Rechtsprechung behilft sich nicht zuletzt im Hinblick auf diese Fülle von rechtlichen und tatsächlichen Schwierigkeiten und Unklarheiten in der Praxis in rechtlich völlig unzulänglicher Weise mit der einfachen Gleichung **„Nichtgebrauchskunst" = Werk eines sog. „anerkannten Künstlers"**. Dabei ergeben sich selbst bei dieser einfachen Formel noch zahlreiche Probleme, wie die nachstehenden Ausführungen zur Gebrauchskunst zeigen.

cc) Gebrauchskunst. Über die Unbestimmtheit des Begriffs „anerkannter Künstler" hinaus **1257**
gibt ein weiterer Umstand Anlass zu erheblichen rechtlichen Bedenken: Wie dargelegt, behilft man sich in der praktischen Rechtsanwendung damit, die nicht wirtschaftlich abnutzbaren Kunstwerke von den abnutzbaren pauschal positiv abzugrenzen: Alles, was nicht mehr unter den Begriff **„Gebrauchskunst"** fällt, wird de facto den Werken „anerkannter Künstler" zugeordnet. Ein Tertium für den vorstehend erwähnten Zwischenbereich gibt es nach der Rechtsprechung nicht, es wird nicht weiter differenziert. Auch diese Vereinfachung[1823] ist mit dem Grundsatz der rechtsstaatlichen Bestimmtheit der steuerlichen Belastung nicht vereinbar; denn der Kunstmarkt unterscheidet sehr wohl zwischen mehreren Wertkategorien.[1824] Die größere Praktikabilität ist bei dieser Vergröberung der Rechtsanwendung nachrangig.

Das Wesen dieser sog. Gebrauchskunst besteht nach Ansicht der Rechtsprechung darin, **1258**
dass sie – vornehmlich als Dekorationsgegenstände – regelmäßig dem Zeitgeschmack unterliegt und verhältnismäßig schnell geschmacksmäßig veraltet und damit einem wirtschaftlichen Wertverzehr unterliegt. Die Zuordnung eines künstlerischen Werkes zur „Gebrauchskunst" richtet sich dabei regelmäßig nach der Höhe der Anschaffungskosten, die ein bestimmtes Limit nicht übersteigen dürfen. Nur Kunstgegenstände mit einem niedrigen Anschaffungswert sind als „Gebrauchskunst" abschreibbar.[1825] Dabei wird von

---

[1822a] S. dazu *Lindemann* S. 13ff.

[1823] Hierbei handelt es sich nicht lediglich um einen „sprachlich eingängigen Gegenbegriff zu den Werken anerkannter Künstler", wie das FG Berlin – U. v. 31. 5. 1979, EFG 1979, 480 und U. III 117/88 v. 17. 5. 1991, nv, rkr. – meint.

[1824] S. *Herchenröder* arsprototo 3/2006, S. 6, 8.

[1825] Soweit die Anschaffungskosten 410 € (ohne Umsatzsteuer) nicht übersteigen, können sie im Jahr der Anschaffung in voller Höhe als Betriebsausgaben abgesetzt werden (§ 6 Abs. 2 EStG). An-

Fall zu Fall entschieden, ob man ein Kunstwerk entsprechend seinem Anschaffungspreis noch zur Gebrauchskunst rechnen zu können meint.[1826] Damit wird de facto nicht nach Art und Beschaffenheit des Werks sowie dessen künstlerischem Wert und damit verbunden nach der Möglichkeit eines Wertverzehrs, sondern generell nach der Höhe des Kaufpreises abgegrenzt. Hinzu kommt, dass nicht nachvollziehbar ist, nach welchen Kriterien sich entscheidet, wo das genaue Preislimit liegt und wie es begründet werden kann.[1827] Es handelt sich insoweit vielmehr um eine Art „griffweiser Schätzung"[1828] ohne rechtstatsächlichen Hintergrund, die vor Jahrzehnten eingeführt wurde und die in der Zwischenzeit – auch in Bezug auf die betragsmäßige Höchstgrenze – im Grundsatz weitgehend unverändert geblieben ist. Mit ihm lässt sich auch eine Typisierung nicht rechtfertigen. Die Unwägbarkeiten sind auch bei diesen Entscheidungen zu groß.[1829] Im Übrigen werden auf dem Kunstmarkt selbst Gemälde, deren Kaufpreis weit über den von Finanzverwaltung und Rechtsprechung gezogenen Grenzen liegen, nicht selten den Kategorien „Dekoration", „Wohndesign" oder „Abteilung Einrichtungsgegenstände" zugeordnet.[1829a]

1259 **e) Einfluss der Gebrauchsfunktion eines Wirtschaftsgutes auf dessen Wertverzehr.** In einer neueren Entscheidung geht der BFH[1830] zwar von den Grundsätzen der vorstehend aufgezeigten älteren Rechtsprechung aus, wonach ein Wirtschaftsgut, dessen Wert nicht vom Zeitgeschmack abhängig sei, keiner wirtschaftlichen Abnutzung unterliege. Er bestätigt jedoch gleichzeitig seine frühere Rechtsprechung, der zufolge die **„Gebrauchsfunktion"** des Wirtschaftsgutes in die Beurteilung mit einzubeziehen ist.[1831] Er kommt dabei zum Ergebnis, dass auch Kunstobjekte, die „in ihrer Gebrauchsfunktion verwendet" werden, einem messbaren technischen Verschleiß unterliegen können. Wirt-

---

dernfalls bleibt es bei der linearen oder degressiven Abschreibung über die betriebsgewöhnliche Nutzungsdauer des konkreten Kunstgegenstandes.

[1826] Gebrauchskunst z. B.
- (noch) *bejaht* bei Anschaffungskosten von:
  1000 bis 2000 DM von BFH VI 327/64 U v. 23. 4. 1965, BStBl III 1965, 382 (Gemälde); 3738 DM von FG Berlin U. IV 29/86 v. 23. 4. 1987, nv (Gemälde), betr. BerlinFG; 1800 DM bis 20 500 DM, weil Werke nicht von „anerkannten Künstlern" stammte, FG Berlin U. III 117/88 v. 17. 5. 1991, nv, (Gemälde): s. dazu BFH IV R 70/93 v. 13. 10. 1994, BFH/NV 1995, 529, betr. BerlinFG;
- *verneint* bei Anschaffungskosten von:
  8000 DM von BFH III R 58/75 v. 2. 12. 1977, BStBl II 1978, 164 (Gemälde), betr. BerlinFG; 39 800 bis 50 500 (Bronzeplastiken) und 14 000 DM (Gemälde, weil von „anerkanntem Künstler") von FG Berlin U. III 117/88 v. 17. 5. 1991, nv, (Bronzeplastiken): s. dazu BFH IV R 70/93 v. 13. 10. 1994, BFH/NV 1995, 529, betr. BerlinFG, s. auch BFH IV R 70/93 v. 13. 10. 1994, BFH/NV 1995, 529, betr. BerlinFG; 6000 DM von FG Thüringen v. 28. 8. 1996, DStRE 1997, 767 (Gemälde), betr. InvZulG; 50 000 DM vom Sächsischen FG U. 4 K 1959/98 v. 1. 7. 2003, nv (Skulptur aus Eisen und Edelstahl), betr. InvZulG.

[1827] S. Urteile in Fn. 1826.

[1828] Gleichsam skurril wird es, wenn dazu noch anhand von Preisindices von in früheren Urteilen genannten „Grenzwerten" auf die erhöhten „Grenzwerte" in späteren Jahren hochgerechnet wird; s. dazu U. des FG Berlin IV 29/86 v. 23. 4. 1987, nv, zu BerlinFG.

[1829] Exemplarisch dafür ist das U. des FG Berlin III 117/88 v. 17. 5. 1991, nv (s. dazu BFH IV R 70/93 v. 13. 10. 1994, BFH/NV 1995, 529), betr. BerlinFG, nach dem ein Gemälde zum Anschaffungspreis von 20 5000 DM noch als Gebrauchskunst angesehen wurde, weil der Künstler – so die Meinung des FG: „zur Zeit noch" – nicht anerkannt war, bei einem Werk eines anderen, jedoch „anerkannten" Künstlers, das dagegen einen Anschaffungspreis von (nur) 14 000 DM hatte, eine AfA versagt wurde.

[1829a] S. z. B. *mg* FAZ-Kunstmarkt *extra* v. 31. 10. 2006, S. K1; *Maak* FAZ, a. a. O., S. K5.

[1830] BFH VI R 26/98 v. 26. 1. 2001, BStBl II 2001, 194.

[1831] S. U. VI R 78/82 v. 31. 1. 1986, BStBl II 1986, 355 (Schreibtisch, Schreibtischsessel).

schaftliche und technische Abnutzung seien jeweils für sich zu beurteilen und berechtigten jeweils für sich gesehen zur Inanspruchnahme von AfA. Eine Saldierung von technischer Abnutzung und möglichem wirtschaftlichem Wertzuwachs sei ausgeschlossen. An der technischen Abnutzbarkeit und damit an der Zulässigkeit von Abschreibungen ändere sich auch nichts dadurch, dass dem infolge des Gebrauchs eintretenden Verschleiß durch entsprechende Erhaltungsmaßnahmen entgegen gewirkt werden könne. Im Streitfall kam der BFH zum Ergebnis, dass eine über 300 Jahre alte Meistergeige, die im Konzertalltag regelmäßig bespielt wird, einem technischen Verschleiß unterliegt. Die Restnutzungsdauer hat er dabei – „typisierend" – mit 100 Jahren angesetzt.[1832]

3. Teilwertabschreibung

a) Grundsatz. Die Grundregelung des § 7 Abs. 1 EStG betrifft die anteilige Verteilung 1260
der Anschaffungs- oder Herstellungskosten auf den Verwendungszeitraum, auf die betriebsgewöhnliche Nutzungsdauer eines Wirtschaftsguts. Dagegen dient die **Teilwertabschreibung** gemäß § 6 Abs. 1 EStG dazu, ein Wirtschaftsgut in der Bilanz mit dem konkret **stichtagsbezogen ermittelten Wert** auszuweisen. Sie erfordert eine bilanzielle Gewinnermittlung.

Teilwert ist der Betrag, den ein Erwerber des ganzen Betriebs im Rahmen des Ge- 1261
samtkaufpreises für das einzelne Wirtschaftsgut ansetzen würde. Dabei ist davon auszugehen, dass der Erwerber den Betrieb fortführt (§ 6 Abs. 1 Nr. 1 EStG). Eine Teilwertabschreibung ist sowohl bei Wirtschaftsgütern des Anlagevermögens,[1833] als auch bei solchen des Umlaufvermögens,[1834] (§ 6 Abs. 1 Nr. 2 Satz 2 EStG) zulässig. Sie erfordert eine voraussichtlich **dauernde Wertminderung** des Wirtschaftsguts.[1835] Eine solche liegt beim Anlagevermögen im Regelfall vor, wenn der Abschreibungswert (fortgeschriebener Teilwert) für einen erheblichen Teil der Restnutzungsdauer (Hälfte) den Buchwert unterschreitet.[1836]

Ist nach vorangegangener Teilwertabschreibung der Grund für diese ganz oder teilweise 1262
weggefallen, oder ist eine solche (nach neuem Recht) nicht mehr zulässig ist und darf sie auch nicht mehr beibehalten werden, so besteht ein **Wertaufholungsgebot** (§ 6 Abs. 1 Nr. 1 Satz 4 und Nr. 2 Satz 3 EStG). Der Steuerpflichtige muss jährlich nachweisen, dass der von ihm angesetzte Teilwert in dieser Höhe beibehalten werden darf.[1837]

Bei **Kunstgegenständen** können Teilwertabschreibungen beispielsweise dann erfor- 1263
derlich werden, wenn der Kunstmarkt in Bezug auf eine bestimmte Kunstrichtung auf Dauer einbricht. Eine lediglich vorübergehende Änderung der Geschmacksrichtung reicht nicht aus. Bewertet wird das einzelne Wirtschaftsgut, nicht etwa eine Kunstsammlung en

---

[1832] Kritisch in Bezug auf die vom BFH angenommene Restnutzungsdauer der Geige *Rößler* Anm. DStZ 2001, 441. Zu Musikinstrumenten s. ferner FG Berlin U. VI 73/75 v. 23. 6. 1976, nv.: Abschreibung einer 240 Jahre alten Violine auf einen Zeitraum von 20 Jahren; FG Hamburg U. III 188/82 v. 15. 5. 1985, nv.: Restnutzungsdauer eines über 260 Jahre alten Cellos beträgt 50 Jahre.

[1833] Dazu rechnen Wirtschaftsgüter, die bestimmt sind, dauernd dem Betrieb zu dienen; maßgebend ist insoweit die Zweckbestimmung.

[1834] Zum Umlaufvermögen gehören Wirtschaftsgüter, die zur Veräußerung, Verarbeitung oder zum Verbrauch angeschafft oder hergestellt sind, insbesondere Roh-, Hilfs- und Betriebsstoffe. Zum Teilwert beim *Vorratsvermögen* s. EStR R 6.8.

[1835] S. zu den Einzelheiten der Voraussetzungen einer Teilwertabschreibung *Blümich/Ehmcke* § 6 EStG Rz. 540 ff., 585 ff., *Blümich/Brandis* § 7 EStG Rz. 221 ff.

[1836] S. dazu BFH I R 22/05 v. 14. 3. 2006, BStBl II 2006, 680; I R 123/73 v. 27. 11. 1974, BStBl II 1975, 294; *Blümich/Ehmcke* § 6 EStG Rz. 564 m. w. N.

[1837] S. zu Einzelheiten *Schmidt/Glanegger* § 6 Rz. 50.

bloc, wohl aber bestimmte, eng abgrenzbare und in sich abgeschlossene Bewertungseinheiten von gleichartigen Kunstgegenständen[1838] innerhalb einer Sammlung.[1839]

1264 **b) Ermittlung des Teilwerts.** Die Ermittlung des Teilwerts stellt eine **Schätzung** gemäß § 162 AO dar.[1840] Maßgebender Zeitpunkt für die Schätzung des Teilwerts ist der Bewertungsstichtag bzw. der Bilanzstichtag.[1841] Die Schätzung des Teilwerts von Kunstgegenständen begegnet in der Praxis erheblichen Schwierigkeiten, weil in diesem Bereich ein „gedachter Erwerber" nur schwer zu bestimmen sein wird.[1842] Es kommt aber nicht darauf an, ob eine Veräußerung aus rechtlichen oder tatsächlichen Gründen möglich ist, und ob sich der Steuerpflichtige zu einem Verkauf bereit finden würde.[1843]

1265 Zur einfacheren Ermittlung des Teilwerts hat die Rechtsprechung eine Reihe von **Teilwertvermutungen** (Grenzwerte) entwickelt:[1844]

– Der Teilwert eines Wirtschaftsgutes im Zeitpunkt seiner Anschaffung oder Herstellung entspricht den tatsächlichen Anschaffungs- oder Herstellungskosten,
  Zu späteren Bewertungsstichtagen entspricht der Teilwert
  – eines Wirtschaftsgutes des Anlagevermögens, das der Abnutzung unterliegt, den Anschaffungs- oder Herstellungskosten, vermindert um die AfA;
  – eines Wirtschaftsgutes des Anlagevermögens, das *nicht* der Abnutzung unterliegt, den Anschaffungs- oder Herstellungskosten;
  – eines Wirtschaftsgutes des Umlaufvermögens den Wiederbeschaffungs- oder Wiederherstellungskosten.

1266 Die Teilwertvermutung gilt auch bei Zahlung eines **Überpreises.** Dieser nimmt, sofern er wie ein Aufschlag gezahlt wird, anteilig an einer Teilwertabschreibung des gesunkenen Basiswertes teil.[1845] Dementsprechend berechtigt die Zahlung eines – überhöhten – **Liebhaberpreises** für ein Kunstwerk nicht zur Teilwertabschreibung. In Betracht kommt allenfalls die Annahme einer Fehlmaßnahme, sofern deren Voraussetzungen vorliegen.[1846]

1267 **Zuschüsse,** die der Erwerber eines Kunstgegenstandes für den Erwerb erhält, begründen grundsätzlich nicht eine Teilwertabschreibung beim bezuschussten Wirtschaftsgut.[1847]

1268 Diese Teilwertvermutungen können sowohl vom Steuerpflichtigen als auch von der Finanzverwaltung entkräftet (widerlegt) werden. Von Seiten des Steuerpflichtigen ist dazu erforderlich, dass er darlegt und nachweist, dass die Anschaffung oder Herstellung von Anfang an eine Fehlmaßnahme[1848] war, oder dass die Wiederbeschaffungskosten am Bilanzstichtag niedriger als der vermutete Teilwert sind. Die Feststellungslast (objektive Beweislast) für einen niedrigeren Teilwert trägt der Steuerpflichtige; er hat die entsprechenden Tatsachen darzulegen und zu beweisen.

[1838] Vgl. dazu BFH I B 107/02 v. 24. 7. 2003, BFH/NV 2004, 34 m. w. N.

[1839] Vgl. zur pauschalen Wertberichtigung von Antiquitäten, die dem *Umlaufvermögen* zuzurechnen sind BFH I B 107/02 v. 24. 7. 2003, BFH/NV 2004, 34 m. w. N. S. aber zu möglichen Auswirkungen des Wertaufholungsgebotes *Schmidt/Glanegger* § 6 Rz. 374.

[1840] BFH X R 151/94 v. 4. 3. 1998, BFH/NV 1998, 1086.

[1841] BFH IV R 218/80 v. 25. 8. 1983, BStBl II 1984, 33.

[1842] S. dazu *Müller-Katzenburg/Hofmann* BB 2000, 2563.

[1843] S. *Blümich/Ehmcke* § 6 EStG Rz. 586 ff.

[1844] Zu Einzelheiten s. *Blümich/Ehmcke* § 6 EStG Rz. 601 ff.

[1845] S. BFH IV R 87/99 v. 7. 2. 2002, BStBl II 2002, 294; s. ferner *Blümich/Ehmcke* § 6 EStG Rz. 690 – „Überhöhter Preis".

[1846] S. dazu Rz. 1628.

[1847] Vgl. BFH I R 56/94 v. 19. 7. 1995, BStBl II 1996, 28.

[1848] Beispiel: Bei dem angeschafften Gemälde handelte es sich um eine Fälschung. Zur Fehlmaßnahme allgemein s. BFH III R 151/86 v. 20. 5. 1988, BStBl II 1989, 269.

Im Rahmen der Schätzung des Teilwerts bildet der Preis, der sich für dieses Wirtschaftsgut –losgelöst vom betrieblichen Zusammenhang – bei einer Einzelveräußerung erzielen ließe **(Einzelveräußerungspreis)**[1849] die **Untergrenze.** Als **Obergrenze** gelten regelmäßig die **Wiederbeschaffungskosten** des nämlichen Wirtschaftgutes. 1269

C. Kunstsponsoring

Schrifttumsverzeichnis: Siehe zunächst Schrifttumsverzeichnis zu Teil 1.

Boochs/Gantefiihrer, Mäzenatentum und Sponsoring aus der Sicht des Steuerrechts, DB 1989, 2095; *Finger,* Urheberrecht und Zugewinnausgleich, GRUR 1989, 881; *Breuninger/Rückert,* Gegenstand und Besteuerung des Sozio-Sponsoring, DB 1993, 503; *Ansorge,* Die steuerliche Behandlung des Sozio-Sponsoring, BB 1995, 2505; *Heuer,* Kulturfinanzierung durch Sponsoring – Steuerliche Konsequenzen beim Sponsor und Gesponserten, DStR 1996, 1789; *ders.,* Der neue BMF-Erlass zur ertragsteuerlichen Behandlung von des Sponsorings – Die steuerlichen Konsequenzen beim Sponsor und Gesponserten, DStR 1998, 18; *Thiel,* Sponsoring im Steuerrecht, DB 1998, 842; *Raupach,* Zivilrechtliche und steuerliche Fragen des Sponsoring, Non Profit Law Yearbook, 2001(2002), S. 169; *Becker,* Betriebsausgabenabzug von Sponsoringaufwendungen, DStZ 2002, 663; *Weiand/Poser,* Der Sponsoringvertrag, 3. Aufl., 2005; *Irle,* Kunstsponsoring im Steuerrecht, 2002; *Schily,* Kulturförderung in Deutschland, in: FS für Peter Raine, 2006, S. 313; *Rosenfeld,* Kulturförderung online!, arsproto 3/2006, S. 46.

I. Begriff und Wesen des Sponsoring

Der Begriff des **„Sponsoring"** ist ausgesprochen vielschichtig und nicht fest umrissen, 1270 unter ihm werden die unterschiedlichsten Erscheinungsformen zusammengefasst.[1850] Sein Inhalt reicht von der einfachen Spende bis hin zur intensiven Werbe- und Öffentlichkeitsarbeit.[1851] Im Laufe der Zeit hat sich jedoch ein allgemein anerkannter Begriffsinhalt herauskristallisiert. Danach versteht man unter dem Sponsoring die Gewährung von Geld oder geldwerten Vorteilen wie Sachmittel, Kostenübernahme oder Dienstleistungen durch – in der Regel – Unternehmen, gleich welcher Art und Rechtsform, zur Förderung von Personen, Gruppen und/oder Organisationen in bedeutsamen gesellschaftspolitischen Bereichen, wie **Kultur,** Sport, Wissenschaft, Sozialbereich, Kirche; Ökologie.[1852] Für den Bereich der Förderung gemeinnütziger Institutionen hat sich der Spezialbegriff **„Sozio-Sponsoring"**[1853] herausgebildet.[1854] Größere finanzielle und sachliche, meist altruistische Unterstützungen durch Privatpersonen rechnet man im Allgemeinen dem „Mäzenatentum" zu, wobei allerdings die Grenzen zum Sponsoring fließend sind („mäzenatisches Sponsoring").[1855]

Nicht immer bestehen vertragliche Beziehungen allein zwischen Sponsor und Gespon- 1271 sertem. Zunehmend schalten entweder Sponsor oder Gesponserter oder auch beide **Sponsoringagenturen** ein. Deren Leistungsspektrum reicht von der bloßen Vermittlung

---

[1849] BFH III R 201, 202/84 v. 17. 9. 1987, BStBl II 1988, 488; s. zu weiteren Einzelheiten *Blümich/Ehmcke* § 6 EStG Rz. 673 ff.

[1850] Vgl. *Raupach* a. a. O., S. 170 ff.; zur Geschichte der Kunstförderung s. *Irle* S. 29 ff.

[1851] Zum steigenden Umfang der Sponsoringaufwendungen s. *Becker* DStZ 2002, 663.

[1852] Zu Fallbeispielen s. *Stolz* S. 142 ff.

[1853] S. dazu *Breuninger/Rückert* DB 1993, 503; *Raupach* a. a. O., S. 171 ff.

[1854] Zum Verhältnis der einzelnen Sponsorenbegriffe zueinander s. *Raupach* a. a. O., S. 173 ff.

[1855] Der Inhalt auch dieses Begriffes ist nicht fest umrissen, s. dazu *Irle* S. 31 f.

eines Sponsoringvertrages (Vermittlungsagenturen) über die konzeptionelle Beratung und/oder die Unterstützung eines Sponsoringengagements (Durchführungsagenturen) bis hin zur Entwicklung und Durchführung einer vollen Sponsoringkonzeption einschließlich Marketing und einer Erfolgskontrolle.[1856]

1272 Nach *Raupach*[1857] lassen sich **vier Grundtypen** des Sponsoring[1858] unterscheiden:
- Sportsponsoring
- Kultursponsoring
- Ökosponsoring (Umweltsponsoring) und
- Sozio-Sponsoring,

innerhalb deren es eine Vielzahl von Spielarten gibt.[1859] Man spricht bereits von einer „Sponsoring-Kultur", was allerdings nicht immer positiv zu werten ist.[1860]

1273 Wesensimmanent ist dem Sponsoring, dass mit ihm – fast regelmäßig in erster Linie – eigene unternehmensbezogene Ziele der Werbung oder andere Arten der Öffentlichkeitsarbeit (Imagetransfer) verfolgt werden. Der Geschäftscharakter des Sponsoring kommt häufig darin zum Ausdruck, dass zwischen Sponsor und Empfänger der Leistungen ein entsprechender **Sponsoringvertrag** (Sponsorship-Vereinbarung)[1861] geschlossen wird, in dem Art und Umfang der Leistungen des Sponsors und des Leistungsempfängers geregelt sind.[1862] Die einzelnen **Formen,** in denen das Sponsoring nach Außen in Erscheinung tritt, sind vielschichtig. In Betracht kommen beispielsweise entsprechende Hinweise auf den Sponsor und/oder dessen Produkte auf Plakaten, in Ausstellungskatalogen, auf Fahrzeugen und bei öffentlichen Veranstaltungen, ferner Berichterstattungen in Zeitungen und Zeitschriften, Rundfunk oder Fernsehen sowie unternehmensbezogene Pressekonferenzen, Logo des Sponsors auf der Internetseite einer gemeinnützigen Institution. Auch das umgekehrte Erscheinungsbild kann für den Sponsor wirtschaftliche Vorteile bringen: Er wirbt mit dem Namen, den Signets oder dem Logo des Gesponserten.[1863]

1274 Im **kulturellen Bereich** werden insbesondere kulturelle Veranstaltungen wie z. B. Konzerte, Theateraufführungen oder Kunstausstellungen, teilweise einschließlich Herausgabe des Katalogs gesponsert.[1864] Zum Kunstsponsoring rechnen aber auch die Vergabe von Stipendien und Aufträge sowie Ankäufe, insbesondere an und von jungen Künstlern,

---

[1856] S. dazu i. E. *Weiand/Poser* S. 16 ff. Die steuerrechtliche Beurteilung des Vertragsverhältnisses zwischen Sponsor/Gesponsertem und Sponsoringagentur ist allerdings nicht Gegenstand der vorliegenden Arbeit.

[1857] A. a. O., S. 177 m. w. N.

[1858] S. dazu auch *Becker* DStZ 2002, 657, 663 f.

[1859] Z. B. Kunstsponsoring, Literatursponsoring, Musiksponsoring, Museumssponsoring, Theatersponsoring, Wissenschaftssponsoring usw.; zum Soziosponsoring s. auch *Blümich/Wied* § 4 EStG, Rz. 940 – „Spenden".

[1860] Vgl. *Lingner* „Die Kunst, von der Kunst zu profitieren", SZ-Serie, Teil 11, SZ v. 1. 6. 2006, S. 20.

[1861] Zur Rechtsnatur, zu den einzelnen Vertragstypen, zum Vertragsinhalt eines solchen Vertrages aus zivilrechtlicher Sicht s. *Raupach* a. a. O., S. 189 ff.; zu Vertragsmustern s. *Weiand/Poser* S. 45 ff.

[1862] S. dazu BMF v. 18. 2. 1998, BStBl I 1998, 212, Rz. 1 – abgedruckt als Anhang 16 IV zum Amtlichen Einkommensteuerhandbuch 2005.

[1863] Zu Einzelheiten s. BMF v. 18. 2. 1998, BStBl II 1998, 212, Rz. 3 f.; s. auch FM Bayern v. 11. 2. 2000, DStR 2000, 594.

[1864] Zu den Beweggründen für die Kulturförderung s. *Irle* S. 105 ff. Zum zahlenmäßigen Umfang einer derartigen Kulturförderung s. *Schily* a. a. O., S. 313, 315. Zur Internet-Datenbank mit Informationen über kunst- und kulturfördernde Stiftungen, Unternehmen und andere Einrichtungen s. www.kulturfoerderung.de, dazu *Rosenfeld* arsprototo 3/2000, S. 46. Zu Informationen zur Kulturförderung s. „Deutsches Informationszentrum Kulturförderung, Lützowplatz 9, 10785 Berlin" (Tel. 030-25 35 85 66, Fax 030-25 35 85 68).

ebenso wie Finanzhilfen für Ankäufe durch Museen und dgl. mehr. Auch kann der gesponserte Künstler in die Verkaufsförderung eingeschaltet sein. Eine mehr mittelbare Förderung besteht beispielsweise im Aufbau einer unternehmenseigenen **Kunstsammlung.** Das Bestreben des Sponsors dabei ist, in der Außenwelt zu erreichen, dass der Sponsor mit diesen kulturellen Ereignissen in Verbindung gebracht, wenn nicht sogar identifiziert wird, um auf diese Weise Vertrauen, Sympathie und ein allgemein positives Image vornehmlich bei dem kulturell interessierten Personenkreis zu schaffen oder zu fördern.[1865] Gerade im kulturellen Bereich ist allerdings bisweilen die Tendenz zu beobachten, das Sponsoring nach Außen als uneigennütziges Mäzenatentum erscheinen zu lassen.[1866] Ist der Sponsor Unternehmer, läuft er damit allerdings Gefahr, die entsprechenden Aufwendungen nicht wirksam als Betriebsausgaben geltend machen zu können.[1867]

Interesse am Kultursponsoring hat nicht nur der Unternehmer, sondern haben in er- **1275** heblichem Umfang auch die gesponserten **Kultur- oder Kunstinstitutionen.** Im Zeichen zurückgehender Zuschüsse der öffentlichen Hand, sind diese Institutionen daran interessiert, ihre teilweise sehr anspruchsvollen Projekte realisieren zu können. Vielfach ist dies ohne entsprechendes Sponsoring nicht möglich.[1868] Dies bedeutet jedoch im Regelfall nicht, dass insoweit ein steuerbegründender Leistungsaustausch geschaffen wird.[1869]

II. Ertragsteuerrechtliche Beurteilung beim Sponsor[1870]

1. Allgemeine Grundsätze

Bei den im Zusammenhang mit Sponsoring gemachten Aufwendungen kann es sich **1276** handeln um:
- **Betriebsausgaben** i. S. d. § 4 Abs. 4 EStG;
- **Spenden,** die nach Maßgabe von § 10b EStG, § 9 Abs. 1 Nr. 2 KStG, § 9 Nr. 5 GewStG begrenzt abziehbar sind, oder
- **Nichtabziehbare Kosten der Lebensführung** (§ 12 Nr. 1 EStG), bei Kapitalgesellschaften **verdeckte Gewinnausschüttungen** (§ 8 Abs. 3 Satz 2 KStG).

2. Sponsoringaufwendungen als Betriebsausgaben

Aufwendungen im Zusammenhang mit Sponsoring sind als **Betriebsausgaben** abzieh- **1277** bar, wenn der Sponsor mit diesen Aufwendungen wirtschaftliche Vorteile für sein Unternehmen erzielen will oder für Produkte seines Unternehmens wirbt. Die wirtschaftlichen Vorteile können auch in der Sicherung oder Erhöhung des Ansehens des Unternehmens liegen.[1871] Steht dagegen die Person des Unternehmers im Vordergrund, d. h. soll der angesprochene Personenkreis in erster Linie auf die Person des Sponsors aufmerksam gemacht werden, fehlt es regelmäßig an der erforderlichen Betriebs-/Berufsbezogenheit. Ein Betriebsausgabenabzug scheidet aus, weil es sich insoweit um Kosten der Lebensführung

---

1865 Zu den vielfältigen Erscheinungsformen des Kultursponsoring s. *Irle* S. 30 ff.
1866 S. *Irle* S. 31 f.
1867 S. dazu Rz. 1277 ff.
1868 Zu der teilw. berechtigten Kritik an einem solchen Miteinander s. *Raupach* a. a. O., S. 178 f.
1869 S. i. E. dazu Rz. 1279.
1870 Zur Umsatzsteuer s. *Raupach* a. a. O., S. 180, 187 ff.
1871 BFH I R 37/91 v. 3. 2. 1993, BStBl II 1993, 441, 445.

handelt.[1872] Dies schließt es jedoch nicht gleichzeitig zwingend das Vorliegen der Voraussetzungen für einen Spendenabzug gemäß § 10b EStG aus.[1873]

1278 Ob das Unternehmen oder die Person des Unternehmers beim Sponsoring im Vordergrund steht, entscheidet sich aufgrund einer Würdigung sämtlicher tatsächlicher äußeren Umstände des konkreten Falles, und zwar insbesondere solcher, die Rückschlüsse auf die Motivation des Leistenden ermöglichen.[1874] Dabei ist zu berücksichtigen, dass private Motive und persönliche Interessen im Rahmen gerade der Kunstförderung eine gewichtige Rolle spielen.[1875] Die Darlegungslast (objektive Beweislast) für das Vorliegen der betrieblichen Veranlassung trifft den Sponsor.

1279 Erforderlich ist stets, dass der Leistung des Sponsors eine **angemessene Gegenleistung** des Leistungsempfängers gegenübersteht;[1876] sie braucht jedoch nicht gleichwertig zu sein; ein krasses Missverhältnis zwischen den Leistungen des Sponsors und dem erstrebten wirtschaftlichen Vorteil steht allerdings einem Betriebsausgabenabzug entgegen.[1877] Dagegen ist nicht entscheidend, ob die Leistung notwendig, üblich oder zweckmäßig ist.[1878] Wegen der Möglichkeit des Betriebsausgabenabzugs in voller Höhe kann das Sponsoring für den Gewerbebetrieb steuerlich günstiger sein als eine Spende, bei der die betragsmäßigen Beschränkungen des § 10b EStG[1879] gelten. Ob das Gleiche für den **Freiberufler** gilt, hängt in erheblichem Umfang davon ab, ob und ggf. inwieweit nach Standesrecht Beschränkungen bestehen, insbesondere im Hinblick auf Werbung.

1280 Nicht erforderlich ist, dass zwischen dem geförderten kulturellen oder sonstigen Ereignis und dem Geschäftsgegenstand des Unternehmens eine **thematische Verbindung** besteht.[1880] Es muss jedoch gewährleistet sein, dass mit dem Sponsoring die unternehmerischen Kommunikationsziele zu erreichen sind, insbesondere die Aufmerksamkeit mit positiver Wirkung auf das Unternehmen und dessen Ansehen geleitet werden können.[1881] Es muss sich ein konkreter Nutzen für das Unternehmen feststellen lassen.[1882] Im Bereich des **Kunstsponsoring** ist dabei zu beachten, dass die entsprechende, gesponserte Präsentation wegen des besonderen Charakters der Zielvorgabe im Gegensatz beispielsweise zu Sportveranstaltungen wesentlich zurückhaltender sein wird.[1883] Dem sind die Anforderungen an den Nachweis der Betriebsbezogenheit des Sponsoring anzupassen.

[1872] Vgl. FG Hessen v. 23. 11. 1998, EFG 1999, 496.

[1873] Zur Abgrenzung von Betriebsausgaben und Spenden s. auch *Becker* DStZ 2002, 657, 665 m. w. N.

[1874] S. dazu BFH I R 4/84 v. 9. 8. 1989, BStBl II 1990, 237: „Sparkassen-Brunnen", dazu *Stolz* S. 134f., krit. *Irle* S. 114ff., abl. *Rühlemann* Rz. 553; I R 126/85 v. 25. 11. 1987, BStBl II 1988, 220.

[1875] S. dazu *Irle* S. 109ff.; *Raupach* a. a. O., S. 182.

[1876] Vgl. FG Mecklenburg-Vorpommern v. 30. 5. 1997, EFG 1997, 1158; *Blümich/Rengers* § 8 KStG Rz. 900 – „Sponsoring"; vgl. auch *Heuer* DStR 1996, 1792; restriktiv auch *Blümich/Wied* § 4 EStG Rz. 940 – „Spenden": „konkret abgrenzbare und in etwa gleichwertige Gegenleistung"; krit. *Stolz* S. 136.

[1877] BMF v. 18. 2. 1998, BStBl II 1998, 212, Rz. 5.

[1878] BMF v. 18. 2. 1998, BStBl II 1998, 212, Rz. 5; abzulehnen FG Bremen v. 16. 10. 1987, EFG 1988, 107, wonach Kunstausstellung in einem Architekturbüro generell nicht dazu bestimmt sei, den Betrieb des Architekturbüros zu fördern; kann jedoch im konkreten Einzelfall wegen eindeutig persönlicher Motive des Betriebsinhabers anders zu beurteilen sein. Krit. Auch *Irle* S. 115 und *Raupach* a. a. O., S. 182f.

[1879] S. Rz. 1285.

[1880] Zu eng insoweit noch OFD Düsseldorf v. 9. 12. 1992, DStR 1993, 203, s. später OFD Düsseldorf v. 7. 6. 1995, DB 1995, 1785.

[1881] Vgl. FG Hessen v. 23. 11. 1998, EFG 1999, 496.

[1882] Vgl. BFH I B 6/97 v. 21. 5. 1997, BFH/NV 1997, 904: verdeckte Gewinnausschüttung.

[1883] S. dazu auch *Heuer* DStR 1998, 18.

Nach FG Hessen vom 23. 11. 1998[1884] sollen hohe Sponsoringaufwendungen im Verhältnis zum Ertrag des Unternehmens regelmäßig ein Beweisanzeichen für eine gesellschaftliche Veranlassung der Aufwendungen sein.[1885] 1281

Handelt es sich bei den Sponsoringaufwendungen um solche i. S. des § 4 Abs. 5 EStG, sind die entsprechenden Abzugsbeschränkungen zu beachten, wie z. B. gemäß § 4 Abs. 5 Nr. 2 EStG bei Bewirtungsaufwendungen.[1886] 1282

Soweit nach den vorstehenden Darlegungen die Voraussetzungen für einen Betriebsausgabenabzug vorliegen, sind die Sponsorleistungen nicht als **Geschenke** i. S. d. § 4 Abs. 5 Nr. 1 EStG zu beurteilen.[1887] 1283

Insbesondere im Hinblick auf die grundsätzlich unbeschränkte Abziehbarkeit von Betriebsausgaben im Unterschied zu dem der Höhe nach eingeschränkten Spendenabzug gemäß § 10b EStG,[1888] dem vom Verfahren her einfacher gestalteten Betriebsausgabenabzug und des größeren Förderungsrahmen, z. B. im Hinblick auf das Zur-Verfügung-Stellen von Dienstleistungen, wird der Steuerpflichtige nicht selten bestrebt sein, Sponsoringaufwendungen als Betriebsausgaben geltend zu machen.[1889] 1284

3. Spendenabzug

Zuwendungen des Sponsors, die nicht als Betriebsausgaben oder Werbungskosten zu beurteilen sind, sind als **Spenden** (§ 10b EStG) zu behandeln, wenn sie zur Förderung steuerbegünstigter Zwecke freiwillig oder aufgrund einer freiwillig eingegangenen Rechtspflicht erbracht werden, kein Entgelt für eine bestimmte Leistung des Empfängers sind und nicht in einem tatsächlichen wirtschaftlichen Zusammenhang mit dessen Leistungen stehen.[1890] Dies ist beispielsweise der Fall, wenn die allgemeine Förderung von Kunst und Kultur das Anliegen des Spenders ist. 1285

Die **Grenzen** der Abziehbarkeit gemäß § 10b EStG[1891] sind zu beachten und schränken damit den steuerlichen Nutzen der Zuwendungen für den Zuwendenden gegenüber dem Betriebsausgaben-/Werbungskostenabzug ein. Außerdem sind die Vorschriften des Spendenverfahrensrechts (§§ 48 bis 50 EStDV) einzuhalten, vornehmlich die Regelungen über die Vorlage eines Spendenbescheinigung.[1892] 1286

4. Nichtabziehbare Kosten der Lebensführung – verdeckte Gewinnausschüttung

Aufwendungen, die in Zusammenhang mit Sponsoring getätigt werden, die aber weder als Betriebsausgaben noch als Spenden zu beurteilen sind, bilden nicht abziehbare **Kosten** 1287

1884 EFG 1999, 496.

1885 Zwh., jedenfalls nicht verallgemeinerbar; s. dazu auch *Blümich/Wied* § 4 EStG Rz. 940 – „Spenden".

1886 S. FG Nürnberg I 339/94 v. 2. 9. 1997, nv; BFH I B 6/97 v. 21. 5. 1997, BFH/NV 1997, 904: § 4 Abs. 5 Nr. 1 EStG.

1887 So ausdrücklich BMF v. 18. 2. 1998, BStBl II 1998, 212, Rz. 6; *Schmidt/Heinicke* § 4 EStG Rz. 520 – „Spenden/Sponsoring"; vgl. auch *Thiel* DB 1993, 2452; *Becker* DStZ 2002, 657, 666. Zur Pauschalierung der Einkommensteuer bei Sachzuwendungen s. § 37b EStG, dazu Rz. 426a.

1888 S. dazu Rz. 669ff.

1889 Dies rechtfertigt es jedoch nicht, auf die Begrenzung des Sonderausgabenabzugs bei Spenden zu verzichten; a. A. *Becker* DStZ 2002, 657, 664.

1890 S. dazu BFH X R 107/91 v. 22. 9. 1993, BStBl II 1993, 874; I R 65/86 v. 12. 9. 1990, BStBl II 1991, 258; I R 126/85 v. 25. 11. 1987, BStBl II 1988, 220.

1891 S. Rz. 680.

1892 S. dazu Rz. 687.

der privaten Lebensführung i. S. d. § 12 Abs. 1 Satz 2 EStG. Dies kann z. B. der Fall sein, wenn zwischen dem Sponsor und dem Gesponserten persönliche Beziehungen bestehen oder das persönliche Repräsentationsbedürfnis eindeutig im Vordergrund steht. Es obliegt dann dem Sponsor Tatsachen dafür vorzutragen, aus denen sich ergibt, dass Anlass der Aufwendungen dennoch nicht die persönliche Beziehung zwischen den Beteiligten oder das Repräsentationsbedürfnis ist; der Sponsor trägt insoweit die Darlegungslast (objektive Beweislast). Ist die private Mitveranlassung von untergeordneter Bedeutung ist sie nicht steuerschädlich.

1288 Werden durch entsprechende Sponsoringaufwendungen einer **Kapitalgesellschaft** deren Gesellschafter oder ihnen nahe stehende Personen begünstigt, so können insoweit **verdeckte Gewinnausschüttungen** vorliegen.[1893] Entsprechendes gilt in Bezug auf den unangemessenen Teil der Sponsorengelder.[1894] Der Umstand, dass die Aufwendungen wegen ihres Charakters als Betriebsausgaben bei der Kapitalgesellschaft zum Abzug zuzulassen sind, steht der Annahme einer verdeckten Gewinnausschüttung grundsätzlich nicht entgegen.[1895]

III. Steuerliche Rechtslage beim Gesponserten

1289 Als Grundsatz gilt, dass die steuerrechtliche Einordnung der Sponsoringaufwendungen beim Gesponserten von der steuerrechtlichen Beurteilung beim Sponsor unabhängig ist.

1. Empfänger Leistungen ist eine natürliche Person

1290 Ist der Empfänger der Sponsorenleistungen eine **natürliche Person,** sind diese Leistungen den im konkreten Fall in Betracht kommenden Einnahmen dieser natürlichen Person zuzurechnen, mit denen sie in wirtschaftlichem Zusammenhang stehen. Beim freiberuflich tätigen **Künstler** werden die Zuwendungen des Sponsors regelmäßig den Einkünften aus selbständiger Arbeit gemäß § 18 Abs. 1 Nr. 1 EStG zuzuordnen sein, weil sie im Zusammenhang mit dieser Tätigkeit stehen.[1896] *Ausnahme:* Bei der Tätigkeit des Künstlers handelt es sich um sog. Liebhaberei.[1897] In einem solchen Fall wäre jedoch zu prüfen, ob die Voraussetzungen des § 22 Nr. 3 EStG (sonstige Einkünfte) vorliegen.

2. Empfänger der Leistungen ist eine Körperschaft

1291 **a) Allgemeine Grundsätze.** Ist Empfänger der Sponsorenleistungen eine **Körperschaft,** so ist bei der steuerrechtlichen Beurteilung danach zu unterscheiden, ob die Körperschaft gemeinnützig, also steuerlich begünstigt ist (z. B. Museen, Kunstvereine, Kunststiftungen oder sonstige Kunstinstitutionen und -organisationen) oder nicht.

1292 Im letzteren Fall sind die Sponsorenleistungen bei der Körperschaft als betriebliche, steuerbare und steuerpflichtige Einnahmen zu behandeln. In der Praxis wird diese Fallgestaltung in aller Regel nur dann vorkommen, wenn der Körperschaft die Gemeinnützigkeit nicht zuerkannt wird oder wieder aberkannt worden ist.

[1893] Vgl. KStR R 36 und H 36.

[1894] Vgl. FG Hessen v. 23. 11. 1998, EFG 1999, 496; teilw. abl. *Blümich/Rengers* § 8 KStG Rz. 900 – „Sponsoring".

[1895] BFH I B 6/97 v. 21. 5. 1997, BFH/NV 1997, 904.

[1896] Ankäufe von Werken sind nicht dem Bereich des Sponsorings zuzurechnen, sondern führen zu Einnahmen aufgrund von Kaufverträgen, möge der Förderungszweck noch so sehr Hauptbeweggrund für den Kauf sein; unklar *Irle* S. 133.

[1897] S. dazu Rz. 199 ff.

b) Gemeinnützige Körperschaft. *aa) Allgemeines.* Die im Zusammenhang mit dem Sponsoring erhaltenen Leistungen können, wenn der Empfänger eine, z.B. gemäß § 5 Abs. 1 Nr. 9 KStG wegen Gemeinnützigkeit, steuerbegünstigte Körperschaft ist, sein: **1293**
- Steuerfreie Einnahmen im ideellen Bereich;
- Steuerfreie Einnahmen aus der Vermögensverwaltung oder
- Steuerpflichtige Einnahmen eines wirtschaftlichen Geschäftsbetriebs.

Nicht entscheidend ist, wie die entsprechenden Aufwendungen beim Sponsor steuerrechtlich behandelt werden.[1898] **1294**

bb) Steuerfreier ideeller Bereich. Der steuerfreie **ideelle Bereich** der Körperschaft umfasst Tätigkeiten, die ausschließlich und unmittelbar die gemeinnützigen Zwecke, z.B. im Bereich der bildenden Kunst, fördern. Voraussetzung für die Steuerfreiheit ist insbesondere, dass kein Leistungsverhältnis zwischen Zuwendendem und Körperschaft besteht, die Körperschaft m.a.W. keine Gegenleistung zu erbringen hat.[1899] Vom Erbringen einer Gegenleistung ist das – unschädliche – Erfüllen einer mit der Förderungsleistung verbundenen Bedingung abzugrenzen.[1900] **1295**

Zu den dem ideellen Bereich zuzurechnenden Einnahmen zählen insbesondere Mitgliedsbeiträge, Zuschüsse der öffentlichern Hand und Spenden. **1296**

cc) Steuerfreie Einnahmen aus der Vermögensverwaltung. Gemäß § 14 AO liegt grundsätzlich **Vermögensverwaltung** vor, wenn Vermögen genutzt wird.[1901] Der Bereich der Vermögensverwaltung wird überschritten, wenn das Ausnutzen substantieller Vermögenswerte durch Umschichtung gegenüber der Nutzung von vorhandenem Vermögen durch Fruchtziehung aus den zu erhaltenden Vermögenswerten in den Vordergrund tritt.[1902] **1297**

Zum Bereich der Vermögensverwaltung zählt auch die Verpachtung des Rechts zur Nutzung von Werbeflächen. Voraussetzung dabei ist allerdings, dass die Körperschaft nicht selbst aktiv werbend tätig wird.[1903] **1298**

dd) Steuerpflichtige Einnahmen eines wirtschaftlichen Geschäftsbetriebs. Schließt das Gesetz – wie beispielsweise in § 5 Abs. 1 Nr. 9 KStG – die Steuervergünstigung insoweit aus, als ein **wirtschaftlicher Geschäftsbetrieb** i.S.d. § 14 AO unterhalten wird, verliert die Körperschaft die Steuervergünstigung für die dem Geschäftsbetrieb zuzuordnenden Besteuerungsgrundlagen, z.B. Einkünfte, soweit der wirtschaftliche Geschäftsbetrieb kein Zweckbetrieb (§§ 65 bis 68 AO) ist (§ 64 Abs. 1 AO). **1299**

Gemäß § 14 Satz 1 AO ist ein wirtschaftlicher Geschäftsbetrieb ein selbständige, nachhaltige Tätigkeit, durch die Einnahmen oder andere wirtschaftliche Vorteile erzielt werden und die über den Rahmen der Vermögensverwaltung hinausgeht. Die Absicht, Gewinn zu erzielen ist nicht erforderlich (§ 14 Satz 2 AO). Die Selbständigkeit erfordert, dass der fragliche Tätigkeitsbereich sich von der Gesamtbetätigung der gemeinnützigen Körperschaft abhebt und nicht mit dieser eine Einheit bildet.[1904] **1300**

Die **Selbständigkeit** ist **zu verneinen,** wenn die steuerbegünstigte Körperschaft dem Sponsor lediglich die Nutzung ihres Namens zu Werbezwecken in der Weise gestattet, dass der Sponsor selbst zu Werbezwecken oder zur Imagepflege auf seine Leistungen an die Körperschaft hinweist. Das Gleiche gilt, wenn der Empfänger der Zuwendung z.B. auf **1301**

[1898] So ausdrücklich BMF v. 18. 2. 1998, BStBl I 1998, 212, Rz. 9.

[1899] Vgl. *Thiel* DB 1998, 845.

[1900] S. dazu *Irle* S. 141.

[1901] S. i.E. *Pahlke/König* § 14 AO Rz. 22ff.

[1902] BFH I R 149/90 v. 26. 2. 1992, BStBl II 1992, 693; zu weiteren Einzelheiten s. *Blümich/von Twickel* § 5 KStG Rz. 186ff.

[1903] *Blümich/von Twickel* § 5 KStG Rz. 186.

[1904] *Pahlke/König* § 14 AO Rz. 11.

Plakaten, Veranstaltungshinweisen, in Ausstellungskatalogen oder in anderer Weise auf die Unterstützung durch einen Sponsor lediglich hinweist, wobei dies unter Verwendung des Namens, Emblems, Signets oder Logos – wenngleich ohne besondere Hervorhebung – geschehen kann.[1905]

1302 Ein wirtschaftlicher Geschäftsbetrieb soll dagegen vorliegen, wenn die **Körperschaft** an den Werbemaßnahmen **mitwirkt.**[1906] Dem ist in dieser Allgemeinheit jedenfalls im Kultur- und Kunstbereich nicht zuzustimmen; denn der gesponserten Institution ist ein Mitwirkungsrecht bei der Werbegestaltung einzuräumen, und zwar schon allein deshalb, um die in diesen beiden Bereichen gebotene Zurückhaltung zu gewährleisten. Anders ist es, wenn die Körperschaft selbst aktiv werbend tätig wird und nicht nur die Werbemöglichkeit gewährt, d.h., wenn sie die Werbeleistung unmittelbar selbst erbringt und dabei ein unternehmerisches Risiko zu tragen hat.[1907] Auch der häufige Wechsel der Sponsoren im Bezug auf das Vermieten von Werbeflächen kann einen wirtschaftlichen Geschäftsbetrieb begründen.[1908] Die Grenzen zwischen Annahme und Verneinung eines solchen Geschäftsbetriebs sind nicht scharf konturiert; maßgebend ist eine Gesamtwürdigung aller Umstände des konkreten Einzelfalles.

1303 Überlässt die steuerbegünstigte Körperschaft die **Werberechte im Ganzen** gegen Entgelt einem Dritten, der seinerseits die Werbeverträge abschließt, so sind die entsprechenden Einnahmen der Körperschaft noch dem Bereich der Vermögensverwaltungssphäre zuzurechnen.[1909]

1304 *ee) Steuerfreie Einnahmen eines Zweckbetriebes.* Ist der wirtschaftliche Betrieb einer Körperschaft ein **Zweckbetrieb,** verbleibt es bei der im Gesetz vorgesehenen Steuervergünstigung (§ 64 Abs. 1 a.E. AO). Die fraglichen Einnahmen sind steuerfrei.

1305 Ein Zweckbetrieb ist gemäß § 65 AO gegeben, wenn

– der wirtschaftliche Geschäftsbetrieb in seiner Gesamtrichtung dazu dient, die steuerbegünstigtensatzungsmäßigen Zwecke der Körperschaft zu verwirklichen (Nr. 1),
– die Zwecke nur durch einen solchen Geschäftsbetrieb erreicht werden können (Nr. 2) *und*
– der wirtschaftliche Geschäftsbetrieb zu nicht begünstigten Betrieben derselben oder ähnlichen Art nicht in größerem Umfang in Wettbewerb tritt, als es bei Erfüllung der steuerbegünstigten Zwecke unvermeidbar ist (Nr. 3).[1910]

1306 Ergänzend dazu bestimmt § 68 Nr. 7 AO konstitutiv, dass **kulturelle Einrichtungen,** wie Museen, Theater, und kulturelle Veranstaltungen, wie Konzerte und **Kunstausstellungen Zweckbetriebe** sind.[1911] Darüber hinaus erfasst der Zweckbetrieb auch die entgeltliche Besichtigung von Kultur- und Naturdenkmalen.[1912] Damit kommt es bei diesen

---

[1905] So BMF v. 18. 2. 1998, BStBl II 1998, 212, Rz. 9. Zur Gewinnermittlung bei einem wirtschaftlichen Geschäftsbetrieb s. *Raupach* a. a. O., S. 185.

[1906] BMF v. 18. 2. 1998, BStBl II 1998, 212, Rz. 9.

[1907] BFH I R 8/88 v. 13. 3. 1991, BStBl II 1992, 102: Bandenwerbung eines Sportvereins; vgl. ferner *Blümich/von Twickel* § 5 KStG Rz. 186; a. A. *Stolz* S. 140: auch in einem solchen Fall kein wirtschaftlicher Geschäftsbetrieb, da es entscheidend auf die Förderung der Kunst ankomme: es fehle zudem insoweit an einem Korrespondenzprinzip zwischen Betriebsausgabe und Versteuerung der Einnahmen.

[1908] Vgl. BFH I R 85/83 v. 9. 7. 1986, BStBl II 1986, 851; *Raupach* a. a. O., S. 186.

[1909] Vgl. AEAO zu § 67a – Sportliche Veranstaltungen – Allgemeines Nr. 9.

[1910] S. dazu AEAO zu § 65 – Zweckbetrieb – Nr. 4. Nach den Plänen der Bundesregierung zur Reform des Spendenrechts soll die Besteuerungsgrenze für wirtschaftliche Betätigungen ab 1. 1. 2007 auf 35 000 € im Jahr steigen.

[1911] Ausgenommen ist der Verkauf von Speisen und Getränken (§ 68 Nr. 7, 2. Halbs. AO.

[1912] *Pahlke/König* § 68 AO Rz. 16.

kulturellen Einrichtungen und Veranstaltungen nicht darauf an, ob insoweit die Voraussetzungen des § 65 AO erfüllt sind.[1913] Zweckbetrieb ist die kulturelle Einrichtung und Veranstaltung als solche, und zwar unabhängig von der Höhe eines etwaigen Überschusse.[1914] Eine kulturelle Veranstaltung der Körperschaft liegt auch dann vor, wenn diese eine Darbietung kultureller Art im Rahmen einer Veranstaltung präsentiert, die nicht von der Körperschaft selbst organisiert wird und die ihrerseits keine kulturelle Veranstaltung i. S. d. § 68 Nr. 7 AO darstellt.[1915]

Ob das Sozio-Sponsoring generell als Zweckbetrieb anzusehen ist, erscheint sehr zwei- 1307
felhaft.[1916]

Nicht zum Zweckbetrieb gehört die Werbung[1917] und der Verkauf von Kunstwerken 1308
gegen Provision im Rahmen von Kunstausstellungen.[1918]

D. Die steuerliche Förderung von Kunst, Künstlern und Künstlerinnen – ein Resümee

I. Künstler und Künstlerinnen steuerrechtlich als *„quives ex populo"*

Schaut man auf die steuerliche Landschaft möglicher Förderung und Unterstützung von 1309
Kunst und Künstlern, so bietet sich dem Betrachter ein verwirrender Fleckerlteppich steuerrechtlicher Regelungen. Verwirrend deshalb, weil der weitaus größte Teil der insoweit in Betracht kommenden steuerlichen Vorschriften, die der Minderung der Steuerlast dienen, generelle Bedeutung hat und sich nicht nur auf die Besteuerung von Kunst und Künstlern beschränkt.

Dies bedeutet zwar nicht, dass dieser Bereich weitgehend von speziellen steuerlichen 1310
Entlastungen, insbesondere von steuerlichen Vergünstigungen, ausgeschlossen ist. Derartige Vergünstigungen bilden aber die Ausnahme. Im Allgemeinen handelt es sich bei den hier in Betracht kommenden begünstigenden steuerrechtlichen Regelungen um solche, die sich *auch* im Bereich der Kunst förderlich auswirken können und damit lediglich um Erscheinungsformen der Anwendung des *allgemeinen Steuerrechts.* Künstler und Künstlerinnen sind insoweit in aller Regel lediglich *„quives ex populo";* sie reihen sich in die allgemeine Reihe der Steuerpflichtigen ein mit ihren sich aus den einzelnen Steuergesetzen ergebenden Rechten und Pflichten. Dies schließt aber nicht aus, dass der Kreis der Steuerpflichtigen aufgrund deren persönlichen Verhältnisse und der Art der Einkünfte mal größer, mal eingeschränkter ist.

Die spezielle steuerliche Förderung von Künstlern und Künstlerinnen bietet dagegen 1311
derzeit einen sehr bescheidenen Ausschnitt aus dem „Gesamtkunstwerk" Steuerrecht. Es gibt nur sehr wenige steuerrechtliche Regelungen, die gezielt Kunst und Künstler begünstigen.

[1913] Zu sportlichen Veranstaltungen als Zweckbetrieb s. § 67 a AO.

[1914] *Pahlke/König* § 68 AO Rz. 16.

[1915] Vgl. BFH XI R 109/90 v. 4. 5. 1994, BStBl II 1994, 886, zur sportlichen Veranstaltung; dazu AEAO zu § 68 – Einzelne Zweckbetriebe – Nr. 12.

[1916] Bej. *Ansorge* BB 1995, 2505, 2509; mit Einschränkung: *Raupach* a. a. O., S. 183.

[1917] *Thiel* DB 1998, 842; *Irle* S. 146; vgl. ferner AEAO zu § 67 a – Sportliche Veranstaltungen – Nr. 8.

[1918] *Pahlke/König* § 68 AO Rz. 16.

II. Kurzer steuerrechtlicher Überblick

1. Ertragsteuerrecht

1312 Im **EStG** ist dies zunächst **§ 3** Nr. 43,[1919] der den **Ehrensold** für Künstler von der Steuer befreit. Es handelt sich dabei um die einzige, im Übrigen sehr unbedeutende Steuervergünstigung, die speziell nur für Künstler geschaffen ist. Das EStG kennt zwar weitere **Steuerbefreiungen,** die sich auf Einnahmen von Künstlern beziehen. Diese können gleichzeitig aber auch andere Personengruppen für sich in Anspruch nehmen, so z.B. die Steuerbefreiungen von Einnahmen gemäß § 3 Nr. 1 Buchst. a, b und d,[1920] Nr. 11,[1921] Nr. 26,[1922] Nr. 44[1923] und Nr. 57[1924] EStG.

1313 **Keine** spezielle steuerliche Künstlerförderung ist die Möglichkeit des Abzugs von **Sonderausgaben** gemäß §§ 10, 10a ff. EStG. Sie steht grundsätzlich allen unbeschränkt[1925] steuerpflichtigen natürlichen Personen offen.[1926] Entsprechendes gilt für den Abzug **außergewöhnlicher Belastungen** gemäß § 33ff. EStG.[1927] Die in den §§ 24a und 24b EStG aufgeführten, die Summe der Einkünfte mindernden Entlastungsbeträge[1928] gelten ebenso wenig nur für Künstler wie die Regelungen zum **Familienleistungsausgleich**[1929] und zum **Elterngeld.**[1930]

1314 **Im betrieblichen Bereich** teilt der Künstler den Vorteil der fehlenden **Gewerbesteuerpflicht**[1931] mit sämtlichen anderen Freiberuflern.[1932] Ebenso steht ihm (nur) das für diesen Berufszweig zur Verfügung stehende (gesamte) Instrumentarium der Gewinnminderung, z.B. durch den allgemeinen **Betriebsausgabenabzug**[1933] und den **Verlustabzug**[1934] zu Gebote. Eine „künstlerspezifische" steuerliche Förderung ist damit nicht verbunden.

1315 Eine **unmittelbare steuerliche Förderung der Kunst** sieht das EStG lediglich in den **§§ 10f** (Abzugsbetrag für die zu eigenen Wohnzwecken genutzten **Baudenkmale**) und **10g** (Steuerbegünstigung für **schutzwürdige Kulturgüter,** die allerdings weder zur Einkunftserzeilung noch zu eigenen Wohnzwecken genutzt werden dürfen) vor.[1935]

1316 **Mittelbar** profitieren Kunst und Künstler zwar von verschiedenen steuerrechtlichen Regelungen. Primär geht es dabei allerdings um die Minimierung der Steuerlast, beispielsweise durch Anerkennung bestimmter Betriebsausgaben oder Sonderausgaben.[1936]

1919 S. Rz. 217.
1920 S. Rz. 209ff.
1921 S. Rz. 212.
1922 S. Rz. 213ff.
1923 S. Rz. 220.
1924 S. Rz. 222.
1925 Zu beschränkt Steuerpflichtigen s. Rz. 1049.
1926 S. dazu Rz. 647ff.
1927 S.i. E. Rz. 701ff.
1928 S. dazu Rz. 639ff.
1929 S. Rz. 770ff.
1930 S.i. E. Rz. 982ff.
1931 Zu gewerbesteuerrechtlichen Vergünstigungen s. § 9 Nr. 5 GewStG.
1932 S.i. E. Rz. 67ff.
1933 S. Rz. 390ff. Die für Künstler geltende Pauschalierung von Betriebsausgaben (s. Rz. 470), die zudem nur für nebenberufliche künstlerische Tätigkeit gilt, ist zu vernachlässigen.
1934 S. dazu Rz. 747ff.
1935 S. Rz. 649, 1236f.
1936 S. ferner § 6 Abs. 1 Nr. 4 Sätze 4 und 5 EStG.

Die Förderung von Kunst und Künstler ist lediglich ein – wenn auch gewünschter und willkommener – Reflex.

So geht es beispielsweise beim **Kunst- und Kultursponsoring** hauptsächlich um die Frage, wie bestimmte (Sponsor-)Aufwendungen beim Aufwendenden steuerrechtlich einzuordnen sind: Als abziehbare Betriebsausgaben (Werbungskosten) oder Spenden oder als Aufwendungen, die dem persönlichen Bereich zuzuordnen sind und deshalb nicht steuermindernd zu berücksichtigen sind.[1937] Erwähnenswert ist in diesem Zusammenhang, dass das Kultursponsoring zu einem großen Teil nicht der klassischen Kunstförderung dient, sondern publikumswirksamen Rock- und Popkonzerten.[1938] Die von Verwaltungsseite eingeräumten fiskalischen Erleichterungen betreffen zudem das Sponsoring allgemein, d. h. auch das Sport-, das Öko- sowie das Soziosponsoring. 1317

Für den allgemeinen **Spendenabzug** gemäß § 10b EStG[1939] gilt das Ähnliche: Zwar möchte der Spender, gleichgültig ob natürliche oder juristische Person, im Regelfall mit seiner Spende einen Beitrag zur Förderung von Kunst und Künstler leisten. Er ist aber im Allgemeinen gleichzeitig daran interessiert, seine Aufwendungen steuermindernd geltend machen zu können. Das ist aber nur im Rahmen der vom Gesetzgeber geschaffenen Regelungen möglich, andernfalls versagt ihm das Steuerrecht die Möglichkeit der Steuerminderung. Man kann durchaus ernsthaft bezweifeln, ob das geltende Steuerrecht den Erfordernissen einer wirksamen Förderung von Kunst und Künstlern Rechnung trägt, ob beispielsweise der Kreis der in diesem Bereich als gemeinnützig anerkannten Zwecke in § 52 Abs. 2 Nr. 1 AO nicht zu eng gefasst ist. Es wird aber stets eine mittelbare Förderung bleiben. 1318

2. *Umsatzsteuerrecht*

Es dient der Förderung des Kulturbetriebs allgemein, dass gemäß § 4 Nr. 20 bis 22, 25 Satz 1 Buchst. c und 28 UStG bestimmte Umsätze von Kultureinrichtungen wie z. B. Museen und Denkmalen, **steuerfrei** belassen werden.[1940] 1319

Als steuerliche Vergünstigungen kennt das **UStG** neben den Steuerbefreiungen gemäß § 4 UStG noch die Gewährung des ermäßigten Steuersatzes von 7 v. H. gemäß § 12 Abs. 2 Nr. 1 und Nr. 7 Buchst, c.[1941] Primär begünstigt ist insoweit der Künstler, der seine Werke veräußert oder Rechte nach dem UrhG einräumt, überträgt oder wahrnimmt. Aber auch Verwertungsgesellschaften können dieses Steuerprivileg nutzen. Zu bemängeln ist allerdings, dass der Umfang der begünstigten Lieferungen zu eng ist.[1942] 1320

3. *Erbschaft- und Schenkungsteuerrecht*

Eine unmittelbare steuerliche Förderung von Kunst und Künstlern entspräche nicht dem Charakter der **Erbschaft- und Schenkungsteuer** als Fiskalzwecksteuer mit Umverteilungsfunktion.[1943] Eine Begünstigung von Kunst und Künstlern kann insoweit nur 1321

[1937] S. dazu Rz. 1270 ff.

[1938] Ein Vielfaches der für die Kultur bereit gestellten, nichtsteuerlichen Mittel kommt zudem dem Sport zugute. Die Kultur nimmt im Übrigen seit Jahren mit rd. 2 v. H. den letzten Platz bei den ermittelten Spendenzielen ein. S. dazu i. E. *Schily* a. a. O., S. 313, 315.

[1939] S. ferner § 9 Abs. 1 Nr. 2 KStG. Zu Spenden an Stiftungen s. *Hartmann* und *Hartmann/Richter* in: *Graf Strachwitz/Mercker* (Hrsg.), a. a. O., S. 381, 416, sowie *Koss* in: *Graf Strachwitz/* Mercker (Hrsg.), a. a. O., S. 413. Zu den geplanten Änderungen des Spendenrechts s. Rz. 673 ff.

[1940] S. Rz. 864.

[1941] S. dazu Rz. 870 ff.

[1942] S. Rz. 872 ff.

[1943] Vgl. *Tipke/Lang* § 4 Rz. 198.

darin bestehen, bestimmte Werte der Erbschafts- und Schenkungsbesteuerung vorzuenthalten. Dem hat der Gesetzgeber dadurch entsprochen, dass er insbesondere Kunstgegenstände und Kunstsammlungen unter bestimmten Voraussetzungen **steuerfrei** gestellt hat (§ 13 Abs. 1 Nr. 2 ErbStG).[1944] Aber auch hier bleiben berechtigte Wünsche auf Erweiterung des Freistellungskatalogs noch unerfüllt.

1322 § 29 Abs. 1 Nr. 4 ErbStG sieht zudem das **Erlöschen der Steuer** mit Wirkung für die Vergangenheit vor, sofern Vermögensgegenstände innerhalb von Jahren der öffentlichen Hand oder gemeinnützigen Institutionen übertragen werden.[1945]

III. Fazit

1323 Betrachtet man die steuerliche Förderung von Kunst und Künstlern in ihrer Gesamtheit, so bleibt eines festzustellen: Im Vergleich zur steuerlichen Förderung im Übrigen haben Kunst und Künstler in diesem Bereich noch erheblichen Nachholbedarf. Ob und ggf. in welchem Umfang dem Rechnung getragen wird, ist eine steuer-, finanz- und gesellschaftspolitische Entscheidung. Hier bedarf es meiner Ansicht nach noch erheblicher Überzeugungsarbeit.

[1944] S. Rz. 952f.
[1945] S. Rz. 972.

6. Teil. Zollrecht

Übersicht

A. Verfahren bei der Einfuhr von Kunstgegenständen

Zu unterscheiden ist zwischen Kunstgegenständen, die aus Mitgliedstaaten der Europäischen Gemeinschaft nach Deutschland gebracht werden, und solchen, die aus anderen Staaten (Drittstaaten) eingeführt werden.[1] 1

[1] Die Ausfuhr von Gegenständen aus dem Gebiet der Europäischen Gemeinschaft soll hier mangels abgabenrechtliche Bedeutung nicht behandelt werden. Für sie ist jedoch grundsätzlich ebenfalls ein im Zollkodex geregeltes Ausfuhrverfahren einzuhalten. Dieses dient zwar nicht der Sicherstellung der Abgabenerhebung – denn Abgaben auf Waren werden bei der Ausfuhr, wie gesagt, nicht erhoben –, es ist aber zur Sicherstellung der Beachtung außenwirtschaftlicher Beschränkungen der Ausfuhr grundsätzlich erforderlich. Für Kunstgegenstände hat in diesem Zusammenhang insbesondere die Verordnung (EWG) Nr. 3911/92 über die Ausfuhr von Kulturgütern, ABlEG 1992 Nr. L 395/1, Bedeutung, nach der die Ausfuhr einer Reihe von Kulturgütern, insbesondere auch von Bildern, Zeichnungen und Druckgrafik, die älter als 50 Jahre sind und nicht ihren Urhebern gehören, nur zulässig ist, wenn der Ausfuhrzollstelle eine Ausfuhrgenehmigung vorgelegt wird. Das gilt grundsätzlich auch bei der vorübergehenden Ausfuhr zum Beispiel für eine Messe oder Ausstellung, wobei jedoch insofern die Verordnung (EG) Nr. 1526/98, ABlEG Nr. L 201, Vereinfachungen vorsieht. Näheres hierzu bei *Eberl:* Probleme und Auswirkungen der EG-Vorschriften zum Kulturgüterschutz,

2 Während **Kunstgegenstände aus anderen Mitgliedstaaten der Gemeinschaft** ohne irgendwelche besonderen Förmlichkeiten nach Deutschland verbracht werden können – sie unterliegen keinen Zöllen und auch nicht der Einfuhrumsatzsteuer, sondern sind lediglich unter dem Gesichtspunkt des **innergemeinschaftlichen Erwerbs** in der Umsatzsteuererklärung des Erwerbers zu erfassen-, sind bei der Einfuhr von Kunstgegenständen aus Drittstaaten die umfangreichen und schwierigen Vorschriften zu beachten, die insbesondere der Zollkodex (ZK)[2] und die dazu von der Europäischen Kommission erlassene noch umfangreichere Durchführungsverordnung (ZKDVO)[3] enthalten. Aus **Drittstaaten** eingeführte Waren müssen danach von der Zollbehörde erfasst werden. Dazu müssen sie bei den an den Außengrenzen der Gemeinschaft **eingerichteten Zollstellen gestellt** werden; dies bedeutet, dass der Zollstelle mitgeteilt wird, dass sich zollpflichtige Waren am Amtsplatz befinden und der Abfertigung zu einem bestimmten sogenannten **Zollverfahren** bedürfen. Solche Zollverfahren, von denen eines der Anmelder beantragen muss, sind u.a. die Überführung in den zollrechtlich freien Verkehr, das externe gemeinschaftliche Versandverfahren, die Beförderung der Ware mit Carnet TIR oder ATA, das Zolllagerverfahren und die vorübergehende Verwendung. Einzelheiten über die Anmeldung zu einem dieser Verfahren und die dabei zu verwendenden Formulare regeln die Art. 59ff ZK. Die Zollanmeldung erfolgt zugleich für Zwecke der Einfuhrumsatzsteuer; sie muss folglich die für die Erhebung der Einfuhrumsatzsteuer erforderlichen Angaben enthalten, insbesondere über die Art des eingeführten Gegenstandes, der für die Bestimmung des Steuersatzes wesentlich ist, sowie über die nach § 11 UStG maßgebliche Bemessungsgrundlage für die Berechnung der Steuer.

3 Um die mit der Abfertigung einer Ware bei der Grenzzollstelle verbundenen Schwierigkeiten und Nachteile zu vermeiden – der Anmelder ist in der Regel nicht persönlich zugegen, bis zum Eintreffen der Ware an dem Ort, an dem sie wirtschaftlich verwertet werden soll, wird mitunter noch lange Zeit vergehen, die zoll- und einfuhrumsatzsteuerrechtlich maßgebliche endgültige Verwendung der Ware steht oftmals noch gar nicht festwird vielfach von der Möglichkeit Gebrauch gemacht, die Waren zunächst zum externen gemeinschaftlichen **Versandverfahren** abfertigen zu lassen, um sie in diesem Verfahren unter zollrechtlicher Aufsicht zu einem innerhalb der Gemeinschaft gelegenen Bestimmungsort transportieren zu können und der Ware erst dort ihre endgültige zollrechtliche Bestimmung zu geben, insbesondere sie erst dort zum zollrechtlich freien Verkehr abfertigen zu lassen und mithin erst dort ggf. Zoll und Einfuhrumsatzsteuer entstehen zu lassen. Eine besondere Variante dieser innergemeinschaftlichen Beförderung von Drittlandsware ist die **Beförderung durch die Post** gemäß Art. 91 Abs. 2 Buchstabe f) ZK.

NJW 1994, 729. Eine Ausfuhrgenehmigung ist ferner in § 1 Abs. 4 des Gesetzes zum Schutz deutschen Kulturgutes gegen Abwanderung, BGBl 1999 I 1754, vorgeschrieben. Diese Vorschrift betrifft jedoch nur die in das „Verzeichnis national wertvollen Kulturgutes" eingetragenen Kulturgüter, also einen vergleichsweise engen Bereich.

[2] Verordnung (EWG) Nr. 2913/92 des Rates zur Festlegung des Zollkodex der Gemeinschaften vom 12. Oktober 1992, ABlEG 1992 Nr. L. 302/1 mit zahlreichen späteren Änderungen.

[3] Verordnung (EWG) Nr. 2454/93 der Kommission mit Durchführungsvorschriften zu der Verordnung (EWG) Nr. 2913/92 des Rates zur Festlegung des Zollkodex der Gemeinschaften, ABlEG 1993 Nr. L. 253, 1, ebenfalls inzwischen vielfach geändert.

B. Besondere Verfahren ohne Entstehen einer Abgabeschuld

Kunstgegenstände, die nur vorübergehend, z.B. für eine Ausstellung, eingeführt werden sollen oder deren Verkauf an einen deutschen Erwerber, z.B. auf einer Messe, bei der Einfuhr noch nicht gewiss ist, können zur sog. vorübergehenden Verwendung abgabefrei eingeführt werden. Art. 576 Zollkodex-Durchführungsverordnung gewährt **Befreiung von den Einfuhrabgaben für Waren,** die bei beiderseitiger möglicher Kaufs- beziehungsweise Verkaufsabsicht zur Ansicht eingeführt werden. Die Überführung in das Verfahren der vorübergehenden Verwendung hat eine vollständige Befreiung von den Einfuhrabgaben zur Folge. Obwohl Verwendungsgut grundsätzlich nur ausnahmsweise später zum freien Verkehr abgefertigt werden kann, ist dies bei **Messegut,** Waren zur **Versteigerung** sowie Kunstwerken zum **ungewissen Verkauf** möglich. Die vorübergehende Verwendung ist von dem Verwender bei der Zollabfertigung zu beantragen, wenn es sich nicht um Ausstellungs- oder Messegut handelt, das von der Zollbefreiungs-Verordnung erfasst ist und dessen vorübergehende Verwendung keines besonderen Antrages bedarf, sondern schlicht entsprechend zur Zollabfertigung angemeldet wird. 4

Die vorübergehende Verwendung muss sonst von dem Hauptzollamt bewilligt werden, wobei eine **Verwendungsfrist** von höchstens 24 Monaten bestimmt wird. Die Nämlichkeit des Verwendungsguts muss gesichert werden, wobei bei Ausstellungs- und Messewaren grundsätzlich eine genaue Beschreibung ausreicht. Die Bewilligung der vorübergehenden Verwendung kann von einer Sicherheitsleistung abhängig gemacht werden; die Sicherheit wird dann nach ordnungsgemäßer Erledigung des Verfahrens freigegeben. Ordnungsgemäß beendet ist das Verfahren bei Wiederausfuhr der betreffenden Ware aus dem Zollgebiet der Gemeinschaft. Dafür ist grundsätzlich eine erneute Gestellung der Waren erforderlich. Anderenfalls erlischt die Einfuhrabgabenschuld nicht. 5

Neben der Überführung von Waren in die vorübergehende Verwendung besteht nach dem Zollkodex u.a. in die Möglichkeit, ohne Entrichtung von Einfuhrabgaben Waren einzuführen, indem sie in ein **Zolllager** gebracht werden. Auf die Einzelheiten des Zolllagerverfahrens und der verschiedenen Typen der Zolllager soll hier wegen der wohl beschränkten Bedeutung dieser Verfahren für die Kunst nur summarisch eingegangen werden. Die Überführung von Waren in ein Zolllager, insbesondere in ein solches des gängigen Typs D (privates Zollager), kommt vor allem in Betracht, wenn noch nicht feststeht, ob die betreffenden Gegenstände nach Deutschland beziehungsweise überhaupt in einen Mitgliedstaat der Gemeinschaft eingeführt werden sollen oder sich lediglich im Transit in der Gemeinschaft befinden. Ein solches Zolllager muss schriftlich bei der Zollbehörde beantragt werden und wird nur vertrauenswürdigen Antragstellern, die kaufmännische Bücher führen und regelmäßig Abschlüsse machen, bewilligt. Der Lagerhalter muss eine Reihe von Auflagen erfüllen, die insgesamt mit einem nicht unerheblichen betrieblichen Aufwand für ihn verbunden sind. Einzelhandelsverkäufe aus dem Zolllager heraus sind grundsätzlich nicht zulässig, was die Attraktivität des Lagers für den Kunsthändler auch ungeachtet des vorerwähnten Aufwandes weitgehend beseitigen dürfte. Die Einzelheiten des Zolllagerverfahrens ergeben sich aus Art. 98ff ZK und den entsprechenden Vorschriften der ZKDVO. 6

C. Abgaben, die bei der Einfuhr erhoben werden können

I. Zoll

1. *Zollfreiheit für Kunst- und Sammlungsgegenstände*

7 **aa) Grundsätzliches.** Für eine Reihe von Kunstgegenständen, man darf sagen: für die allermeisten, besteht **Zollfreiheit;** sie können also aus Drittstaaten eingeführt werden, ohne dass Zoll erhoben wird. Maßgeblich dafür, ob diese Vergünstigung im Einzelfall eingreift, ist freilich nicht, ob der betreffende Gegenstand „Kunst" ist, sondern ob er einer Position des Kapitels 97 sog. **Gemeinsamen Zolltarifs** nach den dafür im europäischen Recht im Einzelnen genau festgelegten Kriterien zugeordnet werden kann, d. h. entsprechend „zu tarifieren" ist. Denn nur für Gegenstände, die hier zu tarifieren sind, ist, soweit es Kunstgegenstände betrifft, Zollfreiheit vorgesehen. Für die Zollfreiheit einer Einfuhr ist also die sog. **Tarifierung des betreffenden Gegenstandes** ebenso von entscheidender Bedeutung wie für den bei Tarifierung in einem anderen Kapitel als 97 anzuwendenden Zollsatz.

8 Bei der „Tarifierung" handelt es sich um die Einordnung des Gegenstandes in die sog. **Kombinierte Nomenklatur (KN),**[4] die mitunter mit erheblichen Schwierigkeiten verbunden ist und die Finanzgerichtsbarkeit schon vielfach beschäftigt hat. Grundlage für diese Prozedur der Tarifierung ist die Verordnung (EWG) Nr. 2658/87 über die zolltarifliche und statistische Nomenklatur sowie den Gemeinsamen Zolltarif (VO Kombinierte Nomenklatur – VO KN).[5] In einem Anhang führt diese Verordnung über 5000 Tarifpositionen auf. Einer von diesen ist die fragliche Ware zuzuordnen; denn die Liste der Positionen ist abschließend, jede Ware kann in diese eingeordnet werden und muss einer der Positionen zugeordnet werden. Der Anhang der Verordnung enthält neben dieser Nomenklatur, d. h. dem Warenverzeichnis, die Zollsätze, d. h. die Berechnungsfaktoren für die Berechnung des Zolls. Beides beruht auf völkerrechtlichen Grundlagen, nämlich dem Internationalen Übereinkommen über das Harmonisierte System zur Bezeichnung und Codierung der Waren (HS-Übereinkommen) und für die vertragsmäßigen Zollsätze auf dem Allgemeine Zoll- und Handelsabkommen (General Agreement on Tariffs and Trade – GATT), das seit 1994 Bestandteil des Abkommens über die Welthandelsorganisation (World Trade Organisation – WTO) ist. Diese internationale Einbindung gebietet nicht nur besondere Wortlauttreue bei den Auslegung und Anwendung der Warennomenklatur und schließt – ebenso wie die multifunktionale Bedeutung der Nomenklatur – eine Berücksichtigung der Rechtsfolgen einer bestimmten Tarifierung in dem konkreten Zusammenhang weitgehend aus; sie lässt auch die Schwierigkeiten erkennen, denen etwaige Bedürfnisse nach einer Änderung der Nomenklatur zur Vermeidung als unangemessen erkannter Ergebnisse begegnen würden.

9 Die vorgenannte Verordnung enthält auch **Allgemeine Tarifierungsvorschriften** (ATV). Besondere, allgemeine Bedeutung hat dabei die ATV 1 Satz 2. Danach ist in erster Linie der Wortlaut der Positionen und der Anmerkungen zu den Kapiteln für die Tarifierung maßgeblich. Die Überschriften der Abschnitte, Kapitel und Teilkapitel hingegen enthalten nur (ergänzend heranzuziehende) Hinweise für die richtige Einordnung der Waren.

---

[4] Es ist eine „kombinierte" Nomenklatur, weil sie nicht nur den Zolltarif festlegen soll, sondern darüber hinaus nur für die Warenstatistik oder das Außenwirtschaftsrecht relevante Kennzeichnungen enthält.

[5] ABl.EG 1987 Nr. L 256, 1 mit später. Änd.

Die KN ist in solche Kapitel mit einer die betroffenen Waren kennzeichnenden Überschrift gegliedert, welche ihrerseits aus Positionen und Unterpositionen bestehen, die mit einer Warenbeschreibung versehen sind. Jede Unterposition der KN hat eine achtstellige Codenummer. Die Waren sind entsprechend einzuordnen. 10

Maßgeblich für die zollrechtliche Tarifierung von Waren sind im Allgemeinen (ausschließlich) deren **objektive Merkmalen und Eigenschaften,** wie sie der Zollbeamte bei der Abfertigung gleichsam augenscheinlich vorfindet, nicht etwa z. B. die vom Einführer beabsichtige Verwendung odgl.[6] Welche Merkmale und Eigenschaften entscheidend sind, richtet sich, wie erwähnt, in erster Linie nach dem Wortlaut der Positionen und Unterpositionen und den Anmerkungen zu den Abschnitten oder Kapiteln. Der (internationale) Rat für die Zusammenarbeit auf dem Gebiete des Zollwesens und die Europäische Kommission veröffentlichen darüber hinaus Erläuterungen, die ein wichtiges, wenn auch nicht verbindliches Erkenntnismittel für die Auslegung der einzelnen Tarifpositionen darstellen.[7] 11

Bei Unsicherheit über die richtige Tarifierung eines Gegenstandes, der eingeführt werden soll, besteht die Möglichkeit, gemäß Art. 12 ZK vorher eine **Zolltarifauskunft** bei der Zollbehörde einzuholen, der – anders als anderen zollrechtlichen Auskünften, die gemäß Artikeln 11 ZK bei der Zollbehörde eingeholt werden können – gegenüber dem Auskunftsersuchenden weitgehende Verbindlichkeit zukommt. Es ist jedoch auf eine genaue Beschreibung der betreffenden Ware große Sorgfalt zu verwenden, weil die Verbindlichkeit der Zolltarifauskunft selbstredend genaue und richtige Angaben über die Einfuhrware voraussetzt. 12

b) Grundsätze der Einreihung von Kunstgegenständen. Das Kapitel 97, das Zollfreiheit gewährt, trägt die Überschrift „Kunstgegenstände, Sammlungsstücke und Antiquitäten“. Trotz dieser weit gefassten Überschrift erfasst dieses Kapitel freilich nicht ohne weiteres alle Gegenstände, die gemeinhin als **„Kunst“** angesehen werden. Denn die einzelnen Positionen dieses Kapitels beschreiben „Kunstgegenstände“ nach ihrer Art und Ausführung, z. B. als Gemälde oder Zeichnungen oder Collagen oder Stiche oder „Originalerzeugnisse der Bildhauerkunst“. Sie stellen also, wie der Finanzverwaltung durchaus bewusst ist, auf alt überkommene Techniken ab, ohne der zeitgenössischen Fortentwicklung der Kunst hinreichend Rechnung zu tragen.[8] Deshalb ist durchaus damit zu rechnen, dass einzelne Kunstwerke insbesondere der zeitgenössischen Kunst, gleichsam durch dieses Raster hindurchfallen, weil sie zwar Kunstgegenstände sind, aber von keiner der Unterpositionen durch deren Warenbeschreibung erfasst werden; sie sind dann nach ihrer stofflichen Beschaffenheit z. B. als Glas oder Gewebe zu tarifieren. Deshalb hat das FG München[9] DVDs, ungeachtet der ihrem Inhalt entsprechenden Bestimmung, für eine Videoinstallation in einem Museum verwendet zu werden, mit Recht nicht in Kapitel 97, sondern als „Aufzeichnungsträger mit Aufzeichnung, Platten für Laserabnehmersysteme, zur Wiedergabe von Bildern und Ton“ (KN 8524) tarifiert. Denn es führt der Umstand, dass einem Gegenstand mit Recht künstlerischer Charakter zugeschrieben werden kann, 13

[6] Vgl. etwa EuGH-Urteil vom 7. Februar 2002 Rs. C-276/00 – Turbon International –, EuGHE 2002, I-1389 Rdnr. 21; BFH-Urteile vom 23. Mai 2000 VII R 1/99, BFH/NV 2000, 1266, 1267; vom 14. November 2000 VII R 83/99, BGFH/NV 2001, 499 und vom 9. Oktober 2001 VII R 69/00, BFH/NV 2002, 560, 561.

[7] EuGH-Urteil Urteil vom 7. Februar 2002 C-276/00, EuGHE 2002, I-1389 Rz. 22.

[8] Vgl. Antwort der Bundesregierung auf eine Kleine Anfrage zum grenzüberschreitenden Kunstverkehr, BT-Drucksache 10/6386; vgl. *Kirchmaier* KUR 2006, 78.

[9] Urteil des FG München vom 16. März 2006 10 K 3748/03, zur Veröffentlichung vorgesehen; kritisch dazu *Kirchmaier* KUR 2006, 78.

oder gar der bloße Umstand, dass er von einem Künstler hergestellt wurde, nicht zwangsläufig zu dessen Zuordnung zu einer Position des Kapitels 97.[10] Erst recht ist der **künstlerische „Rang"** eines Werkes weder für eine Tarifierung in diesem Kapitel erforderlich – wie sollte der „klassische" Zollbeamte an der Grenze diesen auch feststellen? – noch schließt die Abwesenheit jeder künstlerischen Qualität die Tarifierung im Kapitel 97 aus; die Tarifierung richtet sich vielmehr allein nach sogleich näher zu besprechenden, gleichsam äußerlichen Merkmalen des betreffenden Gegenstandes, die in erster Linie das Herstellungsverfahren im Auge haben. Diese Ausrichtung der Tarifvorschriften ist bei der Anwendung der KN stets im Auge zu behalten!

14 Die Tarifnummern des Kapitels 97 erfassen **nicht Handelswaren** oder sogenannte **gewerbliche Erzeugnisse** wie z.B. das Schnupftabakfläschchen, über das der BFH zu entscheiden hatte,[11] oder die vom EuGH beurteilten Paperweights,[12] obwohl auf ihnen mit der Hand geschaffene Gemälde angebracht waren[13] und das gewerbliche Erzeugnis im Verhältnis zu diesen darauf angebrachten Gemälden keinen höheren Herstellungswert hatte. Handbemalte und handverzierte gewerbliche Erzeugnisse werden in der Warenbeschreibung zur Codenummer 9701 ausdrücklich ausgenommen.

15 Einen solchen Charakter von Handelswaren haben Gegenstände, die sich in einer zumindest potentiellen wirtschaftlichen Wettbewerbssituation mit anderen ähnlichen Erzeugnissen **industrieller oder handwerklicher Herstellung** befinden[14] und nach ihrer äußeren Gestaltung vergleichbaren, industriell oder handwerklich hergestellten Erzeugnissen ähneln.[15] Deshalb ordnet der BFH auch Schmuckstücke grundsätzlich nicht dem Kapitel 97 zu, selbst wenn sie ein Künstler nach eigenen Entwürfen in geringer Stückzahl fertigt.[16] Solche „Kunstgegenstände" sind gleichwohl Handelswaren und deshalb aus dem Kapitel 97 ausgeschlossen.

16 **c) Einzelheiten der Einreihung von Kunstgegenständen.** Im Einzelnen kann zu den verschiedenen Positionen des Kapitels 97 hier nur Folgendes hervorgehoben werden:

Die erste Position (Codenummer 9701) nennt **Gemälde jeder Herstellungstechnik** (also auch z.B. Aquarelle), „Zeichnungen, vollständig mit der Hand geschaffen" (ausgenommen sind Zeichnungen der für Kunstgegenstände kaum jemals einschlägigen Position 4906 –... Zeichnungen zu gewerblichen ... Zwecken ... –, wie z.B. Baupläne udgl.) sowie Collagen und „ähnliche dekorative Bildwerke". Damit sind insgesamt nur unter persönlicher Regie des Künstlers geschaffene Werke gemeint,[17] nicht etwa auch z.B. mit technischen Verfahren hergestellte Reproduktionen in Ölfarbe, Repliken oder gar schlichte Kunstdrucke nach Originalen.

17 Die Position erfasst, wenn das Gemälde odgl. ihr zugeordnet werden kann, auch einen etwaigen **Rahmen** des Bildes, sofern der Rahmen dem Bild „entspricht", wie es die Anmerkung 5 zu dem Kapitel ausdrückt. Damit ist gemeint, dass der Rahmen seiner Art, aber

---

[10] EuGH-Urteil Urteil vom 18. September 1990 C-228/89, EuGHE I 1990, 3401.

[11] BFH-Urteil vom 15. Mai 1979 VII K 8/78, BFHE 128, 427.

[12] EuGH-Urteil vom 18. September 1990 C-228/89, EuGHE I 1990, 3387.

[13] Das entscheidende Hindernis ist also nicht die mangelnde künstlerische Originalität der Bemalung, sondern der Gesamtcharakter des Gegenstandes, missverständlich insofern *Pieroth/Kampmann,* a.a.O.

[14] FG München 14. Senat Urteil vom 4. Juli 1996 14 K 3599/95 zu Sammlerpuppen, die individuell und mit künstlerischem Anspruch hergestellt werden, EFG 1996, 1246–1247.

[15] EuGH-Urteil vom 18. September 1990 C-228/89, EuGHE 1990, I-3387 Rdnr. 19 und 20; BFH-Urteil vom 9. Dezember 1993 V R 89/93, BFH/NV 1995, 443.

[16] BFH-Urteil vom 9. Dezember 1993 V R 89/93, BFH/NV 1995, 443.

[17] Vgl. *Pieroth/Kampmann:* Außenhandelsbeschränkungen für Kunstgegenstände, NJW 1990, 1385, 1390.

auch seinem Werte nach nicht in einem offenkundigen Missverhältnis zu dem Bild stehen darf. Anderenfalls ist er gesondert zu tarifieren und kann nicht dem Kapitel 97 zugeordnet werden. Für von der folgenden Position erfasste Kunstwerke gilt dies entsprechend.

18 Die zweite Position (Codenummer 9702) nennt in der Warenbeschreibung **Originalstiche, -schnitte und -steindrucke.** Angesichts der Fülle der Techniken zur Herstellung von Grafiken, die sich nicht alle zwanglos unter die vorgenannten drei Begriffe einordnen lassen, mag diese Verengung des Zolltarifs wenig sachangemessen erscheinen, wenngleich ein unmittelbares Abstellen z.B. auf den Begriff „Kunst" schwerlich zolltariflich praktikabel wäre und fraglich ist, wie sich die Vielfalt der Ausdrucksformen namentlich zeitgenössischer Kunst sonst begrifflich einfangen und gegen andere Bereiche, z.B. das sogenannte Kunstgewerbe, Werbegrafik udgl. abgrenzen ließe. Dem Befund eines durch herkömmliche Kunstformen geprägten Zolltarifs dadurch abzuhelfen, dass die **Warenbeschreibungen** des Kapitels 97 oder jedenfalls die in Position 9702 genannten Grafikarten **nicht** als abschließende Definitionen, sondern lediglich als **beispielhafte Aufzählung** verstanden werden,[18] dürfte freilich kaum angängig sein. Deshalb erscheint durchaus problematisch, ob Radierungen hier tarifiert werden können, obgleich sie nicht ausdrücklich genannt sind. Siebdrucke nennt die Position ebenfalls nicht und sie können hier nach höchstrichterlicher Rechtsprechung auch tatsächlich nicht eingeordnet werden. Der innere, rechtfertigende Grund dafür soll darin liegen, dass sie zwar wie Stiche auf der persönlichen Leistung des Künstlers beruhen können und dann dessen „Handschrift" tragen, dass dies aber nicht stets der Fall ist. Bei der Herstellung der Schablonen können vielmehr photomechanische und mechanische Verfahren oder sogar etwa – wie mitunter für Werbeplakate – Herstellungsverfahren angewendet werden, die den Charakter einer industriellen Fertigung von Drucken annehmen.[19]

19 Zur unter Umständen problematischen Tarifierung von **in großer Zahl hergestellten Abdrucken** einer vom Künstler geschaffenen Steinplatte siehe sogleich die Bemerkungen zu den Abgüssen einer Plastik.

20 Von der Pos. 9703 KN werden „Originalerzeugnisse der **Bildhauerkunst,** aus Stoffen aller Art", erfasst. Diese Position ist weit auszulegen[20] und gilt für alle dreidimensionalen Darstellungen aus einem Material, dem der Künstler eine bestimmte Form gegeben hat, ungeachtet der angewandten Technik und des verwendeten Materials,[21] also selbstredend nicht nur für **Plastiken** aus Metall, Stein oder Holz, sondern auch etwa für solche aus Papier oder Pappe. Die Position erfasst auch **Reliefs** jeder Art. Folglich gehört in diese Position nach einer Entscheidung des EuGH z.B. auch ein Wandrelief aus Pappe und Styropor, die mit schwarzer Farbe und Öl besprüht und mit Draht und Kunstharz auf einer Holzplatte befestigt sind.[22] Mit dieser Entscheidung, die sicherlich zu begrüßen ist, weil sie sich von dem überkommenen Bild des Bildhauers löst und modernen Formen des Kunstschaffens Rechnung trägt, hat der EuGH freilich die Warenbeschreibung der KN recht frei gehandhabt, wenn nicht ein Beispiel dafür gegeben, dass auch bei der Auslegung der Warennomenklatur der Grundsatz der Wortlauttreue nicht engherzig anzuwenden ist.

21 Mit der Erstreckung dieser Position auf **„alle dreidimensionalen Darstellungen"** hat der Zolltarif jedenfalls insoweit eine Weite gewonnen, die ihm bei eindimensionalen, vor

---

[18] So aber *Heuer* a. a. O. 237.

[19] BVerfG, Kammerbeschluss vom 14. September 1995 1 BvR 1787/94, NJW 1996, 1127.

[20] EuGH-Urteil vom 8. November 1990 Rs. C-231/89 – Gmurzynska-Bscher –, EuGHE 1990, I-4003 Rdnr. 30.

[21] Vgl. EuGH-Urteile vom 15. Mai 1985 Rs. 155/84 – Onnasch –, EuGHE 1985, 1449 Rdnr. 9, sowie in EuGHE 1990, I-4003 Rdnr. 33.

[22] EuGH-Urteil vom 15. Mai 1985 Rs. 155/84 – Onnasch –, EuGHE 1985, 1449.

allem grafischen Darstellungen zu geben die Rechtsprechung bisher nicht unternommen hat und die nach seinem maßgeblichen Wortlaut außerhalb des **„klassischen" Bereichs von Malerei, Grafik und Plastik** auch kaum zu erreichen sein dürfte. Spätestens bei dieser Position zeigt sich allerdings auch, dass der Tarif ganz auf eine Verwendung des „Kunst"-Begriffes doch nicht verzichten und sich nicht völlig auf die Beschreibung von Herstellungstechniken beschränken kann; denn selbstredend sind nicht alle dreidimensionalen Gebilde, die ein „Künstler" geschaffen hat, Erzeugnisse der „Bildhauerkunst"; sie müssen vielmehr in irgendeiner Weise einen künstlerischen Ausdrucks- und/oder Gestaltungswillen erkennen lassen, freilich unbeschadet der eingangs wiedergegebenen Formulierung des EuGH nicht notwendigerweise irgendetwas „darstellen". Gebrauchsgegenstände oder z.B. Möbelstücke, mögen sie auch noch so sehr „künstlerisch" gestaltet sein, gehören deshalb nicht hierher, ebenso wenig wie die bei Position 9701 erwähnten bemalten und dadurch unter Umständen zu Kunstobjekten veredelten Briefbeschwerer. Aber auch dass z.B. (zweifellos mitunter „kunstsinnig" gestaltete) Gegenstände des Schaustellergewerbes wie Karussellpferde, die Lothar Günther Buchheim in seine allerdings auch sonst zahlreiche tariflich nicht als Kunstgegenstände einzuordnende Objekte enthaltende Sammlung aufgenommen hat, nach KN 9703 tarifiert werden könnten, ist zu bezweifeln.

22 Es kann sich bei den unter Position 9703 zu tarifierenden Werken auch um Reproduktionen von einem Künstler geschaffener Modelle handeln, wie es bei **Bronzeabgüssen** eines vom Künstler geschaffenen Gipsmodells der Fall ist.[23] Das kann sogar dann gelten, wenn solche Abgüsse in größerer Anzahl hergestellt werden,[24] insbesondere wenn es sich um eine limitierte Auflage signierter und nummerierter Stücke handelt. Die Anmerkung 3 zum Kapitel 97, die „Abgüsse" ausschließt, ist dahin zu verstehen, dass dieser Ausschluss nur für nicht unter der Regie des Schöpfers des betreffenden Werkes hergestellte Nachbildungen gilt, etwa Gipsabgüsse einer alten Marmorplastik. Es ist aber fraglich und noch nicht geklärt, wann die persönliche „Handschrift" des Künstlers für unter der eigenen Regie des Künstlers hergestellte Vervielfältigungsexemplare nicht mehr prägend ist und daher eine Tarifierung als „Originalerzeugnis" möglicherweise ausscheidet. Bedenkt man allerdings, dass im Bereich der Grafiken die Zahl der Abdrucke von der vom Künstler hergestellten Platte durchaus in die Hunderte gehen kann, erscheint von vornherein fraglich, ob hier überhaupt numerische Grenzen gezogen werden können.

23 Zu dem Kapitel 97, soweit es für „Kunstgegenstände" von Bedeutung ist, gehören schließlich **„Sammlungsstücke und Sammlungen von geschichtlichem oder völkerkundlichem Wert"** (KN 9705). Die Gegenstände, die zu dieser Position gehören, sind zunächst durch drei Merkmale gekennzeichnet: Sie haben einen gewissen Seltenheitswert, sind keine üblichen Handelsobjekte, sondern in der Regel Gegenstand eines besonderen (Spezial-)Handels[25] und werden normalerweise nicht ihrer ursprünglichen Zweckbestimmung gemäß verwendet, auch wenn sie ihre Gebrauchestauglichkeit behalten haben sollten.[26]

24 Sammlungsstücke sind nach einer vom EuGH geprägten und von zahlreichen Gerichtsentscheidungen übernommenen (freilich schwierigen) Formel nur dann von geschichtlichem oder völkerkundlichem Wert, wenn sie einen **charakteristischen Schritt in der Entwicklung der menschlichen Errungenschaften** dokumentieren oder einen Abschnitt dieser Entwicklung veranschaulichen, wobei dabei allerdings die Entwicklung der Menschheit und der menschlichen Errungenschaften in allen Bereichen erfasst wird, also

---

[23] BFH-Urteil vom 8. Januar 2003 VII R 11/02, BFHE 201, 352.
[24] EuGH-Urteil Urteil vom 14. Dezember 1988 291/87, EuGHE 1988, 6449.
[25] Vergleiche BFH-Urteil vom 20. Oktober 1987 VII K 16, 21–23/87, BFHE 151, 266.
[26] EuGH-Urteil vom 10. Oktober 1985 Rs. 200/84, EuGHE 1984, 3377.

z. B. auch im **Möbelbau.**[27] Zu der Tarifposition können demnach auch Fotografien gehören, wenn sie geschichtlichen Wert haben.[28] Sonst hingegen sind auch sog. **Kunstfotografien** in das Papier-Kapitel der KN einzureihen (Position 4911).[29] Auch wenn durch die Auswahl des abgebildeten Gegenstandes und die angewandten fotografischen Techniken ein künstlerischer Gestaltungswille prägend zum Ausdruck kommt, gehören sie nicht als Kunstgegenstände in das Kapitel 97, so dass sich in gewisser Weise gerade an der tariflichen Behandlung solcher Objekte die aus der Sicht des Kunstbegriffes bestehende Problematik der Nomenklatur erkennen lässt.

„Veranschaulichen" und „dokumentieren" im Sinne der eben angeführten Definition des geschichtlichen Wertes eines Gegenstandes versteht die Rechtsprechung nicht als einander ausschließende Alternativen, wobei nur bei der ersten der betreffende Gegenstand eine exemplarische Bedeutung haben müsste, sondern als einander ergänzende Begriffe: Gegenstände, die nicht völlig neu ist sind, sondern lediglich eine Fortentwicklung eines bereits bekannten Vorbildes darstellen, dokumentieren weniger einen charakteristischen Schritt in der menschlichen Entwicklung, als dass sie diese Entwicklung „veranschaulichen".[30] Das soll vorgenannte Formulierung verdeutlichen. Nicht jede Neu- oder Weiterentwicklung eines Gegenstandes verkörpert oder veranschaulicht aber notwendigerweise einen solchen charakteristischen Schritt oder einen solchen Entwicklungsabschnitt in den menschlichen Errungenschaften. 25

Auch nicht jedes Kunstwerk von Rang erfüllt diese Voraussetzungen,[31] das Stück muss vielmehr **exemplarische Bedeutung** haben. Allein die Vergleichbarkeit mit Museumsexponaten genügt nicht.[32] Dokumentiert (bzw., wie bei Gegenständen einer neuen Stilrichtung, die als Folgewerke nicht unmittelbar den charakteristischen Schritt verkörpern,[33] „veranschaulicht") wird eine bestimmte Epoche auch nicht von jeder beliebigen aus ihr stammenden künstlerischen Arbeit, sondern nur durch Stücke, die den für die Epoche kennzeichnenden Kunststil in besonders ausgeprägter Weise zum Ausdruck bringen und um dessentwillen „exemplarische Bedeutung" haben. Dementsprechend verkörpert nicht jedes alte Möbelstück einen geschichtlichen oder völkerkundlichen Wert i. S. der Pos. 9705 KN; dieser Wert muss sich vielmehr aus besonderen, kennzeichnenden Merkmalen und Umständen ergeben, die einen charakteristischen Entwicklungsschritt belegen oder den (dadurch eingeleiteten neuen) Entwicklungsabschnitt verdeutlichen.[34] 26

Ist also ein Kunstwerk keiner bestimmten Epoche zuzuordnen oder zeichnet es sich dadurch aus, dass es Stilelemente mehrerer Epochen vereint, weil es etwa in einer Übergangszeit geschaffen worden ist, ist es kein Anschauungsstück für einen bestimmten Abschnitt und hat dann i. S. der Pos. 9705 KN auch keinen geschichtlichen Wert. Auch **Abarten oder Varianten eines Grundmusters** oder einer Stilrichtung, bei denen davon auszugehen ist, dass ihnen mangels Erwähnung oder Belegen in wissenschaftlichen 27

---

[27] BFH-Urteil vom 12. Juni 2001 VII R 32/00, BFH/NV 2001, 1624; BFH-Urteil vom 23. Mai 1989 VII R 101/86 – Danziger Schapp –, BFH/NV 1990, 67; BFH-Urteil vom 7. Juli 1998 VII R 120/96, BFH/NV 1999, 232.

[28] BFH-Urteil vom 14. Januar 1997 VII R 48/96, BFH/NV 1997, 725.

[29] EuGH-Urteil vom 13. Dezember 1989 Rs 1/89, EuGHE 1989, 4432, 4438; BFH-Urteil vom 25. Juni 1992 VII R 45/91, BFH/NV 1992, 847.

[30] BFH-Urteil vom 7. Juli 1998 VII R 119/96, BFHE 186, 561.

[31] BFH-Urteil vom 29. November 1988 VII R 29/86, BFHE 155, 219, 222.

[32] BFH-Urteil vom 17. Oktober 1989 VII R 49/87 – Rokokospieltisch –, BFH/NV 1990, 407, 408; BFH-Urteil vom 8. Januar 1991 VII R 16–19/89, BFH/NV 1991, 850, 852.

[33] BFH-Urteil Urteil vom 7. Juli 1998 VII R 119/96, BFHE 186, 561.

[34] BFH-Urteil vom 17. Oktober 1989 VII R 49/87 – Rokokospieltisch –, BFH/NV 1990, 407; BFH-Urteil vom 12. Juni 2001 VII R 32/00, BFH/NV 2001, 1624.

Untersuchungen oder Forschungsergebnissen keine eigenständige Bedeutung zuzumessen ist, haben nicht die gleiche geschichtliche und exemplarische Bedeutung wie ihre anerkannt epochemachenden Vorbilder. Erst Recht nicht ist ein Sammlungsstücke schon deshalb von geschichtlichen Wert, weil es in irgendeiner Weise eine Abwandlung, ja möglicherweise sogar eine Verbesserung eines „epochemachenden" Vorbildes darstellt, z. B. weil erstmals bei einem bestimmten Gegenstand eine bestimmte Technik angewandt worden ist.[35]

28 Auch Gegenstände, die **in größerer Stückzahl hergestellt** worden sind, scheiden danach für eine Tarifierung als Sammlungsstücke von geschichtlichen Wert im allgemeinen aus. Das kann anders sein, wenn es sich entweder um ein Belegstück des „ersten Modells" einer nachfolgenden Serie handelt oder eines der letzten Stücke, dass von einer größeren Serie übrig geblieben ist.[36] Denn auch ein solches Stück weist den für Sammlungsstücke von geschichtlichen Wert kennzeichnenden **Seltenheitswert** auf.[37]

29 Bei den Sammlungsstücken von geschichtlichem Wert muss es sich kurzum um Werke handeln, die nicht mehr „nur" Kunstgegenstände sind, sondern Gegenstände von (kunst-) historisch-wissenschaftlichem Interesse.[38]

30 Offen gelassen hat die Rechtsprechung bislang, ob Gegenstände auch deshalb Sammlungsstücke von geschichtlichem Wert sein können, weil sie einer **berühmten Persönlichkeit** gehört oder gedient haben.[39] Das dürfte bei Gegenstände, die gerade zu der Berühmtheit der betreffenden Persönlichkeit in innerer Beziehung stehen (z. B. der Schreibtisch, an dem diese gearbeitet hat), zu bejahen sein, sicher aber nicht bei Gegenständen ihrer rein privaten Lebensführung, auch wenn sie Sammlerobjekte sein mögen und mitunter teuer bezahlt werden (z. B. Kleider; das Kopfkissen, auf dem die Person einmal geschlafen hat udgl.).

31 Gegenstände sind auch schwerlich allein deshalb von geschichtlichem Wert, weil sie von einem berühmten, epochemachenden Künstler hergestellt worden sind.[40]

32 Den **besonderen Wert des eingeführten Sammlungsstückes,** den die Zollbehörde im allgemeinen nicht ohne weiteres von sich aus erkennen kann, **hat der Zollbeteiligte darzulegen;** er hat darzustellen, welche durch den fraglichen Gegenstand dokumentierten Errungenschaften sich zu einem Abschnitte der menschlichen Entwicklung zusammenfassen lassen oder zu einem solchen Abschnitt gehören.[41] Ggf. sollte dazu frühzeitig eine sachverständige Stellungnahme eingeholt und der Zollbehörde vorgelegt werden.

33 **d) Zollfreiheit aufgrund der Zollbefreiungs-Verordnung (sog. außertarifliche Zollbefreiungen).** Zollfreiheit kann sich außer aufgrund der Tarifierung des betreffenden Gegenstandes nach KN 9701, 9702, 9703 oder 9705 auch aus den Vorschriften der Verordnung (EWG) Nr. 918/83 über das gemeinschaftliche System der Zollbefreiungen (ZollbefreiungsVO)[42] ergeben. Das ist der Fall bei jedweden Sammlungsstücken und Kunstgegenständen ungeachtet der einschlägigen Tarifposition, die nicht zum Verkauf

---

[35] BFH-Urteil vom 5. April 1990 VII R 56/88, BFH NV 1990, 744.

[36] BFH-Urteil vom 8. Januar 1991 VII R 16–19/89, BFH NV 1992,850.

[37] EuGH-Urteil vom 10. Oktober 1985 Rs. 200/84, EuGHE 1984, 3377.

[38] BFH-Urteil vom 29. November 1988 VII R 29/86 – Gobelins –, BFHE 155, 219.

[39] Vgl. BFH-Urteil vom 12. Juli 2001 VII R 32/00, BFH/NV 2001, 1624.

[40] Zumindest missverständlich daher BMF-Erlass III B 5 – ZT 0270- XXI – 6/92, sofern eine solche Urheberschaft nicht bloß als – freilich allemal ganz schwaches – Indiz für einen solchen Wert genommen werden soll; vgl. dazu auch FG Hamburg, Urteil vom 11. Dezember 1997 IV 804/97, juris-Dokument STRE9 871 32770.

[41] BFH-Urteil vom 23. Mai 1989 VII R 101/86, BFH/NV 1990,67; BFH-Urteil vom 8. Januar 1991 VII R 16–19/89, BFH NV 1992, 850.

[42] ABlEG 1983 Nr. L 105/1.

bestimmt sind (Abschnitt B des des Anhangs II der ZollbefreiungsVO), welche von bestimmten Einrichtungen und Anstalten verwendet werden sollen. Dies sind die allgemein ermächtigten öffentlichen oder gemeinnützigen Einrichtungen sowie Anstalten erzieherischen, wissenschaftlichen oder kulturellen Charakters (z. B. Universitäten, Fachhochschulen, Kunstakademien, öffentlich-rechtliche Rundfunk- und Fernsehanstalten etc.) oder andere Einrichtungen, Anstalten oder Organisationen, die von der Zollverwaltung zur zollfreien Einfuhr derartiger Waren gesondert ermächtigt worden sind (z. B. private Rundfunk- und Fernsehsender oder Museen). Zuständig ist insofern die für den Sitz der betreffenden Einrichtung oder Anstalt zuständige Oberfinanzdirektion. Durchführungsvorschriften hierzu enthält die Verordnung (EWG) Nr. 2290/83, die sog. KulturgutDVO.[43]

Mit der **Zollanmeldung** ist in solchen Fällen ein **Erklärungs-Vordruck** für Gegen- 34
stände erzieherischen, wissenschaftlichen oder kulturellen Charakters abzugeben, der vom Leiter der Einrichtung bzw. seinem Stellvertreter zu unterschreiben ist (Art. 2 Abs. 2 KulturgutDVO). Die betreffenden Waren bleiben unter zollamtlicher Überwachung (Art. 57 Abs. 1 ZollbefreiungsVO). Sie dürfen grundsätzlich keiner anderen Person überlassen (verliehen, vermietet, verkauft odgl.) werden. Nur eine Überlassung zwecks Instandhaltung (z. B. **Restaurierung**) ist zulässig, ebenso freilich die Weitergabe an andere Einrichtungen, die selbst zur abgabenfreien Einfuhr des Gegenstandes berechtigt gewesen wären, sofern die Überwachungszollstelle informiert wird und der Leiter der empfangenden Einrichtung die vorgenannte Erklärung für Gegenstände erzieherischen, wissenschaftlichen oder kulturellen Charakters abgibt. Anderenfalls entsteht die Abgabenschuld. Darüber hinaus entsteht eine Abgabenschuld nachträglich, wenn die Voraussetzungen der Abgabenbefreiung bei der betreffenden Anstalt nachträglich wegfallen oder diese den eingeführten Gegenstand **zweckwidrig verwendet** (Art. 58 ZollbefreiungsVO). Alle Einzelheiten hierzu ergeben sich aus der KulturgutDVO.

e) Bemessungsgrundlage des Zolls. Sofern keine tarifliche oder außertarifliche 35
Zollfreiheit nach Maßgabe der vorstehenden Ausführungen besteht, wird bei der Einfuhr von Gegenständen aus Drittstaaten, also solchen, die nicht Mitglied der Europäischen Gemeinschaft sind, (neben der Einfuhrumsatzsteuer) Zoll erhoben. Bemessungsgrundlage für den Zoll ist der **Zollwert des Gegenstandes.** Was der Zollwertwert ist, ist im Einzelnen im Zollkodex geregelt (siehe dort Art. 28 ff.). Maßgebend ist vorrangig der sog. **Transaktionswert** der konkreten Ware (Art. 29 ZK), das ist der für die betreffende Ware gezahlte beziehungsweise zu zahlende Preis, hilfsweise der Transaktionswert gleicher oder gleichartiger Waren (Art. 30 Abs. 2 Buchst. a und b ZK), höchsthilfsweise der durch zweckmäßige Methoden zu ermittelnde Wert (Art. 31 ZK). Nur wenn ein Transaktionswert nicht benannt oder nicht (z. B. durch die Einkaufsrechnung) belegt ist und auch Hilfs-Transaktionswerte nicht bekannt sind (was bei Kunstgegenständen freilich häufig der Fall sein wird, weil sie meist gleichsam Unikate sind), ist der Zollwert nach Art. 31 ZK festzustellen. Der **Versicherungswert eines Gegenstandes,** der gegebenenfalls durch eine sachverständige Stellungnahme zu ermitteln ist, ist in diesem Zusammenhang ein wesentlicher Anhaltspunkt für den Zollwert. Es kommt aber auch dann grundsätzlich nicht auf den „objektiven" Wert des eingeführten Gegenstandes an, sondern auf seinen (Markt-)Preis im maßgebenden Zeitpunkt. Daher sind Umstände, die sich erst nach dem maßgebenden Zeitpunkt der Einfuhr ergeben, grundsätzlich kein Bewertungskriterium. Deshalb mindert es den Zollwert z. B. nicht, wenn sich nachträglich herausstellt, dass der eingeführte Kunstgegenstand eine Fälschung ist.[44]

---

[43] ABlEG 1983 Nr. L 220/20.

[44] FG München, Beschluss vom 14. Juli 2003 3 V 2048/03, unveröffentlicht; auch eine (unerkannte) Fälschung kann jedoch als Sammlungsstück odgl. zu tarifieren sein!

36 Bei der Bestimmung des Zollwertes sind gegebenenfalls, auch wenn der Transaktionswert zu Grunde gelegt werden kann, Abzüge und Hinzurechnungen vorzunehmen. Abzüge, insbesondere für die in der Rechnung enthaltenen **Beförderungskosten** innerhalb der europäischen Gemeinschaft oder z. B. Zinsen des Käufers aufgrund einer **Finanzierungsvereinbarung,** dürfen aber nur dann vorgenommen werden, wenn diese Positionen in der Rechnung getrennt ausgewiesen sind; darauf muss der Einführer also gegenüber seinem Lieferanten dringen, wenn er solche Abzüge geltend machen will. Hinzurechnungen sind hingegen insbesondere vorzunehmen, wenn die Zollbehörde feststellt, das außer dem Rechnungspreis andere als Einkaufsprovisionen und Maklerlöhne sowie die **Verpackungskosten** angefallen und diese in dem Rechnungspreis nicht enthalten sind (vergleiche näher Art. 32 und 33 ZK).

II. Umsatzsteuer

37 Wird ein Gegenstand über die Grenze nach Deutschland gebracht, so kann dieser Vorgang außer unter dem Gesichtspunkt des Zolls umsatzsteuerrechtlich von Bedeutung sein, wobei das wirtschaftliche Gewicht oftmals hier und nicht bei der Verzollung liegt. Dabei ist zu unterscheiden, ob der Gegenstand aus einem Mitgliedstaat der Europäischen Gemeinschaft oder aus einem **Nichtmitgliedstaat („Drittland")** nach Deutschland gelangt:

1. Umsatzsteuerrechtiche Entstehungstatbestände

38 Nach § 1 Abs. 1 Nr. 5 UStG unterliegt der Umsatzsteuer der **innergemeinschaftliche Erwerb** eines Gegenstandes im Inland, sofern er gegen Entgelt erfolgt. Dieser **Steuertatbestand** ist 1993 eingeführt worden; er trägt dem Umstand Rechnung, dass seit diesem Zeitpunkt zwischen den Mitgliedstaaten der Europäischen Gemeinschaft keine Zoll- und Steuergrenzen mehr bestehen **(„Binnenmarkt").** Beim Überschreiten der Grenze zwischen einem anderen Mitgliedstaat und Deutschland findet also eine zoll- und steuerrechtliche Grenzabfertigung nicht mehr statt, so dass -anders als an den Außengrenzen der Europäischen Gemeinschaft- Umsatzsteuer (in der Form der **Einfuhrumsatzsteuer**) nicht mehr erhoben wird und auch nicht mehr erhoben werden könnte. Da es gleichwohl bislang keinen echten umsatzsteuerrechtlichen Binnenmarkt in der Europäischen Gemeinschaft gibt, vielmehr die einzelnen Mitgliedstaaten nach eigenen Umsatzsteuergesetzen und eigenen Umsatzsteuersätzen die Umsatzsteuer erheben (in ihrer steuerlichen Gestaltungsfreiheit insofern allerdings weitgehend durch die Sechste Richtlinie 77/388/EWG[45] der Gemeinschaft beschränkt) und die Umsatzsteuer den einzelnen Staaten zufließt (und in unterschiedlichem Umfang zur Finanzierung ihrer staatlichen Aufgaben dient), definiert Deutschland den innergemeinschaftlichen Erwerb eines Gegenstandes (ebenso wie die innergemeinschaftliche Lieferung) als Gegenstand der Umsatzbesteuerung; dabei ist die Besteuerung des innergemeinschaftlichen Erwerbs (anders als die der innerstaatlichen Lieferung) nicht auf Vorgänge beschränkt, bei denen der Veräußerer ein Unternehmer ist, also seine Tätigkeit gewerblich oder beruflich und selbstständig ausübt (vergleiche § 2 Abs. 1 Satz 1 UStG).

39 Der Steuertatbestand besteht also allein darin, dass ein Gegenstand in einem Mitgliedstaat geleistet wird, **unabhängig davon, ob** ein Rechtsgeschäft zu Grunde liegt, ob die

---

[45] Richtlinie des Rates vom 17 5 1977 zur Harmonisierung der Rechtsvorschriften der Mitgliedstaaten über die Umsatzsteuern-gemeinsames Mehrwertsteuersystem: einheitliche steuerpflichtige Bemessungsgrundlage der, ABlEG L 145,1, neu gefasst durch Richtlinie 1999/49/EG des Rates vom 28. 5. 1999, ABlEG L 139, 27.

Leistung gegen **Entgelt oder unentgeltlich,** durch einen Umsatzsteuerpflichtigen oder eine private Person ausgeführt wird.[46] Der Erwerber muss die Umsatzsteuer für die grenzüberschreitend erworbenen Gegenstände in seinen Umsatzsteuererklärungen ebenso wie der Veräußerer bei innerstaatlichen Lieferungen erfassen.

Wird hingegen der Gegenstand **aus einem Drittland in das Inland verbracht,** so **40** unterliegt dieser Vorgang zwar ebenfalls der Umsatzsteuer, in diesem Fall aber nach § 1 Abs. 1 Nr. 4 UStG der Einfuhrumsatzsteuer als deren besonderer Form. Die Anwendbarkeit dieser Vorschrift nur auf Gegenstände, die in einem Drittland erworben oder sonst aus einem Drittland nach Deutschland gebracht werden, ergibt sich daraus, dass nur dann eine **„Einfuhr"** im Rechtssinne vorliegt. Auch dieser **Steuertatbestand** setzt nicht voraus, dass der Gegenstand von einem Unternehmer eingeführt wird oder dass er von einem Unternehmer im Drittland erworben worden ist. Im Unterschied zur Umsatzsteuer auf den innergemeinschaftlichen Erwerb ist die Einfuhrumsatzsteuer aber eine den Zöllen vergleichbare **„Grenzabgabe";** über sie hat sich der Steuerpflichtige also nicht in einer gegenüber dem Finanzamt abzugebenden Umsatzsteuererklärung zu erklären, sondern die Erfassung und Verwaltung der Einfuhrumsatzsteuer obliegt den Zollbehörden (§ 21 Abs. 1 UStG, § 13 FVG) und vollzieht sich im wesentlichen nach den für Zölle geltenden Vorschriften (§ 21 Abs. 2 UStG).

Der Einfuhrtatbestand, der, wie erwähnt, das Verbringen eines Gegenstandes aus dem **41** Gebiet eines Drittlandes in das Inland voraussetzt, verlangt darüber hinaus, dass der Vorgang im Inland steuerbar ist; daran fehlt es, solange sich der Gegenstand in einem **zollrechtlichen Versandverfahren,** in einem Zolllager oder in der vorübergehenden Verwendung befindet.[47] Die Einfuhrumsatzsteuer entsteht – ganz genauso wie der Zoll – erst, wenn eine Drittlandsware zur Abfertigung zum zollrechtlich freien Verkehr angemeldet worden ist und diese Anmeldung von der Zollbehörde angenommen wird bzw. wenn eine Ware ohne Gestellung, mithin **vorschriftswidrig eingeschmuggelt** wird (§ 21 Abs. 2 UStG i.V.m. Art. 202 Abs. 1 ZK) oder entgegen ihrer Abfertigung zu einem besonderen Zollverfahren, z.B. der vorübergehenden Verwendung, zweckwidrig verwendet und dadurch dem Verfahren entzogen wird (Art. 203, 204 ZK).

Gegenstände, die aus einem Drittland nach Deutschland gelangen und zollfrei sind, zu **42** einem Versandverfahren anzumelden, kommt z.B. dann in Betracht, wenn die Gegenstände durch Deutschland lediglich hindurchgeführt werden sollen, z.B. in andere Mitgliedstaaten der Gemeinschaft gelangen sollen, um die deutsche Einfuhrumsatzsteuer nicht entstehen zu lassen, wenngleich in solchen Fällen meist § 5 Abs. 1 Nr. 3 UStG Steuerfreiheit gewähren wird (dazu sogleich unten).

2. *Steuerbefreiungstatbestände*

Gemäß § 1 Abs. 1 Einfuhrumsatzsteuer-Befreiungsverordnung[48] (EUStVB) ist die Ein- **43** fuhr der Gegenstände, die nach der ZollbefreiungsVO zollfrei eingeführt werden können, grundsätzlich einfuhrumsatzsteuerfrei. Diese Vorschrift übernimmt also das **gemeinschaftsrechtliche System der Zollbefreiungen** für die Einfuhrumsatzsteuer. Dies geschieht allerdings **mit wesentlichen Modifikationen,** nämlich vorbehaltlich der §§ 2 bis 10 EUStBV. So enthält insbesondere § 4 EUStBV für Gegenstände erzieherischen, wissenschaftlichen und kulturellen Charakters i.S.d. Art. 51 ZollbefreiungsVO einschränkende Spezialvorschriften und wird dadurch zur wohl wichtigsten, gleichsam kunstspezifischen

---

[46] Zuletzt EuGH-Urteil vom 9. Februar 2006 Rs. C-305/03, DStRE 2006, 1229.

[47] Vgl. Näheres bei *Wäger:* Lieferung von Nichtgemeinschaftswaren, UR 2004, 344.

[48] BGBl I 1992, 1526 mit späteren Änderungen.

Befreiungsvorschrift. Eine Befreiung von der EUSt wird danach **nur für Sammlungstücke und Kunstgegenstände** des Abschnitts B des Anhangs II der ZollbefreiungsVO gewährt (also Sammlungsstücke und Kunstgegenstände aller in Betracht kommenden Tarifpositionen, wenn sie nicht zum Verkauf bestimmt sind), wenn diese unentgeltlich eingeführt oder nicht von einem Unternehmer geliefert werden (§ 1 Abs. 1 i.V.m. § 4 EUStBV). Die Befreiung von der EUSt ist für Waren des Abschnitts A des Anhangs II der ZollbefreiungsVO hingegen nach § 4 EUStBV ausgeschlossen, wobei die insofern in Bezug genommenen Tarifpositionen[49] freilich für die Kunst ohnehin keine besondere Bedeutung haben dürften.

44 Befreiung von der Einfuhrumsatzsteuer besteht ferner – entsprechend der Befreiung von Zoll- nach § 1 Abs. 2 Nr. 1 Einfuhrumsatzsteuer-Befreiungsverordnung und § 11 Einfuhrumsatzsteuer-Befreiungsverordnung für **Kunstgegenstände, die ausgestellt** werden sollen.

45 Für die Einfuhr von Gegenständen aus einem Drittland regelt schließlich § 5 UStG umfangreiche, allgemeine Steuerbefreiungstatbestände. Sie verfolgen in ihrer Gesamtheit den Zweck, eingeführte Gegenstände nur dann zu besteuern, wenn bei einem vergleichbaren innerstaatlichen Vorgang ebenfalls Umsatzsteuer anfallen würde. Sie gelten gemäß § 4b Nr. 3 UStG auch für die Besteuerung des innergemeinschaftlichen Erwerbs.

46 Im Hinblick auf Kunstgegenstände ist von diesen Vorschriften zum einen die Befreiung in § 5 Abs. 1 Nr. 3 UStG interessant. Von der Einfuhrumsatzsteuer befreit sind danach Gegenstände, die aus einem Drittland nach Deutschland eingeführt werden, hier zum zoll- und steuerrechtlich freien Verkehr abgefertigt werden, bei denen aber bereits im Zeitpunkt der Einfuhr feststeht, dass sie **später von** dem Schuldner der Einfuhrumsatzsteuer (also **dem Einführer**) **in einen anderen Mitgliedstaat geliefert** oder verbracht werden; denn dann löst dieser Vorgang als innergemeinschaftlicher Erwerb Umsatzsteuer aus, so dass der Verzicht auf die Erhebung der Einfuhrumsatzsteuer, die anderenfalls von dem Erwerber als Vorsteuer von seiner Umsatzsteuerschuld abgezogen werden könnte, der Vereinfachung der Steuererhebung dient; der Verzicht hat allerdings auch zur Folge, dass nicht der Einfuhrstaat die Umsatzsteuer einnimmt (was wegen des Vorsteuerabzugs freilich ohnehin kein dauerhafter Vorteil wäre), sondern von vornherein der Staat, in den der Gegenstand im Wege des innergemeinschaftlichen Erwerbs gelangt. Da Schuldner der Umsatzsteuer gegebenenfalls der im Drittland ansässige Importeur ist, auch wenn er sich bei der Zollanmeldung durch einen anderen (Fiskalvertreter) vertreten lässt, ist auch dieser Importeur unter den vorgenannten Voraussetzungen von der Einfuhrumsatzsteuer befreit.

47 Eine Einfuhrumsatzsteuerbefreiung besteht ferner für eingeführte Gegenstände, die in ein **Umsatzsteuerlager** eingelagert werden sollen (§ 5 Abs. 1 Nr. 4 UStG) oder die sich in einem Umsatzsteuerlager befinden und unter den Voraussetzungen des § 15 Absatz 1 Nr. 5 UStG im Zusammenhang mit einer Einfuhr ausgelagert werden. Ferner ist steuerbefreit die vorübergehende Einfuhr von Kunstgegenständen zur Durchführung von Kunstausstellungen.

48 Weniger große Bedeutung dürfte in diesem Zusammenhang die Befreiung sogenannter **Reisemitbringsel** haben, also von Waren, die Reisende gelegentlich und ausschließlich zum persönlichen Gebrauch oder als Geschenk in ihrem persönlichen Gepäck einführen. Denn die in diesem Zusammenhang einschlägige **Einreise-Freimengen-Verordnung**[50] setzt eine **Wert-Grenze** von 175 € fest. Das Gleiche gilt noch mehr für die Einfuhrum-

[49] Es handelt sich u.a. um Fotografien und Filme kulturellen Charakters aus den Kapiteln 37 und 49 KN.

[50] Verordnung über die Einfuhrabgabenfreiheit von Waren im persönlichen Gepäck der Reisenden (EF-VO), BGBl I 1974, 3377, zuletzt geändert BGBl I 2004, 21.

satzsteuerbefreiung von Kleinsendungen nicht kommerzieller Art nach der Kleinsendungs-Einfuhrfreimengen-Verordnung,[51] weil hier nur Geschenksendungen mit einem Wert bis zu je 45 € erfasst sind. Die weitergehenden Befreiungen von Einfuhrabgaben für Waren im persönlichen Gepäck von Reisenden nach Art. 45 ZollbefreiungsVO und für nichtkommerzielle Kleinsendungen nach Art. 29 ZollbefreiungsVO ist durch § 1 Abs. 1 letzter Halbsatz EUStBV für die EUSt ausgeschlossen.

3. Bemessungsgrundlage der Einfuhrumsatzsteuer

Bemessungsgrundlage für die Einfuhrumsatzsteuer ist nach § 11 Abs. 1 UStG der **Zollwert** der Ware.[52] Nach § 11 Abs. 3 UStG sind dem Zollwert jedoch eine Reihe von Beträgen hinzuzurechnen, soweit sie nicht im Zollwert bereits enthalten sind; insbesondere gehören hierzu ggf. der Zoll, der für die Ware zu zahlen ist, und die innergemeinschaftlichen Beförderungskosten bis zum ersten Bestimmungsort. Deshalb hat die oben eingehend erörterte Tarifierungsfrage über die Zollerhebung hinaus große wirtschaftliche Bedeutung und die Gerichte dementsprechend häufig beschäftigt! 49

4. Steuersatz

Der Regelsteuersatz für die Umsatzsteuer und also auch für die Einfuhrumsatzsteuer beträgt bekanntlich seit 1. 1. 2007 19%. Er ermäßigt sich jedoch gemäß der Anlage 2 Nr. 53 und 54 zu § 12 Abs. 2 Nr. 1 und 2 UStG auf 7% bei Gegenstände, die in die KN unter die Positionen 9701, 9702, 9703 oder 9753 einzureihen sind (also zollfrei eingeführt werden können). 50

Die Beschränkung der Abgabebegünstigung auf ganz bestimmte Kunstgegenständen[53] und auf Sammlungsstücke ist nicht verfassungswidrig.[54] 51

D. Die Abgabenerhebung

Der Zoll und die Einfuhrumsatzsteuer sind bei der Anmeldung von Drittlandswaren zum zollrechtlich freien Verkehr dem Grundsatz nach durch einen **Abgabenbescheid** festzusetzen, wie ihn § 155 Abs. 1 Abgabenordnung für die Verwirklichung der Ansprüche aus dem Steuerverhältnis grundsätzlich vorschreibt. Die Festsetzung des Zolls und der Einfuhrumsatzsteuer muss nach Art. 221 Abs. 3 ZK **innerhalb von drei Jahren** nach Entstehen der Zollschuld – also regelmäßig der Abgabe der Zollanmeldung bei Einfuhr des betreffenden Gegenstandes – erfolgen, sonst ist die Abgabenschuld verjährt (sogenannte **Festsetzungsverjährung**). Diese Vorschrift des ZK überlagert § 169 der Abgabenordnung, der also in dem hier interessierenden Zusammenhang nur noch für die Umsatzsteuer auf den innergemeinschaftlichen Erwerb und im Falle der Steuerhinterziehung Bedeutung hat. Der Bescheid hat gegen denjenigen zu ergehen, der die Abfertigung der Ware zum 52

---

[51] Verordnung über die Einfuhrabgabenfreiheit von Waren in Sendungen von Privatpersonen an Privatpersonen (KF-VO), BGBl I 1979, 73, zuletzt geändert BGBl I 2004, I 21.

[52] Die Provision eines Auktionators, der für den Verkauf der Ware im Zollgebiet sorgt, gehört folglich nicht zur Bemessungsgrundlage, sondern ist gesondert umsatzsteuerlich zu erfassen, EuGH-Urteil vom 9. Februar 2006 Rs. C-305/03, DStRE 2006, 1229.

[53] Zur rechtsgeschichtlichen Entwicklung der abgabenrechtlichen Begünstigung von Kunstwerken vgl. *Heuer:* Zur Verfassungsmäßigkeit der abgestuften umsatzsteuerlichen Tarifermäßigung für künstlerische Grafik, StuW 1985, 229.

[54] BFH-Urteil vom 28. April 1992 VII R 92/91, BFH/NV 1992, 851; eingehend zu den verfassungsrechtlichen Problemen *Heuer* a. a. O.

freien Verkehr beantragt hat (Zollanmelder), wobei dieser freilich ggf. vertreten werden kann (z.B. durch die Spedition, sofern diese nicht selbst als Zollanmelder auftritt). Er ist ihm bekannt zu geben.

53 Die **Zollanmeldung** ist allerdings eine **Steuererklärung** im Sinne von § 150 AO; dies beinhaltet die Möglichkeit, dass der Zollanmelder die Einfuhrumsatzsteuer und den Zoll selbst berechnet und angibt. Folgt die Zollstelle dieser Angabe, gilt die Abgabe wie erklärt als unter dem Vorbehalt der Nachprüfung festgesetzt (§ 168 AO). In diesem Fall ergeht ein Steuerbescheid nur dann, wenn eine spätere Nachprüfung die Unrichtigkeit der Steuerberechnung des Anmelders ergibt. Diese Prüfung ist innerhalb der Verjährungsfrist jederzeit möglich (vgl. auch Art. 220 Abs. 1 ZK). Ein **Nachforderungsbescheid** kann jedoch gemäß Art. 221 Abs. 3 ZK –außer bei einer strafbaren Handlung des Zollbeteiligten, dann gilt eine **10-Jahresfrist** – nur bis zum Ablauf von drei Jahren nach dem Zeitpunkt des Entstehens der Zollschuld ergehen und ein bereits ergangener Bescheid nur innerhalb dieser Frist geändert werden (genauer gesagt: durch einen weiteren Abgabebescheid ergänzt werden kann). Ist zunächst ein zu geringer Betrag in dem Bescheid festgesetzt worden, so kann allerdings die Differenz zu der nach dem Gesetz geschuldeten Abgaben innerhalb dieser Frist ohne weiteres nacherhoben werden, so wie es auch § 172 Abs. 1 Nr. 1 der Abgabenordnung in anderem Zusammenhang zulässt.

54 Das gilt auch für die **Einfuhrumsatzsteuer.** Allerdings kann von dieser Nacherhebung unter bestimmten engen, in Art. 220 Abs. 2 ZK geregelten Voraussetzungen abgesehen werden, insbesondere wenn die Zollbehörde die Zollanmeldung, etwa die dort vorgenommene tarifliche Einordnung des Gegenstandes, eigenständig geprüft und gleichsam aufgrund eigener Überlegung für richtig befunden hat (nicht, wenn sie diese nur einfach als richtig hingenommen hat). Voraussetzung für ein Absehen von der Nacherhebung ist mit anderen Worten, dass die Zollbehörde bei der ursprünglichen Abgabefestsetzung „aktiv" geirrt hat und darüber hinaus auch, dass der Zollbeteiligte diesen (aktiven) Irrtum nicht erkennen konnte. Das bloße Vertrauen des Zollbeteiligten, dass es bei dem ursprünglichen Bescheid bewenden werde, schützt also das Gemeinschaftsrecht nicht!

55 Die Einfuhrumsatzsteuer und die Zollschuld werden 10 Tage nach Bekanntgabe des betreffenden Abgabebescheides bzw. der diesem gleichstehenden Abgabeanmeldung **fällig,** sofern nicht die Zollbehörde dem Abgabeschuldner Zahlungsaufschub oder sonstige Zahlungserleichterungen gewährt hat (vergleiche im einzelnen Art. 224 S. 11, Art. 299 ZK). Der **Zahlungsaufschub** ist grundsätzlich von einer **Sicherheitsleistung** (durch Bürgschaft oder Hinterlegung einer Barsicherheit) abhängig, die allerdings nicht von öffentlichen Verwaltungen und nicht bei Zollbeträgen unter 500 € verlangt wird (vgl. Art. 189 ZK) und sonst im Ermessen der Behörde steht. Für die Einfuhrumsatzsteuer wird Zahlungsaufschub ohne Sicherheitsleistung gewährt, wenn ein Anspruch darauf besteht, die Einfuhrumsatzsteuer als Vorsteuer geltend zu machen (§ 21 Abs. 3 UStG).

56 Sind die Abgaben festgesetzt, muss die Zahlung nach § 228 AO durchgesetzt werden, weil sonst die so genannte **Zahlungsverjährung** eintritt; das gilt auch für die Zollschuld.

57 Von der Einfuhr an haften die eingeführten Waren für die Einfuhrabgaben. Das Hauptzollamt kann die Ware deshalb nach Maßgabe des § 76 AO gegebenenfalls **mit Beschlag belegen.** Bei illegal eingeführten Kunstgegenständen, das heißt solchen, die nicht den Zollbehörden gestellt und für die die Einfuhrabgaben nicht gezahlt worden sind, droht die **Beschlagnahme** und bei einer **Verletzung von Ausfuhrbestimmungen des Herkunftslandes** (insbesondere der von diesem zum Schutz der nationalen Kulturgüter erlassenen Bestimmungen[55] oder bei gestohlenen Kunstgegenständen) die Rückgabe an den

[55] Vergleiche hierzu *Schumann/Schmidt-Brenner:* Zur Rückführung eingeschmuggelt der Kunstwerke in ihre Herkunftsstaaten, NJW 2002, 574.

Herkunftsstaat. Das gilt auch gegenüber einem Erwerber solcher Kunstgegenstände, wenn der Täter an ihnen wie insbesondere bei gestohlenen Gegenständen kein Eigentum erworben hat oder wenn der Erwerber wenigstens leichtfertig dazu beigetragen hat, dass die Tat begangen worden ist oder er in Kenntnis der Umstände, welche eine Einziehung gegenüber dem Täter zugelassen hätten, die Gegenstände **in verwerflicher Weise erworben** hat, insbesondere um die Einziehung zu vereiteln (§ 375 Abs. 2 AO). Wenn der Erwerber wusste oder zumindest für möglich hielt und in Kauf nahm, dass diese illegal eingeführt worden sind, und sich durch den Ankauf einen Vermögensvorteil verschaffen wollte, einen gleichartigen Gegenstand zum gleichen Preis also sonst nicht hätte erwerben können, begeht er überdies **Steuerhehlerei** (§ 374 AO), so dass der Gegenstand dieser Tat ebenfalls nach § 375 Abs. 2 AO eingezogen werden kann.

Die bei der Einfuhr gezahlte Einfuhrumsatzsteuer ist für einen Unternehmer **Vorsteuer,** die von seiner Umsatzsteuerschuld im Rahmen der regulären Umsatzsteuervoranmeldung bzw. Festsetzung abgezogen werden kann. Zollamtliche Belege über die Zahlung der Einfuhrumsatzsteuer sollten also aufbewahrt werden, weil sie dafür als Nachweis dienen. Eine Berichtigung der als Vorsteuer abgezogenen Einfuhrumsatzsteuer kommt nach § 17 Abs. 3 UStG gegebenenfalls dann in Betracht, wenn diese herabgesetzt, erlassen oder erstattet worden ist. Die weiterreichenden Korrekturmöglichkeiten des 17 Abs. 1 UStG sind insofern unanwendbar. 58

E. Rechtsschutz gegen die Abgabenbescheide

I. Rechtsbehelfe gegen den Abgabenbescheid

Gegen Bescheide der Zollbehörde über Zoll und/oder Einfuhrumsatzsteuer kann bei der betreffenden Behörde fristgebunden **Einspruch** erhoben werden. Die Behörde prüft dann die Rechtmäßigkeit der Abgabenfestsetzung noch einmal nach und erlässt hierüber eine Einspruchsentscheidung. Wird der **Zollbescheid mündlich** erlassen, was zulässig, bei der Grenzabfertigung nichtkommerzieller Einführer nicht unüblich ist und auch dann der Fall ist, wenn ihnen eine schriftliche Berechnung des Zollbetrages bzw. ein Zahlungsbeleg überreicht wird, muss über die Möglichkeit des Einspruchs und die dafür maßgebliche Frist nicht belehrt werden; die (kurze) Einspruchsfrist beginnt also auch ohne solche Belehrung zu laufen.[56] 59

Erst nach Erlass einer **Einspruchsentscheidung** kann -binnen Monatsfrist- wegen der Abgabenfestsetzung das Finanzgericht angerufen werden, wobei sich das zuständige Finanzgericht und seine Adresse aus der der Einspruchsentscheidung beizufügenden Rechtsmittelbelehrung ergeben. Gegen die vom Finanzgericht getroffene Entscheidung, das **Urteil,** kann als höhere Instanz der Bundesfinanzhof mit der **Revision,** wenn das Finanzgericht diese zugelassen hat, sonst mit der Beschwerde wegen Nichtzulassung der Revision angerufen werden. 60

All dies entspricht dem bei anderen Bescheiden der Finanzbehörden, für deren **Überprüfung die Finanzgerichtsbarkeit** zuständig ist, insbesondere bei allein auf nationalem Steuerrecht beruhenden Steuerbescheiden vertrauten Verfahren und weist insoweit keine Besonderheiten auf. 61

Allerdings ist die richtige Auslegung des europäischen Gemeinschaftsrechts letztlich **Aufgabe des Europäischen Gerichtshofs.** Natürlich muss sich die Zollbehörde in ih- 62

[56] BFH-Urteil vom 23. Februar 2005, VII R 32/04, BFHE 209, 176.

rem Verwaltungsverfahren insofern ebenso wie der Zollbeteiligte zunächst selbst behelfen und das einschlägige Gemeinschaftsrecht selbst auslegen; keiner von ihnen kann etwa von sich aus bei dem EuGH danach fragen. Hängt allerdings eine gerichtliche Entscheidung über die Rechtmäßigkeit der Festsetzung von Zoll und/oder Einfuhrumsatzsteuer, also die Entscheidung des hierüber zur Entscheidung berufenen (nationalen Finanz-)Gerichts von der richtigen Auslegung des Gemeinschaftsrechts ab und hat dieses Gericht diesbezügliche Zweifelsfragen, kann es den EuGH anrufen bzw. muss es dies tun, wenn es – wie der Bundesfinanzhof – letztinstanzlich entscheidet.

63 Die betreffende Auslegungsfrage ist dann dem EuGH gemäß Art. 234 des EG-Vertrages von dem Finanzgericht oder dem Bundesfinanzhof durch einen entsprechenden, auch den Beteiligten bekannt gegebenen förmlichen Beschluss zur **Vorabentscheidung** vorzulegen; der EuGH wird also in solchen Fällen nicht vom Kläger oder der Zollbehörde, sondern von dem deutschen Gericht eingeschaltet, wobei freilich die Beteiligten vor dem EuGH selbst vortragen können. Erst nach Ergehen der Entscheidung des EuGH in dem durch den Anfragebeschluss eröffneten **Zwischenverfahren,** das nur der Beantwortung der abstrakt formulierten Rechts(auslegungs)frage dient, ergeht dann die das Klageverfahren abschließende Entscheidung des Finanzgerichts beziehungsweise des Bundesfinanzhofs, welche dabei auf der Grundlage der vom EuGH mitgeteilten Auslegungshinweise den konkreten Streitfall zu beurteilen haben.

64 Dieses Auslegungsvorrecht des EuGH hat für Zoll- und Einfuhrumsatzsteuerbescheide herausragende Bedeutung, weil – wie die vorherigen Ausführungen zeigen – diese fast vollständig nicht auf deutschen Rechtsvorschriften, sondern auf dem europäischen Gemeinschaftsrecht beruhen. Das eben beschriebene Verfahren der Einschaltung des EuGH mit dem Ziel einer Vorabentscheidung über die richtige Auslegung des Gemeinschaftsrechts ist dabei auch dann anzuwenden, wenn das Gemeinschaftsrecht lediglich aufgrund einer Verweisung des nationalen Rechts anzuwenden ist, wie es in weitem Umfange bei der Einfuhrumsatzsteuer der Fall ist.

II. Erstattungs- und Erlassanträge

65 Ungeachtet der Möglichkeit, gegen einen Abgabenbescheid binnen Monatsfrist Einspruch und nach Ergehen der Einspruchsentscheidung gegebenenfalls Klage zu erheben, eröffnet dass Zollrecht, das insofern auch auf die Einfuhrumsatzsteuer anwendbar ist, einen zweiten Weg des Rechtsschutzes:

66 Nach Art. 236 ZK sind nämlich Abgaben, die gesetzlich nicht geschuldet waren oder die nach Art. 220 Abs. 2 ZK nicht hätte nacherhoben werden dürfen, zu erstatten (beziehungsweise zu erlassen, wenn sie noch nicht gezahlt worden sind). Ein solcher **Antrag auf Erstattung oder Erlass** kann binnen einer Frist von drei Jahren nach Bekanntgabe des betreffenden Abgabenbescheides gestellt werden. Gegen seine Ablehnung ist entsprechend den Rechtsschutzmöglichkeiten gegenüber einem Abgabenbescheid selbst wiederum die Möglichkeit des Einspruches und einer anschließenden Klage, einer Beschwerde wegen Nichtzulassung der Revision beziehungsweise gegebenenfalls einer Revision gegeben. Dieser zweite Weg des Rechtsschutzes, dem die sich aus dem Gemeinschaftsrecht ergebenden, im Vergleich zum nationalen Rechts der Abgabenordnung erweiterten Möglichkeiten der Behörde zur Nacherhebung von Zoll und Einfuhrumsatzsteuer korrespondieren, schützt vor der bei einem Einspruch drohenden Verböserung des Abgabenbescheides, welche der Einspruchsführer allerdings durch Rücknahme seines Einspruchs durchkreuzen kann, zumal er von der Behörde auf die **Verböserungsabsicht** vorher hingewiesen werden muss. Die Möglichkeit, statt Einspruch einzulegen Erstattung oder Erlass zu beantragen, stellt mithin eine Verbesserung der Rechtsschutzmöglichkeiten im Wesentlichen wegen der langen Frist für einen solchen Antrag dar.

Die Möglichkeit, einen Erstattungsantrag nach Art. 236 ZK zu stellen, darf nicht mit 67
der Möglichkeit verwechselt werden, Erstattung oder Erlass der Einfuhrabgaben nach Art. 239 ZK zu beantragen, also eine **Billigkeitsregelung,** die binnen 12 Monaten nach Bekanntgabe des Abgabenbescheides begehrt werden muss. Das Gemeinschaftsrecht enthält, wie sich aus dieser Vorschrift ergibt, grundsätzlich die Möglichkeit, Abgaben aus ähnlichen Gründen wie nach den Billigkeitsvorschriften der deutschen §§ 163, 227 AO zu erstatten oder zu erlassen. Es legt jedoch insofern insgesamt strengere Maßstäbe an und gibt den einzelnen Zollbehörden vor Ort wesentlich weniger Entscheidungsfreiheit. Denn Erstattung oder Erlass nach Art. 239 ZK kommt nur in den in **Art. 900 ZKDVO** im einzelnen festgelegten Fällen unter Maßgabe eines ebenfalls in der ZKDVO geregelten komplizierten Verfahrens in Betracht. Aufgrund dieser Vorschriften werden insbesondere Erstattung oder Erlass von Abgaben auf Kunstgegenstände nicht deshalb möglich sein, weil diese, obgleich „Kunst", in der oben dargestellten Weise durch das Raster des Gemeinsamen Zolltarifs durchgefallen sind.

III. Aufschub der Pflicht zur sofortigen Zahlung der Abgaben

Im Übrigen ist zu beachten, dass von der Zollbehörde festgesetzte Abgaben, selbst wenn 68
gegen den Abgabenbescheid Einspruch eingelegt oder Klage erhoben worden ist, einstweilen bezahlt werden müssen; denn solche Rechtsbehelfe haben keine **„aufschiebende Wirkung".** Der Zahlungspflichtige kann die aufschiebende Wirkung jedoch durch einen besonderen Antrag bei der Zollbehörde und, wenn diese die Vollziehung des Abgabenbescheides nicht aussetzt, beim Finanzgericht herstellen lassen (§ 361 AO, § 69 FGO) und dadurch seine Zahlungspflicht aufschieben. Ein solcher Antrag hat aber nur dann Erfolg, wenn die Zollbehörde oder das Finanzgericht wegen einer Unklarheit der Rechtslage oder Strittigkeit des Sachverhalts ernstliche Zweifel an der Rechtmäßigkeit des Abgabenbescheides anerkennen. Außerdem hat der Antragsteller Zinsen zu zahlen, wenn er in diesem Verfahren zwar erfolgreich ist, später aber die Abgaben doch bezahlen muss, weil sich die Forderung der Behörde schließlich als berechtigt erweist.

Die Möglichkeit, durch einen solchen Antrag auf Aussetzung der Vollziehung **Zahlungsaufschub** zu erhalten, besteht hingegen nicht, wenn der Zahlungspflichtige auf 69
Einspruch und Klage verzichtet, den Abgabenbescheid also bestandskräftig werden lässt, und lediglich nach Art. 236 ZK Erlass der Einfuhrabgaben beantragt. Seine Pflicht zur sofortigen Zahlung der festgesetzten Abgaben kann dann nicht beiseite geräumt werden. Insofern gewährt ihm das durch das Gemeinschaftsrecht bei Zoll- und Einfuhrumsatzsteuerbescheiden eröffnete Erlassverfahren geringeren Rechtsschutz als das auf nationalem Recht beruhenden Rechtsbehelfsverfahren.

Sachregister

(Die römischen Zahlen verweisen auf die Teile, die arabischen Zahlen auf die Randziffern)

Register I: Einführung, Teile 1–4, 6

Register II: Teil 5 (Steuerrecht)